欧洲法与比较法前沿译丛
丛书主编：李　昊

合同自由的兴起与衰落

一部合同思想史

上 册

【英】P.S.阿蒂亚 ◎著
范雪飞 ◎译
林少伟 ◎校

The Rise and Fall of Freedom of Contract

P.S.Atiyah

中国法制出版社
CHINA LEGAL PUBLISHING HOUSE

总序

西法东渐，尔来百年。精卫填海，其得其失？

试举一例：清光绪二十八年，梁任公急心于救国而作《新民说•论权利思想》，仅述耶林权利思想之“崖略”；此后薪火相继，百余年间，译此名著者代有其人；而今海峡两岸，《为权利而斗争》汉译本频出，精品不断。年近期颐的潘汉典教授更是在新中国成立前和改革开放后两个节译本的基础上，准备结合德文原著的多个版本和多语译本，推出该书更新、更深思熟虑的全译本。真可谓不负耶林，不负任公！法律翻译界五世同堂，各尽其力，此诚文化之盛世，亦比较法之盛世也！

且不言严复先生所倡“信、达、雅”之标准，翻译本非鹦鹉学语、口耳之学，乃在新语言环境下之诠释与再造。法律翻译更是融汇东西方社会治理之经验，谋求古今中西仁人思想之汇通。故清末法学家沈家本修律，颇得益于同文馆之法学译著。梅仲协先生评价民国时期制定的民法典：“现行民法，采德国立法例者，十之六七，瑞士立法例者，十之三四，而法日苏联之成规，亦尝撷取一二。”新中国的法制建设最初得益于苏联法学；改革开放后的法制重建，视野更为广阔，对欧美各国的法律关注不断加深。比较法学者也渐渐从宏大的法理阐释，走向微观的法律制度和判例研习；许多研究者也从单纯的以“西药寻中病”式研究，转向了谋求中西法学对于共同关切的重大社会问题之交流与反思。

德国法之译介，自20世纪90年代以来有法律出版社出版、米健教授主持的“当代德国法学名著”译丛以及吴越教授主持的“德国法学教科书”译丛，其影响之深远，在业界功不可没。然而德国法学著作汗牛充栋，法律更新更是日新月异，许多有特色、有深度的作品仍然值得我们继续挖掘。欧盟法的发展在近十年亦是异军突起，然而目前尚无特别全面、体系化的译丛。本丛书正是希望补时之缺，给更倾向于中文阅读的读者提供一批德国和其他欧盟国家最新的法学名作，力求让读者把握德国法和欧盟法的最新脉动，拓展比较法的视野。德国法部分沿袭人大社和北大社已有的德国法学教科书策划书目，大体分为基础教程、拓展教程以及部分专著，以查缺补漏和注重前沿交叉为特色；欧盟法部分在选材上则不拘一格，既有大部头的综合教材，也有针对某一领域、某一问题的专论。同时，丛书还部分涉猎英美学者的经典名著和前沿作品。

放眼世界，目下比较法学颇有“式微”之惑。恰如韩世远教授在其新版《合同法总论》序言中结合个人访学经历作出的观察：美国学者坦陈“不再注重欧洲的文字和思想”；而在德国司法实务中，比较法解释也缺乏权威性。进而得出，“在法体系的形成期，比较法最易发挥其作用；一旦法体系形成并日趋成熟，该体系已可为所遇到的法律问题提供成套的解决方案，自给自足，便成寻常”。另外，2018年6月底，英国退欧钟声敲响，欧元区财政一体化动议受挫，欧盟法的适用地域、深化层次也在缩减。此时在中国研究德国法和欧盟法还有意义吗？答案无疑是肯定的。比如大数据时代的数据保护，德国、欧盟几乎是日新月异，它们的解决方案中有哪些经验和教训？对中国无疑颇具启迪意义。再如德国民法典的编纂艺术，以及后法典时期如何续造法律、与时俱进，都对当下的民法典立法以及未来的法治建设意义深远。故而，在比较法越来越难以为我国法治提供现成答案的前提下，在比较法本身也无法在司法实务中自证其正当性和权威性的情况下，它带给人们的是超越法域的人类理解，以及对共同疑难问题的方案参考。从法律人自身修养而言，比较法带来的宏大视野和智慧启迪也是不可或缺的。在风景如画的阿尔斯特湖畔，在汉堡马克斯•普朗克比较与国际私法研究所的四层地下书库，我们再次感受到了比较法的力量。

本译丛自2013年动意以来，由北京航空航天大学李昊老师牵头，与明斯特大学、科隆大学、汉堡大学等德国著名学府的诸位在读博士共同遴选策划了德国部分书目；欧盟法书目则主要得益于毕业于中国政法大学中欧法学院的诸位留欧博士。译事不易，甘苦自知。前后弹指五年，其间多有波折，我们策划的部分书目已经在中国人民大学出版社、北京大学出版社先后出版，编委会在此衷心感谢。本次策划出版的四十余本译著，在规模、涵盖领域上可以说是盛况空前的。中国法制出版社的马颖主任及侯鹏、靳晓婷、王雯汀等多位编辑不仅在出版事宜上给予了大力支持，而且各位编辑老师的眼光、魄力也给我们留下了深刻的印象。本编委会在此对中国法制出版社和各位编辑老师致以深深的谢意。本丛书的译者虽然大部分都有留欧学习的经历，然而法律语言古奥，加之译者个人的经验和学养有限，有所讹误在所难免，望广大同仁不吝指正赐教，欣欣为盼！

丛书编委会谨识

2018年6月28日

译者说明

帕特里克·塞利姆·阿蒂亚（P. S. Atiyah），是英国最著名的法学学者之一，其研究领域涵盖侵权法、合同法、法理学和法制史等，且他在所有这些研究领域中都有极高建树，其许多著作都已经被翻译为中文，如《“中彩”的损害赔偿》、《阿蒂亚论事故、赔偿及法律》、《英国法中的实用主义与理论》、《英美法中的形式与实质——法律推理、法律理论和法律制度的比较研究》和《合同法概论》等。

《合同自由的兴起与衰落》是阿蒂亚久负盛名的著作之一，是世界上少有的合同法思想史方面的著作。本书先是对合同自由的起源进行了深入的剖析，而且对1770年至1870年间的合同自由的兴起，以及1870年之后合同自由的衰落进行了全面深入的研究。其研究视野并不局限于合同法甚或法律本身，而是着眼于与合同自由理念密切相关的政治、思想、经济、法庭和道德等多个方面，全面阐述合同自由的缘起、兴起与衰落，最后发现合同自由理念、合同性和允诺性债务理论存在某种程度的“返祖”或者“原始回归”的现象。对于这一现象，虽然他认为需要创造出新的理论来予以阐释，但事实上，他在本书也已经对这一现象作出了一些原创性的解释。如对于合同性或者允诺性债务的产生基础，作者认为较之于传统的允诺基础责任（允诺是产生允诺性或者合同性债务的基础），获益基础责任（因为从合同对方当事人获得了对价等利益而在当事人之间产生允诺性或者合同性债务）和信赖基础责任（受诺人对允诺人所作出的允诺或者其他相关行为产生了符合当时社会标准的合理信赖，而在双方当事人之间产生允诺性或者合同性债务）更具解释力。该书虽然以英格兰为主要研究对象，但于论述之际往往观照欧洲其他国家和美国，通过映照与比较以达成论证上的深刻。

译事艰难，殊不为易，关于本书翻译有必要做一点简单说明。在译者学习与研究工作中，一直都试图对意思自治展开研究，但受限于学识不够而致研究未有实质性进展，于是转而先从意思自治的基础展开学习和研究，重点研究意思表示与合同为何具有法律拘束力，意思自治和合同自由是否以及在多大程度上或者何种条件下是可能的和必要的等问题。为此，翻译英美法与德国法上的相关经典著作就成为必要，在和吴训祥博士共同译完拉伦茨的《法律行为解释之方法——兼论意思表示理论》之后，我就着手翻译阿蒂亚的《合同自由的兴起与衰落》一书。因为在我狭窄的阅读范围之内，这两本经典著作在意思表示与合同法律拘束力方面的研究，于我是极具启发意义的。后得机缘与李昊教授谈及此事，备受肯定，李昊教授并欣然慨允将此书译稿纳入他主持的《欧洲法与比较法前沿译丛》之中，后在中国法制出版社马颖主任、侯鹏等编辑的大力支持下，顺利取得翻译版权，这极大地推动了本书的翻译工作。在完成全书翻译初稿后，为确保本书的翻译质量，特别邀请林少伟教授校正，他在繁忙的教学和学术研究之余对译稿进行了全面斧正，使译稿的硬伤得以减至最少。之后我又对译稿进行了多次打磨，终成此书。

在本书的翻译过程中，我得到了许多先进学人的诸多帮助，我指导的硕士研究生以及部分本科生对全书进行了通读和校对，均须致以最高的谢忱，为避免挂一漏万，就不一一列出他们的姓名。由于本书内容庞大、所涉知识面极为广阔，更重要的是译者学识不足，虽有少伟兄的悉心校对和精当斧正，以及我的学生们的精心校对，但本书的翻译硬伤与不当之处亦在所难免，这些错误理应由本人承担全部责任，请方家和读者不吝批评指正，以便在再版时予以修正。我的邮箱是：lawyerff@163.com。

关于本书的注释，特别说明如下：第一，原文注释是每章单独编号，且注释编号达到100时又重新从1开始编号，考虑到中文习惯以及引用的方便，本译文每章在原文注释超过100时亦连续编号。第二，为帮助读者阅读，译者在译文中相关位置标注了一些译者注，但译者注不纳入注释编号中排序，而以*标注，并在末尾标注“译者注”，以区别于原文注释。第三，原文注释中的译者注用括号单独标出，并在括号中标注“译者注”，以区别于正文中的译者注。

范雪飞

2021年3月

前言

Preface

这是计划中研究合同性与允诺性责任理论两卷本著作中的第一卷。我希望第二卷接着本书进一步致力于研究当代场景，在其中我将探索现代合同法基础理论与现代英格兰基本价值理念之间的相互关系。这本书首先是一本研究观念史的著作，虽然它也试图探索这些观念与其社会经济背景之间的相互关系。观念史的研究面临着诸多众所周知的方法论上的困难，它在多数情况下会被认为只是对读者提供了一系列的假设而非提出了诸多确定的解决方案。本书尤其是面临着这种情况，因为宏大的主题，汗牛充栋的可获取之材料，意味着我必须尝试为叙事勾画出主体框架，而在其中我可能忽略了有关这个或那个事件或问题的细节证据。这种被我忽略的证据，一旦出现在人们的视野中，或者人们现在可能已经获得了这些证据，那么我的一些假定就会被推翻或者需要作出修正；但在其他方面，我相信进一步的证据会证实我的结论。

这种跨学科性质的主题将使作者面临很多问题。没有哪个作者能够被合理地期望他精通这种跨学科著作所涉及的全部学科。理论上，本书应当由更有资格的人来写，他不应仅仅是律师，同时也应当是经济学家、社会经济史学家、政治理论和哲学研究者。我必须说我并不具备这些素质，而且我的确意识到不具备这些素质就冒险做这项工作所存在的风险。

同时，我也不安地意识到，作为一本向读者阐述如此众多学科知识的著作，本书在其所需要的成熟度上所面临的困难。我怀疑本著作中一些作为法律背景的历史素材对于历史学家而言会显得初级和乏味，许多我的经济学素材对经济学家而言会显得简单，而许多我的法律素材，如果说对于没有法律背景的人而言并非完全不可理解的话，那也会被认为是非常困难的。另外，由于律师对非法律素材不那么熟悉，所以我觉得非法律素材的内容必须是对理论而言必不可少的初级素材，我必须将注意力集中在法律自身的发展上。为使这个困难问题实现适当的平衡，我总体上都以当代讲英语的律师（English-speaking lawyer）可能的需要为指引。尽管如此，我仍然希望此著作蕴含着能引起其他学科研究者足够
vii 兴趣的东西，甚至也希望其中的法律素材在某种程度上能够被他们所理解并且裨益于他们。

有必要对本书的研究范围作简要说明。在本书中我力图追溯其历史的合同自由运动当然不限于英格兰。类似的运动也发生在美国和欧洲其他地方，同时，在阐述涉及英格兰的一些相关主题时，我也经常引用美国学者和历史学家的研究成果。但是，本书之论述仅限于英格兰的经历。如果将本书主题予以扩展就将使本书变成百科全书，而这无论如何都超越了我的能力。然而，毫无疑问的是，我在这里讨论的很多问题也与苏格兰相关，但由于英格兰法与苏格兰法的差异以及我对后者的不识，使我必须附加说明本书只论及英格兰，不涉及苏格兰。

也许我应当附加说明本书与我之前的其他著作的关系。使本书得以形成的历史研究，已经修正了我在合同性责任以及其与其他形式的责任之间的关系，尤其是允诺与对价的核心作用等许多问题上的重要观点。

然而，总体而言，我希望这样说是合适的，即本书是对我原有观点的发展，而不是对它们的否定。

接下来有必要对我写作本书过程中所累积的文字债务致以谢忱。在智识上，我最为感激的是 John Dwyer，在本书的构思和写作过程中，我和他就本书中的问题进行了无数次讨论，并且他对初稿也提出了许多非常有价值的建议。对于阿尔弗雷德·威廉·布莱恩·辛普森（A. W. B. Simpson）教授，我对他的亏欠已超出我的言说。他对本书第一部分的详细评注将我从许多令人震惊的错误中拯救出来，并且我也从他的《合同普通法史》（*History of the Common Law of Contract*）获益良多。我相信，我在本书中所阐述的一般历史与辛普森教授的《合同普通法史》大致相符，虽然我不确定他自己是否赞同这个观点。在其他已经阅读或者评论了本书部分章节的学者，或者我与之对本书部分问题进行了有益讨论的学者之中，我必须感谢 Otto Kahn-Freund 爵士、S. F. C. Milson 教授、Michael Hurst 先生、Grant Gilmore 教授、Arthur Leff 教授、Duncan Kennedy 教授以及 Richard Danzig 教授。最后我还要对纳菲尔德基金会（Nuffield Foundation）的受托人们负担另一种性质的债，他们对我的研究和本书的打印提供了两次小型资助，同时社会科学研究理事会（Social Science Research Council）对我个人的研究资助，使我能够在 1976 年至 1977 年休完整个学术年假。

此次平装本的出版使许多印刷错误有机会得以修正，索引得以更新和扩大。

P. S. 阿蒂亚

目录 Contents

上册

下 册

第一章 概 论

本书是对现代社会最伟大的思想运动之一进行历史追溯的一个尝试，虽然它的主题是历史性的，但为了理解这一历史发展——这是我所主要关注的，仍然有必要对合同性责任和允诺性责任的性质进行重新审视（re-examine）。这一重新审视使我得出了如下结论：律师、哲学家和其他人在很大程度上误解了合同性与允诺性责任的性质。[1] 这是一个巨大的论断，对于其正当性我必须留给读者去判断。但如果从我已经得出结论的地方——这个结论构成下面多个篇章的基础——着手勾画合同性与允诺性责任理论，那么我就可以将我必须阐述的历史故事讲得更易于理解一些。

为了理解这一理论，有必要从一开始就区分三种情形，在其中合同可能具有法律拘束力，或者允诺被认为具有道德的拘束力：

（1）第一种情形，支付了对价的合同或者允诺被认为具有拘束力。例如，一个人从朋友处借了 100 英镑，并同时允诺将予以归还。在这种情形下，同时存在归还借款的法律责任和道德责任，即使这时不存在允诺亦然。的确，这个允诺也许可以被认为是“默示的”，但我的观点是在这种情形下，对借款人课以法律或道德债务的主要理由是他以另一方当事人的利益为代价获得了一项利益，而这在财产私有（property-owning）的社会，通常足以成立一项责任。我将这种类型的责任称为获益基础（benefit-based）责任；它也可以被认为是从广义不当得利（broad notions of unjust enrichment）中产生的责任。如果一定要问这种情形下的允诺具有什么功能，人们可以回答说允诺具有证据价值。该证据表明允诺人获得了一项利益（因为如果不是

[1] 但我必须表达我对 Fuller 和 Perdue 的论文《合同损害赔偿中的信赖利益》[‘The Reliance Interest in Contract Damages’, 46 Yale Law Journal 52 and 373（1936）.] 的巨大亏欠。在很多方面，这篇论文都是本书的起点。

一项利益，那他还会允诺偿付吗？），同时允诺也可由某些辅助事项予以证明，如某项协议的具体条款、还款日期，等等。

2 （2）第二种情形，如果受诺人因信赖允诺或信赖允诺人的行为而实施行为，并且较之于没有作出允诺，允诺人实施该行为的结果是使受诺人处于一个更为不利的地位，那么合同或者允诺将可以被强制执行。当然，上面讨论的那个简单的借款案例，也可以理解为是出借人的信赖，即他将钱借出去，仅仅是因为他信赖借款人偿付的允诺。但是，没有任何获益或者不当得利的因素，同样可以产生信赖行为。在法律上，一个常见的例子是这样的典型担保合同，即 A 允诺对于 B 对 C 的借款之偿付提供担保。在此种情形下，如果 B 因信赖 A 的担保而将钱借给 C，那么（如果 C 没有钱）较之于如果没有 A 的允诺，B 借钱给 C 的这种行为将使 B 处于一个更为不利的地位。基于自己的术语，我倾向于将这种情形的责任称为信赖基础责任（reliance-based liability）。至于前一个案例，我认为即使没有允诺也产生了或者将会产生多种形式的信赖基础责任。形成信赖的当事人也可能没有信赖允诺，而是对其他的言词或者单纯的行为产生了信赖。这种信赖在现代社会非常常见且通常会产生责任，即使没有允诺亦然。例如，一个购买了新房屋的人，信赖地方机关妥当履行了它确保新房屋符合《建筑规范》（Building Regulations）的职责，那么即使地方机关没有作出任何允诺，该当事人仍然可以因为该机关没有适当履行其职责而获得救济。另外，人们可以通过"默示"允诺来对获益基础责任进行论证或解释。但是，人们可以看到，在这种情形下，责任是先在的，默示不过是对责任结果进行论证而已。一旦责任自身已经产生（无论是在法律上还是在社会习俗上），人们是很容易进行这种默示推导的。但是，在顺序上是先有一方当事人的行为，然后才有对方当事人的信赖行为，使责任产生的是当事人在先的行为。较之于获益基础责任，该行为更像是一个真实而明确的允诺，它在信赖基础责任中具有非常有益的证据功能。明确的允诺将大大有助于对如下问题进行回答，即当事人事实上是否信赖了对方当事人（或者，例如，基于他自己的判断），即使的确是信赖了对方当事人，那么他是否是基于这种信赖才实施了那个符合当时社会标准的合理行为。但是，并不能由此得出结论说是该允诺产生了责任。

（3）第三种情形，关于既没有支付对价也没有形成信赖的合同或者允诺。在法律上，这类合同或者允诺被称为"完全待履行的"（'wholly

executory’）合同或允诺。[2] 如果此类允诺或者合同产生了任何责任，那么该责任必定是允诺基础（promise-based）责任，因为它不可能是获益基础责任或者信赖基础责任。在前述两种情形之中，其责任的产生具有清晰的、 3
完全不同于允诺的基础。而在第三种情形之中，并不存在这种清晰的责任产生基础。如果某个允诺被认为具有“拘束力”（‘binding’）或者它创设了某种责任，那么它一定是基于允诺自身的某些原因。对于第三种情形之所以可以产生那样的责任，人们提出了如下三个主要理由。首先，人们可能会认为允诺，即使是尚待履行的允诺，也产生了期待，而如果该允诺没被履行，这些期待将落空。在这个意义上，允诺基础责任（promise-based liability）和信赖基础责任（reliance-based liability）就具有了相似性。期待落空的受诺人将感到他现在的处境比根本没有允诺时的处境更糟。这在心理上可能确实如此，但在金钱意义上却不是如此。基于信赖而实施行为的当事人也许会花费金钱，如果他不能对使其产生信赖的对方当事人请求报偿，那么他就可能会失去这笔金钱。但是还没有基于对允诺的信赖而实施行为的受诺人，以及没有对此信赖而支付任何价款的受诺人，仅仅在金钱意义上，他并不会因为他的期待落空而处于一个更糟糕的境地。

其次，人们也可能认为合同和允诺在本质上是风险分配机制，就像简单的打赌一样。这种机制的本质在于，在风险发生之前交易必定处于待履行的状态，如果这种协议（arrangement）不能拘束未来，交易就会完全落空。

待履行的允诺或者合同具有可执行性的第三个可能的理由是，维持允诺性责任（promissory liability）的原则（*principle*）是非常必要的（desirable），即使未被履行的允诺不具有任何实际效果（practical effect）。这个观点所讨论的是这种情况，即如果待履行的允诺仍然拥有（无论是在法律或者社会习俗还是道德上的）拘束力，那么人们将更倾向于履行其已被支付了对价的或者产生了信赖的允诺。

现在，人们已经认识到多数允诺或者合同在最初很可能都是完全待履行的，但是，它很快就产生了上面所讨论的两种情形之一。所作出的允诺一开始是完全待履行的，接着它就成为受诺人实施行为所信赖的基础，或者被受诺人支付的对价。在本书中，我认为一旦这种情况发生，产生责任

[2] 应当澄清的是，在本书中我并不将产生了信赖的允诺作为完全待履行的允诺，即使在严格的法律意义上完全待履行的允诺有时就是产生了信赖的允诺。

的基础就发生了改变。[3] 如果之前是允诺基础责任，那么之后就变成获益基础责任或者信赖基础责任了。这似乎有点奇怪，但的确如此，正是因为这看起来有点奇怪，所以无论是在对允诺责任性质的法学讨论还是哲学讨论（general discussion）中，人们经常认识不到这一点。我认为，这是因为
4 无论对法学研究还是哲学研究而言，甚至是对于普通人的言说而言，允诺基础责任都是典范式的案例。本书的目的之一就是指出允诺性责任自身就是我们文化与法律遗产的组成部分，同时从其他视角观察允诺性责任不仅是可能的，而且是更为可取的。如果将获益基础责任和信赖基础责任当作债务之典范性案例，无论该债务是法律之债抑或是道德之债，都表明了允诺基础责任既不具有典型性也不具有核心的重要性。与典型的债务案例相去甚远的是，允诺基础责任通常可能是获益基础责任与信赖基础责任的一种投射。因为人们通常可以在其中找到产生债的强有力的根据，人们已经认识到，（明示的或默示的）允诺的要素虽然经常与获益基础责任和信赖基础责任相结合，但它自身就是产生债的根据。基于这一点，人们可以比较容易地推论出，允诺基础责任甚至不需要任何获益或者信赖的要素，它自身就具有正当性。

本书的大多数内容都立基于这种确信之上，即传统态度对基于允诺的债务其实存在某种误解，衡诸现代价值标准，产生此种责任的理由较之于获益基础责任和信赖基础责任而言，是非常脆弱的。对纯粹期待的保护被认为不能与对返还利益（restitution interests）（根源于获益基础责任）或信赖利益（reliance interests）（根源于信赖基础责任）的保护相提并论。当事人的期待虽然落空，但他并没有因为允诺的不履行而遭受金钱上或其他方面的损失，因而他的控诉和救济请求必定相对较弱。毫无疑问，如果根本不存在任何理由或正当性而不履行允诺或者合同，那么受诺人被认为有权获得一些救济，但即使如此，也并不意味着他就有权请求允诺人全面履行允诺，或者获得基于这种权利的救济。一个基于允诺的请求通常是建立在相对较短暂的期待基础之上，因为如果允诺人（例如）发生了一些错误，

[3] 这里我不考虑这种情况关于损害赔偿数额的法律问题。因为在获益基础责任和信赖基础责任中，常常运用与允诺基础责任相同的损害赔偿计算方法。

或者忽略了某些事实，那么他通常都会力图撤销其允诺。[4] 如果允诺人不这么做，有较大的可能性是受诺人由于信赖（或者被支付对价）而迅速实施了某些行为，这样他基于信赖利益或者返还利益的请求就可以获得更大程度的保护。当然，采取这种替代方式（alternative approach），将对道德之债和法律之债的概念模型产生重大影响，但这并不意味着这种方式将导致对典型的道德之债或者法律之债的显著削弱，正如我已经指出的，允诺创设债务的正当性基础通常就是很微弱的。因为在实践中，通常被认为是法
律上的或者社会习俗上的允诺基础责任，在我的术语中也根本没有排除它 5
的非允诺基础性。事实上，绝大多数允诺基础责任是，或者很快就变成信赖基础责任或者获益基础责任，并且它们保持允诺基础性的期间也是非常短暂的。确定的是，在实践方面，我认为这一进路主要影响的是那些相对边缘的案例（relatively marginal cases），在这些案例中，允诺在被作出之后、在其被支付对价或者产生信赖之前，很快就被撤销了。

正如我已经指出的那样，支持待履行合同具有拘束力的第二个理由是，此类合同在本质上就是一种风险分配方式，也就是提前将风险从一方当事人转移到另一方当事人。如果的确是这样（例如打赌或者某些形式的保险），那么这种协议，它将来确实具有任何意义，从一开始就似乎必定对双方当事人具有拘束力。但这一观点对如下两个可能的回答都是开放的。其一，绝大多数合同事实上并不是以转移或分配风险为目的的。如果合同是作为风险分配机制来缔结的，那么一定是从旁观者视角得出的结论。纯粹风险分配的合同是相对罕见的，只有基于特别的对价（consideration）人们才会采用它。其二，即使是具有风险分配性质的合同，在风险分配因素变成维持交易完整性（integrity of the transaction）的必备要素之前，仍然需要有信赖要素。例如，即使是一个待履行的保险协议，只要被保险人有时间找到替代偿付，该协议就可以被设定为可取消的协议。基本上，在赛跑开始之前打赌的当事人会被授予撤销权，只要另一方当事人有时间在别处可以用相同的赔率下注。尽管此类行径也许并不适当，但在逻辑上并非没有可能。

我认为，较之于产生获益基础责任与信赖基础责任的理由而言，产生

---

[4] See, e. g., the case put by Stephen J. in 1 Law Q. Rev. 1 (1885) which is discussed below, p. 658.

允诺基础责任的第三个理由是非常脆弱的。因为实际上，这个观点不过是将允诺基础责任当作一种辅助方法，用以确保允诺基础责任同获益基础责任与信赖基础责任一致。当然，很难这样认为：即便没有独立的理由来证明允诺基础责任应当被遵守，但为使信赖基础责任和获益基础责任能被更好地遵守，允诺基础责任也应当被遵守。现在，人们不可能认为在此情形中，这些困难会使允诺基础责任的强制执行完全失效，因为我的研究进路非常不正统的这个事实本身，就已经证明了这种观点的实际力量。在传统上，无论是道德的还是法律的允诺基础责任，都被认为具有保护的价值，即使它并没有任何信赖或者利益交换（reciprocal benefit）的因素。因此，
6 看起来可以确定的是，如果存在某些信赖或者获益要素，对案件进行救济将拥有*更加*（*a fortiori*）强大的理由。我认为，这也是我在本书中将进一步研究的文化遗产的一部分，在这里只需要说明现代社会的整体趋势与该观点的基本原则不相符就够了。当代的见解似乎更加反对该观点的基本原则而坚持区分允诺或者合同（例如）的神圣性（sanctity），因为合同已经产生了信赖，而允诺只是将来会（但现在还没有）产生信赖。所欠缺的是对这些差异进行理论性或者概念性（甚至也可能是语言性）的确认。

认为——至少是直觉地或者暗示地认为——这些观点在今天拥有了更多的理由，以及对这些事实的公开确认，这并不意味着我赞成或者不赞成它们。价值对于这个问题非常重要，这些价值之间冲突的性质将在本书的论述中得到澄清。允诺基础责任建立在对传统自由选择这个自由价值的确信的基础之上。很多人仍然赞赏这些价值，但它们不可避免地带来很多在今天较少受到赞同的其他结果，尤其是在英格兰。它们尤其带来这样一种确信，即确信某些个人基于其自然天资、教育或者对财富的占有，能比其他人更好地实践自由选择。同时，实践自由选择的范围越大，通过维持甚或提升经济上的不平等，原初的不平等就越趋向永久的不平等。例如，在真正的风险分配安排的合同中，坚守合同的拘束力，一般而言必定是有利于在评估未来风险方面拥有更好技巧和知识的一方当事人的。

与之相对，其他责任形式是建立在不同的价值基础之上的。对于获益基础责任而言，尽管它倾向于将既存的财富不平等永久化，但是它并没有像允诺基础责任那样恶化这种财富不平等。因为，如果责任是基于获益而产生的，那么法律（或者道德规范）所追求的是利益互惠性上的一个合理的或者公正的平衡；如果责任是基于允诺而产生的，当事人的自由选择就

决定了这种平衡，而这往往不可避免地更有利于能更好实践自由选择的当事人。

信赖基础责任仍然对自由选择价值充满敌意。只要某人让他人对他形成了信任或信赖就对他课以责任，即使并不存在明示的允诺或者合同支撑这种责任，那么房门就对一种新型责任敞开了，这种责任并不是基于对个体责任（individual responsibility）和自由选择的确信而产生的。不仅被他人信赖的当事人要承担责任，即使他并没有任何允诺，而且信赖该当事人的
另一方当事人也不能从他自己的行为后果中解脱出来。因此，涉及此类责 7
任的价值与家长式社会哲学（paternalist social philosophy）以及再分配经济体系（redistributive economic system）紧密相关。本书虽然不适宜全面讨论这个问题，但是它对允诺性和合同性债务的现行传统解释路径的根源作出
了一些最低限度的解释。 8

合同自由的缘起：到1770年的叙事

第二章　1770年英格兰的状况

第一节　政治背景

到1770年时，1688年革命成果的核心特色无疑已成为宇宙（firmament）的一部分。乔治三世在位已经10年，虽然他可能并不具有很高的个人威望，但他至少是一个新教徒，也显然是一个英国人（前两个乔治却不是*）。他在60多岁的时候又成为汉诺威国王，自斯图亚特王朝对政治秩序的严重威胁最终被解除以来，时间已经过去了25年。在政治上，英格兰已经拥有了坚实和稳定的政府体系。“17世纪历史上发生的围绕统治权的冲突，在1688年之后的时间里通过集会得到了解决，议会、国王、上议院和下议院都成为了法定的主权机构（sovereign body）。”[1] 即使议会存有争吵，政治或者个人间亦针锋相对——人们也很难将它们称为党派之争（party divisions）——自从沃波尔（Walpole）30多年前辞职以来，这些就成为政治事务的典型特征，并没有严重削弱甚或威胁宪制秩序。议会的权威高得不能再高了。著名的演说家和辩论家在议会的出现，政府执行部门的相对弱势，以及国王与缺乏现代政党支持的政府官员之间的权力划分，这一切都意味着主要政治决定确实是作为辩论和讨论的结果在议会里公开作出的。

的确，在短命政府更替之时——在较低层次的政治秩序上——仍然存在今天我们所称的政治不稳定。但是由于缺乏严格的政党体系，这种不稳定通常是由于个人的原因、王室恩宠的变动以及对外政策冲突所致。因国家政策引发国内重大矛盾并不是18世纪政治的重要特征，其根本原因在

* 即乔治一世和乔治二世，因他们虽是英国国王但却不会讲英语，故被认为不是英国人。——译者注

[1] J. Steven Watson, *The Reign of George III 1760-1815*（Oxford, 1960）, p. 55.

于上一个世纪引起国内矛盾的基本原因已经通过革命的方式得到了极大解决。除此之外，即使是这种程度的不稳定现在也走向了终结。在1770年，诺思勋爵（Lord North）开始了他为期12年的首相任期，而当他最终
12 辞职之时，在经历了短暂而喧嚣的过渡期后，年轻的William Pitt继任了首相。[2]Pitt在18世纪的最后16年里持续占据首相职位，而且，在1801年至1804年短暂的间隔之后，他又在1804年至1806年间再次担任首相。在Pitt担任首相期间，政党在很大程度上进行了自我重建（尽管后来的政党都是从辉格党分离出来的），同时，对法国传来的新革命思想的担忧本身也成为促进政治稳定的巨大动因。

在这个时期，哪个阶层的人们拥有政治权力是毫无疑问的。国王的影响也许在消退和流失，大臣们和他们相互之间的影响力，以及大臣们与议会相互之间的影响力也许变动不居，但所有这些都毫无疑问地没能动摇土地贵族手中所拥有的国家核心政治权力。迄今为止，国家的大部分财富仍然是由土地构成的，而大部分土地仍然掌握在坐在上议院里的大贵族手中。当然，此时的上议院较之20世纪也拥有更强的政治影响力，即使是下议院实际上也被掌控在大地主手中。许多贵族的儿子们就坐在下议院里，大量的职位，尤其是乡村领域的职位实际上完全由大地主处置。如果说大地主支配着国家的政治形势，那么小地主——乡绅（the country gentry）——就掌握着国家的地方事务。自都铎王朝以来，这个国家最有效的地方力量掌握在治安法官（Justice of the Peace）手中。这种乡村司法官兼具社会领导、一般行政管理、司法和警察的功能，这实际上使他们成为地方独裁者。由于缺乏现代意义上的通信和出行方式，这使他们拥有了不受中央政府监督的较大自由，尽管国务大臣（the Secretary of State）对他们的活动拥有模糊的监督权，但除非受到严肃控诉的推动，否则他不可能积极主动地进行监督。然而事实上，中央政府几乎没有监督地方司法的必要。作为王权的被委任人，以及他们自身作为小地主的身份，他们的利益通常符合大地主的利益。他们中的很多人都是下议院的成员（M. P. s）而与大人物并肩而坐。值得注意的是，地方乡绅所占有的土地实际上是属于大贵族的，只是出租给他们而已。总之，那是一个具有巨大阶级障碍的时代，它将财产拥有者

[2] Basil Williams, *The Whig Supremacy 1714-1760*, 2nd edn., by C. H. Stuart（Oxford, 1962）, p. 146.

与非拥有者区分开来。拥有财产的人数量极少，他们的大多数力量源自他们的凝聚力。“每一个进行社会或国家治理的人都为同一圈子里的其他人所完全熟知。”[3] 13

此外，极端地将这种状况在某种程度上归结为 1688 年革命的不良后果，那也是幼稚的。采用关于历史的不成熟版本是不必要的，他们认为 17 世纪围绕财产权的斗争与围绕宪法权力的斗争一样多；的确，将这两个事物区分开来是不可能的，因为推动有产阶级进行宪法权力斗争的基本动因之一就是保护他们财产的期望，他们确信其财产借此可以得到保护。然而，真实情况是，18 世纪的人们对“光荣革命”的欢呼更多的是因为它保存了“英国人的自由”，较少是因为保护了他们的财产，而这并不让人奇怪。有产者在总人口中所占比例是如此之小，以至于 1688 年的革命对大多数民众而言是一场不那么有“光荣性”的好交易（a good deal）——如果他们被告知革命的基本目标之一是保护贵族的财产权的话。

当然，这并不是说 1688 年的革命没有极大地增强英国人的自由。除革命本身含蓄地限制王权外，当时大量的宪法和法律进步还极大地增强了私人和政治自由。其中最重要的当然是 1679 年《人身保护法》（Habeas Corpus Act）和 1671 年布歇尔案（*Bushel's* Case）所确立的陪审团对其裁决免责，以及《王位继承法》（Act of Settlement）所确立的法官独立和禁止没有议会授权而维持常备军。正如克里斯多夫·希尔（Christopher Hill）所言，1688 年后的英格兰“对有产阶级而言按现在欧洲的标准也是一个特别自由的社会”[4]。

随着时间向 18 世纪推移，土地贵族自身与政府的行政机关的联系越来越紧密，他们所获得的用来保护他们自身而对抗王权的那些措施，开始被人们用来对抗他们。毫无疑问，传统史学家和法律史学家以及“辉格党”（Whig）史学家可能会夸大法官的公正性与法治的完整性，而这两者基本都是虚构的。[5] 在多数时候，18 世纪的大臣对司法机关的独立性和陪审团责任豁免都是引以为憾的。如果有产阶级告诉民众他们的自由在 1688 年

---

[3] Basil Williams, *The Whig Supremacy 1714-1760*, 2nd edn., by C. H. Stuart（Oxford, 1962）, p. 146.

[4] Christopher Hill, *Reformation to Industrial Revolution*（Pelican Economic History of Britain, vol. ii, revised ed., Harmondsworth, 1969）, p. 144.

[5] See especially, E. P. Thompson, *Whigs and Hunters*（London, 1975）.

受到了威胁是愚弄民众，那么当伦敦下层民众（London Mob）大叫“威尔
14 克思与自由”（Wilkes and Liberty）或者当陪审团判决国务大臣授权对威尔克思住宅进行非法搜查予以巨额损害赔偿时，有产阶级所言的自由毫无疑问指的是这些民众的自由。[6] 人身保护、陪审团审判以及（不顾政府所有阻挠）相对自由的传媒都使英格兰——即使是穷人——成为欧洲也许还是全世界最自由的国家。1770 年的绝大多数英国人都衷心地赞同布莱克斯通对法律和宪法作为自由保护人的颂扬。

但无论如何，用这种方式将自由的理念与财产的理念相分离可能极具误导性。当查理一世把城市商人的钱作为借款存入其金库时，城市商人们担心的并不仅仅是他们的公民自由；有产阶级对国王“征购特权”（purveyance）（例如以低于市场价为王室和宫廷之消费购买商品的权利）[7] 的抱怨并不仅仅是出于政治的目的；不仅仅是他们对正当法律程序的尊重，导致了他们对强加给他们的巨额的和任意的罚款的抗议，[8] 也不仅仅是对王权专制的敌视，导致了地主们对国王在他们土地上的矿产特权的反抗。[9] 事实上，斯图亚特王朝之下的有产阶级为他们的财产深感担忧。

但就是财产概念自身也处于变动之中，这也是事实。辉格党人从王权中夺得的财产自由，在血统上并不比他们所获得的宪法权利更古老和更受尊敬。这两种情形下人们观念发生了变动；正如关于国王、领主和大众的相对权利处于变动中的观念，被当作一个头等问题提了出来，但它们从来没有在法律上得以清晰回答，与此相同，关于财产性质处于变动中的观念也紧紧围绕着君主与臣民的关系而被当作一个头等问题提了出来。在中世纪，国王与他的封臣之间的关系既是政治性（governmental）的，在某种程度上也是契约性的。国王封臣所支付的地租，既是税款也是对国王的土地价值补偿。只是经济性地租（economic-rent）的观念与税收观念逐渐地被区分开来。1660 年封建土地保有的废除和各种新的财政税（excise taxes）的创立，标志着土地作为一种私有财产的观念的根本转变。正是这一转变，

[6] *Wilkes* v. *Wood*（1763）1 Lofft 1；98 E.R. 489；*Huckle* v. *Money*（1763）2 Wils. K. B. 205；95 E. R. 768. 这两个案件的真正被告都是 Lord Halifax。

[7] Christopher Hill, *Reformation to Industrial Revolution*, pp. 105, 173.

[8] 例如，因称呼劳得主教（Laud）为“叛逆的天主教徒”而被罚款 3000 英镑，并因口头诽谤掌玺大臣和星座法庭而被罚款 10000 英镑：Hill, op. cit., pp. 114, 122。

[9] Ibid., p. 173.

"真正地创立了现代地产……（大领主们）将他们自己从封臣转变为所有权人"[10]。小地主们也通过类似的转变而获益。通货膨胀摧毁了自由地产保 15
有人应当支付的旧的封建地租的价值。现在，一个自由地产保有人开始将自己视为土地所有权人了。

虽然有产阶级现在是掌握政治权力和创设法律规则的人，但至少他们的确信守的是法律规则，而不是专断的命令（fiat）。[11] 正如在自由上所发生的那样，在特定情形下，用财产法来对抗强者和权势者就变得可能了，甚至弱者和穷人偶尔也能使财产法为己所用。在每个法科学生都研习过的 *Armory* v. *Delamirie* 案[12] 中，王座法庭在 1722 年赋予一个清扫烟囱的男孩一项就其所发现的宝石可以对抗被告金匠的权利，该男孩之前将此宝石交给了被告以便估值。当然，这样的案例是很少的。而且当穷人的权利对统治阶级构成严重威胁或者妨害时，这些权利可能——虽然并不总是很容易——就会被立法所排除，一如《圈地法》（Enclosure Acts）。关于《圈地法》，其最重要的意义不在于它们中的多数法案很容易就被有产者组成的议会所通过，而在于总体上，人们事实上可以观察到其对公平补偿和正当程序的高度尊重。《圈地法》并没有规定，可以通过简单的没收（confiscation）普遍地剥夺穷人在普通法上的权利。无论《圈地法》展现了有产阶级对于穷人权利的何种态度，它们都没有显示出其缺乏对于财产权利的尊重。[13]

即使在中世纪，英国阶级体系，以及贵族在其中的地位，从来都不是一种刚性的等级体系。上升到绅士（gentleman）等级而成为士绅（gentry）之一员，至少一直都是相对容易的，尽管升入贵族阶级就不那么容易了。即使在 16 世纪，也存在一种"蓝血（blue blood）可购买"的观念。[14] 在 17

---

[10] J. Commons, *Legal Foundations of Capitalism*（Madison, Milwaukee, London, 1968）, pp. 219-20; Hill, op. cit., p. 145.

[11] See E. P. Thompson, *Whigs and Hunters*, pp. 263-4.

[12] （1722）1 Stra. 505, 93 E. R. 664.

[13] 将《圈地法》视为对穷人财产权利残暴剥夺的观点，在很大程度上被哈蒙德（Hammonds）在其《乡村劳动者：1760—1832》（*The Village Labourer 1760-1832*）（伦敦，1911 年版）一书中所接受。不幸的是，这种"古典研究"忽视了大量的证据，这些证据的大多数在 1911 年就已经可以获得，例如，这些证据显示，甚至在 18 世纪之前，在非常多的教区里，小地主就已经大量消失了，这些证据同时也显示圈地活动总体上是公正的，穷人的权利也得到了应有的尊重。总体参见 G. E. Mingay's Introduction to the 2nd edition（London, 1966）of E. C. K. Gonner, *Common Land and Enclosure*（1st edn., London 1912）and works there cited。

[14] Christopher Hill, *Reformation to Industrial Revolution*, p. 51.

世纪，内战所产生的震动大大地减缓了社会各阶级之间的既有区隔，贸易作为财富来源其重要性日益增强，这导致了商人地位的上升。在乡绅与地位处于其之下的商人之间划一条线变得日益困难。“通过教会、法律和会计
16 室上升至绅士阶层比以往任何时候都要频繁，而且随着国家商业更加复杂化的发展，这些上升通道变得越来越广阔。”[15] 到 17 世纪时，许多商人已经比大地主们更加富裕，在整个 18 世纪，这些暴发户（nouveaux riches）通过通婚或者买卖土地而追求贵族的社会地位，同时保有他们自己在政治和商业上的独立性。即使在 18 世纪中期，即辉格党贵族统治的鼎盛时期，当时奢侈和摆阔在富豪们巨大的新宫殿里无处不在，当时贵族的社会地位比以往任何时候都更加重要，与当时的和之后的法国贵族相比，英国贵族的高贵性看起来大为逊色。英国贵族的高贵性无疑是较少基于出身的。[16]

这里还有另外一个重要的问题。当地主阶级的集体权力上升时，人们发现地主的个人权力却下降了。在早期，大领主的法律和社会特权赋予了他们一个强大的、保护遭遇不幸之人的“保护人”角色，更不用说在一帮家臣（retainers）的帮助下，大领主们还可以运用其体格之力（physical power）。商人和城市市民时常随着某些大保护人的权力或青睐而荣盛或衰落。到 18 世纪中期，这种情形差不多彻底消失了。与“上层”（high place）的“紧密联系”或友谊在各个方面仍然是极为宝贵的——在 1770 年之后这种情况仍然持续多年——但这不再是旧时的大领主不受法律拘束的保护。在稳定的法律和习惯背景之下，18 世纪的庇护（patronage）采取了一种更加结构化的方式运行着。当然，引起这种变化的部分原因，又是这一事实，即攫取了国家政治权力的土地贵族，其所遵循的法律和习惯在很大程度上是他们自己制定的。然而，一如自由和财产，尽管法律规则和习惯是有产阶级所构建，偶尔它们也可能被用来对抗有产阶级。在 18 世纪末之前，这种对抗情形在庇护案件中（一如其在自由和财产案件中一样）或许并没有达到显著的程度。诚然，“人脉”（connections）和庇护并非直到 19 世纪下半叶才开始与贿赂和腐败相关联，直到今天它们仍然是关联着的；但即使如此，认识到它们是在一个公平而稳定的习惯框架内运作的这

---

[15] Sir George Clark, *The Wealth of England*（*London*, New York, Toronto, 1946, reprinted 1965）, p. 160.

[16] Christopher Hill, *Reformation to Industrial Revolution*, p. 139.

一事实依旧十分重要。因为在政府和法律中它们帮助创造了一种稳定性、秩序性和规律性（sense of stability，order，and regularity），而非不可预知性和 17
专断性，而后者正是18世纪英格兰的核心特征；即使这种稳定性、秩序性和规律性有时是一种假象，因为法律规则和习惯可能由于某些个人利益而被扭曲，但这些表面现象逐渐地转变成了现实。那些经常这样行事的人，仿佛只是在遵守他们自己所制定的法律和习惯，逐渐也将他们对法律和习惯的服从作为一个事实接受了下来。

第二节　政府机制

在现代，“政府”一词几乎已经专门用来表示王国政府大臣们（Ministers of the Crown），他们集体地或者个别地负责监管执政党的政策执行。这个词语有时还被宽泛地用于涵括议会。除了宽泛意义上的政府外，在1770年根本就没有真正的政府；首相办公室依旧没有真正成立，当然也就不存在现代意义上的集体责任，而且大臣们也仍然是分别从不同政党中选拔出来的。并且，国王在对他的首席大臣和其他部门负责人的选拔中，仍然扮演着非常重要的角色。然而，人们至少很容易就可以辨识出现代政府机制的雏形，如果我们是在最宽泛的现代意义上使用政府一词。主权、上议院、下议院、首席财政大臣（the first lord of the Treasury）和国务大臣（Secretaries of State）仍然伴我们左右。上议院仍然由大法官（Lord Chancellor）主持，下议院仍然由议长（Mr. Speaker）主持。虽然有关立法的正式程序已有少许变化，但是辩论的尊称——“可敬的议员先生”（‘honourable member’）、“高贵的议员”（‘noble lord’）——仍然一如既往。如果我们把“政府”的含义扩展到法庭，那么在表面上，这里也很少有变化。法庭的很多头衔仍然是可以辨识的——王座法庭（the Queen’s Bench）、衡平法院（Chancery）*；法庭中的服饰和致辞的风格发生了少许变化——“我知识渊博的同行”（‘my learned friend’）**仍然“满怀敬意”（‘with great respect’）地向坐在法官席

---

* Chancery既可翻译为大法官法庭，也可翻译为衡平法院，为突出其所持衡平观念在合同法发展过程中的重要性，故本书将其译为衡平法院。同时，基于中文翻译惯例，本书仍然将Lord Chancellor译为大法官。——译者注

** 此处指律师。在英国法庭上，一方律师通常用“我知识渊博的同行”称呼对方律师，故人们通常就用这一称呼指称律师。——译者注

上的“他的阁下”（‘his lord’）提出辩护意见。法官和陪审员在刑事公诉审判中的责任仍然用某种方式被区隔开，而这被认为已经通行了至少 200 年。首席法官仍然是英格兰最重要的司法职位。法官仍然承认议会在法律制定过程中的最高权力。诸如此类，不胜枚举。但是，“政府”一词也有一个更宽泛的意义，这个意义上的政府已经发生了深刻的变化。

在非常广泛的意义上，“政府”一词包括一个国家的整个政府机制；它包括管理人民的整个过程、运用权力和维护秩序的整个过程，以及国家的物
18 质力量在必要时被施加到不服从者之身的整个过程。在现代民主国家，这种政府机制基本上都有三大基本特征。首先，存在一个大型的统一官僚体系，它们直接被政府的行政部门所雇用并受其控制。其次，法律权力被分散到许多人和机构之中，其中的每个人和每个机构都有一定的被明确分配的职能、一个相当明确的法律权威，以及它自己的官僚机构。[17] 最后，电话、警察力量、汽车意味着国家的物质力量可以在极短的时间里被投射到本国的任何地方。最近的警察离最近的电话几乎没有超过几分钟时间的。1770 年的英格兰完全缺乏现代政府机器的这三大本质特征。那时尚没有大规模的官僚机构，它们很多年之后才出现。在 1782 年之前甚至都没有严格意义上的内政部（the Home Office）。[18] 那时法律权力也没有被精细地和合理地分配到全国各个部门和机构之中。实际的权力，无论是传统意义上的权力、合法的权力、合法性存疑的权力、完全非法的权力，毫无疑问都被多种多样的部门和机构所操控；然而它们自身却没有一个支持性的官僚体系（a supporting bureaucracy），它们在任何总体规划的政府机构中没有位置，而且有时同一个职能处于两个或两个以上机构的管辖范围之内，而其他一些职能却没有任何机构负责。其结果便是“一个惊人的职权与机构冲突的大杂烩，议会试图定期地给这些权力和机构中的全部或者部分赋予新的职责，但是却没有对如何

---

[17] 当然，我并没有暗示在 20 世纪 70 年代臃肿的政府机器中，就不存在职能不明确或者法律权威难以确定的部门或机构。但是总体上而言，无法将当前的情形与 18 世纪 70 年代进行简单比较。

[18] 在 1782 年之前，通常有两个政府大臣（Secretary of State），一个是负责处理北欧相关事务的北方大臣（the Northern Department），一个是负责处理法国和南方国家事务的南方大臣（the Southern Department）。内政事务对于他们两者来说都是无关紧要的。“这一安排导致了无休止的混乱和困难；而且顽固保守主义在它变得毫无用处之后仍然被保留了一百多年。” Sir Edward Troup, *The Home Office*, 2nd edn.（London and New York, 1926）, p. 18.

正当履行这些新职责和旧职责作出规定"[19]。当然，不具有现代国家第三个本质特征——随时将物质力量投送到本国任何地方的能力——恰好是因为当时的英国缺少让现代政府可以轻松处理此事的工具——电话、警察和汽车。

今天被理所当然地认为是政府机器之组成部分的事物，在 1770 年的英国是如此缺乏，以至于其是 18 世纪和 20 世纪社会诸多方面差异中最深刻的一个；这可能也对思想观念产生了巨大影响。正是谢尔本勋爵（Lord Shelburne）而非 19 世纪的政治家，宣称"世界自有天道以致极小政府方为必要"[20]。因此，这里值得停下来思考这些差异的影响。 19

第一点需要指出的是，如果一个政府没有处于其即时控制下的工作人员，它实际上可以做（*do*）的事情极少。如果政府想要做什么事，它不得不自己处理此事，或者将此事交给可以承办该事的他人。但是，在乔治三世统治的前期，并没有明确的国库（public purse）可以付款给承包人（contractors）。当 1760 年乔治三世继承王位时，议会投票表决在他统治期间每年给他拨款 80 万英镑作为他处理国内外事务的全部花费。[21] 除了军事事务和一两个额外项目外，所有的政府开销都要从这笔款项中支出。但公共资金的真正观念——区别于国王的私人收入——尚未发展出来。因此，将公共支出用于公共服务的观念处于缓慢发展之中也就不足为奇了。将需要完成的工作交给官员或机构看起来似乎更为自然，如此则官员和机构即可以要求享用他们服务的人偿付其服务费用。事实上，这是 18 世纪政府的普遍特点。大量的非公知法（Private Acts）* 被通过，其设置诸多专门委员（Commissioners）以处理不同的"公共"事务，诸如街道的铺设或照明、

---

[19] Basil Williams, *The Whig Supremacy*, p.45.

[20] J. Steven Watson, *The Reign of George III*, p. 9. Lord Shelburne 即后来的 the Marquis of Lansdowne，是英格兰最早的自由经济主义者之一的威廉·佩蒂爵士（Sir William Petty）（1623—1687）的曾孙，在各个方面他都是一个才华横溢的人。

[21] J. Steven Watson, op. cit., p. 61.

* 又称私人法例，指其内容与个人事务有关，法院不能直接进行司法认知，而必须由试图援引该法的当事人在诉讼中予以证明的议会立法。它可分为两类：出版销售的非公知法和未出版销售的非公知法。出版销售的非公知法可以通过出示皇家印刷人（Queen's Printer）文本或者以英王名义或皇家文书出版署（Her Majesty's Stationery Office）名义出版的文本加以证明；而未出版销售的非公知法可通过其正式抄本（exemplication）、官方记录（transcript），或者来自档案局（Record Office）或上议院书记官（Clerk of the Parliaments）原本的副本加以证明。参见薛波主编：《元照英美法词典》，法律出版社 2003 年版，第 1093 页。Elizabeth A.Martin Edited, *A Dictionary of Law*, Fifth Edition, Oxford University Press, 2003, p. 9.——译者注

道路和桥梁的修建、排水沟和下水道的设置，同时授予这些专门委员征收税费（tolls and rates）以偿付这些工作的开销的权力。甚至是济贫院和监狱也经常发包给承包人。[22] 专门委员或者承包人所做的这些事被称作什么？他们是公共机构还是私人机构？这些问题在很大程度上是毫无意义的。在很多方面，他们像私人机构那样活动；当然，他们经常主动地促使必要的地方或非公知立法被通过。没有哪个政府部门和他们站在一起，或者支持他们，或者当他们超支时挽救他们，或者当他们被起诉时给他们后援。没有哪个政府部门对他们的活动进行规划或者协调；谁来做规划和协调工作？必要的信息、专业知识和资金从何而来？毕竟，在很多城市，每个房主（householder）仍然被认为有责任铺设其门前的道路，清除他自己的污
20 物和污水。[23] 如果少数市民共同担保一项非公知法，以使他们能够更有效地从事某项工作，并强迫逃避责任者（shirkers）、不劳而获者（freeriders）支付其应分担的费用，这也并不意味着他们正在接管政府的这一工作。总之，我们知道早期的专门委员在很多方面都代表着最初的现代英国地方政府当局；但是在当时看起来却不是这样。

所有这一切也许有助于解释，为什么即使在已经知道社会确实存在弊病时，人们似乎仍然很少或者根本没有采取行动。两个显著的例子是 18 世纪早期伦敦穷苦儿童的可怕遭遇，以及 18 世纪上半叶骇人听闻的酗酒恶行。在某种程度上，酗酒问题在乔治二世统治晚期就已经通过税收和许可证而得到了控制——通过法律是相对容易和廉价的——但对于穷苦儿童问题实际上人们什么也没做。这需要政府机器、官僚机构去实施，但当时却并不存在这种机器。1688 年的革命已经确立了议会制政府的基本特征，但是甚至是在此 100 年之后人们仍然没有认真地考虑行政（*administration*）问题。这主要基于两个方面的原因，首先，这些问题本身在工业化和城市化之前一般都尚不严重，而工业化和城市化进程直到 1770 年才开始。那个时候的英国，并不令人欣赏，仍然是一个简单的农业社会；它的城镇核心是由一个大都市和另一个大约有 10 万人口的城市（布里斯托尔）以及十几个人口 1 万到 3 万的小市镇组成的；剩下的人口都生活在乡下或者小

[22] Basil Williams, *The Whig Supremacy*, p.135.

[23] Dorothy George, 'London and the Life of the Town', in *Johnson's England*, ed. A. S. Turberville (Oxford, 1933), p. 169.

村落里，最大和最繁荣的乡村其人口也不过三四千人。[24] 对 18 世纪中期伦敦生活的描述，即便无疑是足够真实和严谨的，但也可能会严重误导现代的读者，致使他们忽略伦敦这一时期的独特性。在 1770 年统治和管理一个像伦敦这样规模的城市，超越了这一时期的行政体系范围乃至科学的技术与资源的极限；而这个国家的其他地方在很大程度上在自我运行着。

人们没有解决那个时期行政问题的第二个原因——即使人们在很大程度上已经感知到这个问题了，应更多地归结为有产阶级的观念状态，以及他们对于政府在社会中的妥当角色的观念。对这个主题我后面将予以讨论，但这里有必要把握这一事实，即对于这些有产阶级而言，政府并不是与外界相隔绝的，且从外部强加给国家的某种事物，尽管看起来是这样。他们 21
的（*their*）政府，是由（*by*）他们根据他们的（*their*）目的而创立的。当然，这种对事物的观察方法，得到了历史事实和洛克思想的支撑，后面我将回过头来讨论洛克思想的影响。这里只需要强调一些关键点就够了。首先，这时的英国政治体制在很大程度上建立在英国是有产者团体这一假定之上。政府和议会是有产者的机构，就像执行委员会与年度大会是许多较小团体的机构一样。法官被任命去惩罚犯罪（犯罪危及了有产者的生命和安全）和处理有产者之间的纠纷。我们已经看到，这种心态的一个非常自然的结果是形成了这种信条，即从根本上说，只有有产阶级才有权参加政府；没有财产的人没有投票权。不仅他们没有什么东西需要保护，他们因此没有参加政府的必要，而且人们也认为无论什么保护在很大程度上都是用来对抗无产阶级的。如果他们拥有投票权，有什么可以阻止他们抢夺有产者？这种心态的另一个很自然的结果是，有产者更加清楚地意识到他们的自卫团体（self-protecting association）* 的花费。如果是他们的财产被保护着，那么他们就已经知道或者至少会认识到他们正在承担着保护的花费。这也影响了这些人对于行政问题的态度。

这里还有另外一个因素：一个有点迂回的因素。低效和腐败的政府

---

[24]　G. D. H. Cole，'Town Life in the Provinces'，in *Johnson's England*，pp. 203-4. 1769 年曼彻斯特的人口大约为 30000 人，利物浦大约为 34500 人，伯明翰（1770 年）大约为 30000 人。赫尔、谢菲尔德和诺里奇这三个城市中的每一个只有 20000 个至 30000 个居民，诺丁汉、利兹和切斯特这三个城市中的每一个有 15000 至 17000 个居民。那个时候的其他城镇人口很少有超过 10000 人的。

*　指政府。——译者注

——18 世纪任何地方的政府几乎总是低效和（按我们的标准）腐败的——往往滋生对政府更多的不信任。多数的低效以及腐败都是贵族社会结构所必需的裙带和分赃制（system of nepotism and patronage）的结果。辉格党人 1688 年后发展出来的土地保有制度——尤其是“严格的地产授予制度”（strict settlement），此问题后文将详论——有助于将大地产保留在长子手中，并阻止其经由普通的继承程序而碎片化和分散化。这一制度也使为幼子们寻找其他出路和其他收入来源成为必要。这些出路出现在教会、法庭、军队，以及裙带与分赃关系中。按当时的规则玩这种游戏的人很可能看不出这样做有何不妥。在多数情形下，分赃本身就被看作可以买卖的一种财产权。如果一个人用现金（hard cash）购买了任命他的幼子为官员的权力，那么他很自然地就会将其视为一种投资、一项财产权，总有一天会轮到他
22 来出售这一权力。但是，虽然有产阶级对所有这一切很少觉得有什么不妥，但低效的政府就是不可避免的结果了。将不胜任甚或无能的且经常是关系紧密的（irremovable）亲属和朋友任命为次要职位的行政官员，很显然是不能建立一个现代、高效的行政系统的。无论何时，某人提出变革或改革的动议——其效果是产生新的职位——都会被怀疑其变革的基本目的是为分赃提供新的销售渠道。自然，在任何特定时刻，从这些销售渠道中获益的人是要少于那些支付代价的人的。因此，很自然地，甚至是按此规则玩这种游戏的人对这些变革的动议往往也是反对的。人们的这种态度一直持续到 19 世纪。

这一时期普遍缺乏适当的政府机器的第二个主要原因涉及社会自身的基础——法律与秩序的维持。今天的人们已经很难辨识出这样一条细微的区分线，其可以将 18 世纪贵族社会的文明、优雅和有文化，与其暴政统治的黑暗和混乱区分开来——或者被认为可以区分开来。有产者们之所以顽固地保护其财产——坚持其特权，正如今天许多人所言——至少部分是因为他们知道他们所拥有的东西是多么不稳定、多么容易就会被剥夺。必须记住的是，18 世纪的英国国土上是没有组织性的警察力量的，也没有永久的常备军。政府可运用的物质力量——尤其是在短期内——依现代标准是令人难以置信的微弱。1745 年的叛乱——最后一个斯图亚特试图复辟——显示了一支衣衫褴褛、装备不良和纪律松弛的部队是如何进军半个英国而未受到激烈抵抗。在乡村地区警察力量的缺失也许还不是一个严重的问题。陌生人轻而易举就能被辨识出来，地方乡绅的社会地位意味着他

们在其挑选出来的忠诚拥护者的帮助下，很容易就能消除大多数的小微失序行为（disorders）。在和平时期——总体上 18 世纪是英国非常和平的时期——国家是易于控制的。但在困难时期，如果收成不好、穷人食物短缺，失序和暴力（如偷猎）就会频现且不易控制。

伦敦的情况尤其糟糕。伦敦的暴民（mob）是 18 世纪英国的一支重要力量。虽然伦敦民众总体上品行良好且幽默风趣，但是，任何试图削减被他们视为习惯权利的东西的举动，都可能引发一场难以消除的骚乱。[25]18 世纪 23
伦敦骚乱中最严重的一次出现在 1770 年之后——在 1780 年那些可怕的日子里，整个伦敦都被暴民破坏和掠夺，领主和议员的生命受到威胁，王座法庭的首席法官被烧死在地上。而较小的骚乱则很常见，其足以使统治阶级意识到他们的文明时常在锋利的刀刃上颤抖。当然，法国大革命爆发后他们就更加意识到这一点了，但是 1770 年时的情形仍然持续到了之后的许多年。

威胁财产的不仅仅有暴民和骚乱。小偷小摸和抢劫也很常见，尤其是在伦敦的部分地区。没有哪个人，即便是身居高位的人，能够免于受到骚扰而获得安全，这在夜深人静的偏僻地方，更是如此。1753 年国王本人独自在肯辛顿宫的花园中散步时被抢走了表、钱和鞋扣。[26] 而对进出伦敦的旅客进行拦路的抢劫者们，对他们的受害者而言，当然与罗曼蒂克毫无关系，后世的人们却将他们浪漫化，他们与今天的劫道者其实并无二致。

尽管有这些危险，尽管缺少警察和维持法律与秩序的适当机制，但整体上的和平仍然是 18 世纪英国最显著的特点。人们对 18 世纪中期英国的总体印象是：这是一个惯常稳定和坚强的国家。[27] 如果这里存在根深蒂固和深层次的冲突，那么它们仍然是潜在的，且没有引致重大变动。法律和秩序也变得越来越有保障。有组织的和长期的不法（lawlessness）消失了，尽管非组织的和短期的不法直到 19 世纪中期仍然是一个严重的社会问题。在其他方面，人们生活的不规范性、不安全性和不可预测性也在减少。随着皇家海军开始在世界各大海洋上发号施令，威胁海外贸易的海盗、船只失事以及异域权力的敌视也一直在逐渐减少；国内的自然灾害，如火灾、饥荒和瘟疫似乎也不那么频繁地袭击人们了——这并不完全是偶然的。

---

[25] Dorothy George，'London and the Life of the Town'，pp. 184-5.

[26] Basil Williams，*The Whig Supremacy*，p. 138，n. 1.

[27] 关于不同观点，参见 E. P. Thompson，*Whigs and Hunters*。

在 17 世纪所发生的大火灾之后，伦敦以预防再次发生类似火灾的方式进行了重建。而且在 1772 年，一部新的伦敦建筑规范法典即《都市建筑法》
24 （Metropolitan Building Act）生效了。伦敦的街道即使有暴民，其总体上看起来也比许多欧洲城镇的街道安宁。访问伦敦的外国人对这一矛盾印象深刻，即在没有警察的伦敦比在戒备森严的巴黎或其他欧洲城市，人们整体上更加遵守法律。[28] 这种安全感和规划未来的能力正变得越来越强，其对于当下的目的与对于过去的目的同样重要。但是，在缺乏警察和适当的政府机制的情况下，这也是一个重要而令人困惑的问题。是否事实上在温和表象之下存在恐怖统治，在天鹅绒手套之中存在铁拳？ 18 世纪血腥的刑法典似乎对这些问题作出了肯定的回答。但是这个问题需等我们将注意力转向法律时才能进行讨论。

第三节　经济状况

何种社会是由地主阶级统治的？他们如此关心的这种财富和财产的来源是什么？我们已经看到 1770 年的英国在根本上仍然是一个农业国家，它的经济在很大程度上反映了这一事实。它仍然是一个人烟稀少的国家；1760 年英格兰和威尔士大约只有 700 万人，大约只有现代人口的七分之一；到 1770 年这一数字只有较小的增长，因为 1801 年第一次人口普查（并不完全可信）时这一数字大约是 900 万人。我们已经看到，除了伦敦和布里斯托尔，这个国家并没有超过 10 万人，甚至 5 万人的城镇。然而，事情正全方位地迅速变化着。在 1688 年近 90% 的人口仍然从事农业工作；[29] 到 18 世纪 60 年代根据阿瑟·扬（Arthur Young）的估计，这一数字是 280 万人，即低于 50%。[30] 这些数字显示国家经济系统已经发生了某种根本性的变化。

---

[28] Dorothy George，'London and the Life of the Town'，pp. 184-5. 比较 E. P. Thompson，*The Making of the English Working Class*（London，1963）p. 62："英国人民因骚乱而在整个欧洲闻名，伦敦人民则因缺乏顺从而震惊外国访客。"汤普森将这看作一种压迫的标志，而当代观察家则将其视为自由（甚或放纵）的象征。

[29] Christopher Hill，*Reformation to Industrial Revolution*，p. 61.

[30] Basil Williams，*The Whig Supremacy 1714-1760*，p. 105. 阿瑟·扬是一个农场主，他曾留下一份关于其在 18 世纪 60 年代旅行的记录，在其中他详细记录了他对农业收入和成本、其他社会和工业问题的大量观察。

探寻这些变化的细节已经超越了本书的研究范围，但是有必要对变化的性质进行大致的勾勒，因为所有这些变化几乎都与贸易和市场经济的增长有密切的联系。

16 世纪和 17 世纪早期的伦敦扩张已经在首都范围内创建了一个庞大 25
的农产品种植市场；而随着其他城市的兴起，越来越多的人口转向非农业工作，对用于销售的食物之生产需求自然就急速增长。对这种需求以及其他相关变化的应对，全都稳步推动着市场经济的发展。首先，到 1770 年时交通和通信的进步变得越发显著。除了沿海航运扩展外，通过清淤而使可航行河流里程增长是第一个主要发展成就；第二个主要发展成就是公路的迅速增加，新的公路信托基金（Turnpike Trusts）起到了极大的推动作用；第三个主要发展成就是 1760 年左右开启的运河时代。运河在降低大宗货物运输成本上扮演了至关重要的角色；它们让曼彻斯特的煤炭价格下降了一半。这些变化有助于在整个国家内部建立一个全国性市场，这一市场在 1707 年苏格兰成为联合王国的一部分后——创建了“世界上最大的自由贸易区域”[31]——已经扩大了。

与土地有关的体制关系变动也在向同一方向发展。正如我已经指出的，农地上的地主和佃农的关系已经发生了变化。甚至在 1660 年封建负担（feudal dues）被废除之前，旧式的封建性质关系就已经被废弃很多年了。当封建义务在重要性上式微之时，17 世纪早期巨大的通货膨胀更导致这些义务被经济上的租金所替代。佃农和农业劳动力之间的关系也因此发生着变化，或者更确切地说，他们的这种关系正在影响着大量的人口。无地的农业劳工——他们是 18 世纪开始日渐增加的典型的“工人阶级”——正在成为以没有个人色彩但是自由、经济的方式将自己的劳动力出卖给土地租用人（tenant farmer）的人。在 17 世纪，差不多一半的成年男性都是全职雇佣劳工，而许多“佃农”（cottagers）从事着国内工业劳动，是兼职雇佣劳工。在 17 世纪末之前，他们中的大多数后来都成为被称为“工人阶级的”终身雇佣劳工。[32] 当然，这些变化并非没有产生压力。当劳动力日益成为市场商品，人们必须为不能劳动的人做些什么；而到 1700 年时，超过 20% 的人口因贫困而接

[31] Christopher Hill, *Reformation to Industrial Revolution*, p. 224.

[32] Godfrey Davies, *The Early Stuarts*（Oxford, 1945）, p. 271.

受救济。[33]

26 到18世纪中期，三层样式的英国农业被建立起来了。“很清楚”，E. J. 霍布斯鲍姆（E. J. Hobsbawm）写道：

> 到1750年时，可辨识的英国土地所有权的特征性结构是：几千地主，将他们的土地出租给几万佃农，他们转而使用成千上万的农场工人、仆人和小佃农（dwarf holder）的劳动进行生产，小佃农在他们的多数时间里都是自我雇佣者。这一事实自身就表明了一个现金收入与现金支出的重大体系。[34]

同时，存在中间阶层的农民拥有较多土地的趋势。认为人们只应当拥有足够维持一个家庭的土地而不应当拥有更多土地的旧观念，已经让位于应该拥有更多土地、更积极响应大量资本投资的观念。租赁也在以鼓励理性规划和投资的方式发生着变化。契约虽然仍然按传统方式订立，但是旧式的耕作方式却日渐消失。旧式的为三口之家的土地租赁——通常租金较低但地主在续约时可以随意收取一定的费用——让位于7年、14年或21年的收取固定租金的定期租赁。[35]

但是，如果劳动力日益变成可交易商品，一些旧的社会态度和法律限制就仍然制约了全国性劳动力市场的增长。大约在18世纪中期开始的交通大发展之前，个人出行的困难和成本与相关货物运输不相上下。这自然阻碍了劳工的大量迁移。而除此之外，1662年的《定居法》（the Act of Settlement of 1662）却规定，地区法官可以仅仅因为劳工可能应在其以前的行政小区（parish）交税费，而命令将该劳工遣返到该行政小区。尽管立法严苛——直到1795年都没有缓和——但是劳动力仍然具有一定的流动性；的确，基于统治阶级的利益需要，《定居法》并没有像它所规范的那样那

[33] Christopher Hill, *Reformation to Industrial Revolution*, p. 258-9.

[34] *Industry and Empire*（Harmondsworth, 1974）, p. 29. 但是，这些数字有某种程度的误导性，因为劳动者与劳民的比例要比这小得多，在1700年也许是7比4，在1830年是11比4：J. D. Chambers and E. G. Mingay, *The Agricultural Revolution 1750-1880*（London, 1969）, p. 18。

[35] T. S. Ashton, *Economic History of England in the Eighteenth Century*（London, 1955, reprinted, 1972）, p. 35.

么禁止流动性。[36]

这些与农业相关的各种关系的变化与农业生产方式的变化密切相关。我已经提到过《圈地法》，有必要牢记与这些法律紧密相关的巨大的社会与经济革命。在1770年，圈地运动进展顺利。在1761年到1780年，超过一千部的《圈地法》被颁行，而在1781年到1800年另有九百部被颁行。[37] 27
这些法律消除了旧式的农业公社体系（communal system of farming）的残留物，并极大地激发了对现代农业技术的投资动机。花钱排水，对不同农作物和施肥方法的研究和试验，牲畜饲养上的巨大进步，所有这些以及许多其他发展加起来就形成了一场"农业革命"，其先于并在一定程度上推动了后来的工业革命。从我们的角度观察，农业革命的重要性在于这一事实，即它部分代表了农业被转变为一系列经济关系的过程。人们很快就看到资本可以对土地进行有利可图的投资；其之所以有利可图是因为这是进行理性经济计算的结果，即使农业存在很多的不确定性；这些计算除了要考虑其他因素之外，还要考虑产品的市场价格、租金和劳动力成本。[38]到1770年，大多数关注这次农业革命的人肯定都会同意约翰·梅森爵士（Sir John Mason）的悲叹，他在1550年写给塞西尔（Cecil）的信中就价格控制抗议说："如果不能像商人一样出售牛奶，谁会同意饲养一头母牛？"[39]

自1688年以来，国内贸易和海外贸易并驾齐驱地增长。1651年的《克伦威尔航海法》（Cromwell's Navigation Act）创立了一个关于海外贸易的真正的国家经济政策；从此之后，商人基本上免受经济管制，而只是在国家立法的一般保护框架内进行贸易。旧垄断公司的时代也过去了，因为《航海法》代表了"国家（*national*）贸易利益对于这些旧公司独自的利益与特权的胜利"[40]。到18世纪60年代，海外贸易与战争潜力（war potential）的关系成为经济中的关键因素。其结果就是威斯敏斯特*通过贸易法律、禁运和关税等方法造就了一种贸易模式。"但在这一框架内，存在巨大的自由经营的空间。政府这一时期对贸易和工业行为所实施的监管程度较后来

[36] Christopher Hill, *Reformation to Industrial Revolution*, pp. 177-9.

[37] Basil Williams, *The Whig Supremacy*, p. 108.

[38] J. D. Chambers and E. G. Mingay, *The Agricultural Revolution.*

[39] Tawney and Power, *Tudor Economic Documents* (London, 1924), ii. 188.

[40] Christopher Hill, *Reformation to Industrial Revolution*, p. 157；同时参见该书所引用的著作。

* 此处指英国议会，威斯敏斯特是伦敦的一个区，是英国议会所在地。——译者注

理论上的‘自由放任主义’（*laissez-faire*）还要低。”[41] 到 18 世纪中期，不列颠的海外贸易已经翻了几番，其和殖民地的贸易超过了和欧洲的贸易，而且英国已超过荷兰成为世界上最大的贸易国。商业机制也在不断发展，并
28 获得了法律承认，这使商人得以从事海外贸易并更加迅速地收回其资本。事实上，亚当·斯密在 1776 年就已经注意到资本如果投入对外贸易中，其本利一年只能收回一次，甚至经常要几年才能收回一次，而投入国内贸易的资本，其本利一年可收回十二次，尽管他同时也坚持认为从海外贸易中获取较大利润是一个好机会，这无疑会鼓励商人将其资本投入其中。[42] 贸易变成了国家和个人财富的主要来源。到 1770 年，不列颠是一个富裕的国家，也许是全世界最富裕的国家。外国观察者一般将不列颠的这种繁荣与其贸易增长、政治自由、较少管制以及相对资产阶级化的贵族联系在一起。[43]

整个 18 世纪——实际上大致是威廉和玛丽（William and Mary）统治之初——另一个重要的经济进程（economic process）正在进行之中。这就是现代货币、银行和信贷系统，到 1770 年时，其已经达到高度复杂的程度。当然，信贷本身并无任何新鲜之处。个人借款和零售信贷可能与金钱和零售一样古老。而 18 世纪所发生的是整个国家的信用经济的创建，现在可以实现其特有的组织和运用大量资本的功能了。对这些发展进行明细账式的分析又超出了本书的研究范围，[44] 但是对发展进行框架性的分析是本书所必要的。这又是一个金融事务稳定性稳步增长的故事。在 1688 年革命之后的很短时间里进行了大规模的货币重铸，而且政府也开始接受伦敦城的人（the City men）有关货币价值应当保持稳定的观点；而认为货币价值应当有意操纵以满足一时经济需要的比较陈旧的观点已不再流行。[45] 在 1717 年，英镑的价值是根据贵金属的固定数量来确定的。[46] 这是货币价值稳定性的真正开端，虽然自后半个世纪以来，金银相对价格的变动意味着

---

[41] J. Steven Watson, *The Reign of George III*, p. 25.

[42] *Wealth of Nations*, Book II, Chapter V.

[43] E. J. Hobsbawm, *Industry and Empire*, p. 23-8.

[44] See P. G. M. Dickson, *The Financial Revolution in England 1688-1756* (London, Melbourne, Toronto, 1967).

[45] Sir George Clark, *The Wealth of England*, p. 183.

[46] Ibid., p. 184.

许多白银被熔化并被非法出口。人们在 1774 年走出了关键性的一步，即限制白银作为法定货币，而这（连同一个存在了许多年的固定的金银平价）意味着“悄悄地确立了黄金标准”[47]。在某种程度上，这是建立信用经济的第一和最基本的前提；因为信用经济取决于债权人对这个问题的预期和信 29
任，即他最终得到的东西将不会比他现在放弃的东西价值更小。虽然近年来我已经发现，即使货币价值一直处于变化之中，一个已经建立起来的信贷系统仍然可以继续幸存，这也越来越清楚地表明在货币价值剧烈而不可预知的变动时期，信贷系统会承受巨大的压力；一个已建立之系统具有什么样的作用取决于其在建立过程之中是否无比真实。

建立信用经济的第二个前提条件是有一个适当的银行系统。这样的银行系统在 1688 年革命之后的一个世纪里才被建立起来。的确，在革命之前银行系统的初创就已经清晰可辨了。到 17 世纪 70 年代时，人们就已经能够在金匠们的活动中总结出银行的三大本质特征了，即接受存款、票据贴现和签发票据。[48] 支票出现在 1675 年。[49] 英格兰银行在 1694 年建立起来了，而且 18 世纪银行业发展很快。1750 年，在伦敦以外大约有 12 个“银行业者营业所”（‘bankers’ shops’）；到 1793 年，已经有接近 400 个地方性的银行雏形；[50] 大多数这些地方银行业者基本上从事着其他形式的商业活动，这迫使他们必须在伦敦的英格兰银行开设他们的账户。他们反过来又为小型的地方贸易商提供间接的银行服务，没过多久，他们之中的很多人自身就发展成为正式的银行了。[51] 同时，随着国内银行系统的逐步建立，一个为海外贸易提供融资的复杂的国际信贷系统也成长起来。在 17 世纪后半叶，一个精心设计的支付机制产生了，其以阿姆斯特丹和伦敦为基地，提供短期借贷服务，并通过票据交换使海外债务得到履行，而无须对黄金进行大规模的国际移送。[52]

建立一个复杂的信用经济的第三个前提条件是信任。通常情况下，没

---

[47] T. S. Ashton, *Economic History of England in the Eighteenth Century*, p. 177.

[48] Christopher Hill, *Reformation to Industrial Revolution*, p. 183; E. Lipson, *Economic History of England* (reprinted London, 1949), iii. 227 *et seq.*

[49] Christopher Hill, *Reformation to Industrial Revolution*, p. 186.

[50] J. Steven Watson, *The Reign of George III*, p. 28.

[51] E. Lipson, *Economic History of England* (reprinted London, 1949), iii. 245-6.

[52] J. Sperling, ‘The International Payment Mechanism in the Seventeen and Eighteenth Centuries’, 14 *Economic History Review* (N. S.) 446(1961-2).

有人会愿意成为对其债务人履行其债务的意愿与能力没有信心的债权人。但是，在17世纪动荡不安的年岁里，建立信任是最困难的事情之一。要
30 真正相信债务人的偿债能力，就必须建立银行，这些银行由于得到巨量资本的支持，因此其信用被认为是有保障的。17世纪许多人建议建立一个国家银行。但是，人们认为有必要摆脱英格兰银行建立之前的斯图亚特王朝，因为太多的人都记得1640年查理一世取得铸币厂金条的事情。正如佩皮斯（Pepys）在1666年的日记中写道，“它深深地留存在绝大多数商人的记忆中……这个事情将永不会被遗忘”[53]。仿佛这还不够似的，1672年查理二世又封闭了国库并拒不履行其债务，这样作为其债权人的金匠们也拒不履行他们的债务。但当辉格党人最终推翻了斯图亚特王朝后，对他们而言建立有点类似“辉格金融公司”（‘Whig Finance Company’）[54]的英格兰银行就成为可能，而且这一银行几乎第一时间就成功建立起来了。在最初的信任危机于1696年被克服之后，英格兰银行迅速建立起一种强大的金融稳定意识；它通过票据贴现促进了贸易发展，并通过签发超过存款价值的票据的方法扩大了可获得的信用。虽然它并不归政府所有也不由政府管理，但它的稳定性有助于建立新政府的有价证券的信用，1688年之后新政府开始定期发行有价证券——它们最先被称为“基金”（Funds），到19世纪它们被合并时则被称为“统一公债”（‘Consols’）。

基金很快就成为国家金融领域的重要组成部分。它们的巨大成功在很大程度上归功于不断增长的资本，寻求短期的出路，或者寻找长期但真正安全的和具有流动性的出路［因为基金是除土地以外的第一安全的（*safe*）长期投资］；[55]但是其也归功于另外一个关键因素。政府在履行其支付利息的义务时是绝对准时的。虽然这在今天看起来很平常，但在18世纪早期这还是一种新奇的事物。[56]辉格党地主发现了一件有趣的事情——即使是政府，当它向外借款时也会遵守市场的法律；亦即，他们发现，迅速且完全地履行其义务要实惠得多。明智的利己（enlightened self-interest）的确发挥了作用。基金的利率稳步下降，从17世纪90年代的14%下降到18世

[53] Pepys' *Diary*, 17 August 1666.

[54] 这是白芝浩（Bagehot）创立的词语，cited by Holdsworth, *History of English Law*（reprinted London, 1966）（本书后面引用该书时将其简称为H. E. L.），viii. 188。

[55] Christopher Hill, *Reformation to Industrial Revolution*, p. 244.

[56] Dickson, *The Financial Revolution in England*, p. 92.

纪 50 年代的 4% 以下。[57] 31

具有讽刺意味的是，正是政府新发现的金融一体化（financial integration），在 1721 年南海危机（South Sea crisis）* 中几乎导致了整个系统的崩溃。至少从政府的角度来看，这个不幸计划的目标之一是摆脱大量的、发行时利率高于其在 1721 年时利率的不可赎回年金。人们即将看到在 1721 年，对于这种情形的传统态度——衡平法院对于按揭的规则展示了这一点——赎回债务的标准并不存在过错或有不合理之处。债务已经被宣布为不可赎回的事实，并没有让衡平法院改变其在有关按揭的案件中所采取的态度。衡平法院的观点基本上是，如果债权人收回他所出借的东西及其利息，那么他就没有理由抱怨，（人们也许会说）这种观点强调了交易的财产方面而没强调交易的合同方面。但在 1721 年，政府不愿意在未经这些不可救药的年金受益人同意的情况下就向他们进行清偿，而南海计划的目标之一就是给这些年金受益人提供诱饵。[58] 于是，《南海法案》（South Sea Act）就授权南海公司替换这些不可赎回年金而“无需……强迫任何上述所有权人同意……这一价格”[59]。当然，由于南海公司的股票价格被公司董事操纵得越来越高，大多数无助的年金受益人同意接受南海公司的股票以替代其不可赎回的年金。尽管他们愤怒抗议，但政府随后还是维持了这一交易。政府觉得自己有权坚持认为，其所制定的规则必须适用于涉及此事的那些人。

幸运的是，公共信用令人吃惊地迅速从不可避免的泡沫破裂的大溃败中恢复过来了。该世纪中期之前英国政府支付利息的“严格精确性”（scrupulous exactitude）获得了外国人大量赞誉，同时在该世纪的其他时间里，英国公共财政“比欧洲其他国家更加诚信、更加高效”[60]。

在公共信用发展的同时，人们力图将同样的原则运用到私人公司；而南海公司自身的确就是一个私人公司。到 17 世纪晚期“股份”（joint-stock）

---

[57] Ibid., p. 470.

* 又称南海泡沫事件，指南海公司（South Sea Company）的股价因投资狂潮引发的暴涨和暴跌，以及之后的大混乱，该事件的经济、社会和政治影响都十分深远。——译者注

[58] Ibid., pp. 92-7.

[59] Ibid., p. 104.

[60] Ibid., p. 198.

公司的概念，已经战胜了早期的企业活动形式。[61] 股份公司是一种“信用基金”（fund of credit），它可以被反复使用而产生新的财富。到 17 世纪 90
32 年代，商事企业活动的增长产生了涉及股票与股份、期权、期货的交易，也出现了经纪人，欺诈操纵者也不可避免地随之出现了。据估计，到 1720 年时大约有 5000 万英镑被投资到股份公司里。[62] 在南海计划崩溃且《泡沫法案》（Bubble Act）加速其崩溃之后，这些商业活动中的大多数都曾受到严重且长期的挫折。私人商业信用花了很长的时间来重建对其诚实的信任，并且直到该世纪较晚的时期，公众才又开始对这些商业企业进行大规模投资。而与此同时，泡沫破裂之后的一些制度碎片也进行了自我重建。尤其是一个基金市场（*market*）正在形成，这是一个新的客观的市场，其价格会有所涨跌，每个人对交易规律的把握都与其他人一样拥有相同的机会。到 18 世纪中期，一个股票交易所开始组建并于 1773 年正式成立。各种新的交易类型开始涌现，所有这些所涉及的都是通过市场活动而失去或得到财产的风险。有一些只是赌博契约，但其他的都是理性的商业交易。例如，一个在基金市场拥有资金的人，被请求出借一笔金钱用于购买股票，他可以与对方约定，该笔金钱应当迅速被清偿以避免对方所购买的股票被强行卖掉。这样的交易虽然已经非常常见，但它们仍然引出了新的法律问题。

18 世纪另一个应当指出的重要商业发展是保险的增长。虽然各种各样的保险在此之前就早已存在，但作为现代的、以科学为制度基础的保险，肇端于 17 世纪晚期。直到 17 世纪下半叶，伦敦的死亡统计数据开始公布之后，才有可能编制精算表。到 18 世纪精算技术发展迅速，人寿保险和年金业务才站稳脚跟。由于商人尽力降低海外贸易不可避免的风险，因此海事保险也发展迅速，并且到 18 世纪中期时已经建立了良好的现代火灾保险，其肇端于 1666 年的伦敦大火灾之后。有两点与保险业的早期发展具有特别重要的关系。第一点是保险虽然是被设计用来转移意外事件或者至少是发生时间不确定的事件之风险的，但这种不确定性不能过分巨大。除非假设未来的事情在很大程度上将遵循过去的模式发展，否则保险公司是不会承受这种风险的。保险公司全力关注损失形式的变动，保险业越发
33 达，其所覆盖的风险范围越广泛，其能够应对事件变动的剧烈程度也就越

[61] Holdsworth, *H. E. L.* viii. 206-11.

[62] E. Lipson, *Economic History of England*, iii. 217.

高。今天，通过世界范围内的再保险市场，灾难性损失的风险通常可以如此广泛地分散以至于损失形式的最极端变动通常只在个别国家才会被关注到，因为这些风险不像是会在世界范围内重复发生的。但是，早期的保险业市场有限且没有广泛的再保险机制，因此它非常容易受到损失形式剧烈变动的影响。18 世纪英国保险业的快速发展可能与那个时代普遍的稳定并非毫不相关。

第二个点关注的是 18 世纪保险公司的成功在何种程度上依赖声誉与诚信。在现代社会人们公认保险对于不诚信的人具有特别的吸引力；这在很大程度上是因为对于一个新保险公司而言，业务的正常过程涉及在其收入与相应数量的负债相匹配之前，它就先收到相当数量的保险费收入。因此，不诚信甚至不计后果的保险业务模式，在当今世界各国一直都是广泛监管和控制的主题。令人惊奇的是，18 世纪的保险业务在没有监管和控制框架的情况下，整体上却极少有欺诈和不诚信。英国保险公司很快就认识到了英国政府已经受到的教训——明智的利己实际上是最有利的。英国保险业在履行其义务方面获得了诚信和谨慎诚实的声誉。在该世纪的中期，当英国保险公司被暂时禁止从事与英国交战的国家的船舶保险时，人们很担心将会永久失去大部分此类业务；但事实上，这些业务“英国保险公司很容易就又重新取得，只要英国保险公司比其他国家的保险公司的费率更低，也更准时”[63]。

我们必须警惕不要夸大了商业活动的稳定性和秩序的增强。的确有（*was*）增强，且很有意义和影响；但是所有这些都是相对的。1770 年的稳定性是不能与 1970 年的稳定性相比的。会计技能仍然欠缺，很少保存适当的账簿和记录；欺诈和诈骗很常见；仅仅是无力清偿——即使涉及刑罚——仍然是一个严重的问题。商业活动中的风险和不确定性以现代人们很难明了的规模一直存在——

> 商业活动被破产恐惧的阴影所笼罩，商人日常生活受到债务人监
> 狱的严重威胁。失火的风险，它可以在几小时里摧毁最繁荣的商业 34
> 活动……才刚刚开始通过保险进行限制……不确定性刺激了欺诈和残

[63]　或者，至少在 *Bristow* v. *Towers*（1794）6 T. R. 35, 47; 101 E. R. 422, 428 案中，辩护律师是（将其作为常识）这样说的。

> 忍。于是，欺诈性交易，海关反欺诈委员会于1773年开始对其进行登记，持续不断地受到立法机关的关注。[64]

迄今为止，我更多论及的是贸易和商业而较少论及工业。在1770年，贸易和商业仍然比工业更重要；事实上，“工业”一词当时还没有获得它在现代的意义。[65]“工业被大多数人认为是国家生活中比较稳定且平淡无奇的部分。”[66] 这并不意味着工业对于经济没有作出重大贡献；事实上，据估计，1770年大约24%的国民生产总值（G. N. P.）产生于工业。但是，工业迅速和持续增长的观念还没有形成。现代历史学家将工业革命的时间确定在1760年左右或者更早，这仅仅意味着许多关键工业在这一期间的增长速度显著加快了——对现代历史学家而言，显著增长是针对他们面前的图表和统计表而言的。例如，人们可以看到，18世纪60年代从纽卡斯尔和桑德兰将煤运到英格兰其他地方的数量是18世纪40年代的两倍；进口铁的数量从18世纪40年代平均每年的26000吨增长到18世纪60年代平均每年的45000吨；[67] 铜和黄铜的出口量从18世纪40年代到18世纪60年代之间增长了近三倍；[68] 新型工业，如造纸、玻璃平板、陶器和瓦器则缓慢增长；诸如此类。这些平淡的数字是稳定的、沉默的，且大体上不可察觉过程的一部分，它们很快就会对英国经济和生活的其他所有方面都产生引人注目和非常显著的影响。同时，大量的资本投资到能带来长期回报的各种形式的事业，尤其是运输业中去。资金被投入道路、运河、桥梁、港口、码头、船舶和仓库，甚至大地主也开始开采其土地上的煤炭和其他矿产。[69] 工业的这些发展应当与收益日益增长的农业革命，以及与上文所概述的贸易和商业发展结合起来观察，农业革命不仅为工业发展提供了额外的资本，而
35 且通过提高农业劳工的生产力也为工业解放了其他农业劳工。今天，人们通常将工业革命的产生归功于这些因素以及其他各种情况的结合。

---

[64] Dickson, *The Financial Revolution in England*, p. 155.

[65] Raymond Williams, *Culture and Society 1780-1950* (Harmondsworth, 1963), p. 13.

[66] J. Steven Watson, *The Reign of George III*, p. 26.

[67] Peter, Mathias, *The First Industrial Nation* (London, 1969), Appendix, Table 27, p. 479.

[68] Ibid., Table 30, p. 482.

[69] J. T. Ward, 'Landowners and Mining', in *Land and Industry*, ed. J. T. Ward and R. G. Wilson (Newton Abbot, 1971).

第三章　1770 年的思想背景：I 36

第一节　合同观念的范围

现代世界的合同法，乃至其之下的观念看起来都和社会契约论没有关系。政府与受其管制者之间的关系也根本不被认为是合同当事人之间的关系。前者在很大程度上被认为是威权与等级（authoritarian and hierarchical）关系。国家在某种程度上是站在公民之上且超越公民的，它遥远而无个人色彩，通常而言被无处不在地决定各种事情的“他们”（‘they’）所代表。与此相反，合同关系被认为是根源于协议（agreement）；当事人创立它们，就像赋予它们生命。合同非但不是站在当事人头上并超越他们，相反，合同是一种由缔约当事人控制、服从他们意志的事物。的确，即使在今天，诸如“经由同意的统治”（‘government by consent’）和“人民的意志”这样的词句也非常流行，而且不仅在我们称之为民主社会中流行；至少在民主社会（也许某种程度上在全部社会）中，也真的存在这些词句的某些内容。但是，这对于填平今天通常被认为是政府型关系与合同型关系之间的鸿沟没有什么影响。协议或合意在这两种关系中所发挥的作用被认为存在全然的和根本的区别。但并不总是这样。

18 世纪的合同观念与合同在社会中的作用，比今天要宽泛得多。人们认为他们与他人的关系，和他们与政府的关系具有相似的特征。此外，存在这样一种感觉，即他们认为选择或同意在一种关系中的作用是选择或同意另一种关系中的适当作用的前提。他们选择（*chose*）建立一个这样的社会，即自由选择是其最基本目标之一；他们自愿地（*volountarily*）建立一个这样的社会，即自愿建立的关系将受到允许和尊重；他们自由地（*freely*）构建一个保护其财产的社会，以便他们能够基于自己的最佳利益自由地获得、利用或处置其财产。眼下指出三点就足够了，它们之中的一些问题将在后文进行广泛而详细的阐述。第一点，基于自愿协议而创设的普通的

37 （*ordrinary*）合同，不考虑之前既存的义务或权利的话，其本身就是一个相对现代的，但的确在 18 世纪就出现了的观念。在那个时候，合同概念正处于变动之中。传统上，合同基本上被认为是一种涉及双方权利和义务的关系；这里并不意味着这种关系是通过一种有意识的和审慎的意志行为（act of will）建立起来的，更不意味着由此所产生的权利和义务是意志之产物。某种程度的同意通常被认为是必要的，但同意本身是一个复杂的问题，而且存在着一些根本不存在同意的合同案例——正如我们将要谈到的——同意是合同关系的必要组成部分。如果这是正确的——这时请求读者信任这个观点，因为在第六章和第七章里才会对它进行充分阐述——那么人们将会发现，在“普通”合同与“社会”契约之间的确存在非常密切的联系。两者都是一种为双方创设权利与义务的关系。简而言之，合同概念正在取代习惯而成为法律的渊源，也就是说，它是一种社会和政治义务的调节器（regulator）；同时也是个人权利和义务的渊源，也就是说，它是一种私人义务的调节器。不幸的是，除了“合同”外我们无法用其他语言来描述这些私人关系（因为这一“现状”并不真正服务于其目的）；但是，必须记住的是，在 18 世纪之前，合同这一词语并不具有其后来才具有的很强的同意内涵。

第二点，需要提醒读者的是，1688 年所发生的事件仍然是整个 18 世纪所有政治理论的中心。伟大的辉格党人经过自由选择已经（*had*）将詹姆斯二世放逐了。他们中的很多人在詹姆斯仍在伦敦而威廉向首都缓慢行进的数天里，作出了重大而极度困难的决定。每一个支持威廉的人都非常清楚地知道，如果他错了，他几乎肯定会为其错误付出生命的代价。这是一个真正的复仇式的自由选择。而且，当詹姆斯最终逃走而议会于 1689 年开会决定国家的命运时，下议院通过的第一个法案就是用来解决国王通过“违反国王与人民原来所订立的合同”，而试图颠覆宪法和破坏基本法的问题。这并不仅仅是为使革命正当化而作的空洞修饰。到 1688 年时，没有人，也许除了詹姆斯自己，对国王对其臣民负有义务、臣民对其国王负有义务有任何怀疑。这种关系在其内容没有被不合理延伸的情况下可以被称为合同。难道国王在其加冕宣誓（coronation oath）中没有允诺遵守法律？是的，当然，正如现代政治学者所指出的，君主对其臣民的义务并不
38 完全依赖此宣誓，因为这意味着他在加冕前不受拘束，而这就太奇怪了。但是这个宣誓表明国王承认了，从其与臣民的关系中的确产生了拘束他的

义务。倘若它没有创造这些义务，它也是这些义务的证据。它的功能与某个普通合同中的允诺或协议也许并没有什么区别；这也是本书后面希望证明的问题。

我们也不能忘记英国选任一个新君主过程中的最后阶段。因为在议会两院宣布王位空缺之后，紧接着议会与威廉就有关将王冠戴在他和他妻子头上的条件所进行的谈判是一个有点微妙的过程。虽然不能不细究谈判过程，但协议最终还是达成了。对于我们而言，这些著名事件实在太过久远而不能激起人们的兴奋和激动之情，但是在 18 世纪，有很多人的父母和祖父母都参与了这些事件。政治社会系建立在合同基础之上的观点，对他们而言无疑并不遥远，即使人民大众并非这个合同的当事人。虽然人们对这些事件的记忆在 1770 年已经有所淡化，但几年后的美国独立战争必然会引发这一观点的复苏。

第三点，我们还必须要记住前一章所指出的 18 世纪的统治阶级的凝聚力。政治体的绝对规模是导致我们今天难以理解我们在政治体制中的角色的因素之一。人们要么很难理解一个与数百万同胞订立的合同，要么很难理解一个与政府订立的合同，其中政府管理着数百万人这一事实导致了政府的天高皇帝远和非人性（remoteness and impersonality）。但是，即使是普通合同也可能有两个以上的当事人。一群人可能基于某种商业的、社会的或怡情的目的而非常愿意运用现代合同法的机制去创设一个机构。如果这群人数量足够少，其成员很可能仍然认为这是“他们的”机构——“他们的”网球俱乐部、家族公司、辩论社或其他组织——即使他们已经通过正式程序组建了这些机构。成员个人的观点甚或权利可能被多数票所否定的事实，以及多数决定是由董事会或执行官而非全体成员所作出的事实，都不能改变这种认同感的继续存在。如果成员数量非常少，对于大多数重要问题以及该机构的基本目标成员们大多能达成一致；只要这种情形一直存在，大多数成员倾向于赞同多数票，即使他们可能并不赞同所作出的决 39
定。然而，如果这个机构变得更大些了，这种认同感就容易消失；成员也不再觉得这是“他们的”俱乐部或公司；他们也不一定接受——尽管他们必须服从——与之相反的多数票。他们当然不会觉得机构所做的事得到了他们的认可或同意。

18 世纪英国的政治社会和政治机构看起来只代表了数量很少但却具有强烈认同感的一群人。奇怪的是，一个由数百万人组成的政治社会竟然也具有这个特征，而如果这个社会的有产者（和受教育者）成员的数量足够少，且这个国家的地理范围足够小，才更可能具有这个特征。的确，今天人们可以在非洲国家发现极为类似的现象，在那里，有影响力的人士数量是如此之少以至于“每个人都知道每个人”（‘everyone knew everyone’）。18世纪的英国也是“每个人都知道每个人”；贵族间通婚是一项规则；即使是社会地位下降到绅士的人，他们中也只有很少人在“上层”没有亲戚或朋友。这为社会契约论的繁荣提供了肥沃的土壤。统治阶级的确感到这是“他们的”政府、“他们的”议会，以及在特别的意义上这是“他们的”国家。

第二节　社会契约论

这里不是一个适合详尽讨论18世纪社会契约论的地方，[1] 但正如我们已经看到的，社会契约论与“普通”合同观念的关系是如此紧密，以至于对合同理论的任何历史研究都要对这一主题进行必要探索。

不同时期一直存在两个独立的关系，其被认为是社会契约的基本问题（the general head）。第一个是在任何政治社会都存在的统治者与被统治者之间的关系，第二个是人民相互之间的关系。一些学者认为，人民相互之间的关系是契约关系；而政治社会是——或者被认为就像是——通过合意缔结的契约，通过这一契约人民放弃他们的“自然”自由而将自己融入某个政治体之中。每个人都服从这一新的宪制和法律秩序，并就此获得法律适
40 当保护的权利。其他的学者则关注君主与臣民的关系。当然，对于臣民对其君主负有义务没有人有任何怀疑，但是对于该对待义务的问题却存在巨大的疑问。君主是否对其人民“负有”义务？如果是这样，谁来判断这些义务是否被正当履行，它们又如何被强制履行？

自中世纪以来这些观念以不同的形式在传播着。中世纪作家通常强调统治者对上帝的臣服。在他们眼中，君主不应当是专制的暴君，而应当是对上帝负有义务的国君（Princes），是根据法律——不仅仅是根据君主自己制定的人间法（the human law），也根据上帝律法（the law of God）——对被其统治的臣民负有义务的国君。尤其是在16世纪，将这种对待义务作为“誓

[1] See generally, J. W. Gough, *The Social Contract*, 2nd edn.（Oxford, 1963）; Sir Ernest Barker, Introduction to *The Social Contract*, *Essays by Locke*, *Hume and Rousseau*（London, 1947）.

约”（covenants）或“协定”（pacts）之构成部分非常常见，尽管运用它们的人并不总是很清楚这些观点表达了什么。被现代合同义务观念所浸润的20世纪的论者们，将合同的订立视为“一种有意识的和审慎的意志行为”[2]；结果，他们有时争辩说中世纪论者们没有“正确的”合同理论。我已经指出——无论“正确的”合同理论需要具备什么要求——这种合同思想可能很好地表达了所有类型合同的共性。在17世纪，合同语言和合同观念的运用与当时的宗教论争紧密相关。“誓约”一词尤其与教派堂会（sectarian congregation）会众之间、教派堂会会众与其牧师之间关系的确立相关。在苏格兰，自16世纪中期以来，宗教改革（Reformation）的支持者一直相互“盟誓”（covenanting），1643年的《神圣盟约》（the Solemn League and Covenant）创立了“盟约者”（covenanters），他们在内战中扮演了重要角色。清教徒神学也有其合同观念；当时的清教徒思想家似乎认为可以和上帝做交易。许多人认为更具政治导向的社会契约至上主义（social contractarianism）可能源于“17世纪无处不在的契约论思想”[3]，至少是受其影响。

对于我们的研究目的而言，研究18世纪合同思想的这些早期历史起源，其意义主要在于它们揭示了个人的自由与自由选择变得越来越重要；个人自由选择他与上帝之间关系之性质的权利（即使受到限制），从一开始就和他选择与其同胞、其统治者之间关系之性质的权利紧密相关。简而 41
言之，合同是有关双方权利与义务关系的观点，在合同理论上并不新颖，相反，这种关系创设和取决于有关当事人自由选择的观点才是新颖的。亚里士多德有关人本质上是政治和社会存在、人必然（不经其选择）参与到公共的和社会的关系之中的观念在中世纪日渐式微，这不可避免地需要对社会究竟是如何存在的进行解释。正如托尼（Tawney）所言：

> 莎士比亚时代的英国——其仍然不时闪现中世纪的幽灵，与经过两代人激烈争论之后于1700年呈现出来的英国之间的差异，是一种社会与政治理论上的差异，甚至超过了宪法和政治安排上的差异。不

[2] J. W. Allen, *History of Political Thought in the Sixteen*Century（London, 1928, reprinted 1961）, pp. 317-19; J. W. Gough, *The Social Contract*, pp. 56-7.

[3] Christopher Hill, *Intellectual Origins of the English Revolution*（Oxford, 1965, reprinted Panther Books, 1972）, pp. 268-9.

> 仅事实，而且评价这些事实的观念都被显著改变了……一个具有共同目的的社会组织，放弃其曾经的权威——无论多么不彻底——之后的自然结果，就是目的观念本身逐渐从社会观念中消失。它的位置在 18 世纪被机械论（mechanism）所取代。有关人的这种观念，即人们基于共同的目的通过互负义务而与他人相互联结、整个人类与上帝相联结，已不再留存于人们的心中。[4]

简言之，18 世纪的新人，作为后宗教改革（post-Reformation）时期人类的真正后代，是个人主义者；前宗教改革时期与后宗教改革时期的社会与政治理论的本质区别之一是个体组成共同体的方式。社会和政治共同体只有通过这些自由个体的自由选择才能存在。

对于本书而言，再讨论一下霍布斯和洛克这两位 17 世纪英国最著名的社会契约思想家著作中的自由选择概念的重要作用，就已经足够了。也许有必要再次强调本书不会假装去全面分析霍布斯和洛克的思想，更不用说去全面梳理其他人是怎么分析他俩的思想的。这种讨论的目的仅仅是对 1770 年左右的合同理论的一般性质提出一些看法。

霍布斯（Hobbes）

霍布斯经常被看作内战的失败的预言家，正如洛克被看作 1688 年革命的成功的预言家一样；因为霍布斯在 1651 年的《利维坦》中所说的许多内容都不为议会党人（Parliamentarians）所接受，而洛克的观点与辉格
42 党哲学极为契合，很容易把霍布斯当成是英国专制君主制的最后的支持者之一。当然，《利维坦》出版后保皇党人（Royalists）可以从其许多内容里得到安慰，尤其是社会契约的唯一形式是在社会成员之间缔结而非在社会成员与其主权者之间缔结的观点。其核心观点是，一旦人们创立了他们的政治共同体并且将他们的权力移转给它，他们就不能再创设主权者（the sovereign），也失去了反抗的权利，而且也几乎不能向两年前砍掉国王头颅的议会党人提出什么诉求。但是，在霍布斯那里也有很多具有前瞻性、预言了资产阶级经济自由主义社会与政治理想的内容。一个杰出的霍布斯思想的现代阐释者指出："霍布斯是否是英国政治思想主流是不应当有疑问

[4] R. H. Tawney, *The Acquisitive Society* (London, 1921), pp. 12-14.

的；且应当承认是他发掘了使该主流思想在随后传播的渠道。”[5]

对于我们的研究目的而言，霍布斯思想最让人感兴趣的部分是他对自由与自由选择观念的分析。尽管他有禁止反抗与主权者不可能负担义务的观点，但是霍布斯并不是自由的敌人。的确，他坚持认为人们只有通过创建他们的主权者并将全部权力移交给它才能享有任何真正的自由。文明社会（civil society）机制要求每个人放弃他的“对于全部事物”的“自然”权利；“且满足于其对他人的众多自由如同他容许他人对他的自由”。但这并非真正的损失。由于文明社会中的人保留了对所有主权者未禁止事项的自由，因此，“臣民的绝大多数自由，取决于法律的沉默”[6]。这绝不是自由，“因为我们可以看到，世界上没有一个国家能制定出足够的法规来规范人们的一切言论与行为，这种事情是不可能办到的；这样就必然会得出一个结论：在法律未加规定的一切行为中，人们有自由依据自己的理性思维做最有利于自己的事情”[7]。

另外，在“自然状态”下，每个人都在对抗其他人，这里没有法律因而也就没有正义或不正义，在这里暴力和欺诈是两种主要德行（cardinal virtue），人们唯一的自由仅仅是进行战争的自由。我不需要停下来询问霍布斯是否真的认为有这样一种“自然状态”，或者正如人们已经争论过的，是否他真的正在警告他的国人这个国家有堕入这种状态的危险。我们更关 43
注的是霍布斯对于自由与合同或者他更常称之为信约（covenant）观念两者之间的关系的理解。霍布斯将文明社会看作人们通过协议组成的，或者通过征服强加给人们的。他相信，在这两种情形下通过某个妥当的和权威的主权者去实施法律，人们之所得将远超其所失。这种对任何形式的文明所提出的具有绝对压倒性的要求，在霍布斯心中占据着如此主导的地位，以至于他深信任何理性的人都应该接受；但如果他们不够理性，或者受教育程度不足而不能理解其必要性，那么就必须要教导他们；他们将像学习宗教戒律一样学习它。[8] 对于受过更好教育或者更有理性的人，霍布斯是不担心的。但他不满地说，他们应该理性地同意将他们的“自然自由”交给

---

[5] C. B. Macpherson, Introduction to *The Leviathan* (Harmondsworth, 1968), p. 24. 本书引用的就是这个版本的《利维坦》。

[6] *Leviathan*, marginal note, p. 271.

[7] Ibid., p. 264.

[8] Ibid., Part II, Chapter 30, pp. 378 ff.

主权者，而无论是通过征服还是通过制度。他继续说道，他们事实上同意了这种臣服。这里就涉及霍布斯理论的核心要点了。霍布斯往往将自由选择等同于我们所称之自由意志。如果一个人不是基于其物理强制（physical compulsion）而做某事，那么就是自由地做此事。

在这一点上霍布斯前后是相当一致的。他认为，“畏惧与自由是相容的。例如一个人因为害怕船只沉没而将货物抛到海中时，他是十分愿意这样做的。但是如果愿意的话，他也可以不这样做：因此这个行为就是一个有自由的人的行为。同样的道理，人们有时因为害怕（*fear*）坐牢而还债，但由于并没有人阻止他不还债，所以这个行为就是有自由（*free*）的人的行为”[9]。事实上，他还更进一步争辩说：“自由（*Liberty*）与必然（*Necessity*）是相容的”；在一定程度上，所有的人类行为都是必然的，因为它们都是从第一个环节的“上帝手中——一切原因的第一个原因”之后的一连串原因链中相继发生的。因此，“对于能够看清这些原因联系的人而言，人们一切的自愿行为的必然性就显得很清楚了”，但是这远没有说明人的意志自由。人们选择去做他们自愿和自主做的事。[10] 当然，霍布斯也意识到必定还存在某些例外情形，政治社会中的市民法会治愈因胁迫或不法威胁所生之允诺，而不会强制其履行。但即使在这种情形之下，他似乎也认为——这在我们看来是比较奇特的——这样的允诺仍然具有某种程度的表面拘束力（prima facie binding），只有经由国家的实证法宽免，允诺人才能免受其
44 允诺的束缚。[11]

但如果共同体的实证法一旦真正确立起来，霍布斯就会很清楚这不是自然状态下的样子。“在纯自然的状态下，因恐惧而订立的信约是有拘束力的。例如，如果我承诺向敌人支付赎金或服务以保全性命，我就受此拘束。因为这是一种契约，其中一方得到的是生命利益，另一方为此将得到金钱或服务；因此，如果没有其他法律禁止该履行时——就像在纯自然状态下那样，该信约就是有效的。”[12] 然后，他又分析了战俘支付赎金的允诺，

---

[9] Ibid., Part II, Chapter 21, pp. 262-3.

[10] Ibid., p. 263. 霍布斯几乎没有接受罗马市民的呼声，“虽然我们欣然同意放逐他，但那并非出于我们的本意”：《科利奥兰纳斯》，第四幕，第六场。

[11] Ibid., Part I, Chapter 14, p. 198. 霍布斯可能认为这样的合同在普通法上是有效的，而只能在衡平法上被取消吗？

[12] Ibid.

以及弱国国王因畏惧而与强国国王订立一个于其不利的和平条约。这两种情形下的允诺都是因为恐惧而作出的，但是因为它们都发生在自然状态下（因为霍布斯将战争中的国家看作其所谓自然状态的另一例子），因此它们具有拘束力。

霍布斯所认为的自由选择就这样确立起来了，但在证明其有关社会是由有行为自由的人们自愿建立起来的观点时，他遇到了一些困难。人们是经由对主权者的组织而创建主权者还是向征服者臣服，这两者之间存在一些细微的差异。在前者，人们相互订立契约，在后者，他们与征服者订立契约；在前者，他们出于对相互的畏惧而订立契约，在后者，他们出于对征服者的畏惧而订立契约。[13] 赋予征服者“对被征服者的统治权”的并非单纯征服权（the mere right of conquest），而是他们之间的信约。同样地，被征服者对征服者负有义务并不是因为他“被打败、被抓住或被击溃逃窜；而是因为他迁就并臣服于战胜者”[14]。

这里似乎有一些不一致。一方面，自然状态下没有法律，除了永恒的战争之外别无他物；另一方面，通过暴力和恐惧所逼取的允诺即使在自然状态下也具有某种拘束力。但对当下的目的而言，相对于霍布斯极力将同意和自由选择置于如此宽广视野之中而言，这种不一致并不太重要。简而言之，如果人们做的任何事都被当作自愿而为，那么就可以认为所有的人类关系都是建立在自由选择之上。被强迫服从国家法律的市民之所以可以被认为是与国家订立了契约，是因为他自愿选择服从，而不是选择被监禁甚或被杀死。对于一个非常重视其个人自由的人而言，这是一个毫无吸引力的教条。

洛克（Locke）

辉格党人认为约翰·洛克的观点是可接受的，而霍布斯的观念则没有多少吸引力。当然，此两人的观点有很多共同之处，但是洛克对托利保皇 45
主义（Tory Royalism）进行了解答。约翰·洛克（1623—1704）的父亲做过律师，曾在内战中为议会党而战；斯图亚特王朝复辟后，洛克与一些辉格党领导人联系密切，“蒙茅思叛乱”（Monmouth Rebellion）后他认为离

---

[13] Ibid., Part II, Chapter 20, p. 252.

[14] Ibid., pp. 255-6.

开英国才是明智的。他于 1689 年回来，并接受了威廉三世的一个小公职。他最著名的著作有《政府论》（1690 年）、写作于 1667 年发表于 1690 年的《论宽容》以及《人类理解论》（1690 年）——这部哲学著作通常被认为奠定了英国经验主义传统。洛克的思想具有更直接的政治面向，此外他还是财产权的伟大捍卫者，毫无疑问他在 18 世纪的巨大影响力在很大程度上归因于这一捍卫。他对 18 世纪有产阶级的道德需求进行了道德正当化论证。

一如对霍布斯，这里我将针对洛克思想中与本书主题最相关的那些方面进行研究。我也会对洛克思想中与霍布斯思想的差异之处进行重点分析。我的讨论将围绕四个基本问题展开：第一，财产所扮演的角色；第二，洛克思想中的自然法基础；第三，同意（consent）所起的作用；第四，政府对人民信任之亏欠这一新观念。

和霍布斯一样，洛克也是从“自然状态”开始其研究的。但是，在他的自然状态中，人们并不是持续地与同胞进行着战争；他们事实上忙于获取财产。在这种自然状态下，人们自然是自由和平等的。上帝已经赐给了人们土地及其全部果实，虽然最开始所有的东西都归属于人类共有，但是“它们必然要通过某种方式被拨归私用，然后才能对任何特定的人有用处或好处”[15]。同时，自然状态下的每个人都至少拥有一项非共有的私产，此即他自己的人身。“除了他之外其他任何人对此都没有权利。”[16]因此，洛克争辩说人们自身的劳动力，他们双手所进行的工作，是正当地属于他们自身的。从这一点出发，他得出了一个简明的结论：劳动是一种将人类共有财产拨归私用的方法。这不仅是以这种情形的必要性为出发点的——难道还有其他方法能使印第安人对其所猎杀的鹿拥有权利吗？——而且这也具有强大的伦理基础。因为如果劳动是财产权，那么最勤劳的人（“勤奋和理性的人”）将获得最多的财产。[17]

46 在这一点上，洛克的《政府论》为革命党人而非统治阶级提供了支持。显然，他必须解释清楚为何占有地球表面较多部分的人事实上却是劳动最少的人。对此他援引了两个无可争辩的经济事实和一个含糊的假定。他引

[15] *Second Treatise*, Sect. 25.

[16] Ibid., Sect. 26.

[17] Ibid., Sect. 33.

用的第一个经济事实是稀缺的概念。在自然状态下，人们无权，即使是通过他们的劳动，要求拨归超过他们之所用的地球资源，如果要获得超其所用的资源就只能通过剥夺他人所需之资源等伤害他人的那些方法才能实现。如果存在丰饶的资源，那么人们就可以得到其所想要的资源而不伤害其同胞；但是，一旦资源稀缺，那些囤积财产过多以致在他使用之前财产即腐烂或败坏的人，“就违反了自然的共同法则”[18]。因此，自然状态下财产的不平等分配原初就受到严格限制。但这些限制又被洛克的第二个经济事实——货币的发明——所去除。货币可以使人们储存财富而不用担心它的毁坏，因此使财富增长的巨大不平等成为可能。由于货币是人发明的人造物，因此，人们实际上同意了这种新的、财产上更大不平等的可能性。最后，洛克提出了一个相当可疑的假定，即当前财产所有权的不平等是不同勤劳程度的结果，这使一些人可以成倍扩大其财产。[19]

如果所有这些描述性方面不那么令人信服的话，那么就必须强调与之交织在一起的规范性方面。洛克不仅仅是，甚至基本上就是力图解释财产权如何产生，以及为何财产权分配得如此不平等；且他力图将这种状态予以正当化。这种正当化在本质上是经济自由的正当化，这在霍布斯那里也有发现。如果人们不养活自己和家人又如何诱导他们去劳动？如果没有货币，一个获得和保有的财产能否超过他体格力量所能保护的范围？如果存在货币，人们除了可以用他们存储的货币相互交换，或者与他人互易其他财产之外，还能如何诱导人们劳动去增加他们的财产？

为了证明财产制度本身，洛克的下一个任务是阐释政府的角色以及政府与财产之间的关系。在自然状态下，人们有权保护他们自己的财产（这里我们看到洛克使用了包括“生命、自由和土地”在内的广义财产概念），也有权对付那些试图侵害其财产的人。这似乎是一种不那么令人满意的事 47
态（虽然洛克可能并不完全清楚他所发现的是什么样的不满意），因为它涉及每个人都是“自己的法官和执行官”。[20] 结果，文明社会建立起来了，其中的每个人都将其享有的作为自己法官和执行官的权利交付出去。政府的基本功能因此就是对财产争议以及对财产的侵害进行公正裁判和惩罚；

[18] Ibid., Sect. 37.

[19] Ibid., Sect. 48.

[20] Ibid., Sect. 87.

附带地，共同体有必要界定这些侵害和惩罚，因此需要立法机关，并执行法庭裁决，因此需要执行机关。[21] 而这是政府的首要目的——保护先在于政府自身的财产权。因此，接下来的任务就是确保政府机器履行其职责以实现对这些财产权的最好保护。他认为如果立法机关由受相同法律拘束的许多人组成，就最容易实现这一目标，因为他们全都会十分关心对他们财产的保护。另外，立法权由“持续召集且长存的”立法机关掌握，或者由“一个人掌握，就像在君主专制那样”，同样都存在这样的危险，即其成员可能会认为他们具有不同于其他社会成员的利益。[22] 而且，“最高权力也不能未经其本人的同意就剥夺任何人财产中的任何部分”[23]。如果财产要服从于他人的专横意志，财产就不是财产了。“因此这样的认识是错误的，即任何共同体的最高权力或者立法权能够做任何它想做的事，能够任意地处置或者取走他人财产中的任何部分。”[24]

如果说这一点看起来仍然具有某种描述性色彩（尽管其描述性色彩显然不如财产的起源那么浓烈），那么这再一次清楚地表明了其在实践中的规定性要素（prescriptive element）。洛克所告诉我们的，不仅仅是他认为政府是为何目的而存在以及政府是如何组成的，而且也告诉我们政府应当（*ought*）为何目的而存在以及政府应当（*ought*）如何组成。如果政府是为保卫财产而存在，那么接下来政府就不应当恣意地干涉财产权。[25] 但是，英国的描述性方面到美国就变成了规定性方面，美国联邦宪法即体现了洛克有关政府与财产关系的观点。

最后，洛克从其有关政府“真正目的”（‘true end’）的观点中得出了一个最重要的结论，而这使他的观点在根本上区别于霍布斯的观点。如果政府未能实现其功能，例如，如果统治者背离了他的职责以致法律未能施行；或者，如果统治者迄今为止都忘记了他们的首要任务而“图谋剥夺和
48 破坏人民的财产，或者贬低人们的地位使其处于专断权力的奴役之下”，那么叛乱因此就是正当的。当然，不能认为革命因为“公共事务上的稍微失政”而被正当化了，但是至为清楚的是，应当由人民来判断他们面临的

[21] Ibid., Sect. 88.

[22] Ibid., Sect. 138.

[23] Ibid.

[24] Ibid.

[25] Ibid., Sect. 137.

是政府“稍微失政”还是政府根本背弃了人民的信任。革命是一种自卫行为；自卫者显然必须决定在他的防卫中何时诉诸武力。当然，所有这些在如愿以偿的1688年反叛者耳中都是一曲美妙的音乐，而且无疑有助于使洛克观点的其他方面为人所接受。后来，人们所主要记住的是洛克对财产的捍卫，而其有关反叛的论述很快就被人们抛弃了。但是，当18世纪60年代美洲殖民地爆发争端时，美洲殖民者们很自然地转向洛克理论以寻求支持。殖民者在英国的辉格党人中找到了支持者，他们也准备接受洛克论证的逻辑。例如，辉格党律师卡姆登勋爵（Lord Camden）即激烈地争论说，没有代表权的纳税（taxation without representation）是非法的，无异于抢劫。任何人未经其同意都不能被剥夺财产；基于他的同意可以出售其财产，基于他的同意可以向其征税——或者基于他本人，或者基于他的代表的同意——而没有这种同意的征税就是蔑视自然法则（the laws of nature）而剥夺他的财产。[26]

洛克观点区别于霍布斯观点的第二个主要方面是他对其所建构的自然法的使用。正如我们已经看到的，较之于霍布斯，洛克所指的自然状态要文明得多；它受制于自然法的规则。自然法——其从少数几个关于人性（human nature）和全球资源稀缺性的假定中推论出来——被用于解释私有财产的起源、金钱和财富的不平等；自然法的这些相同原则也被用来解释为什么人们要组成文明社会和限制政府权力。洛克对于自然法的来源没有任何具体的规定，但其很明显地与神的法则（laws of God）紧密相关。对于自然法的违犯者，洛克指出，“表明他自己按照理性和公道之外的规则生活，而理性和公道的规则是上帝为人类的相互安全所设置的人类行为尺度”[27]。

当然，在洛克写作时自然法理论传播已久。洛克自己尤其深受理查德·胡克（Richard Hooker）的影响，他是16世纪圣公会神学家和名著《论教会体制的法则》（*The Laws of Ecclesiastical Politie*）的作者。在伊丽莎白统治时期的一场著名的神学论争中胡克发挥了重要作用，在论争中，他支持建立英国新教（Protestant Church of England），但他这样做是基于基督教古典 49
中未曾出现的观点，为此他被清教徒辱骂至深。胡克争辩说，宇宙被上帝所确立的自然法则（Natural Laws）所规制，而且这些法则还支配着物质世

[26]　Parliamentary History, xvi, col. 178（1766）.

[27]　*Second Treatise*, Sect. 8.

界和道德问题。这些法则能够为人们的理性所揭示，但仅仅在古典或在教会的直接教导（direct teaching of the Church）中人们是不能发现它们的。诚然，教会与民选政府（civil government）和世间其他事物一样，也受制于自然法则。胡克作品中的一些内容，显然直接地影响了洛克的思想，在其作品中他认为民选政府是经由同意组建而成的。除胡克之外，自然法理论在17世纪还被荷兰法学家胡果·格劳秀斯（1583—1645）和德国法学家塞缪尔·普芬道夫（1632—1694）广泛讨论过，在1625年首次出版的名著《战争与和平法》（*De Jure Belli ac Pacis*）中格劳秀斯回溯研究了罗马万民法（*jus gentium*），普芬道夫当然也很熟知格劳秀斯和霍布斯的著作。洛克没有承认格劳秀斯或者普芬道夫是其观点的来源；但是他经常引用胡克的观点。在18世纪的绝大多数时间里，洛克的自然法观点无疑使其的所有观点都对英国统治阶级具有更大的吸引力。他们给洛克的观点添加了一个道德的——模糊的宗教的——前提，同时他们也给洛克有关财产和民选政府的结论添加了某种必然性（inexorability）。但是，不应允许掩藏这一事实：就洛克对自然法的全部论证而言，如果人们试图就政府目的达成一致，那么洛克的前提和结论都有许多显而易见的意义。后来，人们的观念发生了改变，但“休谟（Hume）和边沁（Bentham）在揭开了自然法的假象之时却没有损害存在于自然法之中的强大而精心构建的功利主义结构”[28]。

洛克与霍布斯观点的第三个主要区别是关于同意的作用。洛克与霍布斯一样，也认为文明社会是经由人民同意而建立的，但其与霍布斯不同的是，他反对从恐惧中获得的同意也是一种真正的同意这种观点。征服者通过征服并没有获得任何权利，甚至也没有从被征服者的臣服中获得权利。“如果一个强盗闯入我家，用刺刀对准我喉咙，逼着我缔约将我的财产让与给他，这会使他获得任何权利吗？”[29] 显然不是。那么，如果攻击者是一个君王这会有什么不同吗？“损害和犯罪，不管是出自戴王冠者还是微贱者之手，都是一样的。”[30] 而且，通过暴力所获得的允诺是没有拘束力的；用如同小偷偷走我的马一样的方式从我这里获得允诺也是没有拘束力的。
50 这两种情形，我都有权要求返还我之所有。“因为自然法只基于它所规定

[28] C. B. Macpherson, *The Political Theory of Possessive Individualism* (Oxford, 1962), p. 270.

[29] *Second Treatise*, Sect. 176.

[30] Ibid.

的准则来确定我所负的义务，它不能以违反它的准则的行动例如以暴力对我勒索任何东西，来迫使我承担义务。”[31]

这是一个重要的问题，通过胁迫所获得的允诺或者同意的拘束力，长期以来一直都是自然法学者们（Natural Lawyers）以及在他们之前的经院学者们（Schoolmen）论战的主题。虽然洛克并没有完全平息这一争论（在亚当・斯密的著作里人们仍然可以发现这个争论的回音）[32]，但是洛克的影响力已经很好地证明了其对于法律思维形塑所具有的重要地位。通过否定从暴力或恐吓中获得的允诺或合同的效力，洛克强调了其观点的道德诉求，并赋予意定之债（obligation rooted in consent）以道德基础的内容。人们非常容易就支持这一观点，即基于“自然法”同意是政治性的或法律性的义务的效力根源，只要这一同意是真正的和自由的。正是此类观点（例如这一观点）使洛克限制了其对自然法上的允诺之债（obligation created by promises）所作的夸大：“允诺是如此重要和强大以致全能的上帝本身也要受其拘束。许可、允诺和誓言就是全能上帝所受之拘束。”[33]

在这一点上，洛克的观点较之于霍布斯的观点明显更具有吸引力，但洛克的观点存在前后矛盾，这是霍布斯所没有的，而且这种矛盾在困扰了法律思想多年之后仍然存在。因为洛克被迫诉诸两个具有一定人为性质的机制，以使他的这两个观点得以调和，即他的关于从恐惧或威胁中所获得的承诺的观点，以及他的关于对作为政治和经济概念的合同作用的观点。一方面，他拒绝质疑政治同意的有效性，该政治同意奠定了公民对国家承担持续性义务的基础；另一方面，他被迫对市场本身所产生的压力问题含糊其词。

如此，即使为此付出了一些前后矛盾的代价，洛克仍然确立了意定之债（consent-based obligation）的道德基础，对洛克而言它仍然可以被用来重新诠释许多传统上的基于同意的义务。他这样做当然主要是出于对政治领域的关注，而这是通过引入默示同意的概念实现的。在一段著名的论述中他提出了这样一个问题，即一个人在何种程度上可以被视为他默示同意要服从于国家的法律：

---

[31] *Second Treatise*, Sect. 186.

[32] See *The Theory of Moral Sentiments*, ed. Raphael and Macfie（Oxford，1976），pp. 330-1.

[33] *Second Treatise*, Sect. 195.

> 对于这个问题，我可以这样说，只要一个人占有任何土地或享
> 用任何政府的领土的任何部分，他就因此作出了他的默示同意，从
> 而在他同属于那个政府的任何人一样享用领土期间，他必须服从那
> 51 个政府的法律。不管他所占有的是永远属于他和他的子子孙孙的土
> 地，还是只占用一个星期的栖身之所，还是只是在公路上自由地旅
> 行；事实上，只要身在那个政府的领土范围内，就构成了某种程度的
> 默示同意。[34]

这里我们看到，尽管表面上存在着不同的进路，但洛克与霍布斯的观点存在着根本的相似性。他们两人都力图将政府制度或文明社会当作基于人民的同意而形成的；洛克更进一步，而认为人民的同意是社会合法性的持续要求。两人在本质上都同意社会成员之间存在着相互的权利和义务，尽管洛克认为一旦主权者被建立起来，就应当被课加义务。但是即使是霍布斯也不能否认在统治者与被统治者之间存在着相互关系。在洛克和霍布斯那里我们可以发现他们都试图改写由来已久的关系中相互之间权利与义务的根源。在古老习惯被打破之后，对于这些义务的根源，人们需要一种新的合法性论证；他们两人都认为同意是其合法性之所在。在洛克那里，困扰许多社会契约论者的深层次问题得到了详细的讨论。如果同意以及持续的同意，是统治者合法权力的必要组成部分，那么多数决定原则（the principle of majority rule）如何解释？对洛克而言，该原则必定隐含在原初契约（initial compact）之中。因为同意不过就是使一个人受到这样的拘束，即在将来某个时候他不同意任何事务时他也同意受到拘束。因此，每个同意组建社会的人必定地或默示地“使自己对这个社会的每一个成员负有服从多数人作出的决定和多数人达成的协议的义务；否则他和其他人为结成一个社会而订立的原初契约便毫无意义……”[35]

看起来指出这一点并不算夸大其词，即霍布斯和洛克基于他们对人类理性和利己（self-interest）动机的信赖，他们确信：如果人们想要实现他们所期望的目标，那么他们事实上就会同意那些他们本应该同意的事情。如果（*If*）一开始就假定所有的人都是理性的，如果（*if*）因此而假定所有的

[34] Ibid., Sect. 119.

[35] Ibid., Sect. 97.

人都会期望特定目标，如果（*if*）能够证明有一条最佳的道路可以实现这些目标，如果（*if*）人们因此而行进在该正确道路之上，那么很自然地就可以得出这一结论，即人们可以在其有意实施的自由选择行为中发现自己。今天，这种形式的推理经常被认为是高度虚构的，[36] 但是有关默示同意的问题异常复杂。

在洛克观点中，还存在着一些我尚未指出的、明显区别于霍布斯观点 52
的方面。正如我们已经看到的，在霍布斯的社会里，主权者对他的人民并不负有义务，而人民当然对主权者负有义务；而在洛克的世界中，其观点几乎是完全相反的。主权者当然对人民负有义务，因为他的权力的真正目的就是保护人民的权利和财产。当然，人民也有义务服从主权者的法律；但是洛克只是勉强地认为人民事实上对他们的主权者负有义务。关于这一问题，洛克提出了对主权者予以信任的观点。[37] 较之于将人民与主权者之间的关系理解为涉及双方权利与义务的某种永续性契约（enduring contract），前述理解似乎更符合他的观点。如此，当他谈论那些正当的反叛行为时，他谈论的是对信任的违反，而不是对契约的违反。[38] 对于这一观点，洛克并没有详细阐述，而且在18世纪的社会契约论思想中该观点也没有扮演主要角色，直到18世纪末它才又被伯克（Burke）接着阐述。

休谟（Hume）

在1739—1740年，28岁的苏格兰人大卫·休谟（David Hume）[39] 出版了他的《人性论》（*Treatise of Human Nature*），该书的最后一部分对洛克及其支持者的观点进行了长篇和深刻的批判。这本书在当时只有较小的影响力，数年后休谟重写了其中的大部分内容；在1748年他发表了论文《论原初契约》（*Of the Original Contract*），在其中他再一次剖析了洛克的理论。毫无疑

---

[36] See, e. g., J. Plamenatz, *Consent, Freedom, and Political Obligation*, 2nd edn.（Oxford, 1968）, p. 8.

[37] *Second Treatise*, Sect. 134.

[38] Ibid., Sects. 221, 222.

[39] 大卫·休谟（1711–1776），哲学家和作家，苏格兰人，亚当·斯密（Adam Smith）的密友。他最著名的著作是《人性论》（1739–1740）（本书后文引用时将其简称为 *Treatise*）和《英格兰史》（*History of England*），《人性论》中的大多数内容后来都被重写并以两个《研究》（*Enquiries*）的形式出版：一个是《人类理解研究》（*Concerning Human Understanding*），另一个是《道德原理研究》（*Concerning the Principles of Morals*）。

问的是，休谟是远较霍布斯或洛克或那个时候任何其他社会契约论者都要伟大的思想家；而且，休谟关于社会契约以及法律、同意、财产和契约的作用的观点，全都是法律理论上和观念史上最重大的关注点，这也是毫无疑问的。非常奇怪的是，他是怎么被法哲学家所忽略的。[40] 试图一般性地评估休谟的观点对后世思想家的影响，将遭遇很大的困难，而基于我们的研究目的，试图评估他对于合同理论的影响则尤其困难。整体上看起来，休谟的直接影响可能较小；他对边沁、亚当·斯密和其他人的间接影响可
53 能更大，尽管这几乎是无法估量的。

休谟的观点没有直接影响力的原因可能是他超越了他所处的时代，这并不令人吃惊。例如，在他的《人性论》中休谟讨论了允诺性责任的根源，甚至在允诺性意志论（the will theory of promising）在英国法律上出现之前，他就已经批判该理论许多年了。他对被人们认为是义务之根源的允诺理由的分析具有高度的功利主义性质，一如我们后面将要看到的。但是，在他自己对允诺性义务的根源进行分析之后，他继续检验他认为人们显而易见应当普遍接受的解释。因为人们通常认为单纯做某事的意愿的表达并不会创设义务，人们难以理解的是，给这些意愿加上特定形式的语词后怎么就能引起实质性的差异。休谟指出，对此通常的回答是“我们就虚构（*feign*）一种心灵活动，我们将其称为承担某种义务的意愿（*willing*）；而我们就假定道德以这个意愿为基础”[41]。但他反驳道，这仅仅是一种迷信，“其是我们所可能想象到的最为神秘和不可理解的一种作用，甚至可以将其类比于化体（*transubstantiation*）或圣职（*holy orders*），在这种情形下，某种语词形式被附加于某种意愿之上后，它就完全改变了某种外在事物的，甚至一个人的本性”[42]。根本不存在（*is*）如同意愿（*willing*）这样的心灵活动的东西；如果存在，也并非意志本身创设了义务，而是意志的表达创设了义务。而且，意志的表达足以创设义务，即使允诺人有一个蒙蔽我们的秘密意愿。当然，真实情况要简单得多。允诺之所以具有拘束力乃为人类的便宜行事所致。

---

[40] See F. A. Hayek, ‘The Legal and Political Philosophy of David Hume’, in his *Studies in Philosophy, Politics and Economics* (Chicago, London, Toronto, 1967), Chapter 7.

[41] *Treatise*, Book III, Part III（原文似有笔误，休谟的这段论述位于《人性论》第三卷第二章即 Part II 而非 Part III 中——译者注）, Sect. V。

[42] Ibid.

休谟几乎驳斥了在他那个时代仍然具有广泛影响的社会契约论观点的所有方面。首先，并不存在自然状态。它只是一种单纯的“哲学虚构，从来不曾有、也不可能有任何现实性”[43]。它可能类似于诗人们所臆想的黄金时代，只是它充满了战争、暴力和不义。社会当然也不曾由允诺所创立的社会契约所构建。因为一方面，社会是逐渐产生和形成的。另一方面，即使可以想象在第一个社会机构建立之时存在着某种契约，但随之而来的其公民所负担的义务没有也不可能源于任何他们不是当事人（为何父亲的允诺可以拘束儿子？）的原初契约，或者任何他们自己新的契约或允诺。实际上，所有的统治者都期望得到其领土上的人们的忠顺，而声称政治义务取决于自愿的同意或相互的允诺，但在绝大多数国家，煽动叛乱仍然会招致检控公诉。[44]即使是在革命时期，尤其是 1688 年， 54
也没有征询民众的意见，尽管民众可能默许。通过引入默示同意的概念也不可能让这种观点得到补救。即使是默示同意也需要一些选择要素；但实践中的忠顺并不依靠选择。移民出去通常并非一个真正的选择，因为绝大多数民众既没有钱也没有技能让他可以生活在另外一个国家。在这一点上，我们可以引用休谟的好友以及他在反对社会契约论方面的追随者亚当·斯密的话：

> 说一个人因为居住于一个国家就表示他同意缔结一个服从政府的契约，就好像将一个人送上船并等他远离陆地后，然后告诉他，由于他处于该船之中因此他已经同意接受服从主人的拘束了。[45]

休谟指出，事实上，履行合同的义务与忠顺国家的义务这两者都以类似的利己为基础，但这两种义务中的一种并非根源于另一种。认为忠顺义务以某种允诺为基础的观点是错误的，就像认为“禁止占有他人之物”[46]的义务是基于允诺而来的观点是错误的一样。更重要的是，没有人怀疑对专制政府的忠顺与对基于同意的政府的忠顺有何区别。专制政府与非专制

[43] Book III, Part II, Sect. II.

[44] *Of the Original Contract*, in *The Social Contract*, ed. Sir Ernest Barker, p. 214.

[45] *Lectures on Jurisprudence*, ed. Meek, Raphael and Stein (Oxford, 1978), p. 403.

[46] *Treatise*, Book III, Part II, Sect. VIII.

政府一样常见，经验表明生活在这两种政府之下的人民所感受到的忠顺是相同的。而且，人们通常将一般的忠顺义务和根源于一个人明确允诺忠诚或效忠于一个统治者的附加忠诚义务（the superadded duty of fidelity）区分开来。[47] 因此，休谟认为构建社会用于保护财产权的假定是不可能的。财产权的概念自身就是一个依赖于道德和正义的人造概念；道德和正义观念是由社会创造和确认的，因此它们不可能先在于社会。

在统治者和人民之间不存在类似于契约的事物，并不意味着统治者对人民就不负有义务了，或者人们的反抗就永远不能正当化了。休谟明确指出，那些将忠顺义务置于原初契约的论者，采取了一种不必要的和烦琐的方式来证明一个完美的结论。一旦政府背离了其存在的目的，那么人民推翻他们的政府当然是正当的。政府的目的完全是功利主义的，即提供只有在政治社会中才能享受到的安全和保护。如此，“任何时候，执政者如果
55 压迫过度，以致其权威变得完全不可忍受，此时我们就不再有服从他的义务了。原因停止，结果也必定停止”[48]。就是这么简单，政治理论的整个契约大厦都是不必要的。

在离开休谟之前，我必须更进一步分析一个很有趣的问题，即他有关社会契约的观点与允诺责任基础的观点有什么关系。正如我们前面所看到的，在分析了允诺意志论之后，休谟就将履行允诺的义务当作一种纯粹的便宜机制。他认为，允诺实际上是允诺人决心做某事的表达，其以特定的语言形式组合而成，该特定语言形式就是旨在使他人得以辨识该决心的标志或符号。如果允诺没有额外的意义，那么“允诺将仅仅是声明了我们先前的动机，而不会创造任何新的动机或义务”[49]。换言之，休谟所谈到的是每个表示（declaration）他决心做某事的人都有作出这种表示的动因（reason），如果允诺没有附加除其本身之外的任何东西给表示的话，那允诺就仅仅是对该动因的重申。（或者，我们可以说，允诺仅仅是对动因的证明，该动因让我们对自己的决心进行了表示；的确，允诺也许仅仅是证明了一个已经存在的义务。）[50] 如果允诺有某种目的，那么它必然附加某些

[47] Ibid.

[48] Book Ⅲ, Part Ⅱ, Sect. Ⅸ.

[49] Ibid., Sect. Ⅴ.

[50] See *post*, p. 143.

效力到既存的动因或义务之上，这是因为其所使用的词语作为标志或符号在发挥着作用。这些标志或符号被认为是让使用它们的人作出了某种承诺，因此一个违背其允诺的人“一旦毁诺，就会使他自己受到不再被人信任的惩罚”[51]。关于允诺的使用没有什么非常复杂的东西，因为“只消对世事稍有实践就会使我们认识到所有的结果和好处”[52]。有趣的是，当休谟接着解释一个允诺如何获得其特定意义时，他似乎刚好落入契约论者的言说之中，而这是他在论述忠顺和政治义务时所极力批判的。

> 当每一个人认识到所有其他的人都有同样的利益感觉时，他就立刻会履行他在任何契约中所承担的义务，因为他确信，他们也不会不履行他们的义务的。他们全体都同心一致地加入了那个旨在谋求共同利益的行动计划之中，并同意忠于他们的诺言；要形成这种协作或协议，不需要任何别的条件，只需要每个人感觉到忠实履行约定是有利的，并将这种感觉向社会中的其他成员表示出来。[53]

现代的读者，尤其是法律读者，在这一点上很可能会指责休谟的这种 56
前后矛盾。他在这里是否认为允诺是通过一个协议而获得其意义的？他是否认为人们事实上同意履行他们的协议，或者承诺履行他们的允诺？要回答这种前后矛盾的指控，其答案要从休谟所使用的词语的准确含义，尤其是“协议”（agreement）一词的含义中去寻找。休谟是在“协约”（convention）同义词的词义上使用协议这一词语的。他之前曾经指出，一般意义上的正义和特定意义上的财产权，以及履行允诺的义务都是根源于协约，人们对金钱和语言的使用也是根源于公约。但是，

> 该协约本质上并不具有允诺（*promise*）的性质：因为即使是允诺本身也是根源于人类协约（human convention）的。协约仅仅是一般的共同利益感觉；这种感觉是社会全体成员相互之间表示出来的，并且诱导他们以某种规则来规范他们的行为。我注意到，让别人占有他

---

[51] *Treatise*, Book Ⅲ, Part Ⅱ, Sect. V.

[52] Ibid.

[53] Ibid.

> 自己的财物，对我是有利的，只要（*provided*）他也以同样的方式对待我。他感觉到，规范他的行为对他也同样有利。当这种共同的利益感觉相互表示出来并为双方所认识时，它就产生了一种适当的决心和行为。这可以恰当地称为我们之间的协约或协议，尽管其中间并没有允诺的位置；因为我们双方各自的行为都参照了对方的行为，而且在实施那些行为时，也假定对方要做某种行为。两个人在船上划桨时，是依据一种协议或协约而行事的，虽然他们彼此从未相互作出过任何允诺。[54]

这段论述非常具有启发性。休谟在这里将达成共识或者缔结相互允诺的行为，同纯粹基于共同目的而做某事且互负义务组成的“协议”相互区分开来。这种区分对于这本著作的主题至关重要，因为它确认了涉及双方义务的共同行为（*common action*），尽管它也可以被称为协议，然而它区别于通过允诺的交换而实现的协议缔结（*the making of an agreement*）。它们在两个重要但相关的方面被区分开来：首先，前者的相互义务源于共同行为（*common action*），即源于所做（*done*），即使出于一致目的；而在后者，其义务源于所说（*said*），即源于明确被表达出来的当事人的意愿或允诺。其次，两者的区别还在于，即使涉及某种程度的同意或协议，共同行为也不完全是基于某个同意的行为或协议的行为，而该同意的行为或协议的行为却是允诺性责任的产生基础。将其与语言来源进行类比是非常有趣的。对休谟来说，显然正确的认识是，如果人们没有就他们使用的语词的含义普遍达
57 成一致（*agree*），那么通过语言媒介进行交流就是不可能的；但是他也明确否认说，人们通过缔结一个协议（*make an agreement*）（即使是默示的）来以任何特定方式运用语词。

对现代的律师而言，几乎不能抗拒这种区分的诱惑，即认为共同行为是一种默示（*implied*）的同意或协议，而明示的允诺是一种明示（*express*）的同意或协议。对于这一分析进路（approach）是否经得起全面检讨，将是其他地方讨论的主题。[55] 在本书中我关注的是历史，从历史的视角看，

---

[54] Book III, Part II, Sect. II；同时参见 the *Enquiry Concerning the Principles of Morals*, Appendix III。

[55] 在我即将出版的著作中。

非常有趣的和极为奇特的事情是，在社会契约论的时代，休谟的观点最终几乎被全部的人所接受，而在更广泛的、法律性的契约思想领域中，他的观点直到当今时代也从未被严肃地发展过。[56] 认为社会契约论可以通过援用默示的或默许的（tacit）同意来获得补救的观点，正如我们已经看到的，已被休谟断然否定；尽管他自己在 18 世纪中期并没有成功地击毁洛克的根基，他的追随者却最终成功做到了这一点。边沁、亚当·斯密，甚至佩利（Paley），在这一点上都成功地做到了休谟所没有做到的。但是，在合同理论的更广泛的范围内，尤其是法律领域，默示同意或默许同意的观念变得极其重要。的确，这样说并不过分，即默示同意概念在 1770 年时就已经逐渐成为法律中一个全新义务理论的基础。因为，就像自由选择理念横扫其之前的一切理论一样，法律义务的范式（paradigm）已经转变，法律义务被认为是一个作出允诺的人慎重地和有意地选择所创设的；到 1770 年，已经开始导出这样一个结论，即所有（*all*）的法律义务都根源于自由选择——如果该选择不是明示的，就一定是默示的。

卢梭（Rousseau）

让-雅克·卢梭（1712—1778）在 1762 年出版了他的小书《社会契约论》（*Du Contrat Social*）。卢梭虽不是一个伟大的思想家，但他的观点对后世的影响与其智识价值不成比例。尤其是他在该书中所提出的“公意”（general will）的观点非常著名，其对于我们非常有价值。

“公意”从概念上看起来与 18 世纪末 19 世纪初的那些欧陆合同法律观念并不相关，当时欧陆合同法观念风行“意志论”，“意志论”最终有点出人意料地渗透进了英国法律。卢梭几乎不可能受到欧陆合同法思想中最著名的，至少是那个最为英格兰所熟知的欧陆合同法思想的影响，因为这 58
些思想包含在法国法学家 R. J. 波蒂埃（R. J. Pothier）的《债法研究》（*Traité des Obligations*）一书中，而该书于《社会契约论》出版前一年就已经出版。但是，卢梭对于法律和政治理论家的著作并不陌生。他显然熟悉霍布斯和洛克、17 世纪自然法学家格劳秀斯和普芬道夫（Pufendorf），以及大

[56] 值得注意的是，休谟在苏格兰学习过法律，尽管他显然从未喜欢过这个学科。

量同时代大陆法学家的著作。[57] 虽然卢梭有关“公意”的观点影响到后来的许多思想家如黑格尔，以及包括托马斯·希尔·格林（T. H. Green）和伯纳德·鲍桑葵（Bernard Bosanquet）在内的英格兰所谓的“唯心主义者”（Idealists），但是可以明确的是，没有证据——无论是直接证据抑或间接证据——可以证明卢梭的这些观点对英国的合同理论有任何影响。[58] 但是，在“公意”的政治理论与合同的“意志论”之间极具相似性，这使我们对前者的初探被正当化了。

卢梭像霍布斯和洛克一样，也将文明社会看作由自然状态的人民订立的社会契约所创建起来的。但是他以一种极为不同的方式看待此创建行为。它涉及“置于公意最高指导之下”[59] 的个人意志有点神秘的汇集。人们通过该契约设立或创建（incorporate or create）某一主权者（sovereign），但同时主权（sovereigty）本身“只能是对公意的实施”。虽然公意是由所有的个人意志创造而来的，但它是一种总体上超越它们的事物。如此，不仅每个市民会发现公意区别于他的个人意志，而且公意也并不必然就等同于众意（will of all）：

> 公意只着眼于公共利益，而众意则着眼于私人利益，众意只是个人意愿的总和。但是，如果我们拿掉这些个人意愿中有差异的、正负相抵消的部分，则剩下的相同意愿的总和即是公意。[60]

他的这一观点和较为常见的一个法律观念之间具有某种联系似乎并不太令人吃惊，该法律观念认为合同有它自己的“意愿”（intent），该意愿独立并区别于任何一方合同当事人的意愿，但是该合同无疑是由当事人共同意愿（joint intent）所创设的。整个公意概念所讲述的问题，是（正如我们已经看到的）困扰洛克的问题，它也困扰着大多数的社会契约论者；亦即，
59 如果社会是建立在其成员的同意之上的，为何一个人要受到他所不同意的多数人决定的拘束？卢梭对此的回答有点让人困惑。首先，政治社会的真

[57] Maurice Cranston, Introduction to the Penguin edition of Rousseau, *The Social Contract* (Harmondsworth, 1968), p. 26. Page references are to this edition.

[58] T. H. 格林可能在其他方面对英国的合同理论有影响。see *post*, p. 585.

[59] Book I, Chapter, 6, p. 61.

[60] Book II, Chapter 3, pp. 72-3.

正创建要求一致同意；任何异议者都将处于这一政治社会之外。但是，一旦社会被创建出来，其情形即会为之一变。现在，通过投票我似乎已经完全同意受到公意的拘束；如果我的投票是少数票，我只是误解了公意而已。因此，我事实上同意了多数人所做的任何事情，因为那就是公意；在这一点上，卢梭似乎又想起了他之前曾经说过，公意并不必然就是多数人的意愿，因此他赶紧说道，他必须预先假定在多数人意愿中人们将发现公意的全部特征，因为如果不是这样，那么就不可能有自由。[61]

布莱克斯通（Blackstone）

现在还需要提及布莱克斯通，他是洛克式社会契约主义的一个重要宣传家。如果人们需要有人将洛克的观点转换成为一个对律师有影响力的工具——也许根本没有这个需要，因为每个受过教育的律师必定研读过洛克的著作——那么布莱克斯通就是这个被需要的人。当然，布莱克斯通不是哲学家；他在写作《英国法释义》（*Commentaries*）时所设想的是，尽力从英国法律体系中提炼出一套明白易懂的原则，以使所有受过教育的人能够阅读并从中受益。尽管受到边沁的尖锐批评以致布莱克斯通的声誉从来未曾完全恢复过来，但是布莱克斯通几乎没有对社会契约论提出质疑，甚至休谟也对这些理论提出了批评。他认为“自然状态”由于“猜测性太强以至于不应被严肃对待”，[62] 且其不管怎样都与已经被揭示出来的人类起源相悖（这不是休谟会赞同的）；“社会唯一真正的和自然的基础是人类个体的欲望和恐惧”[63]——事实上休谟也是这样认为的。虽然他继而认为“人们每次联合在一起的行动，在性质上以及理论上都必然意味着也必须被理解为”[64] 原初契约，看起来很清楚的是，至少在这一点上，他说了一些休谟不能赞同的东西。因为他在这里并没有说，人们默示同意遵守法律或忠顺国家；他与休谟的观点相一致的是，他们都认为人们对自身的脆弱感确保（*keeps*）了人们联合在政治社会之中，持续联合的行为表明了相互之间的权利与义务的必要性。因此，国家必须保护个人，而个人必须服从整体的 60

[61] Book IV, Chapter 2, pp. 153-4.

[62] Blackstone's *Commentaries*, vol. i, Introduction, Sect. II, p. 47.

[63] Ibid.

[64] Ibid., pp. 47-8.

意志。的确，在《英国法释义》的其他一些段落（其中的一些将在后面提及）中，布莱克斯通似乎滑向了洛克式的理论框架（Lockean scheme）而认为每个人都默示允诺遵守法律，但这一点在他的思想中并不占有主要位置。

布莱克斯通是 1770 年之前最后一个关注——但整体上看，他只是在较小的程度上关注——社会契约论的重要作家。在很多方面，至少在英格兰，社会契约主义理论作为一个有影响力的思想体系，在 1770 年之后很快就走向终结。[65] 此后只有伯克——18 世纪最重要的政治思想家之一——才能被认为是坚持了洛克式的传统，但伯克在很多重要方面都背离了洛克的观点。当伯克和他的大多数同胞震惊于 18 世纪 90 年代法国大革命的暴行时，反叛的德性（virtues of rebellion）在他们那里较之于其在洛克那里开始变得更不明显了。另外，洛克观点中不那么具有契约性的观点之一——认为主权者在信托之下运行——在伯克那里得到了更多的关注，且在特定情形中具有更重大的意义。等到法国大革命与拿破仑战争走向终结时，英国政治制度的状况并没有让它们自身更容易地走向社会契约论的进路。边沁的时代即将到来，此时的问题是如何确保被统治者与统治者的利益达到和谐。而这不是契约理论的任务。

[65] 参见 *post*, p. 321。但赫伯特·斯宾塞是例外。且约翰·罗尔斯（John Rawls）的著作在本书的考察范围之外。

第四章　1770年的思想背景：II

第一节　中世纪思想的遗产

公平价格

现在人们普遍认为经济自由主义并非随着1776年《国富论》（*The Wealth of Nations*）的出版才突然出现的景象。因为在该书出版这一重大事件发生之前的大约200年里，存在着一个缓慢但并不总是很稳定的扩大经济自由的运动。与中世纪到市场经济的变化相匹配的也许并非不受其影响的，是思想环境（intellectual climate）的变化。到1770年，这些变化已经形成了势头，且对统治阶级而言，其可接受性变得越来越广泛；在开始我们的分析之前值得对古老观念进行向后的简单一瞥，而这并不纯粹是复古主义（antiquarianism）。因为与19世纪的情形相比，较古旧的观念可能具有更为深刻的根基。现代世界有许多情形显示出其与古旧传统密切相关，这样人们就可以严肃地提出这样的问题，即是否我们在某些方面没有返回到那些传统，以及它们是否明示经济自由的伟大时代是英国社会发展中的一种异态（aberration）而非常态（norm）。

许多重要观念都植根于西欧中世纪社会的经济关系。第一，各种关系在很大程度上都具有习惯性（customary）。一个男人在公共社会中有其地位和角色；通常他继承他父亲的生意、手艺或地位。他做其所做的，不是因为他选择去做，或同意去做，而是因为习惯使然；在很多情形下，习惯受到法律的支持，而且法律、习惯和道德在当时都没有被清楚区分。因此，他和与他交往的人之间的关系在很大程度上取决于习惯模式（customary pattern）。如果他是一个劳工，向他付款的方式以及向他付款多少（无论是以金钱还是以实物支付）在很大程度上取决于习惯。如果他是一个熟练的工匠或手艺人，他所做的工作、他做事的方式以及他请求付款的数额在很大程度上也是依习惯而定。第二，经济观念和伦理观念紧密相关。在人与其人类同胞相互的关系中，交易和自由选择的一些要素当然一定是一直存在的，但是，自由的要素被伦理观念严格限制。人们没有也不被认为有自由做他们所选择的事。即使是他们自己的财产——当其出现在 17 世纪和 18 世纪的观念中时——也不是“属于”（belong）他们的。土地，最重要的财产来源，不是被所有的，而是被持有的。18 世纪大地主的祖先在 15 世纪是“保有人”（tenants）而非所有权人。如果一个人不拥有财产以使他可以用该财产去做他选择做的事，那么他就不能毫无疑问地拥有他自己。中世纪的人，无论他喜欢与否，都与其同胞、与教会陷入了一种错综复杂的关系网之中，该关系网让所有人对彼此以及对上帝负担义务。第三，这些观念的自然推论是，在选择自由的确存在的情况下，自由也只能以与一个人对于其同胞和对于上帝所负之义务相一致的方式行使。规范人类关系的基本规则被设计用来确保人类关系以一种被认为是公平的、正当的并与习惯和传统相一致的方式运行。就自由选择的运行而言，自由选择必须在这些总体限制之内进行。

62

从这些中世纪传统中，人们已经形成了对契约关系比较坚固的确信。正义远比选择自由重要得多。“经济伦理的中世纪架构的核心，就是坚持交易的公平性——圣托马斯（St. Thomas）曾说，当双方当事人能平等地从中获益时该合同就是公平的。”[1] 诚然，大多数人都认为，严格而言交易的双方当事人都从中获益是不可能的。“交易的双方都应当是获益者的说法听起来就像一个愚蠢的悖论。”[2] 基于这种观点，一个交易要么让双方利益公平地平衡，双方既不失去什么也不获得什么，要么就是不平衡的交易，一方获得另一方所失去的东西。这种思考方式自然会导致公平价格的观念产生，其认为某个交易或交换在没有任何一方获益或受损的情况下公平地进行时，该交易的价格就是公平价格。中世纪经济思想的中心就是这种公平价格（或公平工资）及其反面——畸高价格（extrodinary price）或高利贷（usury）——的概念，其影响在 1770 年并没有完全消失。习惯和

[1] R. H. Tawney, *Religion and the Rise of Capitalism* (first published 1926, reprinted Harmondsworth 1972), p. 157.

[2] Leslie Stephen, *History of English Thought in the Eighteenth Century* (reprinted New York, 1962), ii. 253.

法律在此基础上产生了出来，即那些运用权力的人——法官、教会、地方司法人员（local J. P. s）——有义务审查价格和工资是否公平，并取消高利贷。他们反复试图进行价格控制，尤其是对面包和麦芽酒等主食的价格以及工资进行控制。经院哲学（scholasticism）的许多内容被用来解释这些观念的含义，但是要将经院哲学的一些内容与商业（trade）的特有观 63
念协调起来却存在着许多严重的困难。如果任何东西都有一个公平的价格，一个人怎么可能用一个价格买进却用另一个更高的价格卖出？如果一个人不能以比他买进的更高的价格卖出，商业活动究竟如何才能进行下去？圣托马斯·阿奎那和他的追随者在这些问题上绞尽脑汁，[3] 而现代历史学家也对圣托马斯及其追随者在这些问题上的真正见解是什么而绞尽脑汁。也许他们根本就不谙世事，正如近来人们所指出的。[4] 也许他们真的接受这种观点，至少在商业上，公平价格一般就是市场价格，或者是自由协商达成的价格。[5] 但如果他们接受这种观点，那就清楚表明他们教义的主体内容并不关注商业世界。他们的教义针对的是非常封闭的中世纪乡村社区，与这种社区相关联的传统观念直到 1770 年才慢慢消失。当然，17 世纪的自然法学家，仍然非常关注关于公平价格和缔约中的平等性（equality in contracting）的观念。事实上，格劳秀斯已经显示出要抛弃旧观念的趋势，而认为只要当事人就他们自己选定的价格完全达成一致，该价格就是公平的，[6] 但普芬道夫对这一点似乎颇有怀疑；至少他对该问题的讨论有相当多的保留。[7]

在相对封闭的乡村社区——由于缺乏通信设施，所以在 18 世纪它们与外界的联系仍然非常少——商业在人们的生活中也根本不占重要地位。虽然自给自足的农业正在消亡，但生产者仍然期望将其大部分的收成出售给消费者；人们购买并非为了在社区内进行商业上的再出售，尽管流动商贩也许会与邻近的社区进行少量的商业活动。但是，大多数的买和卖，即

[3] W. J. Ashley, *Introduction to English Economic History and Theory*, 4th ed.（London, 1909）, pp. 132-48.

[4] De Roover, 'The Concept of the Just Price: Theory and Economic Policy', 18 *Journal of Economic Hist.* 481（1958）.

[5] Ibid.

[6] *De Jure Belli ac Pacis*, Book II, Chapter VII, Sects. VIII-XXVI.

[7] *De Jure Naturae at Gentium*, Book V, Chapter I, Sect. 8, Chapter III, Sects. 9, 10.

使是在大集市上的买和卖，仍然是生产者和消费者的直接交易。事实上，集市的全部目的，在某种程度上就是在没有中间商的情况下，将生产者和消费者在特定时候聚拢在一起让他们进行必不可少的直接交易。这种直接交易让公平价格的观念变得更加真实，尽管它并不一定会将任何影响从市场状况中排除。在主要销售商品是各种食物的时候，粮食的供应量，尤其是小麦的供应量根据其收成每年都有很大的变化，价格波动也非常显著。

64 但是即便在实践中，小麦的市场价格是根据收成的变化而变动的，也没有人会怀疑——无论是富人还是穷人，无论是神职人员还是俗人——每个人都有活下去的权利。一个人的工资应当足以确保他和他的家庭的生活，如果小麦的价格上涨并非收成不佳的暂时性结果，而是稳定且持续地上涨，那么工资也必须上涨才行。诚然，从 14 世纪到 18 世纪末，工资在理论上是被法规所调整，至少是被其监管着。最早规范工资的尝试是在黑死病暴发之后，黑死病导致劳动力短缺进而造成工资上涨，于是人们就尝试压低工资，而在 15 世纪和 16 世纪早期人们又试图实行最高工资标准。[8]但是，规范工资的法规极少被修正，而内战之后这些法规没有得到有效实施，以至于出现了工作水平降低而非提高的趋势。如果雇主所支付的工资水平必须超过法律所规定的工资水平他们才能获得劳动力，那么他们一般都会这么做。中世纪公平工资的观念到 18 世纪在很大程度上嬗变为最低生活水平工资（subsistence wage）的观念。但是，如果说 17 世纪、18 世纪的统治阶级认为，向劳工支付超过其最低生活水平的工资无论如何都是毫无意义的话——因为这只会导致劳工只做少量工作[9]——那么，至少他们仍然认为，劳工有生存的权利。到 1800 年，即使是这种观念也开始屈服于严酷的新经济“法律”，但在 1770 年只有很少的人愿意挑战它。

并不是只有货物才是生产者直接销售给消费者的东西。因为服务，尤其是那些与食物相关的服务，在很大程度上也是用相同的方式进行供给的。在城市，人们很可能是购买自己所要的面包，但是在乡村，消费者一般是从农民那里购买小麦，将其交给磨坊主研磨成面粉，然后将面粉交给面包师做成面包。“磨坊主和——更进一步地——面包师被认为是社区的服务

[8] E. Lipson, *Economic History of England*, iii. 275-6.

[9] Christopher Hill, *Reformation to Industrial Revolution*, p. 175.

者，其不为利润而为公平报酬而工作。”[10]18 世纪以前，这种类型的分配过程与大量控制着地方市场运行的细节规则一起，持续且较好地反映着有关社会性质和合同角色的古老传统。这在 1770 年仍然没有过时。

> 家长主义模式侵蚀进了制定法、普通法和习俗的肌体之中。在 18 世纪 70 年代之前对于紧急情况政府经常以这种模式采取各种行动；对于这种模式人们持续地向地方法官提出控诉。在这种模式中，市场交易，如果可能的话，就应当是直接（direct）从农民到消费者。农民应当将他们的谷物整批拿到本地特定市场；他们不应在田野里出售谷物，也不应当为期待价格上涨而囤积不售。市场应当被控制；在规定的时间铃声响起之前，不应出售任何东西；穷人应当有机会优先购买小份的、其重量和尺寸都受到适当监督的谷物、面粉或谷物粗粉。在他们的需求已经得到满足的某个特定时刻，铃声将第二次响起，较大的经销商（获得正式许可）才能进行他们的交易。经销商受到许多限制，刻在模糊的羊皮纸上的禁止预先买断（forestalling）、囤积（regrating）、独占（engrossing）的法律，这些在爱德华六世（Edward VI）统治期间被法典化了。他们被禁止进行样品买卖（也禁止农民进行样品销售）。他们既不能购买生长中的谷物，也不能为了赚取利润而（在三个月内）在同一市场或邻近市场里为了再卖而买，如此等等。诚然，18 世纪的绝大多数中间商仍然饱受法律的质疑，他们的商业运作在理论上受到严格限制。[11] 65

关于过去对垄断、囤积和独占的防范，我在后文中将进行分析。这里强调一下这个问题就够了，即倘若关于公平价格的旧传统现在（或者也许这些传统就一直存在着）仍然影响着市场，那么很清楚的是它们是以某种类型的市场为前提的。它们假定没有垄断。它们假定供应，尤其是食物的供应，应当开放且公开进行；不应当有囤积，不应当在收成不好时让公众

---

[10] E. P. Thompson, 'The Moral Economy of the English Crowd in the Eighteenth Century', 50 *Past and Present* 76, p. 83（1971）.

[11] Ibid. 但汤普逊有关禁止购买生长中的谷物的说法是错误的。只有在他们是为了再卖而买时，才会被禁止购买生长中的谷物。参见 *Slade's* case（1602）4 Co. Rep. 91a, 76 E. R. 1072 and *Bristow* v. *Waddington*（1806）2 B. & P.（N. R.）354, 127 E. R. 664。

备受勒索。可以出售的东西，在经销商获得之前必须让消费者可以公开确定获得。如此，这样的市场更多的不是自由市场，而是被规制的市场，且其规范在很大程度上符合消费者的利益。

高利贷

如果公平价格是硬币的一面，那么高利贷就是其另一面，而且在整个中世纪，高利贷都是一个激烈讨论的问题。而它在当时似乎并没有像今天一样受到限制。也许对于律师而言，高利贷只是意味着为使用金钱而付款，而不是为应付未付金钱的赔偿（此即利息之意），但是高利贷一词也经常被人们（甚至被律师）在一个更广泛的意义上使用，即其指任何畸高的或严重不平衡的交易。[12]“实际上的事实是，一方当事人运用他的力量使其所得明显多于对方的任何交易，都被认为具有高利贷性（usurious）。”[13]高利
66 贷的社会和宗教背景在托尼的名著中得到了全面的研究，近来，辛普森教授追溯了高利贷法律发展的一些细节。[14]因此，我只需要简略地分析一下就可以了。

15 世纪末以前，所有（现代意义上的）有息借贷至少在理论上是完全禁止的，尽管普通法律师（common lawyers）会要求借款人支付违约金，这在实践中提供了一种请求支付利息的方法。[15]即使在 1571 年，伊丽莎白时期的议会（Elizabethan Parliaments）通过的一个法律宣布：“所有被上帝的律法所禁止的高利贷都是愚昧和可憎的。”尽管如此，高利贷开始逐渐改变其含义，至少是改变其可接受性。因为到这个时候，人们开始逐渐限制畸高的交易，或畸高的利率，并且借款的合理回报逐渐地被人们勉强默许。1571 年的法律（其重申了 1545 年的法律有关这方面的较早规定，1545 年的法律在爱德华六世统治期间被废除了）事实上废除了对利率不超过 10% 的有息借贷的禁止规定。尽管这个法律没有允许债权人请求该利息；它仅仅是让他有权请求返还借款，实际的利息（在理论上）仍然是可以被没收的。但在实践中，该法施行的结果在很大程度上让 10% 及其

[12] R H .Tawney, *Religion and the Rise of Capitalism*, p. 109.

[13] Ibid., p. 158.

[14] R H .Tawney, *Religion and the Rise of Capitalism*and A. W. B. Simpson, *A History of the Common Law of Contract*（Oxford, 1975）, especially at pp. 113-17, 510-18.

[15] A. W. B. Simpson, op. cit.

以下的利率合法化了，当1623年利率被下调至8%时，利息的可强制执行性最终被承认了。[16]

观念的改变可能比法律的变迁要慢，也许这就是法律对经济自由主义的早期依附的例证。确定的是，在合理利息的法律强制力被法律事实上承认很久之后，经院学者们对于什么是高利贷、什么时候它是可以接受的争论持续风行。[17] 但从某种意义上说，这一切争论“几乎在其出现之前”[18] 在实践中就已经变得过时了。因为受制于基督教宽泛的戒律和基督教伦理的关于经济关系的基本假定现在都不见了。世俗道德越来越多地接管了17世纪商业化的英国。在1622年，法官是这样说的：“被制定法所允许的高利贷通过习惯已经获得了这样的力量，即如果它应当被指控的话，那么将会对贸易和商业造成巨大阻碍。”[19]

但在另一种意义上，有关高利贷的观念仍然存在，事实上，它在英国的道德或者法律思想中就从未完全消失过，尽管其观念火花在19世纪中 67
期还轻微地闪烁着。这种观念——寻求借款回报本身就完全具有盘剥性与罪恶性——到17世纪时在很大程度上已经消失；但是这种观念——畸高或不公平的交易不具有道德上的可接受性——却没有消失。[20] 对抵押贷款、债券违约金乃至“过高的”利息的没收，继续折磨着人们的良知，同时也受到法官的控制。即使在18世纪，利率仍然处于制定法的控制之下，尽管越来越清楚的是，这种控制对经济形成了令人甚为不满的扭曲。因为高利贷方面的法律并不适用于政府，当市场利率超过了法定利率，所有的资本都流向政府，私人借款者们——地主、农民、商人——就不能获得资金，即使他们愿意支付更高的利率。[21] 即使是亚当·斯密也没有完全谴责高利贷法律，直到边沁在他首次出版于1790年的著作《为高利贷辩护》（*Defence of Usury*）一书中向这些高利贷法律发起攻击时，理论界才共同普遍地反对这些法律。

---

[16] Holdsworth, *H. E. L.*, viii. 110.

[17] R H .Tawney, *Religion and the Rise of Capitalism*, pp. 186-7.

[18] Ibid., p. 186.

[19] *Sanderson* v. *Warner*（1622）Palmer 291, 2 Rolle. 239. Cited A. W. B. Simpson, *A History of the Common Law of Contract*, p. 514.

[20] 我认为这一点不足以证明辛普森教授的这种说法，即他强调普通法与衡平法传统是相对立的。

[21] T. S. Ashton, *Economic History of England in the Eighteenth Century*, p. 29.

第二节　政府与个人的角色

中世纪经济中的教会整体道德权威的衰落，并没有立即为所有人带来自由；相反，在接下来的 200 年里，政府试图——也许并非全心全意地——通过用世俗法律取代上帝律法，扮演以前由教会扮演的角色。现代的经济史学家并不完全相信这样一种观点，即认为伊丽莎白一世统治时期的政府曾经试图全面控制国民经济，但是这一事实却的确存在，即当时的政府为了追求下述三个目标而采取了大量的管制措施。[22] 这三个目标的基本指向分别是规制劳动力、促进重要工业尤其是造船业和提升农业。劳动力在很多方面都是最严格规制的对象。《工匠法》(the Statute of Artificers) [通常又被称为《学徒法》(the Statute of Apprentices)]，颁布于 1563 年，其一直施行到 1819 年；1601 年的《济贫法》(the Poor Law Act) ——除了济贫之外还规定了其他许多事项——仍然施行到 20 世纪。这些法律试图“消除怠惰、
68 提升畜牧业，并让雇工在萧条和繁荣时期都能够获得适当比例的工资”[23]。它们通过强制性的七年学徒制，控制着进入熟练工人阶层的入口；它们为富家子弟保留着优越的产业；它们认为工作是所有有工作能力的人的一项普遍义务，并赋予法官强制失业工匠从事畜牧业工作的权力；它们要求工人从一个雇主转到另一个雇主时要获得许可；它们严厉限制穷人的迁徙自由，因为它们让人没有办法从法官那里获得让他们从其原来所在的教区或者前一个居住地迁走的命令；它们授权法官为几乎所有工人阶级制定工资水平。另外，所有的事情都是可抵偿的 (*quid pro quo*):《济贫法》承认了穷人获得救济的权利，让行政小区负责进行救济，还有一些其他的有利于劳工和工匠的规定，如力图确保劳工和工匠能被一年期合同所雇用。

伊丽莎白时期的英国试图通过多种方式促进工业和贸易，但主要还是通过对进出口征收关税或给予资助（其被称为“奖金”）的方法。在现代世界，对出口普通贸易商品进行限制看起来是完全有悖于常情的政策；但是，在整个伊丽莎白统治时期，却持续尝试禁止或限制对这种或那种商品的出口。有时，这样做是基于某种假想的国家利益——如限制羊毛的出口；但更多的时候，这种限制看起来仅仅是对某种商品国内买家所承受的压力

[22] Clark, *The Wealth of England*, p. 83.

[23] Ibdi.

的回应，使他们认识到禁止出口会减少需求并因此压低该商品在英国的价格。同时，所谓的“重商主义”经济学家关于国际贸易的理论的变动也对政策产生着持续的影响。这些理论与那些受到规制的交易或买卖并非没有关联。在这些理论中，人们也广泛地假定交易不会改变当事人的处境，或者假定一方获利则另一方必受损。双方当事人都从交易中获益的观点，和双方当事人都可以从一项普通买卖中获益的观点一样，看起来都是矛盾的。这种观点——当然，和 17 世纪、18 世纪国际竞争新的发展一起——常常引出这样一种观点，即一个国家的贸易政策应当进行算计以有利本国而有害邻国。如何实现这一点，不必说，经常是一个容易引起激烈争论的问题。

所有这些规制劳工和国际贸易的方式，都会损害那些愿意并能够独立地努力前行的人的自由。但还存在其他一些更直接损害商业自由的情形。
先被伊丽莎白后被斯图亚特王朝所批准的垄断即是其例。对一些商业冒险 69
者团体的特定外贸活动进行限制，对那些希望参加这些团体的人来说，这是非常可憎的；但是，这种不满，相对于詹姆斯一世（James I）在王国内许可的垄断所引起的愤怒而言，根本就不值一提。这些垄断在一定的时候会因为未经议会同意而被宣布为非法。同时也存在着对特定产品的制造或使用的禁止，如 1624 年禁止使用制针机，1633 年禁止铸造黄铜扣，以及 1635 年禁止用锯木厂锯木头的皇家命令。[24]这些都是肆无忌惮的保护主义。

在整个 17 世纪晚期和 18 世纪的大部分时间里，这些观点受到的抨击越来越多。但是，每个迈向贸易自由或合同自由的行动之后的一两年里，经常会出现相反的行动。在 1721 年，沃波尔（Walpole）拥有了出口大量羊毛及其制品的自由，且许多进口关税已被降低。但是在同一年，政府却实施了一个压制新的棉织工业的野蛮措施。[25]尽管作家、商人和经济学家（那时人们还不这样称呼他们）呼吁让这种或那种贸易自由化，或者解释这种或那种限制，但人们常常认为这些都是他们为了自己的利益而进行的呼吁，且政府的职责仍然是掌管一切。人们普遍地认为，人们之间的利益在根本上是相互冲突的，因此公共利益和私人利益也可能是冲突的。为此，当然要维护政府仲裁这些利益冲突的职能。

---

[24] Christopher Hill, *Reformation to Industrial Revolution*, p. 95.

[25] Clark, *The Wealth of England*, p. 166.

> 在1750年之前，实际上一直存在着这样一种观点，即政府为了国家利益有权利也有义务去规制经济……每个人都有这些目标：无论是被统治者还是政府，贫穷的农民大声要求保护以避免被贪婪的地主剥削，而地主则寻求按他们喜欢的方式使用他们土地的自由。压力集团为了特定政策而提出的所有诉求都强调，其所建议的行动方案将会使王国更安全和繁荣。[26]

第三节　新时代的预兆

我已经讨论了霍布斯和洛克著作中的社会契约论方面。在他们的观点
70 中，蕴含着关于他们所设想的未来社会的大量内容。事实上，这样说并不过分，即布尔乔亚式的（bourgeois）经济自由主义的种子在霍布斯和洛克的著作中都很好地并真正地播下了。这并不是说霍布斯在某种意义上是自由放任主义的支持者。总体而言，他同意的是当时的重商主义中，有关国家在促进经济活动上作用的观点。在这一点上洛克的观点也许有些不同，[27]他强调要将主权者作为财产保护者的作用最小化；但是霍布斯和洛克都清楚地设想了国家作为财产权的保护者和正当执行者，以及私人市场经济管制者的基本角色。在他们的设想中，

> 社会由许多自由且平等的个人相互关联而成，他们是自己能力的拥有者和经由实践所获得之经验的拥有者。社会就是由这些拥有者的交互关系所构成的。政治社会就变成了一种精心设计的、用于保护财产权和维护这种交互关系秩序的装置。[28]

我不必花太多时间在霍布斯和洛克的这方面论述上，原因在于，尤其是在麦克弗森（Macpherson）教授的《占有性个人主义的政治理论》（*The Political Theory of Possessive Individualism*）一书中，该问题已经被全面

---

[26] L. A. Clarkson, *The Pre-Industrial Economy in England 1500-1750*（London, 1971）, p. 192.

[27] 根据凯恩斯的观点，洛克是“一只脚站在重商主义的世界，另一只脚站在古典世界”：*The General Theory of Employment, Interest and Money*（London, 1936）, p.343。

[28] C. B. Macpherson, *The Political Theory of Possessive Individualism*, p. 3.

研究过了。[29]麦克弗森教授分析出霍布斯思想中的许多关键假定，这些假定在确立其理想市场经济过程中发挥着根本的作用。[30]这些假定在洛克那里也存在，尽管并没有和他的自然法思想脱离，这些假定可以总结如下：

（1）人们有免于受控于他人的自由；人们有权做他自愿做的事。

（2）人们可以基于利己的动机而自愿与其他人建立关系。

（3）个人本质上是他自己人格和能力的拥有者；他可以通过合同转让他的劳动力，这被认为是对归属于个人的东西的处置，这与他处置他的土地和物品大致一样。我对霍布斯有关财产的观点讨论得不多，因为在这一点上，洛克的观点具有更大的影响力。

（4）“人类社会由一系列市场关系组成。”在第四个假定中，麦克弗森教授总结出了经济自由主义的核心，而经济自由主义在霍布斯去世100年后才被大力传播。他认为，霍布斯的观点本质上与市场社会的出现有关， 71
而霍布斯事实上就是告诉他的同胞，在这种新形式的社会中，主权者对于制定基本规则、保护生命与财产、定义与执行合同是必不可少的。[31]一个人必不可少的自私，结合他新发现的为他自己的利益而行动的自由，使现在比过去更需要一个强大的主权者：

> 主权者需要确保每个人在和平的范围内竞争。与市场社会更相近的莫过于占有性社会，为对抗竞争性利己所造成的离心力，一个单一集权化的主权力量就变得更为必要。在一个习俗社会中，附条件的财产权网络在没有单一集权化的主权者的情况下也许也是可以得到维持的。但是在市场社会，主权者对于建立和维持个人财产权却是很必要的，在市场社会中，财产变成了一种无条件使用、绝对排除他人使用、转让或让渡土地和其他物品的权利。正如霍布斯所言，没有主权权力就没有财产……[32]

---

[29] 同时参见他在鹈鹕版（pelican edition）《利维坦》（Harmondsworth，1974）中对《利维坦》所写的导言。

[30] 麦克弗森列举了七个方面的假定；我基于简明的考虑而将它们中的一些进行了合并。

[31] Macpherson, *The Political Theory of Possessive Individualism*, pp. 95-106.

[32] Ibid., pp. 95-6.

也许还可以补充说，这就是为什么契约是霍布斯的核心概念。契约不仅首先就创建了一个社会，而且当社会被创建起来后，其基本目的之一就是强制执行契约。而且，如麦克弗森教授所正确指出的，霍布斯是从市场关系的角度观察契约的。首先，契约是非常理性的。人们能够发现契约规则的这个道理，即契约应当严守，但是也不能一直相信人们不会为了短期利益而违约。简言之，（正如现代经济学家所指出的）契约必须被执行以阻止搭便车者（freerider），这些搭便车者在对方义务先到期时，会非常乐意接受对方的履行，但是他们却常常忽略他们自己的履行。[33] 其次，新的市场价格由买受人愿意支付多少而定。在其著名的论述中，霍布斯将关于交换正义（Commutative Justice）、关于公平价格和合同标的等值性的旧学说一扫而空。“一切立约议价的东西，”霍布斯说，“其价值是由立约者的欲求来测量的，因此其公正的价值便是他们愿意付与的价值。”[34] 简言之，交换正义就是得到你根据合同有权得到的东西。

（5）麦克弗森教授在霍布斯思想中发现的第五个假定是，政治社会是人类的人为设计，被设计用来保护个人的人格、财产和物品，并有条理地
72 维护个人之间的交互关系。我们已经足以明白在霍布斯思想中，这一观点居于何种中心地位。

如果说霍布斯关于经济自由主义的观点大多是隐含而非明确的观点，那么洛克对此的观点就更不明确了，而我们从来就不缺乏为经济自由主义辩护的人。即使在16世纪，也有人提出了这样的争论。例如，写于16世纪中期的托马斯·威尔逊（Thomas Wilson）的《论高利贷》（*Discourse Upon Usury*）一文就指出——尽管并非威尔逊自己的原话，而是从该文中提炼出来的：

> 那么，我请问你，如果担保和获利的希望被你剥夺了，那么商人们之间可能达成什么样的贸易或交易，或者人们怎样才会借出或借入？什么样的人才会如此疯狂以致支出金钱而使自己对该金钱的占有化为乌有？或者，什么情况下他才不会做他所能做的对自己最有利的

[33] Ibid., pp. 97-8.
[34] *Leviathan*, Part I, Chapter 15, p. 208.

事？或者，借款给他人而让自己陷入贫困的人是谁？你已经看到，所有的人都是如此精明，以至于没有人愿意为了水中月而借钱给他人；因此，如果你禁止获利，你将摧毁商业交往，打倒交易。[35]

在17世纪晚期和18世纪早期，这种对话变得越来越常见、越来越坚决，尽管在商人社会之外它还只是少数派。但是，该观点在通行全国之前的很长时间里，其在商人阶级内部看起来越来越稳固。例如，在1684年，理查德·斯梯尔（Richard Steele）在其《商人的呼召》（*The Tradesman's Calling*）一书中即讨论了商业企业与裨益小店主的道德之间的关系。[36] 斯梯尔非常了解平等谈判、公平价格与公平交易的重要性。但是他认为在实践中，没有办法客观地判断价格公平与否，个人必须自己进行判断。“在这里，如同在其他情形中一样，正直的良心必须成为市场的管理员。”[37]

几年之后，达德利·诺思爵士（Sir Dudley North）出版了他的《贸易论》（*Discourses upon Trade*）。诺思是一个积极的自由贸易者，他认为贸易裨益双方。贸易是“一种剩余交换”，在其中，每一方都可以将他之剩余换得他之所需。[38] 由于贸易是双方自愿之举，因此一方所得必定是他方所失的假设是荒谬的。而且，对个人有利的事一定有利于国家。贸易商从他的贸易中获利，而国家不也因此而繁荣吗？据此，在亚当·斯密出生的100年 73
前，他观点中的许多内容就已经广为传播甚至成书了。具有相似特征的另一本著作是乔赛亚·柴尔德爵士（Sir Josiah Child）的《贸易新论》（*A New Discourse on Trade*），该书出版于1693年，但早在1669年也许就写完了。正如我们后面将看到的，柴尔德还谈及了法律的倒退（backwardness）。

在亚当·斯密思想的最著名的先驱中，还有威廉·佩蒂爵士（Sir William Petty），他是兰斯当家族（Lansdowne family）的祖先，该家族是18世纪最伟大的辉格党家族之一。佩蒂是科学家、工业家、统计学家、发明家、议会议员和经济学家。工作之余，他找时间完成了1662年的《赋税

[35] See Thomas Wilson, *A Discourse Upon Usury*, ed. R. H. Tawney, p. 249.

[36] See R. H. Tawney, *Religion and the Rise of Capitalism*, pp. 242-4. 斯梯尔自己并不是一个商人，而是一个公理会牧师（congregational minister），尽管他似乎已经“理解了城市的精神需要”。Ibid., p. 242.

[37] Cited R. H. Tawney, ibid., p. 243.

[38] E. Lipson, *Economic History of England*, iii, 15.

论》（*Treatise on Taxes and Contributions*）的写作，在其中，他（有限制地）为自由贸易辩护。像佩蒂这样的人是喜欢参与议会或公共事务的（他远离孤独），于是这些观点逐渐为掌握政治权力的人所接受就是不可避免的了。在 18 世纪中期，议会的贸易和商业问题委员会开始接受经济自由的理由，即使不是始终如一地接受。例如，下议院的贸易与制造业委员会在 1751 年，就对最近实施的有关学徒制的制定法提出了反对意见。该委员会报告认为：

> 由于贸易的普遍发展，人们发现，所有的制造商都根据自己的品质找到了自己的价值；而且没有人根据这些制定法对他们提出任何指控，该制定法反对制造商们借助他们自身的才能在他们的贸易中脱颖而出，该制定法反映了其对制造商职业的无知。[39]

在这一段话里可以发现有几个亚当·斯密将来会阐述到的论题。关于质量的制定法规定是徒劳的，因为制造商“会找到他们自己的价值”。无论如何，这些制定法规定对于公众的保护也是无能的，因为实施它们不是用来对抗愚且弱者，而是（作为一种限制性做法）用于控制那些更智且强者。如此等等。

在 1756 年至 1757 年，发生了著名的格洛斯特郡（Gloucestershire）纺织工人案，其说明了当时的观念变迁，一如当时的其他案件。[40] 在 1728 年，地方法院恢复了格洛斯特郡纺织工人的固定最低工资（fixing minimum wages）的做法，但是裁缝商不顾这些工资水平，而试图在执行中让其失效。在 1756 年，纺织工人向议会请愿，然后一部法律就被通过了，该法确认了地方法官确定工资的权力。然后地方法官举行了一个全面的听证会，裁
74 缝商提出了三大理由反对固定工资。首先，他们争辩说对工资进行固定无论如何都是不切实际的；有太多种类的衣服，涉及各种各样的技巧，以至于固定工资或者固定少许工资比率都是不切实际的。这需要数百个不同的工资比率，仅仅是对做好了的工作或没做好的工作规定不同的工作比率事实上也是不可能的。其次，他们基于极其明显的政治理由争辩说，法官不

[39] Ibid., iii. 290.

[40] 关于该案的完整情形，参见 E. Lipson, ibid., iii. 266-71。

应当帮助和安抚那些捣乱的工人。最后，他们开诚布公地坚决主张契约自由："任何法律都能够取代雇主与其工人之间订立的值得尊敬的私人合同，我们认为这是对自由人的自由和贸易利益的背弃。"

显然，法官们被这些理由说服了，而拒绝确定任何工资比率。接下来纺织工进行了为期六周的罢工，结果法官们又回到了他们之前的决定上来，并认定了一个工资标准。然而，一些裁缝商注意到，在接下来的一年里，他们用其之前提交给法官的相同理由轮流向议会请愿。议会也被这些理由说服了，然后立即废除了上一年刚刚通过的工资确定法（the confirmatory Act）。然而故事还没有结束，因为议会自己在这个时候都没有以一种特别理性的方式持续作为，也许刚好是因为这个见解还没有强大到足以能够使议会采取连续政策的程度。这样，甚至在 1756 年至 1757 年的事件之后，议会也没有用任何方式废弃在特定行业或区域固定价格或固定工资的立法习惯，只要某个压力集团具有足够的说服力。但是，在这个时期，由地方法官确定工资率的做法（从 1563 年起即有此做法）在削减。从 18 世纪中期开始，对工资进行评估的频率越来越小，对它的强制执行也越来越少。[41]

总之，可以确定的是观念的变迁在缓慢但不可阻挡地进行着。我在前面引用过 L. A. Clarkson 的评论，大意是在 1750 年之前，政府在经济的规范和控制上的角色仍然被"所有的人"接受。很显然，这并不完全是真实的，随着时间的推移，它变得越来越不真实。"因为在工业革命之前的百余年时间里"，托马斯·索思克利夫·阿什顿（T. S. Ashton）说道，"国家从经济领域日益撤退"[42]。撤退也许缓慢，也许有条不紊；但是其仍然是撤退。"在 1776 年，亚当·斯密将他的注意力放在了这个摇摇欲坠的结构上。"[43]

由于人们在观念上反对政府在经济领域扮演更广泛的角色，所以在世界上和人们的观念上，个人的地位必然变得更加中心化。即使在中世纪，个人主义在英国社会从来未曾完全缺席。但是在 17 世纪，个人主义在人 75

[41] See W. E. Minchinton（ed.）, *Wage Regulation in Pre-Industrial England*（Newton Abbot, 1972）.

[42] *The Industrial Revolution 1760-1830*（London, 1947）, p. 138.

[43] Ibid., p. 139.

际关系上越来越不再满足于扮演次要角色，而日益成为时代的主导力量。[44]对个人主义的原有限制开始全方位地崩溃。市场经济要求人们能自由地做他们喜欢做的工作，《学徒法》和《济贫法》的旧的规范框架成为人们自由选择工作的严重障碍。但是这些法律在很大程度上已经过时了，尽管很少有正式的修正，而完全废除则还有很长的路要走。尽管如此，变化仍然发生了。首先，法庭长期以来在解释立法方面扮演的角色非常狭隘。[45]在 1694 年，议会自己废除了《学徒法》有关将较贫困的土地终身保有者（freeholder）的儿子排除出制衣产业的规定。

同样，垄断和联合体（combinations）长期给人们做其喜欢做的工作的自由套上了枷锁。旧的行会——在很大程度上由它负责执行《学徒法》——因为内战造成的社会混乱而受到很大削弱。除此之外，其他因素也在相同方向上发挥着作用。例如，伦敦大火灾导致了贸易大楼向所有来人开放；在威廉三世战争（William III's wars）末期，所有的贸易都向退伍士兵开放。[46]基于煤炭的新工业的发展，如伯明翰（Birmingham）的金属工业，也大多归功于这一事实，即煤炭是在行会控制的城市之外被挖掘出来的，它因此成为一种自由的工业。在 17 世纪，对垄断的打击也足够强烈，甚至阻止通过议会权力创设新的公开的垄断，尽管这并没有阻止 18 世纪制造业者的大量联合体的出现。事实上，这些联合体经常试图固定工资和其他贸易条件。[47]到 18 世纪末，全国规模的联合体已经不再不常见了。但是，它们还不够强大，也不具有足够的排他性，不足以给有进取心的、当机会出现时就想单干的实业家造成严重的阻碍。它们看起来还没有给营业自由（freedom of enterprise）造成严重的阻碍。

在生活的许多领域，对垄断、对贸易和商业的法律规制之打击，创造
76 了一个比以往任何时候都更加自由和更加有竞争力的市场。职业化就是其中的一种情形。例如，在 18 世纪，医疗职业几乎完全不受规制。医疗是“一种自由的经济活动，与其他自由经济活动一样”[48]。许多其他个人职业也同

[44] E. Lipson, *Economic History of England*, ii, p. viii; pp. cxv-cxvi, cxxv.

[45] See *post*, Chapter 5, pp. 127-8.

[46] Clark, *The Wealth of England*, p. 174.

[47] T. S. Ashton, *The Industrial Revolution*, pp. 122-24.

[48] Christopher Hill, *Reformation to Industrial Revolution*, p. 209, citing R. S. Roberts, *Medical History*, viii. 217-18 (1964).

样如此。“在英国，”G. M. 特里维廉（G. M. Trevelyan）指出，“对私人能量而言，这是一个伟大的时代——冒险家、商人、作家——在自由的社会中自由行动。”[49]

值得分析一下这种“能量释放”[50]、这种新个人主义、这种全新集合的自由究竟意味着什么；谁期望它；为什么期望它。答案也许是推测性的，但是这种假定似乎是合理的，即那些期望新自由的人都是年轻的、精力充沛的、睿智的、有开拓性的、有进取心的人。看起来同样清楚的是，为什么他们期望这些新自由。他们无疑期望它们，因为他们想要避免保护、纵容、支持那些能力较差者、虚弱者、低效者、精力耗弱者和无进取心者的负担。在中世纪社会，英格兰用了三个世纪才慢慢从这些负担中脱身，但是它们影响的痕迹仍然存在，它们仍然是社群精神的根本保护性要素。在今天许多非洲和亚洲社会中，紧密的乡村社区在某种程度上仍然像扩展了的家庭一样存在着。在这些社区中，是习俗在进行社区治理，正如约翰·斯图尔特·密尔（John Stuart Mill）所观察到的，“习俗是弱者防御强者侵害的最强有力的保护者”[51]。在由习俗治理的社会中，工作和回报都通过某些权威的和传统的方式进行配置，这些配置方式既保护强壮劳工也保护体弱劳工。在这些社区中，人们不相互竞争（*compete*），尽管他们要与社区外的人进行竞争。当人们开始竞争的时候，自然地，一些人会成功而其他人会遭受失败。但长远来看，它符合所有人的利益，它让精力充沛的和有进取心的人从人群中脱颖而出、锐意进取，纵然这同时意味着一些人在追赶他们步伐的过程中可能备感痛苦，且落伍者可能会被完全抛在人们身后。在我们谴责那些想参加这种竞赛、期望竞争与自由，而不喜欢习俗和社群主义（communalism）的人对他们的同胞缺乏同情心之前，我们先来分析一下被认为是替他们辩护的几个事情。 77

第一，人们对自由的需求包含着对所有人平等性自由（equal freedom）

[49] ‘The Age of Johnson’, p. 1, in *Johnson's England*, ed. Turberville.

[50] 这句话是对美国后来发展的类似描述的借用。See Willard Hurst, *Law and the Conditions of Freedom in the Nineteenth Century United States* (Madison, 1956), Chapter 1.

[51] *Principles of Political Economy* (various editions), Book II, Chapter 4. 密尔在这里区分了作为社会组织机制的竞争与习俗，这种区分被认为对亨利·梅因爵士（Sir Henry Maine）关于身份与契约的著名论断有启发：Mark Blaug, *Economic Theory in Retrospect* (revised edn., Homewood, Ill., 1968), p. 175。

权利的承认。正如我们在霍布斯和洛克的思想中已经看到的，市场经济哲学已经内在地假定了人人在法律上和市场中的平等性自由。因此我们看到，尽管 18 世纪英国的贵族和士绅拥有政治权力和财富，但是却并不存在一个固定的等级制度（caste system）。例如，较之于法国，英国的阶级制度极为宽松。英国不仅存在着显著的阶级流动性，而且最高等级与最低等级之间在法律面前也是平等的。当然，当洛克写道“每个个人，包括最低劣的人，都平等地受制于那些他自己作为立法机关的一部分所制定的法律；法律一经制定，任何人都不能凭借他自己的权威逃避法律的制裁，也不能以地位优越为借口，放任自己或任何下属胡作非为，而要求免受法律的制裁”[52] 时，人们很容易就嘲笑洛克说他忽视了那些——绝大多数人——没有投票权的人。但是在当代世界，无产者和穷人虽然在某些方面匮乏，但是他们要求在法律面前和市场中享有平等地位是一个不容否认的政治权利，因为在法律上和市场中所有的有产者和那些一无所有的人都是相关联的。

第二，为了保护那些寻求更大经济自由的人，在寻求将经济自由扩展到社会的其他成员之前，这些人首先在他们内部获得并发展了这些经济自由。尤其是，商人在他们内部早就发展出了适应商业和市场事务的规则，以及随之而来的道德价值，而这些规则和道德价值很晚才适用于所有的社会关系。而当商人在 18 世纪为更大的经济自由奋争的时候，存在于贵族与家庭用人之间、地主与佃农之间、农场主与劳工之间、士绅与穷人之间的家长式和保护性的传统仍然很强大；即使是在更冷酷无情的 19 世纪，此传统中的一些方面仍然幸存了下来。在整个 18 世纪幸存下来的旧价值观所产生的重要实践结果之一，是对 1601 年《济贫法》所规定的贫困者法定生存权的确认。对于那些已经习惯了福利国家（the Welfare State）管理的人而言，这似乎甚至还有点不够；但在 1600 年，英格兰是世界上唯一一个在制定法上正式确认了这一法律权利的国家。即使在 1770 年，对
78 自由、竞争和锐意进取的新需求，也没有着手对那些社会的落伍者的权利提出挑战，这些落伍者落后于社会太远以至于维持他们的生计成为有产者的负担。

第三，经济自由的早期奋斗者们，一方面强调那些他们努力逃避的限

---

[52] *Second Treatise*, Sect. 94.

制的性质，另一方面强调他们努力抓住的机会的巨大。如果这是真的，即很多旧的传统与习俗所造成的对年老者、虚弱者、无进取心者的保护结果并非偶然产生的，那么在18世纪这个更加科学和理性的时代，那些限制本身就变得极其令人沮丧。文艺复兴（Restoration）之后涌现出来的新一代经济的、商业的和政治的论者们和思想家们——1688年之后涌现出了更多——已经看到了，如果人们被允许积极而努力地工作，可以创造出什么来。[53]

第四节　新道德

到1770年，道德的世俗化进程已经走了很长一段路。对于现代读者来说，这可能是令人惊讶的，现代读者倾向于追溯至19世纪，那时几乎所有人都信奉，至少公开地信奉基督教伦理。当然，在18世纪也是如此。人们不仅仍然信仰（*believed*）上帝和基督教教义，而且也信仰地狱之火；而无神论者，如休谟，被认为是奇异古怪的人，虽不能说其是病态痴迷的人。而关键是基督教会的道德，除了涉及纯粹精神的问题外，越来越多地被确认为是国家和国家统治者的道德。到18世纪，“教会作为一个独立的道德权威的观念已经被抛弃了，教会的标准可能与社会习俗的标准完全对立”[54]。适应前商业和前工业时代的传统道德，现在被看作，甚至被称作“哥特式迷信”（Gothic superstition）[55]。如果我们稍微将时间往后推进大约15年，即从1770年推进到1785年，当阿什狄肯·佩利（Archdeacon Paley）首次出版他的《道德和政治哲学原理》（*Principles of Moral and Political Philosophy*）时，我们将看到，在他的思想中，人们能够发现的基督教特色是多么少。他所提出的是一种神性功利主义（Divine-based utilitarianism），除了不那么微妙和有创造性外，其与边沁的更具世俗性的功利主义版本之间仅有细微差异。在《道德和政治哲学原理》中，佩利只在一个地方隐含地谈到了在基督教伦理与世俗伦理之间发生严重冲突的可能性，而即使在 79

[53] P. G. M. Dickson, *The Financial Revolution in England*, p. 6; R. M. Hartwell, *The Industrial Revolution*(Oxford, 1970), pp. 114-15.

[54] R. H. Tawney, *Religion and the Rise of Capitalism*, p. 192.

[55] Ibid., p. 194.

这个段落里，他自己都认为这是一个需要解释的问题。这就是著名的鸽子比喻，这导致他得到了“鸽子佩利”的绰号，在其中，他似乎要挑战财产制度的道德基础。[56] 佩利也许仅仅是在说一个最古怪的悖论之一，18 世纪的思想家喜欢用该悖论来相互嘲弄。因为在接下来的一章里，他继而认为财产分配中的不平等具有习俗上的正当性；而极端的不平等，他说是对罪恶的“抽象思考”，其无疑是财产取得与处置规则的结果，“由于该规则，人们被煽动去进行工业化，而工业化的目的是提供安全和有价值的财产”。在他的鸽子比喻中，唯一受到尊重的是，他认为任何不能被刺激工业化这一需求所正当化的“巨大的不平等”，都应当被纠正，这被认为是对不平等的社会规则的批评。尽管这种解释还明显不足以令现代观点感到满意，尽管他的《道德和政治哲学原理》极为流行（在 20 年里出版了 16 版），但佩利的比喻据说导致了他丧失成为主教的机会。

英国国教会（the established Protestant Church）所确立的伦理与国家的伦理相一致，这当然意味着前者在很大程度上采用了后者所确立的伦理，而不是相反。信仰自由的增强也是一个显著因素。整个 18 世纪的反天主教情感的偏见，绝不能使我们对此事实视而不见，即由于非天主教的异见者（non-Catholic dissenters）的信仰自由，而导致的基督教伦理与国家伦理之间关系的巨大变化。英国国教会已经不再是神的语词的唯一解释者。无疑，现在对许多事情都存在一个“永久的公共质疑”[57]，而以前人们若要质疑这些事情则会被认为毫不虔敬。

随着教会从社会秩序的中心撤退出来，一种新道德就变得必需，而在 18 世纪里，它主要出现在自然法的观念之中。我们已经分析了自然法观念的漫长谱系，但是 17 世纪晚期和 18 世纪的自然法却完全区别于中世纪的自然法。在那个时候，“‘自然’一词暗指人类的欲望而非神的命令，而那个时代的个人主义援引自然权利来作为说明为何自利应当为人们所自由挥洒的一个理由”[58]。对自然法的新解释导致了所有的“法律”——人类的和神的法律，规范性和描述性的法律——被纳入一个宽泛的框架之中，一如

[56] *Principles of Moral and Political Philosophy*, Book III, Part I, Chapter 1.

[57] Viscount Radcliffe, *The Law and its Compass* (Evanston, Ill., 1960), p.7.

[58] R. H. Tawney, *Religion and the Rise of Capitalism*, p. 183.

布莱克斯通的著作那样。[59] 尽管布莱克斯通作为一个律师，毫不怀疑人法 80
区别于神法之处在于人法能够被打破，而人们很容易就抱持这样一种令人欣慰的信念，即违反自然法是徒劳的。将普遍的经济规律，或道德科学的定律，与自然科学规律进行类比，将得出这种观点，即价格会发现它们自己的水平（也许是人们发现该价格水平）。贸易也将找到它们自己的方式，人们将找到他们的自身利益，价格将找到它们的适当水平，所有这些观点通过援引 16 世纪以来的自然法而日益被正当化了。[60]

我已经指出在 17 世纪和 18 世纪的新社会里成长起来的个人主义者的性质。现在要说明的是这种个人主义也扩展到新社会的道德基础。但是，在设想一个仅仅基于个人选择和自由的可能的道德体系之前，应当进行进一步的考量。因为如果每个个人都被允许免予受控制，如果像自然法宣称的那样，阻止人们用他们自己的方式寻求他们的自我拯救和他们自己的经济利益是徒劳的话，那么什么才能阻止一个社会堕入霍布斯式的自然状态，即每个人对每个人的战争的状态？事实上，18 世纪的思想家对该问题提供了两个回答。第一个是启蒙时代的传统回答，也就是并非无限制的许可，而是明智的利己可以阻止社会堕入自然状态。第二个回答是否认对利己的追求会导致社会堕入某种战争状态。如果法律、秩序和财产权利的适当框架得以保持，对个人利己的追求无论如何都会促成国家的良好状态。个人利益与公共利益之间并不存在冲突，而只有自然的和谐。

在这两个回答中，第一个回答在大卫・休谟的著作中可能得到了最清楚的阐述，尽管这个回答也可以在亚当・斯密的著作中找到，但存在这样一个事实，即亚当・斯密个人在很大程度上对第二个回答的广泛传播起到了更大的作用。休谟的观点是足够清晰的。[61] 他假定绝大多数受过教育的人都不会为了寻求短期利益而牺牲长期利益；那些不能或不愿依法行事的人，很快就会受到教训。在受过教育的人和财产所有权人所组成的小世界里，这种乐观在很大程度上也许是正确的。他们的凝聚力有可能通过对这一事实的承认而增强，即他们*必定是*（*were*）少数阶级，为了保护他们自己，

[59] *Bl. Comm.*, Introduction, Sect. II.

[60] Chalk, 'Natural Law and the Rise of Economic Individualism in England', 59 *Journal of Political Economy* 332（1951）.

[61] 最清晰的阐述位于休谟的《人性论》第三卷第二章第一节。

81 他们必须遵守明智的利己的规则。例如，他们学会了如何及时降低公债［事实上这就是他们的（*their*）债］的利率。休谟将这一点视为理所当然，即人们只需要对坚守允诺所带来的长期利益的重要性稍有理解就够了。休谟认为，一个没有坚守允诺的人将会发现他自己再也不会被人所信任，而这种惩罚对于他写作时代的那些受过教育的少数人群是足够真切且足够严厉的。其后不久，亚当·斯密分析了利己的本质，是它引导人们遵守他们的商业约定。[62] 他评论说，在商业事务中，英格兰人虽比苏格兰人有更高的诚信度和准时性，但要比荷兰人低得多。他反对将这归咎于民族性的观点，他也反对认为商业最先在商业信誉最高的人群中发展的观点。相反，他认为，是商业活动的增强带来了对商业约定的更大尊重。这是因为利己控制和规范了人们的行为，人们越多地从事商业活动，要求人们尊重他们约定的利己需求就越大。

> 当一个人在一天内签订了大约20个合同的时候，他不可能通过欺骗邻人而获得太多，一旦出现欺诈将使他失去其所得。当某些人与他人只有很少交往时，我们发现他们有点倾向于欺骗，因为他们通过一个高明的把戏所获得的，要多于通过损害他们的人品而失去的。[63]

亚当·斯密和休谟看起来都不仅将明智的利己作为履行契约的法定义务的基础，而且将其作为遵守允诺的道德义务的基础。一个作出允诺的人得到了受允诺人（promisee）的信任（*trusted*），而如此信任他是符合他的利益的；短语“被赋予信用”的双重含义清晰地表明，一个人应当如此被信任为什么是符合这个人的利益的。当然，当履行时间到来时，允诺人可能会对履行其允诺感到不情愿；他直觉上的不情愿也许并不会真正被实践；履行的成本或劳动量也许较高，收益微小或不显著。这些都是为什么不是眼前利益，而是明智的利己告诉了人们履行允诺的好处。理性的、明智的
82 和精于计算的人能够看到这些好处，并抵挡住眼前利益的诱惑。

---

[62] *Lectures on Jurisprudence*, pp. 538-9.

[63] Ibid., p. 254. 40年前迪福（Defoe）在《英国商绅大全》（*The Complete English Tradesman*）（第56—57页）中，轻蔑地评论说，商人经常通过支付金钱来打破允诺，“而没有任何顾忌，也没有让其诚信丢脸”。这说明商业道德在这一时期很可能得到显著提升。

但是，即使在受过教育和有产者的内部，利己也并非一直都是明智的。一个人并不会总是觉得要被迫履行一个结果很不好的合同，尤其是当这个合同的风险成分很高的时候。非常投机的合同——其结果非常不好、涉及重大损失——对于遭受损失的人而言，它看起来（*look*）几乎总是愚蠢的和不公平的。而且他的困境往往会得到第三人的同情，因为第三人可能会觉得此交易的对方当事人可能不配得到他的收益。有证据表明，在18世纪，人们对于风险性或投机性交易的态度发生了显著的变化。我前面已经提到，在1721年南海泡沫崩溃后政府所采取的坚定立场，当时政府对于自己作为南海公司的前股东所进行的股票交易感到悔恨。当我们开始检视18世纪的法律发展时，我们也将看到衡平法院对于涉及某些风险成分的合同的态度发生变化的明显标志。随着时间的推移，法官们对于那些玩火并因此烧到自己手指的人越来越不同情。他们因此在教导人们要有明智的利己上也功不可没。

这些思想对允诺性或契约性义务的本质提出了一个值得注意的问题。如果明智的利己是允诺性或契约性义务的基础，那是因为允诺和契约引致了信任，其他人信任并信赖允诺人之所言。看起来不是允诺人的任何内在品质，也不是因为允诺是某种意志的表达产生了这种信任。不使他人的信任或信赖落空，远比允诺的诚实或诚挚重要得多。这一点在亚当·斯密出版于18世纪60年代的《法理学讲义》（*Lectures on Jurisprudence*）中得到了清楚的阐释。事实上斯密将允诺定义为“一个公开的和清晰的声明，声明他（允诺人）期望他对之作出该表示的人，信赖他所允诺的”[64]。然后，他继续强调不是意志让允诺产生拘束力，“像某些作家所想象的那样”[65]。因为，如果真的是这样，一个不真诚的允诺就没有拘束力。“但是这种允诺是且已普遍地被认为是与其他允诺一样具有拘束力，而且其理由也很简单：它们产生了同等程度的信赖，打破这种允诺与打破其他允诺一样都会产生同样的信赖落空。”[66] 他通过下列有趣例子继而指出，信赖甚至比真诚还要重要： 83

[64] *Lectures on Jurisprudence*, p. 87.

[65] Ibid., p. 93.

[66] Ibid.

> 如果某人因为发现履行中的困难而不践行其允诺；如果另一个人对我作出轻率或唬人的、他根本不想履行的允诺，之后使我遭受巨大挫败，因为他应当效劳我却没有效劳我、应当改变之前的企图并履行他的允诺却没有履行其允诺：我请问，这两个人中哪一个是更好的？毫无疑问，后者作出了他不愿履行的允诺，之后并使我遭受重大挫败，但他却成了一个较好的人。[67]

诚然，在另一个段落中，斯密清楚地指出合同的基础是作出允诺的人所引起、受允诺人对允诺人自我拘束的合理期待。[68]

这种引人入胜的讨论表明，对亚当·斯密而言，不使作为允诺性债务之根源的信赖或期待落空，是一种义务。然而，他没有将信赖和纯粹的期待清楚地区分开来；他没有（像格劳秀斯那样）[69] 提出这样一个重要问题，即是否一个非基于信赖的期待（*unrelied on* expectation）会创立一个履行允诺的义务。他对此的回答可能是肯定的，因为被信赖的允诺，其意向（tendency）是赋予允诺以拘束的品格，而不是对特定案件中的特定允诺赋予确切的效力。这无疑也是休谟对这个问题的回答，但他的这个答案是在没有直接论及这个问题时得出的。休谟强调了一般原则（general *principles*）在法律上和道德上的重要性。他说："因为在人性中存在着一个我们屡次提到的原则，即人们是非常迷恋一般规则（*general rules*）的，且我们往往把我们的原则推到超出了原来使我们建立这些原则的那些理由以外。"[70] 人们对一般原则的偏好和对利己的追逐，共同构成所有义务的最初来源，一种"道德观念与利益结合了起来，变成了人类的一种新义务"[71]。换言之，根源于利己的义务，通过"教育和政治家们的巧妙办法"而说服人们说该义务是一种普遍的道德义务，其独立于任何特定案件的结果，而被一般化了并被建构了起来。

就有产阶级而言，如果明智的利己是 1770 年道德的根源，那么它很可能也与宗教改革以来发展起来的新的职业伦理（work ethic）有关。自从

---

[67] Ibid., pp. 93-94.

[68] Ibid., p. 89.

[69] *De Jure Belli ac Pacis*, Book II, Chapter XI.

[70] *Treatise*, Book III, Part II, Sect. IX.

[71] Ibid., Sect. V.

韦伯（Weber）首次提出资本主义的兴起与工作伦理——他将工作伦理特别地与加尔文主义（Calvinism）相关联，在宽泛意义上将工作伦理与新教教义（Protestantism）相关联[72]——相关的观点以来，时间已经过去 70 多年了。韦伯指出，加尔文主义教导人们工作和寻找机会致富是一项义务； 84
或许懒惰和好逸恶劳才是人们根本的恐惧，因为它们让人们成为罪恶和魔鬼的猎物。但是，无论根本的恐惧是否是合理的，结论都是一样的。挣钱不仅变得可敬，而且还是一项积极义务。自然地，日益获得认可的相应的美德就是勤奋、节俭、节制、谨慎以及对未来的深思熟虑。这些美德与米尔顿（Milton）所赞美的自立、在逆境中奋起、一颗不安分的批判性的独立心灵等美德并无不同。[73]

我前面已经指出，关于人们对不断增长的经济自由的渴望所带来的道德问题，可以在利益和谐学说（doctrine of the harmony of interests）中找到其第二个答案。当然，就我所知，没有人怀疑财产、私权是与公共利益（public good）相和谐的。布莱克斯通有关“公共利益就其本质而言最注重的其实就是每个个人的财产权”[74]的论断很可能是直接取自洛克。但是，私人利益与公共利益所呈现出来的这种和谐，也能够在商业领域中存在吗？而富人的穷奢极欲又是怎么回事呢？难道这也有利于国家？在整个 18 世纪这些问题引起了很大的争议。在 1723 年，伯纳德·曼德维尔（Bernard Mandeville）出版了修订版的《蜜蜂的寓言》（*The Fable of the Bees*），在该书中他戏谑地但也许并非没有严肃意愿地指出，“私人恶习”有利于“公共美德”。很多人被这种荒谬的但并非难以置信的推理所吸引，如约翰逊博士（Dr. Johnson）就指出，奢侈花销为穷人提供了可靠的职位，而如果只是给穷人以金钱，那么将是对懒惰而非勤劳的支持。[75]其他一些人对曼德维尔的论点感到很愤慨，也有一些人对此感到很困惑。[76]如果有人痴迷于

[72] Weber, *The Protestant Ethic and the Spirit of Capitalism* (first published 1904, English translation London, 1930, reprinted New York, 1958); see further, David Little, *Religion, Order and Law* (New York and Evanston, 1969).

[73] Christopher Hill, *Reformation to Industrial Revolution*, p. 202.

[74] *Bl. Comm.*, i. 139. 这句话注定要在美国的法律案件中被广泛引用：Pound, ‘Liberty of Contract’, 48 Yale Law J. 454, 461 (1909)。

[75] Boswell's *Life of Johnson*, 29 May 1776.

[76] See Philip Harth, Introduction to Mandeville, *The Fable of the Bees* (Harmondsworth, 1970), pp. 21-6.

寻找一个简单办法而将道德和伦理从经济问题中完全分离出来，这并不会令人吃惊。如果市场经济产生了新的道德问题，“一种解决办法就是通过让经济力量进行不受拘束的统治，让市场来解决它所产生的问题”[77]。可能不那么明显的是，不像后来那样，这种观点与其说是在区分道德和经济，
85 不如说是为某种特定经济利益而采取某种特定的道德观。

没过多久，亚当·斯密在《国富论》中对利益和谐学说提供了巨大支持并对其详加阐述。虽然该学说从来没有完全地取代明智的利己的理论，其在接下来的一个世纪里继续发挥着重要作用，但是亚当·斯密的这个学说，此后很好地解决了对个人利己的追求所带来的道德困境。与洛克为基于财产的社会（property-based society）提供了道德正当性一样，亚当·斯密也相应地为19世纪以合同为基础的社会（contract-based society）提供了道德正当性。关于斯密的更进一步讨论有必要放在后文第十一章中。

第五节　财产自由

在我的论述转向法律之前，这是最后一个需要讨论的自由问题，尽管法律是这种自由不可或缺的组成部分。也许有点令人吃惊，“财产自由”（freedom of property）一词看起来从来没有在18世纪出现过，不像它的继承者“契约自由”那样扎根于19世纪。[78]然而，财产自由的理念的确扎下根来，而且它在很多方面都是契约自由的必要前提。事实上，在相当大的程度上，契约自由肇始于以合同处理财产的自由。我已经指出了这一事实，17世纪的宪法斗争就是关于财产安全与政治权力的斗争；而且我也简要地提到了所有权概念本身的变迁。现在有必要稍微详细地阐述一下这些事情。

毫无疑问的是，自16世纪以来，如果不是更早的话，英国人一直在寻求土地事务上的更大自由，而且他们逐渐用一种不同的方式来看待土地所有权。我们已经看到17世纪封建税收制度残余的废除，是如何以牺牲自

[77] Joyce Appleby, ‘Locke, Liberalism and the Natural Law of Money’, 71 *Past and Present* 43, 44 (1976).

[78] 但我们发现，利尔伯恩（Lilburne）在1645年使用了“地产自由”（liberty of estate）一词（Macpherson, *The political Theory of Possessive Individualism*, p. 137），且在洛克那里有大量类似的语词。

由地产保有人（freeholder）为代价而完成了对封建领主权利的去除。在同一时间，甚至或许更早的时候，依据公簿记录占有土地的佃户（copyholder）的地位在很大程度上变得与自由地产保有人的地位类似了。[79] 但是自由地产保有人的地位在其他方面也发生了变化，而这些变化与观念变化密切相关。自由地产保有人在理论上不过是一个自由的佃户，而其在严格法（strict law）上的地位在 17 世纪以及今天仍然被保留下来。但是这纯粹是一种理论上的抽象。现代的自由地产保有人确信他自己就是所有权人，这种变化肇始于 17 世纪。 86

此外，这种所有权的性质也逐渐发生了变化，变得更加“绝对”；尽管这种变化更多的是观念上的而非严格法上的变化，但没过多久，这些观念就开始影响法律了。在中世纪，绝对所有权的概念几乎不被认可；对于那个社会的性质而言，承认一个人有用他的财产做任何事情的绝对自由是令人厌恶的，正如认为一个人完全有做任何事情的绝对自由也是令人厌恶的一样。在这个世界里，人们并不是绝对自由的；他们对他们的封建领主、对他们的下属、对教会、对上帝负有义务；而他们的“保有”（tenure）财产是一种暂时的事情。一个占有财产的人只是财产的暂时保管人而非其所有权人；财产是一个承载了义务与权利的“责任机构”（responsible office）[80]。在 1600 年以前，即使是对一个人的占有范围进行法律限制也是司空见惯的。例如，16 世纪中期的制定法限制了一个人能够拥有的绵羊数量，另一个制定法限制了每个乡村裁缝只能拥有一台织布机。[81] 但是，所有这些早已经消失。就商品而言，下议院在 1628 年所给出的答案清楚地代表了新时代，即“商品是本王国治下的每个自由人的基本财产”[82]。

然而，土地仍然是最重要的财产形式，而且自 15 世纪以来人们一直在为收购或出售、抵押或转让、继承或遗赠的自由而奋斗。到 15 世纪晚期，律师已经发现解除限定继承权的方法，而在下一个世纪，在乡绅试图废除 1535 年《用益法》（Statute of Use）中旧的用益之后，1540 年的《遗嘱法》（Statute of Will）是亨利三世对乡绅所作出的最显著让步之一。很清楚

[79] Holdsworth, *H. E. L.*, iii. 180.

[80] R H .Tawney, *Religion and the Rise of Capitalism*, p. 153.

[81] Christopher Hill, *Reformation to Industrial Revolution*, p. 92.

[82] Ibid., p. 32.

的是，以遗嘱、遗赠处分土地的权力已经备受珍视。毫无疑问，人们想要处置（*deal*）其土地的自由；这种自由必然涉及并紧密关联于人们不断增长的想要掌握自己命运、安排自己生活、不将任何东西付诸天意的欲望。正如我们已经看到的，他们也想要更高程度的所有权安全（*security*）。从 16 世纪开始，我们产生了“每个人的房屋就是他的城堡”[83] 的观念。人们想要有免予被随意征税或被剥夺其财产的自由，想要免予这种死亡威胁的自由，即当他们死亡而他们的孩子还未成年时，他们的土地可能会变成其继承人的监护人侵吞对象的危险。而且，随着时间的推移，他们越来越想要
87 用益（*use*）他们的土地，为农业、采矿或其他任何经济目的而利用他们的土地。1688—1689 年议会通过的首批法律之一就是放弃皇家对他人土地上的矿产权利请求，金矿和银矿除外，这并非巧合。[84]

所有这些自由都有助于为这种观念建立一种氛围，即财产权本身变得越来越绝对，原来对封建负担和税赋的诸多不满也有助于为财产的这种新看法提供某种合法性意识：

> 管领某物的“绝对性”特征的观念——在人类观念史上——是与其“不可侵犯性”和“神圣性”观念紧密相关的，它们是从与封建负担和限制的斗争中获得其政治感召力的。[85]

在 18 世纪 60 年代，辉格党人和托利党人都将财产视为具有绝对性的东西。[86] 布莱克斯通也如此定义财产权，至少在抽象的意义上，即“一个人对世界的外部事物进行独占和专断管领的请求和实践，它完全排除了宇宙中任何其他人的权利”[87]。而辉格党人卡姆登勋爵用平和的语气指出：“每

---

[83] *Sendil's* case（1583）7 Co. Rep. 6a，77 E. R. 419；*Semayne's* case（1605）5 Co. Rep. 91a，91b，77 E. R. 194，195.

[84] David Spring，‘English Landowners and Nineteenth Century Industrialism’，in *Land and Industry*，ed. J. T. Ward and R. G. Wilson（Newton Abbot，1971），p. 17.

[85] O. Kahn-Freund，Notes to K. Renner，*Institutions of Private Law*（English translation London and Boston，1949，reprinted 1976），p. 66.

[86] E. P. 汤普森（E. P. Thompson）在《辉格党与猎人》（*Whigs and Hunters*）一书中，似乎将这当作（至少在 18 世纪早期的）辉格党人的特征，不过他也承认这是因为托利党人被排除在权力之外。

[87] *Bl. Comm.*，ii. 2.

个人的一切绝对都是他自己的；未经他自己明确的同意或经由他的代表的同意，没有人有权将他的任何东西夺走；无论谁试图这么做，试图损害他人，那么这么做的人就犯了抢劫罪。”[88]

然而，对于绝对所有权理念的现实化，实践中还存在着重要的限制。市场经济最基本的财产自由就是销售自由。市场经济要求财产能够自由地转让，这样它才能从一个人手中转到另一个人手中，只有能最高效利用它的人才能最后占有它。[89]这种自由要求有一个新观念，其显著区别于旧的习俗社会（customary society）的观念，在旧观念中，一个人的财产权——只要它得到承认——取决于他使用它的需求。[90]现在，1770 年的英国离那种习俗社会已经很远了，但它与 19 世纪的极端个人主义也仍然还有一些距离。在实践中，人们往往没有以出售或其他方式处分或者处置“他们 88
的”土地的自由，因为在该土地上还存在着与其相冲突的权利。一般而言，存在着两类相冲突的利益。首先，在土地上存在着传统的习惯权利，它们经常由土地上的贫困居民或土地的邻人享有。这些都是用益权，如放牧权（rights of pasture）、割草和伐薪权。没有多少疑问的是，18 世纪见证了大地主们对这些权利进行的长期和持续的压制，无论是否给予补偿。《圈地法》是最为人所知的采取这种压制的正式行动，但显然，还存在着许多不那么正式的行动，其可能形成对穷人更为严厉的压制。[91]在这些方面可以说，土地所有权的概念和地主“绝对”权利的概念在 18 世纪越来越取得统治地位。

第二种与土地所有权相冲突的、压制地主“绝对”权利的利益，也具有传统特征，但这是关于家庭的权利。尤其是传统的限嗣继承（entail）土地，这种土地由保有人（tenant）或占有人（holder）保有，他对土地没有出售、抵押、出租或继承的权力，这种被预先设定的对土地的继承，通常是有利于其最年长的儿子以及他的儿子的。辉格党贵族一方面一定会为他们子孙后代的王朝野心（dynastic ambition）而感到心碎，而另一方面他们自己又渴望摆脱过去的不能变卖土地的死手保有（dead hand）强加给他们的限制。

---

[88] *Parliamentary History*, xvi, col. 178.

[89] 对于这一点的简单阐述，参见 R. Posner, *Economic Analysis of Law*（Boston, Toronto, 1972）, p. 11。

[90] Hicks, *A Theory of Economic History*（Oxford, 1969）, p.34.

[91] See generally, E. P. Thompson, *Whigs and Hunters*.

这种王朝观念非常重要。人们渴望财产和处置财产的自由，不仅仅是为了他们自己，也是为了在土地上建立家庭和定居，并经营土地。18 世纪是严格限制定居的时代，那种错综复杂的产权转让制度就是为了将寡妇、年幼的儿子、女儿捆绑在财产上，总之，就是为了让财产完好无损地保留在家里，而且最好是使其在家里增值。

这些与土地所有权相冲突的家庭权利必然意味着土地“所有权人”——其在法律上经常被称为终身地产权保有人（tenant for life）、限嗣继承地产保有人（tenant in tail）——的自由是有限的。这代土地所有权人的自由受到前代和后代土地所有权人的限制。被绑在某个地产上的地产让与人（settlor）的自由，必然剥夺他的继承人们按他们认为正确的相应方式处置该地产的自由。现在控制着地产收入的所有权人的自由，只要他还活着，就必然剥夺他儿子的全部自由，除非他儿子按他的愿望借用该地产。这些利益冲突中的一部分是按法律的折中方案进行处理，其中最著名的就是反永久性的规则（the Rule against Perpetuities）。[92] 而大多数的利益冲突则不是按法律而是按那个时期的习惯和习俗进行处理，尽管这种处理引发相应法
89 律问题也并不罕见。例如，被人们所接受的做法是，年幼的继承人依靠他们的抚养费（allowance）和“死后还款借据”（‘post-obit’ bonds）[93] 的借贷，或者转让复归权（reversionary rights）而过活，而这些都引发了大量的诉讼；另一种习俗是，通过对不同家庭的两个成员之间进行精妙的婚姻安排，而将这些大家庭结合在一起，这也引发了大量的诉讼。

这些以财产为基础、以家庭为导向、与 18 世纪贵族特有的道德规范相联系的社会习俗，帮助财产作为义务来源与权利来源的一些残余观念得以延续。为了从被继承人那里获得财产，或者甚至从一个活着的人那里得到财产，一个人必须将自己置于对于他的家庭和后代所负担的社会与道德义务之下。1776 年年轻的苏格兰人 James Boswell 写信给 Johnson 博士寻

---

[92] *Post*, p. 131.

[93] 死后还款借据是一种某人生前向他人借款，在他死后应当用其终身权益（life interest）用以还款的借据。体现这种社会关系的很好例子是发生在马尔伯勒公爵夫人莎拉（Sarah, Duchess of Marlborough）、杜克一世的遗孀（the widow of the first Duke）和她的孙子，即后来的杜克三世之间的案件。See A. L. Rowse, *The Later Churchills*（London, 1958）, Chapters I and II. 由杜克三世的兄弟约翰为债务负责，这引发了著名的 *Chesterfield v. Janssen*（1750）案。1 Atk. 301, 26 E. R. 191, as to which see *post*, p. 124.

求建议，因为他的父亲要求他同意对他们的地产处置条款进行修改，对此他很苦恼。[94] 年轻的 Boswell 写道，他感到“基于荣誉和诚信，他有默示的义务以同样的保有方式转移地产”，该地产是他保有的或者期望保有的。Johnson 博士用他强大而良好的判断力，劝 Boswell 将他的不安抛在一边，这种不安更多的是归咎于他对他父亲、奥金莱克的领主（Laird of Auckinleck）的不满，这种不满超过了他对他先祖愿望的尊重。但是，这件事却仍然揭示了一些问题。它显示，人们感觉到，他们基于遗赠或继承所获得的利益，至少在家庭中，负担着近似于我们称之为契约义务的义务；存在于特定土地上的期限和条件对现在的保有人有道德上的拘束力，即使他仅仅得到了一处地产或者相关权利，并没有任何具有明示允诺性质的东西需要遵守。事实上，18 世纪有许多关于财产的看法，其显示人们认为人死亡时财产的取得或处置，与人在世（*inter vivos*）时的财产取得与处置两者之间具有密切联系。在布莱克斯通的《英国法释义》中，其第二卷用精妙的术语，在“物的权利”（Rights of Things）标题之下论述财产法；在这一部分中，合同和继承都被视为转移财产权的方法。无疑，合同自由和遗嘱自由在当时以及后来，都是两个密切联系的观念。[95] 这两种观念在 1770 年都持续地获得了强力的支持，并在下一个世纪里达到顶峰，但它们都在 20 世纪走向了衰落。 90

在其他很多方面，财产仍然被认为是义务的来源，包括社会性和法律性的义务，这些义务都是针对公众的。一方面，存在着政治性质的义务。从事公共服务和议会服务被认为是财产所有权人不可推卸的义务，这种观念在 18 世纪并非虚构的，纵然这些义务在根本上是基于这一事实，即政府是他们的政府，是组建来保护他们的财产的。更具体而言，这些义务与税收的合法性要求相关。在 17 世纪和 18 世纪，习惯上仍然将税收看作在很大程度上应当由有产阶级承受的一个负担，作为创建国家以保护他们的对价。例如，霍布斯就是明确地用这种眼光看待税收的，他认为税收应当

---

[94]　*Life of Johnson*, vol. ii. Chapter 13.

[95]　In *Townson* v. *Tickell*（1819）3 B. & Ald. 31，38，106 E. R. 575，有人认为，遗赠“不过是一个要约，受遗赠人可以接受也可以拒绝”；而法庭却权威性地将其作为生前财产移转（inter vivos transfer）。比较 Montesquieu, *L' Esprit des lois*, Book V, Scet. 5，孟德斯鸠认为在民主国家，有必要对嫁妆、赠与、继承以及“所有其他缔约形式”（原文如此）制定法规。“因为一旦我们对自己的财产能够任意给谁，任意处分的话，那么每个个人的意志便要扰乱基本法律的秩序。”

与纳税人或财产所有权人获得的利益成比例。[96] 类似地，亚当·斯密也声称“一个大国的各个个人须缴纳政府费用，正如一个大地产的公共租地者须按照各自在该地产上所获收益的比例，提供它的管理费用一样”[97]。无疑，这些观点在那个时候自然而然地出现，部分原因是最繁重的两个税即土地税（Land Tax）和济贫税（Poor Rate）是向土地所有权人征收的税。没有任何迹象表明，人们甚至认为《济贫法》也是土地所有者为了获得大多数人对 18 世纪政府制度体系的默许而支付的对价的一部分。

这样，我们在 1770 年所看到的是一系列仍然处于变动中的观念。这是一个财产的时代，也是一个个人主义持续增强的时代。但我们还没有完全从这种观点中脱身，即财产既涉及义务也涉及权利，尤其是在家庭里，尽管它尚不具有排他性。虽然绝对所有权作为一个抽象观念已经建立起来了，正如我们在布莱克斯通的华丽文辞中所看到的，但是，我们与这种状况，即绝大多数财产事实上都是绝对所有权的客体，依然还有很长的距离。

[96] *Leviathan*, Part II, Chapter 30.

[97] *Wealth of Nations*, Book V, Chapter II.

第五章　1770 年的法律背景

第一节　议会、法庭和法律制定

议会

自《1832 年改革法》(Reform Act of 1832)颁布以来，在英国，我们对于以下这些观念已经习以为常了，即议会的首要职能是立法，政府的首要职能是规划、准备和提交法案给议会，然后坐看议会通过法案。但是，1832 年距 1688 年以及距 1976 年(在这一年，议会和政府的这些职能被写进制定法了)都一样遥远。在 18 世纪中期，立法并不被认为是议会的基本职能，劝说议会立法也不被认为是政府的核心职责。老 Pitt(elder Pitt)虽然是他那个时代最卓著的政治家之一，但是(据 Lord John Russell 在 1841 年所言)[1] 他却没有向议会提交任何一个立法措施(legislative measure)；而在他的儿子小 Pitt 所提交的法案没有获得下议院通过时，他也并不觉得自己应当辞职。如果大多数人都觉得法律——真正的"法"(Law)是以大写的 L 打头的(其显著区别于条例 regulation)——是某种被"制造"之物，那法律就不免让人陡生疑惑。法就在"那里"，即基于某种背景，由法官从他们的卷宗和自然理性中推导出来的。倘若坚持洛克式传统(Lockean tradition)，信赖理性、自然法、恒定不变的自然秩序和财产权，那么就很难明白为什么人们应当或者可以把法律看作既需要稳定又需要巨大变化的事物。

我将粗略地分析一下 1770 年左右的《法令全书》(Statute Book)，这一年可以被看作 18 世纪中期的典型时期。我们将会发现，这个时期的一般立法(general legislation)的确是罕见的。诚然，每年的制定法数量和

[1] Walkland, *The Legislative Process in Great Britain* (London, 1968), p.12.

19世纪一样巨大，但表象具有误导性。每年的制定法中，绝大多数都是非公知法（Private Acts），或者如果不是技术性的非公知法，那么绝大多数也都是具有地方性和临时性性质的制定法。这一时期的典型法律是修这里的桥、补那里的路的法律，是在这个城市建立济贫院、在那个城市铺设街道的法律。例如，1770年制定法年鉴（annual volume）就是由这一
92 年所通过的99个制定法所构成的。其中，55个是旨在发展特定道路或类似的公共事务（包括维修牛津的玛格德林桥）；9个是发展或规范特定水渠、河流和港口；9个涉及进口、出口和货物税；5个涉及其他税、拨款和货币；5个涉及武装力量；3个旨在提高特定区域的捕鱼业；还有9个五花八门的全部具有地方性或私人性的法律（包括3个处置特定皇家土地的法律）；而最后4个法律才被认为具有公共的和一般立法的性质。这4个法律涉及火药的保存、选举争议的处理、出租马车的规范以及精神病人租赁权的确认，它们中的任何一个都不会动摇国家的社会结构。正如梅特兰（Maitland）所言，“在这个‘理性的时代’，正如我们惯常所认为的那样，英国议会似乎很少提升一般命题的尊严”[2]。然而，考虑到这一时期的基本假设和前见（the basic assumptions and preconceptions），在这种立法进程中并没有任何反理性之事。

甚至当议会试图运用其立法权去消除罪恶时，整体上而言它也是特别不称职的。我们一再发现，今天的议会用普通公法（public general Act）处理的问题，当时的议会是用某个临时性法律或地方性法律进行处理，更常见的是用既有临时性又有地方性的法律进行处理。《禁止实物工资法》（Truck Acts）也许提供了一个适当的例子。在1465年到1820年，议会通过了至少28个规制或禁止用实物——金钱以外之物——支付工资的法律。[3]大多数法律都是地方性的和临时性的，只有很少的法律实施了一段时间，而当人们在19世纪试图妥当地解决这个问题时，首先做的就是清除所有这些杂乱。造成这种状况的部分原因在于没有适当的官僚机构来执行和管理这种立法；我已经讨论过18世纪的政治体制在这个方面的问题。但是造成这个问题的部分原因也要归咎于其他更深刻的因素，即关于18世纪法律的观念和议会的角色。

[2] *Constitutional History of England*（Cambridge，1908，reprinted 1955），pp. 382-4.

[3] G. W. Hilton, *The Truck System*（Cambridge，1960），p. 7.

首先，官僚机构的缺失，使立法工作难以按现代方式进行，法律也难以实施。现代制定法，尽管是由政府提出并由议会通过的，但如果没有一大群公职人员的辛苦工作，甚至立法筹备工作都不能完成。对初步数据的收集、统计，任何必要的科学性或专业性建议，与直接受影响的人协商等， 93
通常都需要利用他们的专业知识才能妥当理解所涉及的问题；分析检查实现相同目的的各种方法；然后研究现行法律和社会框架以便使法律与之融为一体；所有这些都不仅需要经验老到的文职官员、律师和起草者，而且需要接收信息、书本知识和建议的渠道，而这些中的大多数在18世纪根本都没有。结果就是议会的一般立法在筹备中非常不力，在施行中非常不专业。当布莱克斯通断言一般立法是以骇人听闻的方式起草和通过的，[4]他并没有夸大其词。如果他认为补救的办法是立法者学习一点法律，尤其是学习一下“立法科学——所有工作中最高贵和最困难的”[5]，那我们是不能责备他的。

如果议会认为其需要制定更广泛的法律，那么官僚机构缺失的问题也许还可以得到补救，正如下个世纪——缓慢地和举步维艰地——所做的那样。但议会并没有表现出这样做的倾向。如果说存在立法上的自由放任主义时期（*laissez-faire* era），那么18世纪的头60年就是，而非人们所一般认为的19世纪。[6]占据议会绝大多数时间的地方性的、非公开的、临时性的立法似乎已经与那个时代相适应，而不是试图通过立法创新去推动时代。从根本上而言，这种立法是一种“对国家治理情况进行的边际调整（marginal adjustments）”，其对社会体系没有明显地改变。[7]事实上，议会对这些私法案（Private Bills）所采取的处理程序，其裁决性（adjudicatory）大于立法性。所通过的私法案中的大多数，是对请愿的回应，而这些请愿往往强调的是一些特别具有地方性、临时性或私人性的问题。所通过的私法案中的大多数都涉及对财产权的某些边际调整，因为它确实是人们所需要的。例如，道路拓展计划涉及占用某人的土地并对其予以适当赔偿，诸如此类。这些私法案的议事程序主要起到的不过是监督性作用，以确保财产

[4] *Bl. Comm.*, i. 9-10.

[5] Ibid.

[6] Basil Williams, *The Whig Supremacy*, p.8. See also *post*, Chapter 16.

[7] Walkland, *The Legislative Process*, p. 14.

权不会被无理侵害。受这种法案所影响的任何人都有权上诉到议会委员会（Parliamentary Committee）并由该委员会的法律顾问（counsel）进行听审，如同普通法院一样。自然地，这种诉讼方式鼓励请愿人（petitioners）在提交请愿书之前就获得所有受到影响的人的事先同意或协议，如果可能的话。如果所有的当事人都就协议达成一致，该法案很可能就相当顺利地获得通
94 过。只有在协议完全不可能达成的情况下，请愿人才能在没有协议的情况下继续推动程序，然后议会必须对反对意见的合理性作出裁决。

但是，这不仅仅鼓励请愿人之间达成契约性安排，或者至少达成非正式的协议，而且议会的议事程序本身有时也代表着某种立法上的讨价还价。请愿人想要某个方案获得通过以便他们有权做这个或那个——铺设街道、给街道照明、清理某个河流以促进航运——而议会事实上则想要从请愿者那里得到对价（*quid pro quo*）以作为请愿者得到权力的代价。这些对价主要是请愿者接受某种义务，例如，请愿者要时常维护修缮他们想要运作的设施，确保此设施向公众开放使用；或者对价是限制请愿者向使用其设施的人进行收费的权利，例如限制桥梁或公路收费。立法的这种模糊的契约风格，与授予皇家特许状（Royal Charter）的程序风格非常相似。这两者通常都是回应请愿而进行的授权；而且请愿的内容也很可能是皇家官员与请愿者进行谈判和协商的主题。对于双方而言，也就可以自然而然地将特许状看作某种具有契约性的东西是轻而易举的。当 1783 年福克斯（Fox）提出东印度法案（the East India Bill）以改变东印度公司超越于印度政府的权力的时候，该公司就强烈主张其权力是被契约所赋予的，且它们为该契约支付了对价。即使伯克承认在议会与公司之间存在着某种协议（尽管就技术上而言，特许状是由王国政府单方面授予的），但是他争论说公司违反了该协议。

我不需要再继续分析这个特别插曲了。我的目的是强调总体契约氛围，即使是立法的提出与执行也受其影响。政府和议会与其说是发起（*initiate*）或实施（*impose*）诸多政策和法律以促使人民作出改变，毋宁说它们是对外界的倡议和压力作出了回应。由于没有强有力的、受到广泛官僚机构支持的执行机构，权力便落入了私人或个人手中。而个人要做任何事，都需要联合、合作和共同规划。协议和契约在那样的一个社会中就不可避免地扮演重要角色。

即使中央政府在提出和执行政策的范围内，它自身的角色通常是确

保有关协议的达成，然后将此类协议提交议会批准。例如，在18世纪中期，政府债券的发行需要获得议会法令的授权已经成为一项惯例。这种做法的目的是让财政部事先与意向出借人就他们所认购的数额达成一致， 95
然后才能确保获得议会批准。初步协议（preliminary agreements）没有法律拘束力，但是，正如一位议员在1746年写道，“如果不能理所当然地认为下议院一定会确认这些协议的话，那么根本就没有谁会去与财政部进行协商”[8]。

法庭

我们已经看到，社会被认为是建立在，或者说在很大程度上是建立在财产权之上的；法官的职能，在很大程度上是保护财产权、执行财产合同以及惩罚犯罪，大多数犯罪都被视为对财产权的威胁。

在这一点上，只需要强调1688年之后形成的新的法律秩序的稳定性、条理性和可预见性。有关辉格党的传统历史书籍都倾向于强调，所形成的新的政治稳定性和新的公民自由是国王专制权力被根除的结果。当然，这些是极为重要的，但是，对于18世纪不断增长的工商业活动而言，在其他方面的稳定性与可预见性的因素也非常重要。市场经济的正常运行要求，个人企业家应当能够作出理性的投资决定；他们需要能够提前规划、计算投资的可能回报、评估和衡量风险。政治体系的不稳定、金融体系的不稳定和法律体系的不稳定是这种理性的和筹划过的投资的大敌。我们已经看到，在18世纪，前两个不稳定的来源中的第一个在很大程度上已经被克服了。在本章和下一章中，我将关注法律秩序的不断增长的稳定性。在这一范围内，法庭自然扮演了核心角色。即使在法律制定事务上——法律制定是一个比“立法”更符合当时情形的词汇——法庭的角色在许多方面都比议会本身的角色重要得多。由于没有人想要改革整个社会结构，社会的变化很缓慢且社会变化往往是经由统治阶级间订立协议实现的，因此，法律制定与多数争议解决没有太大的区别。通过议会非公开法案程序对财产权进行的细微调整，与法庭对财产权的细微调整只有很小区别。两者都是对外部压力的回应而非初始性的解决方案。在这两种类型的决策过程中，在诉诸权威机关之前，都具有很强的达成外部协议的压力；司法机器和议 96

[8] Dickson, *The Financial Revolution in England*, p. 221.

会机器的成本与迟缓都足以迫使人们在不涉及公共裁决的情况下就达成妥协、协议和安排。

即使法庭真的对古老的普通法进行了改造或者形塑，法庭和议会的法律制定功能仍然存在着重要区别，一般而言，法庭的效率比议会要高得多。法律的制定通常集中在基础性法律上——财产法、合同法、商业判例汇编（commercial cases），因此，法庭的专业性很自然地就比议会的专业性和没有大量文职官员协助的政府的专业性要显著得多。既然这两个机构都没有机会获得今天在重大立法上经常需要的社会的或统计学的或科学的信息，那么就有充分的理由认为，法院总体上能比议会更好地完成法律制定工作。法庭的职责仅仅是适用已经存在的法律，法律的修改应当留给议会的观点，从未支配过（尽管有时影响到）18 世纪的法律。曼斯菲尔德勋爵（Lord Mansfield）曾经在一个没有被报告的判决中，针对议会可以左右罪恶的争论而指出："什么！作出一个可恶的判决，然后将其纳入法案来纠正它？"[9]

此外，上议院受理上诉的职能——仍然由上议院的全体议员（peer）而并不只是由其司法议员（legal member）来运行——意味着基于司法职能的法律制定，以及基于立法职能的法律制定，相距并不遥远。当然，仍然存在着技术性差异，但并不是今天浮现在我们脑海中的那种差异；也就是说，不是特定个案中的判决与普遍适用于某个行为的制定法之间的差异。1641 年拒绝对 Strafford 所犯被控罪行（impeachable offence）而宣布其有罪的那些上议院议员们，却通过投票赞成《剥夺公权法案》（Bill of Attainder）而对其定罪，这是一个立法行为而非司法行为。两者差异之核心在于：司法程序中的行为必须只基于公开地举示过的证据，而立法行为则具有更广泛的理由。当然，立法行为需要立法机关的三个分支同时联动。因此，当议会通过推翻司法判决的方式修改法律时——正如其偶尔但极少这样做的那样[10]——其行为分担了上诉法院的职能，即使这是通过立法实现的。通过立法"推翻"一个判决和通过上级法院的司法行为"否决"一个判决，两者之间的区别不像其在后世那样泾渭分明。

---

[9] Cited by Best C. J. in *Fletcher* v. *Lord Sondes*（1826）3 Bing. 501，580，130 E. R. 606，637.

[10] 18 世纪两个众所周知的例子是 1704 年的《本票法》（Promissory Notes Act）和 1792 年的《福克斯诽谤法》（Fox's Libel Act）。

但是，我已经指出，尽管在那个时候法庭没有默认这一观念，即它们 97
不能修正或改变法律，但它们无疑从来就不认为自己有按喜好行事的自由，而现代议会则认为自己有那样的自由。对 18 世纪绝大多数人而言，包括律师，法律在本质上都具有神圣性和不可改变性。律师——或者至少是他们中的一些——时常想要修正法律以使其适应社会和经济的变化，但是他们无疑从来就没有想过通过法律使经济和社会发生变化。在这一点上，他们并不孤单。在 18 世纪，几乎没有人——边沁一直都是例外——想象过法律有这种潜力。议会和律师联合起来坚持反对这种法律观念。如果法律能够以这种方式被用作或被操纵去改变社会——作为现代术语“社会工程”的一部分——那么就根本不会有法律存在。法律不能只是被操纵，不能从某个政党、某个国王，甚至某个议会过去的设想中去理解法律；法律在“那里”，它是某种客观存在；基于其本质，它是不变的并拘束所有人的，包括法官、议会和国王。当然，事实是，如果法律仅仅是静止在“那里”，那么就必须有人能权威地告诉其他人法律是什么；同样是事实的是，随着社会和智识思想的逐渐世俗化，法官据以发现法律的素材显然是有限的。抛弃任何形式的绝对权力作为启蒙时代的鲜明特征，意味着圣经经文和判例汇编年鉴都不再能够作为判断法律是什么的绝对依据。人们不得不在理性和原理（Principle）中去寻找法律，就如曼斯菲尔德勋爵在 1774 年所指出的。[11]

在边沁开启反对这种思维方式*的运动——伴随着他与布莱克斯通的激烈争论——的 200 年后，很难赞同甚至很难理解这种思维方式所追求的真实性和真挚性。关于无意识动机（unconscious motive）、法律和权力在社会中的作用、法律总是反映统治阶级利益的方式等，我们已经了解很多，所有这些似乎都像是 18 世纪伪善的例证。法律当然是“制定”的，它当然不是客观存在的；一如既往，它是由统治阶级（在很大程度上）为了自己的利益而制定的。此外，18 世纪英国的法律和法官的公平与公正很有可能被辉格党历史学家夸大甚多。当地主阶级的利益和其他阶级的利益发生激烈冲突时，由议会所制定的法律，甚至由法官制定和适用的法律，并不

[11] *Jones* v. *Randall*（1774）1 Cowp. 37, 39, 98 E. R. 954, 955.

* 意指从理性和原理中寻找法律的思维方式。——译者注

98 总是像法律传统主义者（legal traditionalist）所声称的那样公正和正直。[12]但是，这并不意味着这种法律总体上不符合整个国家的利益，更不意味着统治阶级不是这样认为的。事实上，他们显然认为情况就是这样的，同时法律的部分功能和法官的职能也将告诉人民情况就是这样的。因此，这种看法，即法庭妥适的和主要的职能是尽其所能地解决纠纷，将法律的制定留给议会——其在20世纪是老生常谈——没有反映19世纪的法庭和法律的角色。即使如此，个案判决（individual decision）的基本功能无疑仍然是解决争议，但是法庭、法官和法律在当时的长效功能（longer-term functions）比当下要明显得多。

自1688年以来，英国的统治阶级有意识地作出了拒绝建立一个强大的中央政府的政治决定。由于没有合适的行政机器、合格的警察以及许多现代维护法律和命令的手段，所以不可避免地产生了两个后果。第一个后果是私人的主动性、私人的安排和私人的激励变成了维护法律和秩序过程中的一个必要组成部分；第二个后果是劝导人们遵守法律，不仅仅依靠威慑，而且也要通过教育人们信仰和尊重作为某种超验价值（transcendental value）之物的法律。关于这两点我必须简单谈一下。

司法系统自身也受到广泛的权力工具普遍敌视的影响，同时无疑也受到国家经济运行需求的影响。整个18世纪只有12个普通法法官，2个衡平法法官，其中一个衡平法法官（大法官）还承担着大量的政治与立法职责。根本就没有地方法庭的组织系统，虽然18世纪晚期在一些城市建立了许多小额债权法庭（minor debt-collecting Courts of Request）。同时还有人数不到300人的出庭律师（barristers），其中包括高级律师（serjeant-at-law）和皇家出庭律师（King's Counsel），其服务法庭、为当事人提供咨询和起草文件。[13]需要记住的是，这一时期的人口有七八百万人，只有今天人口的六分之一或七分之一。而今天的出庭律师人数却至少是当时的10倍（也许是25倍），高等法院（High Court）的法官、郡法院（County Court）的法官以及其他高级法官（senior judges）总人数绝对是将近1770年的20倍。

---

[12] See, in particular, E. P. Thompson, *Whigs and Hunters*.

[13] Mackinnon, 'Origins of Commercial Law', 52 *Law Q. Rev.*30, 39（1936）.300个出庭律师的数字来自1770年的一个律师员清单（a law list），其中可能还包括许多没有执业的出庭律师，他们可能占出庭律师总人数的一半。

而且，所有的司法程序，包括民事的和刑事的司法程序，都完全依靠私人去启动并推动其持续运转。即使是刑法的实施，几乎在刑事诉讼程序的每个阶段——除了叛国罪和政治犯罪，如煽动叛乱和某些暴乱犯罪之外——几乎都是私人或由有产者组建的协会来保护他们自己。首先，对犯罪的侦查是交给私人侦探的，18 世纪存在着的广泛的赏金制度刺激着这些私人侦探；[14] “法令、公告和私人布告向某个或全部侦探发布悬赏，而赏金通常是非常可观的”[15]。对提供信息和证据的罪犯同伙作出广泛的赦免承诺；许多制定法实际上承认了在不同情形下向国王提交证据的人的赦免权。[16] 一般起诉人（common informer）制度——任何人都可以对违反制定法的人提起罚金诉讼（他可以获得该罚金的部分或全部）——自伊丽莎白时期以来曾被广泛运用。在 18 世纪 30 年代人们用这种方法成功地解决了过量饮酒的问题，而此前对此的立法规制却失败了。[17] 一般起诉人通常不得人心，但是他们的成效极其显著。 99

司法程序本身，无论是民事诉讼程序还是刑事诉讼程序，都依赖当事人发起动议。对抗制诉讼程序（adversary procedure），仍然是所有普通法国家的普通法法庭的特征，在根本上其是建立在这一假定之上，即当事人——私人当事人——永远会发起动议请求法庭做些什么。法庭从来没有主动推动自己发展的这种想法；即使在今天，英国法庭程序仍然保留了这一基本特征。自然地，这促成了鼓励私人安排与协议的趋向。是当事人们通过其律师（在他们的请求中）确定其问题的——因此他们可能就此达成一致；是当事人们挑选证人，虽然他们不那么容易就此达成一致，但是他们很可能就其他形式的证据达成一致——如什么文件应当提交给法庭等。即使某个法庭作出了裁判，执行它自己作出的这一裁判既不是该法庭的职责，甚至也不是其他公共机构的职责。一方当事人必须自己首先请求法庭，然后请求合适的官员，为执行该裁判采取相应的行动。英国司法程序的这一特征，虽然今天仍然为人们所熟知，但较之于今天，其在一些方面更容易融入 18 世纪的背景之中，因为这些特征中的一些在现代官僚国家的体

[14] Radzinowicz, *History of English Criminal Law* (London, 1956), ii. 33-6, 79-80.

[15] Ibid., p. 35.

[16] Ibid., p. 40.

[17] Ibid., Chapter 6. 基于这个法律在两年的时间里人们提供了大约 12000 条信息。

100 制内看起来是不合时宜的。虽然有一些要素非常古老，但在其他方面，18世纪是司法程序变得更规范化的时期。例如，人们普遍认为是曼斯菲尔德确立了民事诉讼程序的典型规则，其规范了普通案件的诉讼程序秩序。

当然，司法程序的效率并不高。普通法院对法律的实施几乎在所有方面都是笨拙的。向巡回法官（judge of Assize）提起的刑事指控全都是通过大陪审团起诉书（indictment）提起的，而陪审员们则用一种繁复得让人难以置信的方式指控某人，因为他没有让某条道路处于适于通行的状态，或者让桥梁失修，或者违反了《学徒法》；繁复得无以复加的程序竟然被用于处理非常轻微的犯罪。18世纪通过法庭进行社会控制的方法是非常粗糙的和缺乏灵活性的；它们并不适应大规模生产时代的需要，这种需要在18世纪末得到了爆发性增长。法律的执行多数落在治安法官（justice of the peace）的手中，但是由于执法政策混乱不堪所以其效率仍然很低——执法政策非常依赖特定法官的精力和观点，即使其程序的繁复程度要小一些。在这种情形下，人们不信赖法律的真正执行，而是信赖威胁与说服，就不令人吃惊了。

众所周知的是，随着18世纪的时光消逝，刑法至少在表面上变得越来越野蛮。死罪数量大幅增长，布莱克斯通甚至慨叹立法机关很乐于创设这些罪行。[18] 但是，也根本无法将18世纪的英国看作有产阶级通过无情的血腥恐怖统治维护其权力的国家。[19] 事实是，由于没有适当的和高效的警察力量与其他现代方式以维护法律和秩序，因此就非常依赖对人民心智的操纵。这种操纵在相当大的程度上是将恐怖的威胁、温润的仁慈与对公共舆论的适当尊重结合在一起实现的。[20] 只有很少部分的死刑曾被执行，尽管议会创设了新的死罪，但是议员们很可能知道并赞同法律在实践中的实施方式。事实上，他们对于法律的实施几乎不能提供帮助而只是知悉并同意，因为很多对死刑的赦免请求（petitions for mercy）就是由地方乡绅们和坐在下议院里的士绅所书写的或支持的，并且是由他们转交给那

---

[18] *Bl. Comm.*, iv. 9-10.

[19] E. P. Thompson, *The Making of the English Working Class*，在这本书中汤普逊似乎想得出这个结论（例如在第60–61页及以下），但在他的《辉格党与猎人》（*Whigs and Hunters*）一书中，他又强调了另外的结论。

[20] Douglas Hay, 'Property, Authority and the Criminal Law', in *Albion's Fatal Tree*, ed. Hay and others (London, 1975).

些坐在上议院里的社会上级（social superiors）。“绝大多数的赦免请求都是由代表劳工的士绅所书写的。这是统治阶级的一种重要的自我辩护（self-justification），即一旦穷人所受之惩罚对于保护财产已经足够的话，那么士绅有义务保护他的人民。”[21] 101

如果议会知道表面之下发生了什么，那么法庭当然也是知道的。现代公众将警察定位为“法律守护人”，而 18 世纪的法官亦以相同的方式将自己定位为“法律守护人”。但是，不像现代警察，法官本身是不会使用武力的；他将法律当作一种说服和教育机制。对大陪审团进行关于需要法律和秩序的说教，是 18 世纪和 19 世纪早期巡回法官的共同特征。18 世纪法官职能中的重要组成部分是向民众灌输恐怖，而不是向他们灌输贝卡里亚原理（the principles of Beccaria），贝卡里亚倡导中度正义的确定性和惩罚的确定性，他认为较之于低效的和不确定的更严厉惩罚的威胁，这是一种更为有效的威慑。罗米利（Romilly）和边沁后来采纳了贝卡里亚的观点，但布莱克斯通明确地反对了贝卡里亚的观点，[22]且我们可以确定，布莱克斯通的这一观点反映了他同时代的法官的观点。18 世纪的法官将恐怖和仁慈、严酷与衡平的结合体作为一种社会控制方法。“法庭运用恐怖、痛苦和死亡，但是也运用道德观念，限制专制权力、对弱者施以仁慈。”[23] 法官判决一个人死刑后，他通常也是第一个写信给国务大臣（the Secretary of State）建议缓期执行的人。

但如果国家没有警察机器，法律还能够被普遍地尊重和遵守，就不仅需要结合恐怖与仁慈，而且也需要意识形态的力量。法律必须有某种神秘性和庄严性。这些都是由法律的仪式性、形式性和典礼性所提供的。它的技术性，经常导致不值得肯定的无罪宣告，让边沁和后来的批评者觉得荒唐不已。

> 但是英国大众似乎从实践中得出了其他结论。法官和律师拘泥于形式，进行不带偏见的和尊重法律的观点交流，证明了那些执行和运用法律的人服从法律规则。法律由此变成某种超越统治阶级特征的东

[21] Ibid., p. 47.

[22] *Bl. Comm.*, iv. 397.

[23] Douglas Hay, ‘Property, Authority and the Criminal Law’, p. 55.

> 西——它变成了一种拥有自己诉求的力量，变成了某种高于那些公诉人、律师，甚至伟大的穿着猩红色长袍的巡回法官本人的东西。当然，对于他们而言，法律（law）就是法（Law）。他们将法律具象化，对
> 102 这些由他们自己阶级的人每天在议会中制定法律的行为视而不见，这加剧了这种假象。当统治阶级技术性地宣布某些人无罪时，他们其实是在向观察这一幕的所有人灌输一种关于法律的空洞的正义信仰。简而言之，其非常低效的、荒唐的形式主义，是其意识形态力量的组成部分。[24]

绝大多数法官很可能自己就是这种意识形态的信仰者。当然，布莱克斯通的《英国法释义》充满了法律至上的观念，无论其有什么缺陷，布莱克斯通都理解了法律思想。

所有这些看起来似乎都远离了我们的核心主题。但情况肯定不是这样的。1770 年的英国所呈现的画面是：这是一个自行运转的社会，这是一个其法律机器由恐怖、仁慈和意识形态共同推动的、其法律的真正实施在很大程度上是交给私人动议的——几乎一切方面都是如此、其法律实施极其低效的社会。低效可能会促使意识形态的加强，其代价是 18 世纪早期的简单的、农业的和前工业化的英国值得承受的；但是当英国的面貌在接下来的数十年里开始变化时，这一代价就变得极其高昂。没过多久，英国不得不建立一个官僚行政机器来应对处理这些新问题。但那需要时间，而同时，其他的一些事也助长了管理和法律的低效。社会需要一些新的规则。这本书的主题之一就是在合同中寻找这些新规则。

第二节　财产和向合同的转向

在 18 世纪，一个人的财富在很大程度上被认为就是他对有形财产——基本上就是土地——的“占有”；在现代世界，财产在很大程度上被认为就是允诺[25]——诸如公司允诺对股票或股份支付股息、政府允诺对公债支付利息、债务人允诺清偿其债务等。这种转向进程发生在 1770 年及其前后。

---

[24] Ibid., p. 33.

[25] Pound, *Introduction to the Philosophy of Law* (New Haven, 1922, reprinted 1954), p. 236.

在这一进程中，财产法的至上性（paramountcy）让位于合同法。但这一变化过程是缓慢的，整个18世纪大量的合同法案例本身就是有关土地的合同。在布莱克斯通的时代，或至少在其《英国法释义》一书中，合同不仅在法律框架中扮演次要角色，而且其角色基本上是财产法的附庸。布莱克斯通只在其《英国法释义》中的两个地方简要地讨论了合同；在专门讨论
财产法的第二卷中，他将合同（在第三十章）理解为是一种取得财产权的 103
方法，值得注意的是，这一章是紧接着上一章而来的，上一章分析的是通过继承取得财产权利。同时，在第三卷“不法行为”（private wrongs）的第九章“论对动产的侵害”中，布莱克斯通也只用了短短几节来讨论合同。

即使是以他那个时代的标准衡量，布莱克斯通也是一个相当保守的律师，他大大低估了合同的重要性。但是——如果我们把时间向后推移20年左右——就不能这样说约翰·约瑟夫·鲍威尔（John Joseph Powell）了，他在1790年出版了两卷本的《契约与协议法论》（*Essay upon the Law of Contracts and Agreements*）。因为，正如我们后面将看到的，鲍威尔在很多方面预测到了19世纪人们对于合同法的态度，但在其他方面，他的著作是牢牢植根于18世纪的财产法的。鲍威尔的《契约与协议法论》[26]是第一本可以被认为是全面论述英国合同法一般原理的著作，且他还引用了大量案例。这些案例的大多数涉及的是财产交易和其本身也是一种重要的财产交易类型的婚姻财产授予（marriage settlement）。和布莱克斯通一样，鲍威尔可能低估了提交到法庭的许多新型商事案件对合同法的重要性，尤其是那些关于海运和海事保险的合同。他也没有多谈关于汇票（bills of exchange）和本票（promissory notes）的法律，尽管当鲍威尔写作时汇票和本票作为一种重要诉讼来源至少已经有一个世纪了；他可能认为其更多的是商人法（Law Merchant）而非合同法的组成部分。但毫无疑问的是，对鲍威尔而言，合同法从根本上而言是财产法。在《契约与协议法论》的前言中，他写道：[27]

> 合同包含了全部的人类协商事务……它包含了私有财产的全部变化和联系……尽管有不同的客体，但有关这些客体的合同都必

[26] London, 1790.

[27] At pp. iii-iv.

> 定取决于相同的自然衡平或民事衡平的原则（principle of natural civil equity）……迄今为止还没有专业著作研究这些一般原则与英国财产法之间的关系。

在某种意义上，从财产法向合同法的转向仅仅反映了现在人们所熟知的这一进程，即财产权利的意义（significance）从其使用价值转向了交换价值。当然，这种变化与19世纪资本主义经济——其在1770年就已经开始发展——的发展相关，尽管大地主在那个时候不太可能发现他们的家庭地
104 产主要具有的是一种交换价值。尽管如此，这一进程仍然在推进之中。在正在到来的新世界，财产将改变其意义：

> 物是什么已经无关紧要：它可能是一幢公寓、一块农业地产、一个工厂，或者如此之多的南非金矿份额。财产客体已经变成"资本"。但是财产法不能自己赋予其客体以资本的性质。必须由补充机制（complementary institutions）进行协助，绝大多数补充机制可以在合同法中发现。[28]

但是，财产和合同之间的关联已经比这深刻多了，基于财产的社会向以合同为基础的社会的转变，也是一个远比这种分析更为复杂的进程。由使用价值转向交换价值的观念是很明智的，但是它容易使数百年历史被压缩。在人们主要将财产权看作交换价值之前，财产法和被认可的财产权观念已经变得很复杂，比使用价值这种简单观念所体现的东西要复杂得多。

首先，我们必须记住金钱的发明和确立。当金钱的价值源于，或者与制成金钱的贵金属的价值一致时，可以说金钱具有使用价值，至少在广义的"使用"上是如此。但是在任何类似资本主义经济兴起之前的很长一段时间里，金钱的价值与金属的价值通常是相分离的；它有某种"官方"价值，这种价值根源于从金属原料向铸造货币的转化。诚然，在1770年，铸币的金属价值仍然普遍地接近于铸币的官方价值；1797年的"车轮便士"（cartwheel penny）之所以沉重且不便携带，是因为每便士的价值刚好

---

[28] O. Kahn-Freund, in Renner, *Institutions of Private Law*, pp. 27-8.

与其中所含铜的价值一致。当然，铸币的官方价值之所以不允许长期低于金属的市场价值，是因为这可能导致而且的确导致过人们非法地将货币熔化为金属，并出售该金属。但是，并非不常见的是，铸币的官方价值高于其中所含金属之价值。而且，在这种情况下，铸币的完整的交换价值只是一种期待——期待国家将维持铸币的价值，并进一步期待广大公众会接受国家赋予铸币的官方价值。这样，在 18 世纪之前的很长时间里，财产的这种形式——货币王国——其价值部分来源于期待而非货币之标的物的物理特性。

随着纸币的出现，使用价值向交换价值转向的进程显然向前推进了一大步。因为纸币的价值完全依赖于对未来其他人愿意接受它们用于 105
交换实物的期待。英国纸币的现代起源是 17 世纪晚期发行的金匠票据（Goldsmiths'notes）。起初只是对保管的黄金和贵重物品所开具的单据，很快就变成可转让的票据。1688 年革命之后，当政治体系稳定下来，且英格兰银行（Bank of England）建立起来，货币和金融系统稳定下来的时候，银行票据开始被广泛使用，尤其是在商业圈内。根本上而言，银行票据只不过是一种允诺性票据——允诺支付真正的金钱，即金币——但没过多久，当有足够的信心期望这个承诺得到兑现时，票据本身就被大多数人际圈子（most circles）当作真正金钱的等值物。它们就变成了财产。英格兰银行票据直到 1812 年才合法化，但这只是对其已被商业圈子接受许久的这种变化的正式认可而已。

纸币以及更一般的汇票、本票的使用，对交易模式有重大影响，因为它意味着（例如）一个买卖合同可以通过双方的履行而在法律意义上得到完全实现，但从另一个意义上说，交易只完成了一半。接受英格兰银行纸币的出卖人已经被“付款”了，买受人已经全面履行了他的合同义务，如此合同就已经得到全面履行。然而，出卖人手中只拥有几张纸，此时，他的确可以期待到英格兰银行将这张纸换成黄金，但是这仅仅是一种期待，当黄金的支付被暂停时（正如其在拿破仑战争期间的那样），这种期待不时还会落空。但是，这种期待一般是不会落空的，政治、金融和法律体系的稳定通常会确保这种期待不落空。如此，即使在这个财产的时代，这种主要形式的财产既不取决于客体的物理属性，也不取决于对某种实物的占有，而取决于期待。

但是，如果说金钱的确如此，那么对于其他形式的财产而言，情况也是如此，尽管知悉这一点需要一些洞察力。洛克式传统鼓励人们将财产权视为某种先于法律和社会而存在的东西，虽然洛克本人强调了金钱发明的重要性，但是他似乎也认为财产是一种物质客体，并也认为财产权具有物理占有的属性。而且，洛克式传统在这方面很可能与法律传统相一致。数世纪以来英国律师已经习惯于将未来权利和期待理解为财产权利。中世纪
106 的普通法律师已经设计出了一套精妙的财产规则，其使人们可以通过适当的法律概念和语言提前对未来作出各种各样的安排，而这些安排总是被当作对财产权的运用。为了获得这一相当显著的成果，早期的律师发展出了“地产”理论（doctrine of ‘estate’），该理论使他们可以将未来的利益理解为拥有某种现有利益。举一个简单的例子，某个活着的土地保有人现在占有着土地，如果某个人在该保有人死后对该土地利益拥有权利，那么这被理解为他现在（*now*）就对该地产拥有复归权（reversion）和剩余权（remainder）。这一地产就是一个现在存在着的可以被购买和出售的财产权。当然，还存在着许多无比复杂的案例，但在这里我不需要去研究它；简单而言，结论就是中世纪律师已经用财产法去规范有关土地的各种各样的未来安排，其中的许多安排在现代律师看来基本上都是契约性的安排。一个人允诺将来做某事，就是赋予他人一项当下的财产权。[29]

现在，这种被律师看作财产权的未来权利，归根结底是一种期待。实际上，对当下的所有权人的权利作同样的分析也可以得出同样的结论，因为他的财产权——所有权——必然扩展到未来中去。如果他的权利超越了单纯维持此时此地的占有，那么他在未来享有该权利也必须受到保护。因而在任何特定时刻，这些未来权利仅仅是一种期待。所有这些以及更多的问题，休谟都已经深刻地认识到了，他的分析很少被超越，甚或从来未曾被超越。他指出，首先，习惯和持续享有他所占有之财产的效力创立了一种期待，即该占有人将继续享有他所占有之财产，并且所有财产法的起点，事实上都是“让每个人将继续享有他现在占有的东西”[30]。不久之后，出现了越来越复杂的、规范通过合意的财产转让和通过继承取得财产的法律；并且其他的、不那么常见的财产取得方法也逐渐

[29] A. W. B. Simpson, *Introduction to the History of the Land Law* (Oxford, 1961), p. 99; F. H. Lawson, *The rational Strength of English Law* (London, 1951), pp. 87-8.

[30] *Treatise*, Book III, Part II, Sect. III.

被认可。但是，一个人和一项他并未实际进行物理占有的财产之间的关
系，是一种想象出来的关系，亦即一种人为的抽象。人们有一种将主体
与物质客体联系在一起的强烈倾向，且由此产生了进一步的倾向，即将
抽象权利看成仿佛它们本身就是物质客体一样。休谟认为，这就是为什
么我们经常发现，在法律上必须通过物理交付（physical delivery）财产来 107
转让该财产上的权利。[31] 当然，一旦形成了规则，且一个妥当的司法和
法律体系运行起来了，那么这些期待就变得更有力，这部分是因为期待
本身受到法律保护。[32] 但是休谟认为，如果这些期待没有和当下或之前
的占有关联在一起，那么这种期待可能不那么值得保护，因为非常重要
的理由是“人们通常都把他们的爱置于他们所占有的东西之上，而不置
于他们所从未享有过的东西之上”。因此，“较之于不给某个人任何东西，
夺走他的任何东西是一种更加残忍的行为”[33]。

在这方面，亚当·斯密似乎同意他的朋友休谟的观点，他非常强调期待对于财产权的重要性。在他的《法理学讲义》[34] 中，斯密将财产权置于“合理期待”（reasonable expectation）之上，基于其道德哲学，这意味着这种期待是有同情心的“旁观者”（‘spectator’）[35] 所会赞同的。基于他的观点，取得财产的最早方式是先占（occupation）、时效（prescription）、添附（accession）和继承（succession），所有这些都是基于这种期待，即一旦取得了财产，就能够保持对财产的占有。当社会变得更复杂时，自愿转让被引入了，后来新的期待以各种不同的方式产生出来。[36]

在这些新型的期待的财产权中，有一种更为新颖的被我们现在时常称为“知识产权”的权利。专利权和著作权出现于 18 世纪的英国。两者都起源于制定法；专利权源于 1623 年的《垄断法规》（Statute of Monopolies），它对于被司法宣布违法的、被国王授予的垄断权，给予了制定法承认，但

---

[31] Ibid., Sect. IV. 不必用古普通法对“转让封地占有权的仪式”（livery of seisin）的要求来说明休谟的观点。

[32] *Enquiry Concerning the Principles of Morals*, Appendix III, Sect. 260.

[33] *Treatise*, Book III, Part II, Sect. I.

[34] Ed. Meek, Raphael, and Stein（Oxford, 1978）, p.17.

[35] 斯密的道德哲学在《道德情操论》（*The Theory of Moral Sentiments*）（fist published in 1759, reprinted, ed. Raphael and Macfie, Oxford, 1976）中得到了更广泛的研究。See generally, Thomas Campbell, *Adam Smith's Science of Moral*（Glasgow, 1971）.

[36] Campbell, op. cit., p. 197.

是被授予制造“新发明艺术品”（a new invented art）的临时专有权除外。著作权产生了一些更有趣的问题，因为它给法庭提出了一些有关财产权性质的根本性问题。《安妮女王法》（A Statute of Queen Anne's reign）确立了一种法定版权形式，其有效期为28年，但很多年来人们一直激烈争论，是否有可能还有和法定版权并存的、永久存续的普通法版权。18世纪的法官通常不会被迫检讨财产法的基础，但是这个问题却恰好迫使他们这样做。在
108 *Millar* v. *Taylor* 案[37]中，这个问题首先被提交到王座法庭，当时曼斯菲尔德的一个同事对该案提出了异议，这在曼斯菲尔德的审判经历中还是第一次。该案涉及的是一本出版于42年前的、没有登记的书，当事人请求其受到法定版权的保护，尽管其法定版权早已经届期。尽管曼斯菲尔德试图摒弃“采集橡子和占据一块空地”[38]的推论，但洛克的理论对本案的处理造成了很大的影响。因为曼斯菲尔德认为，作者对于其所写之著作的物理书稿的权利，与版权本身的权利必定都是基于相同的基础。为何人们只承认作者拥有前者？

> 因为这样才是公正的，即作者应当从他自己的创造和劳动中获得经济利益。这样才是公正的，即他人未经他的同意不应当利用他的名字。这样才是公正的，即应当由他来决定什么时候发表，或者是否愿意发表。[39]

在曼斯菲尔德的同事中，威尔斯法官（Willes J.）和阿斯顿法官（Aston J.）站在他一边。作者只对其首次写作完成的物理书稿拥有所有权这一观念只是关于财产的原始、简单的观点。在引用了洛克关于财产的观点后，阿斯顿法官继续指出：

> 因此，既然这是一个普遍交流的时代，那么财产的客体已经通过发现、发明和艺术创作大大扩展了……关于财产的规则必须跟上财产

[37] （1769）4 Burr. 2303, 98 E. R. 201.

[38] 4 Burr. 2399, 98 E. R. 253.

[39] 4 Burr. 2398, 98 E. R. 252.

客体的增长和进步，必须适应每一种情况。[40]

但是，土地上的财产是一回事，观念上的财产是另一回事。著名的耶茨法官（Yates J.）指出，原告（他是书商而非作者本人）寻求的是对作者思想的垄断性控制。耶茨法官承认，一个人对其劳动成果拥有权利，但是他不能期待它们是永久的，也不能期待“无限垄断它们”[41]。在这种关于财产权本质的争论背后，隐藏着一个关于人们在思想市场上分享观点的权利问题。土地所有权和当事人所请求的永久著作权一样都是一种垄断权这一事实，看起来并没有让耶茨法官感到困扰，也没有让卡姆登法官感到困扰，卡姆登法官在数年后上议院受理的 *Donaldson v. Becket* 案[42]中，最终拒绝了曼斯菲尔德勋爵的观点。在某种意义上，这个问题变得具有政治性了。曼斯菲尔德勋爵，在政治上是强硬的保守主义者，其极力支持对财产权的保护；卡姆登勋爵，一个辉格党人和人民权利的捍卫者（尽管在其他一些情形，他也是财产权的坚定守护者），其希望公众能享有分享思想的权利，且 109
永远不需要为此特权付费。[43]事实对于所有想要了解它的人而言都是清楚的，尽管也许只有少部分人会去了解：财产权不是“自然的”，而是法律的一种人为创造，而且，是法律基于价值和政策，去决定这些权利的范围。“财产”第一次遭到了质疑。[44]

但如果这是事实，即财产权乃基于期待，且如果这也是事实，即财产权是法律的人为创造，其本身并非自然事实以至于人们可以在自然状态中收集它们，那么这也是事实，即对于 18 世纪的英国人而言，财产权似乎具有更加自然的基础。基于物理占有，并与物理占有相结合的期待，在一个稳定的社会，看起来是所有受到保护的期待中最自然的期待形式。事实上，根据定义这一点几乎是正确的。因为保护某个既存占有向未来的延伸，就是保持稳定性。虽然人们意识到强迫一个人清偿其债务也是保持稳

[40] 4 Burr. 2339-40, 98 E. R. 221.

[41] 4 Burr. 2359-60, 98 E. R. 231-2.

[42] （1774）4 Burr. 2408, 98 E. R. 257.

[43] 该案在上议院诉讼的完整报告，不是在《布罗法律汇编》（Burrow's law report）中，而是在《议会史》（*Parliamentary History* xvii, at col. 954）中。

[44] 50 年后，诗人 Robert Southey 写信给布鲁厄姆，请求废除《著作权法》（Copyright Act），因为“它剥夺了文学家给他们的家人留下的唯一财产”。*The Greville Diary*, 12 February 1831（ed. P. W. Wilson, London, 1927）, i. 139.

定性——恢复原状（*status quo*）至债务存在之前的状态——然而，它打破了刚刚存在的、债务被事实上清偿之前的原状（*status quo*）。这就是为什么即使是归还所借之物的允诺，其所产生的期待也并不比延伸既存占有所产生的期待来得高。这一点葛德文（Godwin）很早之前就提出来了，他是18世纪晚期的反建制主义（anti-establishment）思想家。

> 所有的道德家向我们保证，我们欠他人的那笔款项给他所造成的损害，和该人所占有的财富一样小，这种保证是徒劳无益的。每个人都觉得这个信条是荒谬的。我欠他人的那笔款项，在多数情况下我都非常乐意在今天或明天、这周或下周清偿。量入为出的清偿，尤其是对于一个只拥有微薄资源的人而言，必定是波动的，他必须谨慎决定其必须清偿的和不必清偿的比例。当他最终未能清偿时，他才真正造成损害，但是损害并不会如此之高，至少在普通的案件中损害不会如此之高，以至于像抢劫所造成的损害。[45]

我们也可以补充说，这并非法律制裁；因为未清偿债务，没有也永远不会被当作一项普通的刑事犯罪。

当然，法律保护期待的程度，以及那些期望普遍会产生的力量，自然而然是相互影响的。在18世纪，土地上的财产权受到这样或那样的保护
110 已经持续了数个世纪；而自1688年革命以来，它们变得（正如我们已经看到的）越来越安全和绝对。自然，它们让人们产生了强烈的期望，这反过来又强化了它们受到法律保护的严格性。另外，对源于允诺或合同的期待的保护，则仍然不那么确实；且这种期待本身也不够强烈，一如上面所引用的葛德文所言。这自然又产生了作用和反作用；低程度的期待被认为是几乎不值得保护的，而缺乏保护又让期待程度变得很低。但是在1770年，法律秩序的稳定使这种性质的期待程度得以升高，而随着期待程度的升高，对该期待的保护也随之升高。最终，它们突破了由这种作用与反作用所形成的障碍。

---

[45] *Enquiry Concerning Political Justice*（first published, 1795, new edition, ed. K. C. Carter, Oxford, 1971）, p. 109. 亚当·斯密在他的《法理学讲义》中几乎说过同样的话，ed. Meek, Raphael, and Stein, p. 87。

如果问这些期待是如何变得足够强烈以至于对其更大程度的法律保护变得正当，而其一开始是没有足够的法律保护的，那么答案必然是复杂的，且该答案的大部分内容都位于下一章的范围之内。但是，我们在这里可以说，合同性交易对期待之法律保护的依赖，要显著少于财产对期待之法律保护的依赖。即使在没有适当的合同法的情形下，某种性质受限的合同安排也完全可以发挥作用。[46] 认为人们不能“在自然状态下”订立合同（一如霍布斯）[47]，或者［像哈特（Hart）教授所似乎认为的那样］[48] 认为没有合同法人们就不能进行买卖，都是荒谬的。希腊人似乎就是在没有合同法的情况下处理合同事务，[49] 而且，在任何时代人们都愿意订立非法的并因此而不可执行的合同，诸如有关贿赂、黑市交易或卖淫的合同。即使是合法的交易在没有合同法的情况下也能进行。人们可以进行一手交钱一手交物的交易；人们可以给经过仔细挑选且值得信任的朋友以信贷，甚至可以给那些被认为不值得信任的人以有限的信贷，只要他们相信债务人基于纯粹的利己而必定会清偿债务。诸如此类。但是，人们几乎不可能设想出这样一个社会，在这个社会里，私有财产虽是被认可和允许的，但它却不受法律保护。这可能解释了，至少部分解释了，为何 18 世纪的法律对财产的保护比对合同的保护要先进得多，尽管霍布斯和洛克都把财产的保护和合同的执行作为社会的基本需要。

在结束对财产向合同之转向的讨论之前，有必要提请注意，在法律中 111
有许多更具体的领域，在其中，人们可以更清楚地看到这一转向过程。其所涉及的最基本问题，首先是财产交易的自由程度，然后才是所有契约交易的自由程度。就土地法而言，我已经以相当宽泛的方式提到了财产自由。但是对于律师来说，一个更为狭窄的但极其重要的问题是，地主在多大程度上可以自由地利用土地、在其土地上创设出具有特殊性质或特别性质的利益、将他们的个人意志施加在该土地上以便无限期地限制该土地。在 16 世纪中期的《用益法》和《遗嘱法》所形成的制定法变革之后，土地转让中介人（conveyancer）发现，他们被解放了，就像魔法一样，即从古老的

[46] H. Havighurst, *The Nature of Private Contract* (Evanston, Ill., 1961), pp. 68-74.

[47] *Supra*, p. 42.

[48] *The Concept of Law* (Oxford, 1961), p. 32.

[49] J. W. Jones, Law and Legal Theory of the Greeks (Oxford, 1956), pp. 227-8.

封建限制中解放出来，而可以在土地上设定利益以及该利益在土地上的存续时间。很快人们就意识到不受限制的自由可以毁灭自由本身。[50] 这个问题最终由禁止永久权规则（Rule against Perpetuities）所解决，该规则规定，地主对其土地的限制不得超过任何“活人”（life in being）死后的 21 年。正如我们将看到的，类似的问题也在合同法上存在，尽管它与禁止永久权规则的关系很少受到人们关注。

另一个推动财产向合同转向的领域是，土地权益的转移或转让，基于这样或那样的理由，其在法律上是无效的。由于当时很多规范土地利益转移的规则具有极高的技术性特征，所以土地权益转移无效的问题在当时比今天要严重得多。[51] 而且，在 18 世纪，法律的功能就是赋予人们的意愿以效力这一观念，在每个领域都在不断增加其影响力，当人们表达出来的意愿被陈旧的和技术性的要求所否定时，法院越来越多地围绕着技术来寻找解决方法。到 17 世纪末这一规则已经很明确地确立起来了，即衡平法院可以将无效的转让——受各种各样的条件限制——解释为转让的允诺或契约，[52] 并且这一规则在 18 世纪中期又被重申并得到了延伸。[53] 对普通法诉讼上的财产权进行的宣示性安排，逐渐在衡平法上得到了承认，而且这一规则仍然适用于今天的某些类别的案件。通常而言，强迫一个人实际地完成他所声称要做但却没有实际做的事情，这样的规则是明智而公正
112 的。[54] 但是，一个无效的财产转让可以被正确地称为一个转让财产的**允诺**（*promise*）似乎不是那么理所当然；但事实上，一个无效的转让似乎同样可以产生期待，就像允诺产生的期待一样。这样，法律保护人们的期待并进而将这些期待当作是某个允诺的结果。

财产权及其概念融入合同法的第三个领域，涉及的是担保和抵押权。[55] 一般而言，在早期法律中——尤其是在早期的英国法律中——证券被设计用来转让财产，这似乎是事实，因此，它并不需要债权人通过法律程序来

[50] A. W. B. Simpson, *Introduction to the History of the Land Law*, p.186.

[51] See Powell's *Essay*, i. 152-60.

[52] *Osmere* v. *Sheafe*（1694）Carth. 307, 90 E. R. 78.

[53] *Roe d. Wilkinson*v. *Tranmere*（1758）Willes 682, 125 E.R. 1383.

[54] 当然，情况并非总是如此。因为如果法律基于良好的政策原因而规定了特定形式，违反这种形式只是让法律目的不能实现而已。

[55] Llewellyn, ‘What Price Contract？’, 40 *Yale Law J*.704, 726（1931）.

执行。当财产权被法律保护时，如占有之权利的扩张，较之于通过法律程序寻求合同救济的人而言，占有人享有更大程度的保护，即使当合同权利受到法律的全面保护时，情况也是如此。紧紧抓住你已经拥有的东西比提起诉讼要简单得多。当然，如果只是为了担保而转移占有，那么在债务或其他被担保的义务消灭之时，必须回复该占有；但是，这将责任丢给了债务人，这种情形下债务人与债权人常常进入自由的讨价还价的境地。后来，当法律开始基于期待而保护财产权时——该期待并不必然与在先的占有相关——不转移占有的担保，被认可的可能性越来越大。一个自由地产保有人（freeholder）可以抵押他的财产而不必转移占有。虽然如此，这首先被认为是一种转让（conveyance），在抵押人向抵押权人支付必要款项之后，抵押人有权请求回复转让（reconveyance）。此后，抵押人有权取回他的财产的条件往往成为该交易的核心要素，其又被重新界定为或重新概念化为一个允诺或保证（undertaking）。[56]抵押的基本性质在这个时候发生了转变。抵押人允诺或者与抵押权人约定偿还一笔借款，如果他不这样做，抵押权人可以剥夺他的该项抵押财产（遵守任何必要的程序），或基于借款合同诉请收回借款，或者采取其他适当的救济措施。

第三节　法律和经济自由主义

虽然这个主题仍有待进行更充分的历史研究，但是长期以来，历史学家和经济学家都认为，在普通法律师中间有着经济自由主义的传统，该传统可以追溯至爱德华·科克爵士（Sir Edward Coke）乃至更早。在这一节我打算提出一些支持该传统的证据，尽管这必然会有重复，但是这个主题仍 113
然需要一个比我所能进行的研究更加全面的研究。当然，我们不能错误地假定，在亚当·斯密所处时代之前，存在着任何连贯一致的或深思熟虑的、被称为“经济自由主义”的思想体系，随时准备提供给律师去阅读和消化。情况显然不是这样的。但是我们已经看到，自16世纪以来，这种只能用经济自由主义来描述的思想，得到了传播，尤其是在商业社会中。这些思想最初是追求自由的思想——财产自由、商业和工作自由、有息借贷的自

[56] See Ehrlich, *Fundamental Principles of the Sociology of Law*（English edn., 1936）, p. 220. Cited in H. Havighurst, *The Nature of Private Contract*, pp. 48-9.

由、免受垄断与联合体之害的自由、依自己的好恶作决定的自由、免受政府和法律干涉的自由。有理由认为，普通法律师对这些观念特别容易接受，而且在这些观念广泛地传播到整个社会之前，就已经为律师所接受。

为什么会这样呢？究竟是法律职业的什么东西，其工作、性质抑或组织，能够使律师，至少是普通法的律师，更容易接受商业自由思想？传统的回答要追溯到科克时期普通法特征的起源，而追溯至科克，并将普通法特征置于科克所参与的法律和宪法斗争的背景之下进行讨论。对于科克而言，自由就是免予国王专断权力的政治自由；而由于都铎王朝及其之后的斯图亚特王朝都试图利用王权限制和控制经济自由与政治自由，所以这两大自由都与普通法律师对王权的反抗相关。事实可能就是这样，尽管这并不是故事的全部。在我马上回头去分析科克之前，值得指出的是——即使有点猜测性——在这一过程中可能还有其他因素在发挥作用。英国的法律职业——律师和法官——在数个世纪里其基本特征只发生了些许的变化。它是一个高度个人化的职业，而且还是一个高度竞争的职业。出庭律师在以自己名字命名的律所里工作——而非在匿名的律所里工作——任人唯亲和裙带关系对于不适任的人来说没有什么用，他们的无能很快就会暴露出来；虽然在那个时候，法官的政治观点有助于其取得法官职位，但是，真正不称职的人通过转变其政治观点而取得法官职位也是极为罕见的。这里并不是对英国的法律职业进行社会学研究的适当地方，但毫无疑问，英国法律职业的传统倾向于培养律师对自由、竞争和进取心等美德的信仰。法官全部都是从律师当中进行任命，他们很自然地就倾向于把他们的晋升归因于自己的能力，并且称颂这个使他们能够晋升的制度。当法律是最卑微的、最贫穷的人能够晋升到社会高阶的少数几个上升通道的时候（众所周
114 知），这种归因和称颂就更加强烈了。

此外，对法律职业本身的传统而言，还必须考虑到律师的工作、他们的客户以及他们所生活的社会的性质。在充斥着控制和限制的时代，律师并不缺少希望找到某种方法绕开这些控制和限制的客户。甚至在15世纪，律师就找到了一种方法来阻止限嗣继承（entail），似乎可以肯定的是，他们这样做就是为了帮助客户摆脱过去对土地死手保有（dead hand）的限制。在17世纪和18世纪，当律师抨击限制商业自由和企业自由的垄断、行会、联合体时，我们可以确信他们这样做是因为他们的客户需要这些自由。当然，在斯图亚特王朝统治之下（一如现代的极权国家），

寻找“绕开”法律的方法是一项危险的活动。把对法律的规避与对法律的违反等同视之是暴君们的特征所在。但是，通行于18世纪英格兰的法律则给那些寻找“绕开”法律的方法的律师们敞开了大门。在一个法官独立、法治盛行的社会，规避法律和违反法律是两个不同的事情。事实上，经济自由主义思想和法治之间的紧密且直接的关联，到1688年以后就不难理解了。法律应当是规范的、确定的，且接受独立的法官的解释这种观点，其本身就是一个具有强大价值观内涵的观点；该观点背后的价值就是个人自由和自由选择。法律的可预测性和规范性，其重要性恰好在于它使个人能够评估自己的位置，并选择如何为自己的目的、自己的利益而行动。基于这些原因，我们才发现，在现代社会，法治是（过去也是）一种带有政治偏见的意识形态。“通过促进程序正义，它使精明的、精于算计的和富有的人能够为了他们的利益而操纵法治的形式。”[57] 历史地看，这也许是18世纪英格兰的真实情况；但如果事实不是这样，那么也许英国就不会是第一个进行工业革命的国家。

另一个因素可能与出庭律师（因此，也与这些律师出身的法官）的社会地位相关。在17世纪、18世纪的英格兰，出庭律师经常是土地乡绅的幼子，没有不动产可以让他们继承。在某种意义上，他们属于小资产阶级（*petite bourgeoisie*），就像人们今天用这个术语所指称的对象一样，尽管他们在当时可能更多属于中等阶级的中下层。因此，他们可能会特别容易与本阶级的其他成员——商人、新的贸易和商人阶级——相联系。他们越来越多地吸引这个阶级里的人成为其客户。的确，18世纪的法官往往不熟 115
悉商业习惯；但是他们对商业习惯并非漠然视之，当他们不知道某个商业习惯时，他们经常努力去把它找出来。18世纪最伟大的两个法官，霍尔特（Holt）和曼斯菲尔德，经常在法庭内外寻求商业人士的建议和信息，以了解他们做生意的方式。[58] 在某些情形下，家庭关系肯定有助于为律师和法官提供商人早期的经济自由主义思想供给。活跃于17世纪晚期的普勒

[57] See Morton J. Horwitz, 86 *Yale Law J.*561, 564（1977）（review）.

[58] 例如，霍尔特向金匠咨询他们的习惯［see *Ford* v. *Hopkins*（1770）I Salk. 283, 91 E. R. 250］；而曼斯菲尔德有时会依赖与“非常熟悉保险知识和实践的明智人士”的交流［see *Gloverv. Black*（1763）3 Burr. 1394, 1401, 97 E. R. 891, 895.］。哈德威克（Hardwicke）偶尔也咨询商人［see *Kruger* v. *Wilcox*（1755）Amb. 252, 27 E. R. 168］。

斯芬兄弟（Pollexfen brothers）即是其例。[59] 亨利爵士（Sir Henry）（1632—1691）是一个律师和重要的辉格党人，他参与了 1684 年的著名案件，在该案中，东印度公司的垄断被指控违法。[60] 他在 1688 年革命中发挥了突出作用，曾短暂地担任过总检察长（Attorney-General），之后又成为皇家民事法庭（Common Pleas）的首席法官。他的弟弟约翰（约 1638—？）是一个商人、自由贸易者和经济事务作家。他在 1697 年写了一篇有关自由贸易的、标题为《论贸易、铸币和票据信用》（*A discourse of Trade*, *Coyn and Paper Credit*）的小册子，亨利爵士贡献了附录。另一对兄弟出自一个更加著名的家族，尽管他们是保皇党人而非辉格党人，此即诺思家族（North family）。[61] 达德利·诺思爵士（1641—1691）是一个巨富商人，他在海外从事商业活动，尤其是在土耳其，他在那里居住并从事商业活动多年。回到英格兰后，他成为议会议员，并在一个时期里担任财政专员（Treasury Commissioner）。在 1691 年他出版了极力支持自由贸易的《贸易论》一书，关于该书我在前文已经提到。他的哥哥弗朗西斯·诺思（Francis North），曾是一名杰出的律师，在 1675 年成为皇家民事法庭的首席法官，在 1682 年成为掌玺大臣（Lord Keeper）；1683 年他作为吉尔福德勋爵（Lord Guilford）被拔擢为贵族。尽管他有保皇主义的倾向，但是他有时也会表现出一种早期经济自由主义的倾向，在这一时期，人们并不指望衡平法院的法官们有这样的观念。[62]

更为普遍的是，至少在 18 世纪，杰出的律师和法官都必然会越来越
116 注意到各类商业活动，并越来越深地参与到各类商业活动中。例如，他们开始成为基金的重要投资者；[63] 作为律师，他们被要求起草通常具有高度投

[59] 下述信息来源于 DNB。

[60] *East India Co. v. Sandys*（1684）skin. 132，90 E. R. 62. 霍尔特是桑迪斯（Sandys）的律师。

[61] 关于诺思家庭，见 DNB。

[62] See *Post*，p. 176. 同时参见他的兄弟罗杰（Roger）所写的《弗朗西斯·诺思生平》[*Life of Francis North*（2nd edn., London，1808）] 一书，但很遗憾的是该书忽略了掌玺大臣对经济自由主义问题的看法。但是，我们被告知，当达德利从土耳其回国时，他们两兄弟对“世界贸易与交通”进行了长谈，而且“这些新观念的确占据了他的（掌玺大臣的）思想……以至于他不是那么容易就将它们弃之一旁……”，ii. 12-13。

[63] Dickson，*The Financial Revolution in England*，pp. 297-8. 在 18 世纪早期，一位不知名的律师约翰·弗雷克（John Freke）公布了一份证券的价格清单；ibid.，p. 495。

机性质的股票买卖合同，或者对这种合同提出意见。[64] 南海泡沫破裂产生了大量的法律诉讼（正如我们即将看到的）。从 1717 年到 1738 年担任掌卷法官（Master of the Rolls）的 Sir Joseph Jekyll，是负责调查那个灾难的下议院委员会的成员。诸如此类。当然，我并不是说每次接触商业事务都会让出庭律师或者法官变为经济自由主义者；有些这种接触（如南海事件）会产生相反的效果。但是，总体而言，在推动法律职业从根本上响应经济自由的需求方面，与商业社会不断增多的接触发挥了作用。

在深入研究与这个问题相关的一些关键人物和一些关键问题之前，我们要注意到，这部分法律在法律秩序中并不是普通法的一部分。如果普通法律师有经济自由主义的传统，那么毫无疑问，衡平法传统（Chancery tradition）刚好相反。衡平法传统就是一种监管、保护和家长制的传统。衡平法传统很可能是由都铎王朝时期的政务委员会（Council）活动承继而来。正如我们在前文所看到的，在伊丽莎白统治时期，政务委员会对经济有相当程度的控制和监管；但是，有时也可以看到它在处理个人关系和个人行为。似乎没有什么大事或小事是政务委员会不能介入的。

> 一个地主可以利用农民的无知和法律的不确定性而圈取公地或者驱赶走依据公簿记录占有土地的佃户吗？政务委员会在申明其并不想阻止地主根据普通法维护他自己的权利的同时，也会出面干预以制止严重的压迫案件，或者防止穷人成为合法欺诈或胁迫的牺牲品，或者运用常识和道德压力解决争议，或者提醒侵犯者（aggressor）必须“考虑对于国家的需要和公共福祉的好处而言，什么才是值得赞同的，而不是追逐最大的利益即一个地主能从他的佃户手中得到的特定利润。”……
>
> 由于政务委员会充分了解商业状况，知道借款人的困难何时会造成一场危机，所以它以那些罪恶昭彰的勒索之人为例证而努力施加适当影响，或者劝导各方达成妥协。一个被控进行“冷酷的和非基督徒的交易”的抵押权人，被命令归还其所占夺的土地，否则就要接受政务委员会的审判。一个类似的“冷酷和昧良心的”债权人被监禁在弗利特监狱（Fleet）中。诺福克（Norfolk）的法官接到指示，要求对一 117

[64]　Ibid., p. 491.

个"通过高利贷获取极不公正和极其过分利益的"放债人施加压力。[65]

在这里，衡平传统似乎是起源于御前大臣（Chancellor）（他们是都铎王朝政务委员会的杰出成员）受理案件，而政务委员会的行政权和司法权被废除，最终赋予了衡平传统以更大的重要性。[66] 经济自由主义传统与衡平传统的分歧很可能非常古老。巧合的是，托马斯·威尔逊本身是捍卫古老传统的，但在其《论高利贷》（出版于1572年）中，他通过一个律师之口提出了相反的观点："谁会愿意借钱给你而让你可以用他的钱获取收益？当双方都获益时又损害了何人呢？"[67] 此外，传统的力量在律师中间尤其有力，基于不同价值观和道德体系的、有分歧的观点，似乎在整个17世纪和18世纪都拥有了很强的正当性。然而，到1770年时，普通法上的经济自由主义即将击败衡平法上的保护性家长主义；衡平法处于长期衰落的边缘。我后面还将更多地谈到这个问题，但是现在我将对个别人物和普通法在具体问题上所展现出来的态度稍加分析。

科克（Coke）

我们必须从科克开始，是因为从约40年前他首次被认为可能是一个经济自由主义者以来，对于科克的信念问题，已经产生了大量的、相互争论的文献。[68] 总体而言，科克是经济自由主义者的这种观点受到了后来作家的支持，[69] 尽管不是没有不同观点。[70] 实际上，我对科克的研究从1770年开始，只因为1770年的法律观念与法律传统大部分都要归功于科克，因此必须分析一下他的情况。

可以从三个方面明确科克对未来数年经济自由主义的预见性观点。首

[65] R H .Tawney, *Religion and the Rise of Capitalism*, pp. 171-3.

[66] R. H. Tawney, Introduction to Wilson's *Discourse upon Usury* (London, 1925), p. 12.

[67] Ibid., p. 202.

[68] Wagner, 'Coke and the Rise of Economic Liberalism', 6 *Economic History Review* (1935-6). 更早一些时候，罗斯科·庞德（Roscoe Pound）分析了科克对于后来的个人主义发展的重要性，尽管他没有明确将其限于经济领域；'Liberty of Contract', 18 *Yale Law J*.454, 459-60。

[69] Christopher Hill, *Intellectual Origins of the English Revolution*, Chapter V; David Little, *Religion, Order and Law*, especially at pp. 238-46.

[70] Barbara Malament, 'The "Economic Liberalism" of Sir Edward Coke', 67 *Yale Law J*.1321 (1967).

先，他赋予了普通法以敌视垄断的传统，敌视垄断自他之后就一直被普通法所宣示（尽管有时不那么坚定）。在1600年，垄断仍然遍布英格兰。行会和特许法人（chartered corporation）在其利益范围内，仍然束缚着绝大 118
多数的工作形式和企业形式；对外贸易在很大程度上被王室交到了大型特许公司手中，在其特许范围内它们获得了排他性的贸易权利；即使在英格兰自身内部，国王常常将特定商品的排他性垄断权或专利权特许出去，既可以将其作为向公众收取税款的一种方式，也可以将其作为奖励忠诚的一种方式。在1602年著名的垄断案（*Case of Monopolies*）[71]中，对于伊丽莎白女王特许的扑克牌制作垄断权，王座法庭判决其无效且违法。事实上，科克当时并不是法官，当时作为总检察长的他认为该特许是有效的。但是也存在着明确的迹象表示他是支持法庭所作出的推翻他的主张的判决的。因为在《英国案例汇编》（English Reports）中，[72]附加在判决之后的Lord Ellesmere的附言（Note）告诉我们，《科克判例集》（Coke's Report）对本案的报告并不完全准确（这并不罕见）。《科克判例集》描述说，法庭判决垄断不仅在本国之内无效，而且判决所谓授予进口（*import*）扑克牌的排他性权利也是无效的。Lord Ellesmere告诉我们，法庭并不是如此判决的，关注该案的人都知道，法庭无声地忽略了这一点而集中精力于主要问题上。但这一问题并非毫无意义，因为国王的特有权力（prerogative powers of the Crown）一直被认为是与外国事务具有更大联系，而进出口的规制很长时期以来都被赞同性地认为处于这一特有权力之下。这样，科克在其所著《科克判例集》中对该判决的前述看法就是一种激进的看法，且肯定代表了他自己的观点。而且我们知道，科克在很多其他类型的案件中，也极力限制行会和其他垄断性的权利。[73]这些证据充分地支持了Christopher Hill的这一结论，即“科克对垄断者和专利权人有着难以压抑的憎恨”[74]。

显示科克是经济自由主义者的第二个早期迹象是，他普遍反感管制和控制，尤其是在经济领域。但无论如何，政治自由和经济自由都不是那么容易区分开来的。在经济管制变得如此广泛以至于检查私人住宅成为执行

---

[71] 11 Co. Rep. 84b, 77 E. R. 1262.

[72] At p. 1265.

[73] Bonham's case（1610）8 Co. Rep. 107a, 77 E. R. 638; City of London's case（1610）8 Co. Rep. 121b, 77 E. R. 658.

[74] Christopher Hill, *Intellectual Origins of the English Revolution*, p.235.

该规则的必要条件的时代，要求财产自由和人身自由也可能成为一种有效的经济自由要求。如此，当科克声称一个英国人的住宅是他自己的城堡时，他实际是在维护一种必定使经济管制变得更加困难的权利。[75] 同样地，科
119 克（和他许多同事一样）憎恶一般起诉人（common informer），政府通常利用他们去实现政府的具体经济政策。因此，当科克攻击一般起诉人制度并要求他们在地方法庭里运作时——在地方法庭，他们将面临着地方陪审员的敌视——他同时也是在用这种手段对经济管制发起又一次打击。[76] 大卫·利特尔（David Little）总结道，虽然在科克的观念中或在其他任何地方都没有经济自由主义的完整学说，但仍有迹象表明，存在着明显的对经济管制的不满。

> 科克对于经济规制领域的法律判决，与过去形成了彻底的决裂，并为后来的现代理性资本主义奠定了法律基础。[77]

科克和后来的经济自由主义者之间第三个可辨识的联系，是他对工作自由、自由贸易的信仰，以及（至少在某种程度上）对市场运行的信心。他不喜欢《学徒法》对英国人工作自由的限制，也不喜欢某些贸易行会和职业行会对工作自由施加的限制。他在博纳姆案（*Bonham's* case）[78] 中竭力取缔法律对 17 世纪的封闭营业（the closed shop）的相关保护，并指出市场可以将有竞争力的和没有竞争力的劳工区分开来。但他并不是对普通劳工的利益视而不见，因为他显然受到了经济动机的激励："制定法令是为了什么，如果农夫对于他过度的劳累和巨大的支出不能获得合理的回报，如果他没有合理的收入来养活他自己和他贫穷的家庭，那么他就不会运用他的劳动力并支出费用。"[79] 另外，如果一个人有工作的权利，那么他因此也有工作的义务，因为懒惰是"一切不幸的根源和原因"。[80]

---

[75] Ibid., p. 237.

[76] M. W Beresford. 'The Common Informer, the Penal Statutes and Economic Regulation', 10 *Economic History Review* 221（1958）.

[77] David Little, *Religion*, *Order and Law*, p. 244.

[78] （1610）8 Co. Rep. 107a, 77 E. R. 638.

[79] *Tyrringham's* case（1584）4 Co. Rep. 36b, 39a, 76 E. R. 973, 982.

[80] Ibid.

据说，科克对于一般合同法（general contract law）的发展没有多大贡献，[81] 尽管这是有争议的。他肯定参与了这一绝对重要的判决，该判决认为在新型的、区别于古老的金钱债务之诉（action of Debt）的简约之诉（*assumpsit*）中，契约性义务的执行可以对抗遗嘱执行人（executor）。[82] 我们也知道在1602年著名的史莱德案（*Slade*'s case）中，[83] 科克为原告进行了成功的辩护，虽然不能假定说，一个人作为律师其所说的就一定（或者完全）代表了他自己的观念，但是当科克在其《科克判例集》中尽可能充分 120
地报告了他自己在史莱德案中的辩护意见时，可以合理地假定这就是他自己的认识。我没有更多篇幅可以用来详细分析我们讨论的这个案件，但必须要说，在许多方面，该案的判决是合同法发展过程中一个至关重要的判决。它标志着新型的简约之诉（assumpsit）战胜古老的金钱债务之诉的巨大胜利，标志着更理性的陪审团审判程序战胜宣誓断案（compurgation）程序的巨大胜利。[84] 同时，这一判决也许还标志着法律义务产生于当事人的自由选择和行为的观点，已经取代了法律义务产生于关系的观点。因为金钱债务之诉反映的是这种传统观点，也就是说，即使是双方一致同意的交易如货物买卖，其义务也是法律所创设的。史莱德案之后，人们很容易就认为义务本身（而不仅仅是关系）是当事人自己所创设的。

曼斯菲尔德

我必须将时间向后推一个半世纪而转向另一个重要人物。这不是说，介于科克和曼斯菲尔德之间的一些律师（尤其是霍尔特很快就会浮现在脑海中）对于法律上的经济自由主义的发展就不重要，而是因篇幅所限无法进行全面分析。曼斯菲尔德的形象主宰了1770年法律界。William Murray

[81] David Little, *Religion*, *Order and Law*, p. 205.

[82] *Pinchon*'s case（1612）9 Co. Rep. 86 b, 77 E. R. 859.

[83] 4 Co. Rep. 91a, 76 E. R. 1072.

[84] 有关史莱德案的文献数量庞大，尽管这些文献主要关注的是理性方面。See, in particular, A. W. B. Simpson, *A History of the Common Law of Contract*, pp. 295-313; J. H. Baker, 'New Light on Slade's Case', [1971] *Camb. L. J.*51, 213; H. K. Lucke, 'Slade's Case and the Origin of the Common counts', 81 *Law Q. Rev.*422, 539（1965）, 82 *Law Q. Rev.*81（1966）. 人们想知道，在科克的辩护意见中（reported by Baker, op. cit., at p. 56），他是否没有带来一种新的见解，即在没有相互允诺或相互协议就不可能存在合同。（现代律师完全接受的）这一段内容可能比我们现在所认为的更具有创新性。

是他的曾用名，他于1705年出生在一个古老的苏格兰家族中。虽然在英格兰接受教育，但是他的苏格兰背景可能在他的法律成长中扮演了部分角色，因为他比绝大多数的同辈人甚至前辈人都要更熟悉民法法系的理念。他在1730年成为律师，在1742年作为副检察长（Solicitor General）进入下议院。到1747年他已经被公认为下议院托利党的领袖，且几乎是托利党唯一能有效对抗老Pitt的发言人。在1754年他成为纽卡斯尔公爵（Duke of Newcastle）政府的总检察长。两年后，达德利·赖德（Dudley Ryder）爵士、王座法庭的首席法官逝世于任上，然后默里（Murray）申请了这个职位。据说他拒绝了纽卡斯尔对他的每一次挽留，因为纽卡斯尔知道没有默里他的政府就不可能幸存。最终纽卡斯尔让步了，默里被册封为曼斯菲尔德勋
121 爵并被任命为王座法庭的首席法官，这一职位他总共担任了32年。政治上，曼斯菲尔德终身保持了强大的托利党人的本色——在18世纪后期托利党一词逐渐具有了保守之意。他不喜欢威尔克思（Wilkes）那样的煽动者（尽管他在法律技术上废除了威尔克思的非法性）；他不愿意掺和煽动罪，并和辉格党人卡姆登勋爵就陪审团在一个煽动诽谤公诉案件中是否有作出综合性裁决的权利反复进行交锋，对于这一问题，曼斯菲尔德在法庭上获胜了，但卡姆登（和Fox）最终在议会上获胜了。曼斯菲尔德对暴民和暴徒也没有任何喜爱之情，这可能就是他在《朱尼厄斯书信》（Letters of Junius）中被残酷攻击的原因，这可能也是在1708年的戈登暴乱（Gordon riot）中暴民将他的房屋焚毁的原因。但是，在其他许多方面，曼斯菲尔德是充满活力的改革者和新时代的真正预言家。因此，拒绝承认他的经济自由主义者的头衔似乎是不可能的。

曼斯菲尔德最为人知的是他在发展和巩固商事法律方面的许多工作，尤其是海上保险与海运法，以及汇票与本票法。因为他这方面的工作被完好记录下来了[85]（尽管人们还在等待一部合格的他的传记），所以在这里就不必对此谈论太多。这里只需对曼斯菲尔德的基本见解和基本目标强调几点就足够了。很明显的是，曼斯菲尔德相当尊重他那个时代的商业社会。在他成为法官之前，他就已经对完备建立起来的海上保险产业有深刻的了解，而他所了解的东西又让他在亚当·斯密为人所知之前的很长时间里就已经成为一个自由贸易主义者。在1747年，当议会正在讨论一个将英国

[85] See C. H. S. Fifoot, *Lord Mansfield* (Oxford, 1936); Holdsworth, *H. E. L.*, xii. 464-78.

保险人在战争时期承保法国船舶规定为非法（因为不存在有这种效力的普通法规范）的法案时，曼斯菲尔德极力反对。他指出，双方当事人都从这一交易中获益，且英方获益比法方还多。“履行这一交易对这两个国家是一种双赢”，他说，“而不是帮助和援助敌人”[86]。如果说这种见解在那个时代似乎很奇怪——在那个时代人们已经接受了这样一种观点，即战争的目的就是彻底消灭敌人——那么，1747 年认为贸易有利双方的观点因其是多么奇怪而必定会被人们所记住。曼斯菲尔德和海上保险人想要与之斗争的是这种犯了低级错误的观点，即认为偿付给有实际损失的法国船东的金额，就是英方的一笔纯粹损失，法方的一笔纯粹获益。除此之外，所存在的更宽泛的原则也受到了批判。曼斯菲尔德指出，通过法律来控制和管制商业事务的实践，经常出错。有许多例子表明我们“伤害了我们自己的贸易， 122
并通过错误的管制或错误的政策来帮助我们最顽固的敌人”[87]。他说，我们应当警惕“制定任何贸易方面的新的管制或禁止性规定，无论诱导我们赞同的借口看上去如何有理”。[88] 曼斯菲尔德的这些言论必定为当时的律师所周知。18 世纪晚期，当拿破仑战争又在法庭里激起这些争论时，曼斯菲尔德的观点被广泛引用，尽管其观点最终还是被拒绝了。[89]

作为法官，曼斯菲尔德在商事法律方面的目标是让法律对商业社会更加有用。这意味着商事法律必须变得更有理性、更有可理解性、更有可预见性，以及更加符合商业世界的正义标准。所有这些目标都是曼斯菲尔德所追求的。他通过一次又一次主张是当事人的意愿（*intention*）在支配着商事契约，而竭力支持理性和可理解性。[90] 为让当事人可能的意愿发生效力，合同必须被“自由地”解释。这对于今天的我们而言是非常平常的，但在曼斯菲尔德所处的时代，绝大多数提交给法庭的法律文件都是有关土地的文件，对这类文件进行解释的规则需要追溯至赋予这些意愿以法律效力并不是社会秩序或者法律的首要目标的时期。结果是这些规则许多都僵化了，

---

[86] *Parliamentary History*, xiv, col. 116.

[87] Ibid.

[88] Ibid., col. 112.

[89] See e. g. *Bristow* v. *Towers*（1794）6 T. R. 35, 47, 101 E. R. 422, 428.

[90] *Hotham* v. *East India Co.*（1779）, 1 Doug. 272, 99 E.R. 178; *Meres* v. *Ansell*（1771）3 Wils. K. B. 275, 95 E. R. 1053（在该案中，他的同事走得太远了）; *Rees* v. *Abbott*（1778）2 Cowp. 832，98 E. R. 1386。

其使正常的意愿都被宣布无效了，但这些规则却仍然每天都被法庭所适用。例如，一个人在遗嘱中把“我某处的房子”留给他的妻子，十之八九旨在让她取得非限嗣继承地产（fee simple）。但是，法律清楚地规定：这样的词句只是给她设立了一个终身地产（life estate）。土地法中充满了这种解释规则，其中的许多规则对于曼斯菲尔德而言显得荒唐而又过于技术化。[91] 但是，它们之所以显得荒唐和过于技术化，并不只是因为它们中的许多规则已经过时或陈旧了，而是因为价值观（*value*）发生了改变。这些规则让那些拥有启蒙时代新价值观的人感到非常恼火，那些人认为人们拥有以有秩序的和理性的方式安排自己事务的能力，他们因此有权获得法律的帮助，以使其理性的意愿发生效力。这是一个很好的例子，可以说明有关土地文
123 件的更严格的解释规则，这可能也解释了为什么曼斯菲尔德在尝试改革土地法方面基本上是失败的；[92] 但是，这不能掩盖曼斯菲尔德在合同领域所取得的成功。从他所处的时代开始合同法才将当事人意愿作为合同的首要因素，这在很大程度上要归功于他。

曼斯菲尔德也试图通过将大量的商业实践纳入法律来促进法律的可预见性。这意味着以前由陪审团作出裁判的案件将越来越多地转到法官手中。曼斯菲尔德对普通陪审团（ordinary jury）不是很感冒，而且他认为在商业案件中，陪审团裁判的不可预测性是商人们不满的主要根源。[93] 事实上，曼斯菲尔德因为使用特别陪审团（special jury）——在城市中挑选人员组成——而著名，但是，这只是一种明智的程序设计，旨在为陪审团功能在商业案件中的最终逐渐消失铺平道路。如果作为所有问题的裁判制作者（decision-maker）的陪审团，被法官所取代，如果陪审团的仁慈和大众的衡平性向法律的可预测性和普遍原则让步，那么法律的这些原则必须被正确地制定出来。我们已经看到，在曼斯菲尔德所处的时代，议会和政府既没有雇员也没有专业技能以明智的和理性的方式完成法律制定工作，这就是

[91] See e. g. *Loveacres d. Mudge* v. *Blight*（1775）Cowp. 352, 98 E. R. 1125; *Perrin* v. *Blake*（1770）4 Burr. 2579, 98 E. R. 355.

[92] 很多曼斯菲尔德的同时代人极力反对他对意图的强调。See e. g. Fearne, *Essay on Contingent Remainders*（1772）, cited Fifoot, *Lord Mansfield*, p. 178;“可以肯定的是，每周有 20 个遗嘱被宣布为无效，都比它们脱离这些解释规则要好得多，这些解释规则普遍地确保了财产权的安全，并让权利人得以在根本上安静地享用财产。”

[93] See e. g. *Metcalf* v. *Hall*（1782）3 Doug. 113, 115, 99 E. R. 566, 567.

为什么这一任务落到了法庭身上。但是在新商业时代，法庭本身——尽管其配置比议会要好——常常缺乏专业知识去发展适应商业社会的商事法律原则。曼斯菲尔德吁请让特殊陪审团来跨越这一专业技能鸿沟。特殊陪审团以这样一种方式来裁决个案，即法官们能够将该裁决作为建立一般法律规则的基础。用这种方式，法律立即变得更加可预测、更规范，与商业习惯也更加一致。

后面我将探讨几个特定领域中的曼斯菲尔德的判决，同时我还将分析曼斯菲尔德的对价原则（doctrine of consideration）。但是在离开对曼斯菲尔德本身的讨论之前，他在担任副总检察长时对一个特别案件的讨论值得更进一步地分析，该案为他被列入经济自由主义者提供了进一步的证据。这就是 Chesterfield v. Janssen 案[94]，该案的判决于 1750 年作出。该案涉及高利贷、显失公平的合同（unconscionable contract）和期待继承 124
人（expectant heirs）的古老衡平观念，后面我将深入讨论这些问题。John Spencer 是马尔伯勒公爵一世（first Duke of Marlborough）的孙子，他在公爵遗孀公爵夫人莎拉死后拥有各种归复权（reversions），在他 30 岁、莎拉 78 岁的时候他借入了 5000 英镑。作为一种习惯，他提供了一份保函（bond）作为担保，根据该保函，如果在莎拉死后他还活着，那么他要支付 10000 英镑给债权人；如果他先于莎拉死亡，则他不用支付任何款项。他的确后于莎拉死亡，尽管也没比莎拉多活多久，而他的遗嘱执行人切斯特菲尔德伯爵（Earl of Chesterfield），对支付 10000 英镑的义务提出了疑问，并请求偿付所借款项的金额外加合理的利息。如果事实就是这样的话，法庭很有可能根据其古老的规则，无论如何都会审查该交易以明确其是否公平。但事实上，John Spencer 在公爵夫人死后，“以所能想象到的最自由和最自愿的方式”作出了一个新保函，该新保函确认了旧保函，而法庭最终判决认为对交易的确认使它们接受公平性审查的必要性被保留了下来。借款人在莎拉死后有拒绝履行第一个保函的权利，但是他通过他的自由选择确认了第一个保函。后面我将回过头来讨论该判决的意义。这里我关心的是曼斯菲尔德在本案中的角色。Spencer 的律师用中世纪的财产权概念辩护说，该保函因其高利贷和显失公平的性质而无效：“对于自己的财产，没有人有权超越良知的限制；人们有义务用益他

[94]（1750）1 Atk. 301, 26 E. R. 191.

们自己的财产，并避免损害或侵害他人。”

对于这类观点，曼斯菲尔德用亚当·斯密和边沁的语言进行了回答，不过在他们创造出这些语言之前曼斯菲尔德就已经在运用这些语言了：

> 一种概念盛行了许多年（他说），即为钱雇佣任何人都是非法的；这是采纳自教会法的概念，今天甚至还通行于许多天主教国家。令人惊讶的是，偏见竟然如此长久地被认为是这个世界的常识！为什么金钱不是一种商品，就像其他东西一样？[95]

对于一个人的借款自由应当受到公共利益限制的观点，他回答道：

> 那么，他们所强烈坚持的、每个人的花费都不应当超过其年收入的规则，其公共利益是什么呢？如何才能防止人们的花销超过其年收入呢？这符合人性吗？假如他花掉其年收入，最明智的人也花掉其年收入，公共效用何在？对产业的刺激何在？难道法庭要像审查精神病人（lunatick）一样审查每个花掉其收入的人吗？这样做的另一个目的也许是为了另一个时期的需要而积蓄财产，但这是可取的吗？人们能
> 125 够以更宽松的条件获得金钱吗？恰恰相反……[96]

我现在转过头来对特定领域中的一些问题进行简单的审视，在这些领域，在 17 世纪、18 世纪普通法律师中间，出现了早期的经济自由主义。

垄断和联合体

我已经提到科克对各种形式的垄断的敌视，因此再来讨论这个问题就是不必要的了。但必须强调的是，“垄断”一词在当时有非常广泛的含义，其含义远比今天一般意义上的垄断要广泛得多。任何排他性地控制或管制

---

[95]　1 Atk. 331, 26 E. R. 211. 补充说明一下，在这个时候曼斯菲尔德所反对的只是一个只有少数几个赞同者的观点。关于布莱克斯通的观点，see *Post*, p. 130。

[96]　1 Atk. 335, 26 E. R. 214. 关于其他有关曼斯菲尔德维护自由选择权利的判决，见 *Hawkins* v. *Colclough*（1757）1 Bur. 274, 277, 97 E. R. 311, 312（仲裁裁决受到青睐是因为“它们是由当事人所选定的法官所作出的”）；关于个人主义，见 *Holman* v. *Johnson*（1775）1 Cowp. 341, 98 E. R. 1120（一个人不是他兄弟的监护人，而他兄弟的选择违反了一项外国法）。

某种贸易——即使只是在一个城市里——都是垄断。这一时期的城市和贸易行会、基于皇家特许状（Royal charter）设立的各种机构、声称有权制定某种贸易管理细则（by-laws）的人——或者在所涉及的城市内部，或者在某种具有特定性质的贸易中，他们在商业活动中常常具有很强的封闭性。他们经常用这些规则来阻止该贸易的新进者，或者某种类型的新进者，如外国人。他们也强制执行《学徒法》的要求，通过这种方法，他们试图将那些从事贸易没有达到法定七年期限的人排除在外。所有这些垄断越来越受到普通法敌对眼光的审视。只要有可能，法庭就会以最狭窄的方式去解释它们的权力和特权。

贸易限制中的联合体

对垄断的敌视，也非常自然和符合逻辑地体现在对各种形式的联合体的普遍敌视上。垄断也许是由王室特许所建立的——尽管这在现在是普遍非法的——但是垄断也可以由一群人组成某种联合体的方式建立，通过这种联合体，他们试图掌控全部贸易或商品。1721 年南海阴谋（scheme）暴露之后，在很长的一段时期内——时间确实够长，直到进入下个世纪——人们普遍敌视所有的公司。在这个时期，公司仍然几乎毫无例外地由皇家特许状创建，且在公众与法律的观念中它们与垄断紧密相关。在整个 18 世纪，受到青睐的是私人企业，没有人对合伙有异议，合伙是由几个自然人基于合同而自由联合组建起来的。在 1761 年，总检察长建议政府不要给一个拟议中的新保险公司签发特许状，他说，“很少有贸易需要这种联合体的帮助，如果放开私人自由买卖，贸易反而会发展得更好；此类措施 126
仅仅是权宜之计，只有在非有这种股份公司（joint-stock）否则贸易就不可进行的情况下才能采取这些措施……”[97]

正是这种对所有具有垄断性质的联合体的普遍敌意，构成了这一观念的基础，即某些具有限制性特征的联合体，或者限制贸易的协议，正如人们对它们所称呼的那样，可能是一种串通（conspiracy），其也是非法的。销售商们达成的以固定价格销售货物、相互禁止低价销售的协议，限制了公共政策所要求的个人的营业自由。这是不可容忍的，即面对这些销

---

[97] Cited Hunt, *The Development of the Business Corporation in England 1800-1867* (Cambridge, Mass, 1936), p.11.

售商联合体的不幸的购买人，要么不得不接受它们的价格，要么离开。这是垄断的一种形式。此外，被设计用来以固定价格销售货物的联合体和以固定报酬雇用工人的联合体，两者并无区别。在这两种情况下，对公众而言，其结果都是一种垄断。在 18 世纪，这种行为毫无疑问是非法的。例如，在 1783 年，曼斯菲尔德勋爵支持了对六个工人的诉讼请求，因为他们串通在某个裁缝的经营中使该裁缝“贫困化”（‘impoverish’）。[98]“从事某种货物买卖的人可以以他们个人所欲求的任何价格出售其货物，但是如果他们合谋并同意禁止低于某个价格出售该货物，那么这就是一种串通；同样，每个人都可以按他所欲求的报酬从事某项工作，但是某个联合体禁止人们从事低于特定报酬的工作，那么这就是一个可公诉的罪行。”[99]这样，很清楚的是，对曼斯菲尔德勋爵而言，合同自由是不允许使人们创设合同自由这一目的落空的。法律之政策是鼓励营业自由、贸易自由、工作自由；迄今为止，当一个人用这种自由来剥夺他自身的自由时，他的这一同意在法律上不仅仅是无效的，而且是一种犯罪，一种串通。

这种认识是错误的，即认为这是一种被设计用来和兴起于 18 世纪晚期的工人的新型联合体——工会的萌芽——做斗争的新型学说。这一切都是对各种活跃的垄断行为的传统敌视的一部分。在 17 世纪早期，对于限制贸易协议的完全禁止，法庭不仅开始对其进行松绑（*relax*），而且也开始支持诸如某项买卖的出卖人同意不和买受人竞争的协议。这类案例中最早之一的是 1641 年的 *Rogers* v. *Parry* 案[100]，如果没有科克参与的话，该案可能没有那么大的意义。对于没有正当理由的垄断或贸易限制，科克不是其支持者之一，尽管他在该案中支持了被告的这一协议，即被告在 21 年内不
127 得在出租给他的经营场所里从事木匠生意。似乎很清楚的是，在本案中，以及在更具开创性的几年之后的 *Jollyfe* v. *Brode* 案[101]中，法官逐渐意识到促进产业和企业的发展，在一定限度内，确实需要合理的贸易或工作限制的帮助。一个创建了某个企业、希望在年老时退休并出售其企业商誉（goodwill）

[98] *R.* v. *Eccles*（1783）1 Leach 275，168 E. R. 240.

[99] 1 Leach 276-7，168 E. R. 241.

[100] （1614）2 Bulst. 136，80 E. R. 1012. 可能是排版或其他原因，原文从第 100 条注释（即此条注释）开始，注释序号重新从 1 号开始编号，考虑到汉语习惯以及为读者引用方便，本译著继续按序编号。——译者注

[101] （1620-1）Cro. Jac. 596，79 E. R. 509.

的人，人们不可能期望实现该商誉的全部价值，除非他签约同意不和购买该商誉的买家竞争。[102]这种缓解人们对垄断和贸易限制的普遍敌视的做法，在18世纪早期的*Mitchell* v. *Reynolds*案[103]中，在一定限度内被重申和确认了，法庭当时区分了普遍的（*general*）和部分的（*partial*）限制，认为只有后者才因为违反法律政策而无效。看起来很清楚的是，在这里法官在探索某种他们从未完全成功地认识到的东西，也就是说，他们想要支持契约自由，只要它被用来鼓励而非摧毁营业自由。

《学徒法》

和这些反垄断观念紧密相关的是普通法律师对于《学徒法》的态度。几乎从这一制定法生效时起——该法强迫一个人在合法从事某项商业活动之前，要经历为期七年的学徒期——就激起了普通法律师的反对。在普通法律师眼中，一个人有权，事实上也有义务去工作，阻止人们去从事他自己选择的商业活动的任何事物，都是对他的自由不必要的和邪恶的限制。难道霍尔特没有通过说“每个人都有劳动的自然需要，劳动因此也成为他的义务，国王对其虽不能禁止，但应当阻止和不鼓励”来论证东印度公司垄断的非法性吗？[104]如果律师不能挑战议会制定法——这些制定法拥有皇家垄断（Royal monopoly）的合法性——的至上地位（supremacy），他们当然只能竭力削弱制定法之条款。几乎从一开始，《学徒法》就被解释为只适用于城市而不适用于乡村地区；但是在工业革命中当这些乡村地区发展为城市时，该法仍然不适用于它们。特威斯登法官（Twisden J.）在1670年 128
声称，他听到所有的法官都在说，他们永远不会将该法扩大适用到“超出它们所需要适用的范围”[105]。到霍尔特担任首席法官的时候，这一点已经明确确立起来了，即该法只适用于当初通过之时既存的贸易活动，[106]不久之

[102] 该案（e. g. Simpson, *A History of the Common Law of Contract*, pp. 523-4）的传统见解似乎忽略了这个合理的根据（rationale），也许是因为传统见解错误解释了这一事实。传统见解假定被告是通过出售其数额被夸大了的股票的方式欺骗了原告，但事实上，被告有意出售的似乎是他的企业的商誉，而不仅仅是其在该企业中的股票。

[103] （1711）1 P. Wms. 181, 24 E. R. 347.

[104] *East India Co* v. *Sandys*（1684）1 Skin. 132, 137, 90 E. R. 62, 64. 在1688年革命之后，霍尔特被辉格党人选定为王座法庭首席大法官，在这一段话里，他似乎是在重复着洛克之语。

[105] *R.* v. *Turnith*（1670）1 Mod. 26, 26, 86 E. R. 704, 705.

[106] *R.* v. *Harper*（1705）2 Salk. 611, 91 E. R. 518.

后，霍尔特的法院采取了一个更有力的举措而主张，如果一个人从事某项贸易活动已达七年，那么其行为就符合该法的要求，即使此人从未受到学徒义务的束缚，“这是一项艰难的法律”[107]。

50 年之后这一传统仍然在继续。在曼斯菲尔德勋爵作为首席法官所听审的第一个案件中，他指出，如果一个人已经根据《学徒法》的规定作为学徒进行工作，那么他的隐名合伙人（sleeping partner）虽然没有作为学徒工作，但也并不违反《学徒法》。[108] 该法被认为是用来保护公众的，因为它确保只有能胜任和合格的人才能作为商人从事商业活动的辩护意见被拒绝了，正如亚当・斯密后来拒绝所有此类辩护一样。“不称职的和不熟练的劳工罕有被起诉的。”[109] 正是市场和利己决定着人们与谁进行商业交易。几年后，奥尔德姆（Oldham）的纺织工人通过罢工来寻求执行学徒制度，并要求对他们的布料确定一个统一的和固定的价格。当他们被控告串通时，他们辩称其只是试图执行一个既存的法律，但是这一辩解被福斯特法官（Foster J.）弃之一旁，他指出：“废除这些法律很可能是有益的，因为这些法律试图对知识进行束缚和遏制，而这些知识正是我们首先需要通过规则来获得的。”[110] “这一卓越的判决”，一个现代历史学家说道，“已经预见到半个世纪后《工匠法》（Statute of Artificers）被实际废除……土地法律也被弃之一旁以支持亚当・斯密尚未阐明的学说”[111]。他说土地法律被弃之一旁可能是错误的，[112] 但是认为法官的这些见解无疑是亚当・斯密的观点肯定是正确的。

市场犯罪行为（*The Marketing Offences*）

我在前面已经提到，法律是反囤积、反预先买断和反独占的，在这一
129 章中我将把它们置于社会背景之中进行分析。这些犯罪行为目的是确保一
个基本上封闭的市场运作，尤其是食物供应，并确保这些供应品由生产

---

[107] *R.v. Maddox*（1706）2 Salk, 613, 91 E. R. 519.

[108] *Raynard* v. *Chase*（1756）1 Burr. 2, 97 E. R. 155.

[109] 1 Burr. 6, 97 E. R. 157.

[110] Cited in A. P. Wadsworth and J. de L. Man, *The Cotton Trade and Industrial Lancashire*（Manchester, 1931）, pp. 366-7.

[111] E. P. Thompson, *The Making of the English Working Class*（London, 1963）, pp. 274-5.

[112] 土地十之八九是不适用《学徒法》的一个领域，其在 16 世纪处于城市市政委员会（city corporations）的控制之外。

者带到市场，由消费者购买。“囤积”行为是指在同一个市场购买并再出售。“预先买断”——正如其名称所暗示的——是在市场拥有某种物品之前即将其购入（或出售），它被用来阻止中间人在市场中买进然后再在同一市场卖出，因此它可能起到的效果是，剥夺其他社会成员自己获得货物的机会。预先买断同时也被延伸为劝阻生产者将他的货物带入市场的行为，也就是为了等待价格上涨而试图阻止货物供应。“独占”是这样一种犯罪行为，即截断供应，或者全部买进大量的谷物或“救命食物”（‘dead victuals’），其目的是投机、囤积或获取暴利。这些都是古老的普通法犯罪行为，它们不断遭受打击，但也经常避开打击。

> 在所有较大的城市档案中，都记录着对抗这些做法的不断重复的规则，以及对这些做法不断提起的公诉，这证明人们在做这样的事，证明贸易的欲望无法抑制，也证明总是有人准备冒法律风险从消费者身上获利，因为消费者们获得的信息比他们少，也不如他们机敏。[113]

对抗前述这些做法的法律和习惯被设计用来维持市场，但是这个市场根本区别于 17 世纪、18 世纪发展起来的市场。所存在的悖论是，反对一切形式的垄断的旧普通法传统，采取了维持这种老旧型市场结构的形式，而人们的观念转变为反对这些市场犯罪行为的举措，又恰恰是因为 18 世纪普通法律师从其他地方接纳而来的经济自由观念的兴起。如果曼斯菲尔德传统（Mansfield tradition）在他死后仍然继续得以保持，那么法院就会先于立法和启蒙学说（enlightened opinion），而在这里支持经济自由主义，正如它们几乎在所有其他地方所做的那样。事实上，这一幕并没有发生，部分是因为曼斯菲尔德死后的时代是一个法律保守主义（legal conservatism）的时代，这一时代处于肯扬（Kenyon）、埃尔登（Eldon）和埃伦伯勒（Ellenborough）等人的影响之下。受这些法官的影响，普通法市场犯罪行为被短暂地复活直到 1800 年，正如我们将要看到的，此时已经是议会废除这些成文法犯罪行为之后的 30 年了。废除了这些成文法犯罪行为的 1772 年的法律[114]声称，经验表明，“通过阻止所提到的商品的自由贸易”而限制

[113] Davis, *A History of Shopping* (London and Toronto), 1966. p. 6.

[114] 12 Geo. 3, c. 71.

130 食物交易，“会抑制食物的增长并推高食物价格”。

高利贷

我已经详细研究了社会对高利贷的态度变化，以及自 16 世纪以来人们日益接受借款的适度利息的合法性。这里只需要再一次指出，普通法律师看起来是这种变化的先导者。在整个 17 世纪、18 世纪，普通法律师一直面对着寻找方法的问题，即试图通过这些方法，合法地确定一个超过法律所允许的借款利率。当未来的双方当事人——借款人和出借人都完全同意这种性质的交易时，当他们都是知道自己利益之所在的商人时，或者当（正如在 Chesterfield v. Janssen 案中那样）[115] 借款人是一个足龄的且有理解能力的成年人的时候，律师显然会觉得制定法的规定是徒劳无益且令人厌烦的。他们对寻找逃避制定法规则的方法毫无顾忌，尽管他们永远也不能完全肯定，衡平法院最终会不会被请求查明是否有高利贷的迹象。即使是保守的布莱克斯通，在这一点上后来也受到了边沁尖锐和不公正的攻击，这显示出人们对于高利贷过时的成见的强烈批判。[116] 律师找到的可能规避高利贷法律的不同方法，被描述为标准作业，[117] 这里不必深究其细节。指出一点就足够了。

被人们所接受的、让借款利率超过法律所允许的最高利率的所有方法，最终都建立在风险的概念之上。如果出借人确定他可以拿回款项，此外也确定他可以拿到超过法律所允许的最高限额的回报，那么该交易就具有高利贷性质和非法性，而无论该交易是怎么设计出来的。当然，没有人能够确定（*certain*）他会拿回他的资金，因为债务人可能会拖欠；但是法律对这一风险是视而不见的（当然，这根本是不现实的），因此需要构造出一些额外的风险。最常见的程序之一是——该程序在 Chesterfield v. Janssen 案[118] 的事实中被展示出来了——借款人同意偿还一笔超过其所借金额的款项，但以他比另一方当事人活得更久为条件，例如，终身地产保有人（life tenant）可以排除借款人的某项有价值的复归权。如果借款人先于出借人

[115] Supra, p. 124.

[116] Bl. Comm, ii. 455.

[117] Simpson, *A History of the Common Law of contract*, pp. 113-17, 510-18.

[118] Supra.

死亡，那么出借人就有丧失所有资金的风险，这一风险使借款利率高于通常所允许的利率被普遍地正当化了。然而在整个 18 世纪，这类交易总是受到攻击。因为可能且常见的是，出借人为借款人的生命购买保险，以对抗借款人先于终身地产保有人死亡的风险，而随着保险变成交易的规则和稳定的形式，有可能对所涉及的风险因素进行相当确定的估价。这样，借款人可能试图诉之于衡平法院，而申辩说该交易具有高利贷性质，因为保险的成本可以被计算出来，当该成本从出借人的利润中被扣除的时候，仍然还剩下一个极高的利率。另一个涉及类似问题的相似程序是，借款人同意支付年金直到其死亡时为止，以换取一笔资金。这样，这种交易形式就变成了年金买卖，但是其根本目的几乎总是借款，因为一个真正想要购买年金的人是希望年金支付到他死亡时为止的，而不是到交易的对方当事人死亡时为止。 131

财产永久权（Perpetuities）

我在前面已经简要地提到这个问题。普通法对永久权的敌视似乎很可能也是经济自由主义萌芽的迹象。用限嗣继承（entails）或其他法律方法——这些方法被设计用来阻止土地现在的占有人处分该土地、将其带到市场、将其抵押或遗赠给他想要遗赠的人——来束缚土地，这势必会严重阻碍自由市场经济中土地的经济开发。至少有一个可以追溯到 1699 年的有趣的法官意见（judicial dictum），认为普通法政策是建立在这样的经济基础之上的。在 *Scattergood v. Edge* 案[119]中，据信特雷比首席法官（Treby C. J.）作出了如下论述：

> 普通法政策的伟大之处在于鼓励财产转让（alienation），因为它是工业、贸易、武器和研究的最伟大的保护者和推动者，这可以从《附条件赠与法》（*De Donis*）的制定中看出来，直到阻却限嗣继承的拟制诉讼（common recovery）被发明出来。这些将来生效的不动产遗赠（executory devise）并没有获得法官的长久支持，因为法官后来对于自己给予它的支持深感懊悔，即使后来还有法官曾支持过它，但它再也没有流行开来。

[119]（1699）12 Mod. 278，287，88 E. R. 1320，1326.

当然，1688 年之后的一段时期里，人们并没有看到一个令人满意的自由土地市场。严格的地产授予制度被发明出来，在接下来的两个世纪里，这成为土地贵族之间确立财产关系的通常形式。其实，严格的地产授予制度本身是很简单的，尽管复杂的地产授予会堆积很多复杂的安排。但是其基本特征是完全明确的。土地被授予现在的占有人以终身享有该土地的权
132 利，但是给他的长子保留了限定继承权，如果长子先于占有人死亡且他没有自己的儿子，那么该占有人的其他儿子也就拥有了限定继承权。现在，限嗣继承（entails）不再有阻碍，如果长子作为限嗣继承地产保有人（tenant in tail）事实上继承了他父亲的地产，他可以立即禁止限嗣继承，然后土地就变成了自由保有地（freehold），完全由他支配。然而，即使发生了这种情况，也有可能会在这块土地上产生一些负担，而这将会阻止土地被立即转让。因为该土地的前终身地产权保有人的遗孀可以对该土地提出请求（如，确保她的生活），更不用说该土地的前终身地产权保有人（tenant for life）的女儿可能在该土地上还有某些份额。但事实上，还有一个更加严重的问题，其在实践中可以阻止土地被转变为可转让的土地。只有占有着土地的限嗣继承地产保有人，而非终身地产权保有人，才能禁止限嗣继承。只要占有人还活着并保有着终身地产权，他自己就不能单独禁止限嗣继承，尽管他可以在他的长子的协助之下这样做，但这要求他的长子已经成年且是限嗣继承地产保有人。但是在实践中，18 世纪的贵族并不想禁止限嗣继承，这当然不是为了他们长子的利益，他们极少信任他们的长子。因此，当其长子成年后，终身地产权保有人通常竭力去说服其长子和他一起对地产进行“重设”，也就是说，首先禁止限嗣继承，然后在地产上重新给父亲设立终身保有地产权（和之前的终身保有地产权一样），给长子设立于其父亲死后生效的他自己（*his*）的终身保有地产权，然后给该长子的将于适当时候出生的长子设立限嗣继承地产保有权。说服长子一起对地产进行重设，通常并不困难，因为长子从小就很自然地相信这个家庭的财产维持制度，他对此的任何抵制其父亲都可以通过给他提供一笔津贴的小甜头来化解。一旦财产通过这种方式进行了重设，它就很有效地束缚了整个下一代人，甚至更多代人，因为在一个儿子经常未成年就夭折的时代，事实上经常是孙子或幼子的幼子在继承遗产。

辛普森教授已经指出，法院在这些问题上所确定的规则不太可能用社会学的术语来解释，“例如，在根深蒂固的和世袭的地主阶级与商人阶层

之间的斗争之中，商人阶级渴望土地出现在市场中，这样他们就可以‘通过购买土地而成为乡绅’（squires by purchase）”[120]。另外，最近的历史研究表明，某种斗争，即使不是前述这种斗争，实际上是财产永久权规则最终发展起来的根源。[121]这一研究表明，在17世纪中期，普通法律师推动形成一个更严格的财产永久权规则，而这一进展也并非没有受到商人社会寻求形成自由土地市场的愿望的影响。相反，奠定了现代规则基础的**诺福克公爵**案（*Duke of Norfolk's* case）[122]正是对复辟时期更加保守的、贵族化法官们的反动。判决该案的大法官是诺丁汉勋爵（Lord Nottingham），他是一个保皇党人，他同情土地权贵束缚他们的土地的意愿，他在这个著名的案件中的判决，为现代禁止永久权规则赋予了相对广泛的限制性权力（tying powers）开启了大门。但是，即使是诺丁汉勋爵也清楚地意识到需要在土地权贵限制其后代的需求与他们的后代免予受到类似限制的需求之间维持平衡。禁止永久权规则和建立在该规则基础之上严格的地产授予制度，看起来代表了这些目标之间的某种折中。它们的确帮助保存了大家族的地产以及因此而得到的政治地位和权力，直到19世纪末期为止。毫无疑问，这的确对土地市场造成了严重的限制，在17世纪末，土地市场开始变得极其重要。但与此同时，此事在英格兰并不像在其他地方那么糟。亚当·斯密虽然对限嗣继承地产的经济效果非常不满，但是他也注意到英格兰的情况并不像苏格兰和欧洲其他地方那么糟，据说在这些地方限嗣继承地产占土地总数的五分之一到三分之一。[123]当然，我没有暗示说这两种力量之间的折中必定是最好的或最明智的，我所想表明的是这种折中是一种事实存在。

133

另外，严格的地产授予制度也必然涉及某种妥协。虽然其基本目的是让家族一代又一代的人都被束缚于土地之上——因此要限制未来的家庭成员的自由——但是该制度中仍然存在着一些灵活因素。在知道下一代的数量（和性别）之前，以及在知道现实情况之前，是不可能一劳永逸地确定地产收入的精确分配方案的。因此，被很好设计的地产授予方案就肯定

[120] A. W. B. Simpson, *Introduction to the History of the Land Law*, p. 195.

[121] Haskins, ‘Extending the Grasp of the Dead Hand: Reflections on the Origins of the Rule against Perpetuities’, 126 *U. Penn. Law Rev.*19（1977）. 此注的原序号为21A。——译者注

[122] （1681）3 Ch. Cas. 1, 22 E. R. 931. 此注的原序号为21B。——译者注

[123] *Wealth of Nations*, Book III, Chapter II.

会为每一代人留下一些自由因素，只要这样做不会损害其主要目标。例如，通过出租或抵押的方式限制处分全部或部分土地的权力，可能让终身地产权保有人对土地所做的处分，即使在他死后或者在他的终身地产因此被终结之后，仍然具有拘束力。而且，通过（例如）给女儿设立“嫁妆”
134 （marriage portion）的方式而分配给幼子女们的份额，可能通过利用财产指定权（power of appointment）——一种授予终身地产权保有人分配财产的授权，有时该权力也被授予终身地产保有人的遗孀——来得到承认。土地转让中介人擅长起草高度精巧的、被设计用来处理这些问题的地产授予方案，但是其细节较之于总体情况就不那么让人感兴趣了。

这个问题以及所找到的解决方案的一般性质，之所以具有历史上的重要性，是因为这两个原因。首先，因为严格的地产授予制度在某种意义上是商业公司的始祖，经过《泡沫法案》之后的一段时间的休眠，商业公司在18世纪后期开始重新发展；其次，因为普通法和衡平法处理财产永久权问题的不同传统，可以追溯到这一时期和这一根源。正如我们后面将会看到的，当商业公司开始随着工业革命的到来而又重新发展时，它们最初是由土地转让中介人——他们主要精于土地交易，尤其精于地产授予——拟定的合伙契约而创立起来的。这些“公司”——虽然如此称呼，但它们根本不是现代法律严格意义上的公司——类似于地产授予，必须协调现在的成员与未来的成员之间的需求；它们与地产授予在这方面也相类似，即都必须明确各代成员相互之间（*inter se*）的权利和义务。

公司就像家族，是一种机构（institution），在必要时会要求法律在解决其成员相互之间——既可能是任何特定时刻的公司成员之间，也可能是公司成员与那些在一段时期内即将成为公司成员的人相互之间——潜在的利益冲突上发挥一定作用。在处理这些问题上，衡平法以及衡平的土地转让中介人传统，实际上发挥着比普通法更大的作用。不像普通法，衡平法更重视“该机构良好运作”（‘good of the institution’）的重要性、维持该机构的重要性，即使是以牺牲这一代成员的行为自由为代价。这些衡平传统最终在公司法的发展过程中起到了重要作用，也在人们对于多数决定原则（majority rule）的观念与看法的发展中起到了重要作用。多数决定原则让多数人有权强迫有异议的少数人，它与经济自由主义思潮完全背离。合同自由包含了个人的选择自由，但多数决定原则为了团体或机构的整体利益而剥夺了个人选择的权利。现在，严格的地产授予制度本身不再包含或者要求多数决定原则，因为它是围绕着终身地产保有人个人的地位而被创设出来的。但是，它的确包含着为了整体利益而限制一些成员自由的观念。当新型公司被创设出来的时候，在缺乏核心的终身地产保有人的情况下，平 135
衡一部分成员对另一部分成员的权利的类似问题必须得到解决，土地转让中介人很自然地就采取了多数决定原则。在其他方面，正如我们将看到的，衡平法的家长式传统在兴起于下个世纪的新公司法中仍然盛行。对于这个问题，我还将在本书第二部分中进行研究。

债权的流通性与债权让与（*Negotiability and Assignment*）

市场经济需要以一个充分的信用系统为基础；而一个精致的信用系统又要求债务在很大程度上可以互换。债权（debt）* 产生于一个交易（如赊销或借款），而一个充分的信用系统要求债权可以与产生该债权的交易相分离，这样它就可以作为金钱的一种形式而用于进一步的交易，否则每个信用交易都必须在另一个信用交易进行之前完成。[124] 理论上而言，债权不仅必须要有可让与性，而且它还必须与产生它的交易相分离，这样对债权人的任何抗辩都不会使该债权本身受到贬损。例如，如果一个人赊销货物，但他有某些欺诈行为，或者货物有质量或数量瑕疵——而这会使买受人有权请求出卖人赔偿，信用系统原则上要求由该交易所产生出来的债权无论如何仍然应该可以转让给没有注意到这种情况的人；换言之，当债权已经转移到要求他付款的他人手中，买受人最终仍然必须支付全款。然后买受人可以针对出卖人的欺诈或违约而寻求救济。在 1688 年至 1770 年，在衡平法院的协助之下，普通法建立了给这一信用系统提供支持的法律原则，尽管这一过程非常艰辛且该法律原则并没有被完全成功建立。

这个故事可以分为两个部分。首先，从早期发展而来的通常的普通法，拒绝承认非要式合同之债（simple debts）的可转让性和债权的可让与性。人们普遍认为，这一规则源自对"唆讼"（'maintenance'）——一个人唆使另一个人提起并坚持一些他没有真正利益的诉讼——的厌恶。无论

---

* 原文为 debt，其字面含义为债务，但考诸上下文且债务与债权乃同一法律关系之两面，故此处将 debt 翻译为债权。

[124] J. Commons, *Legal Foundations of Capitalism*, p. 253；"现代资本主义始于合同的转让与可让与性。"

这个普通法传统的起源是什么，毫无疑问的是它在17世纪已经牢固确立起来，并且已经因为阻碍交易而引起了商人社会的极大愤怒。商人们认为，
136 荷兰的繁荣部分地归功于在荷兰已经存在的可转让债权制度，而英国还没有这一制度。[125]1688年革命之后，人们尝试通过立法来确认某些债权的可让与性，但最终没有成功。[126]但如果普通法继续顽固不化，那么衡平法院就会堵住这个漏洞。在18世纪早期，如果不是更早的话，债权转让得到了衡平法的认可，[127]尽管衡平法能够实现这一目标的唯一机制是笨拙的，并为某些肆无忌惮的债务人提供了大量逃避与拖延的机会。由于普通法院不承认债权让与的有效性，又由于衡平法院的法官不允许任何人在他的法庭里对普通法债务提起诉讼，结果就是衡平法只能通过这种方法执行某个普通法上的债权，即强迫转让人（最初的债权人）允许受让人以他的名义在普通法院提起诉讼。衡平法已经开始这样做了，但是如果债权人首先在衡平法院起诉，然后其债权又在普通法院获得了清偿，那么很显然这将会是一件极为麻烦的事情。一场诉讼的前景就已经足以阻止大多数债权人了，而面对两场诉讼，除了最强硬和最顽强的债权人外，其他所有人都会望而却步。

在18世纪下半叶，有迹象表明普通法对于债权让与的态度可能发生了变化。例如，1762年的一个债权让与，被认为是一个拥有足够对价的允诺，[128]也有迹象表明曼斯菲尔德可能已经准备好彻底推翻普通法规则。曼斯菲尔德退休之后，他的追随者布勒法官（Buller J.）也暗示他同样会这样做，并将曼斯菲尔德的改革传统继续推动下去。曼斯菲尔德首席法官席位的继任人肯扬勋爵（Lord Kenyon），是一个非常保守的人，他在1800年坚持说他绝不赞成债权可以在普通法上让与的学说。[129]大门就这样被紧紧关上了，直到《司法组织法》（Judicature Acts）颁布时债权让与才被认可。通过衡平法的协助来执行债权让与的程序仍然在继续，但是忽略这个涉及衡平法执行的程序的笨拙性，债权让与完全没有达到作为创设信用的方法的

---

[125] Lipson, Economic History of England, iii. 9-10.

[126] Holdsworth, *H. E. L.*, viii. 151.

[127] *Crouch* v. *Martin*（1707）2 Vern. 595, 23 E. R. 987; *Row* v. *Dawson*（1749）1 Ves. Sen. 331, 27 E. R. 1064.

[128] *Moulsdale* v. *Birchall*（1762）2 W. Bl. 820, 96 E. R. 483.

[129] *Johnson* v. *Collings*（1800）1 East 98, 104, 102 E. R. 40, 42.

要求。因为债权让与程序不能完全使债权与其基础交易相分离，债务人总是有权对受让人提起“衡平”诉讼，也就是说，当受让人向债务人提出清偿请求时，受让人会发现，他会遇到一个相反的、基于他不知道的基础交易的请求。因此，没有办法确立和维持人们对信用的信心，而一个充分的信用体系要求受让人对最终付款的信任达到确信的程度。这个规则也不能使让与人满意，因为这个规则意味着，当他通过转移一个归属他的第三人的信用而“清偿”某个债务时，他并不能绝对地被解除清偿责任。如果结果是第三人最终拒绝清偿（或者即使他只是没有清偿），那么让与人会发现自己仍然有清偿的义务。 137

债权可让与性在法律上的这些弱点和缺陷在很大程度上被一种新程序所解决了。法官没有公开地修改普通法规则，而是通过将商事法律“融入”普通法的方式实现了这一目标。商业惯例已经承认了各种类型的商业票据——汇票与本票的原型——的可让与性，甚至可流通性（即免受相反请求或“衡平”请求影响的可让与性）的特点。在15世纪和16世纪，这些商业习惯中的一些已经作为“商人法”在特定法庭如商事法庭（Staple Courts）和海事法庭（Admiralty Courts）中得到执行。但是这些法庭在17世纪已经衰落了，正如我已经指出的，之后商人们开始强烈抱怨债权在普通法上的不可让与性。在17世纪，普通法法官开始指出，商人法是普通法的“一部分”，[130]尽管只有霍尔特才结束了对原告的这个要求，即原告必须对其所依赖的商业惯例的性质进行答辩和证明。这一进展（常常被错误地归功于曼斯菲尔德）意味着商人法不再仅仅适用于商人之间的案件，或者只适用于特定地区或特定交易；它变成了规范国内所有人和所有交易的一般法。以同样的方式，适用于商业的道德观念也扩展到整个社会，有关交易的法律现在通行于整个国家。

这里不必追溯这个故事发展的全部了，其他学者已经很好地研究了这个问题。[131]可以这样说，通过一系列的判决——大部分都是霍尔特首席法官（Holt C. J.）在17世纪晚期和18世纪早期作出的——汇票的完全流通性在普通法上已经确立起来了。结果是创立了一种在法律上很容易执行的

[130] *Woodwar v. Row*（1666）2 Keb. 132，84 E. R. 84；*Williams v. Williams*（1693）Carth. 269，90 E. R. 759.

[131] J. Milnes Holden，*The History of Negotiable Instruments in English Law*（London，1955）.

责任，正如亚当·斯密所观察到的，“以汇票进行借款比以任何其他契据
138 都更容易成功”[132]。

本票则存在着更大的困难，必须有议会的一个法令的帮助，本票的完全流通性才能以与汇票相同的方式得到认可，但其也迟至1704年才获得。在之后很短的时间里，现代本票从英格兰银行的汇票中发展出来了，本票是如此成功以至于人们开始将英格兰银行的本票当作一种金钱而非一种信用。在*Miller v. Race*案[133]中，曼斯菲尔德勋爵在这一发展中留下了他的印记，他支持了那个善意买受人用被盗的本票从英格兰银行获得付款的权利：“被告抗辩的全部谬误在于”，他说，“其将本票与不相似的东西进行对比，也就是说，它们不应当被拿来与货物、证券或债务文件进行比较。现在，它们不是且人们也不认为它们是货物、证券和债务文件；在普通交往和商业交易中，人类普遍同意将其作为金钱、作为现金；对于所有意愿与目的而言，人们都赋予它们以金钱的信用和流通性”[134]。如此，将允诺与它所附着的交易相分离，并将允诺视为一种显著而独立的责任根源，其巨大的价值已变得非常明显。这也是合同性期待的重要性不断增长的一个重大胜利；仅仅是本票善意持票人的期待，就已经能够击败原始所有权人的财产权。这样，允诺和从合同中所产生的期待本身就变成了一种重要的财产形式。

[132] *Wealth of Nations*, Book II, Chapter II.

[133] （1758）1 Burr. 452, 97 E. R. 398.

[134] 1 Burr. 457, 97 E. R. 401.

第六章　1770 年的合同法与理论：I

第一节　允诺、对价和证据

自合同法与合同理论发展伊始，此发展从 18 世纪末开始起步并导致了现代合同学说的演进，一个清晰且相对简单的合同模式主导了普通法律师的思维。我将在后面详细分析这个模式，在这里只需指出这一点就够了：这一模式的核心是这种理念，即合同义务可以通过一个允诺，或者至少是允诺的交换——而不是其他什么东西——被创设（*created*）出来。在现代社会，允诺和合同被认为是创设全新债务的方式。但是这一点在 18 世纪不像后来那样清楚。事实上，看起来很明显的是，18 世纪的律师缺乏合同义务的一般理论，该理论可以被浓缩为现代合同理论的一些简单术语。到目前为止，任何一般理论在法律中都是隐含着的，而且在律师和作家的思想中，一般理论似乎是一种混乱的思想杂糅。当时的一些观念与现代合同和允诺理论的观念格格不入，而另一些观念则与现代观念更为接近。现代合同观念是从 17 世纪、18 世纪开始发展的，但是它们与在 1770 年左右仍然有影响力的更古老的传统并存了很长时间，虽然它的统治最终被终结了。由于现代理论取得了最终的胜利，因此古老观念所受到的关注要少于它应当受到的关注。同时，基于历史的和法理学的理由，古老观念是最有价值的东西之一。

在《合同普通法史》（*History of the Common Law of Contract*）[1] 中，辛普森教授最近注意到这一事实，在 16 世纪、17 世纪普通法的发展过程中，有很多迹象表明，当时的合同责任理论与现代非常不同。他指出，“对价”（consideration）一词最初是指引发允诺人作出允诺的原因或动机。没有适当原因或动机而作出的允诺是没有拘束力的，也许（正如辛普森自己所主

[1] Especially at pp. 322-3，391-4，485-6.

张的）是因为这样的允诺不可能有严肃的意愿，或者更主要是因为没有任
140 何原因而作出的允诺是一种无意识（senseless）的行为，不是一个能创设义务的行为。在这种情况下，与其说是允诺创设了义务，不如说是对价本身创设了义务：

> 假使同意这个分析，那么很明显的是，做某事的允诺是有拘束力的允诺的范式或典型情形，做某事的允诺已经让一个人有做某事的义务，对于这一允诺，允诺人已经考虑到了产生义务的情形。例如，假设A对B有10英镑的债权，B并因此作出了（鉴于……）偿付10英镑的允诺。根据这一理论，仅仅只有偿付10英镑的允诺是不够的——它还必须得到一个适当的动机事实的支持或援助。什么样的情况比一个偿付10英镑的先在义务更好？又或者，就St. Germain所举例子来看，我父亲感到冷而需要一件长袍让他暖和——当然，作为他的儿子我应当给他一件长袍，我有这样做的自然义务。如果我现在允诺（*promise*）给他一件长袍，那么该允诺就是有拘束力的。如此，在对价的早期历史中，我们必须意识到，所谓先在的“道德”义务……并不是什么奇怪的错乱，在逻辑上它是该学说的核心。[2]

我们会看到，如果以这种方式看待，那么允诺和对价的作用就与今天它们的作用完全相反。是对价在义务的创设过程中起到了最主要的作用，而允诺在其中只扮演了次要角色。这是一个现代读者很难理解的观点，现代读者倾向于将“自然的”拘束力作为允诺之性质的原点；而且，这个观点本身是一个有古老历史的观点，因为允诺性责任的概念是罗马律师众所周知的概念。但是，正如波洛克（Pollock）和梅特兰（Maitland）所指出的，[3]“被认为是现代法律这一分支的基础，且如此为人熟知以至于显然不需要解释的观念，已经在罗马法律体系的全面瓦解中消亡了，中世纪的人们不得不对其进行痛苦地重建”。

这个特别的观点已经被重建很长一段时间了。除了辛普森教授所举的、英国学说发展的证据之外，我们还知道自然法学家为重建这一观点付出了

[2] Ibid., pp. 322-3.

[3] *History of English Law*, 2nd edn.,（Cambridge，1952），ii. 184-5.

诸多辛劳，即允诺具有自然的和内在的拘束力。其中最著名的是国际法之父、《战争与和平法》的作者胡果·格老秀斯（1583—1645），以及《自然法与万民法》（*De Jure Naturae et Gentium*）的作者塞缪尔·普芬道夫（1632—1694）。两位作家都大量引用罗马的资料（不限于罗马法的资料），[4] 两者都反对允诺性债务的对价基础理论（consideration-based theory），该理论仍然存 141
在于16世纪、17世纪的普通法之中。例如，格老秀斯最关心的是反驳法国法学家 François de Connan（1508—1551）的观点，Connan 认为没有理由或原因的单纯的允诺没有拘束力，这种允诺只有在存在着某种交换，或某种先在的义务，或该允诺被信赖的情况下才有拘束力。格老秀斯的关键论点是，一个人拥有处置他财产的“自然”权利；一个允诺，实际上是对权利的一种处置（他认为这种权利比财产要次劣一些），其不可能没有拘束力。[5]

普芬道夫的讨论更具有启发性，即使在今天也不无裨益。必须要指出的是，对于单纯的允诺是否真正能够创设一个从来没有存在过的义务，在普芬道夫的观念中存在着一些混乱的迹象，但是他确实强调了赞成的方面，“因为协议，尤其是明示的协议，让我们负有了某种义务，而该义务并非自然所要求的，至少不是那么明确要求的”。[6] 与格老秀斯一样，普芬道夫也批判 Connan 的观点，但与格老秀斯不同，普芬道夫显然注意到，认为一个单纯的允诺具有拘束力，就是对某种纯粹期待的权利（right to a pure expectation）的一种确认。他坚持认为，承认这种观点是“一件危险的事情”，即允诺人不履行允诺所处之境地，不会比他没有作出该允诺所处之境地更糟。[7] 但是在解释为什么这是一个危险的观点时，普芬道夫相当勉强地结束了讨论。他坚持说，自然法课加给人们一项义务，即它要求每个人都助益他人，而不仅仅是不能损害他人。

这个小分歧可以帮助我们更清楚地看到，相互竞争的理论的本质，它们为了取得对其他理论的优势地位而在18世纪的英国仍然斗争着。另外，

---

[4] 例如，他们广泛地依赖西塞罗的《论义务》（*De Officiis*），该书在整个18世纪仍然是最具影响力的规定伦理学（prescriptive ethics）著作。西塞罗的伦理学受到其对社会的财产基础之信念的显著影响，在这一点上（即社会的财产基础——译者注）他的观点与洛克类似。

[5] *De Jure Belli ac Pacis*, Book Ⅲ, Chapter Ⅺ, Sect. 1. 3.

[6] Book Ⅲ, Chapter Ⅳ, Sect. 3. 即使在这段话里，允诺具有证据或澄清作用也是足够清楚的。

[7] Book Ⅲ, Chapter Ⅴ, Sect. 9.

除了这些关于允诺固有拘束力性质的新见解之外，同时传统观念仍然存在，传统观念认为对于义务的创设而言，允诺既不是必要条件也不是充分条件。在这一古老的体系中，义务产生于关系或交易；即使这种关系或交易本身是双方一致同意的关系或交易，例如简单的买卖，产生于该交易的义务在某种意义上是法律的结果，而非仅仅是当事人意愿之结果。例如，一个买卖创设了一个债务，虽然是当事人的行为创造了该交易，但创设该债务的却是法律。类似地，服务合同也许由当事人的自愿行为而创造，但是服务
142 合同绝大多数的附属权利（incidents）都是由法律所确定；基于这个原因（近来这受到人们的挑战），布莱克斯通仍然倾向于将服务看作一种身份而非合同。[8] 当然，也存在着一些关于公共职业（common calling）的例子，在其中义务的创造远非是自愿的。

18 世纪的合同理论与后来发展起来的理论，第二个根本区别是，其将部分履行合同而非全部履行合同作为其范式情形（paradigm case）来对待。自 19 世纪以来，法律将合同的全部履行作为其典型情形；合同被认为是对未来事务之执行的一种安排。合同的订立——其产生法律拘束或者义务——与合同的履行相分离是现代合同理论的绝对核心特征，而在 18 世纪这一点几乎还没有出现。

18 世纪的合同模式与当下的合同模式，第三个区别涉及原告的违约救济之性质。在现代英国合同法中，原告被认为——理所当然地——对作为违约之结果的他的“损害”拥有请求赔偿的权利。“损害”基本上被界定为某种期待（*expectation*），即根据所订立的合同原告有权拥有的东西。这一事实，即原告对于其信赖被告所受之损害有或者没有采取行动，通常被认为是不重要的，除非是纯粹的算术计算；这一事实，即被告有或者没有从原告的某种履行行为的结果中获利，在现代英国法律上通常也被认为是不重要的。换言之，可以说，今天的英国律师不认为构成合同责任基础的三个因素——分别是允诺、信赖损害（detrimental reliance）和获利——与受害的原告所可能获得的损害赔偿的性质，两者之间有什么关系。但是我现在所关心的不是现代的理论，而是 18 世纪的理论；我认为在那个时代，试图课加给被告的责任的性质与原告提出请求的理由，两者之间具有紧密

---

[8] O. Kahn-Freund, ‘Blackstone’s Neglected Child: The Contract of Employment’, 93 *Law Q. Rev.* 508（1977）.

的联系。尤其是，如果是因为对全面履行合同的违反和未实现允诺，而试图课加的责任，与今天的任何合同诉讼中课加给被告的非常典型的责任一样，那么法庭的反应基本上都是敌对的。这一观念还没有被18世纪的法律所普遍接受，即受允诺人（promisee）有权保护他的期待（*expectations*），仅仅且纯粹是因为该允诺而非其他任何事物的结果。143

作为证据的允诺（Promises as evidence）

在某种意义上，有关对价是责任主要来源的传统观念，可以通过将允诺的作用主要视为证据性的而非实质性的来进行解释。正如我已经指出的，如果允诺性义务常常被认为是以某种先在的义务的存在为前提的，那么，就现代概念和范畴而言，将允诺进行这样的合理化，即允诺是对义务的证明而非是对义务的创设，就不是什么困难的事情。

允诺的这一概念，即允诺是用来证明某项独立于它的义务的某种证据，乍看之下似乎有些奇怪，而且许多人都反对这种看待事物的方式。希望在适当的时候回答这些反对意见，但是进入现代律师头脑之中的最明显的一个问题也许是，如果允诺仅仅是强化了某种独立存在的义务，那么它的目的是什么。[9] 其答案被认为是，在对独立的义务是否存在以及其范围有多大存在疑问的时候，允诺具有相当大的证据价值。例如，一个人从他人处借钱，很清楚他负有还款的义务，一个现代律师认为该义务是建立在一个明示或默示的允诺的基础之上的，但中世纪的出借人并不“认为他自己依赖于还款的承诺”[10]，我不认为18世纪的律师在这些方面会完全脱离于其前辈们的思维方式。他会认为借款人的还款义务是一个法律义务，一个由道德、习惯和法律创设的义务；其产生于交易，而该交易可能包含了一些有意行为（intentional conduct）的要素、某种程度的自愿参与，但这并不意味着义务会被认为是由当事人所创设的。作一个现代的类比，一个人在

---

[9] 葛德文（Godwin）在谈到使用宣誓（oaths）的时候也提出了许多同样的问题（或抱怨）。他问，对于说明真相的义务而言，宣誓向该义务添加了什么东西吗？*Enquiry Concerning Political Justice*, ed. K. C. Carter（Oxford, 1971）, p.231. 比较 Bentham, *Introduction to the Principles of Morals and Legislation*（Collected Works, London, 1970）, p. 207, n. 2：“的确，索取允诺是足够常见的，其目的在于更有效地迫使一个人去做他被迫允诺要做的事。”

[10] S. F. C. Milsom, ‘Reason in the Development of the Common Law’, 81 *Law Q. Rev.* 496, 501（1965）.

路上驾驶他的汽车，他正在实施一个自愿行为，但是在现代律师看来，他在驾驶方式上面所负担的法律义务不是他自愿承担的。这些义务是法律课加给他的。如果他过失致害某人，是由侵权法而非合同法来确定他的责任。而且，每个法律学生从第一天开始就被教导说合同法关注的是当事人的行
144 为所创设的义务，而侵权法关注的是法律课加的义务。这种二分法不是中世纪思维的组成部分，其是在 17 世纪、18 世纪慢慢发展而来的。

回到当前的问题上来：如果归还借款的义务是由法律所创设的，归还借款的允诺的目的是什么？显然答案是，允诺是许多事情的非常好的证明。首先，其是交易性质的证明，允诺还款很容易就可以排除任何有关赠与的见解。[11] 其次，允诺可以证明借款人接收到款项，因为除非他已收到借款，否则他是不会允诺归还借款的。在这个方面，允诺只是承认责任的一种形式。再次，在有疑惑或争议的情形下，允诺可以证明收到借款的数额，因为如果借款人允诺归还 100 英镑，那么出借人很难争辩说他出借了 200 英镑。最后，关于交易的当事人可能存在争议或纠纷。例如，毫无疑问，有人向另一个人借钱，债务确实存在，并且借款人有还款的法律义务；但当事人之间还存在某些方面的不确定性。出借人可能希望请求：虽然他把钱交到了 A 的手中，但是的确是 B 应当归还借款，因为 A 只是 B 的雇员、妻子、儿子或者父亲。在这些情形下，B 的允诺作为证明相关关系、证明应当由 B 还款的其他因素的证据是极有价值的。因为，对于交到一个人的雇员、妻子、儿子或父亲的手中的钱，该人很显然并不总是负有还款的义务，但是在某些情况下，他是负有还款义务的；如果他通过允诺承认了他的还款义务，那么很显然该允诺是证明这一责任的良好证据。

同样，允诺也是证明交易大量辅助或者次要的事情的良好证据。[12] 例如，它可能决定着应当偿付的利率（在限制范围之内），偿付该利率是公平合理的；更广泛而言，在一个巨量交易中，允诺可以证明当事人所约定之交易公平与否。如果一个人允诺为一包布料支付 1 英镑，即使在最早的时期，该允诺也是一个证明该布料事实上就值 1 英镑的良好证据，允诺因

[11] 亚当·斯密指出，允诺的价值是澄清使用语言所带来的含糊性。*Lectures on Jurisprudence*, ed. Meek, Raphael, and Stein, p. 88.

[12] 同样地，虽然遗嘱执行人无论如何都必须清偿死者的债务，但是遗嘱指示（testamentary direction）对于遗嘱执行人也是有意义的，因为，例如，该遗嘱指示可能表明应当用哪些资产偿还债务。这一点在 18 世纪时更加重要，因为那时的土地通常不负担债务。

此就具有判断什么是公平价格、合理价格的一个起点。

而且，如果一个允诺是证明某个利益之性质或价值的良好证据，那么， 145
它也可以证明一些关系的性质，证明“信任”、依赖或信赖的合理性。（例如）一个被他人信赖会维修或运输其货物的人，可能会就其货物的维修或运输负有义务，这不是因为他作出了任何允诺，而是因为他是谁或他是什么——因为他的身份。例如，一个公共承运人（common carrier）或普通旅馆主人（common innkeeper）在中世纪法律上负有许多义务，不是因为他就此作出了允诺，而是因为与其身份相关的法律义务。其实，即使在这种情形下，允诺作为证据也很可能是有价值的。在中世纪，如果一个人允诺为他人的马钉蹄铁，这可以很好证明允诺人是一个普通铁匠——因为其他人难道会作出这样一个允诺吗？但是在这种情形下，看起来很清楚的是允诺具有更广泛的意义。因为对于有关信任或信赖的事务，允诺不仅具有证明性的力量（evidentiary force），而且具有正当化的力量（justificatory force）。如果一个人依赖他人，并信任他，而将其货物或人身交付给他照顾（如某个旅馆主人或渡船主人），那么，一个允诺可以被认为是该信赖行为的正当理由。简言之，这个允诺将信赖正当化了。

在保证人对债权人的责任中，允诺的这两种用途都可以得到说明。如果保证人请求债权人给债务人授予信用，他的这一请求（正如我们将看到的）本身构成了他承担责任的理由。但是只有一个单独的请求，那么其效力是很微弱的。一个依保证人之请求（该请求不过是推荐或信用证明而已）行事的债权人，很可能是基于他自己的主动性、冒他自己的风险、“用他自己的头脑”——正如谚语所言，而采取行动的。但是如果该请求被附加上了明确的、愿意承担由此产生的任何损失的允诺，债权人给债务人授予信用的行为，更容易被推到保证人的家门口。该允诺并没有创设义务、债务，因为它已经存在。但是，该允诺使债权人信赖保证人的行为被正当化了，而该信赖行为本身就可以被看作应当由保证人承担责任的理由。同样，附加在请求之上的允诺，是证明保证人从信用授予中获益的强大证据。

现在，将允诺当作证明某个债务的强大的，甚至是决定性证据的观点，显然对于起诉人（pleader）具有巨大的吸引力，尤其当案件事实本身存疑或复杂，而程序规则又极其技术化的时候更是如此。诚然，我们知道，起诉人早期使用简约之诉（*assumpsit*）——债权的传统和适当的救济方式——

的主要理由之一恰好就是，创设债务的事实必须以非常详细的方式、以精
146 确的时间进行安排。如果被告曾允诺履行某个已经存在的债务，他实际上承认（admitted）了他的责任，因此，还有什么比这个做法更自然的呢？即起诉人应当力图说服法庭将该承认当作是决定性的（或者至少是一个强大的表面证据），而无需对事实进行详细调查。

在指出 18 世纪的允诺仍然常常具有证据特征的同时，我必须加入一些附加说明。我不是说这个理论是有意识地呈现到当时的律师们的头脑中的，也不是说这个理论已经被清晰地表述出来了。不像下个世纪——合同自由时代——的理论，当时的理论并没有有意识地和清晰地阐述这一点。说证据说（evidentiary theory）与当时的所有法律学说都是一致的，这也是不正确的。人们必须谨防赋予这个理论以一致性和逻辑力量——一致性和逻辑力量是这个理论从未拥有过的，也必须谨防把历史材料强行作实体与证据的区分，这种区分在现代才被人们更清晰地理解，其在 17 世纪、18 世纪还处于发展之中。尽管如此，我认为，对于现代律师而言，作为具有证据作用的允诺的理论，在这个过渡时期里至少还是帮助传播了一些潜在的契约理论。这一时期的律师试图将他们关于自由选择的新理论嫁接到这一古旧观念之中，该古旧观念认为义务产生于身份、习惯、关系和交易：不可避免地，其结论，即允诺和自由选择的拘束力一开始并不是那么强，必要性也不大。

允诺和公平交易

我在前面已经指出，在我们法律史的这个阶段，对于义务的产生而言，允诺既不是必要条件也不是充分条件。如果用现代律师所熟悉的语言来说，这意味着尽管允诺是某个法律义务的存在、性质或范围的表面证据，但是允诺并不是决定性的证据，它是可以被推翻的。反过来说，这也意味着在许多情形中，无论是否有允诺，义务都仍然存在，而没有允诺时，也几乎没有任何证据表明某项义务就根本不存在。在 18 世纪，法律对待允诺——其既非决定性的也非必要的——的方式，在有关公平交易的衡平法规则中得到了很好地说明，这部分法律逐渐被人们称为准合同法（the law of quasi-contract）。

当然，必须从一开始就承认，在普通法的合同法中从来就不存在明确的公平原则。在简约之诉（*assumpsit*）的漫长历史中，没有任何一个时期

需要公平交易的任何规则或学说，公平交易规则或学说要求，允诺应有足 147
够的回报，或者一个对价极其过分的交易应当被弃置。但是，如果 17 世纪、18 世纪的普通法律师对这些事漠不关心那将是令人吃惊的，而他们在 19 世纪对此才变得漠不关心。因为，正如我们将要看到的，当 17 世纪法庭开始将这一原则——交易的公平性不是他们要关心的——作为一种积极的信念的时候，他们这样做是受到意识形态和环境的影响所致，而在之前的几个世纪里明显是没有这些影响的。我们所知道的、这些较早时期的道德信仰和原则表明，对于律师而言，交换的公平性通常就是一种重要的对价，而且这个时期仍然是契约法深受道德理念影响的时期。对价学说本身就是某种道德理念的反映，而非不道德的商业习惯（amoral commercial practices）的反映。[13] 在普通法法庭中没有任何已被确认的、有关公平性的原则，甚至也没有任何有关公平性的、见诸报告的争议，而人们在评估这一意义的时候，必须铭记这些事实。对这些问题的任何解释都必定具有某种程度的推测性，但人们至少可以给出两种可能的解释或者部分解释，每一种解释我都将在后面进行详细讨论。第一种解释是，如果允诺的确可以因为某些既存的义务或其他独立于允诺的义务而经常被执行，交换的公平性就不能通过检查允诺来进行衡量，而只能通过检查义务本身来进行衡量。而由于依靠允诺的基本目的之一是省去这种检查的必要性，即把该允诺当作是（或几乎是）义务的决定性证据，这种省去检查的可能性经常被有效地排除。第二种解释是，陪审团对损害赔偿的控制（其中包括简单的价格问题）可能使人们争取交换的公平性变得不必要。

无论如何，我认为，至少在 1770 年前后，契约必须基本上公平至少在衡平法院是一个既定的传统，这是足够清楚的；或者，更准确地说，一个严重不公平的合同很可能会被推翻。还必须记住，在整个 18 世纪的大多数时候，大部分合同诉讼都是发生在衡平法院的，正如我已经指出的。所有那些特别的衡平规则——其在 19 世纪逐渐被认为是异常的（对于那些一只脚还站在 19 世纪的现代律师而言它似乎也是异常的）——是 1770 年合同法的主要内容。抵押借款常常被当作是一种有合理利息的担保借款，而不顾其明示的合同允诺；土地归复权的绝卖（absolute sales of reversions）
被简单地转化为担保借款，且被法庭免除支付本金和固定利息的义务；违 148

[13] A. W. B. Simpson, *A History of the Common Law of Contract*, p. 488.

反契约而剥夺租赁权，如果这看起来是不公平的，那么剥夺租赁权将被否定，而不管明示的合同条款，即使违约金条款通常使用的都是最绝对的语言，但除了所遭受的实际损失外，违约金也是不会被强制执行的；不合理和不公平地限制交易的协议将被取消；被法官认定为显失公平的各种协议、不公平的交易都将被否定，只要有任何强迫或者交易显得极为不公平。事实上，衡平法院对合同的强制执行是一种自由裁量之事，如果合同看起来极不公平，拒绝强制执行也不是那么不同寻常。

对我们而言，这些事实的重要性已经被掩盖了，因为该衡平理论体系已经走过 19 世纪而进入 20 世纪了。在 19 世纪，这些规则似乎变得越来越不寻常，而且对古老的判例法进行了大量的注释。在这个或那个案例中总是能够找到与 19 世纪律师的观点相一致的法官个人意见（dicta），而这些法官个人意见，被那些关注法律学说在数百年中的一致性而不关注真正的法律史的人，赋予了卓越的声望。19 世纪的注释法学家（glossator）强调了他们发现的或者其认为是他们发现的 17 世纪和 18 世纪衡平法院的判例法的两大特征。首先，他们强调了在这个或那个案件中所发现的警句（cautionary words），如诺丁汉勋爵在 1676 年说的“衡平法院不会修改人们的协议”[14]，但却往往忽略实际的判决，不提及相反的法官个人意见。实际情况恰恰相反，因为对这一时期衡平法院的判例做任何检查就可以确定，法官们常常会废止他们认为是极其严厉或不公平的交易（我将提出一些简要的例子），但是他们不想过于广泛地公开这一事实。

其次，19 世纪的注释法学家强调的第二点是，法官常常拒绝在他们自己的法院强制执行合同，而让当事人去“寻求普通法救济”。对 18 世纪法律的这种注释，暗示法官不是不愿意看到合同按法律条文被严格执行，即使在他们自己没有伸出仁慈之手或衡平之手的时候也是如此。在 19 世纪无疑会发生这样的情况，但是这不代表 18 世纪的法律或态度。其忽略了从 1770 年到（据说）1850 年之间陪审团的角色和权力的巨大变化。在 1770 年，陪审团仍然在对法律规则的适用上保留着相当大的自由裁量权，而法官们并非不
149 愿意纵容甚至鼓励陪审团在许多民事（和刑事）案件中实现实质正义。在合同事务上，这意味着损害赔偿——其他事项除外——几乎完全由陪审团自由裁量。其结果是，如果（例如）一个出卖人就其出售给买受人的某个东西的

---

[14]　*Maynard* v. *Moseley*（1676）3 Swan. 651，655，36 E. R. 1009，1011.

价格提起诉讼，如果买受人能够说服陪审团他所同意支付的价格过于高昂，那么陪审团也许会判给他损害赔偿以体现某个公正的价格，而非双方所同意的价格。[15] 此外，即使认为在这样的案例中，“理论上的”法律是一回事，“实践中的”法律不过是忽略了它自己的规则，这种认识也是错误的。这不过又是用后来的法律去解读以前的法律罢了。在整个 18 世纪的大部分时间里，大法官们（Chancellors）和法官们（judges）都知道，普通法的陪审团拥有“缓和损害赔偿”的自由裁量权，[16] 他们甚至鼓励陪审团在适当的时候运用这一权力，他们仍然在此基础上作出自己的判决，即陪审团在未来也将像其在过去那样运行着。但是，态度正在发生改变。随着那个世纪慢慢过去，法律上的自由裁量因素、仁慈因素和衡平因素受到越来越多的攻击，且在 1770 年之后，陪审团和法官的自由裁量权都受到了显著的限缩。

合同与准合同

如果关于公平交易的衡平规则支持着这一观念，即允诺并没有不容置疑的拘束力，不是创设法律义务的充足理由，那么准合同法（其逐渐被人们这样称呼）就表明了这样一个事实，即允诺并不被认为是创设法律义务之必要条件。我已经指出，合同责任背后的根本观念之一是这样一种观念，即一个从他人处获利的人，通常有义务以某种方式酬报对方，或者偿付该收益。这个观念很显然横跨了被后来的律师称为“合同”和“准合同”的两个法律领域，准合同法用更流行的现代术语表述就是“返还法”（‘restitution’）。如果认为允诺在 18 世纪的债法上经常扮演证据角色是正确的话，那么当时的律师发现各种债之关系中获益与支付对价之间具有紧密关系，就丝毫不令人吃惊。当支付对价是一个人的义务时，他必须为他所获得之利益支付对价，而无论该义务是否为其允诺所承认，这是一个次要的问题。这样的结果众所周知：合同和准合同两者都可以通过同样的简约之诉（*assumpsit*）被强制执行。在 19 世纪，当责任理论发生了变化，当律师（和其他人）逐渐认识到自由选择和允诺作为责任的充分且必要的理由

[15]　两个早期的著名案例是 *James* v. *Morgan*（1665）1 Lev. 111，83 E. R. 323；and *Thornborrow* v. *Whitacre*（1705）2 Ld. Ray. 1164，92 E. R. 270。

[16]　See，e. g.，Powell J. in *Mitchell*v. *Reynolds*（1711）in the less-known report in 10 Mod. 27，29，88 E. R. 610，611；*Hicks* v. *Philips*（1721）2 Eq. Cas. Abr. 688，22 E. R. 579.

150 的时候，合同与准合同的关联性逐渐被认为是不恰当的甚至是荒谬的。这一切都归结为由诉讼形式所造成的程序上的混乱。律师开始认为准合同与真正的合同“没有关系”。18 世纪的律师看不出“事实上的默示”允诺与“法律上的默示”允诺的区别，这一切混乱得让人觉得可笑。“事实上的默示”允诺是一个真正的允诺，是从行为与言语中推断出来的结论，是当事人同意承担责任的允诺；“法律上的默示”允诺是纯粹拟制出来的允诺，是法官发明的允诺，用来在没有真正允诺或同意的外观时为当事人创设义务。虽然其中存在着一些真理，但是如果 18 世纪的律师仍然看到多种形式的合同义务和多种形式的准合同义务之间存在着实质性的关联，也并不令人吃惊。两者常常都围绕着为所获利益支付对价或返还所获利益的义务而展开；两者在某种意义上都以“不当得利”（‘unjust enrichment’）观念为基础。尽管该词语是现代发明的，但这个概念本身一定和私有财产概念一样古老（因为它是私有财产的固有内容）。

除此之外，“事实上的默示”契约与“法律上的默示”契约之间的区别，对于 18 世纪的律师而言，可能具有不同于后来其所具有的含义。那个时候的“事实上的默示”契约通常只是意味着其是一个由陪审团发现的合同（或义务），而“法律上的默示”契约则是一个由法庭发现的合同（或义务）。[17] 在那个时候，法官和陪审团通常的功能差异主要是陪审团裁决事实问题，如某个人是否获得了一项利益，他是否应当就此支付对价，他应当支付多少对价。但是在整个 18 世纪，法官们在竭力寻找某种控制和限制陪审团功能的方法，基于获得某种利益而产生的合同责任，逐渐在两个方面日益受到司法控制。首先，法官通过认定存在着“法律上的默示”契约，而事实上将某些判决从陪审团的手中全部拿过来；这样他们就取得了对某些（*some*）产生责任的获益的裁决权，他们这样做的原因恰好就是他们并不总是信任陪审团会明智作为。[18] 这样，这些问题就变成了法律问题。其次，法官通过运用“请求”原则（‘request’ principle）而作出有利于原告的判决，来限制陪审团的权力。对于这两点我必须简单谈一下。

---

[17]　事实上，在 17 世纪一个事实上的默示允诺本身在很大程度上也被认为是一种拟制。A. W. B. Simpson, *A History of the Common Law of Contract*, p. 493.

[18]　参见霍尔特在 *York v. Toun*（1701）5 Mod. 444，87 E. R. 754：“很难将习惯、条例、罚款权、特许状和所有事情都留给一个陪审团来处理。”

如果获得某种利益被认为是某项法律责任的基础，那么很明显，需 151
要许多法律规则来更明确地界定什么样的获益应当支付对价，义务什么时候产生等诸如此类的问题。即使是最严重的财产主导型社会（property-dominated society）也不能总是认为，强迫一个人为他所获得的利益支付对价是公正的、有益的，甚至是切合实际的。例如，递交利益给他人的人，可能只是在做他本身应当做的事；而且在没有合同的情况下，律师是不能提出与今天的对价原则相类似的辩护意见的。再如，利益的价值如何、利益和相应的责任负担之间的关系如何平衡？如此，获益的根据并非一定是很简单的。其不可避免地产生这个问题：何时是正当的，即什么时候一个人有义务就其从他人处所获利益支付对价（或返还所获利益）？当然，在19世纪，律师会毫不犹豫给出一个统治当时的法律理论和法律思想的答案，亦即如果（通常是只要）该当事人同意或允诺支付对价（返还获益），那这就是公正的。但是，更早时期的律师可能会更怀疑这个回答。事实上，这个回答十之八九是说，当一个人有义务（*duty*）支付对价时，当他应当（*ought*）支付对价时，那么他就应当被强迫为其获益支付对价。如果允诺人在某种意义上，无论如何都应当去做他允诺之事，那么即使是一个允诺也是有拘束力的。[19] 对现代律师而言这个回答似乎没有多少助益且是一种循环论证，但是那个时代人们不这么看，当时法律义务和道德义务比今天更加明显地交织在一起。在1770年，法律实证主义已经作为一种法哲学出现了——1776年是边沁出版其《政府片论》（*Fragment on Government*）的那年，奥斯丁（Austin）后来从该书中提炼出他大部分的观点。

现在，应当研究一下，当一个人应当对其所获得之利益支付对价时，他应当怎么做，传统上这个问题是由陪审团来处理的。大多数的人们都很清楚，当他们应当为其获益支付对价时他们的义务是什么，但是在有疑问或争议的情形中，就由陪审团来决定应当怎么做。当然，每个人无论如何都必定同意履行其义务，因为毫无疑问，难道有人胆敢否认他自己愿意履行其义务？这样，陪审团就历史地和分析地跨越了道德和法律之间的鸿沟、一个人允诺要做的事情和他应当要做的事情之间的鸿沟、允诺人个人给自己课加的责任与习惯上的（或现代的）法律规则客观上所课加的责任之间的鸿沟。当陪审团认为一个人应当为其获益支付对价时，事实上他们是在

[19] A. W. B. Simpson, *A History of the Common Law of Contract*, p. 457.

说，一个理性的人、一个道德的人负有偿付的义务。这样，默示合同事实
152 上涉及的是陪审团认为应当偿付的一种利益。当法庭认为存在着一个法律上的合同的时候，法官们实际上是在说，该利益是一个应当返还或偿付的利益。这样，布莱克斯通——从他创设的法律拟制中——也许告诉了我们律师是如何认识事物的，他说，“默示合同”“尽管也许从来没有实际订立过，但是法院却常常从一般的蕴意和真意——每个人都应当做其义务要求或者正义要求他做的事——中将其推导出来”[20]。

还有另外一点需要说明。人们很容易就假定——无论对于默示允诺的观点是什么——至少一个明确的允诺，其当时的意义与今天的意义是相同的。甚至这个假定也是毫无事实根据的，不是因为允诺这个概念的意义发生了变化，而是因为程序规则发生了变化。在 18 世纪，一个面对这项指控的被告，即他曾作出过做某事的明示允诺，面临着抗辩者困境。一般而言，他被迫作出决定，要么“答辩”（plead，即否认他曾作出过这个允诺）要么“法律抗辩”（demur，即争辩说即使他曾作出过这个允诺，但是他在法律上没有责任）。通常他不能交替运用这两种抗辩。现在一个处于这种境地的被告，常常选择法律抗辩，即使他没有作出过明示允诺，因为这至少会使他的案件被转向法律并转到法官手中，如果他答辩而否认指控，即使他的答辩有理有据，陪审团也很可能作出不利于被告的事实认定。如果被告对用来反对他的事实进行法律抗辩，这样他就被假定作出了某个明示的允诺。然后如果法庭根据法律作出对被告不利的判决，那么被告就会对一个普通的或明示的允诺承担责任，尽管他可能根本就没有作出过这样的承诺。这意味着法庭给认为被告有义务做某事的——例如，为某种获益支付对价、提供服务时尽到合理注意——原告提供了一个持续的诱惑，原告只需要对一个明示的允诺（即使不存在这个明示的允诺）提出诉讼指控，那么他就很可能会胜诉。[21] 这肯定使法律上的默示合同与事实上的默示合同之间的界限被模糊化了。

---

[20] Bl. Comm. iii. 162.

[21] 这可能就发生在 1775 年的 *Atkins* v. *Hill* 案 [（1775）1. 284，98 E. R. 1088]，在该案中，被告的律师在其法律抗辩被推翻之后，拒绝撤回他的法律抗辩和答辩。人们想知道，在 1703 年 *Coggs* v. *Barnard* 案 [（1703）2 Ld. Ray. 909，92 E. R. 107] 中，被告是否真的允诺搬运木桶时确保其“安全”，一如原告所控告的。

请求（Request）

如果说法庭乐于认定“法律上的”默示合同就意味着，当法官担心陪审团不会给当事人课加某种责任时他有时就会课加这种责任，那么，“请求”原则似乎发挥了相反的作用。这就是说，在法庭觉得获得某种利益的 153
证据不足时，其是一种阻止陪审团作出有利于原告的判决的方法。整个 17 世纪、18 世纪，“请求”理论是合同法的根本特征，关于它的案例数量众多。

请求理论——如果可以这么称呼的话——在简约之诉（*assumpsit*）的诉求条件上发挥了重要作用，[22] 但是它也发挥了主要的实体作用，而后一个作用是我所关注的。总体上而言，法律规定获益（或损害）只有满足以下条件时才构成“正当对价”——其是唯一一个能够将允诺诉讼予以正当化的对价——对价在允诺作出之后（*after*）才被提出来。用法律术语表述，其或者是一个待履行对价（executory consideration）——这是原告允诺要做但诉讼时尚未履行之事，其是对相对人允诺的一种回报，或者是一个已履行对价（executed consideration）——诉讼时原告已经履行了其所允诺之事。但是不能是过去的对价（past consideration），即在作出允诺之前已经完成之事。然而，存在着这样一些例外：如果过去的对价是应允诺人的请求（*at the request*）而提供的，且他接着就允诺偿付的话，那么他负有合同责任，尽管允诺是随着该对价而来的。[23] 似乎这种假设是合理的，即这些规则（尽管后来它们变得高度技术化）的最初目的，是确保被告不会偿付那些没有真正使其获益的东西。在现代法律中，这个问题在很大程度上已经被要约承诺规则所解决，而在当时尚不存在要约承诺规则。“请求”原则是对这些规则的部分替代。一般而言，如果一个人确实接受了某个东西——如果他接受了交付给他的商品或金钱——就可以也只能假设，这就是一项获益。[24] 类似地，如果清楚地存在着一项独立的义务，那就不需要请求了。但是，如果只是向允诺人提供了一些服务的情形，或者如果受允

[22] A. W. B. Simpson, *A History of the Common Law of Contract*, p. 576-8.

[23] See H. K. Lucke, '*Slade*'s Case and the Orignin of the Common Counts', 81 Law Q. Rev. 422, especially at pp. 437-40（1965）.

[24] *Wheatley* v. *Lowe*（1624）Cro. Jac. 667, 79 E. R. 578.

诺人已经向第三人提供了商品或金钱，那么就必须提出请求。[25] 其原因似乎是很清楚的：根据法庭的观点，在提供某些服务或者将某些商品交付给第三人之后（*after*）所作出的允诺，该允诺本身并不足以证明允诺人从中获得了任何利益。只有当允诺是在对价被提供之前作出的，或者对价是应允诺人的请求而提供的，法庭才能合理地确信允诺人的确获得了某种利益。
154 毫无疑问，在获益的证据足够明确时是符合此要求的，在这种情形下，法庭会鼓励陪审团去发现某种“默示请求”。[26] 这样的情形也是符合此要求的，即事后允诺的事实无关紧要，此种情形下，甚至是法庭也愿意去寻找某种法律上的默示合同。例如，一个人在一些紧急情况下按好邻居那样行事，照顾他人小孩，[27] 或者为他人小孩请医生，[28] 即使没有请求他也有权获得偿付。在紧急情况下，不应要求提出请求，因为当时无法联系到现在被起诉的当事人。且在这些情形中，事实上存在着获益的其他证据——对法庭而言，证据的可接受性是一个法律问题——因此不必依靠允诺来作为获益的证据。显然，履行紧急义务的人，给他的邻居提供了一项利益，从而使该邻居不必履行一个本该由他自己履行的义务。

第二节　允诺的证明作用

现在有必要仔细研究一些特定类型的案件，这些案件为允诺在 17 世纪、18 世纪的法律中经常起到证据作用的观点提供了支持。

本票

正如我们前面所指出的，现代本票起源于 17 世纪的金匠票据。最早的金匠票据事实上根本不是用来指允诺的，而仅仅是指收据（receipts）。[29] 金匠们承认收到了一笔金钱。没有人会对此有任何怀疑，即因金匠对金钱

---

[25] *Hayes* v. *Warren*（1731）2 Stra. 933, 93 E. R. 950; *Birkmyr* v. *Darnell*（1705）1 Salk. 27, 91 E. R. 27.

[26] H. K. Lucke, ‘*Slade's* Case’, p. 440.

[27] *Church* v. *Church*（1665）T. Raym. 260, 83 E. R. 133.

[28] *Style* v. *Smith*（1665）cited in A. W. B. Simpson, *A History of the Common Law of Contract*, p. 456.

[29] J. Milnes Holden, *The History of Negotiable Instruments in English Law*, p. 73, n, 1.

的收取而创设了一项返还或偿付金钱的法律义务。当然，该收据是承认偿付的极佳证据，即使该偿付承认并没有任何明示的允诺来证明。但是习惯上很快就将收据看作是一种偿付允诺的形式，而不仅仅是一种承认。其原因或许是将其金钱存放到金匠那里的商人，想要将这些票据转让到他人手中，想要将它们作为货币来使用。现在，如果票据将被转让，人们就会觉得一个收款的确认——至今它是证明原初存款人的足够完美的证据——就不那么足够了。其结果是它习惯上就变成了表示本票的票据，这就是说，金匠（有或没有一个独立的承认收到款的收据）允诺向存款人或持票人（*bearer*）支付一笔存款。此外，用这种形式出票，就可以明确其他一些 155
事，例如何时支付款项是单纯的收据所不能确定的。这些本票应要求即须付款的做法迅速变成了习惯。现在，在某种意义上，这些文件语义的这种变化——从单纯的收据变为付款的允诺——没有改变本票出票人向存款人付款的基本责任。他负有付款的义务是因为他从存款人那里收到了一笔存款、一项利益，而不是因为他允诺付款。如果一个人给一个在他那里没有存储任何东西的人（或者给他任何价值形式的东西）签发了本票，持票人手中的该票据就不能被强制执行。即使是今天也不行。允诺是证明某项有价值的东西已经交付了的一个表面证据（因为人们通常不会没有某些回报就允诺付款，这难道不是一个合理的假设吗？），但该证据是可以被推翻的。如果允诺人对为什么他没有得到任何回报就给了他人一张本票，能够给出一些解释（例如，他被胁迫了，或者被欺诈了，或者错误地认为自己欠了他人那笔款项），该允诺也不能被强制执行。

虽然今天的人们可以争辩说，金匠票据词义的变化，并没有改变他责任的性质，但是，很容易就可以看出，为什么人们开始认为责任的性质已经改变了，为什么律师开始将允诺看作是其本身就具有意义的东西。（正如我们前面所看到的）这些本票被当作货币的等同物，对于维持信用极为重要，因此出现了严格对待允诺的趋势。至关重要的变化发生在本票转移到第三人手中的时候——（例如）其由最初的持票人以一定价格出售给第三人而第三人成为持票人。如果本票在最初的持票人手中，即使允诺人本人没有获得任何有价值的东西、任何利益，该允诺也是可以被强制执行的。但如果本票在第三人手中，本票是不可强制执行的，除非第三人自己为该本票支付了价款。现在，为本票支付了价款的第三人被认为对该本票的信用已经形成信赖，其给本票的出票人和签发人授予了信用。[30] 这种信赖很难说是不合理的，因为签发本票、对持票人负有付款义务的人，必定预料到该票据会被兑现，除非第三人被期望会与出票人核实：他是否确实签发了该票据、他是否接受他在票据上的责任，对该票据本身的信赖方面没有任何不合理之处。

156 今天人们通常认为有关本票（以及类似的汇票）的法律是对价原则的一个例外，事实上，还有很多不适用对价原则的边缘情况。但是，鉴于前述分析，现在应当很清楚的是，有关本票的法律在其发展之初甚至在现在也都没有什么独特之处。原则上，某个本票或者汇票的出票人的责任，可以被最终看作是或者是基于他所获得的利益，或者是基于本票或汇票的持票人的信赖损害（detrimental reliance）。当然，这不是 19 世纪所发生的情况，与合同法的其他部分一样，现代的律师也不这样看待它。允诺在这里，与在其他地方一样，都是整个问题的中心所在。

信托与允诺

为与本票和汇票的法律相对比，让我们转向一些衡平法学说（equitable doctrines），人们常常认为这些学说是从商法中尽最大可能提炼出来的。衡平法院自 17 世纪以来赋予了信托以强制执行力，而在 1535 年的《用益法》之前，衡平法院贯彻的是中世纪版本的信托，被称为“用益”（‘use’）。这里没有必要去探寻用益，甚或信托的起源。这样说就足够了，即信托是——且几乎一直都是——已履行协议（executed arrangement）的一部分，根据该协议，一方当事人将其财产转移给他方当事人，该他方当事人因此就是被信任的、被托付的人。对受托人而言，他因为收到财产而获得一项利益（如果法院不强制执行该信托，情况就更是如此了），但当事人从没有打算让他获得该利益；如果他不被强迫遵守信托条款，那么我们完全可以说他事实上已经构成不当得利了。而且，在信托情况下不仅存在着潜在的不当得利的因素，而且还存在着信赖损害（detrimental reliance）的因素。毕竟，对于受托人而言，信托财产已经与其前所有权人相分离了。如果受托人现在不尊重这种信托，那他不仅构成不当得利，而且信托财产的前所有权人将会因为他对受托人的信赖、信任而遭受某种损失、某种损害。当然，更

[30] See, e. g., the remarks o Lord Mansfield in *Walton* v. *Shelley* (1786) 1 T. R. 296, 300 99 E. R. 1104, 1107.

经常的是受托人明示同意，或者允诺遵守信托条款，由于信托提前开启了"允诺时代"（the Age of Promises），同时由于——作为衡平法院之理论的一部分——信托超出了普通法上的简约之诉（*assumpsit*）的范畴，因此，现代信托法在很大程度上仍然植根于（尽管不是公开地基于）赋予其生命的不当得利的理念以及信任（或信赖）的理念。换句话说，信托法从未经历过契约法和准契约法曾经历过的蜕变。允诺因素在信托法中一直是一个相对不重要的部分。

只需要进一步指出两点即可。第一，信托法的起源在某些方面对现代法仍然有影响。从最初开始到当下，在完全设立信托（fully constituted trusts）与不完全设立信托（imperfectly constituted trusts）之间一直都存在着显著的区别。宽泛而言，这种区别就像部分履行的合同与完全履行的合同之间的区别一样。如果信托财产确实转移，确实被信托给了受托人，潜在获益的因素与信赖因素已经呈现出来，那么该信托就可以被强制执行。一个明确表达出来的允诺，是受托人接受信托财产情况的证据，但并不构成责任来源。另外，如果财产尚没有转移，受托人只是允诺在将来实行信托，那么这就是"不完全设立信托"；原则上，这种信托是不可执行的，除非存在着某些其他（*other*）对价（如某些利益或损害，但不包括转移信托财产给受托人）。这样，我们发现，在信托法上和在合同法上一样，单纯地对未来的允诺一般是不能被强制执行的，反之，即使不存在允诺，不当得利也将被制止，受损害的信赖也将受到保护。 157

第二，信托如果（*were*）可以被强制执行，且没有被允许的不当得利，那么很容易假定相关的受托人在交易中没有获益。事实上，今天以及长久以来，信托都是一项有点繁杂的事务，在表面上它并没有为受托人带来任何回报或报酬。但是当信托的合法性存疑时，当受托人或不可靠的受托人声称他有权享有这一财产，且不受任何信托的拘束，其获益的因素将变得更加显而易见。权利受到不法侵害的受益人肯定会觉得受托人从他得到的财产上获得了其不应获得的利益。然而，事实上，即使获益的因素和阻止不当得利的愿望，构成了信托的被承认或被强制执行的基础，但其获益性质与商业交易、普通合同中的获益性质是不相同的。这是因为在绝大多数信托中并不存在真正的交换（*exchange*）。因此，较之于获益因素，今天的我们在信托法中更容易发现信赖因素。但是有点不幸的是，信赖因素正在脱离合同法而去，因为它本来可以帮助现代合同法回到比现在更加令人满意的基础之上。如果现代律师对法律在历史上对合同法领域之外的合理信赖行为的保护程度多加注意的话，他们可能更加愿意将现代的合同法学说
158 转回到更有成效的道路上去。

在这里我只需要指出一些18世纪的衡平法院的案例——这些案例从未被衡平法忽略过——在这些案例中，死者留给某人一项遗产，此人被法庭强迫遵守他所允诺的条款。[31] 事实上，在这些案例中人们经常会发现有一个明示允诺，但是它们（在英国）很少作为合同却被强制执行，[32] 然而它们从来没有被拒绝作为信托强制执行过。尽管如此，有时所使用的语言很好地显示了其与合同理念的关联。例如，在 *Drakeford* v. *Wilks* 案 [33] 中，哈德威克勋爵（Lord Hardwicke）指出，如果受益人宣布或承诺"鉴于遗嘱人给受遗赠人所进行的（对土地的）安排"而将采取一些行动，法庭总会执行这种信托。而当讨论到对信托条款的"承诺"（'acceptance'）时，现代的信托法教科书也使用类似于合同法教科书的语言。[34]

遗嘱执行人的责任

从信托的衡平理论转到遗嘱执行人对于遗嘱人的债务与遗赠物所负的责任，这是一个很自然的转向。遗嘱执行人对于死者债务的责任长期以来就是一个问题，这个问题出现在17世纪、18世纪的大量法律案件中。在曼斯菲尔德勋爵的时代，产生了另一个相似的问题，其涉及遗嘱执行人对于遗嘱人在其遗嘱中所留下的遗赠物的责任。而18世纪的法律在理论上是相当清楚的。一个遗嘱执行人对死者的债务负有责任，但是只在其所接收到的、任何可以用来适当偿付债务的遗产范围内承担责任。自由保有土地一般不能被用来清偿债务——事实上，土地通常直接转移到权利人手中而根本不会借遗嘱执行人之手。如果遗嘱执行人允诺偿付死者的债务，常常反复出现的问题是，如果死者遗产不足以清偿债务时，该允诺是否让遗

---

[31] *Drakeford* v. *Wilks*（1747）3 Atk. 539，26 E. R. 1111；*Barrow* v. *Greenough*（1796）3 Ves. 152. 30 E. R. 943. 这些案例是现代"秘密信托"（'secret trusts'）法的起源。

[32] 在美国，这种性质的允诺有时会作为合同被强制执行，e. g. *Lawrence* v. *Oglesby* 52 N. E. 945（1895）。对于英国早期的类似案例，see *Starkey* v. *Mill*（1651）Style 296，82 E. R. 723。

[33] 3 Atk. 539，26 E. R. 1111.

[34] See，e. g. Halsbury's *Laws of England*，3rd edn.，xxxviii. 847. "一个人可以明示地接受秘密信托，也可以在托付给他时他默许接受该秘密信托。"默许在合同法上通常不构成承诺，但是当默许伴随着财产转移时，几乎不可能对该默许作相反的、非承诺的理解。

嘱执行人有义务自掏腰包来清偿债务。

就债务而言，法律明确规定的是，遗嘱执行人的清偿责任仅限于他所接收到的遗产；这一责任基于他作为遗嘱执行人的身份而产生，而不是因为他自己作出了某个允诺。在这一点上，边沁对于遗嘱执行人因为其在合同上负有和死者相同的责任的观点不屑一顾，他的观点代表了一种古老的传统，尽管这种立场于他而言是不常见的。他说（他这里是以19世纪的声音在说）：“合同是缔约人的意志的表达，他的意志被认为通过该合同表现了出来。”[35]但是，遗嘱执行人和继承人不是因为一个意志的表达而承担责任，他们承担责任是“因为他们各自的权利只覆盖到遗产之净值”[36]。 159

而在信托情况下，明显涉及获益因素，[37]但是，如果遗嘱执行人又被强迫吐出全部遗产，他最终是不会获得利益的。在实践中，这一问题就变成了如何让他吐出遗产。从遗嘱执行人处获得债务清偿，这无疑是非常困难的，如果债务没有适当的书面记录就更是如此了。这一观念，即当一个人死亡时要让他的财产与他家庭的财产相分离，很久以来就清楚地确立起来了。遗嘱执行人很容易就可以通过说没有遗产或遗产已经被用于清偿其他债务，而搪塞债权人；似乎可以肯定的是，债权人（无论是真正的债权人，还是欺诈性的债权人）认为，要克服这样的困难，只要遗嘱执行人自己允诺清偿债务，那么他就可以起诉遗嘱执行人，而不管遗产的充分性如何。现在我们知道这样的诉讼即使在17世纪也一定很普遍，因为1677年的《反欺诈法》（the Statute of Frauds）包含着让他们感到沮丧的、要求须有书面形式的允诺的规定。

有趣的是，关于这个问题法庭似乎已经假定，遗嘱执行人本人清偿死者债务的允诺，是他事实上已经获得了足以清偿债务的遗产的证据。[38]这种假定可能是合理的，但是陪审团过分想要从某些微不足道的证据中找出这种明确的允诺，可能就会产生麻烦。很容易就可以想象到，一个遗嘱执行人会用保证未来清偿债务来搪塞债权人，随后陪审团会认为这就等同于明示允诺用遗嘱执行人自己的财产来清偿债务。当《反欺诈法》

[35] Bentham, *Of Laws in General* (Collected Works, London, 1970), p.65.

[36] Bentham, Works (ed. Bowring), iii. 191.

[37] See E. H. Bennett, 'The Nature of Consideration', 10 *Harvard Law Rev.*35 (1897).

[38] *Cleverly* v. *Brett* (1773) 5 T. R. 7, 8n.; 101 E. R. 4; *Barry* v. *Rush* (1787) 1 T. R. 691, 99 E. R. 1324.

的相关部分施行后，这种过分干预被认为受到了制止。但重点是，当该允诺被强制执行时，其就成为一个支持独立义务的允诺，且不难看出它
160 的证明力。

然而，通常情况下，责任的范围（*extent*）一旦被承认，那么该范围就是由允诺而不是允诺之前的义务所决定的了。《反欺诈法》可以被看作是阻止或阻碍这个推论的一种尝试；它坚持认为遗嘱执行人所获得的遗产多少——遗产的范围——应当决定着遗嘱执行人的责任大小，该责任大小不是由任何允诺决定的，不管该允诺是真实的还是由富有想象力的陪审团所发现的。在 1778 年，上议院在 *Rann* v. *Hughs* 案[39]中进一步试图筑起堤坝。该案的判决因为其拒绝了曼斯菲尔德勋爵改革合同法的尝试而闻名，我将在后文再讨论该案这个方面的问题。在这里必须对上议院在 *Rann* v. *Hughs* 案中所坚持的观点进行分析，在该案中，上议院坚持认为履行既存义务的允诺，只要允诺的范围超过了该义务的范围，那么允诺就是无效的。他们坚持认为，允诺"必须和对价保持相同范围（co-extensive）"，这就是说，除非显示出有额外的获益因素或信赖损害，否则允诺不能给既存的义务增添任何东西。遗嘱执行人清偿死者债务的允诺之所以可以被强制执行，是因为遗嘱执行人接收到死者的财产，不管怎样他都有义务利用该财产以清偿债务。因此，允诺不能使遗嘱执行人的责任被扩展到超过该财产的范围。这里，我们再次看到允诺的作用在根本上仍然是证据性的。它是收到遗产的证据，但不是决定性的证据。当然，这个判决对基于允诺的合同法的出现形成了威胁，但是它不能阻止正在到来的变革。尽管人们还偶尔重申允诺必须和对价保持相同范围的观点——事实上迟至 1842 年仍然可以发现这个观点[40]——但是，基于允诺的合同法绝对是凭借对该观点的拒绝而发展的。因为，如果一个允诺必须和对价保持相同范围，又如果——正如我已经指出的——该对价是责任之根源的原初性对价，那么该允诺永远不可能给责任添加任何东西。这是因为允诺的确经常给原初责任添加一些不同于原初责任的东西——添加一些有关期限、当事人、时间或其他一些方面的内容。

遗赠物的问题是一个相当不同的问题，因为它涉及的是司法管辖权问

---

[39] （1778）7 T. R. 350，101 E. R. 1014.

[40] *Roscorla* v. *Thomas*（1842）3 Q. B. 234，236-7；114 E. R. 496，497-8.

题。普通法院对遗赠物的强制执行没有管辖权。理论上而言，遗赠物要服从宗教法庭的控制，但在 18 世纪的实践中，遗嘱执行人越来越经常通过向衡平法院提交申请状（filing a bill），请求其发给管理遗产的命令，从而强制他人给付遗赠物。然而，当请求权人仅仅是寻求给付某个简单的特定遗赠物而不想涉及任何更宽泛的问题时，这就成为一个笨拙的武器。此外， 161
在 18 世纪晚期，困扰衡平法院的慢性瘫痪（creeping paralysis）已经开始到来，且衡平法院的诉讼又以其迟缓而著名。正是在这些情况下，人们才在 1775 年的 *Atkins* v. *Hill* 案[41]中，试图在王座法庭提起遗赠物诉讼。由于人们普遍承认，通常的方法是不能让该法庭去管辖遗赠物案件的，因此原告在这里请求遗嘱执行人明示允诺交付遗赠物，如此提起合同之诉。就像现代律师对对价原则的理解一样，该诉讼会引发关于对价原则的严重问题。原告对于遗赠物既没有付出任何东西，也没有因允诺而遭受任何不利益。但是，很明显法院不是像上面这样看待这个问题的。遗嘱执行人已经从死者那里接收到财产，该财产是可以被用来向受遗赠人给付遗赠物的——而这是一种获益，此外，责任的真正基础无论如何都不是允诺，而是这一事实，即遗嘱执行人接收到已经被标记为遗赠物的财产，且遗嘱执行人无论如何都有义务给付遗赠物。允诺几乎是一项技术性手段，其给了法庭一些必要的借口来取得管辖权；事实上，允诺几乎全部是拟制的，因为被告都去对原告的请求进行法律抗辩了，他因此永远不会有机会去质疑允诺的作出。在曼斯菲尔德勋爵的指导之下，王座法庭取得了管辖权并作出了有利于原告的判决。

数年后，曼斯菲尔德勋爵和他的同党们在 *Hawkes* v. *Saunders* 案[42]中重申了这一判决，但是在该案中，曼斯菲尔德勋爵放弃了他最广为人知的暗示，即他将进一步扩展司法管辖权。因为他现在认为一个明示给付遗赠物的允诺是不必要的。总之，如果有足够遗产，遗嘱执行人即负有给付遗赠物的"法定"[43]义务；该"法定"义务可以被看作是一个默示允诺的充分基础。"如果一个人负有法定的或衡平的给付义务，法律即隐含了一个允诺，尽管事

[41]（1775）1 Cowp. 284，98 E. R. 1088. 关于 17 世纪在普通法法庭提起遗赠物诉讼的一些尝试，见 A. W. B. Simpson，*A History of the Common Law of Contract*，pp. 440-2。

[42]（1782）1 Cowp. 289，98 E. R. 1091.

[43] 此处的"法定"义务是指可以在法庭上（in a court of law）而非普通法法庭上（a court of commn law）被强制执行的义务。

实上该允诺根本没有被作出过。”[44] 这是最明显的迹象，表明曼斯菲尔德完全愿意通过基于默示允诺理论的普通的简约之诉（*indebitatus assumpsit*），来强制执行遗赠物。没有什么东西可以更清楚地表明法庭愿意强制执行一笔金钱的给付，给付该金钱是为了阻止明显的不当得利，也就是说，是为了强迫一个被告吐出其无权保有的某些获益，因而其被认为是具有法律正当
162 性的。这里不需要明示允诺，也不需要陪审团去发现某个获益或者请求；一旦证明被告那里有足够的死者遗产，法庭就会认为，作为法律问题被告肯定获得了他应当对之负责的利益。

与债务问题类似，当遗产不足时允诺给付遗赠物也面临着更大的困难。遗嘱执行人是否要对他给付遗赠物的允诺承担个人责任？在 1748 年 *Reech v. Kennegal* 案[45] 中，主持衡平法院的哈德威克勋爵认为答案是否定的。在该案中，遗嘱执行人向垂死的遗嘱人允诺向原告给付 100 英镑，但结果遗嘱人留下的是一个没有被改变的遗嘱。在遗嘱人死亡后，遗嘱执行人又对原告重复了这一允诺，但他随后并没有给付原告 100 英镑，事实上他否认自己作出过该允诺。哈德威克勋爵毫不怀疑，如果有遗产，遗嘱执行人应当承担交付遗赠物的义务，因为他在这个案件中宣布，甚至在普通法上该义务也是存在的，接收遗产构成对价或者足以证明一个允诺。但是哈德威克勋爵对于这一点有点犹豫不决，即是否存在着超越遗产范围的个人责任：“至于死者死后所作出的允诺”，他说，“我首先怀疑这是否不拘束允诺人自身；如果可以的话我会这样判决，但是又担心如果宽松地对待该允诺是否会走得太远。那它就不是一个允诺了。因此这里并没有产生对价……”[46]

言外之意已经很清楚了。允诺性责任仍然没有压倒对价基础责任（consideration-based liability）。遗嘱执行人应当负责，不是因为他允诺负责，而是因为他接收了被标记为遗赠物的财产。允诺只是这一事实的证据，允诺并没有创设义务。

道德义务理论（The Moral Obligation Doctrine）

在曼斯菲尔德的时代，基于允诺的合同法正在另外一系列案例中经历

[44] 1 Cowp. 290. 98 E. R. 1091.

[45] （1748）1 Ves. Sen. 123，27 E. R. 932.

[46] 1 Ves. Sen. 126，27 E. R. 933-4.

着诞生的痛楚，这些案例因“道德义务理论”而闻名。根据这些案件的判决，免除某个义务的允诺，其对允诺人有道德拘束力而无法律拘束力，且是一个有效的对价。例如，一个人允诺清偿其未成年时期所负的债务，或者允诺清偿根据《时效法》（the Statute of Limitation）他被免除的债务或者在破产中他被免除的债务，或者一个寡妇允诺清偿发生在她婚姻存续期间所负的并因此对其没有拘束力的债务，以及其他类似的案例，曼斯菲尔德认为所有这些允诺都构成了某个法律责任的充分基础。[47] 这些案例引起了巨大的麻烦并最终在 19 世纪被推翻。 163

传统上认为这些判决是曼斯菲尔德勋爵的一项不健全和激进的创新，在 19 世纪更稳定的条件之下，在法官重返正义道路之时，传统见解才归于应有的寂灭。但是，正如辛普森教授所指出的，道德义务理论融入这种法律体系——在这个法律体系中，由于允诺是对一个既存的这种或那种义务的强化证明（正如我已经指出的），所以允诺是可以被提起诉讼的——是非常自然的。关于道德义务理论，关键是在 18 世纪中期，法院越来越多地面临这个它们以前很少遇到的问题，至少在这个范畴内，也就是在一系列案件中，法律和道德之间存在着明显的分野。我已经指出了在 1770 年左右尚不存在法律实证主义的事实。我们已经看到，在有关遗嘱执行人责任的案例中，不同法院之间的司法管辖权问题是如何常常阻碍“国家之法”（‘law of the land’）观念的产生的。当然，还存在着另外一个我此前较少谈到的阻碍，亦即令状制度。一个提起诉讼的人可能会发现，如果他用这个令状起诉法律就是这样子的，而如果他用那个令状起诉法律就是那个样子的。此外，坐在衡平法院的法官们仍然在发明新的规则和学说以满足显而易见的正义要求，且即使在普通法院，道德观念在很多情形下仍然明显在引导着法律规则被创造和发展出来。自然地，所有这些都常常阻碍着这一观念的发展，即存在着一套区别于道德规则的规则——法律规则。

如果我的这个论断是正确的，即早期合同法经常或者说主要关注的是于允诺之外独立存在的义务的履行，这些义务主要产生于利益给付或者信赖行为且法院认为应当对其予以偿付，那么可以发现，随着法律沿着更现代的路线向前发展，以及法律规则的有效性变得更加清晰，法律和道德注定会相互分离，而如何确定应当被法律强制执行的责任就必然会变得很棘

---

[47] See especially *Trueman* v. *Fenton*（1777）2 Cowp. 544，98 E. R. 1232.

手。曼斯菲尔德所阐述的道德义务理论似乎解决了这个难题。允诺履行某个独立的普通法义务（*legal* duty），其显然是有益的和可强制执行的；允诺履行某个衡平法义务（*equitable* duty）（在技术的层面上其是指衡平法院所确认的义务）也同样是有益的和可强制执行的；似乎第三种情形，即允诺履行某个道德义务（*moral* duty），很自然地也是有益的和可强制执行的。事实上，在所有这些案件中——曼斯菲尔德从中归纳出的前述准则——都明显是允诺人从受允诺人手中获得了一些利益，但允诺人却并未偿付这些获益。得利或获益的因素因此被呈现了出来；当法律本身规定了这个结果，
164 那就很难说该得利是不正当的了。很清楚的是，没有允诺就没有义务，无论如何都是没有可强制执行的义务。因此，这些允诺的强制履行在某种意义上，是迈向一个以允诺为基础的法律（promise-based law）的一部分。但是，在曼斯菲尔德的时代，这并不是什么激进的发展，尽管在今天其无疑是激进的发展。当然，这涉及对这种观点的拒绝，即某个允诺必须要和对价保持相同范围——因为事实上创设了法定义务，而不仅仅是附加在法定义务之上，或证明法定义务，或修正法定义务。另外，允诺并没有创设道德义务，道德义务独立于它而存在。

账额确认和《诉讼时效法》（Accounts Stated and Statute of Limitation）

当两个人有大量的相互交易时，有时本方对他方负债，而有时他方对本方负债，他们很自然地就会核对他们的账目且平账（strike a balance），并就作为净债务人的一方应当向对方当事人支付差额达成一致。这被技术性地称为“账额确认”（accounts stated）。在现代法上，人们将仅仅是作为对之前债务所引发责任的承认的账额确认与其自身创设一个全新的、基于一个新允诺和新对价的账额确认区分开来。[48] 这种区分对于现代合同法理论而言是根本性的区分，其认为合同责任是根源于允诺而非对价的。

但是，这种区分的有效性是很可疑的，这种区分在 18 世纪就更不那么清楚了。事实是，这种区分仅仅是一个程度问题：所有的账额确认都是以原初的责任为基础，而平账的过程其实是取证的过程。但是一些证据比其他证据具有更大的可辩驳性，一些账额确认比其他账额确认具有更大的

[48] *Camillo Tank S. S. Co.v. Alexandria Engineering Works*（1921）38 T. L. R. 134.

可废止性。虽然它们都可以因为欺诈、胁迫或一个足够严重的错误而被废止，但是其中的一些更具可废止性，例如，它们可能被已经证明有任何错误的证据所推翻。只要合同法所强调的重点仍然是对价而非允诺——只要允诺被看作主要证据——那么，就很难将这两种账额确认区分开来，因为在这两种情形下，责任都是基于原初的债务而产生的。但是在 19 世纪，随着法律的允诺基础性的增强，账额确认的可废止性就降低了，且两者的现代区分也逐渐发展出来了。[49]

在 17 世纪、18 世纪，有关账额确认的法律与《诉讼时效法》纠缠在一起。其问题是，制定法所规定的时效期间从原初债务起算可能就会届满，165 而从核对账目和平账时起算则可能不会届满。在这种情形下，制定法是适用还是不适用？ 18 世纪的回答是，对账额确认所涉及的债务的单纯承认，就足以创设一个新的责任并且排除《诉讼时效法》的适用，[50] 并不需要明示的付款允诺。[51] 事实上，《诉讼时效法》不仅可以被某个承认——该承认可以通过合理的默示允诺作出——所排除，而且甚至可以被一个完全不是新允诺的承认所排除，因为该承认只是说被告同意他欠了钱，但是他却声明他不能或不愿清偿这笔钱。[52]

与那些被曼斯菲尔德和道德义务理论联系在一起的案例一样，这些案例也显示法律处于转向过程中。虽然仍然是原初的债务构成了责任的基础，且正如这个事实所显示的，一个单纯的承认就足以排除《诉讼时效法》的适用，但是承认被当作是“默示允诺”的事实仍然预示着变化。正如我们将要看到的，后来，这些单纯的承认已经不足以排除《诉讼时效法》的适用了。[53]

偿债延期与和解（Forbearances and Compromises）

这一观念，即债务人请求偿债延期是允诺偿债的一个极好对价，很早

---

[49] *Dawson* v. *Remnant*（1806）6 Esp. 24，170 E. R. 819；*Laycock* v. *Pickles*（1863）4 B. & S. 497，122 E. R. 546.

[50] *Hyleing* v. *Hasings*（1698）1 Ld. Ray. 389，421，91 E. R. 1157，1179.

[51] *Quantock* v. *England*（1770）5 Burr. 2628，98 E. R. 382.

[52] *Bryan* v. *Horseman*（1804）4 East 599，102 E. R. 960；*Leaper* v. *Tatton*（1812）16 East 420，104 E. R. 1147.

[53] *Post*，p.440.

就出现在法律中；在 17 世纪偿债延期无疑是简约之诉（*assumpsit*）诉状的一种常见形式。再一次看起来很明显的是，在这些案例中，允诺最初是被当作证据的。因为被告已经允诺偿债，这是能够证明存在着原初债务的良好表面证据，但尽管如此，诉讼所针对的仍然是后面的允诺而非之前的债务。这是通常的做法，要么是因为它更适合简约之诉，要么是因为后面的允诺和原初的债务之间存在着差异。例如，在 *Hunt* v. *Swain* 案[54]中，被告允诺向原告支付一笔债券的到期金额，该债券最初是被告的父亲给原告的，被告父亲现在已经去世。表面证据显示，如果没有遗产证据，被告是不需要对该债券承担责任的；（正如我们已经看到的）100 年之后的曼斯菲尔德会认为被告不再对该债券有责任，但在该案所处的那个时代，原告认为有必要争辩说，他应被告的要求推迟了他对被告的偿债请求，而被告的要求
166 实际上是被告对其责任的一种承认，即承认他对该债券负有责任。

但是，似乎很清楚的是，通常而言，如果真正有价值的东西被宽延了，那么偿债延期仅仅是一个好的对价；因此，这个推定被告是可以推翻的，即允诺是真正存在的，但原告没有申请强制执行的基础责任（underlying liability）的表面证据。如果被告能够证明根本就不存在某个基础责任，或者对基础责任所进行的延期对被告而言根本不构成获益，或者原告没有延期而真正遭受损失，因此就根本不存在责任。[55]直到 19 世纪法庭才一致采取了现代的态度，认为即使在没有任何基础责任的情况下，善意的延期与和解也具有拘束力。[56]

似乎毫无疑问的是，关于权利放弃（waiver）的古老规则也可以追溯到同一个源头。当然，众所周知，在早期的普通法上，债权人是不能合法地部分放弃债权以获得少于应偿债权额的清偿。这一规则最初被认为不是以允诺放弃部分债权为前提（因此，这种允诺是完全待履行的允诺，它不可能基于其他原因而产生拘束力）[57]，而是以实际接受低于应偿债权额的清偿为前提的。但问题的本质是相同的。因为接受清偿是一种自愿行为，在此类案件中债务人的抗辩是债权人用这种自愿接受清偿的行为，表达了放

---

[54]　（1665）T. Raym. 127，83 E. R. 69.

[55]　*Tooley* v. *Windham*（1591）Cro. Eliz. 206，78 E. R. 463；*Lloyd* v. *Lee*（1718）1 Stra. 94，93 E. R. 406.

[56]　*Post*，p. 438.

[57]　*Post*，p. 203.

弃部分清偿的意愿，债权人应当受到他自己的这个意愿的拘束。同样众所周知的是，法庭不接受这种抗辩。在著名的平内尔案（*Pinnel's case*）[58] 中，法庭判决说，少于应偿债权额之清偿，不可能满足更大债权额的清偿要求，“呈现在法官面前的是，一笔较少数额的清偿没有任何可能使原告一笔较大数目的要求得到满足”[59]。提前部分清偿，或用其他形式进行清偿（如用“一匹马、一只鹰或一件长袍”清偿）都是适当的清偿，因为较之于对债权最初数额的全额清偿，这种清偿可能是更有利于债权人的。这个规则在现代法上被人们深恶痛绝，并且法庭会尽一切可能规避这个规则。但是，在这种法律体系的背景之下——在该法律体系中，允诺和意愿都不被认为是法律义务的决定性根源——这一规则似乎是更明智的。如果一个人欠另一个人 10 英镑，付 5 英镑如何能够消灭这个债务？现代律师的回答——即付 5 英镑应当可以消灭这个债务，因为这是债权人自愿接受的——对 17 世纪的律师而言似乎是不那么令人信服的。毕竟，如果债权人如此自愿地放弃了债权清偿，那么他为什么现在还起诉至法院？现代律师对这个问题 167
的回答大概是这样，即这只说明债权人改变了他的主意。17 世纪的律师对此的回应很可能是：他为什么不呢？事实上，只有当这种观念开始形成的时候，即一个人的意愿和承诺被宣布为可以拘束（*bind*）其未来行为，*Pinnel* 案中的规则才是令人厌恶的。只不过这个观念，自 19 世纪以来已经成为老生常谈了，在 17 世纪早期还没有被普遍接受。

在 *Pinnel* 案之后的 100 年里，法庭仍然不愿意抛弃它。在 *Cumber v. Wane* 案[60] 中，法庭拒绝认定被债权人所接受的 5 英镑的票据可以有效地消灭 15 英镑的债务。Pratt 首席法官指出：“我们所有人都认为被告的辩护并不充分，因为原告有一个很好的诉讼理由，只有他同意接受的清偿才能够消灭债务，不是只有他的同意就足够了，而是必须向法庭表明那是一个合理的清偿；或者反过来说，合理的清偿至少必须不是本案所表明的那样。”[61] 换句话说，接收该票据可能只是原告从接收该票据中获益的表面证据，但该推定可以被事实审查所推翻。

---

[58] （1603）5 Co. Rep. 117a，77 E. R. 237.

[59] 5 Co. Rep. 117a，77 E. R. 237.

[60] （1721）1 Stra. 426，93 E. R. 613.

[61] 1 Stra. at 426-7，93 E. R. at 614.

18 世纪晚期，在曼斯菲尔德那里已经出现了这样的显著迹象，即债权人的允诺或意愿可能具有更大的重要性。虽然并没有具有这种印象的判决报告，但是曼斯菲尔德的追随者布勒法官（Buller J.）在曼斯菲尔德死后所发表的法官个人意见（dictum），在该意见中 Buller 法官将其归功于曼斯菲尔德，他指出，“如果当事人选择接受一小笔清偿，为什么他不应当这样做？”[62] 后来，法庭越来越多地朝这个方向走，尽管它们在具体案件中从来没有完全走上自由选择的道路。

第三节　公平交易

在对 18 世纪允诺与对价的关系进行详细研究时，重要的是不要忽视法律和法律体系的一般背景。19 世纪的极端个人主义认为所有的价格都是主观选择问题，是意志和意愿的结果，但这种见解无论在何种程度上，都还没有出现在 18 世纪的法律中。在这个世纪里，人们在这里或那里越来越多地看到了这种态度，但是只有当我们接近 18 世纪的尾声时，这种态度才变得处于主导地位。在这个世纪的绝大多数时间里，“法律被认为是保护性的、规范性的和家长式的，最重要的是，它是对社会道德感所作的
168 一种至高无上的表达”[63]。当我们牢记 18 世纪社会的财产定位时，当时法律不可避免地和根本地关注交易的公平性，也就不足为奇了。随之而形成的观点，即对价的充分性仅仅依当事人而定，只是 19 世纪众多学说中的一种，这些学说在 18 世纪的律师那里受到了严格限制，尽管如此，我也曾指出，他们这样做必定是不想过于大声地宣扬这些事实。在这一部分，我们必须审视法律竭力确保公平交易的特定领域。宽泛而言，所有这些都可以被看作是这样一些情形，即较之于当事人所作出的允诺而言，法律更加关注他在交易中所获得的利益。它们也可以说是这样一些情形，公平交易或公平价格的推定——推定基于某个允诺或协议的交易或价格就是公平交易或公平价格——可以被推翻。

我们首先应当注意到，在 18 世纪下半叶，在合同法中出现了诚信原

---

[62] *Stock* v. *Mawson*（1798）1 B. & P. 286，290，126 E. R. 907. 910.

[63] Morton J. Horwitz，‘The Rise of Legal Formalism’，19 *American Journal of Legal History* 251，257（1975）.

则正在形成的迹象。当然，诚信原则与传统道德完全一致，尽管它还需要一些像曼斯菲尔德那样的人在各种各样的案件中阐明和适用这一原则。曼斯菲尔德开启了但未完全完成这一任务，因为他赞赏和协助推动的经济自由主义，最终被证明其对于像一般诚信原则那样的任何家长式的东西都是毁灭性的。尽管如此，这些完全失败的原则中的一些遗迹，人们甚至在今天的法律中仍然可以发现它们，尽管这些遗迹的后续历史至少展示了，诚信原则是如何被扭曲来支持最不公平的判决的。我指的是曼斯菲尔德在 *Cater* v. *Boehm* 案[64]中所提出的原则，其大意是，合同缔约的一方当事人应当披露他所知道而对方不知道的交易中异乎寻常的事实。之后，该原则被局限于保险合同，然后又变得面目全非，结果它就变成了一种保险人可以逃避责任的方法，即使保险人自己可以毫无困难地揭示这些事实。[65]但是，在 *Cater* v. *Boehm* 案中，曼斯菲尔德勋爵着眼于更广泛的诚信原则进行判决，并且他很明确地表示，他认为这一原则适用于所有交易。他说："这一统治性原则（governing princple）适用于所有的合同和交易，诚信原则禁止任何一方当事人通过隐瞒他个人所知道的事实，使对方当事人忽略该事实或相信与该事实相反的情况，从而将对方当事人拖入某个交易。"[66] 169

另一个类似的原则明显是由曼斯菲尔德的判决所确立的，这一次这个原则最终幸存了下来，尽管它接下来的发展处于休眠状态。在 *Bexwell* v. *Christie* 案[67]中，曼斯菲尔德认为，一个人通过拍卖售出某物，并公告称该物将出售给最高出价者，如果他暗中雇用某人进行自我竞价，那么该人即实施了恶劣的欺诈行为。人们将会看到，这种情况下虽然最高出价者进行出价（*bids*），但其实不过是允诺支付该人所选定的价格而已；正是基于这个原因，所以曼斯菲尔德随后的判决让人非常难以理解。尽管如此，沿着这条线下来的下一个案件于 1825 年提交到当时由贝斯特首席法官（Best C. J.）主持的皇家民事法庭。[68]贝斯特首席法官是一个旧式的、具有 18 世纪传统特有的强大道德感的法官，他完全赞同曼斯菲尔德的判决并使其法庭

---

[64] （1766）3 Burr. 1905, 97 E. R. 1162.

[65] Hasson, 'The Doctrine of *Uberrima Fides*in Insurance Law—A critical Evalution', 32 *Modern Law Review* 615（1969）.

[66] 3 Burr. at 1909-10, 97 E. R. at 1164.

[67] （1776）1 Cowp. 395, 98 E. R. 1150.

[68] *Crowder* v. *Austin* （1825）2 C. & P. 208, 172 E. R. 95. See further as to Best C. J., *post*, p. 369.

跟上曼斯菲尔德的步伐。其结果是，这一规则在 19 世纪的新学说中幸存了下来并留存至今。[69]

公平价格

从 16 世纪以来，人们普遍相信，普通法法庭坚持认为对价的充分性对于一个交易而言是不重要的，而这代表了自由选择理论的胜利，但过了 100 年之后霍布斯才对该原则进行了这样的阐释："一切立约议价的东西，其价值都是由缔约人的欲求来衡量的。"[70] 这种阐释显示，人们对合同法历史的传统解说存在着严重的问题。霍布斯自身超前于他所处时代很多年，但不可思议的是，在伊丽莎白一世统治时期，普通法法官竟然对公平交易或交易的公平性毫无兴趣。我已经对公平价格的概念以及持续通过的监管制定法的范围，进行了大量的讨论，尽管随着 18 世纪慢慢过去，制定法通过的频率及其效力都有所下降。但是至少在理论上，对价格和工资进行控制是很常见的，而且在 1770 年甚至更早的时候实践中常常也都是这样。我们不可能相信，在伊丽莎白一世统治时期，经济自由主义理论在普通法上已经很好地被确立起来了。毫无疑问，该理论没有被确立起来的部分的阻碍来自于人们忽视了整个这个时期里陪审团在缓和合同损害赔偿中所起的作用，这一点我之前已经提到过。[71]

170 但是，另一部分的阻碍来自于一批很早期的判例，这些案例一般这样说（例如），"如果有某种对价的话，那么对价之微小并不重要"[72]，或者"当原告做了某件事，无论其多么微小，它都是足以提起一个诉讼的对价"[73]。当然，很容易就可以看出这些案例是支持这种观点的，即当事人是他们交易的公平性的唯一法官，这是一个简单但危险和错误的观点。因为在所有这些案例中，被起诉的允诺都是用来证实先前已经存在的义务或债务的，而且很清楚的是，先前的债务是该诉讼的实体基础。允诺或者仅仅被当作是证据，或者被作为援引一个新的简约之诉（*assumpsit*）的充分理由，因为在这个时候，人们可能仍然认为原告应该以金钱债务之诉（action

---

[69] 现在其体现在《1893 年货物销售法》（the Sale of Goods Act 1893）的第 58 条。

[70] *Supra*, p. 71.

[71] *Supra*, p. 148.

[72] *Knight* v. *Rushworth*（1596）Cro. Eliz. 469, 78 E. R. 707.

[73] *Sturlyn* v. *Albany*（1587）Cro Eliz. 67, 78 E. R. 327.

of Debt）来提起诉讼。分析一下这些案例的事实就足够说明此问题了。在 *Sturlyn* v. *Albany* 案[74]中，原告出租了一项财产给某乙，某乙将该租约转让给了被告。原告要求被告支付租金，当然，凭借租约和租约的转让原告有权这么做。被告说，如果原告向他（被告）展示证明租金的契据，那么他将支付租金。原告及时地向被告展示了该契据，但被告没有支付租金。现在原告以简约之诉（*assumpsit*）起诉被告，法庭认为对被告而言展示契据是一个足够的对价。当然，这是最简单的技术处理。被告之所以的确需要支付租金，是因为他受让了该租约，其中的允诺只是被用来将援引简约之诉（*assumpsit*）予以正当化的一个借口。在 *Slade* 案[75]之后，这种显而易见的机制，在很大程度上已经变得不必要了，但是在一些案件中这种机制还是有用的。尽管如此，很清楚的是，这些案件与交易的公平性没有什么关系，当然，对于 18 世纪晚期那些想为自由选择的新理论辩护的人［如鲍威尔（Powell）］而言，它们是很好的素材。

如果一个允诺或者协议，仅仅是交易公平性的证据，其证据价值的力量随情况的变化而剧烈变化，且在许多案例中允诺的证据价值是如此轻微以致可以忽略不计。未成年人订立的合同即是其显著例子。原则上，法庭会审视整个交易，并审查合同是否有利于未成年人的利益。[76]未成年人的同意根本没有任何证据性的价值。当时规范未成年人的合同的判例法相当多，几乎所有的这些案例都涉及对交易双方的权衡，以确保未成年人的利 171
益得到适当保护。[77]一些最困难和最重要的案例涉及的是未成年人所订立的婚姻财产协议（marriage settlement），在这些案件中，在当事人缔结婚姻关系之后法庭一般不愿意推翻该协议，尤其是他们的子女已经出生之后就更是如此。法庭开始逐渐接受未成年人的婚姻问题已被托付给其父母的观点，但是甚至在婚姻中也包含着某种公平交易的观念仍然还很强大。然而，这并不必定是“一种严格的财富平等”[78]。其他的事情也要算进来，例如，“当事人的意向、他们的地位和品质、他将要与之结婚的未成年人比他更为优秀和其他有利的条件，以及两相比较何者能够更方便地或更妥当地将

---

[74] Supra; see A. W. B. Simpson, *A History of the Common Law of Contract*, pp. 446-7.

[75] （1602）4 Co. Rep. 91a, 76 E. R. 1072.

[76] See, e. g., *Gilbert* v. *Ruddeard*（1608）Dyer 272 b, 73 E. R. 606.

[77] See, e. g., Powell's *Essay*, i. 44-54.

[78] *Harvey* v. *Ashley*（1748）3 Atk. 607, 612, 26 E. R. 1150, 1152 *per* Lord Hardwicke.

整个地产保留在家庭之中"[79]。这些事情法庭自然是很难衡量和估计的，但它们是"适合父母去判断的"[80]。因此，这种观念在这里再次取得了根据，即由当事人以及他们的法律顾问来决定协议的公平性。

但是，还有其他一些人需要受到保护，还有其他一些案件，法庭仍然严肃对待它们在权衡利益方面的职能，严肃对待对价的提供。[81]一段被遗忘的法律史涉及的是对水手的极端家长式的态度。在整个 18 世纪以及直到 19 世纪中期，这种保护性的态度既可以在衡平法上也可以在制定法上看到。这些案例涉及的几乎一直是水手对于捕获金（prize money）份额的权利。当时的海商法和现代一样，都规定在船舶或者其货物被另一艘船抢救出来的情况下，救助人有权以捕获金的形式获得报偿，当对其数额有争议时将由捕获法院（Prize Court）来确定。一直都存在着这样的法律，即救助船的所有权人和职员以及船员都有权分享捕获金，在未达成协议时，具体份额将由捕获法院确定。很明显，许多参与救助航行并因此赢得捕获金权利——但捕获金尚未支付——的普通水手登岸后，很容易就成为不择手段的投机分子的猎物。这些水手很容易被诱导转让他的权利，而转让价款只占其应得款项的很小部分。无论是衡平法院还是立法机关都不能容忍这种情况。
172 下面所引用的段落是哈德威克勋爵在 1748 年的一个案件[82]中的判决，它展示了一个有趣的侧面，即水手们未能按照明智的利己原则生活。

> 对公众而言，没有哪群人比水手更能干，也没有哪群人比普通水手更盲目，一旦登岸他们就会为了一丁点儿立时的快乐、为了占有一丁点儿的东西而愿意放弃一切他们期待中的权利……我并不是说每一个与水手订立的合同都是无效的，或者应该被废止，但是与他们订立的每一个合同都必须是公平的。

---

[79] Ibid.

[80] Ibid.

[81] 在出售商誉的案例中，这个问题几乎完全取决于当事人是否获得了足够的对价来拘束自己不参与竞争，e. g. *Mitchel* v. *Reynolds*（1711）1 P. Wms. 181，24 E. R. 347。

[82] *Baldwin and Alder* v. *Rochford*（1748）1 Wils. K. B. 229，230，95 E. R. 589，590.1747 年的一个法律（20 Geo. 2，c. 24）授予了法庭对此类合同进行制定法控制的权力，但这一法律不适用于发生在其通过之前的案件。*Taylour* v. *Rochfort*（1751）2 Ves. Sen. 281，28 E. R. 182 案的判决至今仍然相当深刻——排除捕获金出售的法律诉讼和解本身被排除了；and *How* v. *Weldon*（1754）2 Ves. Sen. 516，28 E. R. 330——排除出售给次级购买者。

该案中的合同被废止了，所涉及的那笔钱以5%的利率被提前清偿。

另一种总是受到衡平法院特别保护的人是“期待继承人”（‘expectant heir’）。这在18世纪不是新问题。显然，即使在伊丽莎白的英国时期，前往大城市的年轻继承人很有可能落入放债者和其他不择手段的投机者的手中，这些人会诱使他以高利率借款，或者为了“几张牛皮纸和几块老姜”（‘brown paper and old ginger’）[83]而出售他的长子继承权（birth right）。但是，在18世纪，期待继承人经常是地产继承人、统治阶级的一员，而且很重要的是在他取得财产占有之前，他不应当挥霍财富。因此，在期待继承人的规则中，存在着阶级保护的因素。但除此之外它还包含着更多的因素。这几乎是18世纪的英国第一次让土地归复权（reversions）和期待地产权（expectancies）获得了合理的、可量度的和客观的价值。法律体系的稳定意味着，人们会很有信心地期待通过正当的法律程序可以取得土地归复权和期待地产权，商业和金融系统的稳定则意味着低利率以及人们可以通过可预见的价格获得资金，而人寿保险的发明意味着人们现在可以按适当的年限，对某个土地归复权或某个期待地产权的价值进行贴现。简而言之，这种性质的交易不再是赌博形式的纯粹投机。采取适当的方法贴现期待地产权以使其达到一个公平的贴现值，现在在职业人士中很常见，而所有的受过教育的人士也都知道可以这样做，即使他们自身并不知道这是如何做到的。但是18世纪英国年轻的期待继承人常常根本就不知道这些事情。与普通水手一样，他们对于 173
未来权利的当下价值知之甚少，他们中的很多人甚至没有意识到，他们可以寻求专业建议去发现自己所不知道的事情。很显然，他们就变成了那些知道如何对未来权利进行估价的人的猎物，而且他们经常做对其极其不利的交易。

在整个18世纪，衡平法院不会容忍这种不公平的交易。无论交易的形式可能是什么——出售土地归复权、出售年金，或者直接的担保借款——衡平法院总是愿意全面审视涉案交易，如果发现了显著不公平，该交易将被废止，当事人只需返还其所得到的资金以及法院所确定的利息，利率一般是5%。在这种情况下，法庭经常听取保险专家的证词，以证明该合同项下权利的公平价值。其结果是许多交易在形式上构成了对未来预

[83] *Measure for Measure*, Act IV, scene iii.

期（future expectations）的直接出售，这些交易在当事人取得对财产的占有之前或当时，实际上已经被转换成了抵押或其他担保借款。在 19 世纪逐渐被广泛接受的观念是，法庭不会替当事人订立合同，但该观念在 18 世纪的衡平法上是没有位置的。法庭经常替当事人订立合同。[84] 且这种做法也不仅仅局限于富有的和有权势的土地贵族的继承人。正如对普通水手的保护所显示出来的，对任何将其案件提交到衡平法院的人而言，衡平法院的保护性披风都是他可以得到的。

现在非常确定的是，整个 18 世纪人们都怀疑法院是否会因为轻微的（*mere*）对价不充分而废止交易；在接下来的 19 世纪里，这种怀疑变得更加坚定，直到 19 世纪末，这个问题才终于得到了否定的答案。但是这一点很容易产生误导。现代的律师依赖这些古老的法官个人意见来作为证据，证明在衡平法上合同被废止之前，当事人必须证实存在欺诈、虚假陈述（misrepresentation）或某些严重的强迫（imposition）形式。现代法也许是这样，但是认为 18 世纪的法律也是这样就是一种误导。事实刚好相反。首先必须强调的是，关于“轻微的对价不充分”的提法可以用两种方式来解读。它们可能是指需要展示一些其他的无效事由，比如欺诈，当然，在某些案例中，人们就是这样使用它们的。但是，它们也可以被解读为这种意思，即为了废止一个交易，不是对价的任何（*any*）不充分，而只是对
174 价的总体（*gross*）不充分必须被展示出来。在某些情况下这似乎也是法院的意思。但这并非事情的全部。对于废止一个合同，在“轻微的”对价不充分之外，还需要哪些东西，法庭的见解的确是非常宽泛的。不仅只是现代法意义上的欺诈和虚假陈述可以满足废止合同的要求，而且任何不公平的交易、任何形式的强迫、任何利用对方的不知（ignorance）或贫困或不幸（distress）、任何理解上的缺陷以及任何错误都满足废止合同的要求。现在，片刻思考之后就可以发现，如果一份合同是在极其不公平的条件下订立的——也就是如果一方当事人在交易中获得了过多的回报——那么它必定不可避免地要归因于这些因素中的一个或多个。很难想象一个人愿意去达成一个显著不公平的交易，除非归因于错误、不知、理解缺陷、强迫或

[84] 另外，如果土地面积不那么大，或者与当事人描述的不同，那么在土地出售时，衡平法院可以通过强制以折扣价出售土地来重塑整个交易。1790 年，鲍威尔抱怨说这是对自由选择的贬损：*Essay*, i. 149。

欺诈，或者类似的原因。因此，要理解衡平法院当时所做的事，就必须仔细解读判决和裁判。例如，人们很容易就被一个普通水手案件[85]的评注所误导，该评注说“如果一个自由行动的人，睁大眼睛签署一个不公平的协议，那么本庭不会救济这些傻瓜”，因为事实上，法庭仍然基于原告的不知和贫困而废止了该合同。另外，我们看到 Lord Thurlow 在 1787 年指出，他不会基于所支付的价格低于市场价格而推翻一个交易，因为他这样做的话，“每个这种交易都会涌进衡平法院”[86]。但是他又继续说道，如果对价之不充分是如此显而易见，以至于它说明原告并没有真正地理解这个交易，或者原告受到的压迫是如此之甚以至于他很高兴做成这些交易，这就相当于欺诈。但如果这相当于欺诈，那只不过是一种迂回的说法，即对价的显著不充分就已经将合同的废止正当化了，而且 Lord Thurlow 自己的判决也足够清楚地显示，较之于直截了当的说法，为什么他更喜欢这种迂回的说法。他并不想让上诉法院变成处理各个合同中的各种价格的地方。

关于对价的不充分还有一个更进一步的问题需要提及，因为它显示随着时间的推移法庭的态度发生了根本变化。在任何投机性的交易中，对价的充分性特别难以衡量。一个沉迷于愚蠢投机的人，在投机失败后，会觉得这是一种不公平的安排。当然，任何涉及风险因素的交易也都是如此，尽管对于相关当事人来说不公平性很不明显。在整个 18 世纪，人们对于风险交易或投机交易的态度时常摇摆不定。[87]事实上，法律的确取决 175
于衡平法院法官迈出的步伐有多长——事实上，即使是同一个法官他每天迈出的步伐都不是一样长的。有时，更年长的、更宽容的、更有道德感的法官似乎占据了上风。在 1724 年的 *Stent* v. *Baillie* 案[88]中，被告同意以每股 58 英镑的价格出售其在一个公司的 11 股的股份，这种虚高的价格是由于在南海事件中席卷全国的投机狂潮所导致的，在股份转移之前泡沫破灭而股份变得一文不值。原告提出了衡平法救济起诉状（bill for relief in Equity），掌卷法官以“违反自然正义”为由废止了该交易。在上诉中，大法官（Lord

[85] *Taylour* v. *Rochfort*, supra, 2 Ves. Sen. at 284, 28 E. R. at 184; see too *Willis* v. *Jernegan*（1741）2 Atk. 251, 26 E. R. 555.

[86] *Heathcote* v. *Paignton*（1787）2 Bro. C. C. 167, 29 E. R. 96.

[87] 事实上，这些摇摆不定至少可以追溯到 17 世纪。See, e. g., John Selden's *Table Talk*（first published in 1689, reprinted London, 1869）, pp. 40-1, 76, 78.

[88] 2 P. Wms. 217, 24 E. R. 705.

Chancellor）鼓励当事人对该案进行和解，尽管似乎不太倾向于买受人。另一个由南海投机狂热引起的案件是 *Savile* v. *Savile* 案[89]，在该案中，被告同意以 10500 英镑的价格购买一栋房屋并且支付了 1000 英镑的保证金，当市场崩溃后，他拒绝履行合同，但提出可以没收他的保证金。麦克莱斯菲尔德勋爵（Lord Macclesfield）允许买受人从该交易中脱身，他认为如果出卖人不能从另一个买受人手中得到 9500 英镑，“那么就显示这是一种昂贵的出售，因此不适合由本院强制执行”。[90] 还有另一个南海案件是 *Keen* v. *Stuckeley* 案[91]，在该案中，原告要求实际履行以明显过高的价格出售土地的合同，买受人辩称衡平法院不能强制执行一个显失公平的交易，但是出卖人抗辩回应说（事实上）这并不是一个显失公平的交易。一个人“有义务履行一个交易，即使它是一个困难的交易；如果他还受到其良知的拘束，那么他被迫履行交易并不会有什么困难”[92]。对于该案而言，也许最重要的事情是，上议院虽然回避了在这一关键问题上的发声，但是它在技术层面上已经拒绝了原告的请求。

另外，其他一些涉及投机性风险的合同，如将同一处地产出售给两个人，[93] 或者对于已经被证明是基于误解（misunderstanding）的合同进行和
176 解，[94] 或者某个涉及一些商业风险的合同，[95] 可能会得到维持。但是没有一个简单的方法可以预测法官们对这些案件会如何反应。某一天，法官可能会强调每个合同都会涉及一些风险因素，“由于一个有利的交易在衡平法

---

[89]（1721）1 P Wms. 745，24 E. R. 596. 本案例的报告者（reporter）添加了一个反对的评注，他说：“这不是该法院的一般法（general law）”，但是我们必须警惕，不应假设相对于法官们而言，报告者们对这些问题达成了更多的一致。*Heathcote* v. *Paignton* 案（*supa*）的报告者对该案也添加了评注，他争论说，Lord Thurlow 错误地把轻微的对价不充分当作是对价不足进而废止涉案合同。麦克莱斯菲尔德勋爵在萨维尔诉萨维尔案（*Savile* v. *Savile*）中可能更同情买方，因为他自己在南海事件中也进行了不成功的投机，see J. Carswell，*The South Sea Bubble*（London，1960），pp. 161，223。

[90] 1 P. Wms. at 747，24 E. R. at 597.

[91]（1721）Gilb. Rep. 155，25 E. R. 109.

[92] Gilb. Rep. at 156，25 E. R. at 109.

[93] *Nichols* v. *Gould*（1752）2 Ves. Sen. 422，28 E. R. 270.

[94] *Cann* v. *Cann*（1721）1 P. Wms. 723，24 E. R. 586，这是麦克莱斯菲尔德勋爵判决的另一个案件；*Stapilton* v. *Stapilton*（1739）1 Atk. 2，26 E. R. 1. Compare *Pusey* v. *Desbouverie*（1734）3 P. Wms. 316，24 E. R. 1081.

[95] *City of London* v. *Richmond*（1701）2 Vern. 421，23 E. R. 870.

上将会得到支持，因此如果碰巧它是一个失败的交易，基于同样的原因，该交易也应当得到支持”[96]。另一天，法官可能会废止另一个相似的合同，因为“这对它而言是一个误解”[97]。某一天法官可能废止一个合同因为“它似乎很困难”[98]或者因为原告被不必要地拖进了这个合同，另一天这一点又会被无视，因为“一个贫穷的人必定会以更低廉的价格出售东西，而不那么贫穷的人是不会以这个价格出售该东西的……如果人们不得不出售某个东西的时候，他们就不能指望得到最大化的价格”[99]。当然，试图用现代的方式“调和”这些判例是毫无意义的。在更年长的、更宽容的、更家长式和保护式的衡平法与新个人主义之间清楚地存在着道德冲突，新个人主义强调承担风险、自由选择、奖励进取与敏锐之人、落后者倒霉。在整个18世纪，这两种道德观不稳定地共存，一般而言古老的道德感一开始占据着上风，随着该世纪的逝去而逐渐让位。

这不仅仅是一个道德问题，所有这些问题也许还和经济问题缠绕在一起。现代的律师和经济学家已经习惯于认为合同——都是将在未来履行的待履行合同——是分配未来事物之风险的一种机制。因此这种观点很盛行，即人们普遍假定这是合同的唯一功能，并且每个合同都必定要分配影响合同履行的未来事物的风险。然而，在18世纪，一个被明确设计来分配未来事物风险的合同，很可能被认为是与赌博合同（wagering contract）相类似的合同。事实上，赌博合同以及对赌博合同的诉讼在当时是非常常见的，赌注和保险合同之间只是慢慢被区分开来的。在18世纪早期，人们对于新型的证券交易仍然有很多敌意，因为证券交易中的许多交易明显是在赌博。1734年颁布的一项法令禁止期权（options）交易或其他半赌博性质的交易，并且在该世纪的上半叶经常试图去规范这些交易。到1771年时人 177
们的观念发生了变化，而且在下议院的一次辩论中，人们提出“证券交易

[96] Ibid.; see also *White* v. *Nutts*（1702）1 P. Wms. 62, 24 E. R. 294.

[97] *Gee* v. *Spencer*（1681）1 Vern. 32, 23 E. R. 286.

[98] *Pusey* v. *Desbouverie*, *supra*, 3 P. Wms, at 320, 24 E. R. at 1082.

[99] *Batty* v. *Lloyd*（1608）1 Vern. 141, 23 E. R. 374. 该案判决是由掌玺大臣（Lord Keeper）吉尔福德作出的，他在这些问题上超前于他所处的时代。如果采取他的处理方式，法律对“期待继承人”的保护早在18世纪之前就会被打破了：参见 *Nott* v. *Hill*（1683）1 Vern. 167, 23 E. R. 392，在该案中，他说：“如果要在衡平法上宣布，没有人必须和父亲还在世的继承人打交道，那将是一件很有意义的事。”他在这里的判决被接替他作为大法官的 Jeffreys 所推翻。关于吉尔福德勋爵的更多方面，参见 *supra*, p. 115。

应当像任何其他交易一样拥有免受干涉的自由”[100]。

如此，这个观点——分配未来风险是合同的一个可接受的和有益的功能——在这个时候就根本不再是一个显著的观点。然而，上面所引用的衡平法案例显示这个观点正在获取其基础的路上。

获益与相应的责任

还有一些五花八门的案例值得研究，在这些案例中，18 世纪的律师琢磨出了一种观点，即某种获益与产生于财产所有权或某些交易的负担之间存在着对应关系。不难看出，在这些案例中，法庭在竭力追求公平交易、公平交换的理念。首先是寄托法（the law of bailments）。这种观点——受托人（bailee）的责任范围应当与寄托的目的相一致，因此受托人的责任范围应当与其在寄托中的获益相一致——可以在霍尔特首席法官在 *Coggs v. Barnard* 案[101]中的判决，以及威廉·琼斯爵士（Sir William Jones）出版于 1781 年的《论寄托法》（*Essay on Bailments*）一书中发现。如果只是为了受托人的利益而寄托货物，那么较之于为了双方当事人的利益而寄托货物，受托人将负有更大的注意义务，而且也比只是为了寄托人（bailor）的利益而寄托货物的注意义务要大得多。因此，货物所有权人对于其没有直接与之缔约的受托人也负有责任，例如，收货人（consignee）对承运人负有支付运费的责任。这些案例起初是基于“事实上的默示”合同或允诺，但是后来很清楚的是所有权人获益成为这些案例的基本理由。[102]更一般地说，如果一个人被要求无偿提供某些服务，那么他所负担的责任（如果他有责任的话）小于他获得了报酬或者因此习得了某些技能的情况下所要负担的责任。因此，即使一个人可能也要为其免费服务承担过失责任，那么对于他的注意和技能要求，就不能按照他有偿服务时的相同标准来衡量。[103]

同时，基于同样的理念，即获得利益之人要承担相应的责任，我们还可以追溯到侵权法上的替代责任法（the law of vicarious liability）的根源，以

[100] Dickson, *The Financial Revolution in England*, p. 520.

[101] （1703）2 Ld. Ray. 909, 92 E. R. 107.

[102] See *post*, p. 483.

[103] *Shiells v. Blackburne*（1789）1 H. Bl. 158, 126 E. R. 94.

及被代理人为代理人行为负责的根源。例如，在 *Bush v. Steinman* 案[104]中，我们似乎可以看到侵权法上一些类型的替代责任的根源。被告是一栋毗邻公路的房屋的所有权人，他要对在原告房屋上工作的、分包人所雇用的一个人的疏忽，承担责任。原告的主要论点是每个人“对于为了他的利益而实施的每个行为的后果承担责任，至少如果该行为发生在他自己的房屋上应当如此”[105]。毕竟，财产上既承载了权利也承载了义务。法庭判决维持了被告的责任，尽管 Eyre 首席法官在阐述判决理由时遇到了极大困难。尽管如此，Rooke 法官还是采纳了原告的论点。1793 年的 *Waugh v. Carver* 案[106]也是这样。该案判决，一个人借钱给他人用于商业，同时他收取利润的份额作为回报，那么他就要像一个合伙人那样承担责任。当被告从企业收到收益时，被告负有分担相应责任的义务。该案与高利贷问题并非没有关联，因为导致投资者接受利润份额而非固定回报的原因之一，是投资者渴望获得比高利贷法律所允许的更大的回报。但是这并没有改变这一事实，即法庭显然认为，一个从企业获得利润份额的人也应当分担其责任，这才是公正的。 178

买者自慎（caveat emptor）

当然，即使在最早的时代，有些东西的价值在很大程度上是主观的。我们发现，早在 1617 年人们就认为“珠宝的价值在于估计谁会买它”，[107]但是在同一个案例中，法庭澄清说珠宝是一种东西，白银（它通过重量来出售，并拥有可量度的价值）是另外一种东西。这十之八九可以解释著名的、具有奇特历史的 *Chandelor v. Lopus* 案。[108]该案被告是一个金匠，他以 100 英镑的价格出售给原告一块“石头”，这笔钱的数额在当时很可观，他也“确认”（‘affirmed’）这是一块“牛胃石”（‘bezar stone’）。原告抱怨说这块石头不是“牛胃石”，并起诉被告违反了瑕疵担保。然而，他败诉了，法庭宣布说被告只是确认，而不是担保这块石头是“牛胃石”。该判决在 20 世

[104]（1799）1 B. & P. 404，126 E. R. 978.

[105] 1 B. & P. at 405，126 E. R. at 978.

[106]（1793）2 H. Bl. 235，126 E. R. 525.

[107] *Southern v. How*（1617）Cro. Jac. 468，469，79 E. R. 400，401.

[108]（1603）Cro. Jac. 4，79 E. R. 3.

纪被复兴成为销售担保法（sales warranty law）的主导原则，[109] 且该判断常常被作为买者自慎（*caveat emptor*）理论的源头所在。而这一理论反过来又被当作是法院对交易公平性漠不关心的证据，交易公平性被认为是当事人
179 自己的事。如果买受人没有得到担保，而结果证明他做了一笔糟糕的交易，这被认为是他自己的事。

但同时，这些论点和结论都是高度可疑的。首先要注意的是，在 *Chandelor v. Lopus* 案中那块石头的特殊性质，“牛胃石”显然是在某种动物的胃或肠中发现的一块石头，在某个时期它被认为具有神奇的解毒或医疗力量。即使在法院仍然对公平价格有一些相信的时候，人们也可以理解为何法院不愿意去尝试对这样一个陌生物品进行估价，甚至更不情愿尝试去揭示它是否真的如金匠所说。原告十之八九不是抱怨这个石头不是“牛胃石”，而抱怨的是它没有他所期望的神奇品质。这似乎很不寻常，因为这个案件本应被视为奠定了后来的买者自慎（*caveat emptor*）法则的基础。[110] 尽管如此，无论有没有 *Chandelor v. Lopus* 案的帮助，随着 17 世纪企业商业自由的增强，买者自慎理论似乎已经在法律上获得了稳固的地位。商人乔赛亚·柴尔德爵士在其 1693 年出版的《贸易新论》中说道——这明显是在重复通常的商业话语：“没有人能够被欺骗，除非得到了他自己的同意，这就是我们常说的买者自慎。”[111]

如果在 18 世纪之前，我们有一个强大的、对违反担保提起诉讼的普通法传统，那么我们可能会在这里看到，就像我们经常在其他地方看到的一样，在个人主义的新秩序出现之前，18 世纪的保护性家长制将逐渐衰落。但事实上，保护买受人免受低劣或瑕疵产品损害，似乎并非一个普通法传统，这可能是基于这样一个简单的原因，即只有很少的商品所造成的损失大到足以让当事人有权就此在普通法院提起诉讼，或许也是因为买受人普遍地对其所购买的商品尽可能仔细地进行了检查。如果这种检查不奏效，例如，出卖人使用了错误的砝码或度量器具，或者他出售掺假的食物或牛奶，那么他实际上就会遭受一系列法律惩罚。事实上，在整个 14 世纪、

---

[109] By Lord Moulton in Heilbut, *Symons & Co.* v. *Buckleton* [1913] A. C. 30. See Williston, ‘Representation and Warranty in Sales’, 27 *Harvard Law Rev.*1 (1913).

[110] See on this famous case, Holdsworth, *H. E. L.* viii. 68-9, a not in 8 *Harvard Law Rev.*282 (1894) and A. W. B. Simpson, *A History of the Common Law of Contract*, p. 536.

[111] At p. 111. 正是在这本书中，柴尔德强调了普通法债务的可转让性。

15 世纪和 16 世纪，存在着数量巨大的、详细的、通常在当地执行的监管性制定法，以保护消费者不受所有这种欺骗和诡计的损害。[112] 但是，当家长（householder）在当地市场或集市上购买绝大多数商品时，当他们能够用观看和感觉来检查他们所购买的东西并杀价时，他们更有可能“因为被骗而感到羞愧，而不是因为被骗而被激怒”。[113] 180

无论原因是什么，18 世纪关于这个问题的判例法的数量是很小的。但这并不是说，没有明示担保的买家因此进行了一个不公平的交易。鉴于诉讼或退回有瑕疵的货物会涉及许多重大问题，似乎更有可能的是——除了真的存在欺诈或诡计之外——价格通常被打折，以反映该货物可能不健全的风险。佩利在其 18 世纪晚期的著作中，无疑假定认为每个购买马匹而无担保的人——马匹在 18 世纪的买卖法上相当于今天的汽车——都知道所涉及的风险，并且正是基于这种原因而只愿意支付较少的价款。[114] 但是，当然，这是对公平交易的新定义。古老的传统倾向于认为该交易是不公平的，因为即使买受人支付的是折扣价，但如果他后来发现其所购买的这个物品完全毫无价值，或者其价值少于他所支付的价款，该交易也是不公平的。这个古老的传统直到 18 世纪末才开始有它的拥护者。在 1793 年，布莱克斯通的瓦伊纳英国法讲座（Vinerian Chair）的继任者 Professor Wooddeson 认为买者自慎“现在已被打破了”（‘now exploded’），而且他通过援引对立的格言，即“公平的价格意味着默示的担保”，来支持他所欣赏的公平风尚。[115]

和往常一样，曼斯菲尔德的观点具有最大的影响力。曼斯菲尔德又一次成为新时代的预言家。他相信，个人应当作出他自己的决定，锻炼他自己的精明与判断，[116] 并且如果他们想要担保，那就向出卖人要求一项担保。只有在提供了明示担保，或者被告犯有实际欺诈的罪过的情况下，曼斯菲尔德才允许向买受人提供救济。[117]“曼斯菲尔德对适当的价格担保

---

[112] Warren A. Hamiltion, ‘The Ancient Maxim, Caveat Emptor’, 40 *Yale Law Journal* 1133（1931）.

[113] Davis, *A History of Shopping*, p. 9.

[114] *Principles of Moral and Political Philosophy*, Book III, Chapter 7.

[115] *A Systematical View of the Laws of England*（1793）, ii. 415-6. 但是比较 Fonblanque, *A Treatise of Equity*（1793）, pp. 109-10, 373-4, Fonblanque 在这里采取的是相反的观点。

[116] See, e. g., *R*, v. *Wheatley*（1761）3 Burr. 1125, 97 E. R. 746.

[117] *Stuart* v. *Wilkins*（1778）1 Doug. 18, 99 E. R. 15.

适当的商品这一格言的摒弃，在英国和大多数美国州受到普遍赞同。”[118]但是，这并不意味着曼斯菲尔德会赞同后来英国以买者自慎的名义所做的一切，而美国以买者自慎的名义所做的一切则更少会得到曼斯菲尔德的赞同。他对诚信原则的信赖毫无疑问会让他给这个新理论加上一些限制。事实上，正如我们将看到的，买者自慎理论似乎从来没有像人们所普遍认为的那样在英国得到严格适用，[119]而且也肯定不像后来在美国所适用的那样严格。181

第四节　获益与准合同

我已经指出，在整个 18 世纪，合同与准合同的紧密联系，可以由法律的获益基础理论（the underlying benefit rationale of the law）得到部分解释。获益是应当付之以报偿（recompense）的表面证据，当一个人明显应当付出报偿的时候，他是否作出了报偿之允诺都是次要的。在某种意义上，法律的这两个部分都可以说是植根于所有权观念的。[120]如果一个人的财产没有解释、没有理由或没有对价而被另一个人占有，那么，这就是该财产必须被归还或者被偿付的表面证据。一个能够减少报偿之必要的、可能的解释（或者对价）是，该获益本身是对某些之前已经给付给他人的利益的一种回报。这样，“对价欠缺”（‘failure of consideration’）理论就产生了，其在现代法上仍然为人们所熟知。霍尔特首席法官在 1691 年清楚地阐明了该理论：“没有任何对价就收到了该笔金钱，因此其最初是为原告之用益而收取。”[121]也就是说，该笔金钱必须被看作是基于原告之信托而收取的。在

---

[118] F. Kesseler，‘The Protection of the Consumer under Modern Sales Law’，74 *Yale Law Jounal* 266-7（1964）.

[119] *Post*，pp. 471 *et seq*.

[120] S. J. Stoljar，*The Law of Qusai Contract*（Sydney，Melbourne，Brisbane，1964），pp. 5-9. 在 *Modern Law Review* 347（1966）我对 Stoljar 的此著作进行了评论，我现在认为我对他在这个问题上的看法并没有给予公正的评价。See also Anson's *Principles of the Law of Contract*，1 st edn.（Oxford，1879），Appendix A，p. 301：“我们所称的准合同，或‘法律上的默示合同’，与执行对价而形成的真正合同，这两者之间的关系不大可能是根源于财产所有权的清算（adjustment）观念。”

[121] *Martin* v. *Stiwell*（1691）Holt 25，25，90 E. R. 912，913. 奇怪的是，普通法上的表述“为原告之用益而拥有和接收金钱”（‘money had and received to the plaintiff's use’）似乎从来没有和衡平法上古老的“用益”（‘use’）发生联系，对于那些为现代返还法——其将准合同和推定信托连接在一起——辩护的人而言，至少这个历史因素是站在他们这一边的。

18 世纪早期，该理论被更宽泛地表述为“只要一个人没有任何理由、授权或对价而收到了属于他人的金钱，那么就存在着一种对接收者为他人之用益而收取金钱的诉讼”[122]。

这种看待问题的方式，清楚地显示了合同与准合同之间的早期关联，但很奇怪的是，后来在 19 世纪的意志论影响之下，为什么人们又认为它们两者之间没有关联。在法律的这个分支中，对“对价”一词的使用直到今天也未曾减弱，如“完全欠缺对价”（‘total failure of consideration’）。很明显，这两套规则是相辅相成的。一个人基于合理的理由（或对价）付款给他人，很自然地他不能对此主张收回该款；一个人付款给他却没有合理的理由（或对价），那他就可以主张收回该款。一个人允诺做某事而并无合理的理由（或对价），那他就不受其允诺的拘束；一个人基于合理的理由（或对价）而允诺做某事，那他就要受到其允诺的拘束。 182

囿于篇幅，我没有对这一时期的、今天被称为准合同的案例所涉及的实体法进行长篇大论。只需指出三点即可。第一，被广泛用来强制履行这些义务的默示简约之诉（*indebitatus assumpsit*），有时还被用到更加广泛的地方。在霍尔特首席法官的时代，这种诉讼被用于强制执行各种各样的、涉及固定金额或清算金额（liquidated sum）款项的付款义务，诸如按地方法规规定应付款项或常例规费（customary dues），甚至罚款。对于这种债务关系，霍尔特首席法官作出了一个著名的评判，他说在这里，允诺的概念就是一个“形而上学的概念”[123]。显然，这些种类的法律责任是各不相同的，而且它们与通过简约之诉（*assumpsit*）或者默示简约之诉（*indebitatus assumpsit*）强制执行的、其他类型的法律责任也是不相关的。当然，这并不意味着霍尔特首席法官会认为其他形式的准合同责任——基于利益之报偿的责任——也是基于允诺的“形而上学概念”的。我们不知道他在多大范围内会把这些责任看作，与可以通过简约之诉（*assumpsit*）强制执行的合同责任种类相同的责任，尽管有迹象表明，他至少没有也不会抵制默示简约之诉（*indebitatus assumpsit*）的发展；[124] 但在这一点上，霍尔特首席法官可能已经走到他的同事们的前面去了，但他的同事们的观点在当时却占

---

[122] *Attorney General* v. *Perry*（1733）2 Com. Rep. 481, 92 E. R. 1169.

[123] *Starke* v. *Cheesman*（1699）1 Ld. Ray. 538, 53, 91 E. R. 1259, 1260.

[124] Holdsworth, *H. E. L.*viii. 92-6.

据着主导地位。

第二，与家庭关系相关的这类责任的重要性。在整个 18 世纪，人们一般认为一个人不仅要为他从原告手中获得的利益承担责任，而且也要为他的家庭成员，甚至是他的家人的获益承担责任。提供给与他一起生活的妻子或未成年孩子的商品或服务，甚至提供给他仆人的商品或服务，一般而言都构成他承担责任的充分基础。从现代的角度来说，很难说这是一种合同或准合同，因为现代根本没有这个问题。该人之所以要承担责任，是因为他具有明显维持其家庭的义务，任何提供商品或服务给他们的人，实际上都是向家长（the head of the household）给予了一项利益。在这种情况之下，在家长那里发现一项让他必须承担责任的"默示允诺"不是一件困难之事。只要他的妻子和孩子生活在他的屋顶之下，家长几乎不可能不知道他人所提供的商品或服务，而这种知道通常被认为足以构成"默示的"允诺。然而，如果其妻子和孩子是与他分开生活的，就需要对家长提供更
183 进一步的保护以使他不必承担被不合理强加给他的责任。对于其妻子，他一般[125]负有为她提供"必需品"的义务，当然，这就成为确证所提供的商品或服务让丈夫获益的一种方式。不是他所订立的协议，而是法庭对于所提供的商品是必需品的客观判断，使他要承担责任。赋予这个术语以延伸的意义，确保了法庭在这些案件中拥有相当自由的手段。对于与其父母分开生活的未成年人，责任被直接课加于未成年人而非其父母，但是在这里，责任也被限制在一个人的"必需品"的范围之内。这被认为既是对其父亲也是对未成年人的一种保护，因为在实践中必定有许多案件是父亲不得不清偿其儿子的债务。

毫无疑问，许多这些古老的家庭或家长案件是发生在紧急情况之下的。当通信如同 18 世纪的英格兰一样困难时，当家长暂时不在时，必定且必然经常有好心的邻居向妻子或孩子们提供一些帮助。当然，在中世纪的时候，在这种情形下像好心的邻居一样作为的义务，至少在欧洲，是对这种睦邻行为承担报偿责任的正当理由。[126]即使在 18 世纪晚期仍然有许多迹象

[125] 但是这不适用于妻子遗弃丈夫的情形：*Manby* v. *Scott*（1660）1 Lev. 4，83 E. R. 268。有趣的是，妻子的公司在这里被描述为"维持（她的）生活的一个对价"。1 Lev. 5，83 E. R. 269.

[126] John P. Dawson，'*Negotiorum Gestio*：The Altruistic Intermeddler'，74 *Harvard Law Rev.* 817（1961）.

表明这种责任的根源并没有完全消失。例如，在 *Jenkins* v. *Tucker* 案[127]中，被告的妻子在英格兰去世时他还在牙买加。原告是他妻子的父亲，原告支付了丧葬费用并诉请其女婿偿付该费用。尽管被告既没有同意也没有要求由自己来支付该费用，他也要承担此责任。需要注意的是，法庭将其视为“对价”，也就是说，法庭认为问题在于被告是否获得了一项他本应支出的利益。[128]当然，在绝大多数这种情况下，在联系到家主或家长（the master or head of the household）时，他们很可能会同意人们所做的事，那么如果他后来未履行其责任，则基于允诺起诉他就变得可能。如此，对价已经过去的事实并不会对诉讼构成障碍，因为当原告先前的行为本身创设了一个责任时，一个过去的对价也是充分的。在这里，关于过去的对价的法律和准合同的法律以某种方式发生了交叉，这再一次说明了后来人们试图采取某种 184
方式将法律的这两个分支分离开来的荒谬性。[129]

第三，我想强调的是，在 18 世纪晚期，准合同法较之于合同法具有相对的重要性。在现代英格兰，律师已经习惯了准合同法的非常次要的作用，而在 18 世纪末的法律中，没有什么比准合同法这一法律分支的明显优势更令人费解的了。在整个曼斯菲尔德时代以及直到世纪之交的时候，在法庭上的准合同法似乎要多于合同法。所有涉及错误、强制、胁迫、欺诈、对价欠缺以及其他理论的案件，似乎都因为其产生了准合同问题而被提起了诉讼。为什么会这样？人们认为，这个谜题的答案和合同与准合同之间的概念区别没有多大关系，因为这一概念在当时并不真正存在；这个谜题的答案，与待履行合同和部分履行合同之间的区别有很大的关系。如果合同法是围绕着部分履行合同而非完全待履行合同建构起来的，那么，在原告给予被告某些利益之后，因交易失败或不奏效而产生的权利请求（claims）常常是在交易部分履行后才被提出的，这并不奇怪。事实上，这样说并不过分，即欠缺对价的观点在当时比违约损害赔偿的观点更容易被

---

[127] （1788）1 H. Bl. 90，126 E. R. 55.

[128] “我认为存在着充分的、支持该丧葬费用诉讼的对价，尽管就被告而言他既没有请求也没有同意……” *per* Lord Loughborough 1 H. Bl. 93，126 E. R. 57。

[129] See，e. g.，*Sidenham and Worlington's* case（1585）2 Lev. 224，74 E. R. 497.

人们所理解。[130] 我已经注意到，有关损害赔偿的法律在很晚的时候才开始发展，而且正如我们将看到的，其原因之一是，保护期待的整个概念——这是一种源自纯粹的待履行合同（purely executory contracts）的强制执行的权利——在1770年左右仍然没有得到很好的发展。这似乎就是会有如此之多的准合同诉讼的原因所在，这个原因是我们在18世纪晚期的判例法中找到的。实际上，我们所看到的是获益返还请求权或者金钱偿付请求权，它们被用作那个时代合同的一般救济方法，当时的合同法是以部分履行合同为中心构建起来的。

第五节　信赖损害

我已经在许多地方谈及这一事实，即受损害的信赖或有害的信赖（injurious reliance）是一个很好的对价，而且，在获益的情况下，允诺的作
185 用起初不是创设责任，而仅仅是将信赖行为予以正当化。关于作为责任来源之一的信赖损害，现在我需要多谈一点。信赖损害概念本身当然是毫无疑问的，但是从最早的时候起——16世纪下半叶——当对价原则被阐述为与新的简约之诉（*assumpsit*）相关的东西时，不利益和利益都被看作是对价的替代形式。从伊丽莎白一世统治时期起的数十个案例都清楚地说明了这一点。[131] 在19世纪晚期，当历史学家和学者们将其注意力转向对价原则的起源时，他们中的一些人对于信赖损害作为一种有效对价进入法律的方式感到迷惑不解。人们广泛认为，这个观念应当主要归功于简约之诉（*assumpsit*）最初的侵权（delictual）性质，但是这种解释的困难在于——对于这些同样的学者和历史学家们而言——它解释不了他们所发现的最令人困惑的事情。在19世纪，人们假定——在损害是一种有效对价的范围内——损害必须是一种促使人们作出允诺的行为。如果形成信赖的一方当事人购买（*bought*）了信赖的权利（right to rely），那么，信赖损害（粗略而

[130] 例如，有一些判决支持了对部分欠缺对价的返还请求权（right of recover）[*Stevenson* v. *Snow*（1761）3 Burr. 1237，97 E. R. 808]，如果这要成为一种更一般的合同救济方法，那么显然需要更多灵活性。后来这种灵活性要素被丢掉了，而让违约损害赔偿成为一般的合同救济方法。

[131] For on example，see *Manwood and Burston's* case（1587）2 Leo. 203，74 E. R. 479. See generally A. W. B. Simpson，*A History of the Common Law of Contract*，pp. 323-5，391-2.

言）仅仅是可提起诉讼的。这个问题将解释这种信赖损害的概念是如何从侵权型案件中发展起来的，在这些侵权案件中，信赖是允诺的结果而非其动因（motivating cause）。[132]

学者们发现这是一个谜团，并不足为奇，因为他们完全搞错了方向。[133]这个问题的全部似乎都根源于19世纪法律学者和历史学者未能察觉到合同理论在他们那个世纪所发生的变化这一失败。这些历史学家认为，17世纪、18世纪的合同理论是建立在——正如其在19世纪所立基的一样——相互拘束允诺（mutually *binding*promises）的观念之上的，这些允诺在交换时必须是有拘束力的，因为在那个时候合同被认为“成立”了。结果，他们不理解一个发生在允诺被作出之后（*after*）的不利益的信赖，如何能够溯及既往（*ex post facto*）地赋予允诺以有拘束力的合同特征。[134]但是，如果人们认为这就是19世纪的法律，那么他们就偏离了方向，尽管法律毫无疑问在日益朝着这个方向发展；如果人们认为这也是19世纪之前英格 186
兰的法律，那么他们就犯了灾难性的错误。事实上，这个模糊的观念永远（*never*）没有消失过，即合理信赖某个允诺的行为可以为之后的损害创设责任。[135]在整个17、18世纪，这个观念当然都在继续扮演着重要角色。而且，正如我已经指出的，这种责任在某种意义上，正是基于合理信赖观念本身，而非基于基本上只是一种证成性力量（justificatory force）的允诺。

我已经指出，信托法以及在某些案例中有关遗嘱执行人责任的法律，在一定意义上是怎样建立在某些合理的或正当的信赖行为的基础之上的，而且在这些情形之中，它们还同时与不当得利的观念结合在一起。似乎很明显，类似的观点构成了这种责任的基础，即接受货主委托而提供运输或

---

[132] See K. C. T. Sutton, *Consideration Reconsidered*（St. Lucia, Queensland, 1964）, p. 5.

[133] See Ames, ‘The History of Assumpsit’, 2 *Harvard Law Rev.* 1（1882）; Salmond, ‘The History of Contract’, 3 *Law Q. Rev.* 166（1887）; Pollock, ‘Afterthoughts on Consideration’, 17 *Law Q. Rev.* 415（1901）.

[134] 人们没有察觉到（实际上今天人们也没有察觉到），当一个有“拘束力”的允诺被打破以及只是随后发生了任何可以提起诉讼的损害的时候，在本质上其所涉及的都是同一个溯及力（retrospectivity）。

[135] 完全基于信赖的其他案例，参见 *Keyne* v. *Goulston*（1665）1 Lev. 140, 83 E. R. 338（被告允诺，如果原告将孩子送到船上，那么他就支付教育费用，被告要为该允诺承担责任）；*Nurse* v. *Barns*（1664）Ray. 77, 83 E. R. 43（陪审团判决500英镑的信赖损害赔偿，以维持10英镑的合同）。

其他服务如钉马掌的人对于货物的责任，旅馆主人、渡船主人以及其他类似的人的责任也是如此。将你的货物托付给那些从事公共职业的人，就是实施了一个信赖他的行为，由于他的身份所以他对寻求他服务的那些人承担义务。他在选择他的顾客方面没有“选择自由”，因为很清楚的是，在15世纪、16世纪，对于任何寻求他的服务并且愿意为此付费的人，他负有提供服务的义务。[136]另外，将你的货物托付给一个不从事公共职业的人，在早期人们根本不认为这是正当的（justifiable），除非被告作出了某些愿意照顾这些货物或实施与之相关的行为的明示允诺，如果没有这样的允诺，那就是一个人“自己愚蠢”地信任了他人。[137]

这些古老的法律被霍尔特首席法官在 *Coggs v. Barnard*[138] 案中得到了确认和解释。在这个著名的案例中，被告明显毫无对价地为原告搬运数桶酒，其中一桶酒因为他的疏忽而损坏了，他被判决为此承担责任。在现代，法院这里判决支持的这种责任基于两个原因而被看作是侵权责任。第一，因为现代律师不理解对价原则如何能够被认为适用于该案这种情况。霍尔特的解释——所有权人将货物托付给被告是一个充分的对价——一直困扰着
187 用19世纪传统培养起来的律师。[139]因为所有权人将其货物托付给被告的行为，并不是为了与被告的允诺进行交换而实施的，且他的行为也没有导致被告作出允诺；相反，是允诺引起信任或信赖。这样，该案就最清楚地展示了基于后来的、没有交换的信赖。现代律师倾向于认为这种责任为侵权责任的第二个原因是霍尔特的这种解释，他明确表示，如果被告根本就没有搬酒桶，那么他就不会有任何责任。因为完全没有履行一个待履行合同的责任，自19世纪以来被认为是合同的标志，而这种责任的缺失似乎让现代律师只能给该案烙上非合同责任的标记。这其实是依据现代理论误读历史。首先，Coggs v. Barnard 案显示，现代合同与侵权的区别在那个时代仍然处于发展之中；其次，（正如我前面所指出的）对于基于完全待履行合同的责任，这个时期的人们对它的理解和强制执行仍然有瑕疵。在合同责

[136] Holdsworth, *H. E. L.*, iii. 385-6, 348; Anon (1502) Keilwey 50, 72 E. R. 208; *White*'s case (1558) 2 Dyer 158b, 73 E. R. 343; *R.* v. ——(1623) 2 Rolle Rep. 345, 81 E. R. 842.

[137] Ames, ‘The History of Assumpsit’.

[138] (1703) 2 Ld. Ray. 909, 92 E. R. 107.

[139] 例如，Markby, Elements of Law, 5th edn. (Oxford, 1896) 认为这是不明智的：p.316。也许同样能说明问题的是，波洛克和安森在他们著作的第一版中都没有提到这个案例。

任中，只有当原告信赖某个允诺之后，原告才能受到保护，这对于那个时期的律师而言并没有什么可奇怪的。

该案的真正困难在于，原告对被告的信任或信赖是否足以支撑该诉讼。因为原告自愿将其货物托付给被告，所以表面上看，人们认为他应当自己为后果负责。在整个法律历史中，一直到相对晚近的时期，我们发现了许多有关这一主题的迹象。一个人只是信赖他人而无其他事由，那么他不能课加义务给该他人。诚然，如果同时产生了一些不当得利的因素，那么的确会课加义务给该他人，一如受托人或遗嘱执行人所负之义务，但是在涉及承运人、受寄托人、旅馆主人以及类似的人时，通常根本是不存在不当得利的问题的。如果有任何责任，那么该责任一定是直接从信赖行为本身中产生出来的。在整个 18 世纪，将责任建立在某个允诺的基础之上仍然是有必要的，尽管允诺经常是“默示的”或者甚至是拟制的；在适当的时候，对于允诺的需求就被抛弃了，而现代的过错法规就逐渐被适用于这些案件。

18 世纪末，正如我之前所简要提到的，存在着一系列的、继续遵循这一传统的案例，尽管继续遵循传统越来越困难。例如，在 *Wilkinson* v. *Coverdale* 案[140]中，肯扬勋爵经过最初的疑虑之后，他已经为其判决做好了思想准备，即一个人出售一项财产给原告并（无对价地）允诺将该财产的保险转移到他名下，他应当为其违反允诺承担责任。在 *Shiells and Thorne* v. *Blackburne* 案[141]中，一个人无缘无故地把属于原告的一宗货物在海关进行出 188
口登记，虽然由于他的疏忽大意而导致货物被当局扣押和没收，但是他还是公然地逃避了责任；他没有被判决承担责任只是因为他自己的一些货物也遭受了同样的命运，而法庭显然认为这表明被告已经表现出了，甚至是在他自己的事务中通常会表现的那种注意程度。结果原告被迫承担加在他身上的责任。[142] 这是他自己的愚蠢之举（folly）。在这一点上，威廉·琼斯爵士关于财产寄托（bailments）的观点也是非常清楚的，他认为：“如果寄托人没有被其他人所欺骗，而只是自欺欺人地自愿将其货物寄托给一个公开从事其他非寄托工作的人，那么他无权要求人们宽容其愚蠢之举；除非

---

[140] （1793）1 Esp. 75，170 E. R. 284；see also *Whitehead* v. *Greetham*（1825）2 Bing. 464，130 E. R. 385，因为后来有一个令人吃惊的判决，其与该案具有相同效果。

[141] （1789）1 H. Bl. 158，126 E. R. 94.

[142] Paley，*Principles of Moral and Political Philosophy*，Book II，Chpater XII，佩利即持这种观点，且事实上，他的这个观点还被 *Shiells and Thorne* v. *Blackburne* 案所引用。

受托人进行了错误的标榜或作出了特别的保证，否则就不能对他提出超过其能力极限的要求。”[143]

同样，欺诈和担保法则早期的发展显然也是基于合理信赖的观念的。这个问题似乎一直都是，是否原告合理地信赖了被告之言，或者原告是否应当进行他自己的调查、他自己的检查？信任被告是否是他自己的愚蠢之举，或者这样做是否是合理和明智之举？在整个 18 世纪，自霍尔特的时代起，[144] 直到曼斯菲尔德对保险合同中披露义务的判决，[145] 以及对 *Pasley v. Freeman* 案 [146] 的判决——该判决是欺诈性虚假陈述（fraudulent misrepresentation）的现代法律的源头所在，从关于重量和尺寸的普通法规则到制定法条文，其基本哲理都是相同的，也就是一个信任或信赖他人的人，必须展现出这样做的某些正当理由。正当理由也许存在于一般环境情况之中，也可能存在于人类的共同经验之中，或者还可能存在于某个允诺之中。随着世纪的更替，一件事情发生了变化，即法庭将基于允诺的信赖作为正当的和合理的理由的情况正日益增加。将这种变化与我们之前分析过的社会的、经济的甚至政治的变化联系在一起，看起来并不太过牵强。在一个法律更加稳定和更有规律性、法庭和商人的行为更具有可预见性的时代，信赖变得更加自然也更加正当。在某种意义上，信赖观念是靠着自
189 己的努力提升自己的。随着人们逐渐信赖他人，他们也就逐渐认为这样做是正当的；而当他们发现这样做是正当的时候，他们就期待当他们的信赖被证实给了不值得给的人的时候法律会保护他们。事实证明，许多此类案件已经离开了现代法律的视野，尽管它们从未被正式推翻，这已经成为现代法律合理发展的一个严重障碍。因为这种观念，即对一个无对价允诺的合理信赖行为能够创设一项法律责任的观念，几乎已经完全（虽然从来没有）从 19 世纪的法律中消失了，而且事实上直到 1947 年之前它们都没有被“重新发现”；尽管这一“新”发现在 1947 年之后有所发展，但我们仍

[143] *Essay on Bailments*, p.99.

[144] See, g. g., *Lysman v. Selby*（1704）2 Ld. Ray 1118, 92 E. R. 240——土地的卖方所确认的土地租金高于实际的土地租金，他要为其错误确认承担责任。注意鲍威尔法官（Powell J.）的疑虑：“我坚持认为，买方很可能已经对租金进行了调查。”

[145] *Carter v. Boehm*（1766）3 Burr, 1905, 1909, 97 E. R. 1162, 1164：“保险公司信赖他的（被保险人的）陈述，并依此信赖继续作为。”

[146] （1789）3 T. R. 51, 100 E. R. 450.

然还没有回到17世纪、18世纪的普遍状态。[147]

第六节　合同义务的强制执行

如果财产的保护和合同的强制执行被认为是18世纪英格兰法律的首要功能，那么人们可能先验地（*a priori*）期待存在着一个相当严密和严格的强制执行过程。但事实上，正如我们已经看到的，甚至是预防财产犯罪的机制都是极度无能的，而且人们广泛地认为（尽管与人们所经常明确声称的相反）没有清偿债务并不比偷盗更严重。[148]因此，强制执行合同性义务的程序极度无能，也就不令人吃惊了。这个程序与18世纪刑法的其他许多特点有共同之处。

首先，所有的事情都留给了债权人。这不仅意味着，正如它在今天所意味着的，是由债权人启动程序或采取必要步骤以执行判决，而且它还意味着试图从债务人那里取得清偿的整个活动，从开始到结束，都全部落在了债权人的身上。在他还没有首次取得针对债务人的判决时，他首先有权选择通过中间令状（*mesne* process）拘禁债务人。如果债务人没有清偿债务或者获得保释，那么接下来是否释放他就完全由债权人决定。在理论上，债务人可能永远烂在监狱，尽管实践中从来未曾发生过这样的事。同样，破产法（就像商人法，也许还像新道德观）最初只适用于商人，也完全由债权人自己支配。根据《1732年破产法》[149]——其规范破产程序直至19世纪（尽管以大量的修正为条件）——破产财产受托人 190
（类似于现代的破产财产管理人）的任命、破产财产的管理、破产债务（dividend）的清偿以及债务免除等完全由债权人掌控。欺诈和滥用（fraud and abuse）普遍存在，而唯一的补救办法是向法官上诉，对破产管理的

[147] 例如，人们根本不清楚今天是否也会作出像*Keyne* v. *Goulston*（1665）1 Lev. 140，83 E. R. 338（supra，p. 186，n. 36）一样的判决；同样，前面所引用的许多信赖案例似乎超越了现代法，e. g.，*Argy Trading Co.v. Lapid Developemts Ltd.* [1977] 1 W. L. R. 444。

[148] Supra，p. 109.

[149] 5 Geo. 2，c. 30.

监督完全不够。[150]

即使在现代法上，仍然在民事强制执行程序中占据着极其重要地位的自助（self-help），其范围很可能被大大低估了。在18世纪，强制执行的法律机制掌握在那些想要强制执行的人手中，似乎是很自然的。自助也被广泛运用在简单合同债务之外的领域。最重要的土地合同之一当然是土地租赁合同；数百年来，强制执行租赁合同条款以对抗承租人的适当和明智的方法是，为租金而扣押承租人财产，或者在极端情形下，根据一项被适当起草的合同条款，取消租赁合同。取消租赁合同，就像没收抵押一样，逐渐受到衡平法院的控制，但即使在这里，人们也会注意到，向衡平法院请求救济首先是用于保护承租人的。在这种形式的救济被良好确立起来之后，土地出租人有义务先向衡平法院寻求取消租赁合同的许可，之后才能行使他的自助权利——而通过这种方式，这种权利就不再是自助权利了。

强制执行雇佣合同与监禁并没有多大区别。18世纪中期的一些制定法赋予法官，对那些违反其雇佣合同而缺席其工作以致“给与他们订立合同的人造成了巨大挫折和损失”的工人进行监禁的权力。[151]现代的劳动律师自然会强烈批评这些法律的邪恶，但是绝不能忘记，在那个时代，任何简单合同债务的债务人在没有正式的司法审理的时候，都有可能被他的债权人所拘禁。

对自助、对债务与合同进行非司法强制执行的这种广泛信赖，产生了一个重要的后果。如果合同，尤其是商事合同，不诉诸法庭就可以被强制执行，那么对于没有律师协助的商人而言，合同的明白易懂就非常重要。正是由于这个原因，所以曼斯菲尔德特别强调根据当事人意愿解
191 释合同的重要性。在现代，强调和坚持在案件的特定情况之下寻找当事人的真实意愿，而不是依赖于固定的规则，被认为是造成法律不确定性的一个原因。但对曼斯菲尔德而言，情况刚好相反，他认为如果合同只根据商人的意愿进行解释，那么商人就能够履行他们的合同、解决他们的争议，而如果根据固定的和武断的规则解释合同，那么只有法庭才能

[150] 以下是引自Ian. P. H. Duffy的论文，‘Bankruptcy and Insolvency in London in the late Eighteenth and Early Nineteenth Centuries’, an unpublished D. Phil. thesis, Oxford, 1973。我非常感激Duffy教授允许我引用他的论文。

[151] 6 Geo. 3, c. 25, section 4.

说明合同意味着什么：

> 日常协商和商人的财产不应当建立在精细和微妙之上，而应当建立在容易习得的和容易记住的规则之上，因为它们是受常识支配、从案件事实中得来的。如果问题取决于事实，那么每个人都可以在付款之前对法律的性质作出判断，但如果问题取决于对国家法律或罗马的**复境权**（Roman *Jus Postliminii*）的推测性改良……当博士们从一开始就对这个问题有不同看法且直到现在还没有达成一致的时候，商人们两眼一抹黑就不足为奇了。[152]

有关债务强制执行的法律和18世纪刑法的其他许多特点有共同之处，也就是它们都建立在威胁和仁慈相调和的基础之上。前面我已经指出，那个时候缺乏足够的管制机器导致将恐怖的威胁作为控制民众的武器，尽管这些恐怖在实践中总是被缓刑和其他形式的怜悯仁慈所大大缓和。合同责任，尤其是金钱债务的强制执行，都适用相似的程序。不履行债务就永久监禁的威胁，其在理论上可以适用于任何不是商人的人（因此不能援用破产程序），在实践中通过颁布特别救济法案而得到缓和，这些法案不时将在监狱中已经待了六个月以上的债务人从监狱中释放出来，结果只有很少的债务人待在监狱的时间超过一年。[153]当然，也存在着其他一些有利于富人的缓和法律严苛性的方式，富人有权支付一定费用而在监狱外居住，只要他们住的地方靠近Fleet监狱或王座法庭监狱就行。[154]

人们将会看到，在无力偿债法（insolvency laws）所调和的威胁与仁慈，与一般合同法（the ordinary law of contract）的很多部分所调和的威胁与仁慈之间，存在着紧密的联系。首先，在整个17世纪、18世纪，书面合同的常见类型仍然是（正如其在中世纪时那样）罚款保证书（penal bond）。[155] 192
罚款保证书是一种加盖了“承认”（‘acknowledging’）字样印章的文件，它

[152] *Hamiltion* v. *Mendes*（1761）2 Burr. 1199 at 1214，97 E. R. 787 at 795.

[153] Duffy，‘Bankruptcy and Insolvency in London’，pp. 81-2.

[154] 另外，需要注意的是，有关债务人被释放出监狱的特别法案，通常是将大额债务人排除在外的。

[155] A. W. B. Simpson，‘The Penal Bond with Conditional Defeasance’，82 *Law Q. Rev.* 392（1966）.

使债务人向债权人负担了一笔金钱债务（通常是真正负债价值的两倍），且规定如果债务人在某一特定日期实施了某一个特定行为或某些特定行为时，该罚款保证书将无效。当然，此特定行为仅仅是债务人所承担的合同义务。如果该罚款保证书是一种单纯借款，例如须于下一年 7 月 1 日还款的 100 英镑借款的担保，那么债务人将承认对原告负债 200 英镑，但如果债务人于下一年 7 月 1 日还款 100 英镑及其利息，则该罚款保证书将无效。同样形式的罚款保证书也能够适用于比借款更复杂的合同。早期的抵押其根源很可能就是罚款保证书的简单变形。地主将土地转让给债权人，其条件是如果他未能在特定时间内清偿债务，那么该土地将彻底被没收。到伊丽莎白一世统治时期，衡平法院开始针对这些罚款保证书的惩罚条款和抵押没收提供救济。到 17 世纪，这已经成为衡平法院管辖权的既定和常规部分，且在 17 世纪下半叶，普通法院也开始审理罚款保证书案件了。到 18 世纪，非要式合同与罚款保证书之间的实体差异已经很小了。不过人们仍然在继续使用罚款保证书、起草抵押合同，以明确到期不清偿债务时可以进行绝对罚没。为什么这些形式在丧失其合法性很久之后，律师们还在继续使用这些形式？一个可能的答案是，这归因于纯粹的法律保守主义（sheer legal conservatism）。但是似乎有理由认为，这不是故事的全部，而且律师和债权人认为，对债务人进行惩罚和没收的威胁是很有用的，即使他们知道债务人很可能在衡平法院获得最后的救济。[156] 毕竟，衡平诉讼不是一件轻而易举的事情，债务人起诉到衡平法院不是一件日常之事，而债权人尝试强制执行债务却是平常之事。尽管衡平法比之前具有更大的规律性和可预测性，但是它仍然具有许多仁慈的属性。总之，整个强制执行程序与死刑判决并非很不一样，只是此种死刑判决在皇家特权的宽恕下被大幅度减刑了。

这样说似乎并不牵强，即人们感觉到，以允诺为基础的合同法的理念，
193 很自然地就掉进了惩罚、没收和其他威胁的同一模式之中。如果法律应当建立在“容易习得的和容易记住的规则”之上，正如曼斯菲尔德所期待的，那么使人们相信允诺具有绝对拘束力、他们应当永远履行其允诺似乎更加

---

[156] 即使在今天，人们并非不知道合同中包含着明显无效的条款（例如免责条款），其唯一的价值就是它们可能误导并以此威吓（*in terrorem*）合同当事人。使用这些条款现在是被禁止的。

容易做到？如果人们能够这样被说服，那么一切都会变得简单得多。他们会为其获得的利益支付对价，或者对因另一个人信赖他们的允诺而遭受的损失进行赔偿，而不会开启各种各样棘手的问题（例如，关于获益的价值，或信赖的范围），而更重要的是，这不会让已经疲于应付的法院再备受困扰了。当然，律师和受过教育的阶层最终知道，并不能过于严格地按照字面意义理解允诺绝对有拘束力；如果没有人依允诺作为，如果没有为允诺支付对价，事实上它根本就没有拘束力。除此之外，如果严格强制执行允诺会产生不公正的结果，一个普通法陪审团或法官就会认为，真正的正义已经得到了伸张，且法律的字面意义也将被仁慈所调和。在理论上允诺是具有拘束力的，而在实践中此拘束力并不是很强，尤其是当允诺仍处于完全待履行状态时更是如此。

如果多数人没有意识到这种威胁在实践中不是非常强大的话，那么这个政策自然就不会奏效。如果人们已经普遍知道，允诺事实上就没有严格的拘束力，因为法官通常都会对不公平交易进行救济，或者债务监禁（imprisonment for debt）并不是真正永久的，因为议会肯定会通过某个救济法案，或者某种惩罚在普通法上确定其是无效的，那么威胁的有效性就会被显著削弱。因此，人们试图掩盖衡平救济或仁慈的可能性，而不是强调威胁本身，就一点儿都不奇怪了。法官们一直在救济显著不公平的交易，但是他们却不愿意这么说；议会一直在通过特别法案救济债务监禁，但是却不想将其作为法律的永久组成部分；而律师们仍然在继续使用罚款保证书。

第七章　1770 年的合同法与理论：II

第一节　待履行合同与合同法的作用

在这部分的最后一章，我将分析这一事实，即 18 世纪的合同法根本是一部有关已履行合同与部分已履行合同的法律。其基本上涉及的是这样的合同，即此类合同的允诺，我认为其作用仍然主要是证据性的而不是实体性的。如何看待完全待履行合同中允诺如此有限的作用，显然存在着许多困难，但是后面还有更多的困难。在这一章中，我必须对 18 世纪合同法的性质和作用及其所经历的变迁过程，进行更多的分析。简而言之，完全待履行合同极少被提起诉讼，且没有被完全承认和强制执行，也根本不构成合同理论的范式情形（paradigm case）。关于这一点，我把这个非常复杂的问题进行了极端简化，因为很多事情都取决于人们是如何理解合同的"履行"的。这不是说 18 世纪的律师对于理解待履行合同的实际履行（specific enforcement）有任何观念上的困难，因为一般而言，实际履行所确保的是完成交易。最简单的这类案例是，如果双方当事人以双方所同意的价格买卖一项地产而订立合同，判决对该待履行合同进行履行是没有一丁点儿困难的。卖主（vendor）会收到他的价款，而买主（purchaser）会收到土地的转让（conveyance），该交易会被实现，尽管是强制实现的。每方当事人都会因他自己的履行而收到其对待价值（value）或对价（consideration）。每方当事人都必须履行因为对方也会履行。当事人的权利与义务仍然不是依赖于，至少在某种意义上不依赖于他们的意愿或允诺，而是依赖于此利益交换。

我也不是说对于这种允诺——即使允诺人尚未收到实际利益，即使合同尚未开始实际履行，但该允诺仍然对信赖该允诺的受允诺人产生了损害——的履行，18 世纪的律师会有任何问题。在我看来，基于这种形式的信赖进行的交易不能被视为完全待履行交易，即使在现代法上它可能也是

如此设计的。 195

但是，我认为通过请求赔偿交易损失的方式——其代表着被告履行价值与原告的履行成本之间的差异——而对完全待履行合同进行强制执行，在当时还不为人知，而这种方式却是今天强制执行待履行合同的典型方式。虽然在现代法上，允诺的交换被认为符合了对价原则的要求（虽然在某种意义上这个观点在 18 世纪就已经出现了），但是，待履行合同的现代履行方法是让原告有权要求赔偿其“损失”，而不要求他自己作任何履行。他自己的义务因被告违反履行或拒绝履行而被解除，且他仍然有权要求损害赔偿。对于现代英国律师而言，这似乎是世界上最自然的事情了（虽然这里也出现了变化的迹象，正如我们将要看到的），但是对 18 世纪的律师而言这一点儿也不自然，给原告他在交易中所“期待”的东西，而不要求他作任何履行，恰恰相反这通常是一个非常奇怪的想法。事实上，这似乎有点高利贷的味道。难道原告不做任何事就可以获得赔偿？难道他有权要求保护其单纯的期待？原告没有给付对价*时难道被告也要承担责任？如果原告被解除了履行其允诺的义务，原告的允诺如何才能被当作是一个对价？是一种怎样的炼金术，可以使原告自己的允诺在某一个时间里被看作对价，但随后他却又被免予履行其允诺？而且，如果没有给付真正的对价，如果被告要赔偿损失而不能获得任何东西作为回报，那么他为何要承担全部责任？诚然，他作出了允诺，但是单纯的允诺有“自然”拘束力的观点才刚慢慢获得其正当基础。允诺履行自己的义务，当然可能是有拘束力的，而实施某种双方同意的交易的允诺，可以通过坚持完成该交易而被强制执行，但是如果该允诺是没有对价、没有理由的，它怎么还有拘束力呢？“无对价之允诺”（‘gratuitous promise’）一词既指没有回报的对价，也指没有理由的对价，这并不是一种巧合。这些说明了 18 世纪的律师是如何看待完全待履行合同的，尽管变化一直都在慢慢发生着。

所有这些并不意味着，在 18 世纪的法律中，人们没有办法安排自己的未来事务、拘束自己未来的某些行为。正如我们已经看到的，自中世纪以来人们就可以对土地进行详细安排，尽管还没有形成合同性安排的概念。

---

* 基于中文翻译通例，consideration 既可译为对价，也可译为约因，本书通常将其译为对价，只有在行文方便的时候才译为约因，如给付对价比给付约因更符合中文的表述方式。——译者注

一个人不是通过允诺未来做某事来拘束自己，而是通过在此处和在现在授
196 予一项将来才能取得其占有的地产权或利益。似乎很可能的是，18 世纪的律师也是这样将这一过程概念化为，人们是如何通过契据（deeds）或其他正式的合同，如债券（bonds），来拘束他们自己的。一份债券经常被称为“一项债务”，一个人将一份债券授予他人并将债券交到他人手中，他被认为在某种程度上先是将自己交给（*granting*）对方，然后是将某些权利交给对方，交付债券也被称为是交付“一项债务”。正如我们已经看到的，典型的债券根本不是用允诺的形式进行措词的，债务人（obligor）虽然承认他的责任，但他并没有*允诺*（*promise*）做任何事。通过这种方式，人们就可以接受这样的事，即一个人甚至可以通过无对价的契据或债券来拘束他自己，而交付债务就是一项授予权利，如同财产授予一样。[1] 人们运用合同去规范未来关系也变得完全可能了，只要人们不是想要在某些信赖行为或某些履行行为发生之前就让合同具有“拘束力”即可。似乎这也不是纯粹的巧合，即在保险实践当中（它在 18 世纪已经很好地确立起来了），直到今天待履行的保险合同都几乎没有，在第一笔保险费支付之前保险合同都不会生效。当然，在今天这是先合同文件的明示条款规定的结果，但是这种做法很可能始于这个时候，当时保险公司不太相信，在保单过期后且没有保险事故发生的情况下，它们有强制当事人支付保险费的能力。[2]

此外，将未来权利概念化为当下权利的过程，可能向其他类型的交易寻求了帮助。例如，在货物销售法中，早在 15 世纪甚至 14 世纪，人们似乎就认为，仅仅是订立协议就足以使货物的所有权（property）被授予（vest）给买受人、将价款的权利转移（pass）给出卖人；只要合同订立了，甚至在货物交付之前，买受人也可以申请非法扣押令状（writ of detinue），而出卖人则可以申请定额债务令状（writ of debt）。但是，得出结论说（人们有时候就这样做）[3] 这显示了现代诺成合同（consensual contract）的开端，那也是荒谬的。如果用一些未确定的货物（unascertained goods）——例如下一年将收获的玉米——来替换掉某些确定之物，如一头特定的奶牛或一包小

[1] Powell, *Essay*, i. 332.

[2] Corbin, ‘Conditions in the Law of Contract’, 28 Yale Law J. 739, 746（1919）说道：“在双务合同变得可强制执行之前，这是允诺人确保他自己预期目标的唯一方法。”

[3] C. H. S. Fifoot, *History and Sources of the Common Law*（London, 1949）, pp. 227-8, 304.

麦，那么人们就会发现这里并不真正存在诺成合同。在这种案件之中，显然是不存在请求返还动产之诉（detinue）的——因为未特定的货物之上的所有权无法转移——因此，在此情况下不存在可以拘束当事人的东西，而只存在当事人的纯粹意愿而已。而在15世纪人们对意志论（will theory）还一无所知。 197

在这一时期，没有任何复杂的关于完全待履行合同的法律，对此我们不必感到惊讶，因为现实是——除了土地法外——几乎没有人要求制订长远的计划和安排。货物销售的大部分仍然是确定之物的销售，没有可以让人们出售未来作物的全国性的市场，且事实上市场违法活动阻碍了此类未来交易。随着18世纪的逝去，一切都开始发生变化，市场开始变得更加广阔，商人开始提前计划。"市场中的货物开始被认为是可代替的（fungible）；合同的功能也相应地从确定之物的权利移转而转为确保期待中的收益。在18世纪还很罕见的待履行合同，作为'未来的'安排机制变得重要起来了。"[4]

其他类型的合同也普遍是这种情况。由于工业缺少大量资本投资，因此人们对于未来长期的计划、有拘束力的安排和许诺（commitments）的需求还没有显著地影响合同法。大多数合同仍然或多或少普遍是直接交易。金钱的使用以及之后汇票与本票的发明，让合同的履行得以作某种延迟而不必改变交易的概念特征。因为通过这些方法的付款（正如我们已经看到的）很容易就被接受为是实际付款，而非是一个将来付款的允诺。当然，社会也存在着对某些类型的长期安排的需求，尤其是那些具有继续性特征的长期安排，例如租赁、合伙、雇佣合同，而在这种交易中，在某种意义上，就未来而言，是一系列继续进行的现有交易，结合某些待履行要素。在18世纪，人们完全可以缔结一个具有此种性质、具有固定期限的长期合同，但是也许更令人感兴趣的是，在没有固定期限的情况下，该合同通常可以基于合理通知而终止。这一保留到现代法中的原则，只对当事人的未来行为进行了最低限度的拘束，事实上，可以这样说，它把当事人拘束在保障每个当事人利益的必要程度之上，只要当事人依赖于这种继续性安排。

[4] Morton J. Horwitz, 'The Historical Foundations of Modern Contract Law', 87 *Harvard Law Rev.*917, 918（1974）.

我们已经在前面一章看到，1770 年左右的多数法律似乎都是围绕着部分履行的交易而发展的。在 18 世纪，对于那些构成后来合同法大部分原则的诉讼，几乎全部都是在部分履行的案件中进行的。我已经指出了这个
198 事实，即早期的错误、胁迫和欺诈等理论全部都是在这个时期以部分履行合同为背景发展起来的，且它们都被当作是返还已付款项的理由；我们发现只有在 19 世纪，这些理论才以抗辩的名义重新出现在完全待履行合同的诉讼之中。

关于完全待履行合同的相对不重要性的另一个证据是，在 18 世纪最后 10 多年之前要约与承诺规则都尚付之阙如。有人解释说这是由于这段时期里只有允诺的法律而无合同的法律，[5] 但更可信的解释肯定是，其是由于没有待履行合同的法律所致。我前面讨论过的“请求”规则，服务于许多现代要约与承诺规则的目的，却是以部分履行合同为背景的。

简约之诉与允诺性责任

迄今为止，我对英国合同法史的研究结论与传统见解是如此对立，以至于需要进一步深入分析。众所周知，甚至在伊丽莎白一世统治时期，普通法院就已经在新型的简约之诉（*assumpsit*）中找到了责任的基础；毫无疑问，在这段时期里存在着大量的判决，在这些判决之中，这种新型的诉讼与对价的古旧观念之间的关系正在被重新表述。此外，非常清楚的正是在这段时期里，法官们开始牢固确立起这种规则，即“以允诺换允诺”（‘promise for promise’）是一个充分的对价，据此，当一个原告基于此种合同提起诉讼，他只需要证明曾经作出了一个允诺就可以了，而不必证明他已经履行了的允诺。人们通常认为这标志着现代英国法律上的诺成合同的开端，因此，争辩说甚至在 18 世纪，完全待履行合同也没有被完全承认，这似乎存在着一些困难。

尽管如此，我们越是仔细审视完全待履行责任的可能性，情况就越令人迷惑和困惑。辛普森教授最近指出，人们所谈到的“以允诺换允诺”构成对价，并不意味着 16 世纪的法庭对完全待履行合同进行了强制执行。[6]

---

[5] Simpson, ‘Innovation in Nineteenth Century Cotract Law’, 91 *Law Q. Rev.*247, 257-8 (1975).

[6] A. W. B. Simpson, *A History of the Common Law of Contract*, p. 467.

对辛普森教授而言，“有拘束力的”待履行合同的概念，是指单务的和不得撤销的合同，而且他还引用 17 世纪晚期的案例，以说明法庭在那时甚至都并非不愿意设想，单务合同在产生信赖之前被单方面撤销的可能性。[7]
因此，他说：“所有认为那个世纪（16 世纪）承认了‘完全待履行的’、‘单 199
务的’或者‘诺成性的’合同的观点，都是完全错误的。”[8] 进一步而言，辛普森教授的解释正确地强调了，16 世纪、17 世纪的律师没有以今天的律师看待该问题的方式看待该问题。他认为，这个时期的律师将诉讼要点（pleading point）看作是主要问题，因此他们是以可诉讼之允诺而非“有拘束力的”合同为中心的观念来看待法律的。

关于完全待履行合同的含义，纠缠于一系列语词是毫无意义的。事实似乎是，在现代英国法律上，完全待履行合同有一系列特征，单方面的不可撤销性是其第一个特征，原告在履行义务之前或产生信赖之前能够提起诉讼是其第二个特征，可以要求特定类型的损害赔偿是其第三个特征。虽然这些特征中的一些可能在 16 世纪、17 世纪出现过，但是我认为在这两个世纪里这些特征并没有全部出现。尤其是，我认为第三个特征在 18 世纪末之前在很大程度上是不为人知的，而由于缺少这个特征，因此任何谈论这个时期的完全待履行合同或诺成性责任（consensual liability）的观点都是错误的。诚然，认为“以允诺换允诺”构成此种责任——履行义务之前或产生信赖之前的责任——的基础的观点，必定包含着诺成责任的种子。但这不是 19 世纪律师所熟知的诺成责任。真相似乎是，完全待履行合同向现代的变迁过程比人们通常所理解的要更长久，事实上我认为这一变迁过程从伊丽莎白一世统治时期开始一直持续到 18 世纪。[9] 在整个这段时期里律师都急切地推动着这种变迁，那也是错误的。在某些方面（正如我已经指出的），普通的律师的确普遍地认为合同法应当沿着被人们经常将其与 19 世纪联系在一起的道路向前发展，但在其他方面，正如我下面将指出的，律师可能实际上在试图阻碍这些发展，并试图防止出现一个全面膨胀的诺成性法律。

---

[7] *Mayor of Scarborough* v. *Butler*（1685）3 Lev. 237，83 E. R. 668；*Howe* v. *Beeche*（1685）3 Lev. 244，83 E. R. 671.

[8] *A History of the Common Law of Contract*, p. 467.

[9] 在这一点上我采用了 Morton J. Horwitz 的见解。Morton J. Horwitz，*The Transformation of American Law*（Cambridge，Mass. and London，1977），pp. 162 *et seq*.

由于辛普森教授非常全面地解释了16世纪、17世纪的法律，因此没有必要再对此进行任何详细的阐述。对于我的研究目的而言，强调几个核心点就足够了。第一点就是原告必须以现在的、连续的或者将来的对价，作为支持其在简约之诉（*assumpsit*）中的诉讼请求的理由。如果他提出了一个将来的对价，那么通常他必须也证明他已经履行该对价；如果他提出
200 某个允诺是对价，那么他就不必证明他已经履行了该允诺。因此，只有在将允诺作为对价的情况下，才能说该诉讼请求（用现代术语来说）是基于待履行合同或诺成合同的请求。

现在，如果原告以允诺作为对价提起诉讼，那么他不必证明他已经履行了他的允诺，很明显接下来被告就要承担责任，即使整个交易仍然处于待履行状态。在这个意义上，这个时候的完全待履行合同是可能被强制执行的。但是，对这种合同的强制执行在16世纪和17世纪并没有任何很重要的区别。如果原告在提起诉讼之时还没有履行他自己的允诺，他自己的履行义务通常不能被解除，但是他的履行义务是被保留在其对被告的诉讼之后的。接下来自然就是损害的计算模式，当时的计算模式与今天存在着很大的区别。一般而言，在现代法上，原告获得的赔偿，是被告的履行价值与他履行自己允诺的成本——该成本是他不必再付出的（*which he will no longer have to render*）——之间的差额（*difference*）。但是在16世纪、17世纪，当时原告一般仍然负有在将来履行他自己允诺的义务，他有权获得的损害赔偿就是被告允诺的全部价值（*full value*）。[10] 因此，原告的诉讼请求更接近于我们所理解的实际履行请求，而不是赔偿交易损失的请求。尽管人们可能会说，这种情形下的损害赔偿是被用来赔偿原告的期待利益损害的（正如辛普森教授所认为的），[11] 但这不是（*not*）现代意义上期待利益损害的赔偿。在现代法上，这种损害赔偿被称为期待利益损害赔偿，只是因为原告似乎有权获得损害赔偿的唯一根本理由是，他的期待落空；没有原告的任何履行，被告没有获得任何利益，这是让被告承担责任的唯一理由。但是在18世纪之前的法律中，让被告承担责任的理由，不仅是因为这符合原告的期待，而且原告自己的履行义务仍然存在。这样，原告有权提起诉讼，不仅因为他有合理的期待，而且因为他自己也仍然可能被起诉。认

[10] A. W. B. Simpson, *A History of the Common Law of Contract*, pp. 583-7.

[11] Ibid., p. 584.

为这种情况下的损害赔偿指的是期待利益损害赔偿显然是错误的。

因此，关键的一点是，在18世纪末之前，人们通常不会对纯粹的期待利益损害——原告既没有付款也没有形成信赖的期待利益损害——进行赔偿，而在没有这种损害赔偿的情况下，人们就不可能去讨论一个严格意义上的待履行合同的法律。值得进一步深思的是为何在18世纪末之前很少有这种期待利益损害赔偿。用损害赔偿来保护一个纯粹的期待（从这个 201
意义上而言这个问题其实我已经解释过了）要预先假定两件事情：它们要么假定原告的履行成本，在合同订立之时，要小于被告履行给原告所带来的利益；要么假定在合同订立之后履行之前，原告履行与被告履行的相对价值发生了变化，以至于被告履行现在比原告履行将要花费的代价更有价值。如果不属于这两种情况之一的，那么就不能赔偿期待利益损失，因为即使在“损失”（‘loss’）的最广泛的意义上，这时也是不存在损失的。（我认为，必须记住的是，在这里被告并没有获益，且原告也没有形成信赖。）现在，一个18世纪的、对基于这两种情况之一的期待利益损害希望请求赔偿的原告，很有可能面临着一定程度的传统敌意。让我们转头来看看这些情况。

如果原告提出诉讼请求认为，在他订立合同之时，他的履行所花费的代价要小于被告的履行价值，那么原告就处于这样的危险之中，即似乎他同意以低于合理或公平的价格购买东西。必须记住的是，转卖人——以一个价格买入并以更高的价格卖出的人——的观念直到18世纪末还不为人们所接受。购买东西的人被假定是为使用而购买，而如果他们是为使用而购买那么他们所支付的价格应当是一个适当的价格。如果买受人申诉说他同意以少于该东西的适当价格购买某个东西，换言之，他如果期望从交易中获取利润，无论是通过再出售还是只是由于他已经以低于市场价的价格购买了东西而实现该利润，那么，他很可能受到人们有敌意的对待。他表面上的地位，远不是一个因为他人没有履行合同而蒙受损失的、受到伤害的和无辜的合同当事人——人们后来就是这样看待他的——恰恰相反，他被认为是一个敲诈勒索者，他在这个问题上的臭名昭著是他应得的。当然，人们对他的这种态度到18世纪中期时，如果不是更早时期的话，就已经逐渐过时了，但还远谈不上完全消失。

另外一种可能性是，原告在合同订立时同意支付合理价格，但由于市场情况或者其他相关因素的变化，到合同履行期限到来时，原来确定的价格已经明显小于被告履行的当前价值。现在人们又一次觉得，在履行期限到来之时，原告明显有权要求期待利益损害赔偿，即赔偿双方履行利益的
202 差额。当人们将注意力的焦点从履行转向合同的订立时，所有的合同订立逐渐都被认为是一种风险分配过程。如果合同的履行与成立在时间上发生分离，那么在此期间就明显存在着价格变化的风险。显然，在某些（*some*）案件中，合同的目的就是转移风险，但以此推断在所有（*all*）案件中风险都已经被转移了，这是不符合逻辑的。但是，这又一次涉及了一种在18世纪正缓慢发展的思维状态（a frame of mind）。一方面，它涉及人们承认变化（*change*）是一种正常的可能性，人们承认订立将来履行的合同就是为了解决将来这些变化的风险。另一方面，虽然后来人们认为这是事实，但是18世纪不是一个快速和持续变化的时代，在绝大多数情况下，人们订立合同并不会关注变化的问题，例如这个时期的土地价格变化就很缓慢。在18世纪，当人们为将来的履行而订立合同时，延缓履行的目的通常仅仅是实践习惯的问题——也许是为了给法律手续（legal formalities）留时间。人们通常不会认为这是为了进行风险分配。只有当价格每天都发生变化的市场出现的时候，当每个人逐渐注意到时，才能合理地认为订立未来履行的合同，是人们有意识地设计用来转移这些未来变化风险的。基金在18世纪就出现了这种情况，因为在18世纪一开始就出现了这样的一个市场（正如我们前面所看到的）。但是，大部分其他产品或货物，直到18世纪晚期才出现这种情况，而土地则迟至19世纪才出现这种情况，而这个时候将期待利益损害赔偿规则引入土地买卖合同就已经太晚了。

关于期待利益损害赔偿还有另外一点需要深入分析。从某种意义上说，前面所谈到的两种情况中的任何一种，其期待利益损害赔偿都是一种对勤勉、技能和远见的奖励。设法用低于市场价购买物品的人、预见到市场价格变化而提前购买物品的人，是一个比其缔约伙伴更聪明的人。人们逐渐认识到，正是这种勤勉、技巧和远见，才是应当奖赏和鼓励的。在接下来的一个世纪，这的确就变成了当时占据支配性地位的哲学。但是在18世纪（也许和今天一样），很多人是厌恶而非钦佩地看待这些品质。订立合同用低于市场价购买物品，也许是利用了缔约合伙的不知、愚笨或穷困境地，而智胜于他。难道这也值得鼓励？又或者，订立一个未来履行的合同，然后当市场发生变化时又坚持按合同价格履行，这几乎就是没有教
203 养之举；事实上，这很可能是一种纯粹的赌博形式，在这种情况下，它虽

然具有社会的可接受性，但不完全符合道德上的正当性；或者，也可能是利用了一笔纯粹的意外之财，而这在道德上是不公平的；或者，也可能是利用了卓越的远见而预见到变化。正如前文所述，在 18 世纪的英国，这也不是一种人们全心全意佩服的品质。现代读者在这些问题上，可能与 18 世纪的英国人而不是与他们 19 世纪的继承者，更有共鸣，因此，在理解 18 世纪的期待利益损害赔偿并不广泛的原因上，现代读者几乎没有什么困难。

在人们所订立的最常见的合同类型中，这种期待利益损害赔偿受到了积极的阻止。[12] 在土地买卖合同中，在 *Flureau* v. *Thornhill* 案 [13] 中，卖主对于无法完成产权转移没有过错，该案著名的判决就拒绝了任何损害赔偿，因为“他（原告）认为自己失去了交易的空想的好处”[14]。De Grey 首席法官轻蔑地驳回原告期待利益损害赔偿的请求，这本身就具有高度的暗示性。要求期待利益损害赔偿就是要求法庭将原告的鸡蛋在其孵化为鸡之前就当作鸡。法庭明显觉得这太离谱了。

接下来我们可以观察到，在一类案件中，待履行合同的有效性被明确和完全地否定了；这就是“和解和清偿”（‘accord and satisfaction’）诉讼，也就是说，当人们辩称某项义务已经被解除时，这还不足以说明该义务是被一个待履行合同所解除的。这一规则在 1696 年受到了挑战，这表明诺成合同因此取得了进展，但是该挑战又被法院推翻了；[15]100 年后，这一规则在一个特别重大的案件中又得到了重申。[16] 直到 19 世纪，才有可能通过一项完全待履行协议来解除一个既存的义务。

除了这两个具体类型的案例之外，很难肯定说在 18 世纪，期待利益损害赔偿有多少可能是获得了支持的，因为损害的认定这时在很大程度上

---

[12] 虽然严格而言，反对支付利息的规则与期待利益损害赔偿并不相关，但两者是也是有关联的。See George Washington, ‘Damages in Contract at Common Law—I’, 47 *Law Q. Rev.*345, 366-8（1931）; and see *post*, p. 422.

[13] （1775）2 W. Bl. 1078, 96 E. R. 635.

[14] 2 W. Bl. at 1078, 96 E. R. at 635. 比较 1785 年美国法官的见解：“如果人们只是对他们的钱感兴趣，那么他们就不会买东西；但是他们却密切关注他们所买的东西价值的增长。” See Morton J. Horwitz, *The Transformation of American Law*, p. 59. 不用说，土地在社会与经济方面所扮演的角色，在这个时期的美国和英国是很不一样的。

[15] *Allen* v. *Harris*（1696）1 Ld. Ray. 122, 91 E. R. 978.

[16] *Lynn* v. *Bruce*（1794）2 H. Bl. 317, 126 E. R. 571.

204 仍然是陪审团的事。认为期待利益损害赔偿罕有获得支持的主要依据是：首先，原告通常仍然要履行他自己的义务（这个问题将在后文进行全面分析）；其次，很少有完全待履行合同（现代意义上的）被提起诉讼的案件被报道出来。但是有两类案件，此种诉讼在其中并非不常见。赌博诉讼和违反结婚允诺（promise of marriage）的诉讼是到目前为止最常见的完全待履行合同的诉讼类型，至少在 16 世纪、17 世纪是这样的。其实，这两类合同都具有相同的特征，也就是它们除了作为完全待履行协议之外完全不能存在下去。不可能存在部分履行的赌博，或者部分履行的结婚许诺。而且，婚约（marriage contract）又具有另外一个特性，即一个婚约和一个真正的婚姻的区别非常含混不清。在实际结婚所需的手续没有明确要求的情况下，许多完全是非正式的誓言交换或允诺交换，（数百年来一贯如此）其本身就可以构成婚姻。这样，违反结婚允诺与否定实际婚姻就极为相似。

赌博诉讼可以很好地让律师熟练掌握合同是一种风险分配机制的观念，但是，赌博在过去（和现在）也是一种特别的合同类型。尤其是，赌博是由允诺的交换构成的，但是它不关注履行的交换。不像当事人双方都被期望做点什么的现代普通合同，在赌博合同中只有输家通常才必须做点什么。因此，自然地，在赌博和普通合同中，应当支付的“损害赔偿金”（‘damages’ payable）的概念是不同的。原告提起赌博诉讼（在法律允诺的范围内）请求支付他所赢取的赌注（winning），在规范的意义上他根本不是请求“损害赔偿”。但是他请求支付赌博中所“赢取的赌注”，更像是请求现代意义上的期待利益损害赔偿，此时只有被告才有义务做某事。可能是由于人们熟知赌博诉讼，所以影响了普通法的变化，在普通法这里，期待利益损害赔偿变成了对违约的常规救济措施，而且也不要求受到损害的原告履行其义务。

在 18 世纪晚期之前，其他完全待履行合同的例子似乎很少，这可能是由于普通的商业协议通常不以这种方式提起诉讼。诉讼规则和陪审团的态度，可能降低了诉讼当事人对商业安排提起诉讼的意愿，除非案件具有履行或信赖的因素。[17] 换言之，那些对现代律师而言可能是完全待
205 履行的合同，可能被视为是一种允诺，以换取某个未来行为或者未来对价。具有这种性质的合同在概念上与现代的单务合同很相似。这样的合

[17] 我这个观点要归功于辛普森教授。

同在当时事实上在今天也不被普遍认为是可以提起诉讼的，除非该合同已经被履行了。

关于完全待履行协议还有另外一点需要指出。缺乏任何履行或信赖因素，并因此完全基于当事人意愿的协议，很明显是更加难以证明（*prove*）的。即使在现代，当原告向被告（例如）交付了货物或者提供了服务，或者原告甚至以某些方式改变他的立场（position）而信赖允诺，那么证明原被告之间的协议就极其容易。这种行为通常都是可以由无利害关系的证据证明的客观事实，而且在被告否定了原告的事实陈述后，法庭通常要求被告进行某种解释。但如果是一个单纯的协议，除非它可以被书面文字所证明，否则它是很难被证明的，因为它需要证明当事人对对方说了些什么。在我正在分析的这个时代，口头协议（parol agreement）的证明甚至比今天还要困难得多，因为其程序规则将当事人和任何其他有利害关系的人都排除在证人之外。证明当事人订立了一个纯粹的口头的还没有被履行的或者还没有以某种方式按协议行事的协议，在绝大多数案件中都因为这些程序规则而实际上就没有成功过。我们也不应当轻易地假设，那个时候的律师用现代律师相同的方式，看到了实体法与证明方式之间的差异。对他们而言，使其更难证明一项口头合同的原因之一的可能是，他们不太确信口头合同可以作为责任的独立存在基础。这自然地就将我们引向了《反欺诈法》。

《反欺诈法》

这一著名的制定法于1677年通过，它规定，许多类型的合同都应当通过书面的记录或备忘录（note or memorandum）进行证明，但对于价值等于或超过10英镑的货物销售合同，它规定了替代的证明方法，尤其是在土地买卖中，它规定了另外的书面证明方式。该制定法所列举的合同类型让历史学家长期感到迷惑不解，因为它们似乎缺少合理的连贯性。[18]在《反欺诈法》所列举的合同中，除了价值达到或超过10英镑的货物销售合同以及土地权益买卖合同之外，还包括遗嘱执行人对立遗嘱人的债务承担个人责任的允诺、基于婚姻对价的允诺、对他人的"违约或不履行"（'debt default or mis-carriage'）承担责任的允诺（即保证合同），以及在一年之内

---

[18] A. W. B. Simpson, *A History of the Common Law of Contract*, pp. 615 *et seq.*

206 没有履行的合同。不难发现，该制定法试图阻止诺成合同的发展，并要求口头合同须被部分履行之后才能被强制执行。[19]

就货物销售合同而言，该制定法本身就清楚地规定了这一点：如果货物还没有被交付或接受，或者如果价款一点儿都还没有支付的话，那么并不要求该合同采取书面形式。正如梅特兰（Maitland）许多年前所观察到的，该制定法的要求基本上和几百年前格兰维尔（Glanvill）对买卖合同有效性（*validity*）的规定是相同的。[20] 后来的历史学家没有梅特兰的洞察力，而认为他的评论是一种罕见的差错，因为 12 世纪对买卖合同有效性的要求和 17 世纪对买卖合同证明方式（mode of *proving*）的要求之间怎么会有某种关联？[21] 对此的回答可能是的确存在着这种关联。如果我们认为 1677 年的法律已经开始承认某些情况下的完全待履行合同了，如果我们进一步认为律师对此结果不是很满意，那么就不难将该制定法看作是新旧观点之间的某种折中。从原则上来说，待履行合同并没有被该制定法排除出去，而书面形式的要求，反而是证明它存在的有力证据；自然地，如果合同事实上已经被部分履行了，那么书面形式的要求就不适用了。对于现代律师而言，《反欺诈法》似乎只显示了对证据而非实体责任的关注。只要可以制作一些书面证据，那么法律将承认并强制执行完全待履行合同，只要这种合同在当时完全可以被强制执行。的确，通过该制定法的动机之一，是人们认为口头语言证据不可靠，以及人们对于用口头语言做伪证和欺诈的担忧。一两年后的“天主教阴谋”（the Popish Plot）显示这些担忧是有充分理由的。但是并不像当代律师所认为的那样，该制定法对书面形式的要求主要是一种证据性的要求。我已经指出，在这个时期，债券、盖印契约（covenants）和书面的“债务文书”（‘obligations’）仍然被认为具有转让（grants）而非允诺的性质；如果当时的律师在起草该制定法时考虑到了这些文书之间的共性（analogy），那么他们一定不会将书面要求主要看作是证据性的要求。

因此，在某种意义上，可以将该制定法看作是一项保守的法律改革，

---

[19] See, e. g., the judgment of Holt C.J. in *Thorp* v. *Thorp*（1701）12 Mod. 455, 464, 88 E. R. 1448, 1453.

[20] Pollock and Maitland, *History of English Law*, 2nd edn.（Cambridge, 1952）, ii. 207-8.

[21] C. H. S. Fifoot, *History and Sources*, pp. 226-7, n. 54.

它试图限制待履行合同的发展，而且作为一种限制方式试图利用传统的责 207 任基础。或者必须形成书面形式，或者必须进行了部分履行。就货物销售合同而言，部分履行的要求确实被写进了该制定法。关于土地或土地权益的买卖合同，最终的情况也是相似的。虽然该制定法在这里并没有包含部分履行合同的例外情况（一如它对买卖合同的规定），但是我们知道在它被通过之后的很短时间里，衡平法“发明”了部分履行理论。换言之，衡平法院强制执行了部分履行的土地买卖合同，而没有强调书面证据。几年后，人们逐渐认为部分履行理论被强加进了该制定法的要求之中，但是，辛普森教授最近争论说，有证据表明，该制定法从未打算将其适用于衡平法上的实际履行诉讼，因为在衡平法中，部分履行就足以作为一种强制执行的基础。[22] 当然很难相信具有产权意识（property-minded）的、起草该制定法的律师，会满意地看到某个已经占有地产并愿意支付价款的地产买主，仅仅因为他没有其合同的书面证据而离开土地。确实，价款的支付从来没有被当作某种部分履行的形式，但是在财产主导型社会的背景下这也是很明智的。还没有放弃占有的财产所有权人当然必须提前归还任何已经支付的部分价款，但是在他还没有开始履行合同前，他也不会因为一份口头合同的力量而被赶出他的地产。

这种解释是否适用于《反欺诈法》的其他一些条款，尚不是很清楚。也许规范保证的条款源于这样一个事实，即保证人从其交易中并没有获利，但主债权人却基于对其保证允诺的信赖而作为，如此人们可能难以理解，保证人在没有相应获益的情况下为何还要为主债权人的这种信赖负责。法官似乎自古以来就对此感到很不情愿，因为在英国法律上保证人总是受到赞赏性的对待。至于遗嘱执行人的允诺，我已经指出制定法的要求可能是被设计用来防止在缺乏真正证据的情况下，陪审团仍然乐意推断存在着这种允诺；在这里，人们也可以观察到，书面的要求可能是被用来保护遗嘱执行人的，防止他清偿的债务超过他所接收到的遗产，这也暗示了该制定法期望保留旧的以获益为基础的法律（benefit-basd law）而非新的以允诺为基础的法律（promise-based law）。还有一项特别的条款，其直接针对的是 208 一年内没有履行的允诺，其规范的目的从那时起就让律师和历史学家迷惑不解。虽然我没有证据支持这个观点，但是这个条款至少可能（根据我前

[22] A. W. B. Simpson, *A History of the Common Law of Contract*, pp. 615 *et seq.*

面所分析的）只是被设计用来给待履行合同设置一种外部限制。一个人如果愿意的话可能为了未来而拘束他自己，但是至少在没有书面证据且超过一年时，他不会被要求承担任何履行义务。[23] 由于《反欺诈法》没能阻止待履行合同奋勇向前，以及待履行合同没过多久就变成了合同义务之范式，所以将自己束缚在一个长期的未来履行之上可能是错误之事的想法，变成了一种如此陌生的法律思维方式，以至于这种想法从来没有出现在任何人身上。我是将其作为一种推测提出来的。

第二节　待履行合同、损害赔偿与独立条款规则

我在前面曾指出，18 世纪的律师可能没有发现实际履行诉讼的任何问题，因为仍然发生了一笔交易，且对价因此交给了双方当事人。我也指出过，一般而言，到 18 世纪末普通法的规则倾向于产生一个与各种诉讼中的实际履行判决非常相似的结果。为了理解 1770 年前后的法律，有必要了解两套复杂的相关规则之间的关系：一方面，原告有权请求的损害赔偿的范围。另一方面，将相互允诺（mutual promises）视为表面上是两个相互独立的允诺的规则。正如我已经说过的，我的观点是：对完全待履行合同提起诉讼的原告通常有权获得被告履行的全部价值，因为（*because*）在此次诉讼程序完结之后他仍然承担着履行他自己允诺的义务。这两个规则形影不离地相互关联着。表面上来看，相互允诺可以被看作是两个独立的债，也就是说，原告没有履行他的允诺并不解除被告履行他（*his*）自己允诺的义务。这个在今天看起来非常奇特的规则，是 17 世纪、18 世纪合同思想的绝对关键特征。允诺一旦作出，在某种意义上，受允诺人就被认为已经被赋予了某项权利；允诺一旦作出，允诺人对于其允诺即"负有法律责任"
209 （'chargeable'），[24] 且表面上看，即使受允诺人没有履行他的交易允诺，允诺人仍然对其允诺负有法律责任。允诺人对于对方违反其允诺的救济，就是转而起诉他。

这两个规则如此相关的原因似乎是：如果原告因为被证实他自己没有

---

[23]　这可以被看作这个条文的一般化，即要求租期超过三年的租赁合同要用书面形式予以证明的条文。

[24]　A. W. B. Simpson, *A History of the Common Law of Contract*, pp. 463-4.

履行而败诉了，那么就存在一个真正的危险，在随后的诉讼程序中，当前的被告就能够起诉当前的原告并且获得当前原告履行的全部价值。这显然是不公平的，因为这个结果让当前的被告获得了当前原告全部的履行价值，而他自己则根本不需要履行，因为他已经被起诉且被判决不承担责任。因此，原告没有履行他自己在完全待履行合同中的允诺，通常被认为在此诉讼中并不重要。简而言之，如果原告在审判前还没有履行，他仍然负有之后履行的义务，以这种方式，甚至对待履行合同的损害赔偿诉讼也被认为是在完成一笔交易。因此，这样说并不是荒谬的：即使是待履行合同，在某种意义上也是以利益交换为基础的，而被告责任的根源并不是一个纯粹的允诺，而是他有权获得原告履行其允诺的利益。

但是，尽管规范的规则（normal rule）规定，双务盖印契约（mutual covenants）或相互允诺中的允诺是独立的，但是也存在一些例外。在一些案例中，法庭认为相互允诺不是独立的，在另外一些案例中，合同的语词清楚地表明一个允诺将在另一个允诺履行之前被履行。如果被告的履行先于原告的履行到期，这将不会有问题；结论再次是，原告将获得胜诉判决，但仍然负有此诉讼之后履行他自己允诺的义务。但如果是原告的履行先到期，那么就确实会产生问题。当然，所有的问题都取决于为什么（*why*）原告还没有履行。如果他没有履行是因为他自己的懈怠，明显且肯定的是他将败诉；如果他没有履行只是因为被告拒绝允许他履行，那么将产生真正的困难。现在的合同法从根本上来说是一部关于部分履行合同的法律，这是该案子最大的困难所在。本案中，既没有（*has*）履行，也没有利益的给予，甚至也许没有信赖，然而不对原告进行救济实在太困难了，因为他愿意履行，甚至还尝试过履行，但是被告拒绝允许他履行。正是这类案件，是我们希望将其与待履行合同法联系起来的案件，18 世纪的英格兰确实已经证明了这一点。为了给原告提供救济人们尝试了两种方法，第一种方法 210
最终被证明是一条死胡同，但是第二种方法却推动了待履行合同强制执行的总体转向。

第一种方法是争辩说，如果被告拒绝允许原告履行，那么原告就必须被认为已经履行了，假定有某种拟制的或“推定的”履行。有迹象表明 1671 年的 *Peeters v. Opie* 案[25]即采用了这种方法，本案的原告是一名建筑商，

[25]（1671）2 Wms. Saund. 350，85 E. R. 1144.

他同意以 8 英镑的价格拆掉一堵墙。被告是该建筑物的所有权人，他后来改变心意而拒绝允许建筑商工作。诉讼时，被告辩称，在完成其工作之前原告不应当期待他付款，只有且当工作完成时，该笔金钱才因此而应当被支付；而现在工作并未完成那为什么他应当付款？在 1671 年，这个抗辩几乎并不像其乍看之下的那样没有意义，因为被告事实上争辩的是在履行之前改变其心意的权利，该权利在待履行合同被完全承认之前就必定存在了；我们还可以补充说，这个权利被广泛承认为现代消费者的权利之一，也是现代消费者广泛主张的一项权利。但是，尽管如此，这个权利在本案中还是被拒绝了，被告之所以要承担责任，是因为他“不应当从他自己的过错中获利”[26]。显然这种方法也是有缺点的。如果原告在这种情况下无法获得任何损害赔偿，那情况会比较糟糕，但如果原告获得了被告履行的全部价值的损害赔偿而他自己不必履行，那情况也是很糟糕的。我们不知道陪审团事实上给该建筑商核定了多少损害赔偿金，尽管法律理论认为他应当获利全部 8 英镑的赔偿。

但是我们已经知道，陪审团减轻损害赔偿的权利是 17 世纪、18 世纪法律被人们所认可的一个特征，似乎很可能的是，陪审团通过核定与此种情形相适应的损害赔偿金，而非被告履行的全部价值，从而协助解决了这个问题。对于陪审团这次是如何运作的以及在合同诉讼中损害赔偿金的计算方面，他们通常是怎么做的，我们知之甚少，但是在这里或那里，我们发现了陪审团反对法律理论见解的证据，法律理论要求将被告履行的全部价值都赔偿给原告。例如，在 *Kenrig* v. *Eggleston* 案[27]中，尽管该案是一个错误履行（malperformance）而非拒绝履行的案件，但是陪审团仍然从一方当事人履行的利益中扣除了另一方当事人的履行利益，而不是让被告在本案审判后再去起诉原告寻求报偿。可能的情况是，在实践中，陪审团基于其常识会普遍容忍关于独立盖印契约（independent covenants）的规则。如果
211 原告没有以履行为理由提起诉讼，那么人们普遍相信，只要陪审团相信他已经履行或将要履行，[28]那么陪审团会给他一个裁决，或者陪审团预料到本

[26] 2 Wms. Saund. at 351, 85 E. R. at 1145.

[27] （1662）Aleyn 93, 82 E. R. 932.

[28] See on this H. K. Lucke, ‘*Slade*’s Cas and the Origin of the Common Counts’, 81 *Law Q. Rev.* 539, 541（1965）.

案终结之后另一个诉讼的判决结果，那么陪审团就会从损害赔偿金中扣除原告不履行的价值。

当被告拒绝允许原告履行的时候，将原告拟制或推定为已经履行的观点，在 18 世纪从来就没有绝迹过，尽管它也没有存续太久，例如，1790 年鲍威尔的《契约与协议法论》[29] 仍然论述了这个观点。但同时，第二种方法正越来越为人们所接受，如果原告自己的履行先到期，该方法可以让原告因为被告违反待履行合同而获得损害赔偿。此种观点认为，如果被告拒绝接受原告提出的履行，那么原告就被解除了履行义务（*was discharged from performing*）。例如，在货物或者政府公债（Government stock）买卖合同中，如果买受人拒绝收取或接受所拿给他的货物或债券，该“财产权”（‘property’）又返回原告手中，原告因此可以自由地将其处置到他处。由此产生了两个结果。第一个结果是，财产权重回的过程必然导致原告自己履行义务的终结，他不是有权获得被告履行的全部价值，而只是有权就不足部分——买受人同意支付的价款，与出卖人从买受人所能获得的价款或者转售所能获得的价款之间的差额——提起诉讼。第二个结果是，原告履行的“要约”（‘offer’）[在理论上它被称为提出履行（tender）] 变得至关重要，因为对该要约的承诺会免除原告履行他自己允诺的义务。这一发展对于完全待履行合同的转向至为关键，因为正是由于这个发展最终开启了原告期待利益损害赔偿且他自己不需要任何履行的大门。

这种变化可以在 1724 年的一个判例中找到。[30] 在该案中，原告向被告出售政府债券，而当买受人拒绝接受交付时，原告将该债券再次出售给了其他人，然后起诉被告要求对他再出售的损失进行赔偿。买受人争辩说，事实上他不应当承担责任，因为出卖人没有正式向他提出要转移债券，而他也没有正式地拒绝接受交付。这里既没有发生交易，原告也没有被免除履行的义务。但是由于原告不再处于履行的状态，因此被告应当免予承担责任。因为如果被告被迫进行损害赔偿，那他又获得了什么对价作为回报呢？法官们在这个问题上首先就发生了分歧，Eyre 法官争论说，由于出卖 212
人被诉请的只是“相互的救济消失后的”不足部分，也就是说，买受人在

[29] i. 419-20.

[30] *Wyvil v. Stapleton*（1724）1 Stra. 615，93 E. R. 735，其也为上议院所重申，3 Bro. Parl. Cas. 89。

该案件终结之后不能再对该债券提出诉请。但是又有法官争辩认为应当作出对原告有利的判决。Pratt 首席法官说道，“金钱不是作为让与的对价，而是作为让与盖印契约的对价而被支付的；而本案中真正的对价是救济，即对让与盖印契约给被告的救济”[31]。炼金术在这里起作用了。被告责任的对价是原告的允诺，诚然，原告没有履行其允诺，但这是由被告的过错造成的。其结果是，被告在没有实际收到任何对价的情况下，现在仍然要被迫支付损害赔偿金。这是一个重大的转变。差不多两个世纪之后，法官们第一次开始谈到“以允诺换允诺”是一个良好的对价，法庭现在开始赋予该观点以新的意义。真正的待履行合同产生了。

但这些变化并非一夜之间发生的。在 1768 年某个货物出卖人在买受人拒绝接收货物后将货物进行了再出售，他仍然严肃地辩称他有权从买受人那里得到全款，他显然没有意识到，如果他有权得到全款，买受人也就有权得到货物的价值。[32] 无论如何他都没有成功。损害赔偿问题在很大程度上掌握在陪审团手里的事实，可能让发展的步伐比相反的情况变慢了许多。因为直到法庭明确表示，原告可以因为对方违反一个经初步证明的待履行合同，而诉请赔偿他的交易损失，人们才可以真正说，完全待履行合同得到了全面的承认。[33] 这种变化早在 1770 年就已经开始了，但不是像普通法的法官们所宣称的那样是他们让根本性质发生了改变，事实上，他们似乎没有意识到变化本身。直到关于损害赔偿金正在变化中的规则的全部含义开始被人们所掌握的时候，人们才更清楚地看到，部分履行合同的法律正逐渐让位于完全待履行合同的法律。这种变化可能是在 1770 年至 1830 年发生的。

允诺、意愿（intention）与意志论

随着待履行合同逐渐得到全面承认，在我前面所分析的意义上——亦即，在审判之前或之后并不存在任何交换的因素——合同责任的基础也必
213 然随之发生变化。在这种待履行合同中，一个人不能因为所做的任何事而

[31] 1 Stra. at 617, 93 E. R. at 736.

[32] *Smee v. Huddlesstone*，该判例明显没有被公布，但 Sayer 在其著作中提到了该案，Sayer, *The Law of Damages*（London, 1770）, pp. 49-52。

[33] Morton J. Horwitz, ‘The Historical Foundations of Modern Contract Law’, p.936.

承担责任，他必须因为他的意愿、他的意志、他的允诺而承担责任。当一个人被迫支付损害赔偿金而没有任何真正的对价、没有任何信赖或信赖损害因素的时候，再无其他任何东西可以创设责任。在整个 18 世纪，意愿、意志和允诺可以构成责任的充分基础的观点，不仅仅在律师中间而且在一般的思想家中间一直在聚集着力量。

对律师而言，我前面已经讨论了曼斯菲尔德在合同解释上对意愿的强调，而且在曼斯菲尔德的一些判决中，我们可以看到 19 世纪意志论的开端，例如他谈到交易的“意愿”,[34] 就像交易本身可能有意愿一样。但如果合同的解释与效力完全取决于意愿，为什么责任的创设不应当从一个人的意愿中产生出来？同样，根据这个新的意志论，曼斯菲尔德不得不开始对道德和公平的习惯观念进行重新解释，例如他认为通过强迫而订立的不公平合同实际上是违背一个人的意志的。[35] 同时我们也绝不能忘记 *Chesterfiled* v. *Janssen* 案[36]，对于该案，曼斯菲尔德和审理该案的法官所作的贡献一样多。这个影响深远的判决指出，一个不公平的交易也可以变得有拘束力，如果利益受损的一方当事人自由且自愿地确认其效力的话。这在今天看起来是足够明显之事，但是在那个时代，这个判决是一个至关重要的突破，因为它意味着后来的同意现在可以补正之前有缺陷的同意，或者事实上意味着，同意有两次机会可以让一个不公平的交易有拘束力。这是一个革命性的变化，因为不公平的交易在过去被衡平法院所推翻，是因为它们不公平而不是因为它们没有被妥当地同意。[37] 显然，不久之后人们就开始问为什么要给不公平交易的拘束力以两次机会。

直到 18 世纪晚期，我们才遇到一些严肃的见解，即不公平合同的无效原因最终是意志的缺陷；不过我们发现人们越来越多地谈论“意志”在法律上的重要性。例如，布莱克斯通大量地谈到“意志”与刑法的联系，并在这种情况下讨论了作为对意志进行限制的强制行为和胁迫行为。[38] 那 214

[34] *Kingston* v. *Preston*（1773）2 Doug. 689, 99 E. R. 437.

[35] “说任何人都愿意为了自己的利益而违反法律，这种说法是很荒谬的。” *Smith* v. *Bromley*（1760）2 Doug. 697, 698, 99 E. R. 441, 444.

[36] （1750）1 Atk. 301, 26 E. R. 191; supra, p. 124.

[37] 甚至在这个案件之后，法庭有时仍然愿意推翻一个后来被当事人所确认了的不公平的交易，如果法庭找到了某些理由说利益受损的一方当事人并没有完全理解他的权利：*Taylour* v. *Rochfort*（1751）2 Ves. Sen. 281, 28 E. R. 182，这是一个非常坚定的判决。

[38] Bl. *Comm.*, iv. 20, 27, 31.

么我们也必须记住洛克式传统对契约至上主义（contractarianism）的强调以及它对“默示”合同和“默示同意”的运用。如果公民与统治者之间的互惠义务（reciprocal obligations）不是建立在这种关系的事实之上，或者不是建立在从这种关系中产生出来的利益之上，而是建立在一些神秘的“默示”同意之上，那为什么私人关系就不是这样呢？

我们也知道，允诺拥有“自然”拘束力的观点正在越来越为人们所接受。自然法学家演绎出了这种观点，即一个人通过单纯的意志行为（act of will）要拘束他自己，允诺即是这种意志行为的表达。因此，允诺与生俱来就具有拘束力，它不需要任何利益交换或信赖损害因素的支持，尽管可以肯定的是，即使是自然法学家们对于完全没有任何对价、没有任何“原因”（‘cause’）的允诺的有效性也可能是存疑的。这种允诺可能只是因为一个错误，并因此而没有拘束力。其实，即使是18世纪文明世界里的英国律师，也没有忽视诸如格老秀斯和普芬道夫等人的著作，且在苏格兰他们的著作事实上更为人所熟知。Francis Hutcheson，在格拉斯哥大学担任道德哲学教授时是亚当·斯密的导师，他只是深受自然法理论影响的人之一。Hutcheson将功利主义与他的自然法知识结合在一起，对于他来说，允诺的拘束力不仅“来自我们对其魅力的直觉”，而且也来自“违反它就接踵而来的损害”[39]。

我们已经看到，休谟和亚当·斯密是如何很好地论述允诺性或契约性义务的根源的。他们两人都不厌其烦地反驳他们所认为的自然法学家的意志论的谬误。但是，正如我之前所指出的，他们两人当然都毫无疑问地同意，允诺，即使没有被人们所信赖，或者没有人为其付出利益，但是由于人类有信赖它们的普遍倾向，因此它们仍然应当具有拘束力。休谟补充认为，根源于这些原则的义务，其意义被“政治家们的人为措施”所加强了，“政治家们为了更容易统治人们起见，为了在人类社会中维持安宁起见，曾经竭力引导社会尊重正义和憎恶非正义”[40]。看起来这几乎完全是在向人们灌输其对于允诺道德力量的信仰。政治家们已经发

---

[39] Cited in Peter Stein,‘Law and Society in Eighteenth Century Scotland’, in Philipson and Mitchison(eds.) *Scotland in the Age of Improvement*（Edinburg, 1970）, p. 153.

[40] Treatise, Book II（查休谟原著，此处应为Book III的笔误——译者注）, Part II, Section II。

现了通过谨慎地履行国家债务来维持公共信用的好处，而维护信仰已经成为 18 世纪贵族道德准则（moral code）中越来越重要的组成部分。法 215
官们似乎也开始有意识地增强允诺应当严守这一原则的力量。“一个人能够被紧紧地束缚住以至于不能打破他之所言吗？” Pratt 首席法官在 1711 年问道。[41]

除此之外，一旦允诺的作用变得更加重要，就会出现从部分履行合同向完全待履行合同的很自然的转向。虽然我已经指出，允诺的功能起初在很大程度上是证据性的，但是我们也已经看到，允诺如何经常性地向其所证明的独立责任添加许多新的因素：可能是由新的当事人承担责任，可能是用别的方式对既存责任的确切数额进行量化，也可能是某个道德责任变成法律责任。但总而言之，人们总是同意，是允诺而非利益或信赖在衡量责任的范围。直到 1936 年，许多严肃问题才被提出来，如为什么应当如此；一个人因为对方的信赖损害而对其允诺承担责任，他为什么要对允诺的全部而非对方的信赖成本（the cost of the reliance）承担责任。[42] 如果律师停下来想一想，他们可能就会认为，许多形式的信赖所涉及的成本很难衡量。对于那些熟悉商业交易的人来说，机会成本的新观念已经变得越来越显著。例如，如果货物的买受人违约，出卖人由于一直认为自己受到了拘束而并没有试图去寻找另一个买家，那么他如何证明他已遭受了什么损失？让买受人为其违反允诺所造成的全部损失承担责任，比深入研究这些困难的事实问题，要简单得多。[43]

向允诺性责任的转变还带来了另一个重要的后果。随着法律越来越转而承认允诺和合同的普通拘束力的性质，对其进行概括（*generalize*）也就变得可能了。现在我们从关于允诺、意志、意愿、合同的法律开始，而不涉及特定合同关系和特定交易。之前我已经指出，合同法在布莱克斯通的《英国法释义》中只扮演了一个很小的角色。但是，我现在应当进行一下澄清，即一般（*general*）合同法在其著作中扮演了一个很小的角

---

[41] *Mitchell* v. *Reynolds*（1711）10 Mod. 130，137，88 E. R. 660，663.

[42] Fuller and Perdue，‘The Reliance Interest in Contract Damages’，46 *Yale Law J.*52（1936）.

[43] Sir William Jones，*Essays on Bailment*，at pp. 56-7 讨论了一个有趣的假想案例，该案例所预设的事实很接近 *East Suffolk Catchment Board* v. *Kent* [1941] A. C. 74 的案件事实。如果琼斯（Jones）对该案进行判决，他可能会以机会成本信赖（opportunity cost reliance）为理由（为事实）而作出有利于原告的判决，尽管他肯定不使用这个术语。

色。因为在布莱克斯通的《英国法释义》中，其所讨论的大多数合同法问题都是针对特定交易或关系的。例如，第一卷《个人的权利》就包含了主人与仆人一章、法人一章，更不用说其他有关丈夫与妻子、父母与
216 孩子等章节，这些内容在18世纪都被认为是有关合同的法律。写于18世纪中期的布莱克斯通的《英国法释义》，与写于40年之后的鲍威尔的《契约与协议法论》，两者的差异具有高度的启示意义。到18世纪末，首次出现了一般合同法。

参考所有法律学生都熟知的 *Pillans and Rose v. Van Mierop and Hopkins* 案[44]来总结本书这一部分的内容应当是合适的，因为曼斯菲尔德勋爵在该案中试图降低对价原则的重要性。这个案件提出了一些相当困难的问题。被告们曾允诺接受原告们签发的汇票，但是这很难建立起任何真正的信赖。原告们预期允诺即将到来，并按此预期行事，但是他们不幸地在还没有等到允诺到来之前就实施了相关行为。尽管如此，在该案中找到一些信赖的因素并非不可能的，因为原告们可能——假设此信赖因素不是基于允诺而产生的——曾经试图代表他们的利益而取得对于该汇票的最初签发人的某些追索权。然而，寻找某种具有信赖损害性质的因素，其证明问题显然是很复杂的，同时也可能引出棘手的事实问题。在这种情况下，曼斯菲尔德说出了这个著名的格言："古老的对价概念仅仅是为了证据需要。"每个法律学生都知道，这个观点后来被上议院在 *Ram v. Hughes* 案[45]中推翻了。但是，到目前为止，说曼斯菲尔德的观点已经被"推翻"，很明显这是一种对所发生的事情过于简单化的说法。当曼斯菲尔德谈到对价只是证据时，他实际上是在说，或者肯定是在暗示，三个观点而非一个观点：首先，合同责任的根本基础是当事人的意愿，而非对价；其次，对价仅仅是当事人意愿的证据；最后，证据的其他形式（如在商业案件中的书面形式）也同样符合要求。前两个观点并不像第三个观点那样具有革命性，但尽管如此，它们都反映了允诺和对价的角色重点转变，这种转变在18世纪末才达到顶峰。*Ram v. Hughes* 案拒绝了曼斯菲尔德的第三个观点。但是其第二个观点在很大程度上被接受了，无论如何在理论层面上被接受了，而他的第一个观点无疑在200年的时间里

---

[44]（1765）3 Burr. 1663, 97 E. R. 1035.

[45]（1778）7 T. R. 350, 101 E. R. 1014.

构成了合同责任的基础。因此，在某种意义上，曼斯菲尔德在该案中的著名格言，已经远远超越了其经历过的、被普遍认为是可耻的命运，而取得了不可估量的巨大成就。具有讽刺意味的是，在本书后文中，我不由自主地认为他的这个观点已经过时了。

217

合同自由时代：1770—1870（一） 218

第八章　英格兰的状况，1770—1870

第一节　变　动

在所有短时间内经历重大变革的社会中，几乎没有哪个社会比得上1770年至1870年间社会面貌发生巨大变革的英国。事实上，由于这一时期所发生的事情，使得在这一时期里，变革成为大多数人类社会的常态。此前的社会变革，就算真的有变革，也是非常缓慢的变革，以至于一个人在其六七十岁的人生中几乎看不到有什么变化，但是现在开始的变革是如此迅速以至于每个活到成年的人，都会死在一个与其出生时的世界显著不同的世界里。变革的时代已经到来。

人们也普遍欢迎变革，因为变革被广泛地认为是向好的方向发展。在这个时代，人们开始对用他们自己的方式形塑这个世界的能力变得超级自信。现代技术奇迹在今天被认为是理所当然的，以至于今天的人们很难理解英国人第一次看到科学造福人类时所带给他们的巨大自豪感。这种令人振奋的对自然环境的力量感——“征服自然”——正如当时很多人所看到的，带来了如我们所知的严重问题；但是，在经历了一个多世纪之后，许多今天的人们似乎只看到了这些问题的巨大，却不了解其成就之伟大。对于那些经历了这段时期的人们而言，这些问题也许是巨大的，但是其成就也极其伟大。例如，维多利亚时代的人们是节俭、自助等个人美德的信奉者，塞缪尔·斯迈尔斯（Samuel Smiles）在1875年写道：

> 当然存在着巨大的反差。英国在一百年前不是一个制造业国家。我们进口除了谷物、羊毛、亚麻之外的每一样东西……煤炭几乎没有，因为煤矿不能让水体保持清洁。
>
> 一百年前，我们不能制造蒸汽机；我们也几乎不能建设桥梁。看看一百年前所建设的教堂，就知道我们当时的建筑状况。一百年前，

> 作为一个国家我们几乎堕入最差的境地。我们没有港口，我们没有码头。最广泛的抢劫系统横行于泰晤士河。道路上一如既往地挤满了拦路抢劫的强盗……一百年前，我们的船舶在腐烂，它们是由从囚船
> 220 （hulks）下来的囚犯或者是被赶到街上的劳工操作的……不到一百年前，苏格兰的煤矿工人和盐业工人都是奴隶。不到四十年前，妇女和孩子在煤矿工作……
>
> 城镇和城市挤满了暴徒，残忍的运动和野蛮的语言达到了可怕的程度……
>
> 一百年前，文学处于低潮。出版业处于悲惨境地……上层阶级粗鄙、酗酒和没有教养。程度最为恶劣的贿赂和腐败是进入议会的基本手段……
>
> 虽然酗酒在现在是已经够可恶的了，但与一百年前相比已是小巫见大巫……
>
> 一百年前人们的流行娱乐方式是什么？它们基本是由人与人的打斗、斗狗、斗鸡、斗牛、狗獾斗（badger-drawing）、颈手枷游街示众（pillory）、公开鞭打和公开处决组成的。
>
> 但是斗牛、斗鸡和其他残忍的娱乐方式现在已经消失了。甚至在乡村这些残余也都不见了。酗酒也变得不体面了。我们希望已经逝去的"旧日美好"永远不要再回来了。[1]

塞缪尔·斯迈尔斯的大多数同胞，很可能会同意他对 18 世纪的变化所作出的判断。当英国人在 19 世纪中期俯瞰英国和全世界的时候，他们感到的是骄傲和自信，而非羞愧和焦虑。在工业方面，较之于世界其他地方，不列颠站在繁荣的顶点；在威严方面，不列颠的主权和力量位于顶点；在政治方面，无论是古代世界还是现代世界（除了那些其国家的创立者来自于英国的国家之外），不列颠都是少数自由社会之一。那里的确存在着大量的社会问题，而且永远都会有问题，但是，新事物不是坏事物，[正如麦考利（Macaulay）所言]"辨别出坏事物的智慧和补救坏事物的人性"[2]才是新事物。

---

[1] Samuel Smiles, *Thrift*, first published 1875 (London, 1903), pp. 224-7.

[2] *History of England* (London, 1850), i. 417.

历史的两个版本

在 1770 年到 1870 年间的 100 年里，许多领域都发生了变化。在本书中，我主要关注的是发生在法律、社会和经济领域里的变化，以及与这些变化紧密相关的、那些发生在观念王国的变化。不幸的是，在这两个领域，我们都面临着初步的困难。关于这个时期的历史的“流行”版本与很多（尽管不是全部）严肃的历史学家所接受的版本是根本对立的。流行版本横跨社会与经济事件领域和观念领域。在这个版本中，贪婪的工厂主和资本家通过使工人过度工作和付酬不足来剥削工人阶级；他们一心一意追求利润；因此，他们在法律和政治体系的框架内运作，这一 221
体系有利于新工业家，并使他们成为能够一边推翻旧式仁慈的托利党家长式（Tory paternalism）统治，一边将工人踩在脚下的统治阶级（至少在 1832 年之后）。同时，他们在亚当·斯密的经济学和自由放任主义的哲学中，找到了这种阶级剥削在哲学和智识上的正当性（philosophical and intellectual justification）。这两者都为合同自由制度提供了智识的正当性，合同自由（当然）是工业家和资本家唯一的自由。工人阶级并没有真正的自由，因为他们不得不屈从于强加其身的剥削，否则就会挨饿。如此，合同自由和维多利亚时期英国的其他事物一样，都是建立在欺骗和伪善的基础之上的。在这一点上，“流行”版本出现了一些分野（variation）。在更传统与温和的版本中，其对工业剥削（industrial exploitation）的反应，归咎于新工厂制度所引发的明显的社会危害。城镇中不卫生的环境和工厂中残酷的工作环境，折磨着旧托利党人，甚至一些更具人道主义精神的辉格党人以及新激进分子的良心。功利主义的理想——政府应当为大多数人的最大利益而运转——的影响开始增长，并逐渐导致选举资格（electoral franchise）范围的扩大。个人主义开始给更具集体主义或社会主义的立法和理念让路。[3] 逐渐地，工人阶级开始从其创造的财富中领取更公平的份额，尽管这一过程也许还不够深入。当然，在历史的流行版本中，仍然还存在更加激进的版本，它在很大程度上赞同上述版本关于 19 世纪社会罪恶的来源和起源的概述，但是对

---

[3] 即使在这个版本的历史中也到处存在很多亚种（sub-varieties），并且还存在与“流行”版本的历史相竞争的版本，例如，Sir Arthur Bryant 的著作。边沁式功利主义与个人主义之间的确切关系将在第十二章进行讨论。

于社会罪恶在多大程度上被缓解和缓解的原因（如果有原因），两者自然存在分歧。在这一点上，其认为工人阶级条件的所有改善，都是工业家为摆脱不可避免的革命而所作的让步。

19 世纪历史的流行版本在很大程度上应当归功于文学传统，归功于抗议文学（literature of protest），归功于狄更斯（Dickens）和卡莱尔（Carlyle）、拉斯金（Ruskin）、沃兹沃斯（Wordsworth）、雪莱（Shelley）、柯尔律治（Coleridge）、拜伦（Byron）以及除此之外的其他许多人的著作。这是一种伟大的写作传统，即使在他们写作的当时也非常受欢迎，这种欢迎应该让我们感到警惕，即不要太轻易地假设它们只是纯粹的异议文学（literature of pure dissent）。例如，狄更斯所受到的巨大欢迎显示，他反映而非引导了公
222 众舆论，或者将公众舆论往其他方向塑造。再者，即使是狄更斯也经常写过去而非其所处时代的问题。一直生活在被债主们监禁的恐惧之中的米考伯先生（Mr. Micawber），在 1849 年至 1850 年——《大卫·科波菲尔》（*David Copperfield*）发表之时——他应当已经可以安心地走在街道之上了。[*] 也就是说，基于中间令状（*mesne* process）不经法庭审理即可拘禁债务人，此制度已于 1838 年被废除——1836 年开始出现的《匹克威克外传》（*Pickwick Papers*）可能是其被废除的部分原因。其中包含了著名的 *Jarndyce* v. *Jarndyce* 衡平诉讼的《荒凉山庄》（*Bleak House*）直到 1853 年才出版，至少其中所描绘的一些罪恶已经成为人们遥远的记忆。[4] 事实上，这些文学人物的许多，也许是多数，同时代人都同意他们所说的大部分内容。当然，对于社会问题以及如何处理这些社会问题，19 世纪的英国人并没有达成一致意见，在这一点上今天的人们也不比那个时候的人们强，但是，如果现代读者假设当时文学人物所抨击的大部分问题，都没有受到当时所有人的同样谴责，那么关于多数民众对于 19 世纪上半叶的社会问题的反应，他就将得到一个扭曲了的印象。主要的问题，不是在谴责时代的社会弊病方面要达成一致意见，而是要找到处置这些社会弊病的最好办法。

到 19 世纪末，这种文学传统似乎又开始对历史学家产生重要影响了，

---

* 这句话意指：《大卫·科波菲尔》描写的是狄更斯所处时代之前的事情，故书中人物米考伯先生一直生活在债务监禁的恐惧之中，但到该著作发表之时社会已发生很大变化，米考伯先生就不必再恐惧债务监禁了。——译者注

[4] 正如 Lord Denman 在一个评论中所指出的。See further Chester New, *The Life of Henry Brougham to 1830*（Oxford, 1961）, p. 217.

他们中的许多人用同情工人阶级的语调进行写作，例如 Hammond 和韦伯（Webb）的著作。[5] 到 20 世纪早期，这个版本的工业革命史已经成为一种被广为接受的观点，也许是在学校的历史教科书的帮助下实现的。这种版本的历史的修正形式，仍然受到了那些毫不试图隐藏他们的政治同情心（political sympathies）的现代历史学家的支持。[6]

但是，还存在着一个与之相对立的历史版本，其起源可能主要归功于 Sir John Clapham[7] 和托马斯·索思克利夫·阿什顿[8] 的著作。这些历史学家强调，巨大的新财富是由工业革命中企业家们的进取心、技巧和足智多谋创造出来的。此财富的创造只有一小部分可以归功于国家，而不归功于政 223
府的规划。人们所需要做的是将企业家们从对工业和贸易的陈旧限制中解放出来，并创造适应资本积累的条件。18 世纪以来，为创造这些条件——其涉及极大程度的财富不平等——人们采取了更多措施，直到 1760 年或 1770 年左右，工业革命才真正开始以自我维持的经济增长形式出现。与此同时，人口也发生了新的巨大增长；尽管还不太清楚人口增长是否是由工业革命引起的，或者人口增长是否是促成工业革命发生的一个原因，但是似乎很确定的是，没有新工业所创造的财富，人口爆炸是不可能持续的。在爱尔兰，虽然也发生了类似的人口爆炸性增长，但由于没有发生工业革命，其结果便是 19 世纪 40 年代由于人们的主粮灾难性歉收造成的大饥荒（famine and mass starvation）。如果没有工业革命，同样的命运十之八九也会降临到英国身上。与此同时，这个版本的历史否定了契约自由仅仅是工业

---

[5] See J. L. and Barbara Hammond, *The Village Labourer* (London, 1911, 4th edn., reprinted 1966), and *The Town Labourer* (London, 1917, reprinted 1949); S. and B. Webb, *History of Trade Unionism*(London, 1894, reprinted 1919). 同时参见韦伯不朽的两卷本著作 *History of Local Government* (London, 1903-29)。更早的但更平衡的观点见 Arnold Toynbee's *The Industrial Revolution*, first published 1884(reprinted Boston, Mass., 1956). See too M. J.Thomis, *The Town Labourer and the Indutrial Revolution*(London, 1974).

[6] 例如，E. P. Thompson, *The Making of the English Working Class*and E. J. Hobsbawm, *Industry and Empire*。关于另一个著名的社会主义者的不同观点，见 R. H. S. Crossman, Introduction to Walter Bagehot, The English Constitution(first published 1867, London, 1963), p.14："资本家和企业家自 1832 年以来就变成了新的统治阶级，他们——正如任何能够客观看待他们的人所看到的——不是边沁式功利主义所假设的［原文如此］，以及查尔斯·狄更斯在《艰难时世》(*Hard Times*) 中所刻画的、没有人性的自私的赚钱者。"

[7] See his *Economic History of Modern Britain*, vol. i(Cambidge, 1926).

[8] See especially, his *The Industrial Revolution*, 1760-1830.

家剥削工人的自由的观点。合同自由在某种程度上甚至在工人身上也是存在的，他们从之前生活和工作过的乡村农业社区搬到新的城镇以寻找工厂里的工作，而且他们是自愿这样做的，因为工厂能够提供比农业生产更高的工资。事实上，人们仍然在激烈和愤怒地争论，在整个工业革命的大部分时间里，工人们平均的、普遍的经济状况是否比他们之前的状况有所好转。[9] 当然，按照现代标准，当时的工人们是极度贫困的，但这种贫困不是因为剥削，而是因为在工业发展的早期，任何人口稠密的国家都存在着自然贫困（natural poverty）。

这个版本的历史继而认为，工业增长以及由城镇人口迅速增长所产生的社会问题，导致了社会组织问题，而该问题没有直接的和现成的答案。社会改革主要不是依靠对自由放任主义意识形态的坚持来实现的，因为缺乏足够的政府机器来应对这些新问题。行政机器本身的创设涉及了另一场革命——有关政府模式的革命——这不可避免的是一个缓慢而渐进的过程。创建一个新的官僚机器，其本身就取决于在广泛领域内的科
224 学的、专业的和法律的技能提升，而这反过来又要求其他社会发展，如教育变革等。大体上可以这样说，政府革命发生在 1800 年到 1870 年，现代政府机器的基础在这个时期被稳固地奠定下来了。然而，政府的成长并不比工业革命本身更具规划性。它是在缓慢积淀应对具体问题之法的过程中建立起来的。正如我们将要看到的，在 19 世纪历史的两个版本中，我这本书在很大程度上接受了第二个版本，因为在我所主要关注的那些领域，即在社会和经济组织的法律框架领域，没有什么证据支持更加受欢迎的第一个版本。

工业革命

在 1760 年或 1770 年左右，英国工业革命开始了。起初它既不是以戏剧性的繁荣为开端，也不是从真空中开始的。在某种意义上，工业革命的开端其本身就是许多漫长的、可以追溯至宗教改革时期的发展的顶点。到 18 世纪末，越来越明显的是一场真正的革命已经开始并正在进行着。其第

---

[9] 关于这一争论，参见 Peter Mathias, *The First Industrial Nation*, pp. 213-23; E. P. Thompson, *The Making of the English Working Class*, pp.207 et seq.; A. J. Taylor（ed.）, *The Standard of Living in Britain in the Industrial Revolution*（London, 1975）。

一个表现是棉布的生产。在 1783 年至 1820 年（尽管英国在这段时期的大部分时间里都一直在打一场艰苦的战争）棉花出口价值从每年 80 万英镑增长到每年超过 2100 万英镑。[10] 到 1871 年，其年产值超过 1 亿英镑。全部工业制成品价值从 1770 年的大约 3000 万英镑增长到 1871 年的大约 3.48 亿英镑，其在国民生产总值（GNP）中的占比从 24% 增长到 38%。[11] 毫无疑问，不列颠成为世界上最大的工业国家。“全世界煤炭的一半以上都是从她的煤矿井中开采出来的，全世界超过一半的生铁和 40% 的钢材出自英国的钢铁厂，全世界几乎一半的棉布是由不列颠的工厂纺织出来的。不列颠生产的制成品远远超过世界总产量的三分之一。它的出口贸易比法国、德国和意大利出口的总和还多，是美国出口的四倍。”[12]

这些巨大变化的表现在各个方面都可以看到。工厂到处涌现——“阴暗的撒旦工厂”（‘dark, satanic mills’）在所有新城镇冒了出来——“焦煤城”（‘Coke Towns’）被冒烟的烟囱和可怕的贫民窟统治着，这带来了极大的环境卫生和公共卫生问题。人口的变化也同样明显。即使没有新的人口普查来告诉人们正在发生什么，所有人仍然可以看到新工业城镇不断扩大的规模。不列颠的人口从 1801 年的 1069 万增长到 1821 年的 1421 万，在 20 年 225
里差不多增长了近 40%。在接下来的 50 年里，人口增长甚至更加惊人，从 1421 万上升到 2616 万。[13] 更严重的是，人口增长的速度远远不够均衡，人口增长主要集中在工业化的北方的新城镇中。在 1821 年到 1831 年之间的 10 年里，在曼彻斯特、利兹、布拉德福德、伯明翰、利物浦和谢菲尔德等城市中，每个城市的人口至少增加了 40%。[14] 交通也已变得面目全非。首先是新的收费公路，然后是运河，最后是铁路，在 1840 年左右改变了这个国家的面貌。不列颠，尤其是英格兰，从一个简单的乡村农业国家变成了一个人口稠密的、城镇化的和工业化的国家。

事实上，这些通过工业变革所创造的巨大的新财富，也许直到 1850 年左右，对于广大民众生活水平的提高并没有多大的促进，如果说还有任何促进的话。但是这并不令人惊讶，人口增长非常迅速——尽管为新工业提

[10] W. W. Rostow, *How It All Began*（London, 1975）, Table 15, pp. 194-5.

[11] Ibid.

[12] Graham Turner, *Business in Britain*（Harmondsworth, 1971）, p.3.

[13] Peter Mathias, *The First Industrial Nation*, Table 1, p. 449.

[14] Asa Briggs, *Victorian Cities*（Harmondsworth, 1968）, p.86.

供了劳动力——也带来了巨大的社会成本（social costs）。在 20 年内为另外 400 万人提供各种类型的城市住房、供水、排水和卫生设施所需要的资本成本（capital cost），会耗尽一个现代国家的资源。然而，在 1801 年到 1821 年之间，处理这些增长问题的是作为现代国家最初雏形的不列颠——对于既有问题的处理，既没有官僚机构，也没有足够的统计资料或者让人们知晓正在发生什么事的信息，还缺乏科学和专业知识，也就更谈不上对迅猛增长的新问题进行规划了。

即使是在工业化的初期，工厂里的一些工人挣的钱可能比他们作为农业劳工挣的钱还要多。一些历史学家相信，平均而言，19 世纪的前 20 年或 30 年里的工人阶级比 18 世纪的他们要更加富裕，尽管——更确切地说是因为——人们靠“阴暗的撒旦工厂”所创造的新财富过活。但是平均可能具有误导性，毫无疑问，在这段时期里，有很艰难的时候和地方，例如，1795 年至 1800 年就是一个低收成和高物价的时期。1799 年的小麦价格几乎是 1770 年的两倍，当时贫民阶级的状况在很大程度上仍然取决于面包的价格；在 1800 年和 1801 年，小麦价格达到了接近饥荒（near-famine）的水平。而随着工业化的推进，一些技能变得多余了的工人（就像那些倒霉的手工织布机）就更加贫困。然后由于有不时发生的、严重的经济衰退，其是早
226 期工业化时期的标志，同时又没有福利国家可以依靠，所以工业工人发现自己经常处于失业状态，当时人们普遍认为，失业仅仅是由于懒惰或不节制造成的。但到了该世纪中期，甚至在工人阶级中也出现了更大的繁荣迹象。到 1870 年，在城市无产阶级（urban proletariat）中出现了真正繁荣的迹象。因为人们所期望的社会首次变得可能了，在这个社会中，大量的人民并不是从生到死都是生活在痛苦的和绝望的贫困之中的。

第二节　个人主义和集体主义

人们有这样一种认识，觉得在 1770 年至 1870 年的这段时期里，先是出现了高度个人主义的社会，然后又逐渐构建起了集体主义社会。但这个故事比乍看起来的样子要复杂得多，而且当为了追求集体主义的价值和法律而抛弃个人主义的价值和法律的时候，并不存在这样的一个时刻，即所有的东西在这一刻都突然发生了变化。无论是在观念上，还是在机制和法律上，旧传统和新传统都会不稳定地并存很多年。事实上，在法律上有明

显的迹象表明，仍然古老的 18 世纪家长式的传统，已经在一些领域将其火炬交到了随后的集体主义观念的手中，但是在其他一些领域，通常与 19 世纪关联在一起的个人主义正在攫取主导地位之中。合同自由在这一时期的历史，与这些巨大的变化密不可分。我必须首先简单谈谈一些经济和社会变化的背景，然后再转而对发挥了作用的智识影响进行分析。

自由市场的增长

与工业革命紧密相关的是市场经济的崛起。实际上，有人已经指出，尽管有些夸张，所发生的一切变化都“只不过是一种基本变化，即市场经济的建立的附带事件”[15]。对资本和劳动力流动的陈旧限制，以及在较少程度上对土地的限制，逐渐地消失了。法律上的限制（正如我们已经看到的）已经在 18 世纪晚期就被取消了。诚然，劳动自由直到 1834 年《新济贫法》颁布时才完全实现，但至少旧的《定居法》（Settlement Laws）在 1795 年就已经被放宽了，而这为劳动力供应带来了一些灵活性。到 18 世纪晚期，中间商也在世界各地涌现，尽管针对他们的许多传统敌意已经存在了许多 227
年，但他们已经为必然伴随工业革命而来的贸易扩张作出了贡献。银行家促进了资本的积累和运用，代销商（factors）——他们收取佣金——加大了销量；从事粮食买卖的商人让农民可以更快地收回资金，因为他们也能够使食物供应布局合理化；外汇经纪人、保险经纪人和航运经纪人等也都出现在了舞台之上，他们并时刻准备在始于 18 世纪晚期的国际贸易的巨大扩张之中扮演他们的角色。[16]

在整个这段时期里，随着交通运输的发展，市场规模一直在稳步增长。我已经指出，到 18 世纪中期，如果不是更早的话，新工业制造业的发展事实上已经使整个不列颠成为一个统一市场。同时，航运服务的增长和发展也有助于打破国际贸易的物理障碍。长年以来，关于对国际自由贸易的法律限制，在不列颠进行了一场旷日持久、激烈的政治辩论，但是在 1846 年的《谷物法》（Corn Laws）上诉案中，皮尔（Peel）的判决事实上终止了这场辩论。尽管这使托利党发生了分裂，因为在此后的数年里，托利党的

---

[15]　Karl Polanyi, *The Great Transformation* (Boston, Mass., 1957), p. 40.

[16]　T. S. Ashton, *Economic History of England in the Eighteenth Century*, pp. 66-7; R. B. Westfield, *Middlemen in English Business* (Yale, 1915, reprinted, New York, 1968), pp. 369 *et seq*.

新领导人 Derby 和 Disraeli 试图继续维持贸易保护主义的状态，但是人们对这个问题实际上已经完全失去兴趣了。自由贸易赢得了胜利，因为在接下来的 75 年里，英国一直坚定地致力于自由贸易事业。直到本书这一部分所研究的历史时期的末期，亦即在 1860 年至 1875 年的这段时期里，在资本、商品和劳动力方面存在着飞速迈向世界自由贸易的趋势。[17] 几乎所有地方的关税壁垒和关税率都在下降，金本位（gold standard）确保了资本的自由流动——在 19 世纪 40 年代英国铁路繁荣结束之后，由于寻求投资机会的资本数量是如此之大以至于其中许多资本都流向了海外——且世界各地几乎都不限制移民。这个自由世界经济（free world economy）的时期——无论如何是某种接近于它的东西——勉强持续了 10 年。后来它被 19 世纪 70 年代的保护主义浪潮所粉碎，当时美国中西部处女地的廉价玉米开始大量涌入欧洲，其价格远低于欧洲农民所能匹敌的价格。但即便如此，根据舆论的看法，英国仍然顽固地坚持其对自由贸易和自由经济的信念。英国人相信，自由市场经济对他们自己以及世界其他地方而言，都是一条繁荣之路。的确，国际贸易的大幅增长，使英国和其他地方的公众可获得之商
228 品的范围、多样性和低廉性极大增加。

而且，在这段时期里，英国本身的市场就像任何一个市场一样自由地运作着，就像经济理论所建议的那样。工商业的竞争非常激烈。当 Brunel 在 1837 年建造第一艘铁船时，该船被设计用来从布里斯托尔进行跨大西洋航运，两家与之竞争的公司迅速成立起来以确保利物浦在跨大西洋航运上的优势地位。[18] 当早期的铁路公司成立，并铺下它们的铁路线时——尽管每家公司在很大程度上都是其铁路线的垄断者——在机车设计方面却仍然存在着最激烈的竞争。举行比赛和其他实验，都是为了测试竞争对手的设计，并且经常吸引了相当多的公众的关注。[19] 在这个激烈竞争的时代，即使是窃取专利也并不罕见。[20]

此外，因为这是第一次工业革命，所以变革的速度极快，无论是在技

[17] Karl Polanyi, *The Great Transformation*Chapter 1; E. J. Hobsbawm, Industry and Empire, p. 140.

[18] L. T. C. Rolt, *Isambard Kingdom Brunel* (Harmondsworth, 1974), p.253.

[19] Ibid., pp. 200-1.

[20] Samuel Smiles, *Self-Help* (first published 1859, centenary edn., London, 1958), pp. 78-9. 该书提供了许多例证。

术创新方面还是在组织和管理技能方面均是如此。对失败的惩罚以及对成功的奖赏，两者都反映了自由经济在一个快速变化时代的波动性。供应、需求与竞争调节着价格。制造商在竞争的压力下被迫一次又一次地降低他们产品的价格。那些依靠其技巧、足智多谋、运气或者此三者的结合而取得成功的人，能够并且确实创造了巨大的财富。老罗伯特・皮尔爵士（the first Sir Robert Peel）是 1841 年担任首相的罗伯特爵士（Sir Robert）的父亲，他也是早期最大的棉织品制造商之一，他留下了超过 150 万英镑的财富。[21] 经济学家和金融家大卫・李嘉图（David Ricardo）在城里工作了大约 25 年之后带着大约 700 万英镑的财富退休，而其最初的资本仅为 800 英镑。[22] 很多这些早期的成功故事所涉及的都是那些没有任何优势的人。其中的一些人甚至是文盲。一个叫 Horsfield 的先生在 1837 年至少拥有超过 30 万英镑的财富，而他几乎不能书写其名字，且最开始他“在世界上连五先令都没有”[23]。塞缪尔・斯迈尔斯在使他获得巨大成功的书中，除了宣扬自助的信条之外，还详细讲述了这些成功故事。[24] 成功所获得的奖赏是如此巨大，以至于许多人被诱惑去冒巨大风险。“只有极少技术知识的”企业家们“准备冒着风险投巨资到制造企业之中去”[25]。以现代标准来看，这些冒险中的 229
许多都是不明智甚至有点疯狂的。例如，在铁路时代，铁路承包（railway contracting）是一种快速致富的方式，但对铁路工作的评估却是难以置信的粗糙。那些投标价低到足以被对方所接受，但却足以覆盖其成本的人，会赚大钱，而那些投标价最后被证明过分低廉的人，可能会失去他们所拥有的每一分钱。[26]

所有的事都在快速地发生着变化，这也意味着，在新观念、新技术被试行之前，人们几乎没有时间对其进行研究和实验。巨额资金被冒险投入新的工程项目和科学项目之中，按照现代标准，这些项目都没有得到充分的研究和测试。但同样，对成功的奖赏很高，对失败的惩罚也相应严厉。

[21] E. J. Hobsbawm, *Industry and Empire*, pp. 62-3.

[22] R. M. Hartwell, Intoduction to Ricardo, *Principles of Political Economy and Taxation* (Harmondsworth, 1971), pp. 34-43.

[23] M. W. Thomas, *The Early Factory Legislation* (Westport, Conn., 1970), p. 4.

[24] See especially *Self-Help*.

[25] P. L. Payne, *British Entrepreneurship in the Nineteenth Century* (London and Basingstoke, 1974), p. 34.

[26] Terry Coleman, *The Railway Navvies* (Harmondsworth, 1968), pp. 62-3.

失败、破产以及个人金融灾难的威胁，在 19 世纪早期就已经出现在工业家和金融家面前。“主要的担忧是‘失败’。在一个狂热繁荣与金融恐慌交替出现的时代，没有诸如有限责任这样的东西，商业大亨和公众投资者都深受破产幽灵和债务人监狱的困扰。”[27] 在诉讼和破产程序中的紧张活动，证明了这些担忧的真实性。这个时期判例汇编中的法律案件，经常显示出大量的金钱处于危急关头，对于涉案当事人而言这就意味着豪富与毁灭就在一线之间。风险集中而不分散。对于任何一个人来说，现代诉讼对个人财务的牵连程度，很少会像 19 世纪上半叶一样深入。这一时期的破产法，远比之前的或之后的破产法重要，有关该主题的书籍数量即是其明证。因为一个人的失败往往会引起一系列的其他失败。当一个大生意失败时，无辜的合伙人、担保人和债权人都可能会陷入大毁灭之中。

除此之外，这个自由市场经济在很大程度上是一个个人的市场。事实上，依议会议案成立的法定有限公司（statutory company）——现代意义上的、有限责任性质的公司——已经出现在各地。例如，运河大多数都是由这些机构修建的，因为其所需要的资金数额通常都需要得到大量投资者的
230 投资才行。而再考虑到所涉及的风险，是很难建立一个拥有大量投资者而不负有限责任的公司的，因为这要求每个投资者用他全部个人财富，押注于那些和他一起加入该企业的人的正直和能力。投资者的数量越多，其风险就越大，也就越少有机会能了解每一个事业伙伴。当铁路公司出现在人们面前的时候，他们也有同样的顾虑。但是在 1855 年之前，有限责任都是一种例外而不是一项规则，这意味着，大多数企业在真正的意义上都是由个体企业家经营着的，或者只有少数企业家通过相互挑选和相互协议而一起加入合伙之中。遥远的、没有个人色彩的投资者，只对红利而非对所涉企业的成败感兴趣，他们的好时光只有等到现代公众公司（public company）逐步大行其道时才会到来，而在 1870 年之前这个发展进程几乎还没有开始。

19 世纪上半叶的社会和经济组织的现实，与认为个人主义是一种道德和经济理念的观点——关于这一点我后面还将做更多的分析——还不相匹配。社会还没有在任何显著的程度上被机构（institutions）所组织起来。

[27] Walter E. Houghton, *The Victorian Frame of Mind 1830-1870* (New Haven, Conn., and London, 1957), p. 60.

无论是中央政府本身（无论如何，直到 19 世纪 30 年代或 40 年代是如此）还是地方政府，都还没有拥有制度化的官僚机构。正如我刚才所指出的，商业和工业仍在很大程度上被掌握在个人或个人群体的手中，而不是以制度的形态联合在一起。工人们事实上一直为建立工会或者他们所称之为联合体（Combinations）而奋斗，而正如我们将看到的，这成为政治上和法律上连续不断的麻烦之源。但是在 19 世纪上半叶，无论是市场经济与自由社会的意识形态还是其现实，它们的全部推动力都是一种个人角色原子论的观点。在某种意义上，这个民主—工业社会（demoncratic-industrial society）的确“本就不是一个社会。人和阶级都不再是基督教—封建有机体（Christian-feudal organism）必不可少的组成部分，在这个有机体中，每个人都拥有公认的地位和作用，并且每个人都通过既定的权利和义务而团结在教会和国家之中。而在新的自由理论中，所有的人都是自由的，无论是政治上还是经济上都是自由的，除了履行合法契约之外，没有人有义务服务于他人；社会仅仅是个人的集合，此个人——自然而然且正当地——以利己为其动机”[28]。

自然地，这种以自由经济为基础的个人主义社会产生了巨大的财富不平等。当然，这种不平等并不是什么新鲜事。一直以来都有“富人”和“穷人”，而且在一些农业社会中，穷人与富人之间的鸿沟比 19 世纪的英国要
大得多。但是，与 19 世纪英国的不同之处在于，在过去几乎所有的人都 231
属于“穷人”；在一个贫穷的社会中——每个农业社会（除非人口稀少）必定都是贫穷的——几乎所有的人都是穷人。在 18 世纪，富人是由不超过几百人的大地主，也许还有几千个小地主组成的。这些不平等主要归因于出身和继承。在绝大多数情况下，18 世纪的富人仍然富有是因为他们是富人或者他们的祖先是富人，而不是因为他们或他们的祖先所做的任何事情。在 19 世纪早期的工业化条件下，这种情况发生了变化。在旧地主身旁，日益出现了一个新兴的富有的商人和工业家阶级。这些人之所以富有，不是因为他们是谁，而是因为他们做了什么。就像以前的富人一样，他们很自然地信任这个产生不平等的社会与经济制度。他们不相信所有人政治上的平等，他们当然也不相信任何理想的经济平等。在后文我将会回头来分析他们相信什么，但是我想在这里强调的是，英国工业中产阶级带来了

[28]　Ibid., p. 76.

一些非常迫切的欲望和需求，并且正是他们的欲望和需求逐步成功地实现，而最后在很大程度上摧毁了给他们带来权力和繁荣的个人主义社会和自由市场经济。他们想要街道上的法律和秩序；他们想要终结污秽、贫民窟以及不卫生的房屋；他们想要生活中、商业中、债务履行中和奉守合同中的规则性；他们想要生活有更多体面和优雅，而终结野蛮与残酷、奴隶贸易、颈手枷游街示众和公开处决、公开酗酒、雇用孩子清扫烟囱以及妇女在煤矿工作。[29]

他们发现，他们无法依靠个人主义社会和自由市场来达到这些目的，尽管从他们经常所说或者所写的来看，似乎他们认为自己可以同时拥有两个最好的世界。在这个个人主义的时代，人们通常仍然认为这是自由放任主义的时代，新的中产阶级开始创造一种全新的社会，在这种社会中，行政权力和行政程序作为社会与经济的控制模式，被自由选择和合同自由原则所取代。因为这种观点与人们所接受的 19 世纪历史的版本非常对立——或者至少是与在现代英国律师中普遍流行的版本相对立——所以我必须对这个旧版本的起源稍加阐述。

戴雪与自由放任主义

232 在他首次出版于 1905 年的《19 世纪英国的法律与公共舆论》（*Lectures on Law and Public Opinion in England During the Nineteenth Century*）中，A. V. 戴雪（A. V. Dicey）[30] 提出了一种广泛流行的观点，即 19 世纪中期的社会改革是由一种信赖自由放任理论的意识形态支撑着。戴雪将 19 世纪分为三个阶段：第一个阶段是“旧托利主义”（‘old Toryism’）时期，正如他所称的，这个时期是从 1800 年（也许更早一点）到 1820 年或 1825 年；第二个阶段是“边沁自由主义”（‘Benthamite liberalism’）时期，他将其与“自由放任主义”的观点结合在一起，这个时期从 1820 年或 1825 年一直持续到 1870 年左右；第三个阶段是集体主义时代，其始于 1870 年左右，到 19 世纪末，随着其活力的增强，它仍然蓬勃发展，在这个时期里，“‘自

[29] T. S. Ashton, *The Industrial Revolution*, p. 115. 这一判断被 Francis Place 在他的《自传》［*Autobiography*（Cambridge, 1962）］所证实。该书写于 1833 年，他毫不怀疑 50 年前的法律和礼仪是极其“无情和野蛮的”，p. 62。

[30] London, 2nd edn., 1914, reprinted 1962.

由放任主义'的理论或多或少地失去了英国人的支持，尽管它仍然包含着大量的真理因素"[31]。

戴雪并不是唯一一个以这种方式看待19世纪的人。在19世纪中期，新政治经济学的普及者（popularizers），例如哈丽雅特·马蒂诺（Harriet Martineau）[她在其《政治经济学的解释》（*Illustrations of Political Economy*）中描写了许多简明的故事][32]和《经济学人》（*Economist*）的编辑James Wilson，就采纳了最极端和最不妥协的自由主义理论。[33]如果说这些普及者自己没有足够的影响力来使民众相信其历史分析，即这是一个自由放任主义的时代，那么他们的反对者对此反而颇有帮助。卡莱尔对政治经济学家们的"猪猡哲学"（'pig philosophy'）——正如他所称呼的[34]——进行了雷霆般的攻击，这种攻击也只有他对"自由放任主义"的"不作为主义"（'do-nothingism'）的谴责才能与之匹配。诗人、激进的托利党人Robert Southey，是另一个认为他所憎恨的新商业道德已经接管了一切的人："在整个社会的交易领域，每个人都竭力追求以最低的价格购入，并以最高的价格出售，而根本不管公不公平。"[35]他也攻击"自由放任主义"，仿佛"自由放任主义"就是那个时代的支配性哲学一样。Thomas Arnold是"自由放任主义"的另一个反对者。在19世纪30年代，他批评"自由放任主义"是"最虚伪的格言之一，它以政治智慧的名义去迎合人类的自私……我们袖手旁观，让这个最不平等的竞争顺其自然，而忘记了所谓社会本身就意味着，这不只是一场竞争，其目标是给所有的人提供共同的善（common good）"[36]。

当然，在所有"自由放任主义"的反对者中，查尔斯·狄更斯是最具影响力的作家。在《艰难时世》（首次出版于1854年）中，狄更斯无情地讽刺了他所认为的那个时代的商业道德，并猛烈抨击了焦煤城（Coketown）所产生之可憎之处。在这本小说中，一如既往地，狄更斯非常明确地借诫 233

[31] Ibid., p. xxxi.

[32] London, 1832-4, 9 volumes.

[33] Scott-Gordon, 'The London *Economist*and the High-Tide of Laissez Faire', 63 *Journal of Political Economy*461（1955）. 赫伯特·斯宾塞从1846年至1853年是《经济学人》的助理编辑。

[34] 'Essay in Jesuitism' in the *Latter Day Pamphlets*（vol. xx, Complete Works, London, 1898）, pp. 315-18（fist published, 1850）.

[35] Cited, R. Williams, *Culture and Society*, p. 42.

[36] Ibid., pp. 123-4.

实的工人 Stephen Blackpool 之口间接批评了“自由放任主义”哲学。当被问到焦煤城有什么问题的时候，Stephen Blackpool 不知道应该做点什么，但是他很清楚不做点什么会发生什么：

> 用强硬手段是绝对不行的。用战胜和征服的办法是绝对不行的。总是认为一方面对，另一方面错，这种很不自然的想法也是绝对不行的。置之不理也是绝对不行的。让成千上万的人老那样生活着，总是搞得那样一团糟，结果他们站在一边而你们站在另一边；只要有这种不幸的情况存在着，就会有一个漆黑的、不可通行的世界把你们和我们隔离开来……*

某种政治或社会哲学的反对者，总是倾向于夸大该哲学的影响力和重要性，就像过分强调其最不吸引人的特点一样；而且我们被提醒说，“对于今天已经不流行的政治概念，我们大多数当代人只有通过这些概念的敌人对它们所绘制的画像才能了解它”[37]。自由放任主义哲学的影响力及其枯燥无味之处也都被其同时代的反对者夸大到讽刺的程度，而正是通过他们的观点“自由放任主义”哲学才被传递到后来的历史之中。

当然，其中也有足够的真理来证明它的合理性，并且这也解释了为什么后来的历史学家，如戴雪，发现自由放任主义在 19 世纪的历史中居于中心地位。的确，英国人此时不太信任政府，尤其是中央政府。他们认为政府是官僚主义的、腐败的、低效的，且是暴政和压迫的根源——和世界上多数政府一样。同样真实的是，大多数英国人和现在一样，不愿为政府支出而缴更多税，即使他们确信需要那么多政府支出。仍然正确的是（正如我们将要看到的），自亚当·斯密以来的古典经济学家们主张废除许多对自由市场过时的管制和限制，他们无疑普遍认为这些管制和限制会损害国家的繁荣。的确，洛克的遗产——他相信被设计用来保护生命和财产的最弱意义上的国家（minimal state）——仍然没有失去其力量。事实上，如果没有连贯和系统的自由放任主义哲学，除了其反对者之外，“自由放任

---

* 此段翻译重点参考了［英］狄更斯：《艰难时世》，全增嘏、胡文淑译，上海译文出版社 1985 年版，第 169 页，仅个别字句稍有调整。——译者注

[37] F. A. Hayek, *Individualism and the Economic Order*（London, 1949）, p. 3.

主义”哲学就只剩下“一套很好用的、具备感情诉求的‘自由放任主义’的陈词滥调”[38]。诚然，在许多具体问题上，那些反对政府活动的政治家和政论家们，会用任何论据对其反对进行论证，而自由放任原则是他们经常使用的一种论据。 234

但明显不真实的是，任何有影响力的社团（body of persons）都信赖作为一种制度（system）的自由放任主义，也就是说，他们认为政府应该把自己限制为最弱的角色，即保障国防和维护法律与秩序的角色。同样不真实的是，在 19 世纪的任何时候，即在特定的社会问题上，“自由放任主义”原则在任何较长的时期里决定了政治经济学家的信仰，或者政府的政策，或者立法机构的选票。几乎每个研究过该问题的现代历史学家，都逐渐得出了同样的结论[39]——自由放任主义时代的观念是一个神话，是“人类智识历史上的一个重大误解”[40]。该神话是由戴雪传播的，他完全忽视了议会和政府干预的范围，干预合同自由与自由市场的大量的立法可以追溯到 19 世纪的开端，同时政府官僚机器的巨大膨胀使这种立法成为必要。一个戴雪的现代批评者指出，《法律与公共舆论》一书：

> 其本质上是一本律师或政治理论学生的著作，而非一本历史学家的著作。戴雪以法律上的变革为社会变革的标志。他没有问一个法律是如何或者是否被执行了，也没有问法律是如何或者是否影响了人们的生活。而他发现法律变革的理由几乎完全是抽象的……简单而言，对戴雪来说，务实的政府并不存在。[41]

---

[38] W. L. Burn, *The Age of Equipoise*（London, 1968）, p. 289.

[39] E. J. Hobsbawm, *Industry and Empire* 似乎是唯一的例外。他事实上重复了以前的戴雪式的神化（the old Diceyan myths）：“在曾经被某种演绎（*a priori*）理论所支配的国家中，只有少数几个国家被其理论支配的完全性超过了‘自由放任主义’经济对不列颠的完全支配”：p. 230. 同时参见 Calvin Woodard, ‘Reality and Social Reofrm: The transition from *Laissez Faire*to the Welfare State’, 72 *Yale Law J.* 286（1962）。

[40] George Watson, *The English Ideology*（London, 1973）, p. 69.

[41] O. MacDonag, *A Pattern of Government Growth: The Passenger Acts 1800-1860*（London, 1961）, p. 325. 同时参见他的‘The Nineteeth Century Revolution n Government: A Re-Appraisal’, 1 *Historical Journal* 52（1958）。

其他的现代批评者甚至更加直言不讳："《法律与公共舆论》是一本具有高度误导性的书，如果在19世纪有关政府的革命上面我们被误导了，那么这在很大程度上是因为戴雪误导了我们。"[42]然而，另一个人认为《法律与公共舆论》是一本"政治小册子，不幸的是，它在半个世纪里都被误认为是一本优秀的历史著作"[43]。

对于人们对该书越来越强烈的批评，我之所以进行相当详尽的审视是基于如下两个原因。首先，因为太多的英国律师深受戴雪的《法律与公共
235 舆论》一书的教导，他们很可能认为他的观点对合同自由历史作出了启迪性的贡献。但事实是，正如我们将要看到的，在很多领域，戴雪的理论都是如此具有误导性，以至于如果现代读者想要理解合同自由的历史，他需要将他对自由放任主义时代的任何先入之见抛到一边。但是，还有另外一个且更加有趣的问题是律师所特别关心的。在认为"自由放任主义"是一种比以往其他哲学更重要、更有影响力的哲学的时候，戴雪是否在传播一种对于法律职业普遍性（generality of the legal profession）的常见误解？戴雪清楚地将"自由放任主义"与法律上的合同自由联系在一起。他认为，自由范围的扩大是19世纪中期英格兰的标志的观点（该观点在1859年密尔的《论自由》一书中达到了顶峰），自然地证明了合同自由的观念（尽管密尔本人在《论自由》一书中没有得出这个结论）。

> 一旦承认（戴雪说道）A、B或C每个人——作为一项规则——对于他自己利益的判断比其他任何人都要判断得更准确，那么结论自然而然就是，在没有强迫或欺诈时，A或者B应当被允许通过他们选择订立的协议而将他们自己相互束缚在一起——从他们每个人的角度来看，这提升了他们自己的利益，或者换句话说，这有利于他自己的幸福（happiness）。[44]

---

[42] Herry Parris, 'The Nineteenth Century Revolution in Government: A Re-Appraisal Re-Appraised', 3 *Historical Journal* 17（1960）, p.18. 类似的批评参见G. Kitson Clark, *The Making of Victorian England*（Edinburgh, 1972）, *passim*; W. L. Burn, *The Age of Equipoise*, pp. 132-3; W. C. Lubenow, *The Politics of Government Growth*（Newton Abbott and Hamden, Conn., 1971）, p. 9。

[43] Flinn, Introduction to E. Chadwick, *The Sanitary Conditions of the Labouring Population of Great Britain*（reprinted, Edinburgh, 1965）, p. 38.

[44] *Law and Public Opinion*, pp.150-1.

在 1905 年，戴雪的理论似乎很有可能反映了一种强有力的法律职业传统。英国律师一般来说是非常保守的，这不仅体现在他们普遍的信仰上，而且体现在他们的历史信念之中。此外，当律师碰到法律以外的观点，就像他们不时所做的那样，他们倾向于吸收这些观点中的一丁点儿内容，然后将这些观点保留下来并代代相传，直到他们大约 50 年或 100 年后从其狭隘的职业利益中摆脱出来而再去看待相同问题的时候。当我梳理 19 世纪有关合同的普通法的发展时，我将返回到这个主题上面来。然后我们将看到，有一些证据支持了这种观点，即基于*自由放任主义*原则的观念对法官以及法官所造之法所产生的影响，也许比它对其他任何国家机关所产生的影响都要大。英国律师倾向于将普通法看作原则仓库（repository of principle），将制定法看作一系列修正、例外以及不基于任何连贯一致的社会哲学之上的特殊情况。事实上，情况还远不止于此，因为在特定合同案件中，基于自由市场原则的一般合同法的新兴概念体系，逐渐将制定法的变革（statutory changes）对合同的影响给排除出去了。合同的普通法概念，只通过释义的方法就保留了它在自由市场中的纯粹性与基础。不符合自由 236
市场体系或者不符合基于自由市场的合同法一般原则体系的一切事物，都被简单地定义为不是合同法的一部分，而是其他一些特殊和例外的规范体系（body of rules）——公司法，或者工厂立法，或者建筑法规、卫生法规，或者许可要求，或者任何其他成百上千个不同社会或经济活动部门之一。[45] 正是在管制性法律的数量不断增长的时期里，合同法变得越来越纯粹。正如我们将要看到的，这对于普通法的发展方式以及被法律职业带进 20 世纪的价值体系，产生了重要影响。

这是怎么发生的呢？部分答案很简单。前文我所引用的现代历史学家的观点在这一点上都是一致的，即英国是在没有设计，甚至是在违背大多数英国人意向的情况下，无意间走向现代行政国家（administrative State）的。他们处理一个又一个的社会问题，因为这些问题经由一连串的调查、蓝皮书、审查，以及经由知识的简单积累过程引起了他们的注意。英国人在没有充分意识到他们在做什么的情况下，就忙着为现代官僚国家（bureaucratic State）打下基础。“许多人，甚至是那些位居能够了解情况之高位的聪明

---

[45]　这观点是由 Lawrence M. Friedman, *Contract Law in America*（Madison and Milwaukee, 1965）首先提出的。

人，如记者或议会议员们，都没有意识到正在发生着什么，而当他们偶然发现这一点的时候，他们会很生气。他们有时会想结束正在发生的事情，但是他们却很少有意志手段来实现其目标。”[46] 就律师而言，似乎更令人吃惊的是，他们没有意识到当立法成倍增加时正在发生着什么，但事实上对他们的无知进行解释是很简单的。因为这个庞大的新的法律体系一般而言并不是由律师来执行的。它的执行首先是掌握在新的官僚机构、新的行政管理人员和他们的专家顾问手中，这些人员的数量在 19 世纪中期迅速成倍增长。将高等法院（superior Courts）作为执行机构的最早尝试——有迹象表明这发生在 19 世纪 30 年代——很快就根据实践经验被抛弃了。对于不服从这些新法律的人或机构，当司法执行被当作是对付他们的最后措施的时候，新政府以及它们的立法越来越多地转而救助地方治安法官（local magistrates）。尽管它们能力不足，尽管存在着这样的事实，即它们的法官经常由太平绅士（Justice of the Peace）担任，而在新型立法之下太平绅士更同情被控违法的被告而非受害人，但是在执行制定法的时候，较之高等法
237 院这些法庭仍然拥有无可比拟的优势。只有很少的不服地方法院判决的此类上诉案件会被提交到高等法院，而当案件真的到了高等法院的时候，法官们很少察觉到这一事实，即他们只看到了冰山一角。他们并非真的不赞成制定法本身——有实际例子表明他们十分明确地赞成制定法，且他们执行制定法远比地方法官更为公正——他们在这个新时代只是缺乏处理有关行政管理事务法律问题的经验。其结果便是，这场在很大程度上是一种革命的政府革命静悄悄地发生了，对此律师没有注意到，大多数英国人也没有注意到。事实上，律师甚至比社会的其他部门更晚才理解到正在发生的事的意义。如果 Lord Hewart 对他的国家这一章的历史有了更多的了解，那么他就不可能在 1929 年写出谴责新行政国家的长篇大论——他将其称为《新专制主义》(*The New Despotism*)。如果这本书是在 80 年前写的，它的影响很可能是不可估量的，因为它会迫使英国人去勇敢直面他们正在对他们所珍视的法律体系做着的事情。但是 Lord Hewart 深受戴雪的《法律与公共舆论》一书的教导，他认为，国家的行政机器在 20 世纪之前并不存在，而且像其他许多律师一样，他只是在 20 世纪 20 年代才意识到这一现实，此时这一进程已经充分运行将近 100 年了。

---

[46] G. Kitson Clark, *The Making of Victorian England*, p. 109.

第九章　政府的角色，1770—1870

238

第一节　政府机器

在第一部分中，我们梳理了1770年之前政府机器的状况，我们看到那时之前的英国仍然是一个缺乏有效管制的国家（undergoverned country）。其基本上是一个几乎没有行政程序的、处于议会（由辉格党主导）有点仁慈的监视之下的、处于法官们有点严厉的监视之下的、慢速运行的乡村社会和农业经济。但是，在这个简单而人口相对稀少的时期，显然不可能有工业化、城镇化的压力，也显然不可能有人口绝对数量似乎无穷无尽的、爆炸式的增长，那么是什么让这一切都变得可能的。在1770年至1780年间，整个政府机器都必须进行彻底革新，事实上，政府机器几乎是无中生有地创造出来的。在这里我无法分析故事的全部，但是它与本书主题有着重要而直接的关联。因为人们意识到，随着政府作用的增加，个人的作用就会降低。当政府作出更多的决定并从事更多的活动，如果社会要完全发挥作用，那么个体公民必须（*must*）要做的事必然会减少，且他可以（*may*）做的事也很有可能会减少。在这一章中，我只打算概述在新行政机器的创立过程中所产生出的一些主要问题，以及由于新行政机关与个人决策在社会中所扮演的角色之间的关联而发生的现象的意义。在第十六章中我将详细研究一些关键领域，在这些领域中，对合同自由的立法干预在19世纪的发展中发挥了特别突出的作用。

政府成长的障碍

一开始我必须简要说明，在创建新行政国家时所遇到的一些巨大困难。这些困难——不涉及对自由放任主义意识形态的信奉——足以解释建立现代国家为什么要花70年。事实上，当人们看到这些困难中的一些时，看起来令人吃惊的不是改革的步伐非常缓慢，而是变化在很大程度上在四分

239 之三个世纪里就完成了，而公民自由并没有遭受任何损害，也没有任何内部政治剧变以及随之而来的流血事件，但是在这一段时期里的某些时候，几乎世界上其他主要国家都有这样的经历。

没有必要去假设反动的政治观点，或者阶级仇恨，或者对穷人缺乏同情心，也没有必要去理解许多人看到 19 世纪 20 年代、30 年代和 40 年代的一些令人震惊的社会问题时的无助感。对于他们中的大多数人来说，这些问题，就像现代亚洲国家那样人口增长速度高于——如果不是明显高于的话——其国民生产总值的增长速度的问题，是那样令人困惑和无解。一方面，这个问题不是那么严重，因为至少国民生产总值的增长速度是如此之快，以至于它最终所提供的财富能够使这些社会问题得以克服，而不需要作出任何政治自由牺牲。但是在另外一些方面，这个问题更为严重，因为它们都是全新的问题，对它们的补救措施还不为人知但又必须找到。

事实上，许多人怀疑是否有任何补救措施。对于许多人来说，这个国家正处于马尔萨斯人口过剩（Malthusian situation of over-population）的状态，它可能需要数年时间才能修正自身，而且如果穷人继续以同样的速度生育，它就永远不可能修正自身。这种观点，即国家的经济和社会条件在很大程度上是“自然法则”（‘Laws of Nature’）的结果，如果人们对其还有控制的话也只是很小的控制，在当下仍然极为盛行，甚至在那些被认为是彻底改革者的人当中也是如此。例如，在 1834 年《济贫法委员会报告》（Report of the Poor Law Commissioners）[该报告在很大程度上是由当时也许是最伟大的社会改革家埃德温·查德威克（Edwin Chadwick）所起草的]中，[1] 我们发现它仍然坚持认为，现行的《济贫法》注定要失败，因为它们“试图尽可能多（pro tanto）地推翻这个自然法则，即每个人没有远见的行为或者不端行为所产生的影响是由他自己和他的家人来承受的”[2]。

即使在那些对自然法则或者人口过剩的威胁进行例行推理而更少运用直觉判断的人中间，这种无助感也很强。1832 年 George Greville 在其《日记》（*Diary*）中对 Bethnal Green 进行了如下描绘：

---

[1] 经济学家纳骚·西尼尔（Nassau Senior）是该报告的另一个主要负责人。由 S. G. 和 E. O. A. Checkland 编辑的该报告的新版是鹈鹕版（Pelican edition）（Harmondsworth，1974）。本书参考的就是这个版本。

[2] Ibid., p. 156.

> 这个区完全处于破产和无望的贫困状态，且这种状态还在成倍加深，那里的人们看起来肮脏且沮丧，就好像他们已经被其不幸和贫穷所压垮，但孩子们却茁壮成长且身体健康。政府随时准备介入提供帮助，但政府究竟能做什么呢？[3]

人们面对事实的无助感、承认自己无法治愈他们所发现的自己周围的弊病，这种现象自然是一直存在的。在所有过去的时代里，统治阶级一直 240
在用这种想法安慰自己，即世界上总有富人和穷人，而不可能有其他情形。难道 Pitt 自己没有谈到自然事件对部长权力的限制吗？难道 Addington 在 1812 年没有写道“人类不可能在上帝强加稀缺之处创造出丰裕”？[4] 对于此类见解和评论，亦即那些寻求维持某种特权身份的人所提出的轻松自在的说辞，我们在摒弃它们之前，有两点应当铭记在心。第一点是人类在心理上——在任何连续的时期里——对于他们没有权力改变的某种事件状态，很可能不相信自己对其负有责任或者负有改变它的责任。事实上，我们的责任观念（以及与之相关联的原因），毫无疑问是与能力问题密切相关的。人们通常认为，没有能力去控制或改变状况的人是不需要为该状况承担责任的。需要铭记于心的第二点是当今社会对于其改变人们生活环境的能力具有很强的信心——过分自信，这种自信是三次伟大革命的结果，这些革命可以直接追溯到 19 世纪早期：第一个是奠定了工业革命创新基础的科学和技术发展，其导致人们梦想完全控制他们的物理环境；第二个是人们逐渐积累起了有关社会问题的详尽知识；第三个是边沁主义思想，其教导人们立法机器可以被用来控制社会环境和制度环境。[5]

这些发展中的第一个远远超出了本书的研究范围，第二个我将在后面进行讨论，第三个我将在第十二章中进行讨论。在这里，我只是强调，直到这些发展完成之时——也许到 1850 年时大部分发展已经完成——许多人在面对他们周围的这些巨大的社会问题时仍然产生某种无助感。而正是

---

[3] *The Greville Diary*, ed. P. W. Wilson (London, 1927), i. 303-4, 17 February 1832.

[4] R. J. White, *From Waterloo to Peterloo* (Harmondsworth, 1957), p.111.

[5] 关于 19 世纪政府革命的起源，至今仍然被不同的人追溯到这些关键发展中的这个或那个发展（或者其他发展，如托利党的家长式制度），尽管很难理解为什么人们常常认为这些发展是相互排斥的替代选项。关于该问题的概述，参见 Aydelotte, ‘The Conservative and Radical Interpretation of Early Victorian Social Legislation’, 11 *Victorian Studies* 225 (1967)。

这种无助感让很多人相信个人主义。如果国家根本无法对付社会问题，如果人类集体无法应对社会问题，那么个人就必须寻找他们自己的解救办法。如果贫困本身不能被革除——在 1800 年，甚至在 1850 年，消除贫困仅仅是一个乌托邦式的梦想——那么对许多个人来说其唯一的希望就是通过自
241 己的努力、技能和进取心而走出贫困阶级。

无助感所针对的当时大多数的社会问题，当然尤其是民众贫困这一最重要的问题，（据说）在 1800 年或者甚至在 1820 年，贫困无论如何都不是一个没有事实根据的问题。让我们审视一下当时政府所面临的一些问题，这些问题甚至是那些能够应对该问题的人也不愿意面对的。第一个问题也许是政府对问题本身的性质和范围的无知。20 世纪的历史学家对 1800 年或 1830 年的社会问题的了解，远远超过了政府本身对当时社会问题的认识。1800 年之前，英国从未进行过人口普查，没有人知道这个国家有多少人，甚至也不知道人口数字是在增加还是在减少，人们对这个问题的估计有很大的差异。今天人们普遍认为 1801 年第一次人口普查是非常不准确的，而即使是这样，在 10 年后的再次人口普查完成之前，它也没有肯定地告诉政府人口正在增加之中。第三次人口普查确实是很有必要的，在此之前，人们有理由相信，一个重大的趋势正在酝酿中，根据这个趋势人们可以预测未来。

那么，究竟如何作出预测呢？谁能够进行预测呢？统计学的科学还在其初创期，而政府本身并没有收集任何统计数据。直到 1832 年，在贸易部（Board of Trade）建立了一个统计部门，一年后，皇家统计学会（Royal Statistical Society）成立了。[6] 在这些早期时代里，政府的统计数据常常是极不可靠的，在 1831 年的普查中，关于英格兰的土地面积有两个独立的统计数据，这两个数据之间的差距与伯克郡（Berkshire）的土地面积一样大。[7]

单凭人口数据并不能说明太多的问题，甚至人口数字的变化也不能完全揭示有关（例如）出生率和死亡率等趋势的重要信息。直到 1838 年，当出生登记、结婚登记和死亡登记首次建立起来时，弄清死亡率等变化才

---

[6] G. M. Young, *Victorian England, Portrait of an Age*, 2nd edn.（London, Oxford, New York, reprinted 1973）, p. 32.

[7] Ibid.

变得可能，例如，它可以揭示出生活在国内某些地区比生活在国内其他地区要危险得多。

统计数据的收集仅仅是一个开端。例如，当人们知道这个城镇比那个城镇的死亡率高得多，那么接下来的问题就是查明原因。这并不是一件容易的事。按照现代标准，当时的医学仍然处于极度粗浅的状态。直到 20 世纪，医生们才发现斑疹伤寒的病因，而关于可怕的霍乱的传播原因和传 242
播方式引起了最激烈的争论。许多人，特别是那些（如查德威克）研究统计数据的人，坚信它与污秽和缺乏卫生设施有着密切的关系，但它们是如何相关的以及如何防止霍乱，才是最重大的科学争议问题。[8] 假设能够说服人们相信卫生（sanitation）是应对医疗和公共健康问题的方法，那么接下来就是学习如何改善卫生设施。这些问题的答案也根本不是现成的，而是需要等待懒惰的政府部长们发起必要的立法。要立法则必须先找到答案。首先是供水严重不能满足 19 世纪中期极大膨胀的城镇。在 1845 年，布里斯托尔 13 万居民中只有 5000 人有自来水，曼彻斯特少于四分之一的居民有自来水，伯明翰约五分之一的居民有自来水。许多水是不卫生，甚至是危险的。[9] 在 1854 年人们终于发现水是霍乱传播的主要来源，而从那时起人们就通过安装许多英里长的新管道、建设新水库，并强制实施新的净化标准等措施，尽最大的努力来改善供水。而关于适当的卫生措施、排水和污水处理等的改善，又必须首先确定问题的性质，然后再寻找解决这些问题的基本方法。一切都是全新的，必须从最初的原则着手去解决。即使在作出初步决定时，有关方法的科学争议与工程争议也都层出不穷。什么样的排水管，如何制造它们，如何铺设它们，处理污水需要倒入什么东西，以及数百个类似的问题都亟待解决。“人们是不可能夸大 1847 年卫生科学的原始性的。”[10] 甚至用来测量排水管和下水道的水平程度的水平仪也是新的。[11] 还必须设计和制造排水管与下水道所需要的管道。“下面的这种说法是荒谬的，即好像有大量这些材料——其得到了所有杰出的土木工程师和公共卫生‘专家’的认可——堆积在某个地方，且只禁止‘既

[8] 关于霍乱病因的一些神奇理论，参见 S. E. Finer, *The Life and Times of Sir Edwin Chadwick*（London, 1952）, pp. 341-2。

[9] Brain Harrison, *Drink and the Victorians*（London, 1971）, pp. 298-9.

[10] S. E. Finer, *Life and Times of Sir Edwin Chadwick*, p. 298.

[11] Ibid., p. 216.

得利益者'（'vested interest'）为其私利而使用这些材料。在技术以及行政领域必定存在着试验和错误，而令人尴尬的是，这两个过程必定是同时发生的。"[12]

243 在几乎所有的社会弊病中，卫生问题都是真正的弊病之一。在当代社会，当政府收集每个主题的海量信息和统计数据的时候，当新闻记者和电视摄像机以及摄影师即时将这个或那个事件的画面带进国内每个家庭时，很难想象会存在这样一种社会状况，即在这种社会中，只有社会问题的最晦涩、最模糊的知识才能通过公众得以传播。在人们第一次认真调查事实并第一次发表报告后，其对议会和公众产生了巨大影响，当时公众要求立即采取行动的迫切性，一点儿也不比今天的公众少。

早在戴雪的"旧托利主义"时期的 1803 年，作为一系列《旅客法》（Passengers Acts）——我在后面将会对这些法案做更多的分析——中的第一个《旅客法》被通过了，该法案被通过是因为有人发现了一些关于移民旅客贸易的、非常令人震惊的事实，而该事实引发了强烈愤慨，但是该事实至今仍然没有为公众所周知。这些事实几乎是偶然被曝光的，其是下议院的一个委员会调查一个完全不同的主题的结果，之后一个综合性的法案立即就准备好并被全票顺利通过了。[13]MacDonagh 教授是一个历史学家而不是一个律师，他详细地研究过《旅客法》的历史，他认为第一个旅客法案将"一个革命性的原则"引入了英国法律，即对合同自由进行了前所未有的干预。"其创新之处在于通过立法干预合同自由——因为为一段旅程支付费用归根结底是为了订立一个合同——而有权进行干预的理由是，在这些交易中免费搭乘的、心智健全的和成年的公民，应当得到特别的立法保护。"[14] 由于 MacDonagh 教授是一位历史学家而非一位律师，否则他可能已经认识到，在 1803 年，他对合同自由原则一词所使用的这层意义几乎还没有建立起来。我们已经看到了 18 世纪衡平法上有关家长制的一些东西，以及法律对于被带入一个不公平的、压迫性的或者敲诈性的交易之中的穷人和无知之人的保护的扩大。

在后文我将回头来讨论《旅客法》。我目前所想要说明的是，这一时

[12] W. L. Burn, *The Age of Equipoise*, p. 137.

[13] O. MacDonagh, *A Pattern of Government Growth*, pp. 58-9.

[14] Ibid., p. 59.

期阻碍社会改革的主要因素之一，不是对“自由放任主义”或合同自由的信赖，而是对弊病以及对如何补救这些弊病的无知。类似的其他例子是不难发现的。煤矿工作的可怕环境，尤其是使用孩子和妇女在地下从事艰苦的体力劳动这一事实给全国民众都留下了深刻且令人不安的印象，而这一事实的曝光，在很大程度上又是意外发现的结果——该事实是一个调查手摇纺织工人生存状态的专员（one of the Commissioners）自愿调查和报告的结果——给全国民众留下了深刻且令人不安的印象。当 Ashley——后来的 244
Lord Shaftesbury 以及最著名的托利党社会改革家——将这个报告提交给下议院议员们时，反响是如此强烈以至于一个皇家委员会立刻成立起来以全面调查事实。并且，在议会收到这份报告之后，相应的法案旋即被引入并以压倒性多数通过。

贫困是让所有思想家和政治家都备感苦恼的一个重大社会问题，而贫困本身是极难衡量的。我已经谈到了人口增长，但了解本国不同地区的工资和物价水平所存在的困难也丝毫不小。在 1839 年，卡莱尔在其著作中谈到宪章运动（*Chartism*）时指出，关于这个国家任何地方工资，失业水平是怎么样的，其在每年和每季度是如何波动的，劳工能否获得救助，以及如果可以获得救助，他们的处境是改善了还是恶化了，人们缺乏足够的信息。“这是简单的基础性问题”，他抱怨说，“在我们英国，愿意劳动的劳工能够找到工作并依靠他的工作维持生计吗？迄今为止，这些都仅仅是纯粹的猜想和断言（assertion），而没有可靠的证据来弄清楚。”[15]

即使当信息最终变得更加容易找到时，甚至当科学意见更难作为处理各种问题的最佳办法时，仍然必须教导公众认识到补救措施的必要性。在一个自由社会里，政府必须耐心地教导公众为这些补救措施自愿纳税，即使他们自己已经意识到了这些措施的必要性之后也是如此。换作现在也一样，现代读者也很难理解 19 世纪初受过教育的人对一些事情的无知，例如，对污秽与疾病之间关系的无知。1854 年帕默斯顿（Palmerston）悲叹自己的同胞对公共卫生措施的支出还那么吝啬，并批评说，纽卡斯尔（Newcastle）在 1849 年发生霍乱时，他的同胞们“眼睁睁地看着他们的邻居在他们周围死去，宁愿冒着他们妻子、儿女和他们自己的生命危险，也不去采取一

[15]　*Critical and Miscellaneous Essays*，reprinted in the *Works of Carlyle*（London，1898）©，iv. 127-8.

些涉及六便士费用的防范措施，而忘记了或者不知道这些措施最终将会是真正地节省金钱”[16]。

随着辉格党在 1830 年重新掌权，耐心积累起来的那些由英国工业化和城镇化所引起的社会问题的有关知识，开始走上了一条严格的和合理的系统化道路。在这种寻找真相的渴望背后，人们可以发现两个有强大影响
245 力的人在起作用。一个是边沁主义者的影响通过其在辉格党人和激进分子中的朋友和信徒而开始被人们所知晓，正如边沁所大力宣扬的那样，这些人相信，社会可以通过立法确立起秩序，不过首先是要收集事实。另外，人们可以看出职业化（professionalism）正在逐渐增长，正如激进派政治家和中产阶级职业人士——新式的医生、工程师、科学家、会计师、商人，甚至为人所诟病的律师，开始远离 18 世纪不正式又业余的辉格党教义（Whiggism）。从 19 世纪 30 年代起大量严肃的调查开始由皇家委员会、专员个人（individual Commissioners）和议会特别委员会（Parliamentary Select Committees）来主持，而由此收集的信息被广泛地发表在新闻媒体中，并在公众与议会中进行讨论。这一进程始于皇家委员会对 1832 年《济贫法》（the Poor Laws）的调查，此后就被迅速推广。“几年来，公众的头脑里充斥着大量关于每个国民生活领域的事实和数字……历史上没有哪一个社会曾被提交如此详尽的调查报告。新闻媒体对报告的复制或者归纳，以及蓝皮书，它们一起创造了一种对待事物的新姿态；他们为道德家提供了新鲜的话题，为诗人提供了新鲜的主题。”[17] 他们还为立法提供了源源不断的对象。

随着立法的推进，其主要特征之一是法定专员和检查员（official Commissioners and inspector）的创设，这也是边沁最受欢迎的观点之一。事实证明这种办法是另外一个消息来源，甚至最后成为一个更有价值的消息来源。新设置的工厂、矿山、监狱和学校的检查员，和新的济贫法专员（以及他们的不知疲倦的秘书查德威克），必须进入这些领域，对他们试图应对的问题以及早期立法尝试的效用，进行第一手的研究。这些人中的许多人一开始都坚定地信奉个人主义和自力更生（self-reliance），也就是通常信

[16] David Roberts, *Victorian Origins of the British Welfare State* (New Haven, Conn., 1960) ©, pp. 282-3.

[17] G. M. Young, *Victorian England*, p. 33.

奉亚当·斯密和李嘉图的政治经济学。他们在相关领域的经验很快使他们转变为充满热情的公务员，他们要求更多的立法、更好的执法程序和更多的行政管理人员。[18] 他们的要求以源源不断的详细报告和信息为支撑，这些报告和信息中的大多数，都超越了他们严苛的职责范围，而且这些报告和信息中的大多数因为太过强大且有非常有力的证据支持，以至于无人能质疑。他们还学习到了一些教训，即他们一开始所掌握的一些理论不具有现实适用性的教训。例如，刚从牛津大学和律师学院（Inns of Court）毕业的两个年轻律师，他们开始工作时满脑子认为每个人总是能找到一份报酬与其劳动相匹配的工作，但是很快他们就发现，在经济衰退时期人们可能找不到任何有报酬的工作。[19] 在 1842 年经济萧条时期的另一份报告称，“当就业竞争如此激烈时，就不可能有劳动自由这种东西” [20]。 246

当然，对于政府行政机器（administrative machine）的膨胀也是存在着（was）反对声音的，同时人们对于为行政机器征税而进行投票的必要性也产生了敌意，即使这种敌意并不是基于对自由放任主义原则的严格遵守或者对合同自由的尊重。一般来说，对行政机器的反对意见，主要是基于许多英国人公认的三个厌恶之处：不喜欢交更多税，不喜欢随官僚增加而带来的腐败和假公济私，不喜欢以牺牲地方政府为代价而增强中央政府的权力，因为他们认为地方政府更加民主——地方政府是当地社区的自我管理——而中央政府似乎更遥远和专横；长久以来，存在着这样一种不变的信念，认为强大的中央政府是一条迈向暴政的道路，正如（英国人普遍认为）欧洲经验所显示的，而软弱的中央政府则解释了英国人传统上享有公民自由的原因。这三处厌恶及其背后的担忧，在 19 世纪的英国从未消失过。即使当改革派占上风的时候，即使当紧随着蓝皮书和议会调查报告而来的立法不断从议会涌出的时候，仍然总是有一些人在这个或者那个特定问题上，像凶事预言家 Cassandra 一样，随时准备警告人们贪污、营私舞弊和暴政的威胁。Sydney Smith 并非改革的敌人，但是他在 1821 年却反对任命监狱检查员（Inspectors of Prisons），因为他想当然地认为该职位是一个闲职而且该职位会被那些“从来不去监狱察看”的人所占据。即使在

[18] David Roberts，*Victorian Origins of the British Welfare State*，pp. 180-1.

[19] Ibid.

[20] Ibid., p.226.

1829 年他忙于成立伦敦警察厅（Metropolitan Police）时，皮尔（Peel）也向 Wellington 表达了他的这种担忧，即警察可能会变成“一份工作，如果绅士的仆人等人被安置在高位的话”[21]。

Joseph Hume 是激进的下议院议员（Radical M. P.），也是边沁和詹姆斯·密尔（James Mill）的朋友和合作者，尽管如此，他还是花了很多年的时间在议会内外攻击公共开支每次的增长，而且在激进的和平与改革计划中加入了“紧缩”（‘Retrenchment’）的理念。这种观点，即认为所有的政府活动都是绝对笨拙无能的观点，在克里米亚战争（Crimean War）期间受到了相当多的认同。在军事方面所暴露出来的骇人听闻的无能，不能提供
247 充足药品和医疗设备的可怕的行政管理失误，在大多数英国人眼里，这与制造与工程行业激动人心的成功形成鲜明的对比。[22] 对许多人来说，这证实了他们一直以来对所有政府活动必然无能和无效率的怀疑。但尽管如此，对更多政府活动的需求并未减少。赫伯特·斯宾塞（Herbert Spencer）在 1857 年用恼怒的语气写道，事实已经证明“政府是最坏的所有权人，最差的制造商，最糟糕的贸易者；事实上，还是最糟糕的经理，不管它管理的是什么事情”[23]。

但是对于新的政府机器的效率，赫伯特·斯宾塞的判断是错误的，就像他在许多其他事情上的错误判断一样。新政府机器在工作中的困难是巨大的，“已部分处理好的旧问题在积压的同时新问题又被不断地添加进来”[24]。当时的事实是，议会吝于任命足够数量的行政管理人员和支付足够的工资，且完全缺乏具有必要技能的专业人员，而不是中央政府机器没有效率。反而是在地方政府那里，人们发现了真正的没有效率、腐败和拙劣的业余主义现象。中央政府的部长和官员们都意识到了这一点，思想家和作家如边沁、密尔以及法学家约翰·奥斯丁也都意识到了这一点，并且他们也都与他们所认为的蛮不讲理的成见作斗争，[25] 但是大多数英国人和许

[21] Sir Llewellyn Woodward，*The Age of Reform*，2nd edn.（Oxford，1962）©，p. 466.

[22] Asa Briggs，*Victorian People*（first published 1954，revised edn.，Harmondsworth，1975）©，p. 72.

[23] ‘Representative Government—What is it Good For）？’ reproduced in *The Man Versus the State*，1884（reprinted Harmondsworth，1969）©，pp. 256-7.

[24] W. L. Burn，*The Age of Equipoise*，p. 133.

[25] David Roberts，*Victorian Origins of the British Welfare State*，Chapter 3.

多下议院议员仍然很顽固地支持地方政府而反对中央政府。众所周知，所有有关建立警察部队的提议都引起了人们疯狂的和不理智的敌意。到 1816 年，下议院的一个委员会还报告说，建立一支预防性的警察部队是“令人作呕和令人厌恶的”，而且，尽管皮尔在 1829 年成功地将他的有关建立伦敦警察厅的提议付诸实施，但许多英国人，很确信这是自由时代的结束。人们对皮尔议案的敌意是巨大的。

新政府机器的困难不仅仅来自对公众的敌意，还来自没有揭示这种事实的需要，即揭示那些对政府处理这个时代的问题的能力形成妨碍的事实。其他困难来自在广大领域里创设和增进适当专业技能的必要性。《1832 年改革法》之后涌现出来的新的激进分子和专业中产阶级，不信任陈旧的传统（the old amateur tradition），这种传统与假公济私和无能紧密相关。“我宁愿相信一个业余人士能为我的马钉马掌”，经济学家纳骚·西尼尔说道，“也不愿相信一个业余人士能检查我的学校”[26]。几乎在每个领域里，巨大的人口增长和新的社会问题，创造出了对专业技能的需求， 248
这些需求数量之大是很多年都满足不了的。例如，没有足够的医生，而且对他们的培训也不是很充分。如果要求搭载移民到新大陆的客船至少要有一名合格医生，那这种要求根本就不会得到满足。[27] 事实上，在对客船乘客的移民事务进行第一次改革的时候，政府就缺少这样的顾问，即“拥有船舶和航海技术知识，拥有第一手的贸易知识，且对于此改革的完善拥有专业兴趣”[28]。

建筑师和各种类型的工程师的需求量一直都在增加，但是直到 18 世纪 30 年代皇家建筑师学会（Royal Institute of British Architects）才成立起来，直到 18 世纪 40 年代土木工程师学会（Institutes of Civil Engineering）以及稍后机械工程师学会（Institutes of Mechanical Engineering）才成立起来。商业和现代公司的发展要求会计程序具有更强的秩序性和规则性，但是在 1822 年，一份《不列颠专业目录》（British Professional Directory）所列出的会计师中，全国只有 73 名。即使在 19 世纪中旬，会计仍然是一个备受忽视的行业，这是保险公司、互助会（friendly societies）和破产管理人麻烦

[26] Cited in S.L levy，*Nassau W. Senior*（Newton Abbott，1970）©，p. 184.

[27] O. MacDonag，*A Pattern of Government Growth*，p. 144.

[28] Ibid.，p. 98.

不断的根源所在。[29] 当第一家铁路公司成立时，其会计要求（accounting requirements）极其简陋，且政府拒绝了公众为保护股东而进行审计的要求。人们很容易就把这误解为自由放任主义原则、让股东自我照顾哲学的另外一个例子。但事实上，正如我们将要看到的，政府和法律在铁路事务中根本没有采取任何此种总方针（general policy），拒绝审计更可能是由于政府意识到国家缺乏具备必要技能的会计师。

专业人士和技工不仅在数量上不足，甚至连培养他们的方法都不存在。18 世纪英格兰的大学（与苏格兰相比）已经陷入了可怕的状态，到 19 世纪初情况也没有好转。当时的英格兰拥有"欧洲受教育程度最差的中产阶级"[30]。牛津大学和剑桥大学仍然受到古典学和数学传统（the Classical and mathematical tradition）的支配，即使在这些学科中，严谨的学术也是罕见的。边沁主义者于 19 世纪 20 年代所建立的伦敦大学，提供了一种新的教育类型，其与功利主义时代的职业理想更相一致，但是经过了很长一段
249 时间它才开始这样做。当 Faraday 向一个皇家委员会提供科学教育的证据时，他告诉他们，在教授科学之前，科学教师必须被培养出来。[31] 文官制度（civil service）通常是许多这些新发展的源头，该制度本身在 1854 年诺思科特—特里维廉改革（Northcote Trevelyan reform）中被调整了，此项改革把大多数重要岗位向竞争性的考试开放。必须建立起一支新的职业行政管理精英队伍，这就要求人员在质量和数量上都要大幅度提高。在 1832 年，内政部（Home Office）就雇用了 29 人，而中央政府所有的内政部门（Home department）才雇用了 101 人。[32]

如果这个时代的中央政府机器需要进行大刀阔斧的改革，那么地方政府也同样如此。我在上一章中已经谈到，地方官员缺乏沟通的程度——非常糟糕——同时他们在整个 18 世纪都在相当大的程度上独立于中央政府。尽管新工业城镇的巨大增长已经带来了大规模的新问题，而这些问题与众所周知的伦敦本身的问题类似。但在《1832 年改革法》出台之前，这

[29] 参见《保险公司特别委员会报告》（Reportof the Select Committee on Assurance Companies）（1852-3）*H. C. Parliamentary Papers*, XXI, iii; Yamey, 'Scientific Bookkeeping and the Riese of Capitalism', 1 *Economic History Rev.*（N. S.）99（1949）。

[30] G. M. Young, *Victorian England*, p. 89.

[31] Ibid., p. 97.

[32] W. C. Lubenow, *The Politics of Government Growth*, pp.15, 18.

种状况很少发生改变。总的来说，地方政府单位仍然是堂区（parish），在英格兰和威尔士一共有15000个堂区。此外，大约有200家较古老的特许法人，几乎它们中的每个都是腐败的和自我存续（self-perpetuating）的机构。所有这些机构都没有任何适当的行政管理人员，大部分的工作要么落在5000位治安法官身上，要么落在少数几个普遍无能且腐败的官员身上。除执行《济贫法》外，这些地方政府机构对其居民所提供的服务几乎没有任何价值，而且肯定与他们以腐败和限制竞争的形式收取的费用不相称。例如，在农村地区甚至在大的新工业城市里，仍然没有适当的警察部队。在1815年，仍然没有城市消防服务，当时的消防服务是由保险公司私人主动提供的，且在一定程度上弥补了缺陷——但自然只对那些投保的财产而言。[33] 但除了较古旧的地方政府机构之外，越来越多的新的专门机构（special body）通过非公知法（Private Acts）设立起来了，如收费公路受托人（Turnpike Trustees），新的块石面路、照明和下水道委员会（commissioner）等，这些机构最终提供了现代地方当局的核心服务。但在19世纪30年代，做到这一点这还有很长的路要走。

然而，改革还是以某种形式出现了，甚至就出现在这里。新的1836年《市政法人法》（Municipal Corporations Act）紧随着那些新的议会调查而 250
来，尽管该法只给地方政府当局赋予非常小的权力，但它至少开启了对陈旧的寡头政治、私人控制、18世纪的法人进行改造的进程。在19世纪40年代和50年代，在这些城市中，一种新的精神面貌开始显现，且许多进步（improvement）也开始发生。[34] 起初，这些改革大部分是在自愿或半自愿的基础上进行的。各种各样的社团开始迅速兴起，以促进职业的、统计学的、慈善的、公共卫生的改善，它们是由精力充沛的、活跃的、中产阶级的人在管理着，它们决心以自己的城镇为荣，并清理混乱和贫民窟现象。它们提供了新的道路、块石面路、照明、公园和卫生措施，它们经常得到那些具有公共意识的居民的帮助，而这些帮助是非公知法远远不能提供的。此外，它们还能时不时地得到私人的馈赠。发达城市之间的健康竞争以及全新的市政活动开始蓬勃发展。市政自来水厂、厨房、浴室、洗衣房和市场迅速出现，宏伟的新市政厅也已建立起来了。到1870年，在英国和威

[33] Sir Llewellyn Woodward, *The Age of Reform*, p. 367.

[34] See generally, Asa Briggs, *Victorian Cities*, especially at pp. 217-24.

尔士共有 49 个市政燃气公司，最早的市政燃气公司于 1817 年（在曼彻斯特）建立，以及 69 个归当地所有的自来水厂。这段时期里的所有这一切都普遍被认为是“自由放任主义”全盛时期的结果！

第二节　律师与立法过程

法律职业是所有接受改变并使其技术现代化的职业之一。法律方法论变革的最重要方面之一是立法本身的变化。律师和高级司法机关的特征——在公众眼中这些特征是法律职业最为显著的部分——在 1770 年至 1830 年或者甚至到 1870 年可能只有很小的变化。法律职业这方面的变化是非常重要的，但这种变化并不是肉眼所能看到的；这个变化主要体现在职业的态度和价值观以及律师工作种类的改变上。这里发生了足够的变化来印证这一点：首先是律师在 19 世纪 20 年代和 30 年代，如果不是更早的话，就开始处理日益增长的商业化工作；19 世纪 40 年代和 50 年代的法官，与 19 世纪前 25 年的法官相比，具有不同的特征和背景。后文我将回过头来讨论这些变化。法律职业化另一个方面的变化更为明显。“从 18 世纪大量的讼棍式的法律事务代理人（pettifogging attorney），发展成为受人尊敬的事务律师（solicitor）职业，该职业被一系列《事务律师法》（Solicitors Acts）有效地组织起来了，大量的机密事务被交到了他们手中。”[35] 从 19 世纪
251 纪中期到晚期，事务律师成为新一代中产阶级专业人士中的又一类成员。他们是一群正直、有名望的人，是一群相信财产和合同自由的人。他们的客户知道他们的利益之所在，这些事务律师也知道如何给他们提供建议。像老 Soames Forsyte 一样，他们是享有盛誉之人（men of honour），在履行他们的义务时一丝不苟，就像他们期待他们的妻子和他们的建筑师在履行他们的职责时也能够相应地一丝不苟。[36]

和其他职业一样，那个时候的律师也没有适当的职业教育制度。在 1817 年，一个想成为律师的学生会被建议从阅读布莱克斯通开始，然后再是 Selwyn 的《初审判例汇编》（*Nisi Prius Cases*）（其仅仅是对不重要案例的

---

[35]　G. Kitson Clark, *The Making of Victorian England*, p. 261.

[36]　人们将想起，“作为原则问题”Soames 起诉了他的建筑师，因为他在其房屋的花费上的权威被建筑师超越了：John Galsworthy, *The Forsyte Saga*, Part III, Chapter V。

整理）、Peake 的《证据法》（*Law of Evidence*）和 Tidd 的《实践》（*Practice*）；然后是阅读 Littleton 的《保有权》（*Tenures*）（这是一本几个世纪以前就过时的著作）、科克的《论利特尔顿》（*On Littleton*）、Cruise 的《不动产转让汇编》（*Digest of Conveyancing*）以及 Fonblanque 的《论衡平法》（*Treatise on Equity*）——该著作之所以拥有声誉只是因为没有竞争者。[37] 正如 Fifoot 所言，“布莱克斯通的著作是人们绕不开的，而利特尔顿的著作则是可以启迪智慧的；而对其余著作的持续攻击可能会将学生逼进疯人院”[38]。30 年后，情况几乎没有什么改善。下议院的一个关于法律教育的特别委员会，收到了来自于布鲁厄姆勋爵（Lord Brougham）的一些令人震惊的评论，布鲁厄姆勋爵称得上是 19 世纪首批职业律师之一、一个现代意义上的专业人士，尽管他也有很多缺点。[39] 当他告诉此下议院委员会他对 1846 年“法律科学”的状态的看法时，并没有使用委婉的词句。他断言说，不仅没有教育可言，而且几乎没有什么有价值的法律书籍。“目前，无论是在我们的公共机构中还是在法律职业工作中，我们所使用的杰出著作，要么归功于欧洲大陆的学校，要么归功于美国的学校。”[40]

然而，尽管法律保守主义的标志性特征有诸多不尽如人意之处，但是如果说在 1770 年到 1840 年或者甚至到 1850 年，在当时最重要的法律部门（legal branch）中有什么东西已经发生了根本变化的话，那么它一定就是立法程序。这样说并不过分，即这一时期的《法令全书》的形态被彻底颠覆了，而且这样说也并不过分，即没有这种颠覆，实体制定法的变革几乎就是不可能的。在前一章中我们已经看到了 1770 年左右的议会立法（Acts of Parliament）的一些普遍性质——业余、随意和频繁，议会的后座议员们 252
（back-benchers）* 的工作，通常只有局部或暂时的意义，且法案被不断修正，

[37] C. H. S. Fifoot, *English Law and Its Background*（London, 1932）, p. 183.

[38] Ibid.

[39] 布鲁厄姆不喜欢业余主义（amateurism），当 Lord Grey 告诉他，因为人情世故的原因，他不能要求他的一个同事到另外一个部门去工作，他曾感到无比震惊：Frances Hawes, *Lord Brougham*（London, 1957）, p.239。

[40] Report of the Selec Committee on Legal Education（1846）, *H. C. Parliamentary Papers*, X, 1, p. xl.

* 在英国议会下议院中，担任了政府内阁成员职务的议员（英国是议会制国家，政府内阁正式成员本身亦是议员）与反对党的重要人物一般坐在前排的议席中，其他地位较低或普通的议员只能坐后排的座位，后座议员因此得名，后座议员有时也被称为普通议员。根据上下文，此处后座议员似应指未担任内阁成员职务的议员。——译者注

甚至对律师而言其几乎是不可理解的。到 19 世纪中期，所有这一切都迅速发生了变化，到 1870 年，立法程序几乎达到了其在当下的样子。我只需要对这些变化中最重要的变化概述一下即可。后来成为 Lord Chief Justice Tenterden 的 Charles Abbott，在 1796 年说服下议院任命了一个调查委员会，调查制定法的公布问题。此后不久，下议院就开始更明确地区分私人立法和公共立法（Private and Publich Legislation），并且对《公知的一般法》(Public General Acts）的公布制定了单独的规定。[41] 在 19 世纪人们开始尝试提升《法令全书》的易读性：首先是将大量的制定法与其修正案进行合并，其次是简化起草技巧。在 1825 年，大量的海关立法——由不少于 422 个早期制定法构成——被合并成了一个法律，数量庞大的刑事法律法规（criminal law statute）在 1828 年被简化和合并为六部主要法律，在 1850 年布鲁厄姆确保了第一个《解释法》(Interpretation Act）的通过，该法通过清除不必要的冗词赘语大大缩短了制定法的长度。1868 年严肃的制定法修订（Statute Law Revision）程序被开启了，亦即梳理陈旧的立法以清除已失效的和过时的制定法。但是最重要的变革很可能是在 1854 年选择 Henry Thring 来起草伟大的《商船法》(Merchant Shipping Acts)。Thring 是一个出庭律师，他写过一本倡导采取许多措施以简化立法体例的小册子，而这个时候的大多数立法都是由私人执业的出庭律师起草的，正如大多数政府工作都是由私人承包商（private contractor）完成的。在起草商船法法案中，Thring 将他所宣扬的东西付诸实践。[42] 该法按合理的模式分为篇（Parts）、节（sub-divisions）和附件（Schedules）。这个超过 500 个条文（sections）的大型制定法，被认为是“严谨的细节和明智的原则的精湛混合……这显示了维多利亚时代中产阶级给中央政府带来了新的精细规划人才”[43]。毫无疑问，有多少可以归功于起草人的就有多少可以归功于其政治发起人的。1860 年，Thring 被任命为内政部法律顾问（counsel），1869 年被任命为新设立的财政部法案顾问（Parliamentary Counsel to the Treasury）办公室负责人。没过多久，这个办公室就变成了——就像它被保留到今天的样子——负责起草所有政府法案的机构。今天，仍然有许多人认为议会如今起草法案的风格离人们的期

[41] See Erskine May's *Parliamentary Practice*, 18th edn.(London, 1971), p. 980.
[42] See H. Thring, *Practical Legislation* (London, 1902), pp. 1-4.
[43] David Roberts, *Victorian Origins of the British Welfare State*, p. 147.

望还有很大的距离，这可能意味着在 20 世纪 70 年代《法令全书》的未来需要一些新思路，这可能是因为 19 世纪 70 年代法典的未来新思路。但毫无疑问，Thring 在 19 世纪 50 年代以来所带来的变革，代表了当时的巨大进步。 253

立法程序上的其他重大变革，涉及逐步取消专门性（*ad hoc*）或个别化的制定法，而它们是此前的典型立法模式。19 世纪 40 年代初期的铁路法规是最后一组包含了大量格式条款（standard clauses）的制定法，这些格式条款是根据判例起草出来的。在 1845 年，一系列标准化的“共同条款法”（‘Clauses Acts’）通过了——《公司法条款合并法》（Companies Clauses Act）、《土地征用条款合并法》（Lands Clauses Acts）和《铁路法条款合并法》（Railways Clauses Consolidation Act）——这些法律中的每一个法律都包含一套通用条款（general provisions），即在没有相反规定的情况下，在任何引用它们条款的法律中，将来都要适用该通用条款。另一个类似的变化是，对私法案（Private Bill）立法的取代，这些私法案以前为负责道路建设、铺设街道、排水以及类似的城市改造工作的地方委员会服务。这种变化就是查德威克创造出来的一种临时命令程序（Provisional Order procedure）（他“对此非常自豪”）[44]，这也是大量授权立法（delegated legislation）的前身。这个程序最初被 1848 年的《公共卫生法》（Public Health Act）所采用，这个程序在今天看来非常烦琐，但它是对以前的私法案立法程序的重大改进。

所有这些变化的影响，连同议会的实体立法的特征变化，可以通过 19 世纪 40 年代以来的《法令全书》中的年册，与 18 世纪的年册进行比较看出来。在前面的章节中（本书第五章——译者注）[45] 我已经分析了 1770 年的公知法（Public Acts）。为了作比较，我也对 1844 年的公知法进行同样的分析，这一年是完全随机选择的。在这一年，议会通过了 113 项《公知的一般法》（Public General Acts），其中，大约有 58 个可以被描述为具有地方性或临时性意义的法律（如道路法、王室土地法、金融法规等），其余的全部具有一般立法（general law-making）的性质。而在这些一般立法之中，至少有六个制定法极其重要，包括《工厂法》《商船法》《公司法》《版权法》以及几个调整法院和司法行政机构之间关系的重要法律。

---

[44] S. E. Finer, *Life and Times of Sir Edwin Chadwick*, p. 432.

[45] *Supra*, pp. 91-2.

与立法体例和立法内容变化密切相关的是产品责任的变化。正如我们前面看到的，在 1770 年政府并不认为自己对于立法的准备与导入负有任
254 何特别责任。甚至墨尔本（Melbourne）在 1836 年还宣称："政府的职责不是进行立法，而是进行治理。"[46] 但这已经是一个过时的观点了。在 1847 年，Sir George Lewis 告诉首相："现在，立法事务比以往任何时候都更完全地掌握在政府手中。"[47] 随着这种情况的发生，另一种更微妙的变化也发生了。在 19 世纪 20 年代和 30 年代，议会中的普通成员们（private members）* 已经取得了任命特别委员会的权力，并希望通过此举说服委员会采纳他们希望制定为法律的提案。在 19 世纪 40 年代和 50 年代，许多继续采用同样策略的议员发现，委员会的听证会在一些特征上发生了变化。现在主要的听证人是官员、检查员和该委员会的委员们，他们事先就听取了简报并掌握了事实；而下议院的议员们发现在有关问题的具体细节上，他们自己被这些新公务员教育了。[48] 这也有可能改变最终颁布的立法的性质。早期的改革——如 19 世纪 20 年代和 30 年代的改革——往往是建立在对问题的简单理解和对如何解决这些问题的天真信念的基础之上。在某种程度上，许多早期的立法改革尝试，是由议员们从那个时候的政治经济学家及其普及者那里拿来的一些简单口号支撑着的，许多这些改革尝试是过于自信了。这个时代的人们仍然相信，通过建立在简单的自由原则基础之上的立法，社会问题最终可以得到解决。他们不是不愿意改革、立法和采取行动，只是他们往往对于他们的这种能力过于自信，即通过一些简单的立法活动就可以一劳永逸地解决问题的能力："通过一项法案而创造出一种戏剧性的结局（*dénouement*），终结'邪恶'或'伤害'，这是很诱人的；但令人尴尬的是，他们稍后知道，其立法没有起到什么作用，或者只是用第二个'伤害'来取代第一个'伤害'而已。"[49] 随着 19 世纪 40 年代的过去，50 年代的到来，这种天真开始减弱了。议员们发现，他们的法案很少能彻底地解决问题，他们将建立一个需要不断修补、更新、修复的政府机构，而新的公务员们会通过政府和必要的议会特别委员会向他们提供简报和建议。专业主

[46] Cited in O. MacDonagh, *Early Victorian Government 1830-1870*（London, 1977）, p. 5.

[47] David Roberts, *Victorian Origins of the British Welfare State*, p. 253.

* 即普通议员，指议会中非内阁成员的议员。——译者注

[48] Ibid., pp. 255-6.

[49] W. L. Burn, *The Age of Equipoise*, p. 50.

义（professionalism）最终赢得了胜利。

立法特征、性质和数量的巨大变化，对于本书主题的关联性和重要性都要大于乍看之下对此可能得到的印象。除了这一事实之外，即许多这种立法都涉及对合同自由多方面的和直接的干预——我将在后文详细讨论这 255
个问题——它对于一个以合同为基础的社会的整个理想有着更为微妙的影响。首先，立法变得越来越实证主义，与合同性的自治行为也不再有任何明显的相似之处。其次，议会与法院的关系深受这些变化的影响，这反过来又对私法，尤其是合同法产生了长期影响。这种关系被两种截然不同但同样重要的方式改变了。首先，议会和法院作为*法律制定者*（*law-makers*），它们之间的关系受到了很大的影响，因为议会越来越广泛和有效地行使立法权，法院放弃了公开行使制定法律的权力。其次，由于许多新法规的执行权在很大程度上掌握在官僚机构和地方治安法院（magistrates' court）的手中，上级法院作为国家主要执法机关的作用也开始下降。

256

第十章　个人的角色，1770—1870

第一节　个人主义

“个人主义”是一个复杂的概念，其在不同时代有不同的含义，而且对不同的人其也可能有不同的含义。[1]我现在所讨论的这100年，即从1770年到1870年，通常被认为是英国个人主义盛行的时代。但对于我的研究目的而言，在涉及某种个人主义年代的概念时，非常重要的是要区分两种不同的（尽管并非不相关联的）观点。第一种观点将个人主义视为一种社会机制，第二种观点将个人主义视为一种基于价值观的理想（value-based ideal）、一种志向（aspiration）。在历史上，这两种个人主义的概念在这个时期由于许多原因而紧密地联系在一起。自1688年以来，个人主义作为一种价值观在传统上得到了英国人最高的尊重，且这种尊重贯穿了整个19世纪。但是作为一种社会机制的个人主义到1870年时在很大程度上已经衰颓了，其已经被一种不同的社会秩序所替代，在这种社会秩序中，监管、调控、许可和制度性安排成为社会组织的主导模式。正如我们在前一章中看到的，生活在这个时代的许多人并没有认识到发生了什么，如果他们明白其中的意义，那么他们肯定会全面抗议。他们认为，作为一项社会机制的个人主义的衰败必然会削弱作为一种价值观的个人主义；在这一点上他们可能错了，尽管今天对这个问题给出一个最终回答还为时尚早。

作为一种社会机制的个人主义

在任何机构中，不管它是国家还是某个更小的或主权性较弱的团体，都存在两种对其成员进行控制的模式。第一种模式基本上与个人主义、自

[1] See generally, Steven Lukes, Individualism (Oxford, 1973); Duncan Kennedy, 'Form and Substance in Private Law Adjudication', 89 Harvard Law Rev. 1685, 1713-16 (1976).

由选择以及自由市场经济相关，第二种模式基本上就是行政管理。第一种模式在很大程度上是让人们自由作出他们自己的安排，但是一旦这些安排作出，它就会承认并强制执行这些安排。它要求人们通过自己作出的决定来控制自己，然后强制人们遵守其决定所确定的行动步骤（course of 257
action）。这种模式自然强调自力更生和个人自由选择的可取性（desirability）。这种模式同时也强调教育的必要性以及一套对善行与恶行进行奖惩的适当制度的重要性。如果人们将要作出他们自己的决定，那么他们必须被教导如何作出这些决定，既可以通过直接指导来教导，也可以通过确保他们得到他们应得的东西来教导，而无论他们作出的决定是正确的还是错误的。另外一种可供选择的社会控制模式就是行政程序（administrative process）。这基本上就是一种有关决策者（decision-maker）等级体系的程序，其中的每个决策者都在行使其被委托的权力（delegated authority）。在这个行政程序里，所有的决策都是公开地以一些集体价值为基础的；这些决策的作出，不是以决策者们的利益为基础，而是以其他群体——如作为一个整体的公众，此时行政管理当局就代表着国家——的利益为基础。人们普遍相信，行政程序是一种更加专制的程序，在政治舞台上，它通常与独裁联系在一起，与第一种模式相比，行政程序留给自由选择的空间更小。

事实上，作为一种社会机制的个人主义在 19 世纪的英国被证明是社会组织的一个相对短暂的过渡形式。它仅仅是填补了这种空隙——因为缺乏任何其他机制——在一种社会组织模式崩溃之后，另外一种极其复杂的社会组织模式发展起来之前，两者之间这段时期里的空隙。在这段时期刚开始的时候，即 1770 年左右，18 世纪之前的、简单乡村社会的许多特征仍然十分常见。社会组织本身也十分简单。在全国大部分地区都存在着乡村社会，在其中，土地所有者、佃农和农业工人都有共同利益，他们每个人都在社会等级体系中占据着一个固定的角色。当然，他们因身份和财富的差别而被区分开来，但是他们也有一定的联系。事实上，在某种意义上，直到 19 世纪晚期英国乡村一直都是这样；1800 年与 1870 年的差异，不是在乡村地区本身，甚至，事实上英国的乡村已经不能代表英国最重要、人口最稠密以及最繁荣的地区了。

随着工业革命的进行，以及人们涌进城镇，他们发现自己已经脱离了旧的社会环境。与此同时，那些知道自己以前的传统社会地位的城镇居民——如在一个明确的社会等级体系中工作的手艺人、工匠——发现，他们的世界因为人口的涌入和新工厂的拔地而起发生了翻天覆地的变化。大多数形式的机构性组织（institutional organization）——如行会、城市法人（City Corporations）等——都是腐败的和不受欢迎的，并且因为垄断而受到越来越多的攻击。它们也因为来自于不受它们钳制的新城镇的竞争而逐
258 渐被削弱。

在自己家里、用小雇主拿到他家的原材料进行工作的农舍工人（cottage-worker），与他的家庭之间的古老关系衰落了，进而完全消失于剧变之中。在这个新世界里，个人主义就作为一种社会机制进行运行，仅仅是因为不存在其他的机制。这是一个人人为自己的世界。磨坊工人和工厂主之间的新关系，由于是纯粹的数量关系以及缺乏任何地理上的联系，因而变得更加没有人情味。即使是对于那些为人正派又有点仁慈和同情之心的雇主，这种新关系也不可避免地成为一种更加冷漠、更加金钱化的关系，这种“金钱交易”（‘cash-nexus’）关系受到了卡莱尔的猛烈批判。罗伯特·欧文（Robert Owen）在他的新拉纳克郡磨坊（New Lanarkshire mill）里，试图按家长式传统去经营这个现代工厂，但是这样的尝试失败了，也许失败是不可避免的。

不仅仅是雇佣关系变得焕然一新且冷漠化。在不断扩张中的北部城镇中，产业工人发现他们的整个生活方式也发生了很大变化。他们不再像他们的祖先那样生活在乡下，住在靠近其工作地点的小农舍里，而这个小农舍还可能是其雇主所有的。他们被迫到公开市场上去寻找和租赁房屋，而这又在城镇房东和租户之间发展出了一种新的冷漠化的关系。同样地，新的产业工人也不再带着他的面粉到乡村面包房去烤面包，不再从他的雇主或邻近的其他农民那里购买日用品，也不再在他的小块土地上种植粮食。现在他不得不在某些城镇商店去购买日用品，而更糟糕的是，他现在能够在大量新开的啤酒商店和杜松子酒商店中买到的酒的数量，远远超过了有益其身心的酒的数量。如果以威廉·科贝特（William Cobbett）或者其后继者的方式，将诚实乡村农民的某种“黄金时代”予以理想化，那么这将极具误导性。对于那些诚实的、勤劳的、谨慎工作的人来说，至少在他们有工作的时候，18 世纪的乡村生活常常比 19 世纪的城市生活要困难得多。同时，正如我之前所谈到的，那些搬进新工业城镇并寻求工厂工作的人，之所以这样做是因为工厂所提供的工资比他们过去做任何事情所挣的钱都要多。这里我想说的是，在 19 世纪 20 年代或者 30 年代里，可以用于描绘

18 世纪生活特点的旧的社会关系，到 19 世纪 20 年代或者 30 年代时，在城镇化了的工业城镇中在很大程度上已经消亡了。直到一套新的机构被建立起来之前，个人主义是唯一一种社会机制。

除此之外，人们还作出了大量的努力，试图直接阻止或者至少是限制产业工人创设新机构。因为对于产业工人来说，在新城镇中所形成的最自然的一种关系，就是他们自身之间的关系——工人联合体或者工会。这样的联合体不仅很可能形成一种让同类型的人大规模地走到一起的自然力量，而且还当然为工人与工厂议价能力的增强提供了可能性。关于《禁止 259
结社法》（Combination Acts）的历史，我将在后文进行分析，在这里指出这一点就足够了，即在 1824 年之前，所有工人的联合事实上都是非法的，主要不是因为工厂主想去打压具有潜在强大议价能力的工会，而是因为统治阶级害怕所有的城镇联合体。在伦敦警察部队建立之前，甚至只有几百人的人群都可能很容易就变成一群能造成最严重破坏的暴徒。而对于发生真正革命的担忧从未远去。

在前面我已经指出，在工商业组织中对中间商的使用日益增加。劳动的分工，在《国富论》中，亚当·斯密强调其是不断增长的繁荣的巨大源泉，而它涉及工作细分，然后将其中一部分工作外包给其他人。工业革命带来了各种工程机械和设备的零部件生产的专业化的巨大增长。到 19 世纪末，阿尔弗雷德·马歇尔（Alfred Marshall）用印刷行业所受之影响来描述了这一过程。[2] 一开始，印刷厂可以自己做完全部的事情，而随着专业化的发展，铸字工人（type-founder）分离出去了，印刷厂就将铸字工作委托给其他人来完成，不久之后，墨水和齿轮也由专业承包商来制作。这样的过程在社会的每个活动中都在重演着，而不仅仅是在工业中。例如，在整个 19 世纪，存在着这样一个日益增长的趋势，即教师日益变成他们所任教之学校的雇员，而不是该学校的所有权人或者管理人。社会组织上的这些变化必然会极大地增加合同关系的数量。这种关系以前是在某种机构框架（institutional framework）之内发生的，如今是在个人化的基础上通过合同这种媒介发生的。

大概在 1770 年和 1880 年间，英国的总体情况就是其社会组织迅速变得高度原子化。个人作为社会组织的一个单位而孤独存在或者感到孤独。

---

[2] *Principles of Economics*, first published 1890, 8th edn.（London, 1961）, p. 228.

他和他同胞之间的关系迅速成为一种双边性的而不是多边性的关系，自愿选择越来越多而强加于他的东西越来越少。亨利·梅因爵士（Lord Henry Maine）观察到这种变化而在 1861 年提出了一个著名论断，即社会进步在总体上可以用“从身份到契约”的运动来标识。[3] 但是通常情况下，即使
260 是最敏锐的人也只可能观察到一场实际发生了的运动，但梅因并没有观察到在过去的 50 年里，许多新的已经存在的社会组织形式、商业组织形式和法定组织（legal organization）形式。1800 年英国社会组织的极端个人主义，到了 1860 年已经得到了很大的修正，尽管作为一种价值观的个人主义——作为一种社会和智识力量——可能随着 1859 年密尔的古典著作《论自由》的发表，达到了其顶点。

作为一种价值观的个人主义

作为一种价值观的个人主义，在 19 世纪当然不是一种新事物，其深深地扎根于 18 世纪甚至更早的时期。在本书第一部分我已经对作为一种价值观的个人主义的一些早期线索进行了评论，例如，当我分析经济自由主义、霍布斯与洛克关于社会契约论以及启蒙时代甚为流行的自然法理念的根源时，我就已经对个人主义的早期线索进行了分析。在 1776 年至 1830 年之间或其左右，两种重要的思想体系兴起了，它们给个人主义带来了巨大的推动力，此即古典经济学家的政治经济学以及边沁及其追随者的功利主义。我将在接下来的两章对此进行更全面的分析。在这里我只是想说明这些思想体系与个人主义之间是如何发生关联的，以及人们可以从作为一种价值观的个人主义中，得到什么样的切合实际的结论（practical conclusion）。

首先强调这一点是很重要的，即作为一项价值的个人主义在 19 世纪，被人们最大限度地强调为是一项道德原则、一项在社会与经济改革中必须被遵守的高度可取的（highly desirable）原则。没有什么错误比这种错误更大，即把个人主义等同于利己主义或者自我主义（selifshness or egoism）。个人主义者不是一个没有理想的人，而是一个有着不同理想的人。[4] 古典

[3] Sir Henry Maine, *Ancient Law*（first published 1861），Chapter IX.

[4] H. M. Robertson, Aspects of the Rise of Economic Liberalism（Cambridge，1933），p. 34. See also, T. S. Ashton, *The Industrial Revolution*, at p. 127：“不知何故人们就变得自我中心、贪婪和反社会，这种观点在所有关于工业革命的最晦涩不清的故事中，是最奇怪的传说。”

经济学家和功利主义者们想要解放人们，让人们去追求自己的利益和听从自己的意志，但这并不意味着他们对人们用这些新发现的自由（new-found freedoms）去做的事情漠不关心。这更不意味着，他们主张或同意建立这样一种社会，即在这个社会里，每个人都自私地追求着自己的利益，而完全无视他人的利益。相反，他们非常关心人们行使其自由的方式。他们想要人们去自由选择，但是他们也对人们应当如何去选择进行了大量的阐述。他们对教育也有很大的信心，但是对宣传不是太有信心，因为他们希望教育人们如何明智地进行选择，但仍然把最终选择权留给了人们自己。在经济领域，重点当然就是个人在自由市场的中心地位。作为消费者、 261
买受人，他选择他想购买的东西以及他准备支付的数额；作为挣钱的人（earner）、工人，他选择他想做什么工作，想在哪里工作，以及想要得到的报酬数额；作为投资者，他选择他要积攒多少钱、向哪里投资以及想要的利率。在更私人的领域，个人有权利——如果真的不是义务的话——实现他的最大潜力，而不同的人有不同的资质和天赋，这意味着每一个人都必须选择适当的自我实现模式（mode of self-fulfilment）。国家干涉个人的权力在这些情况下会失效，即个人的活动只影响到他自己，或者他的活动虽然影响到其他人，但是他得到这些人“自由自愿的、非经蒙骗的同意和参加的”[5]。在政治领域，密尔和边沁认为个人在其中也有类似的作用。[6] 他们对民主理想的接受是明确基于这样一种信念，即只有通过民主才能确保被统治者和统治者的利益和谐。民主将会形成一个观念的市场（market place of ideas），在这个市场中，每个选民可以像他在商业市场中那样行使相同的自主选择。政治家会争取选民的投票并且不得不回应他们的要求。这样，人民就可以通过民主程序寻求政治上的自我实现。除此之外，这个过程会打破家长式的贵族传统以及与此传统相关的社会联系。就像托克维尔所观察到的 19 世纪初的美国，在一个民主国家，把各个阶层的人们联系起来的链条被切断了，其社会成员们“变得冷漠，彼此就像陌生人一样”[7]。

---

[5] *On Liberty*（Penguin edn., Harmondsworth, 1974）, p. 71. 本书所参考的就是这个版本。

[6] In particular, in Mill's *Essay on Government*, as to which see *post*, pp. 310-11.

[7] Cited in Steven Lukes, Individualism, p. 13. 英语中的“个人主义”一词首次出现在 Henry Reeve 对 1840 年的托克维尔《论美国的民主》一书的英译本中。

个人在政治活动中扮演的角色与他在市场经济中扮演的角色，两者之间存在着一种奇妙的对应性。对于有产阶级而言，这种奇妙的对应性已经成为 18 世纪思想的重要组成部分。因为这是洛克式传统的组成部分，即一个人只有在他同意的情况下才能剥夺其财产，也就是只有在他或他的代表同意的情况下，才能够在市场上通过合同、在政治上通过征税来剥夺其财产。但是新的激进分子试图将消费者至上和选民至上（sovereign consumer and voter）的角色从有产阶级扩展到整个民众，尽管他们在这两个领域最终都取得了成功，但不是同时取得成功的。英国在转变成为一个
262 民主国家以前已经完成了向自由市场经济国家的转变。甚至在《1832 年改革法》实施之后，总体而言，投票权仍然限于（宽泛而言）中上阶级，当一些接近真正民主的东西到达英国时，人们对自由市场经济的信念却在减弱，尤其是在知识分子当中。结果就是这个有吸引力的理论——其将个人在政治进程中的至上作用和在市场活动中的至上作用联系在一起——从来没有真正在英国扎下根来；事实上，今天（正如我们后面将要看到的）[8] 仍然存在着这样的矛盾局面：个人在政治进程中行使的自主权越大，他就越快速地破坏他在市场上的至上作用。

但是，如果说这个独特的观点在英国没有被证明是卓有成效的话，那么它在英国还有一种更广泛的意义，即许多人认为个人主义与普遍的自由，尤其是政治自由紧密联系在一起。因此，言论自由并非与其他自由不相关。如果一个人为了他自己而作出选择，如果他在经济市场中自己做主，如果他自己决定如何最佳地实现他的天资，那么他需要充分的机会来自己判断对错。个人必须有质疑任何形式的权威并自己做决定的自由，有说服而无强迫他人的自由。即使是英国人极其引以为豪的这些基本自由，也并非不与个人主义相关。颇有影响力的《爱丁堡评论》（*Edinburgh Review*）在 1843 年主张，所有的自由都是这个基本自由的组成部分，即“除非所有人都获得自由，否则没有一个人能够是完全自由的”[9]。即使是在某种程度上不那么信任个人主义说法的工人，如果个人主义意味着他可以不与他的同事一起加入某个工人联合体或者工会，那么在某种意义上他就是一个个人主义

---

[8] See *post*, p. 590.

[9] Cited, A. W. Coats (ed.), *The Classical Economists and Economic Policy* (London, 1971), p. 30, n. 2.

者，除了“他不准备受人‘摆布’”[10]之外，还有其他一些限制。他的立场可能是反专制（anti-absolutist）的而不是民主的，但是至少，他“觉得自己是一个个人主义者，拥有较少的积极权利（affirmative rights），但是对于反对专制权力干扰方面他受到法律保护”[11]。

在研究这些扩展至整个国家且持续超过数十年的、绵延数个世纪的趋势的诸多变化的时候，我们必须避免两个过于简单化的危险。第一个危险是，假定19世纪的英国人在理想、价值、道德和理智性的信念（intellectual belief）等方面比20世纪的英国人更加单一化。他们并没有。一个人只需要阅读一份这个时期的报纸或者议会议事录（*Hansard*）复制本，就能够发现，他们在大多数问题上意见的多样性，与现在我们在大部分问题上意见的多样性一样巨大。当然，这些问题已经发生了改变，因此在一些确实一 263
致同意的问题上，如今人们的观点比当时人们的观点有更多的多样性，反之亦然。另外一个过于简单化的危险是，假定在有关智识或道德的发展上，其变化是在特定时刻整齐划一地发生的。

例如，有清楚的迹象表明，19世纪之前的陈旧的家长主义形态正日渐衰落，是一件比有时人们所认为的更为漫长的事件，尤其是在法律方面，18世纪的道德观在法律案例中的痕迹一直持续到1850年或者此后较长的时期里。如此，我们似乎发现18世纪的家长主义和传统的习俗道德，是一个漫长而混乱的结局，它几乎延展到了现代集体主义或者准社会主义（collectivist or quasi-socialist）时代的初期。著名的维多利亚个人主义与自由放任主义似乎在最后都消失了。

个人主义与工人阶级

随着19世纪慢慢过去，个人主义开始失去一些吸引力，尤其是在工人阶级当中已失去其吸引力。实际上，人们有这样一种认识，即从一开始工人阶级的精神特质就是团结一致，而不是个人主义。像经济自由主义一样，个人主义是一种吸引少数人、不同寻常的人以及具有特殊能力的人的信条。那些与其同胞不论是在天资、能力、精力，或者甚至是古怪性上有所不同的人，更可能成为个人主义者。如果有足够的法律与秩序的保护

[10] E. P. Thompson, *The Making of the English Working Class*, p. 79.
[11] Ibid.

框架——我将在后文更详细地讨论这个重要的限制条件（proviso）——他们在个人主义蓬勃发展的社会中很可能会做更好的自己。在 19 世纪早期，这种情况在工人阶级当中很常见。在整个 19 世纪前 60 年或者 70 年当中，在熟练工匠和普通工人之间存在相当大的鸿沟。前者可以凭借辛勤工作、节俭、节制（或许还应该加上这种好运气，即他的妻子没有给他生过多的孩子）来追求一个适度的舒适生活标准、一个体面的家以及一个友好社会的成员资格，在其生病期间甚至年老时为他提供某种生活保障。劳动者把这些视为一种足够令人满意的生活，对于他们来说个人主义不是一种受欢迎的哲学。这些人基本上都是 19 世纪中期工人阶级的精英。有人说，他们有点像高级工人，

> 拥有许多中产阶级的看法，对偷盗的厌恶，拒绝所有与赌博、恐
> 惧、虚弱、妓院、啤酒屋和野蛮运动等相关联的行为。比起低级工人
> 而言，他更可能支持自由，只是因为他的工作环境经常促进个人主
> 264 义、自我教育和社会抱负。如果他喝酒的话，也是保持着清醒喝……
> 他可能对宗教问题感兴趣——他通常是一个非国教徒（chapelgoer）
> 或者世俗主义者（secularist）。他被节俭思想所强烈吸引，并强调个
> 人自尊、个人的道德勇气以及谨慎。他加入行业协会参加维多利亚
> 中期的精英活动，广泛地阅读并经常加入某个技工学校（mechanics'
> institute）。[12]

在现代世界，这些人中的许多人可能已经接受了高等教育并进入职业的或者至少是中产阶级的生活。事实上，即使是在 19 世纪前半叶，一些人［比如弗朗西斯·普莱斯（Francis Place）］[13] 也成功地完成了这样的转变。但是对于那个时代工人阶级的大多数人来说，对于那些既无能力改善他们的生

---

[12] Brain Harrison, *Drink and the Victorians*, pp. 25-6.

[13] Francis Place（1771-1854）的经历从诸多方面说明了这个问题，以至于他自己配得上这个脚注。他是一个受过制作皮马裤（leather breeches）训练的工人，他组织了 1793 年的一次失败的罢工，其结果是他被雇主们列入"黑名单"，并遭受了几个月的极端困苦生活，但是，后来他极其成功地在查令十字街（Charing Cross）建立起了裁缝生意，在某个时期这个生意每年（per annum）给他带来 3000 英镑的收入。作为一个自学成才和白手起家的人，他后来变得热衷于政治，并与边沁、詹姆斯·密尔以及那个圈子里的其他人关系密切。他的《自传》（Mary Thale 编）首次出版于 1972 年（剑桥大学出版社）。

活，也不自律，更不节制的人来说，个人主义在改变他们生活方面几乎不起作用。当中产阶级劝诫说个人主义是改善自身的唯一方法的时候，大多数人在心里其实明白这对少数人来说才是唯一的道路。对于多数人而言，对于最庞大的工人阶级而言，个人主义成为一种死胡同哲学（dead-end philosophy）。他们越来越认为他们只能靠团结，靠坚定地站在一起，靠建立代表弱者也同样代表强者的工会，以及靠颁布那些帮助能力较弱的人的法律——哪怕是以牺牲更有能力的人为代价也在所不惜，他们才能帮助他们自己。

工人阶级以某种不那么有吸引力的形式表现出来的团结，事实上可能在19世纪以前就已经出现了。当然，弱者团结起来对抗强者是极其自然的，工会的力量依赖于工人在压力之下的团结程度。对于任何形式的组织而言，其面临的压力越大，其分裂的可能性也就越大，因为其中的每个人都会去寻求他自身的安全或解救。当这样的事情发生了的时候，强者将幸存下来，弱者将走投无路；但是如果这个组织能够团结一致，那么弱者将从他们与强者的联合中获益。到19世纪初，工人阶级中的许多人都很明白这一点，当时对罢工破坏者以及“工贼”或“受雇顶替罢工者工作的人”（‘scab’ or ‘blackleg’）充满敌意的仇恨已经成为一个确定的传统。[14] 这种团结也扩大至暴动、劳工运动或者更糟糕的事情。两个诺丁汉的卢德分子（Luddites）* 后来转变为告密者，他们祈求政府将他们送至加拿大以躲避他们以前同事的报复；另一个卢德分子的妻子偶然间背叛了一个犯过谋杀罪的卢德派成员，之后他就拒绝 265
同他的妻子一起生活。[15]

工人阶级的这种集体主义或团结，从最早的时候就有了强烈的强制特征。在组织内部，多数派将占据优势，而为与多数派保持一致，持异议的少数派有可能被强迫或者被恐吓。而这样的态度绝不限于工会活动或劳资关系。在各种组织中，比如那些参与禁酒运动的组织，也都存在着这种态度。在1839年这场禁酒运动被内部的巨大分歧撕裂了：极端分子希望成员们作出“长久承诺”，亦即不仅仅是他们自己要戒酒，而且还要和那些喝酒的朋友断绝关系，解雇那些喝酒的仆人，拒绝在自己家里提供酒，然

---

[14] E. P. Thompson, *The Making of the English Working Class*, p.262.

* 又被译为反对技术进步者，一般是指反对威胁工作机会的技术进步的人，其反对技术进步的方式主要有磨洋工、装病、罢工甚至破坏机器设备等。——译者注

[15] Ibid., p. 583.

而较温和派成员只是同意他们自己戒酒。在这场运动中，那些支持“长久承诺”的人普遍都是工人阶级成员，而那些想要让每个人作出他自己的决定而不受别人强制的人，是这场运动的中产阶级的成员。“极端主义立场与较低社会等级之间的相关性（correlation）在随后所有的禁酒分歧都重复再现了……在女权运动、反奴隶制运动以及世俗主义运动中也可以看到这一点。”[16]

但是在劳资关系领域，工人阶级的集体主义不可避免的是最为重要的，并且它也有极大的影响力。这个领域中的法律发展我将会在后文进行分析，在这里我只需要提请人们注意，随着 19 世纪的慢慢过去，工会主义（trade unionism）的角色及其与个人主义的关系的重要变化。在 19 世纪中期，有许多确切的证据支持了这种观点，即工会完全被工人阶级中的精英分子所支配。韦伯夫妇（the Webbs）基本上不接受这种观点，即这个时期真的存在任何工人阶级的集体主义，尽管他们也认为“在坚定的工会主义者口中，对英国人合同自由权的坚守是一种近乎危险的伪善”[17]。但是为什么在那些接受了中产阶级的价值观、政治经济学以及随之而来的个人主义角色的人的口中，会说出这样伪善的话来就不那么容易理解了。真正相信这些理想的工人，很可能讨厌他的合同自由被干涉，因为这可能会降低他潜在的赚钱能力（比如，减少工作时间），而增加他人的赚钱能力。然而，目前被广泛接受的观点是，韦伯夫妇低估了工人阶级集体主义在工人中的存在程
266 度，甚至 19 世纪中叶亦是如此，尽管在更具影响力的工会成员中并不必然是如此。[18]

到这个时期末期，大概在 19 世纪 60 年代，似乎很清楚的是工会会员的态度已经开始发生改变了。工会本身逐渐落入不熟练工人、鄙视精英工人的个人主义志向的工人之手。Robert Applegarth 是一个在 19 世纪中期“可敬的”工会领导者，他在 1867 年向皇家工会委员会（Royal Commission on Trade Unions）提出了证明这些问题的证据，之后被该委员施压。在这一时期，工会已经在反对计件工作（piece work）了，计件工作（当然）会使辛

[16] Brian Harrison, *Drink and the Victorians*, p. 143.

[17] *History of Trade Unionism*, p.280.

[18] W. L. Burn, *The Age of Equipoise*, pp. 108 et seq.; E. P. Thompson, *The Making of the English Working Class*, p.424.

勤工作的工人挣到的钱比那些不那么能干或不那么积极工作的同事挣得要多。那么人们会问，能否每个人都获得相同的报酬，无论他是多么勤劳或者多么懒惰？维纳斯雕像的雕刻家 Praxiteles 和其他雕刻人能够按照同样的标准被支付报酬吗？阿普尔加思反对进行这样的比较：

> 我不认为那是对原则的公平适用。我们并不都是 Arkwrights、Brunels 或 Stephensons。拥有如此非凡才能的人很快就不属于工人这一范畴了。我们不得不建立普遍适用于工人的规章制度。[19]

在接下来的一年里，在他的工会的《年度报告》中，阿普尔加思谈到他的工会已经“厌倦了个人主义”，它给具有特殊才能的人提供了广阔的空间，“却让成千上万缺少技能的人在一个自私自利的世界里去全力争夺”[20]。

然而，工人阶级的集体主义的影响在 1870 年以后却取得了巨大的成功，尽管我们在本书第十六章分析有关工厂的立法时，将会看到这些理念中的一些起了作用，但我们将这一发展得更深入讨论放在本书的第三部分。

第二节 个人主义与教育

经济学家、功利主义者、激进政治家以及中产阶级道德家对个人主义角色的分派，在很大程度上取决于公众所受教育的程度。在 19 世纪初期，教育被认为是一种灌输社会规范（social discipline）的重要途径，但是也被视为——相互排斥的群体并不必然都是这样认为的——潜在的促进社会进步的最重要力量。为了理解当时人们是如何认识这些问题的，我们必须谨记在心的是，差不多到这一时期的末期，确切地说是 19 世纪中期，大部分的人不仅仅是文盲——文盲大致是个小问题——而且根本不知道在发展 267
中的英国该如何过负责任的社会生活。许多人花费大量钱财在酗酒上，许多人在领取工资后的两三天内，几乎就把大多数工资都拿来买酒喝。在这个国家的大部分地区，只有少数人在周一转变为工作状态——这被打趣地

[19] Asa Briggs, *Victorian People*, p. 193.

[20] Ibid.

称为“圣星期一”（‘St. Monday’）——因为他们还没有从周末的酗酒状态中恢复过来。他们常常花费大量金钱喝酒而没有足够的钱购买食物。“在发薪日，喝酒的地方被急切希望用丈夫工资为家人购买衣食的妻子们团团围住；许多已婚的夫妻为了工资袋打架，许多妻子对工资袋一无所知……更为糟糕的是醉酒的丈夫往往被妻子的私底下或者公开的责备而激怒，进而殴打妻子，这让英国男人在国外臭名昭著。”[21]英国酒贩的数量多得惊人：在1850年酒馆的数量就比鱼店、牛奶店、干酪店、蔬菜水果店、肉铺、面包店、杂货店加起来的总数还要多。[22]

即使拥有一份好工作，挣得合理的工资——按当时的标准许多人所挣到的工资完全足够了——大多数人也从不会考虑到为了应付紧急情况、疾病或者失业时期所需而留存一部分钱。一些工人确实会存钱——更为节俭、清醒和勤奋的人——但对于数百万人而言则不会，这是一个非常有可能存在的事实。暴力仍然很常见。查德威克在他1842年的《卫生报告》中估计，在英格兰和威尔士，被各种形式的暴力致死的每年大约有12000人。[23]对大多数人来说流行的娱乐活动仍然由各种野蛮的残酷行为组成，如拳击、逗熊和斗鸡，其中最后两个分别在1833年和1835年被确定为非法。在弗朗西斯·普莱斯的孩童时期，在大街上虐待或袭击犹太人是一种“良好运动”（‘good sport’）。[24]直到1870年或甚至更后面的时候，如果没有极有可能突然爆发程度甚至超过今天“糟糕”足球赛的醉酒暴力活动或者流氓行为的话，那么几乎是不可能让一群人在公共场合聚集起来的。在一些地区，在召唤法律力量之前——假如它们可以被召唤——那些失踪很久的一群暴徒之间可能进行私战（private warfare）。

对于19世纪早期的许多乐观的改革派来说，对未来的唯一希望、消
268 除这种社会状况的唯一期望，就在于教育了。如果人们可以被教导去理解他们自己的利益，如果人们可以被教导自立、自律，如果人们可以被教导其明智的利己对他们是最有利的，那么，人类未来的发展前景将不可估量。

早期的功利主义者对于教育大众发现他们自身利益的可能性，有着巨

[21] Brian Harrison, *Drink and the Victorians*, pp. 46-7.

[22] Ibid., p. 58.

[23] Edwin Chadwick, *The Sanitary Conditions of the Labouring Population of Great Britain*, originally published in 1842, reprinted, ed. Flinn (Edinburgh, 1965), p. 270.

[24] *Autobiography of Francis Place*, Introduction by Mary Thale, pp. xxiv-xxv.

大的信心，教导他们如何为了自身利益而作出明智选择，教导他们明智的利己主义。这是一个惊人的巧合，当詹姆斯·密尔和边沁得出关于教育可能性的这些乐观结论的时候，他们本应该尝试对小约翰·斯图亚特（young John Stuart）进行实验。小密尔（younger Mill）* 在他的《自传》[25] 中描述了这个特别的教育试验结果，实验结果之成功似乎已经超出了詹姆斯·密尔和边沁最疯狂的梦想。显然，一个人只有足够谨慎（rigorous），且开始这个教育过程时要足够年轻，每个人都可能被教育到与小约翰·斯图亚特一样的水准。我们不知道詹姆斯·密尔是否真的相信，他儿子惊人的早熟帮助他确认了关于教育可能性的信念。当然，这些信念也传递给了边沁主义圈子中的其他人，比如布鲁厄姆，他多年来一直对这一问题保持着强烈的兴趣，而且他的巨大影响力帮助争取到了 1833 年第一个为教育目的的政府拨款。[26]

但是人们要求教育不仅仅被用来帮助人们进行自我帮助，而且正如我所指出的那样，人们也要求它作为一项重要的社会规范来发挥作用。一方面是教育，另一方面是道德和法律规则，在 1800 年左右比在今天更能够体现出它们两者之间的关系来。人们必须被教导成为有道德的人，他们必须接受上帝话语（the word of God）的训导，他们也必须接受有关法律的教育以确保没有强制时他们仍然趋向于遵守法律。甚至在佩利的《道德和政治哲学原理》中，很清楚的是他认为伦理（ethics）是一个极具实践性的主题，他的著作的主要目的是探寻“教导人们承担责任以及承担责任之理由的科学”。尽管佩利几乎不是为普通人而写作的，而是为牧师写作的，这些牧师的工作是引导普通民众。对于佩利以及对于 1770 年至 1870 年间的大部分英国人来说，基督教的重要性不仅仅是因为基督教本身，以及对灵魂的拯救和对上帝的崇拜，而且也有许多世俗的原因。休谟的世俗伦理（secular ethics）让佩利倍感震惊，这种世俗伦理完全取决于相互自我保护 269
的审慎标准。对休谟而言，这一切都很好解释，即每个人都重视财产法的价值，是因为每个财产所有者都以尊重他人的权利以换取他人对自己权利

---

* 即 John Stuart Mill，他的父亲就是 James Mill。——译者注

[25] *Autobiography*, ed. Jack Stillinger（Oxford，1971），especially at pp. 64-7；关于密尔（和他的同伴们）后来对教育功效的幻灭感，参见 p. 68。

[26] 关于布鲁厄姆对教育的兴趣，see Chester New，*Life of Henry Brougham to 830*，Chapter XII。

的尊重；这一切也很好解释，即坦白真相和尊重允诺的美德取决于这种相同的彼此理解，即今天对对方当事人有利的事，人们将会证明明天其将对自己有利。但是，对于那些没有财产的人，对于那些不关心明天的人来说，又是如何的呢？佩利说道，当人们重读休谟的观点时，“让他们思考一下，任何那里所提到的动机，是否都可能足以抑制人们的欲望、报复、嫉妒、野心、贪婪，或阻止这些已经存在的激情”[27]。因此，对地狱之火的信仰，对于国家的安全以及对财产的保护都是必要的。

50 年之后的维多利亚时代，宗教、道德以及确保社会底层秩序的戒律三者之间的联系仍然很强大。[28] 法官 Sir James Fitzjames Stephen——他自己后来变成了不可知论者——在 1879 年写道：尽管他毫不怀疑他自己信仰的真实性，但是他强烈怀疑普通民众坚守信仰的能力，他对不可知论传播的可能性“非常忧虑”。[29] 所有这些对于现代读者来说似乎都是令人作呕的伪善，但是应当提出两个抗辩理由以缓和人们对伪善的指责。第一个辩解是，至少到我正在分析的这个时期的末期，即直到 1870 年，不可知论和不信教（disbelief）并没有被非常广泛地传播。大体上讲，受过教育的阶级本身是相信地狱之火的，而他们对基督的信仰与他们对自己的责任感以及他们对纪律、勤奋工作和克己（self-denial）等美德的信仰，三者之间并非毫无联系。第二个可以缓和伪善指责的辩解是，需要再次提醒读者注意，对于社会秩序、财产以及任何有助于维护秩序的东西的信任，在 19 世纪早期的英国并不是纯粹建立在特权阶级保持自己地位的自私愿望的基础之上的。对于这些人来说，所有的文明、在他们国家一切有价值的东西（不管是当时的还是过去的），都依赖于对社会秩序和财产权的保护。他们认为如果国家落入大众之手，所有的工业、科学、艺术和文化，都将会消失，最后，即使是穷人也会为社会秩序的毁灭而付出代价。对于这种终极灾难，付出什么样的代价都
270 不算高。即使约翰·斯图亚特·密尔所反对的宗教不宽容，[30] 如监禁公然亵渎上帝的人、拒绝允许无神论者在法庭上宣誓或者作证等，从这个

[27] *Principles of Moral and Political Philosophy*, Book II, Chapter IV.

[28] See e. g. Walter E. Houghton, *The Victorian Frame of Mind*, p. 59, citing E. Belfort Bax, *Reminiscences* (New York, 1920), p. 189.

[29] W. L. Burn, *The Age of Equipoise*, p. 275.

[30] *On Liberty*, pp. 90-4.

角度来看，也有某些长远的合理性。

但只是让中产阶级坚守这些信仰和美德是不够的，还必须教育大众分享同样的价值观。新的教育理念正是为了实现这一目标而被设计出来的。但是，这种想法是错误的，即传播教育的愿望从来都不是基于更无私或更有同情心的动机（比如像布鲁厄姆那样的人就是这样的），而当说服人们为公共教育投钱时，起到最大作用的恰好就是这些更为广泛的动机。麦考利勋爵（Lord Macaulay）在 1847 年下议院的一场有关给公共教育拨款 10 万英镑的动议的辩论中，总结出了这些动机。在他看来，政府为人民的教育提供保障的职能，是紧随着政府确保公共安全以及保护财产的职能而来的。人们不能相信，一个没有受过教育的人会戒绝暴动和抢掠。比如，如果劳工受到尊重法律权威的教育、受到寻求用和平方法对真正的错误进行救济的教育，那么 1780 年的戈登暴乱（Gordon riots）就不会发生。麦考利继续说道："替代选项是什么？全宇宙都公认政府必须采取一些方法来保护我们的人民和财产。如果你不采取教育的方式，你剩下还有其他什么方式？你剩下了那些方式必将被证明是……你剩下了枪支、刺刀、手足枷以及鞭笞刑柱子、苦役、坚固的牢房、流放、绞刑台。"[31]

所传递出来的信息已经清楚得不能再清楚了。法律和秩序、对人民和财产的保护，只能通过教育大众实现，否则就只能通过纯粹的暴力实现。考虑到英国自由的传统，后者是一个匪夷所思的替代选项。议会通过了此次拨款的动议。当新的学校检察员（他们在 1840 年被首次任命）开始报告政府资助学校的情况的时候，很清楚的是他们将道德信念的灌输当作他们监督内容的一个非常重要的组成部分。他们的这一态度，把个人主义和家长式作风奇怪地混合在了一起，其态度中的家长式作风表现为他们想要逐步向孩子们灌输秩序、美德、善良以及服从的观念，而其态度中的个人主义表现在他们想要孩子学会政治经济的"真相"、学会作出自己的选择、

---

[31] Citation from Macaulay, *Miscellaneous Writings and Speeches*（London, 1889）, p. 737. 该文的文本麦考利自己修订过。发表版本的文字与在《议会辩论》（*Parliamentary Debates*）中的文字有些出入，3rd series, vol. 91, col. 1007。

271 独立自主。[32]

当然，这里也不可避免地出现了矛盾，就像在许多其他政府活动中可能出现的矛盾一样。人们可以并且确实曾以个人主义的名义要求政府将手从教育身上拿开。难道教育自己的孩子不是每个父母的责任吗？如果父母把自己的孩子送去磨坊工作然后把他们挣的钱拿来喝酒，或者把孩子出租给职业乞丐（必须说，有许多这种情况），国家要解除父母教育孩子的固有责任吗？个人主义意味着许多东西，如果它意味着什么，那么个人主义应该包含一个人维持其自身和家庭基本生计的基本责任；维持这样的生计其中自然包含着教育。那些未能教育好自己孩子的人并不是因为太贫穷以至于无法教育好孩子；许多能够负担教育开支的人，也未能教育好孩子。如果国家顺理成章地接管了这个负担，那么对于父母们来说，就更加缺少尽到教育责任的动机。更为糟糕的是，那些已经为教育孩子作出牺牲的父母，可能开始忽视这个责任而将其转嫁给国家。如果说这样的见解有相似的特点的话，那是因为这些问题的根本性质几乎没有变化。但是在这个领域，政府资助的原则在早期就得到了实现，因为它是在所有的孩子都应当接受教育之后发展起来的原则，甚至在 19 世纪 30 年代，政府对孩子的家长式的角色也得到了充分的承认。到该世纪中期，至少麦考利为了一个更具社会化基础的教育所提出的法案显然获得了胜利。如果有人想留在那个个人主义的世界里，作出他们自己的决定，那么对于人们的决定所可能引发的后果，他们必须被给予充分的指导。

酗酒的问题同样对政府在教育领域的行为提出了巨大的要求。事实上，一些人开始谈到禁酒令（prohibition），但是因为其强制性色彩过于浓厚，以至于直到 19 世纪末也难以被大部分节制饮酒的改革家所接受。没有什么比饮酒问题更能清楚地说明个人主义在社会改革问题上的作用。我已经指出，在 19 世纪前半叶酗酒问题已达到骇人听闻的程度，但是那时的个人主义使得人们很难提出管理和规范酗酒问题的有力措施。中产阶级对于酗酒问题的态度是以某种方式将家长式作风和个人主义结合起来，这对于

[32] David Roberts, *Victorian Origins of the British Welfare State*, p. 199. J. Symons 是其中的一个检查员，他自己写过一本名叫《大众经济学》（*Popular Economy*）（1840 年版）的书以普及政治经济学的“巨大真相”。许多早期的检查员一开始是个人主义者，但是“作为官僚，他们的经验让他们变成了集体主义者，他们强烈要求政府干预，以消除折磨下层阶级的物质的、道德的和社会的弊病”。Ibid., pp. 320-1.

习惯了国家的强制和高压手段的现代世界来说似乎是完全陌生的。中产阶级感到工人阶级就像他们自己的难以管教的孩子一样难以教育；他们不得不开始学习自律，不得不作出自己的决定，而无论好坏。自我放纵不可避免地陷入堕落和贫穷，而自律会通过自己的努力改善自身，这是不可辩驳的“自然法”。每个人的救赎都必须从内部来，而不能从外部施加。毕竟， 272
这与基督徒在与他的造物相处时，将其归为自己的上帝的旨意没有什么不同；上帝赋予他们自由意志，而不管其使用自由意志的好坏，但是他对他们使用自由意志的方式并不是漠不关心的。另外，恰恰是同样的思想理念可以被用来宣扬刚好相反的信息。在 1857 年 F. R. Lees 在一篇关于酗酒问题的、获得了禁酒联盟（Temperance Alliance）奖励的文章中[33] 主张全面禁止酒类交易，尽管他保留人们自己酿酒的自由。他站在边沁主义原则的立场上，强烈反对赫伯特·斯宾塞所宣扬的最弱意义国家（minimum State）的自由放任主义哲学，尤其是在民众的教育方面：

> 政府是用来保卫各项（all）权利的，无论是自然权利还是公民权利；政府由为公正有效地保护权利所需要的一切所组成。它包括命令——不管这些命令是通过议会辩论、颁布法律、司法判决还是由普通校长作出的。政府必须（must）教导人们——即使只宣布自己的法令时也是如此。政府必须（must）遵守纪律——如果政府不想自己成为罪犯或者期望其臣民被再次掠夺的话。政府必须施行教育——因为惩罚行为和惩戒行为是真正具有教育作用的；社会有权根据事实来教育其民众，它同样也有规划教育的权利。政府必须（must）为其少年罪犯以及贫困孤儿提供衣食、进行培训和教育，否则，政府将必然因为没有这样做而变成犯罪苦果的同谋犯（particeps criminis）。[34]

这篇文章中最有趣的部分是，它认为由于政府不作为，应当对其中存在的罪恶承担责任。边沁的观点在这里已经发生作用了。现在十分明确的是，国家可以（*could*）规制所有的事情，其结果就是社会责任（social

---

[33] *An Argument for the Legislative Prohibition of the Liquor Traffic*（London and Manchester, 3rd edn., 1857）.

[34] Ibid., p. 30.

responsibility）的观念发生了变化。罪恶的责任不再只是被推到制造它们的人的头上，那些没能消除它们的人也要承担责任。如此，一场源于个人主义的争论，通过一个简单的过渡过程，变成了一种在根本上反对个人主义的立场。

第三节　个人主义与纪律

在 19 世纪早期，在工业化和人口爆炸的英国，人们对社会纪律形式的需求在显著增加。工厂生活所要求的纪律方式（approach）与农业生活所要求的完全不同；磨坊工人的工资是按规律的时间间隔（或者，更糟糕的是没有形成规律的时间间隔）以现金发放的，这就要求对磨坊工人的管
273 理比对农业劳工的必要管理严格得多；城镇中大量人群的行为产生了新的公共秩序问题，即使这些行为不具有革命性的特征；而且最重要的是，人口迅速增长本身就要求（正如许多人所认为的那样）有一种与早婚早育观念不同的观念。这些方面以及许多其他方面的纪律需要与英国人的传统公民自由之间的协商问题，是 19 世纪上半叶的根本问题之一。随着官僚制国家被逐渐建立起来，这个问题的答案在很大程度上是以个人主义的形式出现的，其反映在自律和自力更生上。国家以各种可能的方式教育英国人要自律。这也与新政治经济学以及边沁式功利主义很好地契合。如果人们学会自律，那就不需要让花销巨大的且很可能是腐败的国家官员来管教他们了。基本的原则是，英国人能够自由地去做他们所选择之事，但是如果他们选择了错误或非法之事，那么他就将受到相应的处罚。这样的处罚不一定是一种法定处罚——比如，其可能是失业，驱逐未付租金的租客，或者拒绝借钱给那些他自己已经表明他不值得信任的人。这种性质的处罚不是由法院强加的，其所涉及的行为也不一定是被禁止或应受惩罚的行为；事实上，个人主义就意味着一个人可能犯同样的错误，一次又一次地作出错误选择。一个外国人曾写道："对自由和限制的放纵和法律拘束——对所做事情进行惩罚和再次做同样事情的自由——这种混合是很奇怪的。"但他总结认为，与其他国家所采用的人为设计的程序相比，这种做法更接近于自然法则。[35] 这种形式的个人主义其全部本质就是让一个人进行自由选

[35] Arthur Bryant, *The Age of Elegance*（reprinted, London, 1975）, p. 263.

择，但是如果他作出了错误选择，那么他将得到“自然的”惩罚。这是一种出色的、简单的和廉价的施行社会纪律的方式，而不是一种鼓励人们自律的方式。有时候它很有效果，特别是从长远来看，但是，在短期内它经常不起作用，而且有时根本丝毫不起作用。

让我们看一看这个新世界对纪律的一些特殊方面所提出的要求。自然而然地，首先是工厂的纪律、时间的纪律、考勤的纪律。工厂涉及大量的资本投资，而如果这笔投资要获得足够的回报，那么机器就必须长时间运转。除此之外，工厂城集中大量人员就意味着他们必须有规律的工作时间，必须在同一时间一同开始工作和一起结束工作。所有这一切都涉及一种完 274
全不同于 18 世纪在农业中盛行的工作节奏。在 18 世纪，农业劳工在一段时间的高强度劳动后，接着在一段时间里几乎完全无所事事，这并不罕见。一天花在这里或那里几乎没有什么区别，只要在必要的时间里能够腾出手来劳动就行。18 世纪的乡村工作节奏也影响到了城镇工人。公共假期和宗教节日——不管是法定的还是非法定的——其数量巨大。1761 年，英格兰银行在一年内闭门谢客了 47 天，这个数字到 1825 年的时候已经下降到 40 天。[36] 在此之后，现代产业工作习惯开始实施，银行假期的天数从 1830 年的 18 天下降到 1834 年的 4 天。[37]

然后是守时。在新世界里，人们在工作和生活中，也必须要学会新的规律性标准。那些从未拥有过一块手表的人，那些可能已经习惯通过太阳（当它照耀的时候）来分辨时间的人，必须了解时间的重要性。19 世纪早期的英国人们对守时的态度，与今天在许多非洲国家可以看到的情况并无多少差异，在那里相同的转变过程正在进行之中。[38] 在许多早期的棉花工厂中，采用了严格的方法执行守时纪律。工人们经常因为不守时而被严厉“罚款”，而在一些工厂中，实践中的做法是锁门，不让那些即使只迟到了一两分钟的人进厂工作。定期出勤通常难以确保准时出勤。“棉纺工人常常在周末拿到他们的工资后不通知就离开工厂。”[39] 尽管不到厂工作是一种

---

[36] Perkin, *The Age o the Railway*（London, 1970）, p. 206.

[37] Ibid., p. 211.

[38] E. P. Thompson, ‘Time, Work-Discipline and Individual Capitalism’, 38 *Past and Present*56（1967）; E. J. Hobsbawm, *Industry and Empire*, pp. 95-6.

[39] S. Pollard, ‘Factory Discipline in the Industrial Revolution’, 16 *Economic History Rev.* 254, 255-6（1963）.

犯罪行为，但人们已经注意到了有这样一种习惯，即工人们只是在“圣星期一”突然不到厂工作的习惯。

在工厂内部也维持纪律。对于农业劳工来说在野外工作是一件非常好的事情，而在一个拥挤的、昂贵机器在全速运转的工厂里面工作，则是一件很不好的事情。在工作中需要新的克制标准，在一些较好的工厂中甚至还有新的清洁标准。而工作本身也要求有稳定的、井然有序的操作，也要求有一个新的甚至极其严格的注意水准和技能水准。在许多工厂里都运行着严格的纪律制度，其规章制度只是简单地张贴在门上或公告板上，并且由业主或工头来执行。严格的罚款制度通过扣减应得的工资实施。比如，迟到 3 分钟的罚款金额是一个小时工资的四分之一，迟到 20 分钟的罚款
275 金额是一天工资的四分之一。[40] 在学徒和童工的情况下，尽管有许多比较规范的工厂严格禁止体罚，但体罚仍然并非不为人知。解雇以及甚至被雇主团体记入黑名单，自然是终局的和很容易实施的制裁。当然，这些纪律典章（codes of discipline）是雇主们单方强加的，但是在大多数案件中，它从来没有受到法庭的挑战。即使法庭挑战了这些纪律典章，工人获得当地治安法院同情的机会也甚微，在治安法院中，这种争议都是根据《主人与仆人法》（Master and Servant Acts）进行诉讼的；人们普遍认为在高级法院情况要好得多（甚至恩格斯也勉强地承认这一点），[41] 尽管人们普遍认为它们对工人阶级诉讼当事人都怀有敌意。但是在治安法院中，哪有公平可言，工人普遍受到怠慢，治安法庭中的法官要么本身就是工厂主，要么是工厂主的朋友。对于 19 世纪中期的英国社会状况，恩格斯虽然不是最温和的评论员，但是他对这个问题的解释可能非常准确。他写道，在工厂里面，“厂主是绝对的立法者。他随心所欲地颁布工厂规则；他爱怎样就怎样修改和补充自己的法规；即使他在这个法规中加上最荒谬的东西，法官还是对工人说：‘你们是可以自己做主的，如果你们不高兴，就不必订这样的契约；但是现在你们既然自愿地订了这个契约，那你们就得履行它。’”[42]

---

[40] F. Engels, *The Condition of the Working Class in England*, first published (in German) in 1845 (Panther edn, Frogmore, St. Albans, Herts., 1969), p. 207. 本文所引用的都是这个版本。

[41] 例如，恩格斯谈到了在 19 世纪 40 年代，矿工工会获得了 W. P. Robets 的服务，他是一个精力充沛的律师［和宪章派人（Charter）］，他提起了许多上诉案件，也向王座法庭（Queen's Bench）提起过许多上诉，且他在王座法庭经常获得胜诉判决：pp. 278-80。

[42] Ibid., p. 206.

无论如何这都不意味着只有在工厂，工人才需要在生活中遵守新的纪律、新的秩序和规律性。原先的工作可以以一种随意的和业余的方式进行，而纪律化和专业化是现在工作的普遍要求，而这影响到了各种各样的活动。例如，新警察部队的创建，就是一个将“半文盲的劳工变成相当可靠的警务人员”的过程，[43] 但是起初新警察部队面临着酗酒和高解雇率的严重问题。在政府文职人员缓慢职业化的过程中，政府文职人员也必须学会新的纪律。在 19 世纪 20 年代，帕默斯顿勋爵用各种方式加强了陆军部（War Office）“职员”的纪律，他尤其坚持认为，他们应当杜绝在办公时间接待私人来访者。[44] 即使是一个为中产阶级客户做一小部分工作的小承包商，也会发现自己要遵守一系列纪律，正如在 1839 年为埃德温·查德威 276
克工作并把工作搞砸的承包商所遇到的那样。查德威克在写给他的信中说道：“我十分确信，忽略这些已经发生的、给自己带来麻烦的事情，这是在对你自己的懒惰和糟糕的手艺进行奖赏。”[45]

人们逐渐地学会了这些新的纪律，并进而产生了各种影响。这个过程是十分漫长且无疑也是很艰难的，但这是现代社会必不可少的要求，在现代社会中数百万人一起居住在拥挤的城市之中且不可避免地相互依赖。在 1835 年，Dr. Kay（后来的 Sir James Kay-Shuttleworth）写道，与以其不可信而出名的爱尔兰人相比，英国人“是更可靠、更干练、更熟练的劳工，在履行主人与仆人之间订立的合同时更加诚实”[46]。

但是自律是真正最重要的课程。强制毫无疑问是必要的，但是长期来看，自律是更有效也更简单的。自律就是对眼前享乐的冲动进行自我克制，它可以对自身利益（self-interest）进行启迪，所有这些都是商人和工业家前一个世纪所学习到的经验教训，如今大众也不得不接受同样的经验教训。他们也不缺少老师。到目前为止，这些老师中最著名的是塞缪尔·斯迈尔斯（1812—1904），维多利亚中期知名的个人主义的普及者。他的《帮助》（*Help*）（1859）、《节俭》（*Thrift*）（1875）都与简朴的美德相关，以及

---

[43] W. L. Burn, *The Age of Equipoise*, p. 173.

[44] Jasper Ridley, Lord Palmerston（Panther edn., London, 1970）, p. 87. 任何熟悉现代非洲公共服务工作的人，都会认识到这种问题的本质和重要性。

[45] S. E. Finer, *The Life and Times of Sir Edwin Chadwick*, p. 5.

[46] E. P. Thompson, *The Making of the English Working Class*, p. 433. Sir James Kay- Shuttleworth 是一个医生和教育改革家，他是 19 世纪晚期上诉法院的上诉法官 Kay 的兄弟。

许多其他具有类似特征的著作，销量达百万册。自律、克己和秩序，是斯迈尔斯所宣扬的一些信息。正如 18 世纪早期的辉格党地主所揭示的那样，迅速偿债是保持信誉和低利率借贷的不二法门，斯迈尔斯和他的同行们对 19 世纪的英国工人阶级所宣扬的也是一种与此相同的信息。事实上，其宣扬的并不是完全相同的信息，因为斯迈尔斯所宣传的是储蓄和节俭，而不是借用；但是，虽然细节上略有差异（*Mutatis mutandis*），而他们的基本观点是一致的。为了自己将来的利益而否定当下的利益是必要的；有必要有远见地思考，未雨绸缪而延缓消费也是十分必要的。偿债、履行合同、给予伙伴其应得的利益也同样是必要的。公正地说，维多利亚时期的中产阶级普遍在践行着他们所宣扬的美德。他们进行大范围的克己，且经常也要求他们的孩子做同样的克己。[47] 即使是新时代富裕的和成功的工业家们，
277 比起他们对其花销的关注，他们更加关注他们投资的事业所创造的收益。[48]
他们完全不理解为什么工人阶级不应该学习自制的绝对真理。

严守允诺是斯迈尔斯所宣扬的最为重要的自律和克己形式之一。一个严守允诺并偿付其债务的人，是一个值得信任的人。这是他的一个优势，因为它意味着当他请求与他人合作或者请求他人信赖他的时候，更可能获得他人的同意。并且斯迈尔斯引用 Duke of Wellington 关于假释囚犯的论言予以佐证："当英国官员给假释犯以不逃跑的假释殊荣时，他们是很确定假释犯不会打破这个殊荣的。相信我——信任他们的言语。一个英国官员的话比一个哨兵的警戒更可靠。" [49]

当然，在斯迈尔斯开始宣传他的信息之前的很长时间里，许多工人就已经发现这对他们自己是有利的。例如，弗朗西斯·普莱斯作为一个裁缝，在世纪之交没有花一个先令而只是用他的名字就在查令十字街建立起高度繁荣的裁缝生意。虽然没有任何资本，但是他知道他可以通过巧妙地利用信贷、赊购以及在恰当时机再销售进而清偿其债务的方式建立起他的生意。通过充分注意在赊销期（ther term of credit）到期以前，偿付他所赊购的货物的货款，他在短期内就建立起了守时的信誉，以至于他能够获得任何数

[47] 关于一些极端例子，see Walter E. Houghton, *The Victorian Frame of Mind*, pp. 233-7。

[48] T. S. Ashton, *The Industrial Revolution*, p. 97.

[49] *Self-Help*, p. 376.

额的信贷。[50] 这并不总是很容易的，有时候他和他的妻子想要购买食物，然而他们不敢把钱用于购买食物，因为这可能会导致他不能按期向供应商付款，如此将摧毁他所完全信赖的信用。[51] 但是他最后成功了，而且很快一年就赚了 3000 英镑。

如果克己在某个领域内是一种比其他美德更为重要的美德，那么这个领域就是早婚和抚养子女了。马尔萨斯幽灵在 19 世纪头几十年里困扰着大多数有思想的英国人。在那个时候，人口普查已经确认了大多数人用他们自己的眼睛就可以看到的东西，即人口增长速度比国家可以处理的社会机制建设要快得多。对马尔萨斯本人来说，这是一个简单的算术问题：人口呈几何式增长，而食物供应只是呈算术增长。在这一点上，马尔萨斯错了，但是他的观点让现代英国人倍感烦恼。这个观点——一个国家令人满意的状态，就像一个幸福家庭令人满意的状态一样，会随着其数量的增加而增加——曾一度（例如）被佩利在他的《道德和政治哲学原理》所接受，但是这个观点后来被佩利自己以及其他许多人的观点所取代了，他们确信 278 人口数量的快速增长可能是潜在的头等大灾难。对于马尔萨斯本人以及他早期的追随者来说，他宣扬的是一种令人沮丧的、让人绝望的信息。人口增速将（*will*）不可避免地超过食物供应增速，人口以此速度持续增长的结果就是，剩余劳动力的工资水平（wage rate）将不可避免地在勉强糊口的工资上下徘徊，在真正饥荒时期有时甚至将低于此工资水平。[52] 但是对于一些新的激进分子和边沁主义者来说情况则更为乐观一些，正如约翰·斯图亚特·密尔在他的《自传》中所讲的那样，马尔萨斯所宣扬的信息被这些人颠倒成为一个颇有希望的信息。[53] 只要大部分民众能够学会在婚姻以及性方面的自制，人口增长将能得到控制；而当人口增长得到控制则工资不可避免会增长。劳动力将变得更加稀缺，而用于维持工人生活的资金将会被越来越少的人所分享。他们开始发现遥远的未来充满着希望，到那时英国工人能够在历史上第一次变成一个相当富裕的、受过教育的以及文明

[50] *Autobiography of Francis Place*, pp. 137-8.

[51] Ibid., p. 174.

[52] 在其著作的后来的版本中，马尔萨斯自己似乎变得不那么沮丧了，仍然保有着某些希望，即“道德拘束”可能对人口增长施加足够的抑制，以避免无限期的饥荒。See *post*, Chapter 11.

[53] *Autobiography*, p. 64.

的社会阶级。但是这一切的关键在于工人阶级的救赎又一次掌握在他们自己的手中。克己、晚婚和不过多生育孩子，将是未来工人阶级黄金时代不可或缺的条件。这是对教育潜力和人类意志力量无限乐观的估计，许多古典经济学家和边沁主义者确实认为这一切都是可以通过个人努力得到实现的。[54]

第四节　个人主义与自力更生

克己与自力更生虽然不是一回事，但是在19世纪早期的英国个人主义者的信条中两者是密切相关的。两者都被认为是审慎的美德，也许两者最初都是建立在谨慎斟酌的基础之上的。在19世纪早期英国的社会和商业环境之中，人们常常出于对明天的考虑而在今天谨慎克制自己；自力更生同样是审慎的，因为在一个竞争性的、多变的世界中，依赖他人是充满着危险的。太多的人目睹了破产或是商业失败是如何影响到无辜的伙伴，
279 以及过分信任他人和过分依赖他人的诚实品格和能力的担保人。一位作家在1833年评论道，进入棉纺工业的人中只有少数富人才取得了生意上的成功。“他们过于相信别人，而过少相信自己。”[55]

事实上在19世纪早期的英国，每个阶级在他们生活中的某些阶段，都得到过自力更生的教训。即使是借由继承财富而免遭竞争性社会残酷对待的贵族，也要送他们的子女去公学（public school）。在当时的公学中——甚至多年以后也是——强调要用某种非常近似于丛林法则的机制对学生进行品格塑造（character building），这些机制可能是人为设计出来的也可能不是人为设计出来的。Sir James Stephen在19世纪40年代的伊顿公学领会到了“软弱是不幸的，自然状态就是战争状态，败者活该遭殃（*Vae Victis*）是最伟大的自然法则”[56]。Rober Lowe在19世纪20年代的温彻斯特公学（Winchester），也得到了同样的教训，后来他告诉Stephen，他在那里发现，在这个世界上，除了在帽子和靴子之间的东西，什么也

[54] 虽然Francis Place（他有15个孩子）曾经给詹姆斯·密尔（他有9个孩子）写信嘲讽说他们是宣扬道德拘束的好人。

[55] Cited by M. W. Thomas, *The Early Factory Legislation*, p. 5.

[56] Introduction by R. J. White, to J. F. Stephen, *Liberty*, *Equality*, *Fraternity* (reprinted, Cambridge, 1967), p. 4.

不能指望上。[57]

在商业和工业中产阶级中，多数人也得到了同样的教训，只是程度各有差异。这个时期成功的工业家几乎毫无例外地竭尽全部心力来力图让自己知悉企业里发生的每一个细节。在顶尖人物与他们的助手之间，经常在能力、品行和精力等方面存在巨大的差异，这个鸿沟是如此巨大以至于前者必然不得不依靠他们自己，并自己管理他们事业上的各种细枝末节。当Josiah Wedgwood 仔细查看他的账目而试图降低成本并采用一个更加合理的价格政策时，他很快就发现他的会计师欺骗了他。[58] 当 Sir James Graham 接管他在内瑟比（Netherby）的庞大地产时，他发现其家庭代理人（family's agent）将地产账目记在了他的脑子里而不是账簿上。[59] 修建了从伦敦到布里斯托尔的西部大铁路的工程师 Brunel 几乎自行勘测这条线路的每一英寸。[60] 这些人都在践行着自力更生，因为这是他们能够做其想做的事的唯一方法，对于他们来说，自力更生不太像一项道德原则，而是环境的必然要求。这对于小商人、小工厂主、承包商和零售商来说也并没有什么不同。依赖他人带来了巨大的潜在风险。法律本身也对那些不明智地依赖他人的人实施了极其可怕的惩罚。一个过于信任其代理人的人可能会发现，他要 280
对未经他同意即订立的一份损失惨重的合同承担责任；一个没有紧盯着伙伴的人可能会发现，他自己已经在一项同样没有征得他同意的草率的交易中遭受到了毁灭性的打击。至于合伙或者无限责任公司，直到 19 世纪中期仍然是常见的商业企业形式。

如果中上层阶级都是以艰难的方式学会自力更生的，那么穷人就会以更加艰难的方式学会它。没有任何福利国家可以依靠，1843 年之后的新的《济贫法》拒绝对身体健康的失业人员进行救助，除非他们参加到工作中去，法庭事实上也很难帮助穷人从他们过分信任的他人处获得赔偿，大多数穷人都在成长过程中得到了除信任他们自己外不能信任任何人的教训。在真正的社会渣滓中，在大城市的贫民窟和地下世界里，一个人除了相信

---

[57] Ibid. 后来作为大法官、Lord Chancellor Selborne 的 Roundell Palmer 是 Lowe 在伊顿公学的同时代人，但没有证据显示他是否也得到了同样的教训。

[58] Neil McKendrick, 'Josiah Wedgwood and Cost Accounting in the Industrial Revolution', 22 *Economic History Rev.* 45（1970）.

[59] J. T. Ward, *Sir James Graham*（London, Melbourne, Toronto, 1967）, p. 56.

[60] L. C. T. Rolt, *Isambard Kingdom Brunel*（Harmondsworth, 1974）, Chapter 4.

自己之外完全无法生存下去。在这里，“这是一个没有伪装的充分竞争的社会，在这样的社会里，所有人都发现力量、狡诈、对机会和危险的快速应对、勇气以及无所顾忌才是生存的关键所在”[61]。

塞缪尔·斯迈尔斯再一次宣扬自力更生这种美德，或者如他经常所称之自助。他大多数的说教都采用了一种极其实用的方式。斯迈尔斯坚持认为，每个人都知道，一些工人即便挣的钱比一些较穷的牧师或教师要多，但是他们仍然都还没有达到社会和家庭责任的要求。[62]如果工人没能帮助到自己，他认为，那是他们自己的错。他争辩说，“我们经常听到人们哭喊，‘难道没有人帮助我们吗？’这是一种垂头丧气的、绝望的哭喊。有时候这种哭喊是一种令人作呕的卑鄙行径，尤其是当那些有点克己、节制和节俭的人很容易就能帮助自己的时候就更是如此”[63]。

正是这种对自力更生的信念，使得维多利亚时代的人们对慈善事业施加了如此大的压力。对那些不能自力更生的人进行慈善赈济，是维多利亚时代社会秩序当中一种绝对不可或缺的组成部分，毫无疑问的是，在整个19世纪，巨额资金被定期地用于慈善事业；经济学家威廉·斯坦利·杰文斯（W. S. Jevons）估计，1870年的慈善支出总额远远超过了《济贫法》救济的支出总额。[64]但是他也指出，就像几乎所有维多利亚时代的人们所做的那样，慈善救助不能在自力更生力量还没有被严重削弱的情况下就转变为一种权利。对于维多利亚早期时代的人们来说，1834年的《济贫法报告》
281 已彻底地论及了相反的观点。

如果自力更生需要教导，那么人们很容易会把它当作一项道德美德，而不仅仅是一项慎思美德（prudential virtue），这种情况在维多利亚时代也发生了。依靠自己逐渐被认为不仅仅是一种合理的实用常识，而且还是一项与生俱来的良好品德（an inherent moral good）。塞缪尔·斯迈尔斯与此观点相类似的箴言是：自助者，天助之。

同样地，自力更生转变成为一项道德美德，这种转变对于人们有关信用的观点产生了重要且长期的持续性影响。对许多人来说，欠债变成了一

[61] Kellow Chesney, *The Victorian Underworld* (Harmondsworth, 1972), p.143.

[62] *Thrift*, 1903 edn., p. 4.

[63] Ibid., p. 25.

[64] ‘Economic Policy’ in *Essays in Economic Method*, ed. Smyth (London, 1962).

种类似罪恶的东西，即使在债务人完全有能力支付适当的利率的时候，或者甚至在资金的偿付有充分保障的时候。许多年以前，边沁就认为借一笔钱与租一匹马几乎没有什么差别，他的观点最后盛行到这样的程度，以至于法律对利率的控制被完全废止。但是，当边沁的观点盛行到这种程度之后不久，其观点就逐渐与维多利亚时代新中产阶级关于债务的道德发生了冲突。从他们的观点来看，维多利亚时期的人们是正确的，而边沁是错误的。因为借钱和租马之间的区别在于，借钱的人可以把借来的钱用于任何他所希望的目的——包括浪费掉——而租一匹马只能将马用于那些适合马的事，而且通常在租用者用完后仍然能够返还给所有权人。由于这个新道德本质上是被设计用来教育工人阶级的，因此这样的区别就十分重要。毕竟，如果工人们不经常租用马匹，那么他们的确经常租用房屋，而没有人想要去阻止他们那样做；但是直到 19 世纪晚期，当现代消费者信贷首次出现的时候，不管利率多少，是没有人会鼓励维多利亚时代的工人去借钱的。

如果自力更生是一项道德美德，那么不足为奇的是，一些维多利亚时代的人除了将个人主义作为一项价值外，更倾向于将其作为一项社会机制。尽管我之前已经指出这是两个相区别的概念，但是它们在这一点上明显是相互关联的。因为当决定是由集体作出的时候，没有人会对由此产生的后果，产生某种与个人单独行动时的责任感完全相同的责任感。赫伯特·斯宾塞对公司形式，特别是铁路公司形式的批评之一，是基于他的这种信念，即公司的良知不如个人的良知。他认为，一群人可能会共同实施一个行为，但是单独的每个人可能就会避免实施该行为。[65]

自力更生是一种美德的信念对这一时期的法律产生了影响，我将在后文进行较为深入的论述。但在这里值得关注的是，它也对责任和原因观念 282
产生了巨大的影响，而责任和原因观念本身就奠定了关于正义的许多观点，并且，它们最终影响到了法律。

当一个人被认为应当对某种事态承担道德责任时，很可能存在着让他也承担法律责任的压力。当人们认为一个人在道德上应该依赖自身而不是他人的时候，很自然就能够得出结论说，发生在他身上的事情是他自己的

[65]　‘Railway Morals and Railwasy Policy’（1854）reprinted in *Essays*，iii（London and Edinburgh，1891），p. 60.

责任，是他自己的过错。而如果是他自己的过错，就完全没有理由要求他人为所发生的事承担法律责任。这对不作为（omission）责任的概念产生了巨大影响。基本上，一个人通常不会被认为应当就其不作为某事而承担道德或法律责任，除非他首先就有做此事的责任。如果一个人没有责任帮助他的邻居，因为人们认为这些邻居在根本上要对自己的命运负责，因为他们没有权利依赖任何其他人的帮助，那么不作为的法律责任就很可能受到极度限制。围绕着 1860 年一场著名职业拳击比赛的相关事件，为这种道德态度提供了详细例证。在那时职业拳击比赛本身被认为是非法的，但是许多人认为仅仅是观赏（*watching*）一场职业拳击比赛没有什么错误可言。在这场特殊的事件当中，东南铁路公司（South Eastern Railway Company）铺设了一条特别铁路运送观众去观赏这场比赛，其中一位观众是英国首相帕默斯顿勋爵。[66] 虽然帕默斯顿因其观赏此比赛的行为而受到了批评，但是他在下议院为自己辩护称，仅仅是观看一场非法的职业拳击比赛这本身并不是非法的。[67] 他也是正确的。[68] 在 19 世纪个人主义者的世界中，每个人都不是他兄弟的保护人。

一如既往，自然也存在着与之相抗衡的信念、相反的态度。社会是一个复杂的机构，人们必然不得不以成千上万种方式信赖他人。难道这样的信赖应当总被认为是道德错误，且不受法律保护吗？根本不是这样的。如果是这样，那么即使是保护财产和保护合同履行的法律，也不可能是公正的。毕竟，盗贼是“自力更生的模范”[69]，而借钱给他人的人无疑也是信赖他人的诚实和信贷信用的，以及信赖他自己的判断的。当时的时代精神是一种自力更生的精神，这一事实没有且不可能意味着信赖他人是不正当的
283 和永远不受法律保护的。而是它意味着，事实上也是如此，信赖他人的人有责任去证明他对他人的信赖是合理的；在一个个人主义的时代，信赖的合理性很明显不是那么容易确立起来的。这种社会思潮对于法律的影响程度，我将在第十五章进行分析。在这里，只需要提请人们注意这一事实就足够了，即，即使在道德和社会态度上，维多利亚时代的个人主义也在一

---

[66] W. L. Burn, *The Age of Equipoise*, p. 284.

[67] *Parliamentary Debates*, 3rd Series, vol. 158, cols. 1319-25.

[68] 国王诉讼保留法院（Court for Crown Cases Reserved）在 *R. v. Coney*（1882）8 Q. B. D. 534 案中，法官们以 8 比 3 的多数支持这一主张。

[69] Duncan Kennedy, ‘Form and Substance in Private Law Adjudication’, p. 1719.

些方面让步于维多利亚时代道德的其他方面。事实上，可以这样说，正是自力更生社会思潮所引发的问题，进一步引发了维多利亚时代道德规范的其他方面。

逐渐与正直、诚实、守诺相关的强大的道德力量，以及与“绅士”概念相关的全部社交礼法（code of honour），对受托人极其严格的道德和法律准则要求，所有这些都证实了维多利亚时代的人所处的环境，在这种环境中，信赖他人是生活的必然特征。当一个人是绅士，当他接受作为受托人的负担时，他就必须依赖另一个人的言语。在这些情况下，信赖是不可避免的，因此应当得到更加严格的保护。

第五节　奖励与惩罚的竞争体系

个人主义和自力更生，既是一种价值观念也是一种社会机制，两者都是一种包含了竞争性社会美德，以及适当的奖励与惩罚体系的信念。它也包含着对于平等理想的相应拒绝，这实际上是对这个原则的否定，而一个公正社会必定是建立在这个原则的基础之上的。因为正义难道不是使每个人得到他应得的吗？如果每个人应得的是有差异的，毫无疑问的确是有差异的，那么对每个人平等分配难道本质上不就是不公正的吗？

在 1770 年到 1870 年这整个期间里，竞争信念，无论是商业和工业事务上的竞争信念还是普通生活中的竞争信念，都非常强大，且其本身在很大程度上也与世事变化相一致。正如我们已经看到的那样，这是一个在工业事务上充满活力和竞争的时代，对失败的惩罚与对成功的回报同样显著。卑微的甚至是没有受过教育的人也可以的确是靠他们的能力、才智和进取心赚取了财富。

对于这个时代早期的许多思想家来说，所有这些事实上都只是遵循“自然法”而已，或者说——如果用不那么宏大的话语来说——这些事实都是遵从事物的自然秩序。那些工作勤奋的人自然会获得他们应得的回报，当整个国家在很大程度上依靠农业过活时，对于那些仍然如此贴近这个时代的人来说所有这些都更加自然了。当然，这些“自然法则”不仅仅是道 284
德或者法律规则，它们远不止于此。每种活动都会根据其可取与否而得到其奖励或者惩罚。对于那些违反法律的人，自然有法律规则和法律惩罚在等着他们；而这些法律奖惩通常有道德奖惩以及其他一些纯粹自然的奖惩的支持。例如，懒惰和浪荡的坏名声就是对这种人的“自然”惩罚，酒鬼的耻辱（不是说他的宿醉）是“对自我放纵的自然警告”[70]。而贫困的最高罪恶，或者至少是穷困，显然伴随着实际需求或饥饿的“自然”惩罚。一个简单且非常明显的自然法则是，如果一个人拥有的孩子超过了他自己的供养能力范围，那么他们就会想少要孩子。对于 1795 年至 1834 年间在斯宾汉姆兰制度（Speenhamland system）支配之下的旧的《济贫法》——济贫法当局根据工人的家庭规模补足工人的工资——的一个主要反对意见是，它试图推翻这个自然法则。[71] 因为如果一个人总是被保障有足够食物可吃，而无论他有多少孩子，也无论他多么懒惰地生活，奖惩的“自然”制度都将被废除。

所有这一切都以一个竞争性社会为前提，在这个社会中，人们渴望更多地改善自己，赚取更多的钱，这并不一定是为了他自己的利益，而是为了伴随而来的利益，同时也渴望有机会提升他们的教育、自尊以及一种更舒适的生活方式。事实上，人们根本不清楚大多数英国劳工在 18 世纪 70 年代是否都有这种渴望，尽管一些劳工毫无疑问是有这种渴望的。马克斯·韦伯（Max Weber）认为，“一个人并非‘天生’就想要挣到越来越多的钱，而仅仅是想要按其所习惯了的生活而生活，他只想要挣得为此目的所必需挣到的钱”。他继续说道，“无论何处，只要现代资本主义开始通过提高劳动力强度的方式来提高人类的劳动生产力，它总会遭遇到前资本主义劳动这一主要特征的极其顽强的抵抗”[72]。如果韦伯是正确的，那么这样说就是必要的，即劳动阶级为接受这种新的竞争性职业道德，他们必须被宣传或者“被教育”。也许他是正确的，当然，在这个有些荒谬的教育过程中，穷人被强烈地灌输了人们认为他们“天生”想要的东西。但必须记住的是，在普及教育（universal education）时代到来之前，在政府采取资助大学生等措施之前，肯定每年都有许多有天赋的孩子是出生在只能凭借双
285 手劳动的劳工家庭之中的。对于这些孩子来说，他们中的许多人从小时就

[70] Brian Harrison, Drink and the Victorians, p. 208，这个观点要归功于约翰·斯图尔特·密尔（J. S. Mill）。

[71] *The Poor Law Report of 1834*, p. 156.

[72] The Protestant Ethic and the Spirit of Capitalism, p. 60; see also Pollard, ‘Factory Discipline in the Industrial Revolution’, at p. 254，他说工厂里的工人“是非累积性的、非贪婪性的、习惯于为生存而非为收入最大化而工作的人……”。

必定已经意识到他们不同寻常的能力，陈旧、习惯的生活方式，对于他们来说可能是非常不自然的。对于他们来说，超越普通群体的能力，依靠天赋、勤奋工作和创新技能脱颖而出的能力，可能是很自然的，就像对于通常负责宣扬这种信息的中产阶级经济学家和功利主义者来说，这种能力也是很自然的。

在 19 世纪中期，竞争是一项“自然法则”的理念从查尔斯·达尔文（Charles Darwin）的著作以及赫伯特·斯宾塞对该理念的运用当中得到了强有力的支持。达尔文的《物种起源》在 1859 年首次出版，它（正如他自己所承认的那样）深受马尔萨斯和斯宾塞的影响。通过把马尔萨斯的观点运用到整个动物和植物王国，并将其与斯宾塞所宣扬的社会生存竞争结合起来，达尔文最终提出了自然选择理论。在动物和植物王国中，不像人类所控制的事物那样，增加食物供应是不可能的，因此很明显的是，每个物种的个体远远超过其可能幸存的个体数量。在经常发生的生存竞争中，接下来必然就是“自然选择”发挥作用的过程——也就是那些在特定环境下最适合生存下来的物种才能生存下来，而其他的则会消亡。事实上，达尔文所使用的“适者生存”一词是从赫伯特·斯宾塞那里借用过来的，赫伯特·斯宾塞之前用该词来描述人类之间的社会竞争。

当然，斯宾塞热切地关注到了新的进化论。这似乎进一步证明了这些统治社会与物理世界的“自然法则”的科学性。竞争因此在这些伪科学基础上变得合理了。生命就成为一场持续的生存竞争。那些最适应生存的人，也就是最坚韧、最有能力以及最进取的人，才能够生存，弱者肯定会失败，如果不是身形俱灭的话。这是一个不可阻挡的科学进程。长期来看，政府或者其他任何人都不能阻止这个进程；但是对于政府来说，阻止这样的进程在短期内将会引起灾难性的后果，因为政府的干涉可能使不适应生存的人在较长时期里生存了下来。正如后面我们将看到的那样，赫伯特·斯宾塞是 19 世纪下半叶合同自由最伟大的倡导者，他自然而然地将他的合同自由理念与新的自然选择理论联系在一起。由此产生的思想体系——其被称为“社会达尔文主义”——在英格兰从来没有大量的追随者，这也许是因为伟大的生物学家 T. H. 赫胥黎（T. H. Huxley）的强烈反对。早在 1871 年，赫胥黎就认为，斯宾塞对于社会有机体和物质有机体之间的关系分析是荒谬的，他在 19 世纪 90 年代又对斯宾塞的观点进行了甚至 286
更加激烈的攻击。社会达尔文主义在英国很快就销声匿迹了，虽然它在美国仍然兴盛了许多年。

第六节　个人主义与平等主义

维多利亚时代中期的个人主义与平等主义的理想完全是对立的。但是从法国革命以来，平等主义逐渐拥有了支持者，尽管支持者的人数较少，但奇怪的是，个人主义与平等主义都从类似的源泉中获得支持，尤其是都从自然法理论中得到了支持。个人主义和竞争的观念在很大程度上是从洛克和我前文简单谈到过的 17 世纪的自然法思想家那里发展而来的。当法国大革命爆发并给自然权利带来了新的内涵［正如汤姆·潘恩（Tom Paine）和他的《人的权利》（*Rights of Man*）所说的那样］之后，传统主义者像洛克的追随者、从亚当·斯密以来的政治经济学家们，与新的平等主义者甚或革命主义者之间，存在着令人不安的冲突。他们两方都声称支持自然法。但是平等对待（equality of treatment）——不仅仅是法律面前的平等，这是辉格党人长期所接受的概念——而是新的经济上的平等、再分配的平等，其最初是作为一项政治理想而出现的，它声称其合法性渊源于自然法中。当然，新的理想主义者如汤姆·潘恩等人，对更加正统的思想家们的影响要小些，而且直到这个时期末亦即直到 1870 年，他们对政府政策或者议会意见的影响更小。在整个这个时期，对于平等、经济平等的信念——或者用现在更委婉的说法，即社会正义——在公众或者政治意见中都确实只有很少的支持。但这并不是说工人阶级的传统不存在，这个传统包括像葛德文（Godwin）这样的乌托邦主义、像潘恩本人甚或科贝特这样的激进政治家、梦想家或空想家们——罗伯特·欧文可能要算在其中，他们所有人都有其追随者。但是只要涉及事件、政治和法律，这些理想都会被普遍地斥为乌托邦，甚至是某种更有害的东西。

总而言之，在 19 世纪中期的英国很少有人把平等视为一种理想。正如任何一个长有眼睛的人都能够看到的，人与人之间就是不平等的。一些人接受过教育，另一些人则是文盲；一些人勤奋工作，另一些人却懒惰；一些人自我控制，另一些人则放纵享乐；一些人酗酒，另一些人则有节制；一些人铺张，另一些人节俭；一些人是好人，另一些人则是坏人。认为所有这些人都能够并且应当平等对待的观点根本是荒谬可笑的。例如，直到 19 世纪中期，绝大多数英国中产阶级完全反对政治民主。如果政治民主意

味着赋予每个人以选举权，那么在大多数人眼里，它仅仅是把政治权力交 287
给暴徒、未接受教育的和无知的大多数。既然这些人甚至都不被相信能够管理自己的事务，（例如）确保他们的工资能够维持整个星期的开销，那么将国家交给他们来运行的想法完全是疯狂的。这种对政治和经济领域里的平等性的反对，自然会延续到社会领域中而产生出了维多利亚时代的势利眼，今天的人们对此有甚多鄙视。但是维多利亚时代的人并不认为看轻比他们差的人及看重比他们好的人有任何错误。所有这些都是惩罚和奖励体系的组成部分，它统治着社会的每一寸领域。事实上，他们陶醉在这些不平等中，因为这对他们来说似乎是高度道德的。“将维多利亚时代中期的社会描述为不民主社会是一种极端的轻描淡写；它值得骄傲的地方不在于它的平等性，而在于它的平衡性，在于其社会地位的细微差别，在于其多样的但又互相融合的理想。”[73]

为了站得住脚，甚至是为了自洽（self-consistent），这些信念就要求社会具有高度的流动性。如果人们根据一个人是干什么的而判断他这个人，因为他要为他自己所做的事承担责任，那么社会上就存在着足够的机会让人们可以在社会等级体系中上下移动。这也是竞争性社会的一个方面，尽管不能否认的是社会的流动性并没有经济流动性那么容易。（正如我曾强调的那样）如果你是新工业和商业阶级的一员，那么你今天挣钱明天丢钱是一件很容易出现的事。而旧贵族在社会等级体系中的上下移动就没有这么容易了。事实上，没有人对此有什么抱怨，即严格的财产授予（settlement）和家庭信托使得贵族的败家子或者酒鬼，很难遭到与有相同性情的较低社会阶级的人相同的惩罚。这无疑部分解释了为什么贵族通常都低看暴发户们（*nouveaux riches*）的社会地位。但是，即使在这个最势利的时代，我们也必须记住的是，最势利的态度也并没有让事情走向极端。暴发户们（*nouveaux riches*）自身仍然可以轻易地跻身上层社会。如果这个时代是一个强调不平等的时代，那么这种不平等，按照白芝浩（Bagehot）的说法，是“可摆脱的不平等”[74]。

在强调19世纪中期的英国人普遍拒绝平等或社会正义的理想的时候，我们必须警惕，不要认为他们接受了物质享乐主义的（materialist）和不公

[73] Asa Briggs, *Victorian People*, especially p. 20.

[74] W. L. Burn, *The Age of Equipoise*, p. 104; Asa Briggs, *Victorian People*, p. 106.

正的哲学。对于他们来说，他们的竞争性社会才正是正义的本质。通过竞争人们才会为改善他们的命运和他们自身而奋斗，并且通过这样做（正如政治经济学家所证明的那样），也能够改善作为一个整体的社会的集体命
288 运。竞争因此作为一项道德美德，对个人和社会来说都是有益的。正义的内涵包含了确保公平竞争的规则、构建竞争在其中发挥作用的框架，然后赋予结果以强制执行力。这一事实，即所有的竞争者并不是平等地开始进行竞争的，毫无疑问是不幸的，但这是没有办法的事。基本上，那些成功的人，都将他们的成功归功于（他们这样认为）他们的美德，而那些失败的人就只能够责备他们自己。蒙眼女神把她的恩赐和惩罚无偏袒地给了那些应该得到它们的人。这个过程有何不公平呢?

然而，随着 19 世纪的流逝，越来越多的人发现这是一个不公平的过程。至少在一些人眼中，竞争开始被看作一种有辱人格的、持续的社会斗争，它使人与人相互对抗而不是鼓励社会合作。人们开始更多地强调这一事实，即那些生来就拥有财富和地位的人在竞争性斗争中拥有巨大优势；人们也开始越来越多地认识到这一事实，即那些成功或失败的人似乎将他们的成功或失败更多地归咎于好运气或坏运气而不是他们自己的功业。而平等理想本身开始在人类事务中拥有更加重要的分量。

最后但最重要的一点是，19 世纪早期先是废除奴隶贸易，然后是奴隶制本身的废除，它们在很大程度上归功于传教士们的宗教热情，尤其是要归功于贵格会（Quakers），他们坚持认为所有人在上帝眼中都是平等的。[75] 尽管解放奴隶与任何经济平等的观念都是相去甚远的，但很明显的是，即使在 18 世纪末期之前，道德家就开始怀疑对工业和企业的鼓励，是否能够将现有的极端富有与极端贫穷予以合理化。例如，佩利就煞费苦心地想证明社会现存不平等的道德基础。[76]

直到 19 世纪中期，少数思想家和作家开始对竞争性社会产生更多的怀疑，也许一系列拥有更广泛基础的观点已经在形成之中。许多人都开始进行这样的转向。也许对财富不平等的首要的和最重要的挑战存在于其支持者们正在进行的论战之中。如佩利所言，如果这些不平等只有在为社会前进提供激励和产业的前提下才是合理的，那么现在是时候仔细审视这些

[75] Asa Briggs, *Victorian People*, p. 210.

[76] *Principles of Moral and Political Philosophy*, Book II, Chapter VI.

不平等了，看看这个正当理由是否总是具有可维持性。广泛诉诸激励的必要性对于正当化不平等而言已经不再是足够的了。这种情况必须要在每个实例中得到证明。这是一个重要的变化，因为这意味着证明责任倒置了。那些为财富不平等进行辩护的人正处于守势，而且自那以后就一直处于 289
守势。到 1861 年，约翰·斯图亚特·密尔在讨论功利主义（*Utilitarianism*）上的不平等性时也明显处于守势。他承认，对许多人来说，平等被认为是正义的本质，尽管他也坚持认为“每个人都坚持认为平等是正义所必需的，但当他们认为利益需要不平等的时候，便另当别论了”[77]。这样，不平等现在沦落到了只能用“私利”（‘expediency’）这一理由来为其辩护了（至少密尔是这样辩护的）。这里还存在着另一个非常重要的让步，因为尽管密尔本人对正义与私利之间的关系提供了一种复杂的说法，但是他同时代的大多数人仍然认为两者之间存在着巨大的鸿沟。如果正义要求平等分配财富，或者至少比迄今为止分配得更加公平一些，并且如果只有私利是其障碍，那么公众还要忍受这样的不公正多久？

不平等的支持者处于守势时，越来越多的政治权力逐渐落入无产者手中，看起来这并非巧合。在 18 世纪，当政治辩论仍然在很大程度上发生在辉格党贵族们之间、平等主义者可能被视为怪人而不被理睬的时候，为财富不平等进行辩护几乎是不必要的。洛克为辉格党人提供了对财产权利的基本辩护，他的辩护足以满足他们当中的大多数人之所需，至少部分原因是他们当中的大多数人都是站在辩论的同一边的。到 1850 年左右，这种辩论在更广泛的听众面前进行。工人阶级仍然在寻求获得选举权，但是他们如今更加具有政治意识且善于表达。大众媒体为他们激进的甚至社会主义观点提供了一个论坛，慈善运动以及在某种程度上的工会，给他们提供了某些制度力量（institutional strength），一些更加激进的政客在这个或那个问题上支持他们的事业。

还有许多其他力量在同一方向上发挥着作用。教育和大众媒体开始越来越广泛地传播开来，当实际情况是另外一种情况时，就不再那么容易向工人阶级宣传伪善的信息了。家长制很可能仍然是一种力量，但是维持家长制的极端形式——借此搪塞工人阶级——已经变得更加困难，因为统治阶级不再相信那些为了“他们自己好”的信息。这种困难出现在约翰·斯

[77] *Utilitarianism*, Chapter 5.

图亚特·密尔 1845 年的一篇论文（*Essay*）中，在这篇论文中，他谈道，告诉富人他们应当照顾穷人是一回事，而告诉穷人富人应当照顾他们则是另
290 外一回事。[78] 到了 1860 年，如果不是更早，困难在于，在穷人还不了解这一事实也没有得出他们自己的结论的时候，就告诉富人他们负有照顾穷人的义务是非常困难的。

密尔还提出另一个观点，其最终对于反对不平等性具有更加重大的意义。在他的《政治经济学原理》(*Principles of Political Economy*)[79] 中，密尔注意到了这一事实，即那些挣得更多报酬的人（例如在职业中）是因为其杰出的技能和天资，在某种意义上，他们获得其报酬不是因为竞争，而是因为缺乏竞争。更准确地说，是因为只要极少数人掌握了这些杰出的技能和自然天赋，这使他们能够要到高价；事实上，这是一个垄断价格，其效果不是一种法定的垄断而是“自然的”垄断。密尔自己没有对这个主题进行更深入的展开，尽管（当结合他对竞争性收入的其他疑惑时）有时候这为他赢得了英国社会主义之父的称号。但是这个观点在之后的时代里已经被证明是十分重要的，它进一步拉大了有关竞争的观点和道德美德之间的距离。如果一个人在竞争性社会中所挣的钱在很小程度上是依赖于他自己的勤奋工作和进取心，而更多地依赖于自然禀赋，那么那些真正成功的人就不能再声称他们的成功中有任何美德可言。事实上，他们只比垄断者好一点点。

还有其他因素有助于消除基于市场环境上的收入差异。随着工厂规模的变大，商业组织雇用更多的工人，以及政府本身规模变大和雇用更多的公务员，对雇主来说给工人开出与之相匹配的工资就变得更加困难。计算一个大型团队中单个成员的边际生产力本身就很困难；如果工人为了团结的利益需要，而试图保护他们团队中那些实力较弱、效率较低的成员，那计算其边际生产力实际上就是不可能的。但是无论如何，并不是每个人都是按照市场原则来支付其工资的。例如，密尔也观察到像医生、律师等专业人士的薪酬，在很大程度上是依习惯而不是依市场而定的。这样的规律同样适用于许多其他的工人阶级，如家政人员和商务人员。但是，作为一种理想的平等原则的信念仍然也有其影响力。到 19 世纪中期的时候，政

[78] Cited by L. Robbins, *Evolution of Modern Economic Theory* (London, 1970), p. 145.

[79] Book II, Chapter 14, Sect. 2.

府已经对受雇于国家不同组成部分的劳工支付相同的报酬，即使劳工的市场工资因地方不同而显著不同。当受到质疑时，当时的政府就会像现代政府那样为自己的行为辩护——平静地断言，平等对待比与市场状况相适应更加重要。“如果政府采用不同的工资比率，它们就会招致大量的嫉妒。”[80] 291

最后是竞争制度效果的不准确性问题。积极主动的人通常会取得成功，而懒人通常会失败。但是仍然有许多人可以和他们一起获得成功。我们可以引用拉斯金的话作为结语：

> 在一个仅受供求法则规范而保护其不受公开暴力侵害的社会里，那些富裕起来的人通常都是雄辩的、勤劳的、坚强的、自豪的、贪婪的、敏捷的、有条不紊的、明智的、不耽于幻想的、不敏感的和愚昧的人。而那些仍然贫穷的人往往是完全愚蠢的、完全聪明的、懒惰的、鲁莽的、低声下气的、考虑周到的、迟钝的、富于想象的、敏感的、博识的、目光短浅的人，不稳定和冲动的恶人，笨拙的无赖，不加掩饰的小偷，以及完全仁慈的、公正的和虔诚的人。[81]

[80] *Parliamentary Debates*, 3rd Series, vol. 149, col. 1248 (1858) .

[81] *Unto this Last* (1862) reprinted in Works, vol. xvii (London, 1903-8), p. 90.

292

第十一章　思想背景，1770—1870：I

第一节　政治经济学

1770年至1870年的100年里，在法律发展的思想背景中有两种思想体系居于主导地位。一是与亚当·斯密及其继承者们有关的经济思想，其后来被称为“古典经济学”，在他们那个时代里则被称为“政治经济学”。二是当时和现在都被称为功利主义的思想体系，其必然与杰里米·边沁及其志同道合的小群体（coterie）相关。我们必须谨防作出这样的假设，即以为这些思想体系是两个牢不可破的、由对所有问题或者对绝大多数问题相互达成一致意见的思想家和论者们组成的两个牢不可破的阵营。政治经济学家们内部几乎对于每一个重要问题都没有达成一致；功利主义者们之间的意见分歧同样巨大，尽管某种与功利主义相关联的连贯观念体系无论如何都尚不存在。但是政治经济学和功利主义，无论在方法论上，还是在某种程度的本质上，以及在同作为当时思想观念主角（*dramatis personae*）的地位上，都是具有紧密联系的。一些人将边沁视为古典经济学家中的一员，当然他的一些经济学著作很符合古典传统。作为边沁最杰出的门徒和思想传播者，詹姆斯·密尔毫无疑问是一名古典经济学家，而且也是最充满活力和最活跃的功利主义者之一。他的儿子约翰·斯图尔特·密尔通常被视为最后一个古典经济学家，同时他也是功利主义最雄辩的捍卫者之一。事实上，在某种意义上，所有的古典经济学家在内心都是功利主义者。但是除了这两大宗教的主教之外，还有着数量庞大的人员，与这两个核心圈子（inner circle）中的一个或者两个发生着或多或少的密切联系。在这些处于边缘的人群中，有一些人已经是或者将要成为掌权者和肩负国家职责的人，例如，亨利·布鲁厄姆（Henry Brougham）在1830年之前，实际担任下议院辉格党反对派领导人已超过10年，且在1830年至1834年间，他还担任了大法官（Lord Chancellor）。此外，政治经济学与功利主义都同样具有基督教福音派的倾向。它们的创立者和支持者并非与世隔绝的、在专业期刊上为志趣相投的人所组成的小圈子写稿的学者。他们是坚信其核心思想之重要性，并期望将其思想付诸实践的一群人。他们会抓住每一次机会宣扬其学说：无论是在议会中，[1] 在新的被广泛阅读的期刊中，比如《爱丁堡评论》（*Edinburgh Review*）、《季度评论》（*Quarterly Review*）以及《威斯敏斯特评论》（*Westminster Review*），还是在小册子与书籍中、在演讲中，他们甚至还通过私下交流的方式宣扬他们的学说。在这种仍然相对复杂的讨论之下，大众作家、新闻记者和小册子的作者们对有关信息和思想进行了简化，他们试图让街头民众理解它们，甚至试图让它们成为家庭女教师在教育年轻一代女性时的适当主题。 293

在 1800 年至 1850 年间，一名成熟且受过教育的人，却没有阅读过大量新政治经济学和激进政治功利主义的著作，这几乎是不可能的。很多人都受到了这些思想体系的深刻影响，然而更多的人则是深受这些思想体系的精简版本的影响。在这些人当中，当然有许多是 19 世纪最重要的法律人，包括许多首席法官。此外，今天许多大学所反对的知识划分（compartmentalization of knowledge），在当时却根本还没有真正开始。除了物理学或者自然科学（与我们今天往往简单称之为“科学”相当）和“道德科学”（与我们今天往往称之为艺术与社会科学相当）的区分之外，很少有知识的细分或者专门化。一个合格的受过教育的人应当全面掌握政治经济学、法学、哲学、政治理论以及历史学。许多古典经济学家的写作范围大大超出了经济学领域；他们中的一些人事实上是被当成律师来培养的，或者已经取得了某项法律资格；反过来，人们期望一个即将进入法律职业领域的人，应当已经掌握了一些道德科学的知识。

一般而言，法律、经济学以及社会科学之间联系的紧密程度在 19 世纪前 40 年里尤其高，此后便逐渐减弱，到 1870 年时它们之间的联系在很大程度上就进入尾声了。此后，政治经济学作为一个独立学科变得非常专业和独特——此以“经济学”名称的改变为标志——经济学家写作所用的这种语言对于其他学科领域的人来说变得不那么明白易懂了，而在大学中，新的经济学系以及随之而来的授薪教授职位也开始建立起来。学科的分立

[1] Fetter, ‘The Influence of Economists in Parliament on British Legislation from Ricardo to John Stuart Mill’, 83 *Journal of Political Economy* 1051（1975）.

开始变得严肃正式，至少在英格兰，大约从 1870 年起到 20 世纪 50 年代，律师与经济学家之间的交流已几乎不存在。正如情形所表明的那样，其后果之一就是从 19 世纪初开始，那些影响了律师和法官并进而影响普通法
294 发展的经济思想，在总体上就是鼎盛于 1776 年至 1870 年间的古典经济学家的思想。在第二次世界大战之前、1870 年后的经济学家对普通法和法律思想的影响实际上是微不足道的。

在一本像本书这样的著作中，想要对古典经济学思想的发展历史进行详尽阐述，那是不可能的；[2] 但只是轻率地提及“经济自由主义”、自由放任主义和亚当·斯密而忽略掉这个问题，同样是不可能的。事实上，合同自由的观念恰好是古典经济学的核心，有充分的理由猜测认为普通法的律师或许是在 19 世纪早期从经济学家那里接受到这种观念的。的确，律师是很善于接受信息的——我已经指出，在整个 17 世纪和 18 世纪，普通法律师都是站在经济自由主义运动的前列的——同时可能还存在着其他的、不能归功于经济学的影响在同一方向上发挥着作用，但是政治经济学对于这个时期的合同法的影响，是毋庸置疑的。要想对这种影响的全部范围进行剖析，还需要大量的进一步研究，但是至少本书所举出的证据能够证明，或者说希望能够证明，这种关联是确凿无疑的。这些证据将主要在本书第十三章和第十六章得到检验。在这一章中，我必须谈一些有关政治经济学家以及他们的一些思想，尤其是他们有关合同自由的观点的内容。

亚当·斯密

有必要对多数新经济理论的渊源、政治经济学家的方法论以及政治经济学家在时代背景中的一般作用，在一开始就进行简单评价。在前一章中，我们已经看到，在整个 17 世纪和 18 世纪，支持经济自由主义思想的力量在不断地增强。当阐述当时一般国家理论的《国富论》在 1776 年出版时，它几乎立即就获得了成功。对《国富论》中所阐述的许多内容而言，斯密并不是阐述它们的第一人，书中的信息本身并不是全新的。该书新颖之处

---

[2] 当然，这样的著作也是汗牛充栋。对于没有经济学背景的读者而言，推荐阅读如下书籍：L. Robbins, *Theory of Economic Policy in English Classical Political Economy*（London, 1952）; A. W. Coats（ed.）*The Classical Economists and Economic Policy*。更深入的著作：D. P. O'Brien, *The Classical Economists*（Oxford, 1975）, and Mark Blaug, *Economic Theory in Retrospect*（London, 1964）。

在于其试图将所有的东西整合起来，以对经济事务作出一种系统化的解释，并对法律规范对于国家繁荣兴盛的作用，作出一种系统化的解释；其新颖之处还在于其做这一切所采取的方式，让政治经济学看起来仅仅是一个带点历史学与哲学意味的常识问题。 295

一方面，《国富论》似乎明显区别于由它所开创的古典经济学的大部分文献，也就是说，它似乎包含了大量更加真实的数据，较之于后来的古典经济学家的著作，它似乎是一本更具经验主义的著作。亚当·斯密并不是一位纯粹的理论家，他还是一名极其敏锐的观察家，在他的伟大著作中他的许多观察成果都得到了很好地运用。不过这在某种程度上颇有误导性。因为另一方面，较之于李嘉图，斯密本人或许不是一位那么纯粹的理论家，但是事实上《国富论》的大多数核心内容并不来源于该书中的经验资料（empirical data）。在很大程度上，斯密总结出来并竭力宣扬的最重要结论，与洛克及其后继者一样，都是在合理的程度上以同样的少数几个自然法原则为基础的。这些原则少而简单，并且古典体系的吸引力毫无疑问是部分依赖于这一事实的。尽管边沁对于自然法思想是如此的深恶痛绝，但是他在很大程度上，却反过来利用这些原则构建了他的思想体系。

这些自然法原则有四大基本观念。[3] 第一，在所有的物质现象中都存在着某种根本秩序（underlying order），就像社会中存在着社会秩序一样。在物质世界、物理世界中，该法则就是"科学"法则、自然科学不可抗拒的法则。在社会领域中，虽然也存在着根本秩序，但是其法则却是与之截然不同的类型。然而，在某种意义上这些都是"自然法则"，虽然违背这些自然法则是可能的（一些人甚至认为自然法则是不可能被违背的），但是从长远来看，这种违背将会是无效的。调控人类社会安排（social arrangement）的自然法则，从长远来看，其不可抗拒性并不比那些控制物理世界的自然法则要逊色。第二，人们通过运用自己内在的理性（reasoning）和道德感能够将这些法则揭示出来。第三，人们从材料中推导出普遍适用的法则是可能的，如果可以在实践中观察到，那么这就可以产生出最可取的结果。第四，人类实在法（positive laws）尽可能地反映这些

---

[3] D. P. O'Brien, *The Classical Economists*, Chapter 2; O. H. Taylor, 'Economics and the Idea of Nature Law', 44 *Quarterly Journal Economics*205 (1929); Joyee Appleby, 'Locke, Liberalism and the Natural Law of Money', 71 *Past and Present*43 (1976).

自然法则，具有社会可取性（social desirable）。当然，对于这些基本观念，我们还必须增添上被设计用来保护财产权的洛克式社会契约论。

在古典经济学家们对调控政治经济学的自然法基本原则的研究中，从亚当·斯密开始他们的研究就是以对人类“本性”的一系列假设为起点的。本质上而言，这些假定是荒谬的简单想法。首先，他们假定人类是一种趋利避害的理性存在（rational being）。其次，他们假定或者推论说，如果让人们自己决定，那么人类就会选择将其幸福或者快乐最大化。让一个人幸
290 福或者快乐的事情，与让另一个人幸福或者快乐的事情并不必然是相同的，但迄今为止，每个人都是其自身利益的最佳判断者。最后，他们假定如果任由每个人自己决定，那么每个人都会选择去做那些能带给他最大快乐的事情。当然，非常明显的是，大量未接受过教育的劳工事实上并没有选择那些能够带给他们生活最大幸福的东西——例如，他们花费了太多的金钱在酗酒之上——但是，对这些难题的回答有两种答案。第一，教育工人阶级更好地理解他们自身的利益，训练他们为了长远的更大的利益而牺牲眼前的较小的利益的自律（self restraint）；第二，尽管的确有一些人并没有为其自身的最大利益进行理性计算，但是绝大多数人是进行了此种计算的。因此，任何试图保护前者、少数阶级免受其蠢行伤害的举措，都将不可避免地剥夺绝大多数人尽其所能照管其自己事务的自然自由。

当然，这种功利最大化的人是生活在社会之中的，而社会的工作核心毫无疑问是保护财产。因此，人们理所当然地认为，社会的工作需要构建出一套能够让人们在其中寻获自身幸福的财产法律体系。亚当·斯密随后给该体系框架注入了至关重要的交换观念。他认为人类具有用一种东西与另一种东西进行“物物交换、以货易货和交易”的“自然倾向”（‘natural propensity’）。[4] 如果他现有的物品比他想要的物品还要多的话，那么他就会用自己多余的物品去换取自己所缺乏的物品，如此，“每个人都靠交换来生活，或者在某种程度上都变成了商人”[5]。合同、贸易和劳动分工即是从这种倾向中产生出来的，并且从这些倾向当中又产生出了一系列有关政治经济学的不可抗拒的自然法则。调节——至少在短期内调节——影响商品价格的供需法则，到目前为止是这些自然法则中最重要的法则。因为正

[4] *Wealth of Nations*, Book I, Chapter II.

[5] Ibid., Book I. Chapter IV.

是这个法则，使社会中所有个体的无数活动被调和起来，每个人的行为都以这种方式使他的幸福最大化。人们假定，每个人都一心一意地通过最大量地获取那些能够带给他们幸福的东西，来使其幸福最大化。但是，他知道为了获取这些东西，他还必须自愿地放弃那些他人想要的东西，他人已经准备在令双方都满意的交易中从他那里拿走这些东西。每个人的利己因此会迫使他去顾忌他人的利益。“我们所期待的晚餐并不是来自屠夫、酿酒师或者面包师的恩惠，而是来自他们对自身利益的关切。我们不是向他 297
们乞求仁慈，而是诉诸他们的利己之心，不是因为人性，我们从来不和他们谈论我们自己的需求，而只是谈论这对于他们的好处。”[6]

正是这种永不停止的利己，为交换和生产提供了动机。当商品供应短缺时，其市场价格就会上涨。这事实上甚至对消费者也是一件好事，尽管表面上看对消费者似乎是件坏事。短期来看，消费者将倾向于减少他们的消费以至于需求将回落到供给能够满足的水平。长期来看，短缺及由此而来的价格上涨，将导致供应的增加，因为这种价格的上涨将让生产者们认为他们通过增加供应可以赚取更多的利润。生产者们因此就会将他们的精力与资源投入到这类商品的生产之中去；因为价格越高，他们就能够以更高的利率借入资本——资本家也会寻求他的自身利益——并且以更高的薪资招聘劳工——劳工反过来也会投入到他们期望能赚更多钱的工作当中去。相反的是，如果公众的口味改变了，或者商品的效用发生了改变，以至于公众对于此种商品的需求下降了，而对另外商品的需求增加了，那么就会发生相反的进程。需求下降，价格下降，生产者就会把投入到此种商品的资源抽离一些出来。资本和劳动力也会流动到现在需求增加的其他商品的生产之中去。通过这种方式，公众对商品的需求总是能够得到满足。市场中的每个人，生产者、资本家以及劳工，虽然只是关注他们自己的利益，但结果却是魔法般地生产出公众想要的东西。在亚当·斯密最著名的著作中，他将这种本源模糊地归功于市场的运作。他特别对资本的提供者进行了分析——尽管很清楚的是，他的论断同样也适用于劳动力或者其他资源的提供者——他说：

确实，他通常既不打算促进公共利益，也不知道他自己是在什么

[6] Ibid., Book I. Chapter II.

> 程度上促进了公共利益……他所盘算的也只是他自己的利益，而在这个场合，像在其他许多场合一样，他受着一只看不见的手的指导，去尽力达到一个并非他本意想要达到的目的。[7]

根据斯密的观点，市场价格的短期波动是围绕着商品“自然价格”（‘natural price’）的上下摆动。长期来看，如果市场能够像斯密所描绘的那样自由运作，那么市场价格就一直会有一个接近于其“自然价格”的倾向。然而什么是“自然价格”却一直是一个极其困难的问题。与后来的古典经济学家一样，斯密耗费了巨大的精力试图建立起某种“价值理论”，但是囿于本书写作目的，因此对此做一两个简短评论就足够了。首先，斯密非
298 常清晰地区分了商品的使用价值和交换价值。商品的价格就是商品的交换价值——能够以什么价格卖出。很明显，一件商品如果要有任何交换价值，那么它一定要具有某种（*some*）使用价值；但是使用价值并不是与交换价值成比例的。关于钻石和水的使用价值与交换价值的著名悖论，以一种令18世纪读者倍感亲切的方式阐明了这一点。水当然比钻石更有使用价值，但是在价格上它却比钻石要廉价许多。对这个悖论的解释必须要等到100年之后“边际效用理论”（‘marginal utility theory’）被发现之时，但是在这里我没有必要纠缠于此。关键在于使用价值无论如何都不能决定交换价值或者价格。如果说不是使用价值决定了自然价格，那又是怎样的呢？斯密对此的大致回答是自然价格取决于生产成本。

人们将会看到，比起有关“公平价格”（‘just price’）的经院哲学之见解，斯密关于价格的观点已经有了巨大的进步，因为他考虑到了市场价格的波动，并且不认为一切事物都有一个固定的公平价格。同时，斯密一点也没有采纳霍布斯那种以偏概全的论断，霍布斯认为当事人议定的价格仅仅因为是协议而成的，因此就一定是公平的价格。尽管如此，他确实给那些想要像霍布斯一样进行论证的人提供了巨大的支持，因为对于为什么市场中的价格涨跌一般而言是可以预期的，斯密提供了一种合理且科学的解释。如果当商品短缺时价格不上涨，消费者就没有减少其消费的动力，并且生产者也没有动力增加生产以满足公众明显增加的需求。无论这些高昂的价格是否应当被谴责为“不公平”，问这个问题本身似乎就并不明智。

[7] Ibid., Book IV. Chapter II.

非常明显的是，允许价格以这种方式上涨，是符合且有利于公共利益的。然而，对于这一点还需要作出一些重要的限制。只有当存在一个自由和竞争性的市场，且没有相关的联合体与垄断（combination and monopoly）时，随着公众需求的变化而出现的价格涨跌才是符合公共利益的。在此情况下，当需求增减之时，是买方与卖方的竞争在驱动着价格的涨跌，然而如果没有竞争，只有垄断性的供应方或者买主，那么价格的这种变动就不一定符合公共利益。

斯密对“垄断”概念的界定非常宽泛。实际上，他倾向于将大部分干预自由市场的行为都当作垄断的各种形式。例如，禁止进口就让本国供应商形成了垄断；禁止出口就让国内消费者形成了垄断；《学徒法》让学徒对其工作期间所从事的工种形成了垄断。所有这些由法律所创造出来的垄断，斯密都是强烈反对的。对于私人垄断（private monopoly），或者我们 299
今天所称的限制竞争协议（restrictive practice），他也有相当多的论述。供应商之间缔结的不允许低于特定价格出售商品的协议，或者雇主之间缔结的不支付高于特定标准的工资的协议，在斯密的理解中，也是某种类似于垄断的东西。这种协议阻止价格随着需求的变化而涨跌，因而有害于公共利益。

根据斯密的观点，市场机制最主要的吸引力之一是其能够自我调节（self-regulating）。人们只需要对其放任不管，让利己发挥作用，其结果就会惠及公共利益。而且市场环境的变化，如公众口味的变化，或者特定商品效用的改变，或者生产成本的变化，都将会被市场本身的自我调节机制所解决。干预不仅是不必要的，而且干预在短期内看很可能显著伤害市场，长期来看也是徒劳的。例如，如果某个特定商品变得稀缺了，而人们又试图抑制其价格上涨，其结果短期来看是有害的，因为生产者没有增加供应此种商品的动力，消费者也没有减少其消费的动力。然而长期来看，这些管控很可能是徒劳的，因为观察到商品稀缺性的供应商，可能不愿意以规定的价格去销售该类商品，他们会选择抑制性地向市场供货；代之而来的是“黑市”的形成，在黑市中，买方所支付的价格与卖方所索要的价格都是非法的价格，因为只有这种非法的价格才符合买方与卖方的利益。

此外，对于斯密本人而言，非常明显的是，干预自由市场几乎总是以牺牲消费者或者普通大众的利益为代价，而旨在强化特定阶级或者群体的利益。较晚一些时候，人们逐渐普遍地认为，不干预政策（或者自由放任主义政策）本身是有利于工商业阶级的，但是这与斯密本人的观点完全相反。对他而言，在“自然的自由体系”——正如他常常所称呼的那样——中，私人利益与公共利益存在着自然的和谐；对这个体系的干涉将会扰乱特定群体利益的自然和谐。正如斯密所认为的那样，过去大多数专门的（*ad hoc*）经济法规的制定，仅仅是为了增强买方或者卖方对于这种或那种特定商品的利益。一般而言，这些受惠群体是在特定贸易中或者在特定区域中具有商业利益的群体，他们说服议会立法，从而以关税或者创设合法垄断（此垄断乃指斯密扩展了其意义的垄断）的方式，来为他们的活动提供事
300 实上的补贴。因为这些补贴的成本在财政上并不明显，所以政府和议会误以为这样做并不包含着真正的公共成本。在这一点上，他们想错了，因为即使纳税人没有明显地为补贴付款，但是消费者却通常以支付更高价格的方式，为额外费用买单。斯密强烈认为，对此唯一的解决办法就是逐渐地清除这些陈腐的法律法规，并允许市场自然地运行。

正如亚当·斯密所描述的那样，市场机制逐渐成为所有古典经济学理论的核心。事实上，这并不是从第一个原则中严格推导出来的，即使在李嘉图所采用的抽象得多的方法论中市场也是其核心。更晚一些时候，经济学家们投入大量的时间和精力，试图证明（*prove*）自由市场能够让资源得到最优配置，但事实上他们所证明到的是，只有在最不可思议的严苛条件下，情况才会如此。在平常生活中，有太多的原因让自由市场没有产生出最佳的结果。所有这些讨论，要在未来亚当·斯密及其后继者们的著作完成之后很久的未来才会出现。事实上，他们在很大程度上对代表自由市场的一些相当粗略的推理是颇为满意的，这些推理通常包括“没有什么原因比这个简单的原因更综合、更透彻了，即在自由交换的地方，不会有抢掠，从而必定只会惠及双方当事人”[8]。与此类似，对于亚当·斯密而言竞争也是一种美德（virtue），其原因与竞争对很多外行（laymen）具有吸引力的原因相同，因为他认为竞争会给个人提供动态激励。只有在晚些时候，“完全竞争”（‘perfect competition’）理论才产生出来，该理论认为，即使在完全不现实的条件下，也可以实现资源的最优配置。

然而，亚当·斯密全面检视并提出的经济视角（economic vision），主要是在他的同胞中（需要记住的是他是苏格兰人），更多的是在英国人

---

[8] T. W. Hutchison, *A Review of Economic Doctrines 1870-1929* (Oxford, 1953), pp. 282-3.

当中引起了共鸣。无论是在国内的还是国际的整个政治经济学体系之中，交换和自由交换的观念都变得具有压倒性的重要意义。自由贸易——不受限制地进行进出口的权利——变成合同自由的海外等同物（overseas equivalent）。针对自由贸易或者合同自由的一切限制都是以牺牲一些群体的利益为代价来保护另一些群体的利益，或者甚至可以说是一些群体对另一些群体的剥削。限制出口事实上就相当于以牺牲生产者的利益为代价，补贴国内同类商品的买家，因为缺少国外买家的竞争，此商品的价格就会被压低。限制进口是向购买国内同类商品的买家征税，他们购买此商品时所支付的价格，比没有这些限制时所支付的价格更高——增加的这些赋税不会进入国库，而是落入国内生产者的手中。即便是进口税（关税）也好不了多少，因为只要英国供应商让其价格低于进口的、被征税了的商品的 301
价格（但是高于自由竞争下未征税的进口产品的价格），那么他仍然能够有效地从消费者那里获得补贴。

《定居法》（Settlement Laws）对于劳工流动的限制，也阻碍了他们去往薪资更高的区域定居工作，而只能待在原住地，挣取较低的工资，或者甚至过着济贫的生活。亚当·斯密之所以对这些法律进行谴责，除了因为它们“背离了自然自由和正义”[9]之外，还有经济效率方面的原因。所有其他对雇佣的限制也同样如此。他认为，甚至旧时的学徒法律法规（Apprenticeship Laws）都是不必要的，因为如果一个人愿意雇用一个没有资质的人为他做一些工作，那么对于该工作能否足够好地被完成，难道他不应该相信他自己的判断吗？对于那些声称限制竞争协议（restrictive practice）符合公共利益的说法，亚当·斯密是第一个但并不是最后一个用极其质疑的眼光看待的人。斯密认为，仅仅因为一个人没有经历过一个为期七年的学徒期，就阻止他运用他“最神圣不可侵犯的财产”，即他的长处与聪明才智，“这是对工人以及可能有意雇用他的人正当自由的显著侵害”[10]。那这究竟是为了什么呢？“对于雇用他是否适当，肯定应当由与其有重大利害关系的雇主去判断。”[11]事实是，长达七年的学徒期，对于工人的不胜任

[9] *Wealth of Nations*, Book I, Chapter X.

[10] Ibid.

[11] Ibid. 斯密甚至准备在没有行医执照的情况下行医。他认为消费者不需要任何复杂的技巧就可以辨别出好医生和坏医生，see E. G. West, ‘Private versus Public Education’, in A. W. Coats (ed.), *The Classical Economists and Economic Policy* (London, 1971), p. 128。

学徒法律法规并没有给予公众充分的保护。欺诈是一回事，而法律必须提供相应的保护以防止欺诈，但是不胜任是另外一回事——应当让雇主去关心他所雇用的人胜任与否的问题。

另外，如果劳动力可以自由流动，那么在某种意义上，学徒制的限制也应当被取消，随后固定薪资制就会被废除而且也应当被废除。有谁能比交易的双方当事人本身更清楚，劳工的服务价值几许呢？这也并不意味着斯密没有意识到劳工与雇主讨价还价时是处于劣势的。他明白这一点，他知道雇主很容易就能联合起来并就拒绝支付超过一定限额的工资达成一致，而工人基于类似的目的联合起来却是非法的。斯密在这些问题上并不是不同情工人，但为了让工人能更好地与雇主讨价还价而允许工人联合起来，实际上是用一个错误去纠正另一个错误之举。唯一的正确方法是竭力
302 阻止雇主的联合，即使该办法从来就没有大获全胜过。

如此，劳动力就会在自由市场里流动，而且也应当允许国际贸易自由地穿过各国边界。当然，在这个时期，租金是自由且完全不受控制的，在人们严肃地讨论对出租人与承租人之间的合同进行干预的时候，那已经都是下一个世纪的事情了。资本自由仍然还被保留着，并允许以双方当事人协议确定的任何利率来进行金钱借贷。奇怪的是，亚当·斯密本人最终并没有迈出呼吁废除《高利贷法》（Usury Laws）的最后一步。关于资本积累他确实讨论了很多，他将资本积累归功于节俭以及对私人节俭的远见，而且他将私人节俭与将资金用于战争和华丽宫廷的政府挥霍进行了对比；但是他并不完全反对所有控制利率的举措。在这个问题上边沁超越了斯密。根据斯密本人的论述，边沁在 1790 年提出了一个惊人的废除《高利贷法》的法案，并将法案的副本发送给斯密，希望能得到他的认可。但是当斯密收到该法案的时候他已经生命垂危，而边沁永远没有得到他的回答。尽管如此，在这个问题上公众舆论认为边沁在很大程度上已经证明了他的法案，没过多久《高利贷法》首次被修改并随后被废除，尽管直到 1854 年才最终完成废除工作。

亚当·斯密从未怀疑过自己一直在对国家经济活动进行描述并提出政策建议。在斯密看来，个人尽管也可能受到“看不见的手”的引导，但个人并不是在洛克式的自然状态中，而是在一个现代国家中生活着。虽然斯密坚定地认为干预自由市场机制通常会弊大于利，但是他也并没有完全否定国家在其中的作用。事实上，他在《国富论》中用较大篇幅论述了国家

确切的职能。在他看来，国家和主权，有三个主要目的：第一，国家有义务保护社会免受外敌入侵；第二，国家有义务保护公民免受压迫、暴力和欺诈，并预先建构一个司法体系来终结压迫、暴力和欺诈；第三，对于公共利益需要的公共工程和公共机构，由于其过于庞大或者花费过巨以至于私人无法建设的，国家有义务来建设。这三个目的中的每一个都能够被非常广泛地进行考察。例如，抵御外敌入侵对于《航海法》(Navigation Acts)的正当化而言就具有非常充分的重要性，而《航海法》是对完全的海外自由贸易的巨大干预。而在第三个目的之下，完全可以将国家职能的大幅度扩展正当化，如与高速公路、桥梁、运河、码头、海港的修建等相关的职能。但是在这三个目的中最让我们感兴趣的是第二个目的，很明显的是，斯密在这里并没有抱持着政府职能最小化的观点。非常奇怪的是，关于政府对 303
于强制执行合同的义务，他几乎没有论及，虽然在《国富论》和《法理学讲义》的个别文章中，很明显可以看出斯密认为这是文明国家的主要职能之一。他也明确地指出，对特定类型合同的规制与他的总体思想并不是非常冲突的，例如（正如我们已经看到的），他并没有完全否定应对利率进行管制的观点，同时他也不认为《禁止实物工资法》有任何问题。[12] 他也提倡制定控制垄断的法律。他还非常担忧银行不受限制地发行票据的权利，他对这个问题的讨论比他在《国富论》中对任何其他问题的讨论，都更好地说明了他反对应当禁止国家任何干预合同之举这一绝对的、教条的观点。

> 也许有人会说，无论本票数额是大还是小，只要私人愿意接受它们，就不应当限制私人接受银行家用本票付款；当银行家的所有邻人（neighbours）愿意接受这些票据，那么限制银行家发行这些票据，就是对自然自由的侵犯，而法律所应当做的事情不是妨害而是支持自然自由。毫无疑问，这些规制在某些方面可以被看作对自然自由的侵害。但是这些可能会危及整个社会安全的、少数个人的自然自由的行使，受到而且应当受到所有政府法律的限制……为预防火灾蔓延而确立的界墙（party wall）建设规范，其对自然自由的侵犯与这里所主张的银

[12] D. P. O'Brien, *The Classical Economists*, p. 32.

行交易限制是完全相同的。[13]

因此，认为亚当·斯密是完全自由放任主义体制的鼓吹者这种一般观念，是具有一定误导性的。但是较之于他之前的那些学者，斯密对于反对干预市场运作的一般假定的强调，的确足以使他本人被确定为一种新经济理论的奠基人，该经济理论鼓吹最大化经济自由这个一般原则。[14] 如果说他没有教条地鼓吹自由放任主义是解决一切经济问题的方法，那么“《国富论》的中心主题是‘看不见的手’的运作”[15] 却是事实。个人私利与公共利益之间的自然和谐是他的基本信念，这可以被看作他这本书所传递的主要信息。的确，这本书的好几个部分都表明，斯密非常清
304 楚地认识到私人的经济利益并不总是与公共利益相一致，但是整本著作所传达出来的信息却是只要政府不干预商业活动，通常而言公共利益就可以得到保障。

在结束讨论亚当·斯密及其著作之前，对于人们对他观点的一个最常见的误解，我们还需要稍加讨论，事实上，对古典经济学家们的误解普遍存在。人们普遍认为，或许至今都普遍认为，亚当·斯密在本质上是在鼓吹一个以自私和贪婪为基础的社会。斯密认为利己是所有工作、储蓄、个人提升以及社会进步的主要动力，然而这种利己的动机经常会因为它的这一目的而经常被歪曲。然而这种歪曲是由无知引起的。任何读过《国富论》的人都不会相信斯密是在为物质享乐者、自私与贪婪者辩护（*advocate*）。无论如何，斯密早些年在《道德情操论》（首次出版于 1759 年）已经详尽地阐述了他的道德哲学，该著作在整个欧洲都很著名，事实上，斯密早年的声望都是建立在此书的基础之上的。在这本书中，斯密对道德情感或是情操（sentiments）的整个基础以及其与正义之间的关系进行了讨论。尤其是本书中有一篇文章，对那些谴责斯密鼓吹以贪婪和利己为基础的道德体系的人，作出了充分的答复。在这篇文章中，[16] 斯密认为虽然人们相互之

---

[13] *Wealth of Nations*, Book II, Chapter II, cited, D. P. O'Brien, *The Classical Economists*, pp. 274-5.

[14] Jacob Winer, 'The Intellectual History of Laissez Faire', 3 *Journal of Law and Economics* 45 (1960); also his *The Long View and the Short* (Glencoe, Ill., 1958).

[15] Mark Blaug, *Economic Theory in Retrospect*, p. 57.

[16] *The Theory of Moral Sentiments*, ed. Raphael and Macfie (Oxford, 1976), p. 86.

间有着自然的同情心，甚至会被这种同情心所打动而作出仁慈之举，但是这些动机并不足以遏制人们按照自己的利益而非同胞的利益行事的这种自然倾向。正义的存在可以抵销这种自然的自私，对他而言正义是至高无上的美德：

> 正义……犹如支撑起整个大厦的主要支柱。如果这根柱子松动的话，那么人类社会这个雄伟而巨大的建筑必然会在顷刻之间土崩瓦解，在这个世界上，如果我可以这样说的话，建造和维护这一大厦似乎受到造物主特别而宝贵的关注。所以，为了强迫人们尊奉正义，造物主在人们心中培植起那种恶有恶报的意识以及害怕违反正义就会受到惩罚的心理，它们就像人类联合体的伟大卫士一样，保护弱者、抑制强暴和惩罚罪犯。

第二节 后来的古典经济学家

1776 年《国富论》出版对公众和有关经济事务的政治思想产生了重要的影响。这本书广为流传，短短几年时间里政客们就对亚当·斯密的观点形成依赖，而在 18 世纪 70 年代和 80 年代许多重要的内阁部长都向斯密本人咨询各种问题。到该世纪末，一批新兴的经济学家开始创造出一套新的 305
著作体系，其中的许多著作都为受过教育的公众所熟知，同时也影响到了政策的制定。在这里必须要对这些古典经济学家中最著名的一些人进行分析，着重关注他们著作中有关合同自由的内容。

然而，首先应当谈一谈政治经济学在这个时期的普及者。尤其在 19 世纪 20 年代、30 年代和 40 年代，大量最有影响力的作家投入了大量的精力去宣扬政治经济学的某些简化版本。在这些人中最重要的两个人是《经济学人》（*The Economist*）[17] 的编辑詹姆斯·威尔逊（James Wilson）以及在《图解政治经济学》（*Illustrations of Political Economy*）[18] 中写了一系列小《故事》（simple *Tales*）的作者哈丽雅特·马蒂诺。这些作家所宣扬的这种版本的政

[17] See Scott-Gordon, 'The London *Economist*and the High-Tide of Laissez Faire', 63 *Journal of Political Economy* 461 (1955).

[18] London, 1832-4, 9 volumes.

治经济学，往往都具有过分简单化的特点，其通常发展成为对自由放任主义理论的刻板宣扬。普及者们以亚当·斯密的学说（后来以李嘉图的学说）为基础，宣扬其中最简单的信息。他们将自己一知半解的从洛克、卢梭和佩利等那里提取出来的传统观念，连同少许边沁主义思想，与经济学家的学说结合在一起，产生了一种简单的观念综合体（synthesis）。所有干预"自然秩序"的事情都是且必定是错误的。"对于哲学学说而言，政府无权力干预；对于上帝创造的神圣奇迹而言，政府没有必要干预；现在又增加了一个科学证据，证明政府的干预是不明智的。"[19]

绝对合同自由的信息，显然是可以从上述的简单论述中得到的。在《故事》第六卷的结论中，马蒂诺女士总结说，她认为合同自由原则包括如下内容：

> 世界各国用于创造生活的舒适与奢华的机制是迥异不同的。
>
> 世界上的居民都一致期望或者渴望得到世界所创造出来的舒适和奢华之全部。
>
> 除非通过相互交换，否则这些期望与渴望无论如何都不能得到满足。只有通过绝对普遍和自由的交换，它们才能够得到完全的满足。
>
> 通过普遍和自由的交换——也就是允许每个人用他最不想要的东西去交换他最想要的东西——那么一个绝对完美的资源经济体系就可
> 306 以建立起来，而且整个世界也会被涵括到这一安排当中。

马尔萨斯

在新一代的古典经济学家中，最早且最重要的人之一当数托马斯·马尔萨斯（Thomas Malthus）——《人口原理》（*Essay on the Principles of Population*）享有盛誉的作者，该书在 1798 年首次出版。甫一出版就立刻被公众追捧的《人口原理》，给当时的经济理论提供了一个新的重要维度，但是只有将该书置于其时代背景之下，它才能够被人们正确地赏读。在马尔萨斯写作该书的时候，存在着一个让许多政治家和经济学家都深感焦虑的特别问题，即自亚当·斯密以来，济贫税（Poor Rate）的支出正在恐怖

[19] J. M. Keynes, *The End of Laissez Faire* (London, 1926), p.11.

地增长。尽管人口增长这一事实本身要等到 1801 年首次人口普查时人们才能确切地知晓，但所有人普遍知晓的却是济贫税已经在以令人恐惧的速度增加着。在 1760 年，整个英格兰济贫税的支出还在 125 万英镑左右，到 1784 年时就已经增长到 200 万英镑，不到 20 年之后，也就是在 1803 年，它已经超过了 400 万英镑。这些数字表明其在公共开支中占据着巨大比例，尽管存在着与法国之间的战争支出，但是济贫税仍然占到总开支的 10% 至 15%，如果去除军费支出，那这个比例还会更大。济贫税增加的原因有很多，但是其中一个原因是人们最为关注的，即于 1795 年开始推行的新的斯宾汉姆兰制度，根据该制度，工人可以根据不同家属数量获得津贴，并以该津贴的形式作为工资的补充。

在马尔萨斯撰写其《人口原理》之前不久，威廉·葛德文（William Godwin）就已经出版了他的《政治正义论》（*Inquiry Concerning Political Justice*）。葛德文是一位乌托邦主义者（Utopian），他主张建立一个平等的社会（egalitarian society），并认为贫困是由社会财富分配不均所造成的。像在他之前以及在他之后的许多其他人一样，葛德文比较敌视富人的财富，他本人坚信只要财富能够被更均匀地分配，那么财富对于所有人来说都是足够的。正是在这样的背景之下马尔萨斯写作了《人口原理》，其最初就是用来回应葛德文的著作的。他的主要目的就是通过说明这样一个事实来摧毁像葛德文这样的人的乌托邦信念，即事实上，让社会采用一个按纯粹平等主义来支付劳动报酬的体制是根本不可能的。一个有庞大家庭的人，为了供养更多的人口他永远需要挣更多的钱，对他这样做的权利所进行的任何干涉，都将会是（用亚当·斯密的话来说）“对一个人所拥有的最初的和最神圣的财产的侵犯”[20]。更重要的是，马尔萨斯在《人口原理》以及在其后来的其他著作中所试图强调的事实是，如果食物供应没有同样增长，
那么不管是在工资方面还是在贫困救济方面，想通过支付更多的报酬来增 307
加民众的福祉都是不可能的。在他写作的那个时代——也就是在 18 世纪末的几年里——食物供应增长的可能性大幅度降低，这首先是因为收成持续不佳，其次是因为拿破仑的封锁。这样就不可避免地迫使小麦和面包的价格上涨到无疑会引起真正匮乏（deprivation）的水平，而马尔萨斯对此的

[20]　Essay on the Principle of Population（ed. Flew），Pelican edn.（Harmondsworth，1970），p. 181. 本书引用自该书的内容全都是基于此书的这个版本。

观点无疑是非常正确的，他认为这种情况是不能通过给穷人以更多的金钱而得到补救的。因为如果食物供应保持不变，那么其唯一的结果就将是进一步地提高粮食价格，“如果我们进行干预以阻止商品价格上涨到超过最贫困的人所能承受的程度……，不管他们是何人，我们都必须通过掷硬币、抽签、抽奖或者打架的方式来确定谁将要被排除在外”[21]。

当然，所有这些都只不过是《人口原理》的主题的导言（introduction），但是它却为该书的这种观点做好了准备，即民众的富足取决于人口数量与食物供应数量之间的比例。在这一点上马尔萨斯阐释了他著名的原则，其大意是，人口增长的速度总是会超过粮食供给增长的速度，任何对未来劳动阶级可以真正享受富足的乌托邦的设想都只是空想。对于我们的研究目的而言，马尔萨斯的研究主题中最重要的部分是，他与同时代的大多数作家一样，认为这是理所当然的，即人口与任何其他商品一样，其增长是对需求的反应；事实上，有太多的证据表明在 18 世纪以及其之前的时期，人口增长的确是对经济因素非常有规律的反应。[22] 当处于好时代且劳动力稀缺时，工资自然就比较高；而当工资较高时，劳工就受到更早结婚的激励，其结果就是妇女们在其婚姻关系中会花更多的时间抚育孩子。在当时的社会条件下，这会导致人口的增加。反过来，当处于坏时代的时候，工资就较低，婚姻就会推迟，而人口也会下降，或者至少可以说人口增长就会放慢很多。

马尔萨斯将他的人口原则与这些传统思想观念联系在一起，认为人口增长超过食物供应增长速度是一个持续的趋势，并认为只要这种趋势能够通过某些方式得到抑制，那么劳工生活水平的持续下降就可以得以避免。在《人口原理》第一次出版时，马尔萨斯根本没有看到有这种希望的任何迹象，对他而言抑制人口增长趋势的唯一方式，似乎只能要么是饥荒要么
308 是“疾病”。后来他对于未来的前景变得不那么悲观了，并且认为“道德拘束”（‘moral restraint’）可能会提供一个抑制该定律运行的替代办法。当然，马尔萨斯所写的许多内容，事实上从一开始就是荒谬的。人口的几何增长速度与食物供应的算术增长速度之间的对照完全是不准确的。此外，

[21] From *An Investigation of the Cause of the Present High Prices of Provisions*, cited by Keynes, *Essays in Biography* (revised edn., London, 1951), p. 105.

[22] E. J. Hobsbawm, *Industry and Empire*, pp. 42-4.

他的论文是完全没有历史基础的，因为他似乎认为他的原理是从他自己所处的时代开始发挥作用的，但是他从来没有充分解释过为什么会是这样，如果这个定律在更早的时期就已经在发挥作用，那么英格兰将会在几个世纪内就变得越来越富有（就像亚当·斯密所清晰论证过的那样）。[23] 弗朗西斯·普莱斯所提倡的人工节育的可能性，至少针对马尔萨斯的担忧为发达国家最终提供了一个完整的答案——尽管对于不发达国家，也就是对于世界其他国家而言，马尔萨斯的这些担忧甚至在今天还仍然不可避免地存在着。

但是对于我们的研究目的而言，马尔萨斯著作中所论证的最重要的内容是他对《济贫法》的批判。马尔萨斯在其《人口原理》的初版中说道，现在的《济贫法》在很多方面趋于恶化穷人的状况。[24] 他指出，虽然《济贫法》的制定是出于最仁慈的目的，但是它们只会让事情变得更糟。劳工被鼓励去结婚和生育后代，而不必因为担心他是否负担得起而感到犹豫。这些法律也对"穷人的那种漫不经心和大手大脚的习气的形成"[25] 具有推动作用，而这种习气导致穷人们习惯现挣现吃。即使是那些有能力为未来进行储蓄的人，也从来没有感觉到有必要这样进行储蓄，因为他们知道万一有需要的时候，他们总是可以求助于《济贫法》。虽然马尔萨斯担心这个弊害实在太大以至于已经无法补救了，但是他认为缓解现存弊害的唯一办法就是废除《济贫法》，并且完全开放劳动力市场。

> 这至少将使英国农民享有行为自由，而现在人们几乎不能说他们已经享有了行为自由。这样，他们便可以不受阻碍地选择那些工作机会多、劳动工资高的任何地方定居。劳动力市场将因此而处于自由状态，而那些像现在这样的、相当长期地阻碍着劳动力价格随着需求的增加而增加的各种障碍，也就被消除了。[26]

有些形式的济贫，如各个郡的济贫院（County Workhouses），只能提

[23]　关于马尔萨斯和纳骚·西尼尔在这一点上的争议，see B. Inglis, *Poverty and the Industrial Revolution*（London, 1972）, pp. 280-3。

[24]　See Chapter V of the *Essay on Population*.

[25]　Ibid., p. 98.

[26]　Ibid., Chapter V, p. 101.

供给极端贫困的人。这些形式的救济“济贫院不应当被看作是为所有处境艰难人群提供舒适的庇护所，而只应当被看作是为极端贫困的人提供能稍
309 微缓解其窘迫境地的场所”[27]。像这样的论述以及其他一些甚至更骇人的论述，如在一段著名的论述中马尔萨斯指出穷人在大自然的桌子（Nature's table）上是没有一席之地的，很容易就使现代读者产生误解。人们会很容易就将马尔萨斯看作一个严厉的人，一个对穷人缺乏怜悯之心的人，但是这就大错特错了。马尔萨斯仅仅是想证明这样一种观点，即人们所能给予穷人的帮助，事实上要受到许多严格的限制。我在前文的章节*中已经指出，[28]19世纪早期的许多人都有一种无助感，因为他们周围穷人的数量增长是如此显著。很明显，马尔萨斯也强烈地感受到了这种无助感：“哎呀！根除贫穷是人力所不能及的。”[29]不幸的是，在缓解穷人痛楚的仁慈尝试中，英国人却让事情变得更糟。如果没有对穷人报以深深的同情——这种同情贯穿《人口原理》之始终，那么是没有人能够读得懂第一版的《人口原理》的。马尔萨斯似乎想说的是，当时的《济贫法》其实是一个骗局：

> 我们告知大众，如果他们服从于一种暴虐的法律制度，那么他们就将永远免受匮乏之苦。而事实却是，他们的确服从了这种法律制度，并履行了他们在该契约中的义务，但是我们却没有也不能履行我们在该契约中的义务，如此，穷人们奉献了其宝贵的自由，却未得到某种相应的回报。[30]

唯一的补救措施就是抛弃这样一种借口，即无论人口数量增加多少，都要确保大众过上体面的生活。大众必须要明白，这是绝对不可能的，他们的未来实际上掌握在他们自己的手中。合同自由必须交还给劳工，《定居法》（Settlement Laws）必须要被废止，斯宾汉姆兰式的《济贫法》（Speenhamland Poor Laws）必须要被取消，这样工资才会涨至其正常的水平。雇主与劳工之间的合同自由，虽然有时会产生出压迫劳工的弊端，但是却

[27] Ibid., Chapter V, p. 102.

* 指本书第八章。——译者注

[28] *Supra*, p. 234.

[29] *Essay on Population*, Chapter V, p. 102.

[30] Ibid., Chapter V, p. 103.

比依附（dependence）要强得多：

> 某人为我干了一天的活儿所给予我的恩惠，与我所给予他的恩惠是一样多的。我拥有他想要的东西，他也拥有我想要的东西。我们可以进行友好的交换。穷人由此可以因意识到自己的自立而昂首前行，雇主的心灵也不会被权欲所玷污。[31]

针对《济贫法》的这些批判产生了很大的影响。这些批判让 Pitt 放弃了提交一个议案以赋予斯宾汉姆兰制度制定法效力的打算，同时，这些批判最终也对贯彻 1834 年《济贫法修正案》（Poor Law Amendment Act）所需要的某种观念的形成发挥了一定的作用。这些批判对于公众舆论（public opinion）和古典经济理论的发展趋势都产生了更加普遍的影响。因为对于 310
马尔萨斯的著作，人们普遍认为（虽然远非全体一致赞同）他已经证明了“工资铁律”（‘Iron Law of Wages’）。这被认为是这样的一个“定律”，即穷人的生活水平在任何较长时期内永远不会有效地上涨至超过维持其生存所需之水平。因为任何这样的增长都只会导致人口的增长，没过多久它就会导致劳动力过剩和工资水平下降。事实上，除了马尔萨斯本人、李嘉图，或者也许还有詹姆斯·密尔之外，人们根本不清楚其他的古典经济学家是否真的相信这个所谓的“定律”。[32] 我已经提到过的小密尔及其功利主义与激进主义朋友们的观点，他们颠覆了马尔萨斯的观点并提出了一个不失对未来充满希望的观点。随着 19 世纪的慢慢过去，以及国家的生产力开始显著超过人口的增长，“工资铁律”连同对人口过剩的普遍恐慌（general spectre）渐渐一起消失了。只是在最近几年，马尔萨斯的幽灵（Malthusian ghost）又重现在现代人的脑海中，但是这一次已经没有《济贫法》可以被谴责和改革了。

詹姆斯·密尔

在马尔萨斯之后，我要接着谈一谈詹姆斯·密尔和大卫·李嘉图

---

[31] Ibid., Chapter XV, p. 179.

[32] A. W. Coats, ‘The Classical Economists and the Labourer’, in A. W. Coats (ed.), *The Classical Economists and Economic Policy*, pp. 169-70.

（David Ricardo）。关于老密尔（elder Mill）*，我需要简单谈一谈。作为一名有创见的思想家（original thinker），他对经济理论有价值的贡献不太多。事实上，他声名鹊起的主要原因是，他说服李嘉图完成了《政治经济学及赋税原理》（*Principles of Political Economy and Taxation*）的写作，以及他在政治经济学俱乐部（Political Economy Club）的建立中发挥了主导作用，要知道所有主要的理论家和许多实务人士都是这个组织的成员。然而，对于这个故事而言，詹姆斯·密尔却颇有引人关注之处。或许他就是将古典经济学家与功利主义者集合起来的核心人物。他是边沁和李嘉图非常亲密的朋友，他于 1819 年出版的《论政府》（*Essay on Government*）据说让边沁转而信任民主了，而且《论政府》中的方法论也与李嘉图在《政治经济学及赋税原理》以及其他著作中所采用的方法论，极其相似。

很明显，詹姆斯·密尔和李嘉图都醉心于高度抽象的演绎推理模式（*a priori*modes of reasoning），在他们的著作中经常可以发现这种推理模式。这种抽象的演绎思维对于功利主义以及李嘉图经济学的普及，都发挥了非常重要的作用。而詹姆斯·密尔本人就是一个卓越的宣传家。他将边沁思想的传播视为自己的使命，并且由于他认为李嘉图是边沁的追随者之一，因
311 此他的使命还包括宣传政治经济学。从宣传家的角度来说，这种抽象的方法论是有一些优势的。它使论证能够完全离开任何经验数据。但是在社会科学的数据（正如我们已经看到的）还处于最粗浅状态的时代，这种方法论是没有任何优势的。在李嘉图的《政治经济学及赋税原理》和詹姆斯·密尔的《论政府》中，几乎完全没有任何事实命题（factual propositions）。正是由于这个原因，所以密尔的《论政府》受到了麦考利的严厉批评，他在 1829 年的《爱丁堡评论》中对《论政府》进行了激烈而又尖刻的评论。麦考利写道："这是一篇详尽论述政府的论文，但是该文中的两三个过去的典故，似乎显示作者并没有意识到政府是存在于人类社会之中的。他假定人类本性有某些倾向，并从这些前提出发，就直接把整个政治科学都推导出来了！"[33] 事实上，整个评论是在呼吁在社会科学中运用经验方法（empirical methodology）——并且他介绍了这种方法——"通过观察世界的

* 詹姆斯·密尔是约翰·斯图尔特·密尔的父亲，故人们一般用老密尔指称詹姆斯·密尔，用小密尔指称约翰·斯图尔特·密尔。——译者注

[33] Macaulay, *Miscellaneous Writings and Speeches*（London, 1889）, p. 161.

现状——通过对过去时代的历史的刻苦研究——通过筛选事实证据——通过仔细整合和对比那些可信的证据——通过运用判断和质疑来进行概括归纳——通过持续不断地将我们所建构的理论拿去接受新的事实的检验——如果这些新的事实已经证明了该理论存在偏颇，或者是完全错误的，那么就要对该理论进行修正或者彻底放弃。”[34] 但是密尔和李嘉图所采用的却不是这种方法。

他们的方法的优势在于能够简约地传递某种思想。因为事实本身可以被放在一边，那些令人尴尬的修正、例外和反命题也都可以被忽略，而该思想的原初简约内容，却仍然可以被响亮且清晰地传达出来。虽然很难说李嘉图所有的著作都具有这种简约性——事实上，对于那些缺乏该主题背景知识的人而言，他的这些著作通常是深奥难懂的——但似乎正是这样一种特点直接或者间接地促进了它们的传播。正如我们不久之后将会看到的，恰恰是这种关于合同自由的简约思想，可能对合同法的发展产生了深远的影响。

关于詹姆斯·密尔的政治经济学著作，我只需要提及其中的一两部就够了，这些著作显示出他在一些核心问题上所采用的方法具有简约的效果。例如，一个不证自明的事实，即交易的双方当事人都一定是双赢的，就是一个关于密尔的典型例子：

> 当一个人拥有某种商品时，丢掉它则他不能让他自己获益。因此，在他以一种商品换取另一种商品的情况下，似乎就意味着他从取得的东西中获得了利益。如果他自己的商品对他的价值比用它换来的商品 312
> 更大，那么他可保有该商品而不去交换。他选择要另一种商品而不要自己商品这一事实，就证明另一种商品对于他的价值比他自己的商品更大。[35]

人们可能作出一个合理的初步推理，即这里所谈到的交易只是针对其内容已经被充分揭示了交易——不存在行为能力（qualifications）问题，交易也无任何可疑之处，亦不存在任何错误、误传（misinformation）、改变

[34] Ibid., p. 182.

[35] *Elements of Political Economy*, 3rd edn., 1844（reprinted, New York, 1965）, pp. 125-6.

主意、欺诈的情形，也不存在律师所知悉的、会导致交易无利可图的其他情形。

类似地，当他讨论不干预原则（principle of non-interference）的时候——对于该原则，亚当·斯密引入了行为能力，以及基于所观察到的事实和过去的经验而引入了各种例外——对于密尔来说，所有这一切其本身都是简明易懂之事。密尔认为，“不论生产活动或是交易活动，如果任由它们选择自己的渠道，那么它们肯定会选择那些对社会最为有利的渠道。而且它们肯定也会选择这样的渠道，在这些渠道中，人们能够以最小的成本获得他们想要的商品”[36]。因此很明显的是，所有的干预都注定会让事情变得更糟。如此，对于许多人得出这样的结论——就算天崩地裂经济学家也还是坚信自由放任主义原则——人们就不会感到惊讶了。

李嘉图

对于李嘉图，我们显然是处于不同的层次上的，因为尽管他的大部分推理也同样是演绎式（*a priori*）推理，但其并不是那么简单的。李嘉图显然是一个比密尔更伟大的思想家，他的推理的严谨性也是显而易见的，甚至在论证的前提本身不那么复杂的时候也是如此。李嘉图是一位对经济理论很有兴趣的金融家。1819 年他从证券交易所退休，在那里他赚了不少钱，但是至少从 1810 年起直到 1823 年他去世的这段时期里，他还是以经济学家而闻名于世。他的著作《政治经济学及赋税原理》于 1817 年问世，并在布鲁厄姆的帮助下于 1819 年成为议会议员。他作为一名经济学家和金融家的声望极高，而其《政治经济学及赋税原理》的出版让他的声望被“提高至神圣权威”[37] 的地步。作为一名思考严谨的思想家，李嘉图在现代的经济学家中仍然保有极高的声望。[38] 而在议会中，人们总是怀着最高的敬意倾听他之所言，[39] 尤其是议会中的律师。[40]
313 但是他对于所有问题的理论进路，有时候被证明对于下议院中的实用主

[36] Ibid., Sect. XVII.

[37] B. Inglis, *Poverty and the Industrial Revolution*, p. 189.

[38] See, e. g. Mark Blaug, *Economic Theory in Retrospect*, pp. 126-7.

[39] See general Barry Gordon, *Political Economy in Parliament*, 1819-1823 (London and Basingstoke, 1976).

[40] Ibid., p. 3.

义者来说太烦琐了，布鲁厄姆就曾经断言李嘉图的“辩论像是来自于另外一个星球”[41]。

李嘉图的方法论与詹姆斯·密尔的相类似（一如我之前所说），只是他的方法论要缜密甚多。他从自然法中的一些简单公理开始，然后依这些公理进行推导，一环连一环，经过一条长长的且常常曲折的链条，最后才推导出结论。如果所得出的结论是非常严格地从那些前提中推导出来的，那么这些结论就应当被看作政治经济学的“定律”——据称，认为李嘉图是第一个用“定律”一词来描述经济现象的经济学家。[42] 如果推理是严格按照逻辑原则进行的，而那些前提又是可靠的，那么这些结论也就是可靠的。但不幸的是，他的前提是抽象的，且常常是不真实的，事实上，这些前提与密尔《论政府》所采用的那些前提常常是相同的。李嘉图本人似乎并不关心其前提的现实性，因为他对其分析模型的建构（analytical model-building）更加感兴趣。李嘉图甚至给马尔萨斯写过一封信，信中说道：“说人们不懂经营其事业以及清偿其债务的最佳和最便宜的方式，对我而言这并不是一个答案，因为这是一个事实问题，而不是一个科学问题，而且可以用它来反驳政治经济中的几乎每一个命题。”[43] 但是当然，如果他的事实和他的前提都是不可靠的，那么其结论哪怕是从前提中符合逻辑地被推导出来的，该结论在现实世界中也都是毫无价值的。人们已经将这种做法，即以不可靠的前提推导出逻辑结论，并在该逻辑结论的基础上提出切实可行的建议，称为“李嘉图恶习”（Ricardian Vice）。[44]

在这里我打算将自己的评论局限于李嘉图这样几个观点上面，即其对现实世界的政治与法律产生了很大影响的观点，当然我也时刻谨记，在这里我要将注意力放在李嘉图的经济学观念可能对合同自由产生何种影响之上。在这一点上，李嘉图似乎比亚当·斯密以及其他经济学家要更加的教条和笼统。他不仅认为所有的合同都应当留给市场之自由，而且也强烈地

[41] See Ricardo, *Works*, ed. Sraffa（Cambridge, 1962）, v. 56; see also Brougham's 'Sketch of Ricardo in Parliament', reprinted, ibid., pp. xxxii-xxxiv. 关于对李嘉图在议会中的影响的更详细评价，see Barry Gordon, *Political Economy in Parliament*。

[42] R. M. Hartwell, Introduction to Ricardo, *Principles of Political Economy and Taxation*, Pelican edn.（Harmondsworth, 1971）, pp. 23-4.

[43] Cited, F. A. Hayek, *Individualism and the Economic Order*, p. 48.

[44] By J. Schumpeter, cited D. P. O'Brien, *The Classical Economists*, p. 3.

主张法律应当促进（*facilitate*）交易。比如，他在下面的一段话中对财产转移税进行了批判：

314 为了普遍的繁荣，对于各种财产的移转和交换所给予的便利再多也不为过，因为通过这种方法，各种资本可以流入到最善于利用它来增进国家生产的人们的手中。萨伊先生（M. Say）说："一个人为什么愿意卖掉他的土地呢？这是因为他看到另有一个行业可使其资金更加富有效益。另一个人又为什么愿意购买同一块土地呢？这是为了要运用那笔给其带来收益太少的资本，可能那笔资本原来闲置未用，也可能是因为他认为原来的投资方法还很有改进的余地。这种交换会增加双方当事人的收入，所以便也会增加总收入（general income）。但是，如果费用太过沉重以致妨碍交换的话，那么该费用也就会妨碍总收入的增加。"[45]

或许令人惊奇的是，对于这个时期土地权利移转或者土地转让所负担的极其沉重的普通法上的地产担保（*legal* charges），李嘉图（当他在写作这些问题的时候他已经投资土地多年了）却并没有什么评价——因为这个时代仍然是一个充斥着拟诉弃权（fines and recoveries）以及其他中世纪可怕残余物残存的未经改革的时代。直到 1828 年，作为布鲁厄姆伟大的法律改革演讲的成果，一个调查机构被建立起来去调查财产转移制度，然而在 1833 年之前，任何对此的严肃改革都没有被实施过。尽管如此，仍然值得注意的是，这个时期人们对财产法律的抱怨几乎都与转让的过程有关，与转让制度有关。人们对于更加廉价和简单（快捷）的交换方式的需求正与日俱增。

对于《济贫法》，李嘉图几乎完全赞同马尔萨斯的观点。随着政治经济学家们对斯宾汉姆兰制度的抨击，该制度逐渐变得名誉扫地，尤其是 1810 年的人口普查确认了人口正在增长之后，情况就更是如此了。[46] 这部法律在当时事实上取消了对劳工的一切激励，因为不管劳工是工作还是无所事事，他们拿到的钱都是一样的；它将农业劳工的大部分费用从本由农

[45] Principles, p. 172. The quotation comes from J. B. Say（1767-1832）, the French economist.

[46] Brian Inglis, *Poverty and the Industrial Revolution*, pp. 185-9.

场主承担转由纳税人承担，因为支付劳工低工资的农场主知道劳工工资任何不足的部分都可以从济贫税中得到补足。李嘉图也赞同马尔萨斯的这一观点，即劳动力的“自然价格”是一种维持生计的工资，长期来看，市场价格也会靠近此自然价格。但他的确认识到了这样一种可能性，即维持生计的工资本身是一种习惯，且是可以随着时间的变化而变化的，因此他对于劳工阶级生存条件缓慢而逐步地改善抱有希望。然而，对于合同自由的政策，他毫不怀疑地认为：

> 与所有其他合同一样，工资应当由公平而自由的市场竞争来决定，而决不应当受制于立法机关的干涉。[47] 315

与马尔萨斯一样，李嘉图也希望劳工们能被教导从而理解这样一个事实，即他们生存条件的改善在根本上取决于他们自己。他曾告诉下议院的议员们：“先生们应当……把这个真理灌输到工人阶级的心中——劳动力的价值如同其他东西的价值一样，都取决于供给与需求的相对比例。如果劳动力供大于求，那么人们的生活必定会很悲惨。”[48]

他甚至还反对更新*1822 年《禁止实物工资法》，认为这是对自由市场“可憎的”干预，尽管李嘉图在知道了这样一件事——罗布特·欧文将在他自己的以实物支付工资的工厂（Truck Shops）中生产的产品作为实物工资支付给他的新拉纳克磨坊（New Lanark Mills）中的工人——之后可能真的备受鼓舞，尽管他也并不想阻止此事。[49] 无论如何，他的反对似乎帮助阻止了《禁止实物工资法》的更新，尽管这并没能阻止 1830 年一个更加有效和更加全面的法案的颁行，关于这一点我在后面将会谈到。

一如可以预料到的那样，李嘉图也反对对利率进行任何控制。他在 1818 年就该问题向下议院特别委员会做证说，《高利贷法》在实践中被各种形式的法律花招（legal stratagems）（如年金的授予等）所规避，该法的唯一作用是提升借钱的成本。他说，出借人“会向借款人索要一笔额外费

---

[47] *Principles*, p. 126.

[48] Ricardo, *Works*, ed. Sraffa, v. 302-3（1823）.

* 有的法律规定了自己的效力期间，期满后即须更新（亦可称为展期），否则此法律即失效。这与法律的修订不同。——译者注

[49] Ibid., p. 218.

用以应对其违背该法的风险”[50]。当然，从他为特别委员会所提供的证词中可以极其清楚地看出，李嘉图完全考虑的是商人、生意人与地主之间的交易，而且他的观点是建立在类似的假定之上的，即对于诸如此类的事情人们普遍知道他们自己的利益之所在。

关于国际自由贸易，李嘉图支持亚当·斯密的观点，同时他反对《谷物法》(Corn Laws)，但他更愿意看到该法被逐渐地废除。有时人们会争论，国际自由贸易的发展和《谷物法》的废除，与国内合同自由的发展以及自由放任主义原则的适用并没有多少关系。但是如果在政治上的确是这样，那也是因为新的工商业阶级反对对合同自由以及他们自己的业务经营进行干涉，地产利益（landed interest）因为《谷物法》的废除而受到损害乃是随之而来之事。在经济理论中，合同自由的正当理由看起来与自由交易的理由是完全一样的。例如，李嘉图用以描述自由贸易的正当理由的语言，几乎完全可以适用于国内的合同自由：

316 在商业完全自由的制度下，各国自然都会把它的资本和劳动力用在最有利于本国的用途上。这种对个体利益的追求很好地和整体的普遍幸福结合在一起。通过鼓励勤勉、奖励智巧以及最有效地利用自然所赋予的各种特殊力量，它使劳动力能够得到最有效和最经济的分配；同时，通过增加生产总额，它可以使人们都得到好处，并以利害关系和互相交往的共同纽带把文明世界各民族结合成一个统一的社会。[51]

尽管李嘉图在这里以及其他地方明显赞同亚当·斯密有关私人利益与公共利益和谐一致的观点，但是他似乎常常认为，地主阶级的利益与公共利益通常在根本上都是对立的；同时他也经常说他认为劳工的利益是与雇主的利益相冲突的。如果在地主、农民、劳工等阶级与作为一个整体的公众之间存在着利益的一致性，而又发现地主的利益与农民和劳工的利益存在着分野，那么这显然存在逻辑上的扞格。那么究竟是谁的利益与公共利益才是一致的呢？而如果不存在利益的自然和谐，那么不干预（non-interference）、永远置当事人于市场自由之中的根本论据，似乎都要轰然倒

[50] Ibid., pp. 335-6; see also his *Principles*, pp. 358-9.

[51] *Principles*, p. 152.

塌。如果李嘉图并不是真的相信利益自然和谐的学说，那么他为什么还要如此卖力地鼓吹合同自由？较之于这个谜题的答案，人们更关心这一事实，即其他人普遍将李嘉图的影响力看作对合同自由原则的支持，不过哈列维（Halevy）对此提供了一个可能的解释：

> 在李嘉图看来，经济自由理论有时与其说是一种对自然的信任行为，倒不如说是对人类自身面对灾难袭击时无能为力的承认。这是宿命论而不是乐观主义。政府一定不能试图去干预经济关系，因为它所尝试采取的补救办法可能比需要治愈的弊病要更加糟糕。[52]

在经济思想史上，李嘉图凭借其两个重要理论而负有盛名——价值理论（theory of value）和地租理论（theory of rent）。囿于本书主题，我无法详述这两个理论，但无论如何，第一个理论都与本书的主题几乎没有多大关系。就本质而言，李嘉图的价值理论是建立在这样一种思想的基础之上的，即商品的交换价值取决于投入到商品之中以及投入到制造该商品的任何工厂或机器之中的劳动量。19 世纪后期的劳动价值理论（Labour Theory of Value）——就像人们所称呼的那样——是马克思从李嘉图的价值理论创造出来的，该理论认为剩余价值完全是由生产产品的劳工所创造出来的，而投资于生产的资本家（以及地主）对剩余价值的任何部分都是不享有权利 317
的。这种极端的观点对英国的律师以及政策制定者们从来没有产生任何重要的影响，由于该问题与本书不相关，因此我可以将其略过。

然而，地租理论却在根本上对合同自由观念产生了很大的影响。在李嘉图之前，地租被看作对自然惠赐（bounty of Nature）的一种偿付。农业生产被认为是劳动力、资本以及自然恩泽——提供土地和降水——之间的密切协作。地租是一种应当归属于资本投资而非劳动力、自然恩泽等其他东西的一种额外红利。在李嘉图提出其见解之前，所有这些非常模糊不清的观点已经几近崩溃了，因为其他经济学家已经开始指出，租金不过是社会的一个阶级向另一个阶级的付款，它本身并不能使国家财富增加。李嘉图用他自己惯常的精细分析，得出了这样一个观点，即地租根源于土地的稀缺性和不同地块土地肥力的差异性。事实上，与那些勉强能带来收益的

[52] E. Halevy, *Growth of Philosophic Radicalism* (reprinted, Boston, Mass., 1955), p. 340.

土地所生产的产品相比，地租就是较优质的土地所生产出来的剩余产品。随着人口的增长（必须记住的是，这是一个人口剧增的时代），必须开垦越来越多的土地，包括那些先前被荒弃的土地以及那些先前开垦起来无利可图的土地。这不可避免地会让地租变得更高，因为更肥沃土地的生产力与那些现在才变得勉强可开垦的土地的生产力之间的差距被扩大了。这个新理论更清楚地解释了地租的性质，即地租是社会多数成员向地主交纳的某种赋税；同时它也强调这种赋税随着人口的增长而增加的必然性。由于土地的供应不可能增加，地主事实上就成为垄断者。由此所产生的结果之一就是人们对古老的洛克式财产概念的道德性产生严重质疑。财产远不是对劳动和进取心的报偿，财产现在似乎被看作单纯通过人口增长来获得更多回报的一种方式。在 19 世纪后期，这已经开始产生最严重的经济后果和政治后果，并且它也开始对合同自由的理念，尤其是对地主与佃户的关系产生影响了。在本书第三部分我将回过头来讨论这个重要议题。

纳骚·西尼尔

在实践意义上，纳骚·西尼尔（1790—1864）是古典经济学家中最有影响力的人之一，因为他是 19 世纪 30 年代和 40 年代辉格党政治家们最经常咨询的顾问。由于他接受了律师培训，所以他起初是以不动产转让律师（conveyancer）和衡平法院律师（Chancery barrister）的身份开始其职业
318 生涯的，并且担任半闲职的衡平法院存卷主事官（Chancery Master）数年。他最早出版的著作是法律著作而非政治经济学著作，其中的一部著作对埃尔登勋爵（Lord Eldon）在版权方面的判决进行了抨击。由于埃尔登勋爵认为涉案出版物亵渎了神明或者具有煽动性，因此（他认为）该出版物不能得到版权保护，而西尼尔则争辩说这使过多的不确定性被引入了法律之中。[53]

西尼尔先是在 1828 年不动产委员会（Real Property Commissioners of 1828）就有关不动产转让和土地转让的法律进行论证，然后在 1832 年他应

[53] S. L. Levy, *Nassau W. Senior*（Newton Abbott, 1970）, p. 49. 被这样剥夺版权保护的作品的作者，包括拜伦（Byron）和索西（Southey）。See *Walcot* v. *Walker*（1802）7 Ves. 1, 32 E. R. 1; *Southey* v. *Sherwood*（1817）2 Mer. 435, 35 E. R. 1006.

墨尔本市的请求，提交了一份《罢工和工会报告》。[54] 在 1834 年，他是济贫法委员会的成员，同查德威克一起主要负责报告的起草以及随后的立法工作。由于他对《济贫法》的看法与马尔萨斯和李嘉图的观点在很大程度上是一致的，因此没有必要对这个问题做过多的论述。但是，或许值得一提的是，与马尔萨斯和李嘉图一样，西尼尔也希望看到限制劳工在全国范围内迁移的《定居法》被彻底废除，虽然这一点在该委员会的报告中并没有得到完全贯彻。[55]

在 1837 年至 1841 年，作为委员会主席的西尼尔详细调查了手摇纺织机工人的境况，而 1841 年该委员会的报告再一次阐释了古典经济学家对合同自由和不干预原则的观点。手摇纺织机工人处于严重的受压迫状态，因为他们可以轻易地被新式动力织布机所生产的更为廉价的产品压垮，虽然他们中有不少人勉强维持其生意许多年，但其结果是他们几乎全都承受着收入持续下降的痛苦。委员会的报告指出，造成这种不幸的主要原因就在于手摇纺织机供应过剩，但是报告对所需要采取的积极行动却几乎没有提出什么建议。委员会驳斥了最低工资立法的观点，其理由是，减少手摇纺织机工人的数量才是真正的补救措施，最低工资立法会增加手摇织布机工人的数量，而这只会让事情变得更糟。他们也反对限制使用动力织布机的各种提议。委员会强调："这些提议中的每一个都是以牺牲社会中其他人的利益为代价来换取某一部分人的利益。这些提议中的每一个都是以牺牲整个消费者群体的永久性利益为代价来换取一部分生产者群体的暂时性利益。"[56] 报告的结尾相当悲观，它告诉手摇纺织机工人他们的命运掌握在自己的手中，他们应该去寻找其他工作并确保他们的子女接受的是其他工作的培训。整个报告展现了古典经济学家们都存在着的一个固有的缺陷，即虽然他们在分析他们所面对的问题的时候常常是正确的，但是在他们所给出来的长远的治本方案之中，他们却都没有对短期内的治标措施进行充分考虑。 319

[54] 这个报告的大部分内容重印在 S. L. Levy, *Nassau Senior*, Appendix VIII 之中。

[55] Ibid., pp. 89-90.

[56] Ibid., p. 149. 值得注意的是，一个经过严格挑选的特别委员会之前提出了一个法定工资制度（statutory wage regulation）的方案：Duncan Bythell, 'The Handloom Weavers in the English Cotton Industry during the Industrial Revolution: Some Problems', 17 *Economic History Rev.* 339, 351（1964-5）。

约翰·斯图尔特·密尔

小密尔通常被视为最后一个古典经济学家。他的《政治经济学原理》首次出版于 1848 年，该书被认为是牢牢地建立在李嘉图的理论的基础之上的，并且它也考虑到了 1846 年《谷物法》被废除之后的新情况。当然，较李嘉图而言，密尔是一个具有较少抽象性的思想家，他的《政治经济学原理》涉及的实证问题非常丰富。在 1848 年至 1870 年，密尔的《政治经济学原理》经过了几次修订，并且完全支配了正统政治经济学。在这里我只想提及一些令人感兴趣的问题，尤其是我已经提到过的，即密尔在有关马尔萨斯问题（Malthusian question）上以及其他一些问题上的观点。

当然，密尔所描述的广义自由主义可以在其经典著作《论自由》中找到，但是值得注意的是，当密尔谈到政府对自由的干预时，他是严格区分民事事务和商事事务的。在《论自由》中，密尔非常明确地反对将合同自由与思想言论自由置于同等地位。密尔认为，纯粹的涉己行为（self-regarding act）与涉他行为之间的差异，与合同自由并无关系，因为交易总是影响着公众整体的。[57] 因此，他坚持认为社会总是有权去规范交易或者商事事务的。

在《政治经济学原理》中，密尔也明确地阐述了同样的观点。他拒绝接受这样一种观点，即国家在某种程度上是无权干涉商业或营业事务的。尽管密尔赞同其他古典经济学家的这样一种观点，即作为一项普遍规则，国家应当在干预商业事务方面保持明智的克制，但他认为应当对国家的适当干预程度作更加广泛的限制。而且他支持不干预商业事务的理由也与其他古典经济学家有些不一样。他似乎并不认为人们反对政府干预合同自由的观点具有任何坚实的理由。事实上，（在后文我还将回过头来讨论这个问题）在古典经济学家中，密尔是唯一一个提出这样一种观点的人，即合
320 同的强制履行本身就是一种政府活动，而这必然使国家有责任去判断哪些合同应当被强制履行。“关于合同是否妥当，以及合同所确立的当事人之间的关系是否妥当，这方面可能出现的所有问题，都是应当由立法者解决

[57] *On Liberty*, Pelican edn.（Harmondsworth, 1974）, p. 164. 本书所引该书的内容都是出自这个版本。

的；这些问题是立法者不能逃避的，必须以这种或那种方式得到裁决。”[58]

然而，在绝大多数传统问题上密尔的确不愿意偏离古典经济学的一般观点。他对政府的能力没有多少信心，但（至少在他早年的岁月里）对于教育民众以使其真正学会更好地判断他们自己的利益有着巨大的信心。例如，关于高利贷密尔就为边沁“强有力的雄辩”（‘triumphal onslaught’）所折服，进而认为无论是从公共利益的角度还是从借款人利益的角度，都无法让这些限制高利贷的法律被正当化。与其他古典经济理论学家一样，密尔也深深信赖个人对于涉及他们自己利益的事情所作出的判断，[59] 但是在其《政治经济学原理》的几个段落中，他承认他对这样一种主张深表怀疑，即消费者对于他所购买的商品是有足够的判断力的——尤其是当“商品”不是一般物品，而是“主要用来提升人类素质的东西”时更是如此。[60] 此外，密尔也不相信人们普遍都有足够的远见而知道他们未来多年的长远利益之所在；尽管他在此处所提出的是针对婚姻的看法，但他的这些观点也同样可以用来反对承认一些长期合同的永久拘束力。[61]

也有一些时候，密尔似乎对真正教导工人阶级如何管理自己事务的可能性感到绝望，并评论说，在没有经验的情况下，穷人“对他们自己直接的个人利益的不敏感”程度是不可靠的[62]——他毫不掩饰地斥责了他自己年轻时的信念。

尽管如此，密尔和其他古典经济学家一样，都认为利己动机是所有经济活动的根本发生器。事实上，正是在这个基础之上，他才信奉合同自由和不干预的一般原则。例如，正是基于这个理由，他才支持 1834 年的《济贫法》改革。但是，与许多其他政治经济学家不同的是，密尔并不认为竞争是一种特别值得赞赏的生活方式。有迹象表明，尤其是在他晚年，他对这些问题的看法变得愈发复杂；随着年纪的增长，密尔似乎 321
越发不信任古典经济学和功利主义的那些既有结论、轻率的假定和过度的简化。例如，他有时写道——仿佛他想说服他自己——即将到来的民主

[58] *Principles of Political Economy*, Book V, Chapter 1, Sect. 2.

[59] Ibid., Book V, Chapter X, Sect. 2.

[60] Ibid., Book V, Chapter XI, Sect. 8.

[61] Ibid., Sect. 10.

[62] From an Essay in the Edinburgh Review, vol. 164, p. 511 (1845), cited A. W. Coats (ed.) *The Classical Economists and Economic Policy*, pp. 152, 153.

将不会显示出人民没有承担他们新责任的意愿，然而在他的内心还是很担心事实可能就是如此。现代人和古典经济学家之间的一个主要差异就在于怀疑论，即对于任何解决社会问题的灵丹妙药，我们都已经习惯性地用怀疑的眼光去看待。在密尔整个人生中，都有明显的迹象表明他具有了某些怀疑主义的倾向。

赫伯特·斯宾塞（Herbert Spencer）

赫伯特·斯宾塞（1820—1903）不能被归为古典经济学家，事实上他根本都算不上是一名经济学家。但他是一位政治和社会思想家，他撰写了大量的半通俗的著作和文章，其中许多都涉及了重要的经济学论题。我在这里提到他，主要是为了真正正确看待古典经济学中有关合同自由和自由放任主义的观念。在我迄今为止对古典经济学家所作的经过了必要简化的解释中，我似乎没有且的确没有努力消除人们的这样一种误解，即古典经济学家们在经济学的任何地方都是自由放任主义的宣扬者。[63]正如我们已经看到的，他们几乎全都认为国家在《济贫法》、有关规范学徒制和其他限制劳工的法律以及《高利贷法》等方面所做的监管努力最终都是彻底失败的，而且他们也几乎全都基于同一个一般原则而支持自由贸易。在这些问题上，他们都普遍地追随亚当·斯密的步伐，要求清除那些堆积成山的陈旧法规和限制。但是当19世纪新问题出现的时候，对于这些新问题，如公共教育问题、劳动时间与劳动条件的规制问题、卫生与公共健康的问题、有限责任问题、铁路管制问题、旅客出境贸易问题以及其他类似问题，他们的观点（正如我们将看到的）就远不是那么一致与过于简单化了。在许多这类问题上，经济学家与政治家、公众一样，也是众说纷纭。只有极少有影响力的人在坚持不懈地捍卫最大限度的自由放任主义与合同自由。而斯宾塞就是这些人中的一个，将他的观点与其他古典经济学家的观点相比较，可以发现他的观点比人们通常
322 所认为的要温和得多。

在他的于1851年首次出版的《社会静力学》(*Social Statics*)中，赫伯特·斯宾塞将合同自由理想化为用最低限度的强迫或者强制来维持社会秩序最重要

[63] See generally, H. Scott-Gordon, 'The Ideology of Laissez-Faire', in A. W. Coats (ed.) *The Classical Economists and Economic Policy*, pp. 180 *et seq*.

的机制。他认为合同自由是一种居于完全无政府状态与完全专制之间的、理想的中间道路。与古典经济学家一样，斯宾塞也是从自然法中推导出合同自由的，只是他将自然法改称为“同等自由法则”（‘law of equal freedom’）。买卖自由是人的一般自由的组成部分，拒绝交易的自由亦是如此。

> 显而易见，（他说）每个人都有发出要约的自由；每个人都有承诺的自由；每个人都有拒绝的自由；因为每个人都可以做这些事，只要他不妨碍其邻居在相同范围和相同时间内做类似的事情。但是没人可以越过此限；没有人可以强迫他人出卖其物品；没有人可以强迫他人接受特定价格；因为没有人可以这样做，除非他假定自己比被他这样对待的人有更多的自由。[64]

当然，他对平等的信念是极其有限的，这种信念是一种对人们拥有追求幸福的平等权利的信念，而非对拥有平等幸福权利的信念。对于人们不平等的努力给予平等的报偿，这不是平等，因为才能、能量和技能等方面的自然差异，必定会在同等自由的自然状态下获得适当的报偿。此外，他完全相信生存斗争和适者生存学说。所有对合同自由的限制都是对事物自然秩序的干涉，并且会让不适生存者的幸存时间超过不干预情况下他们所能幸存的时间。

我们已经看到，一般而言，古典经济学家都普遍认为必须让人们在与他人交往时进行自主判断。但是绝大多数古典经济学家都赞成1833年创立的国家资助教育制度，小密尔认为该制度的正当性在于“消费者的兴趣和判断不足以保证商品的优秀品质”[65]。这引起了斯宾塞一连串猛烈的攻击，他驳斥说，这总是可以被用来作为干预个人选择自由的借口。“每一项求助于官方管理的建议的提倡者，都列举了大量的欺骗手段、大量的觉察欺诈行为的困难、大量的表明买受人不能保护自己的例子。”[66] 他继续说道，事实上经验一直表明：“商品的选择可以放心地让买受人自己去判断。”[67]因

[64] *Social Statics*（London，1851），pp. 146-7.

[65] Ibid.，pp. 336-7.

[66] Ibid.，p. 337.

[67] Ibid.

此，他反对《济贫法》——反对所有的（*all*）济贫法律法规——反对国家资助教育，反对殖民与移民计划，他甚至反对卫生与公共健康的法律以及
323 医生执业许可制度。他认为没有理由不让下水道与排水沟归属于商业机构所有，并将其服务提供给消费者以获得私人付费。[68]

在哲学方面，他走得还要更远。他认为人类仍然处于向更高生命形式进化的过程之中。在这种新的生命形态中，人类似乎会是一种更加彻底的社会存在（social being），在其中，人类所有的关系都将在自由且自愿的基础之上运行。当这种圆满状态实现的时候，所有的强制都将最终消失，正如所有的犯罪也都将消失一样。[69] 可以推测的是，斯宾塞似乎认为，在这种新形态中，人类可能会缔结合同但永远不会违反合同，这种观点乍看之下似乎有些令人费解，因为如果没有人违约，那么就很难理解为什么会有人需要为了未来履行而订立合同，而不是为当下的交易订立合同。这恰恰是因为人类不太愿意完全依赖于自己对他人未来履行的期待，即使该他人的未来履行是合同所约定的，是受到了合同拘束的。那么，未履行的合同（unexecuted contracts）就必然意味着一方当事人（或者双方当事人）将受到某些履行行为的拘束（*bound*），而当履行期限到来时他们很有可能不愿意履行这些行为，因此这时通常就存在着强迫他们履行合同的强制。可见，在斯宾塞的所有强制都消失了的乌托邦里，待履行合同也将消失，并被同时交易（simultaneous exchanges）所取代。

但是现在已经不值得在赫伯特·斯宾塞身上投入任何更多的注意力了。甚至很有可能几乎没有现代英国律师听说过他，[70] 那么就让他这样一直默默无闻下去吧，这是他应得的。[71]

---

[68] Ibid., pp. 393-4.

[69] Ibid., pp. 202-3.

[70] 也许一些人会想起霍姆斯法官（Holmes J.）的著名评价，即“第十四修正案并没有将赫伯特·斯宾塞先生的《社会静力学》变成法律”: *Lochner* v. *New York*198 U S. 45，75（1905）。然而令人吃惊的是，霍姆斯法官在 1895 年写给波洛克的信中说道，他认为除了达尔文之外，对于“影响我们对宇宙的整个思考方式”而言，斯宾塞比任何其他人做得都要多: *Pollock-Holmes Letters*（Cambridge，1942），i. 58。这充分反映了斯宾塞对美国人的思考和法律所产生的影响，这种影响——尽管有霍姆斯的努力——是惊人的，且无疑是远超其在英国的影响的。

[71] 对于那些希望更多了解斯宾塞观点的人来说，参见 J. D. Y. Peel，Herbert Spencer: The Evolution of a Sociologist（London，1971）；David Miller，Social Justice（Oxford，1976），especially Chapter VI。

第十二章　思想背景，1770—1870：II 324

第一节　边沁、功利主义和合同自由

在边沁漫长的人生中，他就如此之多的主题写了和说了如此之多的东西，因此难以就任何单一主题总结其观点，或者在观念史上给他找到一个适当的位置，也就不足为奇了。毫无疑问，边沁式的功利主义（正如我已经指出的）与古典政治经济学密切相关。在整个 1770 年至 1870 年，功利主义者和古典经济学家是“自由—个人主义思想和行为潮流中相辅相成的因素”[1]。这两种思想体系具有许多的共同点。他们都把个人主义看作是一种价值和一种社会机制；他们都视合同自由为一个普遍原则；他们都将个人普遍地知道他们自己的最佳利益作为其出发点；他们所主要关心的都是如何将自己和他人的财富与幸福最大化——而对于如何分配财富或者幸福他们并不怎么担心。但是在其他方面，要解释他们在观念王国中的关系，以及他们对历史事件的影响，则存在着极大的困难和分歧。尝试将边沁对合同自由与自由放任主义的追求方面作为亚当·斯密温和门徒的形象，与边沁作为法律改革和现代行政国家机器之父的形象调和起来，也许是最大的难题之所在。我将竭力对这个难题以及其他难题作出回答，但必须强调的是，与边沁的广泛兴趣相比，我的主题是十分有限的。

当然，在他早期的一些作品中，有各种各样的迹象表明边沁赞同亚当·斯密在经济问题上的一般哲学（general philosophy）。在《为高利贷辩护》（*Defence of Usury*）一文中，他完全遵循了亚当·斯密的传统。尽管斯密本人并没有完全批判《高利贷法》，但是边沁却编排说那就是斯密自己的论点；《为高利贷辩护》一文是基于“一个比斯密自己的观点更加斯密

[1] A. W. Coats, Introduction to *The Classical Economists and Economic Policy* (London, 1971), p. 24.

化（more-Smithian）的观点”，对斯密进行的批评。[2] 与其他地方一样，在
325 这里也可以发现合同自由方向上的转向：“对于成年的、心智健全的、可自由行为的和睁开其眼睛的人而言，其中的任何人为了他自己的利益去实施交易，从而以他认为合适的方式去取得金钱，都不应当受到阻碍；（作为一种必然的结果）任何其他人以他们所同意的条件去向他供应商品，也不应当受到阻碍。”[3] 阻止当事人这样做不仅仅对于他们自己的利益是不公正的，从公共意见的角度看也不会实质性地反对当事人之间的自治。对于借款人和贷款人如何安排他们的事务，与其他人又有什么关系呢？

此外，他常常还有这样一些自信的断言：“一般而言，没有人比你自己更清楚地知道你的利益之所在——没有人比你更加如此热情和坚定地去追求这些利益。”[4] 对合同自由的限制就是对自由的限制，而且从表面上看一切对自由的限制都是邪恶的且需要被证明是正当的。而且，他还经常告诫政府不要过于轻易地对它所不理解的事情进行干预。“政府的座右铭或者口号……应当是——保持安静。”[5] 和古典经济学家一样，边沁也批评了“管制狂热”（‘mania of regulation’），即政府仍然以《定居法》、《学徒法》、固定工资等形式对劳动力进行管制。

边沁是对一般合同法稍加关注的为数不多的几个功利主义者或者古典经济学家之一。他这样做的目的只是为了得出这样一个观点，即合同的一般强制执行性（general enforceability）是一个理性问题（rational matter），且该目的可以从他的功利原则中被推导出来。[6] 他所阐述的四大立法原则之一就是尊重安全的重要性，而正是这一原则使财产权利被正当化了。但是，类似的合同权利却是源自这一事实，即所有合同都涉及双方当事人的互利互惠。合同和财产的处分都建立在“同一个公理之上，即每次转让都会输入某种利益”。这里没有什么新颖或者有趣的东西，其许多内容都是直接来自于休谟或亚当·斯密。

然而，边沁的观点与古典经济学家的观点，在各种各样的主题上

[2] T. W. Hutchison, ‘Bentham as an Economist’, 66 *Economi Journal* 288, 292 (1956).

[3] *Jeremy Bentham's Economic Writings*, ed. Stark (London, 1952), i. 129, hereafter cied as Stark.

[4] Bentham, *Works*, ed. Bowring, iii, 33.

[5] Ibid., p. 35.

[6] *Theory of Legislation* (London, 1911), p. 193; see also, *View of a Complete Code of Laws*, *Works*, ed. Bowring, iii. 190.

都存在着显著的差异，在他的整个方法论和一些最基本的观点上，这种差异更大。当边沁谈到政府不干预原则只是一项一般原则的时候，当他坚持认为该原则可以被任何与之相抗衡的考虑所推翻的时候，他所说的确实就是他所想的。在小麦和面包严重短缺的 1801 年，边沁为 326
面包高价进行辩护所使用的语言显示，他远不是一个自由放任主义教条的鼓吹者：

> 对于政府之手，我并没有——过去没有将来也不会——多愁善感式的或者无政府主义式的担忧。对于谈论政府干预对自然自由的侵害，提出一些反对这个或者那个法律的、认为所有法律都有负面效果的具体观点，所有这些工作我都留给亚当·斯密和人权的拥护者们去做。我经常提出这样的拙见，即政府干预就其结果而言是对占优势一方所进行的最小限度的平衡，因为就我所见证到的政府干预事件而言，其干预的克制性总体上让我感到很满意，这种满意程度远远超过没有政府干预的情况下我将感到的满意程度。[7]

很难想象任何古典经济学家，也许约翰·斯图亚特·密尔要除外，会如此热情地同意政府干预的可能性。

而且我们也知道，随着边沁年纪的增长，以及他那富有创造力的头脑为改善人们的生活、法律、社会状况、教育与健康而喷发出无尽的才思来，为了达到这样的效果，他构想出了一个庞大的立法方案和一个大幅度加强政府权力的方案。如果说现代世界有一样东西是应当归功于边沁的话，那么它就是人们的这样一种观念，即单纯的立法行为就可以使社会秩序得到调整。在法律的这种“去神秘化”[8] 的过程中，在这种阐明法律仅仅是单纯的人类和社会创造之物——人们可以单凭自己的好恶而制定或者废除它——的过程中，边沁的成功是显而易见的。但是，这个问题偏离了我们的主题。与我们主题相关的一点是，在某些领域边沁能够并且确实已经将其不干预的信念，与人们的这样一种信念结合起来了，即为了公共利益人

---

[7] Stark, iii. 257-8.

[8] See H. L. A. Hart, ‘Bentham and the Demystification of the Law’, 36 *Modern Law Review* 2 (1973).

们可以通过立法进程行使潜在的干预权力。人们可能非常想知道，戴雪是如何说服他自己，而认为边沁式的功利主义是个人主义与自由放任主义的同义词。[9]

这个谜题的答案以及对边沁的观点和亚当·斯密的观点之间关系的正确解释，无疑就在于边沁对自然法的抵制。对于亚当·斯密和那些广泛相信他的利益自然和谐观点（无论他们认为“看不见的手”是上帝之手，还是那些自然之神的仁慈）的人来说，法律和正义的背景总是被认为是理所当然的。亚当·斯密自己（一如我前面所言）肯定从来没有想
327 过，竞争的自由互动（free interplay of competition）可以发生在自然状态之中。他设想了一种由被赋予了相应立法权、行政权和司法权的国家进行强制执行的法律框架。他明确表示，将会有这样一个法律框架，其中至少包含了财产保护和合同强制执行的内容，事实上他认为这是理所当然的。在《国富论》中，他坚持认为：“只有在民事裁判官（civil magistrate）的庇护下，那些通过多年或者几代人的劳动积累起来财富的人，才能安睡一夜。”[10] 而且同样很清楚的是，斯密坚信他的法律框架将会确保合同的强制执行，并使合同免受胁迫和欺诈。自由竞争作为一种竞赛或者斗争的观念，是建立在这样一个非常文明的竞赛概念的基础之上的，即竞赛是在某种妥当规则之下的竞赛。例如，在《道德情操论》中，斯密说道，个人“在财富、荣誉和显赫职位……的竞争中，为了超过一切对手，会尽其所能并全力以赴。但是如果他要挤掉或打倒对手，旁观者们对他的迁就就会完全停止。他们不容许他有任何违背公平竞争的行为”[11]。

对亚当·斯密而言，现在从这里已经推论出“看不见的手”“不是某些神灵的手，也不是某些独立于人类努力的自然力（natural agency）的手；（而是）立法者的手，这只手在追求利己的领域中，将那些与公共利益不

[9] See Brebner, ‘Laissez Faire and State Intervention in Nineteenth Century Britain’, *Journal of Ec. Hist. Supplement* 59(1948).

[10] Book V. Chappter 1.

[11] *The Theory of Moral Sentiments*, ed. Raphael and Macfie, p. 83.

一致的可能性剥离出去”[12]。这种解释的困难在于，它实际上消除了法律外部框架——它在很大程度上是被给定的和不可改变的——与人类活动的内部空间（inner sphere）之间的区别——在此内在领域中，竞争性的利己追求是自由的。因为如果在某些方面，其结果被认为是与公共利益不相一致的，那么法律的外部框架就可以被更改和扩大，人类活动的内部空间就会被压缩。如果只是因为亚当·斯密似乎确实认为国家和法律的外部框架的一部分，是受控于自然法不可改变的原则，那么他是否会同意前述解释就是大有疑问的。另外，对于边沁而言，自然法完全是毫无意义的，因此，在边沁看来非常清楚的是，在法律的外部框架和可以追逐个人自利的内核之间，根本就不存在本质的区别。在边沁的世界里，立法者的工作就是创造、控制和不断调整法律，从而在结果上使个人行为与公共利益之间形成 328
某种人为的利益和谐。边沁的惩罚理论就极其清楚地说明了这一点。在根本没有法律的情况下，就不会有财产权，每个人都可以凭借自己足够强大的力量去抢夺邻人。不存在禁止这样做的自然法，但是这种混乱状态有悖于功利原则，该原则认为社会应当按照导向最大多数人的最大幸福的方式进行组织。因此，有必要制定法律保护财产和惩罚盗窃，从而使窃贼的利益和公共利益达至和谐。为了达到这个目的，必须使窃贼明白，他从其盗窃中所获得的东西肯定比因国家对他施加后续惩罚而使他失去的东西要少。如果可以让小偷明白这是必然之事，那么他就会认为盗窃是不符合他的利益的，所有的盗窃行为也都将会消失。如此，他的利益和公共利益就会达至彻底的和谐。

因此，就边沁而言，法律的外部框架与自由的内核之间并没有绝对区别，自然法并没有在两者之间划出一条分界线。分界线要被划在什么地方，这完全取决于功利原则——最大幸福原则。但是，很少有古典经济学家（也许应当将约翰·斯图亚特·密尔排除在外）[13]想要像边沁那样走这么远。无论他们是否真的相信自然法和洛克式的财产权，不管他们是否相信财产权的神圣根源，他们都极其不乐见人们公开讨论这些问题。因为如果采取边

[12] L. Robbins, *Theory of Economic Policy in English Classical Political Economy*, p. 56; see also, ‘Bentham in the Twentieth Century’ in the same author’s *The Evolution of Economic Theory*, p. 76; J. Viner, *The Long View and the Short*; D. Lyons, *In the Interests of the Governed* (Oxford, 1973), pp. 55-9.

[13] 在功利主义中，密尔非常清楚地指出，不存在利益的自然和谐，但是创设一种人为的和谐是立法者的任务：see pp. 268-9 of the Fontana edition, ed. Mary Warnock（London, 1962）。

沁的立场，那么财产权就会受到公开的质疑，而绝大多数中上阶层的英国人都认为财产权是整个社会结构的依凭之所在。结果，除了边沁本人以及在较小程度上还包括小密尔和边沁的其他追随者（如查德威克）之外，几乎所有其他的思想家和作家，更不用说政治家、律师和实用主义者了，都认为存在着某种法律外部框架，在这种法律框架之中，竞争和对利己的追求是可以独立存在的。

但是在实践中以及在逻辑上，坚持这个观点是极其困难的。例如，当政府干预这种或者那种我们正在讨论的合同时，干预的合法性就完全取决于这个外部框架与内核之间的边界线画在什么地方。而这在很大程度上又
329 取决于人们对什么是“自然的”和“不可改变的”东西的理解。这不仅仅是一个对自然法的信念问题，更确切地说，这指的是，那些对于一个人而言处于更加“自然的”法律状态的东西，必然意味着对他而言，所有的干涉都是错误的，都是对自由竞争的个人行为的内部空间的侵害。如果对另外一个人而言，现行的法律看起来不那么“自然”且更具人造性并因此需要修订它，那么他就会更加倾向于把这个法律看作是外部框架的不正确组成部分，即使由此产生的变化可能会对内部空间产生某些侵害。由于人们对于什么是“自然的”东西的理解，是随着时间的变化而（时至今日亦复如此）显著改变的，其结果就是一个人的自由放任，往往就是对另外一个人的干预。[14] 这一点可以用几个简单的例子来说明。

当 1824 年至 1825 年提出废除《禁止结社法》的时候，一些人认为现行法是法律的“自然的”框架的组成部分——毕竟它们已经施行了四分之一个世纪了——所以废除它们，在某种意义上就是立法者所进行的一种干预。另外，对于那些认为法律的“自然的”状态就是人们可以完全自由结社的状态的人来说，《禁止结社法》本身就是干涉主义者（interventionist），废除它才是对自由放任主义原则的遵循。一个更困难的问题是合同责任可能受到法律各种方式的限制——例如通过破产立法或者通过对公司有限责任原则的承认。今天，对于这种性质的法律，我们是如此的习以为常，以至于对我们来说似乎它们就是“自然的”，就是法律外部框架的组成部分，这些法律的基本原则被视为理所当然的。因此，现在要废除有限责任（举

[14] A. J. Taylor, *Laissez Faire and State Intervention in Nineteenth Century Britain* (London, 1972), p. 12.

一个不现实的例子），就会被看作是一种非常奇特的“干涉”行为。但是对于那些被这种法律体系所培养出来的人来说——这是一种不知有限责任为何物、认为强制履行债务的方式就是拘禁债务人的法律体系——引入破产立法和公司有限责任似乎是对事物自然秩序的根本干预。议会本身的组建也面临着同样的问题。对于传统主义者来说，议会上议院中应当由土地贵族担任代表，在下议院应当充斥着腐败和堕落市镇的代表，这是再自然不过的事情了。建立代议民主制度（当然，这对我们来说是很“自然的”）对于 19 世纪初的大多数英国人来说似乎是且的确是完全不自然的，其是对宪法基本框架的野蛮干预。

合同的强制执行——自由放任抑或干预

我们现在来谈一谈各种思想运动（intellectual movement）史上的一个奇怪的问题。尽管契约自由与古典政治经济学的理念和功利主义理念之间存 330
在着持续的关联性，但是没有哪种思想观念真正专注于对合同法以及合同法与外部法律框架之间的关系的研究。所有古典经济学家都认为这是理所当然的，即法律必须规定合同的强制执行，就像法律必须规定财产保护一样。但是，除了小密尔有部分例外之外，他们中间没有任何一个人停下来追问合同的强制执行涉及哪些问题，为什么这种强制执行本身并不是政府干预的一种形式。就合同强制执行的法律而言，没有什么是“自然的”。[15]亚里士多德告诉我们，希腊人一般不承认合同强制执行的行为，“因为如果 A 信任 B，那么他就应当依双方之间契约之精神而完成交易”[16]。诚然，法律并不需要强制（*enforce*）人们同时交换财产（或者用财产换取服务），因此对此等交易进行确认似乎才是更加“自然的”。但是合同法，尤其是在这个时期处于发展之中的合同法，所主要关注的不是同时交换而是待履行合同。而在待履行合同的情况下，法律的作用无论如何都不可能是被动的。法律——其确实是由受害人启动起来的——授权国家将其强制权力（coercive power）施加于被告，强制被告要么履行其合同义务，要么赔偿原

[15] 但是在美国，马歇尔首席大法官（Marshall C. J.）在 1827 年将自然状态中的洛克式财产概念进行了扩展，使其包括合同权利：R. L. Hale，‘The Supreme Court and the Contract Clause’，57 *Harvard Law Rev.* 512，526-7（1944）。

[16] Nic. Ethics 1164b；also 1162b.

告损失。古典经济学家所提出的关于合同自由的大多数见解，都与那些禁止（*prohibited*）订立某些合同的法律有关。他们的见解在根本上都是为了使那些应当被允许（*permitted*）的交易不被禁止。但是对律师来说，合同自由意味着或者将会意味着，不仅交易应该被允许（*permitted*），而且待履行的交易也应当被强制执行（*enforced*）。这两者之间存在着一个巨大的鸿沟，而且早期的古典经济学家可能一直在思考的是有关已履行合同的法律，而非有关待履行合同的强制执行的法律。正如约翰·斯图亚特·密尔所指出的那样，对于那些认为国家的活动仅限丁制止胁迫和欺诈（force and fraud）的人来说，非常难以搞明白的是，如何才能将这种形式的强制执行纳入他们所设想的国家最小作用的范畴之中去：

> 制止胁迫和欺诈固然是合法的，但是我们应当把强迫人们履行合同归入哪一项呢？不履行合同并不必然意味着欺诈；缔约人也许本来
> 331 是真诚地想履行合同的；人们公开故意违约时，尚且不能用欺诈一词来描述，由于过失而未能履行合同，就更不能用欺诈一词来描述了。强制履行合同真的不是政府的职责之一吗？在这里，不干预原则无疑会有所扩展，有人会说，强制履行合同并不是按照政府的意愿管理个人事务，而只是帮助人们实现他们自己已经表达出来的意愿。让我们默许限制理论的这种延伸，不管作这样的延伸是否恰当，姑且听任其延伸。但是，政府对于合同的关心并不仅仅限于强制履行。政府还要确定哪些合同适于强制履行……但是一旦政府承认，出于权宜考虑，对于一些合同，法律不得强制人们履行，那么所有的合同就必然会面临相同的问题。例如，当工资太低，或者工作时间太长时……，法律是否应当强制人们履行劳动合同。[17]

除了J. R. 麦克库洛赫（J. R. McCulloch）在他的《政治经济学原理》中对破产立法写过一篇短文之外，密尔的上述论述实际上是古典经济学家对于合同强制履行所做经典讨论的全部内容了。麦克库洛赫的讨论也值得一提，这只是因为它显示了古典经济学思想在这些问题上的论述是多么简单，甚至有循环论证之嫌。麦克库洛赫赞成废除债务拘禁（imprisonment

[17] *Principle*, Book V, Chapter 1, Sect. 2.

for debts），因为他认为这激励了草率信贷。

> 如果一个商人信任一个人而将金钱或者货物交给他，而该人却不能清偿，那么他就作出了一个很糟糕的投机活动。但是为什么他应当被允许拘禁债务人的人身？难道就因为他已经这样做了？如果他想要获得完善的保障，他就不应该与那个人打交道，或者应该只与他做现款现货的交易：从商人的角度来看，他是完全自愿从事这个交易的；如果他过分信任债务人，而债务人并没有通过错误陈述自身情况，或其他不当行为来误导他，那么他就只能怪他自己了。[18]

这段话非常清楚地揭示了，以任何外部法律的自然框架为理由，都是完全不可能对合同法作出解释的。麦克库洛赫认为，从商人的角度来看，交易是他完全自愿的，因此，他没有权利拘禁债务人。但交易的自愿性是一种必须在法律的背景下（也可能同时在人们期待性的背景之下）进行衡量的东西。因为如果该商人知道法律允许他在判决之后拘禁债务人（在麦克库洛赫写作的时候法律的确就是如此），那么商人自愿地将其货物交付出去，是基于其拥有该等法律权利。只有在商人已经预见到（或应当已经预见到）法律可能发生变化的情况下，商人所要求的价格才能公平地赔偿他因丧失拘禁债务人的权利而遭受到的损失。因此，人们不能通过某些“自 332
然的”过程来推断出商人应当拥有什么权利，然后再强制执行这些权利。这一点太复杂了以至于无法在这里详述，但问题的实质是，如果双方当事人都知道法律的规定，且都按照一个经济人所应当做的那样理性行事，那么双方之间所达成的交易就将反映现行法律的规定，而且在法律修改时还有适当的补救可能性。既然所达成的交易和需支付的价格将由此反映出法律可能的救济（或者人们预期可以得到的救济），那么根本不可能从交易本身推断出这些法律救济应该是什么。交易的自愿性既不在这里，也不在那里。

古典经济学理论中的这个巨大漏洞所产生的结果便是，当为解决具体问题而提出的立法动议涉及干预合同自由的时候，从经济学的角度来看，干涉原则（*principle* of interference）的论点完全没有价值且毫无意义。

---

[18] *Principles of Political Economy*, 5th edn.（London, 1864）, p. 212.

外部性（Externalities）

古典经济学家们在这个问题上还存在着另外一个巨大漏洞，即他们几乎完全没有理解人们今天所知的外部性问题。如果 A 和 B 订立了一个双赢的合同，这仍然不能推断出合同的履行是符合公共利益的，除非合同明显不会对第三人课加任何负担；或者更准确地说，合同给第三人造成的负担不会超过合同赋予第三人的任何好处。埃德温·查德威克似乎是 19 世纪上半叶显示出对这个问题有所了解的唯一一名著名公众人物。

在边沁生命的最后数年中，查德威克是他的秘书，但是查德威克所接受的是法律训练而非经济学训练。尽管如此，在外部性问题上，他比许多古典经济学家表现得都要出色。[19] 查德威克对这个问题的认识，或者至少是对这个问题的探索，遵循的正是边沁式的传统，也就是说，通过法律调整以使成本内部化，并以此来尽可能确保私人利益与公共利益的协调一致。作为 1834 年皇家济贫法委员会（Royal Commission on the Poor Laws）的成员，作为随后产生的济贫法委员会（Poor Law Commission）在 1834 年至 1841 年间的秘书，作为 1842 年出版的著名《卫生报告》（*Sanitary Report*）* 的作者，以及作为无数社会改革方案的作者，查德威克在建立现代官僚机器的过程中发挥了重要的作用。但他本人却不是集体主义者；他在 1833 年与阿什利的
333 《十小时工时法案》（Ashley's Ten Hours Bill）进行了斗争，并为成年工人的合同自由进行了激烈的辩护，甚至他还显示出了一些企业家精神，即在 1842 年他组织一些朋友成立了一家私人公司以推动某些卫生改革，事实上，此前他一直吁请政府进行卫生改革但都以失败告终。

但是他仍然拥有外部性的思想，他巧妙地试图通过修改法律来确保公共利益和私人利益之间的和谐，这非常了不起，值得进行进一步分析。正是由于他在济贫法委员会的工作，查德威克第一次注意到了外部性问题。因为他发现，济贫法机构（Poor Law authorities）所负担的相当多的成本是由第三人的私人活动引起的，而第三人却没有被要求负担这些成本。因此，当他于 1833 年又被任命为工厂委员会（Commission on Factories）委员（他在济贫法委员会的工作仍然在继续）的时候，他借此机会在关于工人赔偿

---

[19] See S. E. Finer, *The Life and Times of Sir Edwin Chadwick*, pp. 24-5.

* 该报告的全称是：《大不列颠工人阶级卫生状况的报告》（*Report on the Sanitary Condition of the Laboring Population of Great Britain*）。——译者注

问题的报告结尾提出了一些建议。查德威克确信，在受害人得到有关责任人的赔偿之前，工伤事故率并不会显著下降。很明显，这不是因为他同情受害人，也不是因为他希望看到受害人能得到适当赔偿，实际上在很大程度上他认为应将赔偿费用的责任从济贫法机构负担转由雇主负担。因为查德威克认为，只有让雇主承担部分费用，雇主才会采取预防措施以避免事故的发生。[20]《工厂报告》（The Factories Report）是急就章，随后的法案也在 1833 年由议会仓促通过，而这些问题几乎没有怎么被讨论。贸易部（Board of Trade）主席 Poulett Thomson 告诉下议院，对于受伤的工人而言[21]（这在 *Priestley* v. *Fowler* 案[22]被判决之前），他们是有足够的普通法救济的，于是有关工人赔偿的条款就被删除了。

但是，查德威克于 1846 年又对这个问题进行了抨击，[23]当时他被任命为一个调查铁路工人生存状况的下议院特别委员会的委员。在那时，铁路建设的大热潮才刚刚开始，铁路工人（railway navvy）涌现在全国各地的铁路建设工地上，他们带来了许多新的社会问题。基于合同自由而认为铁路工人与其直接雇主之间的雇佣合同，或者铁路公司与其总承包商之间的合同不属于公众需要关注的问题，所有这种见解在这里都被证明是完全荒谬 334
的。因为铁路公司把工作交给承包商后，承包商会再分包给分包商，然后分包商要么转而再分包给再分包人，要么雇用一群铁路工人完成繁重的体力劳动。对于铁路工作给周边地区所造成的社会成本，各方当事人都试图撇清自己的责任。然而，这些成本对于所有人而言都是沉重且显而易见的。铁路工人虽然工作在铁路线周围，但在周围却没有属于他们的适当的居住生活的地方；人们期望他们建立他们自己的棚屋区，然后铁路每往前修几英里就把棚屋区向前搬。他们自然会过度饮酒，与当地居民发生冲突和骚乱，搭讪女性和戏弄男性，[24]并传播疾病（他们中的很多人“身上带着天花痘疮在大街上晃荡”）；[25]受伤的工人被送到当地医院用公费进行治疗，

[20]　R. E. Lewis, ‘Edwin Chadwick and the Railway Labourers’, 3 *Economic History Rev.* 107, 117-18（1950）.

[21]　See S. E. Finer, *The Life and Times of Sir Edwin Chadwick*, p. 61.

[22]　（1837）3 M. & W. 1, 150 E. R. 1030, *post* p. 502.

[23]　他还不失时机地在他 1842 年的《卫生报告》（*Sanitary Report*）中提醒人们要注意这一点。at p. 271 of the 1965 edition, ed. Flinn.

[24]　Kellow Chesney, The Victorian Underworld, p. 95.

[25]　Terry Coleman, *The Railway Navvies*, p. 140.

而当工作结束的时候，许多铁路工人又被扔向了贫困救济。查德威克特别关注受伤工人的赔偿方案；他想把这种赔偿责任交由铁路公司（而不是铁路工人的直接雇主）承担，不管事故能否被避免。他深信，如果铁路公司承担了这项责任，那么它们就有权力也有能力迫使承包商、分包商和工人们自己更加注意安全以降低事故率。这个方案超前于时代——工伤赔偿立法被引入英国已经是 50 年之后的事了，耶鲁大学的卡拉布雷西（Calabresi）教授在其著作中再次对这个问题进行经济学论证时已经是一个多世纪之后的事了[26]——但它是一个典型的边沁式方案。通过将成本强加给铁路公司，立法者就将利己（self-interest）因素注入事故预防之中并发挥其作用。“它摒除了检查机构，并摒除了先验的法规（*a priori* regulations）；它取得了法规所无法取得的效果，并让专横的和令人讨厌的干预变得不必要——当当局和公众的关注以及仁慈和人性沉睡或者无能为力时，它是醒着的且是活跃的。”[27] 委员会热情地接受了这些提议，但是这些提议从来没有施行过。所有这些努力的唯一结果就是通过了 1846 年《坎贝尔勋爵法》（Lord Campbell's Act），该法对事故致死的死者的家属给予了救济，同时该法还规定，在其他情形下，虽然没有发生死亡事故，但责任人也应当负有某些法
335 律责任。[28]

分配问题（Distributive Questions）

古典经济学家很少谈及国民产值（national product）的分配。从亚当·斯密开始，他们大多满足于这样一种描述方式，在这种描述方式中，国家的“年产值”（仍然主要是从农业角度来描述）往往在三类生产者（three classes of producers）之间进行分配，即地主收取地租、股东收取利润以及劳工获取工资。关于这三个群体相对份额之构成的分析方法，并不是太复杂。也许是由于无意识地将地主看作是统治阶级，所以斯密和李嘉图往往都将地租看作是剩余收益（residual income），亦即在以利息（或者利润）的方式向资本提供者进行偿付，并以工资的方式向劳工进行偿付之后，所

[26] See *The Costs of Accidents*（Yale，1969）.

[27] Cited R. E. Lewis，‘Edwin Chadwick and the Railway Labourers’，p. 112.

[28] Chadwick 在《论卫生工作可收费性的法理学》（*On the Jurisprudence of Chargeability for Sanitary Works*）（London，1873）的小册子等著作中，也讨论了市场失败的另外一个例子。

剩下的东西。[29] 他们并没有想象到一个资本家占优势的社会，在这个社会中，租金和工资的支付被认为是资本的必要费用，而剩下的东西就被看作是资本家正当赚取的收入——这个观点在（比方说）1850 年到 1900 年看来似乎要合乎情理得多；而且他们当然也没有想象到这样一个社会，在这个社会中，地租和利润被认为是国家生产的必要费用（或者甚至在很大程度上是不必要的），这两者拿走后剩下的东西其权利归属于劳工或工人阶级，这种观点在今天看来似乎显得更加合乎情理。他们最不赞同现代经济学家的这样一种观点，即根本不存在任何剩余的东西，所有这三个生产要素都只是根据它们的边际价值去分享总产值罢了。

古典理论在分配问题上的缺陷导致了大量重要性不同的结果。首先是很多人倾向于假定，在自由竞争的情况下——古典经济学向他们保证过这一点——将导致财富总产值的最大化，也必然导致如此生产出来的财富得到公平的分配。我们已经看到，人们很容易就将对个人主义与竞争的审慎考量当作是道德考量（moral consideration）。人们同样很容易就推断出，一个人在竞争中所取得的成功是其道德应得（moral desert）的。他或者创造出或者生产出财富本身，或者用他所生产出的东西去换取他想要的其他东西。因此，交易本身就被赋予了某些半道德（semi-moral）的色彩，例如佩利即认为在财富分配上只有一个普遍原则，那就是交换原则。[30] 此外，佩利还明确指出，在没有垄断的情况下，市场价格总是公平的价格。[31] 在对 336
经济学家们进行这样解读的过程中，人们很可能把这些经济学家所没有抱持的观点强加给他们。也许对亚当·斯密、李嘉图以及 19 世纪上半叶的其他经济学家而言，其中的一些问题是如此不真实，以至于他们根本就没有考虑过这些问题。国民产值的分配根本就不是一个道德问题；市场安排（market arrangements）本身并不是道德安排（moral arrangement），市场价格本身并不是公平价格。[32] 也许事实的确如此，但是人们也很容易在相反的意义上对经济学家们进行解读。当然，即使他们认为既有的分配制度是不公正的，但对于如何纠正这种不公正他们并没有说太多。只有约翰·斯图

[29] See generally, G. J. Stigler, *Production and Distribution Theories*（New York, 1941）.

[30] *Principles of Moral and Political Philosophy*, Book III, Part I, Chapter III.

[31] Ibid., Book III, Chapter VII.

[32] H. 西奇威克（Sidgwick）在 1886 年就是这样主张的：'The Scope and Method of Economic Science', in *Essays in Economic Method*, ed. Smyth（London, 1962）。

亚特·密尔，最后一个古典经济学家，坚持把生产问题与分配问题区分开来。[33] 到他于 1848 年写作《政治经济学原理》的时候，很明显，以各种方式进行的再分配已经开始了；而他却坚持认为，虽然规范生产的原则或“法则”是固定的或者说是不变的，但是规范分配的原则却是人为的且可以改变的。虽然密尔在分配上的观点，用现在的标准看是非常先进的（例如，他敦促通过继承法来进行大规模的再分配），但是按照现代经济学的标准，其对分配问题的分析，以及对分配与生产之间关系的分析，并没有多少复杂之处。

现代经济理论认为，即使在高度理论化的“完全竞争”的条件下，一个市场体系也只能为给定的收入与财富分配产生出最优结果。例如，如果在一个社会中富人很少，那么市场经济就只会产生出很少的劳斯莱斯（Rolls-Royces）；如果社会中有大量挣工资的人，但以他们的富裕程度根本负担不起汽车，那么市场经济就会产生出大量的自行车和公共汽车。同样地，如果社会中没有富人，那么一个自由的市场经济就不可能会生产出任何造价高昂的东西。在一个更加平等的社会中，很有可能人们的储蓄和投资会比较少，因为穷人或普通收入的人，往往会消费掉其收入的较大份额。几乎没有迹象表明，在古典时期人们认识到了这些问题中的大多数。财富集聚在大地主手中，在很大程度上仍然被（那些赞同它的人）认为是可以促成社会和政治稳定的，而不被看作是对经济具有重大影响的东西。而贫富之间的巨大差距经常被看作是政治经济法则不可避免的（也许也是公正的）结果。
337

现在很清楚的是，合同自由原则趋向于使这种态势持续下去，如果说它没有加剧这种态势的话。因为某个交易所达成的价格必然在某种程度上取决于社会收入和财富的分配。随着富人变得贫穷，昂贵商品的价格往往就会跌落，而随着穷人变得富有，廉价商品的价格往往就会上涨。其结果便是，在一个公开市场上所达成的交易的公平性——市场价格的公平性——其本身就取决于财富和收入的分配。只要对市场价格赋予某种道德的神圣性（moral sanctity），其结果就是有意或者无意地对财富的不平等赋予某种类似的道德祝福。与之相反，随着不平等性本身受到挑战，合同自由原则本身也越来越受到侵蚀。尽管在 1870 年以前，这一点很少被人们

[33] See Allan Ryan, *J. S. Mill* (London, 1974), pp. 163-8.

有意识地认识到或者被人们所阐明，但是这些事实本身却经常把这个问题呈现在公众面前。例如，投入到教育事业的公共资金，经常被抗议或者被攻击为是一种“干涉”形式，但小密尔却将其辩护为一个明显的再分配机制。因为许多不熟练劳工的工资不足以支付其子女的教育费用，而其他人却可以轻松地支付他们子女的教育费用。[34] 而且，许多干预合同自由的立法都发生在 1870 年之前——下文将详述——这些立法实质上被当时普遍存在的社会财富的不平等性所大幅削弱。只用这方面的一个例子就足以说明这一点的重要性。

《旅客法》就提供了一个例子，说明所有干预合同自由的努力是多么有限，除非有关产品的购买者有足够的钱可以购买更加昂贵的物品。对于 19 世纪前五六十年间移民到加拿大和美国的旅客所遭受到的可怕的运输状况，这些法律深为关注。在早期，这些移民所遭受的运输状况比奴隶或者牲畜都要差一些，于是立法逐渐要求船东改善旅客运输状况。但是对于改善移民运输这个目的而言，很重要的一点是，这些移民中的大多数都非常贫穷——其中很多人是爱尔兰人——即使经过数月的艰苦劳动，他们也几乎不能积存 5 英镑来支付跨大西洋运输的船费。而现在的情况是，即使每人只付 5 英镑，船东仍然可以从这笔交易中获取很大的利润。那么显而易见的是，如果改善船舶客运状况的立法努力走得太远或者太快，那么这项运输活动就会在一夜之间停顿下来——因为没有人能够负担得起经济舱的船费。然而，立法所能做的就是对船东和移民之间的议价能力（bargaining 338
power）做某些矫正，如此，船东所提供的服务品质，一方面价格低廉但却仍然足以使其盈利，另一方面也不至于像其在公开市场条件下所提供的服务价格那么高。当然，对于旅客所支付的价格与船东所得到的边际利润而言，人们很难知道该立法究竟产生了什么结果。如果该立法所产生的唯一结果是价格随着船东服务品质的提升而缓慢升高，那么船东的边际利润可能不会受到影响，从经济的角度来看，立法的效果则很小；其唯一真正的效果是剥夺了消费者购买非常廉价服务的选择权。（当这个廉价的服务具有潜在的致命性，而消费者由于太无知以至于不明白这一点的时候，那么这样立法甚至就变成一件相当合理的事情了。）但是该立法也可能影响了交易所达成的具体要点，这样立法实际上为该交易加入了一些较小的再分

[34] Mill, *Principles of Political Economy*, Book V, Chapter XI, Sect. 8.

配因素。例如，如果立法的结果是将服务的最低成本（比如）从 4 英镑提高到 4 英镑以上，而价格仍然保持在 5 英镑左右，那么很显然这里出现了某些再分配的因素。经济理论家或许太轻易地认为这样的再分配通常不会发生，但是至少在短期内，这种性质的立法干预很容易就产生出再分配的结果。

在市场失灵而导致制定法干预（statutory intervention）的情形下——其中许多情形将在第十六章中进行更充分的讨论——即使是在 19 世纪中期，这种干预也很可能包含着更重大的再分配因素。尽管开放财富的再分配不具有政治上的可能性，但是，例如，当《公共卫生法》（Public Health Acts）着手解决城市肮脏环境清理问题的时候，就不可能确保由此所花费的成本能够被精确且成比例地加之于那些受益者之身。显示这种立法再分配效果的一个有趣例子是，1855 年的 *Darling v. Epsom Local Board of Health* 案。[35] 在该案中，地方卫生委员会在整个地区征收一笔特殊费用来用于适当促进下水道、水源和照明设施的供应。征费命令所涵盖的地区包括埃普索姆镇（Epsom），该镇状况极其恶劣，没有下水道、排水管或者供水设施可言，而周边地区的中产阶级居民则受益于私人排水管和水井而生活得舒适宜人。而且，对于那些拟议中的、明显使镇上居民受益的新设下水道，周边
339 地区却不怎么受益。尽管如此，王座法庭还是确认了同时对生活在周边地区的居民和生活在镇上的居民征收费用的合法性。法院指出，坚持要求对每个应当交纳该费用的家庭是否是直接受益人进行证明，是不可能的，而且也是不公正的。因为虽然城镇之外的居民可能并没有因此直接受益，但是这对他们是有间接好处的。通过改善城镇的卫生条件，周边区域的财产价值将得到提高，而且这些财产的所有权人和占有人在到访城镇时，将享有走在干净、照明良好的而不是黑暗、恶臭的街道上的好处。显然，这种强制性的收费具有再分配的效应，事实上，这也正是它的主要目的之一，因为如果不涉及再分配，那么立法干预可能就变得不必要了——市场可能已经为那些愿意付费的人提供了必要的设施。尽管如此，这些对自由市场的干预显然是有范围限制的。城镇居民和郊区中产阶级都必须支付费用。征收费用的多少必须要反映公众的承受能力。

劳动力市场基本也是一样的。今天似乎有一种广泛但过分简单化的看

---

[35] （1855）5 E. & B. 471，119 E. R. 556.

法，以为工业革命初期由于工人被雇主剥削所以工资很低，而现在工人的工资之所以已经上升到现在的高度，是因为工会的力量已经终结了这种剥削。实际上，这当然几乎就是一个彻头彻尾的神话。（比如）之所以 1850 年工人的工资只是今天工人工资的一个零头，是因为 1850 年的国民产值只是今天国民产值的一小部分。雇主和工人之间相对议价能力的转变所导致的差异，只对工资数额产生了附加的、相对较小的影响，雇主所能支付的工资一方面不能让他自己破产，另一方面也不能让工人自己遭受严重损失。在一个自由和充分竞争的市场中（当然，现代英国的市场不是这样的），工资不能超过雇主仍可以从他的投资中获得足够利润的那个临界点，同时也不能低于工人们认为不值得为其雇主工作的工资，或者认为根本不值得进行工作的工资。双方的议价能力只对位于这两个极端之间的工资数额有影响，同样地，对合同自由的任何立法干预因此也只能影响这一工资数额。这样，19 世纪初期对合同自由再多的立法干涉，都不能显著改善工人阶级的生活水平。

由于古典经济学家对分配问题的关注是如此之少，又因为他们对竞争的信心是如此之大，以至于他们对议价能力的不平等性就更少谈到了。在现代，正是议价能力的不平等性通常被认为是人们反对完全合同自由的主 340
要原因，但很不幸的是人们有这样一种倾向，认为议价能力的差异在自由市场上所发挥的作用比他们实际发挥的作用要大。除这一事实外（正如我刚才所说的），即对于一项产品或者服务而言，议价能力只能对可能的价格范围有小部分的影响，人们还有这样一种倾向，即把议价能力与规模和复杂程度等同起来。这同样具有潜在的误导性；尽管这些东西能够影响议价能力，但是由于古典经济学家们假定存在着一个高度竞争的市场，因此他们往往很少关注这些东西。而在高度竞争的条件下，即使是相对无知和弱势的消费者也具有相当程度的议价能力——他可以改变他的习惯。

如果说古典经济学家在经济问题上缺少一个分配理论，那么人们已经证明边沁式的功利主义者，至少从长远来看，已经在社会和政治问题上为人们提供了一个极其重要的分配理念。因为边沁的最大幸福原则的最重要方面最后被证明是从该原则所推论出来的必然结论，而并不是该原则本身。其推论是，在计算一个社会的幸福总和（aggregate happiness）时，每个个人都应被算作一个人，没有人可以被算作多过一个人。当然，边沁并不是说每个人都有权拥有相同数量的幸福，他只是说在计算幸福总和时普通人要和其他人一样进行平等计算。正是边沁的原则的这种平等主义面向，使他第一次发布这些原则时，显得是如此新颖。即使在 1776 年，也很少有人会反对这样一种观点，即立法应该为了“公共利益”或者符合“公共利益”，或者为了最大多数人的最大幸福。而且大多数政治家也经常使用这种语言，就像他们现在所做的那样。但是，这种观念是极其令人怀疑的，如果不是完全令人震惊的话，即基于这个目的每个人都应该等同视之。这是一个新的、原创的理念，如果从政治角度看，这完全是一种颠覆性的理念。当然，边沁一开始并没有将他的原则当作是一种政治或者宪法原则，而是将其作为一种道德和立法原则公之于世。但是在 19 世纪早期，他逐渐得出这样一种结论，即政治平等——每个人都要算作一个人，但不能算作多过一个人——是他所有其他改革的一个必不可少的前提条件，并且他将自己的命运和议会改革家们联系在了一起。边沁把詹姆斯·密尔的《论政府》当作是对代议政府基本内容的阐述。

在这样拥抱民主的过程中，边沁并不孤单。大多数政治经济学家都是民主的信徒，或者至少是将民主当作是一种终极愿望。对于现代读者而言，
341 在这一时期的思想运动中一个让人吃惊的事情是，对民主的信仰（先进的“左派”政治立场）与对合同自由信念的坚守（在今天是一种极“右”的政治立场）两者之间的相容性。解释这个谜题的关键在于这一事实，即这两个信念都根源于对传统辉格党家长主义的否定。两者都产生于人们可以被信任的这一观念。

在前一章中我曾经提出，社会契约思想被大大地向前推进了，因为一小群大地主——在很大程度上是他们在 18 世纪治理着这个国家——通过将他们自己以及他们的利益与整个国家联系在一起。他们把这个国家及其机构看作是他们自己的，看作是创立起来用于保护他们财产的。但是，将英国从 1770 年的贵族国家转变为 1870 年的近似民主国家的根本性政治变革，给人们带来了一系列深刻的重大变化，使人们开始思考个人与国家的关系。

政治现在站在一个拥有更多观众的舞台上，再加上人口本身增长，贵族权力日渐衰落，这些事实意味着人们开始将立法者看作是一个遥远的并与自己相脱离的人。而 18 世纪的辉格党人却将他们自己看作是为保护他们的财产和权利而在社会契约之中联合起来的人，19 世纪的中产阶级开始将议会看作是一个遥远和抽象的立法者，它高于并超越于人民但（他们希

望并且坚持认为）同时也要为人民的利益和愿望负责。通过比较下面引述的两种观点，可以很好地说明人们对于立法的态度变化。第一个观点来自于约翰·拜尔斯勋爵（Sir John Byles）1845 年的著作，他后来成为皇家民事法庭的法官。拜尔斯（正如我们将要看到的）非常敌视自由放任主义哲学，关于社会立法（social legislation）他说这相当于“将整个社会的智慧和力量集中在一个特定的点上。就所有特定事项所达成的共同协议”[36]。大部分这些社会立法在议会两院都以压倒性的多数获得通过，而且反对该项立法的那些人常常是古怪的家伙或者顽固分子。想要在这种情况下取得全体一致同意，无论是对于政府来说还是对于人民来说都是荒谬的。但是，这并不妨碍拜尔斯将这些立法看作是“一个共同协议”，是议会议员们的一种自我规定行为（self-imposed act）。

与之相对，对于立法的较新的态度可以在白哲特（Bagehot）1867 年的《英国宪制》（*The English Constitution*）中找到，他非常明确地提出：“对于国家行为，我们不是将其当作是我们自己的行为，而是将其当作是异己行为进行观察的；是将其当作是一种强加于人的暴政，而不是当作我 342
们自我组织愿望的完美结果。”[37] 当然，这种对立法的态度变化，反映出了法律实证主义的发展。边沁的《政府片论》（*Fragment on Government*）第一次为现代英国法律思想提供了一个清晰的替代社会契约论的法哲学。1832 年，法律实证主义思想在约翰·奥斯丁的《法理学范围》（*Province of Jurisprudence Dtermined*）中得到了详细的阐述；与后来的法学家 T. E. 霍兰地（T. E. Holland）一起，奥斯丁（据说）“提出对社会制度的法律均衡（legal equilibrium）进行抽象分析，就像李嘉图、密尔和杰文斯提出对经济秩序进行均衡分析一样”[38]。法律不再是某个社会契约的结果，而是某种命令的结果。存在着某种权力等级关系（hierarchical relationship of power），这种关系不是合同关系，它的作用对象从公民延伸至那些对公民行使权力的人。权威的来源不是别的而正是习惯性的服从（customary obedience）。法律是某个主权者高高在上地向其臣民发布的命令。

---

[36] *Sophisms of Free Trade*（reprinted, London, 1904）Chapter VIII; see *post*as to this book, p. 380.

[37] Reprinted, London, 1963, p. 262.

[38] C. A. Cooke, 'Adam Smith and Jurisprudnece', 51 *Law Q. Rev.* 326, 330-1（1935）.

从社会契约主义到法律实证主义的转变，起初可能并不具有太多的现实意义。[39] 但是，这种思考个人与国家之间关系的方式的变化，最终将具有深刻的重要性。在社会契约模式中，政府是在统治阶级的同意之下运作的；任何具有实际意义的法律，只有在整个地主阶级或者基本上整个地主阶级接受其改变时，才会有所改变。合同不能因为缔约一方当事人单纯的一时兴起而被改变。但是在《1832 年改革法》之后——更多的是在《1867 年改革法》之后——选民数量变得如此之大，以至于这种契约观念已经变得不合时宜了。自然而然地，命令理论及其所蕴含的少数服从多数规则开始流行起来。如果主权者可以命令，那么他就可以强制；事实上，法律的全部实质就在于它是一项以惩罚为支撑的命令。这样一种认识不再有任何问题，即如果没有地主阶级或者任何其他阶级的广泛同意，那么国家的基本原则就不能被改变。现在每个阶级都要受到议会多数派的摆布。

在某种意义上，1832 年在英格兰开始发生的变化，就好像是一家家族
343 企业"上市"（'goes public'）时所发生的变化一样。家族企业最初可能是由最具个人主义色彩的企业家所创立的；即使当它（也许是在创始人去世的时候）被几个儿子或者孙子控制的时候，他们同意捆绑在一起的意愿仍然很强烈。家族企业中的大多数人通常不愿意在少数人强烈反对的重大事项上强迫该等少数人屈服。虽然在不那么重要的事情上和常规问题上，可能是由多数票决定的，但在实践中大多数问题可能都是经由一致同意而作出决定的。如果公司最初是由多个而非一个人创建的，其结果仍然是非常相似的。他们最初的合作关系将基于双方的协议，在重要问题上，多数人不会（或者没有必要）拥有限制少数人的权力。当然，无论多数人有多么严格的法律地位，只要多数人在重要事项上强迫少数人，那么这种合作关系都不太可能会成功。但是，当一家公司"上市"的时候，所有这一切都会发生改变。现在股份向公众发行了。如果大多数有投票权的股份是向公

---

[39] 但是，绝不能认为那个时候的实践者与学术争论之间从来都不存在任何关系。举个例子，see Sir George Cornewall Lewis, *The Use and Abuse of Some Political Terms*（Oxford, 1832, revised edn., 1877），在该书中作者结合社会契约理论非常深入地研究了"默示"合同和准合同的含义。刘易斯（Lewis）接受了律师训练，并参加了奥斯丁的讲座；后来他进入议会并（在 1839 年至 1847 年间）担任了济贫法委员会委员和财政大臣（Chancellor of the Exchequer）（从 1855 年至 1858 年）。

众发行的，那么在理论上而言，新选出的董事完全可以控制董事会。股东现在可以解散董事会并选出一个新董事会。新董事会可以彻底改变公司政策。对于公司政策的改变而言，不再需要原来家族股东达成一致协议了。无论他们是否同意，公司政策的改变都可以拘束他们。多数决原则在根本上否定了合同主义、个人主义和合意主义。当然，当家族公司上市的时候，家族一开始并不认为这一切都会发生，如果不是根本不发生变化的话。他们希望维持对公司的控制，他们希望被选举出来的董事不会在任何重要的事情上改变公司的政策，他们实际上（*de facto*）的地位依然强大，与他们的人数不成比例。1832 年英国的“上市”也是这样。* 悲观主义者认为 1832 年的法案是使英国成为共和国的第一步，[40] 与这种观点相反，这种变化的结果实际上是缓慢显现出来的。其结果是，多数决定原则这一事实（*fact*）悄然地渗入到了英国的政治生活之中，此种渗入是如此悄然，以至于对于它究竟是什么时候渗入的人们存有诸多争议。[41] 很少有思想家或者作家认为这是错误的，但赫伯特·斯宾塞例外，他自然是要对此事进行严厉抨击的。他认为，在没有得到多数人同意，且人们几乎没有意识到合意 344
原则在这些事情上正在被修改的情况下，最符合逻辑的结论是，多数人根本无权强迫少数人。[42]

然而，一旦出现了这种变化——在重要但非严格的年份意义上而言，这种变化在 1832 年的确出现了——人们的态度也就开始慢慢发生改变。立法不再基于一小部分人所达成的、用以对他们之间关系做某些微调的协议。立法现在可以坦率地进行财富再分配。国家可以通过征税而公开地收取一些国民的财产，并将其用于补助其他国民，这种做法第一次在道德上和政治上变得可以接受。反过来，这种观点——税收是财产所有者向财产

---

* 意指《1832 年改革法》，使英国这个原来的“家族公司”通过扩大下议院选民基础而“上市”了、公共化了。——译者注

[40] 格雷维尔（Greville）在他 1838 年的日记中记录了这样一次谈话，在这次谈话中，布鲁厄姆曾预言说随《改革法》而来的将是（秘密）投票，而帕克财税法官（Parke B.）则回应说，在那种情况下英国将在五年内变成共和国：The Greville Diary，ed. P. W. Wilson（London，1927），ii. 222。

[41] 严格而言，直到 1918 年（一些）女性首次拥有选举权时，才有一半的成年人有投票权。

[42] *The Man Versus the State*（first published 1884，reprinted，Harmondsworth，1969），pp. 155-61.

所有者联合体（his Association）支付合同款项的一种形式，以换取该团体对其人身和财产的保护——就开始衰落了。约翰·斯图亚特·密尔的《政治经济学原理》与《国富论》在这一点上的差异是非常显著的。除了一两个项目（如国防费用）之外，亚当·斯密想要尽可能地把赋税负担放在那些从国家所提供的各种服务中受益的人身上。[43] 另外，密尔则完全拒绝税收的合同观。[44] 对他来说，那些从国家的法律和服务中获益最多的人是身心孱弱之人；如果他们必须就其获益成比例地付款，那么这正好就与分配正义矫正自然不平等性（inequalities of nature）的真谛背道而驰。真正而充分的原理是，所有人都从政府的维持中获益，每个人都应当根据自己的情况来分担政府之成本。

但是在其他方面，1832 年的权力转移只是意味着新的立法将主要被用来为新兴的中产阶级的利益服务。由于新兴的中产阶级相信自由市场，因此大部分立法从一开始就是被用来创设市场运行条件的。其中，有些立法只是承担清除那些阻碍自由市场发展的限制性立法的消极性工作（negative task）——事实上，在 1832 年之后这就算不上什么新鲜或者戏剧性的事情了，因为清理限制性立法的工作已经持续开展了六七十年。但是在其他方面，新的立法以更积极的方式促成自由市场运作所需之条件。现代经济学家，尤其是芝加哥学派的那些经济学家——他们认为国家应该只发挥最低限度的作用——经常争辩说，在自由市场经济中如果人们对某种东西有足够的需求，那么市场就会供应这种东西，于是企业家们就会涌现出来，预
345 测什么才是人们所需要的东西，并以行得通的最低成本相互竞争。但是，作为一个历史事实问题，19 世纪英国所发生的情况并不是这样的。正因为市场显然没有满足中产阶级如此之多的需求，所以他们才转而求助于议会。他们发现运用议会机制去创设相关条件，并向人们提供现代国家所需要的必需品，而不是把这些东西的供给留给企业家们去提供，是一件非常简单和便捷的事。当然，他们并不是在每一个领域都这样做了，甚至在大多数涉及普通商品和服务的领域他们也没有这样做。但是，在私营企业家正在做但做得不是很有效的领域（如警察事务），或者在国家历来发挥作

[43] *Wealth of Nations*, Book V, Chapter I, Conclusion.

[44] *Principles*, Book V, Chapter II, Sect. 2.

用的领域（如邮政），[45] 或者在外部性导致市场失灵的领域（如公共卫生措施），或者在消费者无法判断其自己最佳利益的领域（如教育或者食物掺假），或者在存在垄断的领域（如铁路和后来的供水、供气和供电），他们的确已经开始通过立法机制去提供这些产品了。

戴雪将许多这种立法，至少是1870年之后的许多这种立法，概括为“集体主义”立法。但在源头上，19世纪的立法很少是以集体主义者的面目出现的。一旦这种立法被通过，环境被改变，一些立法本身的性质就会发生改变。这种改变，有时候是因为政府官僚体制的内在推动，有时候是因为环境本身被改变了；有时候是因为一旦政府着手从事某项活动，那么即使私人企业家也被允许从事这项活动，他们也是难以与政府相竞争的。渐渐地，议会最初致力于实现自由市场理想而进行的社会立法，就变成了真正的集体主义立法。总的来说，这种情况在20世纪之前并没有发生，这个问题将留给本书第三部分去讨论。

第二节　原则的时代

在许多我所论述了的有关政治经济学、功利主义和个人主义的思想的背后，存在着一种具有足够思想重要性的观念，有必要对这种观念本身进行简短剖析——此即原则观念（the idea of Principles）。1770年至1870年似乎是一个被“原则”所支配的时期。存在着政治经济学原则、伦理与道德原则、法理学原则、政治行为原则、商业行为原则，也存在着坚守原则的 346
人，而且原则与权宜之计之间存在着明显的反差。由于法律原则的重要性，合同自由本身被许多人认为是一项重要的原则，同时践行允诺在维多利亚时代的道德观念上是一个具有显著重要性的原则，因此似乎值得对原则这个概念稍加阐释。

在某种程度上，很显然，原则这个概念是自然法理论的成果之一。原则就是某种概括（generalization），用以帮助解释世界运行之方式。在物理学上，宇宙的“规律”现在已经不再称为“原则”了，但是在道德或者社

[45] See Hemmeon, *History of the Britain Post Office* (Cambridge, Mass., 1912), esp. at p. 61. 根据一个委员会提供的证据——该委员会在1840年采纳了 Rowland Hill 的一便士邮资方案，邮政服务效率低下严重阻碍了商业活动。

会科学上，“原则”一词与“规律”一词经常是可以互换的。它们两者都是对社会或人类现象的某种概括。但是这显然不是故事的全部，因为原则的概念也具有高度的规定性（prescriptive）。原则不但是对有关社会现象运行的概括，而且也是人们应当如何行为的重要指引。因此原则在本质上是教育工具。今天的我们也许难以理解，为什么对于那个时期的许多人来说寻找到妥当的行为原则是那么重要。神父在许多天主教社会的作用仍然很大，其被当作是各种各样道德问题或其他问题的总导师和总顾问（general guide and adviser），但在 18 世纪英国神父的这种作用已经完全消失了。乡村牧师并不拥有他的天主教同行所拥有的权威，而且光有权威也是不够的。对于某种行为方针的建议或提议必须给出理由。古老经院科学（scholastic science）——因其试图设计出一个适用于任何可能状况的正当行为指南而被称为决疑论（casuistry）——早就在英国声名狼藉了。在研究替代它的东西的过程中，人们找到了原则理念。

人们在休谟那里找到了这种理念的完备形式，休谟观察到，人们在日常生活中常常不是根据规则，而是根据特殊情况下的需求来作出行为的。[46]即使人们为自己的行为确立起一些规则，但是这些规则往往并非都是确定不移的，并且允许有许多例外。然而，这不是社会中人们之间争议的一种可接受的解决方式，因为这通常会产生过多的不确定性（例如在财产权方面），于是人们被迫接受更加确定的和更缺乏灵活性的法律和法学原则。即使这些原则从长远来看是建立在利己的基础之上的，但由于它们具有一般性，所以我们可能会发现某个公正的单独行为实际上是与公共利益相违背的。“当一个有德的、宅心仁厚的人将一大笔财产还给一个守财奴，或
347 者作乱的顽固派时，他的行为是公正和值得赞扬的，不过公众却是真正的受害者。”[47]但是，我们不允许单独的个案破坏调整人们之间关系的规则，因为我们不相信人们会违背他们自己的利益而公正行事，因此，当人们遵守一般规则违背其直接利益的时候，人们往往会为他们为什么不应当遵守一般规则寻找例外或者理由。如果每个人都这样做，那么社会就会崩溃，而这被认为是一种终极危机，因此事实上人们会同意遵守规则，即使这些规则与他们直接的意愿或利益相违反。

---

[46] *Treatise*, Book III, Part II, Sect. VI.

[47] Ibid., Part II, Sect. II.

由此可以看出，原则的概括性极其重要，并且还可以看出这一事实，即如果观察代理人的行为，可以看到代理人并不适于权衡他所处理的事务是否符合规则、是否可以找到这些规则的一些例外情形。在这一点上，休谟和亚当·斯密都认为，尽管人们可能不认为遵守规则符合他们自己的利益，但是他们总是会发现其他人不遵守规则的行为的不当性，而这会产生一种对受害人的感同身受之情。

对规则或者原则的强调是 18 世纪和 19 世纪思想观念中的重要因素。它显然与自治的本义密切相关。如果英国人是自由的，且被允许选择如何为自己的利益而实施行为，同时也没有专横的警察国家去强迫他们，那么他们必须学会如何以社会方式（social manner）实施其行为。而要做到这一点，就有必要学会某些概括化的行为原则，因为人们要获得一个可以适用于任何可能情形的正当行为模式的指导，是不可能的。于是，我们发现佩利反复强调行为的一般原则的重要性，且这些原则的效果必须根据其总体趋势来进行判断。[48] 我们也发现伯克强调人们遵守政治事务上的原则的重要性，而且在更一般的意义上，伯克还用经典理论为他所称的“成见”进行辩护，他所指的“成见”是我们今天所称的长期习俗，甚至原则。甚至在“成见”的理由并不显著的时候，甚至在这些“成见”显得过时落伍的时候，伯克也认为其包含了潜在的智慧，并认为在我们决定将其弃之脑后的时候应当好好想一想。抛弃“成见”会使我们每个人都有权决定自己的行为，这当然正好是革命者们的诉求。伯克是众多极其害怕这一结果的人之一，他不相信大众、公众在遇到不幸的时候，会对他们生活中出现的 348
大多数问题作出足够负责的决定。人们必须学会以某种有序的、可预见的方式实施行为，而只有当他们在不对“成见”或者原则对该等情况的可适用性进行仔细探究的情况下就即刻遵循“成见”或者原则的时候，他们才会以有序、可预见的方式实施行为。[49]

伯克不仅强调了原则在政治事务中的必要性，而且他——和其他许多人一样——也强烈地为商业原则进行了辩护。在其对东印度公司的谴责之中——他反对将东印度公司的权力转移给专员们（Commissioners）的福克

---

[48] *Principles of Moral and Political Philosophy*, Book I, Chapter VI.

[49] *Reflections on the French Revolution* in *Burke on Government, Politics, and Society*, ed. Hill (Glasgow, 1975), p. 354.

斯法案（Fox's Bill）——伯克提出了六项商业行为原则，其中的一些原则可能会让现代读者感到惊讶。[50] 他说，第一个原则是“贱买贵卖”——“商业交易的根本源泉”；第二个原则是“无论我们订立什么合同都要极力地进行讨价还价，这是商业政策的另一个原则”；第三个原则是要确保雇员或代理人不会为了他们自己的利益而从事秘密交易；第四个原则是要确保账簿的“准确性”；第五个原则是在筹集资金投入营业之前有必要计算出可得的利润；第六个原则是需要保有足够的现金以满足他人的付款要求。

而如果政治和商业原则是很重要的，那么道德原则肯定也不能被落下太多。事实上，存在着（正如我们已经看到的）道德原则与基督教教义相区分的趋势，佩利对此进行了极佳的阐释。维多利亚时代的基督教会较少论及一个人对于其同胞的责任，或者他对于公众的责任。而且，根据密尔的观点，维多利亚时代的许多最有价值的私人道德（private morality）原则，不是来自于基督教会，而是来自于希腊人和罗马人。[51] 当然，一些基督教徒反对这种低估基督教在道德事务上之作用的努力，反对这种对教会与国家的区分。例如，F. W. 纽曼（F. W. Newman）教授（红衣主教的兄弟）就争辩说国家的法律深刻地影响了这个国家的道德原则，但教会并不能因此就从这些国家事务中走开，假装把它们看作纯粹是恺撒所要关心的问题。[52] 但其对于社会行为更加深刻的影响在于，“绅士”典范的道德内容在维多利亚时代变得非常重要。最重要的是，绅士是一个有原则的人。他：

> 349 被期待开诚布公地对待他各个阶层的同胞，即使这样做意味着会牺牲他的利益时也应如此。绅士不会撒谎，因为那是一种怯懦之举，他不会欺诈、自食其言或者畏避其行为之后果……作为绅士，他的名誉被看作是他最有价值的财产。[53]

在这个时期的绝大多数时间里，道德家们倾向于刻画原则与权宜

[50] Ibid., pp. 226-7.

[51] *On Liberty*（Harmondsworth, 1974）, pp. 112-13.

[52] ‘Moral Influence of Law’（1860）reprinted in *Miscellanies*, vol. ii（London, 1887）.

[53] Sir Arthur Bryant, *The Age of Elegance*, p. 290.

（Expediency）之间尖锐的、即使并非总是那么完全清晰的对比，后者常常倾向于被加上形容词“纯粹”。这种对比似乎被用来服务于几种不同的意义。在某种意义上，遵守原则、依原则行事、做一个有原则的人，就是行事不考虑后果。一个行为的道德性根源于行为本身内在的性质。一个行为的正确或者错误在于其本身，而不考虑从其中可能产生出来的任何东西。当然，这种道德观最极端的版本，就在“为实现正义，哪怕天崩地裂”（*Fiat Jjustitia Ruat Caelum*）这个格言之中。在这种道德观中，一个权宜行为是一个有道德错误的行为，但是如果它（显然或者甚至的确）导致了更加令人满意的结果，那么它就有可能被看作是正确的。这种类型的道德观是功利主义者所反对的。对他们而言，行为的道德性不是某种内在的、区别于行为后果的性质，而是行为的后果决定了行为是正确的还是错误的。但是他们也区分原则与权宜。然而，对功利主义者而言，权宜不是某种必然的错误——归根结底，“权宜”在某种意义上几乎就是“正确”的同义词——但是一个权宜行为是一种“简单的出路”（‘easy way out’），一种短期的解决方案，它往往把麻烦推向未来，这种解决方案将问题暂时推出视线但并未真正解决它。

关于这个问题一个很好的例证是这样一种对比，即对于犯有明显微不足道但是有潜在严重罪行的人施以宽恕的权宜之计，与另一方面坚持对该行为施以严厉（但明智的）惩罚之间的对比。例如，亚当·斯密就将对这个问题的讨论，与哨兵在其警戒时睡大觉并因此而被判处死刑的例子联系在一起。[54] 他说，这种惩罚似乎看起来过于严厉了，很难让人们感到心安理得。但是，他坚持说，“一个仁慈的人”（或者，他也许是说一个有原则的人）“必须使自己冷静下来，作出某种努力，并充分运用自己的坚定意志和决心”[55] 以维护众人的长期利益。虽然斯密对这个例子的讨论并不是特别针对原则问题的，但很清楚的是这一点正是他所想到的。他坚持认为，坚持原则是为了有利于众人的长期利益，完全不同于一时同情一个人的权宜之计。 350

但是人们也在另外一个意义上对比原则与权宜。例如，关于对合同自由的不干预政策人们在 19 世纪有大量的辩论：这是一个原则问题还是权宜

[54] In *The Theory of Moral Sentiments*, ed. Raphael and Macfie, p. 90.
[55] Ibid.

之计？在这些辩论中，将不干预合同自由看作是原则问题的话，其结果似乎通常就意味着在任何特定案件中决定是否要干预合同自由时，其结果都将被忽视。但是那些（包括许多政治经济学家和功利主义者）坚持认为不干预合同自由是一个纯粹的权宜之计的人，并不因此认为他们更倾向于着眼眼前而非放眼长远。在这种情况下，他们似乎认为，不干预不能被认为是一个绝对规则，每个案件都应当根据其本身的情况来进行判断。

在19世纪，许多人，尤其是敌视功利主义基本前提的那些人，往往将功利主义看作是将“纯粹权宜”当作是一种有关是非标准的哲学。对他们而言，存在着更基本的、与“纯粹权宜”不相容的原则——尤其是诸如正义原则等。在其《功利主义》中，约翰·斯图尔特·密尔下了很大的工夫用功利主义的基本哲学，将普遍正义观念与作为其基础的根本长期原则（fundamental long-term principles）调和起来。[56] 他的调和方案的要旨是，正义原则本身就是长期的权宜原则，或者说正义原则就是根据所涉行为的长期效用而定的原则。在正义原则与其他功利或权宜原则之间并无真正的区别，尽管前者可能是后者的下位原则。并非每个正确或者权宜之事都可以适用正义观念，但是，每个正义之事却是共同功利（general utility）的一部分。如果说正义原则看起来要更为强大一些，并且能够比纯粹权宜或者纯粹功利引发更为强烈的情绪力量，那只是因为正义原则对于人类的安全具有更加根本的重要性。

虽然密尔并没有说服他的大多数同时代人，但是他至少代表了一种被这样一些人所普遍接受的观点，对这些人而言，所有的道德都不是以神圣起源为基础的。而且，这一观点几乎肯定会得到19世纪中期的许多律师的支持，因为虽然他们非常喜欢“为实现正义，哪怕天崩地裂”的格言，但是他们并没有普遍地像他们所相信的那样严格地照此行事。法庭上案件的法律争议，继续一仍其旧，这至少部分是基于普遍便利和功
351 利的观念。而过去常常考虑他们判决后果的法官们，也并不倾向于在不考虑判决后果的情况下就去判定行为的合道德性与合法性。律师与其他任何阶级一样都非常喜欢原则的观念，但是对他们中的绝大多数人而言，法律原则本身就是从权宜或功利中产生出来的东西。在密尔的《功利主义》面世的20多年前，财税法庭的 Baron Alderson 在写给内政大臣 James

[56] *Utilitarianism*, Chapter V.

Graham 爵士的信中，批评了皮尔寻求即刻的而非终极的权宜之计。“原则”，他写道，“而非权宜之计，最终必将占据上风并且统治这个王国的人民……（但是）终极（*ultimately*）权宜只不过是遵循固有且良好的原则的另外一种说法罢了”[57]。

随着政治的、商业的、经济的和道德的原则的广为盛行，法律本身受到类似的对待也就不足为奇了。我们已经在本书前一章中看到曼斯菲尔德是如何开始坚持认为法律是基于原则而非仅仅基于先例的。在曼斯菲尔德同时代人中，著名的东方学者（orientalist）威廉·琼斯爵士在 1781 年写作完成了《论寄托法》一书。对他而言，如果法律标榜自己是一门“科学”，那么法律必须建立在原则的基础之上：

> 如果法律是一门科学，并且的确配得上这个称呼的话，那么它必须建立在原则的基础之上，并且有权要求在理性王国中获得尊崇地位；但是，如果它仅仅是一系列毫无关联的法令和条例，那么虽然人们仍然会使用它，但是它的尊严却会被削弱，而那些对习惯和人为规则拥有最强记忆力（habitual or artificial memory）的人将变成最伟大的律师。[58]

应对这个问题，有一种观点是尽量减少法律判决中的自由裁量权。法律要变得更加确定、更可预测和更易懂。在 1818 年，埃尔登勋爵表示他的愿望是让衡平法“几乎”就像普通法一样稳定和统一。[59] 当波蒂埃《债法研究》（*Law of Obligations*）的英译本在 1806 年面世时，它立即受到英国律师和法官的追捧，部分是因为他们自己缺乏类似的东西，但也部分是因为在原则的时代，律师们开始从法理学的一般原则方面思考问题。他们当然知道，不同国家的法律在这个问题或者那个问题上是存在着差异的，但是他们开始期盼在法律的根本原则上，所有国家——至少所有“文明”国家或者基督教国家——是相似的。追溯到 18 世纪最后 25 年对罗马法的重

---

[57] J. T. Ward, *Sir James Graham*, p. 167.

[58] At pp. 123-4. 琼斯（1746—1794），他是作为东方学者而被今天的人们所记住的，他在印度从事法官工作之前已在英国从事执业律师多年。他是原则的忠实信徒，曾打算写作一部关于整个英国法律的著作，这将“使所有复杂的案例都被归纳到它们的首要原则或准则之中去”。See *The Letters of Sir William Jones*, ed. Garland Cannon（Oxford, 1970）, i. 130.

[59] *Geev. Pritchard*（1818）2 Swanst. 402, 414, 36 E. R. 670, 674.

352 新研究，（在某种程度上也被吉本优秀的著作《历史》所激发）也使英国律师再次熟悉起万民法（*ius gentium*）——罗马人认为这些法律是适用于整个文明世界的——的概念来了。而自然法学家们（Natural Lawyers）的遗产在 19 世纪早期仍然很强大。

但是除了这些影响之外，可能还有另外一个重要因素。随着人口的增加以及工商业的急剧增长，律师之外的民众与法律打交道的情形必定大大增加。新官僚们开始发现他们自己从 19 世纪 30 年代以来越来越多地与法律关联在一起。当商人们寻求行使他们的权利的时候，或者当其他人控告他们的时候，他们也必定越来越经常地与法律打交道。当然，古老的治安法官长久以来就在非正式程序中裁决案件，但是随着城市的兴起和交通的发展，他们不再像在 18 世纪时那样在非常隔离的状态下工作，而这会让他们更加意识到他们需要严肃地对待他们作为律师的职责。所有这一切发生的时候，普通法法官人数仍然保持稳定（在 1830 年之后他们的人数才上升），而且除高等法院之外实际上并没有解决民事纠纷的法庭：直到郡法院（County Courts）在 1846 年建立。审理争议案件所花时间也发生了很大的变化。例如，布勒、肯扬或者埃伦伯勒一天可以处理 20 件或者 25 件案件，而在 1840 年平均每个法官每天处理的案件下降到 6 件左右。[60] 所有这些发展的结果必定就是强化了人们对法律易懂性的渴求，而当我们在这个问题的基础上加入人们的职业自豪感的时候，如布鲁厄姆就希望看到法律在科学中赢得其应有地位，人们对法律原则的渴求就很容易理解了。

这一结果对于普通法的知识传统极具重要性。从 19 世纪 30 年代或者其前后起，直到进入 20 世纪，律师越来越发现他们的学科是一个立足于原则的学科。与其他道德科学一样，法律也开始被看作是从自然法基本观念中推论出来的一系列原则，一套庞大的自洽规则，且每个规则都是从某个原则中获得权威的。法官制定和修改法律的权力开始至少是被部分削弱，因为他们自己或者至少是他们中的一些人，逐渐相信法律在很大程度上是一种演绎逻辑问题。

允诺严守原则是这个世界上一个顺理成章的原则。正如我们已经看到
353 的，人们并不是很清楚 16 世纪和 17 世纪的普通法律师是否会将履行某项

[60] P. C. Scarlett, *A Memoir of James, First Lord Abinger* (London, 1877), p. 62.

允诺的义务看作是一项自然法的基本原则。事实上，有许多迹象表明，他们认为，如果一个人在某种意义上并非不得不履行他的允诺，如果并不存在为何他应当要履行其允诺的原因或者理由，那么他就并非一定要履行其允诺。[61] 但是格老秀斯和普芬道夫又重新发现了这样一个原则，即允诺作为自然理性（natural reason）之事是有拘束力的，而启蒙时代的每个人都同意履行允诺完全是人类相互交往的一个自然和必要的原则。休谟以相互的利己来解释这个原则；佩利的解释是，允诺人因为害怕会在来世受到惩罚而促使其履行允诺；[62] 边沁的解释是，该原则符合功利原则；亚当·斯密的解释以利己和下述这个理由为基础，即人们有信赖允诺的倾向，而不履行允诺则会破坏这种信赖。即使是反对功利主义的人（他们并不以行为的后果对某个行为进行道德评判）也从未怀疑，忠实于允诺本质上是正义原则的要求。但是，如果许多作家和道德家对允诺的履行给出了不同的解释，那么在这个时候就只有很少的人会反对[63] 允诺应当被履行的原则极具重要性，且（不可避免地随之而来的是）允诺因此可以被法律强制执行。它是"绅士们"社会生活中的一个重要原则；它是一个重要的商业原则，因为商人不得不信赖他人的允诺；对公众而言它是一个重要的社会行为原则和纪律，公众必须学会一旦达成了协议，他们必须遵守它；它也是一个重要的正义原则，因为正义要求每个人都得到他之应得，难道还有什么东西比做所允诺之事还要更加理所当然的吗？在 1770 年至 1870 年的这段时期里，妥当遵守允诺的原则成为现代合同法构建的关键枢纽，这一事实一点儿都不令人吃惊。

在这一点上我希望将我的评论局限于关于允诺原则概念适用性的几个一般命题上。第一，正如我们已经看到的，这个时期存在着一项强大的运动，即从简单前提"演绎"出原则来，摒弃经验方法并采用广泛的先验（*a priori*）归纳来进行这种演绎。古典经济学家和功利主义者在某种程度上都受到了这种趋势的折磨，也许这更像是一个非英国式的趋势，因为英国 354

[61] *Supra*, p. 140.

[62] 尽管在其著作的第三卷第一部分第五章中又增加了世俗的解释（mundane explaination）。

[63] 在其《政治正义论》中威廉·葛德文实际上是当时唯一一个对相信允诺重要性的传统看法提出挑战的作家；也许他心里有一个模糊的看法，认为履行允诺似乎更符合受过较好教育和比较富裕的人群的利益。

人对于他们以实用的而非合乎逻辑的方式解决问题而感到自豪。[64] 允诺应当被遵守的原则，尽管也许是更多地基于（对不履行允诺的后果的）经验观察而非基于这一时期的其他原则，但至少在某种程度上其可以参考经济学家和功利主义者的先验假设（*a priori* assumptions）。因为如果每个人都必须被假定知道他自己的最佳利益之所在，如果屠夫、酿酒师和面包师不是基于慈善而是基于利己向其顾客供应物品，那么当他们允诺（*promised*）向其顾客供应物品时，难道随之而来的不应当是假定该允诺必定是符合其最佳利益的吗？如果是这样，那么对于履行全部允诺为何必定是一项完美的政策？其答案当然是因为允诺显然是符合双方而非一方当事人的利益的。

第二，妥当遵守允诺的原则与自律和自力更生的伦理非常契合，这一点在某种程度上是第一点的延续。履行允诺通常就像劳动一样——对古典经济学家和功利主义者而言，这是痛苦费力之事，是一种“负效用”（‘dis-utility’）——但是长远来看，它将给允诺人带来好处。如果允诺人还没有从他的允诺获得任何好处——如果某种对待履行（counter-performance）后来被适当履行了——那么履行允诺就可以获得直接和立即的报偿。但即使允诺人已经获得了其所应得，长远来看他仍然可以从履行其允诺中获益。他的信用将得到维护，在将来他值得人们信赖，他将会发现人们愿意与他进行交易、相信他说的话。这种相信长期后果而非直接或短期后果的重要性的观念，是在 1780—1880 年间最普遍的观念之一。在道德上、经济上、政治上和法律上，这都是一样的。诚然，对一些人而言，人们应当关注长期后果而非短期后果，这是原则概念的题中应有之义。对那些完全不愿意考虑后果的人而言，结果也并没有多大的不同。忠诚于允诺是一个有拘束力的道德原则，其要求一个真正有原则的人，要一丝不苟地遵守允诺。

对行为长期后果的强调（或者完全忽视后果）与原则的另一个特征紧密相关，即原则存在着变得绝对和不允许例外的趋势。如果原则主要被看作是教育工具、灌输自律的方法，那么很清楚的是，它们必定不会承认自己很容易就被例外所回避掉。这解释了为什么佩利、边沁和密尔的功利主义——用现代术语来说——几乎肯定是“规则功利主义者”（‘rule-
355 utilitarian’）的变种。他们相信，如果所有人都按行为原则行事的话，则会

[64] See J. Plamenatz, *Then English Utilitarians* (Oxford, 1966), pp. 147-8.

产生最大的幸福。但是他们不认为每个人的行为都应当被拿到天平上进行称量（至少普罗大众不需要）以判断该行为是否促进了最大的幸福。在现代，哲学家们对行为功利主义（act-utilitarianism）和规则功利主义（rule-utilitarianism）之间的区别进行了极其微妙和复杂的争论，[65]尽管有人认为后者往往可以被归入前者之中。这引起了人们对这个问题的长时间争论，即对于为什么人们有履行允诺的义务，功利主义是否能够提供任何解释。如果允诺行为在考虑到各种情况之后，会产生出世界上最大的幸福，那么基于功利主义者的道德观允诺应当得到履行，即使之前并没有要履行此允诺的允诺。而如果之前允诺过，允诺本身并没有给履行该允诺的义务增加任何东西，该义务仍然根源于允诺会产生出世界上最大幸福这个事实。相反，如果允诺的履行不会而其他行为会产生出最大的幸福，那么允诺就应当被打破。[66]

在这本历史学性质的著作中，囿于篇幅我无法对这些问题进行全面的讨论（虽然我希望在以后的著作中进行讨论）。但是很难理解的是，为何还有人把早期的功利主义者解释为不是规则或者原则的支持者，而事实上规则或者原则的普遍趋势是创造出最大幸福。对于休谟的观点，我已经谈论得足够多了，这些分析足以表明他必须被归类为一个规则功利主义者。边沁自己时常使用“趋势”（‘tendency’）这个词语——这类行为趋向于产生什么结果？[67]佩利也同样如此，他既强调了某类行为之趋势的重要性，同时也强调了长远趋势而非直接结果的重要性。例如，他说，说到性许可（sexual licence），“每一种犯罪行为的罪恶性和道德品质都不是经由对某个犯罪行为或某个人的犯罪行为的特定后果，而是对相同性质犯罪行为的一般趋势和后果判断出来的”[68]。约翰·奥斯丁也同样强调了道德原则的绝对性。即使在第10个案例甚至第100个案例中，违反规则都会弊大于利， 356

[65] 这个争论是由R.哈罗德（R. Harrod）的论文《修正的功利主义》（‘Utilitarianism Revised’），45 *Mind* 137（1936）所引发的。在这篇论文之前，人们似乎普遍认为早期的功利主义者是“行为功利主义者”，他们相信每个人行为的效用必须根据其后果来判断。

[66] 葛德文的《政治正义论》在很大程度上就是持有这种观点的。他认为大多数允诺都有无论如何都要履行的责任（反映一种法律状态然后该状态会变得过时，*supra*, p.134），而如果并不存在这样的责任，那么允诺就不应当有拘束力。他的观点与极端行为功利主义者相近，后者忽视允诺自身在诸如创设期待等方面的作用。

[67] See Mary Warnock, *Introduction to Mill's Utilitarianism*, Fontana edn., p. 22.

[68] *Principles of Moral and Political Philosophy*, Book II, Chapter II.

规则绝不能被违反。因为这会削弱普遍规则的力量。“在慌乱躁动的情形中，人们对于自己的行为或者动机，总是难以作出准确的分析和判断。毕竟，牢牢抓住眼前的欢乐，随时避开当下的艰难，是我们每一个人的行为习性。所以，由于我们缺乏有益的判断能力，由于我们的意志脆弱得不堪一击，我们总倾向于充分利用一些例外的情形，而这些例外情形，是规则所涵盖的。”[69] 事实上，奥斯丁清楚地阐述了功利主义伦理的含义。[70] 他承认，“大众”可能永远不能习得用以判断行为效果的行为趋势。对他们来说，唯一的规诫是追随功利原则而不要试图判断某个行为的后果。而道德精英们则应通过研究行为的趋势而提出原则。[71]

对于约翰·斯图亚特·密尔的立场，人们有更多的争议，而毫无疑问，有关研究文本中存在着一些含混不清的地方，[72] 但是如果用这个问题来检验密尔，就像现代哲学家们所做的那样，那么就很难相信他不会站在规则功利主义者一边。即使是坚持自己独特功利主义形式的赫伯特·斯宾塞，也不认为每一个行为的道德性都应由其权宜性来判断。有趣的是，为了说明此观点，他选择用合同来进行论证：

> 权宜学说（这是斯宾塞对功利主义的称呼）并没有暗示每个特定的行为都是由预期的特定后果所决定的。但是应通过经验归纳来确定各类行为的一般后果，进而制定规范此类行为的规则，并将每一项规则都统一适用于每一项行为。我们的整个司法工作都应遵循这个原则，即无论其结果如何，都应执行既定规则。如果要考虑直接后果，那么支持富裕的债权人对抗贫穷的债务人的判决将普遍被推翻，因为后者的饥饿比前者的麻烦要不幸得多……而在今天，协议的拘束性是民法中最普遍和最重要的原则。我们法庭每天审理的案件中的大部分都涉及这个问题，即无论是基于明示合同还是基于默示合同

[69] *Provincee of Jurisprudence Determined*（London，1861），p. 35.

[70] Ibid.，Lecture III.

[71] See R. J. Halliday ‘Some Recent Interpretations of John Stuart Mill’，43 *Philosophy* 1（1968）.

[72] See J. Urmson，‘The Interpretation of the Moral Philosophy of J. S. Mill’，3 *Phil. Quarterly* 33（1953）. 比较 J. D. Mabbott，‘Interpretations of Mill's Utilitarianism’，6 *Phil. Quarterly* 115（1956）；Mandelbaum，‘Two Moot Issues in Mill's *Utilitarianism*’，in *Mill*：*A Collection of Critical Essays*，ed. J. B. Schneewind（London，Melbourne，1968），p. 206。

> （understood contract），所涉及的当事人是否要受到特定合同或者特定付款的拘束。而当合同的含义被确定后，争议即得到解决。合同本身是神圣的。[73] 357

有人认为，在严格的逻辑中，规则功利主义者的立场是站不住脚的。例如，有人极力主张，如果在某个特定情况下，遵守规则并不会产生出最佳结果的话，那么规则应当被修改，通过规定一个例外来涵盖这种特殊情况。因为如果再次发生这种情况，那么就会再次清楚地表明，遵守规则并不会产生出最佳结果。其结果是，作为最后一着，规则功利主义只会导致越来越多的例外、子规则（sub-rule）和规则的个别化，直到被完全归入行为功利主义。[74] 无论其中的逻辑是什么，在本书的历史研究中非常清楚的是，19 世纪早期的功利主义者会完全拒绝这个观点。因为这个观点忽略了他们的规则与原则背后的教育（*educational*）目的。[75] 可以通过给民众以一些普遍规则来指导他们的行为。规则越复杂，例外和子规则的数量就越多，规则的教育价值也就越少。如果一个规则唯一目的是让法官在事后（*after the event*）作出判决，而不管当事人是否实施了正确的行为，那么规则在很大程度上是不必要的，且是可以被法官的自由裁量权所取代的，该自由裁量权可以让法官在任何情况下都可以作出他所认为的公正的判决。正如我们将要看到的，现代法律越来越往这个方向发展。但是在我正在写作的这个时间里，法律的功能并不仅仅被认为是在事后进行裁判，而不管一个人的行为是否明智或者是否符合道德。与道德的功能、社会或者商业原则的功能一样，法律的功能是在当事人作出必要行为之前给其提供行为指南。

这种历史解释必定同样会遭到现代哲学家的反驳，他们会争辩说规则功利主义者是在鼓励规则崇拜。[76] 基于这种见解，规则功利主义是一种伪

---

[73]　'Railway Morals and Railway Policy'（1854），reprinted in *Essays*, vol. iii（Edinburgh, 1891），pp. 95-6.

[74]　See Wasserstrom, *The Judicial Decision*（Standford, London, 1961）; D. Lyons, *Forms and Limits of Utilitarianism*（Oxford, 1965）.

[75]　这一结论是 R. M. 赫尔（R. M. Hare）在现代背景而非历史背景中得出的，'Principles', 73 *Proc. Arist. Soc. Supplement*, 1（N. S.）（1972-3）。

[76]　Geoerge C. Kerner, 'The Immorality of Utilitarianism and the Escapism of Rule-Utilitarianism', 21 *Phil. Quarterly* 36（1971）.

善的理论。它要求所有人盲目地遵守它所采用的原则和规则，而不能停下来追问规则的合理性，或者说不能追问在所涉案件中，该规则是否应当被修正或者背离。这意味着接受该理论的人，认为自己足够聪明而能够制定一般行为原则，但是却不相信公众，甚至他自己，知道什么时候可以背离该原则。因此，规则功利主义者并不真的认为能够相信人们会以能产生最大幸福的方式去行为，实际上他不得不这样说道："我不想向大众宣扬功利
358 主义，因为他们缺少计算特定行为之效用的能力，他们甚至会将我的学说错误地当作他们实施自私行为的借口和粉饰。作为一个致力于实现自我总目标的规则功利主义者，我将诱导人们崇拜规则。而作为一个功利主义者，我甚至可能都不相信我自己。我也可能愚蠢、有偏见，且经常缺乏必要的时间来采取一切预防措施……"[77]

作为对这一观点的回应，人们只能重申说那似乎只是早期功利主义者的看法。如果我们今天仍然面临着同样的问题，即要把社会纪律（social discipline）传授给数以百万计粗鲁的、强悍的、大部分没有受过教育的、城市化了的男女，我们可能也会有同样的感受。当然，必须注意到的是，这种对原则的严格遵守，其假定是，不能相信人们能够理解应当适用原则的情形与不应当适用原则的情形之间的区别。因为如果原则本就不应该被适用，那么削弱原则也就并没有什么害处了。但是，19 世纪的道德家与律师似乎毫不怀疑此中的危险性。他们认为，即使在有充分理由不适用原则的情况下，拒绝适用原则对原则所造成的削弱，也不可避免地会导致在应当适用原则的情形下，原则的力量也被削弱。即使在今天，人们也很难认为他们是错误的。事实上，自这些问题引发争议以来的一个半世纪的时间里，似乎证明了他们是正确的。这一时期见证了许多道德或法律原则如允诺严守原则的巨大衰落。这种衰落显然是根源于这样一种趋势，即在存在着真正减轻处罚的情形的时候，允许在原则之外有例外，然后从这种情形扩展到不存在或者只存在较少减轻处罚情形的许多其他案件之中。

在这个问题上我们也许可以用佩利的话来结尾。在讨论误解之下的拘束力或者允诺的时候，佩利承认这个问题有点难以处理，"因为如果允许任何错误或者情势变更可以消灭某个允诺所产生的义务，那么就相当于是允许出现这样一个回旋余地（latitude），它可能几乎会消解所有允诺的

[77] Ibid., pp. 36-7.

拘束力；而另一方面，如果仍然要严格承担允诺所产生的义务，而对明显的、根本的错误不给予补偿，那么就会在很多情况下产生极大的困难和荒谬”[78]。佩利本身并不是一个律师，但是在这本著作中，他指出了法律的一个根本困境：允诺必须履行的原则到底有多绝对？

[78] *Principles of Moral and Political Philosophy*, Book II, Part I, Chapter V.

359
第十三章　法律背景，1770—1870

第一节　律师与法院

1770年至1870年的100年时间里人们见证了法律、法院组织、法律界态度和价值取向的深刻变化。宽泛而言，这些改变毫无疑问是这个时期经济和社会变革的结果以及同样深刻的、主要归功于政治经济学家和边沁式功利主义的知识革命的结果。详细剖析体制或者立法变革并不是本书任务的一部分，特别是1832年之后法院的性质逐渐发生了改变，这为1873年至1875年《司法组织法》铺平了道路。这个事情是众所周知的，并且在许多权威著作中都得到了全面的阐述，可供我们参考。[1]我的目的是更多地更深入地关注这个变革年代里的一些相关主题；我尤其关注法律界以及影响司法机关的思想观念和态度，其次是关注议会与法院之间关系的综合变化。然后我将检视一部分这个时期的法律的一些一般特征，这对于证明合同自由具有特别重要的意义。

在很大程度上，将1770年至1870年这段时期大致划分为与政治形势变化相对应的三个阶段是可能的。第一阶段在很大程度上是18世纪传统的延续，其持续到1793年左右，当时美国独立战争（Revolutionary War）开始爆发，强烈的保守主义盛行于英国。第二个阶段大致是从1793年到1830年，当时辉格党人最终重新掌权，伟大的改革时代开始了。第三个阶段是从1830年到1870年，在这个时期里英国的法律和社会许多其他方面正经历着根本性变革，本书前面几章已对其进行了描述。然而，人们需谨慎对待这三个阶段的划分。首先，“保守”或“激进”的概念在此100年中不断发生变化，因此人们会发现最保守的政治家或者法官有时所采取的
360 态度在今天的律师看来却似乎是激进的。其次，人们必须记住，法官也是

[1] See, e. g., Holdsworth, *H. E. L.*vol., i.

人，与其他所有人一样。他们在年龄与观点等方面存在着巨大差异。因为他们往往是人到中年时被任命为法官的，也许是由于出庭律师一旦陷入繁忙的司法实务，他们就几乎没有时间从事其他活动，因此（正如戴雪所言）[2]法官们往往会坚持其早期形成的观点。但是人们在这个问题上不能走得太远。在任何特定时间，最年长的和最年轻的法官之间的年龄差距可能在 20 岁或 30 岁。此外，法官们的观点并不比其他群体更加一体化，尽管由于早期的培训和英国法律界的从众（conformity）压力，他们可能比其他群体更加趋于同质化。另外，还应当注意到，直到 19 世纪，大多数法官在开始法律实务工作之前都接受了广泛的通识教育（liberal education）。他们中的许多人必然熟悉霍布斯、洛克、佩利和亚当·斯密的著作以及格老秀斯、卢梭和波蒂埃的作品。[3]

1770—1793 年

在这里我需要简单谈一下 1770 年至 1793 年初期的法官。在这期间的大部分时间里，法律体系仍然受控于 1788 年才退休的曼斯菲尔德勋爵，尽管他已经多年未听审案件了。在此期间法院的工作，以及议会与法院之间的关系，仍然与整个 18 世纪一样。土地法仍然在大多数律师的观念中占据着支配地位，尽管涌入法院的商事案件数量持续增长。合同法虽然越来越重要，但是在鲍威尔《契约与协议法论》于 1790 年出版时人们才拥有了第一本合同法教科书，而且该书主要关注的仍然是土地交易和婚姻财产协议案件。在曼斯菲尔德任职期间，我们已经看到他所做的工作，以及他作为一名改革家（尽管是托利党改革家）在普通法工作中的影响力。这种愿意在法院进行适度改革的尝试，与美国独立战争爆发之前几年所进行的小规模政治和体制改革是相类似的。另外，衡平法院的问题已经开始出现，这些问题最初根源于合格司法人员的严重缺乏。在整个 18 世纪，衡
平法院只有两名法官——法官本人和掌卷法官——而且这两者都不是全职 361
的司法职位。当然，法官是活跃的政治家，尽管他当时的政治职责比后来

[2] A. V. Dicey, *Law and Public Opinion in the Nineteenth Century*, 2nd edn., p. 369.

[3] 举例而言，有证据表明，阿宾杰首席财税法官在年轻时就熟悉卢梭、洛克、佩利、孟德斯鸠和格老秀斯以及 P. C. Scarlett 的著作，*A Memoire of James, First Lord Abinger*, p. 37, 44, 53。

的要轻微得多；甚至那时的掌卷法官也被允许在下议院中保留一个席位，且该席位经常为其保留。

当然，在1765年布莱克斯通发表他的名著时，整个法律体制和司法体系就已经开始嘎吱作响了。几个世纪的包袱是显而易见的，特别是在法律文献方面。不动产转让和诉状过分技术化，并充满了拟制。这些问题可能在实践中并不是那么麻烦，因为从今天的眼光回头来看，它们看起来更加合理；甚至在法定程序中增加额外开销似乎也不是一个重要问题，因为法律界的大多数客户都是土地贵族或士绅。但是随着人口的增长，商人们开始要求用更有效的方式来索债，缺乏一个合格的轻案法院体系就成为一个日益严重的问题。尽管存在着这些问题，但是人们仍然普遍对英国法律和法院的状况感到高度满意。当布莱克斯通将法律当作是一种近乎完美的工具时，他代表着普通人的心声。事实上，这种“尊崇，近乎偶像般的崇拜”[4]一直持续到19世纪，而此时并没有多少理由进行这样的尊崇。约翰·斯图尔特·密尔在他的《自传》（*Autobiography*）中告诉我们，在19世纪20年代之前，当时他的父亲和边沁已经持续多年抨击法律的愚蠢，但人们仍然普遍认为英国法律是优秀的典范。[5]实际上，按照当时的评价标准，这很可能是事实。英国法律虽然存在着许多缺陷，但是它仍然是19世纪初世界上最好的法律体系。[6]

1793—1830年

然而，从1793年开始直到1830年的这段时期，是英国法律及法律体制的一个灾难时期。当时人口急剧增加，工业革命（尽管爆发了美国独立战争）正不断集聚着越来越大的动能，英国的统治阶级却被强烈的保守
362 主义情绪所笼罩。法律在这一时期被担任法官约25年的埃尔登勋爵、从1788年到1802年担任王座法庭首席法官的肯扬勋爵，以及接任肯扬并一直担任首席法官直到1818年的埃伦伯勒勋爵所主宰。众所周知，这三个人在近30年的时间里实际上是反对任何法律改革的。

[4] J. Forrest Dillon, ‘Bentham's Influence in the Reforms of the Nineteenth Century’, in *Select Essays in Anglo-American Legal History*（Cambridge, 1907-9，后文简称 *Select Essays*）, i. 494。

[5] Oxford, 1971, p. 55.

[6] J. H. Beale, ‘The Development of Jurisprudence during the Nineteenth Century’, in *Select Essays*, i. 558.

埃尔登的保守主义可谓臭名昭著，甚至在他的一生中都是这样的。他在政治上是一个有影响力的人物，其在 19 世纪初主导上议院多年。在法律问题上，人们很难说服上议院的议员们投票反对他，而在他退休后的很长一段时期里，热维尔（Gerville）在其日记中还记录说“他坚决和一贯地反对一切自由主义式的解决方案……他当然也是一个可鄙的政客”，虽然他“仍然备受那个政党的渣滓推崇，对他们来说，一贯的偏执和不宽容是宝贵的”[7]。在商事问题上，埃尔登是如此守旧，以至于希思法官（Heath J.）曾经不得不提醒他说，基金的批发商或者零售商承担着有益的公共职能，他们并不“总是应当被认作是一个罪人”[8]。

在接替曼斯菲尔德而被任命为王座法庭首席法官之前，肯扬勋爵从 1780 年起成为议会议员，1782 年至 1783 年担任总检察长，从 1784 年起担任掌卷法官。与埃尔登相比，他的政治影响力较低，但是与他伟大的前任相比，在法律方面他是一个非常保守的人。曼斯菲尔德在土地法领域中的许多判决在肯扬的任期内被推翻了，其他可能的发展（例如对债权让与的承认）也被扼杀了。然而，18 世纪保守主义的一些方面，甚至在今天看来也具有激进和改革的特征。仁慈家长式的古老传统即是其例，其不仅在衡平法中，而且在整个 18 世纪的普通法上也都十分明显。在肯扬担任法官的时候，在亚当・斯密影响下成长起来的新一代人当中，家长主义已经过时了。对他们而言，现代和时髦的观念是自力更生、契约自由和人人为己的观念。但是，肯扬完全不赞同这些新观念。迟至 1792 年我们才发现，他呼应了曼斯菲尔德的一个不那么有特色但是更先进的观念，即诚实信用是合同的普遍义务的观念。[9] 但此观念在他那里最终还是逐渐消失了。 363

但更加有趣的是肯扬和埃尔登对限制竞争协议与垄断的态度。他们两人都是在极端反对各种形式的限制竞争协议与垄断的古老传统中成长起来的，并且仍然坚守这种传统，尽管他们也有一些与该传统不一致的地方。当 Lord Campbell（尽管他作为传记作家臭名昭著）写到埃尔登极端厌恶囤积和倒卖的时候，他几乎肯定是准确的，虽然不清楚 Campbell 所补充的

[7] *The Greville Diary*, 23 Jan. 1838, i. 182. In 1845（ibid., p. 183）. 热维尔指出，帕克财税法官和罗尔夫财税法官（Parke and Rolfe BB.）将埃尔登评价为“低劣得令人吃惊的律师”。

[8] *Morris v. Langdale*（1800）2 B. & P. 284, 288, 126 E. R. 1284, 1286.

[9] *Mellish v. Motteaux*（1792）Peake, 115, 117, 170 E. R. 113, 113.

内容是否可靠，他补充说埃尔登“曾听闻他在纽卡斯尔的祖母，以及之后又听到他在牛津大学的导师”说这些做法“残忍地”提高了穷人的食物价格。[10] 当然，许多司法裁判都非常清楚地表明了这些态度。例如，在 1807 年的 *Cousins v. Smith* 案 [11] 中，一群商人组成了一家名为水果俱乐部（The Fruit Club）的初级贸易协会，除非进口商将其全部货物供应给他们，否则该协会即试图通过拒绝与进口商交易来控制英国的水果进口贸易。埃尔登认为这是一个非法协会，尽管它在技术上可能并不等于买断、囤积和垄断贸易。Campbell 在 1847 年评论这个案件时嘲笑了该判决，他说，买方被剥夺了诉讼权利，“因为与他交易的对方叫作‘水果俱乐部’，而不是‘史密斯，托姆金斯有限公司’（Smith，Thomkins & Co.）”。可以看出，较之于 Campbell，埃尔登的观点更接近于今天人们所普遍接受的观点。正如我们在后文将要看到的那样，在 19 世纪中期，普通法律师一般将政治经济学的教义解释为：即使合同自由涉及对某些贸易自由的某些剥夺，其也同样应当受到保护；亚当·斯密对垄断和限制竞争行为的警告已经被遗忘了，只有那些支持合同自由的论点才能得到人们的严肃对待。

同样可以说明这个问题的是两个著名的案例，尽管更难以从经济学的角度解释它。这两个案件于 1800 年诉至王座法庭，当时包括面包和啤酒在内的基本食物严重短缺且价格高昂。在这两个案例中，肯扬主持下的王座法庭支持在普通法中对囤积和独占提起公诉。有关它们的法定罪行（statutory offence）已于 1772 年被废除了，而在《国富论》中，亚当·斯密也赞同它们被废除。他认为，即使是买断者没有真的损害公共利益，但如果因为他买光了食物而促成短缺，而形成了短缺，那么在短缺持续
364 之时囤积者将向市场逐渐释出他囤积的物品。如果他没有买光这些物资，那么物资也将很快被耗尽，因为人们不会意识到后来会出现短缺。[12] 斯密曾更广泛地比较了公众对于买断、囤积和独占的恐惧和“公众对巫术的恐惧与疑虑”[13]。他认为，这些法律妨碍了劳动自然分工的形成，因为它们迫使农民也像商人一样行事，将他们的物资直接出售给公众。然而，

---

[10] Campbell, *Lives of the Lord Chancellors* (London, 1847), vii. 653-4.

[11] (1807) 13 Ves. 542, 33 E. R. 397.

[12] Book IV, Chapter 5.

[13] Ibid.

如果中间人实际发现有利可图，允许中间人像商人一样行事会更有效率，当然，人们应当记住，斯密最强烈强调的不是对垄断者和限制竞争协议（他也将其称为垄断）的空白授权（*carte blanche*）进行辩解。因此，在人们可以确信亚当·斯密本人会赞同垄断之前，有必要对案件事实进行精确的检视。事实上，当这些案件被提交到法院时，根本就没有发生这个问题。人们引用亚当·斯密来捍卫绝对的合同自由，来否定支持传统旧法律的那些论据。

在 *R. v. Rusby* 案[14]中，被告被指控囤积，即在同一玉米市场购买并立即转售 30 夸特的燕麦，每夸特他以 41 先令买入，而以 43 先令卖出。法院深受亚当·斯密的观点的影响，但肯扬对此进行了反对，他的观点值得在这里引用，因为它非常清楚地表明了 18 世纪法官的仁慈家长主义：

> 虽然在某种社会状况下，一些人肯定比其他人享受着更奢侈和舒适的生活，但是每个人都应该拥有生活必需之物；如果穷人不能生存，那么富人所寻求的幸福或繁荣也将是一场空。立法机关在照顾那些在社会阶级上与之相距较远的人的利益上面，从来就不尽责。这样做是它们的责任；宗教要求它们这样做；人性要求它们这样做；而如果有人连这两种情感都还没有觉醒的话，那么他们自身的利益会支配这些情感。这项规则是不存在争议的，因为虽然在某个不幸的时刻，所有存在时间超过一个世纪的成文法都曾一度被废除，但感谢上帝，普通法并没有被摧毁……有人说，对投机这种罪行感到担忧是荒谬的，而一个非常有学问的人、一个优秀的作家却曾说这就像你可能会害怕巫术一样。我希望亚当·斯密博士能活到今天听到这些证据，然后他就会看到这样的罪行是否存在，以及这样的罪行是否可怕。如果人们告诉他牛和玉米都要被带到市场上出售给一个钱包比其邻居更鼓的人，而那些走上街头并通过日常劳作挣得每日面包的穷人，只能通过双手去换取他所选定的物品；而这些东西每夸特的价格已经涨到了 3 便士、6 便士、9 便士、1 先令、2 先令甚至更多；难道他会说这种罪行没有危险吗？[15] 365

[14] Peake Add. Cas. 189，170 E. R. 241.

[15] Peake Add. Cas. at 192-3，170 E. R. 242.

这个问题的答案几乎是肯定的，是的，因为亚当·斯密肯定会说，如果玉米不足以充分满足穷人的需求，价格仍然应该上涨，这样消费者就会减少他们的花销，同时也会刺激进口商增加必要供给。但是在第二种情形下答案就不是那么清晰了，即被告故意通过散布虚假谣言而试图影响市场。*R. v. Waddington* 案[16]即是这种情况，该案显然是当时的著名讼案（*cause cebre*）。被告是一位有名的富商，他被指控垄断啤酒花。他似乎大量买进了啤酒花，并且跑到啤酒花种植者身边，试图通过散布啤酒花即将涨价的谣言来阻止后者向啤酒制造商出售啤酒花。截止到 1800 年，啤酒制造商成为一个强大和组织严密的、为了他们的贸易利益而联合起来的团体，似乎正是他们提起了诉讼。[17]本案聘请的律师多达 12 人，其中原告律师 8 人，被告律师 4 人。辩护所要挑战的主要是以亚当·斯密和政治经济学的名义运行着的旧式的普通法传统。被告律师要求法院遵循自由贸易判例，认为被告所做的与商人每天做的事并无二致。肯扬勋爵再次否定了这个观点，他说，在这种情况下，他通过阅读亚当·斯密的著作，“以及相同主题的其他出版物，尽管它们的观点不一”，努力让自己深入了解这些问题。[18]肯扬再次强调了必须保护穷人购买基本必需品的权利的必要性（他明确将啤酒作为基本必需品之一），以及防止富人用这些基本必需品投机的重要性。Waddington 被判有罪，被处罚金 500 英镑和一个月监禁。之后不久，他再次因前次审判的类似罪行而被起诉，这一次他被判处监禁三个月。正如我已经指出的，人们并不清楚亚当·斯密是会同情 Waddington，还是会谴责他是一个垄断者。然而，重要的是，在该案中败诉的新一代律师认为亚当·斯密的学说是支持完全贸易自由的。

亚当·斯密与普通法的第一次碰撞就这样（至少是如此解释）被打败了。很可能的情况是，肯扬及其兄弟们非常赞同劳动阶级本身所持有的这种观点，即在亚当·斯密的时代已经过去很久之后，劳动阶级仍然相信存
366 在着“公平”价格。[19]他们可能也赞同许多还没有学习过政治经济学的地方治安法官和乡绅（gentry folk）的观点。正是这些治安法官在 1795 年

[16] （1800）1 East 143，102 E. R. 56.

[17] See Mathias，‘The Brewing Industry，Temperance and Politics’，1 *Historical Joural*，97，102（1958）.

[18] 1 East at 157，102 E. R. at 62.

[19] E. P. Thompson，*The Making of the English Working Class*，pp. 63-7.

引进了斯宾汉姆兰制度，以保护穷人免受食品价格高涨的伤害，而在 18 世纪最后数年食品价格一直高企。但如果新学说还未在其他地区得到支持的话，它起码在伦敦获得了支持。当牛津市镇委员写信给波特兰公爵（Duke of Portland）即当时的战争国务大臣（Secretary of State at War），并告诉他这个城市之所以非常积极地起诉买断，其主要原因是在遏制食品价格高涨的时候，他收到了强烈谴责自由放任主义的回复。[20] 而在几年之后，Waddington 又面临着指控其买断的诉讼，他发现法官们此时更加同情他的行为了。[21]

但是，必须再次看到，在这些时期里和这些问题上，所有关于"保守"和"激进"的说法都是自相矛盾的。正如我已经指出的，对于许多人来说，肯扬是守旧派，已经跟不上时代的步伐。例如，威廉·科贝特既是一个激进的煽动者，也是一个工人阶级的捍卫者，他强烈谴责了肯扬在 *Waddington* 案件中的判决。[22] 另外一个悖论是这些"保守的"法官对于现代工业公司的态度。在 19 世纪的早期，埃尔登自己是极其讨厌公司这种主体的。而随着工业革命的进行，人们设想出需要越来越多资金的项目，拥有许多成员和其股份可转让的新"公司"开始形成。在技术上而言这些公司都是合伙，因为除了被授予皇家特许状之外，人们没有可以组建公司的其他途径。对于所有这些新公司，埃尔登的第一反应就是将它们视为违反《泡沫法案》（Bubble Act）的非法垄断行为。而当《泡沫法案》最终被废除的时候，埃尔登多年来仍然威胁说它们在普通法上是非法的——而在当时，相当数量的大公司已经成立或者正在进行大规模的贸易。这一问题是由公司与垄断之间的关联所造成的。18 世纪的古老传统是，人们要么进行个别交易，要么在小公司中以不可转让的会员身份进行交易。其他情形下要成立公司，则必须获得皇家特许状，而这往往包含着垄断的因素。过了一段时间，人们才广泛接受公司与垄断不相同的观点，因为在公司之间 367
仍然存在竞争，如个人之间的竞争一样。[23]

尽管埃尔登在大多数问题上都极端保守，但是在某些问题上他似乎与

---

[20] E. P. Thompson, 'The Moral Economy of the English Crowd in the Eighteenth Century', 50 *Past and Present* 76, 130-1（1971）.

[21] *Bristow* v. *Waddington*（1806）2 B. & P.（N. R.）354, 127 E. R. 664.

[22] See *Rural Rides*, first published 1830（Penguin edn. Harmondsworth, 1975）, p. 179.

[23] See *post*, pp. 563-4.

正在到来的时代更合拍。虽然他对于新的待履行合同的作用似乎并不十分感冒——在一个案件中他说，他对于法院认可人们通过通信来缔结合同感到很遗憾[24]——在本案中的其他一些方面，他的观点显然与 19 世纪的观念更相符。他希望（正如我们已经看到的）引入更大的确定性，并减少衡平原则中的自由裁量因素。[25] 他也想通过限制衡平法院在罚金和没收上的管辖权，来削弱法官保护当事人免受他们自己蠢行之损害的意愿。作为律师，埃尔登曾经（不成功地）尝试强制执行一项惩罚条款，他认为“陪审团是不可能……评估任何其他损害赔偿，除非该损害是当事人双方自身已经评估了的”[26]。而作为法官，他只能极不情愿地接受了拒绝强制执行惩罚条款的管辖权，他说，在各方选择在合同中纳入惩罚条款的情况下，他看不出有任何不合理之处，而且“很难将‘过分’一词妥当地用于描述当事人各方所选择订立的合同”[27]。在另外一个非常重要的判决中——*Hill* v. *Barclay* 案[28]——埃尔登认为，这项规则——租赁合同约定承租人违反租赁合同未支付租金时出租人有权收回租赁物，衡平法院有权否定该约定——不能扩大适用于对修理合同的违反。在所有这些方面，埃尔登完全就是按新时代的精神行事的——当事人拥有完全的合同自由，减少司法权力以缓和苛刻合同的效力。

在评价旧传统对法律的影响时，有必要牢记前文提到的关于法官代表着老一辈人的倾向的观点。在 1816 年至 1824 年，王座法庭的所有法官都是出生于 18 世纪 50 年代或者 60 年代的人，其中三个人在 1830 年时仍然在任。甚至在 1840 年，当时王座法庭的三名成员（包括首席法官）都是新时代的代表，其第四名成员仍然是出生于 1767 年、于 1824 年担任法官的利特代尔法官（Littledale J.）。而尽管利特代尔作为一名律师时拥有很高的声誉，但令人惊讶的是，他对于土地法似乎仍然抱持着 18 世纪的观念。
368 例如，在一个案件中他曾表达这样一种观点，即“一个人在获得占有某个

[24] *Kennedy* v. *Lee*（1817）3 Mer. 441, 36 E. R. 170.

[25] *Supra*, p. 351.

[26] *Sloman* v. *Walker*（1783）1 Bro. C. C. 418, 28 E. R. 1213.

[27] *Astley* v. *Weldon*（1801）2 B. & P.346, 351, 126 E. R. 1318, 1321.

[28] （1811）18 Ves. 56, 34 E. R. 238.

地产所有权之前就可以出售该地产是违反法律政策的"[29]。显然，对于利特代尔法官来说，人们购买土地是为了使用或占有，而不是转售。

有许多问题都能够说明 19 世纪初的一些法官似乎对 18 世纪的这个传统感到很满意，即给法律引入强烈的"道德"色彩。这种风格与新一代的法官形成了鲜明对比，新一代法官普遍较多地受到政治经济学家和边沁主义的影响。这些具有传统思想的法官，至少在某些案件中，充分地把这种道德态度（moral attitude）向前推进了，这样它才能在新一代的法官身上幸存下来，并最终被更新一代的、在 1870 年以后发挥影响力的法官们所发扬。这一点似乎在很大程度上就发生在货物销售的默示担保中。我稍后将会详细地探讨这个问题；在此，我更关注特定法官所产生的影响，以及对他们的影响。在 19 世纪初，三个普通法院在默示担保和买者自慎原则上存在着很大的分歧。[30]一般来说，财税法院以及阿宾杰首席财税法官（Abinger C. B.），尤其是帕克财税法官处于最领先的地位，更加倾向于严格坚持买者自慎。在这两个法官之中，阿宾杰首席财税法官肯定接触到了政治经济学家的观点，而且他自己很可能已经接受了他们的观点。与 Sir James Scarlett 一样，他在 1819 年到 1834 年间是下议院议员，开始是作为辉格党议员，后来是作为托利党议员。他基于政治经济学家所倡导的路线方针以及类似的理由，而在 1821 年提出了一个修正《济贫法》的法案。[31]他也想改革《定居法》（settlement law），其理由同样是它们限制了"劳动力的自由流动"[32]。他的法案得到了李嘉图的支持，李嘉图在斯卡利特坐下后马上站起来发言支持该法案。[33]除了关于买者自慎的判决外，阿宾杰首席财税法官所在的法院要为至少两个重要的、可能受到他的政治经济学观点影响的判决负责，即 *Priestley* v. *Fowler* 案[34]和 *Winterbottom* v. *Wright* 案[35]。我稍后将会回过头来分

---

[29] *Walker* v. *Moore*（1829）10 B. & C. 416, 422, 109 E. R. 504, 507. 然而，早在 1806 年科贝特就抱怨说，这一新的命令已经"让土地和农业成为投机对象"。R. Williams, *Culture and Society 1780-1950*, p. 32.

[30] See Llewellyn, 'On Warranty of Quality and Society', 36 *Columbia Law Rev.* 699（1936）.

[31] *Parliamentary Debates*, N. S.（1821）, vol. v, cols. 573-82, 987-99, 1228-30, 1479-83.

[32] Ibid., col. 579.

[33] Ibid., col. 587. 关于该法案以及阿宾杰于 1822 年提出的第二个法案，进一步参见 J. R. Poynter, *Society and Pauperism*（London and Toronto, 1969）, p. 296。

[34]（1837）3 M. & W. 1, 150 E. R. 1030; see *post*, p. 502.

[35]（1842）10 M. & W. 109, 152 E. R. 402; see *post*, p. 502.

析这两个判例。

另外，王座法庭受埃伦伯勒首席法官（Ellenborough C.J.）影响所判决
369 的大量案件，却往往在买者自慎原则与赞赏商人们的这种期待——商人期待自己购买的商品有一个像样的质量标准——之间摇摆不定。正如我前面已经指出的，埃伦伯勒首席法官是19世纪初英国法律和政治中具有强大影响的保守人物之一。他是作为辉格党人开始他的政治生涯的，但是在对于法国大革命的态度上，他跟随伯克一起和其他辉格党人相决裂。后来他逐渐变得更加保守，尽管他从未像埃尔登那样过分保守。总体而言，他在默示担保方面的判决代表着18世纪古老的家长主义，而非新的政治经济学。而如果说埃伦伯勒首席法官确实是这样，那么在1824年至1829年间主持普通皇家民事法院的贝斯特首席法官就更是如此。很明显，贝斯特是在18世纪具有极强道德感的模范法官。在政治上，他是一个坚强的托利党人，而在他被封为贵族后［作为温福德勋爵（Lord Wynford）］，他反对《改革法》和辉格党在19世纪30年代几乎所有的措施。[36] 他似乎对那些新时代的、将个人置于法律和社会的中心并认为个人在他所有的合同交易中有能力保护自己的政治经济学并不感兴趣。贝斯特对法律功能的观点与此根本不同。他说过，“法律的首要目标是促进公共利益；第二个目标才是维护个人的权利”[37]。而在有关默示担保的判例中，贝斯特首席法官从一开始就拒绝适用买者自慎原则，他明确认为该原则是一个极其不道德的原则。在他看来，一个合理信赖出卖人商业诚信而从出卖人处购买物品的人，显然有权获得与他所支付的价格相当的货物。

1830—1870年

到19世纪30年代，新一代律师和法官们开始在英国走向舞台前列。财税法院的阿宾杰首席财税法官就是其中之一，帕克财税法官也是。从1834年至1856年的大约20年的时间里，帕克财税法官对财税法院形成了支配性影响。他的判决本身就很能表明，他非常赞同政治经济学家的观点，

---

[36] See Foss, The Judges of England（London, 1864）, ix. 11-12. 他的政治观点很可能影响到了登曼（Denman）对他的判断，让登曼误以为他是其所认识的最糟糕的法官。See J. Arnould, *Memoir of Lord Denman*（London, 1873）, i. 211-12.

[37] *Homer v. Ashford*（1825）3 Bing. 322, 326, 130 E. R. 537, 539.

同情商事企业的利益。[38] 阿尔德松财税法官（Alderson B.）是财税法院在19 世纪中期的另一位成员。尽管他似乎对政治经济学没有多少兴趣或者没有多少接触——他没有政治生涯的经历——但是他显然对政治经济学的许 370
多观点并不陌生。例如，在他于 1831 年主持多塞特郡（Dorset）大陪审团期间，他指出，当地的动乱和勒德分子暴乱（Luddite riots），与《济贫法》的不幸影响有关，该法提倡“过早结婚和轻率结婚，从而导致人口急剧增加”[39]。在对同一个案件的指控中，他也提到了被勒德分子所损毁的机器，说从长远来看它们是有利于劳工本身的。“机器所带来的产品的廉价性，提升了人们对产品的需求；而这会引起对劳动力的进一步需求；因此机器最终会带来劳动力的增长。”[40]

在王座法庭上，也可以看到新一代正在掌权，尽管直到 19 世纪 40 年代，这个法院才彻底交到 1770 年以后出生的法官手中。其主要代表人物是托马斯·登曼（Thomas Denman），他从 1832 年至 1850 年担任首席法官。登曼曾是辉格党中一个活跃的政治家，曾担任总检察长，并负责起草伟大的《改革法》。他也曾与布鲁厄姆关系密切，在他被任命为首席法官以及随后被封为贵族过程中布鲁厄姆起到了重要作用。虽然他可能并不是一个伟大的律师，但是他在打击奴隶贸易和法律改革方面发挥了积极作用，甚至他在王座法庭任职之后亦是如此。总之，他是一个有胆识和备受尊敬的法官，[41] 他根本不应当受到格雷维尔的苛责，格雷维尔将他描述为“辉格党的二流信徒”，并称王座法庭在他担任首席法官期间处于“可悲状态”。[42]

但到目前为止，最具影响力的新一代法官是布鲁厄姆。在 1830 年之前的十多年里，布鲁厄姆一直领导着下议院中的辉格党反对派；虽然名义

---

[38] 本书第十四章和第十五章引用了帕克财税法官的许多判决。

[39] Charles Alderson, *Selections from the Charges and Other Detached Papers of Baron Alderson*（London, 1858）, p. 172.

[40] Ibid., p. 177. 不太清楚阿尔德松（Alderson）是否了解李嘉图在这个问题上极具争议的观点，或者是否了解李嘉图与麦克库洛赫的争论。See Blaug, *Economic Theory in Retrospect*, pp. 172-3.

[41] See generally J. Arnould, *Memoir of Lord Denman*.

[42] The Greville Diary, 27 Nov. 1842, i. 483：“他的法律观念足以导致他几乎总是走向错误，约翰·威廉姆斯（John Williams）根本没有法律观念，怀特曼（Wightman）无所事事，而科尔里奇（Coleridge）则脆弱不堪。”

上他独立于辉格党，但是他担任辉格党的内部委员会委员长达 20 多年。他的判决总是变动不居的，但是他的能力和他的雄辩让他收获了极大的尊重，而他对卡罗琳王后（Queen Carolina）的辩护使他成为英国最受欢迎的
371 人之一。当辉格党于 1830 年最终重新掌权时，所有的人都认为布鲁厄姆会出任高官，在他选择离开下议院议长职位时让人们普遍备感意外。在他的个性让他难以忍受他的同僚之前，他担任这个职位仅仅只有四年，而当辉格党于 1834 年被短暂赶下台后，他就再也没有重新回来任职过。尽管他的任期很短，但是可以肯定的是，布鲁厄姆给法律带来了新的活力。他多年以来一直与政治经济学家和边沁有着密切的联系。（正如我们已经看到的）正是由于他的影响，李嘉图才进入议会任职，[43] 而布鲁厄姆也在《爱丁堡评论》的创建中发挥了重要作用，多年来《爱丁堡评论》对新政治经济学进行了广泛的宣传。布鲁厄姆自己也为《爱丁堡评论》写了很多稿子，尤其是在《爱丁堡评论》的早期。[44]1828 年他在下议院所作的有关法律改革的伟大演讲（尽管受到了边沁的谴责）对许多具体领域都产生了重大影响，并直接导致了一些调查委员会的创设，没过多久这些调查委员会就推动了 1833 年的《土地法》改革。更广泛地说，在这 30 年里他在政治和法律方面仍然是一股不可忽视的力量。作为辉格党人和自由贸易者，他在 1846 年支持废除《谷物法》（Corn Laws）；但另一方面，他并不赞同公司有限责任的观点，有一次他说服上议院否决了允许设立这种公司的法案。但是，正如我们稍后将要看到的，有限责任是双方当事人都拥护合同自由的原因之一。

很难衡量像布鲁厄姆这样的人的影响，尤其是对于像法律这样无固定结构的主题的影响，况且还是对于通过经年积累而非由突然的创制行为而产生的普通法的影响。但是，过去人们对他的影响似乎评价过低。[45] 特别是还存在着这种说法，即布鲁厄姆正是那个使边沁主义获得了英国律师尊重的人。近年来，对于边沁本人对 19 世纪中期英国政府机构的发展的影响，

---

[43] 在 1809 年，布鲁厄姆也将马尔萨斯介绍给后来的首相格雷勋爵（Lord Grey）。See Brougham's own *Life and Times of Lord Brougham*（London，1871），i. 436，438.

[44] F. W. Fetter，'The Authorship of Economic Articles in the Edinburgh Review 1802-1847'，61 *Journal of Political Economy* 232（1953）. 在《爱丁堡评论》前 12 期中，除了一篇关于经济问题的文章外，其余的文章的作者都是布鲁厄姆勋爵或者 Francis Horner。

[45] See generally Chester New，*Life of Henry Brougham to 1830.*

人们产生了巨大的争议，[46] 但是他对普通法和法官有无影响则是更加难以衡量的。边沁本人的语言，他对律师们所珍视之物的粗暴辱骂和蔑视，他对仍然受到普通法律师尊崇的布莱克斯通的嘲笑，以及他对广泛谴责的偏好，所有这些都使他几乎不可能为法律执业人员所亲近。然而，约翰·斯 372
图亚特·密尔于 1838 年的证词表明，已经有“最高司法职位”上的人承认密尔对边沁的这个评价是公平的，即对于法律改革而言，边沁是有重大贡献的。[47] 所以戴雪也写道：“在 1825 年之后的五十年里，掌管着英国法律的最优秀、最睿智的法官都浸透着边沁式的自由主义。”[48] 尽管由于戴雪明显将边沁式自由主义与*自由放任主义*联系在了一起，因此我们必须谨慎对待这个评论，但在该评论中显然存在着本质内容。而如果这一切都是事实，那么其中部分功劳肯定属于布鲁厄姆，他将边沁的许多观点重新诠释成法律界能够接受的形式。无论是作为议会的统帅人物、辉格党核心集团的成员、律师协会的领导成员，还是作为法官以及最后作为前任法官，布鲁厄姆都是一个值得尊敬的人。在超过 20 年的时间里（从 1828 年到 19 世纪 50 年代），布鲁厄姆将自己置于法律改革运动掌舵者的地位，将边沁的许多具体法律主张转化为实践。

同样毫无疑问的是，在许多法律上不太重要的人物之中，在 19 世纪 30 年代和 40 年代，律师与律师之间，政治经济学家与边沁式的功利主义者之间都有着相当大程度的联系。我已经提到过其中的一些这类人物，其中一些人（如纳骚·西尼尔和查德威克）实际上已经接受过法律训练。此外，还有许多其他人在拉近律师、政治经济学家和边沁主义者相互之间的距离上或多或少地发挥了影响。奥斯丁兄弟即是其例，其中一个奥

---

[46] See Roberts, ‘Jeremy Bentham and the Victorian Administrative State’, 2 *Victorian Studies* 193 (1959); Parris, ‘The Nineteenth Century Revolution in Government: A Reappraisal Reappraised’, 3 *Historical Journal* 17 (1960); J. Hart, ‘Nineteenth Century Social Reform: A Tory Interpretation of History’, 31 *Past and Present* 39 (1965).

[47] 密尔在其《功利主义》中引用了一篇发表在《伦敦和威斯敏斯特评论》(*London and Westminster Review*) 上的“论文”，玛丽·沃诺克 (Mary Warnock) 编，第 111 页。密尔一定是认为该人（担任“最高司法职位”的人——译者注）就是登曼。

[48] Dicey, *Law and Public Opinion*, p. 199.

斯丁是著名的法学教授，[49] 人们普遍认为他建立了实证主义法哲学。另一个是 J. A. 罗巴克（J. A. Roebuck），他是王室法律顾问（Queen's Counsel），多年来一直是颇有影响力的议会议员。还有托马斯·登曼，（正如我们已经看到的）他后来成为王座法庭的首席法官。还有亨利·比克斯特思（Henry Bickersteth），他从 1834 年到 1841 年担任下议院议员，从 1841 年到 1851 年以兰代尔勋爵（Lord Langdale）的身份担任掌卷法官。毫无疑问的是，即使在那些不属于任何一个圈子里的人之中，政治经济学家和
373 功利主义者的影响力确实渗透到了许多有影响力的律师之中。例如爱德华·萨格登（Edward Sugden），即后来的 Lord St. Leonards 和上议院法官，就将边沁的观点转换为废除《高利贷法》的理由，他自己在 1812 年写了一本小册子，在该小册子中他承认这要归功于边沁。[50] 在 1818 年，他和李嘉图共同向一个被任命前来调查高利贷问题的下议院特别委员会，提交了相关证据。

随着 19 世纪 30 年代新一代法官以及 19 世纪 40 年代更多的新一代法官的到来，司法领域中的最大变化之一是，许多这些法官在其律师生涯中就已经拥有了丰富的商业经验，这与其前辈法官明显不同。例如，从 1830 年至 1842 年任职于皇家民事法院的鲍桑葵法官（Bosanquet J.）以及在 1819 年至 1830 年间一直担任英格兰银行的法律顾问。从 1840 年至 1855 年任职于皇家民事法院（一年之后任职于财税法院）的莫尔法官（Maule J.），拥有广泛的商业和保险实务经验，其也曾于 1835 年至 1839 年担任英格兰银行的法律顾问。令人敬仰的公务员 James Stephen 爵士在 1834 年略显粗鲁地写信给总检察长 John Campbell 爵士说："将任何有关这类（公司）主题以及其他一般知识归咎于总检察长和副总检察长，之所以比将它们归咎于他们的同胞要更好，这纯粹是一个形式和礼节的问题。"[51] 他补充说，"事实是，一个人可能在威斯敏斯特大厅度过漫长的一生，却没有多少时间可以思考

[49] 根据密尔《自传》第 107 页的描述，约翰·奥斯丁声称"他极其不认同他称之为政治经济学家们的人性普遍原则，并坚持认同根据历史和日常经验所证明了的'人性非凡的柔韧性'"。

[50] Stark, Jeremy Bentham's Economic Writings, ii. 31.尽管他把汤普森（Thompson）称为"典型的顽固分子"，'Land and Politics in England in the Nineteenth Century', 15 *Trans. Roy. Hist. Soc.*, 5th series, 23, 33（1965）。

[51] Cited, Hunt, *The Development of the Business Corporation in England*, p. 59.

公司章程或者商业合伙的正确构成问题。伦敦交易所（Royal Exchange）里的商人们在这些问题上比全部四个法院联合起来的权威还要高上十倍”[52]。如果这种情况在1834年还仍然是事实（它甚至可能被夸大了），它也即将不再是事实了。新法官成长于工业革命中的英国。[53]然而，可能还要再过20年左右这些变化才会在最有影响力的职位上——法官职位——更明显地显现出来。据分析，“从皮尔开始的政治总体上的世代与观念变化，直到19世纪60年代才影响到最高法律职位。法官Campbell、St. Leonards、Chelmsford、Cranworth、Westbury和Hatherley是1832年之前的一代法官， 374
他们近乎纯粹地生活在旧制度（*ancien regime*）律师的法律世界里”[54]。但是布鲁厄姆必定不在此列。

为了补上这幅画面上的空白，仍然需要进行大量的传记研究；我们对于这些法官了解得还不够充分，为了正确评估（例如）政治经济学家在任何特定领域的观念对法治的具体影响，我们需要足够了解法官们所接受的教育、他们的信仰和态度。基于法律原则而非基于任何正义感或者任何特定政策的中立、价值无涉的评判传统，人们常常很难发现潜在的，也许是无意识的影响在起作用。然而，法官有时候会出卖他们自己，他们几乎无意识地在似乎是基于纯粹法律原则而作出的判决中展现出他们的信念或价值观，我们将在有待检验的判例法中看到一些具体的此类例子。事实上，我们已经在某些地方看到了此类例子，例如曼斯菲尔德或者埃尔登即表达了他们的这种信念，即应当让缔约当事人自由地判断他们自己的利益。但是，这里有另外两名法官我打算对他们进行非常详细的研究，因为在此类特殊情况下，司法之外的著述和活动让人们可以很容易地确定他们在工作中的价值观，而且他们两位对合同自由都有很多阐述。

---

[52] Ibid.

[53] 尽管根据拉斯基（Laski）的观点，在1832年至1906年这段时期里被任命的法官，没有一个接受过正规的经济学训练：*Studies in Law and Politis*（Yale，1932），p. 172。但是拉斯基可能忽略了H. H. 科泽斯－哈迪（H. H. Cozens-Hardy）（他在1899年被任命为法官，后被任命为掌卷法官），他在1860年的一次政治经济学考试中获得了一等奖，领先于考了第三名的威廉·斯坦利·杰文斯（杰文斯是新古典主义经济学的主要创始人之一——译者注）；See Keynes，*Essays in Biography*，p. 293。

[54] J. Vincent，*The Formation of the British Liberal Party*，1857-1868（Harmondsworth，1972），p. 82.

布拉姆韦尔（Bramwell）

乔治·威廉·威尔希尔·布拉姆韦尔（George William Wilshere Bramwell）[55]诞生于1808年即19世纪的第一个十年，逝世于1892年即19世纪的最后一个十年。在1838年被接纳为律师，他是普通法程序委员会（Common Law Procedure Commision）的成员，该委员会努力促成了1852年《普通法程序法》（Common Law Procedure Act）的问世，之后，他成为商法委员会的成员，该委员会（除了完成其他事情外还）向议会提交了公司有限责任的报告。他在1856年被任命为财税法院的法官（Barron），在1876年被任命为上诉法院法官（Lord Justice of Appeal），并在1882年被封为贵族。虽然他没有被任命为上诉法院常任法官（Lord of Appeal），但是布拉姆韦尔在上议院听审上诉案件多年，直到他于1892年去世。布拉姆韦尔对于19世纪的法律历史学家极其感兴趣，因为他毫不掩饰自己的政治信念，而且因为这些信念的影响可以轻易地从他对各种案件的判决中看出来。

布拉姆韦尔在年轻时就被当时的正统政治经济学（orthodox political economy）所吸引，对亚当·斯密和李嘉图非常上心。之后他渐渐将赫伯
375 特·斯宾塞当作是“当时最深刻的思想家”。[56]他至少在一个判决中引用过李嘉图的观点。[57]在1855年他成为政治经济俱乐部（Political Economy Club）的成员，并且终其一生都坚持纯粹的自由放任主义原则。虽然没有证据表明他真的精通李嘉图经济学，但是他一生都相信政治经济学家已经证明了合同自由原则是文明国家法律的必要组成部分。1888年，他在英国科学促进会（British Association）经济学分会以“经济学与社会主义”（‘Economics and socialism’）[58]为题发表了主席演讲（Presidential Address），在演讲中他说政治经济学只有一个真正重要的原则，此即自由放任主义原则。在1882年，他加入了新成立的自由和财产保卫联盟（Liberty and Property Defence League），建立该联盟在很大程度上是为了与亨利·乔治

[55] See generally, C. Fairfield, *Some Account of Lord Bramwell*（London, 1898），该书是一本令人相当不满意的传记。

[56] 他的小册子《自主放任主义论》（*Laissez Faire*）中的说法，cited Fairfield, op. cit., p. 140。

[57] In Archer v. James（1859）2 B. & S. 62, 95-6, 121 E. R. 998, 1006. 在同一个案件中他也引用了《国富论》。

[58] 后来这些文章集结后，由自由和财产保卫联盟出版。

（Henry George）有关土地国有化的观点作斗争。论战的细节将放在本书第三部分进行阐述，这里只需要说明这一点就足够了，即布拉姆韦尔终其一生都在全力支持联盟。他写了许多由联盟出版的小册子，其中一个是《自由放任主义》（*Laissez Faire*）（1884 年出版），另一个是《酒论》（*Drink*）（1885 年出版），后者售出达十万册。布拉姆韦尔否认自己是自由放任主义的教条主义者，因为他承认国家进行某些干涉的必要性，同时他相信他的老师亚当·斯密和李嘉图也持同样的观点。但事实上，他相信干涉在很大程度上仅仅限于相信国家创造财产权的必要性，他几乎反对任何干预合同自由的举动。在他生命的最后 20 年里，他经常写稿给《泰晤士报》，抗议干预合同自由的立法动议（通常署名为“B”），而且他经常在公开集会上发表类似主题的演讲。[59] 他的《酒论》小册子包含了许多现代读者或许会赞同的见解。他说，如果每年人们花费在饮酒上的钱超过 1 亿英镑是事实，那么这“显示出人们必定从中得到了相当数量的欢愉”。他继而承认社会有权禁止卖酒，但是又问道：“就因为一部分人过量饮酒，而否定数百万人每天从中得到欢愉和无害的享受，这公平吗？公正吗？是合理的权宜之举吗？”

关于布拉姆韦尔所关注的这些问题，我将会在后文中讨论。在这里，应当将注意力集中在布拉姆韦尔对自由放任主义和合同自由有些过于简单 376
化的认识上面，他的这些认识影响到了他对法律应当是什么，以及在许多案件中法律事实上是什么的判断。

关于合同法本身，布拉姆韦尔坚定地秉持这一基本理念，即一个人只应当受到其明确同意了的合同之拘束。因此，他反对 *British and American Telegraph Co. Ltd. v. Colson* 案 [60] 的判决，在该案中他的同事们认为，对于一封遗失了的承诺信件，要约人应当受到该承诺的拘束。他也厌恶整个准合同法，因为他不能理解一个人在没有同意偿付的情况下，对于他所获得的一项利益为何他必须进行偿付。虽然许多人认为这归结为作为一般规则的正义，但是布拉姆韦尔至今仍然坚持认为，在他的哲学观念中根本看不到有任何准合同责任存在的空间。1854 年，布拉姆韦尔在《商法委员会第一次

---

[59] See, e. g., *Report of the Industrial Remuneration Conference*（London, Paris, New Youk, and Melbourne, 1885）. 在该书第 419 页及以下有布拉姆韦尔的一篇演讲。

[60] （1871）L. R. 6 Ex. 108.

报告》（*First Report of the Mercantile Law Commission*）中就表达了他在这个问题上的观点：

> 我问，为什么购买东西的人应当为此进行付款而无论他是否已承诺付款？如果他承诺付款，那么他应当在其承诺的范围内承担责任；哪怕用光他最后一个先令或者一亩田地。但如果他没有承诺，如果他根本没有承诺任何东西，或者假如他限制了他的责任，则不承担任何责任，或者他只有有限责任，我不仅看不出有什么理由要求他去做他没有承诺过的事，而且我认为试图使他承担责任是一种极不诚实之举。[61]

在 1857 年，布拉姆韦尔在 *Boulton* v. *Jones* 案[62]中很大程度地将他的这些观点赋予了司法效力，在该案中，他似乎很愿意考虑让一个人不必为其所消费了的物品承担任何付款责任，仅仅是因为这些货物是错误提供给他的。

布拉姆韦尔强烈支持引入公司有限责任。他认为，这是遵循合同自由原则的自然结果，因为一个与承担有限责任的公司进行交易的人，是知道这个事实的，因此他在与公司进行交易时是会考虑到这一点的。这很好地说明了布拉姆韦尔完全相信这个观点，即如果某些事实是缔约当事人所知悉的，或者甚至缔约当事人有能力查明这些事实，那么缔约双方当事人在交易时是会自动考虑到这些事实的。他似乎从来没有质疑——或许对于《禁止实物工资法》（Truck Acts）是一个例外，对于该法案他差不多勉强默许地接受了亚当·斯密的观点[63]——双方当事人事实上是否考虑到所有与他们的交易相关的情况。他似乎也没有认识到，这种观点甚至从一开始就回答不了这个问题，即法律应当在什么地方对当事人课加责任。关于
377 有限责任，现代经济学家会说，双方当事人在进行交易时会考虑到法律是如何规定的；如果法律规定了有限责任，此项交易可能会迫使公司为额外

[61] H. C. *Parliamentary Papers* xxvii. 445, 471.

[62] （1857）2 H. & N. 564, 157 E. R. 232. See also *Brice* v. *Bannister*（1878）3 Q. B. D. 569, 580-1.

[63] *Archer* v. *James*, *supra*, n. 57, 2 B & S. at 88-9, 121 E. R. at 1006.

的风险支付少许附加价格作为附加费，而反过来如果法律没有规定有限责任，那么则不必支付这种费用。在任何一种情况下，其结果都将是具有经济效率的。围绕这些问题而展开的经济学争论，只有在考虑到交易成本的情况下才是有意义的，例如，是否一家公司在订立合同时明确表示非承担有限责任［在一般法（general law）规定了有限责任的情况下］，要比在订立合同时该公司明确表示只承担有限责任（在一般法没有规定有限责任的情况下）要更麻烦。当然，可能也存在着其他一些支持有限责任原则的经济学论据，但是这些都远远超出了布拉姆韦尔对合同自由理念简单且相当质朴的信赖。

在布拉姆韦尔关于雇主对工人工伤之责任的观点中，可以发现同样的质朴性。我们已经看到，查德威克聪明而富有创造力的头脑是如何抓住这个问题的经济问题本质的，而布拉姆韦尔对此则抱持着一种更质朴的信念。他相信，雇主和工人就工人工资所达成的协议，排除了任何损害赔偿的权利。工人的确承担了工伤风险，但他承担的工伤风险已经获得了报偿。因此，如果允许他请求工伤损害赔偿，那么雇主实际上就偿付了两次。在 *Smith v. Charles Baker & Sons* 案[64]中，他将他的观点表达在异议判决（dissenting judgment）之中。在该案中，上议院的多数法官认为，不应当仅仅因为工人知道他在雇佣工作中的风险，就排除该工人请求赔偿由该风险所引起的损害的权利。

> （布拉姆韦尔说道）这是一条明智的规定，即如果一个人自愿承担风险，以获得足以诱使他承担此风险的报酬，那么在他承受风险带来的损害时，就不得请求获得他没有约定的赔偿……不应当将这些格言［如愿者不受害（*volenti non fit injuria*）］弃之一旁，而应当将它视为讨价还价问题。在这里，原告认为他所获得的报酬值得让他冒险，且在受到伤害时并不指望获得赔偿；事实上，他只是为了获得报酬而非更多的钱，才接受了这项工作及其风险。他的确是这样说的。假设他说，“如果我要冒这个险，你必须每天给我 6 先令而非 5 先令”，而雇主同意了的话，那么如果他真的受伤了，他是否有理由请求赔偿？显然不是。这与下面这种情况不同，即如果主人说：“不，我只付 5 先令？”那么

[64] [1891] A. C. 325.

答案就是否定的，如果对此我还提出异议那我会感到羞耻的。[65]

与其他情形不一样的是，布拉姆韦尔在这里总是在假设他想要证明的
378 东西。当工人得到一份固定工资的工作时，如果他知道他没有权利请求赔偿，那么至少在经济理论中，人们可能会争辩说工人所得到的工资是一个反映了风险的公平对价。但是，如果该工人假设或者以为，他有获得损害赔偿的权利，那么布拉姆韦尔的整个论证都是在回避问题的实质。当 1876 年布拉姆韦尔在下议院雇主责任特别委员会作证时，[66] 他被问到为什么乘客有权要求有过失的铁路公司对其损害进行赔偿，而受到工伤损害的工人却不可以要求赔偿。他的答复大意是，由于乘客拥有被安全运送的合同权利，因此他有权得到赔偿。当委员会的成员逼他解释为什么工人没有被安全雇用的权利时，布拉姆韦尔只能重申他最初的主张，即工人所承担的风险已被支付了相应对价。事实上，在这一点上他是相当迟钝的，他的观念显然是在早期阶段形成的，而他从来都不明白他的推理是循环推理。

布拉姆韦尔也从来没有把握这个事实，即如果法律被修改而创设出新的合同责任或合同权利，那么未来的缔约当事人肯定会基于新的法律背景进行磋商，并且当然会考虑到这个法律背景，与他们现在考虑到既有的法律背景一样多（或者一样少）。因此，布拉姆韦尔的抱怨并没有什么实质内容，他经常抱怨说干预合同自由会鼓励某种欺诈，因为它会使一个人可以先按某些条款来订立合同，然后再回去依据新的法定权利来修改合同的这些条款。

在其他法律领域中，布拉姆韦尔的观点也在影响着他的法律判断，欺诈和侵权法中的替代责任即是如此。关于第一个问题，布拉姆韦尔似乎受到了他政治经济学的影响，而认为欺诈的概念含有某种“自然”的意义，而适用该词的自然意义只能是法官的职权。这意味着他能够把法律不能干预合同自由的观点推向极端化，即便在欺诈的情况下也是如此。在 *Weir* v. *Bell* 案[67] 中，他说：“我不明白法律欺诈。在我看来，它没有更多的意义，

---

[65] At p. 344. 布拉姆韦尔在其小册子《自主放任主义》第 20 页中几乎用同样的话语举示了这个例子。

[66] （1876）H. C. *Parliamentary Papers*, ix. 669 and（1877）x. 551, 628 *et seq.*

[67] （1878）3 Ex. D. 238, 243. See also *Derry* v. *Peek*（1889）14 App. Cas. 337 discussed *post*, p. 673.

而只是法律的热情或者冷漠，法律的光明或者法律的阴暗。”布拉姆韦尔实际上认为法律只是确定了欺诈的概念，但并没有对其进行界定。

关于侵权法中的替代责任规则，布拉姆韦尔的怪异观点在很大程度上似乎要归咎于他的个人主义。在 19 世纪下半叶的许多年里，布拉姆韦尔一再对其扩大替代责任范围的同事们的判决表示异议。[68] 很明显，他觉得 379
一个人应为自己的错误负责，而不应为他人的错误负责。他不仅觉得雇主不应当承担责任，而且他还觉得雇员应当为他的粗心大意付出代价；尽管这些判决在技术上并没有使雇员被免除自己的责任，但是布拉姆韦尔清楚地意识到，在实践中，如果雇主被判决承担责任，雇员将永远不会被追责。在现代，替代责任已经基于经济原因而被正当化了，因为它是一种使企业为其成本买单的手段。但是在 19 世纪初，当个人被看作社会组织的单元时，很容易就可以看出为什么替代责任与政治经济学的教义相背离。但是布拉姆韦尔似乎从来没有意识到他对替代责任和有限责任的看法可能前后不一。

最后，我应当提到布拉姆韦尔最有趣的判决之一，它显示出其有明显的边沁以及通常经济学观点影响的痕迹，此即 *Banford* v. *Turnley* 案，[69] 在该案中，被告因污染所引起的妨害（nuisance）而被起诉，而他以公共利益来为自己辩护。布拉姆韦尔首先说，“为了公共利益，使个人遭受损失而不予赔偿的法律是恶劣的法律”。然后他继续说道，

> 但是更进一步而言，我满怀敬意地认为，在这个案件以及许多其他案件中，人们误用了对价。公众是由全体个人所构成的；一件事情只有当它对所有人的获益和损失进行两相抵销之后还有益处的时候，它才是符合公共利益的。因此，如果所有的损失和收益都由一个人承担和享有，那么总体上而言他将会是一个赢家（gainer）。但是一旦发生了这种情况——即一旦某件事情被人们正确地认为是符合公共利益的——那么公众中那些由此遭受了损失的个人，其损失将从获得

[68] See, e. g., *Collett* v. *Foster*（1857）2 H. & N. 356, 157 E. R. 147; *Waite* v. *North Eastern Rly. Co.*（1859）E. B. & E. 728, 120 E. R. 682; *Weir* v. *Bell*, *supra* n. 67.; *The Apollo*（1891）A. C. 499；他在 *The Bernina*（1888）13 App. Cas. 1, 13 案中公开承认他在 Waite 案中的判决是错误的，但是这种认错并非完全出自真心。

[69]（1862）3 B. & S. 67, 122 E. R. 27.

> 了利益的那些人那里获得赔偿。修建铁路是符合公共利益的；但是除非修建铁路所获得的利益足以弥补因使用铁路所在地之土地所造成的损失，否则修建铁路就不符合公共利益；因此，没有补偿就拿走某个人的土地用于修建铁路，没有人会认为这是正确的。开行火车是符合公共利益的；但是除非偿付开行火车的花销，否则开行火车就不符合公共利益。如果这些花销之一是烧毁一根价值极高的木材，以至于铁路的所有权人就不会开行火车和烧毁其木材（如果该木材是他们自己的），而且开行火车和烧毁该木材也是不符合公共利益的（如果该木材不是他们自己的）。在木材是他们自己的情况下，如果他们会发现以烧毁该木材为代价开行火车是会得到补偿的，那么在该木材不是他
> 380 们自己的情况下，如果他们也从该木材的烧毁之中获益了，他们显然就应当补偿该木材的所有权人。[70]

在这一点上，由于布拉姆韦尔考虑到了外部性，因此其经济学观点似乎要更加周全些，而且事实上也并不复杂。人们很难理解为什么他在讨论合同自由时，从来没有发现这样做的必要性。

我们将对布拉姆韦尔在一些具体法律问题上的影响和工作进行更详细地分析，本书后面两章将会对这些具体法律问题进行研究，同时我们也会对布拉姆韦尔在 1870 年之后出现的某些问题上的影响和工作进行分析。但是在我们暂停对布拉姆韦尔的研究之前，需要明确说明的是，在他任职期间，他的观点似乎远不能代表当时的司法见解（judicial opinion）。当然，终其一生，他对于自由放任主义和合同自由原则的坚持，使得他在王座法庭形单影只；甚至在他的鼎盛时期，即 19 世纪 60 年代和 70 年代，对他的异议也比起人们所认为的正常的司法分歧要多得多。事实上，他对个人主义和合同自由的推崇，似乎总是有点过于狂热。

拜尔斯（Byles）

下一个需要研究的法官是约翰·拜尔斯勋爵，较之于布拉姆韦尔，他较少为人所知。拜尔斯生于 1801 年，逝于 1884 年。1858 年至 1873 年担任皇家民事法院法官。现代律师几乎完全是通过他所撰写的一部汇票法

[70] 3 B. & S. at 84-5, 122 E. R. at 33.

著作而了解他的，此即后世法律人所熟知的《拜尔斯票据法论》（*Byles on Bills*）。但除此之外，拜尔斯还有不太为人知的一面。他对政治经济学非常感兴趣。他在年少时就接受了政治经济学的主流观点，甚至还为了他自己使用需要而对李嘉图的《政治经济学及赋税原理》进行了摘录。但是在之后的岁月里，“更成熟的反思”让他得出结论说，许多政治经济学观点都是靠不住的。在他留诸后世的两部作品中，他以相当有说服力的方式表达了这些观点。在 1845 年，他出版了一本题为《高利贷法观察》（*Oberservations on the Usury Laws*）[71] 的小书，几年后他（匿名）出版了一本更加宏观的著作，其内容可以从其标题《论自由贸易之谬误》（*Sophisms of Free Trade*）[72] 中看出。这本书获得了巨大的成功，两年内再版了八次。当该书在 1870 年再版时，拜尔斯首次允许他的名字出现在封面上，一些学者在 1904 年又一次发现了该书的另外一个版本。[73] 有趣的是，（根据《英国人名词典》）拜尔斯终其一生都以“一贯坚定和守旧的保守派”而著名。尽管他的观点在他自己的时代中似乎有点守旧，但是现在看来却显得远超 381
过他的时代。在此我不得不引用这两本书的一些段落，这种诱惑是不可抗拒的。拜尔斯是第一个写作高利贷法著作的人，因为他感到全面废除《高利贷法》的呼声日渐升高，而且他想警告公众要注意这一过程之中所存在的危险。在该书的一开始，他提出了一些对于政治经济学的总体反思（general reflctions），认为人类知识的这个分支还“处于其非常初级的阶段”。他继而说道：

> 不承认这两件事情，人们是不可能读懂萨伊（Say）、李嘉图、马尔萨斯、密尔、托伦斯（Torrens）、西尼尔、麦克库洛赫的著作的。第一件是，除了他们的宗师亚当·斯密的一些错误观点之外，无论其追随者们在诸多主题上都提出多少种观点，几乎没有一种学说是追随者们所完全赞同的。第二件是，追随者们远比其宗师更加沉迷于抽象推理，并默认其结论为真理，可以作为立法之基础。[74]

---

[71] London，1845，本书以下将其简称为《高利贷》（*Usuay*）。

[72] London，1849.

[73] London，1904，ed. Lilly and Deves. 本书所引用的就是该书的这个版本。

[74] *Usury*，pp. 1-3.

他继续强调说，这些理论需要得到经验的检验，且在许多情况下，其对有关事实的了解仍然不足以得出确切的结论。有趣的是，拜尔斯认为，在1830年左右“人们普遍认为”自由放任主义是政治家们的座右铭，但随后（即1845年）公共舆论开始迅速发挥作用，而明智之士（enlightened men）对“放任制度”（‘let alone system’）的不信任也越来越明显。

对于《高利贷法》本身，拜尔斯对政治经济学家所提出的、说明合同自由合理性的这一根本前提进行了攻击，即人是自己利益的最佳判断者，人们可以放心地以他们自己的方式订立他们自己的合同：

> 他们所提出的规则（他说道），亦即完全的合同自由和统一适用于所有人的法律，就其过于简单化而言就是虚有其表和妖言惑众的。它被认为易于理解且易于适用。人们为自己超群的智慧而暗自庆幸，并带着轻蔑的微笑俯视着陈旧而野蛮的公共法规。细节调查和通过经验判断该原则对于特定种类案件的可适用性的沉重负担，都已经被弃之于九霄云外了。[75]

他继续强调说，这是一种过于简单化的观点，而实际经验告诉我们，许多合同的规则实际上是令人满意的。并且他引证了有关规范罚款、抵押、《禁止实物工资法》的衡平规则，以及各种各样的干预合同自由的立法，如度量衡法规（Weights and Measures Acts）、工厂法规、有关执业医师强制
382 登记的法律，等等。他最后强调指出，在合同双方当事人议价不对等，而一方拥有特别或者异常的优势时，“任何国家的法律都承认应对弱势一方当事人进行特别立法保护的诉求”[76]。

在他的第二本书即《论自由贸易之谬误》中，拜尔斯对自由放任主义进行了更为通俗的攻击。他认为，整个社会都是建立在否定该原则的基础之上的：

> 没有人文文化（artificial culture），没有受到知识、道德、宗教教育的人，是愚昧的、世俗的、残忍的和令人作呕的野蛮人……人为规

[75] Ibid., p. 54.

[76] Ibid., p. 73.

则（artificial regulations）对于作为整体人类的必要性，并不亚于其对于作为个体的人的必要性要少。法律保护着生命、个人自由和不可侵犯性、家庭、财产、声誉，法律的复杂性和人为性与社会的先进程度成正比……去除法律干预，听任事物自行发展，那么家庭就不会再存在，社会也会再度堕入野蛮。作为所有行业和进步之源泉所在的财产制度，完全依赖人为的法律体系，民事的和刑事的法律体系，它界定财产边界、保护财产享有、保障财产和平与确定的转让……

但是对社会构成（constitution of society）进行更深刻和更连续的观察后，可以看出不仅仅有人为的政治安排，还有商业和财政安排，往往都会趋向于美德、幸福、财富、权力、国家的伟大和永续。这些人为规则存在着这种可能性，即它适于类推且合于经验。但是，类推和经验否定了人们的这种预期，即通过充分的、多样化的和持续的就业而实现的财富增长和分配，是可以从放任制度中产生出来的。[77]

在后面一章中，他继续讨论这个主题并列举了法律干预合同自由的大量事例。在这些例子中，他分别提到了反对罚款保证书（penal bond）的规则、有关抵押的法律、许多合同要求采取书面形式、金银要求有检测标记（assay mark）、禁止不当包装啤酒花的立法、旅客法案、医疗和法律职业的控制措施等。对于这些问题给古典经济学家所持哲学带来的挑战，他坚持认为，从经验中可以发现“一方面实践中的竞争，另一方面人类一般程度的谨慎”，都不足以保护公众免受不诚实和不适格的侵害。此外，他还认为——这个观念比他所处的时代要先进许多年——即使是违背地主的意愿，也应当对佃农进行补偿，而且应当废除严格的定居制度。总而言之，对于那些认为所有 19 世纪的法官全部都是醉心于合同自由和自由放任主义的人，这本书对他们的观念进行了宝贵的纠正。

然而，追溯拜尔斯的观点对于具体法律判决的影响，并不像布拉姆 383
韦尔那样容易。事实上，在某个案件中，法官们在解释《禁止实物工资法》时对一个关键问题产生疑问，这让财税法院的三名法官各持己见，拜尔斯发现他自己是站在布拉姆韦尔一边的，即判决反对适用该法。[78] 尽管

[77] Chapter III.

[78] *Archer* v. *James*, *supra*, n. 57.

如此，他在该案的判决中也清楚地阐明，他毫不怀疑该法的政策合理性，他坚持认为即便是刑事条款（penal clauses），也应当对其进行自由解释。[79]在另外一个有关贸易限制政策的案件中，拜尔斯法官竭力否定一种认识，即基于合同符合双方当事人的利益的假定，所有的协议表面上都应当被履行：[80]

> 当事人应当拥有以他们自己的方式订立合同的自由，这个观念虽然流行，但是在我看来却是个错误的观念。立法者并没有将这当作是权宜之计；因为在许多情况下立法都以限制或禁止的方式进行了干涉——遗嘱处分财产即是其例。而在许多情况下，为了保护那些无知的人或者那些原本受到不当影响或压力的人，法律的干预则是权宜之计。

较之于布拉姆韦尔，拜尔斯的司法见解在 19 世纪中期甚至更加小众化。至少在该世纪中期，大多数法官都更倾向于布拉姆韦尔的立场，尽管在该世纪后半叶，司法见解可能已经开始略有缓和。但是，就这些态度对合同法的影响而言，似乎（后文将更详细地分析）政治经济学的基本原则（basic tenets）被法官以采行合同自由原则的方式转化为法律后，它们就一直留在法律之中。直到 20 世纪，只有极少的迹象表明司法态度抛弃了对合同自由的坚定遵循，而这时政治经济学家们早已抛弃自由放任主义很多年了，甚至达到了从来没有信奉过它的程度。[81]

第二节　议会与法院

接下来我必须分析一下这个时期议会和法院之间关系的变化。正如我
384 们之前所看到的，在 1770 年左右的私法领域中，法院远比作为立法者的

---

[79]　2 B. & S. 83，121 E. R. 1004.

[80]　*Mumford v. Gething*（1859）7 C. B.（N. S.）305，325-6，141 E. R. 834，842. 在另外一个案件中，拜尔斯的价值观似乎影响了他的判决，see *post*，p. 486。

[81]　这或许说明了凯恩斯的著作格言也适用于律师："在经济哲学以及政治哲学领域，一个人到了 25 岁或 30 岁以后，很少会再接受新的学说，因此公务员、政客，甚至鼓动家（agitator）所采用的理论往往都不是最新的。" *General Theory of Employment*，*Interest and Money*（London，1936），pp. 383-4.

议会要高效得多。而议会也普遍地认可这一事实，并将自己的工作局限在对普通法的一般规则进行相对较小的调整范围之内。但是在 19 世纪，尤其是 1830 年之后，所有这一切都开始发生变化。关于实际的立法过程本身的发展，以及政府官僚机构的膨胀——这也导致了议会可资利用的信息数量的增加，我已经谈到了一些。但是在法院的工作中却没有发生类似的变化，所以 1830 年之后，当公众关注的重大问题出现在法院的判决中时，法官们往往开始对议会表现出比以前更大的尊重。存在着这样一种感觉，伟大的议会蓝皮书（parliamentary blue books）连同其数据流（stream of data）、统计数据，以及专家和专业证人的证词，似乎在英国法律体系中发挥着 20 世纪美国“布兰代斯意见书”（‘Brandeis brief’）所发挥的作用。但这些都是议会简报（parliamentary briefs），法院无法获得日益膨胀的政府部门所积累起来的资料。法官们开始感到他们获得的信息比议会要少，他们开始不愿意涉足政治领域。许多新的国内问题极具争议的性质对此也不无影响。关于 18 世纪政治观点（至少在内政方面）的广泛共识已经到了尽头。一些法官开始意识到（诸如）政治经济学家之间在许多问题上存在着巨大的分歧。例如，在 *Hitchcock* v. *Coker* 案中，登曼首席法官就评论说，由于人们在许多问题上存在着各种各样的意见，因此很难说什么是符合公共利益的。[82]1830 年或 1840 年的法官，不太可能像在 *R.* v. *Waddington* 案[83]中的肯扬勋爵，或者在公司合法性问题上的埃尔登勋爵[84]那样，坚持自己在经济政策问题上的见解而不顾及议会的意见。

这一切的结果之一是，在倾向性上法官被鼓励从抽象的一般原则领域抽身出来。例如，在 1800 年到 1850 年间，对于法院在多大程度上应当以违反公共政策为由认定合同无效并因此拒绝对其进行强制执行的问题，法院存在着明显的认识转变。在世纪之交，对于曼斯菲尔德有关战争时期英国保险公司对外国船舶进行保险可容许性（permissibility）的一些判决，肯扬勋爵毫不犹豫地推翻了。[85]同样地，法院也普遍倾向于通过拒绝支持违反刑事制定法合同的方式，来为规制刑事犯罪的这些刑事制定法提供支 385

[82]　（1838）6 Ad. & E. 438, 445, 112 E. R. 167, 170.

[83]　*Supra*, p. 365.

[84]　See *post*, p. 564.

[85]　*Brandon* v. *Nesbitt*（1794）6 T. R. 23, 101 E. R. 415; *Potts* v. *Bell*（1800）8 T. R. 548, 101 E. R. 1540.

持。[86] 迟至 1826 年，像贝斯特首席法官这样的老派法官才会从最广泛的政策考量（policy considerations）讨论某个问题，并用这种评论来证明自己见解的正当性："如果人们对于什么是法律存有任何疑问，那么法官们会通过思考他们判决会产生什么好的或者坏的效果来解答这个疑惑。"[87] 但是法官们对于这些问题的见解毫无疑问正处于变化之中。就连贝斯特首席法官自己也在两年前就坚定主张，在政策问题上法院必须进行自我限制，[88] 而在同一个案件中，伯勒法官（Burrough J.）也发表了有关公共政策是一匹烈马（unruly horse）的著名评论——"当你骑上它时，你永远不知道它会将带你到哪里去。"[89]

确立起司法对于公共政策问题之态度的决定性判例（decisive case）是 *Egerton v. Brownlow* 案。[90] 实际上这个判例涉及的是遗嘱而非合同，但是关于遗嘱自由的公共政策原则与关于合同自由的公共政策原则大致是相同的。案情的特殊性让这个案件显得有些不同寻常，它涉及一项地产的遗赠，条件是如果受遗赠人在一定时间内没能获得侯爵或者公爵的头衔，那么该地产将会转移给另一方当事人。该案之所以不同寻常还有另外一个原因，即上议院在召集法官们发表他们的意见且法官们一致认定所附条件有效后，上议院却（以 4 比 1 的多数票）判决遗赠所附条件无效。最后，这个案子的不同之处还在于，是大多数法官所表述的原则而非上议院所表述的原则，才被认为是司法对于公共政策问题应当采取的正确态度。[91] 在某种意义上，该案最终是这样进行判决的，即所有合同（和遗嘱）表面上都有权获得法律的保护，并且它们只有在具有最明确的非法原因时才能够被认定为无效。以法官的名字命名的开创性判决（leading judgement），是由帕克财税法官作出的，Erle 和 Wightman 两位法官对此投了赞成票。他这样说道：[92]

[86] *Bensley v. Bignold*（1822）5 B. & Ald. 335，106 E. R. 1214.

[87] *Fletcher v. Lord Sondes*（1826）3 Bing. 501，590，130 E. R. 606，641，该案的判决是一个异议判决（dissenting judgment）。

[88] *Richardson v. Mellish*（1824）2 Bing，229，242-3，130 E. R. 294，299.

[89] 2 Bing. 252，130 E. R. 303.

[90] （1853）4 H. L. C. 1，10 E. R. 359.

[91] 关于这一点，参见 Viscount Radcliffe，*Law and its Compass*（Evanston，Ill.，1960），p. 48。

[92] 4 H. L. C. 123-4，10 E. R. 408-9.

> 表面上而言，所有的人都有权自由地根据自己的意愿和兴趣处分其财产，并依其意愿自由地订立合同，而如果在这两种情况下人们都采用普通法和制定法所要求的形式，那么人们在道德和法律上都要受到它们的拘束。

有关该条件违背公共政策的抗辩被驳回了，因为公共政策“是一个含 386
混不清的术语，将其运用于对法律权利之判定时会产生不确定性和错误”。这个术语可能意味着政治私利（political expediency），或者意味着其最有利于社会共同利益，并且“在这种情况下，基于每个人的教育、习惯、天赋和性情的不同，人们对公共政策可能存在着不同的见解”。公共政策是政客的事情而非律师的事情。阿尔德松财税法官即如此认为。

对所有这些问题，来自波洛克首席财税法官（Pollock C. B.）的反驳是最为有力的。他认为，公共政策恰恰是法律的基础，他继而引用了一些由于不同的原因从而合同被认定为无效的案例。然后他指出：[93]

> 阁下，虽然有那些权威见解，但是我是否有理由说，如果我放弃对公共福祉的考量，我就应当放弃我的职务——我应该放弃履行我的职责吗？……阁下，法官可能并不比其他有经验和明智的社会成员，更能够辨识出什么是公共利益，但是这不是法官拒绝考虑这个问题、拒绝对其作出判决的理由。

我之所以用大量篇幅来引用这些判例，是因为这些争论，尽管有其特殊性，却是整个合同自由主题的核心。即使不是在这种特殊情况中，多数法官仍然坚持的是主流见解，他们所争论的问题实际上就是政治经济学家已经争论过的问题。合同自由是一个起点，是自然背景（natural background）的一部分，人们必须证明对它的“干涉”是正当的。事实上，只有波洛克首席财税法官才坚持认为正是公共政策决定了合同在表面上就应当被强制执行，因此公共政策没有理由被用来否定特定情形下的合同。对于大多数人来说，法律的作用是使原则和先例发生效力，原则与先例是坚实的和牢固的，不像公共政策那样会随着风向的每次改变而见解各异。

---

[93]　4 H. L. C. 144, 10 E. R. 417.

这种态度逐渐主导了整个合同普通法，而且它也开始彻底主导着司法功能。法官开始更多地从先例和原则角度讨论问题，较之于以前他们现在较少从政策的角度讨论问题。

当然，法官所说的问题是一回事，在他们的判决中所必然暗含或者涉及的问题又是另外一回事。事实是，许多政策问题不会简单地因为拒绝从政策的角度讨论它，就会隐身而去。拒绝直面它们本身就是一个政策问题——一种支持合同自由的政策，它很可能意味着，有时也的确意味着这
387 是一种有利于强者、精力充沛者、有进取心者，而不利于弱者、无知者和愚昧者的政策。它也意味着，尤其是当你不愿意仔细观察双方订立合同的相互同意这一现实的时候，它更是意味着一项有利于公司和组织的政策，它们是以印制方式进行的合同订立。事实上，格式合同（standard form contract）获得了司法的祝福。不久之后这个结果就变得很明显了。仅仅在三年之后的 *Scott v. Avery* 案[94]中，上议院被要求就保险单中的仲裁条款的合法性进行判决。它之前曾经认为，仲裁条款并不能排除针对某项合同的诉讼，理由是法院的管辖权不能仅仅因为当事人的私人协议而被排除。诉讼的权利是法律赋予的一项权利，而在 18 世纪，试图排除法院管辖权的举动，被看作是就像企图排除议会的管辖权一样荒谬。但是 *Scott v. Avery* 案中，合同采用了一种稍微不一样的措辞——它规定针对该保险单的仲裁裁决是行使诉讼权利的先决条件——上议院利用这一技术性措施推翻了之前的判决，或者对之前的判决进行了技术上的区分。马丁财税法官（Martin B.）表示反对，因为这样的区分是在最赤裸裸地规避法院管辖，因为所有的仲裁条款，无论其是何种措辞，都旨在取代作为争端解决机构的法院。但是，这些反对意见都被弃之一旁，就政策讨论而言，它非常明显地表明现在的政策是最广泛地支持缔约自由。过去的判例“直接与后来的精神相冲突，后来的精神是允许各方当事人充分自由地将他们的争端交由公共法院或者私人法院（public or private tribunals）去处理”[95]。

到 1870 年时，法院不仅采纳了合同自由原则，而且对其进行了最大限度的扩展。杰塞尔掌卷法官（Jessel M. R.）在 1875 年的一个案件中的评论，是如此经常地被援引，即便在现代教科书中亦是如此，因此人们必须牢记这一点，

[94] （1856）5 H. L. C. 810, 10 E. R. 1121.

[95] Coleridge J., 5 H. L. C. 843, 10 E. R. 1134.

即在合同自由已经牢固确立之时，政治经济学家们的观点已经开始发生显著改变。政治观点此时业已发生了巨大改变，正如我们后文所要看到的。但是法院支持合同自由的观点依然很坚定。杰塞尔掌卷法官如此说道：

> 如果有一样东西比其他东西都更应该为公共政策所要求的话，那么它就是，那些具有充分和足够理解能力的人，都应该拥有最大限度的缔约自由，他们自由和自愿缔结的合同应当被认为是神圣的且将被法院所执行。由于不能对这种合同自由进行哪怕是最轻微的干预，因此，你可以将它看作是最至高无上的公共政策。[96] 388

杰塞尔在另一个有关借贷的判决中也说了同样的话，但人们不那么经常提到——该判决震撼了现代人的良知，实际上可能也震撼了当时许多人的良知。在该案中，一个拥有足够资产但却是一个酒鬼的人，实施了一个利率为 60% 的借款交易，杰塞尔掌卷法官支持了该交易。

> 我假定他是一个酒鬼（杰塞尔说道），一个患有震颤谵妄（delirium tremens）并大剂量服药（如服用某种解毒剂）的人可以恢复清醒，并非常稳定地进行书写。一个人可以选择同意支付 100% 的利率。没有理由说一个人就不该是个傻瓜。法律允许一个人成为傻瓜，只要他高兴的话。这就像（被继承人）在证券交易所或者在赌场豪赌，或者将他自己的钱财用于花天酒地一样。一个这样做的人是愚蠢的，但是法律仍然不阻止他成为一个傻瓜。[97]

到目前为止，我们已经分析到 1876 年的合同自由观念了。而这已经超越了我们要研究的当前这个时期 *，现在必须要返回到这个时期。

---

[96] *Printing and Numerical Co. v. Sampson*（1875）L. R. 19 Eq. at 465. 杰塞尔出生于 1824 年，一个犹太大商人的儿子。如果说他是读着李嘉图的《政治经济学及赋税原理》成长起来的，并不会令人吃惊。

[97] *Bennet v. Bennet*（1876）43 L. T. 246n., 247. 可以观察到，杰塞尔已经将支付利息的待履行允诺与赌博交易所造成的实际损失两者完全等同起来了。

* 因为这一章作者研究的时期是从 1770 年到 1870 年，而这里作者已经研究到 1876 年时的合同自由观念了，所以作者才要返回到 1770 年到 1870 年的这个时期中去。——译者注

第三节　形式主义的兴起和衡平法的衰落

随着法院越来越多地避免讨论政策问题，出现了一些与之密切相关的事态发展。其中最显著的发展之一是“形式主义”的兴起。这个概念在美国法律著作中广为人知，在美国通过将其与最终将它取代了的“现实主义”概念进行对比，解释其意义就比较容易了。但是英国法律从未经历过现实主义革命，因此要对英国读者准确解释形式主义理念，就不那么容易了。实际上，形式主义代表的是一种思想观念而不是其他的；法官的这种思想观念是这样一种思想观念：所有的法律都是建立在可以从先例中推导出来的法律理论与原则的基础之上的；一个案件中只有一个“正确的”判决；将政策纳入考量之中不是法官的职责，政策甚至只是当事人证明其请求的相对公平的论据；原则和规则背后的法理是不相关的；法官的角色是完全消极被动和诠释性的（interpretive）；法律是一门有关原则的科学；等等。特别是就合同法而言，在1770年到1870年，尤其是其晚期，司法作用（judicial role）的这种观念在法律发展过程中发挥了至关重要的作用。例如，人们可以看到形式主义影响到了下述观念，所有这些观点在这个时期都开始变
389 得非常重要。

第一，由当事人自己订立合同并选择他们的合同条款，在此过程中法院不能干涉。第二，合同一旦订立，其效力同样不取决于法院在任何积极意义上的裁决，法院的功能纯粹是消极被动和诠释性的；法院必须要确定合同的确切含义，但这样做的目的只是让当事人的意愿发生效力。第三，一般而言，形式主义的过程与“文字主义”（‘literalism’）的倾向常常是结合在一起的，也就是说，不得从合同中解读出当事人没有明确约定的任何东西，并且坚持认为只有在为让合同发挥作用（workable）而必须如此时，才能从合同中解读出默示内容。第四，形式主义意味着法院基本上放弃了为达到公正的结果而行使“干涉”权利或权力。事实上，合同的公正、交易的公平根本不是法院所要关心的事情，选定合同条款、实施交易是合同当事人自己的事情，而如果一方当事人对于选定合同条款十分纯熟而另一方当事人拙于此事，这完全是市场机制的自由运行而已。形式主义的第五个标志性特征是解释权利时的绝对化倾向。法院并不愿意去审查当事人以任何特定方式订立合同的动机为何。例如，如果货物的买受人有权拒绝受领出卖人迟延一天所交之货物，那么买受人的权利会得到法院的严格支持，

法院不会停下来究明他为什么会选择拒收货物。法院不需要去裁判一个人会以特定方式行使其权利的缘由，这不需要法院去裁判，因为这是权利享有者（right-holder）的特权。

我将很快对这些和其他于1770年至1870年期间形成的判例法紧密相关的发展情况进行研究。但是在这里，我只想提请人们注意这些发展与前述我已经描述过的法律背景两者之间的密切联系。简而言之，形式主义的出现与政治经济学家的观念以及市场经济的兴起密切相关。

法院开始把法律的某种"自然"背景视为理所当然（他们根本不认为这是干涉），而这一背景实际上与政治经济学家所假定的背景相同。这个背景就是财产权应当被保护、合同应当被执行。为这些目的而设计出来的规则并不被认为是以政策为导向的规则，而是"纯粹的法律规则"。正如霍维茨（Horwitz）所说，"那些被确认为是纯粹'法律的'东西，当然就是那些已经被确立起来的……贯彻市场机制的法律规则"[98]。当然，所有这一切都可能会被看作是一个凶险的解释。新形式主义给人的印象是，就 390
像政治经济学的规律一样，合同法是从中立原则中得出的必然推论，而实际上它们无疑最广泛地符合新工商业阶级的利益。但是，从阶级的角度来看待整个过程，显然是过于简单化了。英国法官几乎完全相信他们自己的信条。而且，他们从来就没有完全成功地创造出这种新的价值中立（value-free）法律体系来，因为这是一项不可能完成的任务。正义问题和政策问题仍然在不断涌现；如果法官们这样做，那么法院的实际判决仍然绝对不会背叛某种统一的阶级偏见。此外，人们有充分的理由相信，形式主义的发展与许多其他的发展是联系在一起的，而这些发展是不能简单地从阶级的角度进行解释的。

重要性尚未得到充分评估的其他发展情况之一，无疑是由于人口和商业活动数量剧增而给法院带来的日益增长的压力。[99]直到1846年建立郡法院之前，全国只有15位普通法法官（人们必须记住这一点）；尽管郡法院确实减轻了高级法院在大量小额债务催收事务方面的负担，但是它们的

[98]　Morton Horwitz，'The Rise of Legal Formalism'，19 *American J. of Legal Hist.* 251，256-7.

[99]　在维多利亚统治刚开始的1837年，有300个案件在王座法庭等待法庭辩论，有859个案件在衡平法院等待法庭辩论：Bowen，'Progress in the Administration of Justice during the Victorian Period' in *Select Essays*，i. 523，528。

管辖权多年来被限制在最小的范围之内。与这种压力相伴随的是，法院对陪审团制度的不信任与日俱增。1852年至1853年的普通法专员们（Common Law Commissioners）对陪审团作为民事审判的一种模式表达了极大的不安。陪审团效率低下，且在有些情况下，它完全不足以处理（例如）复杂的会计问题。

> 我们完全不清楚这一事实（专员们以在今天看来难以置信、耳目一新的直率说道），即在许多情况下，陪审团的组成并不足以确保他们能够像人们所期望的那样拥有中等智力水平……在农村地区，普通陪审团有时是由一群智力水平绝对不能满足适当履行该司法职能的人所组成的。这些人不习惯于艰苦的智力活动或者延展性思维……有时候他们的裁决让陪审团制度蒙羞。[100]

当然，陪审团的不可靠也可以解释为是对新工商业阶级需求的一种损害。不可靠意味着不可预测，而在商人理性、精于计算的世界中，可预测
391 性是一项重要的需求。但这个事情还有另外一面。陪审团不仅不可预测，而且效率低下，越是将事实问题交给他们裁决，司法系统所承受的超负荷压力越是严重，而且不能应对判例浪潮的兴起。正是在这种背景之下，人们也才必定会看到形式主义和文字主义的兴起。新的进路使法院可以通过强调法律问题和忽视事实问题或者将事实问题视为无关紧要，而加强对案件的控制。例如，当法官认为合同权利是绝对的，其行使只能依权利拥有者的意愿进行的时候，他们就是在将高难度的相关事实问题排除在事实问题之外。来看上文所提到的例子，拒绝调查买受人拒收轻微迟延所交付货物的动机，这就排除了对所有事实问题的调查，而这些问题本来会让买受人产生拒收的动机。这些问题就变成应当由法官处理的纯粹的法律问题：买受人有或者没有这个权利？起源于19世纪的许多规则都普遍具有这个特征，对想要详查这些事实问题的现代律师而言，这些规则看起来是不公正的。19世纪的合同法，非常强调自由选择的优先性，它往往会将现代律师（甚至是法律门外汉）看来非常重要的事实问题排除出去，例如，为什么一方当事人要坚守合同中的这个条款？为什么这方或对方当事人拒绝履

---

[100] （1852-3）H. C. *Parliamentary Papers*, xl. 701, 708.

行？经由当事人双方所说的话，他们真正的意愿究竟是什么？为什么一方当事人拒绝接受另一方的要约？一方当事人是否真的信赖了对方的允诺？一方当事人是否从对方的履行中获得了任何实际的利益？诸如此类。如果所有这些重要的事实问题在 19 世纪被提起诉讼，那么它们都将由陪审团裁决；此外，其中许多都是有关行为动机的事实问题，这些问题往往需要大量难以找到的证据才能解决。鉴于法院面临的压力，如果法官看起来经常将潜在的事实问题转换为法律问题，也就并不令人吃惊了。格兰特·吉尔莫（Grant Gilmore）情有可原地夸张道："在古典时代的顶峰时期，不将任何合同问题描述为法律问题几乎是不可能的。"[101]

在一个特别的领域中，法院倾向于不过于详细地查明事实，这让边沁非常愤怒。这就是破产和无力偿债法（bankruptcy and insolvency law）领域。正如我们已经看到的，有关债务强制执行的法律在 1770 年处于骇人听闻的状态，到 1830 年时情况也没有好转。正如边沁所坚持认为的，这个问题无疑部分是要归咎于缺乏对如下这些事实的调查：为什么债务 392
人没有清偿他的债务？是因为他无力清偿，还是仅仅因为他不愿清偿？最初他是如何负债的？是因为欺诈还是因为不幸？债务人负债是其应受之惩罚，或者真的不是因为他自己的过错所致？边沁断言，"处于法官和公司指引之下的现行法律，对于所有这些区分全都无情地闭上了双眼。为什么？因为……要作出这些区分，法官就必须审查证据——审查来自于最佳来源的、处于最佳形态的、在最妥当时间里的证据；——而所有这一切都是他坐在那里所不能解决的"[102]。在这个特殊的例子中，未能深入调查事实是一个长期存在的问题，不能将其归结为 19 世纪的观念，或者归结为陪审团的作用。但是在破产与债务法改革之后同样的问题一次又一次地发生。

与这一发展紧密相关的是原则概念在这个时代的重要性（正如我们前文所看到的）。19 世纪 30 年代之后遍布法律体系的规则功利主义（rule-utilitarianism）（不管其名称是什么），使这一时期的民法显著区别于之前的

[101] *The Death of Contract*（Colombus，Ohio，1974），p. 99. 甚至是在不存在陪审团问题的衡平法院，有证据显示其也同样有排除事实调查的倾向，例如，当一个信托受托人出售或者以其他方式从使用信托财产中获益，交易公平性的调查也是不被允许的。现代法官对于这种做法又是会感到不满的。See，e. g.，*Boardman* v. *Phipps* [1967] 2 A. C. 46.

[102] *Introductory View to the Rationale of Evidence*，Appendix B，in *Works*，ed. Bowring，vi 182.

民法，同时也使其显著区别于之后的、适用至今的民法。差异反映在密切联系的两个要点之上。首先是人们寻求一些确定原则的倾向，这些原则可以让法官在不太深入调查案件事实的情况下也能够审判大量案件，随之而来的危险是，个别化的判决可能（或者不管怎样都会被看作是）是有害的甚至是不公正的。其次是法院认为法律的威慑或激励功能远比争端解决功能更加重要的倾向。19 世纪中期法律的这两个方面往往都强调法律判决的长期影响、教育和先例价值。例如，如果一个待履行合同被提起了诉讼，那么法官不太可能会问原告是否真的信赖了这个允诺，而很有可能会问有关允诺被信赖的总体趋势，以及影响他们的判决在将来成为先例的有关问题（尽管在当前这个案件中并没有产生实际信赖）。但是因为人们倾向于信赖允诺，因此坚持允诺严守原则，就具有了双重可取性。对法官而言，它把待裁决的问题转换成了法律问题，对民众和未来的法官而言，它传递出了清晰的教育信号。

形式主义的增强恰好与衡平法（Equity）——在衡平法这个词语两个方面的含义上——的衰落同时发生。衡平法院本身在这个时期一开始就进入了衰落期，之后它也从来没有完全恢复过来。这种衰落部分地（如果
393 不是主要地）要归咎于埃尔登勋爵裁判的纯粹偶然性质。埃尔登对于作出终局裁判的不情愿、他无休止拖延的倾向，以及法院事务的普遍增长，使得衡平法院的工作在他担任掌玺大臣的 25 年里几乎停止。但即使是在埃尔登离任之后，情况也并没有得到很大的改善。一个副御前大臣（Vice-Chancellor）的职位被创设出来，并和掌卷法官、法官一起作为法院的常设法官，布鲁厄姆在他任职的四年中，清理了大量的积压案件。但是（正如我们已经指出的），在 1837 年至少有 859 个案件得到了审理，其中的许多案件已经等了好几年了。乔治·斯彭斯先生，一个著名作家和衡平法院的执业律师，在 1839 年就极其严肃地宣称："就目前来看，没有任何一个参加衡平诉讼的人可以合理地期待自己能够活到其诉讼终结之时，如果他有一个坚定的对手的话。"[103] 十年后情况也没有多大的改善。破产法院院长费恩先生（Mr. Commissioner Fane）在 1851 年对下议院一个有关合伙法的特别委员会说，实际上，对于合伙账户的争议问题，几乎不可能从衡平法院

[103] Cited in Bowen, 'Progress in the Administration of Justice during the Victorian Period', p. 529.

得到判决。当委员会的一名成员问这是否意味着一个合伙人可能被另一个合伙人抢劫而没有任何救济的可能性时，院长承认情况的确如此。[104]

事情最终发生了改变，第二个副御前大臣职位被创设出来，破产案件管辖权被移交给了一个新的法院，一个独立的衡平案件上诉法院被设立起来，法院的行政程序得到了改善。另外，衡平法和普通法的相对地位也受到了这个世纪中期法官事实上撤离出衡平法院的影响。于是，等到第一个《司法组织法》（Judicature Act）于 1873 年通过的时候，衡平法已经由于严重瘫痪近 100 年而走向了衰落。

但是，衰落的不仅仅是衡平法院，还有衡平概念本身——衡平是一种怜悯，其以某种模糊的自由裁量形式缓和法律严格的文义，但是一般情况下它与法律共存而无法取代法律。我们之前已经看到，在 18 世纪的绝大部分时间里，衡平观念仍然极其重要，其不仅影响着民法，也影响着刑法。到 19 世纪中期，这些观念都发生了极其深刻的变化。在刑法上，贝卡里亚的观点，在英国经由罗米利（Romilly）和边沁的采纳和 394
传播，最后成为主流。对每一项微不足道的罪行判处死刑，然后通过广泛运用赦免权来缓和其结果的观念，已经消失了。死刑犯罪的数量大大减少，赦免的使用也相应地减少了。事实上，尽管赦免权在剩下的死刑案件中仍然被继续使用，但是干涉正当法律程序的观念逐渐被看作不太可取。[105]

民法也同样受到了这些观念的深刻影响，因为衡平法所确立起来的一套原则已经与普通法的原则一样僵化。正如我们将要看到的，在合同法中，所有关于罚款、没收、抵押和显失公平的合同的古老衡平法规则，都在消减，而且其中一些规则几乎已经完全被抛诸脑后了。在 1876 年其《合同法原则》（*Principles of Contract*）第一版中，波洛克就哀叹说，合同法的作者们将他们自己（除了非常简短地提及衡平法外）局限于普通法，而将其他内容留诸衡平法著作。

---

[104]　*Report* of the Select Committee on Partnership Law,（1851）H. C. *Parliamentary Papers*, xviii. 1, 85-7.

[105]　在 1822 年，对于一份赦免请求书——请求赦免因伤害猎场看守人而被判处死刑的偷猎者，帕默斯顿勋爵（Lord Palmerston）写道："出于私人恩宠和个人感情而反复无常地减轻惩罚是革命时期人们对滥用特权的主要抱怨之一，且这也是违反《权利法案》的。" Jasper Ridley, *Lord Palmerston*, pp. 109-10.

因此，陪审团在普通法诉讼中的式微，也导致了模糊的自由裁量怜悯之来源的缩减。即使是在陪审团作为事实裁决机构得到保留的情况下，普通法法庭也开始越来越多地对陪审团的履职进行指导。例如，以前几乎完全属于陪审团职权范围内的损害赔偿问题开始越来越多地受到司法控制。

现在我必须回到前述有关司法裁判长期影响的重要性上来。想要夸大19世纪中期的法官与今天的法官在这一点上的态度差异，几乎不可能。即使在民法中，1850年的法官也更为关切他的判决对于未来人们行为的影响。包括民法和刑法在内的所有法律的长期影响，被认为远比个案正义的实现要重要。详细检查每一个个案是否完美地实现了正义是不可能的。原则才是最重要的；如果选择了正确的原则，那么就必须适用这些原则，因为这些原则的普遍趋势被认为是会产生出总体正义（justice overall）的，即使在目前的案件中，结果可能看起来极其严苛。法律裁判不能被孤立地看作是
395 确定特定情形下最公平公正的解决办法；必须在整个社会背景中看待每一个判决。从这个角度来看，即使是严苛的判决也在教育人们如何行事中发挥着作用。那些从长远眼光看待问题的人，以及那些对政治经济学或极端功利主义“规律”抱有巨大信心的人，总是能够容忍苛刻的判决，因为他们认为从长远来看，苛刻的判决是利大于弊的。人们常说，帕克财税法官是当时程序技术的坚定支持者，而且他似乎对驳回原告写得很糟糕的诉请感到高兴。如果事实的确如此，那么人们可以合理地认为（鉴于我们知道帕克财税法官的偏好），他认为通过这种方式可以教育律师更仔细地书写他们的诉状。诚然，承受直接惩罚的是不幸的当事人而不是出庭律师；但是这个教训就再也不会被忽视了。客户可能不太会再聘用这名出庭律师；且他的职业声誉可能会遭遇全面下滑。如此，该判决显著的严苛性可以通过这些长期好处而被正当化，用同样的方法可以将短缺时期的高物价正当化，因其是鼓励供应者增加他们的生产所需要的。即使是某个相对复杂的正义理论，就像约翰·斯图尔特·密尔在其《功利主义》中所指出的那样，也是建立在对正义之长期效用的认同基础之上的。

在现代，法律的长期威慑或激励的方面几乎已经完全从民法中消失，甚至在刑法中也大大减弱。一个得到广泛支持的观点认为，在民事案件中，法院的主要职能是根据案件的具体情况实现正义，民法并不关心其在未来的案件中对公众行为的影响。民法的全部领域——从合同法到侵权法、婚姻法、公司法等——都受到了这种态度转变的深刻影响。在婚姻法

中，过去人们普遍认为，法律对配偶的行为有重要影响，例如，如果离婚困难，那么配偶就会付出更大的努力去和睦相处；或者，如果一个男人不被允许和已故妻子的姐妹结婚，那么他和该姐妹就不太可能有不正当的私情；或者，如果不允许有通奸经历的女人监护她的孩子，那么她就不太可能会通奸。同样地，在侵权诉讼中，人们过去常常认为过错责任会鼓励人们更加谨慎行事，与有过失会鼓励人们更加注意他们自己的安全，以及诸如此类的影响。

而在19世纪中期，人们认为合同法长期的威慑或激励效应仍然是非常重要的。人们普遍认为，合同法的主要功能是鼓励人们严守允诺和清偿 396
债务。即使是像约翰·斯图尔特·密尔这样的远见卓识之士也反对这样一种观点，即法律的任务仅仅是在争端发生之后收拾残局。在谈及破产法的改革时，他说：

> 这种学说——即只要法律使债权人拥有了破产者的财产，法律就已经做了它应当被期待所作出的一切——本身就是一种完全不可接受的虚假人道主义。法律的任务是阻止不法行为的发生，而不仅仅是在不法行为发生之后补救其后果。[106]

此外，人们有充分的理由认为法律需要运用其武器库中的每一件武器去鼓励人们遵守法律，尽管可能没有理由让人们相信这些武器真的有效。这种需要部分来自商业事务（从简单地清偿债务到更复杂的大公司账目妥善之保管）中普遍缺乏秩序和社会纪律。在一个现代、有序、有合理纪律的社会中，我们将责任组织（responsible organization）[诸如政府当局、大的甚或小的商行（commercial concerns）、专业人士和他们的事务所，可能也包括大多数普通个人]遵守他们的民事义务、清偿债务和履行合同，视为理所当然之事。当然，对于特定情形下义务是否存在或者其范围是什么，人们还真的存在着争议，同时也的确存在着因错误、疏忽和意外事件而导致义务的履行被忽视、怠慢或推迟的情形，尽管这些情形越少发生，社会就越有秩序和纪律。但是，在不那么有秩序的社会中（如1830年的英国，或者今天的大多数非洲国家），事情是非常不同的。首先，疏忽和错误出

[106] *Principles*, Book V, Chapter IX, Sect. 8.

现的频率更大，因为资料没有得到妥善保管，工作人员训练不足，常常压力过大，并且还要受到那些必须给予优先考虑的“被优待”或“有特权”客户的强求所干扰；其次，故意搪塞极其容易导致故意不履行，事实上，如果不履行的后果不严重或者不迅速出现，那么这两者之间的区别就会非常微弱。如果人们希望某个问题“消失”，且如果司法救济又不足够，那么这个问题可能就真的会消失。

只有在这种背景之下，人们才能够理解19世纪中期的法律。坚持原则是很重要的事情，即使其结果可能从各个方面来看都是严苛或者不公正的。毕竟，社会的竞争体系本身就是建立在这个观念之上的。布拉姆韦
397 尔曾经坦率地谈到过这一点，他强调法律完全没有能力处理每一个个案。1888年在英国科学促进会所发表的一次演讲中，[107] 他以惯常的方式指出，如果每个人都能尽其所能熟练和积极地追求自己的利益，那么社会就会繁荣昌盛：

> 如果人们说受苦的人没有过错却仍遭受贫穷和悲惨的折磨可能存在，那么这是真的。但是这种情况是很少的，且法律是无法区别对等这种情况的。[108]

大概到1888年，布拉姆韦尔发表了一个少数派观点，因为越来越多的人要求法律应该区别对待，如果法律不能区别对待的话，那么整个制度就必须改革。但是在1770年到1870年间，布拉姆韦尔的这个观点肯定会得到普遍赞同。

---

[107] *Economics and Socialism*, published by the Liberty and Property Defence League, 1888.

[108] Ibid., p. 13.

欧洲法与比较法前沿译丛
丛书主编：李 昊

合同自由的兴起与衰落

一部合同思想史

下 册

【英】P.S.阿蒂亚 ◎著
范雪飞 ◎译
林少伟 ◎校

The Rise and Fall of Freedom of Contract

P.S.Atiyah

中国法制出版社
CHINA LEGAL PUBLISHING HOUSE

下册

合同自由时代：1770—1870（二）/ 417

合同自由时代：1770—1870（二）

第十四章　法庭中的合同自由，1770—1870：I 398

第一节　合同法和自由市场

1770 年到 1870 年间合同法一般原则的出现，与自由市场的发展和政治经济学家们的观念密切相关。这一时期见证了人们从对财产法的强调转向了对合同的强调；在合同领域，也发生了从特定关系或特定类型的合同向合同一般原则的转向、从已履行合同（executed contract）向待履行合同的转向。在这个新时代，一本新型著作是律师们的第一需要。他们所需要的著作是，将合同法作为一个整体、阐明合同法的一般原则，并演示如何将这些一般原则用于具体问题的解决。既有的著作不仅缺乏必要的一般性，它们强调程序而非实体，而且也缺乏简明的清晰度，更谈不上有任何文学上的优雅。[1]

我之前提到的约翰·约瑟夫·鲍威尔（J. J. Powell）首次出版于 1790 年的《契约与协议法论》（*Essay upon the Law of Contracts and Agreements*），就试图填补这一空白。鲍威尔对原则的推崇是毋庸置疑的。他将他的著作视作对原则的研究。尽管合同涉及各种各样的关系（在他看来，主要涉及的是财产关系），但是“无论对象存在何种差异，有关这些对象的合同都必须统一地依据自然公平或民事公平诸原则（principles of natural or civil equity）来判定”[2]。他以那个年代的方式继续强调，“所有的推理都必须建立在第一原则（first principles）的基础之上。法律科学性的根源在于其原则，其原则要么来自用于解决纠纷的人造制度（也就是纠纷解决制度），要么来自

[1] See A. B. W. Simpson, ‘Innovation in Nineteenth Century Contract Law’, 91 *Law Q. Rev.* 247, 251-2(1975).

[2] Preface, p. iii.

道德科学（the science of morals）”[3]。在这里，我们也看到了对衡平法新的敌视的端倪。他承认，法律的确需要进行细微修补以适应社会并与时俱进。“但是，”他继续说，“当在法庭上发生争议时，权利应当建立在确定和固定的法律原则之上，而不应建立在衡平法的规则和阐释之上——当适用衡平法时，其一定就是随意和不确定的，其适用范围取决于法官的意志和任
399 性——这对于大众整体利益而言是绝对必要的”[4]。

鲍威尔的《契约与协议法论》在这个变革的时期面世最早，但我们稍后将会看到，它并没有反映出新合同法完全成熟的态样，其重点是待履行合同、意愿和意志论。但是鲍威尔只是长长队伍中的第一个人。紧随其著作之后的分别是 Chitty（1826）、Aiddison（1847）、利克（Leake）（1867）、波洛克（1875）和安森（Anson）（1879）的著作。后两本著作属于本书研究的下一个时期里的著作，而利克的著作差不多面世于这个时期末端，其在 1870 年之前无法产生太大的影响。然而，正如我们将要看到的那样，它尤其在这一点上极具影响力，即它帮助确立了默示合同与准合同之间的区分。但是在某些方面，比早期英国作家的著作更有影响力（部分原因是这些英国作家引用了他的著作）的是波蒂埃的《债法研究》英译本，其在 1806 年出版了两卷本。[5] 波蒂埃对英国法律产生巨大影响的原因之一是，他著书的目的是提炼出合同法的那些一般原则，而这正是现代英国律师所急切寻求的。波蒂埃的著作特别致力于提供一套统一的一般原则体系，其能够适用于整个法国，并能够取代大量地方习惯法，这些地方习惯法仍然阻碍着法国制度与文化的统一。在第一卷的“赞词”（*Éloge*）中，国王法律顾问哀叹法国的法律几乎完全是独断和随意的，且“理性对原则的确立几乎没有任何影响”[6]。这些话得到了译者、英国出庭律师埃文斯（Evans）的响应，他强调了一般法理学（general jurisprudence）的重要性，并对人们重燃对罗马法的兴趣的迹象表示欢迎。毫无疑问，波蒂埃著作的影响

[3] Ibid., p. v.

[4] Ibid., p. x.

[5] 法语版首次出版于 1761 年至 1764 年。

[6] i. 17.

巨大。[7] 它被视为最高权威而受到英国律师的欢迎，而拜尔斯法官（Byles J.）［在他的《汇票法论》（*Bills of Exchange*）中］和贝斯特首席法官还极力赞扬波蒂埃的学识，并强调他的著作在英国可以被当作权威之作。[8] 在 1887 年，凯克威奇法官（Kekewich J.）在 *Foster v. Wheeler* 案 [9] 中指出，教科书中对合同的定义全都是建立在波蒂埃本人所下的定义之上。

第一个表达了这样一种观念的人是波蒂埃，而远非鲍威尔（Powell），即合同在根本上是一种基于当事人意愿的协议，是由他们的意愿创设的法律义务——这基本上就是传入英国法律并于此后持续存在于英国法律上的 400
合同责任理论。后来的英国作家或多或少地都受到了波蒂埃的研究影响，当然，也有越来越多的迹象表明其日益被英国法院所接受。所有这些著作都具有相同特征，即其中心思想是合同法的一般化（*generality*），可以在高度抽象的层面进行事实描述，法律可以无差别地适用于所有类型的合同，而无论合同所涉及的事项是什么。例如，Aiddison 在其出版于 1847 年的《合同法论》（*Treatise*）* 第一版序言中就断言，合同法不是“单纯对实际规则的一种汇集”，而是建立在“普遍法则（universal law）广泛且一般原则的基础之上的”。事实上，他更进一步地认为不仅仅只有英国法律可以被一般化。“合同法的确可以被认为是一种能够适用于所有时代、所有种族、所有地域和所有境况的普遍法则，其建立在由永恒不变的自然理性推导出来的那些伟大的和根本的是非正误原则（principles of right and wrong）之上。”这其实就是一套与政治经济学原则相匹配的原则！到 1867 年利克的著作出版的时候，写一本只讨论合同法一般原则而不讨论特定类型合同的著作是完全可能的。利克将声称这是他著作的优点所在；在前言中，他写道，他的著作只涉及“一般和抽象形式的合同法，而非合同法的具体适用”。

似乎毫无疑问的是，所有这些一般化、用抽象的原则来阐述法律的尝试，都与新政治经济学十分吻合。这是一种适于自由市场的法律，合同的主题内容（subject matter）是什么无关紧要。在这 100 年里，亦即 1770 年

[7] 威廉·琼斯爵士（Sir William Jones）在他 1781 年于伦敦出版的《论寄托法》（*Essay on Bailments*）第 9 页中已经提请英国律师注意波蒂埃的著作，并劝告他们要“一遍又一遍地读”。

[8] See *Cox. v. Troy*（1822）5 B. & A. 474, 481, 106 E. R. 1264, 1266.

[9] （1887）36 Ch. D. 695, 698.

* 该书的英文全称是：*A Treatise on the Law of Contracts*。——译者注

至 1870 年间，一般合同法在很大程度上创建了一套适用于所有合同的规则体系。这里出现了两个极端，第一个极端是有关土地的法律——土地在 18 世纪是社会地位和政治权力的基础，而在 19 世纪土地却变成了一种商品，与其他商品并无二致。例如，利特代尔法官（Littledale J.）在 1829 年表达的这种观点——土地买受人在未占有土地之前就将土地再出售是违反公共政策的——在很大程度上已经被另一种观点所取代了，即土地可以像其他商品一样进行买卖。1877 年，副法官培根（Bacon V. C.）在 *Noble* v. *Edwards* 案[10]中就表达了这个新观点。在该案件中，原告缔结了一份以 21000 英镑的价格购买部分土地的合同，而在还没有取得土地产权转让之前，就将该土地以 33000 英镑的价格进行再出售。他说："一个人炒地皮就意味着他总是想着从中赚取尽可能多的利润。如果他借助自己高超的技能，预见到通
401 过劳动、耕种和改善农场的方法来获得更多的利润，当然如果他能够做到这一点的话，那么他花时间在土地上就是值得的，而其他人从他这里买走土地，只要是基于他们各自的判断，那么无论价款是多少土地都是值这个价的，而不必考虑向原出卖人支付了多少价款。什么是更为普遍的？在这个法庭上这是每天都在发生着的事情。"[11]上诉法院基于技术的理由推翻了该判决，但是没有人质疑对土地的这种新商业态度。

在另一个极端，我们可以将婚姻协议（matrimonial agreement）作为一种具有完全不同社会性质之合同的例子。然而，法院仍然将市场领域的抽象法律适用于这种合同，尽管一些法官对其结果深感不安。在 *Hall* v. *Wright* 案[12]中，原告对被告提起违反婚约之诉，被告承认他曾经允诺要娶她，但辩称说此后他生了重病以至于他（他声称）没有能力结婚。王座法庭和财政署内室法庭产生了分歧，但最终多数法官支持了原告的主张。上诉法院的判决非常明确地反映了被告律师的观点，即婚姻合同是一种特殊的合同，应当与其他合同区别对待。多数法官拒绝了这一观点而认为：被告已经缔约结婚合同，不能履行其允诺的风险应当由他承担。波洛克首席财税法官的这个观点——不能将结婚合同与买卖一匹马或一堆货物置于相同的基础

[10]（1877）5 Ch. D. 378.

[11] At p. 390. See also *Smith* v. *Hughes*（1867）L. R. 6 Q. B. 597，604.

[12]（1858）E. Bl. & E. 746，120 E. R. 688；（1806）E. Bl. & E. 765，120 E. R. 695. 同时参见 *Beachey* v. *Brown*（1860）E. Bl. & E. 796，120 E. R. 706，在该案中，法院认为一名接受了男士求婚（proposal of marriage）的女士，没有义务披露她已经与另一名男士订婚的事实。

之上——被否定了。必须要记住的是，同样是这个波洛克首席财税法官，在 *Egerton* v. *Brownlow* 案[13]中也曾为一种有关公共政策的异见进行辩护，有理由认为在那个问题和这个问题上，他可能比他的同行们更贴近公众和议会的意见。到 1879 年时，下议院对一项废除违反婚约之诉（除非证明有财产损失）[14]的议案表示赞同，尽管直到 1970 年之前这样的改革都没有得到执行。但是在法院，婚姻合同在当时以及后来的许多年仍然受制于市场一般法则（general law of the market）。迟至 1929 年，Lord Atkin——人们普遍认为他是那个时代具有远见卓识的法官——还曾这样说道：就分居协议而言，“合同没有等级之分。分居协议的订立、解释、解除和履行都是建立 402
在与任何值得尊重的商业协议完全相同的原则之上，事实上，它们的性质有时候是相同的”[15]。

到 1870 年时，认为合同法是市场法则的观点至少在英国已经被确立起来了，尽管在美国还需要几年的发展这种观点才能确立。[16]其主要特征之一是其抽象性和缺少特殊性，并试图将所有合同都看作是具有相同一般特征的东西。对于在美国的类似发展，一个美国学者指出，“这种抽象”，

> 并不是人们在批评法律过于抽象时所暗指的那样，说法律是超技术的或不切实际的（虽然法律经常如此）。古典合同法的抽象并非不切实际；它是故意去除特殊性、故意放弃这种诱惑，即以社会政策的名义限制不受拘束的个人自治或者完全的自由市场的诱惑。[17]

事实上，有些人在市场法则的抽象适用中看到的毋庸置疑的优点，这正是一种司法公正的迹象。对合同法确定规则的强调，对这些规则的抽象性质以及它们对于所有的人和所有相关事项适用性的强调，都被看作是规则确定性和可预测性本质的一部分，这与更灵活但更无可预测性的自由

---

[13] （1853）4 H. L. C. 1，10 E. R. 359；*supra*，p. 385.

[14] See White，‘Breach of Promise of Marriage’，10 *Law Q. Rev.* 125（1894）.

[15] *Hyman* v. *Hyman*（1929）A. C. 601，625-6. 但是分居协议必然是双务独占合同（bilateral monopolies）。

[16] 格兰特·吉尔莫在《合同的死亡》（*The Death of Contract*）中，将这种发展追溯至兰代尔（Langdell）出版于 1871 年的《合同法判例集》（*Casebook on Contract*）。尽管他引用了一些英国权威学者的观点，但吉尔莫主要研究的是美国法。

[17] L. Friedman，*Contract Law in America*（Madison and Milwaukee，1965），pp. 20-1.

裁量正义（discretionary justice）相反。[18] 这样，市场规则就等于法治（the Rule of Law）本身。无论现代社会中这种等式所隐含的价值判断可能是什么，历史上这个等式的正确性几乎是毫无疑问的。我之前已经提出法律原则在 18 世纪的重要性，因为它为市场经济的运行提供了一个必要的、可预测的框架。

一般来说，合同法的一般原则和自由市场经济的等同，导致了人们对这种框架的强调，在此框架之内，个人相互之间讨价还价，而对实质正义或公平缺乏兴趣。这样，无疑奠定了古典合同法基础的合同理论模型——正是由于这个原因，所以我们现在才将其称为古典合同法——就是市场的模型。基本上，这种模型具有以下主要特征：第一，当事人相互之间要符
403 合法律术语"一臂之距"（'at arm's length'）* 的要求；[19] 这个术语包含着这样一种观念，即每方当事人都只能依靠他自己的技能和判断行事，彼此都不对对方负有信托义务。在市场中，没有人是他人的守护者（brother's keeper）。第二，当事人之间可以讨价还价或者磋商，他们对交易价格和交易条件讨价还价，发出要约、接受要约、拒绝要约，或者通过反要约与要约达成一致。在要约被接受之前，要约可以被撤回，即使对方已经对要约产生了信赖。任何一方当事人在交易达成之前都不对另一方承担任何义务，因此，沉默不具有拘束力，即使对方的答复是可以期待的情况下亦复如此。第三，任何一方既没有主动向对方提供信息的义务，也没有依赖对方的权利，除非是在最有限的范围内。各方当事人必须研究情况，调查合同有关事项和一般市场情况，评估未来的诸多可能性，依赖他自己的信息来源。他可以接受建议、咨询专家和从第三方购买信息；但如果他不这样做，那么他就要依靠自己的判断并自担风险。市场磋商的唯一限制是，必须不能有欺诈或虚假陈述（misrepresentation），但即使是这样，概念也必须进行狭义解释。表面上看，一个人必须信赖他自己的判断，而非信赖对方

---

[18] See e. g., F. A. Hayek, *The Road to Serfdom*（Chicago, 1944）, pp. 73, 101.

* 意指双方当事人保持一定距离，互不受对方的影响、控制和支配，完全独立。——译者注

[19]《牛津英语词典》（*O. E. D.*）最早给出了该术语的用法，而圣伦纳兹勋爵（Lord St Leonards）的《财产法手册》（*Handy Book of Property Law*）在 1858 年使用了该词，埃尔登勋爵（Lord Eldon）在 1821 年的特纳诉哈维案（*Turner* v. *Harvey*）中也使用了该词，（1821）Jacob 168, 178, 37 E. R. 814, 817-18。

在正常磋商过程中所述。只有一方当事人对事实作出明确声明（categorical statement），对方当事人才有权信赖它，但即使如此，如果该声明并非欺诈，那么对他的救济也要受到限制。第四，当双方达成协议或者一致表示同意时，交易即最终达成。错误和主观意愿（subjective intention）是无关紧要的，除非它们影响到了达成协议所需之“自由”和自愿的同意。协议必须是在“自由”且无“压迫”的情况下所达成的，但是对这些概念必须进行狭义解释，因为它们绝对不能与市场规则相冲突；而在市场上，压力本身就是一种正常现象。不是这些压力，而只有是反常、完全异常的压力，才可以被认为影响到了一方当事人的自由同意或者自由意志，并因此解除他的义务。第五，合同的内容、条款和价格以及其他事项，完全由当事人自行决定。人们假设双方当事人知道他们自己的想法，对于他们自己的需要和境况他们是最佳判断者，他们将自行计算相关的风险和未来的意外，所有这些都会被纳入讨价还价的过程之中。因此，交易的不公平性——价格与标的严重不匹配——是无关紧要的，而交易一旦达成，合同就具有拘束力。“普通律师几乎不承认公平交易原则是一个需要法律单独支持的原则。对他们来说，自由交易就是公平交易。”[20] 第六，拘束力原则上是一个金钱计算问题。各方当事人都受到拘束；他因此必须履行或者为他的不履行承担损害赔偿责任。 404

法院在所有这些问题上的职能，仅为确保程序公平运行：当某个违反义务的行为被指控时，法院是被诉请的裁判员，法院并没有超越这一点的实质性作用。确保交易的公平性、审查一方当事人有没有不正当地利用对方当事人，或者是否凭借其优势交易地位而强行设置不合理的合同条款等，都不是法院分内之事。议价能力的优势性本身就是需要市场去修正的问题。如果在市场上存在着自由竞争，那么在任何情况下，单纯的规模和技能都不应该会带来不正当的好处，因为竞争的力量将确保条款和价格的公平性。从公正感出发为某人创设或强加义务，也不是法院应当干预之事。义务的确定是双方当事人自己的任务。例如，对于一个人从另一个人手中获得的利益，该人不负任何义务，除非他同意偿付；在市场中几乎没有准合同法的空间。此外，市场中也没有多少信赖保护的空间，除非该信赖已经通过交易购得。例如，如果一方当事人从有偿代理人那里购买到咨询意

[20] Devlin, *The Enforcement of Morals*（Oxford, 1965）, p. 47.

见，那么他就有权信赖该建议；或者如果他从卖方处购得了担保，那么他就有权信赖该担保。但是，在市场中，非交易所得之信赖（unbargained-for reliance）由当事人自担其风险。保护这种信赖的唯一正当方法是将其置于侵权法或衡平法之下；但是侵权法和衡平法，与准合同一样，在市场上的作用十分有限。它们的任务很简单，就是防止武力、暴力和彻底的欺诈。

在古典时期，这种合同观念的理论模型逐渐奠定了合同法的一般原则。但是，如果要获得这一时期在此方面的准确情况，就需要注意到三个重要的限制条件。首先，英国法官在以务实的方法伸张正义方面，一直比人们在理论上为其行为所做的正当性论证要更加强大。而英国法官的正义感在某种程度上受制于他对自由市场经济理念的接受程度，但是这种正义感有时候也会反对和拒绝遵循这种理念。只要市场规则激怒了司法良知，即使是在古典时期，人们也总有机会以某种方式实现实质正义，如通过援引衡平法或指出合同中必然包含的适当条款，或者以适当方式查明事实。其次，要牢记先例和法律学说的强大力量。即使在古典法的全盛时期，也曾出现这种情况，即仅仅因为法律的惯性，或者先例的重要性，或者审理重要案
405 件的个别法官的保守性，18 世纪的古老原则也得到了坚持。例如，关于在出售土地的诉讼中拒绝预期损害赔偿的旧规则，以及关于对逾期债务判给利息的旧规则，在整个古典时期都得到了遵守，尽管这些规则并不符合市场法则。最后，我们必须记住制定法的变更贯穿了整个时期。关于这些变更我将在第十六章中详细论述，但是必须注意到，即使是一般合同法逐渐被转换成为市场法则，制定法对市场自由的侵蚀也正在发生着。这些新的制定法如何才能与基于自由市场的合同法原则相协调？答案很大程度上可以在语义技巧中找到。通过简单的定义过程，就可以将制定法的变更从新兴的一般合同法中排除。如果某个制定法对公司、乘客或者工厂，或者对禁止用实物支付工资，或者对消费者保护，作出了特别规定，那么这些制定法的变更就不属于一般合同法的组成部分。它们是特殊的、例外的、异常的，却可能是正当的规则（尽管法官有时候对这些规则也会表示怀疑），但是无论如何，对于议会没有明确规定要适用的案件，这些制定法规则毫无疑问是不允许被用来裁判案件的。弗里德曼（Friedman）曾经很好地描述过美国的类似发展情况：

“纯粹的”合同无视合同事项与人的细节。它不问谁购买和谁出

卖了，什么被购买和出卖了。在合同法中，合同的标的是一只山羊、一匹马、一堆木材、一项股权凭证或者股份，都是不重要的。一旦它是重要的——例如，如果买卖的是海洛因，或者是总督的投票权，或者是一份"E"债券（不可转让的美国政府债券），或者是每小时二十五美分的劳动力——在某种意义上我们所谈论的就不再是纯粹的合同了。在合同法上，当事人是妇女、男人、亚美尼亚裔美国人、公司、政府，或者是教会，都是不重要的。而且，如果一旦它是重要的——如果一方当事人是未成年人，或者如果是小型汽车公司向通用汽车销售商品的交易，或者如果法律服务的销售方碰巧是公司而不是合伙或者个人——我们所谈论的就不再是纯粹的合同了。如果当事人之间的土地关系，仅仅因为涉及土地而被看作是产生了独特的法律问题时，那么这就是土地法或者财产法上的问题，而不是合同问题。[21]

第二节　意志论与私人合同自治

古典合同理论的主要特征之一是倾向于将合同的所有后果都归因于订立合同的当事人意志。正如我已经指出的，在某种意义上这是合同法的重 406
点从部分履行合同向完全待履行合同转移的必然结果。如果现在的责任是根源于协议，或者允诺的交换这一单纯事实，而不是根源于当事人实际所做的任何事情，那么很容易就可推断出义务是纯粹由当事人的意志所创设的。这个观点已经被证明在英国法律上是如此根深蒂固的存在，以至于即使对合同自由受到很多贬损已经习以为常的现代律师，仍然将合同义务由当事人意志或意愿所创设视为理所当然。仍然深受 19 世纪遗产影响的现代律师，认为这两种说法只有很小的差异甚至没有差异，其中一种说法是当事人是自愿进入一项法律赋予特定效果的交易中，另一种说法是这种效果本身是由当事人意志所创设的。而在 19 世纪初，在英国法律理论中这些观念仍然别具一格。

我现在不需要过多地追溯这个问题的历史，只需要回顾一下这些被自然法学家，尤其是格老秀斯和普芬道夫所极力宣扬的观点，他们的观点在 18 世纪的英国尽人皆知，尽管这些观点并没有受到休谟、边沁或者（在这

---

[21] L. Friedman, *Contract Law in America*, p. 20.

一点上）亚当·斯密的青睐。与之相反，波蒂埃却深受这些观点的影响，看起来他的著作可能是将这些观点引入英国法律的最重要媒介。自波蒂埃著作的英译本首次问世以来，合同义务的“意志论”就迅速普及。波蒂埃著作的影响力在某种程度上，可以通过将其与鲍威尔的《契约与协议法论》（出版于 1790 年）以及后来 19 世纪的著作和判例进行比较而看出来。

在鲍威尔的《契约与协议法论》中，有显著的迹象表明意志论的影响日益增大，但同样明显的是，18 世纪的旧观念尚未被取代。例如，鲍威尔对“默示协议”（‘tacit agreements’）进行了大量论述，这是意志论的一个明确标志。在某个地方他甚至将违约损害赔偿义务归因于“贯穿于所有合同、条款和协议的一种默示协议”[22]。同样地，他还将丈夫对被其遗弃的妻子（deserted wife）负有供应生活必需品的义务，归因于丈夫的默示同意，同时他还将非法合同无效的观点也归因于意志论的极端版本，因为这种情况下“人们假定”当事人作出完整且自由的同意，[23] 在非法合同的情况下，这种版本的意志论甚至比 19 世纪的学说更加极端。另外，鲍威尔仍然倾
407 向于将胁迫所订立合同之无效的理由归结为不公平，而非有瑕疵。[24] 此外，我们还看到了这样的观点，即欺诈可能导致合同没有拘束力，因为“同意必须是在对方严格陈述事实的基础之上作出的”[25]。同样，精神病人和未成年人也是推翻合同效力的理由，因为他们是缺乏适当同意的典型形态，[26] 尽管鲍威尔在解释为什么精神病人的让与行为是可撤销而非无效的时候遇到了巨大的困难。[27] 我们看到了这种见解：如果后续的议会法案会导致合同履行不能，那么当事人必须被认为默示同意这个条款，即合同必须继续依法履行[28]——这明显就是最终出现在 19 世纪的合同落空理论中的“默示条款”学说之先驱。

到 19 世纪中期，意志论就已经在英国法律上扎下了根。这种有点神秘的观点已经被人们所接受，即一种义务可以通过某种意志的交流、某种共

[22] *Essay*, i. 136-7.

[23] Ibid., p. 139.

[24] Ibid., p. 165.

[25] Ibid., p. 140.

[26] Iibid., pp. 10-11.

[27] Ibid., pp. 14-20.

[28] Ibid., pp. 444-5. 这个观点也出现在 Paley, *Principles of Moral and Politial Philosophy*, Book III, Chapter V。

同行为而产生出来，即使它只是纯粹的精神生产活动。即使是持实用主义观念的法官——通常他们都非常看重经验而看低理论——也开始用这些术语来谈论问题了。[29]1861 年副御前大臣金德斯利（Kindersley V. C.）对合同之创设（creation of contract）的语言描述，与萨维尼在 1853 年出版的有关合同的著作 [《债法》(*Das Obligationenrecht*) *] 极其相似："当双方都意图做同样的事，并且彼此都将自己的意愿传达给对方以达成协议，并让此协议产生效力的时候，那么一项约定或合同就在当事人双方之间建立起来了。"[30]

到 1870 年，这种说法就已经相当平常了，在其《合同法原则》1876 年的第一版中，波洛克（他向萨维尼致谢）就将其作为合同责任的基础。但是，由于它太过理论化而不能长久存在，或者在其存在期间，也不能太过依赖字面解释。法院的确继续认为合同是当事人意愿所创设并依赖于当事人的意愿，但同时（我们将会看到），他们正在忙于将证明意愿的方法予以客观化。[31] 意愿（Intent）只是口头习语，实质是同意（assent）的外在标志和表现形式。那些过于严格谈论意思一致——合意（consensus ad idem）——的法官被他们的同事取而代之了。[32] 在他著作的第三版中，波洛克将萨维尼移入附录，并强调了信赖因素，而不是"意志或意图的人为类比"。即使在没有实际信赖（或实际利益）的待履行合同中，波洛克现在认为，其责任的基础是，作出允诺的人"已经如此清楚地表达了其意愿，以至于对方当事人信赖他将以某种方式行事"[33]。40 年后，波洛克宣称他已

408

[29] See, e. g., *Pole* v. *Leask*(1863) 33 L. J. Ch. 155, *post*, p. 497; *Dickinson* v. *Dodds* (1876) 2 Ch. D. 463, 472; *Cundy* v. *Lindsay* (1878) 3 App. Cas. 459, 465.

* 该书的全称是《作为当代罗马法一部分的债法》(*Das Obligationenrecht als Theil des heutigen römischen Rechts*)。——译者注

[30] *Haynes* v. *Haynes*(1869) 1 Dr. & Sm. 426, 433, 62 E. R. 442, 445. 比较萨维尼的卢梭式语言 [引用自 Holland, Jurisprudence(Oxford, 1880), p. 190]，他说"一个统一、不可分割的意志整体必定由多个意志联合组成"。

[31] 当然，在法律上并不存在任何非常新的将意愿予以客观化的方法。休谟在他于 1751 年出版的《道德原则研究》(*Enquiry into the Principles of Morals*)(1751)，Sect. III, Part II 中将这看作是根深蒂固的法则（well-established law），并认为"秘密保留"(secret reservations）是"基督教"或者天主教中的概念。

[32] 例如，Brett J. in *Brogden* v. *Metropolitan Rly. Co.* (1877) 2 App. Cas. 666; *Bramwell B. in British and American Telegraph Co.* v. *Colson* (1871) L. R. 6 Ex. 108. See too *Rumsey* v. *N. E. Rly. Co.*(1863) 14 C. B. (N. S.) 596，在该案中，一个故意逃避支付行李费的铁路旅客，由于"默示同意"的原因而被认为有义务支付行李费。

[33] *Principles of Contract*, 3rd edn.(1881) p. 1.

经把对合理期待的保护作为合同责任的基础，但其文章本身强调的是信赖而不仅仅是期待。[34]

古典合同法的核心特征是私人自由选择以自己的方式缔结合同的自治。它的影响力遍布合同法的每一个角落，但是在这里我仅对一些关键领域进行讨论。有必要一开始就强调，自由选择以及这种观念——合同是使当事人的意志发生效力的一种工具——的重要性，对于合同法的功能产生了深远的影响，正如法院所认为的那样。法律的基本功能被逐渐认为是纯粹容许性（facultative）的，且法院的功能仅仅是通过查明当事人已经选择做什么事情来解决争端。这种观点，即法院作为调整权利或者解决争端的平台具有独立作用，与这种新的做法明显矛盾。其结果就是，在合同法与（诸如）侵权法或者推定信托法律之间画出了一条更清晰的界限，因为在侵权法与推定信托法律中，法律及其代理人法院的功能，很明显被认为是解决某个冲突，或者评定双方的诉求。合同法变得像意志法则，一种让私人安排自己事务并寻求国家救助以确保这些安排得到遵守的机制。

合同自由和贸易自由

有一个总是存在巨大困难的领域，即限制贸易的合同、雇员或者销售商不相互竞争的协议，或者几个企业瓜分市场或者固定价格的协议。在所
409 有这些情况下，法院都面临着这样一个根本困境，即合同自由能够被用来摧毁贸易自由，尽管不清楚法院是否真的理解到这个问题本质。在整个这个时期，法院普遍支持部分或“合理”的限制，同时继续宣称他们不支持普遍的限制。在实践中，普遍的限制是罕见的，其结果就是在这段时期里提交到法院的大多数案件中，限制性协议都得到了支持。1808 年的一个案件是个例外，在该案中，埃伦伯勒勋爵（Lord Ellenborough）反对“捆绑销售”（‘tied house’）租约，该租约要求承租人只能出售出租人供应的啤酒，[35] 法院似乎普遍对限制性协议持支持态度，只要这些限制不是很过分或者宽泛得离谱。两个四轮马车经营者之间达成协议，约定双方在每周的不同日

---

[34] *Pollock-Holmes Letters*（Cambridge，1942），ii. 48. 当被霍姆斯追问时，波洛克倾向于把发现合理期待在合同法中之重要性这一功劳归功于惠特利大主教（Archbishop Whately）（他在 1829 年至 1831 年是牛津大学的政治经济学教授）；同上注，第 54 页。波洛克似乎完全忽略了休谟、边沁和亚当·斯密的观点。

[35] *Cooper* v. *Twilbill*（1808）3 Camp. 287n.，170 E. R. 1384.

子里运营，该协议得到了支持，因为它“仅仅是一种便捷的模式，以消除双方对彼此陷于毁灭的担忧”[36]；三家制造商达成的在他们之间瓜分整个英国市场的协议，仅仅被认为是一种部分限制，且是可以强制执行的；[37]一群染工、漂白工和服装师达成的协议公开宣称，他们只接受他们对之享有总括留置权（general lien）的货物，该协议得到了法院的支持，（似乎）主要是因为法院认为对于这些当事人而言，拥有总括留置权无论如何都是完全合理的；[38]一般来说，法院也更加倾向于支持那些要求不与企业的雇员或销售商相竞争的协议。部分原因是法院近来宣布不愿调查此类案件中对价的充分性问题，[39]但也可能是因为法院更加相信合同自由。[40]

在现代，各种限制性协议都被普遍认为可能会引起公共利益与私人利益之间的冲突；而我们也已经看到，这是 18 世纪法律的一个重要特征。营销犯罪以及对垄断和串谋（conspiracy）的敌视都说明人们承认这一潜在冲突，18 世纪的法官毫不犹豫地援引公共利益来谴责这种性质的私人协议。但是在 19 世纪，尤其是在 1830 年左右或之后，出现了许多新的因素。第一个因素也许就是人们对通俗（*popular*）版本的政治经济学的接受度越来越高，人们广泛地认为它说明了公共利益和私人利益之间是存在着某种自然和谐的。现在看来（正如我们已经看到的）这是一种严重的误解。对于 410
垄断和限制性协议对公共利益的违背，亚当·斯密从来没有过任何的怀疑，而如果说他的后继者们较少讨论这个问题，可能是因为这个问题没有多少现实的重要性，而不是因为他们不同意他们导师的观点。

这个时期，尤其是大约从 1800 年到 1870 年的这个时期，（正如我们已经看到的）是英国竞争最激烈的一个时期。一般来说，企业仍然非常小。只有少数企业才敢奢望通过与他人联合起来，在一段时间里获得垄断地位。市场太大且进入市场太容易，但竞争精神却太强，以至于封闭性或限制性协议没有太多幸存机会。人们广泛且通常是有理由地认为，垄断链条是不

[36] *Hearn* v. *Griffin*（1815）2 Chit. 407.

[37] *Wickens* v. *Evans*（1829）3 Y. & J. 318，148 E. R. 1201.

[38] *Kirman* v. *Shawcross*（1794）6 T. R. 14，101 E. R. 410.

[39] *Post*，p. 451.

[40] See，e. g.，*Homer* v. *Ashford*（1825）3 Bing. 322，130 E. R. 537；*Mumford* v. *Gething*（1859）7 C. B.（N.S.）305，141 E. R. 834；*Leather Cloth Co.* v. *Lorsort*（1869）L. R. 9 Eq. 345.

稳定的，并且将因竞争压力而陷入崩溃。在前文所引 *Wickens v. Evans* 案[41]中，三个箱包制造商订立了一份市场瓜分协议，有人认为，如果对此允许的话，那么酿酒商也可能通过类似的协议对整个伦敦酒类市场形成垄断，但是法院的回答却指出了外部竞争力量。“如果伦敦的酿酒商提出订立该协议，人们很快就会发现许多其他酿酒商正在阻止预期结果的发生；结果或许就是，公众可以以更便宜的价格买到他们想要的物品。”[42] 在《谷物法》于 1846 年被废除，英国开始实行完全进口贸易自由政策之后，这一观点自然就变得更加强有力。因为即使整个英国市场可能偶然地被一小撮企业所垄断，也没有东西可以阻止外面的竞争者通过以更低的价格销售进口商品来打破垄断链条。

因此，如果法官在古典时期普遍支持限制贸易的合同，不一定是因为他们不那么敌视垄断，而是因为在当时的经济状况下，这个问题通常就不算严重。但是当时在一个重要领域中这就是（*was*）一个严重问题，此即工人联合体或工会领域。因为这个领域的法律主要是制定法，我将在第十六章论述这个问题，但是我之所以需要在这里提到这个问题，是因为法院在普通法上作出了一个重要判决。在 *Hilton v. Eckersley* 案[43]中，法院面对的是一份由 18 名棉纺工厂主订立的内容丰富的协议；该协议实际上是英国贸易协会的雏形，第一次世界大战之后英国贸易协会在英国工业中占
411 据着统治地位。该协议要求所有成员遵守多数人在工资支付和工作时间等方面的决定，甚至要求成员接受必要时停止全部工作的决定。这个协议当然是雇主联合起来与工人联合体这种新力量作斗争的一种尝试。它唯一的可取之处是它的存续时间限于 12 个月之内。在这个时期，根据 1825 年的法律，工人联合体是被允许存在的，在这个意义上，工人的联合不是一种可以被起诉或受惩罚的罪行。但毫不奇怪的是，没有人想过要通过民事诉讼来强制工人遵守协议中的罢工号召条款，或者其他限制性安排。在本案中，所有人似乎都同意适用于雇主的法律也必须适用于工人。王座法庭的 Lord Campbell 认为，“雇主的自由与工人的自由必须完全对等”[44]。如果该

[41] *Supra*, p. 409, n. 37.

[42] *Per* Hullock B., 3 Y. & J. 330, 148 E. R. 1206.

[43] （1855）6 El. & Bl. 45, 119 E. R. 781, affirmed, 6 El. & Bl. 66, 119 E. R. 789.

[44] 6 El. & Bl. 65-6, 119 E. R. 788-9.

协议被认为具有法律上的可强制执行性，那么法院本应确保工人之间所订立的、要求工人（例如）遵守多数人作出的罢工决定的协议具备强制执行性，而法院并不准备这样做。王座法庭的绝大多数法官，[45] 以及财政署内室法庭（Exchequer Chamber）的全体法官，判决雇主之间的协议作为对贸易的不合理限制，不具有强制执行性。财政署内室法庭的阿尔德松财税法官如是说道：

> 初步而言，一个自由国家的商人，在不违反法律的任何事情上，都有权根据自己的判断和选择来规范自己的行事方式。如果法律对任何事情进行了规范或者限制了他的行事方式，那么该法律必须被遵守。但是除了一般法（general law）外，任何权力都不应当限制个人自由裁量权。但现在，此种义务的义务人已经明确地将自己置于一种被限制的境地。[46]

由此可以很清楚地看出，法官与政治经济学家一样，对市场经济的性质抱持着一种原子论观点（atomistic view）。他们期望个人能够自由地作出决定，无论是工作还是不工作，无论是雇用还是不雇用某个工人。这种自由既是工人的自由也是雇主的自由。人们可以自由地争辩或者说服他们的同事工作或者不工作，但是强迫或者恐吓则不能被容忍。尽管订立这种性质的限制性协议并不是一种刑事犯罪行为，但是这并不意味着它们能够被法院强 412
制执行，无论是针对工人还是针对雇主。然而在实践中，事情毫无疑问并不总是以相同的方式进行着。对于雇主来说，签订这些协议或者其他协议（诸如“麻烦制造者”黑名单）并大体上遵守它们，是一件很容易且并非罕见之事。[47] 当当事人人数较少时，紧紧维持限制性协议的链条总是很容易的。但另一方面，工人联合体却必定难以得到维持。在没有法律制裁的情况下（尽管在实践中工人们是否会从这样的制裁中得到更多的乐趣是存疑的），单个

---

[45] Erle 大法官持异议。基于后来的历史，他的异议理由值得一读。厄尔大法官认为，如果法律拒绝承认这种协议，那么人们可以发现它会以法外的以及不那么可取的方法被执行。厄尔大法官在 1867 年被任命为皇家工会委员会（Royal Commission on Trade Unions）的主席，他比他绝大多数的同事都更加同情工会的诉求。

[46] 6 El. & Bl. 74-5, 1 19 E. R. 792.

[47] E. P. Thompson, *The Making of the English Working Class*, p. 200.

工人走出队伍，接受更低工资或更糟糕工作条件的诱惑，一定是强大的。正是因为工人确实倾向于以这种方式走出队伍，因此罢工和其他限制劳工的做法，在那个时代不像今天一样奏效。但这并不意味着法官和政治经济学家一样，“偏向”雇主而对雇员有偏见。在某种意义上，法官们正在试图按照亚当·斯密的要求行事。虽然阻止雇主的限制性协议在实践中被认为是不可能的，但是法院至少“不会做任何有利于它们的事情，更不会使它们成为一种必要”[48]。那些随意谴责 19 世纪阶级偏见的现代劳工律师，很少注意到现代所依据的观点，即不对工人的限制性协议施加法律控制，这与亚当·斯密所提出的不对雇主施加法律控制的观点一样，即“用任何法律去阻止（它们）都是不可能的，这样的法律或者不能被执行，或者违背自由和正义”[49]。但是与 19 世纪的法官不同，现代劳工律师并没有因此推断出，不应该采取任何措施来促进这些限制性协议，或者使它们成为必要。

合同对第三人的效力

古典合同法与古典经济学一样，有点误入歧途，其中一个方面是没有充分评估某些类型的合同对第三人的效力。对于直接涉及财产权的合同，法院意识到限制合同自由的重要性，以免给后续财产所有权人（subsequent property owner）强加不合理的拘束。例如，在 *Keppel* v. *Bailey* 案[50]中，布鲁厄姆勋爵展示了他在这个问题上的敏锐见解，在这个案件中，他拒绝承认
413 合同缔约当事人有权力在土地上创设出能够拘束后继所有权人的权利。这一方面的进一步发展是在著名的 *Tulk* v. *Moxhay* 案[51]中取得的，该案创立了限制性盖印契据（restrictive covenant）法律，在某种意义上，它使财产的卖方能够从买方得到一份盖印契据，该盖印契据在公告后即对后继买方具有拘束力。在一定程度上，这个案件的判决结果可能有益，因为它为某种有限的私人性质的城镇规划系统（private town-planning system）打开了方便之门；但这些有益的结果很可能是偶然的，且要归功于后继财产让与人和法官的技巧。该判决本身并没有显示出人们对于那些由于合同被认为具有

---

[48] *Wealth of Nations*, Book I, Chapter X.

[49] Ibid.

[50] （1834）2 My. & K. 517, 39 E. R. 1042.

[51] （1848）2 Ph. 774, 41 E. R. 1143.

可对抗财产所权人的强制执行力时所引起的公共问题的重视。对于信托人创设特殊保护性利益（protective interests）的自由，如破产时即终止的生存利益，也可以作出类似遣责。[52] 在这里，法院似乎也非常不愿意承认这个事实，即这些安排的有效性对于第三人具有重大影响——终身受益人（life tenant）的债权人——那些合同外的第三人。在 19 世纪后期，律师们逐渐变得擅长操纵合同法中一些严重损害第三人利益的规则（例如有关销售合同中财产转移规则）。但是，法院似乎从来没有为这些结果感到担忧，甚至没有意识到这种情况下的合同自由对那些第三人具有重大影响。

现代的相对性原则是人们所熟知的现代法规则，即合同不能为第三人赋予权利或者强加义务，但该理论直到 19 世纪晚期才真正为人们所知悉。在某种程度上，1861 年的 *Tweddle v. Atkinson* 案 [53] 的判决是拒绝承认私人合同自治以及否定公平交易观念的最近判决之一。该案涉及一对已订婚情侣的两位父亲之间的协议，新郎的父亲承诺向新郎支付 100 英镑，新娘的父亲承诺向新郎支付 200 英镑。与众不同的是，该协议特别声明，新郎可以在任何普通法院或者衡平法院申请强制执行。然而，当他就此提起诉讼时，法院拒绝支持他，主要是因为他们似乎认为，如果新郎可以起诉他的岳父，且如果他自己的父亲没有支付赠款而又没有被追究责任的话，那么这就是不公平的。"说一个人为了他自己的利益而就合同提起诉讼，他就是合同的一方当事人，为了起诉方的目的而参与诉讼的被起诉方，就不是合同的一方当事人，这种说法是荒谬的。"[54] 414

这个判例当然是现代相对性原则的起点，但这个理论似乎很少归功于法院在 *Tweddle v. Atkinson* 案中的实际推理。就像法律中经常发生的那样，判例变得重要并不是因为法官说了什么，而是因为法律界逐渐相信该案所代表的东西。法律界相信，*Tweddle v. Atkinson* 案所代表的是这样一种主张，即合同应当能够赋予第三人以可强制执行的权利，这在某种程度上违背了合同的固有性质。

人们感到，在一个多边商业关系日益复杂的时代，新的相对性原则在法律上是一个重要发展。各种商业情形下中间商的出现，使各方在交易的

---

[52] See, e. g., *Rockford* v. *Hackman*（1852）9 Hare 475, 68 E. R. 597.

[53] （1861）1 B. & S. 393, 121 E. R. 762.

[54] 1 B. & S. 398, 121 E. R. 764.

任何一端都被分隔开来，人们普遍认为他们之间不存在任何相对性。在经济上，这可能有助于一个有益目的的实现，因为它推动了企业责任这个更加市场化的概念的发展。但是在某些情况下，其结果不仅在经济上是可疑的，而且在社会上也具有灾难性。例如，其在客运法中就引起了许多麻烦，因为在跨大西洋移民船舶运输中，乘客通常是向中间商而非船东购买船票。[55] 结果是当他们没有获得公允的价值（fair value）时，他们就不可能要求船东对所发生的事情负责。

罚款和没收

对私人合同自治的新态度，不可避免地与有关罚款和没收的旧衡平原则难以调和。几个世纪以来，衡平法院（Court of Chancery）一直无视协议和合同明确的罚款与没收条款，理由是它们的效力具有刑事性，其结果是它们会使一方当事人在交易中获得不公平的优势。在 1801 年，埃尔登勋爵对这一管辖权表示遗憾，虽然他事实上同意将拒绝执行刑事条款（penal clause）的权力扩展到普通法院。[56] 厄斯金勋爵（Lord Erskine）在短暂担任掌玺大臣期间，重申了旧态度，[57] 但是在埃尔登重新就任上议院议长（Woolsack）之后不久，他就在 *Hill* v. *Barclay* 案[58] 中判决，关于这一旧规则，即对因未支付租金而没收租赁物的救济规则，不能扩展到其他契约，例如
415 修理契约之违反上。在说明了旧判决的界限之后，埃尔登接着说道，法院“当然不是被授权来这样处理合同的……”，他又补充说，在免除承租人承担其明显违反契约所致后果方面，“法院有着巨大的自由”[59]。

埃尔登的这些话不能归结为他的保守主义，事实上它们代表了新时代的精神，而非 18 世纪的旧态度。[60] 在埃尔登离任掌玺大臣后的许多年里，

---

[55] O. MacDonagh, *A Pattern of Government Growth*: *The Passenger Acts 1800-1860*（London, 1961）, pp. 89, 140.

[56] *Astiey* v. *Weldon*（1801）2 B. & P. 346, 126 E. R. 1318.

[57] *Sanders* v. *Pope*（1806）12 Ves. Jun. 282, 33 E. R. 108. 当然，厄斯金是为人权斗争的辉格党人，他是他那个时代最著名的人权宣扬者。在当时，家长主义仍然是辉格党的标志性政策。

[58] （1811）18 Ves. 56, 34 E. R. 238.

[59] 18 Ves. 62, 34 E. R. 240.

[60] 曼斯菲尔德是第一个期望限制陪审团的免除罚款权力的人，see *Lowe* v. *Peers*（1768）4 Burr. 2225, 98 E. R. 160。

这种新态度盛行起来，[61]并且只有在最极端的情况下，罚款条款才被拒绝强制执行。[62]到了19世纪中期，上议院对于它无法推翻那些赋予法院有免除罚款之权的判例深表遗憾。[63]事实上，并不是没有迹象表明法院实际上赞成对有过错的违约方施以罚款，至少在某些情况下（例如故意违约的情况下）。19世纪上半叶“不可分合同”理论逐渐兴起，其认为没有按照合同正确且完全履行义务的一方当事人，根本无权要求返还任何东西；这个理论在结果上当然就是一种罚款，而且也可能是有意为之。[64]这似乎是一种惩罚仆人和承包商的方法，但19世纪上半叶人们显然已经非常强调社会和商业纪律的必要性。[65]

当然，抵押法极容易受到这些不断变化的合同自由观念的影响。无论如何，这里的规则是众所周知的，即在一般情况下，当事人的意愿不能按照抵押文书的字面含义理解，而应当按衡平原则来理解。习惯做法仍然是以财产让与的形式来书写抵押文件，只是附加了六个月之内的赎回权，如若未能在此期限内付款则没收土地的条款。由于大家都知道该条款在衡平法院那里是无效的，抵押人在逾此特定期间后仍然拥有衡平法上的回赎权，因此这种做法实际上并没有违背双方继续维持衡平原则的意愿。就连布拉姆韦尔勋爵在临终之前，一方面哀叹衡平法院干涉了 416
抵押协议的字面含义，另一方面也不得不承认，现在回到衡平规则上面来已经是不可能的了。[66]

身份关系（Status Relationships）的废弃

人们记得，在较早的法律中，合同责任往往由身份关系而产生。这些

[61] See, e.g., *Green* v. *Price*(1845) 16 M. & W. 346, 153 E. R. 1222 ; *Sainter* v. *Ferguson*(1849) 7 C. B. 716, 137 E. R. 283.

[62] See, e. g. *Kemble* v. *Farren* (1829) 6 Bing. 141, 130 E. R. 1234.

[63] *Ranger* v. *G. W. Rly. Co.*(1854) 5 H. L. C. 72, 10 E. R. 824.

[64] See, e. g., *Spain* v. *Arnott*(1817) 2 Sta. N. P. C. 256, 171 E. R. 638. *Sinclair* v. *Bowles*(1829) 9 B. & C. 92, 109 E. R. 35; *Munro* v. *Batt* (1858) 8 E. & B. 738, 120 E. R. 275. See Glanville Williams, ‘Partial Performance of Entire Contracts’, 57 *Law Q. Rev.*373, 490(1941)，这是一篇很有趣的论文，但是由于作者完全不采取历史研究方法而存在某些缺陷。

[65] 参见另一个准罚款（quasi-penal）的判例，*Sterne* v. *Beck*(1863) 1 De G. J. & Sm. 595, 46 E. R. 236。

[66] *Salt* v. *Marquis of Northampton*[1892]. A. C. 1, 18-19.

关系在英国法律中的典型例子是“公共职业”（‘common callings’）。从中世纪起，普通客栈主人、渡船主、蹄铁匠，以及其他各种各样的人都因其地位而承担许多法律义务。他们没有挑选和选择客户的自由，因为他们有为公众服务的义务。此外，在选择合同条件上面他们只有很少的自由，因为这样的自由将不可避免地使他们对某些顾客提出过高的要求，从而事实上使他们有权拒绝与这些顾客进行交易。他们当然也受到法院的保护以防被他人暴虐对待，但事实依然是他们根本不被认为自己有权按自己的意愿进行交易。的确，在某些情况下，公众也没有另择他家的权利。[67] 自由选择首次受到公众关注的是 1824 年的 *Richardson* v. *Walker* 案，[68] 这使一长串先例都被限缩了。

在 19 世纪，这些身份关系不可避免地显得越来越不恰当。同样不可避免的是，它们最终在很大程度上都被法院正在扩展的合同概念所吞没。在 *Boorman* v. *Brown* 案 [69] 中这个规则被确立起来，即原告不论是基于合同还是基于侵权都可以起诉专业人士或者商业机构，只要他指控他们过失违反义务。如此，从合同关系以及一般法中都能够产生出注意义务的观点得到了承认。没有任何类似于明确允诺要谨慎而为的情况，并没有给法院带来什么麻烦，因为这无疑是最简单的默示问题。在这个过程中，义务的性质发生了重要的变化，因为它一开始被看作是履行“合理注意”义务，运用的自然是客观标准。相反，在前一个世纪，这种关系的双方当事人之间所产生的注意义务往往被看作是一个人要尽最大的努力来履行该义务。一个信任他人（例如受寄托人）的人，被认为只能在受寄托人所实际拥有的注意和技巧的程度上，才有权要求受寄托人履行其注意义务。

417 数年后，法院进一步认为普通客栈主人（以及其他人公共职业人士）的责任，是合同性质而非侵权性质的责任。[70] 法院现在是这样认为的，“如果双方当事人之间存在着某种关系，而这个关系涉及的是其中一方当事人履行特定义务而另一方支付报酬，那么法律就认为，或者陪审团就

[67] 例如，他们可能被迫使用当地的磨坊碾磨他们的玉米。See *Bl. Comm.*, iii. 235; *Cort* v. *Birbeck*（1779）1 Doug. 218, 99 E. R. 143。

[68] （1824）2 B. & C. 827, 107 E. R. 590.

[69] （1844）3 Q. B. 516, 11 Cl. & F. 1, 8 E. R. 1003.

[70] *Morgan* v. *Ravey*（1861）6 H. & N. 265, 158 E. R. 109.

可以推断出，各方当事人都允诺做他应当做的事情”[71]。因此，人们认为，互惠债务（reciprocal obligation）的单纯存在，足以证明将此类案件归为合同案件是合理的。法院将休谟在一个世纪以前所划定的这一条界限，[72]即双方当事人同意实施的行为和他们订立契约的行为之间的界限，弄得模糊不清。

合同权利的绝对性

私人合同自主日益增长的重要性产生的另一个后果是，法院倾向于将缔约当事人的自由选择当作是无与伦比的重要。无论是根据法院自身所发展出来的普通法规则，还是根据明确的合同条款，法院都往往认为一个人不需要为其所作决定之原因向法院负责。例如，一个人有权决定与谁进行交易。这个权利普遍被认为是绝对的，故而即使是最不合理的心血来潮也是不容挑战的。[73]因此，一个人同意向由S和R共同组建的商行租用一辆四轮马车，当S退休后且营业被全部交给R一个人之后，该人就有权取消该合同。[74]首席法官滕特登勋爵（Lord Tenterden C.J.）声称，“由于被告信任S个人，因此被告可能受到诱导才签订此合同”[75]，但这只是对一种可能性的假设，而不是一种已经得到证实的事实。同样地，当一个人在一个他过去经常与之进行交易的店主那里订购商品，而该商品现在由该店主的继任者供应的时候，人们认为买方不必为该商品付款，即使他已经消费了这些商品。[76]买方有权选择与谁进行交易。旧的规则认为一个从事公共职业的人有义务为任何想要与他进行交易的人提供服务，此规则看起来越来越不恰当。

而且，有一些具有高度技术性的判决认为，债权人与主债务人之间的 418
合同哪怕只有最微小的变更，保证责任也可因此而解除。所给出的理由一

[71] 6 H. & N. 276, 158 E. R. 113.

[72] *Supra*, p. 56.

[73] Cf. Emerson's *Esssay on Self-Reliance*（first English edn. 1841, reprinted, London, 1903）, p. 38.“不要期望我说明为什么我要寻找伙伴或者为什么我要排斥伙伴的理由。”

[74] *Robson & Sharpe* v. *Drummond*（1831）2 B. & Ad. 303, 109 E. R. 1156.

[75] 2 B. & Ad. 307, 109 E. R. 1158. See also Humble v. Hunter（1848）12 Q. B. 310, 317, 116 E. R. 885, 887;“你有权从与你订立合同的对方的性格、信用和资产中获得你所期待的利益。”（登曼勋爵语）（Lord Denman）

[76] *Boulton* v. *Jones*（1857）2 H. & N. 564, 157 E. R. 232; see *post*, p. 485.

直都是，保证人有权选择自己应该承担什么责任，应该由他而不是由法院来判断主合同的实质性变更。[77] 同样，买方因为卖方微不足道的违约而拒绝收货的权利——例如，装货晚了一天，甚至装货太快——被认为是绝对的。法院不能停下来问买方为什么要拒绝收货；只要他可能有充分的理由认为卖方违反了合同的要求，就已足够。[78]

一般而言，当面对明确的合同条款时，法院也会采取类似的做法。例如，若当事人同意以双方确定的价格买卖地产，或者同意在价格未达成一致时由双方所指定的中间人确定价格，法院认为如果双方没有就中间人的确定达成一致意见，那么该合同即不能被强制执行。法官问，当一方当事人已经表明他信任对方当事人的情况下，法院怎么能要求该当事人以第三人所确定的价格出售地产呢？[79] 再者，当一个公司的公司章程赋予董事们拒绝登记某项股份转让权利时，法院认为，董事们是判断拒绝登记之理由的唯一裁判者，只要不存在诸如腐败等情况，那么法院根本就不能去查验这些理由。[80]

一个更加有争议的问题涉及的是确证条款（conclusive evidence clause）。在 *Dallman* v. *King* 案[81] 中，一项协议约定承租人应在出租给他的房屋上花费 200 英镑予以改良，而且要以出租人所认可的实质性方式完成此事。法院否定了出租人享有的此项宣称他对所完成的工作不满意的无限权利，并强调协议分为两个部分，一是要求要以实质性的方式完成工作，二是要求出租人予以认可。法院判决说："当事人绝不可能是这样一种意愿，即他（出租人）应当被允许任意决定是否认可承租人所做工作。"[82] 在审理本案的皇家民事法庭（Common Pleas）中，也许贝斯特首席法官的精神仍然存在，因为很难看出帕克财税法官同意此判决。在 1863 年，王座法庭几乎将该案与另一个案件区分开来，在另一个案件中，一名承建商签订了一铺设下水管道的合同，合同要求此项工作必须根据客户的要求"尽可能快地和令

[77] See, e. g., *Holmes* v. *Brunskill*（1877）3 Q. B. D. 495.

[78] *Bowes* v. *Shand*（1877）2 App. Cas. 455.

[79] *Milnes* v. *Gery*（1807）14 Ves. Jun. 400, 33 E. R. 574.

[80] *Re Gresham Life Assurance Society*（1872）L. R. 8 Ch. App. 446.

[81]（1837）4 Bing. N. C. 105, 132 E. R. 729.

[82] 4 Bing. N. C. 109, 132 E. R. 730.

人满意地”完成。[83] 科伯恩首席法官（Cockburn C. J.）指出：“如果一方当事人的意愿是坚持某项约定或条件而另一方当事人的意愿是服从它，那么无论该约定或条件看上去有多不合理和如何地具有压迫性，法院除了充分执行双方商定的条件外，也别无他法。”[84] 419

第三节　待履行合同的兴起

正如我在本书第一部分致力于说明的那样，直至 18 世纪晚期，合同理论在很大程度上仍然建立在这样一种观念的基础之上，即债务是通过接受利益的行为或者合理信赖的行为而产生的；换言之，债务是由人们的行为，而非由他们的纯粹意愿所创设。我也试图证明，到 18 世纪后期，这是如何自然而然地导致合同法在很大程度上就是已履行合同之法律，而非待履行合同之法律。鲍威尔出版于 1790 年的《契约与协议法论》表明，合同法正处于过渡状态。在有些地方，他给合同所下定义，即合同是拘束双方当事人的协议，或者是涉及交互允诺的交易，这与后来司空见惯的合同定义几无差异。[85] 但在另外一些地方，他区分了作为待履行合同的协议与已履行（*executed*）合同，对他而言已履行合同似乎是一种与协议相区别的交易。[86] 对现代读者而言，鲍威尔在一个特别的段落中，似乎将《反欺诈法》所规范之合同的可强制执行性问题，与待履行合同究竟是否有拘束力问题，混为一谈。他这样说道：

> 所以，若有人购买房子或者其他需要付款的交易，但他却既没有付款，也没有支付定金，也没有约定付款日期，该物也并未交付于他；那么这里便不存在买入或者卖出的行为，物品所有权人如果愿意的话，可以将其卖给另一个人；因为这些允诺或者合同被认为是无对价合同（*nuda pacta*），即它们不存在对价或者原因，而只有不会产生任何作用

---

[83] *Stadhard* v. *Lee*（1863）4 B. & S. 364，122 E. R. 138；see also *Andrews* v. *Belfield*（1857）2 C. B.（N. S.）779，140 E. R. 622.

[84] 3 B. & S. 372，122 E. R. 141.

[85] Vol. i，Introduction，pp. vi，vi-vii.

[86] Ibid.，i. 234-5.

的盖印契约本身。[87]

可以认为这一段话证实了我所指出的这个问题，即在这个时期，对价的作用正处于变化之中，合同法正从已履行合同法向待履行合同法过渡。因为鲍威尔在这里所说的，双务盖印契约（mutual covenants）并非一个对价，除非该契约的某个部分已得到履行，这段话似乎完全排除了纯粹的待履行合同；另外，其所举例子表明，鲍威尔所分析的受《反欺诈法》规范
420 的合同（尽管他在这段话中并没有指出这一点），可能也强化了我之前提出的观点，即直到18世纪末，《反欺诈法》都被认为是与已履行合同之一般法相契合的法律，而不是在例外情况下限制待履行合同之可强制执行性的法律。

现在毫无疑问的是，1800年后不久，英国法律和理论上的合同概念改变了其性质，待履行合同成为合同理论之范例（paradigm）。所有合同逐渐被视为是具有合意性的；即使是完全已履行合同（wholly executed contract），或者是即时清结交易（例如在商店买卖物品），也逐渐被认为是基于某个协议或交换允诺（exchange of promise）。同样地，像借款或者其他单务合同，那些从前被认为在一方当事人履行之前没有拘束力的合同，现在开始被认为从一开始就具有拘束力。合同法的焦点从履行转移到了合同“订立”上。事实上，作为一个被“制定”出来的“东西”，合同概念本身就是一个新事物，而且它对律师最初构思合同之方式也不可能不产生影响。这些重大变化对合同法每一个分支的实践方法都产生了深远的影响。关于预期损害赔偿（expectation damages）和独立盖印契约的规则就需要被首先修正，这反过来又促成了减轻损害规则的出现。新理论也要求对价原则发挥新的作用，因为一方当事人就一个完全待履行合同而被起诉开始变得可能，故有必要把这一结果与对价原则协调起来。如此，对待履行合同前所未有的强调也带来了有关预期违约（anticipatory repudiation）的新规则以及新的履约受挫原则。在接下来的部分中，我将尝试勾画出这些变化中最重要的部分，但我并不打算描绘每个分支以及所有合同法原则的变化。本书研究的不是合同法通史，而只是与合同自由概念相关的历史。

从已履行合同到待履行合同的根本转变，似乎与合同自由观念以及

---

[87] Ibid., p. 331. 在 Bl. Comm., ii. 447 有类似的论述。

自由市场经济的出现密切相关。从概念或者理论的角度来看，这种转变似乎是必然的，因为合同成立的时间已经从当事人实施行为之时——利益之获得或者信赖行为成立之时——回退至合同订立之时，这种转变必然导致对合同责任的认知观念从司法强加的责任转变为当事人为自己所创设的责任。

但是，除了这些理论上的变化之外，认为向待履行合同的转变与商业和经济的变化密切相关，其实并不离谱。从某种程度上说，待履行合同是一种私人规划工具。当待履行合同受到法律充分保护时，单纯的期待也是 421
可以信赖的，而且规划也较为容易。现在，在高度不稳定的商业和工业活动中——在前面几章我对此已有过描述，商人们逐渐要求法律对其谨慎的规划进行更大程度的保护，这似乎并不令人惊讶。现在，大量金钱要依靠人们的规划技能；工厂主需要提前订购其棉花供应，这样才可能得到持续不断地供应；基于同样的原因，他也需要提前确保劳动力的供应。再者，当地主考虑在其土地上投资煤炭开采时，他可能需要确保开采时与煤炭运输有关的远期合同的安全。随着进出口商品数量大幅度增加，进出口贸易商人不得不借助于18世纪下半叶到处涌现出来的新经纪人的协助，来规划未来的定期装货。

在有关政府建设合同这个特别的领域中，有证据表明规划、待履行合同以及用协议价格（agreed price）取代“公平”价格或者惯例价格（customary price）的重要性日益增长。在19世纪30年代之前，通常的做法是，对于大型建设项目政府雇用承包商来完成，但却不事先协议确定价格。[88]承包商的测量员对工程的每个项目提出“惯例价格”，而如果政府的测量员不接受这个数字，则将争议提交至法庭或者某个仲裁员。专家证人（professional witness）会先作出不同的估价，法官或者仲裁员再取其某种平均数。很显然，这种程序有着巨大的弊端，因此从19世纪30年代起，政府采取固定价格建设其项目成为普遍做法。此时，大承包商已经出现，他们能够更好地计算出价格并能够承担计算错误的风险；他们和政府都更愿意在固定价格的基础上进行交易。“对于维多利亚时代的中产阶级出资

[88] See Port, ‘The Office of Works and Building Contracts in Early Nineteenth Century England’, 20 *Economic History Rev.* 94(1967).

人来说，想提前知道自己将要花出去多少钱的想法一定是非常强烈的。”[89]显而易见，向固定价格的转变往往也会促使向有拘束力的待履行合同转变。当工作完成之后才基于某种习惯基础计算价格的时候，在工作完成之前人们是不太需要订立有拘束力合同的。现在价格通过协议被固定下来，而这项工作就不得不提前完成。尽管预先协议（advance agreement）的主要目的
422 是消除有关习惯价格或者公平价格的争议，而不是在实际开始工作之前创设一个有拘束力的承诺，但后者是前者自然而然所生之结果。

在法院对合同准时履行的态度方面，人们也可以看到规划的重要性日益增长，因此要求对待履行合同予以更大保护。例如，在18世纪，普通法和衡平法都以它们各自不同的方式说明了其对于合同履行不准时是不以为然的。例如在普通法上，长期存在的规则是，对于债务或者其他法定义务的迟延偿付，无法收取迟延利息，[90]但汇票到期后迟延支付的除外。[91]曼斯菲尔德勋爵，[92]及其弟子布勒法官（Buller J.）[93]已经暗示这条规则有可能被修改。而在19世纪早期诉讼中，当事人曾多次试图说服法院遵循此则暗示。毫无疑问，对于法院拒绝判决当事人就其迟延履行简单商事合同偿付利息之举，新商人深感愤怒，因为这个结果可能会使一个有利可图的合同变得无利可图。例如，在*Gordon* v. *Swan*案[94]中，原告以每吨84英镑的价格出售了150吨铜，应付款之日的6个月之后才获得清偿。仅仅因为他没有接受汇票，原告被认为无权请求对方支付从违约之日到起诉之日期间的数额约为300英镑的利息。在某一两个判例中，贝斯特首席法官显示他想基于某个“默示契约”的拟制来支持支付利息。[95]考察贝斯特首席法官所代表的旧道德在这些方面，相比19世纪更严厉的道德规则而言，是如何更加契合当时商业需要的，是一件颇为有趣之事。在这种新道德中，订立合同是当事人的义务。若一个人没有约定在对方违约时其应当支付利息，那么需要受到责备的人是他自己。

---

[89] Ibid., p. 109.

[90] See, e. g., *Tappenden* v. *Randall*（1801）2 B. & P. 467, 126 E. R. 1388.

[91] *Robinson* v. *Bland*（1762）2 Bur. 1077, 97 E. R. 717，这是曼斯菲尔德的另一个创新。

[92] *Eddowes* v. *Hopkins*（1780）1 Doug. 376, 99 E. R. 242.

[93] See *Walker* v. *Constable*（1798）1 B. & P. 306, 126 E. R. 99.

[94] （1810）12 East 419, 104 E. R. 164.

[95] *Carr* v. *Edwards*（1822）3 Sta. 132, 171 E. R. 798; *Arnott* v. *Redfern*（1826）3 Bing. 353, 130 E. R. 549.

埃伦伯勒首席法官（Ellenborough C.J.）曾反复阻止人们尝试将法律现代化。在一个又一个案件中，他都坚持将能够支付利息的案件局限于仅有的几类，[96] 并严厉斥责那些想采取更自由观点的法官。最后一击是王座法庭在埃伦伯勒首席法官离任之后作出的，他的继任者滕特登勋爵（Lord Tenterden）在 1829 年拒绝跟随皇家民事法庭的贝斯特首席法官的步伐。[97] 423
当上议院的这种意见在 1893 年最终被采纳时，这种法律状态被认为已经如此确定地固定下来了，以至于司法无法对其进行更动。[98] 这样僵化的立场是如此地与商业需要不相符合，以至于对其进行某些修正乃是极为迫切之事，而在一定程度上，这种修正是通过 1833 年《民事诉讼法》（Civil Procedure Act）和 1838 年《裁判法》（Judgments Act）而得到的。

衡平法院也显示出有类似的将准时性当作是合同履行中微不足道之事的倾向。即使对履行合同或者付款不准时约定了明确的罚款或者没收条款，该条款也被认为在衡平法上没有拘束力。但是，在 19 世纪早期的年代里衡平法显示出了比普通法更大的变革灵活性，尽管在某种意义上这两种规范体系都在朝着消除自由裁量权和不可预测性的方向发展。如此，一种新态度出现在了衡平法中，例如，在土地出卖人没有在合理的或者约定的期间内向买受人主张权利的案件中。这类案件的新商业色彩在 19 世纪初的许多判例中都得到了展现。在 *Wright* v. *Howard* 案 [99] 中，出卖人在 14 年中都没有向买受人主张权利，但他现在却申请一份对买受人的强制履行命令。被告的律师抗议说，他的当事人想要在这块土地上建设一个商业设施，而现在做这事已经太晚了。他说，

> 假如，想将自己全部财产投入到这项事业的被告，是被诱导进入这一交易之中的，但他后来却发现出卖人不能让他取得对土地的占有，那么法院是否会基于这样一种原则——即订立了此合同的被告，已经放弃了用他的钱做生意的所有念头——行事？他是否会让自己的钱在此期间都保持原封不动，就因为在 12 年之后出卖人可以通过其在此

[96] *Chalie* v. *Duke of York*（1806）6 Esp. 45，170 E. R. 826；*Gordon*v. *Swan*，*supra*，n. 94；Carlton v. Bragg（1812）15 East 223，104 E. R. 828；*De Havilland* v. *Bowerbank*（1807）1 Camp. 50，170 E. R. 872.

[97] *Page* v. *Newman*（1829）9 B. & C. 378，109 E. R. 140.

[98] *London Chatham & Dover Rly. Co.* v. *S. E. Rly. Co.*[1893] A. C. 429.

[99] （1823）1 Sim. & St. 190，57 E. R. 76.

期间的一些行为而让被告取得产权？[100]

不久之后，法院开始认为如果出卖人没有被指控不正当迟延，那么他就必须马上提起强制履行的诉讼。在 *Watson* v. *Reid* 案[101]中，一个出卖人等了一年之后才提起诉讼，而这被认为时间拖得过久了。他的律师，无疑更习惯于法院早期——当埃尔登而非布鲁厄姆担任上议院议长之时——悠闲的做法，徒劳无功地抗议说："到目前为止，从来没有人认为如果出卖人没
424 有立即提起诉讼，而是等了 9 个月或者 10 个月之后才提起诉讼，那么他就会失去向衡平法院寻求救济的权利。"[102]

这些判决中最有趣的一点是，它显示出了人们对机会成本的观念越来越重视。在政治经济学家们自身对机会成本提出任何理论之前，商人和律师逐渐意识到资本闲置是一种成本、一种机会的失去。债务人未付款对债权人而言是一种成本，因为它剥夺了债权人运用这些资金的机会；对于买受人拒绝接受土地让与，出卖人没有立即提出诉讼对买受人而言也是一种成本，因为这可能使买受人的资金处于流动或者未投资的状态。

预期损害赔偿与独立盖印契约的规则

我们已经看到，直到 18 世纪晚期，违反一个完全待履行合同被判赔偿预期损害是如何之罕见。而事实上，在土地买卖合同案件中，预期损害赔偿已被明确否定了。我也已经讨论过早期的规则——其将相互允诺（mutual promises）看作是相互独立的允诺——与拒绝救济待履行合同紧密相关。在 18 世纪的最后 30 年里，这些规则发生了彻底的转变。关于非独立允诺和独立允诺（或者盖印契约）规则的这一转变，是众所周知的，而且可以通过追溯自 1773 年 *Kingston* v. *Preston* 案[103]以来的许多判例来查明这一转变。在该案中，曼斯菲尔德勋爵首先阐述了这一原则，即当事人的意愿决定了相互允诺是独立的还是非独立的。显而易见的是，若将允诺看作是独立的，那么合同的整个目的就会落空，因此允诺就必然是非独立的。

[100] 1 Sim. & St. 200, 57 E. R. 80-1.

[101] （1830）1 Russ. & M. 236, 39 E. R. 91.

[102] See also *Walker* v. *Jeffreys*（1842）1 Hare 341, 66 E. R. 1064. 比较 *Shepherd* v. *Johnson*（1802）2 East 211, 102 E. R. 349，在本案中，法院认为被告不能抱怨原告迟延对其提起诉讼。

[103] 2 Doug. 691, 99 E. R. 437.

在该世纪末的一系列判例中，肯扬勋爵采纳并扩展了这个原则，这实际上是颠覆了最初的立场，而认为允诺一般都应当被理解为是相互依存的，除非其中一个允诺是必须要首先履行的。[104]

似乎可以肯定的是，这种学说上的变化是伴随着，以及也许是由于损害赔偿规则的类似变化所引起的。法院开始逐渐认为，原告现在不能请求被告赔偿后者的全部履行价值——这似乎是普通法上的最初规则（正如我们在本书第一部分所看到的），而只有权就两个允诺之间的差额提起诉讼。这种变化一定与减轻损失规则变得日益重要有着密切关联。 425

由于直到 18 世纪晚期，损害赔偿问题仍然几乎完全是由陪审团所处理的问题，所以对于减轻损失规则的起源人们还不是很确定。但是该规则在其早期发展过程中，看似经历了几个不同的阶段。在最早的时期，当时原告仍然被认为有权对被告允诺之全部价值提起诉讼，损失减轻问题根本就不可能出现。在这种情况下，原告仍然有义务履行他自己的允诺，而且没有义务去减轻损失。事实上，如果他试图减轻损失（例如，通过向其他人出售被告拒绝接受的商品），那么他可能会让自己无法履行义务，并可能完全失去获得赔偿的权利。在减轻损失规则的发展过程中，第一步是允许（*permitted*）原告在其他地方寻求履行成果，然后就其不足部分提起诉讼。正如我之前所解释的那样，正是这一发展首先打开了通向现代意义上的预期损害赔偿的大门。下一阶段（虽然发展阶段完全是推测出来的）很有可能是承认陪审团有权基于类似的理由——即使原告没有减轻他的损失，但是陪审团认为他应该已经减轻了他的损失——判给损害赔偿。最后的阶段是此规则的发展，即作为一个法律问题，原告人必须（*must*）减轻他的损失，而陪审团必须（*must*）且只能判决被告赔偿原告虽已减轻但仍然遭受到的损害。这些规则很晚时才被确定下来，但至少很清楚的是，在 19 世纪初，在没有交货或者迟延交货的诉讼中，法院判给了预期损害赔偿。[105]

另一个突破是 1824 年的 *Gainsford* v. *Carroll* 案，[106] 它首次承认了货物销

[104] *Goodisson* v. *Nunn*（1792）4 T. R. 761，100 E. R. 1288；*Glazebrook* v. *Woodrow*（1799）8 T. R. 366，101 E. R. 1436；*Morton* v. *Lamb*（1797）7 T. R. 125，101 E. R. 890.

[105] *Shepherd* v. *Johnson*（1802）2 East 211，102 E.R. 349；*McArthur* v. *Seaforth*（1810）2 Taunt. 257，127 E.R. 1076.

[106]（1824）2 B. & C. 624，107 E. R. 516.

售合同中的市场价格规则，在该案中，法官认为在卖方交付一定数量的熏肉时有违约的话，买方就应该立即进入市场购买必要数量的熏肉；但由于他没有这样做，所以对于此后市场价格的上涨给其造成的损失，他就不能获得赔偿。他只能要求赔偿合同订立当日之货物价格，与违约当日货物的市场价格之间的差额。然而，在原告必须减轻其损失的原则被法律一般化之前，中间还有很长的一段路要走。例如在海运合同中，这个规则很晚才得到采用。正如《麦格雷戈论损害赔偿》（McGregor on *Damages*）[107]中所指
426 出的那样，长期以来，人们倾向于认为，对违约托运人之损害赔偿的正常衡量标准是全额运费减去船东因被告违约而实际（*actually*）赚得的任何款项，而不是全额运费减去原告通过在市场上寻找替代货物而理应（*ought*）获得的所有款项。直到1858年，马丁财税法官（Martin B.）才质疑违约当事人是否有权这样说："我不会赔偿因我违约而给你造成的损害，因为你应当为了减轻我的损失而做些什么。"[108]

我认为这仍然是原来普通法观点的残存物，即违约损害赔偿代表着被告履行之全部价值，原告仍有义务履行其自身的义务，尽管如果托运人未能在正确的时间装载货物，原告如何履行其应负的合同义务根本不明确。然而，到19世纪中期，减轻损失规则已经在绝大部分合同法中都普遍确立起来了。例如，1849年确立了这样一项规则，即被解雇的雇员有义务通过在其他地方寻找工作来减轻其损失，且只能对其工资或者薪金的差额要求损害赔偿。[109]该世纪中期之后不久的两个判决则确立了现代减轻损失原则的另外两个要点。首先，*Cort* v. *Ambergate Rly. Co.* 案[110]的判决认为，当一方当事人明确表示不履行其义务时，另一方当事人可以解除合同而不必向对方正式提出履行合同的请求。在该案中，购买出卖人所制造之商品的买受人——这是一个完全待履行合同——明确表示他不会接受货物，出卖人因此可以起诉他，即使出卖人还根本没有制造该商品。出卖人被认为有权请求损害赔偿；人们将会看到，这一判决涉及的是对最纯粹期待的保护。原告有权要求赔偿其预期的工作利润损失，即使该工作他过去从未完成、

[107] London，1972，13th edn.，Sect. 25，n. 13.

[108] *Smith* v. *M'Guire*（1858）3 H. & N. 554，567，157 E. R. 589，595.

[109] *Beckham* v. *Drake*（1849）2 H. L. C. 579，9 E. R. 1213，特别是在第607页、第608页以及第1223页的各部分论述中（Erle J.）。

[110]（1851）17 Q. B. 127，117 E. R. 1229.

现在也根本不会完成。当然，他可能会因信赖合同而产生支出，但是他要求损害赔偿的权利并不依赖于对任何此类信赖的证明。而就买受人而言，他在没有获得任何实际利益的情况下仍然必须赔偿损失。

第二个是 *Hochster* v. *De la Tour* 案[111]的判决，在该案中，法院首次认为，原告可以在被告拒绝履行合同（repudiation of contract）时立即提起诉讼，即使拒绝履行和诉讼都发生在合同所约定的履行期限届满之前。无论是支持还是反对此种规则，都是具有政策性质的争论，[112]但就目前本书的研究而言，这一判决的有趣之处在于它阐明了 1853 年司法对于合同的认知。该判决在某种意义上是待履行合同的典范。它不仅创造了一种先于合同任何履行行为的权利，甚至还创设了可以在合同约定的履行期限届满之前就可以起诉并请求赔偿损失的权利。这里所发生的情况是，法院把合同概念化为某种被“制造出来”的东西——“在当事人之间存在着一种关系”，Campbell 首席法官（C. J.）[113]说道——而如果这个东西在履行之前就能够被“制造出来”，那么其也应当可以在履行之前被“打破”。待履行合同已被具体化，就如同是一个先制造出来然后再被打破的盒子。[114]无论是基于什么样的政策理由为该判决辩护，都很难将它与允诺性责任理论调和起来。正如凯利首席财税法官（Kelly C. B.）在 *Frost* v. *Knight* 案[115]中所说的那样，“事实上，清楚且无可争辩的是，一个男人作出的在他父亲死后与一个女人结婚的允诺，当他父亲还活着的时候，是不会且不可能被打破的”。 427

对待履行合同给予越来越多的保护，以及必然与之相一致的越来越愿意给予预期损害赔偿，都与 *Flureau* v. *Thornhill* 案[116]所确立的旧规则不相符，因为在该案中，预期损害赔偿在土地买卖合同违约中已被否定了。在整个 19 世纪，此规则越来越受到攻击是不足为奇的。在 *Hopkins* v. *Grazebrook*

---

[111]　（1853）2 E. & B. 678，118 E. R. 922.

[112]　See G. H. Treitel，*Law of Contract*，4th edn.（London，1975），pp. 580-1.

[113]　In *Hochster* v. *De La Tour* 2 E. & B. 689，118 E. R. 926.

[114]　另一个合同具体化的例子，参见 *Lumley* v. *Guy*（1853）2 E. & B. 216，118 E. R. 749。在该案中，法院将待履行合同扩展至违法说服某个雇员违约的侵权行为。

[115]　（1870）L. R. 5 Ex. 322，326-7；但是该案判决后来被推翻了且被告要承担责任：（1872）L. R. 7 Ex. 111。

[116]　（1776）2 W. Bl. 1078，98 E. R. 635.

案[117]这一较早的判例中，其基于这个原因而与前述规则区分开来：已经签订了购买土地合同的被告，在他有机会审查土地产权之前，他就已经将该地转卖。因为这一过失，他被认为必须赔偿买方的交易损失。但另一方面，在 *Walker* v. *Moore* 案[118]中，原告本人在查明产权之前就签订了土地转卖合同，他被认为不能就其交易损失请求损害赔偿。这似乎是旧传统在新背景下占据主导地位的明显例子，因为这里的整个交易显然都具有商业性，原告先买了一块土地，然后立即转卖其中的一部分而获取丰厚的利润。正是在这个判例中，利特代尔法官（之前我已经提到过）对此发表评论说，一个人在受让产权之前就转售土地是违反法律政策的，这种观点与把土地当
428 作一种普通商品的做法格格不入。

到 19 世纪中期，由于判给预期损害赔偿金的一般规则已被很好地确立起来了，因此 *Flureau* v. *Thornhill* 案所确立的规则的反常性变得比以往任何时候都更加明显。虽然这个规则在 *Pounsett* v. *Taylor* 案[119]和 *Engel* v. *Fitch* 案[120]中受到了正面的挑战，但是在这两个案件中，法院都认识到这个规则已经被确立得足够好了，因此不应推翻它。最后，上议院在 *Bain* v. *Fothergi* 案[121]中确认了这一规则，在该案中，人们尝试为该规则找到一个合理的依据，同时该规则还被认为适用于所有情形，无论出卖人在转卖时是否已经获得了产权让与。如此，*Hopkins* v. *Grazebrook* 案基本上就被否定了。

很显然，大部分这些进展都代表着对纯粹预期利益保护的巨大提升。正如休谟、亚当·斯密和边沁所主张的那样，承诺的拘束性将逐渐取决于这样一种观念，即由允诺所产生的期待有权得到保护。事实上，边沁因为律师们拒绝承认这一原则，而用他的惯常风格嘲笑律师们。他指责说，“在他们的词语中，几乎是找不到期待一词的；在他们的工作中几乎找不到基于这个原则的观点。毫无疑问，他们在很多情况下都是遵循了这一原则的，但这是出于本能，而不是出于理性。如果他们知道它的极端重要性，那么

[117]（1826）6 B. & C. 31，108 E. R. 364.

[118]（1829）10 B. & C. 416，109 E. R. 504.

[119]（1856）17 C. B. 660，139 E. R. 1235.

[120]（1868）L. R. 3 Q. B. 314，该判例后来在（1869）L. R. 4 Q. B. 659 中得到了重申。

[121]（1874）L. R. 7 H. L. 158.

他们是绝不会忘记给它命名的"[122]。但是，尽管休谟、亚当·斯密和边沁都赞同在正当化允诺的拘束性上，期待是颇具重要性的，但是他们也都同意，较之于基于既有权利的，尤其是基于既有财产权的期待，单纯期待的重要性相对而言较弱一些。例如，休谟和亚当·斯密都指出，由财产权利所产生的期待比由从未曾占有过东西中所产生出的期待，更值得保护。[123] 较之于剥夺某人对他已经占有的且他期待持续拥有的东西而言，剥夺某人从未期待得到的东西，就是一个不那么严重的错误，因而也不值得对它进行过多保护。

19 世纪中期合同理论中所发生的最奇特之事是，合同在任何情况下都逐渐被当作期待权（expectation-rights）而受到保护，而不仅仅是在涉及纯粹待履行合同的情况下。待履行合同理论——或者意志论——逐渐吞噬了部分已履行合同，甚至完全已履行合同，这是法律理论中最奇特的发展 429
之一。律师们开始认为，即使是对于部分已履行合同，当事人之所以也要承担责任，不是因为他获益了，也不是因为原告已经信赖他，而是因为他已经作出允诺了。因此，借钱的人有偿还这笔钱的义务，不是因为他已经从中获益了，也不是因为出借人在此中失去了利益，而是因为借款人允诺要还款。当完全已履行合同——钱货即时清结——逐渐被视为是一项协议（*agreement*）或者允诺交换时，这种发展就向前更进一步了。例如，直到今天，普通法律师仍然把商店中的现金交易看作是一项允诺的交换，而不是一项钱货交换。意志论的这种极端扩展的显著方面是，它把纯粹的期待看作是有权获得与实际财产相同之保护的东西。一项期待的"失去"——只有在这一词语的引申意义上它才是一项损失——逐渐被认为是一个真正的、当下的损失。简言之，拥有一只鸡蛋的原告有权要求被视为拥有一只鸡。现在人们很容易就可以理解，为什么合同在一开始就具有"拘束力"的观念开始显得如此重要和真实。

但同时，这里面还有一个捉摸不定的东西。因为，即使待履行合同被看作是有"拘束力"的，即使单纯的期待也受到了保护，而预期损害

---

[122] *Principles of the Civil Code*, *Works*, Bowring ed., i. 308.

[123] Hume, *Treatise*, Book Ill, Part Il, Sect. I; Adam Smith, *Lectures on Jurisprudence*, ed. Meek, Raphael, and Stein, pp. 87-8; Bentham, *Principles of the Civil Code*. 然而，对于律师们常常混淆合同与处分，边沁的确提出了批判，see *Works*, ed. Bowring, iii. 191-2, and also *Collected Works*, *Of Laws in General*（London, 1970）, pp. 23-5。

赔偿的新规则却只保护原告对净利润的期待。因为受允诺人现在一般无权要求被告全面履行合同，即使他已经履行了自己的义务，在当时以及现在待履行合同只具有偶然拘束力这一点仍然具有重要意义。只有在这种情况下，即受允诺人期待从该交易中获利，而该获利是在对方违约时他在其他地方所不能得到的，待履行合同才具有拘束力。在实践中，这个规则意味着大量合同是定期订立的，只要它们仍然是完全待履行合同，在任何意义上它们都是没有“拘束力”的。只要市场价格保持不变，只要交易的双方当事人都有足够的供给和需求，那么以市场价格出售商品的协议实际上就没有拘束力。因为在这种情况下，一方当事人违约会让另一方当事人自由地进入市场，并在该市场进行买卖交易。只要第二笔买卖没有额外的和可确定的费用（总的来说，英国法官总是吝于调查这些费用），第一份合同就可以不受惩罚地被违反，或者其所承担无名无实的损害赔偿责任。所有其他合同均是如此，而不仅仅是货物买卖合同才如此。只要存在着充分的市场（工资相当），雇主就可以在其中找到替
430 代雇员，而雇员也可以找到替代工作，故而一个待履行的运输合同实际上也是没有拘束力的，只要船东和货主能够以相当的运价率找到替代货物或者船舶。多年来，普通法律师对于这样的观念已经习以为常了，即，除非发生了可以提起诉讼的损害，否则过错侵权行为中的“注意义务”是一种毫无意义的拟制；但是人们并没有普遍认识到对于待履行合同的履行义务在很大程度上也同样是成立的。

因此实际上，待履行合同的拘束力所保护的并不是对履行的期待，而是对利润的期待；其所保护的甚至是，受允诺人所期待获得的但却不能从其他地方获得的利润。直到 19 世纪末，霍姆斯法官才表达了类似的观点，他说合同只是一项有条件的或者履行或者支付损害赔偿金的债务。[124] 这种进路（approach）在当时以及之后都没有赢得多少支持。例如，波洛克即指出，霍姆斯的提法并没有解释清楚法院判决强制履行的可能性，也没有解释清楚其他各种被认定为是违约所导致的侵权行为的法律规则。[125] 然而，波洛克和大多数律师忽视了理论上的概念化与特定案例事实之间的

[124] See *The Common Law*（Boston, 1881, reprinted, 1949）, pp. 299-300 ; see also 'The Path of the Law', 10 *Harvard Law Rev.* 457（1897）.

[125] *Pollock-Holmes*（原文误写为 Homes——译者注）*Letters*, i. 79-80, ii. 201, 233。

区别。事实上，许多待履行合同在这个意义上（*in the sense*）并不具有拘束力，即在案件的特定情况下，并不存在颁布强制履行命令的可能性，也不存在第三人的干预。如果像霍姆斯法官所认为的那样，要像“坏人”那样看待这个问题，那么我们可以设想一个这样的人（与其说他“坏”，不如说他务实），他正在向他的律师咨询作为一个待履行合同的结果，他处于一个什么样的地位。他的律师可能回答说：“当然，你签订的合同是有拘束力的，你必须履行它。”如果这个“坏人”或者“务实之人”问道：“但是如果我不履行会产生什么后果？”律师可能回答说：“那这要看情况。”然后他会解释说，当他告诉他的客户“必须”履行合同时，他并不是说如果客户不这样做就会遭受任何刑事处罚；可能发生的最坏情况是客户要承担损害赔偿责任。如果客户继续问“要赔多少钱？”律师将不得不解释，这取决于合同是否仍然是完全待履行合同，如果是，那么要取决于现在市场状况如何，或者在违约之日的市场状况如何。如果市场价格没有变化，如果双方的供给和需求均充足，那么客户很快就会意识到自己实际上可以不履行合同，且没有受到惩罚的风险。他的律师可能会坚持说他在法律上 431
是受到“拘束的”，而且在道德上他应当履行；但是务实的客户是能够理解现实的。

现在，对于我所描述的这些情况下有关“拘束性”的意义，我不想在这里更深地陷入对其哲学问题或者理论问题的探讨。我更关心的是让读者知晓，按照这些路径发展起来的法律，是有坚实的历史原因的。这些原因本质上根源于法律的教育功能，在那时法律和道德都被视为用以确定私人行为规则的规范。今天很少有律师会认为合同法有多少（如果有的话）指导人们如何行事的功能；但是在 19 世纪，情况却大不相同。信守允诺、严守合同、忠于诺言是 19 世纪生活中最重要的行为准则。很明显，如果这些规则所传递的信息受到现实要求的限定，那么它就会被显著削弱。这并不一定意味着律师和法官在宣扬这些受到了很大限制的行为规则时是伪善的。因为事实上，律师和法官们自己是十分相信这些规则的。虽然他们一定意识到了实践对于这些规则的限制，但是他们自己的概念进程（conceptual processes）使他们在向民众宣扬这些规则时所使用的是规则的简化版本。几乎所有人都逐渐接受了待履行合同具有“拘束性”的观念；它只具有偶然的拘束力的事实反面则被遗忘了。

现在我将继续重点研究 19 世纪合同法从已履行合同向待履行合同转

移所产生之后果。

损害赔偿法的进一步发展

在整个这个时期的下半段，即从 1820 年到 1870 年，法院正在忙于发展新的违约损害赔偿法。囿于篇幅，在这里我无法对这个问题进行详细研究，仅需指出这一点就足够了，即哪怕在已履行合同或者部分已履行合同的情况下，法院也倾向于将损害赔偿规则当作是按当事人自己之意愿来处理。*Hadley v. Baxendale* 案[126]作为先例援引的例案，提出了这样一个观点，即损害赔偿只有在落入合同订立时“当事人意愿”之范围内才是损害赔偿。此案判决的重要性可能主要在于这种限制，即要对合同违约方进
432 行责任限制，[127]以及在于这一事实，即这种责任限制现在是由法院而非陪审团来确定。但是引入可预见性概念并将其作为确定合同违约方责任范围的关键因素，这并没有什么特别奇怪的。首先，波蒂埃在《债法研究》中已经提出了类似的观点，而且比较他的措辞与法院在 *Hadley v. Baxendale* 案中使用的措辞，可以发现法院存在着借用波蒂埃措辞的可能性。[128]而更宽泛而言，一个人要为自己行为可预见的后果承担责任的观念，是功利主义哲学的一个重要的或许还是必不可少的组成部分。如果一项行为的道德性取决于其增加或者减少人类幸福的后果，那么在判断此行为的可取性（desirability）时，显然有必要考虑该行为可预见到的后果。1835 年，约翰·斯图亚特·密尔坚决认为这是一个事实，即许多行为的后果都是可以预见的，且“人类的整个生活过程都是建立在这一事实之上的”。他接着说道，“最普通的人都是按照谨慎原则生活着的，而该原则建立在预见后果的基础之上”[129]。

---

[126] （1854）9 Ex. 341，156 E.R. 145. 参见对该例案及其背景进行了杰出历史研究的著作：Richard A. Danzig，‘*Hadley v. Baxendale*：A Study in the Industrialization of the Law’，4 *J. Legal Studies* 249（1975）。这个案件最精彩的讽刺之一是，作为被告的巴克森代尔（Baxendale）习惯于在他的营业场所张贴关于守时重要性的布告。关于其中的一些布告，参见 Samuel Smiles，*Thrift*（London，1903），pp. 172-3。

[127] See Charles T. McCormick，*Law of Damages*（St. Paul，Minnesota，1935），pp. 564-5.

[128] See A. W. B. Simpson，‘Innovation in Nineteenth Century Contract Law’，91 *Law Q Rev.* 247，274-7（1975）.

[129] See Mill’s review of Sedgwick’s *Discourse*，first published in 1835，reprinted in the Toronto edn. of *Collected Works of John Stuart Mill*，x. 33，at pp. 63-6.

但是，还有一个问题被英国司法界普遍遗忘了，尽管关于 *Hadley v. Baxendale* 案的著作颇多。当一个合同或者交易以某种方式失败了，可能会导致一方当事人或者对方当事人遭受许多损失，其中部分或者全部损失或多或少都是可以预见的。如果他们事实上已经预见到了这种可能性，那么在确定交易条件时，各方当事人可能甚至很可能已经考虑到了发生这种风险的可能性。当然，古典经济学理论很容易就假定这是事情的正常情况。事实上，古典经济学家可能会更进一步坚持认为事实肯定是这样，而不需要对这些问题进行事实调查，即其后果是否在事实上是可以预见到的，其后果是否是达成交易条件的一部分。但是在实践中，很多情况下这些后果是不太可能会影响交易的。例如，在诸如 *Hadley v. Baxendale* 等案件中，所请求赔偿的损害是由迟延履行所造成的，而承运人是不太可能会知道可能的迟延后果的，而且也极不可能将其计算进运费之中。即使货主告知了承运人的代理人或者雇员运输速度的重要性，或者以其他方式向他们表明了迟延可能给他造成的损失，对于承运人这样的商业组织而言，实际情况却是，这样的信息不太可能会影响到交易条件。这些信息可能提供给一个纯粹的职员或者雇员，而他们在交易条件的磋商中并没有扮演什么角色；事 433
实上，这些条件很可能是承运人根据货物的重量或者体积或者数量的某些普通运价所确定的，因为每个合同确定单独的运价通常是不切实际的。

似乎正是由于这些原因，所以在这整个时期，法院往往都极其严格地限制运输迟延情形下的损害赔偿。在 *British Columbia Saw Mill Co. Ltd. v. Nettleship* 案[130]和 *Horne v. Midland Rly. Co.* 案[131]中，这似乎正是法院拒绝判决当事人承担责任的理由，尽管在这两个案件中，承运人可能已经知晓了有关迟延的可能后果。例如，在前一个案件中，威尔斯法官（Willes J.）说他倾向于采取狭隘的见解，即“不应允许两方缔约当事人中的任何一方获得他没有为之付款的利益”[132]。他说，仅仅知悉某些表明迟延可能会造成严重后果的事实，是不够的。“在这种情况下，必须让被指控的一方当事人深刻地认识到：他必须知道与他签订合同的对方当事人合理地相信他接受了

[130]（1868）L. R. 3 C. P. 499.

[131]（1873）L. R. 8 C. P. 131.

[132] L. R. 3 C. P. 508.

这一附加了特殊条件的合同。”[133] 同样，在第二个案件中，Blackburn 法官也坚持认为，“被告所承担的责任，不应当超过他在合同订立时因承担风险而获得的合理对价”[134]。

这些判决的极端重要性在于，它们代表了对这种理论的第一次重大偏离，该理论认为当事人必须被假定为是基于他们自己所掌握的事实和信息而缔结合同的。几年前，有一些人认为这种假定通常是行得通的，因为在另一个涉及一家铁路公司的案件中，波洛克首席财税法官曾指出，如果公司知道延误的后果，他们很可能会收取较高的运费。[135] 但是到这个时期末，法院似乎已经认识到这是一种过于理论化的方法。法院必定看到，铁路公司和船东们发现，对于那些运输迟延很可能会给他们带来特别严重后果的人，向他们收取特殊费用是不切实际的。有了这种认识之后，他们开始放弃过去半个多世纪以来作为古典合同法基础的这一信念。假设当事人总是会考虑到他们所掌握的事实和信息，已经不再足够；还需要法院对这些事
434 实进行调查。但如果损害赔偿是这样的话，那为什么其他事情不也同样如此呢？法院怎么能继续坚持认为，当事人总是会考虑到所有与风险衡量以及合同条件判断有关的因素呢？显然，如果过于严格地按照这种新方法行事，那么危险的潘多拉魔盒很可能就会被打开。事实上，过了很长一段时间，传统的假设才开始在其他领域受到质疑。

这些判例的真正意义被损害赔偿法的后续发展所掩盖。因为 *British Columbia Saw Mill* 案和 *Horne* 案代表了高水准的交易方法，其对可获得的损害赔偿设置了极其严格的限制。后来，法院开始缓和这些规则，对于在某种意义上可能“预见到”但却显然没有影响到交易条件的后果，法院更容易判给损害赔偿。直到最近几年，这一进程才达到其顶峰；事实上，在上议院 1969 年 *Czarnikow v. Koufos Ltd.* 案[136] 的判决中，该进程才达到其顶峰，同时 19 世纪的那两个作为先例援引的例案才（实际上）被废除。要解释这些后来的发展，只有在现代侵权法和侵权法思想中去寻找答案。因为（正如后面我们将要看到的）侵权法在 1870 年之后的发展，开始让人们对这

[133] Ibid., 509. 这一判决得到霍姆斯大法官的“高度赞同”。See *Pollock-Holmes Letters*, i. 119.

[134] L. R. 8 C. P. 132-3，有争议。

[135] *Gee v. Lancs. & Yorks. Rly. Co.*（1860）6 H. & N. 211, 158 E. R. 87.

[136] [1969] 1 A. C. 350.

样一种观念产生怀疑，即一个人只应当对他获得了合理对价的结果承担责任。而现在，一个人对他根本没有获得任何对价的结果也很可能要承担责任；随着侵权法成为私法的主要组成部分，关于合同损害赔偿的旧规则自然开始显得不甚合理。除非在 1870 年以来私法变化的更广泛背景下进行观察，否则人们是很难理解现代规则的，尽管它们在名义上仍然是合同法规则。[137]

待履行合同对已履行合同规则的适用

接下来我们必定会观察到，合同法的许多规则和理论——在很大程度上与 18 世纪的已履行合同有关——现在逐渐被适用于待履行合同。例如，在 18 世纪和 19 世纪初的法律中，胁迫和错误几乎总是与返还已付款项（money paid）的请求相关；在 19 世纪中期，它们开始作为抗辩事由运用在待履行合同所引起的诉讼之中。[138] 而且，在这一转变过程之中，在这两个学说身上发生了一些奇怪的事情。首先，它们逐渐被解释为有瑕疵的同意或者不自由意志的例证。 435
在 18 世纪，这些学说似乎一般都是基于简单的公平观念。[139] 一个被强迫付款或者由于错误而付款的人不太可能就其付款获得公平的回报。但是现在，由于交易的公平性本身被认为无论如何都不属于法院应当处理的问题，因此必须为这些学说寻找其他理由。作为转向待履行合同之结果而发生的第二个变化是，这些原则的可适用性受到了巨大限制。在 19 世纪，胁迫和错误被削弱为对待履行合同诉讼之抗辩事由，甚至最后被削弱得几乎荡然无存。

在某种意义上，现在对胁迫概念施加的严格限制，是意志论的自然推论。如果一个人心甘情愿地订立合同，如果合同本质上是意志的产物，那么怎么可能认为合同是违背了该人的意志而订立的呢？正如我们已经看到的，霍布斯已经将这个观点推到了极限，而洛克则采取了较为温和一些的观点，他的这个观点虽然不那么合乎逻辑，但更容易被接受。19 世纪的法

---

[137]　较之于当时的合同法判例，事实上，现代合同法在很大程度上更愿意采用 *Smith v. L. &S. W. Rly. Co.*（1870）L. R. 6 C. P. 14 案所确立的侵权损害赔偿原则。（此注的原序号为 37A。——译者注）

[138]　See, e. g., *Cartwright* v. *Rowley*（1799）2 Esp. 723, 170 E. R. 509; *Morgan* v. *Palmer*（1824）2 B. & C. 729, 107 E. R. 554.

[139]　Powell, *Essay*, ii. 110 *et seq.*

院实际上所采纳的是洛克的观点。

关于胁迫的法律，其决定性的判例是 *Skeate* v. *Beale* 案，[140] 在该案中，法院实际上拒绝支持经济胁迫或者（像判例所说的）以剥夺财产相胁迫（duress of goods）的概念。对他人施加暴力或者恐吓是唯一一个可以使合同无效的强迫行为。恐吓他人不仅剥夺了他人的“自由选择权”（‘free agency’），而且让他人没有时间诉诸法律；但是用纯粹的经济胁迫威胁他人，如威胁剥夺他人的某些货物，但并没有剥夺该人的“自由选择权”，至少他仍应当“拥有法律所要求的那种普通程度的坚定性”[141]。而且在该案中，是有时间请求法院提供救济的。根据当时的时代特征，这被认为是一种法律主张（assertion of law）——不需要对当事人是否有时间诉诸法律与秩序的力量的可能性进行调查。后来的评论家经常提到该判决的一个奇特之处在于，它在将胁迫理论援用为对某个待履行合同之抗辩事由的时候，似乎对援用的条件施加了更加严格的限制，这比以前人们所认为的适用胁迫理论以请求返还已付款项的条件要更加严格。这一荒谬的结果可能是因为——至少在理论上是因为——一个人仍然要受到其因某种经济胁迫而订
436 立的待履行合同的拘束，而如果他履行了合同并支付了合同所要求支付的钱款，那么他也许能够收回这笔钱。这种解释的荒谬性当然是由历史原因所致。有关返还已付款项的规则是 18 世纪的规则；而有关待履行合同的规则是 19 世纪的规则。19 世纪的规则是在合同法的市场基础背景之下确立起来的。在市场中，经济压力司空见惯，以市场为基础的合同法不能把它们看作使合同归于无效的理由。在这个新的合同法中，只有性质不同以及个人性质的压力，才能够作为抗辩事由。[142]

尽管如此，这一判决以及倾向于将胁迫视为某种影响自由意志的东西，其结果却并不成功。这种观点，即一个人的意志会被某种类型的压力所折服而不会被他人所折服，不仅在逻辑上是站不住脚的，而且在实践中也没有适用的可能性。事实上，某些形式的压力是与社会经济制度以及社会道德观念相适应的，其他形式的压力则不然。只能通过区分不同种类的压力，

---

[140]（1841）11 Ad. & E. 983，113 E. R. 688. 关于先前的判例，参见 *Essex* v. *Atkins*（1808）14 Ves. 542，33 E. R. 629。

[141] Lord Denman，11 Ad. & E. 990，113 E. R. 690. Cf. *Morgan* v. *Palmer*（1824）（*supra*，p. 434，n. 38）. 在该案中，关于非法收取费用，法院仍然愿意讨论不公平磋商能力的问题。

[142] See *Williams* v. *Bayley*（1866）L. R. 1 H. L. 200.

而非通过尝试分析压力对于某个人心智的影响，来划分两者的边界。其结果是，在这段时期里要发展出合理的胁迫法则根本就不可能。然而在实践中这并没有多大的关系，因为在整个 19 世纪，胁迫都几乎完全从合同法中消失了。

同样的命运也落在了有关错误的法则中，尽管还有一些其他重要的因素在同时起作用。在整个古典时期，作为待履行合同抗辩理由的错误很少出现在判例汇编中，直到 1867 年才有人认真地试图确立错误对合同之影响的一般原则。[143] 在某种程度上，错误学说的衰落是市场法则和买者自慎原则的一种反映。一个人对其签约购买的东西的质量产生错误认识，如果允许他逃避此错误所造成之后果，那么他就很容易避开买者自慎原则，尽管这一原则本身在 1870 年的货物买卖合同中也已基本消失了，但是它在其他合同案件中仍然普遍占据着统治地位。

但是，在更广泛的意义上，古典合同理论对于任何广泛的过错学说及其姊妹学说即合同落空学说，都是不利的。正如我已经强调的那样，古典理论强调待履行合同是一种风险分配机制。在市场上，人们希望当事人各方都能理性地评估可能影响合同价值的过去或者未来事件中所蕴藏的各种 437
风险。假如没有欺诈，假如磋商过程本身是公平的，那么结果就必须被认定为是公平的。无论是发生在合同订立之前还是之后的意外事件、未知因素，都不允许破坏由此产生的交易结果。原则上所有这些风险都是能够被感知并被评估的；但在实践中，并不是每个人都能做到这一点，也不是每个人都做得非常好。但这自然是无关紧要的。自由市场磋商过程的全部意义在于，充分发挥那些更善于评估风险的人所拥有的更高技能和知识。这其中也涉及训练和教育之功能。那些在订立合同时不能正确评估风险的人，将遭受失败，而他下一次的风险评估可能会更有效。

因此，古典合同学理论中几乎没有多少空间可以容纳错误或合同落空法则，这就不足为奇了，尽管 18 世纪的学说仍然在返还已付款项的请求中占据着支配地位，这与其在待履行合同之请求中的情况截然不同。再者，与胁迫法则一样，这也导致了需要对错误法则适用于待履行合同的严格性，与其适用于已履行合同的较大宽松性，进行两相调和的问题。此外，在这种情况下，19 世纪本身也见证了一些旧规则在已履行交易中被确认的例子。

[143] *Kennedy* v. *Panama Royal Mail Co.*（1867）L. R. 2 Q. B. 580.

例如，在 *Kelly v. Solari* 案[144] 中，财税法庭确认了这一简单的规则，即基于某个事实错误所支付之款项，可以从收款人那里得到返还，且不区分是已履行交易还是待履行交易。这个判决是基于这样一个简单的观念，即如果把钱支付给一个无权领取此钱的人，那么他就取得了对不属于他的财产的占有。对已履行交易和待履行交易提起错误事由抗辩，两者在方法上的差异至今仍然存在；在直觉上，普通法律师仍然更倾向于请求返还基于错误的已付款项，而不太倾向于在履行交易中提出错误事由抗辩。然而很显然，这两类案件所提出的问题，至少在某些情况下，实质上是同一个问题。如果 A 由于错误而与 B 订立了一个合同，然后依据该合同支付款项，那么 A 是基于准合同法则还是基于合同法则要求返还该款项？在 20 世纪，*Bell*
438 *v. Lever Bros.* 案[145] 的判决，引起了一场略显枯燥的学术争论。然而，似乎没有人认识到争议的起因（如果不是它的解决方案的话），根源于其历史。

对于错误，一如对于胁迫一样，都是用意志论来为自己辩护的。在利克（Leake）1867 年的著作中，他就已经试图在“错误”标题之下集合起各种各样的判例，但法院并不总是公开地像他这样处理（如 *Couturier v. Hastie* 案），[146] 并将它们看作是当事人同意有瑕疵的情形。这个时期结束之后不久，这种方法就被波洛克和安森所采用。

偿债延期与和解（Forbearances and Compromises）

在第六章中我已经指出，一般而言，18 世纪关于偿债延期与和解的法律是以已履行形式的交易为中心的。当时的法院仍然更希望看到合同各方当事人进行公平交易，而对强制执行单纯的允诺则不那么感兴趣。在这里，我们也看到了 19 世纪理论变化所带来的影响。首先，存在着摆脱这一旧规则的问题，旧规则认为不可能通过一项新的协议来解除一项既存的债务——旧协议必须被遵守和履行。在 19 世纪 30 年代，法院越发摇摆不

---

[144] （1841）9 M. &. W. 54；152 E. R. 24. 法院驳回了被告的这一争辩，即她不应该被要求偿还这笔钱，因为她已经（或者很可能已经）花掉了这笔钱（即她对原告行为之信赖就证明她拥有法定权利）。

[145] [1932] A. C. 161. See P. A. Landon, 51 *Law Q. Rev.* 650（1935）; T. H. Tylor, 52 *Law Q. Rev.* 27（1936）; P. A. Landon, 52 *Law Q. Rev.* 478（1936）; C. J. Hamson, 53 *Law Q. Rev.* 118（1937）.

[146] （1856）5 H. L. C. 673, 10 E. R. 1065.

定，其有时坚守旧的规则，[147]有时则规避它或者作出区别于它的判决。[148]在1850年，王座法庭似乎愿意把这个问题看作是一个对新协议进行解释的问题，也就是说，如果新协议旨在立即解除旧债务，那么它就会产生这种效果；而如果新协议的意图只是以新的履行来消灭旧债务，那么结果就会是这样。[149]当然，这种做法让法院实际上拥有了做它们想做之事的自由，因为在这些案件中通常不存在任何真实的意愿。在同一年，财税法庭——这个时期中在坚持市场原则方面财税法庭几乎总是领先于其他法院——在*Henderson* v. *Stobart* 案中实际上解决了这个问题。[150]从现在起，一个解除债务的协议被普遍地认为从一开始就具有拘束力，一如任何其他待履行合同一样。

第二类案件涉及的是和解协议。正如我们在第六章中所看到的，在18世纪，法院在判决这些问题时往往非常不确定。有的时候他们认为，基于和解而进行的付款，如果事实证明此笔款项并不是对方所应得的，那么该笔款项可以要求返还；有的时候，他们采用了更加现代的观点，而认为这种付款必然包含着付款人对错误之风险的接受。在18世纪后期，对这些 439
已经实际付款的案件，人们的观点越来越强硬。在1795年，Eyre首席法官对*Moses* v. *Macferlan* 案[151]提出批判说，在该案中，曼斯菲尔德甚至允许一方当事人重审初级法院判决之请求，结果是他被迫支付未到期的款项。[152]紧随其后的许多判决，实际上确立了已履行交易的规则。在威胁提起法律诉讼的压力下所付之款项，或者通过解决某项法律请求的方式，或者通过诉讼和解的方式所付之款项，被认为是不能要求返还的，即使已证明此款并非对方所应得，或者对方应得之款较所付之款更多，亦复如此。[153]在这种情况下，在这些学说被适用于待履行合同之前，存在着相当长的时间

[147] See, e. g., *Bayley* v. *Homan*（1837）3 Bing. N. C. 915, 132 E. R. 663.

[148] See, e. g., *Good* v. *Cheesman*（1831）2 B. & Ad. 328, 109 E. R. 1165; *Cartwright* v. *Cooke*（1832）3 B. & Ad. 701, 110 E. R. 256.

[149] *Crowther* v. *Farrer*（1850）15 Q. B. 677, 117 E. R. 615.

[150]（1850）5 Ex. 99, 155 E. R. 43.

[151]（1760）2 Bur. 1005, 97 E. R. 676.

[152] *Phillips* v. *Hunter*（1795）2 H. Bl. 402, 414-16, 126 E. R. 618, 624-5.

[153] *Knibbs* v. *Hall*（1794）1 Esp. 84, 170 E. R. 287; *Brown* v. *M'Kinally*（1795）1 Esp. 279, 170 E. R. 356; *Mariott* v. *Hampton*（1797）7 T. R. 269, 101 E. R. 969. 比较 *Cobden* v. *Kendrick*（1791）4 T. R. 431, 100 E. R. 1102，该判例有些背离潮流。

滞后。直到 1843 年，甚至连阿宾杰首席财税法官在财税法庭也坚持认为，如果根本没有任何基础债务，则和解没有拘束力，而只有存在债务，无论债务数额是否确定，和解才有拘束力。[154] 但是，这里的变革也近在咫尺。在 19 世纪中期，一些判例果断地确立起了法则，并支持针对法律请求的履行和解。[155]

这些判例是经由这个假定而被正当化了的，即就法律请求所达成的和解协议，必然是分配所有风险的一种机制，这些风险是由导致当事人和解之不确定性所产生出来的。阿宾杰在 1843 年曾经主张，不允许调查这些事实，（例如）可能表明双方都假定存在一些债务，只是对其数额有争议的事实。同样，作为一个法律问题，有一种倾向认为，由于法律上的错误而支付款项必然是对另一方威胁提起法律诉讼的回应。[156] 事实上，较之于随意假定因法律上的错误而进行的付款是正当的，在那种情况下对某个请求达成的善意和解显然是一种完全不同的事情，因为这里并没有任何在性质上属于法律诉讼威胁的东西。但是法院的做法却掩盖了这一事实区分。

440 这里需要提到的最后一类判例，涉及的是 *Pinnel* 案所确立的规则。应当谨记的是，在 17 世纪和 18 世纪，支付的款项少于应付款项是不可能消灭债务的，即使债权人已经接受了该笔款项亦是如此。在 19 世纪中期，法院几乎推翻了这些旧学说。在 *Sibree* v. *Tripp* 案 [157] 中，财税法庭认为，约定用两张 125 英镑和一张 50 英镑的票据清偿 500 英镑债务的一项协议，在其成立之初即具有拘束力。而 *Cumber* v. *Wane* 案 [158]（参见第六章）则被推翻了，其理由是，如果当事人同意用票据消灭债务，那么法院就不能调查清偿的合理性。为了完善该特殊案件，到 1882 年时法院准备承认，简单地接受用 100 英镑的支票清偿 125 英镑的债务是一个有拘束力的消灭债务的行为。[159] 但是两年之后，在 *Foakes* v. *Beer* 案 [160] 中上议院却不愿迈出决定性

[154] *Edwards* v. *Baugh*（1843）11 M. & W. 641，152 E. R. 962；*Wade* v. *Simeon*（1846）2 C. B. 548，564，135 E. R. 1061，1067.

[155] *Cook* v. *Wright*（1861）1 B. & S. 559，121 E.R. 822；*Callisher* v. *Bischofsheim*（1870）L. R. 5 Q. B. 449. 这方面最早的判决似乎是 *Longridge* v. *Donville*（1821）5 B. & Ald. 117，106 E. R. 1136。

[156] *Brisbane* v. *Dacres*（1813）5 Taunt. 143，128 E. R. 641.

[157]（1846）15 M. & W. 22，153 E. R. 745.

[158]（1721）1 Stra. 426，93 E. R. 613，*supra*，p. 167.

[159] *Goddard* v. *O'Brien*（1882）9 Q. B. D. 37.

[160]（1884）9 App. Cas. 605.

的一步，即认为债权人在待履行协议中接受少于应付数额的款项，这对债权人是有拘束力的。在某种意义上，这个判决代表着合同自由从高潮转为退潮。上议院的大法官们坚持认为，即使是解除债务的协议，也必须要有某些对价，这是对公平交易观念的回归，也是对单纯协议具有拘束力的观点的反对。或许值得注意的是，主要的判决是由作为首席衡平法法官和御前大臣的塞尔伯恩勋爵（Lord Selborne）作出的，而普通法律师、布莱克本勋爵（Lord Blackburn）则提出了异议。[161]

诉讼时效法规

我在第六章中提到，18 世纪的法官们认为承认债务便使案件脱离了时效法规的拘束，并且也阻止了有利于债务人的时效经过。这些判例已经将诉讼时效学说推到了极端的地步，甚至在债务人承认债务但同时表示拒绝偿还债务的情况下，这些判例仍然坚持认为债务人负有清偿责任。虽然从技术上而言，这些判决是以新允诺的含义为基础，但是法官似乎并不为这个事实——这个含义在很大程度上是拟制出来的——所困扰。我认为，对此的解释很可能是，法院将主要债务仍然看作是由先前债务所产生出来的，而允诺仅仅是对先前债务的证明。但是在 19 世纪，这些规则开始显得更 441
加不妥当。在 *Tanner* v. *Smart* 案[162]中，这一观点最终被否定了，即一个允诺的默示含义，可以对抗该允诺中明示的拒绝清偿意思。在 1844 年法院认为："新的允诺，而非旧的债务，是衡量债权人的权利的标准。"[163]如此，责任的基础就从旧债转向了新的允诺，从对价转向了允诺。

双务合同的兴起

待履行合同越来越受重视所产生的进一步后果是，那些能够从一开始就被解释为双边的或者单边的交易，用现代术语来说，往往都可以被看作是双务合同，这丝毫不令人感到奇怪。同时交换（simultaneous exchange）

[161]　在 19 世纪 60 年代和 70 年代 Lord Blackburn 作出了许多开创性判例（leading case），这些判例普遍支持基于市场的合同法，例如 *Cook* v. *Wright*, *supra*, p. 439, n. 55，和 *Kennedy* v. *Panama Royal Mail Co.*, *supra*, p. 436, n. 43。事实上，他在 *Foakes* v. *Beer* 案中的判决是一个异议判决，因为他所提出的理由是其准备判决上诉方胜诉的理由。

[162]　（1827）6 B. & C. 603, 108 E. R. 573.

[163]　*Philips* v. *Philips*（1844）3 Hare 281, 300, 67 E. R. 388, 396.

乃至单务合同，以及一方当事人履行后才具有拘束力的交易，几乎根本不配被称为合同。合同自由意味着订立可强制执行的待履行合同的自由，而不仅仅是进行即时交易的自由。[164] 正如古典经济学家所假设的那样，人们开始假定，如果各方当事人有进行即时交易的自由，那么从逻辑上讲，他们也必定有保证进行未来交换的自由。人们没有看到有什么样的鸿沟可以将这两种自由区分开来。第一种自由只涉及国家被动地认可当事人自己选择做某事，而第二种自由涉及国家积极干预以强迫一方当事人做一些他不再想做的事情。

单务合同是一种部分已履行的合同，其在 19 世纪的法律上并不占有重要地位。事实上，这对古典合同法来说有点尴尬，因为许多这样的合同似乎根本不是建立在协议的基础之上的。这就是古典合同理论对单务合同引起的一些问题感到如此困难的原因之一。诸如在某个已履行对价（an executed consideration）被部分履行之后，承诺的可撤销性问题。我们开始遇到一个著名的允诺问题，即如果一个人走到约克郡就允诺给他 10 英镑，而在他走到一半的地方时，这个允诺的可撤销性问题。[165] 对这个问题的一个回答是，把每一笔交易都解释为是双边交易，就好像进行了允诺交换一样。事实上，到这个时期结束时，有迹象表明单务合同即将完全从书本中
442 消失。伟大的普通法律师布莱克本勋爵在 *Maddison v. Alderson* 案[166]中说道，并不存在一种像单务合同的东西。

在某些领域中，可以观察到这样一种商业关系，其在普通法发展的三个不同时期中可以用不同的方式进行解释。首先是前意志论阶段，其次是 19 世纪中期阶段，最后是更现代的时期，此时（正如我们后面将会看到的）已经有向 18 世纪的价值观回归的明显迹象。此类关系的一个特别好的例子是佣金代理（commission agency）。假设 A 邀请 B 为他出售一些财产，并同意向他支付销售佣金，再假设 A 后来在 B 出售财产之前撤销了这个安排（arrangement）。那么 B 在法律上有什么起诉的理由吗？答案取决于最初的安排如何解释：当事人是否已经缔结了一个有拘束力的协议？在这

---

[164] 例如参见 Bramwell's pamphlet on *Laissez Faire* cited in Fairfield, *Some Account of Lord Bramwell*, p. 141。在这一点上，布拉姆韦尔的观点似乎是被普遍接受的；see also, *supra*, p. 330。

[165] 对于其中的一些困难，参见 Addison on *Contracts*（London, 1842）, pp. 34-6。

[166] （1883）8 App. Cas. 467, 487.

个安排中是否有相互的允诺？在提出这些问题［主要涉及船舶代理人（ship broker）］的最早判例中，似乎有明显的倾向，认为这种安排没有拘束力，除非发生了出售财产的行为。[167]事实上，这种观点一直盛行到1830年左右。之后，法院的态度似乎发生了转变，它们开始把这样的安排解释为“协议”，在某种意义上也的确是协议。[168]人们开始认为这种协议是有拘束力的、涉及相互允诺的待履行合同。佣金代理人承诺竭力出售财产；财产所有权人承诺向他支付销售佣金。而法院对其解释得出的结论是，一旦作出了这种安排，那么合同就是不可撤销的。如果财产所有权人改变主意而不再出售该财产，那么他就有责任向佣金代理人支付赔偿金；这样，意志论在此范围内盛行了起来：即使财产所有权人根本没有从该协议中获益，他也负有支付赔偿金的义务。如果有人争辩说财产的所有权人应当拥有改变主意的权利，那么答案就是，合同的全部意义就是创设具有拘束力的、不允许改变主意的相互债务（mutual obligation）。[169]这种解释一直盛行到1942年，当时上议院在 *Luxor Ltd. v. Cooper* 案[170]中否定了这种解释，该案稍后我会再 443
来讨论。上议院否定了19世纪中期的这些判例，并将交易重新解释为不拘束所有权人的单边协议（unilateral arrangement）。整个这一系列的判例说明了不断变化的理论和价值观所产生的影响。19世纪中期是意志论的顶峰时期，任何安排往往都会被解释为一个具有拘束力的协议，使一方当事人承担赔偿责任以保护另一方当事人的纯粹期待。委任一个人作为佣金代理人实际上就是赋予他保护自己期待的权利。另外，在较早一些时候以及在现代，限制对纯粹期待的保护又是一种极为明显的趋势（暂且不论现今的理论如何）。

---

[167] *Haines* v. *Bush*（1814）5 Taunt. 521，128 E. R. 793 *Hamond* v. *Holiday*（1824）1 C. & P. 384，171 E. R. 1241；*Read* v. *Rann*（1830）10 B. & C. 438，109 E. R. 523；*Dalton* v. *Irwin*（1830）4 C. & P. 289，172 E. R. 708；*Broad* v. *Thomas*（1830）4 C. & P. 338，172 E. R. 730.

[168] *Simpson* v. *Lamb*（1856）17 C. B. 603，139 E. R. 1213；*Campanari* v. *Woodburn*（1854）15 C. B. 400，139 E. R. 480；*Prickett* v. *Badger*（1856）1 C. B.（N. S.）296，140 E. R. 125；*Green* v. *Mules*（1861）30 L. J. C. P. 343；*Green* v. *Read*（1862）3 F. & F. 226，176 E. R. 101. Ash，*Willing to Purchase*（London，1963）追溯了法律的周期性变动，尽管他并没有从任何历史的视角观察这些变动。

[169] 最清晰且最极端的判决是 *Inchbald* v. *Western Neilghey Coffee*，*Tea etc. Plantation Co.*（1864）17 C. B.（N. S.）733，144 E. R. 293。

[170] [1941] A. C. 108.

继续性合同

法律变化——这些变化根源于对待履行合同的日益重视——的第二个例子是，具有连续性质的相关合同规则的发展，诸如雇佣合同、租赁合同、许可合同、合伙合同等。在意志论发展起来之前，这种模糊的安排一般被认为对未来有拘束力，但只在对各方当事人为合同可能延续之信赖提供最低必要限度保护的程度上才有拘束力。[171] 因此，在早期的法律中，原则上这些继续性合同一般都是可以随意终止的，只要充分通知对方当事人以使其能够作出替代安排。同样，缔结的固定期限合同在期满后，若该合同关系继续存续时，其被认为是只能在收到合理通知的情况下才能终止，而并非简单地认为其将一日复一日地存续。

就雇佣合同而言，19 世纪之前完全待履行合同究竟是否得到了承认，仍然不甚清楚。一般而言，19 世纪之前和 19 世纪早期，法律对雇员的救济似乎只局限于实际完成工作的价值范围之内。事实上，即使是固定期限的协议（从现代人眼光看这是非常令人惊讶的）也可以被解释为是一种单方面的安排，基于这种安排，雇员在这整个时期中并没有义务持续为雇主服务，因为雇主没有作出在这整个期间雇用雇员的明示允诺。[172] 直到
444 1853 年才最终确立起这一规则，即雇佣合同实际上能够对未来产生拘束力，因此被解雇雇员不仅可以就其应得的已赚工资，而且也可以就其被非法解雇（wrongful dismissal）而提起诉讼，从而就其期待被持续雇用所发生之损害而获得赔偿。[173]

有意思的是，在成文法和普通法判例中都可以看到待履行雇佣合同的发展轨迹。因为 18 世纪的第一部法律即《1747 年主人与仆役法》（Master and Servant Act of 1747）[174] 规定，工人在工作中的“任何不轨、不当或者不端”都是犯罪行为，但却没有提到工人根本不来工作的问题。第二部法律

---

[171] See, e. g., *Right* v. *Darby*（1786）1 T. R. 159, 99 E. R. 1029，这是一个将信赖基础责任（reliance-based liability）伪装成合意基础责任（consent-based liability）的明显例子。

[172] *Lees* v. *Whitcomb*（1828）5 Bing. 34, 130 E. R. 972; *Bayley* v. *Rimmell*（1836）1 M. & W. 506, 150 E. R. 534; *Aspdin* v. *Austin*（1844）5 Q. B. 671, 114 E. R. 1402; *Dunn* v. *Sayles*（1844）5 Q. B. 685, 114 E. R. 1408.

[173] *Emmens* v. *Elderton*（1853）4 H. L. C. 624, 10 E. R. 606; *Whittle* v. *Frankland*（1862）2 B. & S. 49, 121 E. R. 992. See M. R. Freedland, *The Contract of Employment*（Oxford, 1976）, pp. 19-23.

[174] 20 Geo. 2, c. 19 s. 2.

即《1765年主人与仆役法》[175]指出，“经常发生的情况是，工匠、印花布工人、手艺人、矿工、煤矿工人、驳船船员、锯木工、玻璃制造工、陶工、劳工和其他按某些条件与他人订立合同的人，在合同条款履行完毕之前就离开了他们各自的工作岗位；这令与他们订立这些合同的人大失所望、损失惨重”，并且其仍然认为工人不来工作是犯罪行为。这显然意味着对这类合同未来拘束力的承认，至少在订立了固定期限合同，以及劳动已经实际开始的情况下是这样的。在承认此类合同具有拘束性这方面，法院似乎比议会要缓慢得多。关于这一点最后在制定法上的发展，出现在1823年的法律[176]中，该法规定，订立了书面合同的仆役如果拒绝开始工作，则构成犯罪；如果没有订立书面合同，雇员只有在已经开始工作之后再拒绝工作才构成犯罪。因此，在这里（与《反欺诈法》一样）我们发现有迹象表明，只有书面的待履行合同才能够被强制执行。

随着19世纪的结束，人们对继续性合同的态度发生了显著的变化，尤其是对新兴商业公司所签订的那些合同。事实上，到1875年时，上议院就准备确立一项惊人的规则，即初步而言，无限期的合同应当被解释为永久存续。[177]“从该文件的字面上来看，一项延续至未来一段时间的协议是无限期和无限制的，任何声称它不是永久存续的人（通常）必须负担证明该主张的义务。”[178]不可否认，该案事实具有极端的性质，其涉及两家铁 445
路公司之间的一项协议，根据该协议，一家公司赋予另一家公司在它的铁路线上进行“通行的权力”；而上议院在这里制定了一个非常显著的表面规则（*prima facie*rule）。这事实上是一个有拘束力的待履行合同！将其与合伙、租赁以及其他类似合同进行类比的做法遭到了反对，其理由是——尽管有点循环论证之感——法律在这些判例中已经被很好地确立起来了。“当事人……必须被认定为是期望”达到法律所规定之效果。[179]不用说，永久合同（perpetual contract）的这个新概念引起了巨大麻烦，而这个规则现在只不过是一个不能适用于绝大多数“商事”合同的解释性规则，并且也不可

---

[175]　6 Geo. 3，c. 25 s. 4.

[176]　4 Geo. 4，c. 34 s. 3.

[177]　*Llanelly Rly. & Dock Co.* v. *London & N. W. Rly. Co.*（1875）L. R. 7 H. L. 550. 比较密尔对长期合同的观点，referred to *supra*，p. 320。

[178]　*Per* Lord Selborne at p. 567.

[179]　Lord Cairns at p. 560.

能适用于其他任何合同。[180]

公司合同

另一个显示人们对于待履行合同之态度变化的例子，可以在有关公司缔约能力的法律中找到。在早期的法律中，这一普通法规则，即要求公司合同必须是书面的且要加盖公司印章，给人们造成了很大麻烦。该规则在许多判例中都被放宽了，尤其是在满足以下两个条件的情况下：第一，合同是公司日常经营范围内的常规合同（routine contract）；第二，合同已经被一方当事人履行，这使另一方当事人实际上获得了对方履行之利益。[181] 显然，拒绝强制执行部分已履行合同的不公正性是如此巨大，以至于只有在最极端的情况下其才可能得到法院的支持。但是在 1839 年，王座法庭取消了原来的区分，并认为区分已履行合同和待履行合同是不可能的。[182] 在一个颇负盛名的判决中，登曼首席法官（Denman C. J.）这样说道：

> 同一份合同今天是待履行合同，明天可能变成已履行合同；如果违反了后一种状态中的合同，可以被起诉，那么就只能假定一方当事人有能力订立前一种状态的合同，而如果当事人有此能力，那么基于何种理由才能说，法律的特殊救济——法律强制执行此合同——不能用于这个目的呢？在我们看来，说当事各方在法律上有能力以某种形式订立一个有效的合同，但却不能对这种合同的履行或者违反要求提供适当的法律救济，这似乎是一种法律上的谬误……在目前的案件审
> 446 理之中，我们看不出怎样支持在明示的待履行合同与已履行合同之间作出任何区别。[183]

---

[180] See *Martin Baker Aircraft Co. Ltd.* v. *Canadian Flight Equipment Ltd.* [1955] 2 Q. B. 556; Carnegie, 'Terminability of Contracts of Unspecified Duration', 85 *Law Q. Rev.* 192 (1969).

[181] See *Beverleyv. Lincoln Gas Light &Coke Co.* (1837) 6 Ad. & E. 829, 112 E. R. 318; *East London Water Works Co.* v. *Bailey* (1827) 4 Bing. 283, 130 E. R. 776. 在向精神病人提供货物或服务的案件中，之前法院也采用了类似于已履行合同与待履行合同的区分：*Baxter* v. *Earl of Portsmouth* (1826) 5 B. & C. 170, 172, 108 E. R. 63, 64。

[182] *Church* v. *Imperial Gas Light & Coke Co.* (1838) 6 Ad. & E. 846, 112 E. R. 324.

[183] 6 Ad. & E. 859, 112 E. R. 324. See too *Hunt* v. *Wimbledon Local Board* (1878) 4 C. P. D.48, 55，在这个案件中，布拉姆韦尔首席法官也提出了类似的见解。

实际上，法院在这里已经将已履行合同归入通用合同类型之下，并且认为适用于已履行合同的规则必须同样适用于待履行合同。然而这一切都没有提到这样一个事实，即拒绝强制执行一个已履行合同会导致极端的不公正，其允许一方获得不当利益而另一方遭受不当损失，而拒绝强制执行待履行合同，仅仅是拒绝保护一个纯粹的期待。当然，法院自然是希望限制公司合同必须加盖印章的这条技术陈旧且极其不便的规则。而且毫无疑问的是，任何见解都应当有正当理由；然而，以这种方式进行辩论是这个时期法院进行概念推演（conceptual processes）的典型特征。

合同的成立——要约与承诺规则

前面我已经谈到，待履行合同兴起的后果之一就是合同具体化的趋势越来越明显——把合同看作是当事人故意制造出来的东西。早期的观点——合同责任是法律的创造物，与侵权或者推定信托（constructive trust）一样，合同也是一种救济性概念（remedial concept）——当然更容易契合于已履行合同的法律。当某种安排或者某项交易的法律后果，只有在发生了某事之后、获得了利益之后，或者产生了信赖行为之后才会被考虑到，那么就没有必要而且很难正视合同本身的存在。但是现在合同开始被认为是为了未来的履行而有意缔结的一种关系，不同的观点就变得十分有必要。因此，确定合同是如何形成的判断规则就非常有必要。要约和承诺的规则变成了合同法的必要组成部分。

这些规则很晚才肇端于普通法，因为在 18 世纪的最后十年之前，这些规则完全无法向前追溯。在鲍威尔的《契约与协议法论》中，并不存在真正的合同成立问题。第一批可以追溯到的有关要约和承诺的判例是 *Payne v. Cave* 案（1789）[184]、*Cooke v. Oxley* 案（1790）[185]、*Kennedy v. Lee* 案（1817）[186]、*Adams v. Lindsell* 案（1818）[187] 和 *Routledge v. Grant* 案（1828）[188]。这些判例以及 447
后来的一些判例，在教科书作者的协助之下，在合同法中帮助建立起了一个全新的章节。当波蒂埃的著作出现在英格兰的时候，这个话题显然激发

[184] 3 T. R. 148, 100 E. R. 502.

[185] 3 T. R. 653, 100 E. R. 785

[186] 3 Mer. 441, 36 E. R. 170.

[187] 1 B. & Ald. 681, 106 E. R. 250.

[188] 3 C. & P. 267, 172 E. R. 415, and 4 Bing. 653, 130 E. R. 920.

了人们的兴趣，因为波蒂埃著作的译者埃文斯根据波蒂埃的观点，相当详细地讨论了 *Cooke* v. *Oxley* 案的意义。[189] 而到 1834 年奇蒂（Chitty）的《论合同法》第二版出版时，我们发现在“同意”（‘Assent’）标题之下有几个关于要约和承诺规则的论述，其在很大程度上主要是基于波蒂埃的论述，同时也提到了一些判例。[190] 奥斯丁在他的《法理学范围》（*Province of Jurisprudence Determined*）中也关注到了这一问题，而他的论述也是跟随波蒂埃，同时也受到了罗马法学家的一些影响。

在本书这种性质的著作中，没有必要很详细地考察这些早期的判例。但有一件事是必须要考察的。自 *Payne* v. *Cave* 案以来，早期的案例全都认为，一方当事人在对方当事人受到拘束之前是不能被拘束的。要么双方当事人都受到拘束，要么双方当事人都不受到拘束。这一要求逐渐被称为“相互性”（‘mutuality’），18 世纪末和 19 世纪初的大量判例都坚持了这一要求。贝斯特首席法官尤其倾向于将自己的判决置于这个基础之上。[191] 很明显，这个要求只是为了实现法官的正义感而被引入早期的判例之中，因为没有任何权威或者原则来证明其合理性。它只是简单地假设，作为一个自然正义与衡平之事，合同必须是双边的交换，而不是单边的允诺。随着这些判决被分析和重述，人们逐渐认为，待履行合同取决于允诺的交换。在任何早期的判例中，人们没有提到对价问题，而且人们也可以理解，法院在努力将承认待履行合同之观点的新判决，与古老的对价原则协调起来时所必定会遭遇的困难。正如我已经解释过的，这一切几乎就是法院的一个花招，甚至法院可能都没有意识到或者理解到这一点。获益或者受损的观念从履行转移到了允诺；如果不存在履行的交换，那么至少存在着允诺的交换。每一个允诺都必然是另一个允诺的对价，即使它根本就从来没有被履行过。波蒂埃著作的译者指出，今天人们所知的法律是：

> 如果订立了合同，一方当事人虽然并没有在订立合同时就履
> 448 行合同，但是存在着在未来一段时间履行合同的相互协议（mutual

[189] ii. 24 *et seq*.

[190] P. 8 *et seq*.

[191] See, e. g., *Routledge* v. *Grant*, *supra*; *Thomas Smith* v. *F. & R. Sparrow*（1827）4 Bing. 44，130 E. R. 700；*Beverley* v. *Lincoln Gas Light*（1837）6 Ad. & E. 839，112 E. R. 322；*Mayor of Stafford* v. *Till*（1827）4 Bing. 75，77，130 E. R. 697，697.

engagement），一方当事人的允诺是另一方当事人允诺的对价，而该协议必须同时拘束双方当事人。[192]

第四节　寻求新角色的对价

前文我所勾画的合同理论在概念结构方面的深刻变化，自然对于对价原则产生了巨大影响。在待履行合同的这个新世界中，对价原则所服务的目的是什么？“现在人们普遍认为，就对价而言，待履行双务合同是完全与这种情况相同的，即原告已经为被告允诺的履行支付了价款。”[193] 如果存在着相互允诺，那么根据定义，对价通常是存在的。如果没有相互允诺，那么表面上看来，根本就不存在合同。对价怎么与所有这一切相融合呢？发生了什么获益和受损呢？

这个困难又因为这一事实而被强化了，即法院最终拒绝了 18 世纪有关交易公平性的观点，并强调对价的价值仅仅是当事人的事情。人们记得，直到 1770 年，衡平法对于苛刻和显失公平的交易的态度仍然存在着相当大程度的灵活性，而且即使在普通法院，陪审团致力于用自由裁量权来防止过多的或者严重不足的对价所引起的不公平性。此外，至少在某些案件中，例如那些涉及未成年人的案件，或者涉及企业与其雇员或者销售商订立的限制性协议的案件，法院极其明确地坚持认为，此合同只在有公平对价的情况下才能得到支持。

到 18 世纪末，对于对价的充足性问题，衡平法院（the Court of Chancery）的态度开始发生重大转变。瑟洛勋爵（Lord Thurlow）作为 18 世纪 80 年代的大法官（Lord Chancellor），坚持认为，一个在结果上对一方当事人不利的交易和一个从一开始就不公平的交易这两者是有区别的。待履行合同的概念作为一种风险分配工具，开始被人们所强调。在 *Mortimer v. Capper* 案[194] 中，一个人以 200 英镑加上他生存期间每年 5 英镑年金的价格出售了一块土地。卖方在合同签订两天后溺水而亡，故而失去年金，但是瑟洛勋爵却拒绝按照卖方遗嘱执行人的请求撤销该合同。两年后，对于一

[192] ii. 24.

[193] Fuller, ‘Consideration and Form’, 41 *Columbia Law Rev.*799, 816（1941）. 1051.

[194] （1782）Bro. C. C. 156, 28 E. R. 1051.

449 个以畸高价格出售土地的合同，他判决强制履行，尽管买方没能从布里斯托尔市政当局（Bristol Corporation）获得在该土地上建造一座工厂的许可。买方是知道应当获得这样的许可的，但是卖方却拒绝以市政当局的同意为条件进行出售。法官说道：

> 我并不急于讨论这一点，即法院将强制执行或不强制执行交易……规则应当是确定的，如果这个问题停留在诸如严苛和显失公平等这样散漫的描述上面，那将是灾难性的——这些描述，除非它得到了妥当的运用，否则它就没有多少意义或者根本就没有意义。如果交易是可以被责难的，那么必须是在其成立之时它就是可以被责难的；因为除了该当事人在睁大眼睛进行磋商时所做的推测失败了之外，并没有发生任何其他可以被责难的事情。[195]

衡平法上的决定性判例很可能是 *Griffith v. Spratley* 案，[196] 尽管该案的判决实际上是由财税法庭的衡平法方面（Equity side of the Exchequer Court）* 而不是由衡平法院本身所作出的。原告是一位身处困境的水手，他将各种归复权益（reversionary interest）出售给了一名经纪人以换取一笔年金，该年金（他声称）远低于被出售的权益。原告现在寻求撤销该买卖，并认为仅仅是对价不充分本身就足以证明法院这样做具有合理性。财税法庭首席大法官（Lord Chief Baron）驳斥了这一观点，认为这一对价虽然可能不够充分，但并非极其不充分。而他也坚持认为，仅仅是对价不充分并不构成撤销合同的理由：

> 我知道没有这样的原则，普通法也知道没有这样的原则。对价或多或少都支撑着合同。常识也知道没有这样的原则。一件东西的价值在于它将产生出什么，而这是没有精确标准的。基于其性质它必定是浮动的，且取决于成千上万种不同的情况。在处置其财产时，一个人

---

[195] *Adams v. Weare*（1784）1 Bro. C. C. 567, 28 E. R. 1301.

[196] （1787）1 Cox Ch. C. 383, 29 E. R. 1213.

* 由于财税法庭对衡平法诉讼和普通法诉讼都有管辖权，该案是财税法庭基于其衡平法诉讼管辖权而审理的，故此称之。——译者注

> 可能以低于另一个人所可能给出的价格而出售其财产；他可能是在环境的压力下出售财产，该压力可能促使他在某一特定时间出售财产。如果现在衡平法院撤销所有这些交易，那么就会把一切搞得混乱不堪，使人类的一切合同都付之东流。因此，我绝不同意对价不充分本身就是一个原则，基于该原则一方当事人可以从他自愿签订的合同中抽身出来。[197]

在这个判决作出的数年之后，鲍威尔的《契约与协议法论》出版了。虽然他似乎不太相信新学说已被稳固地确立起来了，但他无疑是全力支持该新学说的，并且谴责了先前的放松之策。[198] 他也坚持认为，普通法和衡平法在这一点上没有什么区别，他说："只有各方当事人的同意才能确定任 450
何东西的公平价格，而与事物本身的性质或者内在价值并不相关。"[199] 因此，霍布斯的观点现在被亚当·斯密的观点所强化，并最终被引入英国法律中。[200]

仍有一些整理工作有待进行。在衡平法上，不可能完全摆脱衡平法院的基础态度，即严苛的和显失公平的合同不应当被强制执行。但到了 19 世纪中期，有人指出，如果衡平管辖权是排他的，被驳回的衡平诉讼就再无处可去，那么即使是衡平法院也会强制执行严苛的或者不合理的合同。[201] 拒绝强制履行的自由裁量权，被认为只能在衡平法救济与某些普通法救济并存时才可以适用。但实际上，自由裁量因素的重要性一直在下降。到目前为止，如果衡平法院拒绝强制执行一个不公平或者严苛的交易，并且让原告"寻求普通法的救济"，那么原告确实可能做到这一点，因为陪

---

[197]　1 Cox. Ch. C. 388-9, 29 E. R. 1215.

[198]　ii, 72, 78, 144, 152, 158-9.

[199]　ii. 229.

[200]　事实上，就律师们将这些观点归功于政治经济学家们而言，在很大程度上他们是在预测新一代的观点，而不是借鉴亚当·斯密或者李嘉图的观点。古典理论绝不赞同纯粹的主观价值理论，该理论是由杰文斯（Jevons）在 19 世纪 70 年代创立的。See L. Robbins, *Evolution of Modern Economic Theory*（London, 1970）, pp. 173-6; D. P. O'Brien, *The Classical Economists*（Oxford, 1976）, Chapter 4.

[201]　See E. Batten, *The Law Relating to the Specific Performance of Contracts*（London, 1849）, p. 248.

审团陈旧的自由裁量权也正在被消减。[202] 而且随着时间的推移，即使是在存在着并存司法管辖权的情况下，支持原告强制履行请求权的趋势也在逐渐增强。[203] 到了 1880 年，艰难情形下的自由裁量权几乎全部消失了。[204] 很长一段时期以来，这个观点一直在苟延残喘着，即已履行合同（在这种情况下，原告以严苛作为解除合同的理由）与待履行合同（在这种情况下，严苛作为抗辩之理由）可能存在着差异。但是这个差异也逐渐消失了。

有关“期待继承人”（‘expectant heirs’）和归复权（reversion）交易的旧规则也变得声名狼藉。上议院在 1840 年认为，在这种交易之中，市场价格是公平价格。[205]《归复权买卖法》（Sale of Reversions Act）在 1867 年宣布，单纯以低估的价格出售归复权益不再能够使合同无效。塞尔伯恩勋爵（Lord Selborne），作为半个世纪以来最后一位强大的衡平法大法官，此后不久即坚持认为，这个制定法绝不会限制衡平法院对于这类案件的司法管辖权，即与期待继承人所订立的合同，除了存在单纯的价值低估之外还有
451 其他问题，[206] 但到这个时候这种衡平法的干预似乎变得越来越不恰当。

在普通法上，还存在着一些有关贸易限制的棘手的陈旧判例。迟至 1831 年的 *Horner* v. *Graves* 案，[207] 皇家民事法庭（Court of Common Pleas）在这样一个案件中依然审查了对价的公平性，在该案中，被告被作为牙医的原告雇用为助手，薪资为每年 120 英镑。被告已签订协议承诺不在约克郡的 100 英里范围内与原告竞争，否则即要承担被罚款 1000 英镑的责任。法庭认为这个合同是十分糟糕的，因为被告有可能在接到通知三个月后即被解雇，而“对于这样的牺牲而言，这个对价是非常有限和不充分的”[208]。当然，该判例并不具有对价充分性之一般原则的性质，因为贸易限制的判例所确立的规则总是属于特殊规则。但是即使是这种程度的干预对于新

---

[202] See, e. g., *Mortlock* v. *Buller*（1804）10 Ves. 292, 32 E. R. 857，在该案中，强制履行的请求被驳回了，但是原告之后提起了普通法诉讼，而且获得了有利的解决结果。关于这个问题，同时参见 *Burrow* v. *Scammell*（1881）19 Ch. D. 183。

[203] *Borell* v. *Dann*（1843）2 Hare 440, 67 E. R. 181.

[204] *TamPlin* v. *James*（1880）15 Ch. D. 215.

[205] *Earl of Aldborough* v. *Trye*（1840）7 Cl. & F. 436, 7 E. R. 1136.

[206] *Earl of Aylesford* v. *Morris*（1873）L. R. 8 Ch. App. 484.

[207]（1831）1 Bing. 735, 131 E. R. 284.

[208] 1 Bing. 743, 131 E. R. 287.

时代的普通法院来说也已过度了。在 *Hitchcock* v. *Croker* 案 [209] 中，财政署内室法庭否定了要求衡量对价充分性的理论；王座法庭也立即采纳了相同的观点。[210]

不久后，法院就准备说，仅靠相互的允诺就能证明该允诺是有利益的。如果一个人用允诺换取另一个人的允诺，这本身就证明了后一个允诺是有某些价值的。在 *Haigh* v. *Brooksll*[211] 案中，考虑到原告放弃了被告的一项保证，根据此项担保被告似乎有责任支付高达 10000 英镑的款项，因此被告允诺替原告支付价值 9000 英镑的账单。不过，关于保证的有效性尚存疑问。而被告拒绝支付账单，被起诉后其认为他的允诺没有对价。法院认为，即使保证是无效的，且当事人也都知道这一点，但是应被告的请求向其交付账单（或者允诺将向其交付账单）的行为本身，就是一个充分的对价。毕竟，被告已经用允诺为此支付 9000 英镑的方式来估量了对价的价值。判定被告估价错误并不是法院要做的事。因此，政治经济学的原理（似乎）最后占了上风。各方当事人必须自由地进行他们的讨价还价，并确定他们自己的要价。法律可能仍然需要对价，但是对价的价值则完全是双方当事人自己的事情。

到目前为止，对价原则正在向成为一个纯粹技术性的问题迈进。[212] 452
它继续存在的唯一目的是排除非由契据作成的、单方面的、无偿的允诺的责任。在这方面，英国法律仍然区别于波蒂埃的论述。当然，波蒂埃讨论的是原因概念而非对价概念。毫无疑问，这两个概念在本质上似乎是一致的，尤其是适用于已履行合同之时。[213] 因为原因和对价之间唯一显著的区别是，善行（beneficence）或者慷慨（Liberality）可能是一个充分的原因，但却不可能（正如通说所言）是一个充分的对价。但是只有在待履行合同兴起之后，这种区别才存在，或者才比较突出。因为，如果人们只讨论

[209]　（1838）6 Ad. & E. 438，112 E. R. 167.

[210]　*Archer* v. *Marsh*（1837-8）6 Ad. & E. 959，112 E. R. 367.

[211]　（1839）10 Ad. & E. 309，113 E. R. 1 19，在（1840）10 Ad. & E. 323，113 E. R. 124 中确认。关于允诺人并没有真正受益但基于允诺仍然被强制执行的另一个著名例子，参见 *Hamilton* v. *Watson*（1845）12 Cl. &F. 10，98 E. R. 1339，该案判决至今仍然震撼着人们的良知。

[212]　See，e. g.，*Thomas* v. *Thomas*（1842）2 Q. B. 851，1 14 E. R. 330.

[213]　Cf. A. T. Von Mehren，'Civil Law Analogues to Consideration：An Exercise in Comparative Analysis'，72 *Harvard Law Rev.* 1009（1959）.

已履行交易的话，那么英国法律上的善行和慷慨与法国法律是一样的。[214] 通过交付东西进行赠与或者签署赠与契据，在英国法律上一直是有效的，如果这不是已履行交易，那么还有什么充足的原因可以支持它呢？原因和对价都起到这样的作用，即如果没有充足理由就不能让一个人承担义务。初步而言允诺曾是（*was*）一个充分的理由，但如果作出这个允诺被证明并无充足理由，例如允诺人没有义务去做他所允诺的事情，那么，在 18 世纪该允诺当然极有可能被认为是没有拘束力的。但是在古典时期，当待履行合同成为合同法的焦点时，允诺被认为是产生其本身之责任的理由。它们不再像过去人们常常所认为的那样，是某些先在的、独立的责任的证据；它们本身就是合同性义务的根源。因此，现在很难看出为什么无偿允诺就没有拘束力。这样一个允诺，如果出于慷慨的动机，那么它就有充足的原因，但是却没有充足的对价。因此，在这一点上，这两个概念是存在分歧的。

但是对于古典时期的许多人来说，步调不一致的是英国法律而非法国法律。19 世纪中期有迹象表明，对价原则对无偿允诺的强制执行之阻止，即将彻底消失。在 1854 年，商法委员会似乎已经考虑要彻底废除对价原
453 则。[215] 而两年后，波洛克首席财税法官在指导陪审团时对这个学说作出了具有高度批判性的评论。[216] 到古典时期末期，像马克比（Markby）[217] 和利克[218]这样的法学家和作家，找不到任何理由来解释为什么对价原则是责任的实质基础。马克比认为，它是一个形式问题，就像书写一样；而利克则把它看作是当事人真正意愿的证明。后者的观点（其被许多后来的作者所重申），它反映出待履行合同击败已履行合同的程度。如果 A 借 100 英镑给 B，是否 B 偿还这笔钱的允诺是构成责任的唯一理由？他收到这笔钱的这一事实仅仅是证明其允诺之严肃性的证据？如果 X 向 Y 出售并交付货物给 Y，Y 为此付款的允诺是其付款责任的唯一理由吗？收到货物只是证明

---

[214] 一篇有趣的文章讨论了现在的意愿与将来的意愿之间的区别：The Leviathan, Chapter 14, p. 67 of the Pelican edn。

[215] Second Report,（1854-5）H. C. Parliamentary Papers, xviii. 664, 678. 然而，该报告中存在着一些晦涩含糊之处，而且完全不清楚的是，该委员会讨论的是整个对价原则还是其在具体案件中的可适用性问题。

[216] *Hulse* v. *Hulse*（1856）17 C. B. 711, 717, 139 E. R. 1256, 1258.

[217] *Elements of Jurisprudence*, first published 1871, 3rd edn.（Oxford, 1885）, pp. 308 *et seq.*

[218] *Contracts*（London, 1867）, p. 10.

其意愿之严肃性的证据吗？这些荒诞歪曲的见解仍然为现代普通法律师所继承，他们在 100 多年后才学会只从待履行合同的角度去思考合同理论。

既然对价原则已经不再与获益或者受损的概念有多大的关系，那么它就拥有了获得新内容的途径。事实上，我们发现在 19 世纪初，各种判例所求助的对价原则，在后世的人们看来，似乎更多地与公共政策相关而非与对价相关。例如，在这样一些判例中，对价被认为包括一方当事人已经有义务要做的事情，诸如向在人手不足的船舶上工作的水手允诺支付额外工资，或者允诺向接到传票出庭作证的证人支付额外工资。[219]19 世纪和 20 世纪的大量判例涉及这类问题，其中的许多判例都是按有关对价的问题来处理。我并不认为获益和受损概念与这些判例完全不相关。事实上，很清楚的是，它们仍然提出了此类问题；如果一个水手因为他所在船舶人手不够而做了额外的工作，由于在某种意义上而言，水手无论如何显然都“应当”这样工作，那么船东是否从中获得任何“真正的”利益？但我想指出的是，从现在开始，对价原则倾向于分裂成若干个与这种性质的具体问题相关联的子原则。一旦基本概念被承认——仅仅是因为受允诺人选择接受一个尚未履行的允诺，该允诺就成为一个很好的对价——那么对价原则在获益和受损方面就没有多少可以系统发展的空间。这些问题就成为各方当事人自己的事情。因此，除非涉及某些公共政策或者公共利益因素， 454
否则事实上几乎没有进一步讨论获益和受损的余地。对价原则的实质核心已经因为合同法的重点转向了待履行合同而消失殆尽。

[219] *Stilk* v. *Myrick*（1809）2 Camp. 317，170 E. R. 1168；*Hartley* v. *Ponsonby*（1857）7 E. & B. 872，119 E. R. 1471；*Collins* v. *Godefroy*（1831）1 B. & Ad. 950，109 E. R. 1040.

455 # 第十五章　法庭中的合同自由，1770—1870：II

第一节　信赖与获益的衰落

在上一章中，我对合意主义（consensualism）的兴起，以及允诺、协议和意愿作为法律责任基础不断增长的重要性进行了描述。这一部分不可避免的是对责任的其他来源的重要性的衰落进行描述，尤其是信赖与获益（Reliance and Benefit）观念的衰落。很重要的一点是，我们应当澄清这个时期这些概念的衰落是在什么意义上说的。在某种意义上，衰落主要是言语或者概念上的衰落。法院、法官和律师逐渐意识到，几乎所有的责任都是产生于合同，以及现在被他们视为构成合同基础的合意原则（consensualism）。因此，他们倾向于将责任建立在某些合意因素而非某些信赖或获益因素的基础之上，即使案件确实包含着重要的信赖与获益因素也是如此。如果他们发现合意因素与信赖或利益因素相一致，那么他们往往强调前者而牺牲后者。如果案件中没有明显的合意因素，但法院仍然觉得应当课加责任时，无论这是出于他们自己的正义感，还是由于传统和先例的影响，他们仍然倾向于寻找某种"默示的"合同、同意、允诺或者协议。当然，"默示"允诺的概念并不算是什么新鲜事，事实上，即使是默示意愿或者默示允诺的拟制也不是什么新鲜事。洛克的社会契约论充满了"默示"协议；边沁已经严厉指责了律师使用这种拟制的荒谬性。[1] 但是在1770年至1870年的期间里，法院对这种默示的依赖程度显著增加了。

在某些方面，信赖和获益的衰落就其概念意义而言，是一种非常矛盾的发展。因为当法院开始将责任置于合意的基础之上时，他们就开始保护基于合同产生的期待利益；而当他们这样做的时候，他们又往往试图增加他们所课加的责任。如果一个人有权要求他的全部期待利益得到保护，而

[1] *Works*, ed. Bowring, iii. pp. 190-1.

不是仅仅主张赔偿其所遭受的信赖损失，那么他一般就会被赋予更加广泛的权利。同样，对于一个已经获利的合同主体而言，他必须要满足交易另一方基于合同所产生的期待价值，而不是向对方支付他所获利益之对价，456
基于此，他很可能要支付更多。因此，奇怪的结果是，到目前为止，法院虽是以一种基于责任的合意理论来保护人们的期待利益，他们却实际上创造了一个更大的责任，这个责任比之前存在的、当只有信赖或者获益受保护时的责任更大。在整个这一章中，必须牢记的是，信赖和获益的直接重要性的衰落，往往都会产生这样的结果。

但是，信赖和获益重要性的衰落还具有另外一种意义，在这种意义上，衰落更是指其实质重要性，而并不仅仅是从概念意义上而言的。因为司法的正义感本身在某种程度上和某些案件中就被日益重要的合意主义以及与其有关的一切所影响着。一个人在没有得到他同意的情况下，仅仅因为他从别人那里获得了某项利益，或者仅仅由于他人因为信赖他而遭受损失，而可能被追究责任，这种观点开始失去对正义感的把握。毕竟我在前几章中就说过，这显然不是司法意识（judicial mind）的特质，而是当时整体环境的组成部分。随着人们逐渐相信自由市场的重要性，以及越发重视个人主义和自力更生的社会理念与逐渐接受（或多或少）社会原子论观（atomistic view of society）——在这种观念之中所有的关系都取决于自由选择，自然而然，人们往往就会认为，将一个人没有同意的责任强加于他，这是不公平的。

在很大程度上，这些发展在法学基础理论上的结果就是，获益和信赖这两个概念都被划分成了两个部分。获益和信赖利益被认为是应当保护的案件，被重新解释为对期待利益的保护。已履行合同被待履行合同吞没，而对获益或信赖的偶尔保护则被视为是对期待利益进行宽泛保护的组成部分。另外，如果存在着某种利益的交付或者存在着某种合理信赖行为，而在这种情况下不能将其纳入对期待利益的宽泛保护，抑或难以或者不可能从已经发生的交易或者事件中解读出一个合同的时候，那么获益和信赖通常就不受保护。如此，对获益进行补偿越来越成为合同法的组成部分，准合同的重要性就下降了；同样地，信赖利益在合同案件中越来越被当作是对期待利益的一般保护（general protection）的组成部分，而不可归因于合同的信赖，往往就不那么受保护了。然而，这里和其他地方一样，这个新理论从来没有达到其逻辑目标。准合同法顽强地拒绝死去；仍然残留了 457

一些这样的案件，在这些案件中，法院有义务保护返还利益（restitution interests），有义务强迫一个人为其已获利益买单或偿还该利益，即使从客观情况中不能解读出某个合同来。而且，在这些案件中仍然存在着一个核心（hard core），即在这些案件中信赖利益之所以受到保护，是因为法院认为某些合理的信赖行为根本不能让其处于不受保护的状态，即使很难或者不可能从中解读出合同来。此外，这种衰落是短暂的。至少在一些领域中，有明显的迹象表明，获益基础责任和信赖基础责任到1870年时再次出现。

第二节　信　赖

正如我前面所指出的，信赖案件和获益案件一样，往往被新的概念结构所分割开来。在信赖被完全保护的地方，对信赖的保护愈发被当作是对期待利益的保护（protection of expectations）的不可或缺的组成部分。如果不能以这种方式对它进行保护，那么它往往就完全不受保护，但是仍然存在着一些根本不能容纳在新理论范围之内的案件。

在第一组案例中，信赖利益越来越被视为是对期待利益一般保护的一部分——这种保护是经由承认待履行合同而得到的。在某种意义上，这是向待履行合同转变的一个合乎逻辑且不可避免的结果。法院不再问原告是否信赖过（*had*）承诺，或者信赖过被告的某些行为，只要原告有可能信赖过就足够了。只要能够从客观情况中解读出某个合同来，仅仅存在着信赖的可能性就足够了。有大量的案例显示了最初的这种转变。举一个例子，在 *Shadwell* v. *Shadwell* 案[2]中，被告听到原告（他的侄子）订婚后，允诺向原告支付年度津贴（annnual allowance）。侄子正式结婚后，叔叔也及时支付了津贴；但是当叔叔死亡后，他的遗嘱执行人拒绝继续支付津贴。法院支持了原告的请求，主要理由是侄子很可能（*might*）是根据对该允诺的信赖而采取行动的，因此实质性地改变了他的境况（position）。[3]当然，足够明显的是，这里并不存在交易，没有人在这里进行深思熟虑的商业交易。原告的理由是，他已经产生了对支付津贴的期待，并基于对这种期待

[2]（1860）9 C. B.（N. S.）159，142 E. R. 62.

[3] 9 C. B.（N. S.）174，142 E. R. 68（Erle C. J.）.

的信赖而改变了他的境况。然而，通过主张这里缔结了一个真正的待履行合同而让原告单纯的期待获得全面保护，从而将这一责任的基础融合在一个更广泛的默示责任之中。因此，没有必要探究他事实上是否因信赖允诺 458
而改变了其境况。只要有这一事实，即他可能如此做，就足够了。[4] 在现代，主张该案中存在着一个有拘束力的待履行合同的观点，由于某些原因而被认为是非常奇怪的——难道该侄子向他叔叔允诺要娶他所选定的女子为妻？但是，对这个观点的否定不应当得出这个结论，即原告根本无权获得任何救济；这种可能性仍然是存在的，即进行事实探寻，看看原告的经济状况是否真的变糟（如果是的话，变糟到何种程度），以及对他的这种信赖进行赔偿的可能性，也仍然是存在的。

这个案件是 19 世纪一大群艰难司法判决中的典型代表；所有这些判决都涉及在结婚过程中，对处置财产或者金钱或者对类似的安排，所作出的允诺或者达成的协议。允诺经常是（虽然并不总是）未来新娘的父亲对未来新郎作出的；当然，通常的程序是，在结婚之前就准备好精雕细琢的婚姻财产授予协议（marriage settlement），并且在结婚之前履行完毕。但是，由于这样或那样的原因，人们并不总是遵守这个程序，其结果是对其进行的诉讼并不少见。在这整个时期，即从 1770 年到 1870 年，这种案件给法院带来了很大的麻烦。起初存在着保护那些信赖允诺的当事人的趋势，尽管几乎总是要达到最大限度的期待才行。[5] 但是在 1854 年的 *Jorden v. Money* 案 [6] 中，下议院拒绝对这种案件提供保护，尽管对这一案件的正确解释颇有争议。[7] 但是对这一判决进行解释无论有什么困难，有一点看起来是显而易见的：上议院的大多数人都反对这样一种观点，即允诺或者陈述（representation）是一种受允诺人（promisee）或者陈述的相对人（representee）可以按照它们行事或者信赖它们的未来行为，除非它们作为合同具有拘束

[4] 有人争论说，原告在其叔叔作出允诺的时候已经订婚了，他实际上并没有对允诺产生信赖。但是仔细阅读该案可以发现有这个可能性，即该叔叔是基于其侄子的订婚而作出口头允诺的；然后该口头允诺（根据《反欺诈法》该口头允诺不能被强制执行）被以书面形式确认了。该侄子是一个出庭律师，他必定知道该口头允诺不能被强制执行。

[5] See, e. g., *Luders v. Anstey*（1779）4 Ves. 501, 31 E. R. 263; *Crosbie v. M' Doual*（1806）13 Ves. 148, 33 E. R. 251; *Hmmersley v. De biel*（1845）12 Cl. & F. 45, 8 E. R. 1312; *Bold v. Hutchinson*（1855）5 De G. M. & G. 558, 43 E. R. 986.

[6] *Jorden v. Money*（1854）5 H. L. C. 185, 10 E. R. 868.

[7] See my *Consideration in Contracts*（Canberra, 1971）, pp. 53-8.

力。一个允诺或者一个意愿声明（statement of intent）要么作为合同而具有拘束力，要么根本就没有拘束力：不存在中间物（*tertium quid*），不存在保护信赖利益的可能性，如果原告的境况的确有恶化但并没有进一步恶化的
459 话就不存在赔偿他的可能性。

另一种类型的案件涉及被告因为其意图而误导了原告的情况，在这些案件中，信赖的可能性似乎被法院认定是保护期待利益的理由。如果被告让原告有理由认为他打算接受要约，或者他已经接受了一些拟议中的条款，或者如果被告以这些方式实施自己的行为以至于让他人对他本身的意愿形成了一种具有误导性的印象，那么这些就是其意愿的外部标志（external signs）。对于合同的形成和解释而言，这种“客观”方法在整个这个时期里被清晰地确立了起来——鲍威尔在《契约与协议法论》（*Essay*）[8] 中对其已经进行了分析——哪怕这个时期是合同义务“意志论”最鼎盛的时期。事实上，人们已经指出合同法上最大的谜题之一就是弄清楚为什么法院应该希望将合同交易理论与这种强硬的客观主义联系在一起。[9] 在法院坚持认为合同解释是为了使当事人的意愿发生效力的同时，它们也遵循着通常会排除探寻当事人真意（real intent）的规则。就古典时期而言，人们对这个谜题大致有如下两种解释。首先，人们坚持把事实问题维持在最低限度。一个人以某种方式实施行为而使他人认为他愿意做某件事情，那么他就会被认为他是自愿做这件事的，即使他实际上想做的是另外一件事情。对方当事人可能对他的内心意愿的外部表征产生信赖就可以了，而不允许对对方当事人实际上是否有这样的信赖进行查明，也不允许对对方当事人是否因为信赖这种外部表征传递出来的意愿而遭受到实际损失进行查明。明显的意愿被认为就是真实的意愿，由此而产生的期待利益有权获得法律的充分保护，就好像这些期待背后存在着一个真实的意愿一样。

这种极端的客观进路，其背后的第二个原因可以在原则的重要性中找到。古典合同时期的律师认为，如果允许一个人否认他表现出的意愿就是他的真实意愿，那么很可能就会出现许多这样的案件，在这些案件中法院可能会错误地将这种否认认为是一种抗辩。为了消除作出这种错误判决的

[8] i. 372-3.

[9] R. Bronaugh, ‘Conracting: An Essay in Legal Philosophy’, unpublished B. Litt. thesis (Oxford, 1976), p. 156.

可能性，完全排除考虑这个问题因此就变得十分受欢迎了。这种推理过程在这些案件中是最为明显的，法院也在这些案件中确立了口头证据规则（the parol evidence rule）。根据这个规则，一份书面合同不能被口头证据所变更，因为它没有正确反映当事人的意愿。[10] 这个规则很可能来源于遗嘱 460
而非合同，在 1842 年的一个案件中该规则得到了坚定地确认。[11] 这个案件涉及的是 1704 年作成的一份契据（deed），确定该契据授予人的真实意愿的行为在审判中引起了巨大麻烦，审理该案的法官建议大法官应严厉斥责这些试图查明当事人真正意愿的行为。厄斯金法官（Erskine J.）清楚地表达了这种忧虑：如果向这些证据敞开大门，那么所造成的错误判决很可能会大大多于正确判决。如果口头证据规则一旦被削弱，那么他坚信："每个人的意志或者意愿，无论是以什么方式表达出来的，都有可能落空，但这不是因为该意志表达本身的缺陷所致，现在有些时候就是这种情况，而是因为完全与他自己所明确宣称的意愿相违背所致。" [12]

在 19 世纪中期，通过寻找默示合同来保护合理信赖的司法意愿（judicial willingness），在这一时期的许多判例中都被展现了出来，这些判例在现代律师看来是很可疑的，虽然其结果有时候可能是令人满意的。这些判例包括：特别是 *Hammersely* v. *De Biel* 案，[13] 该判例认为父亲对他未来女婿的有关他女儿继承权的陈述可能是一个有拘束力的行为；*Denton* v. *Great Northern Rly. Co.* 案，[14] 该判例认为公布铁路时刻是一项运营列车的允诺，其显示接受旅客购票付款的能力；*Warlow* v. *Harrison* 案，[15] 该判例认为一位拍卖师声明某次拍卖是无保留的拍卖，该声明是一个允诺，出价最高的善意竞卖人可以对该允诺进行承诺；*Collen* v. *Wright* 案，[16] 该判例认为，某个代理人声称他拥有缔结合同的授权，而一个对此产生了信赖的人，有权以一个默示合同起诉他，在该默示合同中代理人担保了他的代理权。在前三个案件中，对于依合理信赖行事的一方当事人的保护，可以通过赋予他一个完

[10] *Goss* v. *Lord Nugent*（1833），5 B. & Ad. 58，110 E. R. 713.

[11] *Shore* v. *Wilson*（1842）9 Cl. & F. 355，8 E. R. 450.

[12] 9 Cl. & F. 514，8 E. R. 513.

[13] （1845）12 Cl. & F. 45，8 E. R. 1312.

[14] （1856）5 E. & B. 860，119 E. R. 701.

[15] （1859）1 E. & E. 309，120 E. R. 925.

[16] （1857）8 E. & B. 647，120 E. R. 241.

整的合同权利来实现，并因此而保护他的期待利益。*Collen v. Wright* 案在这一点上是异常有趣的，因为该案实际上对信赖利益保护和期待利益保护进行了区分。原告与代理人订立了一项土地租赁合同，当他进入了该土地时才发现地主否认了他的代理人的行为，并要求原告退出该土地。原告拒绝退出后就被起诉，并且败诉了，于是他起诉了该代理人。原审法院（lower
461 court）支持了他的损害赔偿请求，并向原告的律师指出，原告应当满足于获得对其实际损失的金钱赔偿，而不是诉请进一步的交易损失赔偿；原告接受了这个劝告（invitation）。[17] 然而，今天看起来很清楚的是，该案中的原告有权要求保护他的期待利益，就好像与代理人明确约定，原告会得到这笔交易的全部利益一样。

对于现代律师而言，所有这些判例似乎都是建立在很可疑的基础之上的。波洛克在其 1876 年首次出版的《合同法原则》（*Principles of Contract*）中对前三个判例进行了粗略的分析；[18] 第二个判例几乎肯定不再是法律规则了，而第三个判例则持续遭到批评。[19] 人们普遍认为第四个判例是显著不公正的，（人们普遍感觉到）信赖某个代理人有默示代理权（implied representation of authority）的当事人，如果既不能从被代理人也不能从代理人那里获得救济，那么他会遭受明显的不公正。不管怎样，这个判决还是得到了上议院的赞同。[20] 尽管如此，所有这四个判决看起来都难以与现代合同理念相调和，其原因是显而易见的。在所有这些判例中，法院都想要保护那些信赖（被认为是信赖）某些声明、允诺或者行为却因此而遭受损失的当事人，但是这种保护是通过赋予原告以完整的合同期待权这种极端手段实现的。在这里，我不需要再探寻这些案件在现代条件下会产生的政策问题。我的观点是，在古典时代的鼎盛时期，法院似乎认为它们只能通过保护期待利益来保护信赖利益。[21] 一般而言，这种保护在那时以及之后看来，似乎仍然有些极端。19 世纪中期明显缺乏这样一种观念，即在不同

---

[17] See 7 E. & B. 311, 119 E. R. 1262.

[18] pp. 176-9.

[19] Slade, 'Auction Sales of Goods without Reserve', 68 *Law Q. Rev.* 238（1952）cf. Gower, ibid., 457; and see Slade's reply, 69 *Law Q. Rcv.*21（1953）.

[20] *Starkey* v. *Bank of England*[1903] A. C. 114.

[21] 事实上，在 *Maunsell* v. *Hedges*（1854）4 H. L. C. 1039, 1055-6, 10 E. R. 769, 775-6 中，Lord Cranworth 几乎就是明确这样表述的。

时期保护期待利益的情况下，信赖本身也可以得到保护。对现代律师而言，这似乎是在暗示，信赖可以通过扩大侵权责任而非通过扩展合同概念来获得保护。以这种方式来分析问题是有道理的，但是也存在着曲解，因为它暗示合同与侵权的区别是建立在一些自然的或不变的基础之上的。当然，这只有在定义的过程中才是这样的，而我们今天普遍使用的合同的定义正是我正在阐述的发展的结果。正如我们在本书第一部分所看到的，对于18世纪的律师而言，通过合同法的媒介来保护信赖利益，正如 *Coggs v. Barnard* 462
案[22]所显示的，并没有什么可奇怪之处。人们可能还记得，在该案中，原告诉请信赖损害赔偿——要求对他的一桶酒的损害进行赔偿——而不是要求对他的交易损失进行赔偿，也不是要求保护他纯粹的期待。到19世纪中期，*Coggs v. Barnard* 案开始被认为是不恰当且难以理解的，尽管这并没能阻止法官作出前述几个判决。

另外一条先例线索（line of authority），是通过创设完整的合同期待权来实现信赖保护的，这条先例线索涉及的是这些判例，即一个土地所有权人坐视不管和允许某人在其土地上花钱建造建筑物，使该他人相信该土地就是他的土地，或者使该他人相信土地所有权人同意他这样做。这一系列的判例，与上面所提到的那些判例一样，后来也被认为是不恰当的，但实际上它们是有悠久历史的。与前述判例一样，这些先例可以追溯到18世纪的、支持因信赖而致自己不利益的当事人之权利的判例。[23]有趣的是，在下述这个例子中，我们可以找到从信赖利益保护向期待利益保护转变的痕迹。在1807年的 *Winter v. Brockwell* 案[24]中，经被告口头许可，原告在自己房屋里竖起天窗，这遮挡了被告房屋的采光和通风，显然这个结果比被告所期待的要糟糕得多。在诉讼被提交到首席法官埃伦伯勒勋爵面前的时候，他认为原告合理地信赖了被告的同意；起初，埃伦伯勒勋爵倾向于允许被告撤销他的口头许可，只要他支付设置天窗的费用；但是最终他认为被告根本不能撤销他的许可。这样，原告的期待利益得到了保护。随后，一系列的案件都适用了这些衡平法原则，尽管在这一点上，普通法规则和

[22]　（1703）2 Ld. Ray. 909，92 E. R. 107.

[23]　In R. v. Butterton（1796）6 T. R. 554，101 E. R. 699，在霍斯菲尔德勋爵之前，劳伦斯法官（Lawrence J.）就已经引用了该判例。

[24]　8 East 308，103 E. R. 351.

衡平法规则似乎没有什么显著的区别。[25]

在所有这些判例中，在这个时期*结束之后人们逐渐感觉到这些判决是不恰当的。人们认为没有对价的合同是不能被强制执行的。这个观点的理由在于，不可能将对允诺、代理或者其他行为的信赖当作是一个合适的
463 对价。人们提出这个理由似乎完全是因为越来越多的人认为合同是一种人们有意制造出来的“东西”，是一种为了将来履行而制造出来的东西。把信赖某个允诺的随后行为（*subsequent* action）当作强制执行该允诺的理由，这意味着，当允诺最开始出现的时候，可能就不能说该允诺是否具有拘束力。那时合同还没有被“制造”出来。随后的行为怎么可能会有“制造”合同的追溯效力（retrospective effect）呢？这难道不是走得太远了吗？因为如果这样的行为产生了一个有拘束力的允诺，这难道不意味着一个完全无对价的允诺也能够借助信赖该允诺的行为而变成有拘束力的允诺吗？几年后，霍姆斯法官在美国的一个判例中表达了这些担忧，他说：“如果受允诺人（promisee）能够通过信赖允诺的随后行为而让该允诺产生拘束力，那么这将摧毁对价原则的根基。”[26]当然，这只是霍姆斯的“对价交换理论”（‘bargain theory of consideration’）的一部分。[27]根据这一理论，受损与获益不能被当作是对价，除非当事人故意将其当作对价，也就是除非当事人已经深思熟虑地考虑进行一个真正的允诺交换。因此，在信赖的随后行为是最初的交易所要求的情况下，该随后行为才能被当作是一个适当的对价。只有当一个人已经购买了这种信赖，他才能拥有信赖对方当事人的权利。这显然很符合新的市场意识形态（market ideologies），在英国的一些案例中也存在着这一理论的痕迹。[28]然而，总的来说，英国古典理论未能以任何明确的方式发展出这种交易理论，着实令人惊讶。

---

[25] *Dillwyn* v. *Llewellyn*（1862）4 De G. F. & J. 517，45 E. R. 1285，一个衡平法的判决认为，基于一个无效备忘录（memorandum）而花钱进行建造，这本身就“提供了一个有价值的对价”：pp. 522-3 and 1287 of the respective reports. See also *Ramsdenv. Dyson*（1866）L. R. 1 H. L. 129。

* 指 1770—1870 年这段时期。——译者注

[26] *Commonwealth* v. *Scituate Savings Bank*，137 Mass. 301，302（1883）. 在实践中，较之于英国法院，美国法院从来没有顽固坚持这一点，see，e. g.，*Devecmon* v. *Shaw*14 Atl. 464（1888）；*Hamer* v. *Sidway* 27 N. E. 256（1891）。

[27] 更全面详尽的阐述见《普通法》（*The Common Law*）的第八讲（Lecutre VIII）。See further，Grant Gilmore，*The Death of Contract*，pp. 19-21.

[28] See，e. g.，*Oldershaw* v. *King*（1857）2 H. & N. 517，157 E. R. 213.

另外，正如我们已经看到的，存在着许多这样的案件，在这些案件中法院基于随后信赖（subsequent reliance）的理由而判决支持允诺的可诉性（actionability）。这种正义感实在太强烈了，以至于那些相当抽象的和理论性的推理形式（forms of reasoning）也不能使它屈服。其结果是出现了为判决进行声辩的趋势。这些判决只有基于一些衡平法上的理由才能得到支持，或者也可能是作为禁反言原则（doctrine of estoppel）的延伸而得到支持。当然，禁反言原则本身就是人们在 19 世纪发明出来的一种保护合理信赖的方法，也许恰好是因为有一些案件人们难以将它们视为合同性案件，故而禁反言原则才被发明出来。有一种观点认为，正是《反欺诈法》最初导致法院发明了独立的禁反言原则，并将其作为对信赖某个陈述（representation）的一种保护方法。[29] 464

在整个 19 世纪，人们越来越强调待履行合同，这也加深了人们事实陈述（representation of fact）的困难。一个待履行合同是一种期待将来履行的合同。合同必然就变成了将要做某事的合同，人们对合同的看法因此很容易就从合同是当事人签订了的协议（*being in agreement*）向合同是当事人签订中的（*making*）协议转变，[30] 从合同是合意合同向合同是相互允诺的转变。但是，允诺并不是他人可以合理信赖的行为的唯一形式。人们通常信赖事实陈述（statement of fact）和各种各样的声明，人们甚至可能对单纯的行为产生信赖。在古老的普通法中，信赖更多的是责任的实质基础（substantive ground），而现在古老的普通法对担保概念，即合同性的事实陈述的承认已经过去很久了，于是通过默示担保来“发现”一个合同就不是不可能的了，尽管与之相关联的其他允诺并不存在。上面所引用的判例，如 *Collen* v. *Wright* 案，就是在此基础上进行判决的。然而，这些判决越来越可疑的原因之一似乎是越来越多的人怀疑将事实陈述（representation）视为合同概念的妥当性。作为更广泛合同之组成部分的担保是一回事，但是将独自存在的事实陈述当作是合同性的陈述（contractual statement）确实牵涉到概念上的问题。在整个 19 世纪，法院普遍坚持这样的立场，即事实陈述不具有可诉性，除非它是欺诈性地作出的（至少在 *Pasley* v. *Freeman*

---

[29] See my *Consideration in Contracts*, p. 57.

[30] Cf. Hume's ideas, *supra*, p. 56.

案[31]中是这样处理的），或者它具有某种合同性质，如担保。但是，禁反言原则对他人的事实陈述提供了一些保护措施，尽管在这一时期（以及后来）里，人们普遍认为，禁反言原则并没有提供任何行动的理由，人们只能以辩护的方式运用禁反言原则。

买者自慎

买者自慎原则可以说是代表了 19 世纪个人主义的典范。正如我们前面所看到的，古典模式的合同法，让合同的任何一方当事人都依赖于他自己的判断，而不依赖于另一方的判断。任何一方当事人都不负有主动向对方提供信息的义务，甚至当对方明显基于误解而行动时也不负有提醒的义务。而且，也不推定合同条款与议定的价格有任何特殊关系，例如，在买
465 卖合同中，古典契约理论并不假定，由于买方为完好的货物支付了合理或正常的价款，因此他有权要求卖方担保货物是完好的。是否有这样的担保取决于买卖合同的实际条款。表面上看，法院的形式主义态度意味着只有明确的许诺才被认为是担保。默示的许诺不应当被解读进合同之中。一个想要担保的当事人应当特别要求对方提供该担保。此外，这一切至少在理论上来说都是具有规范性的，也就是说，法院不需要查明一方当事人事实上是否曾经依赖过对方当事人，但是需要查明他是否应当依赖对方当事人，同样地，法院也不需要问，作为一方事人与对方当事人交易的结果，他事实上可能获得了什么期待利益，而应当问他有权（*entitled*）获得什么期待利益。

从某种意义上说，这一切似乎都遵循了政治经济学的原则。在早期，存在着大量有关各种商品的质量和适当性（fitness）的规定，尤其是面包、麦芽酒、衣服和其他普通物品，诸如金银或火器、锚链和锚之类的特殊物品就更不用说了。在 19 世纪早期，许多这些东西的质量与适当性都变得声名狼藉，人们认为政治经济学家们已经证实了这一点。在很大程度上，在政治经济学家们的观点之中，买者自慎并非完全没有道理。例如，如果有人问亚当·斯密或李嘉图，如何才能最好地防止劣质商品的制造和销售，他们无疑会推荐买者自慎原则。他们认为，如果确保一个人以合理的价格买到合适商品的责任被强加给买方，那么买方一定会以应有

[31] （1789）3 T. R. 51，100 E. R. 450.

的谨慎去检查他所购买的东西。劣质商品将会从市场上消失，或者如果买家愿意以反映了其低劣质量的价格购买这些商品，那么这些劣质商品就会以这个价格找到一个市场，而且也理当如此。所有这一切都是在没有任何立法或者诉讼的情况下，就将责任推给了买方。[32] 在理论上而言，它是一种简单的和自我运作的机制。比较而言，通过给买者自慎设置例外的方式赋予买者以法定权利，首先就会涉及立法上的困难，然后还会涉及诉讼上的麻烦。假设买方在购买劣质商品时可以诉请卖方赔偿，那么不可避免的是，这样的诉讼对双方当事人和公众而言，都是昂贵且浪费的。此外，人们普遍认为，价格是根据买者自慎的原则来设定的，也 466
就是说，人们认为，买方压低他们准备支付的价格，就是允许他们正在购买的商品存在着可能被证明有缺陷的风险。因此，如果买方被赋予了请求卖方赔偿的法定权利，那么结果就将是给他一笔他并没有真正支付出去的金钱。尽管毫无疑问的是，一些买家太过粗心或太过愚蠢，以至于对他们正在购买的商品的质量缺乏足够的注意，在这种情形下，一般原则远比每个个案正义重要得多。此外，当买家了解到他们的责任之后，这些个案中的困境将会变得不那么频繁。

这个理论或者这套理念，是随着新政治经济学而发展起来的。毫无疑问，它区别于 18 世纪法官的家长式传统，当时这些法官认为一个人有权利从买卖中获得公平的价值。18 世纪末存在着一个过渡时期，在这个时期里，新思想与旧思想在为支配地位（supremacy）而斗争着。在法律上，我们看到人们像肯扬勋爵在 *Mellish* v. *Motteaux* 案 [33] 中一样，仍然在买卖合同中援用诚实信用（good faith）的一般观念，并要求一个“不保证商品无瑕疵”（‘with all faults’）的双桅船（brig）卖家承担责任，该船经检测被证明是完全不适合航海的。迟至 1792 年，牛津大学维尼里安讲座教授

[32] 《商法委员会第二次报告（1854—1855）》[Second Report of the Mercantile Law Commission（1854-55）] 在比较苏格兰法与英国法时，对此进行了清晰地阐述，H. C. Parliamentary Papers, xviii. 653, 662。类似地，当加利福尼亚在 1850 年讨论是采用普通法还是大陆法（civil law）时，由于买者自慎原则所以人们显示出对普通法的偏爱，该原则并不假设一个人“不能为自己作出最佳判断”。L. Freiedman, *Contract Law in America*（Madison, Milwaukee, 1965）, p. 103.

[33] （1792）Peake 115, 170 E. R. 113. Cf. Lord Ellenborough, dissenting from this case in *Baglehole* v. *Walters*（1811）3 Camp. 154, 170 E. R. 1338. See also *Pickering* v. *Dowson*（1813）, 4 Taunt. 779, 128 E. R. 537.

(Vinerian Professor)才认为买者自慎原则现在“才突然出现”[34]。大约在同一时期，像佩利这样的道德家们，凭良心来检查买者自慎与诚信的人之义务能够达到何种程度的协调。关于这个问题，佩利的观点是古老的家长式传统和新的个人主义道德之间有趣而奇怪的混合体。一方面，佩利认为如果卖方出售任何具有缺陷的东西，而他知悉该缺陷但却并未揭示该缺陷的话，那么这种行为是可耻的，但是他认为出售马匹是一个例外。习惯要求卖方要担保其出售的马匹的良好状况，这个习惯是如此牢固，以至于他断言，任何购买了没有这种担保的马匹的人（例如在拍卖会中购得），必须被假定他知道他自己在冒着马匹状况不好的风险，随之而来的就是价格的打折。[35] 另一方面，佩利又争辩说一个以高于公平价格出售商品的商人，从道德上讲他是在以一种不可接受的方式强制买方。但是在这件事上他遇到了一些困难，因为“既然货物是他自己的货物，那么他有权决定他同意卖掉它们的条件，有疑问的是在这种情况下会存在着什么样的不诚实”[36]。
467 他对此的回答是，在市场上销售商品的商人是默示同意以市场价格参与市场交易，如果他的要价高于市场价的话，那么他就是在强制买方。与之相对，一个在市场（在市场的相当狭隘的意义上而言）之外销售物品的人，例如，一个出售地产的人，可以把他的要价在其成本之上翻倍，而不会负有任何不公正或勒索的罪名，因为在这里他没有这种参与市场交易的默示同意。[37]

但是，在19世纪20年代和30年代新政治经济学的全盛时期，许多人认为大多数的旧道德观念已经过时了。例如，J. R. 麦克库洛赫在他的《政治经济学原理》(*Principles of Political Economy*)中，对这些较新观点作出了如下论述：

> 可能几乎没有必要去注意那些旨在确保产品质量的法规，这些法规在以前是非常普遍的。这些法规现在几乎全部被废除了；人们似乎普遍承认，在这一点上，就像在大多数其他事物上一样，生产者的自

[34] *Supra*, p. 180.

[35] *Principles of Moral and Political Philosophy*, Book III, Part I, Chapter VII.

[36] Ibid.

[37] Ibid.

> 由竞争是唯一的原则，依靠该原则才能确保物美价廉。任何从各种限制中解脱出来的行业，其经营者都会竭力通过减少成本或者提升其货物品质，或者同时采用这两种方法来扩展其经营活动；社会不同阶级之间所存在的交往是如此的密切，以至于一个人如果试图向其邻人推销华丽但劣质而非可靠的物品，那么他将很快暴露出来，并且不得不将其价格降到适当的水平。[38]

不应认为买者自慎原则只适用于货物销售合同。虽然该领域是产生诉讼最多的领域，但是从某种意义上来说，此原则是普遍适用于整个法律领域的。在古典合同法上，该原则是实际信赖（actual reliance）被贬低为责任基础之过程的一部分。无论双方在哪里缔结的这一合同关系，无论其合同性质如何，双方都有责任依据自己的判断行事，在他对自己的判断感到不确定的时候，可以请求对方作出一个明示担保（express warranty）。这样，不受明示担保保护的非交易信赖（unbargained-for reliance）、实际信赖，从表面上看是不具有法律上的正当性的，也不受法律保护。一个男子与一个女子签订了一份结婚合同，他就冒着这样的风险，即该女子漂亮的头发实际上是假发，[39] 一个人承租了一块放牧牲畜的牧场，他就冒着这样的风险，即该牧场被一些毒死他牲畜的毒素污染了，[40] 一个人承租了一套无家具房屋，他就冒着被臭虫侵扰的风险，[41] 一名咨询医生的人就冒着医生 468
医术不胜任的风险，购买了一个商店的人冒着该商店的卖家可能在隔壁开设新店的风险，等等。但是，所有这些案例，都与对货物销售法一样，人们讨论最多的仍然是买者自慎原则。1871 年的史密斯诉休斯案（*Smith* v. *Hughes*）[42] 对古典合同法的基本模式作出了最清晰地阐述。虽然对大多数学生而言，该案是有关错误的法律规范的权威判例，但是该案判决中的大量段落，完美地阐述了有关合同订立的古典思想。在该案中，买方在收到卖方提供的样品后购买了一些燕麦，然后他拒绝接受燕麦，并抱怨说他原以

---

[38] 5th edn.（London，1864），p. 215. 但是麦克库洛赫赞同对火器、锚链和锚的买家提供法律保护：p. 216。

[39] *Beachey* v. *Brown*（1860）E. B. & E. 796，799，120 E. R. 706，708.

[40] *Sutton* v. *Palmer*（1843）12 M. & W. 52，152 E. R. 1108.

[41] *Hart* v. *Windsor*（1843）12 M. & W. 68，152 E. R. 114.

[42]（1871）L. R. 6 Q. B. 597.

为它们是陈旧燕麦（他想要用来饲养赛马），而实际上这些燕麦是新燕麦。法院以错误指示（misdirection）为由将案件发回重审，但在科伯恩首席法官的审判过程中，他对当时的基本原则作出了如下阐述：

> 现在在该案中，原告最初显然没有法律义务说明燕麦是新的还是陈旧的。他依据样品进行燕麦销售，他完全有权利这样做，他也给买方提供了检查样品的充分机会，对样品的检查实际上相当于对燕麦本身的检查……如果买方确实是询问过该燕麦是新的还是陈旧的，而不是按照他自己的看法行事，如果他明确说过任何表明他认为卖方所出售的燕麦是旧燕麦的话，情况就完全不同了……然而，根本没有发生这样的情况。买方绝不能指望卖方会完全按照他自己的判断行事。[43]

除提供了明示担保的情形外，可以贬损买者自慎原则而对缔约当事人提供保护的唯一情形是故意欺诈（actual fraud）。在彻头彻尾欺诈（downright fraud）的情况下，法院不仅会向缔约当事人提供损害赔偿的法律救济，而且还会对因信赖被告的欺诈性虚假陈述（fraudulent misrepresentation），进而与第三人订立合同的当事人提供损害赔偿的法律救济。这已经在 1789 年的 *Pasley v. Freeman* 案[44]中得到承认。但在古典时期，甚至欺诈的概念也都被大大削弱了。首先，人们坚持认为，欺诈只涉及事实陈述，而不涉及单纯的看法问题。在帕斯利诉弗里曼案中，虽然欺诈已经被证实，但格罗斯法官（Grose J.）的异议将会使被告的责任被免除。该案涉及的是一封简单的有关 Freeman 资信可靠的推荐信，结果是原告将价值 2600 英镑的货物信托给了 Freeman。格罗斯法官说，一个人是否值得
469 信任，取决于意见，而原告很可能已经从其他人那里了解到 Freeman 的可信度。“他们没有向其他人了解是他们自己的错，是他们自己的懈怠使他们遭受到损害。由于他们的重大过失（gross negligence）他们相信了被告的声称。”[45]人们还必须注意到，有关因果关系的观念变化（前文提到过

[43]　At pp. 604-5.

[44]　（1789）3 T. R. 51，100 E. R. 450.

[45]　3 T. R. 56，100 E. R. 453.

的）[46] 在这里可能具有很大的相关性。信赖他人而遭受损失往往被认为应当完全归责于信赖方的行为；即使是欺诈性虚假陈述其本身也不会造成任何损失，因为只有当陈述相对人（representee）依此虚假陈述而采取行动时，才会产生某种不良后果。在 19 世纪中期英国的背景下，当时人们对自力更生和个人主义有很高的评价，很容易就能看到一个人因为信赖他人而遭受损失，就像作者本人所遭受的不幸一样。事实上，在帕斯利诉弗里曼案中，对于格罗斯法官的争辩有许多值得探讨之处，因为仅仅基于某个推荐（reference）就将价值 2600 英镑（其价值可能超过今天该金额的 20 倍）的货物信托给一个陌生人，这看起来愚蠢透顶。虽然帕斯利诉弗里曼案所确定的原则从未受到挑战[47]——但实际上它是被作为对欺诈的一种威慑而受到人们支持的[48]——如果案件发生在（比如说）1850 年，那么实际的判决可能是很不一样的。

对欺诈概念的第二个限制，在古典时期就已经根深蒂固了，欺诈不包括单纯的不披露（non-disclosure）。在某种意义上，不披露在逻辑上隐含在买者自慎的概念之内，买者自慎要求每个当事人都依自己的判断行事。到 1821 年，埃尔登勋爵（尽管他是极端保守主义者，但是有时却与新时代的道德相一致）接受了这样的观点："如果有人要出售一处地产，我调查之后知道其地下有一座矿藏，而对方未作调查，我没有义务提供任何信息给他；他应当运用他自己的意识和知识而为其利益行事。"[49]

然而，现在需要注意到的是，前述所谈到的大部分内容都是理论上的，而在任何时候，这种严峻的和不道德的市场法则从来都不能完全代表法院的实践。事实上，同样有理由认为，它也从来没有完全代表政治经济 470
学家的观点。在理论上，人们很容易断言说，消费者是他自己利益的最佳判断者，他们总是能够分辨出货物的优劣、马匹的好坏，或者房屋的好坏。但是在实践中，不断涌现出各种情形的案件，在这些案件中，消费者

[46]　*Supra*, p. 282.

[47]　埃尔登勋爵虽然对该原则进行了批评，但主要是（看起来主要是）因为他认为这是对衡平法管辖权的侵入：*Evans* v. *Bicknell*（1801）6 Ves. 174，186，31 E. R. 998，1003-4。

[48]　在帕斯利诉弗里曼案所处的时代，推荐介绍的错误性质问题，是一种公认的社会罪恶。佩利在其《道德和政治哲学原理》（*Principles of Moral and Political Philosophy*）中对此进行了分析，Book II，Chapter XI；在 1792 年（23 George. 3，c.56）提供错误和欺诈性推荐介绍被制定法当作一种犯罪行为。

[49]　*Turner* v. *Harvey*（1821）Jacob 168，178，37，E. R. 814，817-18.

根本无法判断这些问题。亚当·斯密可能会争辩说，即使是医生的执业许可也是不必要的，因为消费者很快就能分辨出称职与不称职的医生，但是他的后继者们却不能确定消费者是否有能力作出这样的分辨。J. C. 麦克库洛赫认为，消费者也许能够分辨出称职或不称职的裁缝，但是去找一个不称职的医生看病的病人可能会因为他的错误而付出生命代价，而且这个错误甚至可能一直都不会被发现。[50] 同样，约翰·斯图尔特·密尔认为，这一命题，即消费者对于其所购买的东西而言他是一名称职的法官，只能在该命题显著缓和以及存在大量例外的情况下才能得到人们的承认。[51] 甚至连赫伯特·斯宾塞在 1871 年也抱怨说，法律存在严重缺陷，无法为这种情形下的消费者提供快速而低价的救济，即出售给消费者的东西并不是消费者所想要的。[52] 我们也看到拜尔斯法官（Byles J.）在稍有不同的情境下 [53] 所提出的一些争论，他认为，如果消费者对于他们自己的错误或者误判（misjudgment）不能得到法律的充分保护，那么许多消费者永远也不会得到教训；他同时还提出了一个非常有说服力的观点，即这样的教训无论如何都是不能通过遗传获得的。因此，每一代消费者都必须要重新汲取这些教训，而如果法律袖手旁观的话，汲取教训的过程将会困难得多。一个作家在 1870 年的《弗雷泽杂志》（*Fraser's Magazine*）中提出了同样的观点，他说如果我们所有人都已经活了两三百年的话，那么买者自慎就会运行得很好。[54]

人们没有充分注意到的另外一点是，买者自慎的支持者似乎不是经济学家就是律师。拒绝对签订了令其不满意的合同的消费者进行任何救济，可能被描述为“不干预”（‘non-intervention’），而且只有在合同已经被履行了的情况下，才符合“自由放任”原则。如果有瑕疵的货物已经实际交付，并且被买方所接受，如果买方希望寻求救济，那么责任就在他的身上，
471 他需要让法院认为其有理由实施对他有利的干涉。但是当待履行合同即将履行时，情况就不同了。买方可以拒绝受领有瑕疵货物的交付，而不需要法律的“干涉”来保护他。若卖方寻求强制执行合同，买方可以以货物的

[50] *Principles of Political Economy*, 5th edn., p. 228.

[51] *Principles of Political Economy*, Book V, Chapter XI, Sect. 8.

[52] *The Man Versus the State* (reprinted, Harmondsworth, 1969), p. 294.

[53] *Supra*, p. 382.

[54] Jan. 1870, p. 76.

瑕疵性质为由来进行辩护。然而，律师和经济学家不是这样理解的。他们甚至认为待履行合同的履行，是事物的某种“自然”状态，买方要求法律“干涉”也被认为是想要逃避承担瑕疵货物之责任。

然而，尽管如此，在货物销售合同中和在一般合同法上，买者自慎原则从来没有被严格执行。事实上，正如一个人对 19 世纪的判例法所做的调查（关于制定法留在第十六章进行讨论），真相似乎是，这一原则被违反的情形远多于其被遵守的情形。令人费解的是，为什么这一原则过去（以及现在）被广泛地认为代表着法律规定，因为它显然没有在非常广泛的各种情形中发挥作用。该原则与自由放任原则存在一种奇怪的和密切的平行关系，（正如我们已经看到的）自由放任原则也被认为代表着议会和政府的政策，但是该原则事实上代表政策的程度远低于人们的笃信。所发生的情况似乎是，评论家和法律界仅仅用一两个具体判例来解释该原则，这一两个判例的重要性被显著夸大了，而该原则并没有被一般判例法所证明；也必须注意到，在 19 世纪 30 年代或 40 年代中期，不同法院之间的政策有显著分歧。[55] 在财税法庭（Court of Exchequer）中，帕克财税法官是其主要人物，除了偶尔被阿宾杰首席财税法官压制外，该法庭几乎总是为“买卖自慎”辩护。皇家民事法庭（Common Pleas）只要是在贝斯特首席法官听审期间，就会遵循相反的政策。在买者自慎的原则被显著削弱之前，王座法庭最初在埃伦伯勒首席法官（Ellenbrough C. J.）的主持之下的时候，与后来在登曼首席法官的主持之下的时候，存在巨大的摇摆不定。

囿于篇幅，我没有对这里的判例法进行全面的审视，我必须将内容集中于所选定的主题，它分布在许多领域之中。在产生了最多诉讼纠纷的货物销售合同中，买者自慎原则既与货物的所有权相关，也与货物的质量和适当性相关。在前一类案件中，其问题在于，如果卖方没有所有权却将货物卖给买方，随后真正的所有权人要求买方返还原物，那么该卖方是否要对买方承担责任。在 1844 年的一项判决中，帕克财税法官似乎没有参与该案的审理，财税法庭拒绝了买者自慎也适用于所有权问题的观点。[56] 荒 472

[55] See on this Llewellyn, ‘Across Sales on Horse Back’, 52 *Harvard Law Rev.* 725（1939）.

[56] *Allen* v. *Hopkins*（1844）13 M. & W. 94, 153 E. R.39. 没有记录显示帕克财税法官审理了此案。

谬的是，当买方不得不将货物返还给真正的所有权人时，卖方却仍然能够诉请买方支付价款。五年后，受帕克财税法官的影响，同一个法庭正式否定（或者更多的是忽略了）这些异端邪说，并坚持认为无论以任何价格出售特定物品，买者自慎都适用于所有权问题。[57]15 年之后，同样的问题被提交到接受了买者自慎原则的皇家民事法庭（Court of Common Pleas），但是从贝斯特首席法官起，该法庭就不那么尊重该原则了。皇家民事法庭着重强调，作为一项普遍规则，货物的卖方必须默示担保他对货物的所有权。[58] 与之相反的主张“必定会冲击任何普通人的理解”。[59] 较陈旧的判例被解释为依赖于这种假设，即买方在某些特定情形下应当承担卖方没有所有权的风险。例如，当卖方被认为是一个质权人（pledgee），或者是一个依照执行令状（writ of execution）拍卖货物的治安官的时候，买方可能被认为应当承担卖方没有所有权的风险。

有关质量和适当性的诉讼数量巨大，而各种事实情况也同样是多样化的。这些判例可以分为两个主要部分：有关明示担保的判例，以及买方声称存在默示担保的那些判例。在第一类判例中，主要的问题通常是将明确的事实断言，与有关见解问题（matters of opinion）的陈述，或者模糊的断言（“单纯的陈述”）区分开来。一般而言，这些案件都取决于法院的这种见解，即买方信赖卖方的话是否具有合理性。表面上看，买方依靠他自己的判断行事也许是事实，但是卖方对事实所做的确定无疑的断言，自然“会（给买方）造成商品的品质是有保证的印象”[60]。在这个时候，在“陈述”或者“担保”中并不存在任何魔力。尤其是在贝斯特首席法官的法庭上，一个人不能通过说事实陈述是买方不应当信赖的、单纯的陈述，而逃避对于事实陈述的责任。“如果一个人说，这匹马是状态良好的，那么这就是一种担保”[61]，这是皇家民事法庭所坚持的原则。

但也存在更加困难的案例。如果买家和卖家就呈现在他们面前的大麦

---

[57] *Morley* v. *Attenborough*（1849）3 Ex. 500, 154 E. R. 943.

[58] *Eichholz* v. *Bannister*（1864）17 C. B.（N. S.）708, 144 E. R. 284.

[59] *Per* Erle C. J., 17 C. B.（N. S.）722, 144, E. R. 289.

[60] *Per* Lord Ellenborough C. J. in *Williamson* v. *Allison*（1802）2 East 446, 102 E. R. 479.

[61] *Per* Best C. J. in *Salmon* v. *Ward*（1825）2 C. & P. 211, 212, 172, E. R. 96, 96; see also *Wood* v. *Smith*（1829）4 C. & P. 45, 172 E. R. 600，在该案中，陈述说“我从未担保，但是据我所知它是状况良好的”，这被认为是一种担保，只要卖方知道马状况良好。

的数量进行了讨价还价，双方都看到并查验了大麦，情况会怎样？在这样的案例中，卖方（错误地）将标的物称为“种子大麦”（‘seed barley’）并不是一个保证，因为买方也是这样称呼的，而且每一方当事人都错误地信赖了他自己的判断。[62] 如果买方确实查验了货物，或者委任了一个代理人来查验，但是仍然有些缺陷没有被发现，甚至是无法被发现的，又该如何？在这种情况下，买方是否有权信赖卖方的陈述，或者陈述是否已经超出了买方查验的范围？这些问题的答案可能完全取决于问题是被提交到哪个法院。如果问题被提交到财税法院，无论是帕克财税法官还是布拉姆韦尔财税法官（Bramwell B.）审理，买方可能都会败诉。[63] 在王座法庭，[64] 或者在皇家民事法庭中，买家更有可能得到胜诉裁决。还有一些案例，双方当事人都基于同样的假设进行交易，例如，双方买卖一艘被认为正在海上航行的船，但该船在双方签订合同之前就已失事（当事人不知道此情形），或者双方买卖一根银条，该银条被检验师错误鉴证为包含了如此之多盎司的银含量。在这里，不同的法院也有不同的态度。在 *Barr* v. *Gibson* 案[65] 中，财税法庭迫使买方为合同签订之前即已经失事的、现在价值只有 10 英镑的船舶支付双方所约定的 4000 英镑的价款。另外，在 *Cox* v. *Prentice* 案[66] 中，王座法庭认为买者自慎不适用于银含量被错误认定的银条销售，因为任何一方当事人都不是出于他自己的判断，而是出于对证书的信赖行事的。 473

由于某种难以理解的原因，这里的买者自慎原则与其他地方一样，人们逐渐发现存在一个开创性判例（leading case），尽管这个判决是基于特定事实所作出的，尽管还明显存在大量的相反判例。这个判例就是 *Hopkins* v. *Tanqueray* 案，[67] 在该案中，买方在塔特萨尔（Tattersalls）的一个拍卖会上购买了一匹马，在此之前他已经得到了私下保证（private assurance）说马匹状况良好。这被认为并不构成一项担保，主要是因为人们普遍都知道，塔

---

[62] *Carter* v. *Crick*（1859）4 H. & N. 410，157，E. R. 899.

[63] *Taylor* v. *Bullen*（1850）5 Ex. 779，155 E. R. 341（Park B. sitting）; *Stuckey* v. *Bailey*（1862）1 H. & C. 404，158 E. R. 943（Bramwell B. sitting）.

[64] See，e. g.，*Tye* v. *Fynmore*（1813）3 Camp. 462，170 E. R. 1446; *Shepherd* v. *Kain*（1821）5 B. & Ald. 240，106 E. R. 1180.

[65] （1838）3 M. & W. 391，150 E. R. 1196.

[66] （1815）3 M. & S. 344，105 E. R. 641.

[67] （1854）15 C. B. 130，139 E. R. 369.

特萨尔的拍卖会总是没有担保的。但这一判决逐渐被认为是这种主张的权威判决，也就是说，即使出售时的明确声明也可能被视为“单纯的陈述”，而不是担保。这样的一种观念竟然盛行开来，这是很不寻常的，因为该案
474 本身并没有什么东西支持了这个观念。

有关默示担保的第二类案件，涉及买者自慎原则更大的困难，因为人们不可避免地认为买卖中的默示担保与买者自慎原则本身是直接矛盾的。如果一个买方有权从单纯的买卖事实中（或者是从支付公平价格的单纯事实中）假定货物是完好的，那么就很难说买者自慎原则到底会剩下些什么。尽管如此，即使在这里，皇家民事法庭从最早的时候就已经愿意遵循贝斯特首席法官的这种观点，即一个合理的价格意味着商品是良好的，至少货物的瑕疵不是在其很容易发现的地方。在这个工业制成品的新时代，商品的质量不可能像用麻袋或布袋装起来出售的简单食物那样容易确定，这些简单食物可以通过肉眼和徒手测试其质量。在 *Jones* v. *Brights* 案[68]中，买方为一艘船购买铜护套，该铜护套本应维持四年到五年的使用期，但只过了四个月就被腐蚀成碎片，法院干涉了该买卖。对于贝斯特首席法官的道德感而言，基于“买家自慎”而允许卖家保留请求支付全款的权利，实在太过分了。他坚持认为：“法院的职责是执行法律，制定经过精心设计的防止欺诈规则；保护那些必定不了解其所购商品质量的人；确保给人们提供最好的、比他们现在所能提供的商品还要好的商品，是商品制造商和销售商的利益所在。”[69]

但是，质量的默示担保之争并不是那么容易就能取胜的。在王座法庭，*Parkinson* v. *Lee* 案[70]多年来被认为是确立了相反的原则，至少在买方有机会检查货物或样品的情况下是如此，尽管事实上货物的瑕疵是如此隐蔽以至于不容易通过这样的检查就可以发现此瑕疵。财税法庭多年以来一直在进行着反对这种默示担保的斗争。[71]迟至 1862 年，法院都拒绝认为存在商品适当性的默示担保，甚至在出售供人们食用的肉类时也是

---

[68] （1829）5 Bing. 533，130 E. R. 1167.

[69] 5 Bing. 542-3，130 E. R. 1171. 但是贝斯特首席法官（和佩利一样）同意马匹的买卖不存在默示担保，因为在这种买卖中“买方并没有感到怀疑，且也许他是以更便宜价格买到的该动物”。

[70] （1802）2 East 314，102 E. R. 389.

[71] See, e. g., *Burnby* v. *Bollett*（1847）16 M. & W. 644.

如此。[72] 但最终，司法正义感已经被证明是十分强大的。完全可以断言，一个依靠他自己判断的人，虽然承担着货物存在瑕疵的风险，但事实上，买方经常并非依赖于他自己的判断，而是依赖于卖方的诚实和责任心，或者依赖于一般的交易过程。一个人为状况良好的商品支付公平的价格，这一事实本身就说明他希望得到一件状况良好的商品，而如果他没有得 475
到这样的商品，那么该合同显然就是一个不公平的交易。虽然法院没有重新使用公平价格或公平交换的旧式语言，但在 19 世纪 60 年代，这些判决达到的正是这样的效果。这十年中有两个重要判例，最先是财政署内室法庭，[73] 然后是王座法庭（Queen's Bench），[74] 确立了新的规则。买者自慎将来只适用于出售这种特定商品，即买方已经查验过并且基于这种查验作出了自己的判断。如果买方没有机会进行任何检查，如果货物是按说明（description）销售的一般商品而不是特别的商品，那么卖方就有责任（至少商人有责任）提供具有可销售之品质的商品。这些判决的结果仍然广泛地代表了现代法律，它们在很大程度上将规范因素从信赖问题中排除了。现在的问题，就不再仅仅是买方是否合理地信赖了卖方，或者买方是否不应当依靠自己的判断的问题，而是买方事实上是否这样做了的问题。

与这些判例发生了同样的发展的是，货物质量本身变得不那么重要了，而与特定目的相关的适用性则变得重要了。如果买方依靠他自己的判断，那么他就不能抱怨，但是如果他依赖卖方的判断或卖方保证货物适应于特定的目的，那么卖方就对这种效果默示地提供了担保。[75]

在货物销售合同领域之外，也出现了非常类似的发展，但是由于涉及不同的合同和关系，因此新规则从未像在货物销售合同中那样被清晰地具体化。事实上，人们有这样一种认识，即使是在今天，买者自慎规则至少表面上也适用于许多合同，因为并不存在标准含义（standard implications），

---

[72] *Emmerton* v. *Mathews*（1862）7 H. & N. 586，158 E. R. 604.

[73] *Bigge* v. *Parkinson*（1862）7 H. & N. 955，158 E. R. 758.

[74] *Jones* v. *Just*（1868）L. R. 3 Q. B. 197.

[75] Cf. *Ollivant* v. *Bailey*（1843）5 Q. B. 288，114 E. R. 1257（Queen's Bench）with *Chanter* v. *Hopkins*（1838）4 M. & W. 399，150 E. R. 1484（Court of Exchequer）. See too *Brown* v. *Edington*（1841）2 M. & G. 279，133 E. R. 751；*Shepherd*v. *Pybus*（1842）3 M. & G. 868，133 E. R. 1390——这两个判例都是皇家民事法庭判决的。

就像买者自慎规则适用于货物销售合同那样的含义；但是在实践中，结果并没有太大的不同，因为在有必要实现正义的时候，该规则的含义往往可以被推导出来。买者自慎条款可能被默示订入合同之中的主要理由之一是，一方在相关事情上对另一方形成了信赖。但也许是因为在这些情形之下，信赖的规范性因素仍然比较强大。例如，人们期待一个购买房屋的人在购买之前能够先检查一下房屋，但是几乎不可能说服法庭有任何条款将被默
476 示地订入这样一个合同之中。同样，在普通法上，没有任何有关适用性的条款能够被默示订入一个不带家具的房屋租赁合同之中，[76] 虽然 1843 年的一个判例认为带家具的房屋租赁合同中，附加有一个合理适用性的条款。[77] 也许这是因为人们在没有亲自检查的情况下，在短时间内（一个“季度”）承租带家具的房屋并不罕见，因此人们认为，在这种情况下不能认为承租人订立合同时依靠的是他自己的判断。

在 1770 年至 1870 年间，在衡平法院中也出现了非常类似的发展。在这个法院里，这个问题通常以另一种不同形式出现——亦即在强制履行的诉讼中提出虚假陈述抗辩——但这个问题在本质上往往是一样的。问题在于，买方（或者承租人）是否确实或者应当依靠他自己的判断，或者他是否（以及有权）信赖卖方或者出租人的话语。在 19 世纪的头几十年里，人们倾向于允许卖家在广告或者推荐赞扬其财产上有很大的自由度，并且认为只有非常愚蠢的买家才会信赖这些说法。[78]1838 年上议院在一个复杂的矿山买卖的案件中，认为“问题是……当事人为了保护他们自己是否有通常程度的警觉和细心，这些注意义务是法律对那些请求法律保护的人有权提出的期望”[79]。在本案中，一些矿山以 550000 英镑的价格出售了，后来买方发现这些矿山每年所能产生的净利润只有 6000 英镑至 8000 英镑（为矿山价款的 1% 至 1.25%），尽管卖方存在虚假陈述，但是买方的救济权被剥夺了，因为他自己已经对矿山进行过查验，且他

[76] 正如在 *Robins* v. *Jones*（1863）15 C. B.（N. S.）221, 240, 143 E. R. 768, 776 中所言：“没有法律反对出租破败不堪的房屋。”当这个国家有一半的房屋都是“破败不堪的房屋”时，这又如何呢？

[77] *Smith* v. *Marrable*（1843）11 M. & W. 5, 152 E. R. 693.

[78] See, e. g., *Trower* v. *Newcome*（1813）3 Mer. 704, 36 E. R. 270; *Scott* v. *Hamson*（1826）1 Sim. 13, 57 E. R. 483, affirmed（1829）1 Russ. & My. 128, 39 E. R. 49.

[79] *Attwood* v. *Small*（1838）6 Cl. & F. 232, 344, 7 E. R. 684, 727.

信赖的是他的专家报告。布鲁厄姆勋爵用李嘉图肯定会赞成的语言，作出了不利于买方的判决，他说："如果仅仅是一般意图（general intention）被超越就可以寻求救济，那么我不知道有什么样的合同是人们可以忍受的，即使是在那些具有严格道德观的人之间亦是如此；我们通常认为一方当事人试图欺骗另一方当事人，而另一方当事人试图欺骗本方当事人，但这并不会导致合同无效。必须证明，这些欺骗的尝试已经被实施而且取得了成功，这才能导致合同无效。"[80] 在 19 世纪早期的一些有关善意转让营业的案例中法院也持类似的态度，在这些案件中，衡平法院认为，在缺乏明示盖印契约（covenant）的情况下，并不能限制卖主（vendor） 477 开设与旧营业相竞争的新营业。[81] 这是一个买者自慎的案件，买方应当请求订立一个明确的不竞争的契约。

但是这种割喉式的竞争——在这种竞争中所有的企业都试图欺骗对方当事人——与衡平法的传统态度相违背，甚至它是否与商业道德相一致都是非常值得怀疑的。因为事实是，19 世纪英国的商业道德水准普遍很高。特别是在 19 世纪下半叶，英国商人由于履行协议的严格与严谨，以及他们期望达成的交易的公平性，而使他们在海外商人当中获得了最高的声誉。[82]

除此之外，还有一些衡平法的传统态度与竞争性市场原则完全相悖。与信托受托人（trustees）以及其他受托人关系（fiduciary relationships）有关的法律，长期以来都是以此作为其运行基础的——在适当的条件之下——一个人有权信赖另一个人，有权将全部信赖托付于他人。不当影响（undue influence）规则即是其例，该规则在 19 世纪早期因罗米利*之论（Romilly's argument）而闻名的一个案件中得到了重申；[83] 不当影响规则持续且规范性地适用于成例（established cases），如律师与当事人之间的关系；[84] 直到这个

[80] 6 Cl. & F. 448, 7 E. R. 765.

[81] *Cruttwell* v. *Lye*（1810）17 Ves. Jun. 335, 34 E. R. 129; *Harrison* v. *Gardner*（1817）2 Madd. 198, 219, 56 E. R. 308, 316.

[82] Sir Arthur Bryant, *The Age of Elegance*（reprinted London, 1975）, p. 270. See also Welbourne, 'Bankruptcy Before the Era of Reform', 4 *Camb. Hist. J.* 50, 62（1932）.

* 指 19 世纪英国政治家和社会改革家塞缪尔·罗米利勋爵（Sir Samuel Romilly），他发起了 19 世纪英国法律改革运动。英国 1812 年颁布的《慈善募捐程序法》（Charity Procedure Act）因他之故被称为《罗米利法》（Romilly's Act）。——译者注

[83] *Huguenin* v. *Baseley*（1807）14 Ves. 273, 33 E. R. 526.

[84] See e. g., *Goddard* v. *Carlisle*（1821）9 Price 169, 147 E. R. 57.

时期的末期，法院在 1866 年重申不对衡平法管辖权设置任何严格限制。[85] 人们认为，这些案例展示了维多利亚时代的商业道德（business morality）与维多利亚时代的个人道德（personal morality）之间有趣的对比。在商业领域，自力更生、人人为己、落后者遭殃的规则更为盛行。但是在个人关系当中，在更加具有亲密性或私密性的关系之中，衡平法的规则反映出了一套完全不同的道德准则。在这里，人们强调的是人之荣誉、正直的高度道德性，而最严格的行为准则更加盛行。

当然，所有这些判例都取决于存在某些特殊的信托或信任关系，但是到 19 世纪中期，衡平法院开始以更加一般的方式重建他们对于合同中的诚信和公平交易的信念。一个显著的例子就是 1859 年的 *Piggott* v. *Stratton* 案，[86] 该案本身否定了这是一个买者自慎原则全盛时期的观念。本案的被
478 告是 A、B 两幅建筑用地的承租人，其承租的条件是，为了使 B 幅土地的海景不受到阻碍，承租人在 A 幅土地上建造的建筑物，与 B 幅土地的距离不应少于 30 英尺。被告给原告提供了一份 B 幅土地的分租协议（sub-lease），而原告则向他询问了他在 A 幅土地上进行建造的可能性。被告则让原告参看了主租赁合同（head lease）中的内容，原告对此产生信赖因而接受了分租协议并在 B 幅土地上建造了房屋。被告随后解除了他与地主（head landlord）之间的主租赁合同，并从他的手中取得了一份没有限制性条款的新租赁合同。当他开始在 A 幅土地建造建筑物以至于阻碍了原告之海景时，原告申请了禁止令（injunction）。Lord Campbell 和上诉法院的法官们（Lords Justices of Appeal）批准了这一禁止令，并强烈批判了被告的行为。但可以看到的是，原告并没有通过订立明确的契约来保护自己免受被告这种行为的损害，而这种契约本来是他可以要求订立的。他只是信赖了被告的诚信，并指望被告不会从地主那里取得租赁合同。因此，原告是在为一个非交易信赖（unbargained-for reliance）甚至是期待而寻求保护。然而，法院对这个争议点的回答是，“如果要求人们应当对骗子可能采取的诡计进行预测和明确的防范，那么商业活动就无法进行”[87]。因此，法院要保护合理的信赖和合理的期待，即使合同的文义并没有涵盖它们。

[85] *Tate* v. *Williamson*（1866）L. R. 2 Ch. App. 55.

[86] （1859）1 De G. F. & J. 33, 45 E. R. 271.

[87] 1 De G. F. & J. 50, 45 E. R. 278.

与19世纪相比，现在人们对于那些与他们做生意的人的期待已然发生了许多变化。或许，在18世纪末或者19世纪初，事情的“自然”状态仅仅就是在合同被履行之后维持其现状（status quo）。在法律上获得补偿的困难依然很大，但在1770年至1830年左右的这段时期里，这种困难程度可能比以往任何时候都要大。普通法院（Courts of Common Law）不堪重负，衡平法院人满为患几乎要窒息而亡，也没有初级法院（inferior Courts）可以受理较轻微的诉讼。一个购买一些商品并付款了的人，可能会认为事物的“自然”秩序，就应当是事物不受干扰的秩序。但如果他做了一个不幸的交易，如果货物被证明是有瑕疵的，他可能会只是耸了耸肩并决定下一笔交易要汲取教训。到19世纪中期，情况已经开始发生变化。首先，原告基于待履行合同提起诉讼的可能性越来越大。这样说显然是不过分的，即一个做了一场很不好的交易的人，甚至是被欺诈了的人，如果交易已经被履行了，他有可能会忍受这种情况，也可能求助于他唯一能够求助的法律，但是这同一个人也可能会极力反对尝试执行对他不利的待履行交易。479
在这种情况下，诉诸法律的责任就不在他的身上而是在对方身上；如果被告被起诉到法院，他很可能会极力为自己辩护。但除此之外，由于商业习惯和惯例的变化，人们的期待也随之发生了变化。随着规则和秩序的逐步建立，随着记录开始得到更好地保存，随着制成品开始变得更加可靠和风险降低，随着工业革命早期的波动性的消失，缔约当事人可能会越来越习惯于他们的期待被实现。由于买方（例如）开始期待货物更加可靠，或者期待制造商无需额外收费即可将有瑕疵的货物替换掉，因此价格自然会被上调。这反过来可能对法律产生影响，更高的期待值得受到更高程度的保护，至少部分原因是人们为此支付了较高的价格。

但是我们绝不能过分强调这些推测性建议，因为较之于法律所实际发生的变化，它们所认为的法律经历的变化要大得多。正如我们所看到的，事实是19世纪早期的人们只看到了法律对买者自慎原则的短暂介入，从一开始这种短暂的介入就不得不面对着法官们的强烈反对，法官们仍然认为，审查合同是否公平是法院工作的一部分；而到19世纪60年代，至少在货物销售合同领域中，这些法官已经胜出了，买者自慎的介入结束了。当合同性交易的公平性仍然构成合同法最重要的组成部分的时候，普通法在很大程度上又回归到了18世纪的衡平法传统。奇怪的是没有人愿意承认这个事实，没有人愿意承认买者自慎与“自由放任主义”的影响一样大

（或者说一样小），没有人愿意承认到1870年买者自慎已经死亡并且被彻底埋葬了。要理解为什么会发生这种情况却并不容易，但其中一部分答案可能就在新式教科书中，这些教科书出现于19世纪70年代，但它们并没有充分反映普通法早期观念的回归。安森对于延续买者自慎神话做了许多工作，一如他的同时代人戴雪对于“自由放任主义”所做的工作一样。[87A]

第三节 获 益

在古典时期，一个人一般应当为其所获得的利益支付公平报偿
480 （recompense）的观念，以及与之类似的有关信赖的学说都遭遇了相似的命运。也就是说，这个概念有被一分为二的趋势。只要在某个协议中可以找到为了某项利益而偿付代价，或者至少是默示地偿付，那么赋予对方利益的当事人［用美国术语来说该利益就是恢复原状的利益（restitution interest）］就会得到很好的保护。其实在某种意义上，获益有时候被过度保护了，这一点与信赖的情形类似。因为它们受到的保护并不是公开的，不是简单地要求获益人（recipient）偿付他从利益中所获得的价值，而是通过保护交易相对方的期待利益的方式，有时候要求获益人偿付的价值甚至超过了他的获益。另外，如果没有任何期待利益可以被保护，如果没有对被授予的利益予以偿付的协议的外观（也不可能有默示协议的外观），那么人们就倾向于允许返还未受到保护的利益。与信赖类似，人们发现这种进路的逻辑事实上从未完全胜出。如果这种进路胜出了，那么这一法律——现在被称为准合同法或者返还法（the law of restitution）——整体一定已经消失了。但实际上这种情况从来没有发生，尽管这个法律部门在古典时期和后古典时期受到了很大压制。一般而言，这样一种观念，即一个人没有同意偿付他所获得的利益而法律却强迫他偿付该利益，是与时代精神相悖的。

准合同

人们记得，在1770年前后，法院还没有认真尝试过将准合同法与合同

［87A］ 安森在其著作的第二版第231页仿佛认为买者自慎仍然是法律的一般规则。也许本杰明（Benjamin）的《买卖论》（*Sale*）（1868年首次出版）在这一点上也产生了影响。本杰明在该书第一版（p.479）中将买者自慎看作一般规则，在该书1873年的第二版（p.525）中，买者自慎的合理性则被弱化了。

法区分开来。在此期间，人们普遍根据诉讼与抗辩之目的而将合同区分为两类：明示合同和“默示合同”。在古典契约理论的光环下成长起来的现代律师，似乎对“默示合同”的分类感到困惑，它一方面包括后来人们所称的真正的默示合同，另一方面也包括准合同。在前一种情形，人们逐渐认识到这种默示（implication）是一种“真正的推断”（‘genuine inference’），而在后一种情况下，这种默示是一种拟制。之前我已经指出，[88]18 世纪的律师们根本不关心这个问题。我认为对他们来说，默示合同包含了一方当事人将某些利益赋予给另一方当事人的各种情形，在这种情形中人们认为应当进行偿付——如果是陪审团作出此偿付判决，那么这种情形被称为“事实上的默示”（‘implied in fact’）合同，如果是法官作出的偿付判决，那么这种情形被称为“法律上的默示”（‘implied in law’）合同。现在，这 481
些古老术语在跨越了几乎整个古典时期之后，在法院内部、在学者之间仍然得以幸存下来。例如，在鲍威尔的《契约与协议法论》[89] 中，我们发现，他认为，默示合同并不是源于当事人的“特别协议”，而是法律的推定；但是，鲍威尔接着举出了一些例子：第一个例子是被不正当胁迫而进行的付款，第二个例子是基于请求而提供商品或服务——“如果一个客栈老板给我的马喂食，或者一个裁缝给我做衣服”。现代律师会发现这是一个令人迷惑的混合物，正如他所想要说的，在第一种情形下根本不存在“真实”的协议，而在第二种情形下却存在“真正”的默示，因为获得这些利益的当事人，在实践中已经知道他有付款的责任并且也打算付款。

在 1834 年的《奇蒂论合同法》（Chitty）[90] 第二版以及在 1842 年的阿狄森（Addison）《论合同》（*Contracts*）[90A] 中，人们仍然可以发现他们同样在使用“默示合同”一词。但是在这里与在其他地方一样，新术语已经近在眼前，尽管它还只是在特定的情形中被使用，不过它已经慢慢在法院中取得进展。在波蒂埃那里，我们发现罗马法是区分合同和准合同的：“在合同中，是缔约当事人的合意产生了义务；在准合同中，不存在任何合意。是法律本身，或自然公平（natural equity）通过对产生这种结果的事实赋以强

[88] *Supra*, p. 181.

[89] i. 245-6.

[90] pp. 16 *et seq.*

[90A] Chapter 7.

制力的方式产生出义务的。”[91] 同样，在奥斯丁于 1863 年首次出版的《法理学讲义》（*Lectures on Jurisprudence*）中，罗马法上的区分取代了英国律师所使用的区分，[92] 英国法律所使用的“默示”合同概念，被他严厉指责为是对两种完全不同的义务类型的混淆。亨利·梅因爵士（Sir Henry Maine）在 1861 年出版的名著《古代法》中，也提请人们注意罗马法学家对真正的合同与准合同的区分，并且强调准合同根本不是真正的合同。[93] 利克于 1867 年首次出版的书，是第一本采纳这个新术语和分类的严谨实务著作。利克（正如他所承认的那样）深受奥斯丁的影响，因此用合同与准合同的罗马式区分，取代了（至少在教科书的表述中）古老的英国式的明示合同与默示合同的区分。在利克的著作出版之后，所有的英国合同法作者都采用了这种新的进路。事实上，波洛克在其于 1876 年首次出版的《合同法原则》中将准合同完全排除了，安森在其于 1879 年首次出版的《合同法
482 原则》中将这一主题放在了附录之中。[94] 这样，新一代的英国律师，那些从教科书接受第一次指导的人，特别是那些学习新牛津法律课程的人，都是接受罗马法的区分而背离老旧的英国分类而成长起来的。然而，法官们转向这种新的思维方式还是经历了一个很长的时期。

在 *Moses* v. *Macferlan* 案 [95] 中，曼斯菲尔德勋爵曾参考源于契约的（*ex contractu*）责任与源于准契约的（*quasi ex contractu*）责任，简要地分析了新术语，但是在他退职之后，旧的术语和旧的分类再次出现了。法院又继续使用“默示合同”的分类，包括所谓的“真正的推定”和所谓的“拟制默示”。事实上，直到 20 世纪 30 年代，教科书中的新见解才逐渐为法院所接受，[96] 而当法院接受的时候，学术争论就迅速而激烈地爆发了。[97]

令人惊讶的是，法官们对准合同这一术语的抵制时间竟然如此之长，因为罗马法上的区分与新的意志论是非常契合的，而英国法院对意志论的

---

[91] *Law of Obligations*, i. 69.

[92] iii. 127-35.

[93] Chapter IX.

[94] 对这个问题的广泛研究，参见 R. M. Jackson，‘The Scope of the Term Contract’, 53 *Law Q. Rev.* 526（1937）。

[95] （1760）2 Burr. 1005, 1008, 97 E. R. 676.

[96] By Lord Wright in Brooks *Wharf and Bull Wharf Ltd.* v. *Goodman Bros.*（1937）1 K. B. 534; *Fibrosa*case [1943] A. C. 32. 案也接受了新见解。

[97] P. A. Landon, 53 *Law Q. Rev.*302-4（1937）; Winfield, ibid., 447-9.

采纳普遍是充满热情的。如果合同是以意志、允诺、协议为基础的，那么它们就不可能是以应当偿付获益的观念为基础的。对于任何古老的获益因素而言，新的合同意志论是没有它的位置的——尽管合同（在合同中获益一直都是对价的重要组成部分，因此也构成责任的基础）与准合同（在准合同中，获益返还是责任之本质）之间的明显联系是它所确立的。现在我认为，总的来说，这些观点基本上都被英国法院所采纳了。正如我们将要看到的，存在许多特别的法律领域，在这些领域中利益偿付观念的重要性下降了，或者被允诺基础责任所取代了，因此，法官在实质上与新的术语及其基础取得一致了。但是他们非常不愿意采用新的术语，并且继续用"默示合同"这一通用术语来涵盖这样两种情形，一是指非明示的真正合同，二是指根本不依赖允诺的法定责任之课加。

旧的和新的进路之间的混乱，在法院将这两种进路同时运用于1843年的 *Sanders v. Vanzellar* 案[98]时所引起的混乱中，得到了很好的说明，该案涉及在托运人没有承担运费的情况下，提单的被背书人支付运费的责任。在早些时候确立的规则是，[99]提单的被背书人通常应当对一个"默示合同"承担责任。这个"默示合同"的基础法院并没有非常清楚地阐明，但看起来是基于这样一个事实，即被背书人收取了货物交付的利益，而承运人则因交付货物而遭到了放弃其留置权的损害。因此，一方当事人获得利益而另一方当事人受到损害，就被视为一项协议的充分"证据"。但是在 *Sanders v. Vanzellar* 案中，被背书人对这种推定提出了质疑，而陪审团也发现这是一个特殊案件，他们发现本案中的货物交付与之前的判例一样，但是被背书人却否认有任何明示的支付货物运费的允诺。结果是，王座法庭认为应当判决被背书人胜诉。人们认为允诺的"默示"是陪审团的一种事实推断，因此它必须由陪审团进行认定。对于这一结果，船东的律师显然出离愤怒了，因为根据案件事实足以认定被背书人在这种情况下应当承担支付运费的责任，因此他上诉到财政署内室法庭。但是该法院也判决他败诉。法官们承认，"此种提单的被背书人如果接收了提单项下的货物，那么他支付特定运费在实践中是如此常见，以至于陪审团很少或者根本不会对这个问题提出质疑，如果被背书人接收了货物而没有拒绝承认他支付运 483

[98]（1843）4 Q. B. 260, 114 E. R. 897.

[99] *Cock v. Taylor*（1811）13 East 399, 104 E. R. 424.

费的责任，那么陪审团会判决船东胜诉”[100]。但是，与下级法院一样，他们也坚持认为，陪审团必须真的发现了允诺，才能判决船东胜诉。该案表明，法院越来越不愿意对获益的一方当事人课加责任，除非陪审团能发现有允诺存在。

值得指出的是（与广为接受的现代学说相反），在合同和准合同新的区分方法之中，存在某些前后矛盾，尽管并没有真正的证据表明法院受到了这些矛盾的深刻影响。然而，这些新观点至今也没能令人满意地解释这一点，即当有清楚的证据表明所谓的允诺人根本不愿意付款的时候，一个“真正的”默示如何能够构成一个允诺。如果一个人上了火车，而故意不想支付他的车费，或者在餐馆点菜而根本不想为此付钱，新的类型化方法却告诉我们说，存在一种“真正的”默示，而其内容是明确允诺付款。对于这些案件，法院现在就不会遇到麻烦，至少部分是因为它们可以通过求助于“默示合同”来将责任正当化。[101]但是，如果他们不得不解释他们是在援引“真正的”默示合同还是准合同，来作为他们判决的理由，那么他
484 们很可能马上就会遇到问题。

现在我要提出一些证据——尽管这些证据使用的依然是旧的术语——来证明这种观点：法官们在整个古典时期总体上倾向于降低单纯获益的重要性，并强调找到偿付获益允诺的必要性。支持这种进路的一般法官附带意见（general dicta）早在1799年就出现了，甚至像肯扬勋爵这样的，整体上更加遵循18世纪传统的法官也支持这种进路。例如，在*Exall* v. *Partridge*案[102]中，他不认为，事实上整个法院都不认为，这是一个一般命题（general proposition），即一个人经由对方当事人支付金钱而获益，他因此就负有偿付该获益的责任。法院在这里所持主要论据之一是，这样的一个一般命题会使所有的债务都可以转让，因为如果受让人清偿了债务，他显然是在使债务人受益，然后他就可以基于一份默示合同而起诉债务人。当然，这并不是当时的法律规则，肯扬勋爵曾多次拒绝人们试图改变旧规则以反对债务让与的尝试。这样，法院就使用一种陈旧和过时的规则来证明一种更

[100] 4 Q. B. 295，114 E. R. 911.

[101] See，e. g.，*Rumsey* v. *N. E. Rly. Co.*（1863）14 C. B.（N. S.）640，650，143 E. R. 596，600 *per*Erle C. J.

[102] （1799）8 T. R. 308，101 E. R. 1405. Cf. 比较仅仅十多年前的*Deering* v. *Winchelsea*（1787）2 B. & P. 270，126 E. R. 1276. 案的不同态度。

加现代的进路，这有点自相矛盾。令人惊讶的是，在让与性被普遍容许的情况下，人们仍然继续宣称，一个人不能背着他人而强迫该他人获益，从而使他自己取得对抗该他人的权利。[103] 诚然，这个命题在现代的判例[104]中也可以找到，尽管它与债务的自由让与性存在明显的不一致。至少清楚的是，这一言说在 19 世纪反映了对自由选择和自愿创设权利的重新强调。只有当原告已经向被告付了款，[105] 或者当被告依法被强制付款时——被告在法律上负有付款的义务，原告仍然普遍可以获得准合同性的救济。[106] 很容易理解为什么法院通常会与这个问题划清界限，因为在这些案件中，被告的责任在很大程度上取决于法律问题。在前一个案例中，可以认为原告对被告的实际付款已经使被告获益，因此唯一的问题是，该付款是具有合法性付款还是（例如）因错误所致。在第二个案例中，法院同样只需要首先问被告是否负有付款的法律义务，然后再问原告之所为是否是法律强制的结果。作为一个法律问题，接下来的结论就是原告已经赋予了被告某项 485
利益。进行事实调查是不必要的。调查原告的行为是否在事实上使被告获益的这种困难也就被完全避免了。

在第三章我已经指出布拉姆韦尔有关合同自由的极端观点，在这里我只需要提醒读者，在 1854 年《商法委员会报告》（the Report of the Mercantile Law Commission）中，布拉姆韦尔非常明确地指出，他可以看出"在购买货物与支付价款之中以及它们两者之间的联系之中，并不存在自然正义"[107]。对他而言，决定当事人对货物，甚至是对那些已经交付和消费掉的货物，是否有支付价款的责任，并不取决于接受货物交付的一方当事人有无获益，而是取决于是否存在付款的协议或者承诺。如果没有这样的协议，那就没有责任。[108]

很明显，如果这种进路在 19 世纪被法院广泛采用的话，那么就可能会出现许多这样的案件，在这些案件中，在 18 世纪通常被课加的责任很可能

[103] *Falckev. Scottish Imperial Insurance Co.*（1886）34 Ch. D. 234.

[104] *Owenv. Tate*[1975] 2 All E. R. 129.

[105] *Kelly* v. *Solari*（1841）9 M. & W. 54，152 E. R. 24.

[106] *Bleaden* v. *Charles*（1831）7 Bing. 246，131 E. R. 95；*Moule* v. *Garrett*（1872）L. R. 7 Ex. 101.

[107] （1854）H. C. *Parliamentary Papers*，xxviii. 445，467，471；*supra*，p. 376.

[108] *Boulton* v. *Jones*（1857）2 H. & N. 564，157 E. R. 232；该案是由被告对原所有权人进行抵销所引起的，但是 27 L. J. Ex. 117 的报告，似乎暗示抵销是不重要的。

不被承认。例如，在某些案件中，商人因为向户主（head of household）的家庭成员或者其家仆（domestic servants）供应了货物或者服务而起诉户主，在 18 世纪这种责任常常被课加给户主。一般而言，根据旧的法律规定，如果货物或服务是必需品，或者如果可以推定出得到了户主的同意，那么户主就须承担责任。而现在人们逐渐认为，所有这些情况都是建立在默示同意的基础之上的，[109] 而且，对于可以认定为默示同意的情形，也进行了相当大的压缩。[110] 关于未成年人，在 *Mortimore* v. *Wright* 案 [111] 中确立起了这一严格规则，即如果父亲授权他的孩子作为他的代理人运用他的信用，那么该父亲就将承担责任。"在法律上"，阿宾杰勋爵说道，"一个没有授权他孩子订立合同的父亲，对供应给他儿子的商品所应承担的责任，并不比一个兄弟，或者一个叔叔，或者一个纯粹的陌生人所应承担的责任更大……为
486 了使父亲在法律上为其儿子所发生的债务承担责任，你必须证明他已经订立了让他受到拘束的合同，就像你需要以同样的方式证明存在着一份对他人产生拘束力的合同一样"[112]。在这个案件中，帕克财税法官认为，不能允许陪审团在没有适当证据的情况下去寻找推定同意（presumed consent）。

至于丈夫对于提供给其妻子的货物的责任，新学说显然是在 *Jolly* v. *Rees* 案 [113] 中被明确下来的。在本案中，原告给被告的妻子提供了（按照惯例）与她生活地位相符的布料和衣服，被告是她的丈夫，但是人们发现他并没有给他妻子足够的零用钱来购买这些东西。相反，丈夫还曾经告诉他的妻子，她不能以他的名义赊购商品，基于这个理由（尽管商人并不知道这一点），

---

[109] *Montague* v. *Benedict*（1825）3 B. & C. 631，107 E. R. 867；*Seaton* v. *Benedict*（1828）5 Bing. 28，130 E. R. 969.

[110] 直到 19 世纪 20 年代，这种老旧的态度依然可见。See *Cooper* v. *Martin*（1803）4 East 76，102 E. R. 759（在相当不同的事实情形中作出的一个有力的判决）；*Blackburn* v. *Mackey*（1823）1 C. & p. 1，171 E. R. 1076；*Fluck* v. *Tollemache*（1823）1 C. & P. 5，171 E. R. 1078；*Cameron* v. *Baker*（1824）1 C. & P. 268，171 E. R. 1190；*Nichole* v. *Allen*（1827）3 C. & P. 38，172 E. R. 312. 在 *Law* v. *Wilkin*（1837）6 Ad. & E. 718，112 E. R. 276 案中，帕克法官（Parke J.）（后来成为财税法官 [B.]）驳回了诉讼，但是被王座法庭在全院庭审（*in banco*）中推翻了。

[111] （1840）6 M. & W. 482，151 E. R. 502. 同时参见 *Urmston* v. *Newcomen*（1836）4 Ad. & E. 899，111 E. R. 1022，在该案中，被告的律师大胆地申辩说一个父亲对于抚养其孩子是没有普通法上的义务的。如果这个结果是政治经济学家们所宣扬的个人主义所致的话，那么他们一定会对这个结果倍感惊骇。

[112] 6 M. & W. 486，151 E. R. 504.

[113] （1864）15 C. B.（N. S.）628，143 E. R. 931.

被告被认为不需要为此承担责任。首席法官 Erle 用意志论的语言驳回了原告的诉请：“这种推理是自相矛盾的，即一方面认为她从他的意愿中获得了授权，另一方面又从婚姻关系中得出这种法律上的推定，即他们的夫妻关系能够创设出一个违背他的意愿的授权。”[114] 因此，丈夫的默示或推定的授权现在可能会被当作一个可反驳的事实问题。拜尔斯法官（Byles J.）不同意多数意见，而认为妻子的表见授权（apparent authority）是一个不能被反驳的法律问题。鉴于拜尔斯对当时流行的合同自由的反感，他在这里的异议是特别令人感兴趣的。但这无济于事。1880 年，上议院对 *Jolly* v. *Rees* 案的判决表示了赞同。[115] 意志论战胜了丈夫应当为其妻子的衣服付钱的观念。古旧法律所遗留下来的唯一内容，就是丈夫要为妻子的丧葬费用承担责任。[116]

在有关一个人对不是他家庭成员的人负有社会或者甚至法律义务的案件中，人们可以观察到类似的趋势。例如，在 1795 年肯扬勋爵认为一个对被告的仆人进行诊疗和用药的医生（apothecary），可以向被告追偿。[117] 这一判决并不是基于任何默示授权的观念，而是基于这样一个简单的理由，即仆人无论是在健康还是生病的时候，其主人都有义务照管。[118] 但是在新 487
的世纪里，肯扬勋爵的判决被推翻了，[119] 同时也有人认为，如果没有证据证明教区授权医生对贫民进行诊疗，那么教区就不能承担医疗费用。[120] 事实上，人们仍然认为教区负有对贫民提供医疗关照的义务，但是现在人们认为选择雇用谁来提供医疗关照是教区的权利。[121]

值得注意的是，这些反对施加准合同责任的趋势（正如我们今天所知），与人们重新开始重视法律长期的鼓励或者威慑作用，并非毫无关联的。提供商品给他人妻子或者孩子的那些商人，实际上遭到了法院的惩戒；

---

[114] 15 C. B.（N. S.）641，143 E. R. 936.

[115] *Debenham* v. *Mellon*（1880）6 App. Cas. 24. 很清楚的是，诱惑妻子们赊购衣服在那个时候被认为是一个严重的社会问题，而商人们对此负有主要责任。See Samuel Smiles, *Thrift*（first published 1875, London, 1903）, p. 241.

[116] *Rogers* v. *Price*（1829）3 Y. & J. 28，148 E. R. 1080；*Ambrose* v. *Kerrison*（1851）10 C. B. 776，138 E. R. 307.

[117] *Scarman* v. *Castello*（1795）1 Esp. 270，170 E. R. 353.

[118] In *Dalton's* Justice（1742 edition）的第 141 页中，这一点被非常明确地说了出来。该著作大多依赖于地方司法判决。

[119] *Wennall* v. *Adney*（1802）3 B. & P. 247，127 E. R. 137.

[120] *Atkins* v. *Banwell*（1802）2 East 505，102 E. R. 462.

[121] *Paynter* v. *Williams*（1833）1 C. & M. 810，149 E. R. 626.

他们被警告，如果他们在提供货物之前没有谨慎小心地确认获得了其丈夫、父亲或者其他户主的授权，那么他们就被剥夺了获得付款的权利。在更早的时候（也许今天也是如此，正如我们后面会看到的那样），在法律不太关心这些长期惩戒效果的情况下，强迫获益人进行适当偿付的道德诉求曾经（而且现在也是）是更为强烈的。如果法律倾向于更加守旧，不那么关心威慑和惩戒，那么，法律就更容易宽恕付出利益的一方当事人的过错，而忽视了进行先前制裁（prior sanction）的必要性，而且，如果他没有获得补偿的话，法律更有可能强调给他施加的不公正因素；如果对方没有付款的话，法律更有可能强调不当得利的因素。

这一点可以通过引用大卫・休谟生活中一个不那么有趣的事件来予以说明。[121A] 在 1774 年，休谟被爱丁堡的一个小承包商起诉了。有一次，休谟把他的房子进行了出租（出租给 James Boswell），承租人又转租给转承租人的时候，该承包商对休谟的房子进行了整修。显然，该承包商获得了转承租人的授权，但却没有获得休谟本人的授权，在该承包商完成了许多修缮和改良工作之后，休谟拒绝付款。在一审中，他被认为应当承担责任。休谟显然被激怒了，他自己起草了上诉理由。他抗辩说，原告甚至从来没有声称这些工作是在他（休谟）的授权之下开展的。“他能够得出的唯一答复是，这项工作是有必要实施的，但是，你请求人（petitioner）所给出的答复可不是一个很好的答案，因为基于同样的规则，他可以检查爱丁堡的每个房子，并且对这些房子进行他认为合适的修缮和改良，而不需要获得房东的同意或者批准，并且对他所做之事给出同样的理由：这项工作是必要的，而且这个房子变得更好了。请求人所理解的这种说法，虽然是一种极其新颖的理论，
488 但却是完全站不住脚的。”有趣的是，（无论是由于什么原因）这一辩护失败了，而且休谟被迫付款。但是人们很难相信，在 19 世纪中期的威斯敏斯特的高级法院（superior Courts）内，他的辩护会失败。如果说人们认为在 18 世纪 70 年代对爱丁堡的商人们进行惩戒是不必要的话，那么在 1850 年对伦敦和英格兰的商人们进行惩戒肯定就是（或者被认为是）必要的。

另一系列的判决涉及的是在当事人仅部分履行而未全部履行其义务的时候，该当事人恢复原状的权利问题，这些判例与我们今天所认为的准合同法具有更加紧密的联系。在这个时期的一开始，也就是在 1770 年

[121A] See E. C. Mossner, *Life of David Hume*（Edinburgh, 1954）, p. 564.

到 19 世纪早期的这段时期里，在法庭上有两个原则处于斗争之中。一方面，存在这样一种旧观念，其认为如果原告赋予了被告某些利益，即使是通过部分履行的方式赋予的，他也应当有权因他所遭受的损失而请求返还（recovery）一些东西。[122] 而另一方面，人们有一种新思路，即认为允许对部分履行进行返还，实际上是对合同的修改。[123] 在 1797 年，我们发现法官们已经表达了这种观点，“我们坐在这里不是来订立合同的，而是来执行合同的”。[124] 新的观点开始盛行，正是这种新观点导致了“不可分合同”（‘entire contract’）学说的出现，也就是说，在原告违约的情况下，原告不能请求返还其已经付出的任何利益。[125]

与这些判例极其相似的判例，所涉及的是在缺乏对价时返还已支付的金钱。在 18 世纪，缺乏部分对价时是允许返还的，也就是说，法院为了改变合同，为了对当事人已经实际履行了的合同进行权利调整，而允许向当事人提供这种救济。到 18 世纪末，这逐渐被认为是很不恰当的，法院最终否定了这种情况下可以进行返还的观点。[126] 如此原告不得不提起违约损害赔偿诉讼。一个高度抽象的奇怪理论从这些判例中生成出来。据说，[127] 为了请求返还在完全没有对价的情况下所支付了的金钱，原告必须证明合同已经被“撤销”（‘rescinded’），亦即在某种意义上他已经“摆脱”了该合同。如果他能够证明这一点，那么被告就没有理由保留根据该合同而支 489
付的任何金钱。但是，相反地，如果合同仍然保有“效力”（‘open’）而并没有“撤销”，那么原告就无法以这种形式的诉讼来要求返还他的金钱，他必须起诉违约损害赔偿。这逐渐变成了确定的法律，至今仍然是英国合同原则的组成部分。它似乎代表了法官们根据新合同理论尝试区分这两种情形，一是原告根据合同获得了某些利益，二是原告根据合同没有获得任何利益。在现代，它还帮助证明了这样一种观点，即在这种情况下返还所

---

[122] *Luke* v. *Lyde*（1759）2 Burr. 882，97 E. R. 614；*Farnsworth* v. *Garrard*（1807）1 Camp. 38，170 E. R. 867.

[123] *Ellis* v. *Hamlen*（1810）3 Taunt. 52，126 E. R. 21.

[124] *Per* Lord Kenyon in *Cook* v. *Jennings*（1797）7 T. R. 381，384，101 E. R. 1032，1033.

[125] *Sinclair* v. *Bowles*（1829）9 B. & C. 92，109 E. R. 35；*Munro* v. *Batt*（1858）8 E. & B. 738，120 E. R. 275.

[126] *Towers* v. *Barrett*（1786）1 T. R. 133，99 E. R. 1014.

[127] *Towers* v. *Barrett*supra；*Beed*v. *Blandford*（1828）2 Y. & J. 278，148 E. R. 924；*Planche* v. *Colburn*（1831）8 Bing. 14，131 E. R. 305.

付款项的权利是准合同上的权利，其区别于以某些方式被看作是合同权利的损害赔偿请求权。毋庸赘述的是，这种区分并不是建立在非常合理的基础之上的。很难理解为什么完全没有对价时的请求返还已支付款项的权利，会比违约损害赔偿的权利更缺乏合同性。[128] 就任何现实意义而言，这两种权利都非出于当事人的意愿；但另一方面，这两种权利都起因于某种通常具有合意特征的协议（arrangement）的失败或者落空，两者都是法律创制的产物。

在古典时期发展起来的准合同观念，有关其变迁的另一个例子，是早期的有关合同相对性（privity）的判例。我之前已经提请人们注意19世纪早期人们从相对性原则进行分析的诸多判例。这些判例几乎总是涉及一方当事人（A）向第二方当事人（B）支付金钱，并指示第二方当事人（B）向第三方当事人（C）进行付款。由此产生的问题是，如果B违约的话，有权起诉他的适格当事人是A还是C。毫无疑问，B应当对其中的某一个人承担责任；如果A是适格的原告，他可以以没有对价为由提起诉讼；如果B是原告，他可以以"金钱收受之诉由"（money had and received）而提起诉讼。还有可能的是，C有权以信托的受益人对这笔金钱提出请求。在18世纪晚期和19世纪早期，这种类型的案件之所以非常多，可能是因为缺乏更广泛的金融机构（banking facilities），中间人B对于A而言通常就是一种银行家。法院倾向于首先询问B是否对A或者对C"负有义务"（'accountable'），并且通过查明B是先与A还是先与C发生交易来回答这个问题。[129] 但是在19世纪，法院抛弃了这一观念而迈向了一种更加以允诺为责任之基础的观念。人们逐渐认为，除非他向C作出会付款给C的允
490 诺，否则B应当对A承担责任。[130] 但这样的话，C可以对该允诺提起诉讼吗？这里面有什么对价？在 *Liversidge* v. *Broadbent* 案[131] 中，判决认为C在这种情况下不能提起诉讼，因为他没有对价。但是在 *Griffin* v. *Weatherby* 案[132] 中，Blackburn法官无视了对价问题，他可能无意识地效仿了曼斯菲尔德勋

[128] See Perillor, 'Restitution in a Contractual Context', 73 *Columbia Law Rev.*1208（1973）.

[129] *Israel* v. *Duglas*（1789）1 H. Bl. 239, 126 E. R. 139.

[130] *Williams* v. *Everett*（1811）14 East 589, 104 E. R. 725; *Wedlakev. Hurley*（1830）1 C. & J. 83, 148 E. R. 1344.

[131]（1859）4 H. & N. 603, 157 E. R. 978.

[132]（1868）L. R. 3 Q. B. 753.

爵的判决，并且使用了与曼斯菲尔德勋爵在 *Hawkes v. Saunders* 案[133]中几乎完全相同的表述。A 对 B 的付款为 C 创设了一个衡平法上的权利，当 B 允诺付款给 C 时，“那仅仅是将受让人在衡平法上的一项权利转变为一项基于允诺的法律权利”[134]。正如霍克斯诉桑德斯案——其涉及遗赠允诺的强制执行——一样，当事人接受金钱让与，然后允诺将该金钱支付给第三人时，人们也要求存在对价。这种让与对受让人来说是一种利益（如果他被允许保有这笔钱，那么这至少会是一种利益），对于让与人而言则是一种信赖损害（detrimental reliance）行为。但是到 1868 年时，这种看待对价原则的方式在很大程度上已经消失在历史之中了，Blackburn 法官的论点注定会被误解。这个法律领域内的全部内容现在几乎都被废弃了，一部分原因是现代金融机构的增长，另一部分原因是法律学说的变迁。在《司法组织法》（Judicature Act）颁布之后，这些判例中所处理的问题逐渐被视为法律上的转让问题。当然，那些仍然令人烦恼的实质性问题依然没有得到处理，因为债权人对其债务人付款给第三人的可撤销授权，与实际上转让了权利的衡平法上的转让，仍然是一种有效的区分。[135]但是它至少将该法律体系从“金钱收受之诉”（action for money had and received）中搬到了衡平法上的转让（equitable assignment）领域之中。当时间到了 1958 年时，这个问题在 *Shamia v. Joorey* 案中[136]又复苏了，旧的法律似乎完全被误解了。到这个时候，持有这种观点似乎没有什么可奇怪，即基于一个明示付款允诺的责任是准合同责任而不是合同责任。在这里我们不能被对旧法律的这种令人困惑的重新解释所束缚。我想要说明的仅仅是，在古典时期，之前被视为由金钱支付而产生的权利，是如何通过法律的运作，逐渐被纳入合同的语言之中的。 491

道德义务理论

在第六章中我曾引用曼斯菲尔德的判决，其认为，在某些情形下，道

---

[133]　（1782）1 Cowp. 289, 98 E. R. 1091; *supra*, p. 161.

[134]　At p. 758.

[135]　*Percival* v. *Dunn*（1885）29 Ch. D. 128; *Rekstin* v. *Severo, etc. and Bank for Russian Trade*[1933] 1 K. B. 47; *Curran* v. *Newpark Cinemas Ltd.*[1951] 1 All E. R. 295.

[136]　[1958] 1 Q. B. 448; see Davies, ‘Shamia v. Joorey : A Forgotten Chapter in Quasi-Contract’, 75 *Law Q. Rev.* 220（1959）.

德义务可能是随后允诺的充分对价。[137] 我在那里曾指出，如果人们记得18世纪的合同义务仍然在很大程度上根源于履行某个独立义务的允诺，那么人们就更容易理解这些判决。但是随着合同理论的变迁，随着允诺性责任被逐渐看作合同法的基础，对于律师而言，履行独立义务之允诺的观念就不再具有太多的意义了。在1802年，判例汇编的报告人（Law Reporters）Bosanquet和Puller在*Wennall* v. *Adney*案[138]的判决中附上了一个批注，这个批注注定比该案判决本身更广为人知。在这个批注中，报告人（Reporters）认为，在道德义务能够构成充分对价的所有判例中，都存在利益的交付，而这本身通常就可以创设一个可诉的权利（an actionable action），但是，由于法律的一些特殊规则（如未成年人或者《时效法》），利益的交付并不会创设出这样的义务。在这些情形中，随后的允诺（subsequent promise）被认为是可以强制执行的。但是他们强烈反对这样的观点：任何道德上的义务都可以作为允诺的充分对价。然而，在*Lee* v. *Muggeridge*案[139]中，曼斯菲尔德的观点仍然被当作法律，甚至还被扩展适用于一个寡妇清偿债务的随后允诺的案件，该债务原来发生在她婚姻存续期间（因此她缺乏任何订立合同的行为能力）。但是，专业意见（professional opinion）强调了对整个道德义务学说的反对，[140] 并在*Eastwood* v. *Kenyon*案[141]中被最终否定。

在该案中，原告是Sutcliffe的遗嘱执行人，Sutcliffe死亡时留下了一个女儿Sarah和一些小房子。原告声称他已经花费了一些钱（从一个叫Blackburn的人那里借的）用于这些房子的花销，以及用于维持Sarah的生活。当Sarah成年的时候，她答应清偿原告的这些开支，而当她结婚的时候，她的丈夫即本案的被告也作出了相同的允诺。但丈夫的允诺因为缺乏对价而被认为是不可强制执行的。毫无疑问，该案的判决是19世纪合同

[137] *Supra*, p. 162.

[138] （1802）3 B. & P. 247, 249, 127 E. R. 137, 138.

[139] （1813）5 Taunt. 36, 128 E. R. 599；同时参考之前的衡平法判决（1812）1 V. & B. 118, 35 E. R. 46。

[140] See, e. g., Chitty on *Contract*, 2nd edn.（1834）, pp. 42-3，在本书中道德义务学说因其模糊不清而受到批判。

[141] （1840）11 Ad. & E. 438, 113 E. R. 482.

法上最令人困惑的判决之一。[142] 当结果看起来是如此不公正的时候，法院 492
为什么要不厌其烦地推翻代表着已经存续了 70 余年的法律的判决？此外，正如我已经指出的，如果合同法的整体趋势是强调允诺基础的重要性的话，法院在这里援用对价原则（这个时候在其他地方人们通过单纯的技术方法缓和了对价原则）来否定一个清晰而明确的允诺，这难道不奇怪吗？而且，这个看法，即该案判决是一个保守的判决，是对真正古老的、曼斯菲尔德之前的法律的回归，与我们所认识的登曼并不相符。因为登曼虽然作为律师可能并不声名显赫，但是他绝对不是一个保守主义者。他在议会中多年来一直是一个相当激进的辉格党员，是布鲁厄姆的亲密伙伴，即使是在任职法官期间，他也积极参与了许多法律改革建议。

我认为该判决可能是由三个因素所造成的。首先，随着实证主义力量的不断增长，其对法律与道德之界限的强调程度远比曼斯菲尔德时代要大得多。实证主义的起源要归功于边沁的《政府片论》（*Fragment on Government*），但是在奥斯丁 1832 年首次出版的《法理学范围》（*Province of Jurisprudence Determined*）中，实证主义得到更加详尽的阐述并被赋予了更大的力量。必须要记住的是，奥斯丁是边沁主义圈子（Benthamite circle）中的成员之一，登曼在成为首席法官（Chief Justice）之前，他自己处于这个圈子的边缘。登曼可能与奥斯丁很熟悉，更有可能是很熟悉他的作品。那么，做这样的推测似乎就并不过分，即法院对于公开将道德义务转化为法律义务的观点并不认同。

第二个因素不那么明显，也更含混不清，但是我认为，在某种意义上，该判决是准合同义务，非基于同意的责任地位不断下降的过程的一部分，其是当时时代的一个显著特征。本案本身存在一个明示的允诺，这个事实无疑是自相矛盾的，但是关键在于，萨拉最初所获得的利益并不是在她或者她的丈夫作出清偿允诺的那个时候。如果在萨拉身上存在任何对原告的支出进行清偿的准合同责任，那么毫无疑问，她至少要对她随后的允诺承担责任。法院强调了这个规则，即如果在没有任何允诺的情况下，利

[142] See my *Consideration in Contracts*, pp. 37-8. 我在该书中所作的解释现在并不能令我感到满意；Holdsworth，'The New Rules of Pleading of Hilary Term 1834'，Camb. L. J. 261（1923），其在第 273—275 页争辩说，该案在某种程度上是新的诉辩规则的结果，但是他并没有证明这一点。See also，A. W. B. Simpson，'Innovation in Nineteenth Century Contract Law'，91 *Law Q. Rev.*247（1975）.

益的赋予创设了清偿的法律责任，那么随后允诺本身就具有拘束力，且过
493 去的对价也被视为是有益的。[143] 因此，在某种意义上，该判决的重要性可能更多地不在于对基于明示允诺责任的否定，而在于对任何先在的准合同义务的否定。当然，之前所提到的 Bosanquet 和 Puller 的批注，可以被解释为是与此相关的。报告人似乎不太关心基于明示允诺的责任，而很关心这样一种观念，即准合同义务很可能源于他对某种利益的单纯收取，而这种利益是他赋予他自己或者与他关系密切的人的。现在我们已经知道，在 1840 年左右，法院正在减少此类责任。一个男子不必对其妻子或者孩子所获得的利益承担责任，除非其妻子或孩子获得该利益得了他的授权。而在 *Eastwood* v. *Kenyon* 案中，法院似乎坚持认为，授权必须与利益的赋予同时发生。不能背着他人将利益强加于他，然后再从他那里取得随后允诺。

促成 *Eastwood* v. *Kenyon* 案判决的第三个可能的因素，是这种观念的消失，即允诺的拘束性质是建立在某些先在义务基础之上的。这个事实表明了这一点，即登曼勋爵否定了道德义务可以构成对价的观点，该观点认为所有的允诺无论如何都会产生道德义务，而这个学说如果完全适用的话，将完全消除对价的必要性。

《反欺诈法》

在第七章中，我已经指出《反欺诈法》可以被看作遏制待履行合同逐渐兴起的一种努力。由于《反欺诈法》并不能普遍适用于，或者被认为不能适用于部分履行的合同，其结果实际上就是要求一大批纯粹的待履行合同要有书面确认书（written confirmation），而当它们被部分履行的时候，并不影响该合同的强制执行。至于这些部分履行行为是被看作有关利益赋予的行为，还是被看作信赖行为，对于我们目前的研究目的而言是无关紧要的。

在 19 世纪早期，鲜有迹象表明司法对于《反欺诈法》的敌视态度，但后来这种敌视态度就变得很明显了。[144] 直到 1828 年议会通过了一项法

---

[143] 这个时期的其他案件也强调基于先在的义务而作出的随后允诺，其拘束的程度不能超过先在义务本身：*Hopkins* v. *Logan*（1839）5 M. & W. 241，151 E. R. 103；*Roscorla* v. *Thomas*（1842）3 Q. B. 234，114 E. R. 496。

[144] See，e. g.，*Wain* v. *Warlters*（1804）5 East 10，102 E. R. 974；cf. *Egerton* v. *Mathews*（1804）6 East 307，102 E. R. 1304.

案，其通常被称为《滕特登勋爵法》（Lord Tenterden's Act），为了推翻之前的许多判决，该法实际上扩张了某些条款。例如，该法案要求，只有以书面形式的承认才能阻止《时效法》的适用，而且它还将对担保合同的要求扩展适用于与其相类似的资信调查（credit reference）的案件。但是，似乎很明显的是，该法案必然注定要失败，因为法律重点转向了对待履行合同的强制执行。如果合同责任在本质上是建立在当事人的允诺或意志的基础之上的，那么要求书面形式或者要求部分履行就变得越来越不合时宜了。 494

法院的第一个反应是继续贯彻这种有点奇怪的观点，即《反欺诈法》第 17 条根本不适用于待履行的货物销售合同。但这显然是不行的，因为《反欺诈法》几乎没有适用过已履行合同，而且早期判决所确定的方针很快就被否定了。[145] 接下来需要解决的是《反欺诈法》所要求的书面记录（written note）或者备忘录（memorandum）的法律地位（juristic status）问题。只要法院主要是从已履行交易的角度考虑问题的，那么这就是可以理解的，即《反欺诈法》所要求的书面文件应当被认为是相当于部分履行行为的，也就是说，其责任的真正基础或者本质有点类似于债券。因此，起初法庭似乎认为没有书面形式的待履行合同完全无效，也就并不令人感到奇怪了。[146] 但是这个观点显然与新的合同责任之意志论不相容。责任的来源不能仅仅是一张纸——其来源必然是创设了责任的当事人的意志或者是协议。波蒂埃在讨论一项类似于《反欺诈法》的法国制定法时指出，书面形式的要求是一个单纯的证据问题，"这并不是说要把书面形式当作是协议的实质内容，没有书面形式协议也是有效的"[147]。这个观点（其最初的法语文本）在 1800 年引起了法院的注意，[148] 到 1852 年时，法官们就准备采纳它。在 *Leroux v. Brown* 案 [149] 中，法院接受了律师的这个见解，也就是即使没有书面形式，受制定法规范的协议也并不会全然无效。律师辩解说，"衡平法院的日常工作就是强制执行非书面的但已经部分履行的合同。如果合同完全无效，那就不可能出现如此情况"[150]。如此，现在人们就认为，

[145] *Rondeau v. White*（1792）2 H. Bl. 63，126 E. R. 430.

[146] See *Carrington v. Roots*（1837）2 M. & W. 248，255，257，150 E. R. 748，751，752.

[147] *Law of Obligaitons*，i. 11.

[148] *Cooth v. Jackson*（1800）6 Ves. 12，23，31 E. R. 913，919.

[149] 12 C. B. 801，138 E. R. 1119.

[150] 12 C. B. 821，138 E. R. 1128.

基于部分履行——基于某项利益的赋予——而强制执行合同，必定已经证明了一项有效协议的存在。这个观点不能再作这样的理解，即衡平法院可
495 能正试图对由不当得利而产生的不公正进行救济，而非试图强制执行一项协议。直到 1883 年，衡平法法官塞尔伯恩勋爵在 *Maddison* v. *Alderson* 案[151]中坚持认为，衡平法院在强制执行部分履行合同的过程中，对被告课加的衡平责任，是基于部分履行而不是基于协议本身；但是由待履行合同理论培养起来的新时代律师，已经不再能够理解这种观点了。塞尔伯恩勋爵的语言逐渐被认为是一种似是而非的尝试，以此来解释衡平法对制定法的回避。

接下来所要做的事情是弄清楚部分履行所要具备的性质。在几个判例中，人们试图主张，即使是在普通法上，部分履行也足以说明为什么《反欺诈法》根本不适用于部分履行的合同。Tindal 首席法官在 1846 年强调指出了这一点，[152] 并且一直到 1875 年都是这样做的，[153] 但是这个观点最终被证明很难与普通法上的这个观点相契合，因为普通法认为合同上的责任现在基本上是合意性的责任。[154] 在绝大多数情况下（当然，制定法本身对于货物销售合同的几种类型的部分履行，也进行了规范），对部分履行学说的贯彻都被留给了衡平法，衡平原则就越来越变得具有技术性了。[155] 起初的观点——拒绝对返还利益或信赖利益提供保护，比拒绝强制执行一份待履行合同更加不公平——人们忽略了它会陷入技术困境之中。直到最近几年，人们才尝试回归其核心观念之中。[156]

到该世纪中期，完全反对《反欺诈法》的观点似乎增强了。商法委员会（The Mercantile Law Commission）建议废除该法与货物销售合同相关联的第 17 条，[157] 尽管（正如我们已经看到的）他们建议加强该法与担保合同有关的条款。第二个建议而非第一个建议立即就被付诸实施了。第一个建议不得不等待 100 年之久，到那时合同法所立足的价值和政策，已经从维

---

[151] （1883）8 App. Cas. 467.

[152] *Souch* v. *Strawbridge*（1846）2 C. B. 808，814，135 E. R. 1161， 1164.

[153] *Scarisbrick* v. *Parkinson*（1869）20 L. T. R. 174；*Knowlman* v. *Bluett*（1874）L. R. 9 Ex. 307.

[154] *Sanderson* v. *Graves*（1875）L. R. 10 Ex 234；*Jorden* v. *Money*（1854）5 H. L. C. 185，10 E. R. 868；参见类似的判例 *Hunt* v. *Wimbledon Local Board*（1878）4 C. P. D. 48。

[155] 前引麦迪逊诉奥尔德森案（Maddison v. Alderson）就是一个转折点。

[156] *Steadman* v. *Steadman*[1976] A. C. 536.

[157] Second Report（1854-5）H. C. *Parliamentary Papers*，xviii. 653，658.

多利亚时期合意主义和意志论的顶点，大幅度地向后撤退。事实上，《反欺诈法》在 1954 年被废除的时候人们对其所作的辩护，比在 1854 年人们首次建议废除该法的时候对其所作的辩护还要多。[158] 496

代理（Agency）

在 18 世纪末之前，代理法（the law of agency）非常落后。我在前文已经指出[159]了 18 世纪末期的一些判例，尤其是 *Waugh* v. *Carver* 案[160]和 *Bush* v. *Steinman* 案，[161]它们体现了关于规范被代理人责任的法律，无论是合同上的责任还是侵权上的责任，其开端都是源于这种模糊的观念，即从企业获利的人应当分担由此给他们所带来的损失。在 19 世纪，这些判例都被认为是不能令人满意的。就合同法而言，有必要将被代理人责任与新的意志论协调起来。当然，代理人在其授权范围之内行事是不会有任何问题的，但是在解释被代理人要为他没有授权的行为承担责任的时候，就会发生严重困难。英国法官实践中的偏好，以及他们对商业现实的理解不断增强，确保了他们继续坚持被代理人对于这种合同的责任，即代理人明显是在被代理人的授权范围之内所订立的合同，尽管这实际上违背了他的指示，但是对于该责任之基础所进行的解释，法官们却是十分窘迫的。当然，不论是过去还是现在，这种责任最终都是建立在合理信赖的观念之上的；事实上，对缔约当事人的意愿进行的客观解释（尽管这种解释可能会违背他的“秘密意愿”）和代理案件中所产生这个的问题——被代理人要对其代理人的外部同意表示（external manifestation of assent）承担责任（尽管被代理人对其代理人有“秘密指示”）——这两者之间有极其相似之处。在这两种情况下，法院都采取了强硬的客观立场。甚至是波蒂埃，在代理案件中都全心全意地支持客观进路（objective approach），而且 1858 年的 *Smith* v. *M' Guire* 案[162]还引用了他的观点。在该案中，波洛克首席财税法官用非

---

[158] See *post*, p. 691.

[159] *Supra*, pp. 177-8.

[160] （1793）2 H. Bl. 235，126 E. R. 525. 布拉姆韦尔财税法官（Bramwell B.）表示他作为商法委员会的成员，完全无法理解此案。See the First Report（1854）H. C. *Parliamentary Papers*, xxvii. 445，471.

[161] （1799）1 B. & P. 404，126 E. R. 978.

[162] （1858）3 H. & N. 554，157 E. R. 589.

常明确的语言，将被代理人承担责任的理由解释为第三人的合理信赖。在他看来，整个问题的关键在于，第三人是否有权信赖代理人的表见代理权（apparent authority），以及应当由谁来承担进一步调查的责任。如果向被代理人查询是第三人的义务，那么他显然不能信赖表见代理权。但如果是委托人有义务查知其代理人以他的名义正在做什么事情，那么第三人就可以
497 合理信赖代理人的表见代理权，而被代理人要承担责任。如果人们又问，法院是如何裁决哪一方当事人是有义务进行查询的，法院早已准备好了答案：人们一般会“按照一般人的通常安排来经营他们的业务”[163]。如此，商业习惯与实践就决定了问题的答案。

一般来说，法院一直都坚持这种进路，尽管有些法官作出了一些努力，力图使实践需要与新的合同理论相一致。在 *Pole v. Leask* 案[164]中，Lord Cranworth 发现他的同事们所采用的客观进路太过了，他觉得有必要在异议判决（dissenting judgment）中，提请他们注意所有合同责任的基础之所在：

> 除非基于他人的意志，没有人能够成为该他人的代理人。他的意志可以通过书面形式、口头形式，或者可能只是通过将该人置于这样一种境地——根据法律的一般规则或者也许更准确地说是根据人类的一般习俗，该人被理解为是代表着将他置于此种境地的人，并且为其利益行事——而表现出来，但是在任何情况下，代理只有基于雇主的意志才能被创设出来。[165]

虽然他继续承认禁反言（estoppel）可以创设代理，但他似乎认为这种情况只是一种微不足道的责任基础。Lord Cranworth 说道，一个代理人曾经 50 次基于被代理人的授权而行事，这一事实并不能让第三人有理由认为，该代理人在第 51 次行事时获得了授权。要将这一点与合理信赖的观点协调起来是极其困难的，所以在这种情况下他的权威（lordship）处于少数派也就不足为奇了。

[163] 3 H. & N. 561-2. 157 E. R. 593.
[164] （1862）33 L. J. Ch. 155.
[165] At pp. 161-2.

1860 年，上议院在 *Cox v. Hickman* 案[166]中作出了一个更加重要的判决。被告是一家清算中的公司的两名债权人，其业务已被交给了受托人（trustees）。受托人代表所有的债权人运营公司业务，但被告只是名义信托的受托人（nominal trustee），并没有参与任何业务活动。尽管公司的营业活动由债权人掌控，最终经营仍然失败了，而原告是破产管理人代表公司签署的票据的持有人。他们试图要求所有的债权人和受托人都对他们承担责任，因为他们的营业活动是为了他们的利益而实施的，而且根据 *Waugh v. Carver* 案的判例，他们被认为是积极信托之受托人（active trustees）的合伙人。但是，这个论点被上议院否定了，*Waugh v. Carver* 案实际上也被推翻了。这一判决必须在其背景下进行观察。首先，《高利贷法》现在已经被废除，陈旧的理由也不再成立，该陈旧的理由认为一个人分享营业利润，就是试图获得非法的投资回报。其次，有限责任原则近来已经得到了议会的承认， 498
而且企业活动与个人活动的差异性日益明显。当某个企业是由一小部分个人经营着的时候，那么认为每个分享营业利润的人应当为该企业的全部债务承担责任的观点，也许是可以接受的；但是如果将这个观点适用于诸如铁路公司这样的新型大公司的话，就将创设出一种与所获利之收益完全不成比例的责任。因此在这种情况下，一些投资人对公司只拥有很少的财产，而上议院是不能接受这个观点的，即让这些人为整个企业的债务承担责任是公正的。

至于对被采用的新法律原则的精确表述而言，该案比其他个案判决更好地展示了责任基础从利益到意志的变迁。由 Lord Campbell、布鲁厄姆、Wensleydale（帕克财税法官的前任）、Cranworth 组成的上议院，一致认为被告不能被要求承担责任，除非他们自己接受了该票据，或者作为积极信托之受托人的代理人而接受这些票据，或者他们拥有接受这些票据的表见代理权。以分享利润的形式获得收益，这本身并不足以使一个人承担作为合伙人的责任；这仅仅是他授权另一个人担任他的代理人行事的证据。Lord Wensleydale 在引用了 Story 和波蒂埃的观点之后，继而提出了“真正”（‘true’）原则：

一个人允许他人以自己的名义或者不以自己的名义从事买卖交

[166]　8 H. L. C. 268, 11 E. R. 431.

> 易，并将所得全部利润交给他，该人无疑就是被代理人，而被雇用的人就是代理人，在雇佣期间被代理人要对代理人签订的合同承担责任。如此，如果两个或两个以上的人同意从事交易活动，并分享由此产生的利润，那么他们每个人都是被代理人，同时每个人也都是其他人的代理人，每个人都对他人在从事交易活动中所订立的合同承担责任，就像一个单独的被代理人要为代理人的行为承担责任，该代理人在雇佣期间要将全部利润交给他的雇主。因此，根据在雇佣时所达成的协议，一方当事人是从对方当事人所订立的合同中获得全部利润还是部分利润，就成为了一方当事人是否要对对方当事人所订立的合同承担责任的判断标准。我相信这才是合伙责任（partnership liability）的真正原则。也许在与这个问题相关的早期案例中，这个格言——享受利益的人应当承担损失——只是在阐述一个人为什么要为其合伙人的行为承担责任的结果，而非解释其原因。[167]

同样，Lord Cranworth 也说，假设一个人通过分享某项业务的利润而获得利益，只是其为损失承担责任的唯一原因，这个假设是错误的。毫无
499 疑问，他继续说道，一般来说，这是一种非常准确地解决问题的方法。“但是，责任的真正基础是交易活动，是由代表他的人实施的。”[168] 如果这个判决是正确的（正如我所认为的），即在古典时期以前，合同义务主要产生于利益的获取（或者信赖行为），且允诺仅仅具有证据的力量，那么对于获益与允诺之作用的翻转而言，上议院对该案的判决是最浓墨重彩的一笔。现在，让人们承担责任的是其意志、协议、被代理人的授权；以分享利润的形式获得利益并不构成其责任的基础，而是被代理人的意志、协议或者授权的证据。

不可避免的是，构成代理法基础的这些观念的变化，导致了法律学说在各个方面的转变。一是隐名代理之被代理人（undisclosed principaly）的学说。如果对于合同订立的全部问题，人们都普遍接受客观进路的话，那么律师和法学家就会越来越把隐名代理中被代理人的权利和义务看作例外。在 1887 年，波洛克争辩说，隐名代理的学说整体上都是例外，并且

[167]　8 H. L. C. 313, 11 E. R. 449.

[168]　8 H. L. C. 306, 11 E. R. 446.

他把该学说追溯至一种“普通法上的衡平”的东西，其“让人们产生了这样的感觉，即一个从买卖中获利的人，应该对此进行偿付，如果卖方真正信赖的买方之代理人不能进行偿付的话”[169]。另一个结果是，越来越多的人倾向于认为把某人当作“必要代理人”（‘an agent of necessity’）的情形，只是一个例外。在 18 世纪的法律中，大量的判例——其中绝大多数都是关于船舶和海难救助事宜的——认为即使没有任何真正的授权，船长为了船东们的利益所实施的行为，也可以拘束船东们。直到 1801 年，海事法院（Admiralty Court）才准备扩展这些学说，以使船长以维修船舶为目的而实施的行为，能够被认定是有权拘束货主和船东的。[170] William Scott 爵士将整个学说的正当性建立在货主获益的基础之上。“在任何情形中，所有权人获益的前景（prospcet of benefit）构成了船长获得授权的基础。因此，如果船舶的维修对于货物而言没有任何益处或者没有获益的前景，那么在此情形下船长修理船舶的行为就不能拘束货主。”[171] 但是他接着补充说道，即使船舶的修理对于货主只有间接利益，这也足以使他们承担责任。

但实际上，这只是法律沿着这条线所进行的最后扩展。早在 1775 年，就有人认为，若某人拾得一只丢失的狗，但他保有这只狗达到 12 个月的话，
他就无权要求支付费用以作为归还这只狗的条件。[172] 事实上，律师都拒绝 500
为该案的拾得人进行辩护。在 1793 年又有人认为，抢救出来的遗失财产的拾得人，在所有权人请求归还的时候，他无权为其抢救该财产所支出的费用而对该财产主张留置权。[173] 此判决并没有完全排除拾得人对于其费用提出一些请求的可能性，因为实际的判决只是涉及拾得人取得留置权的可能性。然而，在实践中，否定留置权就意味着拾得人不得不放弃被请求返还的货物，如果已经证明所有权人不愿偿付的话，他就只能诉请补偿，或者对他的费用支出诉请偿还。这种处理方式可能已经对此类诉请造成了足够的阻碍，特别是在这个时期的早年间，当时法院的负担非常沉重。然而，在某些类似的情况下衡平法院对土地占有人的保护，却是具有足够灵活性的。例如，人们经常认为，某人善意占有土地并花钱改良土地，或者在土

[169] 3 *Law Q. Rev.*358，359（1887）.

[170] *The Gratitudine*（1801）3 C. Rob. 240，165 E. R. 450.

[171] 3 C. Rob. 260-1，165 E. R. 457.

[172] *Binstead* v. *Buck*（1775）2 W. Bl. 117，96 E. R. 660.

[173] *Nocholson* v. *Chapman*（1793）2 H. Bl. 254，126 E. R. 536.

地上建造了房屋，如果所有权人要求收回土地，那么该人就可以要求偿付土地的增值。[174] 这些判例所立足的观念基础，法院从来没有充分解释过，人们一般认为，业主被强迫偿付其土地的增值，是对他进行自由裁量救济（discretionary relief）的条件，这种救济正是他所寻求的。当然，在实践中，这些判例仅仅是正义感要求对所获得的利益进行偿付的结果，即使在古典合同法时期，这种正义感也没有完全消失。

在代理案件中，关于早期的获益观点的另外一个分支也需要提及。这一系列的发展导致了侵权法上替代责任（vicarious liability）制度的产生。在最早的判例中，对替代责任的处理似乎与 *Waugh* v. *Carver* 案对合伙人责任的处理极其相似。一个人要为代表他或者为了他的利益而实施的行为承担责任，如果这些行为真的给他人造成损失的话。[175] 虽然这个观念迟至 1839 年仍然具有影响力，[176] 但很明显的是，责任的获益基础太宽泛了。与合伙案件一样，必须对这种责任的范围作一些进一步的限制。这种限制来得很慢，在 1826 年，这种限制被人们仔细地讨论和研究过了，12 位法官都试图解决这个问题，但还是失败了。[177] 直到 1840 年这个问题才被解决，当时财税法庭（Court of Exchequer）在帕克财税法官的主持之下，对
501 *Quarman* v. *Burnett* 案[178] 作出了判决。该判决首次承认了仆人和独立承包人之间的区别，对前者之行为的责任进行了限制。就像 *Cox* v. *Hickman* 案[179] 的判决一样，该案可以被看作一个重要经济原则之变革的一部分，亦即企业应该承担其活动之成本的原则。在当时，企业的概念还处于发展过程之中。现代的注册公司（registered company）还不存在，大多数的营业仍然由个人或者合伙人运营（正如我们已经看到的），在法律上和现实中，个人的私人财产和负债与营业的资产和负债之间的区分仍然常常是不清晰的。在 *Quarman* v. *Burnett* 案中，法院非常清楚地确认主人要对其仆人的行为承担责任；但是法院也否定了扩张适用这种观点的可能性，否认仅仅因为一个人从他人处获得了利益，他就要为该他人的行为承担责任。这样做

---

[174] *Mill* v. *Hill*（1852）3 H. L. C. 828, 10 E. R. 330; *Cooper* v. *Phibbs*（1867）L. R. 2 H. L. 149.

[175] *Bush* v. *Steinman*（1799）1 B. & P. 404, 126 E. R. 978.

[176] See *Duncan* v. *Findlater*（1839）6 Cl. & F. 894, 910 E. R. 934, 940.

[177] *Laugher* v. *Pointer*（1826）5 B. & C. 547, 108 E. R. 204.

[178]（1840）7 M. & W. 499, 151 E. R. 509.

[179] 8 H. L. C. 268, 11 E. R. 431, *supra*, p. 497.

就“走得太远了”，会产生冲击“所有人的常识”的结果。它可能让马车（post-chaise）、出租马车（hackney coach）或者泰晤士河上的摆渡船的乘用人（hirer）承担责任，甚至也可能让在商店里购买了某件物品的买家承担责任，如果该商店的店主在运输该物品时因粗心大意致使他人受伤的话。这些例子都是来自于维多利亚时期英国的法官和上层人物的个人经历，但是如果帕克财税法官在作出前述判决时没有做商业上的考虑，那也是令人吃惊的。

第四节 过失法则的出现

在1770年至1870年间，侵权法并没有发生重大变化或者发展，而且这并不让人感到吃惊。正如我已经指出的，如果这个时期是古典合同理论的鼎盛时期，当时几乎所有的责任都被认为是基于某种自由选择或者同意的因素，那么法律课加责任之发展自然只有很小的空间。在这个时期的早期，侵权法在根本上仍然关注的是财产权保护，以及对个人的人格完整（personal integrity）的直接侵害，诸如攻击、非法拘禁、诽谤等。现代的过失法则（law of negligence）仍然几乎完全没有发展起来。而且不难看出其原因是什么，因为过失作为一种侵权，其预先就假定一个人有权要求其邻人负担合理注意义务，这是一项简单的法律规则。在古典合同法时期，人们有权要求他人负合理注意义务，这在很大程度上被认为是该他人必须承担的东西。的确，存在较为陈旧的以信赖为基础的判决，就像 *Coggs* v. *Barnard* 案[180]一样，也存在根源于那种观念的许多判例，但是我们已经看到，在维多利亚时期的英国，这些判决和判例都显得很不恰当。还有一些以信赖为基础的判例，如 *Pasley* v. *Freeman* 案，[181]对欺诈行为课加了责任，但是就像 502
担保案件一样，将这些判例看作合同案件或者侵权案件是没有区别的。我们还必须记住，在汽车大规模生产之前，大多数的人身伤害事故都发生在某种关系环境（relational setting）之中。一个人可能在工作中受伤，或者在危房中受伤，或者乘坐火车时受伤，但是所有这类事故都给19世纪的律师呈现了某种合同的迹象。

---

[180] （1703）2 Ld. Ray. 909，92 E. R. 107.

[181] （1789）3 T. R. 51，100 E. R. 450.

就工伤而言，正是共同雇佣原则（doctrine of common employment）的发明导致了人们首先就倾向于排除工伤责任；而在帕克财税法官在财税法庭（Exchequer Court）任职期间，共同雇佣原则再次被提交到他面前。众所周知，该原则起源于1837年的 *Priestley* v. *Fowler* 案[182]的判决，并且该原则在 *Hutchinson* v. *York*, *Newcastle and Berwick Rly. C.* 案[183]的判决中被确立了起来。前一个案件的判决是阿宾杰首席财税法官作出的，后一个案件的判决是 Alderson 财税法官作出的，但是帕克财税法官都参与审理了这两个案件，很难忽视他在其中所发挥的作用。

在 *Winterbottom* v. *Wright* 案[184]中，同一个法庭（虽然这一次帕克财税法官并没有参与）否定了一个四轮马车制造商对于马车买受人的仆人的责任，马车有缺陷的轮子造成了该仆人的人身伤害。正是这个判例，引入了后来被称为“合同相关性之谬误”（‘privity of contract fallacy’）的法律。有人认为，该判决是基于这样一个理由，即由于原告不是合同的当事人因此他不能提起基于合同的诉讼，并因此也可“推导出”他也不能提起侵权诉讼。这一“谬误”逃过了诸如 Alderson 首席财税法官等法官们的睿智审查，当然，在20世纪的 *Donoghue* v. *Stevenson* 案[185]中它被出色地剖析清楚了。但是在学生的教科书中，其法律推理所传递的内容作为一段完整的历史却不能令我们感到满意。其所讲述的故事几乎是无稽之谈。首先，拜尔斯坚决主张 *Winterbottom* v. *Wright* 案的诉讼，是侵权诉讼，没有人可以忽视他的非合同性（non-contractual argument）论点。其次，合同相对性的规则无论如何在那个时候并没有被清楚地确立起来。最后，使法院摇摆不定的，并非逻辑上的“谬误”，而是政策上的争议。我们很熟悉这样一种观点，即允许这种诉讼的话，那么将为大量潜在的诉讼大开方便之门，但是这种观点绝不像后来的律师们所认为的那样毫无根据。而另一种论点则是建立在制
503 造商与原告雇主之间存在合同关系的基础之上的：当事人之间的这种安排，

[182] （1837）3 M. & W. 1，150 E. R. 1030.

[183] （1850）5 Ex. 343，155 E. R. 150. 向工人支付的工资就已经涵盖了工伤风险的观点，看起来源于 Blackburn 法官在 *Morgan* v. *Vale of Neath Rly. Co.*（1864）5 B. & S. 570，580，122 E. R. 944，948 中的判决，其在（1865）L. R. 1 Q. B. 149 案中得到了重申。

[184] （1842）10 M. & W. 109，152 E. R. 402.

[185] [1932] A. C. 562.

不应当被“侵权之诉所摧毁”，阿宾杰勋爵说道。[186] 他似乎隐晦地表达了这个意思：制造商把这辆四轮马车卖给原告，其价格是根据制造商对其潜在责任的预期而确定的。这些预期（似乎就是已经作出的假定）并没有涵盖对诸如原告这样的仆人承担责任的可能性，因为这样的诉讼是前所未有的。因此，如果现在允许进行这样的诉讼，制造商的预期和计算就将被颠覆，买卖合同的基础因此会被“摧毁”。这与其说是一种合同相对性的谬误，不如说是布拉姆韦尔式的谬误（Bramwellian fallacy）。[187] 无论如何，这只是一个有限意义上的谬误。如果法院可以正确判断出制造商的预期，或者在法院正确判断制造商之预期的范围之内，这个判决在这个意义上就是正确的。但是该判决在其他方面是错误的；它错误地假定制造商的预期是唯一的相关因素，而且它也错误地没有意识到，如果一旦将责任公开课加在制造商身上，那么潜在的责任在将来就会被纳入制造商们的计算之中，且他们的价格将会（或者应当会）考虑到这一事实。

但是在这个时期结束之前，许多新案件就已经开始预示着侵权责任的广泛发展即将到来。在 *Indermaur* v. *Dames* 案 [188] 中，原告是被第三人雇用的工人，在被告的房屋里工作时，被一个没有采取防护措施的轴脱落砸伤。[189] 有人认为，被告要对处于原告这种不能被视为“单纯的志愿者”之地位的人所承受的“不寻常的危险”承担责任。该案后来被归类为“占用人责任”（‘Occupiers’ Liability’），但很明显的是，当时的主要问题与 *Winterbottom* v. *Wright* 案是非常类似的。原告仅仅是第三人的仆人，他和占用人之间没有合同关系。当他没有合同的时候，他有权获得危险警告吗？皇家民事法庭（Court of Common Pleas）的判决是建立在类推无偿赠与（voluntary gifts）和留置权规则的基础之上的，这些规则本身是从 *Coggs* v. *Barnard* 案所确立的原则中提炼出来的。在上诉中，该判决得到了维持，其理由是原告不是一

---

[186] 10 M. & W. 115，152，E. R. 405.

[187] *Supra*，pp. 376-8.

[188] （1866）L. R. 1 C. P. 274（1867）L. R. 2 C. P. 371.

[189] 在这个时期，没有采取防护措施的轴所引起的工业事故是工人和工厂督查（Factory Inspector）持续关注的一个问题。作为内政大臣（Home Secretary）帕默斯顿（Palmerston）在1853年制定了一部法规，其规定所有直径超过7英尺的轴必须采取防护措施。这个法规臭名昭著，它被哈丽雅特·马蒂诺（Harriet Martineau）严厉地批判为“比造船税（shipmoney）还坏”。See David Roberts，*Victorian Origins of the British Welfare State*（New Haven，Conn.，1960），pp. 248，270.

个“纯粹的志愿者”，而是一个在营业场所里获得了占用人的同意并为了
504 占用人的利益而工作的人。用 20 世纪的律师事后诸葛亮的眼光来看，这显然是一种侵权责任。但是在当时，合同和侵权的界限并没有像后来那么清晰地划分出来，而在本案中，可以看出其存在同意和获益的因素——而这是合同责任的三大基础之中的两大基础。同一年，王座法庭判决一个未支付票款（尽管应当支付半价票款），由其母亲带上火车的未成年儿童，有权就其因在铁路公司过失所致的事故中受伤，诉请铁路公司赔偿其人身损害。[190] 该判决的理由似乎让现代律师感到困惑，因为至少有两名法官明确认为原告是基于他母亲的合同、基于她的车费，提起诉讼的。只有 Blackburn 法官采用的是现代观点，认为该案是侵权诉讼。

一连串针对铁路公司的进一步的诉讼案件，为更加普遍承认过失侵权责任铺平了道路。但是，在 19 世纪 50 年代和 60 年代间，铁路公司之间普遍允许对方在自己的铁路线上运行列车，这种安排使得人们在处理这些案件时遇到了诸多困难。其结果是，原告可能是从一家公司购买的车票，而在另一家公司的车站受伤或者被另一家公司的雇员过失伤害。人们尝试用各种各样的默示代理来克服明显缺乏合同所带来的困难，但是麻烦仍然持续不断地出现，因为原告被认为把应当作为被告的铁路公司搞错了。[191] 这显然是一种不可容忍的状况，这种状况最终由 1880 年的两项判决所终结，这两项判决坚定地认为，有过失的铁路公司之侵权责任的存在，是不需要证明有合同关系的。[192] 但是，这种未成年人在侵权法上的胜利，显示仍然植根于许多合同类型之争。首先，存在这样一种观点（特别是，Thesiger 上诉法官在案件判决中就是这样认为的），[193] 即被告铁路公司从旅客运输中获得了（“或多或少的、直接或间接的”）利益，因此应当“有相应的义务加于其身”。但是在侵权责任法扩张的背后可能还有另一种更宽泛的考量。必须记住的是，一直有一种模糊的观念，其认为一个人没有权利将他

[190] *Austin* v. *Great Western Rly. Co.*（1867）L. R. 2 Q. B. 442.

[191] *Scotthorn* v. *South Staffs. Rly. Co.*（1853）8 Ex. 341；*Mytton* v. *Midland Rly.*（1859）4 H. & N. 615；*Coxon v. Great Western Rly. Co.*（1860）5 H. & N. 274；*Bristol & Exeter Rly. Co.*v. *Collins*（1859）7 H. L. C. 194，11 E. R. 78.

[192] *Foulkes* v. *Metropolitan District Rly. Co.*（1880）5 C. P. D. 157（人身损害）；*Hooper* v. *Great Western Rly. Co.*（1880）50 L. J. Q. B. 103（财产损失）。

[193] In *Foulkes* v. *Metropolitan District Rly. Co.*（1880）5 C. P. D. at 170-1.

有义务做的任何事情当作一种对价。[194] 当法院开始扩张侵权责任的时候， 505
人们感到，它们之所以这样做是因为它们认为，无论如何，适当的注意是每一个人应当承担的普遍义务。[195] 一个人不能抱怨说他尽到了适当的注意义务却没有得到报酬，因为这是他在任何情况下都有义务要做的事情。

因此，人们的确看到，过失侵权责任正日益与合同观念相脱钩，[196] 尽管合同义务与新的有关注意义务的侵权责任之间并不存在什么先天的差异。事实上，大多数早期的过失侵权案件涉及的都是合同或者具有类似特征的案件。两个陌生人之间的道路交通事故并不是 19 世纪侵权法的范式（paradigm）。在合同与侵权这两种情况下，同意、获益和信赖常常都是其责任的关键概念。认为由于合同责任完全产生于合意义务，因此侵权责任完全区别于合同责任的后来观点，并不完全是建立在逻辑或者历史的基础之上的。在合同与侵权这两种情形中，法律关注到的常常都是人类活动的不良后果；在这两种情形中，人类活动本身最初在很大程度上可能都是故意为之的，如果这种活动涉及多人，则这种活动即是以合意为之的。在这两种情形中，法律责任的课加归根结底都是法律的工作。

---

[194]　无论如何，这种观念从来就不是一种纯粹的合同观念。这个观念奠定一些古老规则的基础，例如，有义务提供其服务的领航员，无权获得海难救助的报酬，但如果他是自愿提供服务的，那么他就有权获得海难救助报酬：*The General Palmer*（1828）2 Hagg. Adm. 176，166 E. R. 209。在现代，相同的观念又在有关夫妻财产法（matrimonial property law）的案件中重新浮出水面了，see *post*, p. 770。

[195]　See，e. g. *Marshall* v. *York*，*Newcastle & Berwick Rly. Co.*（1851）11 C. B. 655，664，138 E. R. 632，636.

[196]　例如，出版了《论合同》（1847）和《论过错》（*Wrongs*）（1860）的阿狄森就将过失置于前者。

506

第十六章　议会中的合同自由，1770—1870

第一节　议会背景

在这一章中，我将集中考察这100年中的成文法。我们首先需要了解议会运作所带来的一些影响。我认为，自1770年到1830年这段时间，议会的政策与法官的政策普遍非常相似，但是两者之间的差异早在这100年之初就已经显露出来了，而且这些差异随着时间的推移而变得愈加明显。到1840年或者1850年，议员和法官对合同自由原则的态度发生了明显的分歧。到1870年时，合同自由原则至少在某些方面已经在法院中达到其顶峰；议会在许多情况下却背离了该原则。然而，议员们迟迟没有意识到自己在做什么。在实践中合同自由原则已经不再起太大作用的很长一段时间内，议员们仍在口头上支持着它。

毫无疑问，自1770年开始的100年里，亚当·斯密和他的后继者所传授的政治经济学原理对议会政策发展的影响最大。[1] 众所周知，小Pitt（youger Pitt）几乎立即接受了《国富论》所宣扬的许多观点，而且他的政策明显受到这些观点的影响。他曾好几次在议会中向亚当·斯密致敬；据说，他把亚当·斯密的政治经济学当作托利党的官方信条。[2] 尽管到19世纪20年代和30年代，新的政治经济学更多地被辉格党人和激进派所采纳。因为听从政治经济学家的教导，小Pitt在1795年撤回了他所提出的规范工资和向家庭提供补贴的动议；在英国粮食供应严重短缺的1800年，出于类似的原因他拒绝向海外购买谷物，而把这个问题留给自由市场。在这一点上，他可能受到了伯克在1795年为他准备的一份备忘录的影响，而伯克

---

[1] See A. W. Coats (ed.), *The Classical Economists and Economic Policy* (London, 197 1), pp. 23-32.

[2] R. J. White, *From Waterloo to Peterloo* (Harmondsworth, 1957), pp. 59-60.

也深受亚当·斯密的影响。[3] 在法国大革命之后的反动时期里，作为托利党领导人的 Lord Sidmouth 和 Lord Liverpool 均系皮特平庸的继任者，他们都极其信奉无为而治的理念。从 1812 年到 1827 年，Lord Liverpool 担任首相主持内阁长达 15 年。他认为，政府对经济事务的干预几乎总是灾难性的，因此通常不愿意做任何违反"神圣的'合同自由'原则"之事。[4] 507

从 1817 年开始——李嘉图的《政治经济学及赋税原理》于该年出版——至少在理论王国之中，政治经济学家的影响力似乎变得比以往任何时候都要更加强大。在 1817 年，坎宁（Canning）在下议院的一次辩论中承认，越来越多的人支持"不干预人与人之间合同"的理论。[5] 在数年内，或许有十年，许多政客都遵循着李嘉图的理念，不仅将合同自由作为一个理论，而且还将它作为一项实际的立法政策来接受。[6] 在这段时间内，政客们比以往任何时候都更容易接触到政治经济学家们的学说。1824 年和 1825 年，J. R. 麦克库洛赫向一大群政客、内阁部长和其他公众人物发表了关于李嘉图政治经济学的纪念演讲。[7]1826 年和 1827 年，下议院的一个特别委员会是如此确信所有的干涉都是有害的，以至于它建议完全废除《旅客法》，而议会也确实通过了这项议案。[8]

大约在同一时期，人们对旧法定工资制度的残余以及许多行业价格管制的不满情绪越来越强烈。1825 年，下议院的一个委员会调查了治安法官为公共承运人的陆地货物运输确定费率的法定权限，并得出结论说："一边是公众，另一边是公共运输的经营者，他们如此热烈地关心他们相互的利益，以至于对他们之间交易进行立法审查，不比对其他人开展的商业或贸易进行立法审查更为必要。"第二年，旧的法规就被废除了。议会于 1824 年废除了旧《禁止结社法》并在 1825 年废除了其部分替代法案，这是一个人们耳熟能详的故事。议会废除该法在很大程度上要归功于弗朗西斯·普

[3] Bonar, 'Old Lights and New in Economic Study', in *Essays in Economic Method*, ed. Smyth (London, 1962).

[4] R. J. White, *From Waterloo to Peterloo*, p. 98.

[5] Cited, B. Inglis, *Poverty and the Industrial Revolution* (London, 1962), p. 197.

[6] See Barry Gordon, *Political Economy in Parliament, 1819-1823* (London and Basingstoke, 1976).

[7] D. P. O'Brien, J. R. McCulloch (London, 1976), pp. 50-51.

[8] O. MacDonagh, *A Pattern of Government Growth: The Passenger Acts 1800-1860* (London, 1961), p. 66.

莱斯所做的工作，是他借助政治经济学家们的力量说服了议会。

在下一代政客中，尤其是在1830年辉格党重新掌权之后，如果说有什么变化的话，那就是有越来越多的迹象表明，政治经济学的正统学说有
508 了更大的影响。布鲁厄姆和Althorp都是1830年至1834年格雷内阁（Grey's ministry）中很有影响力的人物，也是政治经济学俱乐部（Political Economy Club）的成员，而前者是（正如我们已经看到的）李嘉图和许多古典经济学家的同事，也是《爱丁堡评论》宣传页上的创始成员之一。多年来，在议会内外，布鲁厄姆都对政治经济学原理和政治经济学家表示了极大的尊重。[9]尤其是他深受马尔萨斯人口理论的影响，他也是1834年《济贫法》改革背后的推动力量之一。在1834年成为首相，并在接下来的7年中除了短暂中断外一直担任首相的墨尔本（Melbourne）虽然认为边沁主义者是傻瓜，但是他确信“政府的全部职责是阻止犯罪和维护合同”[10]。他确信，只有依靠供求法则才能解决贫困问题。他认为，工会试图将工资固定在一个人为的高水平上，是“矛盾的、不可能的和违背自然法则的”[11]。在墨尔本的同事中，Poulett Thomson即锡德纳姆勋爵（Lord Sydenham），在墨尔本担任首相期间是贸易委员会的主席。他是另一位转向政治经济学和自由放任主义理念的政治家，而且身边聚集着一群志同道合的门徒。“多年来，他们操纵特别委员会、应付证人、裁剪证据，带领英国稳步走向自由贸易。”[12]在墨尔本担任首相期间，纳骚·西尼尔是辉格党政府在经济事务方面的主要顾问之一；他本人是一名古典经济学家，并与查德威克联合起草了1834年《济贫法报告》（Poor Law Report）。[13]此外，1834年至1841年，帕默斯顿勋爵在墨尔本内阁担任外交大臣，后来他又在Russell内阁（1846年至1851年）担任外交大臣，在Aberdeen内阁（1852年至1855年）担任内政大臣，1855年至1865年除了短暂中断外，帕默斯顿勋爵一直担任内阁首相。帕默斯顿从小就接受正统的政治经济学教育。1800年，16岁的帕默斯顿被送往爱丁堡跟随Dugald Stewart学习。Dugald Stewart曾一度与亚当·斯密共

[9] See, e.g., *Hansard* (2nd. series), vol. 41, col. 1196 (1819).

[10] David Cecil, *Lord Melbourne* (London, 1954), p. 124. 然而，根据戴雪的观点，这两种意识形态其实是同一个意识形态。

[11] Ibid.

[12] C. H. Wilson, *Economic History and the Historian* (London, 1969), p. 152.

[13] 关于纳骚·西尼尔，参见*supra*, p. 317；关于《济贫法报告》，参见*post*, p. 525。

事。从他身上，帕默斯顿接受了自然法和政治经济学的思想，这些思想他从来未曾忘记。在他于下议院发表的议员首次演说中，他援引自然法作为国际自卫权的上权源。在他的外交照会中，帕默斯顿从来没有放过任何一个宣扬自由贸易和合同自由的机会。[14] 509

在下议院保守党方面，在1841年至1846年间担任首相的罗伯特·皮尔爵士（Sir Robert Peel），最终决定转向自由贸易事业，他决定废除《谷物法》（Corn Laws）的行动导致其所属的政党发生了分裂。但是现在人们普遍认为，废除《谷物法》与新工业家阶级的政治和经济需求有很大关系，而与自由放任政策关系不大。[15] 皮尔的同事、财政大臣（Chancellor of the Exchequer）Gladstone在一系列的预算中，逐渐推动英国走向自由贸易，他继而建立和领导自由党（Liberal party）；该党崛起于19世纪中期的议会混乱（Parliamentary chaos）。如果在今天看来有一个原则可以概括19世纪自由主义者的特征的话，那么该原则就是他们对自由企业、自由贸易和自由放任主义的信仰。皮尔的另一位同事是James Graham爵士，他于1841年至1846年担任内政大臣，他也"普遍认同政治经济学家的理论法规"[16]。

在后座议员中也同样如此，从1820年起的整整半个世纪里，一小群后座议员对政治经济学进行了认真的思考，他们所产生的影响与他们的人数远不成比例。"作为后座议员，从李嘉图到密尔的经济学家们，通过投票、演讲、立法提案以及在各委员会的活动，影响着立法，这在其他任何时间或者在其他任何国家都是无可匹敌的。"[17]

然而，详细考察这个时期的政客们实际上做了什么，而不是说了什么，可以发现，人们一再认为，对政治经济学原理的普遍遵守，与对经济，或者对合同自由原则的直接干预是相容的。正如我们将要看到的，1830年之后这种情况变得越来越明显。但在这100年里的头30年中，政治经济学

---

[14] J. Ridley, *Lord Palmerston*（London, 1972）, pp. 32, 54, 90, 290-1, 645.

[15] 有迹象表明，《谷物法》的废除与向农民提供廉价政府贷款以用于水利工程项目有关——这恰好不是自由放任政策的迹象。See J. D. Chambers and E. G. Mingay, *The Agricultural Revolution 1750-1880*（London, 1966）, p. 176.

[16] J. T. Ward, *Sir James Graham*（London, Melbourne, Toronto, 1967）, p. 309.

[17] Fetter, 'The Influence of Economists in Parliament on British Legislation from Ricardo to John Stuart Mill', 83 *Journal of Political Economy* 1051, 1060（1975）.

原理或者合同自由原则在议会中常常遭到公开反对。诚然，自1770年以来，议会一直忙于废除许多旧的监管法规。1772年，法定市场犯罪行为（statutory marketing offences）被废除；1795年修订了《济贫法》，允许劳动力有更大的流动性；1809年颁布了《学徒法》，并废除大量适用于特定贸易或者特定地方的法令或者不允许它们在到期后被延期。但是几乎与此同时，一种新型的监管方式即将出台。第一部《工厂法》和第一部《旅客法》，
510 都在新世纪的头几年中出台。在其他方面，议会也经常拒绝采纳被人们所普遍接受的政治经济学原理。1817年——李嘉图的《政治经济学及赋税原理》于该年出版——人们试图废除牛津大学和剑桥大学免费获得在英国出版的每一本书之副本的特权；大学应当为他们的书付款，这是政治经济学的要求。但是这个尝试却失败了。[18] 事实上，政府在同一年让议会通过了一项类似凯恩斯主义的措施，即向工业界提供廉价的政府贷款，以降低失业率。[19] 而且在实践中，政客们的许多行为证明他们有关合同自由和自由贸易（在那个时候人们经常不明就里地使用这些术语）的言论是虚伪的。墨尔本——他的观点我在前面已经提到——于1833年建立了工厂调查委员会（Factories Commission of Inquiry）（他要求该委员会在六个星期内拿出一份报告来），并坚持要求列入“限制14岁至18岁年轻人工作时间”的条款。[20]Gladstone基于其有关自由贸易的观点，对垄断性铁路线采取了强硬措施，甚至相信铁路公司股份的投资者有权要求对他们自己的愚蠢行为进行保护。格雷厄姆虽然大体上支持自由放任主义，但是当他觉得有弊病需要补救的时候，从来就没有把自由放任主义当成不作为的借口。1846年，他是第一个寻求对执业医师的注册进行立法（并以此管制执业医师）的人，尽管这一法律事实上在12年之后才颁行。

而格雷厄姆的上司皮尔则是一个务实的、谨慎的改革者，而不是政治经济学的盲从者。1846年发生的一件奇怪事情很好地说明了他对这些问题的看法。那一年在《十小时工时法案》（Ten Hours Bill）的辩论中，辉格党议员麦考利试图提出一个重要的原则问题。在这一著名的演讲中，麦考利认为自由贸易原则或者合同自由原则，只能涵盖商业事务。在其他事务方

[18] *Hansard*（2nd. series），vol. 36，col. 1063-70（1817）.

[19] 57 Geo. 3，c. 34.

[20] S. E. Finer，*The Life and Times of Sir Edwin Chadwick*（London，1952），pp. 63，71.

面，诸如公共卫生或者公共道德，通过立法干预合同自由的原则不应有反
对之声。他指出，任何类似合同自由的原则都与当时的公共卫生立法矛盾
重重，因为公共卫生立法禁止任何人在没有足够排水系统的情况下出租不
卫生的居所或者建造房屋。[21] 尽管这篇演讲因为声明要干预合同自由而闻 511
名于世，[22] 但是麦考利似乎误判了下议院的倾向性。在这种情况下，他远
非改革者的先导，而似乎支持一般见解。紧接着麦考利发言的是一位值得
尊敬的议员，尽管他在历史上并不为人所知，但是他的评论却值得让人们
记住他。他说，这个国家的整个社会政策体系都是建立在干预的基础之上
的。如果不是为了保护弱者、对抗强者，那么立法机关有什么用？断定说
不应当干预，这是对立法职能的废弃。事实上，所有的一切都被干预了。
但是麦考利的演讲仍然激怒了首相罗伯特·皮尔，他在最后一刻介入其中。
他问："麦考利要证明什么？是想说如果我们通过立法干预可以提升我们社
会的卫生或者道德水准，那么自由贸易原则就不应当控制我们的立法吗？
但如果这就是麦考利所要表达的全部内容的话，那么他的话最多只针对下
议院的 10 名议员，因为其他人从不认为纯粹的不干预原则应当支配所有
的立法。"[23]

的确，有的时候，特别是在 19 世纪 20 年代早期，议会几乎完全处于李嘉图政治经济学原理的影响之下。毫无疑问，在某些情况下，特别委员会的大多数成员（通常是精心挑选的）完全赞成不干预原则，并且此类委员会有时能够说服下议院立即采取行动。这也许可以解释特别委员会在 1826 年至 1827 年对《旅客法》提出的建议。但重要的是，不要忽视这些事件的后果。作为对该委员会建议的回应，《旅客法》不久就被议会废除了，其结果变得如此糟糕以至于政府不得不采取行动。1828 年，政府迫使议会通过了一项新法案，自由贸易主义者 Huskisson 坚持认为，国家的责任是阻止那些"甚至在科学和哲学领域（即，政治经济学）中暴露出来的恶行"[24]。

也存在这样一些情形，即特别委员会的报告根本没有被实施，或者实

[21] *Hansard*（3rd series），vol. 86，col. 1027（1846）.

[22] See Alan Bullock and M. Shock（eds.）*The Liberal Tradition*（Oxford，1956），pp. 55 *et seq.*

[23] *Hansard*（3rd series），vol. 86，col. 1062（1846）.

[24] O. MacDonagh，*A Pattern of Government Growth*，p. 69.

施力度被大大削弱了。例如先由李嘉图和后由 Lord St. Leonards 领导的特别委员会建议完全废除《高利贷法》，但是该法直到 1854 年才被彻底废除。

也存在许多这样的情形，议会辩论似乎与不干预原则关系不大，或者与任何原则都根本没有关系，而只是与某些特定群体的自身利益有关，特
512 别是与特定行业中的雇主或者雇员的自身利益有关。1823 年，斯皮塔佛德丝绸制造厂（Spitalfields Silk Manufacturers）向议会提交的请愿书就是一个明显的例子。他们要求议会废除只适用于斯皮塔佛德丝绸制造厂的、规范丝绸制造和销售的若干法律。他们抗议说，这个国家的其他制造商不受这项立法的约束，其结果是让他们在与行业竞争对手的竞争中陷于巨大劣势。他们抱怨说，根据这些法律，法官们把劳动力价格确定得如此之高，以至于他们无法与人竞争，所有的工作都流失到其他地方去了。李嘉图对于这些法律仍然保留于《法令全书》深表震惊，而贸易委员会主席 Huskisson 承诺要提出一项废除这些法律的议案。[25] 接着，在下议院发生了令人困惑的一幕，有人记起了，下议院曾经制定过一个议会议事规则（standing order），其规定，在没有将某项贸易限制法案首先提交给某个委员会就此事形成报告之前，不得继续推进该法案的审议。这项议事规则适用于提出解除限制的议案吗？没有人知道，因为没有人记得这一议事规则。[26] 无论是对于这项议事规则的制定而言，还是对于这项议事规则从未被付诸行动而言，它们都体现了政治经济学家们的影响力。接下来发生的事情是，斯皮塔佛德的工人们发起请愿，要求撤销废除该法的议案，而议员们则希望下议院不要支持工人们的请愿。一名议员抱怨说，现行法律可能违背了普遍性原则（general principles），但下议院在满足特定群体的利益时，却经常违背这些原则。当废除法律的议案被正式提出，一场热烈的辩论随之而来。[27] 另一名议员——他支持斯皮塔佛德丝绸制造厂工人的利益——争辩说："很难对这些穷人说，根据政治经济学原理他们应当失去面包。"他接着指出，最初的立法大概是根据当时的议员们所认为的合理的原则而制定出来的；亚当·斯密推翻了以前的政治经济学原理，李嘉图又推翻了亚当·斯密的政治经济学原理。最终，议会还是通过了废除法律的议案，但

[25] *Hansard* (3rd series), vol. 9, cols. 143-50 (1823).

[26] Ibid., cols. 377-87.

[27] Ibid., col. 811.

票数只是 68 票对 60 票。

合同的公平调整

在 1819 年至 1823 年间，议会进行了一系列的辩论。这些辩论表明，在法院适用合同法的过程中形式主义的兴起和衡平法的衰落。1819 年，政府采取了所谓“恢复现金支付”（‘resuming cash payments’）的政策，也就是后来人们所说的回归金本位制。自 1793 年以来，英格兰银行向那些持 513
有钞票的人兑换金币的法律义务被解除了，而在战争期间，通货膨胀导致这些钞票的价值远低于其票面所显示的黄金价值。1821 年，恢复现金支付（实际上是货币价值的重估）之后，由于各种原因，农产品价格的大幅度下跌引起了人们的极大关注。战争期间国家债务的增加（这是当时税收的主要负担之一）意味着向政府公债持有人支付利息的成本下降了，这对地产权益（landed interest）的影响倍增。地主（以及农民，甚至是劳工）发现他们在国民收入（national income）中所占的份额大大减少了，而政府公债持有人发现他们的利息收益在价值上相应地增加了。在私人债务人和债权人之间，也发生了类似的收入再分配变化。承受抵押贷款负担的地主发现，在某些情况下，从土地获得的收入甚至不足以支付贷款利息。就像在现代，通货膨胀会为债务人的利益而掠夺债权人。在这段时期里，通货紧缩将国民收入的大部分从债务人重新分配给了债权人。

1821 年，人们开始要求政府采取某些“对合同的公平调整”措施来纠正这种状况。[28] 尽管一些人公开主张让货币贬值，但这并不是大多数人所寻求的做法。人们所要求的只不过是在不必征得公债持有人同意的情况下，降低支付给他们的利率。这是一件 100 多年来人们从未想过的事情。也有一些人建议，由某种司法的——或者衡平法的——法庭审查私人合同，并对其中的利率作出类似调整。毫无疑问，这些提议都被政府、李嘉图和其他许多人谴责为“违背公共信念”[29]。但并不是所有人都确信，在发生情势变更（changed circumstances）之后，公众仍然应当遵守公债持有者合同（fundholders’ contract）的严格规定。即使是最尊贵的辉格党贵族 Earl Grey，也觉得这个国家订立了一个去做不可能之事的合同，而且可以

[28] See Barry Gordon, *Political Economy in Parliament.*

[29] *Hansard*（3rd series）, vol. 4, cols. 833-4（1821）.

用“没有人有义务做不可能的事（*Nemo tenetur ad impossibile*）”这句格言进行抗辩。[30] 前辉格党大法官 Lord Erskine 虽然赞同公债持有者合同是神圣的，但是却有些不真诚地争辩说，应该对这些合同征收更重的税，以减轻土地权益上的负担。[31]1823 年，Lord Stanhope 抗议说，公共信念“没有、
514 也不能保证国家向公债债权人支付双倍于他们应当得到的金钱”。他继而建议，如果衡平法院认为这个问题是良心问题，那么大法官有义务“根据衡平原则进行判决，即无论是公共支出还是私人支出，如果法官通过某个立法措施来增加货币的价值，那么也应当以同样的比例减少支出的金额”[32]。然而，斯坦侯普勋爵不是律师，1823 年的衡平法院也不太可能以这种方式行事，而这就是人们要求议会采取行动的原因之所在。然而，即使有相反的协议，抵押债务人也可以随时偿还抵押债权人的债务；当利率下降时，自然可以援引该原则。（正如我就南海事件所指出的那样）这是公认的衡平原则的一部分。事实上，斯坦侯普是在提出这种请求，即国家应当恢复这一衡平原则，并回到它在南海事件中所采用的且坚持至今的这一原则，即债务人不能仅仅因为利率下降或者货币升值而违反他们的协议不向债权人偿还债务。

这场辩论持续了多年，但是每次在议会中提出这个问题时，“公平调整”的支持者们就面临着比之前困难得多的情况。随着时间的推移，不可避免的是新合同会基于货币的新价值而订立，根本没有任何理由可以调整这些合同。事实上，在 1823 年的一场重要辩论中，皮尔为政府辩护说，政府一直以来就希望这样，并宣称，自暂停现金支付以来，缔约各方当事人就可以在这一基础上作出自己的安排。[33] 实际上，这就是一场关于公平合同的争论。公平合同在 18 世纪的衡平法上已经聚集起了力量，而且一直为政治经济学家们所宣扬。从这一点来看，情势变更并没有使合同变得不公平，因为被假定作为理性人的各方当事人，是在预见到这些情势变更可能性的情况下才达成交易的。皮尔接着指出，公平调整不应局限于尚未清偿债务的债务人，而应当公平地扩大到自 1793 年以来已

[30] Ibid., cols. 835-6.

[31] *A Letter to the Proprietors and Occupiers of Land*（London, 1823）, p. 40.

[32] *Hansard*（3rd series）, vol. 8, cols. 18-19（1823）.

[33] Ibid., cols. 262-3.

经清偿了债务的债务人。[34] 从此以后，所有已订立的合同都必须接受“公平调整”吗？正如 Huskisson 所言，这必然要求有“数量超过酒馆的……衡平法院”[35]。 515

这场辩论在很大程度上扼杀了公平调整运动，而且随着物价的稳定和经济的持续繁荣，人们已经很多年没有再听到这件事了。所有人都认为，商品或者货币的价值波动是缔约当事人在订立合同之时应当考虑到的事情。与其他所有的风险一样，人们能够，而且在理论上也会调整合同价格以反映风险。那些估算糟糕的人自然会遭受损失；而那些估算良好的人将会兴旺发达。在该世纪末期，经济学家阿尔弗雷德·马歇尔开始质疑这些假定，并主张对长期合同进行某种形式的指数化调整（indexation），[36] 但是这并没有产生什么结果。这场争论一直持续到今天。

私人执法的失败

总体而言，正如我们稍后将会看到的，立法干预合同自由的过程是不同情况下的实用主义考虑所决定的。但是，许多这种立法干预大多是因为社会原子论观不能正常发挥作用而引起的。它不能正常发挥作用的原因之一是私法，尤其是合同法执法过程的失败。如果实践能像理论一样容易，即只要私权受到了侵犯，那么人们就会维护该私权；如果奖惩制度能有效地发挥作用甚至只发挥一点点作用；如果欺诈和不诚信能够像经济理论所指出的那样简单地进行处理，那么自由市场经济可能就真的会像理论所描述的那样繁荣起来。但实际上，执法是私法的阿喀琉斯之踵。为了实现自己的私权而将他人告上法庭，在多数情况下是根本不起作用的。因此，消费者保护的问题与今天一样，很难通过私人诉讼来规范。在 1800 年至 1870 年间发生的许多事情都具有实验的性质，可以用来揭示法律是如何得以被强制执行的。人们已经意识到，法律通常是不会自我执行的。

而需要记住的是，1770 年，甚至到 1820 年，刑法的执行、法律和秩序的整个基础、人民生命财产的保护，仍然需要私人发动。18 世纪的程序性法律已经假定，法律的执行是出于受法律保护的人之私人利益的需

[34] Ibid., cols. 932-3.

[35] Ibid., col. 943.

[36] See *post*, p. 624.

要，而且在某种程度上，情况确实是这样的。因为财产所有权人建立了一些起诉重罪的组织。对提供信息而使罪犯被拘捕和定罪的人进行奖励的制
516 度——其被称为“告发奖金”（‘blood money’）——广泛依赖私人合同来执行。迟至 1815 年，政府支出的“告发奖金”达 80000 英镑。[37] 不幸的是，这个制度在实践中运行得很糟糕。19 世纪初，伦敦的情况几乎难以形容。[38] 每一种腐蚀、每一种犯罪，似乎都在肆无忌惮地蔓延。大量的顽童靠着他们自己的机智在街头讨生活，把得来的赃物卖给伦敦 8000 个收赃人中的一个。暴力和谋杀司空见惯。伪造的纸币和硬币在整个国家泛滥成灾。出租马车的司机与小偷合谋偷走车顶上的行李。银行抢劫案发生后，银行通常会发出一个要约，即如果财产被追回，银行将支付一笔奖金，对此没有人提出任何质疑。1828 年，下议院的一个委员会发现，16 家银行在很短的时间内已经被勒索支付了 200000 英镑的“保护费”。私人合同制度产生了一些职业告密者，他们只对获得奖金感兴趣，甚至是不择手段。为达到这一目的，诬告案件和伪证司空见惯。在犯罪发生之前，没有人尝试阻止它。即使是著名的伦敦警探（Bow Street Runner）也是为了得到钱，而不是为了阻止犯罪去追捕罪犯。

19 世纪上半叶，对公共场所秩序的维护、对暴乱的防止，甚至对叛国或者煽动叛乱的侦破，也都非常完善。直到该世纪中期，整个国家可以说是都处于人民力量的控制之下的。直到 1848 年宪章派（Chartists）被击败，或者也许是在那之后的几年里，人们才感到他们大体上没有受到暴力、暴乱甚至革命的影响。尽管在该世纪头 20 年里是否有任何重大的革命活动仍然存在争议，[39] 但毫无疑问的是，许多人，不仅仅是埃尔登，都确信煽动叛乱和亵渎神明是对国家安全的严重威胁。不能维持秩序或者不能对国家中的任何革命因素保持足够的监督，这在很大程度上归咎于缺乏足够的警察力量。从另一个角度来看，这个问题的出现是因为，对于法律和秩序的维护而言，政府过于依赖私人合同而鲜少依赖自己的雇员。即使是被称为“奥利弗”（Oliver）的、煽动了 1817 年“彭特里奇起义”（Pentrich

[37] W. L. Melville Lee, *History of Police in England*（London, 1901）, p. 212.

[38] Ibid., pp. 197-201.

[39] E. P. Thompson, *The Making ofthe English Working Class* 认为存在革命，pp. 650 *et seq*。

Rising）的间谍，也是政府“按业绩付酬”而随意雇用的。[40] 这种对私人合同的依赖根本不起作用。这样的“自由市场”，不能向人们提供“商品”。

罗伯特·皮尔爵士在1829年创建了伦敦警察厅（Metropolitan Police Force），这是政府为执行法律而采取直接管理与控制措施的最早的例子之 517 一。新警察受雇于王室，并由王室支付工资，以期望他们在履行职责时能够保持公正和独立。他们的首要任务是防止犯罪，而不是抓捕罪犯或者起诉罪犯，至少在履行后面这些职责中，他们不会为了自己的利益而屈从于作伪证的诱惑——或者人们希望他们是这样的。毫无疑问，新警察部队从一开始就取得了巨大的成功。但即便如此，过了很长一段时间，整个国家才拥有了一支合格的警察部队。1839年之前，伦敦以外的市镇在这方面只做了很少的工作，许多乡村地区仍然保持着没有合格警察的状态，直到1856年的法令强迫它们建立警察部队时，这种状态才结束。

但法律和秩序仅仅是开始，还有其他法律也需要执行。18世纪，所有法律的执行都被认为是私事；19世纪，这个观点首先在犯罪问题上，然后在许多其他领域中都逐渐被抛弃了。从某种意义上说，问题不同，解决方案也是不同的。当议会开始立法保护工厂、矿山、客轮中的工人和消费者，以改善公共卫生和教育等方面的质量时，人们逐渐明白，在成百上千个其他领域中，法律的自我执行通常是行不通的。许多年后，人们才意识到，早期的许多立法都仅仅是装点门面，并没有被设计成强大有效的制度，因为它们并没有配备适当的执行机制。但很明显，法律必须被执行，并且为了达到这一目的必须创设某种行政机制。人们经过了长久的痛苦之后才汲取了这一教训。

同样，1833年对《旅客法》进行审查时，驻伦敦移民总代表（Agent-General for Immigration）写信给他在伦敦的上司解释说，认为移民会留在他们在加拿大上岸的地方并以“船长未履行合同为由而提起诉讼”，这是完全不可能的。他解释说，法律程序是“如此的昂贵和冗长，以至于最好的解决方案是承受损失，而不是按法律程序的要求去做些什么”[41]，显然，加拿大的情况与英国的情况并没有多大的不同。

但奇怪的是，在某些情况下，法律执行程序却是太过有效了。其中最

[40] R. J. White, *From Waterloo to Peterloo*, p. 173.

[41] O. MacDonagh, *A Pattern of Government Growth*, p. 82.

引人注目的当然是规定债务监禁的法律。18 世纪末，甚至像佩利这样的道德家们仍然在为这些法律辩护。[42] 当然，法官们仍然认为债务监禁是执行
518 法律的一种基本手段。例如，根据记录，肯扬勋爵曾在 1797 年向议会表示，“目前盛行的逮捕法，在很大程度上促进了商业的增长和贸易的扩大”[43]。但是，尽管债务履行中的这种自助（self-help）方法非常严厉，但是也有证据表明，在 19 世纪早期，债务清偿的不规范仍然是一个非常普遍和棘手的问题。在某种程度上，法律的严厉性可能会产生相反效果。因为债务监禁虽然被强加给了那些弱小无知的债务人，但是更聪明和更没道德的债务人却完全逃脱了残酷的法律。[44] 修补债务监禁制度的困难在于，法律过于依赖它了。如果一个富有的债务人逃避或者违抗了债务监禁，那么他可能在数年内都不必清偿债务了。直到维多利亚时代初期，社会对于小额债务，尤其是对于商人的债务，仍然保持着一种漫不经心的态度。这可能部分是因为监禁威胁缺乏可信性所致。帕默斯顿勋爵的职业生涯说明了这种态度，他在30年的时间里因对商人的小额债务而被起诉不下20次。[45] 同样，这一时期的许多专员（Commissioners）、委员会（Boards）和早期评级机构（rating authorities）都被赋予了扣押财产的权力，这一事实表明了公众偿债习惯的不规范，以及通过法律程序强制付款的困难性。

当然，随着 19 世纪 30 年代的改革，情况得到了改善。1833 年，法院判决确定的债务人有义务用其土地来清偿债务。除了 1838 年《民事诉讼法》所规定的少数几种情况外，判决之前的监禁已经被废除了。[46] 根据该法的规定，债务人也有义务清偿判决所确定的债务之利息。其他法律的改革还包括《普通法诉讼程序法》（Common Law Procedure Act），它首次规定

---

[42] *Principles of Moral and Political Philosophy*, Book Ill, Chapter VIll.

[43] *Parliamentary History*（1797）, xxxiii. 181.

[44] 就连改革家罗米利（Romilly）也抱怨说，在 1732 年至 1818 年，在 5000 个理应被起诉的债务人中，只有 5 个人被起诉了：Ian P. H. Duffy, ‘Bankruptcy and Insolvency in London in the Late Eighteenth and Early Nineteenth Centuries’, unpublished D. Phil. thesis, Oxford, 1973, p. 39。

[45] J. Ridley, *Lord Palmerston*, p. 94. 其中三次诉讼分别于 1840 年和 1841 年被提起，当时他是外交大臣和英国最有名的人之一。

[46] 1 & 2 Vict., c. 1 10. 该法第 9 条和第 10 条包含着明显的家长主义的残余，这两条禁止使用认诺判决授权书（warrant of attorney）承认判决，除非律师声明他已经告知债务人该授权书的性质和效力。

了对诸如简单债务或者汇票到期款项等经算定款项（liquidated sum）的迅速强制执行；该款项通常是没有抗辩可能的。这些程序性改革是废除中间程序（*mesne* process）中债务监禁的必然结果。普通债务的强制执行变成了一个相对简单和相对便宜的问题；事实上，这是司法程序变得简单和迅速的唯一例子。普通债务的强制执行在某种意义上是通过规定一种受法院全 519
面监督的半行政程序来做到这一点的。事实上，到 1857 年时，人们抱怨说，新的郡法院的法官们正在以一种"简易的和惩罚性的"方式行使他们强制债务人清偿债务的权力，而"善意的和诚实的顾客"越来越不愿意赊购东西，除非他们有立即付款的能力。[47] 由此可见，合同规则正在起作用。

然而，很明显的是，商界对法院的强制执行程序仍然非常不满（这比他们对实体法的不满要强烈得多），他们的控诉在议会中已经司空见惯。[48] 其中，有关破产和无力偿债（bankruptcy and insolvency）的法律，更是控诉所反复提及的一个主题，尤其是在 19 世纪前三四十年里。或许值得人们注意的一点是，提出控诉的一个主要理由是，当债务人违约时，他的一些债权人似乎能够获得全额付款，而债务人的其他债权人却什么也得不到。即使在这个竞争激烈的时代，人们也不愿意接受这样一种观点，即捷足先登的、精力充沛且技术娴熟的债权人，理应比做事拖拉或不那么贪婪的债权人享有这种优势。也没有人愿意接受这种观点，即一个债权人通过孜孜以求，或者通过抢在其他债权人前头等方法，就应当有权推迟债务人事务的合理解决。1844 年的《破产法》第一次规定了，破产债务人的债权人之间采取少数服从多数的决策原则，但只有在极其严格的保障措施下才允许多数债权人压制少数债权人。根据该法的规定，只有代表债权价值和债权人人数达到总数三分之一的债权人，才能够提出和解方案。然后这些提案将分两次提交给全体债权人。如果在两次债权人会议上都获得了法定多数票通过，那么和解方案就可以获得法院批准；被批准后的和解方案对每个债权人都具有拘束力。令今天的人们震惊的是，当时的人们非常谨慎地确保债权人的权利不会被多数人无理践踏；但或许更重要的是少数服从多数原则本身。从长远来看，少数服从多数原则会盛行开来。多数债权人可能

[47] W. L. Burn, *The Age of Equipoise*, p. 139.

[48] 关于议会对这些问题的一次辩论，参见 *Hansard*（3rd series），vol. 149，cols. 1142-61（1858）。

违逆少数债权人的意愿而削减其享有某项合同权利。个人的权利受制于多数人的权利。个人主义为集体主义让路。

然而，我们必须回到有关法律执行的这一普遍性问题上来。执行程序
520 上的这些困难贯穿了整个法律体系；似乎可以毫不夸张地说，这正是哲学激进派的理论模型在实践中趋于崩溃的阶段。[49] 这些困难不仅影响到了侵权法，而且也影响到了合同法。例如，如果有关公共和私人妨害的法律在实践中是一种更有效的机制，那么它可以被广泛地应用于公共卫生控制。法官们显然不会对这些尝试无动于衷。[50]

因此，认为法官们由于过分拘泥于合同自由或者忽视外部性，而使得普通法不能满足那时需要的看法是一种过分简单化的看法。尽管有时的确是这样的，但是缓慢而冗长的普通法程序以及法官和法庭的稀缺，才是阻碍普通法被用作常规管理机制的主要原因。数字的纯粹力量可以显示出其中最重要的一部分因素。1833 年，英格兰只有 15 名普通法法官，但却有 15500 个行政区、5000 名治安法官，以及无数试图管理乡村的地方专员。法官们所能做的，不过是对这一大群小当局（petty authorities）进行最轻微的监督而已。[51]

19 世纪 30 年代和 40 年代，新的保护性立法的执行问题让许多人备感困扰。针对这个问题的解决方法，边沁和查德威克都以各自不同的方式发挥了重要作用。多年来，边沁一直在宣扬中央政府监督检查地方政府的原则。这种方法首先在 1834 年新《济贫法》中试行，后来在其他许多领域也被采用，包括工厂、矿山、学校和监狱。但最初即使有检查和监督，也根本不足以控制地方行政人员。无论是在法律上还是在实践中，他们都已经非常习惯于他们过往的独立性和不受控制的自由，而且这些监督人员一般都是由无能和腐败的官员充任的，即使白厅（Whitehall）建议或者告诫他们要遵守法律，也不可能相信他们真的会这样做。在现代，地方当局藐

[49] 迟至 1851 年，像布鲁内尔（Brunel）这样有名望的商人就有可能以一种现代的人们无法想象的方式将法律掌握在自己手中（在私人军队的协助下驱逐一个铁路承包商）：Terry Coleman, *The Railway Navvies*（Harmondsworth, 1968）, pp. 110-14。

[50] 关于显示司法赞同公共卫生立法的判决，参见 *R.v. Pedley*（1834）1 Ad. & E. 822, 100 E. R. 1422；*Soady* v. *Wilson*（1835）3 Ad. & E. 248, 111 E. R. 407；and *Darling* v. *Epsom Local Board of Health*（1855）5 E. & B. 47, 119 E. R. 556。

[51] David Roberts, *Victorian Origins of the British Welfare State*, p. 17.

视法律或者中央政府发布的法律指令，是非常罕见的，当它发生的时候一定会成为头条新闻。但是在 19 世纪早期，旧的地方当局中并不存在恰当遵守法律的传统。 521

查德威克自第一次作为济贫法委员会委员参与有关新行政机制的提案时，就研究了这一问题。他最开始提出一项严厉的提案，即新的济贫法事务局（Poor Law Board）应当拥有存卷法庭（Court of Record）的权力，包括判处藐视法庭罪的权力。[52] 在试图解决强制遵守法律的问题时，查德威克显然进行了唯一可行的类比，即考虑让王座法庭签发王权令状（prerogative writs），并以判处藐视法庭罪来威胁人们遵守法律。但是这一提议对于政治家来说太过分了。因此当该议案还在委员会的时候，它就被悄悄地撤销了。[53] 查德威克可能对此深表遗憾，因为他后来在试图说服地方官员遵守有关济贫与之后公共卫生方面的法律和中央政府发布的法律指令时，经历了多年的挫折。这个问题在 1848 年至 1849 年霍乱流行时达到了高潮，当周围的人们不断死去的时候，当地的监护人委员会（Board of Guardians）却一再违抗卫生总局（General Board of Health）发布的法律性的和命令性的指示。1848 年的《排除妨害法》(Nuisance Removal Act)，正如其标题所示，仍然深受普通法概念的影响，它赋予了卫生总局制定规章的权力，以消除对健康的妨害和危害，但是却把强制执行完全交给了普通的法律程序。[54] 但是时间和潮流不等人，霍乱也不会静等王座法庭。在疫情最严重的时候——当时一个月内有 5000 人死亡——议会迅速通过了一项法律修正案，其授予卫生总局去做任何必要事情的权力，并对故意忽视命令的行为提起公诉。[55] 没有什么比这更清楚地表明，法律的执行不能留给普通法的一般程序以及高等法院的程序。随着经验教训的回归，法律的执行越来越成为行政人员的问题而不是高等法院的问题。

事实上，在很大程度上，中央政府和地方当局都越来越依赖他们自己的工作人员、新官僚以及高效和正直的人，而不是接受收取费用的承包人，尽管这个过程是漫长的。查德威克自己确信，这是新的行政管理方法的关

[52] S. E. Finer, *The Life and Times of Sir Edwin Chadwick*, p. 80.

[53] Ibid., p. 90.

[54] Ibid., pp. 324-5, 366-7.

[55] Ibid., pp. 348-9.

键。[56] 当然，所有这一切都预示着官僚主义的增强；而那些想要降低政府
522 开支的人，以及那些认为这威胁到他们传统自由的人，都对此非常不满并不断批评这一做法。他们的抗议可能延缓了这一进程，但却不可能阻止它。在各种各样的活动领域中——工厂、矿山、公共卫生、教育、监狱、济贫法——法律一点一点、一年一年地变得更加稳定并得到普遍执行。先是反抗，然后试图以更微妙和更难以对付的逃避和推诿阻碍事情的进展，但却遭到压路机无情的碾压。

法院在这个过程中所扮演的角色，逐渐淡出了人们的视野。人们极少要求高等法院进行干预或者发布遵守法律的命令。剩下的就是一种一般监督、审查的权力，在有限的意义上，这是一种通过上诉来进行控制的权力。对法院而言，这是一项非常适合它们的任务，因为这意味着它们可以将精力放在特殊的、重要的和困难的案件上。执行法律的例行工作不是普通法法庭所能胜任的工作。在新的行政管理领域中，这项职权再也没有回到法院的手中。

新法律的日常司法执行（judicial enforcement），在很大程度上被交到了地方司法官员的手中。这产生了很大的弊端。这些官员们通常是不称职的，而且在处理涉及旨在控制矿主或者保护工人的制定法方面的问题时往往存在偏见。而且当这些法官在学习如何处理这些新法律时，有时会（按现代的标准）发生非常奇怪的事情。[57] 在工厂立法的执行过程中，地方司法官员对厂主的偏爱是一个常见的麻烦源头。内政部和执法人员都很清楚这一点，但是在实践中他们对此几乎无能为力。中产阶级认为司法的独立性，乃至执法人员的独立性，都必须得到尊重，而且中产阶级还要求地方法庭中应当有商业人士。虽然作为一种最后的救济手段，人们可以将案件诉诸王座法庭，但这是一种走投无路的权宜之计，很少有人这么做。一些人认为，法官们也常常带有偏见，其倾向于对新的立法进行解释，以便尽可能地保护财产权和传统的自由，而对新的行政管理人员的问题却知之甚少。1847 年，在有关《十小时工时法案》效力的关键判决作出之前，总检察长甚至还告诉 Ashley 说，法官们将要作出的判

[56] Ibid., pp. 384-5.

[57] See, e. g., M. W. Thomas, *The Early Factory Legislation* (Westport, Conn., 1970), p. 244.

决将“不是根据法律，而是根据政策”作出的。[58] 据 Ashley 说，总检察长继而将这归咎于帕克财税法官的一项评论，即该法应当按其制定者本意相反的意思进行解释，因为这是一部限制资本和财产运用的法律，因此必须严格解释。[59] 也许这些批评中有一些实质内容。[60] 如果有的话，也 523
并不是不能理解。因为几乎所有人，无论是议会内还是议会外的人，都至少口头上支持政治经济学家们所提出的一般原则，因此，法官作出这样的反应也就不足为奇。面对与这些原则悍然背道而驰的新的立法条款，法官们很可能认为这些法律是对整个国家所接受的原则的例外减损，因此对这些法律自然应当进行狭义解释。

第二节　雇佣法

很明显，在本书中我无法对整个雇佣法进行考察，我所关注的是一个极其狭窄的问题，即在这个时期里，制定法干预合同自由的程度。首先，我必须从合同自由最初适用于雇佣合同的过程开始，然后我们将会观察到一个奇怪的事实，即这个过程并非完整的。随着新政治经济学开始对劳动力自由市场奔走疾呼，同时随着社会环境的变化导致主人和仆人之间旧的家长制关系的衰落，新的制定法保护很快就到来了。一个进程的完成与另一个进程的开始之间是没有间隙的，而只有重叠的。在这里，就像在其他地方一样，旧法的废除和新法的创制是并肩而来的。

关于主仆关系社会性质的变化，以及这些变化是如何导致普通法上的改变，我已经谈到一些。主人提供医疗照顾、支付仆人生病期间工资的责任的消失，就是这些变化的例子之一。19 世纪早期，许多作家，如科贝特（Cobbett）、卡莱尔（Carlyle）和 Walter Scott 都对新雇佣关系的非人身性、“金钱关系”（‘cash-nexus’）——工业雇主与工厂工人之间唯一的联系因素——提出了批评和哀叹。[61] 当然，这些变化是在环境的影响下发生的，

---

[58] Ibid., p. 311.

[59] Ibid., pp. 422-5. 这是财税法庭在 *Ryder* v. *Mills* 案中的判决，(1850) 3 Ex. 853, 154 E.R. 1090。

[60] 但是，也必须考虑到立法程序效率低下和起草人的无能，*supra*, p. 92。

[61] See, e. g., R. Williams, *Culture and Society*, 1780-1950, p. 33; Dicey, *Law and Public Opinion*, 2nd edn. (London, 1914), p. 120.

不仅有观念的变化，更重要的是工厂体系的迅速增长。但是观念的改变也导致了人们对劳动力自由市场的需求。在 18 世纪（正如我们已经看到的），劳动力市场仍然是一个深受控制的市场，尽管在这整个世纪中，这种控制一直在持续减弱，而且控制本身也变得过时。但是在 1770 年的《学徒法》、
524 1662 年的《定居法》，以及其他各种各样的监管法规中，市场控制至少在理论上仍然是有效的。《学徒法》最后在 1809 年被废除。被亚当·斯密在《国富论》中猛烈抨击为既侵犯了公民自由，又严重阻碍了劳动力流动的《定居法》，在 1795 年进行了重大修订。根据这一年修订后的《定居法》规定，[62] 只有在一个劳动者实际成为对某个教区负有法律义务的人，而不仅仅是作为某个教区潜在的人民，他才有可能被迁移至他所定居的教区。其他限制性制定法（例如禁止熟练技术工人的迁徙）在 1824 年被废止。18 世纪后期通信和道路的改善也极大地促进了劳动力的流动。因此，随着时间的推移，工资的区域差异趋于消失。但即便如此，由于工人们对此全然无知，劳动力流动性也遭受了很大的阻碍。汤因比（Toynbee）在其《工业革命演讲集》（lectures on *The Industrial Revolution*）一书中提到，1872 年德文郡（Devon）的工人们从未听说过他们可以在兰开夏郡（Lancashire）挣到两倍的工资。[63]

济贫法

到目前为止，劳动力市场自由的最大障碍是 1795 年《济贫法》所规定的斯宾汉姆兰管理制度。同年修订的《定居法》消除了自由劳动力市场的制定法的主要障碍。斯宾汉姆兰制度取名于行政管理实践，其最初是由伯克郡司法官员在斯宾汉姆兰召开的会议上批准的，其以家庭补贴的形式给处于受雇佣状态的劳工提供贫困救济。各个地方的贫困救济数额都不大一样，但是在原则上，它是根据劳工所供养的人数确定的。这种做法是为了应对劳工阶层在 18 世纪 90 年代因粮食价格高昂而遭受困苦和剥夺所采用的，也是“在市场经济条件下维持传统农村秩序的最后一次低效的、考虑不周的和失败的尝试”[64]。这种做法蔓延至整个国家，而且它还在拿破仑

[62] 35 Geo. 3, c. 101.

[63] Reprinted (Boston, 1956), p. 43.

[64] E. J. Hobsbawm, *Industry and Empire* (Harmondsworth, 1974), p. 105.

战争中幸存了下来。那时，从贫民救济税（poor rates）中支出的金额已经飙升，这成为人们焦虑的一个主要“根源”。但是，并不是因为贫民救济税的规模（无论如何，贫民救济税的规模到1834年时已经有所下降）使经济学家们呼吁改革《济贫法》，他们最反对的是（正如他们所言）一切激励措施都被取消了。由于《济贫法》规定的补贴数额取决于劳工的实际收入，人们便认为其结果是，劳工们没有动力去好好工作、储蓄或者让自 525
己不要过早结婚或者生育过多子女。因为无论劳工选择什么样的生活，他也将在周末得到同样的收入。这样做的结果不仅消灭了劳工的全部动力，而且还鼓励雇主、农场主支付低于公平工资的薪水。由于农场主们知道劳工的薪水会由济贫补贴补足，因此他们之间不必为得到劳动力而竞争，并且他们所支付的工资也低于正常比例。结果导致农业总成本中的很大一部分不是由农场主们承担，而是由贫民救济税负担。在经济层面，这显然导致了严重的资源错配。

如果这只是反映了一个整体情况的话，那么还有很多细节问题让事情变得更糟。例如，许多教区根据一项授权法案而采用了“劳工率”（‘labour rate’）原则，它允许那些应当承担贫民救济税的人，通过在本教区雇用人员的方式来部分免除交纳贫民救济税的责任。因此，农场主更喜欢雇用那些获得了贫困救济的人，而不是雇用那些独立的或者没有家庭需要供养的人，因为这样做就可以使他们自己的纳税责任被部分免除。这不可避免地造成了恶性循环，最能干、最有效率的工人将失业，而最不能干或者最没效率的工人却被雇用了。这样，工人们就没有动力去储蓄，因为那些有储蓄的工人在他们的积蓄被花掉之前，是得不到救济的；又由于他们得不到救济，就业机会也不会落到他们头上。当时，《济贫法》既干预了劳动力市场，也干预了土地市场。贫民救济税也是土地上的一项重要负担，其数额通常相当于，甚至超过了农地的租金。那些获得贫困救济的人本身被免除了贫民救济税，而且他们的租金也是由教区支付；结果是农场主应当支付的租金就可能取决于他所雇用的得到救济的劳工占全部劳工的比例，而这反过来又影响了土地本身的价值。

但主要的担忧可能是人口过剩。19世纪30年代，三次连续的人口普查显示人口大幅增长；尽管工业革命所创造的日益增长的财富和充裕的投资资本在各个方面都是显而易见的，但是没有迹象表明劳工穷人的富裕程度有任何提高。对这个谜题的唯一解释似乎是，穷人往往过早结婚并且太快生育子女。而反过来，这个解释又可以用斯宾汉姆兰制度来解释，该制度试图否定这样一个自然的基本法则，即一个人有责任维持他自己的被供养人。

纳骚·西尼尔和埃德温·查德威克撰写了《济贫法报告》的大部分内
526 容。虽然后来的历史学家通常认为，报告中所列举的证据是为了证明政府结论而被挑选出来的，但是现在很少有人会反对委员会所做诊断的普遍性。[65] 斯宾汉姆兰制度导致了灾难性的后果；乡村执法官员试图保护他们的劳工免受高物价影响的家长主义，使情况变得更糟。让地方税纳税人（ratepayer）而非农场主承担大部分的农业成本，这是一种严重的资源错配；而且缺乏激励的问题已经深深地影响了劳工的生活方式。所有这一切都是非常真实的，而委员们则试图在雇主与劳工之间确立起合同自由原则来补救这些问题。报告说道："我们对于劳工们的这些错误观念深表遗憾：他们误以为工资不是合同问题而是权利问题；他们误以为如果因为他们供养的人数增加，但维持生计的费用却没有同等增加，进而导致他们生活水准下降，这都是一种应当由治安法官而非由他们自己纠正的罪恶；而且在劳工们看来，这不是一个错误，甚至不是一种不幸，而是一种不公正。"[66] 纠正的办法显然就是恢复合同关系，去除劳工工资中的贫困救济因素，以及去除贫困救济中的工资因素。一个人的合同权利表现为工资的形式，这是他应得的权利；合同权利所对应的形式与他的服务的价值、技能与努力程度有着某种适当的关系。在本质上，从税收中支付的贫困救济，是另外的问题。贫困救济根本不是公正的问题，而是慈善的问题；它与一个人挣多少钱，或者他的服务有多少价值毫无关系。

如果说这个诊断足够准确，针对这个问题的治疗就不那么成功了。该委员会想要将那些身强体壮但却懒散而不工作的穷人，与那些由于身体原因而无法工作的穷人，如老人、病人以及体弱之人，区分开来。但是，考虑到行政管理机器的无能和粗陋，同时这种区分必须从每一个村庄和村落成千上万种情形中提取出来，议员们想方设法使新法律在很大程度上可以自动执行（self-executing）。查德威克那具备丰富想象力的大脑给出了答案；

---

[65] See generally, Hobsbawm, op. cit., and K. Polanyi, *The Great Transformation* (reprinted Boston, 1957).

[66] *Poor Law Report*, ed. S. G. and E. O. A. Checkland (Harmondsworth, 1974), p. 325.

这个答案至少大部分是从边沁那里借用过来的。[67] 首先是资格较低原则：获得救济的穷人绝不能比他们工作时所处的状况更好。其次是新的济贫院原则（workhouse principle）。那些身强体壮的穷人只有在进入济贫院——济贫院中的生活被刻意设计成一种简朴而严厉的生活——之后才可以获得救济。通过这两个简单的原则，新的《济贫法》将可以在很大程度上自我执行。那些身强体壮却真正失业的人，将与那些不愿工作的人区分开来；那 527
些能够工作的人就有充分的动力外出去寻找工作，如果他确实可能找得到工作的话。与 19 世纪早期政治经济学家和其他社会理论家所提出的大多数建议一样，它们的主要问题在于它太过于简单。这些问题的复杂程度远超理论所能考虑到的程度。特别是，委员们还没有认识到经济衰退造成的工业失业问题；在这段时间里，即使是最有进取心和最勤奋的人也不可能有工作。报告没有充分考虑到引进新制度的过渡问题；除了胡萝卜和大棒之外，它也没有对其他影响人类行为的因素给予足够的重视。然而，认为新的《济贫法》是完全由政治经济学家所提出的，并被理论家所主导的政府强加给不情愿的议会的东西，那就大错特错了。事实上，新《济贫法》在 1834 年的议会上得到了绝大多数议员的支持，这种支持也延续到随后对该法的修订上。这不是一个党派问题，主要的反对意见来自于那些不喜欢以牺牲教区当局利益为代价，而将新集中起来的权力交给济贫法委员会的人。[68]

在实践中，新的《济贫法》逐渐被视为一个压迫穷人的工具，尤其是令人憎恨和厌恶的济贫院。禁止向身强体壮的人提供济贫院以外的救济，从来都是不可能被彻底贯彻的做法，尤其是在工业化的北方地区。然而，就本书的研究目的而言，重要的不是揭示新《济贫法》的成功或者失败，而是它所揭示的人们的心态。根本上而言，新法律背后的理念是一种自力更生、个人主义和合同自由的信念。旧《济贫法》（正如马尔萨斯所言）是一个骗局。国家向穷人们保证，如果他们放弃一些自由（比如寻找新工作的自由），那么他们就不会遭受剥削。国家从来没有履行过这一承诺。在人口过剩的世界里，对所有人都慷慨馈赠是完全不可能的。旧的交易必

[67] See on this O. MacDonagh, *Early Victorian Government, 1830-1870* (London, 1977), pp. 99-104.

[68] W. C. Lubenow, *The Politics of Government Growth* (Newton Abbott, 1971), pp. 41-6.

须被废除；除非是在极端贫困的情况下，工人需要被赋予合同自由、迁徙自由，以作为他丧失从国家获得救济的权利的代价。

这些自由的现实与否，在当时以及此后，往往仍然是引起争议的根源。挨饿的自由不是自由；对于一个有妻子和几个小孩子的男人来说，寻找工作的迁徙自由并不是真正的自由；劳工的合同自由并不是真正的自由，因
528 为大多数劳工不得不接受农业雇主或者工业雇主提出的条件。如今，这些观点已得到大家的广泛认可，因此没有必要赘述；事实上，或许应当强调的是，这些自由并非完全是虚构的。人们迁移的确更加容易；人们从乡村向北方城市迁移的运动不断迸发（尽管这场运动的第一波在 1834 年就已经结束了）；说劳工从来没机会在不同的雇主之间，甚至在农业劳动与工业雇佣之间进行选择是不正确的。但当然，与现在一样，这些自由对小部分人群才是最具有价值和现实性的；精力充沛的、能干的、有进取心的人很少能成为任何人类群体中的大多数。回想起来，在一个多数主义传统占据主导地位的国家和时代，如果这些自由看起来没有多大的价值，那也是不足为奇的。对于那些能够利用这些自由的人们来说，这些自由似乎才更有价值。

联合体和工会（Combination and Union）

1770 年至 1870 年，合同自由的理念，与工人自由结社以结成联合体或者工会的权利之间，不可避免地引发了问题和冲突。自由合同是否就意味着工人们可以按照他们满意的条件自由地联合在一起？某个联合体或者工会中的多数工人是否有权要求少数工人遵从罢工的号召，对其进行纠察，或者对其实施其他限制性措施？总的来说，政治经济学家和律师对这些以及类似问题的态度，与他们在合同自由和自由贸易方面的普遍信念是一致的。

在这 100 年的早期，人们看到，法院和议会仍然一如既往地敌视所有的垄断和限制性做法。他们对工人联合体的敌意没有什么特别，也不带有阶级偏见之处。他们崇信单个工人与单个雇主达成其交易的自由，尽管（正如我们已经看到的）在 1795 年至 1834 年间，这一原则在农业劳动力市场上已经被摧毁了。原则上，他们并不反对工人们根据互助会（friendly society）的合同或者其他旨在让工人们相互帮助的协会的合同进行自我拘束，但是他们反对具有限制性的协会或者协议。例如，一个工人要遵

守多数工人罢工之决定的协议，仍然构成普通法上的刑事共谋（criminal conspiracy），并可以对此提起公诉。在理论上，雇主之间类似的协议也同样如此，尽管在实践中，对雇主提起公诉是非常困难的。[69] 虽然从 *R. v. Waddington* 案[70] 的判决的特定情形来看，这种做法可能有些误入歧途了， 529
但它表明上级法院们至少是完全愿意执行法律的，甚至达到了愿意判决监禁那些沉迷于实施有害穷人的或者限制公共利益的商人。

然而，美国独立战争爆发后，当局开始用另一种眼光看待联合体，主要是因为他们认为工人的联合（association of workmen）可能是颠覆思想或者革命思想的来源之一。当新的大城市出现新的人口集中，却仍然没有适当的警察力量来控制他们或者对他们保持一定监视的时候，所有的联合体都让当局深感恐惧和担忧。结果就是 1799 年和 1800 年《禁止结社法》的出台，该法规定，几乎所有的结社，无论是雇员的还是雇主的结社，都是一种犯罪。拿破仑战争结束后，人们开始反对这些严酷的法律。1818 年，激进的煽动者威廉·科贝特宣扬亚当·斯密的原理来捍卫工人的联合。与亚当·斯密的观点一样，他认为工人的劳动力是工人的财产，与所有形式的财产一样，工人可以根据自己的意愿自由地处理它。如果劳动力是一个人的财产，那么他拥有选择出售或者不出售它的权利；如果他想卖掉它，那么他有权提出自己的要价。[71] 不幸的是，对于这种激进的观点来说这是一个糟糕的时代。卡托街阴谋（Cato Street Conspiracy）、彼得卢大屠杀（Peterloo massacre），以及 1819 年的六项法案，加剧而不是放松了对工人联合的压制。但是在数年内，舆论环境再次发生了变化。毫无疑问，政治经济学家们这一次对这些变革产生了影响，尽管也有其他力量在发挥作用。

经济学家们提出了两方面的观点。[72] 一方面，他们坚持认为，合同自由应当扩展为允许工人们按照他们认为合适的任何条件联合在一起；另一方面，他们认为限制贸易的联合、要求更高工资或者更短工时的限制性协议，无论如何都是无效的。他们当时相信，正如他们在 19 世纪的大部分时间里一直所相信的那样，当时的竞争性市场条件太过强大，以至于无法

[69] See M. I. Thomis, *The Town Labourer and the Industrial Revolution* (London, 1974), p. 46.

[70] *Supra*, p. 365.

[71] Cited, R. Williams, *Culture and Society*, p. 35.

[72] L. Robbins, *Theory of Economic Policy in English Classical Political Economy* (London, 1952), pp. 105-10.

通过任何限制性协议来进行控制。那些继续罢工的工人试图将工资推高到超过“自然的”或者一般的水平，仅仅是在愚弄自己。首先，雇主可能会雇用其他正在寻找工作的工人，而罢工者则会被解雇。但即使罢工没有发
530 生或者罢工成功地实现了其目标，它的成功也将是短命的。因为更高的工资意味着更高的价格，这反过来又会导致需求的下降。然后雇主不得不降低工资，或者解雇部分劳动力。只要工会的规模与雇主销售产品的市场规模没有同时扩大，这种说法就有一定道理。因为从长远看，如果另一个城镇的竞争性制造商支付的是更低工资的话，那么一个工厂中的罢工是很难成功的。直到该世纪末，在工会开始壮大成一股全国性力量之前，它们的力量都不可避免是有限的。

所有这些观点都得到了经济学家们提出的“工资基金”（‘wage fund’）理论的支持，他们认为，全国工人所能够得到的总工资取决于投资的总资本，工会的行为并不能使工人的工资随意增加。[73] 因此，如果一个工会成功地获得了更高的工资，这必然是以牺牲其他工人的利益为代价的，因为它所涉及的是从有限的资金池或者基金中提取额外的资金。直到 1870 年左右，这个理论才受到质疑；此后它便彻底名誉扫地了，而且人们也忘记了该理论中的真理元素——工资的实际价值在任何时候都不能超出所生产出来的产品与服务的价值，而工资的实际价值又反过来受到以前的投资的限制。但在 19 世纪早期，所有的经济学家都相信这一理论是经济学真理，并竭力说服政客（和工人们）相信这个经济学真理。[74]

1824 年，当时政治经济学家的影响力似乎达到了最高点，弗朗西斯·普莱斯发动了一场出人意料的议会行动并计划废除《禁止结社法》。这并不完全是理论家的功劳。雇主们自己也知道，这个阻止结社的法律在很大程度上是无效的，因为所结成的联合体往往继续秘密地运行着，或者在互助会的幌子下继续发展着。他们也知道，劳资关系并没有因为依靠法律而有任何助益。因此人们很少援引法律来解决劳资关系，只有在大动乱

---

[73] M. Blaug, *Economic Theory in Retrospect* (revised edn., Homewood, Ill., 1968), pp. 168-72.

[74] Harriet Martineau's *Illustrations of Political Economy* (London, 1832-4), Tale VII, vol. 3, pp. 121-2, 188-9 将这个问题讲得很透彻。

时期（great disturbance）人们才会援引法律。[75] 普莱斯（Place）自己以及政治经济学家们，显然都相信废除《禁止结社法》不会导致联合体力量的增加；他相信社会原子论的观点，并且认为一旦人们看到这些联合体不能更多地帮助他们时，他们自己就会与雇主进行单独磋商。因此，一旦联合体被合法化了，它们就会趋于衰落。然而，事实证明，这种衰落过程与俄国革命后马克思主义苏维埃国家（Marxist Soviet State）的衰落一样不真实。1824 年废除《禁止结社法》的直接结果是罢工和暴力骚乱浪潮，来自全国各地的抱怨洪流涌进了内政部的皮尔那里。议会迅速成立了一个特别委员会，起草了一项新的法案，并于 1825 年通过了《禁止结社法》。 531

新法律保留了工会的基本合法性。尽管这种合法性在 1824 年的法律中就得到了承认，但新法律大大收紧了工会强制其成员执行工会决定的方式。工人们现在被允许彼此之间就从雇主那里得到的工资和工时达成一致，但是每个工人仍然保留了自己与雇主单独磋商的自由。一个工会中的多数工人无权以威胁、胁迫或者干扰的方式把自己的观点强加给少数工人。对现代的劳工律师来说，1825 年的法律是荒谬的。1825 年《禁止结社法》承认了工会的合法性，但是却不允许工会拥有能够让它们高效运转的武器。因为工人们深知他们的力量完全系于他们的团结性，除非所有的人都放下手中劳动工具并肩而战，否则罢工永远不会奏效。坚持要求合同自由和工作权利的一两个“罢工破坏者”（‘strike-breakers’），很快就可以摧毁任何罢工，而且在任何一段时间内工人们都很难取得一致意见。那些需要养活一大家子人，罢工时却只有很少或者根本没有收入来维持他们生计的人，总是会被诱惑走出罢工队伍而重返工作岗位。但是，对于政治经济学家和议员们来说，他们当时的工会政策并没有任何荒谬或者不一致的地方。的确，正是因为他们认为，如果每个工人都有自由决定工作与否的权利，那么罢工武器在很大程度上就是无效的和无可厚非的，所以他们才愿意承认工会的合法性。

观察不同群体对待合同自由的态度，是颇有启发性的。当合同自由有利于他们时，他们往往就支持合同自由，而在不利于他们时，他们往往就反对合同自由。19 世纪的激进分子，否认雇佣关系中存在任何真正的合同

[75] W. S. Jevons, *The State in Relation to Labour*, 3rd edn.（London 1894），p. 115 : P. Mathias, *The First Industrial Nation*（London, 1974），p. 367.

自由，一如他们的现代同情者所认为的那样。但是，工人阶级领导人自己也不太喜欢新工会内部的合同自由。他们抱怨工厂内的合同自由是虚假的，并极力使工会内的合同自由虚假化。他们并不赞同——事实上，他们强烈反对——法律的这种见解，即单个工人应当有决定工作与否、罢工与否的
532 自由；他们想要法律规定少数服从多数原则，即工会中的少数工人有义务遵守工会中多数工人的决定。相比之下，尽管经济学家、律师和议会议员掩盖了雇佣情况下合同自由的诸多不现实性，但却竭力在工会内部要求实现合同自由。

19 世纪中期，一系列针对共谋的指控清楚地表明，法庭并不准备允许工会中的多数工人强迫或者恐吓其中的少数工人。所有人都有选择的自由。法官们赞同经济学家们的观点。例如，对于 1842 年一个大陪审团的指控，阿宾杰首席财税法官斥责说，试图强迫其他人停止工作是“不可容忍的暴政”。“何人有什么权利可以命令另一个人以什么价格进行劳动？”[76] 在 *R. v. Selby* 案 [77] 中，Rolfe 财税法官 [78] 对陪审团指导说，工人们可以自由地就彼此的工资和工作条件达成一致，他们可以自由地试图说服对方工作或者不工作，哪怕是通过罢工纠察来说服。但是恐吓、阻挠和干扰是非法的。在向陪审团训导时他补充说道，劳动力的市场价格会根据劳动力的供求情况找到它自己的水平，“这就是法政策”。几年后，王座法庭在 *R.v. Rowlands* 案中支持了这一判决。[79] 迟至 1867 年，在一些裁缝被判共谋干扰其他工人的判决中，布拉姆韦尔财税法官才发表了类似的观点。[80] 当然，人们早就认为，这些被定罪的人为了劳工事业而作出了牺牲，但是法官们所试图维护的理念似乎并不应当受到谴责。毫无疑问，在诸如“干扰”和“恐吓”等概念上存在模糊之处，而且毫无疑问的是人们常常很难知道法官会将界限划定在哪里，但是这种理想，即每个工人应当拥有为自己选择的自由、劝说的自由，以及免受强迫的自由，自然是符合时代要求的。1859 年的《工人干扰法》(Molestation of Workmen Act) 使法律略有放松。但除此之外，

---

[76] P. C. Scarlett, *A Memoir of James, First Lord Abinger* (London, 1877), pp. 179-80. 布鲁厄姆勋爵似乎也有类似的见解：*Autobiography* (London, 1871), iii. 322。

[77] (1847) 5 Cox 495, 497.

[78] Lord Cranworth, Lord Chancellor, 1852-5 and again 1865-8.

[79] (1851) 5 Cox 466.

[80] W. L. Burn, *The Age of Equipoise*, p. 68.

几乎到这 100 年的末期，干扰一直在合法性与非法性之间保持着一种不稳定的平衡。

这种平衡在 1867 年被 *Hornby* v. *Close* 案 [81] 的判决所打破。这个时候并没有关于工会成立或者登记的规定，其中许多工会都是根据《互助社法》（Friendly Societies Acts）进行的登记——事实上，许多工会要么就是互助社，要么承担的就是互助社的一些职能。[82] 但是在 *Hornby* v. *Close* 案 533
中，一个目标是限制贸易的工会，包括意图对其成员自由商定他们自己的雇用条件进行限制的协议，是无法根据《互助社法》进行有效登记的。这一判决涉及了工会试图适用《互助社法》的一项规定，即对于互助社自己的财务主管扣留互助社资金的行为，提供了一项简易的救济方法。但这项诉讼由于工会未有效注册而被驳回。这一判决被广泛解释为，“财务主管或者其他官员可以不受惩罚地偷走工会资金”。这可能是一个误解，因为工会的非法性本身并不能阻止针对盗窃或挪用工会款项的诉讼，但是由此引起的争论最终导致议会于 1868 年至 1869 年成立了皇家委员会（Royal Commission），并于 1871 年颁布《工会法》（Trade Union Act）。该法明确规定，工会可以登记，而且不会仅仅因为其限制贸易的目的而被认为是非法的或者是无效的。

从这个时候起，工会就真的从本书的合同自由的故事中消失了。创立工会以及将工会成员联合在一起的协议，不再与合同法和合同理论有任何密切的联系了。工会逐渐获得了事实上的人格。没过多久，在 *Taff* v. *Vale* 案 [83] 中，工会得到了某种法律承认。工会及其成员之间的关系虽然保留了合同或者协议的某些特征，一如公司与其成员之间的关系，但是人们越来越倾向于认为，它是自成一体（*sui generis*）。如果说工会在某些方面仍然像是一个普通合同的话，那么在其他方面它具有一些非常独有的特征。尤其是，虽然它是一份合同，但是其条款却可以被一些当事人修改，而不必征得其他人同意。工会限制贸易的非法性污点被消除，就意味着少数服从多数的规则已经取代合同自由而作为其指导原则。一个人通过加入某个工会

---

[81]　（1867）L. R. 2 Q. B. 153.

[82]　关于互助社本身，see P. H. Gosden, *The Friendly Societies in England 1815 to 1875*,（Manchester, 1961）, p. 173。

[83]　[1901] A. C. 426.

而让自己事先放弃某些行动的自由并使自己服从多数人的决定。[84] 只要工人们选择是否加入某个工会是真正自由的，其结果在有限的意义上仍然可以归咎于工人的选择自由。

《禁止实物工资法》

18 世纪晚期和 19 世纪早期，雇主支付工人工资是一件非常不规律的
534 事情。每周定期发一次工资是例外。工人们通常是不定期的、在不同的地方（在公共场所支付工资并非罕见现象）得到工资，[85] 而且雇主并不总是支付现金。许多雇主经营着“厂内商店”（‘tommy-shops’），在这里，工人们可以在等待发工资期间赊购东西。由于工资支付的不规律性，对工人们而言，求助于厂内商店（这可能是工人们唯一可以得到的信贷来源）无疑成为经常性的需求。在某些情况下，由于工人与外界存在阻隔，厂内商店可能会形成实际的垄断。这种情况尤其容易发生在一些采矿型乡村（mining villages）中，类似的安排在铁路工人中也很普遍，他们可能在离最近的村庄数英里远的地方工作和生活。厂内商店往往多收工人们的钱，这也引起了工人们很大的不满，尽管据估计多收的钱不超过其利润的 7% 到 10%。[86]

实物工资制度之所以与厂内商店紧密相关，是因为雇主除了用现金支付工资以外，通常也会用厂内商店的单据，甚至单纯用厂内商店的信用额度来支付工资。但实物工资制度不总是基于这些原因，至少还有其他三个原因导致一些雇主不得不求助于实物工资，其中两个原因根本没有任何险恶用心。某些情况下，雇主采用实物工资是因为小硬币短缺；[87] 有时候实物工资被用作一剂抑制工人因酒精诱惑而浪费金钱的良药。[88] 但是到目前为止，雇主采用实物工资最常见的原因是，它能够削弱竞争对手，或者使雇主规避固定工资或者工会商定的工资的水平。通常情况

---

[84] See *post*, p. 740.

[85] 对于矿工来说，根据上议院在 1842 年《矿业法》（Mines Act）中加入的一个条文的规定，禁止这样给矿工发工资。但直到 1883 年，这一做法在实践中才被完全禁止。

[86] See G. W. Hilton, *The Truck System* (Cambridge, 1960) p. 40.

[87] T. S. Ashton, *Economic History of England in the Eighteenth Century*, reprinted (London, 1972), p. 207.

[88] G. W. Hilton, *The Truck System*, pp. 44-8.

下，采取这种策略的都是规模较小、信誉较差的雇主。这些雇主的竞争对手便会寻求反对实物工资的立法，或者强制执行现行法律，将这作为限制竞争的一种方法。

反实物工资立法可以追溯到1465年，但是在19世纪初，政治经济学家便已经质疑它的可取性。早在1812年，约瑟夫·休谟（Joseph Hume）就在下议院以典型的合同自由观点发表演讲称："如果对一个工人而言，雇主用商品来支付部分或者全部的工资是很方便且有利可图的，那么为什么要阻止他这样做呢？"毕竟，他继续说道，如果工人不喜欢这种工资支付方式，他可以选择在别处工作。[89]但是，那些规模更大、更有影响力的制钉大师（制钉师的雇主，主要是国内产业）对这些观点并没有特别深刻的 535
印象。在一个萧条的、受到新工厂制造品竞争冲击的产业中，较小的雇主迫于持续不断的压力而采用实物工资制度来降低他们的成本。制钉工匠们先是促使议会于1818年通过《反实物工资法》（Anti-Truck Act），后又促成1820年《反实物工资法》的通过，尽管该法的反对者们成功地将它当作一项临时措施，而它也仅仅存续了两年。[90]1822年，《反实物工资法》更新时，反对的人更多了。李嘉图严厉斥责该法是一个"可憎的措施"[91]。他指出，罗伯特·欧文在他的新拉纳克郡工厂（New Lanarkshire Mills）中开设了一个造福其工人的商店；在该商店中，他出售的东西比工人们在其他地方能够买到的东西更好也更便宜。其他议员也赞成说，如果雇主多收钱了，人们可以依靠竞争的力量解决这个问题。也有人怀疑这类立法的有效性，所有的经验都表明这种怀疑并非没有道理。最终，《反实物工资法》没有得到更新。

这个问题在1830年再次爆发。Gloucester的纺织工针对一个布商发起了一场罢工，据说这个布商是坚持实物工资的死硬分子。另一位主要的布商拒绝帮助他，并且请求内政部更新反实物工资立法。这场运动的结果是在1831年一项新法案被引入。[92]这项由Sir James Stephen和Sir James Scarlett起草的法案，清除了几个世纪以来堆积的残渣，并试图以一种更明

[89] Ibid., p. 92.

[90] Ibid., p. 17.

[91] *Hansard*（2nd series）, vol. 7, col. 1123（1822）.

[92] G. W. Hilton, 'The Truck Act of 1831', 10 *Economic History Rev.* 470（1958）.

白易懂的方式来表述法律。该法案被设计成具有普适性（尽管它并不适用于所有的行业）和永续性。它激起了公众极大的兴趣并得到了广泛的支持。只有激进派经济学家和他们的支持者（如休谟）才反对它。虽然法案很容易就通过了，但是人们又一次发现，它并未起到什么作用。[93] 尽管伴随这部法案的生效产生了大量诉讼，但是大多数人并没有遵守它。到1838年时，人们认为它已是一纸空文，尽管这种说法有点夸张。

与几乎所有19世纪早期的改革性立法一样，法律的有效执行总是一个困难的问题；但是关于实物工资制的问题可能由于这一事实而进一步恶化，即这一立法的主要支持者与其说是被剥削的工人，不如说是雇主的竞争对手。因此，在许多情况下，实物工资被用作解雇工人或者支付显著低廉工资的替代方法。在这种情况下，从工人的角度来看，接受实物工资制
536 度可能是一种两害相较取其轻的选择，而试图执行这项立法，就可能会遭到那些采用实物工资制度的人以及该法名义上的那些受害人的共同反对。当然，没有证据表明议会或者政府不希望看到该项立法得到执行，[94] 有时人们会严肃执行该法，尤其是在经济萧条时期。人们“为保护公平贸易和工人”，而成立了反实物工资协会；有人可能会想起，20世纪出现的“公平贸易”一词，是美国人对维持转售价格这一高度限制性做法的一种委婉说法。这些反实物工资协会在很大程度上也同样是一种反竞争工具，因为它们的主要目的是在经济萧条的背景下将工资降低这一事实掩盖在实物工资的表面形式之下。但是它们可能非常活跃。恩格斯在1844年指出，《反实物工资法》并未在乡村产生什么效用，但在城镇却得到了有效的执行，而且他还记录了媒体在1843年11月至1844年6月所提到的十几个罪名。[95]1850年，一个反实物工资协会根据该法让至少250个人被定罪，[96] 但这些工作似乎只是在努力堵住漏洞。人们继续采用实物工资制，特别是在经济萧条时期。

1846年，一个调查铁路工人工作状况的议会特别委员会发现，《反实物工资法》并没有适用于这些工人。他们较为仔细地研究了这个问题，报

---

[93] G. W. Hilton, *The Truck System*, pp. 116-17.

[94] 关于 Graham 的态度，see, e. g., J. T. Ward, *Sir James Graham*, p. 191。

[95] F. Engels, *The Condition of the Working Class in England* (reprinted St. Albans, Herts., 1974), p. 209.

[96] G. W. Hilton, *The Truck System*, p. 123.

告显示他们比 1831 年的政治经济学家们更清楚地意识到了这个问题的实践状况。他们指出，《反实物工资法》里没有任何东西可以阻止雇主在自己商店里向他的工人出售商品，但是他们坚持认为，在雇主的商店和任何竞争对手之间，工人应当拥有选择权：

> 如果雇主能按工人们的需求，提供比其他经销商更便宜的、更好的或者更容易得到的东西，那么他的工人就会更依赖他而不是其他经销商；如果雇主做不到这一点，那么他的工人就是被迫在一个昂贵而糟糕的市场上买东西。[97]

他们补充说，反对实物工资制度是因为工人无法适当保存他们在厂内商店的购物记录，从而为雇主实施欺诈打开了方便之门。正是这个在查德威克主持之下的委员会，其给出的报告赞成对铁路劳工提供劳工赔偿（workmen's compensation）。[98] 他们特意向自由放任主义观点发起挑战，说道："为了使天秤得以改良，任何可能受到立法机关法定职权影响的事情，都不应不加以尝试。"[99] 537

然而，人们并没有做什么事情来贯彻这份报告。1854 年，Sir Samuel Peto 已成为全国最大和最著名的铁路承包商之一，他雇用的人数超过 3 万人，并且从未采用过实物工资制。在这一年，Sir Samuel Peto 不断呼吁制定新的立法。[100] 但是，什么也没有发生。然而，Charles Bowen 在 1870 年任命了一个由两人组成的调查委员会，Charles Bowen 是一名出庭律师，后来成为上诉法院常任法官。这个委员会对实物工资问题所做的研究，比以往人们所做的研究要更加透彻。[101] 他们以令人信服的证据指出，问题的主要

---

[97]（1846）H. C. *Parliamentary Papers*, xiii. 425, 430.

[98] *Supra*, p. 333.

[99] At p. 428.

[100] Terry Coleman, *The Railway Navvies*, pp. 88-92.

[101] 1871 C. 325. See G. W. Hilton, *The Truck System*, pp. 13-15. 这份报告中包含着一份有用的附录，其对有关实物工资的汇编判例进行了概述。似乎没有迹象表明这些判例对《反实物工资法》有任何偏见，也许 *Archer* v. *James*（1859）2 B. & S. 61, 121 E.R. 998 除外，在该案中，法官们分裂成三比三的票数。与此相对，支持该法的强有力判决是 *Wilson* v. *Cookson*（1863）32 L.J.M.C. 177，该判决认为，即使向工人提供商品得到了工人本人的同意，也是违反《反实物工资法》的。

根源在于工人们在某些工作岗位上获得报酬的间隔时间太长，尤其是威尔士和苏格兰的煤矿工作。延迟付酬的结果，意味着工人们将被迫赊购大量生活用品，而雇主的厂内商店通常是其唯一的信贷来源。因此，他们之间构成了一种有效的垄断关系，特别是对于那些不能精打细算的、不能确保工资用到下次发工资之时的工人而言，更是如此。与往常一样，这种垄断的结果是，工人们为他们所购物品支付更高的价格。该报告提出了两项主要建议：首先，法律应当强制雇主每周支付工资；其次，对《反实物工资法》进行公共审查并执行。事实上，尽管委员会的主要建议没有得到贯彻，但在 1874 年和 1887 年议会也进行了若干次小规模的立法修正，这个问题明显在逐步消失。1877 年，英国劳工联合会议（T. U. C.）决议指出，进一步控制实物工资并不重要，因为很清楚的是这个问题在当时已经基本消失了。

《工厂法》

工厂立法的早期故事经常被人们讲到，[102] 而在这里我也没有足够的篇幅进行全面的回顾。但是，必须要指出的是，这个故事最广为流传的版本是非常不可靠的。当然，这个故事流行的版本是，自由放任主义的信条是
538 如何被用来保护工人的“合同自由”的，但实际上，自由放任主义的结果是让工厂主可以彻底自由地剥削和虐待工人。故事的这个版本早在恩格斯 1844 年出版的著作《英国工人阶级状况》中就出现了，十小时工作制的辩论也在这一年里达到了高潮，它得到了大多数历史学家的支持，甚至包括戴雪，他们普遍都不同情工人。而在相对较近的时代，历史研究开始发现与这个流行版本有较多不一致的事实。

1800 年至 1850 年这关键几十年里的立法情况，很快就可以讲清楚。第一次立法干预发生在 1802 年，当时议会通过了《学徒健康与道德法》（Health and Morals of Apprentices Act）。此时，蒸汽机还没有被广泛应用于工厂作业，大部分工厂仍然是建立在可以利用自然水力的乡村地区。接下来，因工厂缺乏合格的劳动力，工厂主们于是从济贫院中招募孤儿作为“学徒”。济贫院是很高兴能够摆脱这一开销巨大的负担的。由于这些孩子没

---

[102] J. T. Ward, *The Factory Movement*（London, 1962）; M. W. Thomas, *The Early Factory Legislation*; W. C. Lubenow, *The Politics of Government Growth*; O. MacDonagh, *Early Victorian Government 1830-1870*（London, 1977）.

有父母，人们认为他们的权利很可能会受到侵害，因而议会欣然把握住了保护儿童的权利。

下一个重要的里程碑是由皮尔爵士于 1819 年提出的法律，皮尔爵士的父亲是最大的工厂主之一。到这时，问题的性质已经发生了一些改变。蒸汽动力现在正被广泛应用，因此，城市里大兴土木，工厂拔地而起。许多新工人涌向这些能够挣到工资的工厂。1819 年的法律仍然只关心孩子们，但它关注的是处于父母管理之下的孩子，并未涉及国家代替其父母的孤儿问题。这在上议院中引起了一些议员的反对，因为“基于一项重要的政治经济学原理，劳工应当是自由的”[103]，但是该法案还是很轻易地就通过了。皮尔认为，孩子不是自由人，并且有权得到议会的保护。几乎没有人反对这一观点。然而，许多年之后，人们常常认为这种对孩子的立法性保护，与其说是对工厂主雇用孩子之自由的干预，还不如说是对孩子父母权利的干预，因为父母被认为有义务保障其孩子之福利。[104] 但是，自从大法官们宣布他们对于保护孩子免受他人甚至其父母侵害之案件拥有管辖权以来，时间已经过去了 100 年，[105] 议会仍然采用了同样的原则。就孩子本身 539
的利益而言，很少有人不同意密尔的这个观点，即“在涉及孩子的情况下，合同自由不过是胁迫自由的另一种说法而已”[106]。

1825 年和 1831 年的另外两部法律中，这个问题有了些许进展，而 1832 年至 1833 年，一场决定性的战役正在发生。辉格党重新执政后不久，组织者（Michael Sadler）经过精心挑选后，将激起人们支持“十小时工作运动”（Ten Hours’ Day movement）——这项运动旨在减少成人和儿童的工作时间——的证据提交给一个下议院委员会。这个委员会根本没有从工厂主那里获得任何证据，因此它作出的报告是一份单方面的文件。这份报告对工厂中的超时工作提出了谴责，并要求对此立法控制。为了满足该委员会对议会的立法要求，辉格党任命了一个调查工厂童工的皇家委员会。因

[103] M. Blaug, ‘The Classical Economists and the Factory Acts—a Re-examination’, in A. W. Coats (ed.) *The Classical Economists and Economic Policy*, p. 106.

[104] 参见 Sir James Graham 有关矿业法案的议会辩论，1842, *Hansard* (3rd series), vol. 63, col. 1358。

[105] See *Eyre v. Countess of Sheftesbury* (1722) 2 P. Wms. 118, 24 E. R. 659，据说该案是第一个这样做的判例，see W. Welsby, *Lives of Eminent English Judges* (London, 1846), p. 217。

[106] *Principles*, Book V, Chapter XI, sect. 9. 即使是在上议院，反对该原则的声音也是非常微弱的。See, e. g., *Hansard* (2nd series), vol. 39, cols. 339-48, 652-4 (1819).

为政府迫切希望在 Ashley（他接管了 Sadler 的法案）还没来得及为“十小时工作法案”争取到支持之前，率先提出自己的法案，该委员会（其中有包括查德威克在内的三名成员）最初被要求在六个星期内提出一份报告。皇家委员会匆匆完成了一份报告，而 Althorp 则立即起草并提出了一项法案。这项法案后来成为 1833 年《工厂法》，较之于 Ashley 的法案，它为儿童和年轻人提供了更好的保护。“十小时工时运动”的支持者们一直呼吁限制所有工厂工人的工作时间，无论是成人还是儿童。然而，根据皇家委员会的建议，Althorp 的法案非常严格地区分了成年人和儿童。[107] 自此以后，工厂被禁止雇用不满 9 岁的儿童；9 岁到 13 岁的儿童每天工作时间限于 9 小时以内，14 岁到 18 岁的年轻人每天工作时间限于 12 小时之内。

该法案的议会辩论冗长且痛苦，但是政府坚持己见。“十小时工时运动”的支持者们似乎更感兴趣的是将成年人的工作时间限制在一天 10 小时，而不是把孩子的工作时间限制在一天 9 小时。实际上，为了成年人的
540 利益，支持者们提出了一项增加儿童工作时间的修正案，但是被政府支持者否定了。[108] 成年工人对于最后形成的法律深感愤怒，因为这部法律并没有为他们做些什么。他们谴责说这是一部工厂主的法律。但是当一些工厂主意识到该法的影响时，他们就和成年工人一样猛烈地抨击它。因为在实践中，工厂中成人和儿童的工作是紧密地结合在一起的。工厂主们起初并不知道在儿童只能工作 9 个小时的情况下，如何让工厂每天运行 12 个小时或者 14 个小时。事实上，答案可以在“轮班”制度中找到，即可以雇用两个儿童轮班来对应一个成人轮班。

当然，围绕 1833 年法律的斗争只是故事的开始而不是结束。“十小时工时运动”仍然在进行。支持该原则的议案年复一年地被提交给下议院，但都毫无例外地被否定了。1844 年，皮尔政府通过了另一项重要法律，其将儿童的工作时间进一步降低，而且将保护范围扩展至 21 岁以下的孩子。但是不为成年人立法的原则仍然得到了坚持。尽管这个时候下议院首次投票支持一项十小时工时制的修正案，然而政府却断然拒绝接受它。皮尔确

---

[107] 皇家委员会指出，14 岁的孩子通常就已经在自行签订合同了：（1833）H. C. *Parliamentary Papers* xx. 56。

[108] M. W. Thomas, *The Early Factory Legislation*, pp. 63-4.

信该修正案会被再次否决。[109]1846 年，Ashley 试图让下议院通过一个新的十小时工时法案，但仍然被否定了。[110] 但是在第二年，下议院终于通过了这项法案。不幸的是，该法案的推动者们却被他们自己过于精妙的聪明才智打败了。因为他们起草的法案并没有公开要求工厂在运行 12 个小时后就实际停工（工作 10 个小时，再加上 2 个小时的进餐休息时间）。他们所做的是试图限制儿童的工作时间（没有他们的工作，工厂就无法运转）。他们以为用这种方法，就可以防止工厂采用轮班制。然而，他们在这里搞砸了。1850 年，财税法庭认为，该法没有这种效力。[111] 斗争不得不重新开始，直到 1853 年，“十小时工时运动”才最终取得成功。

绝不能认为工厂立法只与工作时间有关。这些法律（特别是 1844 年的法律）还涉及其他许多事项，如安全、事故预防、保健和卫生，以及儿
童教育等。[112] 此外，所有这些要求都规定了一系列必备的附属条款，以确 541
保法律得到妥善执行。最重要的是，查德威克在《皇家委员会报告》中采纳了边沁提出的工厂督察员（factory inspector）的想法，并在 1833 年《工厂法》中作了具体规定。

这里我们最关心的是，在 1833 年至 1847 年这关键十几年中，人们就控制工作时间与工作条件所展开的辩论的性质。反对干预成年人工作时间是否真的是建立在自由放任的意识形态、合同自由信念的基础之上的？从某种意义上来说，这的确是事实。毫无疑问，政治经济学家们普遍反对这种立法干预。1844 年，政治经济学俱乐部几乎无异议地通过了查德威克提出的动议，即干预成年工人的工作时间是不合理的。[113] 在议会中，反对这种立法的人通常也相信这种不干预的原则。但是要把整个斗争都定性为务实的改革者与抽象原则的拥护者之间的斗争，那就过于简单了。事实上，有一些迹象表明，改革者们不那么务实，反而有点理想主义倾向；反对者

---

[109] Ibid., pp. 203 *et seq.*

[110] 这就是上注第 511 页中所提到的情况，当时 Peel 告诉麦考利说，下议院中支持纯粹自由放任政策的议员不超过 10 个。

[111] *Ryder* v. *Mills*（1850）3 Ex. 853, 154 E. R. 1090.

[112] 关于工厂儿童的教育问题，see Sanderson, ‘Education and the Factory in Industrial Lancashire, 1780-1840’, 20 *Economic History Rev.* 266（1967）。许多良善雇主在 1833 年法律强制要求之前就已经为其儿童雇员提供了教育设施。

[113] M. Blaug, ‘The Classical Economists and the Factory Acts’, in A. W. Coats（ed.）, *The Classical Economists and Economic Policy*, p. 112.

们则常常受到现实主义的影响。证据就是，当工作时间从 12 小时减少到 10 小时，工厂的总收入将显著下降，工人们的工资必然有所减少。并不是所有人都会像纳骚·西尼尔那样武断地认为，工厂的总利润是在一天的最后一个小时内赚得的，因此，取消这最后一个小时就将使工厂降低工资支出或者破产；[114] 但是许多人非常理性地认识到，把工作时间减少六分之一而又期望工资仍然保持不变，那是不可能的。[115] “十小时工时运动”的支持者们——只要他们愿意认真考虑这个问题——认为削减产量的同时需求并没有降低，那么产品的价格就会提高；他们认为，价格提高将足以维持现有的工资水平。

许多这些争论在今天看来有些天真和过于简单，但几乎没有迹象表明，19 世纪 30 年代和 40 年代的辩论更关心抽象原则，而不是这一纯粹的实际
542 问题，即通常情况下什么才是符合工人最大利益的。如果减少工作时间必然会降低工资是真的话，那么至少人们就更容易理解这一点，即为什么许多人认为强迫工人减少工作时间是不对的。例如，皮尔就指出，人们总是说，多数工人无论如何总是挣得很少，他们的生活是多么地接近于勉强糊口的边缘。他认为，对工人来说，任何工资数额的削减都是一个非常严重的损害；但这是议会法律所强加给他们的吗？[116] 还有一点是，一些工人因为拥有更大的家庭而比其他工人有更多的需求。如果这些工人能够挣到更多的钱，他们是十分乐意延长工作时间的。Sir James Graham 则认为，工厂工人只能依靠他们自己，并且几乎总是选择在工作时间最长的工厂里工作，就是因为他们想挣得更多。[117]

另一个重要的问题是，与《禁止实物工资法》的实施情况一样，许多针对工厂的立法干预都旨在将最差的雇主提升到最高的水平。好的雇主通常是不反对限制工作时间的，只要每个雇主都遵守同样的限制即可。但是这些好的雇主无法负担让其他雇主的工厂每天运转更长时间的后果，因为

---

[114] 尽管 Senior 坚持认为这是权宜之计而非原则问题。S. L. Levy, *Nassau W. Senior*（Newton Abbott, 1970）, pp. 109-10. 或许值得注意的是，像布鲁厄姆这样的律师才是真正坚持不干预原则的：J. T. Ward, *The Factory Movement*, p. 150。

[115] 实际上，在实行十小时工作制后，工资确实下降了；尽管很难计算出下降的数额，但快速增长的产量很快就弥补了损失：ibid., p. 116。

[116] *Hansard*（3rd series）, vol. 86, col. 1062.

[117] M. W. Thomas, *The Early Factory Legislation*, p. 203.

这会削弱他们的市场竞争力。这种态度不仅影响到了工作时间，而且也对工作条件产生了影响。那些严重剥削工人的雇主，那些对工人的健康、安全和舒适度毫不关心的雇主，那些忽视童工教育要求的雇主，在竞争激烈的时代可以将其成本降到最低。正派的雇主不会因他的竞争对手被置于制定法控制之下而感到抱歉。自 1820 年法律颁行以来，好的雇主与不那么审慎的工厂主之间的这种差异，就像一条贯穿整个故事的红线。[118] 第一批工厂督察员中的一名工作人员后来评论说，如果所有的工厂都像 Gregs、Ashworths、Ashton 或者其他许多做得很好的工厂那样的话，那么可能根本就不需要进行立法干预。[119]

此外，必须再次强调的是，在无关工作时间的事情上，许多早期的法律的确对工厂主施加了很多“干预”。工厂主普遍抱怨这种“干预”，并认为他们被迫以“行不通的”或者“不可能的”方式来经营工厂。而 1833 543
年的皇家委员会对此却不屑一顾。他们说，这些话“通常都会被许多制造商用于评价任何可能导致其费用增加或者带来暂时不便的规定上的”[120]。皇家委员会还指出，许多雇主并不愿意接受制定法对工作时间进行限制，但人们却总是发现，每个工厂主都希望把劳工的工作时间“限定为在他自己工厂里工作的确切时间”[121]。我也要再次提请人们注意《工厂法》中有关安全的规定。我在前文已经提到这一事实，即查德威克在 1833 年的《皇家委员会报告》中提出了一些建议，无论雇主或者工厂主是否有过失，他们都应当对工人在工作中所受到的伤害承担民事责任。尽管这一提议没有成为法律，但值得注意的是另一项提议却成为法律。1844 年的法律规定，国务大臣可以以任何受到工厂机器伤害的人的名义提起民事诉讼。[122] 这种高度家长式的条款（无论其在实践中是什么样子）[123] 应该引起那些仍然认为 19 世纪 40 年代是自由放任主义和合同自由全盛时期的人的注意。

---

[118] Ibid., p. 9; Marvel, 'Factory Regulation: A Re-Interpretation of Early English Experience', 20 *Journal of Law & Economics* 379 (1977).

[119] W. G. Carson, 'Symbolic and Instrumental Dimensions of Early Factory Legislation', in R. Hood, ed., *Crime, Criminology, and Public Policy* (London, 1974), p. 118.

[120] Cited, M. W. Thomas, *The Early Factory Legislation*, p. 157.

[121] Report of the Royal Commission, (1833) H.C. *Parliamentary Papers*, xx. 54.

[122] Sects. 24, 25.

[123] 我无法找到任何证据证明这一规定曾被适用过。

其他雇员

在这里，我没有足够的篇幅来考察为了所有不同阶层的雇员，诸如扫烟囱的孩子以及煤矿矿工等的利益而进行的立法干预。但是我不能不提商船海员的情况。1844 年的《商船法》(Merchant Shipping Act)、1854 年的《商船法》都是为海员制定的家长式法律。这些法律都证实，在议会中，对合同自由的干预通常被看作一种权宜之计而非原则。如果这些规定不太可能剥夺工人一些真正有价值的自由（比如按照工人自己的意愿延长工作时间），那么似乎没有什么理由可以反对干预合同自由。

1844 年《商船法》包含了一整套针对海员的家长式规定。该法第 2 条规定，船长在没有书面合同的情况下将海员带出海是一种犯罪行为；书面合同必须载明须支付的工资、船员以什么身份提供服务以及航程的性质，"以便该海员可以以某些方法判断出他可能受雇的期间"[124]。船长必须在有
544 证人在场的情况下，分两次向船员"宣读两次并解释该协议"。其第 5 条规定，任何约定船员放弃其基于薪资或者其他应收款项而享有的船舶留置权的协议，均无效；同时，任何约定船员在船舶失事时放弃救助权（right to salvage）或者放弃工资的协议也无效。第 11 条规定，除例外情形外，船长有义务在协议终止后的两天内支付工资。第 12 条规定，任何扣押工资的行为都是不被允许的，并且禁止转让船员工资。而 1854 年《商船法》的保护性条款已经增加到 68 条（包括第 146 条到第 213 条）。该法还规定，任何人在船舶抵达后的 24 小时内招揽海员成为房客的行为，都属于犯罪行为。

议会通过这两部法律时，几乎没有听到针对这些条文的任何反对之声。除了一名议员外，这两个法案都受到了普遍欢迎并以压倒性多数通过，该议员抱怨说 1844 年的法案是对主人与仆人关系的"不正当干预"[125]。负责这项早期法案的大臣说，这些提议已经迟到太久，是因为以前的人们对这种干预有着"最大化的偏见"。他和下议院都理所当然地将这种"偏见"看作历史问题。

19 世纪中期对雇员进行立法保护的最后一个示例值得一提，因为它说明立法需求往往是因为人们行使民事权利时遇到困难所致，而并非普通法

[124] 关于这个问题的类似普通法判决，see *The Cambridge*（1829）2 Hagg. Ad. 423，166 E. R. 233。

[125] *Hansard*（3rd series），vol. 76，cols. 1510-11（1844）.

的实质性失败。1850 年，两起虐待年轻的家庭女佣的丑闻案件广泛传播，使整个国家的良知备受震动。第一起案件是通过刑事诉讼法的普通程序对加害人进行定罪的。[126] 而在第二起案件中，没有向佣人提供食物或者医疗照顾（即使是违反了合同）未被认定为刑事犯罪，除非佣人是过于年幼以至于不能照顾好自己的儿童。[127] 这些案件立即导致了 1851 年《学徒和仆人法》（Apprentice and Servant Act）的出台，该法规定，违反这种性质合同的行为，是最高可判处 3 年监禁的犯罪行为。

第三节　消费者保护

直至近现代（通常被确定为进入 20 世纪），人们普遍认为合同自由得 545
到了严格的执行，以至于消费者不得不自己照顾自己。只有在现代，消费者保护才是公认的立法原则。但即使是今天，法院仍然不愿意承认消费者有权获得任何超越一般合同法的保护。即便是那些知道早在中世纪就有旨在保护消费者之制定法的人，也普遍认为这些制定法在 19 世纪都被废除了，留下了一片直到 20 世纪才被填补上的空白。人们当然认识到防止欺诈的必要性——即便政治经济学家也是坚持这一点的——但是（人们认为）19 世纪的法律只是对此问题有所涉及。实际上，与 19 世纪法律史流行版本中的许多其他故事一样，消费者保护在很大程度上也是虚构的。在整个 19 世纪，消费者保护一直是立法关注的一个主要问题，而且它并不仅仅限于防止欺诈。但无论是过去还是现今，任何试图在防止欺诈和消费者更广泛的保护之间进行严格区分的尝试，都是不可能成功的。由于欺诈通常很难被证明，因此，议会常常通过立法规定一些原则，来限制那些助长欺诈行为出现的商业模式，而无论欺诈行为是否实际存在。例如，关于度量衡的立法即规定，出售商品时没有使用帝国的计量器是一种犯罪行为；因此，这样的法律通常禁止按体积或者按件数（例如，一块面包）出售商品，而违反该规定的卖方无论是否有欺诈的行为或者欺诈的意图，都构成犯罪。在某种意义上，这种立法直接干预了合同自由。即使买卖双方都乐意按件

[126] *R.v. Bird*（1850）5 cox C. C. I.

[127] 似乎没有人报告 Sloane 案，但是《议会议事录》（Hansard）记载了案件事实，*Hansard*（3rd series），vol. 114，cols. 1297 *et seq*。

数订立合同，但除非“块”是面包的法定计量单位，否则买方和卖方都不能以“块”来买卖面包。仅仅辩解此种立法可以防止欺诈，是不可能将其予以正当化的：关于度量衡的立法所涉及的范围本身比防止欺诈要广泛得多。但它的目的就是防止滋生欺诈，并且人们普遍认为消费者放弃的自由，对它而言不值一提，而且法律保护所带来的好处远胜过“消费者的自由”这个价值。关于合同自由神圣原则的争论很少出现在有关这种立法的辩论之中。在本书有限的篇幅中，我只能对一些主要的立法领域进行粗略勾勒，但值得注意的是，大多数立法都是以一个简单的原则作为基础的。一般而言，对于买方肉眼检查不太可能发现的质量瑕疵或者数量短缺，制定法才会给买方提供保护。买方一般应当对其购买行为保持应有的警惕，这一点是没有人会怀疑的，但是在没有足够警惕的情况下，买方不得不信赖卖方，
546 他有权要求对这种信赖进行保护。

食物和饮料的掺杂使假

食物和饮料的掺杂使假历史悠久，至少可以追溯到中世纪；而且人们消灭它的尝试也有着悠久的历史。[128] 随着城市化的发展，这个问题变得更加严重，[129] 据认为，19 世纪的掺杂使假是一种极其普遍的且回报丰厚的商业欺诈行为。[130] 掺杂使假有时会危害健康，但通常它只是一种金钱欺诈。在整个 18 世纪（为了避免情况进一步恶化），人们频繁地尝试用立法来防止这种或者那种商品的掺杂使假。1730 年和 1777 年颁布了禁止在茶叶中掺杂使假的法律，1718 年、1724 年和 1803 年颁布了禁止将烧焦的蔬菜掺入咖啡豆之中的法律，1758 年、1822 年和 1836 年颁布了禁止在面包中添加明矾的法律，1761 年、1816 年和 1819 年颁布了防止在啤酒中掺杂使假的法律。[131] 不幸的是，这些法律在很大程度上都是无效的，这并非议会无能，而是缺乏必要的科学技能。在能够胜任这一工作的分析化学以及显微检测的方法成熟之前，检测和证明掺杂使假通常是不可能的。

这个状况在 19 世纪 50 年代早期得以改变，当时 Hassell 博士用一种新

---

[128] See Bell and O'Keefe's *Sale of Food and Drugs*, 14th edn.,（London，1968）, pp. 1-3.

[129] J. Burnett, 'The History of Food Adulteration in Great Britain in the Nineteenth Century with Special Reference to Bread, Tea and Beer', 32 *Bulletin Inst. of Hist. Res.* 104（1959）.

[130] Ibid., p. 105.

[131] Bell and O'Keefe's *Sale of Food and Drugs*, 14th edn., pp. 1-3.

的显微镜进行了超过 2400 次的实验分析，并在《柳叶刀》（*Lancet*）上发表了一系列论文。[132] 其结果是议会于 1855 年成立了一个特别委员会，该委员会听取了 Hassell 博士和其他科学家的证词。委员会的报告 [133] 断定，掺杂使假有着广泛的社会危害性，其不仅危害公共健康，而且还对全体公众构成了严重的金钱欺诈。此外，报告还指出，“公共道德也被玷污了，在本国和外国民众眼中，这个国家较高的商业道德已经被严重拉低了” [134]。他们又补充说，穷人通常是掺杂使假的最大受害者，因为他们无法像富人那样保护自己。由于非常多的穷人是如此持续地赊购商品，以至于他们实际上是与某个供应商绑定在一起的，这导致他们的生活物品来源可能更加有限。有人认为，即使在这个领域，自由放任主义哲学对立法改革也有阻碍作用，[135] 但这 547
种观点与议会特别委员会的观点并不一致。该委员会说道：[136] “有人提出反对说，最好的办法是让买方自己照顾自己。但是存在着许多买方自己无法查明的掺杂使假……也有人说，存在着许多立法无法涉及或者对其施加惩罚的欺诈。但是，另一方面，很难说立法可以防止多少欺诈行为。在这个问题上立法的最大困难在于，如何在不影响商业自由的情况下终结欺诈的自由。”委员会接着指出，现有的普通法救济，即对妨害公众提供公诉或者对损害提起民事诉讼，都“过于昂贵和过于烦琐，无法普遍采用”。结果，他们建议赋予地方当局任命官方分析师的权力，由官方分析师负责采集食物和饮料的样品，并在分析结果显示可能存在掺杂使假的情况下，向法官提起公诉。

议会采纳了委员会报告中的大部分建议，并于 1860 年颁布了《禁止食物和饮料掺杂使假法》（Adulteration of Food and Drink Act）。通常情况下，当议会开始对一些新型社会问题进行立法控制时，这些立法需要经常修改，但很清楚的是，这一部法律预示着掺杂使假这一严重社会问题的终结。一旦有了化学技术，议会就会毫不迟疑地使用它。

度量衡

在 19 世纪的英国，许多商品的销售方法也出现了类似的问题。这里

---

[132] J. Burnett, ‘The History of Food Adulteration in Great Britain’, p. 106.

[133] （1856）H.C. *Parliamentary Papers*, viii. 1.

[134] Ibid., p. 3.

[135] J. Burnett, ‘The History of Food Adulteration in Great Britain’, p. 106.

[136] Report（*supra*, p. 546, n. 34）, pp. 4-5.

的问题当然是纯粹的金钱问题，但是在这里，人们也不能说立法的唯一作用就是防止欺诈，即使这是其主要目的。造成这个困难的部分原因是这一事实，即直到 19 世纪初，这个国家许多地区一直在使用各不相同的习惯度量衡（customary measures）。随着英国逐渐变成一个单一市场国家，这种令人眼花缭乱的度量衡就成为公平商业交易的障碍，议会于是致力于提供一套简单统一的度量衡，并且逐渐要求在许多普通交易中使用它们。在我们正在考察的这个世纪中，1795 年、1796 年、1797 年、1815 年、1824 年、1835 年、1859 年和 1867 年，都颁布了重要的法律，更不用说还颁布了一些次要的和附属的法规。

1795 年的法律首次规定法官可以任命地方督查员，他们有权进入商店检查所使用的度量衡，并在发现度量衡是精确的时候对其进行证明。1824
548 年的法律（它清除了《法令全书》中许多陈旧残余）试图将长度、体积以及重量的计量予以标准化，并且在很大程度上禁止使用当时仍然经常使用的、按体积计量干货的“堆量法”（‘heaped measure’）。除了某些极其有限的情形外，该法要求对干货按照重量进行计量，并且“所有的合同、磋商、销售和交易”都要进行相应的规范。任何没有按照标准度量衡进行计量而签订的合同，都是无效的。另一部重要的法律是 1835 年颁布的，它收紧了之前法案的许多要求，并最终完全废除了旧的“堆量法”。煤炭现在只能按重量出售；所有已经进行了重量检验的煤炭都要在其上加盖重量标记。第二年，一部经修订的法律要求所有的面包都必须要按重量而不是按块出售。这是一个连续不断的故事，19 世纪中期，任何时期的政府政策似乎都没有因为自由放任主义观点而有所改变。

品质证明和鉴定

对黄金和白银进行标记和鉴定（也就是检测）的立法可以追溯到中世纪。[137] 没有添加合金的黄金和白银由于太软而不能使用，但是添加过多的合金又很容易使其贬值。除非通过技术检测，否则几乎不可能知道是否添加了过多合金。这就解释了为什么人们一直很重视合金中贵金属数量的官方检测方法。1770 年至 1870 年间，关于这个问题的法律就有 1772 年、

---

[137] 关于这个问题的立法史评论，see *Report of the Departmental Committee on Hallmarking*, 1959, Cmnd. 163, Part II。

1784年、1788年、1790年、1798年、1807年、1819年、1824年、1842年、1844年和1867年的法律。似乎从来没有人严肃指出，这些立法由于干涉了合同自由原则，因此应当予以废除。一个议会特别委员会在1856年针对当时有效的法律提出了一份（非常简短的）报告。[138] 他们说，“进行鉴定是为了保护公众不受欺诈，这种做法应当继续保持”。他们继而建议对法律进行合并和简化。另一个特别委员会在1879年简单地提到了这些立法中所涉及的原则，只是对其不置可否：“对金银制品进行强制鉴定和标记的原则，毫无疑问是有一些反对意见的。如果这是一个新问题，而且这是第一次考虑在政府控制之下建立起鉴定机制，那么这些反对意见可能就会占上风。”但是委员会继续指出，自爱德华一世以来这种做法在英国便已经存在，而且这种做法维持了“所有经鉴定过的英国商品的卓越标准，它 549
使品质证明转换为对价值的担保，这不仅提高了英国工艺在国内外的声誉，而且也创造了大量私人财富”[139]。

他们的建议虽未被贯彻，但是这些法律也并未被废除。

商标

在一长串规定商品之标记与描述的一般法中，1842年《商标法》是第一部。总的来说，该法案的目的是防止欺诈性描述，但是人们惊奇地发现该法第19节和第20节的一些规定，修改了民法。第19节规定，任何销售带有“商标”商品的人，都必须保证该商品是正品；第20节规定，在售商品的包装或者封面上，有关商品的数量、尺寸、重量或者原产地所记载的任何声明、描述或者其他信息，都被认为是一种担保，“除非在卖方或者卖方代表签署的、并已交付给买方且为买方所接受的某些书面文件中，有相反的表示”。这一条规定远远超出了防止欺诈的范围，这是一个典型的保护消费者的例子，而消费者保护通常是与20世纪的立法相关。但令人惊讶的是，没有什么迹象表明围绕这些规定曾引发过任何诉讼。

类似的立法还有《啤酒花贸易法》（Hop Trade Acts），虽然它只局限于一种特定的行业。鉴于 *Parkinson v. Lee* 案[140] 多年来一直被认为是支持买者

[138] 1959年的部设调查委员会（Departmental Committee）的《报告》将其列入附录A中。

[139] 参见1959年的部设调查委员会（Departmental Committee）的《报告》附录B。

[140] （1802）2 East 314, 102 E. R. 389, *supra*, p. 474.

自慎原则的开创性判决（leading decision），因此这些法律就特别令人感兴趣。本案涉及的是啤酒花销售中的欺诈行为（尽管卖方本人并不承认），而且很明显的是，《啤酒花贸易法》正是针对这类欺诈行为而制定的。因此，议会似乎不像法庭那样沉迷于买者自慎。1800 年第一部《啤酒花贸易法》，[141] 要求啤酒花种植者将他们的名字和地址“用耐久的墨水或者颜料”清晰地写在所有啤酒花包装袋上。这些包装袋也受到该法有关重量规定的限制。1808 年 [142] 和 1814 年 [143] 议会通过了新法，有迹象表明，这些法律越来越让人感到绝望。1814 年的法律要求所有权人用四英寸长和半英寸宽的字母在这些包装袋上标明其所有权人的名字和地址；该法同时还禁止使用标记了其他人而非所有权人名字的包装袋，这一规定表明，人们逃避
550 先前法律规定的有趣方式被发现了。但这一切都无济于事。另一部法律 [144] 在 1866 年指出，之前的法律在防止啤酒花贸易中的欺诈和滥权行为上没有效果，因而它建立了一套新颖且详细的规范与控制体系。该法特别禁止了 *Parkinson v. Lee* 案中所遇到的欺诈行为，即将不同品质的商品混合在一起而形成样本，因为这种做法不能真正代表商品的整体品质。总的来说，此法律的基调更具专业性。

制定法保护的对象也包括一些特定商品的买受人，它们的质量并不总是通过简单检查就能够查明的，例如锚链与锚，[145] 以及火器。[146]

高利贷

在整个工业革命时期，制定法所规定的法定最高利率是 5%。我们已经看到，尽管人们的规避行为会推高利率，但这种做法却屡见不鲜。正如李嘉图所言，出借人自然会针对合法性受到怀疑的高风险交易索取溢价费用，因此，作为这种家长制的结果，借款人被迫支付更高的利率。我们已经看到，到 18 世纪末，政治经济学家和律师们全都反对法律的这个规定。边沁所著的首次出版于 1790 年的《为高利贷辩护》非常具有影响力，几

---

[141] 39 Geo. 3, c. 81.

[142] 48 Geo. 3, c. 134.

[143] 54 Geo. 3, c. 123.

[144] 29 & 30 Vict., c. 39.

[145] See Chain Cable and Anchor Acts 1864, 1871, 1874, and 1899.

[146] See Gun Barrel Proof Acts 1855 and 1868.

乎所有的古典经济学家都赞同他的观点。[147] 布鲁厄姆在 1816 年提出废除《高利贷法》，但不管经济学家和律师们[148] 的观点是什么，公众舆论似乎还没有做好迈出这一步的准备。[149] 教育公众正确理解他们自己的利益之所在显然是很有必要的。1818 年，议会成立了一个特别委员会。[150] 这是当时哲学上的激进分子取巧的一个很好的例子。设立该委员会不是为了进行公正的调查，而是将其作为一种试图改变公众舆论的公共宣传。[151] 李嘉图和 551
Lord St. Leonards 向委员会提交了支持废除《高利贷法》的证据。他们声称，这些法律没有任何用处，只能迫使借款人支付比原本应当支付的更高的利息。然而，当一项废除高利贷法的议案于 1821 年被提交到议会时，由于议会中仍有许多反对意见，于是该议案被迫终止。然而，1837 年议会作出了一个重要的让步，《高利贷法》将 12 个月以内的汇票排除出去了，这使大量的短期商业借贷能够按适当的市场利率开展。

较之于经济学家和律师，《高利贷法》更受公众的欢迎。直到 19 世纪中期，《高利贷法》都还一直有效。《高利贷法》历经 1818 年的委员会和 1821 年法案，以及许多其他试图废除它的举措，仍然幸存了下来。[152] 令人惊讶的是，在这个时期一开始，我们从来没有见过反对废除《高利贷法》的清晰的理由。不知是否有人曾真正条理清楚地论证或者表达过反对废除的理由。然而，拜尔斯法官于 1845 年出版的、前文我提到过的《高利贷法观察》是一个很好的例证，他对反对废除《高利贷法》开展了许多理性的论证。拜尔斯认为，这个问题根源于，在借款人无法提供良好担保的情况下，计算违约风险的难度。这不是一种有市场价格的东西（与一个拥有良好担保的借贷成本不同）；风险在每种情况下都是不相同的，而只能依靠

---

[147]　See, e. g., J. R. McCulloch's *Interest made Equity*（1826）.

[148]　有关当时的律师对于高利贷态度的其他迹象，参见埃文斯（Evans）在其翻译波蒂埃的著作中所做的注释，Pothier, *Law of Obligations*, i. 101-2；see too *Barnes Dowding and Bartley* v. *Hedley and Conway*（1809）2 Taunt. 184, 127 E. R. 1047。

[149]　Serjeant Onslow 在议会辩论中说到，财政大臣在 1816 年曾指出，"当时公众的思想状态将这个问题搅动到危险的地步"。See *Hansard*（N. S.）, vol. 5, cols. 175-180（1821）.

[150]　（1818）H. C. *Parliamentary Papers* vi. 139.

[151]　注意 Byles 的这一评论（在他的《高利贷法观察》第 27 页）："从他们提出的主要问题的形式可以清楚地看出，委员会的大部分成员已经在这个问题上作出了决定，并期望有证据证明他们的先入之见是正确的。"

[152]　另请注意 1800 年《典当法》（Pawnbrokers Act）也对利率进行了控制。

猜测。此外，小额借款人，例如“劣质商人”，并不是一个自由的人。当小额借款人需要借款时，他受到放债人的摆布，不得不在胁迫之下借钱。与有担保的借款人在竞争激烈的市场中借款不同，对于此类没有担保的借款人，没有供他可以进行交易的公开市场。小额借款人因为担心自己的生意会因为失去信誉而不敢透露自己的状况、不敢借钱。其结果是，各方当事人的地位严重不对等。

但这一切都无济于事。最后，理论家们找出了自己的办法。《高利贷法》在1854年被完全废除，而且这个时候几乎没有任何反对意见。尽管一些法官可能同意拜尔斯的观点，[153] 但是他们对此几乎无能为力。但是在20年中，贫困小额借款人的问题引发了严重的社会问题。贪婪的放债人在法律的支持下，开始在全国上蹿下跳，自由地在杂志和报纸上刊登广告。新的立法控制变得势在必行。但故事的这一方面落入了本书所要论述的下一个
552 时期里。

医生执照

在现代社会中，最为广泛使用的一种保护消费者的方法是，控制被允许与消费者订立某种合同的人，而不是直接控制该合同的条款。19世纪中期，这一进程还没有开始，而且关于给医生颁发执照的提议引发了激烈的公开辩论。在这个问题上，医学界本身就存在分歧，一方是有精英主义传统的皇家医学院，另一方是通常被称为“药剂师”的全科医生。1858年《医疗法》（Medical Act）试图通过一系列的妥协来解决这个问题。该法不禁止任何人行医，即使是那些根本没有任何资格的人。然而，它采取的做法是为消费者行使自由选择权提供一些指导。该法的序言指出，需要医疗援助的人应该能够区分合格的医生和不合格的医生。整部法律就是本着这种精神构建起来的。它创设了一种由医学界自己进行维护的执业医生登记册制度，登记与否取决于执业医生是否取得了专业机构所要求的适当资格。不合格的医生可以继续执业并收取费用，但不具备担任某些公共和准公共职

[153] 波洛克首席财税法官在1857年（此时《高利贷法》已经被废除了）写信给布拉姆韦尔说，正派的法官在遇到高利贷时有义务对其予以谴责：Fairfield, *Some Account of Baron Bramwell*（London, 1898）, p. 33。但是在 *Flight* v. *Reed*（1863）H. & C. 703, 715, 158 E. R. 1067, 1071 案中，波洛克首席财税法官又说，《高利贷法》的废除显示了一项新的政策，法庭应当忠实遵守该项政策。

位的资格，这些医生不能介绍自己为合格的执业人员，也不能就收费问题提起诉讼。当然，该法认可现有执业人员登记在册的权利，无论他们是否合格。

这是维多利亚时期人们在合同自由问题上所做的一个比较有趣和独特的妥协，尤其因为它一直延续至今而愈加值得关注。不同于许多后来毫不犹豫地将从事某种职业限于那些以某种适当方式取得了资格的人的管制性法律，1858 年《医疗法》仍容许一名未取得资格的人继续从事医生执业，只要该人没有将自己描述为是取得了资格的医生。至少从表面上看，这一法律清楚地表明其是为了公众的利益，而许多现代的许可性法律则是一种纯粹的限制机制，即限制能够从事特定行业工作的人员数量。但是这也表明，将维多利亚时代的立法归为个人主义立法或集体主义立法是多么困难。“谁是最‘个人主义的’——是珍视并期望能够获得医疗救助的权利的门外汉？是未取得资格的医生（草药医生或接骨师）？是寻求以那些在他之上和之下的人的利益为代价从而提升其地位的药剂师？还是拥有令人嫉妒 553
的特权的皇家医学院的成员？”[154]

《旅客法》

关于《旅客法》的故事，其他学者已经进行了较为充分的说明，[155] 我只需要分析一下这项法律在其立法过程中的几个突出问题即可。1803 年到 1860 年，有大量来自英国，尤其是来自爱尔兰的移民，通常是在利物浦冒着生命危险登上移民客轮。19 世纪 40 年代的爱尔兰马铃薯大饥荒，导致移民数量迅猛增加，1844 年到 1852 年，大约有 150 万人试图穿越大西洋去寻找更好的生活。绝大多数移民都非常贫穷，许多人工作数月才能攒够船票钱——虽然船票并不贵——由于很多人是文盲，大多数人都是被迫接受乘船条件的。在该世纪初，这些船只的条件差得令人震惊。移民们被塞进船里，几乎没有地方可以站起来，更不用说躺下了。船内没有任何卫生设施，没有隐私，不分男女，也不提供食物。乘客们被要求自己携带食物。如果航程延长，食物极有可能耗尽。乘客们要么挨饿，要么以极高的价格从船长那里购买食物。船上疾病肆虐，许多船只在抵达美国或者加拿大的

[154] W. L. Burn, *The Age of Equipoise*, p. 211.

[155] O. MacDonagh, *A Pattern of Government Growth*: *The Passenger Acts 1800-1860*.

时候，腐烂的尸体遍布甲板。

人们在 1803 年偶然发现了这一事实，当时一个调查苏格兰高地的特别委员会，获得了大量关于移民贸易（emigrant trade）的信息。例如，人们告诉他们，一艘船上五分之三的乘客都死亡了。在船到达目的地时，人们发现了 30 具尸体。议会迅速作出反应，起草并通过了一项法案，而且没有一个反对的声音。但是这一法律更多地要归功于人们的情感而非其倡议者。事实上，它不仅抛弃了任何关于合同自由的概念，而且构成了 MacDonagh 教授所称的对合同自由原则的革命性突破。但是正如我之前已经指出的，合同自由原则在 1803 年还没有成型，因为当时的衡平管辖权为被对方强迫缔约的贫穷而无知的当事人提供了许多不同形式的救济。无论如何，这一法律并没有起作用，它对船主来说负担太重了，如果这部法律得到执行的话，那么移民船上的旅行费用将会超出乘客能承受的范围。

我们也已经看到在 1826 年到 1827 年，一个议会特别委员会如何突然
554 意识到这部法律是对合同自由这一重要原则的侵犯，然后又废除了这部法律；与此同时，该行业被揭露出的骇人听闻的情形，又如何导致了更多立法的出现。1828 年，议会通过了一部新法律，其要求较为温和，而这次这一法律得到了执行，尽管这在很大程度上似乎是出于偶然的原因。这部法律的起草人 A. C. Buchanan 被任命为加拿大驻伦敦移民总代表（Agent-General for Immigration to Canada）；基于此身份，他自行对违反该法律的行为提起公诉，并努力向议会提交年度报告。1835 年，一部经修订的法律要求船东每天要向在利物浦等候他们船只的乘客支付 1 便士的滞留费。这部法律还要求船舶航行须携带“充足”的药品，并向乘客公布所售食物的价格清单。与以往相同，法律的执行仍然是主要问题。该法赋予乘客各种形式的合同权利，但一旦乘客们登上船舶，他们却不能做任何事情来行使其权利。虽然在到达目的地后乘客们通常都有诸多抱怨，但是这些幸存者通常都太急切地想要登岸并尽可能快地离开。很难想象他们中的任何一个人会为了对自身遭受的损害提起民事诉讼而在登岸处逗留。殖民部（Colonial Office）副大臣 Sir James Stephen 用带有一点宿命论式的语调评论说：“这些爱尔兰人不是第一批，也不会是最后一批发现这个问题的人，即一个人可能会挨饿，但是他却拥有着极好的、连状师（special pleader）

都期盼的诉讼权利。”[156]但这种宿命论并没有让所有人都感到满意，而且人们往往期望政府进行严格执法。1836年到1840年间，就连政治经济学家们也已经放弃反对这项立法的立场，并且和其他人一样急切要求议会强化该法律的规定。1842年，一份针对这一法律的报告对自由放任原则提出了口头支持，说议会的法律不能“为个人自由裁量权的缺乏提供补充”[157]，但一般而言，这些警告性的话语几乎没有什么用。

根据新的移民官员所提出的详细议案，1842年，议会起草并实施了一部重要的法律。这部法律对合同自由在这个问题上残余的东西造成相当大的破坏，它要求船主以法定的形式向乘客提供书面合同；经纪人和代理人取得执照；在出发日期确定后，无论是在登船前还是在船上，船主都要为乘客提供食物。人们在起草这部法律时很关注其可执行性，而且它也的确得到了执行。新的移民专员（Commissioner for Emigration）被赋予代表乘客起诉船东的权力，在这部法律颁布后的数年内，移民专员代表乘客起诉，使乘客每年获得大约1500英镑的赔偿金。[158] 555

故事就这样继续被讲述。空间、卫生和食物的标准一点一点地被立法推高了。1847年和1848年法律以及一系列的法规，提出了一些新的、有点过于乐观的规定，以解决爱尔兰移民数量激增所带来的问题。1854年，一个特别委员会对法律的实施情况进行了调查，并提出了更多的监管建议。在他们的报告中，辩论的中心已经完全发生了转变，有人认为是从“国家干预的适当限制，到国家控制的最有效方式”[159]的转变。随着1855年法律的通过，客运合同几乎被议会完全改写了。在这之后，故事又开始发生变化。财政部的吝啬和格莱斯顿式自由主义（Gladstonian Liberalism）共同阻止新的官僚机构对科学和专业知识的充分利用。但无论如何，加强控制的必要性开始消失了。19世纪40年代之后，移民贸易的规模急剧下降，到19世纪60年代，长久以来的丑闻已经接近尾声。

在总结这一事件时，MacDonagh教授认为，也许除了在最初阶段，人们几乎没有考虑这项立法所涉及的哲学原则问题。这项立法在很大程度上

---

[156] Cited, ibid., p. 106.

[157] Ibid., p. 146.

[158] Ibid., p. 163.

[159] Ibid., p. 273.

是由事件的纯粹力量决定的。议会议员和公务员随着事态发展而作出的决定完全是自然反应。一旦立法最初迈出了控制的步伐，或者至少在1828年重申了要进行控制，那么立法就有了实施进一步控制的动力。立法产生了官僚，官僚们向立法机构提供了有关现存弊端的信息，以及处理这些问题的最佳方式。

也许值得再次提请人们注意前文已经提到的一点，即在不涉及比收入再分配更根本的社会变革的情况下，纠正“权力滥用”的立法权力受到了严格的限制。议会试图给航运公司强加要求的做法，是没有什么用的，因为这会导致船票价格超出移民所能承受的范围。只要现存的社会结构基本没有受到触动，那么立法的再分配效应可忽略不计，变化和改革的步伐不可避免地会放缓。

出租马车

观察19世纪上半叶立法对于普通出租马车（hackney cab）和公共马车（stage coach）的控制程度，是颇令人吃惊的。当时，议会议员、律师和政
556 治经济学家都必须定期使用出租马车。但是，尽管他们一再呼吁不干预合同的原则，要求消费者有自行判断提供给他的商品的价值或者安全性的能力，并认为立法试图控制价格的尝试是不明智的，但议会仍不断出台规范这些问题的法律。

最早期的法律——其要求出租马车和公共马车运输必须取得执照——主要关心的似乎是增加收入。但是1831年的法律针对伦敦出租马车提出的规范则远不止于此。这一法律[160]规定了固定的租金价目表，根据司机所选择的时间或者距离进行计算；该法同时规定任何支付高于法定价目表的协议均属无效，甚至赋予当事人请求返还多付租金的权利（第43条）。司机拒绝接受乘客租用或者对乘客收取过高费用，均会受到惩罚。

对出租马车和公共马车的进一步立法规范分别发生在1837年、[161]1843年[162]和1853年。[163]1853年的法律为乘客安全设计了大量规范，赋予警察

[160] 1 & 2 Will. 4, c. 22.

[161] 1 & 2 Vict., c. 79.

[162] 6 & 7 Vict., c. 86. 此法律规定，除非有书面的、经见证人见证了的协议，否则出租马车所有权人不得要求出租马车司机支付任何款项（第23条）。

[163] 16 & 17 Vict., c. 33.

检查马车并宣布其不能再使用的权力；该法还要求在出租马车的内外张贴车费表，并且在出租马车外面印刷准载人数。该法第 10 条规定司机在不额外收费的情况下允许乘客携带合理数量的行李。另一项更现代的立法条文可以在 1869 年的一部法律[164]中找到，其规定政府大臣有权对票价进行控制以及其他许多事项进行规范。

承运人和铁路

1830 年以前，保护消费者以对抗陆路运输承运人，几乎完全是一个普通法问题。公共承运人以各种传统方式受到法律的规范。对于以合适和合理的价格要求他们运输货物的要约，公共承运人有义务承诺；承运人不正当地拒绝要约会被认为是普通法上的一种轻罪行为。此外，对于承运货物的任何损失，他们都要承担严格责任。许多承运人垄断了某条特定运输路线，与拦路强盗和小偷勾结窃取货物都在或多或少影响着这些古老的普通法规则。然而，到 18 世纪末，承运人开始采取张贴告示的方法排除他 557
们对于货物丢失或者被盗的责任。由于他们运输的一些货物可能非常贵重（例如，装入了许多汇票的包裹），所以这些免责条款（exclusion clause）并非都是不合理的。在 *Riley v. Horne* 案[165]中，它们的有效性得到了贝斯特首席法官主持的皇家民事法庭的认可，该法庭在很大程度上致力于推行逐渐被淘汰的合同公平理念。法院判定，对于货物损失的风险和实际运输的风险，承运人有权收取适当的溢价费用。但是法官们基于贝斯特首席法官所赞同的家长式精神，而坚持认为承运人有义务向托运人恰当地告知货物保险的必要性。“这是一项适当的规则，”首席法官说道，“这不会对承运人造成任何困难。他熟知自己的生意以及与此相关的法律规则。许多偶尔让承运人运送货物的人，完全不知道他们应该做些什么来确保他们货物的安全。正义和政策要求承运人有责任告诉他们应该做些什么”[166]。如果法律的发展是留给法官来推动的，那么看看后来的法官对于这种家长主义作出了何种反应，那将会是一件很有趣的事情。但事实并非想象中那样。

---

[164]　32 & 33 Vict., c. 115.

[165]　（1828）5 Bing. 217, 130 E. R. 144. 与这种家长主义形成对照的是议会委员会在 1825 年的观点, cited above, p. 507。

[166]　5 Bing. 223, 130 E.R. 1046. 同时参见判例汇编中之前的另一个判例, *Macklin v. Waterhouse, Clench and Weeks*（1828）5 Bing. 212, 130 E. R. 1042。

1830年，议会接受了贝斯特首席法官在*Riley v. Horne*案中的暗示，并通过了《承运人法》(Carriers Act)。根据这一法律，如果货物价值在10英镑或以上，承运人有权收取额外费用，但是承运人只对申报了真实价值的货物的损失承担责任。在其他情况下，即货物价值低于10英镑，该承运人不再被允许凭借张贴在其办公室的公告而免责，但是他仍有权凭借任何"特殊合同"而免责。这些法律规定的后续历史，在很大程度上与铁路有关，这一点在1830年几乎没有人想到。

对垄断承运人实行运费管制的传统由来已久，其可以追溯到最早的运河，它也影响了收费公路信托 (turnpike trust)。当第一条铁路建成的时候，人们最初的想法是，拥有铁路线的公司将不得不允许其他拥有铁路车辆的人使用他们的线路；实际上，根据1844年《铁路法》，人们有权对铁路进行运费控制，这一部法律还赋予了国家21年后接管铁路的强大且令人望而生畏的权力。但在人们的设想中，这些铁路是向所有人开放的。因此最
558 终没有人打算这样做。不能将没有对铁路公司施加运费控制，理解为是信仰合同自由或者自由放任主义所致，因为很清楚的是，自19世纪40年代以来，几乎所有人都赞同国家控制铁路的必要性。[167] 甚至政治经济学俱乐部在1842年也一致同意将铁路的垄断权力置于国家控制之下。[168] 事实上，贸易委员会对铁路经营活动的许多方面进行了一定程度的监督和控制，这甚至在今天看来也是相当令人吃惊的。[169]1844年《铁路法》还规定，铁路公司必须为三等舱乘客开行廉价列车。[170]

但是，如果说人们的确没有对铁路总体运价进行控制的话，那么1830年《承运人法》的规定仍然是适用于铁路运输的。然而，铁路公司却通过将印制的车票或者告示交给发货人的方式，利用了有关"特殊合

---

[167] T. S. Ashton, *Economic History of England in the Eighteenth Century*, pp. 82-3. 而且，在支持限制竞争的"联营"协议上，法院的见解似乎落后于议会，see, e. g., *Hare v. London & N. W. Rly. Co.* (1861) 2 J. & H. 80, 70 E. R. 978。

[168] W. C. Lubenow, *The Politics of Government Growth*, p. 23.

[169] 1842年，对火车晚点的一项投诉导致Gladstone要求一家铁路公司退还其所有晚点列车的车费。W. C. Lubenow, op. cit., p. 36. 1853年贸易委员会坚持要求一家铁路公司改变列车的发车时间，以便让乘客能够转车：ibid., p. 142. See generally, Parris, *Government and the Railways in Nineteenth Century Britain* (London, Toronto, 1965), especially Chapter 7.

[170] 这些列车逐渐被称为"议会列车"，"议会列车"一词借由电影《帝王》(*The Mikado*) 中的一句话而被人们所铭记。

同”的法律漏洞，在这些车票或者告示中印刷有广泛的免责条款。这些引起了公众极大的不满，1854 年《铁路和运河运输法》（Railway and Canal Traffic Act）最终作出了新的规定。但不幸的是，此项法律制定得非常模糊，直到 1863 年，上议院才最终明确了它的效力。这部法律原则上允许铁路公司通过简单的印制告示排除其作为普通承运人应承担的责任（即它们的无过错责任）。但是，对于那些让公司甚至免予就其过失承担责任的条款，立法则实行更为严格的控制。随后，上议院在 *Peek v. North Staffordshire Rly. Co.* 案[171]中解释说，这类合同条款只有被包含在一份由发货人签署的文件中，并且公正合理时才是有效的，[172]这个判例涉及议会与司法对于合同自由的态度冲突。正如我在这一章和前两章试图说明的那样，到 1860 年时，法院在接受合同自由及其所有推论方面已经向前迈进了很长一段路；不同的是，议会尽管经常口头支持这一原则，但是在具体立法时则一次又一次地抛弃它。[173]在 *Peek* 案中，一些被召集到上议院来提供建议的法官几乎 559
不敢相信自己的耳朵，他们竟然被要求对合同要价的合理性作出判断。[174]多年以来，法官们已经对这种观点习以为常，即自由订立合同必然是公正且合理的，而且他们也越来越倾向于无视垄断环境或者其他使合同的自愿性变得不真实的因素。但是还存在另外一个问题。合理性审查通常是一个需要陪审团处理的事实问题，然而，这部法律却将它变成了一个需要法官处理的法律问题；而对法律问题的判断不必依靠证据就可以作出。但在不允许提交证据的情况下，法官如何判断什么要价才是合理的要价？几年后，在另一个被提交到上议院的也提出了类似问题的上诉案件中，布拉姆韦尔对这个困难作出了有力的说明："这是鱼贩和运输鱼的承运人之间订立的一项合同，他们都深知自己的生意，该合同是否是公平的或者合理的却要由我来判断，而我既不是鱼贩也不是承运人，也毫不知悉他们的生意情况。"[175]

---

[171]　（1862-3）10 H. L. C. 473, 11 E. R. 1109.

[172]　See O. Kahn-Freund, *The Law of Carriage by Inland Transport*, 4th edn.（London, 1965）, pp. 218-27.

[173]　这部法律的第 7 条是议会无视 Lord Campbell 的反对而新增进去的，Lord Campbell 指出法官是无法判断票价的合理性的：Cleveland-Stevens, *English Railways*（London, 1915）, p. 204, n. 1。

[174]　See, e. g., the judgments of Willes and Crompton JJ.

[175]　Manchester, *Sheffield & Lincolnshire Rly. Co. v. Brown*（1883）8 App. Cas. 703, 716.

但是这个问题必须得到解决，而在布莱克本勋爵的指引下人们找到了一个巧妙的解决方案。由于铁路公司不能提供证据证明合同条件的合理性，于是法院就认为，铁路公司必须为发货人提供适当的选择。如果铁路公司希望免除其过失责任，那么它就有义务向发货人提供两套不同的合同条款，一种是有责任的条款，另一种是无责任的条款。如果前者的额外成本不高（尽管人们一般不会看到法院是如何判定的），那么在原则上，这一选择将使合同成为公正和合理的合同。实际上，大法官们将合理性的要求从一个实体性的角色转变为一个程序性的角色。只要合同是以公正和合理的方式订立的，其结果就被认为是公正和合理的。以公正和合理的方式订立的合同通常是在市场中订立的合同，在市场中人们可以在不同的合同条款之间进行选择；由于铁路通常是垄断的，所以就不存在选择的可能性，因此铁路公司必须为人们提供某种选择。[176] 通过这种方式对立法进行解释，符合
560 法律将其利益限制为缔约的程序公平而非实质公平的普遍趋势。

酒类

在《国富论》中，亚当·斯密曾为啤酒以及其他东西的自由贸易进行辩护。[177] 他同意，一些在啤酒上花费过多的人会滥用这种自由，但是，其他商品同样有这个问题。一个贪吃的人或者一个花花公子（好打扮的人）可能同样会在食物和服饰上花费太多钱，但是这并不构成控制食物和服饰销售的理由。此外，通常情况下，工人们不会自己酿造啤酒，而是根据需要购买少量啤酒，或者从啤酒商那里购买大量啤酒。因此，应当允许工人拥有购买啤酒的自由。多年来，这些评论似乎没有引起人们的注意，但是拿破仑战争结束后，出现了一场关于酒类自由贸易的运动。这场运动绝不是以纯粹抽象的原则为基础，因为当时实行的许可证制度有许多弊端。许多人认为，对酒类高额征税刺激了走私和掺杂使假，1821 年的一项调查显示，人民支持这些观点并建议减少对烈酒的征税而给政府留下了

---

[176] 关于 19 世纪中期对准公共垄断（quasi-public monopolies）的立法控制，see W. L. Burn, *The Age of Equipoise*, p. 153, referring to the Gasworks Clauses Act, 1847, and the Waterworks Clauses Act, 1847。1860 年《天然气法》赋予了内政大臣根据消费者的要求限制天然气价格上涨的权力。

[177] Book IV, Chapter III.

深刻的印象。[178]后来，这项运动的矛头转向了啤酒，有人认为，如果富人有买卖烈酒的自由（或更大程度的自由），那么穷人也应该有买卖啤酒的自由。布鲁厄姆在1824年发起了这项运动，甚至连《泰晤士报》也认为酒类的销售应该由供求规律而非许可证制度来进行调控。（托利党）政府在其生命的最后一年，即1830年提出了一项法案，该法案大大降低了啤酒税率，并允许任何户主在支付2基尼（guinea）的费用后就可以获得销售啤酒的许可证。这一法案引起了托利党后座议员们的反对，只是在辉格党人的支持下该法案才获得了通过。尽管有人认为这其中还涉及许多其他因素，但毫无疑问，该法案背后的部分动机是基于所有商品都应当自由贸易的信念。[179]

如果说《啤酒法》（Beer Act）是信仰合同自由的结果，那么这几乎就是这种信仰对酒类问题产生重大影响的最后一次了。1834年，下议院反酗酒委员会（Commons Committee on Drunkenness）坚持认为，“对影响公共利益的任何有害之事进行纠正并进行立法干预，不能被质疑”[180]。但是如果这个委员会还不能完全代表议会的观点的话，那么事实仍然是，许多辉格党 561
下议院议员仍然在1830年投票支持人们在令人激动的日子里可以自由买卖酒类。这些议员在当时嗅到了权力的味道，后来他们根据经验而修正了他们的看法。这其中就包括M. D. Hill，他是一名出庭律师，在1832年至1835年间担任伯明翰的季审法庭法官（Recorder）。他在1855年写道，在他年轻的时候，和自由放任主义的其他许多支持者一样，他也相信“自由放任主义的统治几乎是无限的”，但是后来他逐渐改变了自己的观点。就酒类问题而言，他现在已经确信，因为社会在处理酗酒后果方面付出了巨大的代价，国家完全有权力来规范酒类交易。[181]

结果逐渐展现出来了。对酒类销售和酒馆营业时间的制定法规范逐步收紧，在整个19世纪30年代，酒类的税收也增加了。1872年，那些不要求具备许可证的啤酒馆也走向了终结，司法再一次将这些酒馆牢牢控制住。整个维多利亚时代，除了立法之外，一场最激烈的禁酒运动也

[178] B. Harrison, *Drink and the Victorians*（London, 1971）, p. 65.

[179] Ibid., pp. 81-2.

[180] Ibid., pp. 110-12.

[181] W. L. Burn, *The Age of Equipoise*, p. 283.

于1853年爆发，这场运动寻求通过立法禁酒。与M. D. Hill一样，随着年龄的增加，布鲁厄姆勋爵也逐渐改变了他的观点，他强烈支持英国禁酒联盟的禁酒运动，尽管他自己并不是一个戒酒者。与之相对的是，布拉姆韦尔强烈反对支持禁酒运动的人，甚至还写了一本与此相关的小册子，在该书中他为英国人自行决定是否喝酒的权利进行了辩护。[182]虽然禁酒运动从来没有在议会取得多少进展，但甚至在19世纪50年代和60年代，它在全国范围内所受到的支持表明，为一个人自己的利益而制定的强制性法律，不会受到广大人民的强烈谴责。这与约翰·斯图尔特·密尔在《论自由》中的强烈谴责不同。F. R. Lees——他在1857年为英国禁酒联盟写了一篇以禁酒为主题的获奖论文[183]——完全反对自由放任和国家最小作用的观点。与认为边沁主义就是自由放任自由主义的同义词的戴雪不同，这位作者赞同边沁的立法原则，以持续呼吁政府对酒类贸易进行压制。他认为，“国家的活动如果是一项明智的活动的话，那么它就并不会比个人的
562 活动更令人讨厌”[184]。

第四节　公司法

1770年之后的一个世纪见证了现代公司法的兴起和发展，对法律史上这一重要篇章进行简要的回顾是必要的，因为现代公司法的起源与合同自由的概念在各个方面都有着密切的联系。从18世纪的最后30余年起，社会中逐渐出现了两种截然不同的商业组织。一方面，根据议会的法令组成的法定公司（statutory company），其通常涉及一些重要工作。特别是在1766年到1800年间，大部分的运河公司都是以这种方式设立的；事实上，在1791年到1794年这三个“狂热年份”中就有81家公司成立。[185]后来，

---

[182] 帕默斯顿勋爵似乎也同意这一点。他为自己向中国出售鸦片的政策进行了辩护，称保护中国人的道德不是英国人的义务，中国人“愿意买别人愿意卖的东西”。当有人指责说中国人是被强迫购买鸦片时，他说这就像一个人被指控强迫一个英国人喝啤酒一样：J. Ridley, *Lord Palmerston*, p. 350。

[183] *An Argument for the Legislative Prohibition of the Liquor Traffic*, 3rd edn.（London and Manchester, 1857）.

[184] Ibid., p. 30.

[185] Hunt, *The Development of the Business Corporation in England 1800 to 1867*（Cambridge, Mass., 1936）, p. 10.

铁路公司也以类似的方式设立起来，然后又是公司如雨后春笋般涌现的“繁荣年份”，第一次繁荣是在 1825 年之后，第二次繁荣是在 1836 年之后，1845 年至 1847 年是第三次，无疑也是公司成立数量最多、最疯狂的年份。1801 年至 1847 年这 46 年里，获得通过的铁路法案几乎达 1000 个。[186] 这些法定公司已经具备了现代股份有限公司的大部分属性；它们被赋予法人人格，拥有起诉的权利和被起诉的资格，它们的资本部分是由可自由转让其股份的股东们投资形成，部分是由附担保的公司债券持有人投入所形成，这些债券持有人同样拥有自由转让其公司债券的权利；这些投资者都享有有限责任的好处。所有这些好处都以一种法定交易的方式获得了议会的批准。在这种交易中，第三人的权利得到了保护，公众的利益也没有被忽视。正如我们已经看到的，在许多《运河法》中，都存在运费控制的相关规定，而铁路公司也不得不接受一项可观的政府监管措施，作为公司章程被批准的代价。

到 18 世纪末，工业革命带来的商业和工业活动激增，也导致了非法定“公司”的增长。就法律而言，这些机构是合伙，他们精心起草了其“协议契据”（‘Deeds of Settlement’），以便尽可能多地享有法人地位所带来的好处。但严格来说，在没有任何法律规定可以通过单纯的登记设立法人，且在没有皇家特许状或者议会法令的情况下，这些公司不能被视为法人团体（corporate body）。它们不能以自己的名义起诉或者被起诉，他们的投资人也不能享受有限责任的好处。这些公司的“股东”在法律上是合伙人，因此他们要对公司经营所生之全部债务承担责任。事实上，许多这种“协议契据”都试图通过在其中约定一些合同条款来克服这些问题，根据这些 563
合同条款，股东们有权在相互之间主张有限责任；他们也经常宣传说其股东只承担“有限责任”。就实践而言，他们还试图让他们的股份得以自由转让。到 1800 年时，此类公司已经大量存在；到 1820 年左右，这些公司获得了大量资本的认购，许多规模较大的企业也以这种方式运作。

以“协议契据”成立的公司存在严重的潜在法律问题，《泡沫法案》虽然从来未曾被援引过，但是它对新成立却未取得法人资格的公司（unincorporated company）的合法性提出了一些质疑。受到质疑的不仅是它们的合法性问题，而且许多人对它们的可取性也是深感怀疑的。在英国传

[186] W. C. Lubenow, *The Politics of Government Growth*, Chapter 4.

统上，公司一直与垄断联系在一起；旧的特许公司（Chartered corporation）通常被授予对某一特定贸易或者某一特定活动的垄断权，而尽管许多运河和铁路公司虽并不必然是垄断企业，但是在实践中很可能存在某些垄断因素。还有许多人认为，任何不经议会批准的企业活动都存在风险。另外，也有一些人认为，合同自由必然赋予人们与他人联合组建企业的权利。按照现代标准，人们发现一些参加辩论的人似乎是站在了“错误”的一边。例如，1810 年，当一个保险委员会（Committee on Insurance）鼓吹废除《泡沫法案》，并援引亚当・斯密的观点，认为保险行业需要更多竞争的时候，他们遭到了 Lloyds 保险公司的猛烈抨击。该公司认为法律应当捍卫商业上的个人主义。它们质问说，“英国的空前繁荣难道不应该归功于个人的努力带来的竞争吗？”他们提出了一个不太准确的预言，称股份公司的概念是一个“爆炸性的系统”[187]。

但是在 19 世纪早期，人们开始转向支持新的股份公司，尤其是那些需要大规模资本的、远超个人资源的企业。1806 年，Sir Frederick Eden［主要以其《穷人的状况》（*The State of the Poor*）一书而留名青史］在《论授予保险特许状的政策和可行性》（*On the Policy and Expediency of Granting Insurance Charters*）的小册子中，强烈主张至少保险公司应当成立为法人。由于许多保险合同，特别是人寿保险具有长期性，以及由于该类险种所涉风险的性质，Sir Frederick Eden 认为无论公司兴盛与否，相较于任何个人性质责任的
564 公司，股份公司能够更好地保护被保险人。他还认为，公司和垄断是两个截然不同的事物，因为公司没有理由不能像个人那样相互竞争。事实上，Eden 比较准确地描述了商业与商业企业在他写作时期的状态以及数年后该状态的变化。除了那些根据议会法案设立的公司之外，大多数公司直到 19 世纪后期仍然经营着相对较小的业务；而他们的存在并没有阻碍竞争。在 19 世纪 20 年代中期，关于合同自由的争论似乎正处于顶峰，一个笔名为“Leguleius”的人在《纪事晨报》（*Morning Chronicle*）上呼吁一种放手（hands-off）政策，这是“政治经济学的神圣原则和黄金原则——不要干预个人雇佣的方式，甚至不要干预人们浪费其金钱的方式……”。[188]

尽管如此，《泡沫法案》仍然留存在《法令全书》（尽管没有人知道这

[187] Hunt, *The Development of the Business Corporation in England*, pp. 23-4.

[188] Ibid., p. 40.

意味着什么）之中，而且更重要的是，埃尔登勋爵还在担任上议院议长。在处理与新公司有关的事务时，埃尔登可以说是最不负责任，也是最反对未取得法人资格公司的人。即使《泡沫法案》在1825年被废除之后，[189]他继续威胁要将未取得法人资格的公司当作普通法上的非法组织。[190]在一个判例中，[191]公司成员之间就诚实信用发生的纠纷被提交到衡平法院来解决，双方都毫不犹豫地认可公司的合法性，而埃尔登却威胁要把它认定为非法，尽管他最终还是根据事情的是非曲直作出了判决。不管怎样，他得到了贝斯特首席法官的支持，贝斯特首席法官的过时观点（正如我们已经看到的）使他反对买者自慎原则，但是在这个问题上，他站在了历史的反面。[192]很明显，这个问题在新时代是不可能继续下去的。1833年，布鲁厄姆勋爵否定了这种观点，即未取得法人资格的公司本身就是非法的，[193]十年后，普通法院认为这个问题是毋庸置疑的。[194]1844年《Gladstone公司法》追随了这些判决，该法按现代方式规定了公司的登记和设立规则。它们的合法性由此得到了确定。

但是合法性是一回事，有限责任则是另外一回事。在这个问题上，反对者和支持者都将自己的观点建立在合同自由的基础之上。那些赞成有限责任原则的人认为，与公司订立合同的人知道公司的股东承担的是有限责 565
任，因此，合同必定是以此为基础的。那些不赞成这一原则的人则认为，一个人对他自己（以及他的合伙人）的债务承担全部责任，是事务的“自然”状态，对现行法律的任何改变都是对合同自由没有正当理由的“干预”。在那些支持有限责任的人当中，有约翰·斯图尔特·密尔和布拉姆韦尔男爵（Baron Bramwell）。而在反对的人当中，则有Huskisson、布鲁厄姆和J. R. 麦克库洛赫。这场激烈的辩论持续了大约30年。甚至在《泡沫

[189]　As a result of *Josephs* v. *Pebrer*（1825）3 B. & C. 639，107 E. R. 870，该案援引该法案的目的是认定该公司非法，尽管在该案中这并非毫无理由。

[190]　Ellenborough在这个问题上不那么歇斯底里，see *R.*v. *Dodd*（1808）9 East 516，103 E. R. 670；*R.*v. *Webb*（1814）14 East 406，104 E. R. 658。

[191]　*Kinder* v. *Taylor*（1825）3 L. J. Ch. 68；see also *Van Sandau*v. *Moore*（1825）1 Russ. 441，38 E. R. 171.

[192]　*Duvergier* v. *Fellowes*（1828）5 Bing. 267，130 E. R. 1056.

[193]　*Walburn* v. *Ingelby*（1833）1 My. & K. 61，39 E. R. 604.

[194]　*Garrard* v. *Hardy*（1843）5 M. & G. 471，134 E. R. 648；*Harrison* v. *Heathorn*（1843）6 M. & G. 81，134 E. R. 817.

法案》被废除之前的 1824 年，Huskisson 仍然反对有限责任，因为它是一种“干预私人合同”的方式。[195] 但是在同一年，作为数学家和精算师的 Charles Babbage 却写道，“几年后几乎没有人会相信，见多识广人士会严重质疑这一点，即如果双方当事人订立了一项书面协议……一方当事人购买东西……另一方当事人在合同中承担某种有限责任……法律不应当干预和强迫一方当事人承担比另一方当事人为此支付了对价的更大的责任”[196]。

在大约 30 年之后，分歧仍然一如既往的深刻。在商法委员会的第一个报告中，[197] 委员们无法就此问题得出任何令人满意的结论，尽管作为其委员之一的布拉姆韦尔对正确答案是毫不怀疑的。[198] 他以一贯的、相当简洁的方式说道，问题是，法律禁止人们“基于限制一方或者多方或者所有人责任的条款”进行交易，是否可取？他坚持认为有限责任不具有强制执行力，它仅仅是排除了法律上的限制。然后他对反对这种见解的观点进行了剖析。他声称，这些反对意见认为有限责任可能首先损害了合伙人（或者公司的成员）的利益，其次损害了那些与他们交易的人的利益，最后损害了公众的利益。在商法委员会的一次听证会上，他强烈反对前两项意见。

> 我不会说国家没有权利，因为这句话并没有表明任何确定的见解；我要说的是，为了人们自己的利益，国家不应当通过立法干预，去阻止任何人达成他们自己愿意达成的任何协议。这条规则可能有真正的或者明显的例外，如人们为实施不法行为达成的协议；但是为了保护各方当事人本身，我认为国家不应当进行干预，而应当把每个人都留给他自己来保护，因为在所有保护者当中，当事人自己才是那个最热
> 566 心、最了解情况的保护者。[199]

另外，J. R. 麦克库洛赫同样是教条主义者，而且也同样诉诸第一原理

[195] *Hansard*（N. S.），vol. 11，col. 1088（1824）.

[196] Hunt，*The Development of the Business Corporation in England*，p. 33.

[197] （1854）H.C. *Parliamentary Papers*，xxvii. 445 *et seq*.

[198] At pp. 467-72.

[199] At p. 468. J. S. Mill 在其《政治经济学原理》也持这种见解，Book V，Chapter IX，sect. 6，其被认为是“这个原则的经典表述”。L. Robbins，*Evolution of Modern Economic Theory*（London，1970），p. 152.

（first principles）：

> 在上天（Providence）为这个世界的政府所确定的方案中，不存在责任转移或者缩小的问题，每个人都要对他的全部行为负责。但是，有限责任的鼓吹者却以他们至高无上的智慧宣称，上天的方案是可以被修改的，且义务和债务是可以通过订立这种合同来确定的，即合同约定，债务人虽然有履行能力，但却不一定要履行。[200]

关于这个争论，最让人惊讶的事情也许是争论的复杂程度有点低。事实上，人们讨论的唯一一个实际问题是，有限责任是否会鼓励更多的资本投资于工业，以及是否因资本短缺而需要这种鼓励；其次，有限责任是否会不适当地鼓励冒险，而让那些知道自己只会有很少损失或者几乎没有损失的人从事投机性企业活动。[201] 也没有多少人认识到有限责任的另外一个重要结果，即它使大的损失得以广泛地分摊。因为一家企业破产的损失并非只在人数不多的股东之间分摊后给每个股东造成较大的损失；而是在企业全部债权人之间分摊后，仅给每个债权人造成较小的损失。[202]

在今天看来，这场辩论的结果已经有了一种不可避免的味道。因为从20世纪的视角观察，有限责任很明显只是19世纪中期限制合同缔约当事人责任的广泛进程中的一部分。[203] 例如，19世纪30年代，破产法历经改革和现代化，废除了中间令状监禁，并促进破产债权人对剩余破产债务的免除。同样，像 *Hadley* v. *Baxendaleand* 案[204] 和 *Cox* v. *Hickman* 案[205] 中的普通法判决也可以被看作同一进程的一部分。事实上，就算议会没有在1855

---

[200] Cited Hunt, *The Development of the Business Corporation in England*, p. 117. 在其他地方，麦克库洛赫用一种不那么高傲的语气写道，这个问题不是抽象的原则，而是实际的结果：D. P. O'Brien, *J. R. McCulloch*（London, 1976）, p. 291。

[201] A. J. Saville, 'Sleeping Partnership and Limited Liability 1850-1856', 7 *Economic History Rev.*（N. S.）418（1956）.

[202] See Pigou, *The Economics of Welfare*, 4th edn.（London, 1960）, Appendix, sects. 10-11.

[203] 也许这一运动的确是一个更广泛的进程的一部分，即限制企业及其一般活动的责任从而促进企业发展。有人认为，在美国，同样的进程或多或少都是一种有利于商业和工业活动的有意识的政策：Morton J. Horwitz, *The Transformation of American Law*（Cambridge, Mass. and London, 1977）。

[204]（1854）9 Ex. 341, 156 E. R. 145.

[205]（1860）8 H.L. C. 268, Il E. R. 431.

567 年通过《有限责任法》(Limited Liability Act)，法院以“默示”合同条款限制普通法上的责任是完全可能的。法院在 1852 年确认了一份保险合同中的一项明确有限责任条款的有效性，[206] 尽管两年后，法院认为这种条款并不能推导出债务人可以有限责任对抗债权人。[207] 但在这段时期，许多公司在合同中明确约定有限责任条款已经逐渐成为常规做法；而就算没有 1855 年法律的话，法院也可能会逐渐愿意从协议契据的“推定知情”条款中“推导”出这样一个条款。[208]

在这场辩论中，似乎没有人提出侵权责任的问题。某个侵权行为的受害人是否也被认为要以公司成员负有限责任为条件而与公司“打交道”？[209]

在公司法形成过程中，还有一个问题涉及有关合同自由的争论，即进行了投资的股东因公司董事行为而承担责任的范围。投资者购买股份是否应当遵循古老的买者自慎原则？他们是否被认为能够理解资产负债表和董事们发布的此类其他文件？他们(或者是公司本身)是否要对董事们所签订的所有合同承担责任，不管这些合同与公司最初目的有多遥远？对于这些问题以及类似问题的回答，几乎所有人都斩钉截铁地说不。经济学家、律师、媒体和议会议员在这些问题上达成一致意见，或许并不令人感到意外。这些公开发表意见的人，都是投资者或者潜在的投资者，他们看到不诚实的董事是如此之多，以至于认为他们不应当为董事的行为承担责任。相反，他们还要求得到保护。《纪实晨报》通常是自由放任主义的坚定支持者，但它却在 1825 年完全否定了买者自慎对于公众投资者的可适用性。[210] 十年之后，J. R. 麦克库洛赫在《爱丁堡评论》上撰文说，对于有人认为发布资产负债表或者损益表就已经构成对投资者的充分保护，他深感震惊。[211] 他说，大多数投资者根本没有能力理解这些表格。在铁路狂热

---

[206] *Hallett v. Dowdall*(1852) 21 L. J. Q. B. 98.

[207] *Re Sea Fire and Life Assurance Co.*(1854) 3 De G. M. & G. 459, 43 E. R. 180.

[208] See *Ridley v. Plymouth Grinding & Baking Co.* (1848) 2 Ex. 711, 154 E. R. 676; *Kingsbridge Flour Mill Co.v. Plymouth Grinding & Baking Co.* (1848) 2 Ex. 718, 154 E. R. 679. See too Maitland, 'Trust and Corporation', *Collected Papers* (Cambridge, 191 1), iii. 392.

[209] Berle and Means, *The Modem Corporation and Private Property*, revised edn. (New York, 1967), p. 120, n. 2.

[210] Hunt, *The Development of the Business Corporation in England*, p. 54.

[211] Ibid., p. 70.

（railway mania）鼎盛时期的 1845 年，就连 Gladstone 也写信给财政大臣说，568
“人们普遍认为，在目前的情况下，将自己的钱投向这些公司，私人当事人才是最好的法官”[212]。在第二年，他又写道，“关于股份制投机，我们是一个不允许保姆来管理我们的儿童王国”[213]。

在那个时期中，公司受到众多欺诈和丑闻的影响，其结果之一便是，人们严肃讨论了政府审计铁路公司账目的可能性。1849 年，一个特别委员会的报告支持了这项提议，[214] 但是随后的法案却在议会中遭到了否决。[215] 法案被否决的主要原因似乎是缺乏合格的会计师，同时也担心公众会把政府对账目的审计看作国家对账目准确性的担保。

在这种背景下，人们必须要理解有关越权（*ultra vires*）原则的判例法。在以 *Ashbury Rly. Co.v. Riche* 案[216] 为代表的一系列案件中，法院坚持认为，公司无权订立超出公司章程授权范围的合同。在后来几年，这一判决被认为对与公司签订合同的第三人不公平，因为第三人已经对公司董事和公司表面的控制产生了信赖。人们的同理心从股东转移到了商业上的第三人，他们认为这些第三人有权信赖董事的表见代理权。但是在 19 世纪中期，所有的人都对那些不幸的投资者报以极大的同情。人们普遍感到，他们不得不信赖那些经营公司的董事，与公司打交道的第三人在对董事的权限进行适当调查方面则将处于一个更为有利的位置。在许多著作家的作品中都可以发现这种观点，比如约翰·斯图尔特·密尔[217] 和赫伯特·斯宾塞[218] 的著作。在这个世纪四分之三的时间里，在几乎所有相关的判例中都可以找到这种观点。[219]

[212] Ibid., p. 104.

[213] F. E. Hyde, *Mr. Gladstone at the Board of Trade*（London, 1934）, p. 190.

[214] （1849）H. C. *Parliamentary Papers*, x, p. xvii.

[215] Hunt op. cit., p. 113.

[216] （1875）L. R. 7 H. L. 653.

[217] *Principles*, Book V, Chapter XI, sect. 11, mainly concerned with monopoly companies.

[218] Herbert Spencer, *Essay on Railway Morals*（1854）, p. 89. 这篇文章非常清楚地阐述了门外汉们对于 Ashbury 案判决的看法。同时也参见 Jhering, *Law as a Means to an End*（English translation, Boston, 1913）, p. 167，其认为当财产所有权人将对财产的管理委托给诸如公司董事等管理者时，利己主义并没很好地发挥作用。

[219] Even in *Royal British Bank* v. *Turquand*（1859）3 De G. & J. 387, 44 E. R. 1317，当董事被认为有权拘束公司时，Lord Chelmsford 在一个单独的判例汇编的第 428–429 页、第 1333–1334 页中清楚地表达了他对股东的同情。

569

合同自由的衰落与死亡：1870—1970 570

第十七章　英格兰的状况，1870—1970

回顾自 1870 年以来的一个世纪可以发现，这是英国持续衰落的时期，其间，许多里程碑事件十分突出。两次世界大战、两次世界大战之间的大萧条、大英帝国的瓦解以及过去 30 年里的经济困难，所有这些看似都是造成英国衰落的原因。但从本书目前的研究来看，这种观点具有误导性。相对而言，无论是在政治上还是在经济上，在过去的这 100 年里，英国在排行榜上毫无疑问一直在稳步下滑。但是，在这个时期英国实际上已经变成了一个极其富裕的国家，这同样也是事实。与其他已经实现工业化的西方国家一样，今天的英国拥有着这样一种工人阶级群体，他们接受过足够的教育并且足够富足，可以分享生活中的许多美好事物。但是在 1870 年时还没有哪个国家能够拥有这样的工人阶级群体。第一个变化是，消费社会已经到来。第二个变化是，随着过去这 100 年里其他变化的发生，民主社会也已经到来。1870 年的英国是一个自由的国家，但是它却几乎不是一个民主国家。在 1867 年产业工人才被赋予投票权，直到 1884 年农业劳工才被赋予投票权，而一人一票原则直到第一次世界大战结束后才被采用。另外两个变化则使得现代英国与 1870 年的英国判然有别。第三个变化是企业社会（corporate society）的发展。机构——基于经济或者其他目的而将人们组织起来——的数量与权力的增长，创造出了集体权力中心（centres of collective power），这是人们在 1870 年时所不曾想到的。企业与工会先后获得了对于个人甚至政府本身的巨大权力。第四个变化是，政府各种形式的活动都发生了巨大且显而易见的变化。中央政府已经变成了一个庞大的官僚机构，其或许正处于一种自我挫败式窒息的边缘，一旦它膨胀到超出一定规模，这种窒息将可能影响到所有的官僚机构。而且，除了中央政府之外，在这 100 年中其他各级各类政府在社会上也不断涌现。地方政府，组织化了的、重组化了的、国有化了的行业、部门、委员会、当局和专业行政部门，所有这些机构都在不断运转，并被赋予了控制和规范民众生活

572 的权力。经济体系的规范和管理所受到的干预程度是如此之大，以至于我们对这样一种观点已经习以为常了，即我们今天生活在“混合经济”之中，它是私营企业和公共控制的结合，我们甚至是生活在大型经济部门的管理之下。在这一章中，我将简要地分析过去一个世纪中这四大变化问题，它们中的每一个都对合同观念产生了深远的影响。

第一节　消费社会

19 世纪中期以前，工业革命所创造的额外财富（正如我们之前所观察到的）对于提高英国工人阶级的生活水平只有很小的影响。但是从 19 世纪中期开始，人们总体生活水平的提高变得越来越明显。国民收入在 1850 年至 1880 年间几乎翻了一倍，人均收入增长了 25% 到 30%。[1]1870 年之后发生了持续时间长达二三十年的所谓大萧条，在此期间，英国农业受到了从美国进口的巨量廉价食物的严重冲击。但并非每个人都遭受到了经济领域中这些变化所带来的痛苦。种植玉米的农民的确遭受了损失。同时，1870 年至 1910 年，小麦种植面积减少了 50%，但奶农却因为较低的谷物价格而获利。随着许多食物价格的稳步下跌，工人阶级也没有了抱怨的理由。[2] 对那些注意到了大萧条的人来说，这无疑是不祥之兆。随着美国和德国的工业生产力开始蓬勃提升，随着许多国家为了保护自己的新兴产业而建立起关税壁垒以限制英格兰的出口，英国工业的领袖地位在很大程度上早就走向了末路。在 1870 年到 1940 年之间，大英帝国为不列颠英国提供了一些市场，而这些市场在其他地方已经逐渐开始消失了，但是到了 1900 年，英国作为世界工厂的无可争议的地位显然已经终结了。英国越来越依赖对重要的工厂和设备的出口，而一旦这些设备在海外安装并投入生产，将不可避免地进一步削减英国制成品的出口。到 1900 年，英国工业的增长速度已经减缓到几乎跟不上人口增长步伐的程度。在 1900 年到 1914 年，人均国民收入几乎没有增长。[3]

---

[1] W. L. Burn, *The Age of Equipoise*, p.16.

[2] C. H. Wilson, *Economic History and the Historian*, Chapter 11.

[3] R. S. Sayers, *A History of Economic Change in England 1880-1939*（Oxford，1967，reprinted 1973）, p. 11.

那些因此而保护自己不受英国竞争的影响并与英国争夺其他市场的海外国家，没有一个能够达到英国那样的发展程度。在这些国家中，任何情况下的产业和政府之间的伙伴关系或者合作关系都要紧密得多。他们对保护性关税的渴求不可避免地导致他们的产业向其政府寻求帮助，无论是在德国还是在美国，人们实际上已经以大量的各种各样的方式要求政府协助本国经济的发展。看到其他国家的这些情况后，英国商人也不可避免地开始以不那么有敌意的眼光看待本国政府的活动。“越来越多的企业以这样或者那样的方式呼吁政府不仅要放手让其发展，而且还要向其施以援手。”[4] 随着新世纪的到来，一些政客，如约瑟夫·张伯伦（Joseph Chamberlain），也做好了作出回应的准备。英国人半个世纪以来头一次，开始严肃地谈论放弃自由贸易政策、建立起他们自己的保护性和报复性关税壁垒的问题了。 573

尽管有这些不祥的趋势，但是工人阶级的财富在 1870 年至 1914 年间获得了巨大增长。在 1860 年至 1900 年间，城市工人的实际工资增长了大约 60%。[5] 工人阶级本身成为工业制成品的一个巨大消费市场，这在英国历史上还是第一次。种类繁多的新商品可以满足人们的需求，同时人们也有多种新方法去销售这些商品。到 19 世纪末的时候，新型商店，大多发布在新通俗小报上的新型广告，已制造好的消费品，如成衣、鞋子、专利药品等，以及一些预先制作好或者预先包装好的食物，正变得越来越普及。这些商品，以前就算是有，也是由村里的工匠供应的，现在它们正从工厂里倾泻而出。“贴有品牌的、包装好的、标准化的、利用广告进行宣传的商品不断地从机器流向商店是这个都市化、工业化社会的一个新特征，这个社会正在设置自身新的运行模式和社会生活标准。”[6] 至少在 1900 年之后，啤酒是人们消费支出中唯一开始减少的消费品，这是一件好事而非坏事，因为它标志着英国工人阶级开始从过度饮酒中解放出来了。

为满足这些新的大众消费需求，经销行业在 1875 年至 1914 年间发起了一场革命。新的技术、新的批发与零售组织、新的华丽橱窗陈列商品，尤其是新的广告方式，都通过经济活动逐渐蔓延开来。庞大的新型百货公

[4] E. J. Hobsbawn, *Industry and Empire*, p. 131.

[5] P. Mathias, *The First Industrial Nation*, p. 378.

[6] C. H. Wilson, *Economic History and the Historian*, p. 181.

574 司——如 Debenhams、Swan、Edgar、伦敦的 the Army and Navy，以及其他地区的 David Lewis 等——日益壮大，“在一个日益民主的时代”，商店也开始“让零售变得‘民主化’”[7]。像 Boots 药店和新型的合作商店（co-operative stores）也在成倍增加。耐用品的外观也很朴素。工人阶级开始购买自行车、缝纫机、家具和其他家庭用品，用它们来充实自己增加了的闲暇时间，或者将他们自己的家装饰得更好也变得可能了。

新的商品种类以及销售这些商品的零售方式，有上百种之多，其与旧有模式存在诸多差异，并且（在不久之后）引发了新的社会和法律问题。第一，以前那种短期的赊销杂货和家居日用品的销售方式消失了。许多新型商店通过彻底拒绝赊账，从而有能力大大降低价格。一些诸如 Boots 的商店，甚至把“现款”这个词加入他们的商号之中。但是随着旧有的赊销模式的消失，人们对信贷的新需求也随之出现了。诸如家具、自行车、缝纫机等物品，由于其具有足够的耐用性和充分的价值，使其成为可以接受的担保物，与此同时，帮助工人阶级赊购这些物品的新的贷款技术也逐渐发展起来了。首先，卖契（bills of sale）被广泛地用于此类赊购的担保，后来，在第一部保护这类信贷使用人（credit user）的立法被通过后，这种赊购就转变成了新的租购。这种方式发展迅猛，到 19 世纪末时，它已经成为一种成熟方式，使得卖方可以在赊销商品的同时又在商品上保留着某种担保。

新型商店带来的第二个主要变化是讨价还价现象的消失。固定价格在许多地方都成为一项规则，并且，转售价格的维持也慢慢开始出现了。许多较大的商店反对维持转售价格，因为他们的获利在很大程度上是通过削弱较小的旧式商店店主的盈利实现的，而此种削弱则是依赖于其更高效地组织和批量购入货物。但是，大量的小商人们强烈抗议这些他们无法与之竞争的低价，正是他们率先向制造商施加压力，要求实行最低转售价格。另一个变化是生产者兼销售者（producer-cum-seller）的逐渐消失，以及品牌预包装产品的兴起。

> 盛装稀糖浆和糖蜜的大罐子，装面粉、糖和燕麦片的敞口麻袋，装葡萄干的桶，装咖啡豆的罐子，装茶叶的盒子，都一个接一个地从

---

[7] Asa Briggs, *Friends of the People*（London, 1956）, p. 39.

传统杂货商的锯末地板上消失了，取而代之的是货架上贴有商标的预先包装好的货物，这样既可防止老鼠进入或者灰尘落入使货物污损，也可防止狗走进来弄脏货物。[8] 575

诚然，正如每位律师所知道的那样，预先包装好的货物在杂货商的货架上时可能不会被老鼠污损，但当它们还在生产商手中时，仍然无法避免受到老鼠、蜗牛或者其他外来物的污损。这也在 20 世纪 30 年代引发了关于制造商对最终消费者承担责任的法律问题。但是与此同时，大型百货公司和连锁商店自发地提出了一项新政策，即对于有瑕疵的或者购买者不满意的货物，他们同意无理由退换货。这项政策之所以很重要，是因为它意味着消费者不必特意检查他正在购买的特定商品——实际上，与现在的常见情形一样，由于商品是预先包装好了的，消费者无论如何都很难对商品进行检查。“同意调换不满意的商品，使买方与卖方建立起了信任关系，尽管他们可能并不像传统的零售商和他们的客户那样了解彼此的情况。”[9] 这也使得作为买方的消费者对卖方的诚信的信赖更具合理性。

工人阶级富足的新迹象并不仅仅体现于他们所购买的东西中。这些年来，他们生活的其他方面也正在不断地变好。例如，配备有符合《公共卫生法》要求的排水、排污系统的更好的住房，正在成为常态。虽然《工匠住宅法》（Artisans Dwelling Acts）有个老派的名称，但根据其规定，兴建的城市住宅对许多人来说，都是一种实质性的改良，同时，诸如浴室和洗手间等其他市政设施，也开始向人们提供。人们的休闲时间显著增加。不管是对成年人还是对孩子们而言，漫长的早期工业革命终于结束了。议会在 1871 年批准了八月公共假日（August Bank Holiday），星期六变成了许多工人的半天工作日，带薪暑假也在 19 世纪 80 年代开始普及。随着工人阶级开始拥有自己的休闲时间，娱乐和体育活动也逐渐发展起来了。音乐大厅、冬日周六下午的足球赛、夏日的海滨游览列车，都开始运行起来了。[10] 当然，随着 1870 年第一部国民《教育法》的颁布，以及最终小学义务教育的施行，人们的读写能力得到了普遍提升。

---

[8]　D. Davis, *A History of Shopping*（London and Toronto, 1996）, p. 284.

[9]　Asa Briggs, *Friends of the People*, pp. 28-9.

[10]　G. Kitson Clark, *The Making of Victorian England*（reprinted, Edinburgh, 1970）, pp. 145-6.

这些年中另一个显著变化是广告业的显著扩张，人们最开始使用广告是用来创造需求，或者通过“有力的断言”来说服消费者，而不是仅仅给消费者提供有关商品的信息。[11] 按现代的标准，大部分这类广告似乎都很容易被归入彻头彻尾的欺诈和不诚实之中。在 1884 年，David Lewis 因为声
576 称他的煤炭的燃烧时间是其他煤炭商煤炭的两倍，而触怒了曼彻斯特的煤炭经销商们。[12] 毫不奇怪的是，他拒绝对自己所声称的内容进行实践验证。专利药品和药品贸易也是各种疯狂和夸张声明的重灾区，如这样一种可疑的声明：“药用糖浆和‘电子’皮带，可以祛除从心脏病到消化不良的所有人类疾病。”[13] 没有律师会无视 Carbolic Smoke Ball Company 就其声誉所提出的著名声明：任何人只要按照规定使用了该公司的烟丸（Smoke Ball），但却仍然不幸染上流感、感冒或者其他因伤风引起的疾病的话，该公司将向他支付 100 英镑的奖励。[14] 这些广告在新的大众媒体上得到了广泛的传播，因为较之于对真相的尊重，这些媒体更加尊重其广告主。1896 年首次问世的《每日邮报》（Daily Mail），就是专门针对那些受过教育的工人阶级而特意推出的。它与传统报纸的不同之处在于，它并不像传统报纸那样只是把新闻印刷出来，让读者得出自己的结论；《每日邮报》不仅向读者提供事实，而且还告诉他们应该怎样去看待这些事实。《每日邮报》也大致通过这种方式来刊载广告。

随着工人开始习惯于新的生活方式，到 19 世纪末 20 世纪初时，其对于获得更多保障的需求变得更加迫切。随着工人的生活方式变得更有条理、更有规律，其对于生活的期望也相应增加了，因此，当他因为受伤、生病、失业或者年老而遭受到暂时的，甚或是永久性的收入损失时，他对于一些可以让他依靠的东西的需求就变得更加紧迫了。工人们开始对这样一句名言深有感悟（正如休谟和亚当·斯密多年前曾经讨论的）：剥夺你已经拥有的东西给你带来的痛苦，比不给予你从未拥有过的东西，要大得多。正如 Galbraith 所指出的：

---

[11] J. B. Jeffreys, *Retail Trading in Britain 1850-1950* (Cambridge, 1954), p.38.

[12] Asa Briggs, *Friends of the People*, pp. 75-6.

[13] C. H. Wilson, *Economic History and the Historian*, p.190.

[14] [1893] 1 Q. B. 256, *post*, p. 677.

> 在李嘉图和马尔萨斯的残酷世界里，普通市民对于现代意义上的社会保障并不感兴趣。如果一个人的工资仅够勉强维持生计，那么他就不会太担心会因失业而遭受更大的痛苦。无论哪种情形下，生活都是人们肩上沉重的负担。那些每天为生存而挣扎的人不会想到年老的问题，因为他们不指望自己能活到那个时候。当人们对正常生活已经几乎不抱任何指望的时候，疾病和死亡只能算是普通的危险……随着幸福感的提升，所有的人迟早会意识到，他们有一些东西需要得到保护。[15]

这些不断增长的期望，最终都对法律——无论是私法、判例法还是公法、制定法——产生了重要影响。就像财产的占有会引起人们的某种期待，而该期待又将促成对财产权得到承认一样；就像合同性安排将会产生期待，577
而该期待又会促成待履行合同得到承认以及保护这些期待所生之损害赔偿权利得到承认一样，已经慢慢习惯于每周或者每月定期领取薪资的工人们，现在开始产生要求得到保障的新期待。涵盖收入损失赔偿的侵权损害赔偿请求权的发展，对工伤赔偿权利的承认，以及后来对生病工人和失业工人的社会保障权利的承认，都是这些期待不断高涨的结果。稍后，我将进一步讨论这些发展的具体情形。

两次世界大战，乃至两次世界大战之间的大萧条，对工人阶级日益富足的进程只是稍有阻碍，而工人阶级不断富足的趋势是从 1870 年左右开始的。尽管对于亲历者而言，这些事件无疑都是一段极其痛苦的经历，尽管相较于其他事件而言，第一次世界大战对旧有社会秩序的摧毁更加深刻，尽管这两次战争都令英国变得极为贫困，但是纯粹从经济的角度来看，这些挫折都只是暂时的。在 1913 年至 1937 年间，英国的国民收入增长了 37.5%，人均收入增长了 23%，增速显著高于第一次世界大战之前。[16]（实际）收入增长的部分原因是，在 1870 年至 1890 年间，世界粮食价格下降了。作为一个主要的粮食进口国，英国受益于大萧条所造成的粮食价格走低。一篮子食物的价格在 1927 年是 8 英镑，在 1931 年则可能是 6 英

[15] *The Affluent Society*, 2nd edn.（London, 1969）, p. 104.

[16] P. Mathias, *The First Industrial Nation*, p.432.

镑 11 便士，而在 1933 年就只有 6 英镑了。[17] 尽管这似乎令人惊讶，但即使是 1929 年至 1938 年间的大萧条也并没有阻止国民收入的大幅增长。[18] 在这十年中，英国几乎是经济增长率最高的国家，而且只有两个国家的人均生产率的增长速度高过英国。在 1929 年至 1938 年间，英国的总产量以每年 2.3% 的速度增长，平均增长率高于 1870 年至 1913 年间的增长率，也远远超过 1913 年至 1929 年间的增长率。[19] 尽管失业率居高不下，如曼彻斯特的纺织业、采煤业、造船业和农业等许多传统行业都处于令人沮丧的低迷状态，但不可否认的事实是，在第二次世界大战前夕，大多数英国人的经济状况都比以前要好。虽然失业人口高达 200 万人，但是，“对于仍然在工作的五分之四的人口来说，新的消费形式仍有相当大的增长空间”[20]。尽管有些行业处于低迷状态，但是仍然有许多新兴产业正在蓬勃发
578 展。汽车工业以及与之相关的一系列产业，例如橡胶、炼油、金属加工和机械工程、电子产品，以及它们在发电、收音机和电话等方面的相关资本投入，都在两次世界大战间隔期间获得了迅猛发展。人们的生活水平持续提升，消费社会渐渐形成。

第二次世界大战之后，英国经济陷入了严重的混乱，而为英国货物提供市场的旧帝国的逐渐解体，则进一步加剧了这种混乱。从 1945 年至今的漫长经济危机，经济繁荣与经济衰退的不断交替，反复出现的国际收支困难，以及进程缓慢但显然不可阻挡的英镑贬值趋势，对于那些经历过上述英国危机的人来说都不过是耳熟能详的故事罢了。但是不管怎样，直到 20 世纪 70 年代，国民收入仍然在增长，人均收入也仍然在增长。工厂源源不断地生产出收音机、电视机、真空吸尘器、洗衣机、冰箱和汽车。消费社会已经到来。人们对消费品和服务越来越多的需求或许和政客们的信口许诺结合在一起，共同造成了公众期望越来越高的局面。人们开始将收入的每年增长视为理所当然，他们得到的越多，期望也就越高。不可避免的是，当公众的期望无法再得到满足的时候，崩溃就必将来临，1974 年或者 1975 年大概就是这种情况。基于本书的研究目的，我们关注的重点是

---

[17] R. S. Sayers, *A History of Economic Change in England*, p.57.

[18] Aldcroft, ‘Economic Growth in Britain in the Inter-war Years: a Re-appraisal’, 20 *Economic History Rev.* 311 (1967).

[19] Ibid., p. 312.

[20] R. S. Sayers, *A History of Economic Change in England*, p.57.

个人作为消费者的角色，以及他在经济制度方面的权利，在此等经济制度中，个人对于自己在理论上的主权者地位已经习以为常了。在某种意义上，现代世界的消费者的确比以往任何时候都更加坚定地认为，自己已经登上了经济版图的中心地位，也就是说，几乎每个人都认为社会和经济制度的根本目的，是为他提供越来越多的生活中的美好事物。但是在另外一种意义上，个人消费者的地位已经被自由市场的衰落和其他一些新发展出来的东西所侵蚀，而在仍受到管控和规范的市场中，那些新发展出来的东西却也部分剥夺了消费者的选择自由。当然，即使是在当代英国受到管制的经济中，消费者仍然有相当多的选择。英国人普遍认为自己是生活在自由国家的自由人。他仍然能够选择住在哪里，做何种工作，以及如何支配自己的收入。但实际上他真的能自由选择吗？事实上，如果人们理解了当今的现实，就会发现这三个简单命题其实是需要满足大量前提条件的。

许多消费者对于自己在哪里生活并没有多少选择。数以百万计的人生活在公租房（council accommodation）之中，公租房的补贴力度非常大，以 579
至于让承租人可以不假思索地放弃补贴而搬到别处居住。实际上，作为公租房承租人的现代工人阶级的迁徙自由，只比亚当·斯密时代的农业工人稍好一些。而那些住在私人出租房里的人的处境也好不到哪里去。自 1914 年以来，历届政府的政策对自由市场的破坏，剥夺了英国人在开放市场上租赁到合适的、带家具或者不带家具的住房的权利，而这项权利却是大多数其他国家的人民都享有的权利。其结果是，私人出租房的供给在很多年里都不能满足消费者的需求，而且，除了几个主要城市之外，不带家具的私人出租房的供给几乎是没有的。拥有自己住房的人在这些方面的情况就要好得多，他仍然可以在其财力和借贷能力范围内进行买卖，而且住房销售市场是一个相对自由的市场，在这个市场上，仍然盛行着相当大程度的合同自由。但即使是在这个相对自由的市场中，政府对经济的总体控制也意味着，市场的波动，包括房价和利率的波动，在很大程度上受到市场运行的外部因素的影响（external influences），而非受到个人在市场上的自由选择的影响。

英国人选择从事何种工作的自由，在许多方面也同样受到实践的限制。大量的就业机会只对那些获得专业资格或有其他专业技能的人开放。今天有大量的监管立法，对个人在没有获得许可机关批准的情况下从事各种业务的自由进行了限制，因此也就限制了个人的合同自由，与此同时（经常被忽视的是），由于公众与这些人做生意的机会被剥夺了，因此公众的合同自由也被相应限制了。[21] 而且，日益增加的非制定法也对合同自由产生了限制，特别是禁止特定行业和企业雇用非工会会员的安排（closed-shop arrangements），限制了雇主选择雇用员工的自由。在很大程度上，大部分此类立法毫无疑问都是为了“公共利益”。其中绝大部分立法都是为了保护公众免受不当行为、欺诈、强迫等的侵害。稍后我将详细地分析这类立法的性质和影响，但是必须在此强调的是，所有这些立法都付出了限制自由的代价。虽然它也许对公众中那些不能照顾自己的许多成员进行了保护，
580 但是也对公众中那些能够照顾自己的成员的自由施加了限制。

雇佣方面的选择自由在很大程度上也受到了市场工资下降的很大影响。虽然市场的影响并没有被完全消除，但公平观念和工会的垄断力量共同作用，日益决定着公众能挣多少钱。而且由于收入影响着人们的职业选择，因此这些因素不可避免地仍然会限制自由选择所发挥的作用。

个人的第三大自由，即决定如何使用自己收入的自由，当然也越来越多地受到各种方式的侵蚀，首当其冲的便是税收的侵蚀。金钱收入的概念在本质上蕴含着这样一种理念，即金钱的持有者有权在他所能得到的商品和服务范围内选择购买何种物品、接受何种服务，在此等领域里对个人选择自由的限制并不像在其他地方那么明显。但限制仍然是存在的。英国的公共开支总额（即使将转移支付排除在外）几乎达到国民收入总额的 50%。这些钱中的大部分都被用于公共产品（如教育、卫生和市政服务）的供给，并且这些公共产品都是通过免费非合同的方式提供给消费者的。不可避免的是，如果消费者不能通过自由订立合同来得到这些公共产品，那么他们的需求实际上可能是无法得到满足的，因此必须找到其他非市场的方法来决定谁将接受这些公共产品。例如，学术成绩和学术潜力就被作为标准，用来挑选那些将要从国家高等教育支出中分得一杯羹的公众成员。在这个国家，对那些有钱且愿意将钱花在他们的孩子身上的人来说，即使允许他们把钱花在高等教育上，他们也不再可能买到高等教育了。个人按照自己的意愿花钱的自由很可能会被强加其他类似的限制，例如他购买私人医疗服务的权利，甚至他为孩子购买私立教育的权利。

---

[21] 一个粗略的统计显示，1967 年至 1975 年间通过的 22 项法律，就包含（或者重新规定）着此类限制。

这种对自由的贬损并不只是适用于富人。为人们提供免费或者有补贴的实物的现代福利制度，往往对穷人也产生了类似的自由贬损结果。那些受益于住房补贴、免费学校餐、半价公共汽车票、优惠电力等的人，同样也被剥夺了选择如何使用其补贴的自由。国家虽提供了福利，但是却不允许个人选择福利的提供形式，也不允许个人出售他所享有的福利。

除了这些对个人支配其收入的积极限制之外，我们还必须认识到的事实是，在英国，人们所处的这个消费市场，几乎不配称为自由市场。今天，
大量商品和服务的价格以及需求受到各种经济管控措施的影响，这些经济 581
管控措施包括政府税收和补贴政策，以及工会对劳动力供应的垄断控制以及由此产生的对劳动力价格的控制。本书已经简单地提到过，由于存在对公租房承租人提供补贴、对自有住房者进行免税，并对私人出租房的租金水平进行规制的政策，所以住房成本被人为地维持在较低的水平。但是，在较小的程度上，住房的情况与消费者所能获得的几乎所有商品和服务的情况并无二致。

在整个经济中占有相当大比重的国有产业，或多或少几乎都是垄断者，而控制着国有产业劳动力供给的工会，与国有产业本身一样也几乎都是垄断者。国有产业所采用的定价政策在很大程度上是不受公众或者市场影响的，而且其对某些消费者提供的大量补贴很可能是以牺牲其他人的利益为代价的。此外，今天的税收水平产生了这样一种情况，即税收的减免或者利得税（taxation of profits）的调整可能将对价格产生较大的影响。所有这一切所产生的结果是——这甚至还没有将过去十年中重新出现的实际法定价格管制考虑在内——今天的消费者不再可能在自由市场中进行消费了。消费者所购买的许多甚至大多数物品的价格，都不是由自由竞争决定的，因此他表面上的“自由选择”实际上是被迫的选择。例如，毋庸置疑的是，如果葡萄酒、威士忌、啤酒、香烟、汽油或者汽车的税负水平，与住房、衣服、家具或者食物的税负水平相同的话，那么消费者的支出模式将会发生巨大的变化。

所有这些似乎都远远偏离了我们的主题，但是为了使“消费社会”的本质能够被人们所充分理解，强调这些问题是有必要的。消费者的需求和欲望仍然是经济制度的中心之所在，这是事实；但同样是事实的是，这些需求和欲望并非消费者在自由市场经济中或者甚至是在大致类似于自由市场经济的经济中所独立选择的需求和欲望。

第二节　民主和少数服从多数原则

现在我们必须回到 1870 年，考察从那时起导致个人消费者角色发生变化的诸多社会发展，因为毫无疑问的是，这些变化的部分原因在于民主的增强和少数服从多数原则观念的发展。尽管民主通常是与政治自由或者公民自由紧密相关的，但是在 19 世纪前三分之二的整个时间段里，英国
582 却是一个自由但不民主的社会。从某种意义上讲，《1832 年改革法》使中产阶级、新兴工商业和专业阶级在国家政治权力中占有了一席之地，尽管该法案决不是土地贵族权力终结的标志。但是直到《1867 年改革法》，工人阶级才有了投票权。我们同时可以看到的是，一些政客和知识分子对于扩大公民权所可能带来的危险感到担忧。甚至有一些人道的自由主义者对工人阶级大众也是心怀恐惧的，但毫无疑问，这种恐惧是有原因的。这个国家的有产者所担心的是，如果将政治权力移交给无产者，则可能会发生什么事情。“从一开始，在支持或者反对民主的争论的背后，就隐藏着一个比选举权更巨大、更黑暗的幽灵——平等本身的问题。”[22]

在这里没有必要去分析维多利亚时期社会中上层阶级所可能存在的潜意识动机（unconscious motivation），因为这些人掌握着绝大部分的国家财富，而且他们也不希望看到国家财富在大众之间进行平等分配。由于我们已经看到了足够多的知识分子的观点，因此这足以解释他们为什么不相信理想中的平等。他们对于竞争的信仰、对于激励人们通过奋斗拼搏来完善自己并且顺带地完善人们所生活的社会的必要性的信仰，他们对于人们在才能和道德德性方面根本不平等的坚信，以及他们对于个人自由的狂热信仰，所有这一切都使得他们毫不犹豫地否定经济平等主义。许多人（比如 Bagehot 和 Stephen）[23] 都坚信自由和平等是不能并存的。由于人事实上是不平等的，所以任何类似的经济平等都不过是多数人对少数人的强迫。维多利亚时代中期的自由主义者已经看到了足够多的工会活动，这使得他们对于工人试图胁迫少数派的方式非常不信任，因为（他们认为）那些少数派通常更有能力、更具个人主义、更有进取心。令人感到沮丧的是，早在 19

---

[22] G. Watson, *The English Ideology*（London, 1973）, p.164.

[23] Ibid., p.166; J. F. Stephen, *Liberty, Equality and Fraternity*, 2nd edn.（Cambridge, 1967）, pp.174-175.

世纪 50 年代和 60 年代，工人阶级（不仅仅是工会中的工人）[24] 就已经有了强迫性和多数主义的习惯，也许最感到沮丧的是像约翰·斯图尔特·密尔这样的人，他们一方面同情工人阶级的愿望，另一方面却又狂热地相信每个人都有权达成自己的意愿。而且在广大民众中还广泛存在无知和缺乏教育的现象。正如第十六章已经讨论过的那样，大多数家长式立法虽然干预了合同自由，但后来通过强调这些立法所试图保护的那些人的极度无知、疑心重和天真，就证明了这些家长式立法的正当性。难道真的要将国家最 583
高政治权力赋予这些人吗？

答案当然是肯定的。迈向民主的运动太过强大以至于不容否定。虽然有一些人，如 Robert Lowe、Sir James Fitzjames Stephen、亨利·梅因爵士，以及后来的 A. V. 戴雪等，从未全然接受过这场运动，但《1867 年改革法》却实现了向民主的飞跃，并且从那时起，民主进程就再也无倒退之势。中上阶级对自己的这样一种看法颇感安慰，即工人们会意识到他们没有能力在政治事务中作出自己的判断，他们不得不依靠那些有能力的人的建议和指导。顺从型政治——正如其名称所示——是那些鼓起勇气支持议会改革的人所抱持的理由，尽管他们对该等改革存有严重的疑虑。在一段时期里，他们似乎被证明是正确的。不管是 1867 年的法案，还是赋予绝大多数农业劳工投票权的 1884 年法案，似乎都没有对选举进程或者下议院的组成产生很大的影响。事实上，部分是由于爱尔兰问题的原因，1885 年之后选民们果断地转向了支持右翼，除其中的 3 年之外，在接下来的 20 年中保守党人一直都在掌权。然而，在某种意义上，尽管经历了这么长时间的保守党统治，但是民主进程中的潜在变化也开始对政治产生重大影响，并为未来更大的变化奠定了基础。但是，在工党走到前台之前，各政党正在经历着巨大的变革。[25] 政党组织的变化加强了政府对下议院的权力，也加强了政党集体对于个体党员的权力。

而随着政党组织的改变，它们的政策以及它们和选民之间的关系也发生了改变。格莱斯顿式自由主义（Gladstonian liberalism）让位给了阿斯奎斯式自由主义（Asquithian liberalism），随之而来的则是对于弱势群体和穷人关注的提升，制定家长式立法意愿的增强，对于大量社会立法的再分配

[24] *Supra*, p.265.

[25] G. Kitson Clark, *The Making of Victorian England*, pp.231-8.

性质的接受度的提高。另外，约瑟夫·张伯伦和他的自由统一派（Liberal Unionist）一起，带着激进的改革倾向加入了保守党。作为伯明翰市的市长——在那里他管理着致力于发展城市的地方当局——张伯伦已经展示出了他对于国营企业的态度，而他在 1885 年的竞选活动——在就地方自治问题发生决裂之前——则代表着一种新的、直接迎合民众需求的政治风格。
584 正是张伯伦，在竞选期间将经济不平等的根本问题带到了政治舞台的中心，自此以后，这个问题就一直主导着英国的政治。

虽然在当时并不那么明显，但是回想起来，也许比张伯伦将激进思想带入保守党还更重要的是，英国政治中的社会主义活动在 19 世纪 80 年代的正式开启。在社会主义活动的早期萌芽中，存在许多相互独立的路线。首先，真正的工人运动、工会运动产生了，工人运动所代表的工人阶级群众的范围被扩大了，工人阶级不再仅仅代表着熟练工人，也不再仅仅代表着那些建立并主导早期工会的工人阶级精英。其次，工会运动受到了费边主义者和马克思主义者的思想影响。这些群体的重要性，尤其是前者的重要性，在于他们给政治见解尤其是给经济见解带去了一些中产阶级的尊重，虽然一些工人领袖一直以来都坚信这些见解，但此前人们对这些见解却一直持怀疑态度。作为最有影响力的费边主义者之一的 Bernard Shaw 洞察到，公民权的扩展使立法“干预”自由经济的全部意义都被改变了。在其写于 1887 年的《新激进主义》（*The New Radicalism*）的文章中——尽管它是萧伯纳学说的典型代表，但当时却并未发表——他写道：

> 确实没有什么比荒谬地通过呼吁自由合同、自由竞争、自由贸易和自由放任来支持这种令人发指的保护——这种保护让私人企业主得以用垄断性的工业组织来对抗人民所组织起来的国家——更具讽刺意味的了。当然，其秘密在于，迄今为止的国家并不是人民组建起来的用于经济生产和公平分配的国家，而是由私营业主们组建起来的用于提高租金、利息和利润，并压低工人工资的国家。但是，公民权的扩展改变了这一点，现在有大量宣传家正试图让人们意识到这种变化给他们带来的力量。[26]

[26] G. B. Shaw, *The Road to Equality*, ed. Louis Crompton（Boston, Mass., 1971）, p.33.

虽然 Shaw 所谈到的大部分经济学问题都是无稽之谈，但他的政治判断却是准确的。合同自由和自由放任主义不再只是自由主义者和激进分子用以支持工商业阶级摆脱国家监管的口号；实际上，它们正慢慢变成保守党的口号，值得注意的是，此处的保守党并非指以张伯伦为代表的激进保守主义，而是指一种更为守旧的，与土地贵族和传统个人主义相关联的保守主义。在 1880 年左右，下议院转而支持自由放任和合同自由。在 19 世纪 30 年代和 40 年代，旧式托利党的慈爱家长主义曾经抵制新式的激进主义和政治经济学，并主张国家可以行使干预权以保护那些不能照顾自己的人，而到了 19 世纪 80 年代和 90 年代，反倒是保守党人主张放任，新 585
激进分子却呼吁要有更多的政府干预。也许工业规模的扩大和其去个性化（impersonality）程度的加深（更多是后者），是引起这些变化的部分原因。自由主义者和激进分子发现，较之于个人企业家，他们更不容易认同大公司。而对保守党人来说，自《1882 年限制授予土地法》（Settled Land Act of 1882）颁布以来，他们卖掉土地遗产（landed patrimony）并投资于公司证券，且其投资规模越来越大。因此，正如他们在 20 世纪所做的那样，也许他们现在更愿意认同工业。在这一系列的政治问题上，最引人注目的是与土地法改革有关的问题（正如我们将要看到的），在 19 世纪 80 年代及其后出台的自由主义立法非常刻意地颠覆着（诸如）领主与佃户之间的合同或者租约的条款，而这种做法在 30 年前几乎是不可能的。

在 1881 年一篇题为《自由主义立法与合同自由》（*Liberal Legislation and Freedom of Contract*）[27] 的著名演讲中，牛津大学哲学家和政治思想家托马斯·希尔·格林开始挑战合同自由原则至高无上的地位。格林不愿意承认任何一个反对国家干预或者立法干预合同自由的案件，哪怕该案甚至已具有初步证据。虽然在 1800 年至 1870 年期间立法对合同自由的干预并不少见，但与之相关的争论的性质正在发生改变。人们不再需要用抱歉的语气承认自己只是对一项重要原则列出了一个例外。国家实施干预行为以保护弱者、穷人、弱势群体的权力，现在正被置于与维持合同自由规则同等重

---

[27]　*Works of T. H. Green*, ed. R. L. Nettleship（London, 1888）, iii. 365. 作为贝利奥尔学院（Balliol）成员的 T. H. Green，从 19 世纪 60 年代起到他 1882 年去世，指导了一批自由派政治家。1906 年自由党内阁中就有包括 Asquith 在内的六个他以前的学生。See M.Richter, *The Politics of Conscience: T. H. Green and his Age*（London, 1964）.

要的地位。再也没有任何反对国家干预的假说。“维护合同的神圣性，”格林说道，“无疑是政府的首要任务，但防止一方当事人因无可奈何而订立合同对政府来说也是同样重要的任务，以防政府对合同自由的保障成为一个变相压迫的工具”。

人们态度转变的程度，远不止在于单纯承认国家干预的合法性。在格林和其他人的著作中，欧洲大陆的一些政治思想，尤其是黑格尔有关自由的意义和国家的作用的思想，第一次出现在英国政治思想中。[28] 可以说，
586 自由不仅仅是一个消极的概念，它还有着积极的一面。像合同自由这些传统的自由，过分强调了自由消极的一面，而对于那些不能受益于这些自由的人来说，合同自由几乎就等于挨饿自由。与此相对的是，积极的自由并非免受限制的自由，或者更确切地说，积极的自由并不是不受任何事物阻碍的自由，而是指一种通过做一些值得做的事情来实现个人能力所及的实现自我的自由。[29] 归根结底，格林认为，虽然野蛮人在很大程度上拥有不受法律拘束的自由，但他们所享有的用以获得舒适生活的积极权利却是远少于文明国家中最卑微的公民的。格林说道，在 1880 年时被批判为侵犯了合同自由的许多立法措施，实际上只是对消极自由的干预，而此等干预却可以扩大积极自由。例如，改善公共卫生的立法可能会在许多方面限制合同自由，但其目的是改善民众的健康状况，使其延年益寿。

此外，一旦以这种方式将重点转向积极自由，那么个人和国家的角色就会发生重大转变。因为积极自由是实现目的的自由，而这些目的的大部分意义和价值都来自于社会目的。当然，像格林这样的自由主义者，并没有走得太远。个人仍然是格林思想的中心。他坚持说：“国家的生命并不真正存在，真实存在的不过是构成国家的个人的生命罢了。”[30] 然而，这种政治思想发生了重大转变。个人权利不再被看作从一种洛克式自然状态（Lockean State of Nature）中生发出来的或者运行于该自然状态中的权利。它们是个人的权利，而这些个人不可避免地会组成社会团体，而且许多权利本身在社会团体的框架之外是毫无意义的。当人们从这个角

[28] Sir Earnest Barker, *Political Thought in England 1848 to 1914*, 2nd edn.(London, New York, Toronto, 1947), p.24.

[29] *Liberal Legislation and Freedom of Contract*, in *Works of T. H. Green*, ed. Nettleship, iii.371.

[30] Cited, Sir Earnest Barker, *Political Thoughts in England*, p.47.

度来看时，国家自然就会被看作是一个更加仁慈的机构。即使在国家行使权力强制个人的情况下，也可以被解释为“国家强制的作用就在于消除个人的强制”[31]。

有关社会秩序与个人的关系，以及有关国家、其他社会团体和公司的性质的那些更为深奥和有点形而上学的推断，在英国可能没有产生太大的影响，但那些深谙德国哲学的思想家们除外。[32]但在某种意义上，这些更为新潮的思想是民主被传播开来的自然产物。随着民众开始行使国家的政治权力，随着他们开始运用这种政治权力与他们所认为的前民主时代遗留 587
下来的旧式特权和不平等作斗争，至少他们开始有理由用更为和善的眼光看待国家和国家强制。当自由主义立法在 19 世纪 80 年代为佃户的利益而取消领主特权的时候，当国家在 1908 年将从富人处征得的税收用于支付养老金的时候，这些立法的受益者们似乎并不太可能看到此类形式的国家活动有任何的罪恶或险恶之处。

无论如何，很明显的是，在 19 世纪 80 年代后期时，人们实际上已经将合同自由的终结当作一种能够在很大程度上动摇舆论的政治口号。有大量的证据显示，政客、政治理论家、哲学家和各种社会改革家们都清楚地感知到了这一点。[33]温斯顿·丘吉尔在1906年出版的他父亲的传记中写道，到 19 世纪 80 年代，自由放任主义已经失去了公众的支持，因为大部分民众已经意识到自己的生活几乎没有得到改善。“贸易是自由的，但饥饿、悲惨和寒冷也是自由的，人们所要求的不仅仅是简单的自由。”[34] 在 1885 年的竞选活动中，由于 Joseph Chamberlain 将合同自由置于民众利益的对立面，因而敲响了作为一种政治理想的合同自由的丧钟：

> 我们文明的重大问题仍然没有得到解决。我们必须解释并努力解

[31] L. T. Hobhouse, *Liberalism*（1911）cited in Alan Bullock and M. Shock, *The Liberal Tradition*（Oxford, 1967）, p.194.

[32] Compare F. A. Hayek, *The Road to Serfdom*（Chicago, 1944）, pp.21-3，有人认为 1870 年后，西方自由主义思想深受德国知识分子的影响。

[33] See, e. g., Ritchie, *The Principles of State Interference*（London, 1891）; H.Sidgwick, *Methods of Ethics*, 7th edn.（London, 1907）, p.275. 赫伯特·斯宾塞在 1884 年出版的《人与国》（*The Man Versus the State*）中悲哀地抱怨说，新闻媒体每天都将自由放任主义说成是一个已经被破除了的学说：Pelican edn.（Harmondsworth, 1969）, p.98。

[34] *Lord Randolph Churchill*（London, 1906）, pp. 265-9.

决我们中间存在的大量苦难和贫困，因为有证据证明它与大量的财富和丰饶的富足是共同存在的。但对于这个问题，有些人会通过引用永恒的供求法则、合同自由的必要性，以及私有财产权的神圣性，而将这个问题弃之一旁。但是，先生们，这些说法都只不过是自私富人们（selfish wealth）方便好用的口头禅罢了。[35]

同年，一场关于工业报酬（Industrial Remuneration）的会议在伦敦举行，会议主题是工人阶级的贫困问题。[36]布拉姆韦尔勋爵在会议上提出了他一贯为合同自由辩护的陈词滥调，[37]但是来自作为出庭律师和法律教育委员会（Council of Legal Educaiton）教授的 Frederic Harrison 的猛烈攻击却有力地证明了这样一种事实，即对合同自由的每一次干预往往都会为下一次干
588 预增加先例的分量：[38]

那些主张绝对尊重自由和财产的人并没有勇气坚持他们的学说。如果他们的学说是符合逻辑的，那么他们就应当要求废除所有针对卡车、危险建筑或者危险施工、危房的立法，以及压迫性法规和各种反欺诈机制。他们甚至也应该呼吁废除所有的检查、所有的强制、所有的垄断、所有的国家企业，甚至是任何形式的产业管制。而这可能导致的后果是：出租车司机可以随心所欲地向那些不谨慎的人索取车费；儿童们将会遭受各种非暴力方式的虐待；民众将成为天花和所有传染病的猎物；孩子们将不能接受教育；商人可以随意地伪造商品的重量和大小，并肆意对商品进行掺杂使假；水手们将被淹死，煤矿工人将被煤渣所掩埋，而且火车也将完全任由某些所有权人的摆布；而我们则将不得不自己传递信件并且（为什么不呢？）自己保护我们的房子……一旦在一些情况下，国家干预被证实确实让工业生活变得更加人性化，同时还抑制了某些形式的苦难，那么抽象的不干预学说就将随风而逝。而在所有社会中，国家干预的成功案例却比比皆是，在我

---

[35] Cited, H. Schultz, *English Liberalism and the State*（Lexington, Mass., 1972）, p.57.

[36] *Report of the Conference*（London, Paris, New York, Melbourne, 1885）.

[37] Ibid., pp. 419 *et seq.*

[38] Ibid., pp. 428 *et seq.* Harrison 在 1867 年是皇家工会委员会的成员，在很大程度上正是由于他，工会才获得了他们想要的大部分东西。

> 们国家也同样如此。只有野蛮人才会完美地遵守买者自慎规则。

出版了一系列小册子并就社会改革提出许多建议的、不知疲倦的查德威克，也在 1885 年发表了一篇论文，在文中他尖锐抨击了 George Goschen 就国家过度干预作出的不恰当论断。Goschen 是那些由于人们对于国家干预的政治态度发生转变而导致其生活受到影响的人当中的一员，他一开始是以旧式自由主义者的身份开始其职业生涯的，但是他逐渐不支持自由党中日益增长的激进主义，并最终于 1886 年在保守党政府内任职。在这本小册子中，[39] 查德威克抨击了 Goschen 有关国家不当干预影响到商船业发展的观点，并引用了他最喜欢列举的一个国家干预合同的例子来说明，即国家对移民到澳大利亚的贫民的运输条件进行了调整，规定只有每个在目的地活着下船的乘客才需要向承运人支付费用。正如查德威克所骄傲地强调的那样，这一举措大大地降低了死亡率，而且“这一合同对每一位活着的乘客来说都意味着，如果他死在半途中，那么至少有一个人会真诚地哀悼他”[40]。

到这个世纪末时，合同自由几乎没有什么能够引起议会辩论的价值了。有关合同自由的最后一次议会辩论是由内政大臣 Matthew Ridley 在 1897 年提出的，当时他在有关《工伤赔偿法案》（Workmen's Comepnsation Bill）的辩论中，对于一个提出传统观点的议员作出了这样的回应：

> 对面那位可敬的绅士说我们已经放弃了合同自由。实际上，在我们国家或者任何其他国家，都没有合同自由这种东西。我们虽然可以 589
> 自行对房屋或者农场作出安排，但是必须遵守法律规定的条件，而这项法案就规定了雇主和工人们必须遵守的条件。[41]

毫无疑问，正如 Shaw 所认为的，正是民主的到来最终导致了建立在自由放任和契约自由基础上的观点的终结。因为合同自由是以信任既有财

---

[39] ‘On Unity as against Laissez Faire in Legislation’, published in *On the Evils of Disunity in Central and Local Administration*（London，1885）.

[40] Ibid., pp. 96-7.

[41] *Hansard*（4th series）H. C., vol. 49, col. 699.

富分配机制和信奉个人努力与竞争美德为前提条件的，而这两者都被新近获得选举权的大众从根本上否定了。相反，他们认为既有的财富分配的不平等性是根本不可接受的，这自然而然意味着他们将合同自由简单地看作是维持既有不平等状态的一种方式。反之，他们所有人起初都希望实现的目标是，通过干预合同自由在有限的、适度的范围内对财富进行某种再分配。例如，他们显然认为，强迫雇主向那些在工伤事故中受伤的工人支付工伤赔偿金，将会改善工人与雇主所达成的交易。除工资外，工人们现在还能从雇主处得到这些新的福利。现代经济学家可能会争辩说这种信念太天真了，雇主必须支付的任何法定福利的成本，都将不可避免地被计入工人的固定工资之中，而从长远来看，这些福利最终都将会由工人自己买单，从而不可能实现财富再分配的目的。在一个完全自由的市场中情况可能会是这样，但是事实上，这种调整似乎不太可能完全实现，因此雇主与工人之间的一些不变的再分配因素可能就是产生于此类措施。[42] 但是即使情况并非如此，也还存在另外一种再分配，这种再分配也是信奉多数主义（majoritarianism）传统的选民们所提倡的，即通过保险在工人们之间进行再分配。（例如）如果说工伤赔偿金是由工人而非雇主支付的话，那么至少由所有工人而并非仅由那些在事故中受伤的工人支付这笔钱。

尽管这种保险实际上是对工人的强制征税，但工伤赔偿金这种再分配方式仍完全是正当的。但其他一些起源于 19 世纪 80 年代和 90 年代的家长
590 式立法（诸如有关借贷和卖契的消费者保护立法，这个问题我后面将会讨论到）却涉及不同的问题。因为这些立法对合同自由的干预也涉及了再分配，只不过不是在事故受害者之间进行再分配，而是在那些愚蠢的、无知的、不负责任的、软弱的甚至是不诚实的人与那些有能力的、博学的、负责任的、谨慎的、诚实的人之间进行再分配。19 世纪 80 年代和 90 年代的许多家长式、保护性立法都具有这个特征，这就不难得出这样一种结论，即它们都根源于英国政治生活中日益增长的多数主义。尽管这种家长式立法可能是必要的或者是正当的，但值得注意的是，立法在进行这种性质的干预时，总是需要付出一定社会代价的。

在英国，民主和多数主义的到来在政治和经济领域受到了不同对待，

[42] 而且，正如查德威克一直所认为的那样，由于雇主更有能力预防可能发生的事故，因此事故的数量和处理事故的支出可能都将大为减少。

这就产生了一个奇怪的悖论。我们前面已经看到，在 19 世纪中期的功利主义和经济学观念中，个人在政治领域中的角色与他在经济领域中作为消费者的角色之间，是如何被认为存在密切联系的。许多人都认为，在这两个领域中，个人主权将产生最好的结果。而悖论在于，在民主政治规则运行了 100 年之后，至少在英国，消费者在经济领域中的主权却几乎被侵蚀殆尽了。随着这个悖论而来的还有许多其他的东西。在政治领域中，人们对民主的坚定信念并没有因为他们对于那些需要由他们投票解决的复杂问题的理解能力有限，而遭到严重削弱。人们仍然认为，在政治领域中，公众仍然是其自身需求的最佳判断者。实际上，事情已经变成了这样一种局面，即政治在很大程度上就是找出那些可能将得到公众支持的政策，而并不是简单地向公众提供一套政客们所自认为正确的政策。尽管这种趋势在政治领域中已经变得愈发明显，但是事实证明这在经济领域中是不可接受的。很少有人会接受这样一种观点，即作为消费者的公众（而不是作为选民）知道自己的最佳利益，并因此能够放心地让他们自行判断（例如）出售给他们的产品的质量。制造商或者商人们所作出的那些极具诱导性的广告被认为是应当受到谴责、控制的，甚至被认为是完全非法的（例如香烟广告），而在思想市场上，政客们却可以随意误导和欺骗公众。[43] 为了保护消费者不受自己愚蠢和错误的判断的影响，法律对订立合同的诱惑进行了仔细地控制和规范，因为订立合同的直接吸引力可能非常大，以至于足以消除人们对未来负担（例如，赊购大量物品）的担心。但是对个人来 591
说，投票支持能够带来短期利益但需以未来沉重的负担为代价的某项政策或者某个政党，仍然具有致命的诱惑力。个人作为经济消费者（以及挣工资的人）和作为政治选民两者之间角色的不一致，造成了一种巨大的紧张关系。

关于英国多数主义传统的发展，还有两种值得关注的观点。第一个观点认为，由于各种各样的原因，多数主义传统是沿着独特的威权路线发展起来的。近年来，在政治和其他领域［例如工联主义（trade unionism）］中，英国多数主义传统极少关注少数派的权利。多数人，不管他们有多么狭隘，也不管他们是如何形成为多数人的，几乎总是被认为采取行动的充分理由，

---

[43] J. Schumpeter, *Capitalism*, *Socialism and Democracy*, 4th edn.（London, 1996）, pp.256 *et seq.*

即使这种行动遭到相当多的少数派的抗议，即使此等行动所涉及的可能是根本性问题。在现代英国，只有足够强大的少数派才能例外地不被强迫。人们将会看到，这种多数主义传统与个人主义、合同自由的观念之间是何等的对立。因为，一旦双务合同关系让位于多边关系，那么无论是在合同性方面还是在其他特征方面，个人都将在很大程度上任由多数派摆布。在多边合同关系中，个人对于原初安排（original arrangements）的认可，将被视为对那些被时不时改变了的安排的认可。而且多数人所作出的任何改变，都不需要再经过他的同意。尽管较之于法律领域，这个传统在政治领域中更为重要，但是我们后面将会看到一些关于这种思想影响法律本身的一些例子。

这种多数主义传统所带来的强大影响之一，无疑是这样一种意识的觉醒，即少数派可以从这些活动中，甚至从作为一个整体的社会群体的单纯存在中，得到许多好处。这种信念在现代英国广为流传。对于国家的兴衰，今天的英国人有这样一种强烈的感觉，即“我们所有人荣辱与共”。随着多数主义传统的加强，多劳并因此有权多得的观念已经消逝了。令大多数英国人难以理解的一种观点是，多数人无权强迫少数人或者对他们的财富征税，就像少数人也无权对多数人做这些事情一样。[44] 即使没有这些强制或者征税，多数人从社会群体或者国家本身的存在中所获得的利益就已经等于甚至大于少数人从中所获得的利益了，[45] 但这种观点在现代英国想要得到人们哪怕一次的认真倾听都是很困难的。

592 所有这一切并不意味着自由主义的传统已经完全消亡了，也不意味着这些发展没有遭到抗议和反对。例如，自由主义者所主张的积极自由和国家仁慈作用在 1880 年极为盛行，但在今天，我们却已经极少听到这种主张了。[46] 尽管舆论甚至选民意见的短期波动似乎与这些迹象相抵触，但是总的来说，长期的趋势看起来是很明显的，其原因也是显而易见的。多数人始终手握选票，尽管知识分子和自由主义者可能会赢得辩论，但最终作出决定的还是选票。多数主义一旦扎下了根，就几乎不会被革命以外的方

---

[44] See R. Nozick, *Anarchy, State and Utopia* (New York, 1974).

[45] Ibid., p. 195.

[46] See, e. g., Sir Isaiah Berlin's essay, 'Two Concepts of Liberty', reprinted in *Four Essays on Liberty* (Oxford, 1975).

式所拔除。

第二个需要指出的观点是，多数主义传统似乎并不关心多数派形成的方式，而这非常出人意料。无论选举制度本身的公平性或者可接受性如何，议会多数派都是绝对的。下议院的投票结果可能是因偶然而形成的，譬如，可能由于一方或另一方的议员因紧急事务或者生病而缺席的偶然机会而形成多数票。像英国劳工联合会议（T. U. C.）和工党这类组织的决定，都是通过大量的集团投票（block votes）作出的，而这些团体投票本身就可能代表着最狭隘的多数决定。正如 Berle 和 Means 在 20 世纪 30 年代时所指出的那样，随着新型企业巨头的出现，权力可能越来越不是掌握在绝对多数人的手中，而是掌握在多数人中的多数人手中。在 20 世纪 70 年代时，英国政治制度也越来越变成这个样子。例如，在 1976 年，首相是由下议院中的多数人选举出来的，而这些投票的议员自身也是经由多数选票选出来的，此外在很多情况下，他们是由一个大选区中的少数选民选举出来的。然而，几乎没有人认为这样的选举程序有任何奇怪或者不合理之处。

如果人们以漫不经心的态度对待这种形成多数的方式，那么就会进一步加强时常掌控于多数人手中的绝对权力，进而人们将会看到的是，个人权利和合同自由的作用都必将被进一步削弱。事实上，显而易见的是，一旦个人权利和合同自由的作用灾难性地急剧削弱，那么个人的作用也将迅速跌入深渊。

第三节　混合经济的到来

在过去数百年中，个人在经济和政治领域中不断变化的角色，与政府在经济体系中不断变化的角色是相互匹配的。正如我们已经看到的，虽然在 1870 年之前也不乏立法干预的情况，但是在那之后，不论是中央政府还 593
是地方政府，都逐渐开始在准商业活动中扮演起所有权人和管理者的角色了。中央政府已经在 1868 年收购了私人电报公司，并试图创建六便士电报，以便与邮件的便士邮资的成功相匹配。至少就这些愿望而言，国有化的第一次尝试彻底失败了，尽管这并没有让那些呼吁政府在经济中扮演更重要角色的人感到气馁。与此同时，地方当局也开始着手提供新服务，设置了国有自来水厂和国有煤气公司。在 19 世纪末以前，电力企业、公共交通、公共浴室、公共洗手间和公共洗衣房等全都出现了。市营房屋（municipal

housing）也是如此。

而这些发展只是一个开始。在 20 世纪人们将会看到的是，政府在经济中的作用大幅度增加，这就使得资源的配置方式和收入的分配方式发生了巨大的变化。而这些变化又使得政府极大地拓宽了其所提供服务之范围，且其不再以合同的形式而是以公共产品的形式来提供这些服务。自由党政府在 1906 年至 1914 年间创立了英国第一个社会保障体系，其规定了强制医疗保险和失业保险，同时规定养老金直接从税收中支付。而且在该时期，中央政府和地方政府也首次开始定期提供许多其他免费公共服务。公共图书馆、博物馆和美术馆在全国各地不断涌现。义务教育支出也在稳步增长，特别是在第一次世界大战之后，这部分支出更是急剧上涨，在当时，中等教育和高等教育也开始接受政府资助了。

第一次世界大战让政府进行了接管和管理整个经济体系的首次尝试。在三四年的时间里，由于政府致力于将国家资源投入到战争之中，因此国家正常的经济体系实际上已经不复存在了。政府收购原材料并将其分配给工厂，价格、租金甚至连雇用工人也都受到政府的控制。所有这一切都导致政府支出的显著增长，1914 年至 1918 年间，政府的财政支出增长了七倍。税率飙升——尽管当时的税率远没有今天高。虽然大部分此类政府行为都随着战争的结束而终止了，但是在其他一些方面，这些政府行为却给经济留下了永久性的影响，其一便是政府在战争时期极大地刺激了大企业的发展。对政府来说，在其试图管控整个国家经济的时候，
594 是不可能与数以千计的小企业打交道的，而且战争也极大地推动了工业部门的大型化和行业协会的强大化（早在战争开始前这种转变就已经进行很久了）。当经济大萧条——1921 年发生了第一次大萧条，在 1929 年再次发生——来临时，工业界的防御性措施是以控制出口和尽可能弱化竞争的方式进行集权，这种集权是在战争期间形成的，而且此后再也没有被彻底消除过。此外，政府在战后对于农业的态度也没有完全回到原来那种漠不关心的程度。战争使公众和政府深刻认识到有必要建立充分发展的国内农业（home farming industry），进而在随后的几十年里，农业的自由市场几乎完全消失了。农民与地主之间的合同关系肇始于 19 世纪 80 年代，现如今对它的管控也日益增强了。一系列的《农业营销法》（Agriculture Marketing Acts）创设了数个委员会来控制农产品的供应和价格，而在 20 世纪 30 年代时，英国则最终放弃了国际自由贸易而转向了

帝国特惠制（imperial preference）。

工业也在朝着同样的方向稳步前进。随着大萧条的加深和失业率的高涨，政府在两次世界大战之间的这段时期里愈发感受到增强干预的紧迫性。那些越来越多地被工业家们所采用的价格管制和其他控制生产的“合理化”规划，都普遍得到了政府的鼓励与协助。到第二次世界大战前夕，就连法定价格管制也恢复起来了，因为国防的需要使人们再次感受到管制的必要性。接着，准国家垄断（quasi-public monopoly）出现了，例如，供电业越来越多地变成国家所有，而这部分是因为国家电网建立后效率的明显提高。铁路公司也面临着相似的情况，尽管其仍处于私有状态之下，但是越来越多地受到国家的监管，政府所强制推行的合并致使铁路公司的数量被缩减至四个，而这又进一步强化了监管。到 20 世纪 20 年代后期，旧式自由主义的国际自由贸易秩序被彻底摧毁了。到 20 世纪 30 年代，英国甚至在全世界范围内涌现出大量失业人口，而这使得许多人都认为资本主义制度的末日来临了。在某种意义上，事实的确如此，即显而易见的是，产生于 19 世纪的自由企业经济，在一个越来越受监管的世界中苟延残喘至 20 世纪 30 年代，并最终死于第二次世界大战，且永远没有复活过来。

当工党于 1945 年以绝对优势重新执政时，它决意绝不让 20 世纪 30 年代的历史在英国重演。在新凯恩斯经济理论的支撑下，政府走上了一条全新的经济监管之路。避免失业成为政府经济政策的首要任务，但在战争 595
期间国家的黄金储备几乎消耗殆尽了，这也就意味着国内的消费需求在数年内都将会受到抑制，因而工业也只得转向了出口贸易。但这也带来了一系列的管制，外汇管制的法规比以往任何时候都要严格，而且几乎所有工业都受到了管制，以限制它们向国内市场供应商品。食物的定量配给在战争时期是不可避免的，但是在战后五年多的时间里，该制度大部分却仍然被保留下来了，因为政府依然相信自己所应做的是大量购买并供给食物而非重新开启自由市场。与此同时，中央政府开始实施国有化计划，试图建立起新型的社会主义国家。在第二次世界大战结束后的头几年，煤矿、铁路、电力和煤气供应、钢铁工业和航空公司等全都变成国家所有和管理的产业了。

在接下来的 30 年中，这一进程被持续推进，但是随着时间的推移，人们越来越怀疑这样向前行进一切究竟将走向何方。在战后第一届工党政府早期美好舒适的日子里，虽然政府中的所有人都坚信他们即将开始建设新的社会主义国家，但是很少有人停下来问，这对于市场体系将产生什么影响，消费者在这一体系中又将扮演何种角色。是完全由政府计划一切、分配一切资源、决定生产什么产品，还是仍然存在某种意义上的消费者主权（consumer sovereignty）？在一个自由社会中，计划如何才能与主权消费者（sovereign consumer）的作用相协调？国有工业是应该继续按照普通商业路线运行，还是应该像许多社会主义者所要求的那样作为一项“社会公益服务”来运行？政府在这些问题上的政策和思考，只能称为一些令人困惑的社会主义观念与市场观念的杂糅物罢了，[47] 显然，人们根本没有对这些问题进行条理清楚地深入思考。但至少有一点是清楚的，即作为英国经济中某种规范机制的合同自由，其作用已经被削减得如此薄弱，以至于现在谈论它的消亡已经为时不早。

另外一个必须要提到的因素是，通货膨胀的威胁正日益增大。在第二次世界大战结束之后的一个时期里，英国（其他地方也普遍如此）的通货膨胀率在持续不断地升高。到 1974 年和 1975 年时，英国的通货膨胀率飙升到如此之高，以至于威胁到了国民经济的基础，与此同时，政府也正不遗余力地对之进行控制。同样作为当前政治—经济场景中的组成部分，所
596 有这些事件与前文所提到的其他事件一样，已然是人们再熟悉不过的了，但此处我的目的并不是对这些事实本身进行详细描述。但不管是对私人还是对公众而言，通货膨胀对人们各种形式的规划都产生了影响。当没有人能够指望货币价值可以在几个月内，更不用说在几年内维持稳定的时候，人们就更加难以对生活预先作出合理安排了，而且实际上，在多数情况下，进行此等预先安排是根本不可能的。这个问题影响着每个人：政府的经济规划本身也取决于通货膨胀率的变动；商人们发现其更加难以计算出某项投资可能产生的回报，并可能因此终止这项投资；消费者也发现，如果不知道较之于生活成本的变化，自己的收入将发生怎样的变化，那么他就很难作出任何长期承诺。此外，出借人和借款人之间的平衡被打破到如此可笑的程度，以至于在撰写本书之时经常发生这样的情形：对借款人而言，借得款项本就是一项好处，而出借人竟需为借款人所享有的此等好处支付金钱。这些不确定性自然也影响到了作为一种规划工具的合同法，也

[47] 对于工党在这些问题上的政策矛盾，早期批评参见 Jewkes and Devons，*Lloyds Bank Rev.* 1（April 1947）。See also D.H.Robertson，*Utility and All That*（London，1952），pp.49-50.

就是待履行合同法。我并不是说，在人们公认的合同法框架内就没有用以缓和这些困境的措施，虽然这种缓和是可能的，但这些所谓的缓和措施都只不过是将通货膨胀所带来的不确定性从一方当事人转移到另一方当事人罢了。而且在很多情况下，这类缓和措施都根本不是通过正常的合同安排来启动的。所有这一切导致的结果之一便是鼓励了这样一种转变：人们将待履行合同法从一种拘束双方当事人的方法转变为一套特殊的安排，即一种更加灵活的准行政性安排（quasi-administrative arrangement），而此等安排让人们能够不时地对之作出调整。简而言之，合同的风险分配功能已越来越从交易功能中分离出来了。当然，对于那些人们所涉及的连续性交易而非单个交易而言，甚至对那些一系列非连续交易而言，情况尤其如此。我将在第二十二章回到这个主题上面来。

第四节　公司国家的兴起

在过去的一个世纪里，英国历史的四大主要特征中的最后一个特征是，机构增长现象。在 1870 年时，英国工业仍然处于广泛分散且高度竞争的状态。绝大多数企业仍掌握在个人企业家手中，虽然他们中一些人利用《公司法》组建起了有限责任公司，但是大多数企业家并没有这么做，即使是这样做了的企业家，他们中的大多数普遍采取的仍然是现代家族企业或者合伙的形式。在 19 世纪的最后 30 年或者 40 年里，这一局面迅速发生了 597
变化，而正是这一变化“对英国人生活的整个基调和结构都产生了深刻而无声的影响”。[48] 在早期的几十年里，铁路、保险、采矿和银行等行业主要采取的是公司形式，而制造业本身也开始加入到这一转型之中。在 1862 年新《公司法》颁布后的前四年中，超过 3500 家新公司进行了登记，而《泰晤士报》在 1865 年哀叹说，整个国家正在日益发展成为“一个庞大的非个人化的东西”[49]。在那些更为老牌的、传统的企业中，这种变化更加旷日持久。在 1884 年时，英国有 1642 家纺织企业，但其中只有不到五分之一的企业是股份制公司 [50]。尽管如此，到 1900 年时，几乎所有主要的企业都

[48] R. C. K. Ensor, *England 1870-1914* (reprinted, Oxford, 1949), p. 112.
[49] Hunt, *The Development of the Business Corporation in England 1800-1867*, pp. 145-6.
[50] R. S. Sayers, *A History of Economic Change*, p. 101.

转换成了公司形式，甚至连一人公司也都开始出现了。

从 19 世纪 80 年代开始，或者更确切地说，从 19 世纪 90 年代开始，那些仔细观察的人发现了另一个不那么受人欢迎的趋势。[51] 公司合并兼并的浪潮开始兴起了，这逐渐导致公司变得越来越大。在美国，由残酷且咄咄逼人的竞争所引发的一场同期的运动，导致许多小企业陷入破产，并让成功企业所拥有的市场份额越来越大。由此对竞争所造成的损害，导致了 1890 年《谢尔曼反托拉斯法》(Sherman Anti-Trust Act) 的出台。但是在英国，这一运动的残酷性和竞争性都较弱，而且在某些方面，这一运动多年来采取了一种实际上不利于公司合并的形式进行。多年来，英国众多的小企业通过建立多少有点强大的行业协会来应对国际竞争的威胁。这些协会本质上是一种维持现状和抑制任何残酷竞争倾向的工具，它们尤其反映了规模较小、效率较低的企业的呼声，并且它们实际上阻碍了合理化与合并的进程。[52] 就这方面而言，较之于由公开的合并而产生出来的某个垄断企业而言，行业协会对于公共利益的危害更加隐蔽也更加危险，因为人们能够对垄断者施行管控或者规制，而且在施加了这种管控后，至少垄断者在其自身的组织内部将拥有较高的效率。但尤其是在世纪之交后，行业协会——至少是在英国发展起来的这些行业协会——与单一的、不受管制的垄断者一样，都是反竞争的，而且还缺乏一切推动内部合理化发展的动力。

598 尽管如此，至少在第一次世界大战之前，行业协会很少引起公众的关注或者批判。特定领域的联合也不时地引发公众的焦虑，例如 1888 年的盐业托拉斯（Salt Trust）就曾引起广泛的关注，[53] 经济学家阿尔弗雷德·马歇尔则对于航运公会（shipping conferences）的发展，以及上议院在 *Mogul* 案 [54] 中的判决深感震惊，在该案中上议院确认了航运公会的合法性。但是英国人普遍认为这些联合都是不稳定的，且终将被竞争的力量所摧毁。这种信念在很大程度上是英国仍孜孜以求的自由贸易政策，以及百余年来激

---

[51] P. L. Payne, 'The Emergence of the Large Scale Company in Great Britain 1870-1914', 20 *Economic History Rev.*519 (1967) .

[52] G. Turner, *Business in Britain* (Harmondsworth, 1971), p. 27.

[53] Sir John Clapham, *Economic History of Modern Britain* (Cambridge, 1938), iii. 215. 这个联合体最终在这一案件中出现在法庭面前：*North Western Salt Co. v. Electrolytic Alkali Co.*[1914] A. C. 461, *post* p. 700。

[54] [1892] A. C. 25, *post* p. 697.

烈竞争活动的产物。诚然，限制竞争的协会和联合体在 19 世纪常常被证明是不稳定的，但一般来说，1900 年的英国仍然是一个比美国更具竞争性的国家。[55] 但是，行业协会的稳定性和权力在逐渐增强，并且，由于政府在第一次世界大战时利用这些协会来帮助对经济施加基于战争目的的管制，因而使得行业协会获得了大量的额外支持。

到 1919 年时，政府对此非常担忧，于是任命了一个委员会来调查具体情况。该委员会发现，“在英国工业的每一个重要领域中，组建旨在限制竞争、控制价格的行业协会和联合体，已经成为一个日益增长的趋势”[56]。事实上，从委员会的调查结果中可以明显看出，人们对竞争美德（virtues of competition）的普遍信赖几乎已经消失了，而竞争美德则是英国工业在过去一个世纪中的主要特征。现在，竞争被看作是“恶毒的”、“残酷的”或者“不公的”。如果一个生产商以低于其他生产商的价格出售其产品，那么这一单纯的事实都很可能被后者视为是一种“不公平”竞争。有人说，产品价格已经被压到如此之低以至于投资根本无利可图。然而委员会对于这种说法却是持保留态度的，而且委员会还注意到了这样一种趋势，即行业协会所确定的价格水平，甚至让效率最低下的协会成员也能够获得足够的利润。所有提高生产效率的动力以及随之而来的市场份额的扩大，都受到了行业协会中这样一种规则的抑制，该规则要求生产效率较高的企业将它们的部分利润投入到一个资金池中，并用以补偿利润下降的企业。委员会最后建议政府建立适当的机制来调查这些协会和托拉斯。委员会中的两名成员（Ernest Bevin 和 Sydney Webb）在签署这份报告时，添加了他们自 599
己的备注，旨在表明形势的紧迫性：“事实是，”他们说，“自由竞争不再主宰这个世界。通常的假设是，商人之间的竞争确保了商品价格将紧紧围绕着必要的生产成本进行上下波动——无论这种假设在过去的真实性如何，至少在这个国家的现在，这种假设已经不存在了。现在，值得怀疑的是，我们是否能以生产成本的价格买到哪怕一件商品……这样的结论具有非常重大的意义。”[57] 但是，对于那些作为社会主义者的作者们而言，这份少数派备注的“重大意义”并不在于通过立法恢复工业的竞争，而在于如果没

[55] Alex Hunter, *Competition and the Law* (London, 1966), p. 73.

[56] *Report of the Committee on Trusts*, Cd. 9236 (1919), p.2.

[57] Ibid., p. 13.

有竞争的话，那么工业也将归国家所有。[58]

对于该报告，政府并没有采取任何行动，而且（正如我们将要看到的）在法院的协助之下，事情变得越来越糟，即由于法院对合同自由的信赖，导致合同自由被扩大适用，以至于摧毁了自由贸易和自由竞争。在20世纪20年代和30年代，行业协会的控制范围被扩大到了整个英国工业，它们还通过拒绝向那些试图进行高效竞争的人供货，来强化转售价格维持制度，从而对最低价格形成了铁腕控制。但除此之外，公司真正的大规模合并也开始了。1926年，帝国化学工业公司（I. C. I）建立；1929年，联合利华（Unilever）建立；政府自己在1921年组织完成了铁路公司的合并；各家银行也自行整合为五大银行，到20世纪70年代时又进一步缩减为四大银行。其后，汽车工业也经历了同样的合并合理化过程。两次世界大战之间，20多家兴旺的汽车公司在20世纪70年代逐渐减少到只有3家。其他的大规模合并则发生在粮食加工业、纺织业和电子工业领域。一个政府委员会在20世纪20年代末进行了进一步的调查，该调查就合并的增长程度以及限制竞争的安排披露了一些更为详细的信息，但是在大萧条的这些年岁中，人们所面临的压力是消除产能过剩，对于该问题，该调查却没有提出任何令人眼前一亮的建议。[59]

第二次世界大战后，出现了（正如我们稍后将看到的那样）许多新的发展，其试图通过此种发展重建英国工业的某些竞争性。许多限制竞争的协议被宣布为非法，垄断和合并也成为政府审查和监管的对象。但与此同
600 时，工业的规模和集中程度也呈大幅提高的趋势。国有工业以超级庞大垄断者的姿态出现在公众面前，当然，这属于政府垄断。此外，如果说工业公司的增长和以前有什么区别的话，那就是增长的规模比以往任何时候都要大。

在过去的100多年中，与工业部门规模扩大趋势相并行的，是工会的全国性发展及其权力增强的趋势。正如我们已经看到的，工会在1871年和1875年基本上获得了他们所需要的合法性和权力。从那时起，他们曾屡屡意识到有必要通过进一步的保护性立法，来抵消那些他们认为已经对

[58] See E. V. Rostow, 'British and American Experience with Legislation against Restraints of Competition', 23 *Modern Law Review* 477 (1960).

[59] 参见工业和贸易委员会的最终报告，Cmd. 3282（1929）。

其地位构成威胁的司法判决所造成的影响。在任何情况下，这些立法都通过扩大工会有权依法施压的范围，提高了工会讨价还价的能力。但是在许多方面，比这些额外的法律保护还更加重要的是，工会正发展成为更大规模的、全国性的工会，这些工会在全国范围内与雇主们进行讨价还价，在许多情况下它们甚至代表着整个行业。这一发展趋势，与工业合并与联合的发展趋势一样，在很大程度上都可以追溯至19世纪80年代和90年代。[60]随着工会规模的变化而来的，是其哲学观念的变化。19世纪90年代的工会已经开始代表着工人阶级的大多数，而它们现在坚定地抛弃了老派的、它们早在19世纪中期就已经接受了的中产阶级价值观。到1890年时，“只有一小部分老牌工会领导人仍然固守着对自由放任政策和自助美德的信念”[61]。新的工会非但不担心国家的干预，反而还急于获取权力，并积极寻求国家对它们进行援助。在这一点上，当工会所属的政治派别即工党开始主导英国政治的时候——先是在1945年后，然后是在20世纪60年代——工会就显然获得成功了。

但是它们的巨大成功，既给工会自己也给工党带来了问题。它们被迫——20世纪70年代也许是它们第一次被迫——直面它们与政府之间的关系问题，甚至是直面它们的基本政治信念问题。与前面所讨论的那些问题一样，这些问题目前仍然处于争论之中，在此我无法对之进行深入阐述。能观察到工会运动所存在的这样一种悖论也就足够了，即在本书写作之时，工会的大多数成员仍然宣称他们坚信“自由的集体谈判”（这只不过是合同自由的一种特殊形式而已），而自由党却认为应该继续对工资谈判施加牢固的控制。在20世纪70年代，那些仍然信奉自由市场原则的少数保守派人士，与工会联合起来一起要求回归合同自由，这样的景象必定足以让 601
亚当·斯密在他的坟墓里笑出声来。

我不需要再进一步探讨这些问题。就本书的研究目的而言，重点是强调主导经济发展的机构的规模正在急剧扩大。正如我们将要看到的，这一点在过去以及现在都对自由合同在社会中所能发挥的作用产生了许多潜在的影响。眼下只需要指出以下几点就足够了，即机构的数量越少，它们相

---

[60] A. E. P. Duffy, ‘New Unionism in Britain, 1889-1890: A Re-appraisal’, 14 *Economic History Rev.* 306 (1962); E. J. Hobsbawm, ‘Trade Union History’, 20 *Economic History Rev.* 358 (1967).

[61] A. E. P. Duffy, ‘New Unionism in Britain’, p. 319.

互之间需要缔结的合同关系也就越少；而机构越大，机构内部管理组织的规模也就越大；政府部门之间是不可能订立合同的；公司的部门之间也不可能订立合同。一个机构的内部关系是通过行政方式而非合同方式来维系的。而这正是 Berle 和 Means 在他们对现代公司的经典研究中首先提出的，该书最初出版于 1932 年：

> 荒谬可笑的是，有人认为军队是在“严格的个人主义”的基础上运行的。这种观点对于现代公司来说也同样是荒谬可笑的。由于生产过程中需要不同步骤协调一致，由于在大规模生产中存在着极其严格的分工，因而，这必然意味着团体活动绝不是基于个人主义，而是基于合作以及对于近乎专制的当权者的容忍。[62]

稍后，我将继续对这个问题，以及随着公司和其他机构规模的扩大而产生的一系列其他后果进行研究。

---

[62] *The Modern Corporation and Private Property*, revised edn.(New York, 1967), pp. 306-7.

第十八章　思想背景，1870—1970：I 602

第一节　新经济学

经济史学家们普遍认为，在很大程度上，古典经济学在1873年左右随着密尔的死亡而消亡了。在英国，新一代的经济思想家们正接手经济学研究，尤其是杰文斯和阿尔弗雷德·马歇尔，在很大程度上更是主导了1870年到1914年的经济学研究。这些新古典主义者，正如人们对他们的称呼所示，都是职业经济思想家，而这与古典经济学家们完全不同。他们有的是大学里的学者、教师和研究人员，有的是其学科的专家，但没有哪一个古典经济学家是这种情况。虽然对于像Henry Sidgwick这样的人来说——他于1883年至1900年在剑桥大学担任哲学教授——既写作了一本著名的道德哲学著作，又写作了一本《政治经济学原理》(*Principles of Political Economy*)的初级著作仍然是可能的，但是一般而言，新一代的经济学家们，都属于那种对越来越细的对象研究得越来越深的学者。他们在许多极其重要的方面推动着其学科的理论基础的发展，其中发展起来的许多理论仍然是现代经济学理论的重要基石，但这也使得非专业人士更加难以理解他们的研究主题。他们几乎是故意将研究对象慢慢从伦理、法律和政治学中抽离出来，并在这个过程中将其重新命名为“经济学”而非政治经济学。[1]当他们这样做时，其他的社会科学家也在各自的领域中与经济学家们分道扬镳了。尤其是律师，他们对新经济学不再有任何重要意义上的接触或者理解。律师与经济学家之间的个人关系也没有得到恢复，而这种关系曾将

---

[1]　尽管人们有时会对学科的分离感到有些遗憾（和警惕）。阿尔弗雷德·马歇尔在1904年写给弗雷德里克·威廉·梅特兰的信中，就谈到了向研究垄断和限制竞争协议的经济学家教授法律的重要性，而且虽然他说得非常客气，但是他显然也认为律师应该学些经济学：*Memorials of Alfred Marshall*, ed. Pigou（London, 1925, reprinted New York, 1966）, p. 452。

法律和政治经济学紧密地联系在一起，因为两者的思想体系都以边沁的功利主义为核心。从我们的角度来看，这种发展也是有好处的，因为这使
603 得我们没有必要试图对新经济学理论作出任何程度的评论。很明显的是，法律意义上合同自由的历史在 1870 年之后就很少受到经济学理论的影响了，尽管从长远来看，经济学理论的这些发展对法律变革影响深远（人们并不总是很清楚地理解到这一点）。在这一章里，虽然我将更加关注经济学理论性质的一般变化，但我也将简要地回顾一下经济学理论上的许多关键性发展，而关键性发展则可能影响到了那个时代的智识氛围（intellectual climate）。

正如我已经指出的，最显著的变化之一是这样一个进程，即经济学从其与伦理学和政治学的关联中，尤其是其与功利主义的关联中摆脱出来，尽管这种变化从一开始是非常缓慢的。在杰文斯的《政治经济学理论》（*The Theory of Political Economy*）[2] 中——该著作通常被看作新古典经济学的开端之作——他的确根本没有试图将经济学与功利主义区分开来。相反，杰文斯似乎正是以诸多功利主义思想为基础而展开研究的，而且他无疑还使用了功利主义的术语。如在第一版的序言中，他确实写道，他试图将经济学当作一种有关快乐与痛苦的微积分学，书中有一些段落似乎也提到，效用（和负效用）是可以进行测量和比较的。[3] 这些方面的分析似乎是沿着功利主义的路线进行的。但是其他方面的分析则显然并非如此。该著作首先是分析性经济理论的开端之作。对于经济体系是如何运作的，杰文斯很感兴趣，尽管这使得他很关心人们是如何实现其效用最大化的。但与古典经济学不同的是，新经济学家们对于经济学中的规范性问题不太感兴趣，尤其是他们不太强调政策建议的重要性，此外，他们对于国民产值应当如何在实践中实现最大化以及如何分配的问题几乎毫无兴趣。经济学理论在很大程度上似乎变得只注重解释事物是如何运作的。这里似乎也存在一个悖论，因为像杰文斯这样的新经济学家在很多方面都比古典经济学家更具经验主义精神。杰文斯本人是最早表现出对统计资料和其他数据具有浓厚研究兴趣的经济学家之一，他试

[2] First published 1871, reprinted, Pelican edn., Harmondsworth, 1970, ed. R. D. Collison Black. 本书参考的就是这个版本。

[3] See Collison Black's *Introduction*to the Pelican edn., pp.18-21.

图通过运用这些资料来解释这一悖论现象。但与此同时，在另一种意义上，经济学家们也越来越关注纯理论。古典经济学家们以一种粗略和预设的方式假定自由竞争是实现生产最大化的最可靠的方式，而一些新经济学家则开始试图证明这是一个数学命题。同样地，古典经济学家对变化中的经济和持续增长的经济体系兴趣盎然，而 1870 年后的经济学家们则越来越关注静态经济体系的模型，而后者显然是一个理论概念。经济 604
学逐渐醉心于研究数量固定的资源的高效配置。

阿尔弗雷德·马歇尔（凯恩斯认为他是 100 年来最伟大的经济学家）[4]大大地推进了这一进程。马歇尔的研究也是以某些功利主义思想，或者说至少是以功利主义的术语为出发点的。他最初用“快乐”和“痛苦”来谈论效用，但渐渐地，他放弃了这类词汇，而代之以更为中性的诸如“满意”和“满足”一类的词汇。在实质性问题上，他从一开始就比杰文斯更为严谨，他严厉地批评杰文斯将效用和快乐混为一谈的做法。马歇尔不厌其烦地指出，快乐和痛苦在根本上而言是主观和不可量化的，而且在任何情况下，它们通常与那些驱使人们采取行动的欲望几乎毫无关系。一个人最想要的东西通常最后被证明很少能给他带来快乐抑或是痛苦，最能给他带来快乐的往往是一些根本不需要去追寻的东西。马歇尔坚持认为，最好放弃任何有关快乐或痛苦的讨论。但是对于许多与马歇尔同时代的人而言，他实际上太急于作出规范性的估计或者假设了：当他的《工业和贸易》（*Industry and Trade*）于 1919 年出版之时，评论家们对该书的道德性论调发起了攻击，因为“在科学著作中，无论其所抱持的道德论调何等高尚，似乎也是完全不合适的”[5]。

从更广泛的角度来看，经济学往往也变得不那么具有规范性了。经济学家们认为，他们的学科是价值中立的（value-free），并因此是一门真正的科学。尽管他们并非全都避免提出政策建议，但他们声称其只单纯描述某些现象的运作方式，而（据说）人们可以将这些运作方式做这样一种理解，即它向人们展示，如果某些目标是可取的话，那么如何才能最好地实现这些特定目标。但是关于目标的可取性问题，经济学家却没有提出任何主张。并非所有的人都接受这种有点残缺（eunuch-like）的立场。例如，阿

---

[4] *Essays in Biography*, revised edn.（London, 1951）, p. 140.

[5] Ibid., p. 191.

瑟·塞西尔·庇古（A. C. Pigou）——他在 1912 年首次出版了《福利经济学》（*Economics of Welfare*），该书在两次世界大战之间一直具有重大影响力——就完全准备根据常识性的假设而提出这样一种政策建议，即每个人都会同意的一种观点是，经济福利的增长是令人向往的。然而，许多经济学家，尤其是两次世界大战之间的经济学家，发现这种方法有一个不可逾越的障
605 碍，即人们所熟知的人际比较问题。有人认为，在任何科学或数学的基础上，都不可能证明一个人的“效用曲线”与另一个人的“效用曲线”完全相同，或者用通俗的话说，一个人从一个美好事物中所得到的满足感，不可能与另一个人从中所得到的满足感完全相同。[6] 这整个问题是无法得到证明的，因为它依赖于人们对他人真实感受的认知。其结果是，没有办法证明什么样的资源配置方式能够最大限度地发挥资源可能的效用，且甚至因此而无法证明何种方式才是分配国家生产资源的最佳方式。

在这一点上，可以说经济学理论分成了两派。一方面，一些人反对那种将经济学发展成为一种价值中立的科学的无谓尝试。另一方面，庇古自己则继续证明他的这一假设，即效用具有广泛的可比性。他说，“在所有的具体事务中，我们都依此假设行事”[7]，此外，他还补充说，政府、议会和法院也是这样的。诸如 D. H. Robertson 等许多著名的经济学家都赞同他的观点。但在两次世界大战之间，大多数经济理论家都不愿放弃维持经济学之科学客观性的尝试，由此，从效用的人际比较问题中寻找拯救福利经济学之方法的一场长期斗争开始了。最后，围绕“帕累托最优”（Pareto-optimality）概念的某种共识开始出现，“帕累托最优”在本质上认为，如果在第二种情况下至少有一个人比在第一种情况下的境况要更好，且在第二种情况下没有人比在第一种情况下更糟糕的话，那么在不进行效用的人际比较的情况下，人们就能够证明第二种情况可能比第一种情况要更好。许多经济学家将这种方法稍加改进后作为福利经济学的基础，但是总体而言，至少在第二次世界大战之后的英国，经济学倾向于接受这样一种挑战，即作出规范性假设并以此为基础提出政策建议。

我之所以提到经济思想中的这些运动，主要是因为，尽管（正如我已

---

[6] 这个观点是 Lionel Robbins 在他的 *Essay on the Nature and Significance of Economic Science*（London，1935）中首先提出来的。

[7] Appendix XI to *Economic of Welfare*, 4th edn.（London，1960）.

经指出的）在任何实质性意义上，在法律领域与经济领域之间，一个领域对另一个领域似乎显然不存在直接影响，但这些运动与许多同时期的法律思想之间却似乎存在某种令人惊异的相似之处。它们的相似是方法论上的相似。因为（正如我们将要看到的）与经济学一样，法学也试图把自己塑造成一门价值中立的科学，尽管这种说法肯定有点不合理。此外，与经济学一样，法律思想运动也在两次世界大战之间达到了其顶点。如果经济理论家们在保持与数学真理和严格逻辑法则的接触方面更加严谨且更加成 606
功，那么律师们或许也更多地接触现实。甚至帕累托最优概念与一些法律思想之间甚至也存在相似之处，因为帕累托最优的要求——如果一种改变了的境况能够被证明优于之前的境况，那么任何人的境况都不应当变得更糟——会让人自然而然地想到合同自由的概念。因为帕累托最优的要求是，如果第二种境况被认为优于第一种境况，那么在任何人自己的估计中，他的境况必定不会变得更糟，而律师自然会将之视为同意。在至少一个版本的帕累托最优概念中，这实际上意味着，它赋予了所有那些将因情况改变而受到影响的人以否决权，并且不允许多数人无视个别人的反对。

此外，帕累托最优概念本身看起来也是很可疑的，似乎它本身就承载着某种价值。因为如果只要有哪怕一个人声称他的境况比其所估计的还要更糟糕，那么就没有任何一种境况可以被视为对另一种境况的改善，这难道不是简单地将自由选择价值重新确立为至善（ultimate good）吗？即使在其最极端的情况下，这也不就是在复兴古典经济学的价值体系吗？赫伯特·斯宾塞肯定是会很欢迎那些针对福利经济学（welfare economics）的新批判的。现代自由主义（更不用说社会主义）显然是与严格的帕累托最优概念不相容的。[8] 如果政府始终坚持着变革不能让任何一个人（按该人自己的估计）的境况变得更糟的原则，那么推行任何社会改革都几乎是不可能的。另外，人们可能会争辩说，虽然个人对于什么能给他带来最大满足的判断有时是错误的，但这种错误判断可能比正确判断更具有价值意蕴（value-content）。从今天的律师而非经济学家的角度来回顾这些争论，我们

[8] See Sen, 'The Impossibility of a Paretian Liberal', 78 *Journal of Political Economy* 152 (1970); 79 *Journal of Political Economy* 1406 (1971); Peacock and Rowley, 'Pareto Optimality and the Political Economy of Liberalism', 80 *Journal of Political Economy* 476 (1972); Hillinger and Lapham, 'The Impossibility of a Paretian Liberal: Comment by Two Who Are Unreconstructed', 79 *Journal of Political Economy* 1403 (1971).

很难理解的是，为何当时的争论会如此激烈。似乎颇不寻常的是，直到 20 世纪，议会和法律一直都被用来推翻个人自由选择的价值，以维护某些所谓的国家利益，因此许多经济学家坚持认为，他们无意对这些促进国家利益的主张进行评价。

经济学理论与法学理论之间的这种并行性仍然继续存在，因为在过去的 10 年或 20 年里，兴起了一场著名的价值中立法学研究运动。尽管不能
607 说所有的英国律师都已经完全接受了这种改变，但至少现在只有极少数人还在继续捍卫这样一种观点，即法律规则完全可以经由逻辑推理过程得出，而不必考虑任何价值观念。

边际效用理论

新古典经济学家们在理论上的最大进步是提出了边际效用理论。这一理论是由杰文斯最先提出来的，尽管他从来没有全面地阐述过这一理论，至少没有以一种令现代经济学家们所满意的方式阐述过这一理论。但是到了 19 世纪 90 年代，通过马歇尔和其他人的著作，这一现代经济学理论中的最重要组成部分被确立起来了。该理论的关键在于边际效用递减“法则”，该法则假设（或者事实就是），当一个个体所获得的好东西数量越来越多时，对于他而言，每个新获得的好东西在效用上的额外增量（additional increment）就会小于之前的好东西。由此，钻石与水的古老悖论终于得到了圆满的解释。钻石通常比水的价值更大，只是因为绝大多数消费者随随便便就能得到足够的水，但是对于一个即将渴死的人来说，一杯水不仅比一颗钻石具有更大的效用，而且（在他的估计中）其价值也要大得多。因此，水比钻石更有效用但价值更低的说法，并不是事实。这一悖论根源于人们未能将商品总量和每个商品的额外边际增量区分开来。

发展起来的边际效用理论逐渐被应用于大量不同的情形，并被用来标识几种不同的事物。首先，它意味着消费者可以这样来分配他的收入以使他的满足程度达到最优，即在任何时候，无论一个人选择将其额外支出的一英镑花费在何种商品之上，该额外支出的一英磅的边际效用都应该使他获得相同的满足程度。如果他花在一种商品上所获得的效用是花在另一种商品上的两倍，那么这表明他花在第一种商品上的钱太少，而花在第二种商品上的钱太多。其次，它还意味着生产者可以通过确保做到这样一点来使其利润最大化，即无论是花在资本上还是劳动力上，要确保每一英

磅支出的边际产量（marginal product）都是相等的。在这里，边际生产率（marginal productivity）递减法则与需求理论（theory of demand）中的边际效用递减法则起着相同的作用。[9] 最后，这同时也是本书的写作目的，可以从边际效用理论中得出的最重要结论是，可以通过对财富进行更大程度的均等化，来实现社会总的综合效用的大幅度增长。如果说边际效用递减法则具有任何有效性的话，那么它必定同样也将普遍适用于金钱和财富，就像适用于其他事物一样。对于百万富翁而言，赚到或拥有百万英镑所给他带来的满足感，要小于其给普通公民（more modestly-off citizen）所带来的 608
满足感。从某种意义上说，这并不是什么新鲜事。边沁在很多年前就已经谈到了这一点，当时他坚持认为，十倍的财富并不会产生出十倍的幸福，并因此得出结论："实际比例愈趋近平等，幸福的总量就会愈大。"[10] 但是他与新古典主义经济学家们所强调的重点却存在巨大的差异。边沁并非平等主义者，而与此同时绝大多数古典经济学家是如此强烈地强调财产权保护的重要性，认为它是社会的政治和经济基础，以至于在 19 世纪 70 年代之前，再分配的思想并没有得到重视。诚然，密尔曾提出过某些再分配思想，但是在这些问题上，他的思想非常超前，而且在他死后，该等思想的影响力可能比在他生前还要更大。

在 1870 年之后的一个时期里，新出现的情况是，人们将边际效用递减法则用来作为争取更大程度的财富和收入均等化的一种深思熟虑的武器。事实上，在两次世界大战之间 Robbins 和其他人所反对的正是人们对经济理论的这种运用，因为他们想要证明，迈向平等主义是一场政治或者伦理运动，而不是"纯粹"基于经济理由的运动。但在这个时期的早期，也许是 1870 年至 1914 年间，虽然这些反对的声音还没有出来，但人们第一次有了这样一种强烈的感觉、一种强烈的呼声，即财富分配的不公平程度已经到了令人无法容忍的地步。但自相矛盾的是，在工人阶级的生活水平开始如此强有力地从他们长期以来一直谴责的勉强糊口的生活水平向上攀升之际，他们却如此强烈地发出了这些反对声音。但是从某种意义上来说，正是工人阶级富裕程度的大幅提升这一事实本身，成为反对者们改变其态度的部分原因。工人阶级的工资不再被看作一种纯粹的不可削减的生

[9] Mark Blaug, *Economic Theory in Retrospect*, revised edn.（Homewood, III., 1968）, p. 276.

[10] *Principles of the Civil Code*, *Works*, ed. Bowring, i. 305.

产“成本”，相反，它们就被看作一种效用来源。一旦经济学家们开始认真考虑工人阶级的福利问题，就会发现“工人所消费的商品的效用与其他任何商品并没有任何不同”[11]。毫无疑问，在平等主义兴起的过程中，还有其他影响因素在发挥着作用。平等主义的兴起，也许部分是由于工人阶级的政治权力增强；也许是由于这样一个事实，即在爱德华七世（Edward VII）末期，当时社会规范主要是由威尔士亲王制定的，炫耀性消费正在变成上流社会生活中一个非常显著的标志；也许是由于越来越多的人确信贵族的
609 财富是建立在他们对国家大多数土地的垄断性控制之上的；[12] 也许是由于马尔萨斯主义式恐惧（Malthusian fear）的消失，以及越来越多人认为穷人的状况是一个经济问题而非道德问题。[13]

但是无论出于何种原因，很明显的是，从 19 世纪 70 年代开始，经济学家们更为严肃地看待再分配问题了。例如，杰文斯就主张发展诸如免费公共图书馆等公共产品和公共服务，因为“社会完全可以用微不足道的成本来获得效用的巨大增加”[14]。同样地，私人所拥有的绘画作品只能让屈指可数的几个人欣赏，而公共艺术馆内的绘画作品则可以供数以千计的人欣赏，因此可以通过“效用倍增原则，这一原则是一些最重要的政治经济进程的基础”，来证明其合理性。[15] 马歇尔也公开承认，边际效用递减法则同样适用于金钱，而所有这些都意味着：“一个先令给一个富人带来的快乐或者满足要比给一个穷人所带来的快乐或者满足要少……一个年薪 100 英镑的职员会比一个年薪 300 英镑的职员，更愿意冒着大雨去跑业务；因为较之于富人，乘坐有轨电车或者公共汽车所花的费用对穷人来说，是一笔更大的利益。如果穷人花了这笔钱，那么之后他就会比富人遭受更大的因缺少这笔钱所带来的痛楚。”[16] 到庇古的《福

---

[11] Joan Robinson, *Economic Philosophy* (London, 1963), p. 51.

[12] See *post*, p. 633.

[13] 对工人阶级贫困问题进行严肃的社会学研究，始于 19 世纪 90 年代 Charles Booth 在伦敦、Seebohm Rowntree 在约克郡的研究工作；1905 年济贫法委员会的《韦布斯少数派报告》（Webbs' Minority Report）和 Beveridge 于 1909 年发表的有关失业问题的经典著作，进一步推动了人们对该问题的研究。

[14] 'Rationale of Free Public Libraries', first published in 1881, reprinted in *Methods of Social Reform* (London, 1883), pp. 28-9.

[15] Ibid.

[16] *Principles of Economic*, 8th edn. (London, reprinted, 1961), p.16.

利经济学》一书出版时，这些争论开始呈现出一种更为教条的形式。庇古断言，只要整体国民收入没有减少，那么“较贫穷阶级所享有到的实际收入在任何程度上的增加，都是以较富裕阶层收入的相应同等减少为代价的，而这必然会增加经济福利”[17]。

此外，除了明显支持在更大程度上实现经济平等之外，人们越来越相信工人阶级状况获得长期改善的可能性。陈旧的工资“铁律”已经不足为信。这样一种规律已经不复存在了，即每当工资上涨时，人口的相应增长又将迫使工资再次下降。诚然，人口仍然在增长，但是国民收入也在增长。工人数量的增加不再会迫使工资下降。“工资基金”（wage fund）理论也因此最终名声扫地，而这为人们打开了一扇门，让人们意识到，实际上工会和工资谈判能够提高工人阶级的工资，而不会令其他行业的工资相应 610
降低。但也许不幸的是，这个发现是如此激动人心，以至于人们忽视了它的局限性。只有到了20世纪70年代时，英国工会领导人才再次承认，如果生产没有获得相应的增长，那么一些工人工资的增长，仍然可能会导致其他工人收入减少甚至失业。但是在19世纪70年代和随后的几十年里，几乎没有人会为再分配的局限性而感到忧心。无论如何，这一事实本身是所有人都可以看到的。很明显，工人们的生活水平正逐渐从勉强维持生计的水平向上提升。就连有关贫困的新研究所得出的振聋发聩的发现，例如Seebohm Rowntree和Charles Booth等人的研究，在某种意义上也证明了工人阶级生活水平的普遍提高。在前一代人的时期里，Booth和Rowntree所揭示的事实是不会令任何人感到意外的，但是现在这些事实却似乎让人们备感震惊。

此后，在竞争日益变得不那么激烈的当今英国社会中，奖惩制度的作用也越来越受到质疑。一方面，经济学与伦理学的分野导致经济学家现在坚持认为，对奖励与惩罚的高效配置根本就不是一个公平与否的问题。他们声称自由市场经济“不会奖励高尚的道德，而只会奖励经济服务”[18]。但是人们甚至对这一机制这样运行的有效性产生了怀疑。正如我们已经看到的，密尔曾就此提出了一些超越他所在时代的观点。但是到19世纪末时，

[17] *Economics of Welfare*, 4th edn., p. 96.

[18] Cannan ‘The Practical Usefulness of Economic Theory’, in *Essay in Economic Method*, ed. Smyth (London, 1962), p. 190.

这些观点变成了老生常谈。富足的人所享有到的富足，难道真的是其技能和辛勤劳动所产生的收益吗？穷人真的是懒惰且愚昧的吗？随着 19 世纪接近尾声，人们似乎越来越不相信这些等式的存在。例如，阿尔弗雷德·马歇尔即以平静的、学术性的语调指出：

> 人们对这样一个问题颇感兴趣，即在成功人士的收入中，有多少是可以归因于机会、机遇和市场行情的，有多少是可以归因于他们的出生的；有多少是对其进行特别培训的投资所获得之利润；有多少是对他们格外辛勤工作之回报；又有多少是由于他们作为生产者而从其所拥有的稀缺自然资源中所得到的节余或者租金。[19]

此外，马歇尔对于人们的这样一种过于乐观的信念——认为，只要对既有的国民收入进行更公平的分配，那么人们就会有足够的资金可用——提出了警告。正如马歇尔所坚持认为的那样，这种被各个时期的平等主义者所支持的令人备感欣慰的信念，已经被统计数据所证伪了。[20]
611 社会中的穷人太多而富人太少，但很明显的是，总的来说，马歇尔确信既有的不平等性实在太大了。对于这些不平等性而言，唯一能够将它们予以正当化的理由是，对于鼓励进取、节约和发展而言，不平等可以提供必要的激励，与此同时，"人们可以通过不削弱自由主动性和个性力量的活力的方式来减少不平等，因此减少不平等也就不会在实质上阻碍国民总所得的增长，如此一来，减少不平等似乎就成了一种明显的社会利得（social gain）"[21]。

经验主义的增强

在 1870 年到 1970 年这段时期里，在经济学理论中还存在一个更具普遍性且值得关注的特征。正如我们在本书第二部分所看到的，古典经济学理论最显著的特征之一是其强烈的，以最少事实为前提的先验论证（*a priori* argument）倾向。甚至，这些前提中的绝大部分都是假定的，而不是

[19] *Principles*, p. 480.

[20] *Memorials of Alfred Marshall*, ed. Pigou, p.162.

[21] *Principles*, p.594.

经由经验观察和测量得出的。这导致的后果之一是，古典经济学理论充斥着广泛而全面的一般化（generalization），而正是它们构成了古典经济学理论之政策建议的基础。在 1870 年之后的一个时期里，这种趋势发生了逆转。经济学家们开始避免对原则进行宽泛的描述，相反，他们开始观察数据——这些数据也越来越多地出现在政府统计数字和学术研究人员的成果之中——而且这些数据往往会推翻这些宽泛且自在的一般化。当他们放弃先验论证时，他们往往也从长远着眼转向短期着眼。他们所提出的政策建议，不再以他们所认为的长期趋势为基础，而往往是以他们所观察到的直接的短期结果为基础。

和新古典主义经济学家所发起的其他许多运动一样，这一运动在某些方面也根源于古典主义。在很大程度上，这可能是由于知识的持续急剧积累，尤其是 1830 年以来更是如此。但是到了杰文斯所处的时代，研究方法产生了更为显著的变革，杰文斯可以算是新学派首位真正意义上的实证经济思想家。举一两个与我们的研究主题特别相关的例子，如杰文斯反对李嘉图有关工资总是倾向于降至仅够糊口的水平的观点。他断言，这根本不是事实，在英国的不同地区，周工资从 10 先令到 40 先令不等，且没有迹象表明它们之间存在任何趋同的趋势。[22] 也许李嘉图会把这一点搁置一旁并反驳说他谈论的是长期趋势，但是如果真要重新验证这个观点的话，那么这种长期趋势即使不需要用数百年，也需要用数十年来衡量。此 612
外，杰文斯还是社会科学实验的积极倡导者，他甚至急于将之推广到立法领域。他强调，由于立法变革的结果往往难以预测，因此在实践中，只能在经验的基础上解决人们的争议，而这要求人们乐于进行实验。例如，在 1867 年的一次演讲中，他认为（当时邮局被广泛认为是高效国企的典型）国家垄断和私营企业都具有很大的优势，但要在这两者之间作出选择的话，就不能依靠除经验之外的任何东西，[23] 在 1880 年发表的另一篇论文中，他呼吁应当在小型实验的基础上进行社会改革，而非直接进行大规模的社会变革，因为如果社会改革不成功的话，则需要花费多年的时间来消除其影响。[24]

---

[22] *The Theory of Political Economy*，p. 256.

[23] *Methods of Social Reform*，p. 278.

[24] Ibid.，p.253-76.

1885年在剑桥大学发表的就职演讲中，阿尔弗雷德·马歇尔也同样认为，古典主义的主要缺点并不是太过倾向于抽象论证，而是它们对于特定情况下人们将会如何作为和反应一般化得过于宽泛了：“就像我们的律师把英国的民法强加给印度人一样，我们的经济学家也心照不宣地假设，世界是由城里人组成的。”[25] 他说，这导致经济学家们将一种比已经被事实证明了的效应更加强大的效应归因于供求规律，因为他们忽视了“人类的热情、本能、阶级嫉妒性、阶级粘合性、对获取知识的渴求以及对获取采取自由且强有力行动的机会的渴求”[26]。在1897年，他也坚持认为，现在显而易见的是，“诉诸一般理论是不可能立即解决任何实际问题的，即使对那些急于解决问题的人来说也是如此”[27]。

克利夫·莱斯利（Cliffe Leslie）是新实证经济学家中最有趣的一位，他既是经济学家也是律师，并在贝尔法斯特女王大学（Queen's University of Belfast）担任法学与政治经济学联席教授多年。克利夫·莱斯利（虽然现在他更多的是为经济史学家而非法律人所熟知）曾师从亨利·梅因爵士（Sir Henry Maine），很明显，他深受社会科学中的“历史学派”的影响。这一新的历史主义，使得社会思想家普遍对古典经济学家所钟爱的广泛的先验一般化产生了更大的怀疑，尤其是在加入了梅因赋予它的比较维度之后，情况更是如此了。梅因在其著作中写道，人们不再能够依靠自然法来证明这个或者那个命题，例如，人们发现印度人的一些风俗和传统与自然法公
613 然背道而驰。对于法律人而言，克利夫·莱斯利更加引人注目的著作是题为《经济世界的已知与未知》（The Known and the Unkown in the Economic World）的论文，在这篇文章中，他抨击了经济学家们的这样一种假设，即那些进行市场交易的人是全知的人的假设。“商业世界不是传统政治经济学所假定的光明的、有秩序的、平等的和完美组织起来的世界，而是一个阴暗的、混乱的和杂乱无章的世界，在这个世界里存在着大量的破坏和浪费，这绝不是一个适者生存的世界，即使狡诈被算作是适应条件之一亦复如此。”[28]

---

[25] *Memorials of Alferd Marshall*, ed. Pigou, p. 155.

[26] Ibid., p. 154.

[27] Ibid., 266-7.

[28] *Essays in Political Economy* (2nd edn., Dublin, 1888, reprinted, New York), p. 235.

如果说在20世纪这种趋势还存在的话，那么该趋势变得更加明显了。当凯恩斯摧毁了人们对于自我修正机制（self-righting mechanism）的传统信念的时候——人们坚信这一机制可以调控经济秩序——他就为传统经济信念的崩塌加上了压死骆驼的最后一根稻草。那种令人倍感欣慰的信念，即当失业率上升，工资水平就会下降，相应地，雇主就会多雇用人，现在已经被证明是一种幻觉了。而是否会产生这种结果则取决于环境。一般化将不再奏效。人们甚至怀疑（现在可能仍然怀疑）古典经济学的最根本前提是否真的正确。1944年，当许多人认为战后世界将完全背弃资本主义制度时，Karl Planyi就断言，"人们对以物易物、实物工资和交易所谓的偏爱，几乎完全是虚构的"[29]。或许这个观点尚未被人们所广泛接受，但毫无疑问的是，人们正逐渐摒弃笼统的一般化和长期原则（long-run principle）。第二次世界大战结束以来，这一趋势比以往任何时候都要更加显著。在过去的30年中，经济政策与政治政府之间的紧密关系大大地缩短了作出决策的时间。政府希望他们的经济政策所带来的实实在在的好处在下次选举之前就能够显现出来，而不希望其政策的好处在下个十年，甚至是下个世纪才能显现出来。现代民主政治机器所产生的结果往往会波及众多经济领域。实用主义成为一种受到重视的政策制定方法，而原则却变得无迹可寻。每个问题都是根据其本身的是非曲直加以处理的，每种情况下人们都有权提出各自单独的解决方案，而在这个过程中，不可避免的是长远考虑往往就会被抛诸脑后。[30]正如我们将看到的，在这一时期，法律的发展也与经济的发展情形极为类似。

第二节　自由放任主义与合同自由

当代观点将古典经济学家们解读为自由放任主义和合同自由的教条主义支持者，无论此种解读是否正确，很显然的是，1870年后的经济学家们决心不再背上同样的污名。在1870年的一次演讲中，J. E. Cairnes一针见血地指出，政治经济学"被普遍认为是对这样一条格言的一种科学诠释—— 614

[29] *The Great Transformation*（Boston, Mass., 1944）, p. 44.

[30] See L. Robbins, *Evolution of Modern Economic Theory*（London, 1970）, p. 188; J. Viner, *The Long View and the Short*（Glencoe, III, 1958）, p. 112.

证明营业自由和契约自由是解决所有工业问题的一种方法"[31]。对于认为这种见解就是经济学理论之科学真理的观点，新经济学家们都认为有必要与之撇清关系。

当然，仍是事实的是，合同自由或者交易自由至少是一种自由，而且与其他自由一样，是表彰着不证自明的价值。在其《政治经济学理论》中，杰文斯仍将交易自由作为社会分配资源过程中一个最为重要且最有价值的组成部分：

> 与社会中普遍存在的财富不均等相一致的是，所有商品都是通过交易来进行分配的，以便产生出最大的利益。每一个对于某个东西的渴求超出了他对其他东西的渴求的人，都必须在其他方面作出足够的牺牲，以便换取他最渴求的东西。从来没有人愿意用他最渴望的东西来换取他不那么想要的东西，因此彻底的交易自由必定对所有人都有利。[32]

但事实上，对杰文斯而言，这不过是对自由的一种例行膜拜而已。虽然在这段引文中他对评述部分进行了限制，但现在来看很清楚的一点是，在既有的财富分配机制之下，合同自由能够使利益最大化。如果这种分配不公平或者不能令人满意，那么任何由此而产生的合同交易也都会将这种不公平或者不尽如人意反映出来。对于合同自由能否产生出令人满意的财富分配效果而言，这是一个极其重要的前提条件，但那些极少对既有不平等性提出质疑的古典经济学家却几乎完全忽视了这一前提条件。现在，这一观点得到了更为明确的阐述。对于那些（如布拉姆韦尔）主张保护财产和合同自由的人来说，他们的回答是，合同自由必须遵循财富分配自由原则并建立在财富公平分配的基础之上；自由合同的神圣性不能超过作为其基础的财富分配的神圣性。

随着经验主义的愈发盛行，人们也愈发意识到，许多事情都是以合同自由之名发生的。在《政治经济学理论》出版 12 年后，杰文斯于 1882 年

---

[31] Cited, T. W. Hutchison, *A Review of Economic Doctrines 1870-1929* (Oxford, 1953), p. 10.

[32] p. 171. 杰文斯指出，像那些经典著作曾指出的那样，合同自由是作出当前互易决定的自由，而不是对某人的未来作出的拘束。

出版了一本名为《劳工状况》（*The State in Relation to Labour*）的小书，在该书中，他坚持要实事求是：

对于理论家和“内阁贤人”（‘cabinet philosopher’）而言，就人们应该做什么事情的主题进行辩论是非常好的（但杰文斯反对这种辩论）；但是，如果仔细分析那些看似无可置疑的统计报表，我们就会发现这样一个事实，即没有防护的机器事实上造成了成千上万人的死亡和各种各样的残疾，而这些灾难是任何理论都无法减轻的。[33] 615

他继而指出：

如果雇主愿意向一个工人提供一份工作，让其在一个对身心健康极其有害的车间里工作，而这个工人也接受了这份工作及工作条件，难道那个雇主和这个工人就因此而拥有履行该合同的完全自由吗？……经验表明，即使是成年人，在极端情况下，由于纯粹的轻率或者无知也会对其健康或者肢体造成严重伤害，对此，立法机关只需要施加很小的压力，就能避免这些伤害，从而使各方当事人均受益……第一步是必须清除我们头脑中的这样一种观念，即社会中存在着抽象的权利、绝对的原则、不可动摇的法律、不可变更的规则或者其他任何亘古不变的东西。[34]

为了让人们明白这类事情不能再诉诸原则来解决，他继续指出：

我认为国家颁布任何法律都是合法的，我甚至认为国家所实施的任何单独的、没有不良后果的、会增加幸福总和的行为也都是合理的。产生好的效果可以使任何行为获得充分的正当性，只要没有证据证明该行为随后将产生出同等或者更大的恶果。[35]

---

[33] 3rd edn.（London，1894），p. 2.

[34] Ibid.，pp. 5-6.

[35] Ibid.，p. 13.

人们对于这些论述并没有置若罔闻。（例如）约瑟夫・张伯伦就曾读到这些论述，并且，他在 1892 年的下议院辩论中还引用了这些论述。[36]

但是这并非事情的全部，因为阿尔弗雷德・马歇尔以及接任他在剑桥大学教席的阿瑟・塞西尔・庇古都致力于进行实例演示、真正意义上的数学证明，以试图说明在许多情况下，自由放任主义和合同自由并没有真正产生出最大的公共利益。以下情形便是其中两例，即法律需要阻止或者禁止当事人订立那些本来可以订立的合同，以及如果没有国家干预，当事人就不会订立有利于社会的合同。市场失灵以及那些有关垄断或者限制竞争的协议，都令马歇尔倍感忧虑，因为他比同时代的许多人都更清楚地意识到，自 19 世纪 90 年代以来，英国工业在很大程度上越来越背离竞争模式。自由放任主义有时会失灵的结论是马歇尔的理论证成而非实际观察，这一
616 事实给这门学科的本质添加了一个有趣的脚注，但该结论确实产生了极大的影响，或者说至少对在他之后的经济学家们产生了极其重要的影响。[37]对国内政策是如此，对自由贸易亦是如此。虽然自由贸易在 19 世纪后半叶已经成为一个神圣的信条，但马歇尔仍不愿意将自由贸易当作神圣的信条。对他而言，自由贸易是一个实用主义的问题。对于一个处于某种发展状态的经济体来说，保护可能是非常正当的，例如，为使新兴产业度过困难的早期阶段，必须对其加以保护，否则它们可能就会被廉价的进口产品所扼杀。在马歇尔的剑桥大学同事 Henry Sidgwick 看来，在 19 世纪中期的英国，自由贸易是一项特别便利的政策。这相当于"向全体民众宣布了一场自由竞赛，而这时正好就是英国坚持了'几个世纪'的政策的开端"[38]。虽然 Sidgwick 的观点可能在他所在的时期里稍显落伍，但他的基本思想显然是正确的。

这一时期的经济学家对自由放任主义和合同自由是反对的，其论据主要集中在三个具体领域中：第一，垄断问题；第二，市场失灵的情形；第三，（可以简称为）消费者无知（consumer ignorance）的问题。对此，我分别对这三个问题进行非常简要的分析。

---

[36] David C. Hanes, *The First British Workmen's Compensation Act 1897* (New Haven, Conn., and London, 1968), pp. 98-100.

[37] Keynes, *Essays in Biography*, revised edn., pp. 185-6.

[38] 'The Scope and Method of Economic Science', in *Essays in Economic Method*, ed. Smyth, p. 80.

垄断

正如我们已经看到的，在19世纪的最后10年或者20年里，英国开始了一场工业集中运动。在19世纪80年代和90年代，除了各种各样的双边限制竞争协议之外，行业协会和真正合并的现象变得越来越引人注目。对于这一现象，经济学家们最初是颇感惊讶的。在1888年提交给英国科学促进会（British Association）的一份报告中，剑桥大学的经济学家，并于后来任教于伦敦大学的H. F. Foxwell指出，“在经历了一个世纪的世界上迄今为止最激烈、最不受拘束的竞争之后，经济学家们在分析垄断的发展和前景时，发现了一些极其严重的问题”[39]。这令人倍感惊讶，因为经济学家们普遍认为，一旦旧式垄断（皇家垄断和行会垄断）被清除，垄断就会完全消失并被竞争所阻绝。Foxwell认为，这也许是一个完全错误的观点。对于一个经济体来说，竞争也许不是一种自然状态，而是一种暂时现象（transient phenomenon）。随着许多商品的全球市场的形成，企业的规模也出现了膨胀的趋势，这就意味着现在可能会出现全球性的 617
垄断者。一旦它们达到一定的规模，这些巨型公司就几乎可以排挤任何地方的竞争对手。这是一种新的发展，因为在过去，垄断者往往被困在一个特定的市场中，而这始终意味着随着市场的扩大，来自于其他市场的生产者就可以进入这个市场并对当地的垄断者发起挑战。但对新的全球性垄断者而言，这个问题俨然是不复存在的。Foxwell指出，尽管全球性垄断者还很少，但是军火贸易在很大程度上已经被控制在一家公司的手里了。[40]不过，Foxwell仍然不认为竞争是毫无意义的。当垄断采取的是联合体的形式，或者采取的是订立不竞争协议的形式的时候，这种垄断往往是不稳定的。他以其富有预见性的洞察力指出，“在达成和维持这类协议的过程中所遇到的困难是如此巨大，以至于除非行业具有更高程度的组织性，否则其一般不太可能取得多大进展”。他进而观察到，真正有效的竞争有时比人们想象的还要罕见得多，而且“没有什么东西比自由放任制度更有利于实际垄断的增强”。

马歇尔也观察到了这种日益增长的趋势，并对此颇感忧虑。在1914

[39] ‘The Growth of Monopoly and its Bearing on the Functions of the State ’, in *Essays in the Economics of Socialism and Capitalism*, ed. Smyth（London, 1964）, pp. 77-89.

[40] 鉴于*Nordenfelt*案，此处提及军火工业尤为有趣（1894）A. C. 535。

年写给一位同事的信中，他对上议院的法律委员们（legal members）提出了批判，因为他们缺乏贸易方面的常识和知识。此外，他还补充说道——显然引用的是 *Mogul* 案[41]的判决，“Halsbury 费尽心思地进行了一场大规模的布道，主张人们给予他人回扣的自由是不受限制的；但他不知道的是，美国的经济学家们——该领域中最具权威的学者们——相信，这些回扣比其他任何东西都更能增强那些肆无忌惮的产业联合体所带来的具有破坏性的和反社会性的影响……”[42]但是在 19 世纪 90 年代时，马歇尔对于这个问题的本质和解决它的正确方法似乎不那么确定了。在 1890 年的一次演讲中，[43]他提出，公众舆论也许是解决这个问题的最好方法，因为法律即使在最好的情况下也必然是“迟钝而笨拙的，并因此是低效率的”[44]。他还指出，自相矛盾的是，当时英国法律采行的是限制贸易原则，而不是反垄断原则。因此，企业的实际合并不受任何法律控制，然而，限制竞争协议却可能（至少在理论上可能）因其构成贸易限制而被宣布为不可强制执行的协议。甚至议会和政府似乎也都采取了同样自相矛盾的政策，例如，一方面禁止铁路公司之间签订限制竞争性的联营协议，另一方面却又允许它
618 们合并。

也许正是因为这些发展使得经济学家们不那么敌视工会及其限制竞争的做法。但这并不是说他们没有意识到工会的垄断本质。例如，杰文斯即坚持认为，工会和所有的垄断者一样，都试图限制其他人进入、阻止其他人从事这项工作、根除计件工资或者其他形式的按结果付酬，从而使得他们的劳动尽可能地稀缺并因此具有尽可能多的价值。[45]实际上，工会主义是保护主义的一种形式，在这种情况下，组织良好的人所获得的利益是以牺牲其他人的利益为代价的，而不是以牺牲雇主的利益为代价的，因为雇主很容易就能将价格的所有上涨都转嫁出去。[46]虽然大多数这些话人们已经听得足够多了，但就算现在来看，这些话也仍然是真实的且与当下的情

---

[41] [1892] A. C. 25, *post*, p. 697.

[42] *Memorial of Alfred Marshall*, ed. Pigou, pp. 452-3.

[43] ‘Some Aspects of Competition’, reprinted in *Essays in the Economics of Socialism and Capitalism*, ed. Smyth, pp. 90-122.

[44] At p. 116.

[45] *The State in Relation to Labour*, 3rd edn., pp. 106-7.

[46] *Methods of Social Reform*, pp. 111-44.

形密切相关。但是，它所传递的信息却被人们遗忘在什么地方了。正如我们后面将要看到的那样，竞争法在20世纪的一个显著发展成果是产生了这样一种进程，在这一进程中工人先是获得了与工业家平等的地位，其后又获得了无可比拟的优越的法律地位。

到两次世界大战之间的那段时期，英国企业已经根本不再对竞争有任何信赖，而经济学家们却对于是什么造成了这种新的经济形势倍感困惑。一方面，人们开始在某些方面质疑行业协会及其反竞争立场。但另一方面，对于反垄断或者反托拉斯立法的有效性，人们也有颇多疑问，而这种质疑自亚当·斯密时代以来就一直存在。早在150年前，亚当·斯密就曾提出疑问，如何才能阻止商人们聚在一起讨论价格呢？20世纪20年代及30年代的经济学家们仍然完全不确定他们是否知道答案。[47] 而一个毋庸置疑的事实是，无论如何，规模经济本身就要求越来越大的工业单位。阻止这些情况下的联合显然会损害公共利益。尽管如此，庇古等人还是认为，有必要对那些为阻止新人进入某个行业而进行的价格削减（price cutting）措施施加某些谨慎的控制。

更广泛而言，可以说经济理论并没有真正赶上两次世界大战之间这段时期的经济发展。经济的现实情况是，在全国范围内，几乎所有行业中都存在寡头独占、垄断和反竞争的行业协会。新进入者被无处不在的联合抵制无情地排挤出去，如有必要，其甚至还会遭到再次联合抵制。举一个例子，报纸零售业在实践中的做法是，当地的报刊经销商组建了一个委员会，
该委员会有权对所有想要在该地区开设报摊的申请人进行审查。如果该委 619
员会拒绝批准他们的申请，那么申请人就无法从报纸供应商那里获得供货。因为如果供应商不顾当地委员会的要求向其供货的话，那么其他的报刊经销商——代表着整个贸易渠道——将会反过来联合抵制供货商。在1925年，这种性质的联合抵制，以及随之而来的报纸供应商自身的联合反抵制，最后在法庭上被终结了。但法院实际上没有过问整个事情，而只是告诉各方当事人，只要不存在明显的违法行为，他们就有权随心所欲地进行联合抵制。[48] 就本书的研究目的而言，该判例更加重要的方面是它所揭露出来的实际情况。一个由已经在某个行业里的人所组成的委员会，拥有拒绝那

[47] See, e.g., Pigou, *The Economics of Welfare*, Part II, Chapter XXI.

[48] See *Sorrell* v. *Smith*[1925] A.C. 700; *post*, p. 700.

些希望加入该行业的人加入该行业的权力，而该权力却不受任何管制或者问责，甚至公众（经常）连发生了什么都完全不了解，这样的情形足以让亚当·斯密死不瞑目。当然，在所有这种性质的限制竞争协议中，公众都是最终的输家。

同样地，在两次世界大战之间的时期里，抵制与反抵制的压力都同样使转售价格的维持得到了巨大发展。以低于生产商确定的价格出售商品的零售商将被纳入停止供货名单之中，所有的批发商都将拒绝向其供货。任何胆敢向其供货的批发商也都同样会被纳入停止供货名单之中。有的时候，一些行业设立了“法庭”，那些以低于生产商所确定的价格出售商品的“罪犯”，将会在该“法庭”上接受“指控”和“审判”。他们也可以接受“罚款”处罚，以作为不被纳入停止供货名单的替代惩罚措施。这些活动又一次被提交到了法院，而法院又一次袖手旁观了，其坚持认为双方都有随其意愿交易或者不交易的自由。[49]

如果说价格不是由自由竞争所确定的，那么工资现在在很大程度上也是这样的。在非常多的行业中，工资也是由雇主所在行业协会与全国性工会之间所达成的某种协议所确定下来的。而在其他一些国家，立法干预已经在以确立最低工资水平的方式进行着。

所有这些发展所产生的结果是，教科书式的自由市场经济根本没有反映出现实来。竞争性社会模式——社会中存在大量的小型企业，其中每个单独的企业都无法影响市场价格，行业可以自由进入，进口也不受任何限制，所有雇用劳工的人都可以在自由的劳动力市场中平等地与他人竞
620 争——是根本不存在的。最终，其中的一些东西开始渗透到经济学教科书之中。在英国，Joan Robinson 于 1933 年出版的《不完全竞争经济学》（*The Economics of Imperfect Competition*）一书，首次真正尝试着分析，这种新的经济模式是如何实际运作的，价格和工资是如何确定的。但令人惊奇的是，此类著作似乎并没有对经济学理论产生整体上的影响。[50] 它们当然也没有对普通法、法院或者法官产生任何影响。在这些年中，虽然竞争性经济的基础已经完全消失殆尽，但仍然不断有人（至少是律师们）提出支持合同自由的观点，而这些观点都根源于对自由市场经济的信念。

---

[49]　See *Thorne* v. *Motor Trade Association* [1937] A. C. 797; *post* p. 700.

[50]　See J. K. Galbraith, *Economics and the Public Purpose* (Harmondsworth 1975), Chapter 2.

市场失灵

在这个时期，市场理论之有效性所面临的第二大主要挑战在于，在多个领域中，市场可能无法产生出最佳结果。我之前所提到的外部性问题，就是市场理论家们所关注的重要领域。严格而言，外部性是一种强加给他人的，且其本不必支付的成本，或者说是一种给予他人的，且其不必为之支付任何对价的利益。总体而言，古典经济学家们并没有理解到外部性的概念（尽管我们看到查德威克对该概念已经有了比较清晰的认识），于是，解释它的工作被留给了马歇尔，而庇古则对它进行了更为全面的阐释。庇古基本上是沿着这样一种路径来解决外部性问题的，即对那些将成本强加给他人的人进行征税，以及向那些愿意（且的确这样做了）给予他人利益的人提供补贴。[51] 但是在某些情况下，庇古也设想（或者说支持）对合同自由进行某些简单的干预，比如，要求当事人一方就其被给予的利益进行偿付。例如，庇古认为，对一个短期租赁合同的承租人或者一个处于长期租赁合同末期的承租人而言，只有在租赁合同条款能确保合同终止时他的投资将得到充分补偿的情况下，他才可能会对其所承租的土地进行投资。如果租赁合同中没有这种条款，那么一项合乎社会需求的经济投资就不可能发生。于是就存在这样一种情况，即资源流动的成本可能给资源的所有者带来损失，因此资源流动就可能不会发生了，但实际上，如果发生了这种资源流动的话，那么就会带来某种社会净收益（net social gain）。在这种情况下，进行某种补贴就是正当的，事实上现在的人们确实能够获得这种补贴，在高失业率的新领域创设产业即适其例。此外，还有一些公共产品是不可能向其使用者收费的，灯塔就是一个典型例子。从社会角度而言，这很能够节省成本，但是灯塔的所有者却无法将账单寄给每艘受益于该灯塔的船只，因此，它只能由国家修建，因为国家能够计算出足以抵消社会成本的社会效益。 621

但是，一些人所看到的问题比这些问题还要广泛得多。在一个工业化和城市化的现代社会中，几乎所有重要的个人决定都会对第三人产生某些影响，对第三人而言，直接当事人之间的合同或者安排根本就不是一种自由的安排，因为该等安排既没有事先寻求这些第三人的同意也没有事后得

---

[51] *Economics of Welfare*, pp. 175-83.

到他们的追认。他们可能会因为这些交易而受益或者受损，但是他们通常不会因这种受益而被要求支付任何费用，也不会因这种受损而得到任何补偿。[52] 如果说解决这些市场失灵问题的方法是政府或者国家采取更多行动的话，那么情况就会恶化，因为公共行动也会产生收益和损害，而且其规模往往是巨大的。政府在这里修建一条道路或者在那里修建一所学校的决定，必将使一些人获利，但也会使另一些人受损。甚至纯粹财政性质的决定——如在某处给予补贴而在他处征收关税的决定，在这里增税或者在那里减税的决定——都会对个人产生严重影响。正如我们后面将看到的那样，与这些经济思想相类似的法律思想，不仅包括合同衰落的思想，而且还包括不当得利兴起的思想——其强调即使在没有合同的情况下也应对获益进行偿付，同时还包括侵权责任和信赖基础责任兴起的思想——其强调需要对损害后果进行弥补。

消费者无知

随着经济学家们开始研究竞争性社会的实证基础，一个越来越明显的问题是，在许多消费者实际的行为方式与他们需要如何行事才能使市场体系获得最佳结果之间存在巨大的鸿沟。这个问题又衍生出了许多其他的问题。例如，时间流（time-stream）问题就是一个古典经济学家们从未充分意识到的问题。经济学家们现在开始争辩说，在一个完全理性的世界中，所有的快乐和消费者的满足（satisfaction）都应当在同一个时间点上被衡量。比起未来的快乐，消费者更加喜欢当下的快乐，这种说法是没有理性基础的，除非考虑到消费者在获得未来的快乐之前就有死去的可能。[53] 但事实上，比起满足未来的需求，所有的人都更偏向于先满足当下的需求，而没有这种特性的人类社会几乎是不可想象的。然而，每个人都是按完全不同的折现率（discount rate）* 来对未来的满足进行折

[52]　See, e. g., Knight, *The Ethics of Competition*（London, 1935）, p. 53.

[53]　Pigou, *Economics of Welfare*, p. 25. See also H. Sidgwick, *The Methods of Ethics*, 7th edn., pp. 381-4，以某种哲学作为基础，这种观点也出现在该书之中。

*　discount 有折现，discount rate 有折现率的字面含义，此语在英文与中文中都具有一语双关的效果，在此处折现是指消费者以牺牲未来的需求为代价来满足当下的需求，或者说是将未来需求兑现成当下的需求，故此处直接译为折现和折现率，读者诸君不可不察。——译者注

现的。一个人可能会将当下需求之价值置于远高于未来需求的地位，以 622
至于他实际上已经准备好牺牲很大一部分的未来满足，以便尽早满足当下的需求。正如经济学家们所言，他对未来需求进行了高折现率的折现。与此相对，另一个人也许会对未来的满足进行非常低折现率的折现。因为在他看来，即便是远期的满足，也和他现在所能获得的满足一样重要。后者可能会被认为是一种更为合理的选择，因为它是一个近乎完全理性的选择，其或者没有任何折现率，或者只有最低限度的折现率以便覆盖在需求能够得到满足之前人就死去的风险。并不是每个人都能接受这种理性概念，因为它暗示着完全理性的人是根本不存在的，但是人们可以合理地得出这样一种结论，一个令其未来大打折扣的人，将永远活在对其以前不理性之选择的悔恨之中。

在 20 世纪 70 年代的英国，这个显然颇具理论性的问题，与实际经济现实之间的相关性是极其清晰的。因为如果允许经济体系对单个消费者的自由选择作出回应，且这些消费者在总体上又都具有高度折现偏好的话，那么其结果可能就是他们当下会进行过度消费，而这又不可避免地会导致未来消费的缩减。简而言之，具有高度折现偏好的消费者可能会忍不住吃掉本该在明年种下的玉米，或者消耗掉过多国家产能，以至于没有留下任何可以用于投资未来的产能。如果他们这样做了，国民收入将逐步下滑，在某种意义上，这正是 20 世纪 70 年代中期英国开始出现的情况。在这种情况下，任何负责任的政府都必须将投资决定权从消费者手中拿走，并且必须自己确定未来需求满足程度的适当的折现率。

所有这一切绝非与私法问题毫不相关。因为如果从总体上而言，消费者不能在未来需求的折现问题上理性行事的话，那么允许个人消费者作出这类决定的市场理由也就不复存在了。因此，无论如何，不能再用这个理由来为某项合同——例如消费者以较高利率借贷资金的合同——进行辩护了。其他理由或许仍是有效的，但我们不能再基于消费者最了解自己的利益、消费者的利益与国家整体利益相一致这两个假定，而主张应当允许消费者为他们自己作出决定。

在前文中我们已经看到，在 18 世纪，衡平法是如何逐渐保护那些处理未来期待的人的，比如期待继承人（expectant heirs）或者有权分得部分捕获金（prize money）的海员。在前面我已经指出，许多判决似乎都是在保护那 623
些对于未来财产权的当前价值之衡量缺乏足够认识的当事人，但是，他们当然也同样有可能作出折现未来满足程度的高度不理性的抉择。在19世纪，工人阶级最常受经济学家和其他人诟病的一个习惯是，工人普遍不能为其未来或者为诸如疾病和失业等意外事件而进行储蓄。那些熟练工甚至因为没有进行这样的储蓄而不断受到责备，因为他们比非熟练工赚得多得多，并因此本能够进行一些储蓄，哪怕储蓄数量微不足道。[54] 同样地，随着这个世纪的结束，各种各样的消费者信贷交易开始以尖锐的形式提出类似性质的问题。那些以极其不利的条件进行信贷交易的消费者，可能是由于无知才如此行事的，但也可能同样是因为对未来需求进行不理性折现才这样做的。在这种情况下，人们可以得出这样一种结论，社会利益与缔约各方当事人之间的私人利益协调一致的一般假定，已经是不能成立的了。虽然这一时期的许多立法之理由并没有以这种形式得到清楚的阐释，但是这一基本思想似乎的确对立法政策产生了重大影响。例如，正如我们将要看到的，针对放债人（money lender）以及后来的租购金融公司（hire purchase finance companies）所进行的消费者保护立法，部分地受到了这样一个发现的影响，即许多这类消费者合同的条款是如此苛刻，以至于任何一个明知合同内容的理性人都不会订立此类合同。[55] 尽管社会立法，如强制性的1911年《国民保险法》（National Insurance Act），并没有确切的可供比较的立法理由，但是人们或许至少可以这样认为，即许多（或者说绝大多数）工人如果理性行事的话，那么他们就会发现，按照该法之规定为自己购买该法所涵盖之风险的保险，是有利于他们自己的。因此，从某种意义上说，这种社会立法中的大多数，都是被设计用来解决对未来需求的不合理折现问题的，这些社会立法或者是通过削弱实际缔结的合同的拘束力的方式，或者是通过强迫工人订立强制性合同的方式来实现其目的。

但是消费者不理性问题只是消费者无知这个更广泛问题的其中一部分。完全竞争理论认为，消费者对其所购买的（以及那些他们没有购买的）产品或者服务有着“完美认知”（‘perfect knowledge’），同时，他们对
624 于其未来可能需求的东西以及相关因素可能在未来发生的变化也有完美的

[54] Jevons, *Methods of Social Reform*, pp. 145-6; Marshall, *Principles*, p. 187.

[55] See, e. g., *Samul* v. *Newbold*[1906] A. C. 461，在本案中，一个不缺流动资产的富人以超过100%的利率出借2000英镑。对此 Lord Loreburn 在上议院表示（at p. 465）这一交易“是令人费解的，除非（死者）根本不适合经商”。

认知。自 19 世纪 70 年代以来，经济学家们开始对工人阶级的消费越来越感兴趣，随着消费者经济能力范围之内的商品和服务的种类越来越多，人们开始逐渐在更加实际的层面上强调消费者无知的问题了。例如，议会和法院开始不那么相信这样一种假设了，即消费者能够判断交易相对方所做之广告或者陈述的可信度。随着消费者可以买到越来越多复杂的技术产品，这些趋势也变得越来越明显。虽然在亚当·斯密时代，或许消费者通过检查就能够判断出简单食物或者布料的质量，但现在，消费者所面对的是一大堆机电装置、人造布料和预包装食品，而这些商品的质量是无法通过简单检查得知的。实际上，那些销售价格在某种意义上本身就带有天然投机性的商品，譬如公司股票，到 1870 年时就已经受到了大量的法律管制，而且随着中等收入的人逐渐发现自己成为那些股票推销员和骗子所欺诈的受害者，法律管制加强的迹象也就越来越明显了。

这些发展主要影响的是消费者交易（consumer transaction）。例如，那些仅在企业之间进行的交易就较少受到法律变化的影响。但即使是商事企业也发现，它们所处的市场正在不断变化，并以一种既影响它们也影响消费者的方式产生了许多此类问题。商人既出售商品也购买商品，而且对他们来说，由于商品种类的增加，通过检查和抽样来确认商品质量的难度也大大增加了。此外，尽管许多人认为（他们现在仍然认为），商事企业之间的交易应当普遍适用市场原则，其理由是，至少商事企业之间的交易可以被视为理性行事，而且在推动技术好且效率高的企业的成长和淘汰技术落后且效率低下的企业这两个方面，市场仍然在发挥着有益的作用，但是还存在诸多难以克服的问题。那些商人所必须考虑到的未来风险，是几乎不受理性判断影响的，其带有碰运气的成分，并且不是一种能够将有效率和无效率区分开来的方法。在 19 世纪末之前，货币价值变动的问题已经让经济学家们倍感困扰，尽管引起人们关注这个问题的原因是经济萧条，而非通货膨胀。在 19 世纪 80 年代时，阿尔弗雷德·马歇尔提出了一项将货币单位指数化的计划，当事人可以根据该指数订立合同，同时他认为，货币未来价值的不确定性是阻碍工业持续发展的主要原因。[56] 但是，尽管在今天货币价值变化所带来的问题要大得多，但是对于其解决方法，人们 625
却尚未取得任何进展。这个问题被留给了缔约当事人，由他们尽其所能地

[56] Keynes, *Essays in Biography*, revised edn., p. 168.

计算货币未来价值变化的可能性（或者协商确定适当的合同条款，如果他们能够协商一致的话），但极其明显的是，除了极短期之外，其他期间内的货币价值变动是无法预测的，只能靠猜测。

对于消费者无知的问题，还可以补充两点意见。古典经济学家和早期的功利主义者并非没有意识到消费者无知的这些问题，但是由于两个相关的理由，他们低估了这些困难。第一个理由是，他们对大众教育的潜力是如此有信心，以至于他们认为公众可以被教导去追求他们自己的长期利益，以使他们需求的满足程度得以最大化。第二个理由是，他们愿意把失败的代价看作教育进程的一部分。例如，愚蠢地购买了一些缺陷商品的消费者，会从他的错误中吸取教训，因此他在下次购物时就会更加小心。但是自1870年以来，尤其是自1970年以来，这些观点似乎不那么具有说服力了。为期一个世纪的全民教育并没能根除消费者无知的问题，当然也并没能教会人们总是以牺牲短期利益为代价来追求长期利益。随着人们对教育进程信心的减弱，人们接受失败的代价的意愿也降低了。购买了不满意商品的消费者，不再被看作有益教训的吸取者，而被看作类似欺诈行为或不正当行为的受害者。

自由放任主义的终结

到第一次世界大战结束时，上述发展极大地摧毁了人们对于自由放任主义的残存信仰。此外，自第二次世界大战结束以来，还出现了一些引起人们更多讨论的更为广泛的主题。例如，开始有人提出，市场经济最根本的前提，即消费者的需求是被给定的这一观念，其本身就是错误的。逐渐有人指出，消费者的需求不是给定的，而是由我们所生活的这个社会的本质所创造和激发出来的。[57]也有人认为，无论如何，消费者所想要的并不只是生活中那些可被衡量出经济价值的物质的东西。同时，对于竞争制度的本质，人们的质疑也在日益增长。如果说这样一种说法——“对现有社会的一些批评就相当于，在一场竞走比赛中，因为有人占了上风，其他人就将这场比赛谴责为一场不公平的比赛”[58]——是正确的话，那么生活并不

[57] Knight, *The Ethics of Competition*，他在首次发表于1922年和1923年的两篇论文里提出了这个观点，此后，这个主题被Galbraith的著作大大发展了。

[58] Knight, *The Ethics of Competition*, p. 61.

是一场比赛或者一场游戏的说法也就是正确的了。 626

对经济理论而言，是凯恩斯宣读了对它的祭文。在一本出版于 1926 年的题为《自由放任主义的终结》(*The End of Laissez Faire*)[59] 的小书中，他写道：

> 这样一种假定是不真实的，即个人在他们的经济活动中拥有着约定俗成的“天赋自由”。同时这是不真实的，世上也不存在赋予那些权利的拥有者和获得者以永恒保证的“契约”。那种宣称私人利益和社会利益必定会协调一致的观点，是没有根据的，上天并非按此统治世界的。说两者在实际上是一致的，这也是不真实的，在现实生活中并非照此来管理社会的。断言明智的利己必定会促进公共利益的观点，也不是根据经济学原理所得出的正确推论。而所谓利己一般是明智的，同样也是不符合实际情况的，个人在追求他们各自的目标实现之时，常常过于愚昧、过于懦弱，甚至连这一前提都难以达到。经验也并未表明，当人们组成一个社会单位来行动时，其目光总是不如他们各自单独行动时那样敏锐。

如果这还不是真正的终结的话，那么凯恩斯在 1936 年面世的《就业、利息和货币通论》(*General Theory*) 则给了自由放任主义致命一击。由于第二次世界大战之后，凯恩斯主义经济学（Keynesian economics）几乎被所有工业化国家——以及许多其他国家——的政府所接受，所以为这种观点提供了充分的理由，即经济应当且能够被管理，而不应任由它以自己的方式达到自身的均衡。凯恩斯证明了，经济本身并没有自我修正机制。高失业率可能会抑制需求，而被抑制的需求反过来又会阻碍失业率的下降。只有政府通过支出使经济走出萧条，失业率才能降低。而且多年来看，这似乎奏效了。工业国家的财富在以历史上做梦都想不到的速度增长，社会各阶层都分享到了这种新繁荣所带来的好处。唯有在 20 世纪 60 年代和 70 年代时，由于通货膨胀对经济的威胁远比战前萧条所带来的威胁要大得多，因此怀疑开始悄然再现。但是，至少在英国，即便是现在也几乎没有人呼吁自由放任主义的回归。

---

[59] London, 1926.

但是，如果绝大多数经济学家都认为自由放任主义不可能再度回归的话，那么对于自由市场在现代英格兰所起的作用，人们仍抱持一种根本性的矛盾心态。在某些问题上，在某些情况下，人们仍然抱持着这样一种坚定的信念，即竞争是一种美德，市场是资源配置的一种有效机制。[60] 而在另外一些问题上和另外一些情况下，这些信念又被同样坚定的另外一些信念所取代，即计划、国家垄断抑或是通过政府法令而进行的资源配置都是一种美德。

[60] See, e. g., The *Report* of the Crowther Committee on Consumer Credit (London, Cmnd. 4596, 1971) .

第十九章　思想背景，1870—1970：II

第一节　个人主义与新社会秩序

我已经指出，19世纪早期的个人主义在一定程度上是建立在对新型工业化了的和城市化了的数百万人口施加社会纪律的需求之上的，当时国家正在建设它的行政机器。到1870年时，这套机器的主要基础已经牢固地建立起来了。法律和秩序统治着整个国家。现代警察组织也逐渐扩展，先是从省级中心城市开始，随后扩展到乡村地区。没过多久，电话、无线电和汽车的出现也强化了当局对国家的控制，从而减少秩序崩坏的发生频率，并在秩序发生崩坏之时也能够更快地加以处理。随着对暴力和犯罪力量的基本控制，行政性和制度性组织（administrative and institutional organization）取得了更大的控制权。现代商业社会和现代行政国家的出现，在一定意义上带来了许多新的纪律形式。整个国家都成为官僚控制的对象，它同时也成了警察控制的对象。现代工业社会的商业活动在很大程度上取决于商业与金钱流动的有序性与规范性。公司和企业学会了如何妥善保管他们的账目、保持妥当的记录；消费者理所当然地学会了如何清偿他们的债务。公民与国家之间的关系已经变成例行公事、对各种表格的正确填写、成千上万个类似案件的日常处理。纳税成为一种与清偿债务一样理所当然之事。企业学会了对纳税预作安排；由于所得税预扣制（P. A. Y. E）的发展，消费者在相关机构协助之下对纳税也同样预作了安排。在绝大多数情况下，应当适当履行金钱债务，否则之后就要承担法律的或者其他的制裁，这是现代社会公认的和不可或缺的特征。在这个意义上，经同意的统治不是一句空话。如果没有执行官上门强制，人们就不清偿其债务、缴纳其税款的话，那么现代社会将会迅速堕入混乱之中。[1]

---

[1]　See *Sunday Times*, 17 Oct. 1976，其报道的是贝尔法斯特（Belfast）越来越多的住户拖欠税款而引起的麻烦。

628 到 19 世纪最后三分之一的时候，似乎可以有把握地说，现代国家的这些特征已经牢固地确立起来了。纪律和自律都已经在发挥作用；大众已经养成了守时、规范、可靠的习惯。当然，很难说这究竟应当归功于中产阶级牧师——他们以各种方式敦促穷人要自力更生、自律、节俭和节制——还是应当仅仅归功于环境、贫困本身和工业雇佣条件的约束。那些熟悉现代工业社会和不发达的亚非社会的人，是不会怀疑纪律进程（disciplining process）的程度和重要性的，而在现代工业社会中存在强大的纪律进程。然而，这一点在 1900 年时远非显而易见。在 20 世纪之初，年轻一代却将社会的有序管理视为理所当然。在世纪之交的剑桥大学，像凯恩斯这样的人“没有意识到文明是一层薄薄的、不稳定的外壳，它是由极少数人的个性和意志建立起来的，只有通过精妙阐释出来的和巧妙保存下来的规则和惯例才能维持它……（他们）没有想到要（像凯恩斯后来所认为的）那样，尊重（他们的）前人在生活秩序方面的非凡成就，也没有想到要尊重前人为保护这一秩序而精心设计的架构”[2]。

在 19 世纪，特别是在当下，许多人都赞同青年凯恩斯及其朋友们的观点。没有人对与维多利亚时代的个人主义、自力更生和自律信念相背离的趋势提出质疑。这一趋势受到很多因素的影响，但是其中最重要的因素是人们对于社会问题及其原因的态度发生了变化。正如我已经指出的，维多利亚时代的道德观念具有强烈的目的性，但是到 19 世纪末时，人们开始发现，通过改变法律以及人们生活与工作之外部物质环境来解决社会问题，常常比改变人们自身要容易得多。人们发现，较之于仅仅被告诫要追求更健康的生活和租住更好的房屋而言，当人们被强迫接受公共健康、公共卫生与供水设施的时候，人们才能够真正过上更加洁净和更加健康的生活。较之于道德规劝，人们发现通过限制营业时间更容易缓解酗酒问题。较之于用道德劝诫甚至是支持性立法（supportive legislation）来鼓励营造一个节俭和友好的社会而言，当国家直接破解贫穷产生的原因——疾病、失
629 业、年老的时候，贫穷本身更容易得到控制。

许多社会研究的性质和理论基础大大强化了这些趋势。研究人员通过

[2] *Two Memoirs*（London，1949），pp. 99-100. 但是他的传记作者认为凯恩斯自己一直都意识到了这些事实：Roy Harrod，*The life of John Maynard Keynes*，Pelican ed.（Harmondsworth，1972），p.114。

编制各种统计报表来观察人类，这使他们可以较为准确地预测到，在一定的社会条件下，许多人会以某种特定的方式作出反应。因果关系和责任的概念开始发生变化。个人的责任被那些控制其环境的人的责任所取代。对于酒鬼而言，酗酒不再是一种责任，也不再是一种过错，而是那些给他供应酒的人的责任，或者是那些使他的生活如此悲惨以至于他被迫借酒浇愁的人的责任。[3] 贫穷不是那些没有储蓄或者抵御已知风险的人的责任，而是鼓励人们消费的社会性质的责任。[4] 同样，宽松信贷也不是这种债务人——他举债的数额超出了他希望偿还的数额——的责任，而是那些过于轻易地把钱借给了他的债权人的责任。甚至有人认为入店行窃也不是盗窃者的“过错”，而是那些将消费品进行有吸引力展示以“诱惑”他们的人的过错。

造成这些变化的部分原因，也在于现代社会研究在社会因果关系问题上引起了更大的怀疑。对现代社会科学家，甚至街头上愤世嫉俗的人来说，不再像古典经济学家和功利主义者那样对于动机和因果关系抱持着天真的自信。我们已经了解到人类思维中的无意识动机（unconscious motivation），了解到教育、广告、社会压力的微妙影响；我们也了解到教育并不是像 19 世纪早期人们所认为的那样是万能的灵丹妙药。经过一个世纪的普及基础教育，现代社会中仍然有许多社会方面的文盲，他们不合群、不够好、不够正常，人们不能指望他们的行为会遵循任何“理性”模式，无论理性一词是被如何定义的。正如凯恩斯在前引著作中所言，[5] 不能认为利己总是明智的。我们对社会行为了解得实在太多了，以至于不能相信一般的人都能够计算出未来的机会，并最大限度地满足他们在某一个时期里的需求。在这种对社会因果关系的怀疑态度下，人们对奖惩制度的信赖自然就减弱了，这种削弱已经影响到整个法律体系，甚至影响到整个社会结构。

随着国家权力的扩展，随着公众相信国家权力会进一步扩展，越来越
多的人倾向于要求国家去积极治理这样或者那样的社会弊病。如果国家尝 630
试解决社会弊病但失败了，或者是尝试解决社会弊病却只部分成功了，或

[3] 关于这种态度的早期例子，参见 E. Parry, *The Law and the Poor*（London, 1914）, p. 261。该书的作者是一个郡法院的法官。

[4] Ibid., pp. 60-2.

[5] *Supra*, p. 626.

者干脆拒绝采取任何行动，那么，人们仅仅是意识到国家可能或者能够用足够的金钱和努力来解决这些问题，就足以导致人们对于原因和责任的观念发生转变。如果政府能够做一些事但却没有去做，那么人们就会认为政府对于所存在的社会弊病负有责任，甚至会认为社会弊病的肇因就在政府身上。在法律上，这些结果往往导致国家机构[6]和其他机构[7]的不作为法律责任的扩大。但更广泛而言，随着人们对于这个意义上的个人责任的信念减弱，合同在现代社会中的作用也随之弱化。如果个人被认为不需要对自己的命运负责，如果个人被认为并不拥有在某种经济和社会制度下获得奖励或者惩罚的自然权利，那么很显然，让他们安排自己事务的观念很可能就会弱化。

可以毫不夸张地说，竞争的概念及其奖惩制度在现代英国的社会和经济领域中已经丧失了吸引力。我在前面已经指出，在今天的英国，人们对于社会主义式计划（socialist-type planning）的态度和对商业竞争的信仰之间存在矛盾的心态。在这一章中，我关注的是经济体系以外的奖惩制度，而且不可否认的是，在这些方面（例如在教育方面）也出现了一种背离个人责任之观念的趋势，即个人受到竞争的激励而渴望成功、害怕失败。从约翰·斯图尔特·密尔开始，就有这样一种社会思想的传统，它完全拒绝竞争精神，认为这是“丛林法则”，因为其鼓励强者践踏弱者。

个人主义作为一种社会信念，其力量的减弱与法律和制度的变革密切相关。虽然 Gladstone 在 1889 年仍然敦促人们在扩张国家权力时要谨慎行事，仍然认为“人们心中应当永远抱持着自力更生的精神和真正的男子汉独立精神”；[8] 然而像 Shaw 这样的新费边主义者却指出，大规模的立法活动是对这种说法的嘲弄。在 1887 年的一次演讲中，Shaw 嘲笑政客们说，他们“先在讲台上大谈节俭、自助、合作、节欲、踏实勤勉，然后却走进内阁颁布《工
631 厂法》、《实物工资法》、《矿山监管法》（Mines Regulation Acts）、《教育法》、《雇主责任法》（Employers' Liability Acts），如果他们所保护的工人真的是处于自由和独立的地位，正如他们有关节俭、勤勉等言论所暗示的，那么所有这

[6] See, e. g., *Home Office* v. *Dorset Yacht Co.* [1970] A. C. 1004.

[7] See e. g., *Dutton* v. *Bognor Regis U. C.* [1972] 1 Q. B. 373; P. S. Atiyah, *Accidents, Compensation and the Law*, 2nd edn.（London, 1976）, pp. 92-108.

[8] *Speeches of W. E. Gladstone*（London, 1892）, x. 132.

些法律都是对政治原则和个人自由的可怕侵犯”[9]。

自 1870 年以来，这一进程一直处于蓬勃发展之中。从像约翰·拉斯金（John Ruskin）这样的作家和评论家，到阿斯奎思时代（Asquithian era）的自由派政治家，都在鼓吹一种新的反个人主义。尤其是拉斯金，他猛烈攻击 19 世纪 50 年代以来的政治经济学所谓的教义，并且广泛宣扬其对旧式个人主义的不信任。[10] 尽管他自己并不是社会主义者，但是他在工人阶级中拥有广泛的读者群，这当然有助于为新的社会集体主义和经济集体主义思想铺平道路。新机构的发展——我之前已经讨论过这一点——自然也会将舆论引向相同的道路上。工人在工会中越来越清楚自身的力量，甚至那些曾经信奉竞争精神和个人主义的商人，也往往在法人组织内部从不同角度去看待这些问题。在 20 世纪 30 年代，Berle 和 Means 甚至争辩说（可能有点夸张）：“将个人股东的利益置于团体利益之下的公司董事，在思维模式上更接近共产主义者，而不是私有财产的拥护者。”[11]

第二节　平等主义浪潮的兴起

1870 年之后，对社会和法律最重要的影响之一无疑是平等主义理想的日益增强。人们不仅越来越相信朴素的公平或者正义要求更大程度的平等对待，而且越来越相信当时的社会安排（social arrangement）并没有产生某种公平的竞争结果。现有的社会安排过分有利于上层阶级了。到目前为止，他们不仅拥有这个国家的大部分土地，而且还享有更好的教育和发展机会。国家教育体系的发展并没有真正使每一个新一代的人开始得到平等的机会。无论如何，人们逐渐认识到教育并没有使自然优势（natural advantages）达到平衡状态，而只是使自然优势的拥有者们能够更加有效地运用这些自然优势。[12] 现在，在舆论的形成上还出现了新的因素。越来越多的民主选 632

[9]　‘The New Radicalism’, in *The Road to Equality*, ed. Louis Crompton (Boston, Mass., 1971), p. 20.

[10]　Sir Ernest Barker, *Political thought in England*, 1848-1914, 2nd edn. (London, New York, Toronto, 1947), p. 171.

[11]　*The Modern Corporation and Private Property*, revised edn. (New York, 1967), p. 245.

[12]　See H. Foxwell, ‘The Growth of Monopoly’, in *Essay in the Economics of Socialism and Capitalism*, ed. Smyth (London, 1964), p. 79.

举能够通过新闻媒体和其他手段来调动舆论，给议会议员施加更多的压力。他们带来的压力自然是多数人的压力，他们渴望从他们所认为的被少数人非法夺去的东西中分得一杯羹。这不仅仅是穷人要求获得国家财富中更大份额的问题。平等精神远不止于此。它表达的是这样一种广泛的渴望，即消除不同社会群体所享受的诸多自然优势或者承受的诸多自然劣势。例如，这种压力，即要求对酒精饮料的销售施加更加严格的控制，就是试图让人们生活中的机遇（chances of life）更加均衡，因为一些人天生就比其他人更加能够抵制住酒类的诱惑。为了不自律的人的利益，自律的人放弃了他们在一个没有管控的制度中所可能得到的一些好处。R. B. Haldane 在 1887 年的著作中指出，人们对“权宜之计”的要求，可能会导致对所有的人的监管，这会给一些人带来不便但却对另一些人有利。但是，他说，“人们对权宜之计的强烈要求也许可以被大多数人的利益所正当化，即为了把那些不够自律的人，从不节制中拯救出来，即使此权宜之计给那些自律的人带来不便也是正当的”[13]。

同样地，作为一种消费机制而非商业机制的保险的发展，也受到了人们希望将不幸遭遇进行均衡分配的强烈影响。对各种形式的节约和储蓄不吝赞美之词的塞缪尔·斯迈尔斯，曾经将人寿保险的优点描述为：“可以从合同的角度来看待这个问题，通过该合同，生命的不平等性将在一定程度上变成平等的和可补偿的，这样那些很快就死去的人——或者准确地说是他的家人——就能分享那些寿命超过平均寿命的人的好运。”[14]随着 1911 年国家社会保险制度开始建立，这种理念获得了更多的实践认同，而在第二次世界大战之后，随着《贝弗里奇报告》（Beveridge Report）的面世，这种理念获得了进一步的发展。社会保险从一开始就在一定程度上立足于强制性和统一保费费率，其本质是一种再分配机制。强壮健康的人与老年人和长年患病之人都按相同费率支付保费。但另一方面，早期的法律遵循的是根据风险调整保险费率的商业惯例。到《贝弗里奇报告》面世时，各种形式的社会保险采用固定费率支付保费的观点进一步确定下来。用 Beveridge 自己的话表明，他的建议是以社会团结理想为基础的：

[13] *Life of Adam Smith*（London，1887），p. 156.

[14] *Thrift*，first published 1875（London，1903），p. 113.

> 在1912年之后的30年里，公众舆论毫无疑问已经背离了保险的最初含义，即背离了强制保险中根据风险大小调整保费的原则，而赞成风险共担……用“社会保险”一词来描述这种制度，这既意味着该制度是**强制性**的，也意味着人们要一起同甘共苦。这一词语也意味着风险共担，除非风险各自承担是某项社会政策的要求。[15] 633

这段话的讽刺之处在于，其暗示人们只有在被迫站在一起的时候才会站在一起，当然，他并不是故意这样说的。Beveridge是在战争期间写作这篇文章的，战争让人们形成了一种压倒一切的感受，即当时的全国人民都在共同奋斗着，这种压倒一切的感受强化了平等主义理想。在1945年之后，平等主义理想所集聚的力量已经十分显著了。正如我们将要看到的，这种争取更大程度平等性的运动必然会影响到合同自由，因为它涉及为了社会所宣扬之价值的利益而压制缔约当事人自由选择的问题。这同样是一种再分配机制。如果（例如）所有的女性都能做到同工同酬，那么这必然意味着男性将获得较少的报酬（就实际赚钱能力而言）而女性将获得较多的报酬。一些人的“升级”过程就必然意味着另一些人的“降级”过程。

在本书这样一种性质的著作中，要完全公正地讨论这么宏大的主题是不可能的，因此我将把注意力集中在与合同自由有关的两个特别问题上面。在第二十一章和第二十二章中我也将谈及力量不断增长的平等主义对国家生活中其他领域的影响。

土地问题

在1870年时，土地仍然像自古以来一样，在国家的社会、政治、经济生活中占据着中心地位。大地主仍然拥有着这个国家的大部分土地。1876年，一份半官方的19世纪《末日审判书》（‘Domesday Book’）显示，英格兰和威尔士的土地总面积为3700万英亩，其中约200万英亩为66个人所有，超过四分之一的土地由710个人所有，超过一半的土地由4500个人所

[15] *Social Insurance and Allied Services*（The Beveridge Report），Cmnd. 6404（1942），para. 25.

有。[16] 土地仍然是——尽管制造业正在发展壮大——富人财富的主要来源，同时也是他们政治权力的主要源泉，他们的政治权力在 1870 年时并未消失。大量的土地仍然是按照严格的地产授予制度进行转移的，这限制了土地的开发和市场化，大部分土地按照农地租佃被出租给了农民，而这些农
634 民除了一年一签的租约外，没有保有权（tenure）的保障。但是所有这一切中最重要的事实是，随着人口压力的不断增长，以及工人阶级收入的持续增长，在城镇土地上建设房屋的需求使土地价格逐年上涨。由于人口的增长和市政设施的改善，富人不费任何努力就能一年比一年更富有。

在这种情形下，至少存在三种具体的、可以确定的不满情绪。第一种是租赁地主农地的农民的不满情绪。这些农地租约通常是一年一签，因此佃户既没有保有权的保障，也没有足够的动力投资他的农场。当租期届满时，一年一签租约的佃户无权就其对土地的改良或者添置的设施要求获得补偿，少数地方除外，在这些少数地方佃户拥有某些习惯权利。佃户的法律地位源于合同自由的基本观念，这一观念在当时已经非常牢固地确立起来了。佃户之所以不能要求地主就其土地改良进行补偿，乃是因为未经地主的同意，对于授予给地主的利益，地主是没有偿还义务的。如果佃户在明知自己的租赁期限有限的情况下，还选择对土地进行投资，那么人们不得不“假定”他知道他在做什么，并且他期待在有限的租赁期间内获得足够的投资回报。毫无疑问，在 19 世纪的最后 30 年中，这些因素严重抑制了对农业的充分投资，尽管可能并没有我们所认为的那么严重。17 世纪和 18 世纪的制度总体上是鼓励投资和进取的，而不是相反，因为当时绝大多数的投资资金主要来自于地主，而非农民。但是到了 19 世纪后期，地主越来越不愿意投资农业开发，他们自己也逐渐失去了他们附着在地产本身上面的社会和政治根基。土地本身越来越成为一项投资，而且他们已经将大部分财富投资于此。地主们非但没有加大对土地的投资，反而开始大规模地将财富从农场转移到公司证券上面。在 1870 年时，全国大约只有 10% 的农民是自用地地主（owner-occupier）；到 1927 年时，这一数字上升至

---

[16] 此调查充满不准确之处，例如，其将 99 年期的租赁地产保有人作为自由地产保有人来对待。许多作家试图纠正这些不准确之处，其中一些人甚至提出了许多更加惊人的数据：W. L. Burn，*The Age of Equipoise*，pp. 305-6。

36%，[17]这本身就足以说明这种变化的程度。同时还存在其他问题。在1870年，严格的地产授予制度仍然制约着地主投资农业的动力乃至能力，一如短期土地租赁制度限制佃户投资农业的动力一样。地主出租土地的权力、抵押土地以获得资金的权力，或者出售部分地产以更好开发剩余土地的权 635
力，往往受到财产授予契据的条款的限制，根据这些条款，他通常只是一个终身地产保有人（life tenant）而已。

同时，农民还有其他的不满。从一开始农民就对狩猎权（shooting rights）问题大为不满。在农地租赁中，狩猎权几乎毫无例外地保留给了地主，甚至还限制佃户为了良好耕种的需要而击杀猎物的权利。在许多情况下佃户无疑都已经习惯了这些限制，而将其当作已经存在了数个世纪的社会秩序的组成部分，而且他们或许还能从与强迫他们接受狩猎规则的地主的社会关系中获得与之相应的好处。但是时代在变化，社会规则也同样在变化，"顺从政治"（'the politics of deference'）的长期统治正走向末期，毫无疑问，有一些农民对地主的社会优越感以及后来被称为"游手好闲富人"的生活方式感到不满。当然，对于那些投身于他们事业的激进政客们来说，这些不满开始变得不可容忍，而对合同自由的传统辩护正变得极其苍白。甚至一些相对保守的法律人，如弗雷德里克·波洛克爵士（Sir Frederick Pollock），早在19世纪80年代就指出，用合同自由来谈论地主和佃户的关系是十分可笑的。首先，这种关系中的大多数法律内容并没有在租赁合同中予以明确，而是由法律"默示"规定的：

> 事实是……至少在任何常规的条件之下，规范地主和佃户的法律从来都不是一部有关自由合同的法律；它是这样的一部法律，其规则部分是由合同明确约定的，部分是由司法解释予以补充的，部分是由立法规定的，并且有时是由地方习惯规定的。[18]

当然，隐藏在合同自由争论之下的，是关于财产权本身的更为根本的问题。地主被认为是他在土地上之权利的拥有者。所有权必然包括以完全的市场价格出租土地的权利。干预地主与佃户自由协商订立的合同，就是

[17] E. J. Hobsbawm, *Industry and Empire* (Harmondsworth, 1974), p. 202.

[18] *The Land Laws*, first edn. 1883, 3rd edn. (London, 1896), p. 150.

部分剥夺地主的权利；其实质是，其财产权在没有进行任何补偿的情况下被征收。至少在上一代人看来，这是许多自由派政客的看法。例如，帕默斯顿勋爵一再抗议干预地主和佃户之间合同关系的立法（在当时，这些立法普遍针对的是爱尔兰或者殖民地）。例如，当 1855 年立法对爱德华王子岛（Prince Edward Island）的外居地主（absentee landlord）的权利进行限制时，帕默斯顿坚持认为，这些地主是土地的所有权人，“消灭这些所有权人的
636 权利，就像消灭我们自己的权利和规定土地租赁条件——我们必须按此条件把我们的农场出租给已经承租我们农场的佃户——一样，这是不公正的，是极坏的榜样”。他继续说道：“一个人能够拥有属于另一个人的东西的合法和唯一诚实的方式，是通过讨价还价和购买，付出所有权人愿意接受的价款。”[19] 而当 1863 年的一个有关爱尔兰的提案在审议时，他告诉下议院，谈论这个问题，即强制土地所有权人接受其他人所认为的他有权收取的租金数额，就是在谈论“共产主义学说”[20]。

但是，到 19 世纪 70 年代时，帕默斯顿已经逝世，新一代人开始当政。新一代人并不担心将财富从地主手中再分配给佃户，即使这会涉及对租赁协议的干预。例如，对于约瑟夫·张伯伦而言，富人已经拥有了太多的国家财富，因此任何轻微的再分配效应——立法即具有再分配效应——并不会不受人们欢迎。并不是说人们公开提倡进行这种再分配，事实上人们也没有普遍认为再分配是立法干预的结果。对于许多人来说，立法为佃农提供保有权保障（security of tenure），或者支持对佃农的土地改良进行补偿，仅仅是一个公平性问题。即使地主不同意这种改良，只要佃农的改良是足够真实的，而且对于一个即将租赁该土地的新佃农来说其改良足以提升土地的租赁价值，那么这种不同意又有什么意义呢？随着农地租赁在性质上日益以某种方式变成了一种投资，而不是一种社会关系，未经地主同意即改良土地，并不比（例如）未经股东同意就将公司利润中的一定比例用于再投资的行为，更加不正当。

对于经济学家们而言，他们总体上并不支持立法对地主和佃户之间合同自由的干预。尽管一方面佃户缺乏保有权保障，另一方面严格的地产授予制度限制了地主的权力，但是许多经济学家仍然将此视为市场失灵的典

[19] J. Ridley, *Lord Palmerston* (London, 1972), p. 690.

[20] Ibid., p. 688.

型例子。[21] 虽然从社会的视角来看，投资可能是有利可图的，但是实际上是无利可图的，因为无论是对地主来说，还是对佃户来说，都是没有足够利润的。在经济学理论中，有人认为这种市场失灵是不应当发生的。[22] 地主与佃户应当都能认识到他们的利益之所在，如果对于确保他们双方都能够从有利可图的投资中获利而言，保有权保障是必需的话，那么他们就应当自由磋商而订立一项能够确保投资得以实施，并具有足够保有权保障的租约。然而，这种情况在实践中根本就没有发生过。[23] 现代的历史学家们认为这绝不是地主的责任。[24] 在许多情形中，之所以没有保有权保障，不是因为地主拒绝订立这样一种租约，而是因为佃农拒绝接受这样的租约。其原因在于，在当时，一份固定期限的租约，其租金也是固定的，但是佃农发现非固定期限租约、非固定租金对他们更为有利。这是因为，在丰年里地主实际上不可能提高租金（除非将会有一个新的佃户来承租农地），而在荒年里，地主通常总是被请求实际上是被迫减免部分租金。正如波洛克所观察到的那样，“在荒年里，对于地主而言，其长期的做法是减免一定比例的租金，以至于佃户只需要对这种范围内——即在他从农场所获得收益中能够支付的租金范围内——的租金负责”。[25] 可见，并不只有工人阶级才有公平价格的理想。 637

但是在 19 世纪最后四分之一的时间里，并不只是农地租赁才引发了英国的社会和经济问题。严格的地产授予制度也对城市发展乃至工业发展中土地的市场化和可用性产生了影响。例如，终身地产保有人通常不能订立期限超过 21 年的租约这一事实，开始对矿业契约的订立产生严重的妨碍，因为采矿业所需要的大量投资，在 21 年内是不容易收回的。[26] 但在社会和政治上更为重要的是，大地主仍然在很大程度上控制着城市的发展。

---

[21]　Sir James Caird, *The Landed Interest and the Supply of Food*, first published 1877, 5th edn. by G. E. Mingay（London, 1967）. See too, Marshall, *Principles of Economics*, 8th edn., p. 547.

[22]　R. Turvey, *The Economics of Real Property*（London, 1957）, Chapter VIII.

[23]　See Joseph Kay, *Free Trade in Land*, 3rd edn.（London, 1879）, p. 69：“任何法律人都知道……一万个人中没有一个人知道有关在土地上增添固定设施的法律”，Kay 是王室法律顾问和下议院议员，是 Sir James Kay-Shuttleworth 和 Kay 上诉法官（Kay L. J.）的兄弟。

[24]　See J. D. Chambers and G. E. Mingay, *The Agricultural Revolution 1750-1880*（London, 1966）, pp. 160-6.

[25]　*The Land Laws*, 3rd edn., p. 155.

[26]　J. T. Ward and R. G. Wilson（eds.）*Land and Industry*（Newton Abbott, 1971）p. 66.

他们常常且在根本上把城市发展视为一项投资，不仅只订立为期 99 年的建筑工程租约（building lease），而且控制着出租土地的用途。同样，有人认为，只要土地所有权人还通常是大片城市土地的垄断的所有权人，那么涉及相关这些事情的合同自由就是不真实的。例如，波洛克在 1883 年即写道：

> 在这种制度之下谈论合同自由是非常可笑的。靠近城镇的理想的建筑用地，和更多的、已经被长期占用了的城镇和城市的土地，尤其是商业或者上流社会所青睐的那些地区和地点的土地，都是被垄断
> 638 性地掌握在土地所有权人手中的。土地所有权人向建筑工程租约的承租人规定了他的条件，而建筑工程租约的承租人为了保护自己又向占用人作出相同的规定，使占用人的义务完全符合原建筑工程租约的规定。通过这种方式，可以说整个城市的人口都生活在少数大地主的意志之下。在通常被称为伦敦的整个“平方英里”（‘square mile’）* 内，威斯敏斯特公爵（Duke of Westminster）或者贝德福德公爵（Duke of Bedford）可以禁止开展任何特定种类的商业活动，且他们的这种行为是不能被控告也是不受管制的。[27]

还有很多人抱怨说，旧贵族手中的土地并没有充分进入市场，而且自 John Bright 时代以来，就有自由主义者要求“土地自由贸易”[28]。由于无知，许多这些对制度的抱怨都被误导成了对长子继承制度的抱怨，而真正应当受到指责的是严格的地产授予制度。[29] 正如我们前面所看到的，严格的地产授予制度严重妨碍了土地的投资和开发。在很多年里，不动产转让律师（conveyancer）都在租约中写明终身地产权保有人（tenant for life）拥有土地租赁权和管理权，这让终身地产权保有人在某些特定的方面可以开发土地，但是到 19 世纪末期时，这些普通形式的权力常常被证明是不充分的。还有人抱怨说，严格的地产授予制度保护了富人家庭，使他们免受终身地产

---

* 此处的伦敦是指伦敦市，又称伦敦城、伦敦金融城。伦敦市是今天大伦敦都会区的组成部分之一，由于其面积为 1.12 平方英里，故其又俗称“平方英里”。——译者注

[27] *The Land Laws*, 3rd edn., pp. 157-8.

[28] Asa Briggs, *Victorian People* (Harmondsworth, 1965), p. 217.

[29] Joseph Kay, *Free Trade in Land*.

保有人（life tenant）的愚蠢和奢侈浪费行为之害。因为每个终身地产保有人只拥有有限权益，土地不能被扣押和出售以清偿他的债务，也不能在他破产时进行分配。订立租期非常长的租约又会产生另外一个问题。这些租约往往包含着各种各样的限制性条款，这些条款在一个世纪之后可能变得完全过时但却仍然有效，这必然会阻碍发展、增加法律成本和产权的模糊性。在当时，也有人反对这种做法，即在长子年满 21 岁时就有权获得一处地产的再授予（resettlement）。这种看法是一种轻率的假设，即认为在这个年纪、受到家庭压力影响的长子，为了他自己长远未来的最佳利益，能够作出理性和冷静的判断。一如在其他地方，这个简单的假设，即每个人都拥有判断自己最佳利益之所在的能力，在这里也受到了挑战。作为经济学家和律师的克利夫·莱斯利写道：

> 在土地所有权人占有土地之前；在他对自己的财产有任何经验之前，或者说对于其财产他最好怎么做或者他能够怎么做之前；在他知道将来可能出现什么紧急情况或者了解到他自己的真实状况之前；在他了解到他自己子女的性格、数量和需求，以及感受到父母子女之间的权利或者义务之前；虽然他仍然备受一位冀望死后仍然伟大并拥有
> 权力的长辈的摆布，但是他仍然实施了一个不可撤销的财产转让行为， 639
> 通过这种财产转让行为，他永远地放弃了所有权人的权利，并将其转移给一个未出生的继承人，且自己还承担相关费用。[30]

从现代历史学家的研究中似乎可以看出，许多抱怨（例如对农地租赁的抱怨）都出于当时的政治目的而被夸大了。例如，在 1880 年之前，土地交易的年成交量据估计在 30 万英亩至 60 万英亩，因此土地市场不可能像当代人们所暗示的那样停滞不前。[31] 事实上，在萧条的 19 世纪 80 年代，农地市场上短缺的是购买者（和佃农）。然而，政治压力仍然没有减轻，在 19 世纪 80 年代，人们就对租赁保有权的解禁（leasehold

[30] T. E. Cliffe Leslie, *Land Systems of Ireland, England and the Continent* (London, 1870), p. 199.

[31] See F. M. L. Thompson, 'The Land Market in the Nineteenth Century', 9 *Oxford Ec. Papers*, 285, 300 (1957).

enfranchisement），亦即能否赋予长期承租人以强制购买自由保有地产的权利，进行了大量的讨论。工人阶级住房皇家委员会（Royal Commission on Working Class Housing）在1884年和1885年讨论了这个问题，多数人投票支持租赁保有权的解禁。他们认为："现行的建筑工程租约制度将会导致房屋损坏、在租约即将届期时房屋情况将会恶化，而占用人则会对其居住的房屋漠不关心。"[32] 虽然这个分析是正确的，但是相关建议却并没有多少补救作用。作为这个委员会成员的Lord Salisbury不同意委员会的建议，他指出很少有占用人会实际去订立委员会所讨论的长期租约。长期租约通常是中间人签订的，中间人往往就是在土地上建设房屋的建筑者或者开发者，然后他们再以短期租约的方式把房屋出租出去。租赁保有权的解禁，只会让中间人可以从前面的地主手中购得一份长期租约然后再将房屋出租出去，而并非转租房屋。后来，在Lord Salisbury成为首相之后，这一建议遭到城镇土地财产议会特别委员会（Parliamentary Committee on Town Holdings）的否决。但是就本书的写作目的而言，这个时候思考这个建议对合同自由的违反，可能远比分析该建议的确切命运更为重要。虽然Salisbury也反对这个建议，但其理由是该建议不能实现委员会设定的目标，而不是因为该建议违反了任何原则。因此，考虑赋予承租人对其依长期租约所持财产以强制获得完全保有地产权，就是可以接受的了。所有权人的同意权将会被
640 否定，一份强制买卖合同将强加给他。当然，没有人怀疑确保该买卖合同价格公平的必要性，因为虽然在那个时候已经有人呼吁不应为这些利益被剥夺了的所有权人进行补偿（正如我们下面将要看到的），但是这些呼声很少有机会出现在下议院，更不用说出现在上议院了。

但是，与19世纪80年代人们开始认真讨论的、在有补偿的甚至没有补偿的情况下进行土地国有化的极其激进的建议相比，对合同自由的这些干预或者预想中的干预，实际上是很温和的。我们已经看到了这些建议的提出以及其得到公众大力支持的一些背景。由于如此大量的土地仍然掌握在大地主的后代们手中，同时由于城市人口压力持续增加，土地价格一直在上涨。Sir James Caird在1877年的著作中估计19世纪60年代和70年代土地的价格上涨了大约33000万英镑，而当时的地产权益（landed interest）

---

[32] See *Final Report of the Leaseholds Committee*（Cmnd. 7982, 1950）, paras. 32-52，其对租赁保有权解禁的历史背景进行了讨论。

成本不超过 6000 万英镑。[33] 人们普遍认为土地的这些增值是垄断的所有权人所不应当得到的。这些巨大的新的财富是人民的劳动创造出来的，他们发展国家，修建横贯全国的铁路，建设工厂和城镇。土地贵族有什么权利把持着所有这些财富？他们做了什么，他们支付了什么对价，以至于其他人劳动所创造的巨额财富要交给他们？

对这些问题的讨论需要回到古典经济学家那里去。李嘉图的地租理论首先关注的是土地所有权的垄断性质，以及人口的增加会使土地价格上涨的事实。随后，詹姆斯·密尔提出在这种情况下应当用税收的方法把地主不应当得到的这部分增值收走，其理由是地主并没有基于对这样的增值的期待而作出“他的安排”，“因此把一个新的收入来源——对此他并未花去什么成本——拨给国家事业使用，他们并没有抱怨的理由”[34]。麦克库洛赫并不同意这一点，其理由是，土地所有权人的财产权“应当延伸到土地的全部出产物”[35]。詹姆斯·密尔的回答是，真正的问题在于什么样的增值是能够被“合理预期的”[36]。不幸的是，他们都没有意识到这种推理形式的循环性，就像他们在合同自由上面的大部分推理那样。他们忽略了这一点，即如果法律规定土地所有权人对所有增值都享有权利，那么土地就会在这个基础上进行交易；反之，如果法律规定用某些税收拿走土地价值的增值部分，那么这同样将成为进行土地交易的基础。如果法律发生改变，那么 641 人们之前的合理期待也不得不发生改变以适应新的法律，这个改变的过程意味着既有期待也会发生某些落空。但是这些改变一旦确定，那么就又会形成新的期待，某些人的新期待可能是较低水平的期待（另一些人的新期待可能是较高水平的期待），但是这种特殊的变化不会导致预期的进一步落空。但是，只有当社会及其法律永远停滞不前时，避免让一些人的期待落空才是有可能的，因为任何变化都会导致期待落空。只有当每个人都能够预测到未来发生的改变时，他们的期待才不会落空，然而这种情况是一种远离现实的、没有讨论之必要的情况。小密尔（younger Mill）看到了许多他父亲没有看到的问题，并且他愿意对这些问题提出一些粗略的和现成

[33] *The Landed Interest and the Supply of Food*, ed. Mingay, p. 98.

[34] *Elements of Political Economy* 3rd edn., 1844（reprinted, New York, 1965）, pp. 252-5.

[35] Cited, ibid.

[36] Ibid., p. 254.

的答案。[37] 如果立法者鼓励人们对土地价值的增加不会被征税形成预期，而这种预期现在又落空的话，那么也许确实会有一些不公正；但是事实上，立法者已经被地主阶级支配很多年了，在这些年月里，大幅增加的土地价值都被归属于他们。密尔认为，就未来而言，用征税的方法全部拿走地主阶级所有不应当得到的增值，不会是不公平的，只要不使土地价值低于当时的市场价值就行。至于允许地主保有土地增值，其不公正性是毋庸置疑的，除了它所产生的某些期待将会落空之外：

> 社会的进步和财富的增加，使地主的收入无时无刻不在增加；虽然他们没有动一下手指也没有花一分钱，但是他们的收入在社会财富总额中所占的绝对额和相对额却愈来愈大。他们不干活，不冒风险，不节俭，就是睡大觉也可以变得越来越富有。依据社会正义的一般原则，他们究竟有什么权利要求获得这种增加的财富呢？[38]

从经济的角度来看，这种说法是站不住脚的，[39] 但是从社会正义的角度看，这个观点似乎是很合理的。在 19 世纪 80 年代，美国预言家 Henry George 来到英国向公众宣扬他在《进步与贫困》（*Progress and Poverty*）一书中所提出的观点。[40] 在这本书以及 George 在英国到处发表的一系列演讲
642 中，他都支持李嘉图的地租理论和小密尔在《政治经济学原理》中阐释的观点。但是作为对他们观点的修正，George 提出了“单一税”（‘single tax’），亦即他主张应当对土地的全部租赁价值（rental value）进行征税，而不必对地主进行任何补偿。实际上，所有佃户将来都要向国家支付租金，对于租金地主将一无所获。George 认为，如果这样做了，那么所有其他税收都可以取消了，因为这种税收额是如此之高；国家的全部事业都只需要这种单一的税收就够了——正是由于这个原因，他被人们称为“单一税乔

[37] *Principles of Political Economy*, Book V, Chapter II, sect. 5.

[38] Ibid.

[39] Mark Blaug, *Economic Theory in Retrospect*, revised ed.（Homewood, Ill., 1968），在该书的第 99 页他指出：（1）从长远而言，即使是纯粹的“租金”也是一种奖励，它的合理性就像财产本身的合理性一样；（2）从短期看，所有中间人（包括劳工和资本家）都可以赚取租金，而不仅仅只有地主才可以。

[40] Everyman edn., London, 1911. See Elwood P. Laurence, *Henry George in the British Isles*（East Lansing, Mich., 1957）.

治”（‘single tax George’）。Henry George 在英国引起了巨大轰动，他的思想被广泛传播。[41] 尽管在 19 世纪 80 年代，议会不可能像 George 所主张的那样颁布法律真的没收地主租金，但是有相当多的人支持至少要对剩余租金（surplus rents）——由人口增长以及由地主的活动或者投资之外的其他因素而产生出来的租金——进行征税。土地国有化协会（Land Nationalisation Society）就是为了宣传乔治的观点而成立起来的，[42] 至少从 1889 年起，征收土地税成为所有激进观念和社会主义观念所争取的严肃目标。张伯伦虽然完全拒绝土地国有化，但是在其他方面他也不是没有受到George的影响。在他 1883 年的著名演讲中，他抨击地主是“一个不劳而获的阶级”，他特别指出，他们所获得的额外财富是“靠剥削其他人通过辛勤劳动而使国家总财富和繁荣得以增加的部分”得来的。[43] 费边主义者也同样非常重视George 的建议，到 1900 年时，即使是温和的自由主义者也支持征收土地税。后来成为大法官的 Lord Haldane，是他那个时代熟悉经济学的少数法官之一，他也加入了这场运动，他认为，每 20 年伦敦人的地租就会增长近 600 万英镑，“如果我们有适当的法律，那么这 600 万英镑就会属于全体伦敦人民”[44]。

当然，George 也并不是事事顺利的。我前面提到的、与布拉姆韦尔的半政治活动有关的、成立于 1882 年的自由和财产保卫联盟（The Liberty and Property Defence League），就旨在同土地税运动作斗争。曾经有一次，布拉姆韦尔被邀请与 Henry George 辩论土地问题，但是他拒绝了，他的理由是，如果他参加辩论的话就表明这件事情值得讨论，而这会让他备感遗 643
憾。[45] 而在另外一个场合，他甚至说，如果地主受到土地国有化的威胁，那么他们真的会反抗。[46] 但是布拉姆韦尔是不能阻止潮流前进的。所有的

---

[41] 据称，《进步与贫困》“毫不夸张地说……是 19 世纪出版的十大最有影响力的著作之一”：R. Douglas，‘God Gave the Land to the People’，in *Edwardian Radicalism 1900-1914*，ed. A. J. A. Morris（London，1974），pp. 148-9。

[42] J. Hyder，*The Case for Land Nationalisation*（London，1914）. Hyder 担任土地国有化协会秘书长达 25 年之久。

[43] J. L. Garvin，*Life of Joseph Chamberlain*（London，1932），i. 392.

[44] Cited in Hyder，*The Case for Land Nationalisation*，p. 130.

[45] Elwood P. Laurence，*Henry George in the British Isles*，p.31.

[46] 1888 年他在英国科学促进会所做的一次演讲，reprinted in *Essays in the Economics of Socialism and Capitalism*，ed. Smyth，p. 57。

事情都在朝着同一个方向发展——平等主义日益兴起，大众的政治力量日益增强，以及人口对土地价值的压力日益增大。

在 1909 年的预算中，Lloyd George 试图引入土地税，他建议（较之于 Henry George 的建议，他的建议已经足够温和了）对 1909 年之后土地价值中的自然增值（unearned increment）征收 20% 的税。上议院议员们对此作出了强烈的反应，这引发了 1832 年以来最严重的宪法危机并最终导致《1911 年议会法》（Parliament Act 1911）的颁布，毫无疑问，上议院的强烈反应要部分归因于上议院议员们担心这是迈向土地国有化的第一步。但是他们根本无需担心。Lloyd George 的提案不过是旨在对土地价值中的自然增值部分进行征税的一长串提案中的第一个而已，但迄今为止没有一项提案获得成功。Lloyd George 的征税建议要求对全部土地进行评估，这是一项浩大的工程，这项工作在第一次世界大战期间被迫推迟，最终在 1920 年被彻底放弃。1929 年至 1931 年间的工党政府又试图在 1931 年征收新的土地税，但是导致工党政府下台的 1931 年金融危机使该方案不得不推迟，然后该方案在 1934 年被废除了。1945 年工党重新执政后，为解决这个老问题又作出了新的尝试，试图将全部土地的“发展价值”（‘development value’）予以国有化，并给付 3 亿英镑的补偿作为交换。这次尝试不但失败了，而且在某种程度上使问题恶化了，因为将土地的发展价值国有化之后，国家并没有使用或者出售这种价值。随之而来的是土地的发展价值又以零零星星的形式回到了地主手中，因为为了开发特定区域，建设规划许可又被授予给了地主。因此，土地开发权（right to develop land）的垄断价值就大大增加了，而与此同时，这种开发所带来的“自然增值”看上去是社会而非地主的功劳。例如，仅仅是授予在一片农地上建造几座房子的规划许可，就可以使土地价值在一夜之间增加十倍。工党政府在 1964 年又一次试图通过设立土地委员会（Land Commission）来获取这些自然增值，这与 1971 年保守党议会废除该法案之前的所有做法如出一辙。如今也是这样，最近刚刚生效的 1975 年《社
644 区土地法案》（Community Land Act），是试图让国家取得土地价值中的自然增值部分所做的最新一次努力。现在就预测这个法案将会取得多大的成功还为时尚早，但是也并不缺少这样的警告，即它也会和其他尝试一样走上同样的道路。

当我更直接地讨论 1870 年到 1970 年这 100 年间的法律发展时，人

们就会明白为什么我会如此关注这段历史。但是眼下值得指出的是，如果说这段历史说明了一件事情的话，那就是说明了这种观念，即A收取由B的劳动创造出来的利益是不公平的。A没有同意或者没有缔约要对所获得的利益进行偿付的事实，被普遍认为是与A收取利益不相关的。从经济学角度来看，这可以被看作市场失灵的典型例子。社区的努力，更不用说单纯的人口增长，都使土地价值得以增加，尽管从自由放任主义的角度看，增加的价值应当归属于地主。从法律和合同自由观念的角度看，可以说这段历史说明了合意的重要性在下降，而非合意的利益给予的重要性在上升。如果我们从现行的法律范畴来看待这一问题，那么可以说，这代表了一种从合同观念向准合同观念回归的运动。在某种意义上，这也代表了向1770年之前的主流价值观的回归，当时（有人认为）单纯的利益给予，就被广泛地认为是要对此给予报偿（recompense）的充分理由。

公平工资

不可避免地，迈向更加平等的运动对有关收入和价格的观念产生了深远的影响。我们之前已经看到，即使是在19世纪中期，也还存在一些反对运用自由市场来调节全部工资与价格的因素。例如，政府已经为全国不同地区的劳动者设置了相同的日工资标准，即使市场工作标准是各不相同的。同样地，企业和公共机构的发展也已经使工资与劳工的匹配变得困难起来。计件工资和按成果付酬常常让位于按小时或者按日付酬。1870年以后，这一进程的势头越来越大。人们首先越来越质疑这种观点，即具有非凡能力和天资的人总是配得上更大的经济回报。我们已经注意到，从那时起，经济学家们往往放弃对道德价值的讨论，而把注意力集中在经济服务的理念上面；甚至经济服务的理念也受到了约翰·斯图尔特·密尔的攻击，他指出具有非凡能力的人之所以能拿到高额报酬，是因为这种能力的稀缺性。即使是谨慎的阿尔弗雷德·马歇尔也同意这一点：“极其成功的出庭律 645
师、作家、画家、歌手和赛马骑师们所获得的收入中的大部分都可以被归为天赋才能的经济收益。”[47]

---

[47] *Principles of Economics*, 8th edn.(London, 1961), p. 518. See too H. Sidgwick, *Methods of Ethics*, 7th edn.(London, 1907), pp. 248-9.

如果经济学家对这些问题的提出持谨慎态度，并警告有必要保留激励措施的话，那么其他人就不会以社会公正为由公开地要求实现更高程度的收入平等。例如，在费边主义者中，Bernard Shaw 在 1910 年时就已经做好了为全体人民收入的绝对平等进行辩护的准备。虽然当时几乎没有人愿意提出这么激进的观点，但是对于政府向同样职位的人支付相同工资或者薪资的倾向，他提出了一些颇有说服力的观点："我们付给法官的薪资比付给警察的多，付给少校的薪资比付给列兵的多。但是我们付给一个法官的薪资并不比付给另外一个法官的多，付给一个警察的薪资并不比付给另外一个警察的多，付给一个士兵的薪资并不比付给另外一个士兵的多，尽管没有两名法官的薪资是一模一样的，没有两名警察的薪资是一模一样的，等等。"[48] 几年后，他又回到了同一个主题之上，而认为"这些反差（不同阶级雇员之间的收入差距）的戏剧性效果让我们对更高的平等视而不见"[49]。

在工人阶级内部，关于公平报酬的观念在这个时候又开始浮出水面并不足为奇；事实上，对于工人阶级而言，这个观念可能从来就没有完全消失过，尽管当 Webb 夫妇将这些信念和做法揭示出来的时候，他们的研究"带有考古学的气息"[50]。但是到了 19 世纪末，旧观念正在焕发新的生机，而"学术传统本身……也在进行重塑以适应工业社会的需要"[51]。这种变化的标志是，第一个"公平工资决议"（Fair Wages Resolution）于 1891 年在下议院通过，其结果是，政府要求今后所有与政府缔约的承包商向他们的工人支付的工资不能低于"标准工资"。标准工资被定义为与相关工会协商一致的工资，或者，如果没有工会的话，则是指"好"雇主会支付的工资。这个决议只是许多此类决议中的第一个而已，此类决议的涵盖范围逐渐扩大到包括地方当局在内的整个公共服务系统。这一观念——以纳税人负担最轻的成本开展政府工作是政府的事情，以最低的报酬让劳动者愿意为他们工作是承包人的事情——已经让位于工人应当被支付公正的或公平的工
646 资的观念了。

---

[48] 'The Simple Truth about Socialism', in *The Road to Equality*, ed. Louis Crompton, pp. 155，161.

[49] 'Redistribution of Income', ibid., p. 197.

[50] M. Fogarty, *The Just Wage* (London, 1961), pp. 19-20.

[51] Ibid.

20世纪集体谈判的增多，以及第二次世界大战以来政府推行“薪酬政策”日益频繁，都加强了这一趋势。尽管工资谈判类似于雇主代表与雇员代表之间的合同谈判，但是人们认为在今天的英格兰，工资谈判与市场的讨价还价已经几乎没有什么相似之处了。例如，有人认为，工会并没有像劳动力的垄断者那样行事，因为它们不会在不考虑分配结构（distribution pattern）的情况下就谋求最大限度地增加其成员的总收入。也有人认为，工资谈判涉及的是论证（*argument*），而不仅仅是讨价还价，而论证是需要提出理由的，需要为应当怎么做找到合理的理由。“集体协商要求一定程度的社会正当性，而这一点在私人谈判中可能是会被忽略的。”[52] 同样，独立机构或法庭对薪酬纠纷的仲裁往往要求以准司法的方式（从表面上看，如果不是从技术性的法律意义上看的话）听取双方的意见，然后作出合理的决定。

然而必须承认，尽管在这些问题上人们不断呼吁公平和平等，但是就应当使用何种标准人们并不容易达成一致意见。显然，市场力量并不是完全无关紧要的，因为雇主必须雇用到足够的员工才能与其他雇主进行竞争；如果有证据表明，尽管竭尽全力但是仍有大量职位空缺的话，那么加薪很可能就是一个非常合理的做法，同时也是市场的要求。不久之前，人们普遍认为，不能指望雇主支付的工资超出其支付能力，因为这只会导致其破产。但是，在过去的几年里，人们甚至对这个观点也提出了质疑，因为至少在国有垄断企业中，实际上很难阻止雇主和雇员协商一致将工资以及随之而来的产品价格，提高到他们想要的水平。如果工资与国际工资水平不一致，那么其结果可能使英国出口受损，并导致失业增加，但是高收入的好处将会由一个群体享有，失业的损害却由另一个群体承受。即使在私营企业中，也有迹象表明，市场力量只能在长期范围内对工资水平起到约束作用，而且只有在工会领导人和工人们自己以明智的利己主义为基础行事的情况下才会如此。因为像当下一样，工会掌握着如此强大的议价能力，以至于工资水平在短期内可能会被推得越来越高；而只有在过了几个月或者几年之后，这才会影响到利润、投资和出口的比率，进而影响最终的就业水平和实际收入。因此，至少在20世纪70年代，许多最重要的薪资协议， 647

[52] Barbara Wootton, *The Social Foundations of Wages Policy*, 2nd edn.(London, 1962), pp. 68-87.

似乎并不是以多少正当理由为支撑的，依靠的更多的是纯粹的权力，以及不受一般法律控制的、令人恐惧的独立性。[53]

但是，无论市场力量对于收入的影响程度如何，毫无疑问的是，许多其他因素今天也被认为是相关的影响因素。生产力水平、工作本身的性质、工作所需要的技能以及获得这些技能所需要的时间长短、“非正常工作时间”是否工作，最重要的是与其他收入的可比性，在确定工资要求时，所有这些因素都会以某种方式被考虑在内。与其他收入水平的可比性或许是决定这些问题公平感的最具影响力的单一因素，但是它自然而然地就会导向一个持续交替跃进的过程，而这个国家对于这一过程的结果是十分了解的。在 1966 年至 1970 年间运作的物价与收入委员会（Prices and Incomes Board）作出了坚定的努力，以减少与其他行业薪酬水平进行比较的重要性，并加强内部薪酬与特定工厂或者行业内部的绩效之间的关联度。[54] 在某种意义上，这可以说是一种向市场准则回归的尝试，至少在这种情况下，薪酬将等同于边际净生产率（marginal net productivity），这种尝试同时也是对平等主义运动的背离。但是，这个举措的成功无论如何都是短命的。政府本身往往也依靠可比性的标准，工会也不愿放弃他们在薪酬谈判中的主要论据。当然，人们可以争论说，可比性（事实上，与上文所提到的诸如工作性质、非正常工作时间等许多其他因素一样）是在自由市场情况下才应当考虑的因素。但似乎很明显的是，可比性的考虑对于雇主和工会的议价行为有着显著的影响，并且它对于薪酬要求的影响是不受市场因素影响的，[55] 例如，正在亏损的行业的工人仍然期望获得与正在盈利的行业的工人相同的工资增长。

在整个这一时期，另一个发生重点变化的领域是工资结算，这也反映了经济平等理想的力量在不断增强。收入差异不断缩小的趋势在反复出现，因此低收入人士、不熟练人员，甚至退休人员的收入在国民收入中所占的
648 比例越来越大。人们首先越来越少按结果付酬。尽管对于市场导向的经济学家，或者对于其他任何相信赏罚其应得之正义（justice according to desert）的人来说，这种计酬方式在表面上是极具吸引力的，但是所有按结果付酬

[53] Ralf Dahrendorf, *The New Liberty*（London, 1975）, p. 27.

[54] Allan Fels, *The British Prices and Incomes Board*（Cambridge, 1972）.

[55] Ibid., p. 122.

的制度在实践中都是困难重重的。在衡量和比较一项任务与另一项任务之间的正常工作效率时，人们经常遇到无法克服的困难。在 1961 年，只有大约三分之一的劳动力是以这种方式获得报酬的，[56] 自此之后，报酬支付方式逐渐远离按结果付酬的这一发展方向就再明显不过了。事实上，自 1834 年新的《济贫法》施行以后，现在大多数英国人的生活水平比以前任何时候似乎都更少依赖他们自己个人的努力，而更多地仰赖其他人的行为（以及政府的税收政策）。

当然，较高收入和较低收入之间逐渐缩小差距（税收大大加强了这一进程），并不能仅仅归因于平等主义情感的增强。其部分归因于我之前讨论过的英国人少数服从多数的生活方式，“在任何领域，无论是木工业还是管道业或者教育界，大多数工人都赞成标准工资制而反对绩效差异工资制，原因很明显，有特殊才能的人总是少数”[57]。

在过去 20 年中，人们尝试采取的各种薪酬政策，使收入差距进一步缩小了。毫无疑问的是，人们越来越意识到这样一个事实，即这些政策往往在两三年后就会遭致人们越来越多的反对，并且人们会越来越多地要求恢复“自由集体谈判”制度。指出这一点几乎是不必要的，即这些要求往往来自于最具有议价能力的那些人，他们的论据与 19 世纪初要求废除法定工资制的工业家和雇主的论据非常相似。合同自由自然是适合于强者，而对弱者不利。如果恢复到自由集体谈判制度的话，那么其结果往往就是收入差距的拉大，尽管收入差异化并不必然符合公共利益。

但是无论这个问题在未来会是怎么样的，只要公众如此执着于其平等主义信念，就很难相信收入差距会显著扩大。一旦市场力量被弃置一旁，那么除了平等主义之外，没有什么原则可以用来调节收入。与价格不同（价格总是以生产成本为基础的），维持生计的最低水平一旦被弃置一旁的话，那么收入就失去了明显的基础。虽然美国的政治思想家可能会争辩说，更大程度的经济平等并不能仅仅被假定为一项正义原则，而是一个需要去证明其正当的东西，[58] 但是没有什么迹象表明该观点在英国也有大量拥趸。 649

[56] Ibid., p. 142.

[57] M. Friedman, *Capitalism and Freedom*（Chicago, 1962）, pp. 95-6.

[58] R. Nozick, *Anarchy, State and Utopia*（New York, 1974）, pp. 232-3. Cf I. Berlin in *Justice and Social Policy*, ed. F. A. Olafson（Englewood Cliffs, N.J., 1961）, p. 131.

这并不意味着公众真的强烈支持收入的完全平等，而是显然表明公众要求得到比现有的收入平等更大程度的平等。英国正在进行的迈向更大程度经济平等的运动，其背后拥有极其强大的公众舆论支持。

不可避免地，舆论的这些变化对于合同自由、自由选择以及交易关系中合意的重要性等观念产生了深远的影响。在今天，很少有雇员所接受的工资或薪资是雇员与雇主在任何实质意义上协商一致所确定的；相反，这一事实，即一个雇员（或者他所在的工会）接受了一份特定的工资或者薪资，几乎从来都没有被认为能够排除这种可能性，即该雇员基于工资或者薪资的不公平性而对这份工资或者薪资提出挑战的可能性。有关合同的私法几乎还没有开始认识到这些发展，这主要是因为有关合同的私法在实践中不规范这些问题。制定法的一些变化现在开始冲击合同法，例如那些宣布就业方面的种族歧视或者性别歧视为非法的法律。在这里，雇主和雇员的自由选择被颠覆了，因为人们认为平等对待是一个比自由选择要更加重要的社会目标。此外，规范雇佣关系方面的制定法还存在其他一些非常重要的变化，即对于社会公平感的强调。例如，与反歧视的法律一样，反不正当解雇的规定也以牺牲自由选择为代价强调客观的正当性。《裁员赔偿法》（Redundancy Payments Acts）认可了社会的意见，即长期雇佣关系不得在没有某些补偿的情况下被终止。这些发展是法律上一场更广泛运动的组成部分，这场运动承认公平交换在合同关系中的重要性，但是反对这样的观点，即以市场为基础的合同条款必然就代表着一项公平的交易。

第三节　原则的衰落

在第十二章中我曾指出，1770 年至 1870 年的这个时期，可以被描述为是一个原则的时代；与之相对，接下来的一个世纪却是一个实用主义的时代。毫无疑问，在经济学上、在道德问题上、在法律上以及在日常生活中，原则的重要性都在下降。原则概念本身几乎变得声名狼藉了。灵活性而非刚性，妥协而非一根筋，实用主义而非信条（principle），已经成为现代世界的美德。

在某些方面，这场思想运动可以追溯到 19 世纪 70 年代；事实上，在
650 经济学上，其显然与古典传统的消亡和新古典主义的到来有关。至少在英国，正是杰文斯开始向现在被称为“临时性应对”（‘ad hockery’）的转向，即有意地抛弃一般的解决方案，抛弃基于抽象原则的一般观念。正是他坚

持从每一个案件本身的是非曲直来看待（例如）对市场力量进行干预是否有充分的正当性。毫无疑问，在一定程度上这是对许多经济原则在过去被滥用的一种反应。到 1870 年时，经济学家们已经逐渐厌倦了政客或者报社记者们在对问题没有真正理解的情况下，就诉诸自由放任主义或者合同自由，仿佛它们可以解决所有政策问题似的。[59]

但这并不是导致原则衰落的唯一因素。另一个同样重要的因素是，经济学家们所准备探讨的经济政策的因果影响，或者预测事件发展的时间尺度在逐渐缩短。正如我们前面所看到的，古典经济学家往往是从长远的角度来看待他们自己所要解决的问题。1870 年之后，存在一个明显的相反方向的运动，这个运动与经济学中经验主义方法的增强不无关系。因为在社会科学中，事件或者政策的短期结果通常是极其容易辨认的；随着时间尺度变得更长，某项特定结果是不是某项特定政策或者特定决定所产生的后果就变得更加难以确定。但是还有其他一些因素在起作用。民主选举中的新选民比以前的选民更为急躁，他们想要更快地得到结果。正如 Bryce 在美国所观察到的："人们生活节奏很快，并且对自然法则作用的缓慢发挥感到很不耐烦。"[60] 当现代的人们被告知事情从长远来看会进行自我修正的时候，凯恩斯的著名见解——"从长远来看我们都是死人"——很好地表达了现代的人们对这个问题的看法。

凯恩斯和他那一代人也确实摧毁了人们对于道德原则的信心，这并不是因为他们比他们的前辈们或者后辈们更缺乏道德感，而是因为他们对任何一种原则都不那么有信心。在谈到他在剑桥大学的早年经历——大约是在世纪之交——的时候，凯恩斯说道：

> 我们完全否定了我们有遵守一般规则的个人责任。我们主张人们有权根据每一个个案本身的是非曲直，以我们的智慧、经验和自制力来对其成功地作出判断。这是我们信念中一个非常重要的组成部分，我们强烈地和积极地抱持着这种观念，而对外界来说，这是

[59] L. Robbins, *Evolution of Modern Economic Theory* (London, 1970), p. 186; see too, F. A. Hayek, *Law, Legislation and Liberty* (London, 1973) i. 57-9.

[60] *The American Commonwealth* (New York and London, 1889), cited in J. W. Hurst, *Law and the Conditions of Freedom in the Nineteenth Century United States* (Madison, 1956), p. 73. Bryce 在 1870 年至 1893 年间是一名法学教授，在 1907 年至 1913 年间担任驻美国大使。

> 651 我们最明显和最危险的特征之所在。我们完全否定习惯道德、惯例和传统智慧……我们认为自己没有道德义务需要去遵守，也没有内在制裁需要去服从。在上帝面前，我们声称在自己的事务中我们是自己的法官。[61]

这种态度显然在这个日益民主的时代产生了新的困难，而据说在 1914 年之前最活跃和最具有独立精神的人，是广泛认同这种态度的。[62] 我已经指出，早期的功利主义者是将他们对功利的信仰与某种程度的实践精英主义结合在一起的。虽然他们认为（我曾经论证过），要想实现功利的目标，人们——大概就是他们自己——就必须要明确达到功利主义目标通常所必须遵守的原则，但是他们也坚持认为，广大民众必须在遵守这些原则的过程中，不能在任何情况下都停下来询问在每个案件里是否应当遵守这些原则。即使对于他们自己而言，他们也肯定想象不到，他们有多大程度的、按凯恩斯和他的同时代人所要求的探究每个个案是非曲直的自由。他们清楚地认识到人们在进行自我判断时存在风险，而且他们显然也认为，如果要在不诉诸规则的情况下根据自己的个案的是非曲直来作出判断，那么许多决定的作出都需要经过很长时间的调查。但是到了 20 世纪，年轻的知识分子对于自己以这种方式作出决定的能力更加自信，尽管他们对于自己在此类问题上能够保持优越地位的程度似乎出奇的天真。

毫无疑问，在某种程度上，至少在知识分子当中，功利主义的失宠也影响到了这种观念。乔治·爱德华·摩尔（G. E. Moore）于 1903 年出版的《伦理学原理》（*Principia Ethica*），对功利主义的影响造成了严重的打击（至少在哲学家中），尽管这也许并不完全是因为他所提出来的那些原因。在摩尔之后，道德哲学变得对原则越来越不那么相信，甚至缺乏任何实质性内容。对于摩尔自己来说，道德义务是履行这样一种行为的义务，即这种行为将产生世界上最多的善，但什么是善却是无法界定的。“如果有人问我：‘什么是善？’我的回答是，善就是善，那就是问题的终点。如果有人问我：‘如何定义善？’我的回答是，它是不能被定义的，这就是我必须要

[61] *Two Memoirs*, p. 97.

[62] F. A. Hayek, *Law, Legislation and Liberty*, i. 26.

说的全部内容。”[63]

这种直觉主义伦理（intuitionist ethics）在道德哲学家中获得了极大的赞同，但很明显的是，这种道德观念是没有社会目的的。它不能告诉人们应当 652
相信什么，也不能教他们应当如何行事，而这是19世纪早期道德哲学中至关重要的问题。即使在那些对功利主义抱有一定信念的哲学家和思想家中，也可以看到类似的运动。因为并不是所有的功利主义者都接受规则或者原则的作用，即使早期的功利主义者被普遍认为是规则功利主义者之后亦是如此。有些人仍然坚持“极端的”或者“行为的”功利主义，而不是“规则功利主义”。在没有审查个案事实，以确定遵守规则是否会在个案的特定情况下产生出最佳结果之前，行为功利主义者们是不愿意接受遵守规则的义务的。如果遵守规则会产生出好的结果来，那么他就会依规则行事，如果不是这样的，那么他就会违反规则行事。[64] 根据这个观点，规则根本没有任何意义。因为如果依规则行事能够产生出正确的结果，那么一个人就有如此行事的道德义务，即使在没有规则的情况下，这个人也当然有如此行事的义务。奇怪的是，这个事实似乎并没有让哲学家们感到困扰：人们通常很难或者不可能判断出什么行为能够产生出最好的结果来，而且即使只是一个规定举证责任或者行动的初步证据（a prima facie ground）的规则，也不能说它就毫无价值。毫无疑问，在法律上这种初步证明规则常常是具有真正价值的；例如，在澳大利亚的一些州，在道路上超速行驶只是证明驾驶人没有尽到充分驾驶注意义务的初步证据，其是否尽到注意义务还需要综合考虑本案的所有情形，但是这并不意味着速度限制就毫无意义。但是在哲学家中，只有一个哲学家严肃地使用了显见义务（prima facie duty）这一概念。[65]

允诺的神圣性

补充说明这一点也许是适当的，即对于一般的，乃至更具普遍性和有

[63] *Principia Ethica*（Cambridge，1903），p. 6. 波洛克在1903年写给Holmes的一封信中谈道：“按照这种观点（摩尔的观点），这个问题——我们应当如何判断善呢？——似乎只有在这个意义上才是合理的：人们选择哪种‘善’才能让人们和国家获得成功？在那里人们并不太可能抓住宇宙的尾巴。”*Pollock-Holmes Letters*（Cambridge，1942），i. 116-17.

[64] J. J. C. Smart，‘Extreme and Restricted Utilitarianism’，*6 Phil. Q.* 344（1956）.

[65] Sir David Ross，*The Right and the Good*（Oxford，1930），pp. 21 *et seq.*；*Foundations of Ethics*（Oxford，1939）.

效性的道德原则的背离，并没有普遍地动摇大多数哲学家对于允诺神圣性的信念。即使是直觉主义者，由其直觉也知道遵守允诺是一个强大的原则，而规则功利主义者则显然会像他们历史上的前辈那样——两者至少具有表面上的相似性——认同遵守允诺很可能是实现功利主义目标的最佳手段。这对于行为功利主义者而言自然会有更多的困难；由于他们想要考察每个个案的具体情况，看看履行允诺是否会产生出最好的结果来，所以他们马
653 上遭到了其他哲学家的指责。[66] 这种看法遭到了人们的反对，人们认为按照这种看法，那么允诺就完全是无关紧要的，它既没有给既存的义务增加任何东西，其本身也没有为在既存义务阙如的情况下实施某项行为提供任何理由。在回答这个观点时，行为功利主义者坚持认为，即使他们愿意把规则当作经验法则（rules of thumb），规则也只能在没有时间进行进一步调查的情况下，或者在他可能过于关注自己的利益而无法形成客观答案的情况下，才能被适用。一个最坚定的行为功利主义者继续说道："但是，作这样的假设并不是荒谬的，即如果我们能计算出结果，如果我们完全相信我们的计算是不偏不倚的，如果我们知道在这种情况下违反一项规则比遵守该规则所产生出来的结果更好，那么我们还应该遵守该规则吗？如果我们打破该规则就能避免一些可以避免的悲剧的时候，还要遵守该规则，那岂不是把它树立成为一种偶像了吗？这难道不是一种规则崇拜的迷信（这在心理上很容易解释）吗？这难道不是哲学家们的非理性思维吗？"[67]

许多这些有争议的哲学辩论都主要是围绕着允诺严守的例子来进行的，这使它与本书的写作目的产生了关联，尤其是在历史背景之下。由于20世纪早期功利主义的衰落，所以出现了大量关于履行允诺之义务基础的文献，这些文献对于当下的情况有一定的启发，尽管在法律人看来，其中很多内容存在严重错误。这个假设似乎是错误的，而几乎所有的哲学家都是以这个假定作为出发点的，即假定有某些初步规则（prima facie rule）使允诺具有了拘束力，但是很少有人停下来探究这意味着什么。对于一个熟悉期待、信赖和恢复原状型损害赔偿（restitution damage）之间差异的法律人来说，除非能进一步解释将对被违背的允诺提供何种救济，否则说一项

---

[66] See, e. g., Pickard-Cambridge, 'Two Problems about Duty', 41 *Mind*145 (1932); J. Rawls, 'Two Concepts of Rules', 64 *Phil. Rev.* 1 (1955).

[67] J. J. C. Smart, 'Extreme and Restricted Utilitarianism', pp. 348-9.

允诺具有拘束力并没有多少意义。如果一项允诺只有在信赖利益或者恢复原状利益（restitution interest）受保护的意义上才具有拘束力的话，那么我们就不需要把允诺看作给其义务之性质增加了多少东西（如果真的增加了什么的话），其义务的性质完全可以解释成主要是信赖基础义务或者获益基础义务。只有在一个没有产生信赖也没有发生利益偿付的允诺，也被认为具有拘束力的情况下——只有在期待利益也将受到保护的情况下——我们才会被说服承认责任的主要根据在于允诺本身。如此长时间讨论这些问题的哲学家们，到现在通常也都没有把这些重要差异区分开来。

其结果不可避免地使人们对于履行允诺的道德义务的来源产生了相当大的困惑。通过排除那些明显的、有充分理性的或者功利性的理由来 654
使允诺具有拘束力的情形（也就是允诺是获得了偿付的，或者产生了信赖的情形），而将待履行的无偿允诺作为讨论的范例，哲学家们自然而然地给他们自己制造了相当大的困难。他们开始问，履行允诺之义务究竟从何而来？这似乎就像人们所认为的那样，必须假设或者设想存在某种默示的、履行允诺的允诺。[68] 然而这虚构得太过分了，令人怀疑这是社会契约论的复活。这在很大程度上是由 H. L. A. Hart[69] 和 John Rawls[70] 创造出来的另一种替代解释，得到了更多的支持。这种解释假定存在这样一种“惯例”，即人们可以作出允诺，但是一旦作出允诺则必须遵守它。作出一个允诺就是参与这个“惯例”，而参与一个惯例就像参与一个游戏一样，将享受到它的好处，但也因此要服从它的规则。一个人允诺加入一个俱乐部，那么他可以享受到作为会员的好处，因此他承担会员的义务是合理且合乎道德的。

值得指出的是，这场辩论有一个奇怪的特点。在某种意义上，人们对允诺责任的道德基础的追寻，与对特定允诺具有拘束力之理由的追寻，是并行的。在更高层次的普遍性上——寻找允诺责任之全部性质的基础——一开始就有一种半心半意的说法，即这也许是根源于某种严守允诺的（默

[68] H. A. Prichard, ‘The Obligation to Keep a Promise’, in *Moral Obligation*（Oxford, 1949）, pp. 168 *et seq.*

[69] H. L. A. Hart, ‘Are there any Natural Rights ？’, 64 *Phil. Rev.*175（1955）; ‘Legal and Moral Obligation’, reprinted in *Essays in Moral Philosophy*, ed. Melden（Seattle and London, 1958）.

[70] J. Rawls, ‘Two Concepts of Rules’; *A Theory of Justice*（Oxford, 1972）pp. 342-50. See too, J. R. Searle, *Speech Acts*（Cambridge, 1969）.

示）允诺；换句话说，允诺责任的全部基础就是合意，或者说根源于意志。哈特—罗尔斯理论（Hart-Rawls theory）将重点从这一点上转向互惠理论（reciprocal benefit theory）。因为允诺人之所以参与允诺的惯例或者习俗，是期望得到它的好处，因此他也要承受相应负担的拘束。这可能并不完全是一种巧合——正如我将要指出的——至少在法律的语境内，特定允诺的责任基础也发生了类似的转变。因此，在 19 世纪，责任的关键被看作双方协商一致之协议，或者是一种意志行为，然而今天的趋势是，人们再一次将实际利益的受领（当然还有信赖行为）作为了责任之基础。

如果我的历史论断是正确的，那么那些仍然坚持认为无偿允诺本身具有道德拘束力的大多数现代哲学家，似乎都成了 19 世纪法律人、经济学家和功利主义者的宣传的牺牲品。回顾一下，我的观点是，（大约）在
655 1750 年至 1870 年期间，无偿允诺的绝对拘束力被刻意地宣扬为是一项重要的社会行为指南。如果我是正确的话，它被当作绅士社交礼法（code of honour of gentlemen）的一部分，并由绅士、法律人和经济学家向广大民众进行教授，民众也这样做，因为这是一种非常简单的社会（和法律）准则，远比由于要回答为什么应当严守允诺而所需要的复杂规则要简单得多。颇具讽刺意味的是，早期的功利主义者、法律人和经济学家的讲话面向的是大众，而不是面向他们愿意相信的、作为精英的哲学家们，这些精英能够区分什么时候应该遵守允诺，什么时候有足够的理由不遵守允诺。

既然我们在许多方面已经从原则时代过渡到了实用主义时代，那么发现这一点根本不会让人们感到惊讶，即无偿允诺具有拘束力，即使其只具有表面拘束力的原则理念，正开始土崩瓦解。正如我将指出的那样，如果，至少在法律上，存在从抽象法律命题向更细致事实调查的转向，那么人们不难发现今天存在这样一种趋势，即人们会在任何特定的情况下问，为什么允诺都应该被当作是具有约束力的？是因为它引起了纯粹的期待，还是因为对该允诺形成了信赖或者为该允诺支付了对价？也许并非巧合的是，一位具有法律背景的哲学家对哲学文献的最新贡献之一，表明了这方面的一些进展。[71] 这也许代表着合意作为将信赖概念与获益

[71] Neil MacCormick, ‘Voluntary Obligations and Normative Powers’, *Proc. Arist. Soc. Supplement* 59（1972）.

概念粘合在一起的粘合剂开始瓦解，这种瓦解过程持续了很长时间，从这个意义上说，（正如我将指出的）这与法律中正在发生的事情具有明显的相似之处。

在有点封闭的哲学家世界之外，我们很难不察觉到，允诺义务的道德力量，或者至少是人们对这种道德力量的信仰，发生了极大地削弱。两耳不闻窗外事的牛津大学教授们，也许仍然在用维多利亚时代绅士的、极具道德感的语气进行写作和说话，[72]但是在今天，很少有人会显示出对单纯的允诺的神圣性报以同样的尊重，不管人们是否已经对允诺支付了对价或者是否对允诺产生了信赖，而在一个世纪之前允诺的神圣性是人们所普遍认可的。在法律上，完全待履行合同的作用在过去一个世纪中在逐渐下降，这与其作用在此之前的另外一个世纪里的逐渐上升是两相映照的，这个问题我将在第二十一章和第二十二章中进行讨论。毫无疑问，这部分是由于 656
生活节奏的变化所致，生活节奏的变化使允诺更加难以作出或者被遵守。今天很少有人（也许政客除外）认为坦承自己已经改变了主意有多大的过错，而且法律事实上也在不厌其烦地承认一个人有权改变主意，并从某些合同中解脱出来。例如，对于相当一部分人而言，婚姻已经不再是终身的结合，违反婚约的诉讼已经被完全废除了。这种变化的部分原因在于公司式国家的兴起。机构感受不到像个人那样的道德责任感。例如，公司董事可以感受到他主要向作为整体的股东负责（一如法律所指引的）；有时候这种责任甚至要求他违反此前公司所订立的合同，原因是违反合同比履行合同要更加有利于公司的利益。此外，法律上法人人格的联合性和连续性，不能掩盖这一事实，即代表公司行事的人员会发生改变；前任董事或者代理人代表法人团体所作之承诺的道德力量，可能比个人对于自己之前所作承诺的责任感要弱得多。一个多世纪以来，较之于其他因素，这个因素可能是导致人们批评企业拥有“不负责任的财富”的最主要因素；从赫伯特·斯宾塞开始，人们就一直在抱怨公司可能会做个人避免去做的事情。[73]

在这种情况下，允诺之道德力量的影响力日益衰落，尤其可以在民选

---

[72] See Michael Bernick, *Sunday Times*, 9 Nov. 1975. 牛津大学的一名美国研究生 Bernick 对此评论道：“高度的正派感：坚持道德原则，禁止违背允诺的行为……”

[73] *Supra*, p. 281; see too Sir John Macdonnell's *Notes on the Law Relating to Combinations*，该文是为托拉斯委员会（Committee on Trusts）准备的，并且作为附录放在了该委员会的《报告》（Report）中，Cd. 9236（1919），p. 31。

机构中看到。例如，一个新的市议会（city council）可能会觉得自身完全不受前任所签订之合同的拘束，特别是在合同是根据一项构成选举问题的政策而订立的情况下。1974 年，一个新的曼彻斯特市议会公开否定了其前任所做的、有关向现时租户出售政府廉租房的合同承诺的拘束力。尽管这些租户显然拥有无可争辩的法律权利，但是新议会仍然坚决抵制租户们的请求，而且一路打到了法庭上。他们先是在郡法院败诉了，然后又上诉到上诉法院，在这里他们又败诉了，然后寻求上诉到上议院，[74] 但没有成功。同样，在 1975 年，内伦敦教育局（Inner London Education Authority）拒绝
657 履行在 1972 年至 1977 年间向伦敦大学提供为期五年的年度资助的最郑重的书面保证。[75] 但是这个案子没有引起任何法律诉讼。

地方民选机构是这样，政府和部长更是这样。正如 Keynes 所说，“国家的代言人往往缺少个人最普通的美德”，[76] 而对允诺和合同之神圣性的信仰，是最不可能出现在那些代表国家行使权力的人身上的美德之一。在英国，公务员制度已经阐明了这样一项原则，即“高级部长的保证只有在该部长担任某一职位期间才能被视为是有效的”[77]。英镑（更不用说其他货币）贬值是如此频繁，以至于对固定汇率进行变动也不再被视为一种违约，而是被看作外汇市场交易人士的正常风险。而在 1975 年，Wilson 先生的工党政府拒绝承认自己受到前任政府所签署的郑重的国际条约的拘束，甚至把国家是否应当违反其条约义务的问题交给选民来决定。

如果公共机构、部长和政府都如此行事，那么个人更不太会被无偿允诺的道德力量所打动，也就不足为奇了。似乎毫无疑问的是，很多人实际上就如同行为功利主义者那般行事，好像允诺本身几乎没有或者根本没有给其履行该行为提供其他的理由；或者更准确地说，对他们而言，允诺好像只是一个需要和其他因素进行一并考虑的相关因素而已。例如，就劳工行动（industrial action）而论，工人或者其代表在申诉程序（grievance

[74] See *Storer* v. *Manchester City Council* [1974] 1 W. L. R. 1403；*Gibsonv. Manchester City Council* [1978] 2 All E. R. 583.

[75] See letter to *The Times*, 15 Feb. 1975，该信是大学法庭（university courts）主席写的，但是从来没有得到答复。

[76] *Economic Consequences of the Peace*（London，1919）, p. 59.

[77] See *Guardian*, 9 June 1975，其对官方的答复提出抗议说，在财政大臣公开保证不会再向船舶行业增加课税之后，船舶增值税仍然增加了。

procedures）中作出的任何允诺，对工人似乎并没有重大的影响，如果说不是完全没有影响的话。报社（或者一些报社）似乎越来越漠视他们作出的遵守“联合抵制”的允诺，即不在特定日期之前刊登新闻的允诺。[78] 更广泛而言，在道德态度和道德话语中似乎存在一种显著的倾向，即除了要审查以某种特定方式采取行动的任何允诺之外，还要审查支持采取行动的理由。总体的公平性似乎远比允诺这一单纯事实要更加重要。关于这一点，我们可以用 Stephen 法官在 1885 年《法律季刊》（*Law Quarterly Review*）创 658
刊号中所讨论到的人们对于一系列事实的态度对比来说明：[79]

> A 想购买一套有家具的房子，希望能在伦敦度过这个夏天。他与 B 达成了购买 B 之房屋的口头协议，在生活中 B 是他的朋友和同行，B 正要搬出伦敦。达成协议之后的第二天，A 被要求立即返回印度任职。A 因此无法占用房屋，他请求与 B 解除协议，我认为大多数处于 B 的位置的人多半会同意解除协议，因为他们没有实施协议项下的任何行为，B 也没有付出任何代价或者遭受任何不便。但是 B 拒绝解除协议。A 提醒 B 注意《反欺诈法》，并补充说，既然他已经作出了允诺，那么如需要的话他会履行协议，不管他对 B 的行为有何看法。在该案中（Stephen 总结到），我认为 A 履行了他作为一个正人君子的义务……

但是在现代读者看来，对一个维多利亚时代的绅士提出有关荣誉感的要求，似乎是一种过分的精致的要求——或者是在没有进行充分事实调查的情况下，将原则推向极端的结果。在本案中，既不存在信赖，也不存在利益的偿付。强制执行允诺的正当性只能通过该允诺已经让对方产生了期待而得到证明。毫无疑问，如果 A 撤销合同，那么 B 将会失望，但是与 A 因不得不遵守协议所承受的损失或者不便相比，这种失望似乎是微不足道的。很难相信，今天处于 A 的位置的大多数人对于用《反欺诈法》来逃避法律责任会有任何犹豫，或者对这种逃避法律责任的行为提出谴责。

现在，人们很容易就将这些变化看作“道德标准下降”的迹象，是“我

[78] See *The Times*, 16 Oct. 1976，报业委员会（Press Council）的调查报告。本案中的原告是内伦敦教育局（I. L. E. A），他们本身就是前述事情的过错方，*supra*。

[79] ‘Section 17 of the Statute of Frauds’, 1 *Law Q. Rev.* 1（1885）.

们所生活的堕落时代”的症状。这种看法可能是事实，即道德标准的确出现了这样的下降，而且（例如）当人们的短期利益需要违反允诺或者合同的时候（或者至少在有理由这样做的时候），较之于一个世纪之前，人们现在似乎更愿意这样做。如果是这样的话，这可能是因为与短期后果相比，人们不愿意或者无法对行为的长期后果给予足够的重视。也有可能是因为，文化水平的提高和民主的扩展导致大多数人要求在自己的案件中担任自己的法官的权利，一如凯恩斯和他的朋友们所主张的那样。[80] 但这绝不是人们态度转变的全部原因所在。因为人们可能用行为功利主义者的理由为允诺之道德力量的削弱进行辩护，即表面上看来良好的规则，不应当建立在
659 规则崇拜的基础之上。

由于我的研究主旨主要是历史性的，因此我不打算在本书中对这些争论的重要性进行全面的讨论，在此我也不能对有关经济效率的一些极其重要的问题进行讨论，这些问题可能与应当在何种程度上强制执行允诺和合同有关。在这里我只想强调，在过去一个世纪中，道德原则的力量，特别是允诺和合同之神圣性的力量的下降，不能仅仅作为道德标准普遍下降的一部分来进行解释。[81] 诚然，钟摆可能已经摆得太远了，但是也有理由认为，钟摆的显著摆动是有合理理由的。如下这些问题并非子虚乌有：即使在纯粹的道德意义上，允诺的神圣性在维多利亚时代被过分高估了；原则得到了过于严格的遵守，以至于不同的事实情况并没有被充分地区别开来；人们对于允诺值得被强制执行的原因关注得太少。

---

[80]　*Supra*, pp. 650-51.

[81]　进一步参考我的论文，‘From Principles to Pragmatism: Changes in the Function of the Judicial Process and the Law’（Oxford, 1978）。

第二十章　法律背景，1870—1970 660

第一节　法律与政策的分野

在本书第二部分我已经指出，直到19世纪中期，英国的法律和法律人都很易于接受法外因素的影响，尤其是受到了功利主义和政治经济学的重大影响。但是我也指出，到20世纪中期时，新的外部思想的影响逐渐终结，至少在这个意义上是这样的，即法官们不太愿意在他们的判决中公开讨论政策问题。从1850年左右起，形式主义现象在英国法律思想中占有越来越重要的地位。在前文中，我已经对形式主义的主要特征进行了概述，因为它影响到了英国法律，尤其是它涉及对法官造法权力的否定，对政策问题与法律问题关联性的否定，形式主义相信法律是一门对原则进行演绎的科学，相信通过严格的逻辑过程就可以找到法律问题的“真实”答案。它还涉及对法律概念客观真实性的信仰，例如，法律人开始认为，法律问题的答案取决于对法律概念的“真实”描述，如要约、承诺、对价、禁反言和各种各样的其他概念。这种观念，即法律概念和类型化仅仅是法律人可以用来作出一系列合理判断的工具而已，与其说被大多数英国法律人拒绝了，还不如说他们对此根本不感兴趣。而在这一发展过程中，不可避免地涉及外部因素或者思想体系对法律的影响在逐渐减弱。事实上，这部分是因为法律人再也无法在有关社会、政治经济或者道德原则的广泛理论中找到答案，他们越来越转向从法律本身去寻找答案。

然而，如果认为形式主义的兴起是一个简单或者清晰的过程，那就大错特错了，尤其是因为英国审判的传统风格在几个世纪以来几乎都没有发生什么变化。这意味着仅仅通过阅读判例汇编冷冰冰的印刷文字，是难以将作为形式主义者的法官和作为现实主义者的法官之间的差异描绘出来的。形式主义者和现实主义者往往都是通过类似的司法程序来为他们的判决进行辩护的；两者都普遍接受已成惯例的司法风格。如果说作为现实主

义者的法官更愿意在某些场合公开宣称他支持某些政策，那么作为形式主
661 义者的法官同样可能无意识地受到同一政策的影响。作为现实主义者的法官，为了使他的判决更符合其上诉法院同行的口味，也常常运用形式主义的方法。即使是形式主义者，其对于“正义”、“公正”以及“公平”理念的追求，也与现实主义法官别无二致，只是他们尽量避免公开讨论政策或者道德原则。其结果是，评估形式主义的影响变得极其困难，以至于即使在今天人们也不可能很有信心地断言说形式主义已经死亡，或者断言说大多数英国司法机构都已经对法律程序抱持着更具现实主义色彩的看法。这一切意味着英国法律形式主义的真正历史需要对法官的非司法话语和信仰进行大量的研究，而这样的历史还有待书写。在本书中，我只能满足于那些以有限证据作为支撑的一般性评论。但是，这个主题又不能完全被忽视，因为合同观念的发展受到了法律适用方法论的深刻影响。

有一些证据表明，形式主义直到第一次世界大战之后才全面开花结果。因为在第一次世界大战之前至少半个世纪的时间里，虽然法官和律师把他们的注意力局限于法律本身，而忽视了外面的经济学或者政治学上的观念和社会思想，但是法官们不害怕诉诸政策、公平，以及正义感，也同样是事实。例如，在合同法中，19 世纪 70 年代、80 年代和 90 年代的开创性判决在整体上看都是符合一般正义感的，虽然对这个问题进行概括是很困难的，但是这些判例中很少带有机械法学（mechanical jurisprudence）痕迹。[1] 即使在 20 世纪初，变化也是缓慢到来的。1921 年，弗雷德里克·波洛克爵士在其《合同法原则》第九版的序言中，指责美国学者在语言上过分坚持形式主义，其暗示这在英国不成问题：

> 学识渊博的美国人仍然不时地致力于进行这种勇敢的尝试，即简化合同法中的普通法规则，尤其是对价原则，使其达到严格的逻辑一致性。愚见以为，这个追求是错误的。法律规则的存在不是为了其本

---

[1] See, e. g., *Carlill* v. *Carbolic Smoke Ball Co.* [1893] 1 Q. B. 256; *Byrne* v. *Van Tienhouen*（1880）5 C. P. D. 344; *Henthorn* v. *Fraser* [1892] 2 Ch. 27; *Dickinson* v. *Dodds*（1876）2 Ch. D. 463; *Stewartv. Casey* [1892] 1 Ch. 104; *Hughes* v. *Metropolitan Rly. Co.*（1877）2 App. Cas. 439; *Lloyd's* v. *Harper*（1880）16 Ch. D. 290; *Redgrave* v. *Hurd*（1881）20 Ch. D. 1, though cf. *Turner* v. *Green*[1895] 2 Ch. 205 它确实有迹象表明，在非市场环境中市场原则被不加考虑地进行适用；*Cundyv. Lindsay*（1878）3 App. Cas. 459 更加有争议。

身，而是为了促进有关人类生活之事务的公正和便利；辩证法是他们目的的仆人，而不是他们目的的主人。毫无疑问，合理性是普通法的理想所在……；但是，正如我们英国人所理解的那样，理性领域还包 662
含着严格逻辑推理之外的许多东西。关于这一点人们还可以说更多，但对于大多数英语读者来说，这将是多余的。[2]

今天人们读到这些评论不免会有些惊讶，因为在 1921 年，美国法律人正处于他们的现实主义革命的边缘，而英国法律人即将比以往任何时候都要更深入地陷入形式主义的泥沼之中。但是波洛克自身的情况恰好说明了许多英国法律人使用了令人费解的精神分裂式的研究方法，正是这种方法推动了形式主义的发展。虽然他自己非常睿智、博学，以至于不相信机械法学，但是他的写作风格常常使他显得赞成形式主义的方法。然而，如果说他在 1921 年仍然可以说大部分英国法律人是不需要接受现实主义教导的，那么这一情况即将发生翻天地覆的变化。[3] 四分之三个世纪之后，英国法律人已经习以为常地认为法律就好像是一种自主的科学原则体系，他们以此为基础来进行案件的辩论和裁决，“某种机械理论是如此经常地被人们所阐述，那么它应当最终影响终审上诉制度的实际运作，而这是不可避免的”[4]，除此之外，我们还可以补充一点。

在两次世界大战间隔的这段时期里，人们见证了普通法在历史上最激动人心的一些思想发展——美国的现实主义革命，[5] 也见证了英国法的衰落。现在，法官们不仅操着形式主义的话语，而且他们如同形式主义的信仰者一样行事，并且许多法官无疑就是信仰形式主义的。这个时期的法官（与经济学家一样）似乎比以往任何时候都更加注重他们的纪律，可能是因为他们意识到旧的、根源于私营企业经济的社会秩序已经被毁坏，再加上还受到他们共同的道德先入之见的影响。普通法案件的法律推理似乎已

---

[2] pp. x-xi.

[3] 例如，Corbin 在 1930 年温和地指责英国法律人相信法律概念的“确定性”和客观真实性：‘Contract forthe Benefit of Third Parties’, 46 *Law Q. Rev.* 12（1930）。同时参见耶鲁大学新现实主义者之一的 Thurman Arnold 在评论 A. L. Goodhart 的论文 *Jurisprudence and Common Law*（Cambridge, 1930）, in 41 *Yale Law Journal* 318（1931）时所作的不那么温和的讽刺。

[4] B. Abel-Smith and R. Stevens, *Lawyers and the Courts*（London, 1967）p. 124.

[5] See general William Twining, *Karl Llewellyn and the Realist Movement*（London, 1973）.

经变成了一种机械性过程，在这一过程中，法律解决方案将从价值中立的法律原则中被提取出来。法律和政策彻底分离，至少在法律论证和法律辩护的观念表述（conscious formulations）上人们有意将两者区分开来。在这个时期，即使是那些涉及最重要的经济问题的判例，比如工业界中日益增多的限制竞争协议的合法性问题，以及联合抵制和受禁名单的合法性问题，
663 这些判例中的一系列判决，其所有的论点都不过是在概念的泥潭中的某些挣扎而已。[6] 涉及这种公共性质问题的案件是这样的，涉及纯粹私法问题的判决就更是这样的。在民法和刑法中，一系列劣质判决就是两次世界大战间隔期的标志。[7] 事实上，这是一个平庸的时代，在法律上是如此，在政治上也是如此。

司法人员的质量看起来明显低于维多利亚时代。在对法官的任命方面，也许没有人比 Halsbury 做得更糟糕了，他在 1897 年任命 Ridley 担任法官即是其例。而且最高职位上严重缺乏有能力的法官。因为在两次世界大战间隔期的大部分时间里，Lord Hewart 一直是王座法庭（Queen's Bench Division）的首席大法官，人们普遍认为，他是英格兰历代首席大法官中最糟糕的。他是一个差劲的法官，也是一个蹩脚的律师。与他同时代的 Ernest Pollock，在 1923 年作为 Lord Hansworth 成为掌卷法官，并在此期间的大部分时间里掌管着上诉法院，当他在 1919 年首次成为副检察长（Solicitor-General）时，（根据《英国人名词典》的说法）“他被任命为检察官是他交了好运”，而他被任命为掌卷法官，“是出人意料的，且遭到了新闻媒体和律师界相当大的批评……在法律上和智识上他都不如过去二十年里那个职位上的其他显赫人物”。而且还必须指出的是，两次世界大战间隔期中的大法官们总体上都是平庸之辈（尽管人们有不吝于过分赞扬他

[6] See, e. g., *Sorrell* v. *Smith* [1925] A. C. 700; *Thorne* v. *Motor Association* [1937] A. C. 797; the *Crofter*case [1942] A. C. 435.

[7] 例如，合同法方面的劣质判决：*Re Engelbach* [1924] 2 Ch. 348，这是一个令人难以置信的错误判决；*Upton on Severn U. D. C.*v. *Powell* [1942] 1 All E. R. 220; *Wyatt* v. *Kreglinger & Fernau* [1933] 1 K. B. 793（该案判决也许是受到了案件本身是非曲直的影响，而并不是像表面上看起来的那样是法官对案件的随意解读）；*Re Mahmoud* [1921] 2 K. B. 41（再一次，这些优点看起来要更加有争议）；*Vandepitte's* case [1933] A. C. 70; *Kreditbank Cassel* v. *Schenkers* [1926] 2 K. B. 450; *Houghton & Co.* v. *Nothard, Lowe & Wills* [1927] 1 K. B. 246; *Newsholme* v. *Road Transport Insurance Co.* [1929] 2 K. B. 356。刑法方面的劣质判决：*R.*v. *Wheat Stocks* [1921] 2 K. B. 119; *Duncan*v. *Jone* [1936] 1 K. B. 218; *Thomas* v. *Sawkins* [1935] 2. K. B. 249，以及其他许多判例。

们中的一些人的传统）。在这个时期担任上议院议长（Woolsack）的人中，Lord Haldane（可能是除 Lord Sankey 之外的）是唯一杰出的，与这个世纪最优秀的英国法官一样，他对法律的献身从来都不是半心半意的。

当然，有能力甚至很杰出的法官也是有的。上诉法庭的斯克鲁顿上诉法官（Scrutton L. J.），作为一名商务律师，[8] 享有很高的声誉，尽管作为一名初审法官，他很粗鲁且不受律师界的欢迎。但与本书研究目的更加紧密相关的是，斯克鲁顿不能理解合同关系中的消费者的观点。[9] 在他作为商 664
业律师的长期经历中，他几乎毫无例外地代表着商业客户，这一经历以及英国合同法的一般传统，使他完全用 100 年之前的古典经济学家们的观点来看待所有的消费者。他显然不是那种不阅读文件就签署文件的人，对于这样做的消费者他肯定也是毫不同情的。

在 20 世纪 30 年代的上议院，Lord Atkin、莱特勋爵（Lord Wright）和 Lord Macmillan 都拥有很高的声望，对于防止普通法完全陷入一成不变的保守主义泥潭，他们助益甚多。然而，他们工作的整体思想水准似乎是赶不上同时期的美国法官的。即便是莱特勋爵的崇拜者，要把他（例如）于 1936 年发表在《哈佛法律评论》（*Harvard Law Review*）上的文章 [10] 所展示出来的水准与 Fuller 和 Perdue 同年发表于《耶鲁法律杂志》（*Yale Law Journal*）上的文章 [11] 进行比较，那也是非常难为情的。从 20 世纪 70 年代的视角来看，即使是那些天赋异禀的法官，其中最杰出的例子就是 Lord Greene，似乎也滥用了这些天赋，而异乎寻常地执着于普通法的概念教条主义。格林是最睿智的法官之一，他如此致力于实现法律实证主义的理想，以至于他似乎不能区分正义与非正义。他是这种传统的化身，即法官不应与政治、

---

[8] 尽管他配不上 Llewllyn 对他夸大其词的颂扬，Llewllyn 形容他为“比 Mansfield 还要更加伟大的商事法官”和“一个世纪以来最伟大的说英语的法官”：‘On Warranty of Quality and Society’, 36 *Columbia Law Rev.* 699, 699-702（1936）。

[9] See e.g., *Newsholme* v. *Road Transport Insurance Co.*, *supra*，在该案中，被告是保险公司，它的推销员自己填写了申请表，法院认定此时他是被保险人的代理人。

[10] ‘Ought the Doctrine of Consideration to be Abolished from the Common Law？’ 49 *Harvard Law Rev.* 1225（1936）.

[11] ‘The Reliance Interest in Contract Damages’, 46 *Yale Law Journal* 52 and 373（1936）. 同时参见他们在关于对价的高级研讨会上的发言，刊载于 41 *Columbia Law Rev.* 777（1941）。

道德或者正义打交道，而只是不偏不倚地适用法律。[12]

正如我前面所言，人们无法确定形式主义时代是否已经结束。当然，在他们的公开讲话中，甚至在他们法庭职权之外的讲话中，法官们仍然倾向于强调法律和政策是两个完全独立的问题。迟至 1951 年，作为大法官的 Lord Jowitt 还公开坚称，法官关注社会和政治问题是“对法律人和立法
665 者各自职责的混淆”[13]，这让练达的澳大利亚法律界备感震惊。15 年之后，Lord Evershed 重申法律与政策的分离是“20 世纪公认的英国议会至上原则的本质含义”[14]。当限制贸易惯例法院（Restrictive Practices Court）在 1956 年成立时，它被授予的权限是裁决各种商业行为是否违反公共利益，审判长 Devlin 法官（当时他是审判长）在审理提交到该法院的第一个案件时，特别强调说该法院的职能与任何其他法院没有什么不同，都是“根据法律妥当的组织结构中的语句，基于已证明的事实，看案件是否落入这些语句之中”[15]。一些杰出的法官和出庭律师即使在担任法律改革委员会的委员时，也拒绝在 1957 年提出任何可能干涉合同自由的建议，因为“这些立法是否是可取的，（对他们而言）似乎是一个超出其职权范围的、广泛的社会政策问题”[16]。

但是在过去的一二十年中，至少出现了一场背离这种极端观点的重大运动。丹宁勋爵（Lord Denning）在法庭内外都毫不掩饰他自己的信念，即法官应当根据其政策观点来判决案件，而且事实上法官就是这样判决案件的，同时，判决就是为了证明先前根据政策作出的决定是正当的。尽管在丹宁勋爵早期的司法生涯中，对于他的非正统做法人们早早提出质疑，但是在他去世之前他已经看到了许多新的法官在赞同他的观点。其他法官虽

---

[12] 参见他在 *Re Legh's Settlement* [1938] Ch. 39. 44 中的这个格言，“必须坚决抵制以逃避【禁止永久权规则】的方式来解释语词的诱惑”，对此，唯一可能且充分的回答是，为什么？同时参见 the *Upton on Severn U. D. G.* case, *supra*, p. 633. n. 7, and *A. G. of British Columbiav.Esquimault & Nanaimo Rly. Co.* [1950] 1 D. L. R. 305, 311。

[13] See 25 *Australian Law J.* 296（1951）.

[14] ‘The Judicial Process in Twentieth Century England’, 61 *Columbia Law Rev.* P. 761, n. 1（1961）.

[15] *Re Chemists' Federation* case（1958）L. R. 1 R. P. 75, 103. 但实际上，Devlin 法官并不是一个形式主义者，这些话可能是他故意写出来的，目的是减轻人们对司法之作用的担忧。

[16] Report of the Law Reform Committee on *Exceptions and Conditions in Insurance Policies*, Cmnd. 62（1957）, para 12. 委员有 Lords Jenkins, Parker, Diplock, Gardiner, Sir Robert Megarry, A. L. Goodhart 教授（但并不是所有的委员都拥有这样的头衔）。

然基本上同意法院能够而且必须考虑政策问题，但是他们认为明智的做法是不要太明目张胆地宣布这一事实。[17] 不幸的是，后一种方法的困难在于它不仅鼓励一种冷漠的司法伪善，而且（更糟糕的是）鼓励以某种不针对案件实际问题的形式和实质提出法律论点。如果法官在他们的判决中要考虑政策问题，那么律师也必须相应地针对政策问题提出其论点。如果这种情况没有发生——还没有开始大规模发生——那么法官很可能就是以一种缺乏根据和不精细的方式对政策问题作出裁判的。

但是，正如我前面所指出的那样，在任何情况下，拒绝讨论政策问题这个行为本身就是一种有意或无意地倾向于某些政策的决定。在合同法领域，法院拒绝考虑公平问题，或者经济政策问题，确实会显著导致人们对 666
法律产生各种各样的偏见。例如，一开始就存在赞成合同自由的普遍的偏见，这使合同自由在 1850 年之后成为所有合同问题的起点。[18] 但是，除此之外，还有其他一些偏见在两次世界大战间隔期间变得特别明显，例如，反消费者（anti-consumer）的偏见，这种偏见有利于那些使用书面形式订立合同的人，这种偏见有利于像公司这样的机构而不利于个人，如股东，这种偏见支持合同自由而不是贸易自由，这种偏见支持惩罚违约者而反对使用任何自由裁量权去对惩罚进行公正的减缓。在 20 世纪 60 年代，尤其是 70 年代，所有这些方面，与两次世界大战间隔期间的情况相比，都有了明显的转变。正如我们将要看到的，无论法官是否有意识地宣示他们所追求的政策，在合同法的许多领域中，态度的变化是如此明显，以至于无需解释。

法律与经济的分野

正如我们已经看到的，在一般合同法形成的初期，人们有充分的理由认为法律人和经济学家对于对方的基本观念都是熟悉的，人们也有充分理由认为古典合同法的发展与古典政治经济学的发展是同步的。但是到 19 世纪 70 年代，法律人和经济学家的这种关联却迅速消失了。就法

---

[17] Lord Radcliffe, *Not in Feather Beds*（London, 1968）, p. 273.

[18] 在 1962 年，对于律师（以及其他人）而言，用合同自由来为无投票权的公司股票的发行进行辩护仍然是可能的，因为这些问题并不涉及公共利益问题。See the（Jenkins）Committee Report on *Company Law Reform*, Cmnd. 1742（1962）, para. 128-34. But cf. the *Minority Report*, ibid., p. 207.

律实务界而言，随着古典政治经济学让位给新古典经济学，这两个学科走向了截然不同的方向。在 1870 年之后七八十年的时间里，英国的律师和法官在很大程度上对经济思想一无所知。其结果是，在思考经济问题时，法律人往往会回到他们的前辈在 19 世纪上半叶学到的东西。这个倾向的典型例子就是 1920 年杨格上诉法官（Younger L. J.）（他绝不是一个平庸的法官）在 *Attwood* v. *Lamontv* 案[19] 中的判决，在该案中，他指出，与限制竞争协议有关的法律受到了经济理论的影响，并补充说："其现代发展是在'自由放任主义'经济学学派的阴影下成长起来的。"在杰文斯宣布放弃自由放任主义的 50 年之后，法律人仍然在将它当作一个相对现代化的发展。

667 但是，人们不会期待 20 世纪的法官会去学习经济学，至少在英国，是很少有法官会去学习经济学的。事实上，将在 20 世纪成为大法官的 R. B. Haldane，在他还是一名初出茅庐的年轻出庭律师和议员时，他写了一本名为《亚当·斯密传》(*Life of Adam Smith*)的书，[20]甚至他在这本书中也观察到，经济学已经趋向于发展成为一门专业学科，"每一个专家，如果想要做好自己的工作的话，就必须了解他所在专业部门所做的每一件事，（这样的话）试图将对人类事务的抽象调查与对人类事务的管理结合起来，肯定是不会取得显著成功的"[21]。J. A. Hamilton，即后来的萨姆纳勋爵（Lord Sumner），是 R. B. Haldane 的同时代人。Hamilton 在 1990 年被任命为法官，在 1912 年被任命为上诉法院法官（Lord Justice of Appeal），在 1913 年成为萨姆纳勋爵，同时继续担任上诉法院法官。作为法官，他具有很高的声誉，尽管人们现在对他的评价可能并没有他当时的声誉高，他对经济学的无知给英国带来了灾难性的后果，因为在第一次世界大战之后他被英国政府任命为三人赔偿委员会（three-man Reparation Committee）的委员。负责对德国人提出战争赔款要求的是萨姆纳和英格兰银行行长 Cunliffe——凯恩斯称他们是"天生一对"——他们要求德国人支付多达 240 亿英镑的赔款，正如凯恩斯所解释的那样，这是一笔德国人根本赔偿不了的巨款，除非德国将其出口扩

[19] [1920] 3 K. B. 571, 581.
[20] London, 1887.
[21] p. 96.

大到能够确保英国和法国的出口工业被彻底摧毁的程度。[22] 在很大程度上，萨姆纳和他的两位同事的不妥协态度要为最终的灾难性解决方案负责，该方案对未来造成了不可估量的损失。[23]20 世纪 30 年代及其以后的法官，特别是第二次世界大战之后这段时期的法官，开始对经济学显示出更强烈的兴趣。Lord Macmillan是20世纪30年代和40年代杰出的上议院贵族法官（Law Lord），在 20 世纪 20 年代他是金融与工业委员会（Committee on Fiance and Industry）（凯恩斯是该委员会的主要人员）的主席；Lord Radcliffe 在 20 世纪 50 年代是货币体系委员会（Committee on the Monetary System）的主席；1956 年之后，许多法官在限制贸易惯例法院（Restrictive Practices Court）中的工作经验，使他们在许多非常实际的问题上接触到了经济思想。

过去一个世纪里，在学术型的法律人中也发生了一场类似的运动。在 1870 年，虽然有一些（通常是兼职的）法律教席，但是学术性的法律职业几乎是不存在的。在贝尔法斯特女王大学，多年来一直有一个法学和政治经济学的联合教席，但这个机构所面对的是这样一个事实：由于没有足够的法学学生，所以不能证明设立一个单独的法学教授教席具有正当性，而 668
且人们也不认为设立一个多学科的教席是可取的。联合教席在 1909 年被取消了，当时人们设立了单独的法学教席。[24] 在其他的法学院，人们并没有认真尝试将法律和经济工作结合起来。对经济学有深刻理解的杰出学术型法律人是 John Macdonnell 爵士，他是伦敦大学比较法裘恩讲席教授（Quain Professor），也是几个皇家委员会的成员，1919 年他担任了托拉斯委员会秘书，同时也是《泰晤士报》的社论作者。但是 Macdonnell 并没有以任何专门研究法律与经济关系的文献的形式留下值得纪念的东西，这或许说明了这两个学科之间缺乏真正的联系。除了 Macdonnell 以外，在两次世界大战之间的那段时间里，C. A. Cooke 是少数几个研究法律—经济问题的法律人之一，他在牛津大学担任了多年的财务主管，而不是法学教

[22] See J. M. Keynes, *The Economic Consequences of the Peace.*

[23] Roy Harrod, *Life of John Maynard Keynes*（Pelican edn.），pp. 283-5. 萨姆纳是审理 *Roberts* v. *Hopwood* 案的法官之一 [1925] A. C. 578, see *post*，p. 668。

[24] 只有三个人曾经担任过这一教席，其中最著名的是托马斯·爱德华·克利夫·莱斯利（T. E. Cliffe Leslie）；see *supra*, pp. 612 and 638。

师。[25] 在一篇论文中他指出了这一事实，即英国法律人所运用的经济思想往往是“不一致甚至是混乱的”[26]，但是和 Macdonnell 一样，他对于法学教育和用于培养法律学生的法律著述并没有产生多大的影响。

对于法律和经济的分野，并不是每个人都感到遗憾。弗雷德里克·波洛克爵士虽是学术元勋，但是他本人距离学术职业的标准多少有点远，虽然他在 1911 年写道，“我们的普通法女士并不是一个公认的经济学家”[27]；但是总的来说，他并不认为这是坏事。他争辩说，如果法律人去研究经济理论的话，那么他们很有可能会误解这些理论；无论如何，经济理论都会随着潮流的变化而变化，如果法律人弄错的话，那么就有必要寻求议会来制定纠正性立法（corrective legislation），而这可能会让事情变得更糟。但这种态度的问题在于，就像所有那些试图采取价值中立的法律原则的人一样，法律中有足够多的经济观念的残余被传承下来，而让人们会对古典政治经济学的古老原则产生明显的偏见。（例如）*Roberts* v. *Hopwood* 案[28] 就揭示了这种偏见，在该案中，上议院不得不对波普拉自治市议会（Poplar Borough Council）向劳工支付远高于市场标准工资的行为的合法性进行审查。该自治市议会由工党（毕竟前一
669 年才组成第一届市政府）控制着，市议会决定实行它所认为的最低生活工资的工资支付原则，而不考虑市场因素、工会的要求，也不考虑其他地方当局或者国家当局的工资支付情况。有人认为，市议会无权以纳税人的利益为代价，支付这种误入博爱歧途的工资。当被用来说明部分法官的阶级偏见时，该判决较之于其通常看起来的样子而言，它还是颇具有说服力的。但这里需要指出的是，法官想当然地认为，支付工资的权力是以自由市场制度为前提的，在自由市场制度下，工资普遍是由市场决定的。他们的贵族身份使他们想不到还存在另一种固定工资制的可能性。

---

[25]　See ‘The Legal Content of the Profit Concept’, 46 *Yale Law Journal*436（1937）; ‘sLegal Rule and Economic Function’, 46 *Economic Journal* 21（1936）.

[26]　‘The Legal Content of the Profit Concept’, p. 437.

[27]　*The Genius of the Common Law*（New York, 1904）, p. 194. 但波洛克自己也承认读过马歇尔的《经济学原理》，在向 Holmes 推荐该书时他指出：“其比某些经济学家的著作具有更多的社会学意义”，尽管其中的有些内容“读起来枯燥乏味”：*Pollock-Holmes Letters*, i. 184。

[28]　[1925] A. C. 578.

另外，如果法官和律师们继续从古典市场体系的角度来思考问题，那么就不乏受到这样的指控，即现代法律人所欣然接受的经济学已经偏离了古典体系。大多数当代法哲学著作都“充满了陈词滥调，它们或者大肆宣称竞争具有自我毁灭的趋向，或者大谈特谈现代世界所日益增进的复杂程度创造了对‘计划’的需求。这些陈词滥调实乃是三四十年前人们迷恋‘计划’之热潮时期的产物”[29]。

> 就传播这种错误的经济学而言，在过去的一百年当中，是否还存在比老一代法律人对年轻一代法律人所给予的那种教导更有效力的方式，的确是颇令人怀疑的。老一辈法律人教导他们说，“无论是应当这么做或者那么做，原本都是必然的”，或者说，正是如此这般的情势使得采取某些措施成了“不可避免的”[30]。

这些评论是有说服力的，它们提出了一个有些令人沮丧的结论：法律人深化他们对于经济理论之理解的尝试，往往会让事情变得更糟，因为大多数法律人只会成功地理解到一两代人之前的正统经济理论。

法律与道德的分野

如果说自1870年以来，法律和经济学就一直在稳步分离的话——尽管人们近来尝试将道德和法律重新结合在一起——那么法律和道德之间的关系也出现了类似的，但并不完全相同的发展。这里发生的主要情况是，法律人已经放弃了将法律置于某种全面而连贯的道德哲学框架内的尝试。首先，对自然法的信仰已经消失了；其次，宗教的重要性下降了，这两者在道德观念日益显著的变化中都发挥了一定的作用。到19世纪晚期，宗 670
教信仰自由的第二次浪潮为思想和道德的世俗化铺平了道路；随世俗化而来的，不是一种世俗道德而是各种各样的世俗道德。

第一次世界大战对旧有社会秩序的破坏，又为所有这一切注入了新的动力。在两次世界大战间隔期间，也许直到20世纪60年代，这种道德多元化使法律人在处理有关婚姻和离婚、堕胎、淫秽、卖淫等问题时遇到了

[29] *Law, Legislation and Liberty*, i, pp. 68-9.

[30] Ibid.

极大的困难。这一变化不仅体现为一种日益增强的宽容态度，而且体现为道德上可以接受的观点越来越多。法律人已经抵制这场运动很多年了。在两次世界大战间隔期间，作为一方面的法律职业人士和法官，其既有的、官方的道德规范，与作为另一方面的更加自由的公众舆论的道德规范之间的鸿沟越来越大。这个鸿沟一直延续到第二次世界大战之后，直到 1960 年在查泰莱夫人情人（*Lady Chatterley's Lover*）案中，陪审团作出的裁决才将这一鸿沟摧毁掉。

在其他事情上，官方道德与公共道德之间的鸿沟可能就没有那么明显，但很明显的是，法律人非常希望避免从道德角度来讨论问题。正如经济和政治问题被认为与法律无关一样，法律人越来越强烈地宣称法律和道德是两个截然不同的问题。在 1870 年之后开始成长起来的新的法学院里，法律理论的教学在很大程度上由奥斯丁实证主义所主导，这一传统导致人们相信道德问题与法律问题是毫不相关的。在两次世界大战间隔期间，许多法律学者在这方面走到了拒绝讨论与法律有关的政策问题的地步。有人认为，如果讨论与法律有关的政策问题，那么就会失去"客观性"。学生必须坚定地抱持着这样的观念，"法律就是法律！法律就是法律！"而不是法律应当是什么，也不是在道德上，法律应当是什么。甚至在 1963 年，一部法学著作竟然公然宣称："道德与法律问题并不相关，这也许是一个太基本的命题以至于不需要重申，但奇怪的是，这些规则在实践中似乎经常被忽视。"[31]

法律人在道德多元化世界里所面对的困境，有助于解释现代法律中最惊人的现象之一，即决疑论的复兴、越来越不愿意确立一般原则、自由裁量权的扩张，以及根据所调查到的事实而不是根据法律决断来处理案件的做法。正如我们已经看到的，甚至允诺的道德神圣性在过去的一个世纪里，也显著弱化了。早在 20 世纪 30 年代，敏锐的美国学者就已经观察到，有关允诺神圣性的道德观念的变化对法律所产生的影响。例如 Morris Cohen 所提到的，当公众不再笃信所有的允诺都应当得到强制执行时法律人所面
671 对的困境，他宣称，这种情况已经存在了：

> 确实很值得怀疑的是，是否有许多人更愿意生活在一个完全僵化

[31] Ash, *Willing to Purchase* (London, 1963), p. 104.

的世界里，在这个世界里每个人都有义务严守他所作出的所有允诺，而不太愿意生活在现在这样一个更加可变的世界里，在这个世界里只要有一个模糊的公平比例就足够了。对于这种观念我们中的许多人都感到不寒而栗，即人们要受到每一个允诺拘束的观念，而不管这些允诺有多么的愚蠢，人们也都没有任何机会让增强后的智慧去消除过去的愚蠢。当然，对于那些并非全知全能的人之间的自由交往而言，某些改变自己想法的自由是必需的。[32]

同样，Corbin 在 1937 年也发现，"人们对合同义务的尊重严重下降，越来越多的人相信，如果履行或者强制执行允诺极为困难，或者要作出的努力和牺牲大大超过了允诺人在订立合同时的预期，那么违反允诺就具有社会的公正性和正确性"[33]。

相较之下，英国法律人与英国哲学家一样，往往看不到这些发展。他们宣称允诺已经不再绝对具有拘束力是错误的。只有在允诺中隐含着这样的内容，即在有关情况下允诺人不希望它发生拘束力，该允诺在出现这样的情况时才不会有拘束力。[34]

第二节　衡平法的衰落和自由裁量权的扩张

这些不断变化的道德价值观，与远离原则和迈向实用主义的一般法律运动是相一致的，这场法律运动发生在 1870 年以来的 100 年中，尽管这场运动大部分发生在过去的 50 年左右。正如 Otto Kahn-Freund 爵士所指出的那样，[35] 案例导向方法论（case-oriented methodology）传统或许往往使英国法律具有极强的决疑论色彩，但如果真的是这样的话，那

---

[32] 'The Basis of Contract', 46 *Harvard Law Rev.*553, 573（1933）. 这让人想起了乔治·爱德华·摩尔《伦理学原理》（reprinted Oxford, 1955）中的类似论述：p.111。

[33] 'Recent Developments in Contract', 50 *Harvard Law Rev.*449, 473（1937）.

[34] 在法律人中，合同落空原则中的"默示条款"理论仍然占据着支配地位。在哲学家中，Sir David Ross 发展出了一个极其类似的理论，*Foundations of Ethics*（Oxford, 1939），pp. 94-9。

[35] Introduction to Renner, *The Institutions of Private Law*（English translation, 1949, reprinted London and Boston, 1976），pp. 13-16.

么 1770 年到 1870 年的这个时期，就是一个与这一传统背道而驰的时期。正如我已经指出的，正是在这一时期，英国法官为了长远的考虑而放弃了短期的考虑，为了适用坚定的原则而放弃了仁慈和衡平的理想，为了法律的劝导或者威慑功能而放弃了冲突调整功能。这一过程的高潮是 1873 年至 1875 年的《司法组织法》，它标志着衡平法作为自由裁量正义
672 （discretionary justice）的一种独立源泉在实质上已经消亡了。现代法律人和历史学家往往都倾向于认为《司法组织法》是民事诉讼程序理性化的标志，甚至是衡平法最终战胜普通法的标志。但这是一个巨大的错误。事实上，普通法与衡平法的融合（人们认为在美国早就普遍地进行了这种融合），标志着"作为法律准则（legal standards）独立源泉的衡平法已经最终地和完全地消亡了"[36]。这在英国几乎也是事实，尽管这种消亡还没有被证明是最终的结果。

在人们对《司法组织法》进行辩论之时，衡平法对于普通法的这种根本上的从属性，被认为是对拟议中的两者之融合的主要反对理由之一。4 名衡平法法官将与 15 名普通法法官合并在一起，这遭到了凯恩斯勋爵（Lord Cairns）的反对。这难道不会导致普通法凌驾于衡平理想之上吗？[37] 事实上，在《司法组织法》通过之后的一二十年里，凯恩斯（Cairns）的担忧看起来是有道理的。正如一位当代观察家所说，许多普通法法官对于衡平法原则"有一种知识上的反感"，而且"毫无顾忌地将一些衡平法规则说成是不公正的规则"[38]。更有甚者，他们对于衡平法的无知达到了令人震惊的地步。这位观察家在 1882 年注意到，资深的普通法法官宣称"他完全不知道衡平法下的转让（equitable assignment）这种东西"[39]。在 1883 年至 1897 年间，Lord Esher 担任了掌卷法官，并因此掌管了上诉法院，但他通常只审理上诉法院民庭的案件，他是一个纯粹的普通法律师，"和他大多数同事一样，他偶尔也会对衡平法嗤之以鼻"[40]。但更重要的是，大法官

---

[36] Morton M. Horwitz, *The Transformation of American Law* (Cambridge, Mass., and London 1977), p. 265.

[37] *Hansard* (3rd series), vol. 215, col. 1266 (1873).

[38] *A Generation of Judges* (London, 1886), by W. D. I. Foulkes, published anonymously as by 'Their Reporter', p. 130.

[39] Ibid., p. 131. Grove 法官在当时是高级次席法官（senior puisne）。

[40] Veeder, 'A Century of English Jurisprudence 1800-1900' in *Select Essays in Anglo-American Legal History* (Cambridge, 1907-9), i. 815.

的角色发生了变化，而且作为一种上诉法院的上议院其人员组成也发生了变化。在《司法组织法》通过之前，大法官几乎都是衡平法律师，且在 19 世纪中期之前，大法官通常只审理一审案件。此外，作为上议院议员，大法官也要在上议院审理来自普通法院的上诉案件，由前大法官组成的法庭，来审理上诉案件一点都不罕见。但是，在《司法组织法》通过之后，所有这一切都迅速发生了变化。大法官现在完全不再审理一审案件，上议院也不再掌控在前大法官们的手里了。对于苏格兰、爱尔兰而言，与英格兰一样，新的上议院是其最高上诉法庭，这一事实使得这两个司法管辖区域都 673
必须各有一名上院法官（Law Lord），而其他职位则主要是由普通法律师担任，至少在早年间是这样的。事实上，对于上议院大法官而言，他们现在已经不再需要任何衡平法的知识了，Lord Halsbury 在世纪之交担任掌玺大臣将近 20 年，而他根本没有衡平法诉讼程序（chancery practice）的任何经验。他曾经犯过这样一个低级错误，他说，如果人们“意图”设立一个归覆信托（resulting trust），那么（就应该遵循）“通常和熟悉的模式，也就是用白纸黑字写下来”[41]。

普通法法官和衡平法法官在合同问题上的不同做法，在 19 世纪上半叶造成了他们对于合同的不同态度，这尤其表现在他们对于市场原则的不同做法上。普通法律师强调自由交易、公平交易（arms' length transaction）的市场理想，强调（例如）这一原则，即当事人应当依靠自己而不是完全依赖被告知的内容。而衡平法律师们自始至终都相信诚实信用原则，相信一个人有权信赖他所信赖的人或者他所信赖的人的陈述。这些不同的态度导致他们对于有关错误陈述的法律规定的不同处理方法，而人们最初就想在《司法组织法》中设置这样一个条款，其规定在这些问题上衡平法规则具有优先性。但是这一条款最终被从草案中删除了，而当《司法组织法》通过后，这个问题又引起了争讼，当著名的 *Derry v. Peek* 案[42]最终被提交到一群上院法官（a house of lords）面前时，其中竟然没有一个衡平法的上院法官。[43]难怪波洛克说林肯律师学院的所有人

[41] *Smithv. Cooke* [1891] A. C. 297, 299.

[42] （1889）14 APP. Cas. 337.

[43] Lord Halsbury, Herschell, Bramwell, Fitzgerald, and Watson.

都认为该案的判决是错误的。[44]*Derry* v. *Peek* 案的判决并不仅仅是普通法对衡平法的最终胜利，而且还是合同法中市场原则的最终胜利。通过将欺诈限定在可能的最狭窄的范围内，上院法官们在该案中坚持认为，那些在市场中做买卖的人有义务依靠自己的判断，而不是依靠另一方当事人的陈述。该案的判决也代表了一般原则对“意图在个案中实现正义或
674 者‘所谓’的正义”的胜利。[45]

正如后文我们将要看到的，其他一些态度上的差异在《司法组织法》颁行之后的数年里还仍然存在，尽管一些出庭律师已经开始在高等法院的两个法庭执业了。但是眼下，我只需要注意到这一点就可以了，即到了 19 世纪 90 年代左右，普通法对于衡平法长期保持的优越地位已经步入尾声。就上议院的人员组成而言，对 Lord Macnaghten（1887 年）和 Lord Davey（1894 年）的任命大大加强了衡平法执业律师的代表性，尽管直到 Lord Haldane 在 1912 年成为大法官之后，另一个衡平法律师才坐上上议院议长的宝座。而其他法官的任职，如 Jesesel、Cotton、Fry 和 Lindley，也有助于保持衡平原则在上诉法院的存在，到 19 世纪末，有一些迹象表明，《司法组织法》让衡平法所遭受的危险已经被消除了。

然而，与合同自由原则相冲突的衡平法规则还是继续受到法院严厉打击许多年。例如，迟至 1891 年，在承租人未征得房东同意即转租房屋的棘手案件中，衡平法自由裁量权（equitable discretion）才被用来对承租人被剥夺租赁权之后果进行减轻性救济。[46]没有迹象表明转承租人（underlessee）不是一个完全可以接受的承租人，也没有迹象表明如果寻求房东同意的话，他会拒绝同意转租；但是法院仍然支持剥夺承租人的租赁权，其理由是这里并不存在“错误”，而只有遗忘（forgetfulness）。在 20 世纪早期的一系列重要案件中，有关抵押的法律也被重新审议过。这些案件的结果是，以牺牲传统的干预抵押人和抵押权人之间关系的衡平法管辖权为代价，朝着维护合同自由的方向迈出了重要的一步。[47] 现代的观点——或者说如果这个

---

[44] *Pollock-Holmes Letters*，i. 215.

[45] Lord Bramwell，14 App. Cas. at p. 352. 说明普通法对衡平法原则的态度所产生的影响的另一个例子，see *Speight* v. *Gaunt*（1883）L. R. 9 App. Cas. 1，在该案中，Lord Blackburn 似乎难以理解这样一种观念，即一个无偿受托人违反信托也可能要承担责任。

[46] *Barrow* v. *Isaac & Son*[1891] 1 Q. B. 417; see too *Wallis* v. *Smith*（1882）21 Ch. D. 243.

[47] *Bradley*v. *Carritt* [1903] A. C. 253；*Kreglinger* v. *New Patagonia Meat Co.*[1914] A. C. 25.

观点在 1850 年被采纳的话，那么它看上去还是比较现代的——是帕克勋爵（Lord Parker）在 1914 年提出来的："竟然要求法院在行使其衡平法管辖权时，协助进行如此不公平的诉讼以至于要否定一项公平且合理的交易，这令人颇为吃惊。"[48] 当然，一切都取决于法院愿意在多大程度上审查交易的公平性和合理性；如果事实的确显示交易是公平且合理的，那么就没有理由对交易进行干预，衡平法也从来没有干预过公平且合理的交易。但是这些案件反映了普通法的这种态度，即合同之所以被认为是公平且合理的，仅仅是因为合同是双方当事人协商一致达成的；这至少是上诉法院在 1939 年得出的结论，当时它支持了这样一项商业合同，该合同约定了一项 40 675
年内不可赎回的抵押权。[49] 格林勋爵在该案中的论述很可能会得到 100 年前的帕克财税法官的赞赏：

> （相反的）判决……从我们的观点来看，将会不正当地干涉商人订立最符合其自身利益之协议的自由，并且会对这些协议课加法院所规定的"合理性"检验，而没有考虑到案件所涉商业的实际情况。[50]

不清楚为什么合理性检验会与案件所涉商业的实际情况相背离；这样的检验必然会涉及对商业实际情况的参考，如果按照相关的商业标准判断（本案似乎就是这样），该交易事实上是合理的，那么判决本身就是足够良好的。

我并不是说，所有这些涉及商业组织之间抵押权的判决都是不合理的，也并不是说在这些判例中，衡平法管辖权为确保结果公正而进行干预就必然是可取的。显然，这在很大程度上取决于被寻求援引的衡平法管辖权的范围——控制苛刻和不合理交易的管辖权是一回事，推翻明确的交易条款而对将要支付的对价进行微调的管辖权则是另一回事。然而，我的确认为，这些判决反映了衡平法自由裁量权的日渐式微，这种持续衰微过程贯穿了整个 20 世纪上半叶，也许只有在最近十年，情况才有了一些改观。只有

---

[48] *Kreglinger* case [1914] A. C.47.

[49] *Knightsbridge Estates Trust* v. *Byrne* [1939] Ch. 441，基于不同的理由对结论进行了重申，[1940] A. C. 613。

[50] [1939] Ch. at 454.

1973年的 *Shiloh Spinners Ltd.* v. *Harding* 案，[51] 上议院才强调重申了对剥夺进行救济的衡平法管辖权，尽管其在措辞上仍然坚持认为要对合同权利给予应有的关注。西蒙·格莱斯丹勋爵（Lord Simon of Glaisdale）在这里指出，*Barrow* v. *Issac & Son* 案[52] 是坚持严格合同自由原则的 *Hill* v. *Barclay* 案[53] 的自然结果。

> 我必须说（他继续说道），在我看来，这似乎表明人们要放弃衡平法，并表明 *Hill* v. *Barclay* 案的足迹通向的是一个法律荒漠……在过去的一百年里，我们看到有许多例子表明，把合同权利和义务视为神圣不可侵犯的和可以排除其他因素的立场已经有所放松了：尽管这些例子并没有强迫人们要遵守衡平法——当然还没有达到推翻既有先例的程度——就不受这些先例拘束的法院而言，它们至少采取了一种更
> 676 加自由的和有更广泛基础的立场。因此我认为，对于剥夺和惩罚的救济，衡平法拥有一种不受限制的和不受拘束的管辖权。[54]

在这里，我没有引用自 *High Trees* 案[55] 以来的允诺性或者衡平性禁反言规则，来作为衡平原则复兴的证据。这些发展是普通法通常发展的一个例证，它们并没有体现出衡平原则的特别之处。除了丹宁勋爵在一两个判例的某些判决附带意见外，[56] 在这类先例中，没有任何迹象表明，判决结果应当由自由裁量权而非固定规则来决定，也没有任何迹象表明法院正在擅自赋予它自己一项可以推翻明确的合同目的（contractual intent）的管辖权。事实上，有理由认为，这里的现代发展其实更符合普通法思维——其赋予合同目的以完全的优先性——而与衡平原则不那么一致，因为衡平原则更关注交易的公平性。[57] 但是这并不意味着我不认同这些发展的实质内容，尽管我希望它能采取一种更为简单的形式。

---

[51] [1973] A. C. 691；see too *Ebrahimi* v. *Westbourne Galleries Ltd.* [1973] A. C. 360.

[52] *Supra*，p. 674，n. 46.

[53] （1811）18 Ves. Jun. 56，34 E. R. 238；*supra*，p. 414.

[54] At p. 726.

[55] [I947] K. B. 130.

[56] See，e.g，*D & C Builders* v. *Rees*[1966] 2 Q. B. 617，625；*W. J.Alan & Co.* v. *El Nasr Export and Import Co.* [1972] 2 Q. B. 189，213.

[57] See *supra*，p. 440.

但是除了旧有衡平原则的复兴之外，实际上还存在另外一个重要发展，其可以追溯至 19 世纪的最后数年，而且它在过去的几十年中（或许在两次世界大战间隔期内有过停滞）一直在积蓄力量。因为，如果至少作为独立的法律规则和理念之来源的衡平法，在很大程度上已经随着《司法组织法》的颁行而消亡的话，那么它已经最终被司法自由裁量权（judicial discretion）现象所取代了。过去整整一个世纪，特别是第二次世界大战结束以来，司法自由裁量权的性质和范围都有了巨大的发展。基于案件的全部情形，决定什么是公正与公平的权力已经成为司法程序中常见的组成部分。随着自由裁量权之重要性的提高，规则和原则的重要性就不可避免地下降了。毫不夸张地说，在某些领域除了自由裁量权外根本就没有规则。例如，现代的继承法实际上赋予了法官在分配某人的遗产时可以做任何他认为公正的事的权力。该人法律上的或者事实上的（或者两者兼具）妻子、孩子以及其他当事人的诉求，都留待司法自由裁量权去权衡，而这需要对事实进行最仔细的审查。婚姻存续的时间长度、配偶对婚姻和家庭财产所 677
作的贡献、父母和子女之间的关系、特定子女的特殊需要，所有这些以及其他更多的因素都需要在此类判决中加以考虑。很明显，议会事实上作出了这样的判断，即实际情况的多样性太过巨大以至于它们是不可能被一般的规则和原则所涵盖的。

但继承法仅仅是众多领域中的一个而已。在其他领域中，自由裁量权也在显著增强。特别是在合同法领域，在“临时性的”（‘ad hockery’）和事后回溯式（ex post facto）的判决中，人们可以看到一种迈向自由裁量权的趋势正在通过各种方式形成。例如，不再实行惩罚性赔偿和惩罚性后果的趋势日益明显，人们也越来越认为法院的职责纯粹就是对实际损失进行填补。债务监禁从 1869 年《债务人法》开始逐渐消失，到《1970 年司法行政法》（Administration of Justice Act 1970）时彻底废除，这一过程与合同案件中惩罚性赔偿的逐渐减少是相适应的。事实上，上议院在 1909 年时就判决说合同性的损害赔偿不应当包含任何惩罚性因素，[58] 因此我们可以说，合同法现在主要关注的是平息纠纷，或者在发生冲突之后收拾残局，而不是指导未来的行为。同样，经常会产生惩罚性赔偿的“不可分合同规则”（‘entire contract rule’）的式微，也表明了同样的发展趋势。与 1890 年

[58] *Addis v. Gramophone Co.*[1909] A. C. 488.

以前经常发生的情况一样，今天的商人也不大可能仅仅为了给对方一个教训而提起违约诉讼。[59] 当然，这种趋势并不是始终如一，法院判决惩罚性损害赔偿的案件仍然时有发生，这种损害赔偿（尽管名义上不是惩罚性损害赔偿）似乎有意是为了影响未来的缔约当事人的行为。例如，在 *Farvis* v. *Swan Tours* 案 [60] 中，法院判决向一个失望的游客就其“幸福感损失”进行损害赔偿，该判决的动机似乎是出于对度假之虚假宣传手册的粗心制作行为进行惩罚，与此极为相似的是，*Carlill* v. *Carbolic Smoke Ball Co.* 案 [61] 的判决，其目的似乎是制止粗心大意的或者欺诈性的广告。同样，*Bolton* v. *Mahadeva* 案 [62] 的判决——不可分合同规则被引入到现代——可能受到了惩罚这种承包商之愿望的影响，这些承包商没有为消费者提供合理服务。但是，总体趋势显然是反对将合同法用于此类目的。

在许多其他方面也可以观察到同样的趋势。例如，从条件 / 保证
678 （condition/warranty）二分法转向事后确定是否违约后果足够严重以至于拒绝履行合同是正当的；[63] 在有关公共政策的判例中，已经出现了一种不考虑长期趋势的“倾向”；[64] 甚至有人建议，如果有关邮寄承诺的规定会造成“显著的不便和荒谬”，那么该规则可能就不能被适用；[65] 法院存在这样一种明显的倾向，即放弃援引固定的法律规则来解决诸如错误或者合同落空等合同问题，转而将“合同解释”作为解决这些问题的首选方法。[66] 从《1973 年货物供应（默示条款）法》[Supply of Goods（Implied Terms）Act] 开始，“适销品质”（‘merchantable quality’）的法定定义只不过是要求法院事后确定买方有权期待得到的质量标准。法定的自由裁量权继续在增加。现在已经被《1974 年消费者信贷法》所取代的《1938 年租购法》，第一次授予了法官在出租人（hirer）违约时修改租购合同的权力；自那时以来，

[59] See Lord Alverstone, *Recollections of Bar and Bench*（London，1914），pp. 20-1.

[60] [1973] 2 Q. B. 233.

[61] [1893] 1 Q. B. 256.

[62] [1972] 1 W. L. R. 1009.

[63] See, e. g., *Hong Kong Fir Shipping Line* v. *Kawasaki Kisen Kaisha* [1962] 2 Q. B. 26；*Reardon Smith Line Ltd.* v. *Hansen Tangen* [1976] 3 All E. R. 570.

[64] *Fender* v. *Mildmay* [1938] A. C.1，12-16.

[65] *Holwell Securities* v. *Hughes* [1974] 1 All E. R. 161，166.

[66] 进一步参考，P. S. Atiyah，‘Judicial Techniques in the English Law of Contract’，2 *Ottowa Law Rev.*337（1969）。

对于合同落空、虚假陈述的责任，以及货物或服务供应合同中免责条款的效力等问题的处理，制定法也赋予了类似的，虽然并不总是非常广泛的自由裁量权。[67] 当然，支付利息和费用方面的自由裁量权一直都是司法程序的一部分。

在前面几章中，我已经谈到了原则的衰落和向实用主义的迈进，在这之后就没有必要对法律中的这些趋势再作过多的解释。很明显，在今天的大多数合同诉讼中，法院认为其自身的职能与其在事故诉讼（accident litigation）中的职能是一样的。情况未达到预期效果，合同的履行或多或少出现了意料之外的差错。或许是发生了没有预料到的事情，或许是合同的履行义务较预期过于繁重。因此，法院的职责就是平息纠纷，收拾残局，基于案件的全部事实找到一个公正的解决方案；法院并不关心判决对于未来行为的影响；法院也没有把自身的主要职能看作为公民制定良好行为规范、鼓励公众偿还其债务或者履行其允诺。 679

人们必须谨防夸大其事。正是因为许多普通的债务催收或者合同强制执行并没有什么争议问题，所以这些例行其事的案件都是通过诉诸无异议的半行政程序进行处理的。同时也因为这些案件并不占用太多的司法时间，也不在《法律汇编》或者学生的考试用书或教科书中占据太多空间，所以它们的重要性是可以被忽视的。例如，如果债务人在传票被签发之前不付款，那么他将必须支付传票的费用，以及随后的任何法律费用，现在仍然是这样；无论这些法律程序背后的意图是什么，其结果仍然具有惩罚性。这一结果可能并不是坏事；因为如果不履行债务没有任何附加惩罚，那么人们就很难理解为什么在法庭执行官（bailiff）上门之前，人们都应该清偿债务。但是有迹象表明，甚至是这种性质的惩罚也越来越受到抨击。虽然（可能是）没有人认为债务人应当被免除传票的费用，但是仍然有人认为应当取消为强制清偿债务而施加的其他类型的惩罚性制裁。例如，大学生迫切要求废除大学在学生没有还清欠款之前拒绝授予其学位的权力；并且人们已经（通过行政的方式）采取措施削弱燃气与电力局（Gas and Electricity Boards）对拒绝付账的消费者停止供气和供电的权力。

在这里，我意在描述这种趋势，而不是去评价它；但是一旦人们感知

[67] Law Reform (Frustrated Contracts) Act 1943; Misrepresentation Act 1967; Supply of Goods (Implied Terms) Act 1973; Unfair Contract Terms Act 1977.

到这种趋势的程度，就很难不去怀疑它的后果。如今，只有很少人愿意为硬性规则的适用进行辩护，而否定各种不同标准的自由裁量权。对于法律上的这种趋势大学教师也负有责任，因为他们在三四十年间，几乎总是全力支持司法根据案件的具体案情伸张正义，而不是去制定普遍适用的规则或原则。但是他们可能反映了公众在这些问题上的看法，媒体也显示出对“行为功利主义”的强烈坚持。报纸、电视或电台的评论员在讨论这类问题时，从来不问规则是否公正，而只看特定的结果是否公正。而且，就法官们而言，议会和法院之间不断变化的关系也为这一趋势的发展不断注入强大动力。正如人们所普遍认为的，议会的职责是为公众制定行为准则；法官的职责是裁判具体案件。但是议会本身也参与推动了从原则转向自由裁量裁判的运动。对于固定规则——行政的和司法的固定规则——被自由裁量权所取代，许多立法都是有责任的。

680 最终，试图在每个个案中实现正义的尝试所造成之结果弊大于利的时刻总是会到来的。[68] 例如，在合同法中，对债务人的同情如果转化为更少的制裁，或者更宽松的惩罚，那么必然会推高借贷成本，甚至使人们完全无法获得贷款。“如果人们知道即使他们没有上车火车司机也会开走火车，甚至几秒钟都不会耽搁……那么很少会有人错过火车。”[69]

---

[68] See P. S. Atiyah, ‘From Principles to Pragmatism: Changes in the Function of the Judicial Process and the Law’ (Oxford, 1978).

[69] Duncan Kennedy, ‘Form and Substance in Private Law Adjudication’, 89 *Harvard Law Rev.* 1685, 1698.

第二十一章 合同自由的衰落，1870—1970 681

第一节 古典合同理论的确立

正如我们已经看到的，到1870年时古典法已经达到了其成熟形式。合同理论的模式在很大程度上是被法院发展出来的，其在此模式的基础上附加了适用于特定交易的具体关系与具体规则。一个具有两个主要特征的一般合同法已经形成。第一个特征：合同模式是建立在自由市场交易的经济模式的基础之上的；第二个特征：合同主要被视为一种市场规划（*planning*）工具，也就是说，其以完全待履行合同为合同之典范。待履行合同的模式是如此强大，以至于即使当合同的实际成立过程与模式不一致时，律师也倾向于把这个过程概念化为两相一致的过程。因此，对于部分履行了的甚至是全部履行了的交易，律师仍然将其看作是与该种模式相符合的。法律义务的来源仍然被看作源自创设了合同的共同意志行为（mutual acts of will），即使当双方已经给予并接受了某些现实利益，或者已经实施了信赖行为的时候，情况也是如此。此外，合同一旦订立即具有"拘束力"，而不需要其他什么东西。诚然，在某些特定情况下（例如，市场价格没有变化），违反这样一个有拘束力的合同并不会产生实质性后果，如果该合同仍然是一个完全待履行合同的话，但这是属于损害赔偿法的问题，与合同的成立或性质并不相关。当然，最重要的是，这种模式蕴含着这样一种观念，即合同的后果完全取决于当事人的意愿，合同后果并非法院所强加的。法院不为当事人订立合同，也不随意调整或变更当事人已经约定好的条款。交易的公平性与公正性不在考虑之列。

但是，如果说在1770年至1870年的100年时间里成长起来的判例法中，所有这一切在很大程度上都是隐含着的话，那么，如果它要在接下来的一个世纪中在不断变化的世界中幸存下来，它就应当被明确地表达出来。这个模式必须被明文写下来并被赋予某种规范形式。这是教科书作家的重要

职能，（我认为）在古典模式的内容在很大程度上已经消失殆尽之后，这
682 些作家的作品在保存古典模式的影子方面仍然扮演着重要角色。在 19 世纪 70 年代左右，合同理论的古典版本被转化为一系列重要书籍，这些书籍在接下来的几百年里对英国合同法思想产生着持续而又重要的影响，或者，也确实可以说这些作家在坟墓中仍然在规制着我们。这些作家也是有其先驱的，如鲍威尔、Chitty 和 Aiddison，在大变革发生之时他们都在坚持写作。其中有些著作经过适当编辑，继续泽被后世多年，有时候它们的名字仍然留存至今。但是，随着马丁·利克（Martin Leake）的著作第一版于 1867 年出版，新的合同著作随之发生了深刻变化。利克是第一个纯粹撰写合同法总则，而将有关具体合同的法律排除在外的作者，而且他还是第一个在古典合同模式真正确立起来之时撰写合同法著作的作者。正如我们已经看到的，他是第一个将罗马法上对"真正的"事实上的默示合同与准合同的区分融入英国法律的作者，以此取代普通法上对明示合同和默示合同的固有区分。

然而，比利克的著作更有影响力的是波洛克（1875 年）和安森（1879 年）的新著作。不同于他们的前辈，这些作家都是学者。他们都是知识渊博之人、创立学说之人，此处不是在贬义上使用知识渊博一词——该词的贬义现在仍然只与执业律师（practitioner）相关*，此处的创立学说则是在人们更能接受的传统意义上使用的；从某种意义上说，他们都是理论家，他们都试图创建理论性的、系统性的法律原则框架，具体的法律判决都可以适用这个框架。他们还精通罗马法，至少波洛克非常熟悉现代民法法系国家如法国和德国，并且对美国法律的一些发展情况也了如指掌。当这些人开始撰写合同法著作时，他们并不愿意遵循传统英国执业律师的这种方法，即不对杂乱的判例进行合理的整理或分类，或者最多只是按诉讼形式对判例进行分类。他们发现"不存在以某种形式详细分析合同法的学究式传统，其促使读者通过适用实体法的一般原则去找到解决问题的办法，在这些原则之下，凌乱的生活事务被涵摄到假设的、超然的交易类型之下，人们对这些交易类型本身进行分析，并将它们的法律后果以一种系统形式

---

* 在英国法庭上，一方律师通常用"我知识渊博的同行"（'my learned friend'）来称呼对方律师，故人们通常就用这一称呼指称律师，但常常是在贬义上使用这一称呼。——译者注

呈现出来”[1]。他们发现有必要开始建立一个新的合同法结构。在某种意义上，是他们真正创建了我们今天所知的一般合同法，因为是他们构想出一般合同法，并且将隐藏在判例中的许多内容清晰地阐发了出来。在这个过程中，他们大量向（正如法院正在做的那样）罗马律师借鉴，向波蒂埃借 683
鉴——至少波洛克是这种情况，向现代大陆法系的法学家，尤其是萨维尼借鉴。我们仍然要将我们的合同法结构中的一般概念归功于这些作家；也就是说，这是一套有关通过当事人自身的行为去成立、履行和消灭合同义务的规则。我们将现代英国教科书的编排归功于他们，其以合同的成立为教科书的开篇，以损害赔偿为结尾——而两者之间并没有明显的关联。我们现在仍然倾向于用意志论来构造大部分规则和学说，这也归功于他们。我们要将大部分合同法的概念力量归功于他们；对于人们对这些概念的客观真实性的信赖——要约、承诺、对价等——即使这些概念不是这些作家创造出来，他们也对这种信赖的产生具有极大的助益。

在所有作家中，最有影响力的是威廉·安森爵士（Sir William Anson）。安森是新牛津大学学者（new Oxford academics）之一，他成长于古典传统之中，有短暂的律师生涯。他的《合同法原则》（*Principles of the Law of Contract*）一书出版于1879年，这本书被明确用来满足想要获得新的牛津大学法律学位的学生的阅读需求，该学位创设于1872年。在这本书第一版的前言中，安森写道，这本书阐述的是“自始至终规范合同关系的一般原则，我试图展示的是”，他补充道，“如何订立一份合同、其效力是什么、如何解释其条款、如何履行合同、合同是如何终止的”。在该书的目录中很容易就能看出这是现代教科书对这些主题的处理方法。在简短的前言之后，该书的第二部分包括了这样几章：要约与承诺、形式与对价、行为能力与合意的真实性（其中涉及错误、虚假陈述、欺诈、胁迫和不当影响）。第三部分涉及的是合同的相对性和合同转让，第四部分是关于合同解释的，而第五部分涉及合同的履行。在该书第五版（1885年）的序言中，安森更全面地解释了该著作的性质和目的，并且与利克和波洛克进行了对比，当他第一次写作该书时，利克和波洛克的著作是该领域最重要的著作：

[1]　A. W. B. Simpson, ‘Innovation in Nineteenth Century Contract Law’, 91 *Law Q. Rev.* 247, 251（1975）.

> 利克先生从状师办公室（pleader's Chamber）的角度出发把合同看作是提交到状师办公室的诉讼对象。他可能会问："该合同可能是一种什么类型的合同？然后——什么是我必须要证明的？我可以通过什么防御来实现目的？"波洛克先生讨论的是引发我们称之为合同的那种法律关系的模式。他从订立协议的当事人之外的局外人的角度来观察合同，并告诉我们如何才能订立合同，哪些构造上的瑕疵会使合
> 684 同无效。[2]

他接着补充说道——这并非无关紧要——他从利克那里获得了最多的信息，而波洛克则使他"走上了他自己的路"。

安森的这本书毫无疑问是很成功的。对于大学生来说，该书并没有真正的竞争者，在超过 20 年的时间里该书每年销量大约 1000 册。到该世纪末，该书已经发行了九版，销量超过两万册。[3] 根据 Brierly 在《英国人名词典》（*D. N. B.*）中对安森的描述，其著作的成功源自它"引导大学生关注一般原则，回避了令人生疑的或特殊的判例，以及具体合同的独特情形"。

对于初学者来说，波洛克的著作比安森的著作要困难得多，并且大学生们也较少使用波洛克的著作。但无论按何种标准，它都是一本非常成功的著作。在 60 年的时间里（在这整个时期里它一直都是由波洛克自己编辑的）这本书出版了十版。它是《司法组织法》（Judicature Acts）颁布之后出版的第一本合同法著作，因此它试图对普通法和衡平法进行解释，尽管如此，由于本书具有丰富的学问，因此本书所阐述的内容本质上都是古典合同模式的内容。当然，你可以从中看到，从第一版开始，待履行合同成为典范。合同现在实际上是协议的同义词，或者至少是协议的亚种。波洛克说道："每项不动产转让都包含了一个协议……乍看之下这颇令人吃惊……但是，如果举个例子，说通过赠与方式进行的不动产转让包含了一份协议，这只不过是说不能违背一个人的意志而将所有权强加到他身上，那么就很好理解了。"[4] 这个观点是英国合同理论上盛行过且至今仍然盛行的观点，其盛行程度之高，以至于英国律师将不动产转让看作一种合同，

[2] 5th edn.（Oxford，1885），p. vi.

[3] 我很感激牛津大学出版社的 P. H. 萨克利夫（P. H. Sutcliffe）提供的这个信息。

[4] 1st edn.（London，1875），p. 3.

或者将已履行之交易看作一种协议。

从同时期开始，还有其他一些更具法理性的著作，它们也为古典形式的合同理论贡献了它们的支持。Markby 的《法律的要素》（*Elements of Law*），于 1871 年第一次出版，书中关于合同的讨论完全取自于萨维尼，并且意志论在其中占据着支配地位。他接受并赞同萨维尼对合同的定义，即“数个人的、决定了他们法律关系的意思表示一致”[5]。然后他试图把这一定义融入同步外汇交易（simultaneous exchange transaction）中，并不无道理地说道，“英国作家对这一点并不十分清楚”[6]。尽管有一些疑虑，但是他大体上接受并赞同已履行交易是一种合同。Holland 出版于 1880 年的《法理学》（*Jurisprudence*）采用了类似的阐述方式，并且也显然受到了萨维尼的 685
影响。他首先将法律行为定义为“私人（private individual）意志的一种表达”[7]，然后接着指出，这样的一个法律行为可能是单方法律行为或者双方法律行为，“这里存在两个或两个以上的、产生合同效力的意志的合致”[8]。值得注意的是，在其著作的前言中，Holland 注意到了英国律师心理习惯变化的迹象：“对综合性观点的厌恶和对外来思维方式的漠视，不再能够被认为是英国人的民族特征。”

尽管英国执业律师和法官常常轻视但并非蔑视学者，可正是这些作家对后来合同思想的发展产生了极大的影响。到 20 世纪 20 年代，大量的出庭律师甚至法官，都是通过安森和波洛克的著作才第一次接触合同法的，并且形成了“教材中的法是严格的法”（‘taught law is tough law’）的传统。任何具有法律教学经验的人都不会怀疑法律概念对于法科学生心灵的控制力量。一旦掌握了某些总体模式中的一系列概念，学生自己往往不能看到客观事实本身，除非通过概念过程来观察该客观事实。事实和事件不再被算作自然发生之事，而是自然地陷入概念的黑洞之中。事实上，普通英国人的观点，即认为法律教育的作用是“教学生像律师一样思考”，在很大程度上表达的就是对这种训练形式的期望。学生学习凭直觉描述事物的特征并将其类型化，而没有充分地意识到其中所涉及的心理过程；但经常决

[5] 1st edn.（Oxford，1871），p. 79.

[6] Ibid.，p. 80.

[7] 2nd edn.（Oxford，1882），p. 86.

[8] Ibid.，p. 88.

定某个案件结果的往往是最初的分类行为，而结论似乎是用不可动摇的逻辑从事实中推导出来的。正是新教科书发起了这种训练与教育的模式，其至今仍然是大多数英国法学院的教育传统。Markby 在他的《法律的要素》[9]一书中明确指出，在一个大学中，法律必须被作为一门科学来讲授，或者至少“作为一套能够被系统安排的原则的集合，其不只是建立在权威的基础之上，而是建立在合理的逻辑推论的基础之上的”。这里存在悖论，因为正如我们已经看到的，波洛克本人（这对安森也可能同样适用）远不是一个纯粹的形式主义者。但是下一代的法学学者——他们在两次世界大战期间以及“二战”后的数年里在法学界占据着主导地位——似乎在很
686 大程度上都是形式主义者。大体上来说，他们都很平庸。[10] 例如 Sir Percy Winfield，他凭借其对法律教育的服务而获得了爵位并因此拥有很高声誉，但他在很大程度上执着于他的形式主义道路。他似乎认为合同和侵权之间的区分存在一个“真实的”基础，且他的小书《准合同法》（*The Law of Quasi-Contract*）（1952 年出版）表明了，他坚信存在“真实的”准合同，其区别于伪准合同（pseudo-quasi-contract）。第二次世界大战后，Cheshire 和 Fifoot 的《合同法》在很大程度上取代了安森在法学教科书中的主导地位，其强化了形式主义进路。

当然，很难衡量法律教师和法律教科书对法官及其法律判决的影响。但是有充分的理由相信，在合同这个特定的领域，此影响是相当大的。其证据主要是这一事实，在古典合同理论模式已经被削弱，并且该模式在广泛特定情形中已经被背离了之后，法院依然长期使用教科书所推崇的古典合同理论模式。虽然越来越多的证据显示，合同原则的这种一般结构并没有继续在实践中得以运用，但是这并没有严重影响到人们对合同法一般原则的信任趋势。值得注意的是，直到 1870 年，立法活动对合同自由造成了极大的实质性侵害，并且这种侵害的规模从那时起一直在持续不断地扩大。其结果是，特别的制定法规则现在几乎适用于每一种普通合同，例如货物销售合同、分期付款买卖合同、各种形式的消费信贷合同、雇佣合同、

[9] 其第一版的序言，第 10 页。

[10] 关于对两次世界大战之间的牛津大学法学老师温和的批评，参见 F. H. Lawson, The Oxford Law School 1850-1965（Oxford，1968），Chapter V。这个时期唯一一个展示了对美国现实主义法学的性质有一定理解的人不是一个律师，而是哈罗德·拉斯基（Harold Laski）。

租赁合同、股权合同、运输合同——无论是陆运、海运、空运还是货运或客运，等等。此外，现在制定法条款本身经常就具有普遍的适用性，这与合同理论的古典模式有很大的出入。例如，在过去十年里（以及战争期间的其他时期里）价格控制的广泛运用，已经使合同古典模式的一些最基本的假设变得荒谬。同时，还出现了一些新型的关系，其是准行政关系而非合同关系，如消费者和燃气、电力与电话服务供应商之间的关系，这些关系也不符合古典模式。即使在传统学说似乎仍然控制着法律判决的时候，律师（和其他人）的法律实践也经常让传统模式显得过时。例如广泛应用 687
于实践的房屋买卖“预备协议”（preliminary agreement）——今天的“以合同为准”（‘subject to contract’）的协议——已经实质性地改变了这类完全待履行协议的强制执行性。所有这些发展的结果虽然并没有让古典合同法消亡，但是作为一种残存的规则体系，其在实践中很少被适用。合同的**一般法**（似乎）开始变成“剩余的法、五花八门交易的法，以及收纳其他地方无法处理的事宜的杂物袋（rag-bag）和断尾犬（bob-tail）”[11]。即使在商业组织之间进行明确交易的情形下，标准商业模式的发展以及法外强制执行方法的发展，也严重地动摇了古典法。在理论上，合同自由仍然是合同法的根本基础，但在实践中合同自由却被削弱了，并且作为一种价值它也不被人们所接受。

在某些领域中，这些发展可能更加具体。前文我们已经看到，在 19 个世纪，关于公平价格和公平工资的观念在社会价值体系中再次变得非常重要，后面我将会指出，这些观念在实践中也对法院的实际判决产生了重大影响。但是对于合同古典模式而言这些观念还是很陌生的，合同的古典模式仍然构成了法律的正统表达。

到 19 世纪末，法律学者（尤其是美国的法律学者）开始担心古典合同模式与对价原则之间的关系。首先，在这两派学者之间存在争议，即一些人认为获益或者损害都是充分的对价，而另一些人则认为只有损害才是充分的对价。到 20 世纪初，主流观点转而支持那些认为损害是唯一对价的人。[12] 但是，美国律师坚持认为，只有可预见的损害才构成对价；后来，

---

[11]　R. S. Summers, ‘Collective Agreements and the Law of Contracts’, 78 *Yale Law Journal* 525, 565（1969）.

[12]　K. C. T. Sutton, *Consideration Reconsidered*（St. Lucia, Queensland 1974）, p. 18.

他们还认为，如果人们对于允诺的信赖是未经请求或者购买（unrequested or unpurchased）而形成的，那么该允诺就不具有可诉性。无论如何，这是大多数学者的观点，而 Corbin 在 20 世纪 20 年代和 30 年代费尽心思才让他们相信司法判决并不是如此局限的。[13] 接着是对先在义务（pre-existing duty）问题的争论。对一个人来说，允诺做他已经有义务要做的事情是否是一个充分的对价？[14] 但是，相对于围绕着双务待履行合同而展开的大规
688 模学术论战而言，所有这些都只不过是一些初步的小争论而已。因为，在这些小争论中，一些知识渊博的学者逐渐产生了这种想法，即双务待履行合同很难与对价的传统定义相符。在人们不知道一项允诺是否有拘束力之前，该允诺如何能够被看作一项获益或者损害？[15] 天空开始颤栗了。是否所有的待履行合同的法律规则都可能是建立在一个谬误之上的？能否争辩地说，这些合同并非“真正”具有拘束力，因为相互的允诺实际上并不会构成获益或者损害？甚至（正如我们已经看到的）连并没有采用过于严格形式主义的波洛克，都认为待履行合同的拘束力的性质是“普通法的一种秘密悖论”[16]。

对于那些采用本书所呈现出来的历史解释的人来说，是不存在什么秘密悖论的。人们可以从历史中找到对这个问题的解释。现代双务待履行合同被确认之前，获益基础责任和信赖基础责任（benefit-based and reliance-based liability）就已经存在很长时间了。但是双务待履行合同被承认的过程是一种繁杂、凌乱的转变过程，涉及我前面已经解释过的意愿、对价以及损害赔偿规则等新观念。如果说在所有这一切中都存在悖论的话，那么直到 19 世纪末律师才开始意识到对价原则的传统解释，与古典合同法、双务待履行合同的根本基础已经不再一致了。

但是现在双务待履行合同被确认之后，律师开始认真思考对价是否真的必要。如果在没有任何实际获益或损害之信赖的情况下，作为合同典范

[13] See Corbin, ‘Some Recent Developments in Contracts’, 50 *Harvard Law Rev.* 449（1937）.

[14] See Williston, ‘Successive Promises of the Same Performance’, 8 *Harvard Law Rev.*（1894）; Ames, ‘Two Theories of Cinsideration—I’, 12 *Harvard Law Rev.* 515（1899）.

[15] See Ames, ‘Two Theories of Cinsideration—II’, 13 *Harvard Law Rev.* 29（1899）; Langdell, ‘Mutual Promises as Consideration for Each Other’, 14 *Harvard Law Rev.* 496（1901）; Willistion, ‘Consideration in Bilateral Contracts’, 27 *Harvard Law Rev.* 503（1914）; Ballantine, ‘Mutuality and Consideration’, 28 *Harvard Law Rev.* 121（1914）.

[16] 30 *Law Q. Rev.* 129（1914）, book review.

的双务待履行合同，仍然通常都会被强制执行，那么整个对价原则就都可以被摒弃了。到了20世纪30年代，英国的律师准备好公开讨论“废除”对价原则了。[17] 事实上，在有机会废除对价原则的时候，法律修订委员会（Law Revision Committee）却在困难面前畏缩不前，而且还限制了其过去对书面允诺的支持。[18] 但是，“激进”观点——其似乎仍然处在19世纪30年代的激进思想的影响之下——并不令人满意，晚至20世纪60年代和70年代，英国法律委员会才准备认真考虑废除全部对价原则。在这里我要 689
指出的是，废除对价原则的提议源于合同古典模式的传统力量，古典模式仍然影响着许多法律思想。英国律师在进行理论推演的时候［比如起草新的《合同法典》（Contract Code）］仍然倾向于拥抱合同的古典模式、合同自由等价值观念。在这一模式中，一个意志行为就足以产生法律责任，因此这里根本没有任何保留对价原则的理由。然而，在实践中，废除该原则将是一个完全违背事态实际发展趋势的举动。正如我将在第二十二章中指出的，在过去的100年中，获益基础责任和信赖基础责任的重要性又重新受到重视，与此同时，在各种各样的法律情形中，通过各种各样的法律方法和实践方法，完全待履行合同的责任已经被削弱了。如今，废除对价原则——让一个人为他毫无根据的言辞承担责任——将是对某种进化过程（an evolutionary process）的一次非同寻常的逆转。此外，废除对价原则可能是以某种过时的教条为基础，而不是以这样一种信念为基础，即社会的道德观念表明社会需要这种改变。如果维多利亚时代的英国无法使它自己承认允诺的神圣性达到这样的程度，以至于无对价的允诺也可以成立一个有拘束力的合同，那么在过去一个多世纪里人们已经见证了允诺神圣性观念被削弱了以后，如果我们又将这种被削弱了的变化带到今天，又会产生怎样的悖论呢?

由于篇幅所限，对于“废除”对价原则的提议所引起的概念混淆，我在这里无法进行全面评述，但是至少在一点上我必须做适当分析。我们已经看到，在抽象层面上一个有拘束力的合同概念是没有意义的，因为拘束力存在不同的程度。完全待履行合同只在有限的范围内具有拘束力，因此

[17] See Lord Wright, ‘Ought the Doctrine of Consideration to be Abolished from the Common Law？’, 49 *Harvard Law Rev.* 1225（1936）.

[18] *Sixth Interim Report*, Cmnd. 5449（1937）.

（例如）在信赖和履行之前即通知撤销允诺的情况下，损害赔偿将受到限制，如果市场价格没有发生改变的话甚至根本就没有损失。那么在对价原则并没有表明一个无对价的待履行允诺（gratuitous executory promise）有怎样的拘束力的情况下，我们应当提出什么样的废除对价原则的提议呢？“废除”对价原则很可能意味着，承认了违反无对价允诺（gratuitous promise）时对方当事人获得全部期待损害赔偿的权利，因为如果只赋予当事人获得信赖损害救济或者恢复原状救济（restitutionary remedy）的权利，那么几乎就不存在“废除”对价原则的问题。但是，赋予对方当事人这样一种权利、承认当事人对于无对价允诺拥有如此巨大的期待权，将导致对无对价允诺的强制执行会比现有的许多具有强制执行力的允诺更加严格。还应当补充说明的是，主张废除对价原则的人是这样提出其论点的，他们认为古典合同法模式是理所当然的，而在古典合同法模式中，非交易性的信赖利益本
690 身就是不受保护的。[19] 正如我们前面所看到的，古典时期的特征之一就是人们认为（但法院并不都是如此认为的）只有交易性的交换（bargained-for exchange）才构成有效的对价。现在法院已经开始，尽管是犹豫不决和小心谨慎地认识到需要对信赖利益进行更强有力地保护，这让“废除”对价原则的必要性变得更加微弱了。

关于法律学者对现代合同理论的影响，第二个与之相关的例证是，“意图建立法律关系”的“理论”的产生。在现代，这被公认为是法律的组成部分，即如果当事人“不愿意”建立或变更法律关系，则他们所缔结的协议不是一个有拘束力的合同。但这个概念在 19 世纪基本上是不为人知的。一般来说，19 世纪的法官，在面对当下我们所讨论的这个问题时，都会援用对价原则，或者认为当事人没有作出允诺、承诺的意愿。如果一个人不想要拘束自己，那么他就不可能作出允诺。但是波洛克从萨维尼那里借用了创设法律关系之意愿的概念，并用它来解释为什么（例如）社会契约（social engagement）不是一个具有法律拘束的合同。Williston 反对波洛克的发明，称对价是对合同责任的一种非常充分的检验，除此之外不需要其他检验。他接着说道，波洛克该理论存在的唯一证据是，“出现了这种案件，

[19] Thus Lord Wright, ‘Ought the Doctrine of Consideration to be Abolished from the Common Law？’ at pp. 1253-4 举出了这样一些允诺的例子，即基于对价原则，这些允诺被认为是不可强制执行的。

即在这种案件中虽然既存在对价也作出了允诺，但是由于当事人没有考虑过法律关系，因此该允诺不可强制执行”[20]。英国法官对 Williston 的挑战及时作出了回应。在 1919 年，Lord Atkin 在 *Balfour* v. *Balfour* 案[21]中借鉴了波洛克的观点并对其提供了司法支持。从这里开始，该理论逐渐被引入法律，尽管援引这个理论并成功地否认合同有效性的例子还是少见的。

关于古典模式影响思维，甚至影响政策决定的第三个例子出现在《反欺诈法》中。正如我们已经看到的，《反欺诈法》在其历史背景下容易被理解为是阻碍待履行合同发展的一种手段。如果一个待履行合同属于该法第 4 条或第 17 条所规定的情形，则只有在书面情况下该待履行合同才能够被强制执行；但是部分履行（或者，在货物销售合同中其他类似的行为）——即该交易已经部分被履行了——是一个充分的替代方案。在古典时期的鼎盛阶段，《反欺诈法》显然是不合时宜的。它与意志论和政治经济学是相冲突的，因为根据它们的规定，当事人可以因为一个纯粹的待履行合同没有书面形式就可以逃避该合同的责任。它与维多利亚时代 691
绅士的荣誉感也是相冲突的，我们已经看到，在 1885 年，Stephen 法官呼吁废除这些规定。[22]但这些规定在 1885 年并没有被废除，法律修订委员会在 1937 年再次呼吁将它们废除，但依然没有成功。直到 1954 年，法律改革委员会才认可这项建议，《关于合同强制执行的法律改革法》[the Law Reform（Enforcement of Contracts）Act] 才最终被通过。如果我对历史的分析是正确的，那么这个发展是很奇怪的。古典时期结束之后已经过了 75 年，议会开始要求以书面证据作为消费者保护的一种方式之后至少已经过了 100 年[23]（即使我们忽略《反欺诈法案》本身），现在竟然出现了这样一种法律，即一个人会被要求对一个数量没有限制的完全待履行的货物销售合同承担责任。而在这种情况发生的时候（正如我们将要看到的），一般来说，信赖基础责任和获益基础责任以牺牲单纯的允诺基础责任为代价，获得了更大的保护。对这个问题的解释，肯定可以在让古典合同模式所延续下来的动力中找到，也可以在律师公开承认信赖基础责任（以及获益基础责任）

[20] ‘Consideration in Bilateral Contracts’, 27 *Harvard Law Rev.*503, 507（1914）.

[21] [1919] 2 K. B. 571.

[22] *Supra*, p. 658.

[23] 参见第十六章中许多有关阻碍合同自由的案例，在这些案例中，合同的书面形式是消费者保护的一种方式。

强制执行失效的趋势中找到。事实上，在根据这些有关货物销售合同的制定法规定而提起诉讼的案件中，最后的诉讼案件之一是 *Marcel*（*Furriers*）v. *Tapper* 案[24]，它不是一个完全待履行允诺的案例，而是一个涉及实际信赖（actual reliance）的案件，尽管它并不是一种不受《关于合同强制执行的法律改革法》规范的案件。这是古典合同模式效力的体现，律师似乎仍然将允诺基础责任的建立看作保护信赖利益的最佳的（或者唯一的）方式。

最后一个例子说明了合同古典模式的延续性生命力，尽管它的基础在各方面都在崩溃。合同的古典模式，尤其是当它在教科书中比在判例法中被更清晰详细阐述的时候，在合同性义务和非合同性义务（contractual and non-contractual duties）之间划出了一条比以前存在的分界线更加稳固的分界线。在本书的第二部分，我提到了很多案例和事实情况，它们表明，即使在 19 世纪中期，实际的判例法也只是慢慢地区分出了合意性义务与非合意性义务（consensual and non-consensual duties）。[25] 这也应该不会让人们感到吃惊。一个人同意某种安排的性质和范围，在不同的案件当中存在巨大差异，由合意产生的义务与法律所强加的义务两者之间的清晰界限，也
692 必定是一种人为的界限。但是，教科书对这个问题的阐述却采取了更加黑白分明的方法。其认为义务或者是根源于当事人的合意，或者是源自法律的强制。Winfield 在其《侵权法教科书》（*Textbook of the Law of Tort*）（第一版出版于 1937 年）中对侵权责任的著名界定，就是基于这样一种观点，即在法律强加的义务和当事人课加给自己的义务之间划出一条稳固的界限来是可能的。在 20 世纪，这样做的一个结果就是在难以适用古典模式正统提法的案件中，对合同责任的范围施加限制。而 19 世纪的法官们毫不费力地就对一家铁路公司课加了责任，因为该公司毫无预警地取消了其列车车次，或对一个拍卖人课加了责任，因为他在拍卖广告上表示将毫无保留地（without reserve）出售其货物，[26]20 世纪的律师开始不将这些结果看作“真正的”合同。当时他们的一个反应是认为这些案件被错判了，但总的来说，近来的律师更普遍地反应认为它是一种非合同性（non-contractual）

---

[24] [1953] 1 W. L. R. 49.

[25] *Supra*, pp. 416-17, 460-2, 501 *et seq.*

[26] *Supra*, pp. 460-1.

责任。例如，在 *Nagle v. Feilden* 案[27]中，原告向赛马总会（Jockey Club）申请培训师许可证而未成功，因为赛马总会当时制定了一项拒绝女培训师的政策。原告律师首先试图对合同条款提起诉讼。他认为赛马总会已经默示地向世界提出了接受人们许可证申请的要约，而这项要约必须被合理地理解为包含了一项默示协议，即赛马总会不得任意或随意地拒绝颁发许可证。一审时此案被认为毫无胜诉希望而被驳回，上诉法院对原告律师所提出的合同论争同样不满意，然而法庭也毫无怀疑地认为，应当对赛马总会课加不得任意作为的责任。在判决中，上诉法院审理该案的所有法官都驳斥了拟制合同的荒谬观点，但是仍然作出了支持原告的判决，因为她至少有理由要求被告对她负有一种并非根源于合同的责任。我不需要分析原告胜诉的确切理由。更加有趣的一点是，为什么合同诉请竟然会因为其是完全拟制的而被否定。答案是显而易见的，因为法官所抱持的合同概念在根本上根源于合同的古典模式。事实上，法庭指出，合同责任是基于当事人的意志；在这里，被告并没有承担责任的意愿，因此这里就不可能存在合同责任；但尽管如此，被告仍然被课加了责任。如果人们认为合同责任的性质远比当事人意志要宽泛得多，如果人们认为责任通常是获益基础责任或信 693
赖基础责任，如果人们认为法律无论如何总是给当事人强加包括合同责任在内的法律责任，如果人们认为这些法律责任是基于各种不同原因而被强加的，如果人们认为合意的要素或协议的要素在该案中只是一个相关因素，那么本案中的合同论争显然并非毫无根据的。只有当一个人从一开始就对合同的性质抱持着成见，那么这种论争才可能是毫无根据的；进而，只有这种先入之见是从合同的古典模式的明确表述中而不是从实际的英国判例法得出来的，那么这种争论才是毫无根据的。

第二节 古典合同法的失败

合同的古典模式，尽管它以一般原则的形式延续至今，但却是失败的。在某种意义上，这种失败已经是极为明显的了，因为在 1870 年时议会已经颁布了大量干预合同自由的制定法，这些制定法对合同自由的干预我在本书第十六章中已经论述过。但是，有理由认为，在 1870 年，古典模式

---

[27] [1966] 2 Q. B. 633.

的一般性质仍然与正在适用的法律的实际情况在本质上是一致的，而且制定法干预合同自由的情形（制定这些法律的议员通常就是这样看待的）对于合同自由与“自由放任主义”的一般原则而言仅是例外。但是，正如我们所看到的，在1870年之后，继续用干预的例外性质（exceptional nature）来解释议会在干预方面的所作所为，逐渐不被人们所接受。当然，在现代世界，许多人认为政府和议会的职责几乎是无限的，而那种认为社会是由合同自由来规范、国家只在有限的情况下“干预”合同自由的想法是荒谬的。在这一节中，我将略为详细地分析合同古典模式失败的具体原因。在相当大的程度上，这些原因在我从经济理论的角度已经发现的问题中同样可以找到，也就是说，这些原因是这样一些情形，即古典模式不能有效处理外部效应（externality）问题、垄断问题和其他市场失灵问题，以及消费者无知（consumer ignorance）问题。

合同自由与第三人

古典模式失败的最明显的例子之一是合同或协定几乎不考虑第三人的利益。从最早的时候起，普通法院就没有充分考虑到双方当事人调整他们合同关系的自由程度可能会对第三人的权利产生影响。即使合同本身看起来似乎与当事人之外的任何其他人无关，但几乎在每一个案件中，至少潜
694 在地涉及两类第三人。首先涉及的是当事人潜在的继承人，他们通常也受到合同的拘束，同时也有权享有合同的利益；其次涉及的是当事人潜在的其他债权人的利益，他们的权利可能因合同一方当事人手中的资产耗尽而受到影响。就当事人的潜在继承人而言，这个问题根本从来就没有被认为是一个合同问题。就此而言，这只是一个关于财产权范围和遗嘱自由范围的问题。正如我们所看到的，在古典理论鼎盛时期，财产权往往被视为是绝对的，而遗嘱自由通常与合同自由一样备受青睐。其结果是（除了其地产被严格的地产授予制度所束缚住的非常富有的人之外）缔约当事人通常能够通过行使合同自由和遗嘱自由来控制他们的遗产继承。合同当事人死亡后，基于该合同仍然可以对他的财产进行强制执行，就像在他生前对其财产强制执行一样；由于不存在家庭财产权的概念，因此这就意味着其家庭成员的利益将劣后于债权人的利益。此外，值得赞赏的是，这种劣后关系只在单纯的债权人期待权（mere expectation rights of the creditor）范围内适用，但不限于债权人的信赖性或返还性权利（reliance or restitutionary

rights）。严格的地产授予制度的存在，以及拒绝执行完全无对价允诺，代表着对家庭利益劣后于债权人利益的一些限制；但是这个问题从来没有被提出来过，即是否单纯的期待利益也不能排除家庭利益，而现在人们讨论废除对价的时候，人们也没有对这个利益冲突引起充分的重视。也许更令人惊讶的是，这个问题却常常出现在涉及无对价或准无对价允诺（gratuitous or quasi-gratuitous promises）的案件中，因允诺人死亡，而他的继承人拒绝承认受到该允诺的拘束。[28]

合同一方当事人与对方当事人实际的或者潜在的债权人的利益调和是更为重要的，至少在经济上是更为重要的。一方当事人企图让自己取得对于对方当事人的财产的某种形式的担保权，从而可以让他对抗其他债权人或破产受托人，这可能会产生各种各样的法律问题。公平地说，这个问题总体上从来没有被法院所承认。在 19 世纪下半叶，这个问题尤其与卖 695
契（bill of sale）、期后取得财产（after-acquired property）的抵押权以及保留赊销商品之上的担保权（security rights over goods sold on credit）相关。在这些情况下，法院几乎一致地维护合同双方当事人对他们之间权利的有效确定（determine effectively），以及对他们对抗第三债权人（third party creditors）的权利的有效确定。例如，在 *Holroyd* v. *Marshall* 案[29]以及 *Tailby* v. *Official Receiver* 案[30]中，上议院认为，债务人能够有效地为债权人在期后取得财产上设定担保（charge over after-acquired property），当他后来取得该财产时，该担保就对他手中的该财产产生了限制，如此即确保了债权人对抗债务人其他债权人利益的优先权。事实上，在第二个判例中，法庭一再强调，合同当事人的债权人的权利与当事人本身的权利并没有什么区别。因此合同有效地决定了第三人的权利，即使该第三人与当事人没有达成合意，甚至当事人根本没有意识到该第三人的存在。诚然，法院对这一原则设置了这样的限制，即以这种方式寻求优先权的债权人，必须为他所请求的权利实

[28] 关于英国的判例，see，e. g.，*Shadwell* v. *Shadwell*（1860）9 C. B（n. s.）159，142 E. R. 62；Re Soames（1870）13 T. L. R. 439；Re Hudson（1885）54 L. J. Ch. 811。类似于 *Dillwyn* v. *Llwewllyn*（1862）4 De G. F. & J. 517，45 E. R. 1285 的由允诺人死亡引起的有关信赖利益的判例呈现多样化。美国和加拿大也有许多这样的典型判例，这些判例引出了这样的问题，即无对价但又产生了信赖的允诺是否具有可强制执行性。

[29] （1862）10 H. L. C. 191，11 E. R. 999.

[30] （1888）13 App. Cas. 523.

际支付对价，换句话说，如果债权人的请求仅仅是基于某种期待，那么他对于债务人手中的财产，就不能要求（claim）优先于其他债权人。[31]但即使如此，优先权的范围是如此之大，自1854年以来一系列的《卖契法》(Bills of Sale Acts）都对优先权进行了限制，《卖契法》在许多情况下都对优先权提出了登记要求。虽然结果仍然是合同可以有效地限制第三人的利益，但是现在第三人至少有机会通过查询登记簿来确定自己的地位。

与赊销商品有关的交易也出现了类似的问题，在赊销中卖方可能试图保留担保权。只要合同自由被认为几乎是绝对的，这就是一件相对容易的事情，因为卖方只需要在他的销售合同中明确约定，只有支付全部货款货物的财产权才发生转移，如此对第三人有拘束力的担保权就被保留了下来。财产权很容易就被合同性的“意愿”所操控，这对第三人的利益构成了严重的威胁。于是，在《1889年代销商法》(Factor Actor 1889）中议会的干预再次出现，该法主要是应对这种商业实践对商业活动的威胁而制定的，在这种商业实践中卖方以保留货物财产权的方式在货物上设立担保。尤其当货物是通过权利凭证（document of title）进行销售的时候，例如进口货
696 物在到达之前就已经通过出售提单的方式被出售了，那么卖方所保留的权利可能对商业活动产生重大威胁。善意接受提单并以其作为出借款项担保的银行业者，可能完全不知道在先前的交易中卖方已经保留了其对货物的所有权。《代销商法》的颁布就是用来保护银行业者的。但是在其他情况下，传统的合同自由观念在这些案件中仍然可能损害第三人的利益。事实上，最近的一项判决在商业领域引起了人们的广泛关注，因为它对第三人可能产生潜在的影响。[32]

在采用相同担保机制的第三个领域中，在长达半个世纪里合同自由仍然得以保持而免予议会的干预。在19世纪最后十年中律师发明了分期付款买卖合同，基于这种机制，出售消费品（consumer goods）的卖方在货款被付清之前对货物保留着担保权。在这里，正如前面提到的案例一样，承认合同自由就必须赋予债权人这样一种权力，借由这种权力他可以给自己

[31] 在这一点上有一长串的判例，尽管它们中的任何一个都没有为这些提供任何显著的政策正当性。See, e. g., *Ex parte Nichols*, in re Jones (1883) 22 Ch. D. 782; *In re Clarke* (1887) 36 Ch. D. 348; *Wilmot v. Alton* [1896] 1 Q. B. 17; *In re Trytel* [1952] T. L. R. 32.

[32] See *Aluminium Industries v. Romalpa Aluminium Ltd.* [1976] 2 All E. R. 552.

设定一种对抗其他债权人的权利。在这种情况下，无论是将其当作一种普通法事务——这一点在事实上并不存在真正的争议——还是认为《卖契法》和《代销商法》不适用于分期付款买卖，法院都是支持这种机制的。[33] 现在我不想暗示说，作为一项公共政策问题，这些判决必定都是不可取的；我也不想暗示说，作为一个经济效率问题，这些判决可能都是没有根据的。我的观点比较简单，即法院没有将这里所讨论的任何问题看作普通法上的问题。到现在，合同自由是如此绝对的，以至于在没有议会干预的情况下，合同当事人为他们自己设定权利是可能的，不仅有权设定他们*相互之间*的权利，而且也有权设定对抗第三人的权利。

也许普通法的败笔在这里更加显而易见，因为法院在代理法上已经遇到了一个不一样的问题。（正如我们前面所看到的）[34] 被代理人不能通过第三人不知道的"秘密指示"（'secret instructions'）来限制他对于代理人行为的责任，这一规则在古典时期就已经确立起来了。的确有一些迹象表明，法院不愿意课加被代理人过多的责任，[35] 但是被代理人承担责任的可能性显然是确定的，而且随着对合同自由态度的转变，法院可能回归到更加强大的信赖基础责任上去。[36] 在 20 世纪，由于法院扩展了非合意责任的边界（frontiers of non-consensual liability），[37] 被代理人对于代理人的非授权行为的 697
合同责任和侵权责任被进一步加强。

合同自由与贸易自由

到目前为止，合同古典模式最大的失败在于它无法促成对由垄断和限制竞争协议（monopolies and restrictive agreements）所引起的问题的解决。正如我们所看到的，从 19 世纪 70 年代起，英国工业进入了一个新的阶段，在这个阶段中竞争理念开始减弱，行业协会（Trade Association）发展壮大，限制竞争协议变得司空见惯。市场分享协议（market sharing agreement）、配

---

[33] *Helby v. Mathews*[1895] A. C. 471；*McEntire v. Crossley Bros.*[1895] A. C. 457.

[34] *Supra*, p. 496.

[35] See, e. g., *Debenham v. Mellon*（1880）6 App. Cas. 24.

[36] See, e. g., *Brocklesby v. Temperance Building Society*[1895] A. C. 173；*Fry v. Smellie*[1912] 3 K. B. 282.

[37] 关于侵权责任，see P. S. Atiyah, *Vicarious Liability*（London, 1967）, especially Part V and Part VII；关于合同责任，see, e. g., *Freeman and Lockyer v. Buckhurst Park Properties Ltd.*[1964] 2 Q. B. 480；关于制定法的扩展，参见《1974 年消费者信贷法》（Consumer Credit Act 1974）第 75 条。

额协议、统一定价协议（price fixing agreement）、再售价格维持（resale price maintenance）以及各种其他协定从19世纪70年代起开始涌现。司法通常是单纯地依靠合同自由原则来回应这些协定的。到19世纪70年代法官们对这种观点已经习以为常了，即只要没有明显违法或者明显违背道德，所有合同原则上都是可以强制执行的，甚至敌视限制贸易协议的古老普通法也被严重削弱了。1875年，四个采石厂的所有权人相互之间达成了一份明目张胆的限制竞争协议，其约定只有一家采石厂才能投标为伯明翰公司供货，其他几家采石厂只能通过向中标者供货而分享中标者向该公司的供货合同，这份协议因其系限制贸易的协议和非法通谋（conspiracy）而被法院推翻。[38] 但是法官在这个协议中根本找不到任何违法的东西，他甚至颁发了禁止令（injunction）以阻止被告违反协议，尽管被告到那时已经与伯明翰公司签订了合同，而禁止令必然会阻止被告履行该合同。该公司甚至都不被认为是该案的必要当事人（necessary parties）。因此，供应商之间的合同被认为损害了伯明翰公司的利益，而且可能也损害了公众的利益。

这个案子只是一个预兆。主要的发展开始于19世纪90年代。在1890年，上议院在著名的*Mogul*案[39]中对一个早期航运公会（shipping conference）的合法性进行了审查。这是“最有效和最广泛的组成卡特尔的尝试”[40]，但其手法（*modus operandi*）却很简单。一群航运公司向进行中国茶叶贸易的托运人支付了大量回扣（“总回扣”），但只有将他们所有的货
698 物都托运给该卡特尔成员的船舶运输时，托运人才能拿到回扣。原告是一家被排除在该卡特尔之外的船运公司，其显然有被迫完全退出这一行业的危险。他们对卡特尔成员提起诉讼，请求法院颁发禁止令，阻止他们执行这个限制贸易的协议。可以看出，这个诉讼根本没有合同诉讼的形式。事实上，原告诉称被告通过将他排除在茶叶贸易之外而对他实施了侵权行为，这是一项“通谋的”侵权行为。但是这一主张取决于法院对卡特尔成员之间的限制竞争协议的态度。如果法官认为这项协议非法或者违背了公共利益，他们就可能支持原告的主张。但是上诉法院的多数法官以及上议院全

[38] *Jones v. North*（1875）L. R. 19 Eq. 426.

[39] 23 Q. B. D. 544，维持原判，23 Q. B. D. 598，维持原判，[1892] A. C. 25。所有三个法院的判决都具有启发意义。

[40] P. Mathias, *The First Industrial Nation*（London, 1969）, p. 390.

体一致地驳回了这项诉请。法官认为，该项协议即使限制了交易，但是在法律禁止的意义上它并非是“非法的”，或者是公开允许第三人对它提起诉讼的。如果确实存在任何非法性的话（但其从未被认定），该非法性只是使协议在当事人之间无效和不具有强制执行力而已。这一判决无疑深受司法对自由贸易态度的影响。法官们是在19世纪中期英格兰竞争激烈的环境下成长起来的，他们以为这种性质的卡特尔是不稳定的。他们也认为自由竞争会要求他们避免干涉那种在他们看来仅仅是竞争中的举动。被告们，即使他们将运费降到商业上无利可图的水平，也不过是在痛苦地竞争到底。法官们没有发现他们将会如何在公平竞争和不公平竞争、正当竞争和不正当竞争之间划出一条界限。[41] 不管怎样，他们确信，如果卡特尔的成员试图利用自己的垄断地位，他们就会被新的竞争对手所打败。[42] 不同于阿尔弗雷德·马歇尔（正如我们之前所看到的，他认识到了总回扣严重的反竞争效应），法官们拒绝了这样一种充满争议的假设：“在一个自由贸易国家，而非在一个法定垄断的铁腕政权之下，这样的联合才会真的取得成功。”[43]

正如我已经观察到的，严格意义上这一判决并没有涉及当事人之间的卡特尔协议的强制执行性问题，它仍然假定该协议是非法的（就它的不可强制执行性而言）。但是在19世纪晚期，就连这种程度的非法性也开始被削弱。在1894年的*Nordenfelt*案[44]中，上议院被要求对一个传统领域的限制贸易的法律——某个企业的卖方订立合同说他不会与该企业的买方进行竞争——进行重新解释，该领域是该法长期以来一直在规范着的领域。这 699
种协议可能从来都不具有重大的经济意义，但无论如何，显然有经济上的论据支持这种协议。尽管它们存在短期的反竞争趋势，但是他们（就像财产制度本身一样）为企业提供了长期激励，其往往利大于弊。但是，法官对于此类案件的普遍态度显然是更加倾向于契约自由，而且在20世纪初，这种态度被延续到了性质更为严重的案件之中。到1901年，再售价格维持协议可能在法院得到支持，任何指控其违法的观点都被认为是不可

---

[41] See Bowen L. J. 23 Q. B. D. at 615; Fry L. J. ibid., at 625-6; Lord Halsbury, [1892] A. C. at 39.

[42] Bowen L. J. 23 Q. B. D. at 619-20; Lord Morris [1892] A. C. at 50.

[43] Bowen L. J. 23 Q. B. D. at 619-20.

[44] [1894] A. C. 535.

论证的。[45]

法律对这些限制贸易案件的技术定位，是继续用传统方式进行表述的，即该协议不得对当事人和公共利益施加不合理的限制。但是在实践中，法官们的态度完全发生了改变。有人开始建议说，如果各方当事人都是商业组织，那么对于该协议是否符合他们自己的利益而言，他们就是最好的法官；而对于公共利益，他们则以一种新的形式采纳了古老的利益和谐（harmony of interest）经济理论。如果协议符合当事人的利益，则在没有相反证据的情况下推定为符合公共利益。此外，此种证据几乎是不可能提交出来的，因为合理性问题作为法律问题是由法院来进行判断的，而不是作为事实问题需要证据证明的。由于在直接当事人之间发生的有关限制竞争协议的任何诉讼中，没有人代表着公众，没有人从公众的立场在案件中提出主张，其结果便是一系列有关限制竞争协议的案件都得到了维持。在 *United Shoe Machinery Co. of Canada* v. *Brunet* 案[46]中，枢密院（Privy Council）支持了这样一项协议，基于这项协议，实际垄断制鞋设备的制鞋机械制造商迫使其承租人同意，承租人在 20 年之内不能使用其他厂家的制鞋机器。枢密院甚至似乎看不到该协议的反竞争性质，它只是简单地假设双方当事人最能理解他们自己的利益。[几年后，同样的协议被提交到美国最高法
700 院，美国最高法院最后依据《谢尔曼法》(Sherman Act)判定该协议违法。][47]在 *Attorney-General of Australia* v. *Adelaide Steamship Co.* 案[48]中，枢密院使一项澳大利亚制定法失去效力，该制定法对限制煤炭产量和维持煤炭价格的卡特尔协议进行了规范。在他们的判决中，他们说他们不知道存在任何限制竞争的协议符合当事人的利益但却违背了公共利益的情况。在第二年，上议院又维持了一个臭名昭著的盐业卡特尔，利用这个卡特尔制造商们建立了一个联营公司（joint pooling company），制造商们必须将所有的盐都卖给该公司。[49]

在两次世界大战间隔期，当行业协会的权力被用来消除或尽可能地降低几乎整个英国工业的竞争态势时，司法的“放手”（‘hands-off’）政策仍

---

[45] *Elliman Sons & Co.* v. *Carrington & Son Ltd.*[1901] 2 Ch. 275.

[46] [1909] A. C. 330.

[47] *U. S.* v. *United Shoe Manufacturing Co.*258 U. S. 451（1915）.

[48] [1913] A. C. 781.

[49] *North West Salt Co. Ltd.* v. *Electrolytic Alkali Co. Ltd.* [1914] A. C. 461.

在继续。在 *Sorrell* v. *Smith* 案[50]中法官们维持了集体抵制（collective boycott）的合法性，在 *Thorne* v. *Motor Trade Association* 案[51]中，上议院维持了受禁名单（stop-list）的合法性，并同时维持了纳入受禁名单威胁的合法性，即违反了一项集体价格维持协议的人，如果没有为此缴纳一笔“罚款”的话，那么他就面临着被作为违约者而纳入受禁名单之中的威胁。此外，很明显的是，司法极其赞同合同自由，而不管这种协定多么具有反竞争性。法官不仅在处理有关经济问题时感到有很大的困难，而且在没有证据或者没有公众代表申辩的情况下，要推翻这样的协议实际上是不可能的。很明显，法官们是站在那些竭力限制竞争的商人那一边的。例如，在 *English Hop Growers* v. *Dering* 案[52]中，被告是肯特郡的一个啤酒花种植者，原告是一家建立起来用于规范（或限制）啤酒花供应的公司，被告在同意将他全部的啤酒花销售给原告之后，又试图违反该卡特尔协议而将其啤酒花销售给第三人。在维持该卡特尔协议的合法性上，斯克鲁顿上诉法官（Scrutton L. J.）无意间透露出他对被告行为的看法：“我本人对本案被告的行为有难以动摇的观点，但是我认为最好不要将其表达出来，而应由肯特郡社会和肯特郡人以及在肯特郡的其他杰出人士来判断，因为肯特郡是一个以诚实和良好的体育精神而闻名于世的地方。”[53]同样的情况也出现在 *Berg* v. *Saddler & Moor* 案[54]中，原告因为出售打折香烟而被纳入受禁名单之中，他企图在不 701
披露事实的情况下进一步购进香烟的行为，被法官认定为试图通过欺诈手段获取货物。

司法赞同限制竞争协议的高潮出现在 1942 年的 *Crofter* 案[55]中，在该案中，法官们维持了一个雇主组织与一个工会组织所达成的协议的合法性，该协议禁止运输竞争对手制造商所使用的货物。法律对于这类案件的普遍立场表明了这一事实，即这一判决受到了律师的普遍欢迎，这代表着现代和先进的见解。[56]尤其是，显然这一判决赋予了工会与雇主们同样的自由，

[50] [1925] A. C. 700.

[51] [1937] A. C. 797.

[52] [1928] 2 K. B. 174.

[53] At pp. 180-1.

[54] [1937] 2 K. B. 158；同时参见在 54 Law Q. Rev. 201，216（1938）对该案的评论。在 20 世纪 50 年代和 60 年代，这种行为被当作试图打击价格维持者（price-maintainer）的英雄。

[55] [1942] A. C. 435.

[56] 我敢担保这是牛津大学 20 世纪 50 年代早期的普遍态度。

以使他们能够订立同样性质的反竞争协议。[57]一个经济学家用更加偏激的眼光看待这些发展：

> 我们以前就知道，一个联合体可以收取任何它所认为合适的要价，并可以不受法院干涉地勒索公众。我们早就知道，法院会帮助联合体强迫它的成员遵守其规则，尽管这些规则看起来是如此反社会。我们早就知道联合体有摧毁任何不接受其命令的外部贸易者的自由。现在我们又发现了一项新的自由。寻求提高其私人贸易利润的商人，不仅仅可以相互联合，而且还可以把他们的工人纳入这个框架之中，并允诺向他们支付部分赃款；甚至在 *Reynolds v. Shipping Federation Ltd.* 案[58]的判决之后，这一点也是毫无疑问的。现在我们知道，它们不仅可以利用自己的工人，而且还可以利用任何碰巧属于同一工会的其他行业的工人。[59]

迄今为止，法院对合同自由的追求，部分导致了贸易自由的毁坏。当然，人们也提出了缓和合同自由的请求。在这段时期的大部分时间里，法官们所反映的都是商业性态度甚至公共舆论对这些问题的态度，对于这些问题他们并不是孤立无援的。他们被迫在没有证据支持的情况下将这些问题作为法律问题来进行判决，这是一个棘手的障碍。反过来看，这种做法不仅是一种蒙昧主义（obscurantism）的做法，一些经济学家似乎就是这样认为的，[60]而且也是民事诉讼程序基本原则的结果。如果这些问题被当作事实问题，根据证据来作出判决，那么它们将由陪审团而非法官来作出判决——至少在 1934 年程序法修改之前是这样，此后的程序法实际上取消了对民事陪审团（civil juries）的运用。法官不愿意请求陪审团来处理亚
702 当·斯密和其后继者之间对于此种性质问题的争议，这是可以理解的。而且，以前出现过这样的观点，即在法院里根本没有代表公共利益的律师的

---

[57]　See, e. g., W. Friedman, 'The Harris Tweed Case and Freedom of Trade', 6 *Mod. Law. Rev.* 1(1943).

[58]　[1924] 1 Ch. 28.

[59]　W. Arthur Lewis, 'Monopoly and the Law: An Economist's Reflections on the *Crofter*case', 6 *Mod. Law. Rev.* 1(1943).

[60]　See Alex Hunter, *Competition and the Law* (London, 1966), p. 72.

位置。但是，传统合同自由原则肯定要为这些法律的发展承担主要责任。这个最开始被政治经济学家正当化了的原则，却被法院贯彻到了某种没有经济正当性的程度之上。

第二次世界大战之后，舆论开始转为反对这些发展。一系列制定法的发展，特别是反垄断委员会（Monopolies Commission）和限制贸易惯例法院（Restrictive Practices Court）的建立，慢慢地改变了舆论的基调。竞争的美德再次（有时）被宣扬。再售价格维持协议在很大程度上被禁止了，集体协议成为法院审查的对象，公众的代表有权出席法庭，垄断和合并必须服从制定法的控制。到了 20 世纪 60 年代，法院已经准备好采取行动并重新进入限制竞争协议领域中来，甚至将其作为普通法问题来处理。在 *Esso Petroleum* 案[61]中，法院判令一项搭售协议（tying agreement）无效，借助该项协议 Esso 石油公司同意向零售商供应石油，但力图阻止零售商在 21 年内从其他任何地方获取石油供应。法院现在认为这样一种限制对于公共利益而言是不合理的，尽管法院仍然坚持认为，自由协商的商业协议对于一方当事人的利益而言很难说是不合理的，但是他们承认在当事人没有平等协商的时候可能会出现不合理的情况。

自 *Esso Petroleum* 案以来，出现了许多其他判决，在这些判决中，法官们在这些问题上显示了他们巨大的灵活性。在 1974 年，对于上议院的 Lord Diplock 而言（顺便说一下，他并没有获得上议院其他成员的赞同），限制贸易案件中的真正问题并不是公共利益问题，而只是公平性问题：

> 在我看来，承认拒绝强制执行这种合同条款是有益的，基于这种条款，一方当事人为了对方当事人的利益而限制或者不限制自己的赚钱能力，法院正在贯彻的公共政策不是基于某种 19 世纪的有关自由贸易裨益普通公众的理论，而是基于对那些议价能力较弱的一方当事人进行保护的理念，保护他们免于被迫与议价能力较强的一方当事人达成一项显失公平的交易。[62] 703

毫无疑问，公开承认法院通常关注交易的公平性是很有益的。但是，

---

[61] [1968] A. C. 300.

[62] *A. Schroeder Music Publishing Co. Ltd. v. Macaulay* [1974] 3 All E. R. 616, 623.

仍不明确的是，为什么即使是公平的协议也会因为其违背公共利益而被否定，事实上，这并不是根据某些 19 世纪的经济理论而是根据当今的经济理论得出的结论。

消费者无知

我们已经看到，“完全竞争”的理论前设之一为何是“完备知识”；我们也已经看到，在消费者（甚至是商业组织）缺乏完备知识的情况下，我们不能假设私人合同与公共福祉之间存在任何的利益和谐。在古典合同时代，（正如我们在本书第十六章中看到的）就已经有相当多的立法活动旨在改善向缔约方获取知识的方式。尤其是，从那时起一直到今天，存在对于诸如度量衡、广告管制、虚假商品说明书等事项的一连串立法。这些立法中的大多数，从表面上看，只涉及刑事处罚，而并不直接影响民事权利。[63] 大多数这些消费者保护的制定法都被设计成更容易适用的强制性条款，因为消费者个人的不满并不能证明其损失和问题是合理的，因此他们自己一般不太可能会主动去提起民事诉讼。在此程度上，这些制定法使古典法中的严重缺陷得到了修补，尽管存在矫枉过正的危险。制定和执行此类立法总是有成本的，且成本是由所有消费者负担的，而利益却可能只是由一小部分相对不成熟的消费者享有。

劳工赔偿

消费者无知是引发严重法律经济问题的最早例子之一，这是值得人们注意的，因为它反映了司法态度的显著变化，即司法对政治经济方面的“法律规定”的怀疑态度越来越强烈了。这个法律规定就是劳工赔偿法，现在该领域在观念上被认为是侵权法的一部分，但在 19 世纪，人们普遍将其看作合同问题。我们已经看到了布拉姆韦尔在该问题上的一些观点，这些观点代表着这个世纪上半叶政治经济学家的主流观点。工人对于其在受雇
704 过程中所受伤害一般是无权得到赔偿的，因为他领取的工资被推定为是对他受伤的风险以及其劳动价值的充分补偿。虽然司法判例起初可能并没有

[63] 但是在实践中，《1973 年刑事法庭权力法》（Powers of Criminal Courts Act 1973）对于民事责任有着重大影响，其第 35 条规定刑事法庭在刑事案件中可以颁布赔偿命令。

把这表述为判决的主要理由，但是认为共同雇佣原则（doctrine of common employment）的基本理念已经存在于早期判例中并非不合理的，而且更加清楚的是，人们常常援用同意不生损害（*volenti non fit injuria*）的格言来对抗受伤雇员。[64] 正如我们所见，这正是布莱克本和后来的布拉姆韦尔所提出的观点。[65]

到 19 世纪 70 年代，整个主题都变得颇具政治重要性。在 1871 年，贸易部（Board of Trade）委托了当时还是一名年轻律师的 Courteney Ilbert［他后来成为第一个下议院法案顾问（Parliamentary Counsel to the House of Commons）和书记员］起草了一份关于雇主责任的备忘录。一个议会特别委员会于 1876 年对该问题进行了调查。[66] 总体而言，在该委员会面前作证的所有证人可以分为两类：一部分人认为替代责任原则（principle of vicarious liability）完全是错误的，他们不清楚为什么有人能够因为他的雇员的过失而获得损害赔偿；另一部分人则接受替代责任原则，但是认为将工人自己的利益排除在外的共同雇佣原则是不公正的。我已经指出了布拉姆韦尔提交给该委员会的证词，很显然该委员会所关心的是审查他的观点背后的真实性。雇主所支付的工资的一部分就是对抗伤害风险的一种额外增加的付款，这是真的吗？工人的新代表完全否定了这个观点。“对于有关这个问题中的这个论点你是怎么看的”，工人的一些新代表被问到，“即当一个人被雇佣时他就会评估其风险并会被相应支付较高的工资吗？”预期的答案可能是：

> 我认为在任何情况下都不能证实这一点。在我看来，当一个人被雇用时，他理所当然地认为，雇主已经为确保其职业的安全可靠而做了所有能做的事情。[67]

甚至在司法界，布拉姆韦尔的说辞也没有得到支持。后来成为 Lord Esher 和掌卷法官的 Sir Balliol Brett，就是以与布拉姆韦尔有根本分歧的见证

---

[64] See, e. g., *Woodley* v. *Metropolitan District Rly.*（1877）2 Ex. D. 384.

[65] *Supra*, pp. 337, 502.

[66] （1876）H. C. *Parliamentary Papers*, ix. 669.

[67] Ibid., Q. 1.

人的身份出现的。当被问到他对于工人的报酬中已经涵盖了伤害风险这个观点的看法时，他回答说这个观点“在实践中的真正适用性”需要进行非常大的限制。[68]

705 次年，一个试验案件（test case）*被提交到根据《司法组织法》（Judicature Acts）而新设立的上诉法院面前。[69]一个受雇于某承包商的工人在铁路隧道中从事维修工作时因没有意识到一列火车的到来而被其所伤。他没有起诉他自己的雇主而是起诉了铁路公司。因此，旧的共同雇佣原则是不适用于该案的，问题是法院是否会借此机会限制这一原则的适用，而在过失被证明是针对第三方雇员的时候赋予受伤的工人以起诉第三人的权利。法院以 3 比 2 的票数驳回了原告的诉讼请求并且援用同意不生损害的格言来正当化其判决。Cockburn 首席法官说道，原告知道该风险并继续开展工作，“他必须承担由此而带来的后果”[70]。在持异议者中，Mellish 上诉法官提出了一个更加现代化的观点：

> 我认为他有权说，“我知道我在冒着很大的风险，而且一点儿都不喜欢这个风险，但是为了生计我不能放弃这个好职位，我想如果我因为他们的疏忽而受到伤害，那么我应该对该公司提起诉讼，如果我被杀死，那么我的妻子和孩子也会提起诉讼”[71]。

因此，这是对布拉姆韦尔经济理论的正面挑战。如果工人**知道**他没有权利对疏忽提起诉讼，那么他的工资就被视作可能已经涵盖了他受伤的风险，但是他真的知道吗？难道他无权主张自己并不知情，因而假定自己的工资并没有涵盖受伤风险吗？最后，人们会严肃地问道，是否仅仅假设每

[68] Ibid., p. 690.

* 指为确立一项重要的法律原则或权利，用以质疑现行的原则以及确立新的原则，或者确立新的判例的诉讼。此类诉讼通常是在当事人对案件事实均无争议的情况下提起的，因此，有时也称“合意诉讼”（amicable suit 或 amicable action）。参见薛波主编：《元照英美法词典》，法律出版社 2003 年版，第 1339 页。——译者注

[69] *Woodley v. Metropolitan District Rly., supra.*

[70] At p. 388.

[71] At p. 394.

个人都知道并且理解合同订立的背景就足够了。[72]

这个判决只是漫长斗争的开端。在议会中，1880 年通过的《雇主责任法》（Employer's Liability Act）限制了雇主在许多情形下援用共同雇佣原则的权利。议院辩论表明，与法官们一样，议员们的观点也是多样化的。一方面，保守派一方的 A. J. Balfour 坚决支持布拉姆韦尔的观点。[73] 另一方面，政府一方的 Craig 先生回应道："如果布拉姆韦尔上诉法官将自己的职责局限于阐述法律，那么问题就很清楚了，但一旦他为实质影响立法法案（proposed legislation）而提出他的观点的时候，那么他就下降到了一个实务 706
证人的地位。"[74] 早些时候，在对该法案进行二读时，他也否定了工资包含了某种风险额外费用的观点。他认为，这"作为一种抽象的观点"可能是正确的，但即使是正确的，其在实践中也只能在有限的程度上才是正确的，而总的来说，工人们根本就没有想到过伤害的风险。"这从来就没有出现在他们的头脑中。"[75] 一些议员提出了第三种观点，即应该引入一个适当的劳工赔偿制度，这样无论工人是否有疏忽，他们都有权获得赔偿。这实际上是主张用保险来抵御工人受伤的风险，这项主张在十年后变得越来越重要。第四个观点是工人代表们自己的观点，这个观点在这个时候已经被那些在竞选中"对工人满口承诺"的议员们表达了出来。[76] 他们完全拒绝劳工赔偿保险的观点，认为这"将产生助长雇主们疏忽大意的效果；如果这个观点被采纳，那么就是要求没有发生这种事故的地区为这种事故——只要施以通常程度的注意和一般程度的管理，就可以避免的事故——买单"[77]。他们想要彻底废除共同雇佣原则。

在 1880 年的法案通过之后，这个方面的主题继续在法庭上引起了一系列重要问题。第一个问题是，是否允许双方当事人约定排除该法的适用。这似乎并不仅仅是无良雇主逃避责任的一种尝试，因为事实上许多雇主已经大规模地运作起了劳工赔偿方案，例如，捐助某个能够帮助工人应

[72] 值得注意的是，一旦这个假设受到质疑，那么挑战这个观点——合同已经对所有过去的和未来事件的风险进行了分配——就变得可能了。大门已经向错误和落空理论（doctrines of mistake and frustration）的发展敞开了，这两者的发展都始于 19 世纪 70 年代左右。

[73] *Hansard*（3rd series），H. C.，vol. 253，cols. 1405-6（1880）.

[74] Ibid.，col. 1419.

[75] Ibid.，vol. 252，cols. 1105-6.

[76] Ibid.，col. 1135.

[77] Ibid.，col. 1130.

对伤亡风险的互济会（friendly society）。这些赔偿方案与1880年法案相比似乎更加有效而且往往也更加慷慨，该法的主要议会反对者之一的达德利伯爵（Earl of Dudley）认为，他有权在工人同意的情况下继续坚持他的方案，而不管该法是如何规定的。他的主张得到了法院的支持，原因是没有理由认为议会想要干预合同自由达到订立合同本身都违法的程度。[78] Field法官说道，"如果现在的案件已经表明，立法旨在赋予大批工人的保护会
707 被这样一项判决所剥夺，该判决允许工人们通过订立合同的方式而让自己不受《雇主责任法》之条款的规范，那么人们肯定是会强烈反对这种解释的。但这是不可能的"[79]。

然而，有关同意不生损害的格言继续成为一个更加棘手的问题。工人是否会因为危险的明显性和已知性而被剥夺损害赔偿的权利？在 *Yarmouth* v. *France* 案[80]中以及在 *Thomas* v. *Qyartermaine* 案[81]中，上诉法院在这个问题上也存在分歧，正如在《雇主责任法》颁布之前的 *Woodley* 案中一样。在 *Thomas* v. *Quartermaine* 案中，虽然Bowen上诉法官（Bowen L. J.）事实上是站在反对工人的多数票一边，但是他愿意把雇主的抗辩限制在工人真正了解危险性质的情况之下。他坚持认为："粗心大意与理智的选择并非同一回事。"[82] 这一问题最终通过 *Smith* v. *Charles Baker & Sons* 案[83]而被提交到上议院，在该案件中布拉姆韦尔的观点被彻底推翻。法官们以4比1的多数票在本案中强调，仅仅因为风险的显而易见就认为工人愿意承担过失受伤的风险，这是不充分的。用Lord Herschell的语言所阐述的这个新观点，清晰地显示了自法官们不加批判地接受将过分简单化的经济观点适用于这些问题以来，他们已经向前迈进多远了：

> 本来雇主应当通过提供适当的机器或其他方式确保受雇人在安全的条件下进行工作，但如果受雇人考虑到特殊酬劳或者其他事由之后，仍

---

[78] *Griffiths* v. *Earl of Dudley*（1882）9 Q. B. D. 357.

[79] At p. 364. 但是人们对"退出"（'contracting out'）的反对变成了一种教条问题，并且导致了1893年另一项法案的失败。See David G. Hanes, *The First British Workmen's Compensation Act 1897*（New Haven, Conn., and London, 1968）, Chapter 5.

[80]（1884）19 Q. B. D. 647.

[81]（1887）18 Q. B. D. 685.

[82] At p. 698.

[83] [1891] A. C. 325.

然同意在雇主没有提供充分的安全保障的情况下，以及在根本就没有这些保障的情况下冒险工作，那么毫无疑问他应当信守其合同，而不管这种合同是在提供劳务之初还是在提供劳务期间所签订的。但是这里并不存在这种情况。没有证据表明已经签订了任何此类合同……我必须要说，就我而言，在任何有人声称已经订立了一项这种特别合同的情况下，我都会要求合同必须是已经清楚地表明：受雇人必须已经清楚地认识到他所承担的风险的性质，而且发生在受雇人身上的事故必须同时既是产生于可以预见到的风险而且也产生于可以认识到的风险。[84]

鉴于这种态度，为什么法律在这一时期会开始从对法律原则进行广泛和彻底的争论，转向对特定事实情况进行详尽审查的发展，就很容易理解 708
了。断然宣称缔约方必须认识这一点，或者理解这一点，已经不够了，而必须进行事实调查。

在这里，我不需要再继续纠缠于劳工赔偿法的后续历史了，只需要指出人们已经观察到了这样的事实就可以了：这个问题在很大程度上已经从私人合同领域转移到现代行政程序领域了。工人基于普通法（或者基于被修正了的普通法，这种修正是通过对共同雇佣原则的废除而实现的）的损害赔偿请求，在很大程度上已经让位于工人通过 1897 年保险法而享有的损害赔偿请求权了，自那以后这种保险逐渐变成了 1948 年的国家社会保险制度。尽管对过失或者违反法定义务的行为进行损害赔偿，仍然被保留了下来（事实上，在过去超过 30 年的时间里，法定义务的数量和重要性都增加了），但是，我们仍然很难相信劳工赔偿的未来在普通法的救济当中而不是在社会保险领域当中。

放债人和卖契（Moneylenders and Bills of Sale）

第二个主要领域即现在人们所熟知的消费者信贷，在该领域中，1870 年之后的发展反映了人们对消费者议价（consumer bargaining）现实的理解不断加深。1854 年废除《高利贷法》之后，一种新型的放债交易逐渐崭露头角，这种交易通常是与收入不高的人进行的，但有时也与那些非常注重交易保密性的人进行。对放债人而言，常规的做法是借出（比如说）50 英

[84] At pp. 362-3.

镑，并收取另一份（比如说）50 英镑的利息。这两笔款项将被加在一起，并且用一张 100 英镑的本票作为担保。借款人将签署一份书面合同，同意采用等额分期付款的方式偿还本金和利息［如同现代的分期付款买卖合同（hire-purchase contract）］，合同同时也约定，如有任何违约，则全部款项将立即到期并应予清偿，且将再计算额外利息。如此，在此例子中，如有违约，最初 50 英镑的利息将立即且提前到期，且一般还要再加上罚息。由于利率很高，放债人往往不急于对违约行为提起诉讼，而是以提起诉讼为威胁说服借款人达成一项新的交易，在此项交易中之前的利息将被当作本金，整个程序又将重新进行。因此，在很短的时间内，原来的 50 英镑借款很可能扩大到 10 倍或者 20 倍于该款项的数额，基于合同自由的规则，所有这些都具有法律上的正当性。此外，对于本票（或者其他可转让票据）新的快速审判程序（在《司法组织法》实施之后）意味着放债人更能肆无
709 忌惮地对借款人施加威胁，即他能够在很短时间内就获得判决并启动强制执行。这本身就是一个强有力的威胁，而且它往往让人感到更加不安，因为这意味着借款人的许多活动都将公之于世。

上述程序假定对于一笔借款而言，除了本票之外是没有其他担保的，但是通过授予卖契（bills of sale）来担保该借款也并不罕见。一份卖契通常是一种文契（instrument），通过它让与人（本质上是）抵押了其个人动产——通常是家庭的家具和其他类似的财产——同时保留了对它们的占有，其授权放债人在各种特定情况下，例如在分期付款债务违约的情况下，有权扣押被该卖契所涉特定化了的财产。从 1854 年起，《法令全书》中的《卖契法》设计出了保护购买了被包含在卖契中的财产的善意第三人的制度，但是这些法律都没有设计出保护消费者的制度，而且它们主要也不是针对小额交易而是针对商业交易的。但是，1878 年的《卖契法》第 20 条也许无意之中大大增强了已登记卖契的价值，其赋予已登记卖契的持有人以优先权，其权利优先于让与人的破产管理人的请求权。如此，已登记的卖契现在成为一种强有力的担保形式，其结果便是这种卖契的使用显著增加，尤其是在小额消费品交易之中。一个下议院特别委员会在 1881 年发现 10 英镑以下的已登记卖契的价值在 1875 年只有 269 英镑，但是在 1880 年时其价值就已经超过 64000 英镑了。[85] 已登记卖契的总数已经从 1875 年

[85] （1881）H. C. *Parliamentary Papers*, viii. 1, pp. 13-14.

的 11000 份增长到 1880 年的 54000 份，但是这些已登记卖契的总价值仅仅翻了一倍。这清楚地表明，小额卖契的使用在大幅度增加。

放债人所使用的书面形式，无论是简单的借款还是卖契，毫无疑问都是异常严厉的。例如，1881 年在下议院审读过的一个标准书面形式的卖契规定，受让人可以扣押被特定化了的货物，而不给让与人任何机会来弥补任何形式的违约行为，只要有出现任何违约的情形，而这些违约的情形包括，例如，未能确保标的物安全、实施任何妨害（jeopardizing）债权人担保权的行为、改变住所、离开英国、被逮捕，或者没有按要求出示租金或利息的收据。即使是有担保的债务，其利率也很少有低于 50% 到 60% 的，有时甚至更高。1878 年的《卖契法》规定，卖契应当经过事务律师的认证，该律师应当向让与人解释该文契的效力，但在实践中，这一规定似乎很少 710
被遵守。[86]

显然，真正的问题，是将具有合法商业性质的交易，如基于营利目的而向农民、小工厂主或商人借款并用他们的存货进行担保，与直接的消费者信贷交易区别开来。但是，当此类证词在 1881 年被提交到一个下议院委员会面前之后，任何人都很难怀疑消费者保护立法的必要性。那些最强烈要求改革的人是郡法院（County Court）的法官，他们事实上看到的是寡廉鲜耻的放债人为了勒逼偿债而在他们的法院要求适用法律。实际上，郡法院的法官们想要废除 1878 年《卖契法》的第 20 条，该条使得已登记卖契所指货物可以对抗破产管理人；他们认为大多数卖契都是在让与人已经意识到他可能破产的情况之后才授予卖契的，因此他们也意识到这些卖契损害了其他债权人的利益。[87] 但是他们也相信，正是这种程度的担保鼓励了放债人提供小额借款，即使条件通常都非常苛刻，而废除该条款将会使所有这种借款都被抹掉。

结果是 1882 年的《卖契法》成了某种妥协之物，但同时，这也是干预合同自由的消费者保护立法的最显著例子之一。它被制定用来保护小额借款人的利益而非（像 1878 年的法律那样）用来保护第三人的利益。[88]

---

[86] Ibdi., p. 64.

[87] Ibid., p. 83.

[88] 人们常常引用赫舍尔大法官（Lord Herschell）在该案［see *Manchester, Sheffield etc., Rly. Co. v. North Central Wagon Co.*（1888）13 App. Cas. 554, 560］中的权威判决，但事实上《卖契法》的整个历史都证明了这一点。

此《卖契法》要求使用一种简单的法定格式，其中只包含了允许扣押的理由；它禁止在扣押动产之后转让该动产，[89]从而在某种程度上保护借款人所占有的动产不被剥夺；它要求货物被扣押后的5天内要留在房间里，以让借款人清偿到期债务；它完全禁止使用30英镑以下的卖契。最后一个规定引起了布拉姆韦尔的不满，[90]这是新型家长式立法的一个例证，其为了保护其他社会成员不受他们自己愚蠢行为的损害而剥夺了一些社会成员的宝贵自由。那些谨慎小心的人——他们规范地借钱而用30英镑以下的卖契进
711 行担保——现在被禁止这样做，其目的仅仅是让那些不那么谨慎小心的人不受他们自己愚蠢行为的损害。不可避免的是，那些需要小额借款的人现在不得不支付更高的利息，因为他们现在无法提供他们以前能够提供的唯一的担保。[91] 这是为了多数人利益而牺牲少数人利益的家长式立法的经典例子，它并不是最后一个这样的立法。

1882年的法律只处理了用卖契担保的借款问题，而从19世纪80年代到90年代，借贷实践活动的增多，表明在无担保借款的情况下，许多这样的问题仍然存在。对本票进行缺席判决（default judgement）所达到的效果与真正担保手段达到的效果几乎是一样的，因为债权人可以根据《1869年债务人法》（Debtors Act 1869）威胁监禁债务人长达6个星期。到该世纪末，郡法院的法官们再次重点关注不受限制的合同自由所赋予给放债人的权力。许多放债人因其贪婪而臭名昭著，其中就包括Isaac Gordon，1897年他在下议院一个特别委员会面前用古典经济学家的观点为自己的行为辩护说："我冒着失去我的金钱的风险，我完全有权做任何我认为合适的交易。"[92] Gordon承认他收取高达3000%到4000%的利息，[93]但是他坚持认为他有权让合同不受法律的控制，就像"任何其他商人"一样。[94]1899年他被起诉到了上诉法院，[95] 而法院是如此地敌视他，以至于法官们的判决看起来与传统合同原则完全不相符。或许郡法院的法官们还

[89] As so held in *Thomas* v. *Kelly*（1888）13 App. Cas. 506.

[90] C. Fairfield, *Some Account of Baron Bramwell*（London, 1898）, pp. 136, 137.

[91] 钱勒法官（Channel J.）在 *Carrintons Ltd.* v. *Smith*[1906] 1 K. B. 79, 90 案中将其称为"臭名昭著的事实"，虽然他给出的数字与提交给1881年一个特别委员会的数字并不一致。

[92] （1897）H. C. *Parliamentary Papers*, Minutes of Evidence, xl. 405, 553.

[93] Ibid., p. 558.

[94] Ibid., p. 564.

[95] *Gordon* v. *Street* [1899] 2 Q. B. 641.

更加敌视这些放债人。甚至在法律被议会修改之前，他们也经常采用自己的方式来处理过高的偿付请求。例如，一名法官命令被告以每月一便士的利率缴纳判决费用，[96] 都柏林的巡回法官（在法官室）要求放债人进行选择，或者立即接受合理利率的判决，或者接受法官的当众惩戒并且接受一个被贬损了的分期付款令。[97] 几个高等法院的法官，向特别委员会提交的证词都清楚地表明，在不公正的合同被订立的那一刻起，他们对合同自由的支持就停止了。[98]

结果是《1900 年放债人法》（Moneylenders Act）的颁布，在利率过高 712 或者交易苛刻、显失公平，或者衡平法院会给予救济的其他情况下，该法赋予了法院重新审查该放债交易的权力。衡平原则的回归具有一定的意义，因为在古典时期衡平法的衰落导致了对合同自由的诸多滥用，后来这被认为是不可容忍的。而我认为衡平法上的自由裁量权最终会被制定法上的自由裁量权所取代。该法为这一过程提供了早期示例。

也许这些立法——《卖契法》和《放债人法》——最令人惊讶的后果是在将近半个世纪的时间里，议会没有试图对新型合同施加类似的控制，人们采用这种新型的合同是为了规避这些制定法——这种新型的合同就是租购合同。后来暴露出来的许多问题，又一次与卖契法委员会和放债人法委员会（Committees on Bills of Sale and Moneylenders）所揭示出来的问题一致。尤其是租购合同，对于不付款即扣押财产，其所呈现的理由清单与古老的卖契所呈现的理由清单一样长，但卖契在 1882 年就被禁止了。虽然租购合同的主要目的是促进货物的赊购，因此其与卖契是存在区别的，但是有时它的用途与原来的卖契是相同的。租购“再融资交易”被发明了出来，借助于这种交易，商品的所有权人先将货物出售，然后以租购形式重新取得该货物，在整个过程中他都保留着对货物的占有，但是在通常情况下他只有权扣押该货物。事实上，在其中有些情况下这种交易仍然会因违反《卖契法》而被否定，但是在其他情况下它被允许存在。

但没过多久，议会也对其进行了干预。作为第一个租购法的《1938 年

---

[96]（1897）H. C. *Parliamentary Papers*, Minutes of Evidence, xl. 405, 652.

[97]（1897）H. C. Parliamentary Papers, x. 100.

[98] e. g. Hawkins J.,（1897）H. C. *Parliamentary Papers*, xl, Q. 9, pp. 537, 566; Mathews J., pp. 104-5.

租购法》(Hire-Purchase Act 1938) 被制定了出来，其立法目的在很大程度上与《1882 年卖契法》相同，尽管它对于依协议应当支付的款项，赋予了法院以更大的自由裁量权。后来，这一法律体系被 1964 年和 1965 年的法律所扩展，最终被《1974 年消费者信贷法》完全取代，该法将各种不同信贷交易中的消费者保护要素都汇集在一起。法院对苛刻和显失公平的合同进行重新审查的权力最初是由《放债人法》赋予的，而《1974 年消费者信贷法》则是将该权力进一步进行了现代化和常规化，法案中的一些表达是值得引用的，因为它清楚地代表了现代人们对于消费品交易中的合同自由的容忍程度。根据该法第 137 条的规定，法院可以重新审查“敲诈性”的信贷交易，“以确保双方当事人的公平”。根据第 138 条的规定，如果一个
713 信贷交易要求“偿付严重过高的款项”，或者“严重违反一般的公平交易原则”，那么该信贷交易就是敲诈性的。可以看出，这些规定反映出两个重点。第一，古老衡平法上的自由裁量权，是消费者合同法的重要组成部分；第二，它们着重重申司法程序关注的是正义，而不仅仅是合同的执行。

合同是私人规划的工具

前面我已经指出，古典合同模式的主要特征之一是它对待履行交易的强调。古典模式所涉及的不仅是交易，而且也涉及*未来的交易*；正是因为强调未来的交易，所以合同才被与*有拘束力的*安排 (*binding* arrangements) 联系了起来。与此相伴而生的是合同和有效力的协议。一个人之所以受到合同的*拘束*，是因为他一定要在未来履行合同。合同因此就是私法上的当事人进行规划的工具、分配未来风险的工具，借助这个工具，惩罚或者奖励就成为正确估算或者错误估算未来风险的自然结果。在很大程度上，古典模式在这个问题上是失败的，其失败可以归因于诸多因素。第一，现代社会的变革步伐是如此快速，以至于除了在有限的时期和有限的地区之外，人们都渴望避免私人规划上的未来变化风险。第二，在涉及公共利益的任何领域——其对人类活动的每个领域都越来越重要——人们都不愿意让私人规划的奖励和惩罚作用得以充分发挥，甚至在并不真正具有公共利益因素的领域，人们也不愿支持这个奖励和惩罚系统，因为这个系统总体上具有不平等的倾向。第三，在合同关系的范式上，存在从单一的、分散的交易向具有某种持续性特征的关系的转变。在这种持续的关系之中，对于未来变化风险的调整，人们倾向于通过某种准行政程序 (quasi-administrative process）来调整，而不是通过信守某种原初合同的字面要求来调整。

这些因素和其他因素共同作用的结果就是，在实践中，合同关系越来越倾向于关注已履行或者部分已履行的交易。法律越来越多地受到双方当事人所做之事的主宰，而较少受到他们最初之合意的主宰。违约越来越被当作某种更加类似于事故，而不是某种有意拒绝承担交易风险的事情。违约被当作一种未达到预期效果的情况（misfire situation），在这种情况中，出现了某些问题，而为了解决冲突，必须对其进行某些公正调整（equitable adjustment）。这一过程不可避免地导致在诸多方面回归到奠定合同责任基础的较为古老的观念上来。待履行模式的衰落和部分履行合同的兴起，已经涉及获益和信赖这两个孪生要素（twin elements）之 714
重要性的复兴。随着待履行合同观念以及允诺基础责任观念的衰落，获益应当被合理补偿的观念以及合理信赖应当受到保护的观念，再一次上升到更加突出的地位。

许多律师会本能地反驳这些结论，甚至反驳这些前提。他们声称，在商业交易中待履行合同仍然是私人规划和风险分配的重要工具。在各种各样的商业协议中，未来的风险仍然必须被考虑在内，而私营经济在这些方面仍然受制于市场原则。这一点是有道理的，我也不想夸大说古典合同法上的待履行模式在很大程度上是失败的。但是甚至在商业交易中，这个观点也是存疑的。事实上，古典模式只会继续存在，因为根据定义，任何与其不相符的东西都已经从合同领域中被消除了。即使在商业交易中，上面所列出的许多因素今天也在发挥作用，以尽可能减少合同作为规划工具的重要性。比起消费者而言，商人（至少在英国）不那么显著地排斥承担风险。他们没有将合同当作未来未知事件风险分配之工具的强烈愿望。在实践中，现代商业交易往往包括不同交易条件的条款，以适应在履行时适用的条件。订购将来交付的货物，很可能约定以交货时的价格供货；建设工程中的价格升降条款是一项规则而非例外；国际贸易中很可能加上了汇率变动条款（currency-variation）。即使在这些条款没有被纳入合同本身的情况下，当后来的事件让最初的合同不再能够在公平的基础上被履行的时候，在实践中商人也常常被迫同意对协议条款进行调整。预测未来会带来什么样的奖励和惩罚，不再被人们理所当然地认为是商业活动中技能与专门知识之成败的自然结果。例如，在政府合同中，非因法律义务而付款（*ex gratia*payments）通常是被写入固定价格合同之中的，因为“不可预见的情况大大增加了成本，并导致承包商蒙受损失”[99]。反之，与政府交易而获得“超额利润”的承包商会清楚地发现，如果这些利润不是特殊技能和进取715 心的回报，而是政府错误计算的结果的话，那么他们就会被迫交出这些利润。[100]这并不是政府或其他公共机构所特有的。即使在私营商业组织之间，商业关系通常是长期关系这一事实，意味着维持其他合同当事人的善意往往比坚持合同文本更加重要。

[99] C. Turpin, *Government Contracts* (Harmondsworth, 1972), p. 57.

[100] Ibid., p. 171.

第二十二章　车轮兜了一圈 716

第一节　合同的衰落

过去的100年，特别是过去的30年，见证了合同从其于1870年所达到的顶峰逐渐走下坡路了。我们已经看到，在政治事务中，合同自由在20世纪初就已经不再是一个活跃的问题，尽管在法庭上合同自由并没有死亡，但在法律人中合同自由的衰落是显而易见的。事实上，说存在从“契约”到“身份”的回归运动都已经成为一种陈词滥调，这与梅因1861年所认知和描述的运动刚好相反。[1]但是，说合同自由甚至合同本身的重要性已经下降了，这种说法存在对复杂过程进行过于简化描述的危险。这种衰落至少表现在三个不同的方面。首先是经济重要性，合同在我们社会中的作用已经下降了。其次，在过去的一个世纪中，合同衰落与作为法律权利义务源泉的自由选择之价值重要性的下降，以及随之而来的非自愿性（non-voluntary）权利义务之重要性的上升有关。因此，正如我们将要看到的，允诺基础责任出现了衰落，而获益基础责任却在上升。最后，尽管合同的衰落并不是特别明显，但是其重要性并不比前两者小。在这里我认为交易的待履行模式发生了重大转变，人们不再将合同当作交易风险分配的一种计算工具。如果（正如我之前所指出的）我们将合同的交易功能和风险分配功能加以区分的话，可以发现重点已经从后者转到了前者。一如既往，交易仍然是现代社会的一项重要特征；事实上，在某种意义上，随着现代社会之复杂性（complexities）对专业化活动需求的增加，交易变得更加重要。然而，尽管交易具有如此至高无上的重要性，但是在某种意义上，作为规划未来交换之工具的合同已

---

[1]　Karh-Freund，‘A Note on Status and Contract in British Labour Law’，30 *Modern Law Review* 635（1967）.

经被同时履行之交易（contemporaneous exchange），或者短期交易或者交
717 易所形成的长期关系——但前提是在这种长期关系存续期间可以对这种关系持续进行调整——所取代。

合同衰落的这三方面构成了本章的主题。从某种意义上说，其中的第一个方面是最重要的，但奇怪的是，法律人对于合同衰落的这一方面却是最不感兴趣的。合同自由和自由市场的作用的衰落，在很大程度上并没有动摇法律人的概念体系。对于许多关系不再由合同所规制这一事实，法律人没什么兴趣，他们所关心的主要是那些仍然具有合同性质的关系。对于这一事实，即订立合同所处之市场已经不再是一个自由市场，法律人同样没有什么兴趣，他们仍然在使用他们那些源自古典市场模式的概念，除非他们遇到了某些侵蚀这种模式的具体的制定法条文。而与此同时，法律人正忙于构造另一套法律体系来规制这些非市场关系，其内容构成了新的行政法。这项工作花费法律人越来越多的时间和精力，以至于现在人们也许还没有机会来回顾和评价正在进行的这项工作。这不是我们在这里要做的工作，但是我至少需要提请大家注意这一事实，即许多行政法现在调整着不具有市场特征的交易关系，而市场关系与非市场关系的区分存在一个灰色地带，在这个灰色地带中，合同法理念和行政法理念正在争夺着最高地位。在这种情况下，至少必须要提供一定的空间，以尝试理解公法和私法对于本质上相似的关系的不同规范方法。公法法律人和私法法律人可以相互向对方学习许多东西。

合同作用的下降

在今天的英国经济中，不再是个人而是政府在分配着大部分的资源。例如，政府直接控制着被投资到国有工业中的资源，并控制着由国家或者其他公共机构所直接提供的所有公共产品和服务。政府还通过价格控制、工资控制以及其他法律和财政安排，抑制或者刺激人们对产品的需求，从而有效地掌控着市场。在公共系统内部，资源分配的决策过程被委托给了那些不按市场方法运作的委员会或者法人团体。举一个简单的例子，投入高等教育的资源由政府确定，政府控制着大学的工资支付水平、大学的收费以及
718 其他财政政策事项。资金总额的实际分配在很大程度上是由大学拨款委员会（University Grants Committee）决定的，该委员会对特定项目的大量资金支出（如新建筑）进行专项拨款，而在其他方面则把经常性支出的款项分配给各

大学，但是不决定如何使用这些款项。在每所大学内部，有一个委员会架构，对各院系的经常性开支进行分配。当然，政府的政策决定（例如，由大学生自己负担饮食和住宿服务的费用）会对这种分配形成限制，但是在遵守这些限制之后，每所大学都可以自由决定如何分配其资源。

在这些公共机构中，以及它们与直接或者间接为它们工作的人之间，所形成的某些关系可能仍然是合同作用的对象，但是其中的许多关系几乎都是由行政惯例而非合同方法进行规范的。继续以高等教育为例，大学职员当然是根据合同进行雇用的，这种合同仍然要遵守一般合同法的许多原则。大学生和大学之间的关系则更加难以类型化；在某些方面，这些关系都是由合同原则（例如，大学生拥有选修课程的合同权利，这些课程在大学生申请入学时就被告知是可以选修的）所规范，[2] 但在其他方面大学生和大学之间的关系似乎是由公法而不是由私法规范的。[3] 然后在大学自身内部，存在许多显然不受合同法规范的，甚至不受合同原则规范的关系。例如，不同院系之间达成的有关综合课程（combined course）教学的协议，或者上级机构（如大学的评议会或者委员会）与大学院系就上级机构的某些建议所达成的协议，显然是不受合同法规范的。毫无疑问，对此可以提出一些技术上的、理论上的论据来证明这一点。大学各院系没有法人人格，因此没有缔约能力；各当事人也许并没有让这种协议有法律拘束力的“意愿”；等等。但事实是，由于各种各样的不容易说清楚的原因，人们认为合同法是不适合对这种关系进行规范的。也许部分原因在于在一个层级制机构内部，其理事机构被认为是管理这些事项并裁决任何争端的适当机构。也许部分原因在于合同法“太严格了”，而像大学这样的机构必须保留有 719
在出现新情况时修改之前决定的权利，因此即使是“协议”，也不能认为它们背后有合同的神圣性。也许部分原因在于专制的态度，这种态度很可能是由层级决策过程所产生的，这种过程使多数同意而非一致同意成为合法化行动的最终准则。

人们将合同法从这类关系的调整器（regulator）中驱逐出去，并不必然意味着这些机构就是在法律真空中运转的。作为最后的手段，权利受到

[2] *D'Mello* v. *Loughborough College of Technology*, *The Times*, 17 June 1970.

[3] *R.* v. *Aston University ex parte Roffey* [1962] 2 Q. B. 538; cf. *Herring* v. *Templeman*[1973] 3 All E. R. 569.

影响的个人可能希望将内部争议提交到王座法庭寻求救济，如果他们这样做的话，这个时代的法律人可能将这些案件归类到涉及行政法的案件之中。因此所要遵循的程序和适用的法律都将与处理合同纠纷的程序和适用法律有很大的不同。法律人的整个概念体系都将从私法转到公法，从合同法转到行政法。例如，他不会根据“有拘束力的允诺”或者“有拘束力的协议”来思考问题。事实上，行政法法律人对于公共决策者以特定方式拘束自己行为的概念备感困惑，因为他认为这是对公众所负之义务的背弃，因此这种义务只有在严格限定的范围内才能有效。[4] 类似地，公法法律人对于错误或者代理之效力的理解，往往与合同法法律人的理解有很大差异。[5] 另外，对于所要遵守的程序，以及需要考虑的事项，公共机构所承担的义务，可能比通常适用于合同情形下的义务要更为严格。在合同中，传统进路将当事人的权利（正如我们前面看到的）视为是绝对的，且不受法院的控制。一个人有权选择与谁订立合同，合同的条款在很大程度上仍然是由他自己决定的，尽管我们随后就会看到有迹象表明这种情况正在发生着变化。而在公法上，法院对于决策中任意的或者反复无常的行动施加了更多的限制。

国家活动的增多，不可避免地导致越来越多的公民与政府或者某些公共机构之间的关系，受到公法而非私法的支配的情形在数量上的急剧增加。因此，这被认为是一件重要的事情，即应当有某种合理的原则来
720 区分应受公法原则规范的案件和应受合同法规范的案件。同样，如果公法和私法存在实质上的分歧，那么人们可能认为这是很重要的，即实体法的区分应当根据这两大法律体系的不同功能，进行合乎逻辑的论证。至少，人们可能已经预料到，对一个法律体系的理解可能取决于将其与另外一个法律体系进行类比；错误、虚假陈述、协议、专断和反复无常的决策等问题都是公共关系和私人关系中会出现的问题。为什么其结果却应当如此的不同？但是在实践中，这些跨越了传统法律概念之边界的思维方式，很少被运用，甚至对于特定关系是否应当被看作合同关系，

---

[4] See *Ayr Harbour Trustees* v. *Oswald*（1883）8 App. Cas. 623；*Birkdale District Electric Supply Co.* v. *Southport Corpn.* [1926] A. C. 335；*W. Cory & Son Ltd.* v. *London Corpn.*[1951] 2 K. B. 476；*British Transport Commission* v. *Westmorland C. C.* [1958] A. C. 126.

[5] See, e. g., *Norfolk C. C.* v. *Secretary of State for the Enviorment*[1973] 1 W. L. R. 1400.

人们似乎也不甚在意。例如，公租房的承租人被看作与地方当局订立了一份合同，尽管该合同具有非常特殊的特征，它实际上更像是一种公法上的关系而不是一种普通的租赁合同关系。[6]另外，电视牌照持有人与邮局（或者英国广播公司）并没有订立合同，但这种关系受到行政法原则的拘束。[7]这样一项协议（根据这项协议警察应当对某些公民或者公司提供额外的、超出警察通常所认为的必要的保护），是受合同法原则调整的——这意味着警察对于什么是必要保护的判断具有终局性。[8]另外，国民医疗保健制度（National Health Service）之下的对某个患者的药品供应则涉及某种法定安排而不是合同安排。[9]地方当局不得对与公共下水道不相连接的房主征收排污费，因为即使这并不是一种严格的合同安排，但它至少是由类似的原则所规范的，因此，法定收费权只能向那些使用其服务的人行使。[10]另外，征收税费的一般权力通常包括补贴或者将一个群体收入再分配给另一个群体的权力。

政府活动的大幅度扩张自然会在一些案件中引发一些问题，即政府部门到底是以合同的方式还是以执法的方式抑或以立法的方式进行运作的。这些问题在英国很少被提起诉讼，[11]但是枢密院有一些判决（澳大利亚[12]和加拿大[13]在某些特殊情况下将这些问题提交到了枢密院）。而类似 721
的问题也出现在政治领域中。例如，如果某个商业机构所开展的事务经过了政府调查或者与政府有关联，那么民众在与该商业组织的交往中是可以信赖政府所发布的有关该商业机构偿债能力的部长声明（ministerial pronouncement）的。如果政府的信任被证明是毫无事实根据的，那么就可能会引发一些问题，这些问题在实质上与私法中许多情形所涉及的问

---

[6] See *Liverpool C. C.v. Irwin*[1977] A. C. 239，这个问题在该案中并没有发生争议；关于这种租赁关系的公法方面，see *Cannock Chase D. C. v. Kelly*[1978] 1 All E. R. 152。

[7] See *Congreve* v. *Home Office*[1976] Q. B. 629.

[8] *Glasbrook Bros.*v. *Glamorgan C. C.* [1925] A. C. 270.

[9] *Pfizer Corpn.* v. *Minister of Health*[1965] A. C. 512.

[10] *Daymond* v. *Plymouth City Council*[1976] A. C. 609, especially at p. 640.

[11] 但还是有一个例子的：*Amphitrite* v. *The King*[1921] 3 K. B. 500。

[12] *Australian Woollen Mills Pty. Ltd.* v. *Commonwealth*（1955）93 C. L. R. 546.

[13] *A. G. of British Columbia*v. *Esquimault and Nanaimo Rly. Co.* [1950] 1 D. L. R. 305.

题是极为相似的。[14] 又或者，如果某个国有企业进行一项广告宣传活动，邀请公众根据其所遵循的特定定价来购买其产品时，可能就会出现与许多合同案件所产生的问题非常类似的问题。[15] 由于涉及概念上的障碍，又由于法律和政治问题总是以完全不同的方式存在争议，所以对于这些情况下所涉及的实体问题的相似性，人们很少进行查究。这是令人遗憾的，因为如果各方当事人被迫阐明他们所依据的基本前提的话，那么往往会有助于阐明这类问题。如果在合同情形和行政管理情形下，正义的要求是各不相同的，那么了解它们有怎样的差异以及为什么有这些差异将是非常有益的。

虽然我在这里没有足够篇幅来分析这些问题，但是行政程序区别于合同过程的一个显著特点是，它强烈反对这种经常出现的观点，即公共机构要受到某项政策的“拘束”，或者仅仅是因为它们的声明已经被公众所信赖且公众已照此行事，它们就应当坚持它们所发表的声明。然而，对于未来政府政策的基本期待就更少了，不管政府的声明是多么清楚地表达了这些政策，它也不能被看作赋予了公民以任何权利。当然，可以理解的是，专制和残暴的政府总是想保有它们未来的行动自由，但如果是民主政府，它们至少在口头上是尊重法治的，如果它们不认为有义务尊重公众的合理期待和合理的信赖行为，那将是令人惊讶的。而实际上，在某些传统领域中，英国政府往往都是颇为尊重公众权利的。

例如，反对制定有溯及力之立法（retrospective legislation）的惯例，就显示政府尊重人们信赖政府不时颁布法律的权利。同时还存在一些具有类
722 似特征的其他惯例，它们也得到了政府和议会的普遍尊重。例如，对于行业或者职业新的许可条件，在惯例上政府和议会几乎总是尊重已处于该行业或者该职业之人士的权利，而对于做生意的人有重要实际影响的法律修订，政府和议会几乎总是会提前公布法案，或者延迟其生效日期，以使受到影响的人能够及时调整其经营活动。因此，虽然经常修改税法，但是对于那些在宣布修法之前已经缔结了有拘束力交易的人的权利进行保护，即

[14] See the Fifth *Report of the Parliamentary Commissioner* for 1974-5 on the Court Line affair, H. C. 498（1974-5）; Craig, ‘Representations by Public Bodies’, 93 *Law Q. Rev.* 398（1977）.

[15] 一如储热式电采暖器（Night Storage heater）案。See *Hansard*（5th series）, H. C., vol. 874, cols. 769-813（1974）and H. L., vol. 352, cols. 724-9（1974）.

使按计划交易可能在许多年之后才能完成的情形亦是如此，如人寿保险。同样，公共服务部门的工作人员在进行任何重组或者职级调整时，也几乎无一例外地遵循同样的行政管理方式。如果有一条规则比任何其他规则都更受人们尊重的话，那么这条规则就是，在进行这种重组或者职级调整时，不应使任何已任职的人因其职位改变而使他处于不利的地位。在这类事项中，最起码的期待可能都会受到极高程度的保护。例如，许多公务员仍然享有在 20 世纪 50 年代之前的休假权，该休假权在 50 年代发生了改变，而且其适用于发生改变之前一天被雇用的所有公务员。由于任何人都不可能基于对如此长期之前景的信赖而行事，因此这种权利“保留”实际上就是保护人们最纯粹的期待。

正如我已经谈到的，这里不是全面讨论这些有趣问题的地方。但是至少还有一些问题值得在其他地方做进一步的研究。特别是，合同法对信赖与期待的保护程度，与公法和行政惯例对信赖与期待的保护程度之间，存在一个比较的空间。这样的比较可能可以表明，合同法比公法和行政惯例更加倾向于保护期待和信赖（也许雇佣领域除外），但是就抗衡专断和反复无常的决策而言，公法和行政惯例普遍能够提供更大程度的保护。我也认为，在这两个领域中都存在向相同方向发展的明显趋势，例如，对雇佣领域的期待（expectations in employment）所提供的保护日益增强，而对于其他地方的期待，所提供的保护程度或许有所下降。

政府和公共服务的成长，也导致了合同在现代社会中的作用被最大限度地降低了。政府服务领域的内部关系并不由合同来调整，且也普遍不受行政法的拘束。它们在很大程度上由纯粹行政的和政治的惯例来调整。一
个政府部门是不会与另一个政府部门订立合同的；陆军是不会与海军订立 723
合同的，中央政府很少与地方当局订立合同。尽管国有企业具有足够的独立性，既独立于政府，国企相互间也是独立的，它可以与政府或者与另一个国有企业订立合同，但是它们很少就其争端提起诉讼。政策上的严重分歧很可能是由政府的最终指令权（power of direction）来解决的，或者通过对部门负责人作出新的任命或者寻求新的立法作为最后的手段来解决。同样地，即使政府部门相互之间作出了类似于合同的安排，它们相互之间的争端，最终也将由部长或者内阁来负责解决。

其中的一些情形也存在于私人机构当中。一个公司或者一群公司，甚至一个非法人团体（unincorporated association）的内部机构是不受市

场原则调整的，普遍也不受一般合同法的规范。诚然，公司的设立行为或者非法人团体的设立行为，往往都是一项协议，或者至少是一项协商一致的行为。这同样也是事实，即形式上而言，非法人团体成员之间的关系是依赖于合同理论的，甚至法人的某些内部关系更是如此。但是关于这些关系，有两点很重要，它们影响着一般合同原则的可适用性。首先，作为一个法律问题，少数服从多数的原则适用于法人或者非法人团体，因此个别成员要求改变现状的诉求往往会被忽视。其次，这种组织，尤其是当其发展到相当大规模时，就会发展出内部层级体制，该体制将设置它们自己的规范和争端解决程序。例如，商业组织的一个部门不会与其另一个部门订立合同。公司的雇员确实可能和公司本身之间存在合同关系，但是在追求公司自身的目标时，往往是由公司的指挥体系（command structure）而不是合同法规范来解决争端。随着组织的规模变得越来越大，通过合并和收购一群公司被聚集到一家控股公司之下，其结果自然是合同订立的重要根源被排除了。诚然，在一个大的集团内部，一个子公司可能与另一个子公司订立正式的合同，但是这本质上是纸上交易（paper transaction）。在这种合同中（无论子公司是不是全资子公司），合同条款不是作为双方当事人某种讨价还价过程——在这一过程中它们各自追求自身的利益——之结果而形成的，而是为了维护集团的整体利
724 益而形成的，例如，为了让集团的税负最小化。在这些大型组织内部，其各种关系是由行政管理程序而非市场合同在治理着。即使是市场经济的最坚定支持者，也不得不承认公司倾向于变得越来越大，因为一个大型组织的内部安排可以通过行政方法更有效地实施，而如果企业家为了自己的每一项需求都必须进入市场，并从一个独立的承包商那里购买其所需要的东西，那么它们就不会变得更加高效。[16]

随着这些发展的推进，大量潜在的合同诉讼被自然而然地消除了。因为在一个组织内部不仅合同订立而且合同诉讼都在很大程度上被避免了。如果某一商业实体的一个部门未能达到管理层所设定的目标，或者没有履行与另一部门达成的协议，那么任何后果都必定且将会在该组织内部得到处理。即使一个组织的两个分支机构都具有法人人格，虽然在理论上没有什么可以阻止它们之间发生诉讼，但是很明显任何管理层通常都不会批准

---

[16] See R. H. Coase, 'The Nature of the Firm', 4 *Economica* 386 (1937).

进行此类诉讼。

这种发展已经导致了社会原子论在事实上的崩溃，基于这种理论，每个人都被认为与他人建立了自由选择的关系，在这种关系中，整个社会结构是由数量庞大的一对一关系所构成的。我们现在只拥有数量相对较少的大型组织，它们对其成员或多或少地施加着控制，并与其他类似组织建立起商业或者其他方面的关系。个人作为关系网络之中心的作用在很大程度上已经不复存在了。在这个意义上，说合同在现代社会中的作用发生了急剧衰落就是正确的。

但是，导致合同作用衰落的，不仅仅是组织体倾向于不用合同来帮助它规范其内部安排。因为事实上，许多双边长期关系也越来越朝着这个方向发展。实际上，在某种意义上，许多长期关系都是一个光谱的一部分，其中个别性合同（discrete contract）位于光谱的一端，而通过彻底地合并或者收购来建立一个单一的组织则位于光谱的另一端。从时间顺序上看，一种关系有时也是另一种关系的开端。有长期持续供货商业安排的两个公司，最终可能会合并成一个公司实体或者集团。即使两个机构仍然保持着足以建立合同关系的不同身份，人们常常也发现，在实践中，合同法和合同思想实质上并不会被用来规范这种关系。[17] 双方经常像是在合资企业中共事 725
一样，而不像是在双方都拥有不可调和之利益冲突的情况下进行的讨价还价。倘若发生了违约，他们之间更倾向于对合同条款进行调整而非进行诉讼。准行政方法（如联席会议）常常被用来解决争端或者避免冲突。

具有这种特点的长期关系范围是非常广泛的。例如，雇主和雇员之间的关系，公司和代表其雇员的工会之间的关系，公司和其固定供应商之间的关系，公司与配送网络之间的关系等。在某些情况下——例如在雇主和工会之间——某项政策行为可能有意识地将合同法和诉讼排除出这些领域。例如，集体谈判劳动合同一般根本不具有法律上的可强制执行性。[18] 而即使订立了合同，当事人之间的关系在许多方面可能都与古典合同模式不相符。尤其是，待履行合同作为一种风险分配机制的核心思想，与许多

---

[17] See Ian R. Macneil. 'The Many Futures of Contract', 47 *S. California Law Rev.* 691（1974）.

[18] *Ford Motor Co. v. A. E. U.*[1969] 2 Q. B. 303. 该案判决被《1971 年劳资关系法》（Industrial Relations Act 1971）所推翻，又被《1974 年工会和劳资关系法》（Trade Union and Labour Relations Act 1974）所恢复。

这种长期关系并不契合。实际上，这种长期关系往往涉及交易的持续进行，可能延续多年，并被看作永久的或者至少是无限期的安排。这些变化已经开始影响到诉讼案件的实际法律判决。例如，我们将会看到，司法对于继续性合同的态度在发生着变化；且我们也将会看到一些迹象，其表明司法认为各方当事人在谈判过程中对彼此负有注意义务，而这种义务是与古典合同模式完全格格不入的。这些问题将在本章后面进行讨论。

前文我已经指出，从合同到身份的回归已经是一种陈词滥调了。上文的论述表明我的这个描述并不是一个精准的过程描述。的确，在某些方面，作为权利和义务来源之一的身份，较之于梅因写作时的 1861 年，现在变得更加重要了。例如，较之于 100 年前（当时移民的障碍很少），国家公民在今天是一种更加重要的法律地位。但无论如何，梅因主要研究的是个人在家庭关系有关事务中的身份问题。例如，他用不断变化的、有关父亲或丈夫为其子女或妻子提供物品之责任的规则，来说明从身份到契约的运动。在这个意义上，几乎没有迹象表明发生了从合同到身份的回归。[19] 更
726 准确地说，存在一种从合同到管理的运动，一种从私法到公法的运动，从双边关系到多边关系的运动，从单一的、个别化的交易到长期关系的运动。然而，在另外一种意义上，梅因的格言是可以成立的。在梅因写作的时代，自愿建立关系的事情被普遍看作当事人自身意愿或意志的结果，而在现代社会，这种说法则是正确的，即已经出现了一种脱离合同、回归身份的趋势。因为，同意作为权利和责任之来源的作用已经减弱，这导致了这种关系数量的急剧上升，即一旦关系建立起来后，同意的因素在很大程度上就被耗尽了。此后，这种关系的结果越来越多地被认为是遵守法律规定的结果。但这是下一节所要研究的主题。

第二节　自由选择与合意的衰落

我已经谈到，合同衰落的第二方面意义在于，作为权利和责任之来源的自由选择、协议和允诺的重要性已经发生了变化。在过去的 100 年中，对于个人选择之自由的价值，人们的信念在不断弱化，而且这种弱化已经

[19] See Kahn-Freund, 'A Note on Status and Contract', 30 *Modern Law Review* 635 (1967); Havighurst, *The Nature of Private Contract* (Evanston, Ill., 1961), p. 127.

体现在了法律上。为了避免个人的决策自由被否定——否定个人的决策自由要么是为了多数人的直接利益，要么是为了实现大多数人所认为的、能够压倒这种自由之重要价值观念——19 世纪的立法就此作出了长篇累牍的规定。与此同时，古典合同模式所运用之概念工具的力量已经减弱了，从这个意义上说，今天的法律人更愿意承认合同的全部后果并不必然来自于各方当事人的意愿。可以肯定的是，人们对于古典模式的本质仍然有相当大的信心。我不认为法律人的整体视角在这方面发生了显著的变化；但是在特定情况下，法律人通常更愿意放弃作为古典模式之核心的个人主义。和其他地方一样，在这里我们发现有一些迹象表明议会和法院的态度存在差异。在成文法中，拒斥个人选择自由的进程，已经远远超出了大多数法律人所认为的、可以与合同法原则相并存的程度。

在我讨论这些发展之前，需要对一个反对此观点的意见进行讨论。有人争辩说，在一个重要的生活领域中，对个人选择自由的尊重在显著增强。在所有直接或间接与性道德有关的问题上，对于成年人在不受国 727
家干涉的情况下过自己想要的私生活的权利，社会风气和法律都趋向于更大程度地承认。如果这种情形发生的同时，经济或商业领域中的个人选择自由的价值却在下降，那么这似乎是自相矛盾的。但这一悖论却是人们必须面对的，因为毫无疑问的是，在最近几十年里，这两场运动都在发生着。对此的解释可能在于这一事实，即一般而言，社会只愿意在公众对有关价值观形成了相当程度共识的问题上，个人的选择自由才能被超越。在性道德的情形中，很明显的是，在过去的许多年里，本书第二十章所提到的道德多元化的趋势正与日俱增。现在绝大多数公众已经不再接受（比如说）基督教的传统性道德了，如果没有一定程度的公共舆论的支持，否定单个的成年人对于他们自己私下性行为的选择就是不可能的。另外，在许多其他方面，特别是经济和商业领域中的活动，公共舆论（似乎）足够一致地容忍对于个人自由选择的压制，或者至少是容忍对个人自由选择压制的企图。此外，压制合同事务中的个人自由选择通常会波及许多公共活动。

产权和合同

在本书的第一部分中，我已经指出，财产自由的概念是合同自由时代的先驱，并且是必要的先驱。正是买卖、管理和开发所有形式之财产的自由，导致了对完全的合同自由的需要。合同自由的衰落与财产自由的衰落密切相关，这并非一种巧合。在过去的一个世纪里，各种各样的法律和实践的发展，对两种主要的财产形式——土地和公司证券——施加了严格的限制。

就土地而言，18 世纪、19 世纪人们所需要的和进行（受制于严格地产授予之效力）让与的绝对所有权，如今在很大程度上又消失了。以地主的利益为代价的承租人的权利逐渐扩张，先是在农业用地上，然后是在城市住房上，这使地主对于其土地的权利被不断削弱。事实上，在大多数情况下，所有权人的权利几乎局限于收取租金的权利，并将土地本身当作实
728 现其租金收取权的担保。他不再能够确定租金的数额、控制土地的使用方法，甚至承租人的身份。除非承租人自愿选择放弃租约，或者在某些情形下承租人死亡致租约消灭，否则地主无权终止租约。事实上，进一步削弱地主权利的压力仍然存在。由于租金管控几乎总是使得租金低于自由市场所可能达到的租金水平，因此法律实际上剥夺了地主的部分财产权，并将其交付给了承租人。但是，只要租约继续下去那么这种情况就只能持续下去，这自然就产生了延长租约的压力。其结果是出现了租约可以被继承的趋势。至少就受到租金管制的住房而言，《租金法令》（Rent Acts）长期以来就规定，承租人的法定权利可以转移一次，在某些情况下可以转移两次给新的承租人。[20] 但是这些权利不能公开出售，也不能用合意加以保留。其结果是创造出了一种特殊的财产权，这种财产权只能在黑市上或者以类似的不公开方式加以处理。[21] 对于农地租赁，立法最近规定承租人权利具有一定程度的可转让性，[22] 但是只要承租人没有被赋予完全的处分权，他就不会有财产自由，地主亦是如此。由此可见，对合同自由的新式干预往往会创造出一种新财产，但这种财产并不是自由的。

公租房的情形也并没有什么不同，虽然公租房并没有任何受法律保护的价值，但实际上得到的补贴是如此之多以至于公租房的价值十分可观。但是公租房的权利同样也不能出售，尽管许多市政委员会允许在适当情形下进行“交换”。其结果是，一个城镇的承租人想要搬到另一个城镇的时候，

[20] See the Rent Act 1968, Schedule 1.

[21] See, e. g., *Ailion* v. *Spiekermann*[1976] Ch. 158.

[22] Agriculture（Miscellaneous Provisions）Act 1976.

有时会打出征求广告，以与希望进行相反方向搬迁的公租房承租人交换各自的公租房。对自由市场的这种干预，迫使承租人们诉诸以物易物，因为这是他们被允许的唯一一种交换方式。不用说以物易物的效率是极为低下的，这种交易模式在几千年以前就随着货币的发明而消失了。对这种不自由的财产形式（自封建时代以来就没有出现过）的创设往往会固化现状，并阻碍发生经济上可取的变革。

但是，较之于这些有关租约的变化，对土地所有权产生了更根本影响的是《城乡规划法》（Town and Country Planning Act）。自 1947 年以来，土地所有权人的权利实际上局限于按现有用途或者按规划当局所允许的其他 729
用途使用土地。绝对土地所有权、所有权人拥有按自己的想法去开发利用土地的绝对权利的观念，已经完全从英国法律中消失了。[23] 这种消失不仅仅是一个法律技术问题，因为它反映了人们对于财产所有社会（property-owning society）之本质的看法发生了根本性的转变。18 世纪的这种观点，即绝对的所有权是所有经济活动的主要推动力和诱因，已经在很大程度上消失了。与此同时，商业企业也发生了类似的转变。自 Berle 和 Means 的经典研究成果《现代公司和私人财产》（*The Modern Corporation and Private Property*）于 1932 年出版以来，如今说大企业是由职业经理人而不是由企业主经营，几乎已经成为一种陈词滥调。公司所有者的角色已经转变成了纯粹的投资者，尽管他的财产至少仍然可以在市场上出售，但实际上，他对企业的控制权几乎已完全丧失。即使《布洛克报告》（Bullock Report）的这一提议没有得到实施，其提议赋予产业工人在董事会中拥有与股东平等的代表权，但是在营业控制方面，工人们通常仍然比名义上的所有者拥有更有效的话语权。

合同中自由选择的衰落

自由选择、同意、允诺和意愿的作用是复杂的，它的衰落也同样是复杂的。正如我已经指出的，某些情况下衰落主要表现在法律概念工具上，而在其他情况下，较之于交易或者关系的其他因素，有关同意或自由选择因素的衰落是真正的衰落。首先值得注意的是，在整个法律中自由选择的

[23] 尽管如此，在著作中，*Bradford Corpn. v. Pickles*[1895] A. C. 587 案的判决所体现出来的，在那种案情下的原则，仍然被认为是一项良好的规则。

普遍衰落；这种衰落并不局限于合同案件，也不局限于在概念上被归类为合同的事项。除了我前面提到过的有关性道德的那些领域外，一般而言，在整个司法过程中，法律上的同意、允诺或者意愿的重要性都在下降。对财产自由的多方面削弱正是这种衰落的一个例证。其他的衰落也可以在司法程序中找到。因为，虽然普通法的审判程序传统上非常强调合意因素，但是也有迹象表明，在这方面，合同各方当事人并非总是能够遵守所达成
730 的有拘束力的合意安排。例如，最近的一个案例涉及对某个制定法的解释，上议院拒绝接受这一点，即当事人就所涉问题之性质所达成的合意，能够阻止他们接受法律解释之审查。[24] 而且，在过去的一个世纪里，当事人在民事诉讼[25] 甚至刑事诉讼[26] 中所作之自认的决定性都有所削弱。例如，判例已多次指出，如果判决所确定的基本义务无法适当履行的话，那么即使是通过合意获得的判决也可以在各种情况下被撤销。[27] 同样，与收养有关的现代制定法允许法院发布命令，宣布免除被收养人生父母对领养令（adoption order）的同意，理由很简单，即法院认为领养令被不合理地拒绝了。[28]

同样，在侵权法中存在这样一个趋势，即同意作为责任构成或不构成之关键因素，其重要性被降低或者最小化了。例如，在早期工伤案件中被广泛用作抗辩事由的“*愿者不受害*”（*volenti non fit injuria*）（正如我们所看到的），在现代法律中几乎完全消失了。[29] 诚然，侵入他人土地者，与经过土地占有人同意而出现在该土地上的人，土地占有人对于他们所负之责任是有差异的，但是这种差异逐渐变得难以分辨或者适用，[30] 而社会压力正在促使法律改革，这将大大消除两者之间的差异。[31] 同样，《1971 年

---

[24] Lord Diplock, in *Cherwell D. C.* v. *Thames Water Board*[1975] 1 W. L. R. 448.

[25] *Ex parte Lenox*（1885）16 Q. B. D. 314; see also *R.* v. *Durham Quarter Sessions ex parte Virgo*[1953] 2 Q. B. 1.

[26] See, e. g., *R.* v. *Whitehouse*[1977] 3 All E. R. 737.

[27] See, e. g., *Dietz* v. *Lennig Chemicals Ltd.*[1969] 1 A. C. 170.

[28] Adoption Act 1958, sect. 5（1）(b), now in Children Act 1975, sect. 12（2）(b).

[29] *I. C. I. Ltd.l*, v. *Shatwell* [1965] A. C. 656 是这一趋势的唯一例外。

[30] See *British Railway Boardv. Herrington*[1972] A. C. 877; *Pannett* v. *McGuiness*[1972] 2 Q. B. 599.

[31] See the Law Commission *Report on Liability for Damage or Injury to Trespassers and Related Questions of Occupiers' Liability*, Cmnd. 6428（1976）.

机动车（乘客保险）法》[Motor Vehicle（Passenger Insurance）Act 1971] 强制性地要求驾驶员为乘客受伤的风险投保，该法可以被看作是，驾驶员的责任限制——这种责任限制是从乘客同意所涉风险这一模糊观念中产生出来的——事实上在逐渐减少。同样，关于受托人和其他的无偿承担者（gratuitous undertaker）的注意标准从主观标准向客观标准的转变——这种转变在 19 世纪末之前尚未完成[32]——也表明存在类似的运动。

在纯理论的层面上，对“隐含”或“默示”协议的支持程度也下降了，这些协议以前被广泛认为是可以证明责任构成或责任免除的合理性的。例如，大多数现代的社会契约论者，并没有公开宣称说，就公民自己服从国家而言，公民与国家之间存在一项隐含的协议，他们更没有宣称说存在一项真正的协议。在今天，政治义务的来源更多地可能在于公民从其社会 731
成员身份中获得之利益，以及他必须转而接受相应负担的信念。[33] 诚然，John Rawls 的《正义论》(*A Theory of Justices*)[34] 充分运用了合同的概念，当人们处在他所描述的那种“原初状态”（‘original position’）的境况和条件时就会订立合同。这既不是一项真正的协议，也不是一项默示协议；而更像是一项“推定”（‘constructive’）协议，一如法律人所会称呼的那样。因此，很难看出 Rawls 为他所相信的、会促使那些处于原初状态的人去缔结社会契约的论据，添加了什么内容。如果这些论据本身是合理的，那么它们就将为其正义理论奠定基础；如果它们是不合理的，那么其理论基础就会坍塌。而在这两种情形下，一个人可能订立的（但却没有订立的）合同，都不会增加论据本身的分量。[35]

在允诺理论本身的层面上，也发生了与我上文所提到的相类似的发展。今天没有人相信正是因为存在任何遵守允诺的默示协议，所以允诺才具有拘束力；事实上，有些人认为允诺之所以具有拘束力，是因为允诺人从其允诺活动中所获得之利益，他通过作出一项允诺而参与到这一活动之

---

[32] See, e. g., *Speight* v. *Gaunt*（1883）L. R. 9 App. Cas. 1, and cf. *Gold* v. *Essex C. C.*[1942] 2 K. B. 293, *post*, p. 763.

[33] See D. D. Raphael, *Problems of Political Philosophy*（London and Basingstoke, 1970）, pp. 106-8.

[34] Oxford, 1972.

[35] See Dworkin, ‘The Original Position’, 40 *Univ. Chicago Law Rev.* 500(1973). 这一论据与休谟用来反驳早期社会契约论者的论据极为接近。

中；[36] 其他人则认为允诺之所以具有拘束力，是因为允诺会使受允诺人产生信赖行为，若允诺人不遵守其允诺则会使受允诺人的处境变糟。[37]

我们再来看合同本身，同意或者自由选择的重要性的下降正以各种方式表现出来。我不需要详细阐述由一方当事人起草的，只供另一方当事人签署的标准化书面合同在现代社会所广泛使用的程度。人们对这一现象进行了大量的研究，现在人们广泛承认这一现象是对合同合意模式的实质背离。对于有关事项，一方当事人通常根本没有有效的选择余地，而且对于这些标准化文本所包含的条款，他既读不明白也理解不了，更谈不上任何真正意义上的同意。但值得停下来追问的是，这种文件式合同是如何被人们认为是像真正协议一样具有有效性的。鉴于在古典合同模式中合意所具有的重要性，法官如何能够将这些书面文件看作合同文件？这个问题更加
732 重大，因为（后文将再提到）在古典理论的鼎盛时期法院对《反欺诈法》的规定赋予了新的含义。他们坚持认为，《反欺诈法》所规定的书面说明或者书面备忘录仅仅是一项协议的证据；真正赋予合同以拘束力的并不是书面合同本身，而是当事人之意志。[38] 但是在 19 世纪晚期，当时法院面临着由印刷条款，或者其中包含了引用别处所载条款的单据所带来的新问题，法院越来越倾向于在一定条件下将书面条款当作合同的实际用语来处理。在 *Harris v. Great Western Rly. Co.* 案 [39] 中，Blackburn 法官试图以禁反言为由来证明这样做的合理性；通过签署书面文件或者以其他方式实施某些行为而使另一方当事人相信其书面条款已经被签署方所接受，那么签署方就将受到禁反言的拘束。实际上，这是一种建立在信赖基础之上的合理化之举，因为禁反言是这样一种学说，即其全部基础在于一方当事人的行为导致另一方当事人实施了合理的信赖行为。

但是这些对书面合同之责任基础的理论研究在实践中几乎没有什么影响。更重要的是这一事实，即（特别是在所谓的"票务案件"中）陪审团几乎总是支持消费者而反对铁路公司，法院认为必须找到一些保护铁路公

---

[36] H. L. A. Hart, 'Are there any Natural Rights', 64 *Phil. Rev.*175 (1955); J. Rawls, 'Two Concept of Rules', 64 *Phil. Rev.* 1 (1955).

[37] Neil MacCormick, 'Voluntary Obligations and Normative Powers', *Proc. Arist. Soc. Supplement* 59 (1972).

[38] *Supra*, p. 494.

[39] (1876) 1 Q. B. D. 515.

司的方法。[40]因此，他们不得不将问题的性质从事实问题转换为法律问题，他们是通过对书面文件或者通知作出某些推定——如果这些书面文件或者通知已经将合同条款充分告知了当事人的话——而实现这种转换的。许多这些早期判决不是不公正的，因为铁路公司是根据它们的责任范围来收取费用的，而且他们不想承担保险人的责任（也不收取保险人要收取之费用）。在商业界，承运人责任和保险人责任之间的差异是非常清楚的，在这些问题上法官们往往站在铁路公司一边。他们的直觉也告诉他们，最重要的是书面合同不应当受到外部因素的干扰，因为第三人和合同的直接当事人都依赖于这些书面文件。这很可能就是为什么较之于书面合同的精神，人们往往更加看重书面合同的文字的原因之一。[41]

然而，这些发展的结果是，当面对书面文件时，法院实际上较少寻找当事人真正达成协议的迹象，而更多地强调当事人的外部行为。一旦某项 733
文件能够被看作合同文件，那么它就会让法院的工作好做得多；争端就可以通过查看文件中的条款而得到解决，而无需去探究更广泛和更困难的问题，这些问题涉及对“默示意思”的探寻，或者更广泛地寻找一个公正的争议解决方案。人们可能会认为，这一过程将导致人们更加明确地认识到法院介入了非合意责任的构成。如果一个人承担责任不是因为他先前同意或者允诺承担责任，而是因为他签署了一份文件，或者他让另一方当事人相信他接受了这份文件，那么这难道不是一种信赖基础责任吗？当法院开始把签署文件时的疏忽大意作为这种性质之责任的根据时，这一问题的非合意方面就变得更加强烈。[42]在 1975 年 *United Dominions Trust Ltd.* v. *Western* 案[43]中，上诉法院在这条路上走得是如此之远，以至于合同法的这一部分似乎（尽管是无意识的）被并入到侵权法之中了。在该案中，被告粗心地签署了一份空白表格，他以为他是以租购的方式从经销商 R 处购得一辆轿车。而实际上，这个表格是个人贷款表格，且 R 在表格中所填写的详细内容与被告的理解是相悖的，结果原告将填写好的表格交给了善意接受该表

[40]　尤其参见 *Walkins* v. *Rymill*（1883）10 Q. B. D. 178，虽然该案本身并不是一个反对铁路公司的案件。

[41]　See Devlin, ‘Morals and the Law of Contract’, in *The Enforcement of Morals*（Oxfofd, 1965）, p. 44.

[42]　See especially *Saunders* v. *Anglia Building Society*[1971] A. C. 1004.

[43]　[1975] 3 All E. R. 1017.

格的原告。法院（实际上）认为被告要对合同负责，因为他有疏忽大意的过失。他们坚持认为，签署一份空白文件和在没有阅读或者理解的情况下就签署一份现成文件是没有区别的。Megaw 上诉法官问道："为什么导致对方对自己的合同意图产生误解的粗心大意行为，其法律意义和效力要小于在不阅读或者不理解的情况下就签署摆在其面前的现成文件，就签署该文件的粗心大意行为呢？"[44] 的确，为什么呢？但这是在侵权法上而不是在合同法上进行的追问。如果一个人因为疏忽大意而应当对合同承担责任，那么为什么他要按照好像他允诺过的一样承担责任呢？合同责任与侵权责任之间当然存在重要的区别。例如，在合同中，期待通常都是受到保护的，而在此类侵权案件中，只有信赖损害通常才能得到赔偿。关于这一点在这里我不需要赘述，尽管它对于法律的未来发展，无论是对合同法还是对侵权法，都是非常重要的。我的目的是强调，即使在被法律人归类为合同的那些情形中，同意也不再是责任的基础。

734 应当说明的是，我并不认为同意问题与上文所讨论到的那些责任毫不相关。一个签署了书面文件且知道它是一份对他课加某种责任的文件的人，显然是同意承担这些责任的，即使他不同意承担该文件事实上课加给他的全部责任。但我想说的是，这些责任并不纯粹是以合意或者允诺为其基础的。在这种情况下，信赖因素和利益交换因素仍然是最为重要的。例如，如果交易实际上提出的是一项公平交换，以至于签署该文件的一方当事人将得到一项价值大致相等的互惠利益，那么较之于若该文件的内容事实上严重不公平时司法所可能采取的态度而言，司法更可能采取一种维护该文件所规定之责任的态度。然而，交易的公平与否和同意问题是不大相关的。在这两种情况下，都存在一种模糊的同意，但是随之而来的责任至少部分是以获益为基础的。同样，如果事实上并不存在信赖因素（例如，如果被欺诈的人在作出正式"承诺"之后、履行其承诺之前就尝试撤销该交易），人们认为，有充分的理由允许撤销交易。因此，在这种情况下，交易中的信赖因素可能比期待因素更为重要，而如果这是一种真正的允诺基础责任的话，那么期待因素将会在其中起到支配性作用。

更广泛而言，我认为今天的人们越来越认识到，即使在各方当事人经由某种自愿行为而进行交易的情况下，由此产生的各方当事人的权利和义

[44] At pp. 1022-3.

务在很大程度上也是法律的产物，而不是各方当事人真正协议的结果。当然，这一点并不一定适用于经过仔细谈判的、每一项条款都是由各当事人及其法律顾问敲定的商业文件。但是，即使这种性质的合同也不可能完全成功地预见到每个意外事件或者避免每个歧义，任何由此产生的争议都必须通过积极的司法判决来解决，而无法通过完全被动的解释过程来解决这些争议，但形式主义却认为司法就是在这一解释过程中发挥其作用的。[45]
不管怎样，整体而言这样的合同在日常生活中并不常见，尽管它们在律师事务所里或许并非不常见。日常生活中更典型的合同是通过这样一些行为，如登上公共汽车、在餐馆点餐，或者甚至是接受一份新工作，所创设的“默示合同”。所有这些行为都涉及某种程度的合意性（consensuality）。公司不会在无意中运行公共汽车，乘客也不会在睡梦中登上公共汽车。但是这并
不意味着将这种关系看作涉及“相互允诺”的古典合同模式对此还具有任 735
何真正的有效性。的确，公交公司和乘客之间的关系产生了权利和责任，而且在绝大多数情况下，对于这些权利和义务双方都是有某种概念的，无论一方当事人对此概念是多么模糊。但即使如此，这也并非意味着是他们的合意、他们共同的意志行为创造了权利和义务。当然，更现实的认识是，是他们的行为创造了这种关系，而法律又创造了权利和责任来作为这些行为的结果。“默示允诺”在很大程度上经常是拟制出来的，即使它们被证明是不存在的，那也无关紧要。如果一名不打算支付车费的乘客登上公交车，那么他有义务像其已经诚实行事那样支付车费，而无论其是否购买车票，公交公司所负之责任都并不会有所不同。即使在双方都同意或者默许法律所规定之结果的情况下，遵从休谟的观点，将这些行为视为“协议中”的合作行为而非“订立协议”的例子，似乎更为准确。[46]

我无法以其重要性所应得的篇幅来探讨这一主题，但至少值得指出的是，在这些方面存在一些司法变动的轻微迹象。人们可能还记得，在古典合同法时期，法院认为一旦证明了存在某种涉及相互权利和义务的关系，那么就一定存在默示的相互允诺。[47] 对于仍然受洛克及其后继者

---

[45] See e. g., Young, ‘Equivocation in the Making of Agreements’, 64 *Columbia Law Rev.* 619（1964）; Farnsworth, ‘Meaning in the Law of Contracts’, 76 *Yale Law Journal* 939（1967）; Corbin on *Contract*, revised ed., vol. iii, sect. 535（1962）.

[46] *Supra*, p. 56.

[47] *Supra*, p. 416.

影响的知识传统而言，这并不是一个令人惊讶的变动，因为社会契约本身难道不就是对这种默示允诺意义的承认吗？在英国法中，这种观点后来固化成为一种严格的法律规则，其结果是，只要双方当事人之间确实存在某种合同关系，那么他们的权利和责任都完全取决于该合同，而不能将其适用于侵权法。[48] 但最近，有迹象表明这一变动已经走到头了。事实上，丹宁勋爵认为，现代的判决与 *Boorman* v. *Brown* 案[49] 的判决是尖锐对立的，该案是整个这个理论——互惠关系产生的义务可以被视为合同义务——的源头所在。[50]

现在，我要分析一下说明同意在合同关系中的重要性正在下降的其他一些例子。首先，在许多情形中，一方当事人订立或者不订立合同的自由、选择与谁订立合同的自由，都受到了削弱。新的反歧视法禁止（各种情形
736 中的）种族歧视和性别歧视，即是这一趋势的例证之一。在这种性质的问题上，对潜在缔约对象的任意选择不再是可以容忍的，在这种情况下，社会设定的价值已经凌驾于自由选择之上。拒绝订立一项合同也可能由于经济原因而被法律所禁止，当事人一方不得因为法律所禁止的限制竞争协议而拒绝向另一方当事人供货，即适其例。例如，供货商不得仅仅因为零售商拒绝遵守其规定的转售价格而拒绝向该零售商供货。[51] 事实上，整个这种观念，即对于是否愿意与他人订立合同而言一方当事人自己是唯一的法官，在商业性的供货中已经不再被人们所接受了。近年来，对于商业领域中拒绝供货的可能的正当理由，反垄断委员会已经进行了探索，并逐一审查了此类案件。[52] 例如，人们仍然认为供应商有权对顾客的信誉可靠程度作出自己的判断，并且认为这方面的判断是绝对的；但是，反垄断委员会却认为，供应商因为（例如）想限制其产品的销售网点数量而拒绝供货，违反了公共政策。

虽然上文所提到的《报告》* 并没有被立法所实施，但毫无疑问的是，

[48] *Groom* v. *Crocker* [1939] 1 K. B. 194.

[49] （1844）11 Cl. & F. 1，8 E. R. 1003 *supra*，p. 416.

[50] See *Esso Petroleum* v. *Mardon* [1976] 2 All E. R. 5.

[51] Resale Prices Act 1976，sect. 11，first enacted in Resale Prices Act 1964.

[52] See their Report，*Reful to Supply*，Cmnd. 4372（1970）. See too *Acrow*（*Automation*）*Ltd.* v. *Rex Chainbelt Inc.* [1971] 3 All E. R. 1175.

* 指前注所提到的 Report，*Reful to Supply*。——译者注

它所反映的趋势在普通法中是可以观察到的。合同权利的绝对性、法院拒绝对缔约当事人所作决定之原因进行审查，是古典法重要特征之所在，但它已经让位于这样一种司法意愿，即调查事实、审查当事人作出决定的理由，并通过一些客观的检验来判断当事人所作决定的合理性。通过对比上议院在 1877 年 *Bowes v. Shand* 案[53]和在 1976 年 *Reardon Smith Line v. Hansen Tangen* 案[54]中的判决，可以很好地说明一个世纪以来两种截然不同的态度。在前一个案件中上议院认为，买卖将在 3 月份或者 4 月装船运输的马德拉斯大米（Madras rice）的合同是无效的，因为马德拉斯大米在 2 月就已经被装船了，他们继而认为买方拒绝大米的原因，或者为什么合同是这种形式，都是无关紧要的。作出主要判决的凯恩斯勋爵坚持认为，这些事情完全是双方当事人自己的事，法院无权调查当事人各行其是的原因。相比之下，在第二个案件中，合同约定在日本“Osaka Zosen 的第 354 号船坞”建造一艘船。事实上，这艘船是在不同的船坞里建造的，被告因此拒绝受领这艘船，尽管没有迹象表明这艘船不符合合同的特别约定。在该案中，大法官 737 们对合同背景进行了审查，试图查明为什么双方当事人要以这种方式约定船只的建造。通过这次审查可以明显地看出，约定船坞院子的编号和位置并没有什么实质性的意义；因此被告需要承担责任。很难不认为这两个判例的不同处理方法，反映了我已经指出的司法程序以及法院价值观在各个方面的变化。一方面，法院有更大的意愿详细审查一个案件的事实，弄清是非曲直；而另一方面，不再有相同的、将当事人当作合同履行事项之重要性的最终和唯一裁判者的司法意愿。

另一个类似的例子是《1927 年业主与承租人法》（Landlord and Tenant Act 1927）第 19 条，其废除了合同当事人行使其权利的绝对权力。该条规定，如果租约赋予了承租人在获得房东同意的情况下转租房屋的权利，那么这种同意在将来不得被“不合理撤销”。因此，如果法院认为对租赁物的使用不当，那么房东就可以拒绝同意转租。房东选择谁作为他的承租人的权利也被剥夺了，（正如我们已经看到的）在涉及农地和租金受管制楼宇（rent-controlled premises）的案件中，所有权人的选择权在很大程度上也被剥夺了。这又一次反映出广泛的古典法原则已向如此重视具体事实调查

[53] 2 App. Cas. 455.

[54] [1976] 3 All E. R. 570.

的现代法的转变。如果房东拒绝同意而受到了质疑，那么其拒绝的理由就必须接受调查。在这种情况下，不可避免地会牵涉到长期的事实问题。

这种发展的另一个重要的制定法例子是反对雇佣合同中“不公平解雇”的新规定。在普通法中，雇主在雇员有不当行为或者违反职责的情况下，不经事先通知即可解雇雇员，在其他情况下在有事先通知时即可解雇雇员，这一权力完全是他自己的事；无论他的行为多么武断或反复无常，他都有绝对权利解雇一名只受合同条款拘束的雇员。然而，自从《1971 年劳资关系法》（Industrial Relations Act 1971）颁布以来，这一权利不再不受限制了，该权利的行使必须遵守劳资法庭（Industrial Tribunals）对于有关解雇是否“不公平”所作出的自由裁量。在判断这个问题时，劳资法庭并不局限于严格的合同问题，而必须考虑到《1974 年工会与劳动关系法》（Trade Union and Labour Relations Act 1974）中所列举的各种因素（现在）。[55] 尤其是，
738 解雇的理由必须被查明，对雇主而言他必须说明其解雇的理由，且这些理由是否足以证明该解雇是正当的。另一个类似的发展还可以在有关消费者信贷的新法律中看到，对于被拒绝授信的消费者，该法赋予了他们一些有限的救济权利。[56]

然而，还不能说合同权力行使之原因总是会受到公开审查，已经是一项普通法原则了。确证条款（conclusive evidence clauses）仍然常常得到法院的支持，[57] 尽管在缺乏相关强有力的措辞的情况下，现在似乎不太可能认为存在这样的默示条款。一个债权人仍然有权针对他的债务人寻求所有的法律救济，不仅是为了获得债务清偿，而且是为了附带目的，如让债务人破产而使他失去担任某些职位的资格。[58] 假设房东原本就拥有以通知的方式解除租赁合同的权利，那么即使他解除租赁合同的目的是惩罚提供不利于他的证据的承租人并因此涉嫌藐视法庭罪，他仍然可以合法地以通知的方式解除租赁合同。[59] 其中的一些判决也许大体上可以用仍然具有生命力

---

[55] Schedule 1, Part II.

[56] Consumer Credit Act 1974, Part X.

[57] See, e. g., *Haagerstrand* v. *Anne Thomas S. S. Co. Ltd.* (1904) 10 Com. Cas. 67; *Tredegar* v. *Hardwood*[1929] A. C. 72; *Kaye* v. *Koskier & Dickinson*[1972] 1 W. L. R. 146; cf. *Docker* v. *Hyams*[1969] 1 W. L. R. 1060.

[58] *Fitzroy* v. *Cave*[1905] 2 K. B. 364.

[59] *Chapman* v. *Honig*[1963] 2 Q. B. 502，但请注意丹宁勋爵的异议判决（dissenting judgment）。

的古典模式来进行解释，尽管古典模式在实践中已经普遍衰落了，其中的一些判决的有效性在今天或许还存在疑问。总的来说，较之于英国，美国更加倾向于寻找行使合同权力背后的原因。[60]

在前面几章我已经指出公司式国家日益成为现代社会的主要特征之一。与其他地方一样，在这里，公司和其他组织的数量与规模的增加，以各种方式对同意和自由选择的作用产生着显著影响。在普通法上，当一个人与另一个人订立合同时，这意味着他选择该人作为他的缔约对象。该人所拥有的自然身份明显说明他是被个别选定的，他不得将合同的利益或者负担转移给他人。当公司面世时，法院最初认为它们身份的不同性质对法律而言并不重要。一个公司就是一个法律人格，当它订立合同时最重要的是它要有合法的身份。结果是，人们认为（例如）公司并不比个人拥有更大的转让合同利益或者负担的权力。[61] 直到 1945 年人们还认为，一家公司从表面上看无权将其代表原告所承担的干洗工作分包出去，[62] 而在 1940 739
年上议院庄严地判决，未经公司雇员的同意，该公司不能基于大法官法庭的合并令（amalgamation order）而将该雇员“转让”给另一家公司。[63]Lord Atkin 说道：“我曾经以为，根据我们的法律，公民个人身份中最根深蒂固的部分是他拥有选择为谁服务的权利；这种选择权构成了雇工和农奴之间的主要区别。”[64] 但是，几乎没有必要说的是，这种略带激情的说法与现实几乎没有什么关系，因为公司的实际身份并不取决于它的法律人格，而是取决于拥有它的人或者（更准确地说是）取决于管理它的人。而这些当事人的变更并不会影响雇员的合同地位，而法律人格的技术变更在这里被认为相当于是解雇雇员。这一事实，即他根据并不存在的合同已经工作了三个月（根据大法官们的判决），似乎已经被忽略了。

在其他方面，法律似乎对现代环境的现实有了更多的认知，因为今天的合同和债务比以往任何时候都更加容易转让。自《司法组织法》颁行以

---

[60] L. Friedman, *Contract Law in America*（Madison and Milwaukee, 1965）p. 190. Cf. e. g., *Dickhurst* v. *Norton* 173 N. W. 2nd 297（1970）with *Chapman* v. *Honig*, *supra*.

[61] See, e. g., *Johnson* v. *Raylton*（1881）7 Q. B. D. 438; *Griffith* v. *Tower Publishing Co.* [1897] 1 Ch. 21.

[62] *Davies* v. *Collins*[1945] 1 All E. R. 247.

[63] *Nokes* v. *Doncaster Collieries*[1940] A. C. 1014. 也许值得注意的是，审理该案的唯一一个衡平法大法官对此是持不同意见的。

[64] p. 1026.

来，债务的自由转让（极少数真正具有人身属性的债务除外）在普通法和衡平法上都已经得到了承认，且在实践中，账面债务（book debts）的转让（保理和大宗贴现）已经是一种很重要的商业形式。在所有这些情形中，债务人很容易就发现他最初的债权人已经不见了，他现在对他之前从未听说过的人负担着债务。即使新债权人是债务人自己认识并讨厌的人，债务人也没有权利抱怨这个程序。[65] 在英国法上，合同负担的转移在技术上仍然存在很大的问题，也许因为这是自由选择被如此高评价的古典时期的历史遗留问题。直到今天，在提议转让一项债务时，获得债权人同意仍然是必要的，即使债务转让具有相对的技术性亦是如此，如由于一名合伙人退伙和另一名合伙人被他人所替代而导致合伙的成员发生变更。在不那么关注自由选择哲学的美国，通过将新的合伙人作为债务人，同时让原合伙人
740 对原合伙债务承担担保责任而在很大程度上克服了这些技术性问题。通过这种方法，债权人的地位受到了保护，得以免受真正的损害，而在大多数情况下，如果没有破产的风险，合同的实际负担是可以转让的。

公司法对于自由选择和同意之重要性的影响的另一个例子是，公司法越来越重视少数服从多数之规则的观念。如果由几个人组建一个组织，那么他们创设该组织的行为可能是一种合同行为；但新组织一旦成立起来，就必须有执行和权力机构，而这些机构通常只能在少数服从多数规则的基础上运行。其结果是，在某个基础上加入某个组织的个人，可能会发现自己需要承担责任或者其权利被剥夺了，但这种责任的承担或者权利的剥夺并非基于任何协议，而是由少数服从多数的规则所决定的。高等法院审理的具有这种性质的最早的案件之一是 *Auld* v. *Glasgow Working Men's Building Society* 案，[66] 在该案中，被告建筑贷款协会（building society）设立了一套规则，其规定如果其成员资金不足的话，成员们可以轮流提取他们在协会中的份额。该协会因此流失了大量资本，于是它决定成员们不再有权轮流提取资金，而只能从其每个份额中扣除一笔款项。原告反对这一变更，而上议院（由普通法法律人所主导）支持了他的请求。像 Halsbury 和布拉姆韦尔这样的普通法法官，似乎对这种观点备感震惊，即合同的一方当事人可以单方面地变更合同条款而损害合同的另一方当事人。对 Lord Halsbury 而

[65] *Fitzroy* v. *Cave*, *supra*.

[66] （1887）12 App. Cas. 197.

言，“任何这种权力都是不可能存在的，这是绝对无可争辩的。协议就是协议，必须得到遵守”[67]。Lord Macnaghten 是新近获得任命的上议院唯一一名衡平法大法官，对于当时主要的普通法法律人所表达的强烈意见，他可能感到不知所措，在一次简短的演讲中他曾表示同意这些普通法法律人的意见，但是他说建筑贷款协会的错误在于其试图以一种不符合法定变更权（statutory power of alteration）的方式改变了其规则。

在这个判决之后，一系列此类案件被诉至下级法院，在所有这些案件中，Lord Macnaghten 的意见都得到了遵循，法院认为只要规则是根据法定程序进行变更的，那么任何成员都不能抱怨他的合同权利被剥夺了。[68] 现在人们认为，他的权利必须被看作受到了法定变更权的拘束。[69] 一些判决 741
在今天看来是极其不公正的，例如将从建筑贷款协会贷款的借款人认定为是该协会的“成员”（技术上而言的确是这样的）、通过修改规则就可以让该借款人部分承担该协会所受损失的判决。[70] 此外，颇为有趣的是，衡平法法官几乎总是更愿意承认多数人拘束少数人的权力。直到 1940 年有证据表明普通法法官和衡平法法官在态度上的这种传统差异仍然存在。这个判例[71] 试图将先前的判例向前推进，在该案中，公司试图通过修改公司章程，赋予公司大股东作为董事而非作为公司成员变更公司成员之权利的权力。上诉法院（发生了分歧，票数为 2 比 1）和上议院（发生了分歧，票数为 3 比 2）的多数普通法律师都支持原始合同的神圣性，而衡平法法官都支持多数人改变规则的权力。这种态度差异的根源肯定是可以追溯到很久以前的历史上的。正如我们已经看到的那样，创造出古典合同模式的是普通法法律人，而衡平法律师则在诸多方面修正了这一模式。而正是在起草严格地产授予契据以及后来的合伙和公司文件方面拥有悠久传统的衡平

---

[67] p. 202.

[68] See, e. g., *R.* v. *Brabrook*（1893）69 L. T. 718; *Rosenberg* v. *Northumberland Building Society*（1889）22 Q. B. D. 373; *Wilson* v. *Miles Platting Building Society*（1887）22 Q. B. D. 318n.; *Allen* v. *Gold Reffs of West Africa Ltd.* [1900] 1 Ch. 656; *Strohmenger* v. *Finsbury Permanent Building Society*[1897] 2 Ch. 469; *Pepe* v. *City and Suburban Building Society*[1893] 2 Ch. 311; *Shuttleworth* v. *Cox*[1927] 2 K. B. 9.

[69] 同时参见 Lord Loreburn 写给他内阁同僚的备忘录，其主张否决 *Osborne* 案 [1910] A. C. 87, printed in R. Heuston, *Lives of the Lord Chancellors 1885-1940*（Oxford, 1964）, p. 615。

[70] *Wilson* v. *Miles Platting Building Society*, *supra.* 但在 *Holev. Garnsey*[1930] A. C. 701 中，出现了反对这些极端判决的迹象。

[71] *Southern Foundries Ltd.*v. *Shirlaw*[1940] A. C. 701.

法法律人，看到了用机制来维持长期的体制性安排的必要性，而普通法法律人则认为合同是孤立事件、在市场中达成的交易，此外它还具有永久的拘束力。

考虑到我认为允诺在早期法律中具有证据作用，因此观察到这个观点的复兴也很有意思，即在当事人同意的情形下，该同意却由于某种原因而并非绝对具有拘束力。例如，在《放债人法》所规定的情形中，有人认为，借款人就其应支付的利率所作出的同意，虽然没有严格的拘束力，但也绝不是与交易的公平性毫不相关的。显然，如果借款人对于其所负担的利息不知情，或者是被强加的，那么他对要求他支付利息的同意，可能并不能证明支付利息之要求的公平性。但是，如果借款人充分知情，且也没有处于严重困窘境地，那么他的同意可能至少是证明这是一项公平和公正之交
742 易的证据。[72] 同样的情形也出现在《反欺诈法》之中，根据《反欺诈法》的规定，口头协议是不能被强制执行的，但是协议的条款却被认为是证明依该不可执行合同所实际提供服务之价值的良好证据。[73] 奇怪的是，法律人觉得不能或者不愿意承认此类请求是一个“真正”合同性的请求。对这些判决的理论解释是，“实际的”合同是无效的或者是不可强制执行的，但是该项付款作为一项准合同权利，对于一方当事人任何实际提供了的并被对方当事人接受了的服务，对方当事人都应当支付款项。根据传统理论，这样一种权利与合同是“没有关系”的，因此几乎不值得合同法著作去关注。显然，这种态度是一种历史残余。只有将具有绝对有拘束力的同意视为“真正”合同的标志之一的那一代法律人，才会认为这种解释是令人满意的。对于任何想要从更广阔的角度来看问题，并认识到在部分已履行交易中已经产生出许多合同义务，以及具有绝对拘束力的同意不一定是合同的标志的人来说，将这种性质的案例当作合同判例是非常有意义的。

此外，正如前面所指出的，过去一个世纪的法律发展的显著特征之一是这种情况越来越多，即使受益人没有实际同意接受某种利益，他也是要返还实际所受利益的。当然，在公法中，一直都是存在这种可能性的，尽

---

[72] See *Carrington Ltd.* v. *Smith*[1906] 1 K. B. 79，86 approved in *Reading Trust Ltd.* v. *Spero*[1930] 1 K. B. 492.

[73] *Scarisbrick* v. *Parkinson*（1869）20 L. T. 175; *Way* v. *Latilla*[1937] 3 All E. R. 759. 同时参见过去的那些有对价的案例，在这些案例中，后续的允诺可能是允诺人已经有义务支付合理金额之款项的证据：*Stewart* v. *Casey*[1892] 1 Ch. 104。

管如今它的适用实例也比 100 多年前要多得多。尽管法官们可能会继续宣示这样一种合同教义，即一个人不能请求另一个人偿付后者被强加的、不是后者选择所获之利益，但是公法却经常要求公民为强加给他们的、不是他们选择所获之利益进行付款。通常而言，在所给予的利益与要求付款这两者之间的关联并不密切，就像是为了支付许多福利而征收的普通税收一样，如果公民有选择权的话，他们可能会拒绝这些福利。但是也存在这样一些其他情形，即所征收的税费与所提供的福利之间存在直接且密切的联系。举个例子，地方当局可能会要求建筑物的排水管连接到主下水道，如果建筑物的所有权人没有这样做，那么地方当局可以自己这样做，并向所有权人收取适当的费用。

强制性合同（compulsory contract）

缔约中自由选择的衰落，导致了将某种形式的强制交易强加给一方当事人的情形在数量和范围上的增多。由于古典传统的传承，将这些交易称 743
为“强制性合同”似乎是一种谬误、一种自相矛盾的说法。而事实是，促使一个人订立合同的压力因素是如此多样，以至于很难以任何方式将那些被认为是完全自由选择之情形与那些被认为根本没有自由选择因素的情形区别开来。在古典法中，这个问题是通过对意志论的特殊应用而得到解决的。其假设所有的合同都是“自由选择”的结果（无论缔约压力有多么巨大），除非一方当事人的意志被压制得如此厉害以至于他被认为是不能作出任何真正自由的选择的。但是对缔约当事人所承受压力之性质和作用的分析从来就不让人满意。按照现代生活标准，商业的、经济的或者社会的压力可能都会使一个人无法作出有效的自由选择，但这些压力却被古典法忽略了。同样，其他形式的明显被认可的压力也被忽略了；例如，没有人怀疑司法保证书与具结（judicial bonds and recognizances）在过去（与现在）都是具有拘束力的，尽管当事人是在拒绝签署就会被监禁的威胁之下而签署它们的。然后，某些类型的强制性交易也非常常见，它们也可以被称为强制性合同。例如，强制性的土地征收长期以来被称为“强制购买”，正式的征收命令被称为“强制购买令”。应当强调的是，虽然地方当局有权违背所有权人的意愿并不需经所有权人的同意就可以取得土地，但是这一程序绝对没有排除某种同意的因素，或者某种选择的因素。例如，对地方当局而言，在行使强制征收权力之前，通常是要尝试以普通方式与所有权人就买卖土地进行协商的。即使考虑到这些权力的背景，所有权人可能会觉得自己除了出售之外没有多少别的选择，对他而言，他仍然可以默许出售或者甚至自愿出售其土地。在任何情况下，法定权力的存在并不能确保在时机成熟时就能够运用这些权力——当事人有可能提起上诉，当局的有关委员会改变主意的可能性也不能排除——因此，说在这种谈判中根本不存在任何同意或者自由选择的因素，就并非事实。即使在所有权人确实觉得他是被迫出售其土地，以及他觉得如果没有受到强迫那么他就不会出售其土地的情况下，这里面仍然还存在就价格达成真正协议的空间。当然，如果在这里没有达成协议，那么这件事情就必须由有关当局——土地裁判所（Lands Tribunal）——来作出决定，但是只有极少数强制购买案件被提交到土地裁判所。

目前我不愿意暗示说，在这种性质的交易与公开市场上自由谈判所
744 缔结的合同之间不存在重要区别；显然是存在区别的，但同时两者也存在密切的相似性。在这两种情况下都有交易发生，在这两种情况下双方当事人都存在某种程度的同意；在自由市场中，自由选择的因素通常更加强大——尽管在某些情况下市场压力可能与法定权力一样具有强制性——而在强制购买的案件中，存在确保价格客观公正或者公平的机制，而这在自由市场中是不存在的。在这里我想指出的是，不再有理由坚持认为，某些强迫性权力的单纯存在或者对其的运用，就使交易之结果与自由市场中的合同是如此的不同，以至于合同律师对其毫无兴趣。[74] 古典遗产坚持自由选择是合同的重要标志，这种遗产有时候会产生出不合理的结果，1955 年 *Krikness v. John Hudson Co. Ltd.* 案 [75] 即是其例。在该案中，上议院认为如果一个公司的利润，是依铁路国有化法强制征收其铁路车辆之结果的话，那么该利润不能作为“销售”所生之利润而成为征税的对象。大法官们坚持认为，销售必须是双方同意的交易。而本案中的合意与抢劫没什么两样。“如果违背一个人的意志而夺走他的财产，并且他在补偿和解中也不能发出他自己的声音，还说这个人出售了他的财产，那么在我看来这与事实相去甚远，就像一个被剥夺了财产且未获补偿的人被说成是他自己放弃了其财产

[74] See Patterson ‘Compulsory Contracts in the Crystal Ball’, 43 *Columbia Law Rev.*731（1943）.

[75] [1955] A. C. 696.

一样。”[76] 我认为这种说法是对古典合同理论的承继，但现在已经过时了。毫无疑问，特殊考虑可能会影响税法条文中的措辞，但是对国有化财产进行补偿所产生之结果与自由协商出售财产的结果是非常相似的，因此本案的裁决似乎很难被证明是合理的。

当然，部分问题在于定义。如果合同被定义成是以相互同意为其本质的交易，那么直接强制的情形就不应当被定义为合同。但是法律概念的定义不是从天上掉下来的，它们是用来把拥有足够共同之处的案件汇集在一起，以至于值得把它们归类在同一个标题之下。当然，在多数情况下，强制性交易与自愿性交易拥有足够的共同之处，因此将它们一体对待是有诸多好处的。在这两种情况下，利益与利益的交换是交易之本质所在。此外，正是因为这样的强制性交易传统上并没有被当作合同，甚至没有被类推为合同，所以法律人普遍都没有意识到在很多情况下，法律确实对这种强制 745
性交易作出了规定。由于在过去“强制交易”的分类从来不被认为是值得采纳的方法，因此，这种交易可能发生的各种各样的情况从来都没有被总结过，它们与自愿交易的关系也从来没有被探究过。对于现代法律上的强制缔约的种类与范围，在这里我提出一些观点，尽管没有足够篇幅对其进行全面研究。

或许首先值得回顾这样一种情况，即，即使没有真正的同意，法律人在传统上也毫无疑虑地将其视为合同的情形。误解、[77] 未读文档、[78] 撤销太晚，[79] 以及类似的情况，都可以产生这样一个结果，即一方当事人被认为订立了一份合同，但他并没有真正同意该合同。正如 Max Radin 在 30 年前所指出的：

> 如果客观理论真的像我们经常所说的那样是我们法律体系的基础，那么就很难理解为什么对于普通法法律人而言“强制性”合同是如此的可恶，因为他们经常吹嘘自己是很蔑视纯粹的咬文嚼字的。所有债务性质的交易都因为当事人负担义务这一事实而具有强制性。如

[76] Lord Simonds at p. 707; cf. *post*, p. 749.

[77] See, e. g., *Riverlate Properties Ltd.* v. *Paul*[1975] Ch. 133.

[78] *Saunders* v. *Anglia Building Society*[1971] A. C. 1004, *supra*, p. 733.

[79] *Byrne* v. *Van Tienhoven* (1880) 5 C. P. D. 344.

果一个人被迫去履行他从来没有想到过的或者他所不理解的义务——这常常是隐含于“客观理论”之中的——仅仅是因为他的语言或者行为可能被认为具有某些含义，这些东西与制定法或者法规为当事人订立的合同并没有太大的区别。[80]

同样地，只要当事人作出的某些初步同意能够延伸到对由此所产生的责任进行管理，那么法律人在将义务视为是合同义务方面就从来不会遇到任何困难。例如，如果一个人赋予了他人以购买土地或者股票的选择权，或者某项优先购买权的话，那么他会发现届时自己将被迫订立合同。当然，在这种情况下，对这种安排的最初同意可以被看作将最终合同归类为基于同意本身的理由；但必须记住的是，这到底能走多远。例如，我们已经在一些案例中看到，对某个组织的规则的最初同意，被认为证明了这样做的合理性，即作出最初同意的当事人应当按他所强烈反对的、变更后的规则承担责任。又如，由于一些事先协议而被迫签订合同的当事人也可能是签订事先协议的一方当事人的承继人。如果一块土地上现在存在一项购买选择权，那么购买该土地的人（如果该选择权已
746 经被正式登记）就受到该选择权的拘束，无论他是否知道该选择权的存在。当然，在正式的不动产转让形式下，他应该通过查阅登记簿来确认是否存在选择权，而如果他在购买土地的时候知道存在该选择权，那么人们可以认为他在某种意义上是同意承受该负担的。但事实是，如果他想购买该土地，他在选择权负担这件事上别无选择。他受到拘束，不是因为有任何同意或者协议、不情愿的默许，甚至是异议；他之所以受到拘束，是因为该选择权已经登记，而这一事实使买受人受益了，因为它（可能）降低了他为该财产所支付的价格。

事实上，今天的土地法中有大量的强制缔约发生。正如我们之前所看到的，在 19 世纪 70 年代和 80 年代，与农业租赁有关的利益补偿问题已经成为一个重大的公共问题。承租人对固定设施和改良的补偿要求，是对他未经地主同意就给予地主的利益，而提出的补偿要求。我们也已经看到这一补偿要求是如何受到基于经济效率的观点的支持的，因为如果没有任何补偿权利的话，那么土地发展就会受到阻碍。这些观点至少在理论上可能

[80] ‘Contract Obligation and the Human Will’, 43 *Columbia Law Rev.* 575, 575, n. 4 (1943).

是不合理的，因为地主和承租人没有明显的理由不进行适当的磋商，以为投资提供必要的诱因。但事实上，这样的磋商并没有发生，这主要是习惯做法所致，不久之后承租人请求补偿的权利要求变得如此强烈以至于人们很难抵制。促成这项立法的直接原因很可能是 19 世纪 80 年代英国连年歉收导致的农业大萧条，以及从美国进口的廉价的谷物和其他食品开始抵达英国。首先，非常温和的立法措施在 1875 年获得通过，但是第一个生效的法律是 1883 年的《农用土地法》（Agricultural Holdings Act），其第一节即规定应对改良工作进行补偿，“补偿款应当公平地代表着改良工作对于新来承租人的价值”。这一法案所体现的原则，连同承租人取走（或获得赔偿）固定设施的权利，在此后的法律中被保留了下来，[81] 而实际上，它还被扩展到其他形式的租赁中，尤其是商业性租赁中。[82]

这些规定的法律意义值得停下来思考一下。首先，可以看出，这一立法反映了合同关系中同意因素的衰落。在改良和固定设施方面，法律在很 747
大程度上认为地主的同意是不必要的；事实上，即使他明确表示不同意（如在租约中表示不同意）那也是无效的，因为合同约定是不允许违背法律规定的。重要的不是地主是否同意改良，而是他是否从中受益。例如，在那些更加长期的或者更加重大的改良的情况下，仍然是需要获得地主同意的，但即使如此，地主的权利也受到了显著的削弱。例如，在今天，农地裁判所（Agricultural Lands Tribunal）的批准通常就足以代替地主的同意，即使是重大改良亦是如此。

同样值得注意的一个特别之处是，这一立法反映了其与合同观念以及合同理论之间的关系。因为至少是在早期的法律中，承租人被特别禁止就他有义务按租约条款进行的任何改良要求补偿。可以看到，这一原则在本质上与合同理论的这一规则相同，即一个人有义务做的事情不构成合适的对价。显然，人们认为，只要地主得到的是他根据租约条款已经有权得到的东西，那么就不能说他得到了什么真正的好处。但是自《1920 年农业法》（Agricultral Act 1920）颁布以来，这一规则已经不适用于农业租赁了，尽管

---

[81] Now in Agricultural Holdings Act 1948.

[82] Landlord and Tenant Act 1927; Landlord and Teant Act 1954. 1954 年的法律是以租赁委员会（Committee on Leasehold）的报告为先导的。See the *Interim Report*（Cmnd. 7706，1949）and the *Final Report*（Cmnd. 7982，1950），especially Chapter VII.

1927年和1954年的《业主与承租人法》（Landlord and Tenant Acts）在商业租赁案件中保留了这一规则。在这个问题上，议会显然和法院遇到了同样多的麻烦。

当然，传统合同理论的支持者可能会说，这些制定法变更并不影响在不受制定法管辖的事务上继续适用普通法原则。这无疑是事实；但是法官的价值观可能会发生改变，而且会随着公众和议会观点的改变而改变。法官当然不具有和议会一样广泛的立法权，但是在他们有权进行的补隙式立法（interstitial legislation）中，这些价值观可能会占据着主导地位。当然，在承租人权利这一特殊领域中，有迹象表明，在19世纪末，人们越来越赞同基于某些习惯理由提出的补偿请求，[83]尽管到最后这些请求中的大多数都被归入到法定请求之中了。

除了农业租赁外，现代的土地法中也存在许多强制性合同的情形。为保护住房租赁期满后的承租人，产生了一种“法定租赁”，在法定租赁中，房东和承租人的关系仍然继续存在，而无论房东的意愿是什么。大多数房东默许这一结果，因为他们不得不默许；但是无论他们默许与否，法律后
748 果都是一样的。同样，自1954年以来，存在一些有限的规定，其赋予商业承租人不顾房东的意愿续签租约的权利。在这里，同样由于有法律的明确规定，所以房东可以默许续签租约，或者通过协商来签订新租约。这让房东是否同意，或者承租人是否必须获得法院命令，就没有什么差别了。无论房东是否同意，新的租约都将具有拘束力。当然，如果不存在法定强制的话，两者之间还是存在差异的，因为通过谈判所确定的租金和法定强制下的租金可能会存在显著的差异；但这与我们目前所关注的问题无关，因为法律将续订的租约与自由谈判所形成的合同性租约，看作是具有相同效力的。

自《1967年租赁保有改革法》（Leasehold Reform Act）颁布以来，出现了更为激烈的强制缔约，租赁房屋的承租人可以在某些情况下，在受到诸多限制的情况下，在未经房东同意的情况下取得该房屋的自由保有权。当然，与其他情形下的强制缔约一样，这些情形下强制的目的是影响要支付的价格。在租赁保有解放（leasehold enfranchisement）的情况下，承租人在以自由商定的市场价格购买自由保有权时，通常几乎没有什么问题。该制

[83] See *Bradburn v. Foley*（1878）3 C. P. D. 129.

定法方案（statutory scheme）如此规定，正如其所明确承认的，是为了让买受人得以以低于市场价的价格获得自由保有权；事实上，其目的是使买方能够以在租约期满时房东对该财产没有复归权（reversionary rights）的情况下买方将承担的价格，购买该不动产。租赁委员会在 1950 年曾对这一方案进行了讨论，在讨论中关于合同自由的传统论点再次出现了。[84] 委员会的大多数人都拒绝了租赁保有解放的建议，因为这只会以牺牲房东的个人利益为代价，让承租人获得宝贵的权利，而“这与实际达成的协议是相悖的”[85]。实际上，这是一项没收房东部分财产而不进行补偿的建议。[86] 少数人对此持反对意见，包括前劳工事务副检察长（Labour Solicitor-General）Sir Lynn Ungoed-Thomas，后来他成为一名法官，他反对说：[87]“我们认为，不公平的合同没有神圣性。这是深深植根于我们国家思想和法律中的一项原则，从这一原则中又产生出了一些衡平原则，这些衡平原则对显失公平的交易提供了救济，其最初适用于期待继承人（expectant heirs）案件，当局特别关注期待继承人的利益保护，后来又适用于各方当事人达成的不平等协议的其他案件。”[88] 然而，关于普通的长期租约条款，很难理解什么条 749
款是不公平的，除非人们认为单纯是房东与承租人的关系就带有不公平的含义。对于大多数法律人而言，这似乎是一种荒谬的观点，但是这一立法却最终被议会通过了，因为对他们而言，想必情况就是这样的。因此，这是一项明白无误的再分配立法。合同自由在这里之所以被拒绝，是因为人们认为财产的基本分配是不公平的。不幸的是，议会急于用任何武器来实现再分配的目的，但却忽视了通过这种手段进行再分配的极端低效性，更不用说其不公平性了。

与土地法一样，公司法中也有大量强制缔约的情形。除了前面已经提到的这个问题外，即持有一家公司股份的所有股东，都要遵守公司可能通过适当程序（有时是通过适当多数票）作出的任何变更原有决定的决定，同时公司法上还存在有关通过特殊多数票来设置各种变异形式的类别股份权利（class rights）的规定，尽管在这里股东有权向法院提起诉讼。同样，

---

[84] See the *Final Report* of the Committee, Cmnd. 7982（1950）.

[85] Para. 76.

[86] Para. 89.

[87] pp. 139-44.

[88] 少数人对这一历史发展的叙述（正如我们已经看到的）具有一定的误导性。

成功收购一家公司 90% 股份的收购方，有权不顾其他股东的反对而收购该公司剩下的股份。如果认为这些形式的强制是正当的，因为当一个人获得公司股份的时候，其背后就隐含着某种原始的、隐晦的同意，那么这似乎有些异想天开。显然，更令人满意的解释是，在这些情形中，绝大多数人就安排所达成的协议，是这些安排公正性（尤其是在有上诉司法监督时）的绝好证据，而那些强制性权力是为了大多数人的利益而避免出现少数人任意、反复无常或者顽固地拒绝合作的情形。

可以看到，强制缔约的另一个主要领域正是司法程序本身。法官的救济权力（remedial power）经常扩展到命令当事人进入合同关系之中。除那些明显的、法院只命令强制履行之前所订立的合同的案件之外，法院在诸多其他情形中拥有广泛的、授权当事人订立强制性合同的权力。此权力最显著的例子之一是《1948 年公司法》第 210 条，它允许法院能够命令对其他股东实施了欺压行为的有过错的一方当事人，以法院所规定的价格购买其他股东的股份。在关于这些权力的开创性判例中，Lord Simonds 对于将由此产生的交易当作一种“买卖”，并将其对价当作“价格”，显然并没有
750 感到不安。[89]

法院强加一个强制性合同在当事人身上的例子，可以在有关损害赔偿保证的实践中看到，这一实践源于法院本身的固有管辖权（inherent jurisdiction），而不是源于任何制定法的授权。在一方当事人请求法院签发临时禁令（interim injunction）或者提供其他临时性救济的情况下，今天的法院几乎一成不变的做法是要求请求权人作出一个保证，即如果后来发现他无权得到这种救济的话，那么他将赔偿另一方当事人因临时禁令所受到的损失。[90]“正是由于这一程序明显是公正的，因此它几乎具有普适性。”[91]实际上，这些命令强加了一个强制性合同给当事人（或者至少是强加到了被禁止的一方当事人身上）：被禁令暂时禁止的一方当事人，以及禁令申

---

[89] *Scottish Co-operative Wholesale Society* v. *Meyer*[1959] A. C. 324. Cf. Lord Simonds's views cited above, p. 744.

[90] 关于这一实践的起源，见 *Novello* v. *James*（1845）5 De G. M. & G. 876, 43 E. R. 1111; *Smith* v. *Day*（1882）21 Ch. D. 421; *Griffith* v. *Blake*（1884）27 Ch. D. 474; *Howard* v. *Press Printers*（1904）74 L. J. Ch. 100。

[91] *Hoffman La Roche & Co.v. Secretary of State*[1974] 2 All E. R. 1128 at 1146（Lord Wilberforce）.

请人——他们被要求同意赔偿因其禁令申请错误而给对方造成之损失。

然而在另外一个法律领域，法院每天都被要求为当事人订立合同，将某种司法所认可的交易强加给他们。在某种意义上，大部分侵权法都是被设计用来实现这些目的的。在侵权法上拥有请求权的一方当事人可以以双方所同意的价格，或者在双方不能达成协议时按法院所确定的价格，而将该请求权“出售”给侵权行为人。由于绝大多数的侵权请求权事实上是通过协议解决的，因此，将一个侵权诉讼看作一种订立合同的程序，通过该程序一方当事人被迫购买另一方当事人的权利，是不会有什么困难的。这显然是一种不太常见的看待侵权法的观点，在现代典型的侵权诉讼即人身损害赔偿诉讼中，这种观点可能并不特别有用。将这种行为看作一种司法强加的合同，似乎是一种拟制，但这主要是由于人身损害赔偿诉讼的特殊性质所致。这些案件几乎都是非故意造成损害的案件，而且其所涉及之“货物”并没有市场价值。一个将行人撞倒的侵权行为人，无论如何都不是在“购买”他所造成之伤害，该行人当然也不是在出售此伤害。然而，这并不意味着随后就侵权索赔所进行的协商，就实际上不是试图订立一个合同——事实上，他们明明白白就是试图订立一个合同——也不意味着，对侵权索赔所进行的真正审理就不是试图为双方订立一个合同。从某种意义上说，这正是法院在评估侵权案件的损害赔偿时所在做的工作。在这里，我们又一次观察到，法院不为各方当事人订立合同的格言，只有通过定义才是正确的。如果法院在为当事人订立合同，那就证明我们现在是处在侵 751
权领域而不是处在合同领域之中。

虽然这个观点在人身伤害案件中可能不是一个非常有用的观点，但是在其他侵权诉讼中，这肯定是一种有用的观点。如果被告从原告那里拿走了具有可衡量之市场价值的财产，更确切地说，如果被告从原告那里拿走了原告可能愿意出售的财产，侵权诉讼就可能与确定价格的仲裁协议非常相似。最早提出这一观点的案例是这样一些案件，即被告以某些未经授权的方式使用了原告的土地，从而使自己获利。然后原告可以在侵害之诉中获得救济，但也可能发生被告未因其使用而对土地造成重大损害，或者所造成之任何损害的价值，远低于被告所获得的利益的情况。例如，在 19 世纪的最后几十年里，发生了一系列的“通行权”案件，在这些案件中，被告在没有经原告同意的情况下在原告土地上行使了通行权，从而从中“获得”了某些利益。如果这样的通行权被用于商业目的（例如，用于煤炭运输），被告可能因为这样使用原告的土地而获得重大利益，尽管原告的土地可能并没有遭到损害。如此一来，原告的侵害之诉就可能产生这样一种结果，即原告只能获得象征性的损害赔偿金，这一结果显然是不公平的。因此，法院对这些案件采取了另外一种与此不同的处理方法，这种方法更多的是以不当得利的观点为基础，但实际上是创设了一份溯及既往的合同，基于此合同被告就可以为他所得到的东西支付公平的价格。毫不奇怪的是，法院的态度因被告是欺诈行事还是善意行事而各有区别，但是在这两种情况下法院都将其类比于合同。在这方面的一个开创性判例中，Lord Hatherley 坚持认为，如果证明有欺诈行为，那么被告将受到惩罚，他将被要求偿付他“拿走”的东西的全部价值，而不考虑这其中所涉及的任何成本。但如果被告是善意行事的话，那么“这个问题就不应当被看作是一种强制出售案件，而应当将其当作是一件因疏忽大意而发生的销售案件”[92]。实际上，法院在这里认为，对于被告所实施的无意侵权行为（inadvertent trespass），被告应当赔偿的损害赔偿金数额应当等于这样一种数额，即如果双方订立了一个自愿合同的话他们所同意支付的金额。几乎没有哪个案件比这个案件更能说明法院正在为当事人订立合同。

值得注意的是，在这种性质的案件中，基本事实是，被告通过使用原
752 告的财产而获得了某项利益，对于结果而言当事人之间缺乏协议在很大程度上并不重要。就被告获得之利益原告有权获得适当补偿，这在概念上被视为是侵权损害赔偿请求权，还是不当得利返还请求权，抑或是某种非合意合同请求权，是不重要的。

在原告就其专利权受到侵害而请求损害赔偿时，则可能会出现与此极其相似的情形。在这种情形下，至少在专利权人授权他人利用其专利生产专利产品，他从中获得专利费的情况下，这种请求权虽然名义上属于侵权请求权，但实质上它是原告就被告所获得之利益而提起的诉讼。例如，在最近提交到上议院的一个案件中，[93] 被告侵犯原告在汽车轮胎制造方面的专利权长达 12 年多。摆在法院面前的全部问题都只是找到计算损害赔偿

[92]　*Livingstone* v. *Rawyards Coal Co.*（1880）5 App. Cas. 25，34 5. See also *Jegon* v. *Homfray*（1871）L. R. 6 Ch. 770；*Whitwham* v. *Westminster Brymbo Coal and Coke Co.*[1896] 2 Ch. 538.

[93]　*General Tire & Rubber Co.* v. *Firestone Tyre & Rubber Co. Ltd.*[1975] 2 All E. R. 173. See too *Watson Laidlaw & Co.* v. *Pott*，*Cassels & Williamson*（1914）31 R. P. C. 104.

的恰当方法，实际上，人们认为法院的职责就是确定这样一种情况，即如果当事人达成了一项协议的话，他们将会商定出一个什么样的价格或者专利费来。在寻找这一假想交易之价款时，上议院坚持认为，法院必须考虑到各方当事人的实际情况。损害赔偿必须代表这些特定当事人之间可能在合同中商定的价格，而不是在另一种情况下某些假想的“理性”当事人之间所商定的价格。“‘自愿许可人’和‘自愿被许可人’是人们所经常提到的……人们假定他们双方都是愿意与对方进行磋商的——他们在现有市场上以自己所拥有的优势和弱点进行着讨价还价。”[94]

然而，上诉法院在被称为“侵权豁免”领域中最近所作的一项裁决，说明了与此类似的第三种情形。在该案中，原告以凭单据付款的方式将货物出口销售给被告。被告收到了货运单据但既没有付款也没有返还单据给原告，他接受了这些单据并随后将其交付给后手买家，但还是没有付款。显而易见，原告有权对商品的价值作出判断，但是却产生了一个问题，即原告是否必须在这两种请求权之间作出选择：是基于买卖合同请求付款，还是以被告在不付款的情况下无权处分这些单据为由而请求侵权损害赔偿。法院认为，没有必要进行这样的选择，因为无论请求权的基础被确定 753
为是合同还是侵权行为，都是完全无关紧要的。因此，收到货物的或者权利凭证的被告，有责任偿付货物或权利凭证的价值，而无论这个案件是否是合同案件。责任的本质是对利益的收取。[95]

对于本书的研究目的而言，这些案件的重要性在于，它们表明，在各种不同的情形下，当一方当事人从另一方当事人获得利益时，而无论他们是否就价格达成一致，当事人的权利实质上是以相同的方式被规范着的。当然，这并不意味着同意的因素就不再具有任何意义了。例如，如果当事人就价格已经达成一致，那么这显然就为公平价格提供了证据（通常是不容辩驳的证据），同时也避免了由法院确定价格的必要性。而且，如果有

---

[94] Lord Wilberforce at p. 185. 专利法也规定了另外一种强制缔约的情形，即其规定在某些特定情形下，如制药业，可以进行专利强制许可。See Report of the（Banks）Committee on *The British Patent System*, Cmnd. 4407（1970）, and Patents Act 1977, sect. 48.

[95] *Ernst Scragg & Son Ltd.v. Perseverance Banking & Trust Co.* [1973] 2 Lloyd's Rep. 101. See too Lord Pearce in *Nissanv. Attorney General*[1970] A. C. 179, 228：“如果一个不情愿的店主不能阻止一个有权势的顾客拿走他不想出售的东西的话，那么他有权在不依靠侵权法的情况下诉请偿付其价值。他的诉因可能是合同……”然而，这一卓越的论述如何才能与协议或者允诺这一合同的定义协调起来呢？

证据表明财产所有权人肯定会拒绝作出任何同意，而知道这一事实的被告只是随便拿走了原告的财产，那么可以认为，法院可能会对被告施加更加严厉的惩罚措施。

另一个在司法程序中产生出来的强制性合同的例子，可以在这样一些案例中找到，即在法院有权自由裁量用损害赔偿代替对某些限制性协议、地役权或者类似权利违反之行为课加禁令的案件中。例如，在最近的一个案件中，[96] 许多违反限制性协议的房屋被建造起来，尽管该限制性协议是否具有可强制执行性在法律上尚存疑问。其结果是，法院认为，拆毁房屋的禁令将被拒绝，但是原告有权获得作为替代的损害赔偿。损害赔偿的评定遇到一些困难，因为原告财产的市场价格并没有受到影响，但是法院承认原告可以合理地认为其财产的康乐价值（amenity values）已经有所降低了。有人认为，损害赔偿应当以原告所可能合理请求的数额为基础来进行计算，以此作为缓和限制性协议的交换条件。一般而言，人们运用这一方法已经许多年了，但是法院对采用这一方法普遍持谨慎态度，（似乎）主要是因为它的确等于是为当事人订立一项合同。[97] 如果法院在行使其自由
754 裁量权的情况下，选择颁发一项禁令，那么“买断”禁令的价格将完全取决于当事人。颁发禁令这一事实并不必然是问题的结束，因为当事人仍然会发现有必要达成一项协议，即一方当事人支付某种对价以换取对方当事人放弃禁令。事实上，人们对违反地役权或者限制性协议的行为提出诉请，常常不是为了阻止被告继续实施其被提出诉请的行为，而是为了使本方拥有更加强大的谈判优势。[98] 如此，一个想要建造价值数百万英镑建筑物的开发商，可能会被那些声称其采光权受到侵犯的人勒索赔偿金。在这种情况下，法院有充分的理由（有证据显示）更愿意“为当事人订立合同”，因为这种情况往往是一种独占情形，人们不能在此情形下假定当事人能够达成一个价格公平的协议。最近的判例表明，法院越来越多地运用了这种裁判权。[99]

---

[96] *Wrotham Park Estate Co.v. Parkside Homes Ltd.*[1974] 1 W. L. R. 798.

[97] See, e. g., 萨姆纳勋爵的疑虑，尽管遭到了反对，in *Leeds Industrial Co-operative Society* v. *Slack*[1924] A. C. 851。

[98] See, e. g., *Woollerton & Wilson Ltd.* v. *Richard Costain Ltd.* [1970] 1 All E. R. 483，该案肯定是这样的。

[99] See, e. g., *Shaw* v. *Applegate*[1978] 1 All E. R. 123.

待履行合同的衰落

合同事务中同意之重要性的下降的第三个方面，与待履行合同的作用有关。我在第二部分中已经指出，合同原则——其标志着古典模式的出现——最显著的变化之一是，从已履行合同向待履行合同的转向，从强调当事人已经做的事向当事人双方同意做的事的转向。现在我认为，在过去的一个世纪里，在许多方面都出现了向相反方向运动的迹象。一般来说，人们很少承认这个事实，因为人们对古典合同模式的支持仍然很强大。教科书的文法和法律的整个概念结构仍然把合同的形成放在合同法的首位，而这种方法自然会强调待履行合同。但是在这些方面，理论却落后于实践。法律的实际发展表明，待履行合同的核心作用正在衰落。

首先，我要指出的是，法律上有一种普遍的倾向，就是要把现在的同意与对将来行为的同意加以区分，为了方便起见，可以将后者称为将来的同意。这种区分在法律的许多部分中都一直或多或少地存在，它的重要性是如此显著，以至于只有古典合同模式的力量才能够解释清楚为什么它没有得到应有的承认。以一些简单问题，如认罪和庭外供认之间的区分为例。 755
前者是目前的同意，是对目前指控的承认；后者是未来的同意，表明其愿意在法庭上承认对其提出的指控。前者总是“有拘束力”的（在没有任何证据表明存在误解、错误等情况下），但是后者仅仅是证据。一名被告进行了庭外供认这一事实，是证明他确实有罪的证据，但这并不是结论性证据（conclusive evidence），当然不能迫使他认罪。许多类型的无效合同与有效合同之间也存在类似的区别。无效合同（通常）只有在它是待履行合同时才存在无效的问题；一旦该合同是已履行合同，或者（在某些情况下）甚至是已部分履行的合同，交易常常就是有效的。例如，不能就赌博损失提起诉讼，但是实际支付出去了的赌博损失也是不能追回的。因此，当事人对赌博或者投注的同意，并不能拘束他自己，但是他对实际已经支付的赌款的同意则完全是有效的。区别在于一个是现在的同意和一个是将来的同意。[100] 同样，一个无偿的且未产生信赖的允诺在待履行时是没有拘束力的，但一个已经交付出去了的礼物是不能够取回的。

---

[100]　奇怪的是，the *Report of the Royal Commission on Betting, Lotteries and Gaming*, Cmnd. 8190（1949-51）并没有认识到这一区分的重要性。Devlin, *The Enforcement of Morals*, p. 54 也忽视了这一点。

同样，一个人在行为当时就可以赋予其行为以某个有效的同意，这种行为有很多种形式，但是他却不能对这些行为赋予有拘束力的将来同意（future consent）。例如，身体亲密接触的行为显然可以在行为当时得到同意；但是没有人会认为可以给予这样的同意，以至于将来可以以此拘束作出同意的该当事人。具有这种拘束力的将来同意的唯一例子，可以在婚姻关系中找到：在婚姻关系中，在普通法上人们认为妻子是不可撤销地同意与其丈夫性交的，这样她的丈夫就不可能对她实施强奸犯罪行为。但是这个例子正好有助于说明我正在讨论的问题，因为人们现在认为这是一种不合时宜的做法，而且就此人们已经提议了要修改法律。同样地，一个人可以有效地同意对他自己实施外科手术，但是人们不可能认为这种同意是能够以不可撤销的方式给予的。所有这些并不是说，同意不能被给予某些将来的行为，只要该同意不被撤销那么这些行为在将来是会得到实施的。我只是指出，在所有这些情况下，同意明显是可以撤销的，在这个意义上，同意对于将来就是没有拘束力的。

现在，这种区别显然具有极端的重要性。在现在同意的情况下，有关消费者知道他自己最佳利益之所在的经济学假设，是最强有力的。一个人同意现在去做他现在同意的事，就是他期望去做的事。显然，禁止
756 他现在同意的理由必须比限制他未来同意的有效性的理由，要充分得多才行。在合同法上即是如此，用将来的同意来拘束一个人的理由，比用现在的同意来拘束他的理由要脆弱得多。事实上，在这两种情况下“拘束”的含义是各不相同的。在待履行的情况下，让一个人受到拘束就是强迫他完成某种履行行为，或者至少让他承担不这样做的后果。对方当事人的责任就是援引法律以强迫他完成这种履行行为，如果可以强迫他的话。但是，维持某个已履行交易的拘束力，在某种意义上则与此是刚好相反的。它需要承认已履行交易的有效性，才能维持现状。在这里，推翻该交易的责任落在了另一方当事人的身上。现在，一个已经部分履行的交易显然是介于当前的安排和将来的安排之间的。已经履行的一方当事人正在寻求让对方当事人受到拘束（或者至少是让他自己的履行得以回复），但是他没有必要让自己受到拘束。他只是处于这样一种境地，即他无法撤销他已经做过的事。

我现在在这里想要指出的是，正如我已经指出的，待履行合同的影响力正在下降，人们越来越相信现在的同意和将来的同意存在重要的区

别，人们越来越认识到改变一个人想法的机会本身就是一个很有价值的权利，其价值往往超过了使各方当事人受到某些将来安排拘束的价值。至少在消费者合同中，这种观点转变的证据是非常显著的，实际上它还导致了法律的修改。1964 年《租购法》首次规定在某些有限情况下，即在上门推销员那里所下的订单，实行“冷静”期间制度，而这些规定在《消费者信贷法》中得到了大幅度的扩展。但是在实务中，与法律的规定相反，今天人们的真正看法似乎是，完全待履行的消费者合同实际上并不对消费者具有约束力，除非有一些与之相反的具体协议，例如，一项协议规定该协议是“不可撤销的”。一般来说，消费者今天都希望拥有撤销协议的权利，而如果该协议仍然是完全待履行协议，那么这种撤销权利几乎总是会得到认可。在某些情况下，人们已经作出了一些超越法律的、使撤销权正式化（并限制撤销权）的安排。例如，英国旅行社协会（British Travel Agents Association）的会员允许旅客在出行前 6 周内取消度假预订而不必支付任何费用。此后，随着取消预订的时间距离出行时间越来越近，旅客所需支付的费用占全部预订费用的比例也越来越高。因此，在距离出行时间 6 周内取消预订的，应当支付 30% 的预订费用，在 4 周内取消则需支付 45% 的预订费用，在 2 周内取消则需支付 60% 的预订费用。但是在其他类型的安排中，取消预订通常受到的限制会更少。例如，航空公司对于旅客最后一 757
分钟取消预订，甚至对未准时登机都很宽容。对于旅客取消预订，酒店很少会收取任何费用，除非在最后一分钟取消房间，这样的话房间可能会空置。因此，他们希望受到保护以填补信赖损失（失去让其他人入住房间的机会），但不期待获得纯粹的期待损失（他们是否能够再次出租这个房间的损失）。

事实上，有迹象表明，消费者往往期望拥有撤销权，哪怕这会给另一方当事人造成信赖损失。例如，人们还在抱怨说，一旦门票出售了，剧院往往会拒绝人们取消预订门票，哪怕取消预订的时间太晚以至于剧院失去了将座位卖给其他人的机会。[101] 同样，消费者似乎对于撤销合同所涉及的成本几乎没有什么概念，而且即使是专门订购的商品，他们也经常希望收回定金。一个消费者协会官员最近评论说，他们遇到了很多这样的案例。“（消费者）认为，由于他们可以因为商品存在缺陷而要求退款，所以在任

[101] See *The Times*, 16 Oct. 1976（读者来信栏目）。

何情况下他们都是可以要求退款的。但是这是不可能的。如果他们订购了什么东西，而且订单已经完成，这一切都是需要花费金钱的。定金就是起这个作用的。这样的抱怨是不公平的。”[102]

类似的问题成为有关人寿保险的一场长期争论的根源所在。[103]许多消费者认为人寿保险是一种投资形式，因此他们期望能够以在其他投资中撤出资金的相同方式，退保并取回资金。据那些退保的人说，当今这个时代人们很难做长期安排，因为这要求投保人对他自己及家人在许多年里的需求和财力进行预测——这一观点显然拒绝了具有拘束力的长期消费者合同的概念。然而，人寿保险公司却拒绝了这种人寿保险概念。他们认为人寿保险就是长期合同，尽管他们从来没有否定过消费者拥有退保的权利，但是他们的确普遍只支付相对较低的退保金额。当然，这种做法的受益者是那些在整个保单期间都持有其保单的人，而且由于许多保单被退保，所以他们往往能够获得更多的红利。

我在前文已经指出，英国现代产权移转的做法——双方就买卖房屋和土地达成初步协议——几乎都是“以正式合同为准”。这些词汇有一种近
758 乎神奇的力量；它们的作用是防止任何有拘束力的法律义务被赋予在最初的协议之上。这个问题的原理在于，各方当事人使用这种语言就表明他们无意建立法律关系。但是，更切合实际的认识似乎是，这种做法是法律专业人士在大约 50 年前设计的，当时收入和受教育程度相对较低的人开始买房，这种做法的目的是保护购房者不受自己无知的影响。[104]对于大多数人来说，购房是一项重大的交易，许多人没有意识到他们可能会遇到的陷阱，而这可能会阻碍他们完成交易。这种做法，即达成一项“以正式合同为准”并因此而没有拘束力的初步协议，确保了在大多数情况下，买方在最终作出承诺之前有机会去寻求法律咨询。毫无疑问，这可以将许多人从愚蠢的或轻率的交易中拯救出来，当然它也有一个缺点，即它让卖家和买家都可能因为对方改变主意而遭受不利。那些明了这些问题的人，可能充分意识到了“以正式合同为准”这个词语的重要性，而且实际上也并不“愿意”受其初步协议的拘束。但事实是，即使是那些理解其交易效果的当事

---

[102] See *Sunday Times*, Colour Supplement, 14 Nov. 1976.

[103] See correspondence in *The Times*, February 1977 and leader, ibid., 12 Feb. 1977.

[104] See Law Commission *Report on 'Gazumping'* (Law Com. No. 65, 1975).

人，在这个问题上也没有多少选择的余地。那些从一开始就坚持认为自己想要一个拘束性合同（firm contract）的买方或者卖方，可能很难使另一方当事人同意这种偏离常规的做法；无论如何，绝大多数的买方或者卖方可能认为他们的协议之所以不具有拘束力，乃是因为法律的规定而非他们自己的意愿。[105] 因此，似乎有理由将此视为英国减少使用完全待履行合同的另外一个例子。

事实上，这样说似乎并不过分，即几乎所有那些认为人们必须要有建立法律关系的意愿，才能订立有拘束力的合同的学说，都只涉及待履行的协议。一旦信赖行为或者履行行为已经实施了，那么比起一切都还仍然处于完全待履行状态时，法院很可能更愿意去找到必要的意愿。当然，人们可以认为这一结果是有道理的，因为一旦各方当事人如此做了之后，那么他们之前几乎不可能有不受约束的意愿；但是在现实中，已经做了什么而非原本想要做什么才是最关键的因素。[106] 759

这些变化的其他例子还可以在婚姻法中找到。虽然在这里我们分析的不是传统上被归类为合同的问题，但是婚姻关系也涉及一个有拘束力的未来协议对于长期持续关系的影响。离婚的理由在逐渐放宽，乃至于婚姻允诺违反之诉的彻底废除，也可以再次被看作未来协议之拘束力式微的例子。相反地，有迹象表明人们对于稳定的婚姻事实关系给予了更多的承认，甚至在根本没有婚姻的情况下亦是如此，这可以被看作人们更加重视目前的同意，而非有拘束力的未来安排。

即使我们把目光转向商业安排，而非消费者交易（consumer transaction）的时候，也有迹象表明，待履行合同的效力正在减弱。当然，有证据表明，在实践中，商人几乎和消费者一样，也往往希望拥有某种撤销待履行合同的权利。美国和英国[107] 的实证研究表明，商人通常期望，而

[105] 1977年7月至10月发表在《泰晤士报》上的一些读者来信生动地说明了这一点。一个商业政策教授（Professor of Business Policy）抗议说，没有人告诉过他，人们为买卖房屋而订立一个有法律拘束力的合同是可能的，只要当事人就合同条款达成了一致：*The Times*，19 Sept. 1977。

[106] See，e. g.，*Rose & Frank* v. *Crompton*[1925] A. C. 30；*Jones* v. *Padavatton* [1969] 1 W. L. R. 328；*Pettit* v. *Pettit*[1970] A. C. 777.

[107] Macaulay，'Non-Contractual Relations in Business：A Preliminary Study'，28 *American Soc. Rev.* 55（1963）；Beale and Dugdale，'Contracts between Businessmen：Planning and the Use of Contractual Remedies'，2 *Brit. J. of Law and Soc.* 45，53（1975）.

且人们往往也承认，他们有权在卖方产生任何费用之前取消订单；即使在卖方产生了这些费用之后，只要买方向卖方支付了这些费用，那么卖方取消订单也常常是被允许的。换句话说，信赖利益受到保护，但单纯的期待利益并不受保护。自 1870 年以来，单边合同也有复苏的迹象，尽管其中一些开创性案例所涉及的是消费者单边合同。例如，在现代眼光看来，卖主和佣金代理商（commission agent）之间的关系是，除非代理商介绍了一位实际与卖方签订合同的买方，否则卖方是不受拘束的。[108] 同样地，从 19 世纪 70 年代起，我们就已经能够确定持这种见解的判例的具体日期了，即根据买方要求进行供货的一份投标，即使在其已被“接受”的情况下，也可能不构成具有拘束力的合同。[109] 有时，法院似乎如此突然地转向了单边合同，以至于让律师们备感惊讶。例如，在 *Queen v. Demers* 案 [110] 中，殖民地政府和印刷商之间达成了一项协议，约定在 8 年的时间内按预定价格印刷政府文件。双方之间的纠纷使诉讼一路往上被提交到枢密院。在该案中，判决的一段文字通过“发现”所揭示出来的案情是，整个安排都是单
760 方面的，到目前为止它仍然是待履行的，对政府根本没有拘束力。

这种性质的判决往往比待履行合同的经典模型更能够准确地反映缔约各方当事人的真实理解。很明显，在许多情况下，缔约各方当事人，尤其是但不仅仅是消费者，并不认为合同涉及相互允诺。对双方都允诺履行其义务的协议进行法律分析，往往是法院的发明，而不是这种安排的必然意义。各方当事人往往在交易条款上达成“一致”，这意味着，如果交易已经被履行，那么就此而言，规定履行的条款也是他们已经达成一致的条款；但这样的一项协议并不一定意味着各方当事人承诺不会改变他们的主意。在长期性的或者继续性的关系中，这或许尤其明显。我们已经看到，在古典时期，继续性合同是如何被法院解释为是具有永久性表面拘束力的。这种做法本身就已经偏离早期的法律了，当时（早期）的继续性合同，如雇佣合同、合伙合同、租赁合同等，可以被随意终止或者是通过通知的方式终止。在这里，也有明显的迹象表明，在许多情况下人们都在向前古典法律回归。继续性安排的条款很可能就相当于一项协议，只要这种关系存在，

[108] *Luxor v. Cooper* [1941] A. C. 108.

[109] *Great Northern Rly. Co. v. Witham*（1873）L. R. 9 C. P. 16.

[110] [1900] A. C. 103.

那么就应按照商定的条款执行；但是该协议并不一定具有永久的含义。一般而言，现在人们认为，在没有明确相反约定的情况下，这样的继续性合同就是可以终止的，或者是随意终止，或者是通过合理的通知终止。[111] 事实上，即使是一份具有“永久及可享退休金条款”的雇佣合同，也仅仅被上议院勉强过半数的人认为是一种终身任职（lifetime's appointment）。[112] 要求终止某些关系以合理通知的方式进行，例如无偿许可（gratuitous licence），本身就是信赖基础责任的一个明显例子。因为在这种情况下，许可人在合理通知期间内，受到了其无偿授予的许可的拘束。[113]

在其他合同案件中，偶尔也能够发现类似的迹象。例如，有时人们已经注意到，较之于在合同已部分履行或者已按合同行事的情况下，在合同完全待履行的情况下，法院更加愿意因为不确定性而认定合同无效。[114] 此外，还有一系列关于公共当局的案件，在这些案件中，人们一再认为，这 761
些公共机构可能无法对其未来的权力行使进行自我拘束。[115] 这些案例也似乎认识到了公共机构对某种权力的实际行使，与对该权力之未来行使做某种有拘束力的安排之间存在差异。另外，法律上近来的一个发展，似乎与这一趋势相抵触。*Seddon v. North East Salt Co.* 案 [116] 中所形成的规则——该规则以前是用来阻止当事人以无过错的虚假陈述为由而要求解除已经履行了的合同的——已经被《1967 年反虚假陈述法》（Misrepresentation Act 1967）所取代。如果真的存在这样一种趋势，即去除待履行合同的拘束性质，转而强调待履行和已履行交易之间的区别，那么这种发展看起来可能是有些自相矛盾的。对这种变化的唯一可能的解释是，它显示了古典模式和教科书论述之力量，在 *Seddon* 案判决作出之后的很长一段时间里，古典模式和教科书的论述仍然继续受到批判。有人问道，为什么“仅仅”因为合同已

---

[111] See, e. g., *Hamilton v. Bryant* (1914) 30 T. L. R. 408; *Winter Garden Theatre (London) Ltd. v. Millenium Productions Ltd.* [1948] A. C. 173; *J. H. Milner & Son v. Percy Bilton Ltd.* [1966] 1 W. L. R. 1582; Re Spenborough U. D. C's *Agreement* [1968] Ch. 139.

[112] *McClelland v. Northern Ireland General Health Services Board* [1957] 1 W. L. R. 594.

[113] See the *Winter Garden Theatre* case, *supra*.

[114] Lord Denning in *F. & G. Sykes (Wessex) Ltd. v. Fine Fair* [1967] 2 Lloyd's Rep. 52, 57-8. 也许 *G. Scammell & Nephew Ltd. v. Ouston* [1941] A. C. 251 说明了一个类似的趋势，否则的话，该判决看起来就令人费解了。

[115] *Supra*, p. 719.

[116] [1905] 1 Ch. 326.

经履行，就应当剥夺当事人请求撤销因无过错虚假陈述而订立的合同？回想起来，令人惊讶的是，几乎没有人支持这一规则，因为人们不难找到很好的、让人们更愿意撤销待履行交易的理由。[117]无论如何，《反虚假陈述法》所作的改变使法院在这个问题上拥有很大的自由裁量权，而如果法院不是更愿意撤销待履行合同，而是更愿意撤销已履行合同的话，那将让人备感惊讶。

在结束这个话题之前，我们应该谈谈待履行合同与期待保护之间的关系。我一直在煞费苦心地强调，在法院强制执行一份完全待履行合同的情况下——既没有履行，也没有获益或者信赖产生——法院所正在保护的是一个纯粹的期待。一般而言，合同法上的和侵权法上的损害赔偿的主要区别之一是，只有在合同中才能给予期待损害赔偿。我想指出的是，在这里也有明显的迹象表明情况发生了变化。在古典模式中，期待是有权得到保护的，因为合同被认为是建立在相互允诺的基础之上的，而一个人被认为有权享有从允诺中所产生出来的期待。然而，在没有此种允诺的情况下，人们就是在冒险行事，其期待也不会得到保护。我以前曾指出，这种观点从来都不是完全和绝对正确的，因为诚信观念往往会使法院保护那些在交
762 易过程中并没有被明确表达出来但却是合理的期待。在现代法上，这一进程仍在继续，而且在某些方面还得到了加强。在这一点上，大法官们在 *Ebrahimi* v. *Westbourne Galleries Ltd.* 案[118]中的判决提供了一个特别有趣和显著的示例。在该案中，E 和 N 作为合伙人经营合伙多年，共同管理并平分利润。1958 年，该公司被变更为有限公司，这两个合伙人获得了同等的股份，并被提名为该公司的第一批董事。不久之后，N 的儿子 G 被接纳为公司的第三名成员，并被任命为董事。争议产生了，现在能够以多数票击败 E 的 N 和他的儿子 G，将 E 从董事会中除名了。E 向法院申请结业清算命令，因为只有让该公司进行结业清算才是“公正和公平的”。实际上，他争辩说，他对公司经营方式和利润分配的合理期待已经落空了。然而，被告已经对公司章程产生了信赖，并坚持认为 E 是根据公司章程的具体条款持有他的

[117] 在类似的有关错误的案件中，已履行和待履行交易的差异似乎可以从这两个判例的比较中看出（尽管人们并没有公开承认）：*Bell* v. *Lever Bros.*[1932] A. C. 161 和 *Magee* v. *Pennine Insurance*[1969] 2 Q. B. 507。

[118] [1972] 2 All E. R. 492.

股份的。如此，案件所涉及的，是合同文字（其包含在合同条款之中）和E的合理期待之间的冲突。上议院支持了E的主张，并坚持认为必须适当考虑到他的合理期待。他们驳斥了这样的论点，即这样做将意味着法律完全无视了合同条款之约定。合同条款是重要的，必须考虑到它们，但是也必须要考虑到公平性。[119]

考虑到判决的这一性质，有人可能会反对说，应该更加重视待履行合同，而非我刚才讨论的不那么重要的合同。然而，情况并非如此。事实是，期待正变得越来越与允诺相分离。某些期待在今天已经得到了更多的认可，因为它们得到了人们更有力的支持。这些期待并不必然来自允诺，也很少源自合同。它们源自现代的生活方式。例如，对未来就业和收入的期待是现代所有期待中最受保护的。我们所生活的这个社会的性质就意味着，许多人对于他们未来的收入往往有着非常强烈的期待，任何妨碍他们收入的事情都可能导致严重的失望甚至紊乱。但是这些期待并不仅仅是作为合同问题才受到保护的。甚至在侵权法上，判决对未来收入进行赔偿已 763
经是人身伤害诉讼的惯常做法；而这样的损害赔偿不仅要考虑原告在受伤时所挣到的钱，而且还包括他合理期待在将来所可能获得的收入（抛开通货膨胀因素）。很难理解侵权诉讼中不能判决期待损害赔偿这一普遍观点是如何形成的。同时，在许多有关信赖的判例中（特别是那些被归入禁反言标题之下的判例），期待是受到法律保护的，尽管这些期待并不是源自允诺。[120]

同样，在其他一些情形中，法院将期待看作责任的基础，而不会停下来去探究它们是合同上的期待还是其他期望。例如，有关医院之医疗过失责任的最早的现代判例之一，就是 *Gold v. Essex County Council* 案。[121] 在该案中，格林勋爵明确拒绝任何事情都要取决于所提供的服务是否支付了任何报酬的说法，但与此同时他坚持认为，这个问题取决于原告在进入医院时

---

[119] 该判决可以被看作对这种看法的一种驳斥，即功利主义将使允诺失去意义，因为允诺人的义务永远是去做任何能带来最大幸福的事情。

[120] See, e. g., Greenwood v. Martin's Bank [1933] A. C. 51. 这种判例中的一些似乎在保护期待方面走得太远了，在这些判例中（也许）只有很少的信赖因素。See Spencer-Bower and Turner, *Estoppel*, 3rd edn.(London, 1977), pp. 112-14.

[121] [1942] 1 K. B. 293.

他有权合理期待什么。[122]的确，有迹象表明，法律将越来越重视公众的期待，无论这些期待在法律人看来是有多么不合理。例如，法律委员会最近建议废除自由保有地产上的永久性地租，仅仅是因为对于大众而言它们“不具有概念上的可接受性”[123]。无论文件的字面上是如何清楚地表明自由地产保有人必须永久支付租金，也无论他的律师是如何仔细地向买方阐释了这一点，当买方在购买一项自由保有地产权益时他都是根本不希望支付这种地租的。“自由地产保有人并不希望每年都支付一笔难以与租赁保有地产租金区分开来的租金。”[124]

因此，最终的结果是，已不再可能将期待保护与合同权利如此紧密地联系在一起了。从待履行合同中产生出来的单纯期待，不太可能得到很好的保护；其他的、根本不是基于合同或者允诺的期待可能会得到更好的保护。然而，一般而言，这种情况在现行法中仍然是事实，即在存在
764 违约责任的情况下，期待依然是法院判决给予违约损害赔偿的基础。即使存在某种信赖因素，或者给予了某种利益，人们也可能会认为损害赔偿将局限于信赖因素或获益的价值范围之内，但情况并非总是如此。毫无疑问，在这里是否要维持传统原则是存在争议的，[125]尽管坦率承认它们的本原可能会更好些。通常，判决给予这种期待损害赔偿的最佳理由，不是原告的期待事实上应当得到如此可观的保护，而是证明原告信赖损失的证据太难以获得或者所需代价太高，而且如果赔偿数额过分超过了原告所遭受的损失，那无论如何也是被告所应得的惩罚。但鉴于人们越来越不相信法律实际上应当阻止当事人违约，因此，如果未来的发展趋向于进一步降低期待之损害赔偿的话，那也是不足为奇的。只有在期待已经趋向于如此的强烈以至于人们压倒性地要求对其进行保护的情况下，就像就业期待一样，才有可能让法律在其已经提供的保护的基础上再增加保护的力度。

---

[122] See especially at p. 302.

[123] See the Law Commission *Report on Rentcharges* (Law Com. No. 68, 1975) and the Rentcharges Act 1977.

[124] Para. 26.

[125] See Fuller and Perdue, ‘The Reliance Interest in Contract Damages’, 46 *Yale Law Journal* 52 and 373 (1936).

第三节　获益基础责任的复兴

在过去的100年里，在合意或者允诺基础责任衰落的同时，获益基础责任和信赖基础责任复兴了。看起来毫无疑问的是，在这些方面，过去100年的趋势所依据的价值观念更接近18世纪而非19世纪的价值观念。限于篇幅，在这里我只能勾勒出现代法律迈向更大程度承认获益基础责任的一些主要方面。

也许首先应当注意到的是，与其他地方一样，在这里，现代理论也并没有跟上实际发展的步伐。古典模式的力量仍然很强大；法律人仍然倾向于将不请自来的利益看作多管闲事的干涉，他们仍然喜欢这种观点，即不应当将利益“在背后强加于人”，并且他们很少愿意更仔细地分析这些利益被给予的各种情况，以便建立一个新的理论体系。但是，尽管理论滞后，人们也将会发现在实践中，律师和法院已经迈出了更大程度承认获益基础责任的步伐。在许多方面，这一发展与我先前所述的其他一些发展都是一脉相承的。例如，人们对罚款和没收（我在前文已经描述过）越来越多的 765
敌视，必然带来越来越多的对合同未约定之利益的敌视。同样，允诺基础责任的衰落必然会使法律转向其他渠道以寻找责任之其他基础。还应当指出的是，现代法律的整个趋势是更多地承认获益基础责任，并且一直对获益基础责任的主要反对理由进行驳斥。看起来毫无疑问的是，在19世纪，这类责任作用很小的主要原因之一是其非自愿性，或者甚至认为作为一个事实问题，人们是没有能力确定一个人是否确实从另一个人那里获得了利益。[126] 法院（一如经济学家和功利主义者）认为，应当由每个人根据自己的主观偏好来决定某件事是否有益。一个人在他人没有明确要求或者同意的情况下为他所做的事，是否对该他人构成了一项利益，不应当由法官或者陪审团来决定。因此，（正如我们之前所看到的）出现了一种将准合同责任限于这类案件的倾向，在这类案件中，法院认为作为一个法律问题，可以说一个人的行为必然对另一个人有利，就像一个人清偿另一个人所负之合法债务一样。但是在现代，这种缺乏判决什么是利益的能力，似乎完全是一种过时的看法。法院通常都能够认定比这要困难得多的事实问

[126] Calabresi and Melamed, ‘Property Rules, Liability and Inalienability: One View of the Cathedral’, 85 *Harvard Law Rev.* 1089, 1117, n. 37(1972).

题，而且在许多领域中，人们现在用客观标准来判定以前被认为是纯粹个人问题的问题。在某种意义上，事实上获益（benefit-in-fact）问题与事实上受损（loss-in-fact）问题是相似的，后者是一个在侵权法领域中不断扩大的、一直由法院裁决的问题。

在过去 100 年中，获益基础责任变得更具重要性的最为明显的方面是，准合同法的发展和扩大，以及具有类似性质的各种衡平法救济。正如我们前面所看到的，在 1870 年，“真正的”事实上的默示合同和“拟制的”准合同之间的区分，正在进入法律教科书，尽管它获得法官任何严肃的支持已经是许多年之后的事了。但就法律的实质而言，作为《法律评论季刊》（*Law Quarterly Review*）创始编辑的波洛克，在该期刊创始元年即 1885 年指出，在现代法官中存在一种扩展准合同之债范围的“非常明显的倾向”[127]。诚然，在许多较为保守的法官中，对教科书中的准合同不是基于“默示合
766 同”的观点仍然存在强烈的敌意。在 1914 年，对于准合同与“真正的合同”毫无关系这一当时的“现代”观点，[128] 萨姆纳勋爵仍然是排斥的，甚至在 1939 年他还得到了像 Holdsworth 这样的保守派学者的支持。[129] 然而，莱特勋爵却赞成现代观点，[130] 并且在 20 世纪 40 年代的许多案例中阐述了这种观点。[131] 但这是一场毫无结果的争论，我已经指出，莱特勋爵所采用的“现代”思想实际上是罗马法的思想，其是经由约翰·奥斯丁、亨利·梅因和马丁·利克引入英国法的。比这些关于某种责任之真正基础的空洞的概念争论更加重要的是，所作判决的实际效果，以及这些判决所依据的价值。即使是在 *Sinclair* v. *Brougham* 案中，萨姆纳勋爵也拒绝了“现代”版的准合同，实际的判决扩大了非合意责任，而且在任何理性的意义上，它都必定被当作一种获益基础责任。在这个复杂的案件中，上议院认为，存款人将款项存入一个实施了越权行为的建筑贷款协会，他是有权与股东平等地收回资金的。的确，他们并没有被赋予优先于股东的权利（他们可能会被赋予一项准合同请求权），但是如果人们认为越权理论具有某种理性目

---

[127] 1 *Law Q. Rev.* 392（1885）[noted on *Edmunds* v. *Wallingford*（1885）14 Q. B. D. 811].

[128] *Sinclair* v. *Brougham*[1914] A. C. 398.

[129] See 55 *Law Q. Rev.*37（1939）.

[130] 参见 55 *Law Q. Rev.* 189 将 Keener 的 *Law of Quasi-Contract*（1888）当作美国法律思想的例证。

[131] 尤其是 the Fibrosa case [1943] A. C. 32。

的，那么股东和存款人应当就协会的越权行为平等地承担损失就并非不合理。上议院拒绝了在准合同名义下的请求，这个事实的重要性比不上那个事实，即上议院承认了存款人拥有就建筑贷款协会资金库中之资金获得某种衡平救济的权利。这显然是一个获益基础责任。建筑贷款协会有返还款项的义务，因为如果股东将他们自己越权行为的全部收益都收入囊中，那将是一件骇人听闻的不当得利案。

此外，有必要将这一判例看作始于 19 世纪后期一系列判例之顶点所在，所有这些判例都源自越权理论。当这个理论在 1867 年被第一次确定下来时，古典合同理论正处于其顶峰，其结果是，法律没有明确将待履行合同和已履行合同区分开来。如果一个合同是越权合同，那么它就一直是越权合同，无论合同对方当事人——他可能正在起诉公司承担违约责任——是否已经履行了该合同。这不可避免地引起了很多麻烦，因为即使是古典理论在这个时候也无法阻止这种情况被人们认为是明显的不
当得利，即越权订立了合同的一方当事人应当能够保留实际履行所获得 767
的利益并且可以让自己逃脱惩罚。其结果是，法院作出了一系列判决，在这些判决中，法院都以某种方式支持了在这种情况下对公司提出的偿还请求。[132] 一般而言，只要越权借款所借来的款项被用来清偿既有的合法金钱债务，那么出借人的这些请求就能够得到支持。这种债务清偿显然使公司获益了，越权借款合同无效并不会妨碍返还请求权的行使。但值得指出的是，有时很难判断公司是否真的从越权借款中获益了。其中的一些判例（或许明显地）说明了这一点，即允诺性责任往往比获益基础责任拥有更大的优势。例如，在涉及赊账账户的情况下，最困难的问题往往是确定一方当事人的付款是否实际上使另一方当事人获益了。[133] 但是法院的这些做法确实比之前的法律有不小的进步。因为它们承认了在这种情况下，即 A 并没有被强迫但 A 却清偿了 B 所欠债务的情况下，存在某种获益基础责任。[134] 当然，如果他被强迫了，责任是毫无疑问的，

[132] *In re Cork & Youghal Rly. Co.*（1869）L. R. 4 Ch. App. 748；*Blackburn Benefit Building Society* v. *Cunliffe*（1882）22 Ch. D. 61；*Wenlock* v. *River Dee Co.*（1887）19 Ch. D. 155；*In re Wrexham*, *Mold and Connah's Quay Rly.*[1899] 1 Ch. 440.

[133] *Bannatyne* v. *MacIver*[1906] 1 K. B. 103.

[134] See too *B. Ligget*（*Liverpool*）*Ltd.*v. *Barclays Bank Ltd.* [1938] 1 K. B. 48.

这一点在 20 世纪得到了重申。[135]

回到现代理论的发展，有迹象表明，自 20 世纪 40 年代以来，法官们终于开始接受准合同与事实上默示合同之间的区分。人们开始频繁地使用“准合同”这一术语，一些著作者甚至法院都开始试图超越法律的概念分类而立基于其实质内容。一个值得注意的例子是上议院在 *United Australia v. Barclays Bank Ltd.* 案[136]中的判决，在该案中上议院强调了“默示合同”在准合同请求中的拟制性质。在 1966 年，一本《返还法》(*Law of Restitution*)的著作（作者是 R. L. A. Goff 和 Gareth Jones）首次系统地尝试将这个领域中的普通法和衡平法救济结合起来。在这本书中，作者不无道理地坚持认为，准合同中的“默示契约”理论没有多少吸引力，不当得利的基本思想构成了这一法律分支的基础。然而，他们承认，将不当得利看作“正义的一个
768 抽象命题”而非一项严格的法律原则可能更加准确。[137]然而，可能有人会认为，这一发展是错误的，与以前所有试图说明此类责任之法律基础的努力一样。在我看来，这是错误的，因为它没有认识到合同性的和返还性的责任之间存在非常重要和密切的联系。由于我已经否定了合同责任全都是允诺基础责任这种观念，并且我也坚持认为如果合同已经被部分履行，那么其责任主要是获益基础责任或者信赖基础责任，显然我不能支持一项将合同和返还在理论上彻底区分的运动。

无论如何，必须指出的是，目前还没有迹象表明英国律师已经完全接受了以不当得利观念为基础的、名为“返还法”的这一新的法律分支。事实是，不当得利已经成为法律的一个极其重要的基本观念，因为它只是获益基础责任概念的另一种说法，但是它在法律的所有分支中都有着发展的空间。在合同法、侵权法、家庭法、财产法、公司法中，都有着同样的发展。也没有迹象表明各种各样的判例已经融汇成了一个新的法律体系，如果融汇成了一个新的法律体系那也无妨。

我现在只需要对这一趋势进行多方面的说明就可以了，即法律的各个分支对获益基础责任有了更多的承认，特别是因为我在前文已经讨论了许多其他例子。有关现代趋势的最近的一个很好的例子是 *Greenwood v. Bennett*

[135] *Brook's Wharf and Bull's Wharf Ltd.v. Goodman Bros.*[1937] 1 K. B. 534.

[136] [1941] A. C. 1.

[137] p. 12.

案，[138] 在该案中，上诉法院认为，对被告的汽车进行了大面积维修的原告（他从小偷那里善意购买了该车），有权从该汽车所有权人那里获得维修价值的返还。法院认为，让汽车所有权人获得一项作为这些维修之结果的、非合同约定的利益，是完全错误的。因此，在这一案件中，汽车所有权人“被强加了一项利益”，但是他并没有保留该利益的权利；不过应当指出的是，该案的车主是一名经销商，在提起诉讼之前他就已经将这辆汽车出售了。因此，他被迫支付修理费并没有什么不公平的。当然，如果汽车所有权人是一个不想卖掉汽车的个人，或者是一个不被迫出售该车就无法支付维修费的个人，那么情况可能就会不一样。

另一个类似的、有关代理法的判例是 *The Swan* 案，[139] 在该案中，R 拥有一艘机动渔船，该船被租给了一家私人公司，该公司由 R 和他的家人拥有和管理。该公司指示原告对这艘船进行各种维修，而这花费了相当高的 769
一笔费用。在支付这笔费用之前该公司就已经倒闭了，维修工寻求从 R 那里得到维修费。严格而言，在法律原理上，“合同”并不存在于 R 和维修工之间，而是存在于该公司和维修工之间，但是如果 R 能够不支付该笔维修费，那么该案很明显就是一件骇人听闻的不当得利案件。有人认为他作为代理人应当承担责任，尽管通常而言，在代理人为一个身份公开了的被代理人订立合同的情况下，代理人是不需要承担责任的。尽管法官并没有将不当得利作为其判决的基础，但是他判决所用的语词表明，不当得利的观念在他的脑海中并不是一个不相关的因素：“（让被告承担责任）我并不感到抱歉”，他说，“因为相反的判决结论意味着，原告白花钱对被告的船舶做了价值近 1500 英镑的工作，而起初买这艘船仅仅花了 800 英镑的被告，却可以以不支付维修费而享有其财产增值的方式，保有了维修工作的利益。”

另一个获益基础责任的例子，可以在一系列持这种见解的判例中找到，即一个人在应另一个人的要求实施某种行为的过程中承担了责任，他有权要求该人赔偿由此给他造成的损失。这个原则虽然可以追溯到 1827 年，[140]

---

[138]　[1973] Q. B. 195.

[139]　[1968] 1 Lloyd's Rep. 5 Cf. *Godfrey Davis Ltd.v. Culling & Hecht*[1962] 2 Lloyd's Rep. 349; *Groter & Green Ltd.* v. *Tyrrell*[1962] 2 Lloyd's Rep. 377.

[140]　*Adamson* v. *Jarvis*（1827）4 Bing. 66，130 E. R. 693.

但是它在古典时期结束之后才获得了重大发展。[141] 似乎很明显的是，这种形式的责任（法院发现很难将其归类为合同责任或者准合同责任）[142] 建立在这一观念之上，即请求他人实施某个行为是证明请求方从该他人所做之行为中获益的证据，如果由此而产生了不利的责任，那么受益方应当承担该损失。[143]

夫妻财产法（matrimonial property law）近来的发展也可以被认为是说明了获益基础责任得到了越来越多的承认。多年来，在一系列有关婚姻关系破裂，甚至是稳定的同居关系破裂的案件中，双方对于家庭收益往往发生分歧。在 1970 年之前，这些争端通常是依据《1882 年已婚妇女财产法》（Married Women's Property Act 1882）第 17 条进行诉讼，但在 *Pettit* v. *Pettit* 案 [144] 中，上议院认为，该法并没有授予法院在当事人没有就财产权的分配达成某种明示或者默示协议的情况下，变更当事人这些财产权的权利。因
770 此，配偶一方通过他或她的努力提高了配偶另一方之财产价值，这一事实本身并不能使前者拥有分享后者财产收益的权利。但两年后，上议院得出结论说，不能通过合同来完成的事情可以通过信托来完成。[145] 根据之前的判决，不应当将拟制的共同意愿强加给当事人，但是根据后来的判决（或多或少的）拟制信托是可以强加给当事人的。这些判决的结果是，如果妻子通过支付部分价款或者支付家庭开支的方式，从而使丈夫有能力支付按揭款，甚至是通过在家里做家务的方式，而对于婚姻存续期间所取得的财产作出了某些真正的贡献，那么法院会认为存在“默示的”信托，或者信托。然后，根据案件的各种具体情形，按法院认为合适的方式对出售所得之收益进行分配。微不足道的贡献，即诸如在正常的婚姻过程中配偶一方期望另一方作出的贡献，仍然被法院所忽略，因为，正如对价原则一样，一个人“无论如何都应该做的”事情可能并没有使他人真正获益。[146] 尽管法院在概念上出现了一些特别的曲解，但是可以说，后面的这个判决承认，

[141] See *Dugdale* v. *Lovering*（1875）L. R. 10 C. P. 196; *Sheffield Corpn.*v. *Barclay*[1905] A. C. 392. 我在‘Misrepresentation, Warranty and Estoppel’, 9 *Alberta Law Rev.* 347, 359-61, 364-5（1971）中讨论了这些判例。

[142] See *Secretary of State* v. *Bank of India*[1938] 1 All E. R. 797.

[143] See especially, *Bank of England* v. *Cutler*[1908] 2 K. B. 208.

[144] [1970] A. C. 777.

[145] *Gissing*v. *Gissing*[1971] A. C. 886.

[146] 尤其参见 *Button* v. *Button*[1968] 1 W. L. R. 457, 461-2。

如果丈夫是财产的合法所有权人，那么朴素正义要求丈夫必须将收益的一部分交付给妻子，因为他妻子对其收益是有贡献的。夫妻双方的实际协议绝不是无关紧要的。例如，如果他们明确达成协议约定财产“共同所有”，那么这将是很重要的；但是即使在没有任何协议的情况下，法院也可以运用其权力以确保财产的公平分配。自 1970 年以来，这种司法管辖权已经被《婚姻诉讼和财产法》（Matrimonial Proceedings and Property Act）所确认和扩大，其特别要求法院考虑“每个当事人对家庭幸福所作出的贡献”[147]。很明显，法院和议会都认为在这整个领域中，互利互惠是分割婚姻财产时的一个重要考虑因素。

在规范死者遗产继承方面的法律中，也可以观察到类似的发展。制定法和自由裁量的司法判决都共同承认，一个人如果使死者获得了重大利益（即使没有任何明确的合同安排），那么他因此拥有从死者遗产中获得某些财产的权利。[148] 771

第四节　信赖基础责任的复兴

过去的 100 年见证了信赖基础责任以及获益基础责任的复兴。这两者的发展是紧密相连的，其涵盖了合同法本身（其一般特征之所在）和其他法律部门。因此，在合同法的范围内，存在一种显著的运动，即基于非磋商之信赖（unbargained-for reliance）日益增多，而在侵权法以及其他一些不太重要的领域中，建立在合理信赖观念之上的责任也同样在增多。而且，与获益基础责任的情形一样，法律的实际发展并没有一个经过充分调整的理论与之相匹配。古典模式在很大程度上仍然主导着理论的阐述。根据古典模式，信赖只有在支付了对价或者进行了磋商之后才是合理的。根据这一理论，在信赖并不构成交易之组成部分的情况下，一个信赖他人的人，其行事仍然应当自担风险。在 19 世纪个人主义的影响下，法律人仍然口头上支持（有时甚至有更多的支持）这一基本观念，即一个人应当信赖自己而非他人。但是在实践中，在实际的判决和立法中，很明显的是个人主

---

[147] Sect. 5（1）（*f*）.

[148] See Inheritance（Provision for Family and Dependents）Act 1975, and *Re Wilkinson*[1978] 1 All E. R. 221.

义已经不再代表着法律的根本价值。正如 Lord Reid 在 *Gollins* v. *Gollins* 案中所说，“在现代社会，如果离开了公路和市场——在这些地方我们有权信赖他人会理性行事，生活将是不可能的”[149]。同样，限于篇幅我只能勾勒出过去 100 多年的一些主要发展情况。

首先显示出维多利亚时代个人主义高潮退却的法律领域之一，是有关虚假陈述的法律制度。在 19 世纪的最后几十年里，这是一个诉讼频发的法律领域，也许部分是因为需要调和普通法和衡平法延续至今的不同做法；但也许部分原因还在于，正如我所指出的，价值观正在发生变化。只要一个人不对事实作出绝对不诚实的断言，那么他就可以对一个潜在的缔约当事人说任何他喜欢说的话，这种较陈旧的道德观念在 19 世纪末似乎遇到了一种新道德观念的挑战。法院开始坚持认为当事人有义务不以过分的或者不当的说法误导对方当事人，[150] 而且他们似乎也受到人们这种愿望的影响，即应当对现在出现在大众媒体上的新型广告施加某种形式的控制。[151]
772 当然，这两种道德之间存在冲突。较为陈旧的道德观念仍然非常活跃，特别是在普通法律师中间；它导致了（正如我们之前所看到的）1889 年 *Derry* v. *Peek* 案[152] 的判决，迟至 1913 年的 *Heilbut* v. *Buckleton* 案[153] 也可以看作这种道德观念的结果。但是，自 19 世纪 70 年代以来，新观念似乎也非常具有影响力，而且，事实上，在判决中法院决心摒弃较为宽松的、赋予虚假陈述以较大空间的商业道德，法院对一些案件的判决即使在今天看来走得也有点太远。例如，*Redgrave* v. *Hurd* 案[154] 仍然被看作有关虚假陈述制度的开创性判例，它支持这样一个命题，即一个人不能仅仅因为陈述对象可以通过合理的注意而发现事实，就逃避虚假陈述的法律后果。而实际的判决是一个强有力的判决，因为原告购买了被告的房子和被告作为事务律师的服务，由于他对被告有关其法律服务价值的非正式论断产生了信赖，因此他没有对登记簿做过任何审查。即使在今天，对于买方来说，这似乎也是一

---

[149] [1964] A. C. 644.

[150] See especially *Smith* v. *Land & House Property Corpn.*(1884)28 Ch. D. 7; *Karsberg's* case [1892] 3 Ch. 1.

[151] See *Carlill* v. *Carbolic Smoke Ball Co.*[1893] 1 Q. B. 256; *Smith* v. *Land & House Property Corpn.*, supra, n. 49. 在当时，上层社会鄙视广告，他们中的一些人根本不买广告产品。

[152] 14 App. Cas. 337.

[153] [1913] A. C. 30.

[154] （1881）20 Ch. D. 1.

种明显地缺乏适当预防措施的情形，因为其实际决定很有可能是不可靠的。

也许正是由于这两种道德观念的冲突，有关虚假陈述的法律制度陷入了大量的技术泥淖之中。法官和教科书作者对“事实陈述”和“纯粹意见”进行了区分，这一区分是很难适用的，而且无论如何也没有充分反映出问题的本质，即合理的信赖取决于更广泛的因素。同样，由于法院坚持认为所有的问题都取决于“当事人的意愿”，所以保证和纯粹陈述的区分几乎也是不具有可适用性的。在 *De Lassalle v. Guildford* 案[155]中，出现了一种更具现实性的发展迹象，即认为相对于不具有相关知识手段的人而言，具有相关知识手段的人一般应当为某个虚假陈述承担责任，但是在 *Heilbut v. Buckleton* 案[156]的灾难性判决之后，这种观点就淡出了人们的视野。到 20 世纪 60 年代时，人们对虚假陈述法律制度是如此不满，以至于人们试图通过《1967 年反虚假陈述法》来对其进行改革。虽然该法律已经被证明是一种可行的机制，因为它在很大程度上赋予法院以自由或者自由裁量权，使其可以视情况以错误陈述为由判决撤销合同或者进行损害赔偿，但不幸的是，这项法律并没有简化法律的概念工具。虚假陈述与担保之间的区分仍然存在，意见陈述与事实陈述之间的区分也仍然存在。这里的问题在于，773
法律人没有认识到虚假陈述案件所引发之问题的本质。他们并没有考虑如下问题：在各种不同情形下，陈述对象（representee）对对方当事人产生信赖是否是正当的，或者他是否应当依靠他自己的判断（或者依靠市场上的购销专家的建议），相反，他们只是继续追随着古老案件的高度技术性和抽象性的区分。

但无论如何，总的趋势是毫无疑问的。1964 年 *Hedley Byrne* 案[157]承认了虚假陈述是一种独立的过失侵权行为，这是一个重要的标志，表明人们对信赖基础责任有了更大程度的承认。*Esso Petroleum v. Mardon* 案[158]是一个绝佳例子，其说明人们对于合同关系之态度正在发生变化。这个案件涉及的是原告向被告出租加油站。租金的支付是建立在对加油站销售潜力的估

---

[155]　[1901] 2 K. B. 215.

[156]　[1913] A. C. 30. See the strictures of Williston，‘Representation and Warranty in Sales — Heilbut v. Buckleton’，27 *Harvard Law Rev.*1（1913）.

[157]　[1964] A. C. 465.

[158]　[1976] 2 All E. R. 5. *English v. Dedham Vale Properties Ltd.*[1978] 1 All E. R. 382，后一个判例可能是人们更加承认信赖基础责任的又一个迹象。

算之上的，销售潜力的估算是由原告方自己的专家作出的，并且原被告双方信赖他的估算。事实证明，该估算是粗心大意作出的，而且过于乐观以至于被告最后根本无法达到估计的销售数量。因此，他不能支付所要求的租金，当原告诉请租金时，他反诉损害赔偿。他在反诉中胜诉了，因为原告有义务谨慎地估算该加油站的销售潜力，而且他们双方都知道被告会信赖这一估算。这一判决反映了一种与古典合同模式是如此相背离的理念，以至于其对合同理论的潜在影响目前还难以估计。预期合同（prospective contract）的一方当事人在估计和判断问题（而非明确的事实问题）上，有义务提供符合要求的信息（或者至少不提供误导信息）给对方当事人，这完全违背了自由市场的基本观念。这种观念——市场上的每一方当事人都应当作出他自己的判断和估计，达成协议是一种分配未来事件风险的方式——已经被弃置一旁。但是这一判决也可以被看作对大量现代商业实践现实之反映。首先，它承认各方当事人的议价能力和信息获取能力是不平等的；其次，它承认这种性质的合同——其设想的是一种继续性关系——不是一种一劳永逸分配风险的做法；最后，它承认这种特征的商业关系往
774 往带有合营和合作企业的性质，而不具有公平交易（arms' length bargains）的性质。最重要的是，它体现了较之于允诺基础责任而言，信赖基础责任的重要性在显著增强。

在这种性质的案件中，人们对于信赖基础责任的承认是足够显著的。但毫无疑问的是，与此同时，通过侵权归责原则的适用，在过错侵权的普通诉讼中，信赖基础责任得到了更为广泛、更为稳定的扩大。在侵权法中，这些变化不易被察觉，因为原告和被告行为的“合理性”被认为是一个纯粹的事实问题，而这种做法自然就掩盖了司法在何谓合理的问题上所持态度之变化。但很明显的是，在许多一般过错侵权诉讼中，如果不考虑一方当事人在多大程度上去信赖对方当事人是合理的，显然就无法评估当事人行为的合理性。在公路上，司机和行人都相互信赖对方会以可预测的方式行事；即使是一个简单的道路信号（实际上）也是一种他人可以合理信赖的、可能会产生责任的陈述形式。[159] 产品责任案件往往取决于消费者对产

[159] See Seavey, ‘Reliance Upon Gratuitous Promises or Other Conduct’, 64 *Harv. Law Rev.* 913, 915(1951).

品安全性的信赖，或者取决于警告标签和标志的合理性。[160] 在这种性质的案件中，很难证明已经存在一种人们从自力更生迈向信赖他人的趋势，但是在某些情况下，这似乎是显而易见的。例如，现在已经明确的是，一个人所购买的房屋在其建造过程中，如果地方当局的检查监督有过错，那么他可以就地方当局的过错诉请损害赔偿。[161] 这相当于认为消费者有权信赖当局会以适当的方式履行好其监督房屋建造的职能，他没有义务研究（至少在这些范围内）市场和从诸如检测员等第三方专家那里购买相关建议。因此，这也代表着从市场理想向另一种经济和社会制度的转变。

再回到通常被视为合同案件的案件上来，我们会发现随着人们日益肯定信赖基础责任的扩展，古老的买者自慎规则被进一步侵蚀了。无论是在民法中，还是在《商品说明法》（Trade Descriptions Act）等制定法中，认为消费者有权信赖经营者或者生产者所说的或者所做的一切已经是一种趋势；事实上，这一趋势在这里已经走得太远以至于让人们不得不考虑它是否已经变得毫无道理了。就连地方政府的消费者保护办公室也开始暗示， 775
消费者主义（consumerism）已经走得太远了。“人们不再关注自己在买什么。他们不顾一切地购物，相信他们总是可以投诉。”[162]

当然，这些趋势在一定程度上反映了现代商业实践正处于变化之中。今天的消费者往往信赖全国性制造商的广告和品牌名称，而不是他们自己的或者是经营者的判断。很自然地，法律应当开始反映这一事实，尽管买卖法仍然把缺陷产品的主要责任强加在经营者而非生产者身上。但是必须记住的是，允许消费者如此严重地信赖他人是有代价的。除了监管和实施消费者保护法规所带来的明显成本之外，还存在一些隐性成本，这些隐性成本产生于流向更具鉴别力的买家的信息减少，而这些买家可能拥有判断这些信息真伪的知识和判断力。例如，法律似乎已经非常接近于这样的状态了，即二手车的卖方将不得不覆盖里程读数，以避免买方被误导，而误以为里程读数是准确的。无论是根据《商品说明法》，[163] 还是甚至根据民法——作为《反虚假陈述法》的结果，即使有警告性的提示——警示买家

[160] See, e. g., cases cited in Miller and Lovell, *Products Liability* (London, 1977), Chapter 12.

[161] *Dutton* v. *Bognor Regis U. C.*[1972] 1 Q. B. 373; *Anns* v. *Merton London Borough Council*[1977] 2 W. L. R. 1024.

[162] *Sunday Times*, colour supplement, 14 November 1976.

[163] See *R.* v. *Hammertons Cars Ltd.*[1976] 3 All E. R. 758.

说并不确保里程读数的准确性——这也是不足以保护消费者的。因此，卖方很可能被迫不向买方提供这些真伪不明的信息，即使它对于某些买家而言可能是有价值的。

在过去的 100 多年里，比信赖观念更为重要的是对价原则与禁反言原则的发展。我在本书第一部分和第二部分中已经指出，将不利益信赖（detrimental reliance）作为一种有价值的对价，并因此支持将其责任定性为合同责任，这种观念实际上可以追溯到早期的简约之诉（*assumpsit*）中的责任。但是在古典时期，人们试图将责任范围限缩为这种情形，即信赖是磋商允诺之价格的一部分。因此，有人认为，基于对一项无意作出的允诺或者基于一项并未经磋商的允诺的信赖而实施的行为，即使信赖是可以预见到的，但是它也没有提供一项适当的对价。我也同样指出过，这种理论结构从来就没有完全被英国法院采纳过，尽管它在美国有众多的追随者。在 19 世纪末 20 世纪初的一个相对较短的时期里，在美国和英国，人们似乎普遍认为这能够成为法律，至少部分原因是它成了传统
776 教科书内容一部分。在美国，它导致了 Williston 和 Corbin 之间的著名论争。Williston 支持“对价交易理论”（bargain theory of consideration）（在美国这一概念可能最先是由 Holmes 提出来的），而且在《合同法重述》（*Restatement of Contract*）的早期草案中，因为 Williston 在负责此事，对价的概念被纳入其中了。但是 Corbin 抗议说，这根本没有反映法律根据（authorities），他提请人们注意大量这样的案件，在这些案件中，即使未经磋商，法院也认为有充分的对价能够使人们对允诺提起诉讼。与许多美国学者一样，Williston 最初的反应是，这些判决是错误的，或者与法律根据的发展趋势相悖，或者应当用其他理由来进行解释。Corbin 回应说，对价原则是法院的发明，因此如果法院经常将非磋商性（unbargained-for）的信赖行为当作一种对价，那么就不可能说他们错了。所有这一切的结果是某种妥协。Williston 的对价版本得到了保留，但是《合同法重述》增加了一个条文，即第 90 条，对它进行补充，该条规定，在适当的情况下，通过允诺不容否定（promissory estoppel）的方式对信赖行为进行救济。[164]

[164] 关于这个故事，参见 Grant Gilmore, *The Death of Contract*（Columbus, Ohio, 1974）, and Corbin, ‘Recent Developments in Contracts’, 50 *Harvard Law Rev.* 449（1937）。

在英国，事情的发展过程也与此极为相似，但是更加缓慢和不那么自觉。正如我们已经看到的，即使是在古典法律的鼎盛时期，也有许多判例是与对价交易理论相悖的。而英国法院更是从来就没有承认过这一理论。但是教科书的作者们多倾心于它，[165] 当然，到了 20 世纪初，人们常常认为，一个简单的无偿允诺是无法通过随后的、非磋商性的信赖行为来使人们可以对该允诺提起诉讼的，[166] 尽管仍然有一些判例不太容易与这一理论相协调。[167] 与美国法一样，中间空隙在某种程度上是通过发展禁反言原则而被填补上的，当然，禁反言原则一直都是信赖基础责任，或者无论什么样的责任的一种形式。但是，禁反言原则在英国的发展受到了一些早期缺陷（early defect）的影响，这些缺陷阻碍了它像《合同法重述》第 90 条在美国那样发挥扩张性作用。首先是传统的教条，其认为禁反言只能以防御的方式适用，而不能作为一种诉因。[168] 其次是 *Jorden v. Money* 案 [169] 的判 777
决，它通常被解释为，禁反言只能以事实陈述为基础，而不能以允诺为基础。这两个拦路虎中的第一个被证明是不太麻烦的，因为如果法院真的认为课加责任是非常必要的话，那么事实陈述总是被解释为一种保证，[170] 而我在其他地方已经撰文指出，禁反言不构成诉因这个教条是毫无意义的胡说八道。[171] 但第二个拦路虎，即禁反言不能建立在允诺或者意愿声明的基础之上，已经被证明是更麻烦的。在 1937 年，法律修订委员会建议，信赖允诺的行为应当足以使允诺具有可诉性，尽管该报告没有得到执行。但是第二次世界大战之后的一系列判例开始发展出一种允诺不容否定的新学

---

[165] 尤其是波洛克，他将对价界定为允诺的价格，并严厉批评那些认为非磋商性的信赖可以构成对价的判决，*supra*, p. 461。

[166] 有关例子，参见 *Re Hudson*（1885）3 W. R. 819, 54 L. J. Ch. 811; *In re Cory*（1912）29 T. L. R. 18. Lord Blackburn 在 *Maddison v. Alderson*（1883）8 App. Cas. 467, *Harrisv. Nickerson*（1873）L. R. 8 Q. B. 276, and *Brownlie v. Campbell*（1880）5 App. Cas. 925, 952-3. 等案逐渐采纳了对价交易理论。

[167] See, e.g., *Boston v. Boston*[1904] 1 K. B. 124; *Starkey v. Bank of England*[1903] A. C. 114; *Sheffield Corpn. v. Barclay*[1905] A. C. 392.

[168] See especially *Low v. Bouverie*[1891] 3 Ch. 82.

[169] （1854）5 H. L. C. 185, 10 E. R. 868.

[170] 参见上引判例，*supra*, p. 776, n. 66。

[171] See 9 *Alberta Law Rev.*347, 369-73.

说，这一系列判例肇始于丹宁（Denning）法官在 *High Trees* 案[172]中的判决。虽然起初这被认为是一个革命性的判决，但是很多法律人认为这与“真正的”对价原则是相悖的，但是它现在似乎已经完全将自己确立为现代法律的一部分。到目前为止，它仍然继续宣称，允诺不容否定是不能产生诉因的，而只能以防御的方式适用，但在我写作本书之此时，已经有迹象表明这个堡垒即将崩溃。[173]也有迹象表明，类似信赖基础理论，诸如“默许”（acquiescence）理论等，在作为否定禁令之理由时展现出了新的活力。[174]

关于自《合同法重述》第一版问世以来美国的发展情况，是值得赘述几句的。《合同法重述》第一版第 90 条的加入引起的令人惊讶的后果是，基于这一条的诉讼数量急剧增加，而以普通合同请求提起的诉讼数量减少。很明显，这表明信赖基础责任正以合意基础责任为代价复兴了。[175]有时，这导致所作出的许多判决远远超出了英国所能接受的程度，例如承认非基
778 于合同，而是基于磋商破裂的信赖责任。[176]但在其他方面，发展甚至更加惊人。即使是在存在磋商信赖的情况下，法院和律师也往往用允诺不容否定来取代合同性责任。对这个问题的解释似乎是，法院希望从合意责任的有关僵化性中摆脱出来。因此，在法院认为预期损害赔偿可能过于慷慨，而信赖损害赔偿能够更好地服务于司法目的的一些案件中，法院可能将其作为允诺不容否定诉讼而非普通的合同诉讼。

这只是表明，在英国有其他迹象表明，在各种各样的情况下，信赖基础责任正在复兴。例如，在合同法中，无论是在普通法上[177]还是在制定法上，[178]代理人行为之责任的扩大就显示了这一趋势；尽管同样是事实的是，

---

[172] [1947] K. B. 130. 丹宁勋爵在这里和其他地方都坚持认为，非不利益信赖需要被证明，而如果人们因信赖允诺而实施一定行为就足以证明这一点，但是这个观点在英国和美国几乎都没有支持者。为什么受允诺人要以对自己有利的方式按照允诺行事，来增进自己的权利呢？

[173] See *Re Wyvern Developments*[1974] 1 W. L. R. 1097；*Crabb* v. *Arun D. C.*[1975] 3 All E. R. 865；K. C. T. Sutton，*Consideration Reconsidered*（St. Lucia，Queensland，1974）especially at pp. 87-9.

[174] See，e. g.，*Shaw* v. *Applegate*[1978] 1 All E. R. 123.

[175] Grant Gilmore，*The Death of Contract*；Henderson，‘Promissory Estoppel and Traditional Contract Doctrine’，78 *Yale Law Journal*343（1968）.

[176] See，e. g.，*Hoffman* v. *Red Owl Stores Inc.*133 N. W. 2d. 267（1965）；*Wheeler* v. *White* 398 S. W. 2d. 93（1965）.

[177] See，e. g.，*Freeman & Lockyer* v. *Buckhurst Park Properties*[1964] 2 Q. B. 480.

[178] Consumer Credit Act 1974，Sect. 75，它取代了《1965 年租购法》的规定。

遵循合同的古典模式和合意责任的观念有时仍然足以阻止这些发展。[179] 在衡平法上，在这类案件中——一个人“支持”和允许另外一个人把钱花在不属于他的财产上，或者受他影响该人以其他方式行事——禁反言原则也获得了很大的发展。[180] 有一个全新的法律分支，其围绕着背信（breach of confidence）概念在成长着，它也显示出了一种以信赖为基础的强烈迹象。[181] 在准合同法中，有迹象表明这种观点正在复兴，即收款人因为对支付给他的、尚未到期的款项产生了信赖，进而改变了其财务安排，那么对于要求其返还款项的请求，他是可以进行抗辩的。[182]

第五节　需要新理论

最后，我想指出的是，建立一种新的合同理论结构的时机显然已经成熟，这种理论结构将使合同与债法的其他部分更紧密地联系在一起。我认为，现行的法律概念工具在本质上仍然属于古典模式，正是由于这些原因，我所讲的既不符合法律正在发展的方式，也不符合当今观念的价值体系。我认为，新的结构必须建立在债法的三大根本支柱之上：利益补偿思想、合理信赖保护思想，以及自愿创设和消灭权利与义务的思想。在重新绘制法律概念范畴的过程中，人们必然会发现，法律中许多最重要和最困难的问题都产生于这三个基本观念之间的冲突。在未经他人同意而给予他利益的情况下，他应当承担责任吗？在没有互惠互利的情况下，信赖将会 779

[179] See *Bramwhite* v. *Worcester Works Finance Ltd.* [1969] A. C. 552，在该案中，Lord Wilberforce 对明显是基于合理信赖而课加的责任提出了异议。

[180] 这一现代发展开始于 *Errington* v. *Errington*[1952] 1 K. B. 290，完成于 *Inwards* v. *Baker* [1965] 2 Q. B. 29，终结于 *Ward* v. *Kirkland*[1967] Ch. 194 and *E. R. Ives Investment Ltd.*v. *High*[1967] 2 Q. B. 379。

[181] See，e. g.，*Vokes Ltd.* v. *Heather*（1945）62 R. P. C. 135，141-2；*Saltman Engineering Co.* v. *Campbell Engineering Co.*（1948）65 R. P. C. 203 also in [1963] 2 All E. R. 413；*Terrapin Ltd.* v. *Buklders' Supply Co.*（1960）R. P. C. 128；*Argyll* v. *Argyll*[1967] Ch. 302. See too the Law Commission Working Paper（No. 58）*Breach of Confidence*，其展现了合同法观念与侵权法观念的有趣冲突。

[182] See *United Overseas Bank* v. *Jiwani*[1977] 1 All E. R. 733. 在该案中，虽然抗辩失败了，较之于之前的判例，本案法官似乎更加同情这种情况。See too Gareth Jones，'Change of Circumstances in Quasi-Contract'，73 *Law Q. Rev.*48（1957）. *Jones Ltd.* v. *Waring & Gillow*[1926] A. C. 670 仍然代表着古旧的传统，但是即使在这一案件中，值得注意的是，收款人放弃了他们保留全部款项的请求，而只是主张他们有权获得他们（声称的）的信赖损害赔偿。

受到保护吗？在没有信赖也没有获益因素的情况下，在什么程度上（如果不是根本没有的话）权利应当仅仅由单纯的意愿或者意思表示来创设或者消灭？这种新方法还必须考虑到迄今为止被人们忽视的一些重要问题，包括目前的同意和未来的同意之间的区分，目前的交易和未来的交易之间的区分，以及允诺的证据作用和实质性作用之间的区分。同时，人们也必须重新审视期待的作用，它们与允诺的关系，以及它们的重要性，即使这些期待是在没有允诺的情况下产生的。同样，必须在这一新的方法中找到充足的空间来分析法律应当在多大程度上、用何种方法来试图确保交易的公平性。

这项工作是我希望着手去做的。

索 引

说明：

1. 本索引中的数字为原书页码，亦即本书边码；

2. 为方便查找，本索引中出现的人名已在前文译为中文，未出现在本索引中的人名在前文中原文列出，不译为中文。

著作权合同登记号　图字：01-2025-3822

图书在版编目 (CIP) 数据

合同自由的兴起与衰落：一部合同思想史 /（英）P.S. 阿蒂亚 (P. S. Atiyah) 著；范雪飞译．—北京：中国法制出版社，2022.1（2025. 9 重印）
（欧洲法与比较法前沿译丛）
书名原文：The Rise and Fall of Freedom of Contract
ISBN 978-7-5216-2397-0

Ⅰ．①合…　Ⅱ．① P… ②范…　Ⅲ．①合同–思想史–研究–世界　Ⅳ．① D913.602

中国版本图书馆 CIP 数据核字（2022）第 001333 号

项目策划：马颖　　策划 / 责任编辑：侯鹏　　封面设计：李　宁

合同自由的兴起与衰落：一部合同思想史
HETONG ZIYOU DE XINGQI YU SHUAILUO: YIBU HETONG SIXIANGSHI
著者 /［英］P.S. 阿蒂亚（P. S. Atiyah）
译者 / 范雪飞
经销 / 新华书店
印刷 / 北京虎彩文化传播有限公司
开本 / 710 毫米 ×1000 毫米　16 开　　（上下册）总印张 / 54.75　字数 / 880 千
版次 / 2022 年 1 月第 1 版　　2025 年 9 月第 2 次印刷

中国法制出版社出版
书号 ISBN 978-7-5216-2397-0　　（上下册）总定价：188.00 元

北京市西城区西便门西里甲 16 号西便门办公区
邮政编码：100053　　传真：010-63141600
网址：http://www.zgfzs.com　　**编辑部电话：010-63141826**
市场营销部电话：010-63141612　　**印务部电话：010-63141606**
（如有印装质量问题，请与本社印务部联系。）